U0603186

中国近代教育管理研究系列

张新平 主编

“霍英东教育基金会”第十四届高等院校青年教师基金基础性研究课题
“民国时期教育管理学名家研究”（项目编号：141098）成果之一

国家社会科学基金教育学一般项目
“20世纪以来乡村教育家精神的社会记忆及当代建构研究”（课题批准号：BHA190126）成果

受“江苏高校优势学科建设项目”资助

民国教育管理学文选（上）

陈学军　王　珏　主编

上海教育出版社

图书在版编目（CIP）数据

民国教育管理学文选 / 陈学军，王珏主编. — 上海：上海教育出版社，2020.6
（中国近代教育管理研究系列 / 张新平主编）
ISBN 978-7-5720-0190-1

Ⅰ.①民… Ⅱ.①陈… ②王… Ⅲ.①教育管理学 - 中国 - 民国 - 文集 Ⅳ.①G529.6

中国版本图书馆CIP数据核字(2020)第124144号

策划编辑　袁　彬
责任编辑　董　洪　周典富
装帧设计　陆　弦

中国近代教育管理研究系列
张新平　主编
MINGUO JIAOYU GUANLIXUE WENXUAN
民国教育管理学文选
陈学军　王　珏　主编

出版发行　上海教育出版社有限公司
官　　网　www.seph.com.cn
地　　址　上海市闵行区号景路159弄C座
邮　　编　201101
印　　刷　上海展强印刷有限公司
开　　本　700 × 1000　1/16　印张 88.5　插页 10
字　　数　1355 千字
版　　次　2020年6月第1版
印　　次　2023年1月第1次印刷
印　　数　1—2,000 本
书　　号　ISBN 978-7-5720-0190-1/G·0147
定　　价　298.00 元（全二册）

如发现质量问题，读者可向本社调换　电话：021-64373213

丛书主编

张新平，南京师范大学教育科学学院教授、博士生导师，南京师范大学教育领导与管理研究所所长，南京师范大学中国陶斯研究院院长。兼任中国教育发展战略学会现代教育管理专业委员会常务副理事长，中国教育学会教育管理学科专业委员会副理事长，中国教育学会教育效能学术委员会副理事长，江苏省教育学会教育管理专业委员会理事长，美国TAOSINSTITUTE研究人员，《中小学管理》《教学与管理》、人大复印资料《中小学学校管理》等期刊编委。主要从事教育领导与管理、基础教育改革发展研究。发表论文200余篇，出版《教育组织范式论》等著作多部。先后主持教育部哲学社会科学研究重大课题攻关项目、国家社会科学基金重点项目、一般项目多项。成果曾获江苏省哲学社会科学优秀成果奖和全国教育科学优秀成果奖多项。

本书作者

陈学军，教育学博士，南京师范大学教育科学学院副院长、教授、博士生导师，江苏高校“青蓝工程”中青年学术带头人，兼任全国教育专业学位研究生教育指导委员会“教学案例专家工作小组”成员、中国教育发展战略学会现代教育管理专业委员会副秘书长，主要从事教育领导与管理研究。著有《中国近代中学组织结构演变研究》《陶行知的教育管理思想与实践》等。先后主持国家社会科学基金教育学一般项目、青年项目多项，成果获江苏省哲学社会科学优秀成果一等奖1项。

王珏，教育学博士，南通大学教育科学学院教授、南通大学教育领导与管理研究所所长，兼任江苏省教育学会教育管理专业委员会理事，为江苏省“333高层次人才培养工程”培养对象。主要从事教师教育、教育领导、近代教育史研究。著有《中国近代教育管理学科研究》等。先后主持国家社会科学基金教育学一般项目、教育部人文社会科学基金项目、江苏省教育科学规划项目多项。曾获国家教学成果二等奖、江苏省教学成果特等奖，成果获江苏省高校哲学社会科学优秀成果三等奖1项。

总序

最初产生编纂这套丛书的念头，还要追溯到2004—2006年，我们承担了江苏省哲学社会科学基金一般项目“陶行知的民主教育管理思想与实践及其当代价值研究”，对陶行知的教育管理实践与思想进行了深入探究。在重新认识陶行知的过程中，我们也走近中国近代教育管理的实践与思想世界，并日益强烈地感受到对于这段历史的无知、误解或偏识，从而有了较为全面地整理近代教育管理实践与思想的意识和决心。

展开来说，我们编纂这套丛书，有着三个方面的动力和意图。第一是“补缺”。毛礼锐先生在20世纪80年代末就曾指出：“过去，我们对历史上的教育实践取士制度和教育家的研究比较注重，在管理体制方面从文教政策和学校教育制度方面也有许多探讨，而对教育管理体制、学校管理的经验教训、教育家的教育管理实践与思想等的研究，则较薄弱，至于近现代教育管理方面的重大问题，几乎没有作出专题研究。”[①]尽管从20世纪80年代末开始，国内出现了一些教育管理史方面的成果，但一如我2001年所强调的，教育管理学的历史研究整体上仍然薄弱和贫乏。[②]编纂这套“中国近代教育管理研究系列”，正是加强教育管理学历史研究，弥补我们对自身实践、思想及学科发展历史“了解不够”的一种努力。

编纂这套丛书的第二个动力和意图是“纠偏”。“了解不够”往往又会造成“认识不全”的问题。即，人们在不了解相关历史事实或观念的情况下，容易产生“自以为知”的错误，作出不符实际的或以偏概全的判断。譬如，由于不了解我国教育管理学科发展的基本历史，一些教育管理学教科

① 程斯辉．近代教育管理史［M］．武汉：武汉工业大学出版社，1989：序言．

② 张新平．关于我国教育管理学发展中的五个问题［J］．教育理论与实践，2001(1)．

书中会出现“学校管理学是一门年轻的新兴教育学科”“学校管理学这一门学科创立时间还不长”“学校管理学初创时属于教育学的一个组成部分”之类的错误观点。再有,很多人会将“均权治理、民主参与、自主管理、团队合作”等视为新时期的教育管理理念,殊不知,这样的理念在我国20世纪早期的教育管理实践中就已经提出。借用英国公共管理研究著名学者胡德(C. Hood)的话说,整理和研究近代教育管理实践与思想,是为了避免因忽略历史而“产生荒谬的结果”,为了“穿越当下的时尚和潮流”,“治疗盲目接受新观念的幼稚病”。①

“究新”是编纂这套丛书的第三个动力和意图。我们希望通过对历史材料的重新诠释或深入挖掘,避免对相关历史“理解不深”的问题。一方面,立足于教育管理学的视角,对一些已经熟知的教育历史作出新的解读,比如,从教育领导者和教育行政学者的角度,重新理解陶行知的办学治校实践和思想,从而突破大多数研究运用教育学框架讨论陶行知教育思想的惯常理路;另一方面,在总结我国近代教育管理实践经验与思想传统的基础上,思考其在当代的价值,探索当下教育管理实践与教育管理学科发展的新思路。

本丛书包括《中国近代教育行政体制研究》《民国教育督导研究》《中国近代中学组织结构演变研究》《民国教育管理学文选》《中国近代教育管理学科研究》《民国教育管理名家研究》和《陶行知的教育管理思想与实践》七部著作。之所以进行这样的总体设计,既是深化先期研究成果,以及尊重学术团队成员的研究旨趣,也是基于上述意图,为了更全面地反映近代教育管理实践与思想的内容。

《陶行知的教育管理思想与实践》一书,是课题组围绕“陶行知的民主教育管理思想与实践及其当代价值研究”这一课题,在共同学习和研讨陶行知教育实践与思想的过程中形成的一项集体成果。对于陶行知教育管理思想与实践的探究,是我们萌生编纂这套丛书念头的原因所在。因此,

① [英]胡德. 国家的艺术[M]. 彭勃,等,译. 上海:上海人民出版社,2004:17—18.

《陶行知的教育管理思想与实践》自然成为第一本进入本系列丛书的著作。在此基础上,我们认为近代教育管理的实践和思想可以通过实践、学科和人物三个主题加以梳理与呈现。《中国近代教育行政体制研究》《民国教育督导研究》和《中国近代中学组织结构演变研究》是对“实践”的研究。其中,《中国近代教育行政体制研究》侧重于宏观的教育行政,《中国近代中学组织结构演变研究》侧重于微观的学校管理,《民国教育督导研究》则聚焦于一项具体的教育管理职能或活动。虽然它们无法囊括中国近代教育管理实践的全部内容,但能够从大的方面反映概貌。《民国教育管理学文选》和《中国近代教育管理学科研究》涉及对“学科”的研究。编纂这两本书既是为了考察中国近代教育管理学科发展历史与学术研究状况,也是为了进一步展现近代教育管理中人们所关注的一些核心问题及相关思考。《民国教育管理名家研究》和《陶行知的教育管理思想与实践》这两本是有关“人物”的研究。在我们看来,近代教育管理实践和思想的发展,与一些重要人物的影响密不可分;而且,围绕人物进行历史的梳理与分析,能够较好地体现近代教育管理实践与学术研究的深入互动。

《中国近代教育行政体制研究》以重大历史事件为标识,全面梳理了自清末至南京国民政府结束统治这一时期,中国近代教育行政体制变迁的四个阶段:清朝末年的草创期(1898—1911),民国前期的发展期(1912—1926),民国中期的遽变期(1927—1928)和民国后期的稳定与成型期(1929—1949)。该书认为,就渊源而言,中国近代教育行政体制是传承旧制与西制东渐的统一,但以西制为主,具有强烈的开放性特征;就变迁过程而言,中国近代教育行政体制曲折反复、变化多样,在整合妥协中向前推进;就发展特征而言,中国近代教育行政体制具有明显的规范化、政治化、科学化、民主化、独立化、学术化和开放化特征;就缺陷而言,中国近代教育行政存在体制紊乱和割裂、富于理想、方式激进和过于西化等问题。透过历史演变过程的事实整理与理性思考,该书强调,必须以全面分析和均衡分析的原则,处理近代教育行政体制发展过程中凸显的集权与分权、独立与依存、领袖与委员、专家与民众、学术与官僚、本土与西化、激进与保守、主体与边缘、刚性与弹性、冲突与协调等关系范畴，并将教育行政体制的分析和建构置于宏大的社会背景之下，使教育行政体制与社会同发展、共进步。

《民国教育督导研究》从横向的要素与纵向的过程两个方面，考察了民国教育督导的概况。在横向要素分析方面，详细讨论了民国时期的中央、省和县三级教育督导机构，各级督学的任职资格，督导队伍的职业道德规范与专业化建设，以及督导前的准备、督导中的方法和督导后的反馈等问题。在纵向过程分析方面，为“知其所来，明其所往”，该书对清末和民国时期的教育督导制度及其对当下与未来教育督导制度的启示作了专门考察和研究。书中指出，民国时期的教育督导制度具有行政权威强、专业水平高和管理实效显著等特点，同时也存在机构设置重复、人员名称混乱、工作职责不清及行政与视导联系不紧密等问题。结合当下教育督导现状，该书认为，民国的教育督导实践提示，必须提高教育督导机构的权威性，加强教育督导专业人员的培养，建立健全督学任职资格与选聘任用制度，完善教育督导法规建设，以及规范教育督导行为等。在此基础上，该书阐述了教育督导未来发展的若干方向：一是“政”“学”兼督；二是“督”“导”兼顾；三是教育督导职业化；四是教育督导专业化；五是教育督导的去行政化与开放性。

《中国近代中学组织结构演变研究》一书一方面从中学的产生、中学行政结构的分化与整合、中学性别结构的变化和中学科部结构的调整四个方面，细致梳理了清末和民国时期近代中学组织结构的生成与演变历程；另一方面从组织制度理论的视角，着重分析影响这些组织结构生成与演变的因素。就近代中学的产生问题，该书重点讨论了认知性制度要素的影响，认为作为近代中学产生背景的现代学校教育制度的建立，不是政治自觉的结果，而是世界观转变后一种理所当然的信念。就近代中学行政结构的分化与整合问题，该书突出了规制性制度要素的影响，认为近代中学行政结构的形成与变化，在20世纪20年代间接地受到公共领域各种力量的建构性影响，到20世纪30年代则直接地受政府制度与政策的影响。就近代中学性别结构变化问题，该书主要从规范性制度要素出发，围绕女子中学的出现、男女同校以及男女分校回流等问题，探讨作为规范力量的传统道德与现代知识对于学校组织结构的影响。同样是关注规范性制度要素的影响，该书讨论近代中学由分校制向分校分科制发展，由分校分科制向合校分部制转变，再由合校分部制回归分校制的历史过程，并分析了教育群体的专业规范对学校组织的影响。综合四个方面的考察，该书提出用“追求合理性”与“寻求合法性”来解释“近代学校何以如此”的思路。

《民国教育管理学文选》是在广泛浏览、精心筛选民国时期主要的教育类杂志、教育管理学教材和专著及相关教育著作的基础上，以全文选编或节录形式汇集而成的。它以发掘民国教育管理学的主要文献，呈现民国教育管理学研究的基本面貌为目的，某种程度上可以视为《中国近代教育管理学科研究》一书的一种注解或一份附录。为了更好地揭示民国教育管理学研究的内容及其内在关系，文选没有以相关成果的发表时间作为文章编排的依据，而是以“教育管理的涵义、理念与背景”“教育政策法规与学校制度”“教育行政体制与组织机构”“教育经费、教育视导与教育调查”“教育局长、教育行政人员与校长”“教师与学生管理”“学校组织与管理”和“教育管理学科与研究”八个能够反映民国教育管理学研究内容的主题作为文选组织的基本框架。文选至少可从四个方面增进我们对民国教育管理学研究的认识：一是展现了民国时期从事教育管理学研究的一些代表性人物；二是反映了民国时期教育管理学研究重点关注的问题；三是彰显了民国时期在教育管理理念和原则方面的追求；四是呈现了民国时期教育管理学研究的基本方法与规范水平。

《中国近代教育管理学科研究》在把握近代社会背景的前提下，从学科知识进展和学科制度建构两个角度，梳理了中国近代教育管理学科产生与发展的五个阶段及其特征：一是学科酝酿阶段(1862—1900)，在西学东渐的社会背景下，新式学校管理实践的开始与近代教育制度知识的传入，在实践、认知和心理上酝酿着教育管理学科的诞生。二是学科诞生阶段(1901—1915)，在“以日为师”的社会背景下，我国引进了第一本《学校管理法》，师范学校开设了教育管理学科课程，并出现了对教育管理问题的早期研究。三是学科初兴阶段(1916—1926)，在“转向美国”的社会背景下，美国的效率与民主管理思想开始影响中国，国内的大学也启动了专业的学校行政研究。四是学科自觉阶段(1927—1937)，在“立足本土”的社会背景下，开始从比较的、历史的、社会的等多角度研究教育管理问题，中国的教育管理学进入了系科发展、研究规范、出版繁荣、人才辈出的成长高峰期。五是学科沉积阶段(1938—1949)，在“面临危局”的社会背景下，学科发展速度趋缓，人才培养目标被忽视，研究工作出现转向，但学科的思想体系、内容体系和方法体系得到全面而系统的总结。基于历史梳理，本书提出了教育管理学科建设专业化、本土化、科学化和自主性的命题。

《民国教育管理名家研究》研究了民国时期20位具有代表性的教育管理学和教育管理实践名家。这些教育管理名家中，既有曾从事中央或地方教育行政管理工作的教育家，如蔡元培、范源濂、马叙伦、雷沛鸿、袁希涛等，也有长期从事大学或中小学学校管理工作的管理名家，如郭秉文、蒋梦麟、梅贻琦、张伯苓、竺可桢、陈宝泉、陶行知、廖世承、俞子夷、经亨颐等，此外还有对我国教育管理学科的诞生和教育管理学理论发展作出重要贡献的教育管理学家，如夏承枫、常导之、杜佐周、邰爽秋、罗廷光等。该书始终将人物思想和实践置于时代的大背景中来理解，力图通过对不同类型、不同领域教育管理名家的群像研究，较为典型、真实地反映民国时期教育管理理论和教育管理实践所取得的成就，为当下我国教育管理理论与实践的发展提供借鉴。

《陶行知的教育管理思想与实践》以总论与分述相结合的方式，着重从“教育领导”“学校管理”和“领域教育管理”三个层面，阐述了陶行知的校长领导、道德领导、学校民主法治、学生自治、教学管理、经费管理、物资管理、乡村学校管理、师范教育管理等思想与实践。该书的要旨在于从教育管理学的角度，重新识读和领会陶行知的教育思想，以此强调陶行知不仅是中国教育史上伟大的教育思想家，也是杰出的教育领导者和教育管理思想家。在内容上，该书通过对教育领导、学校管理、乡村学校管理、师范教育管理等内容的讨论，展现了陶行知教育管理思想与实践所具有的大教育管理的特征。在性质上，该书通过深入分析陶行知的教育思想与其教育管理思想的高度渗透和融合，论证了陶行知教育管理思想与实践所坚持的教育学立场。此外，该书还认为，陶行知是知行合一的典范，他的教育管理思想与实践具有高度的统一性和互动性。他的思想是行动的思想，他的行动是思想的行动；他不仅力倡民主的和道德的学校管理，而且本身就是一个受人尊敬的民主的教育管理者和道德的教育领导者。所有这些，对于当下的教育管理研究与实践都有着重要的启迪。

尽管上述研究还不足以涵盖近代教育管理实践和思想的丰富内容，但我们仍然可以深切地体会到近代教育管理实践与思想的一些重要特征。

其一是教育管理与社会发展紧密关联。教育管理与社会发展显然总是相互关联的，但我们想说的是，中国近代教育管理与社会发展的关联尤其紧密和明显。首先，社会状况对于教育管理产生强烈影响。近代中国是典型的“乱世”，政治动荡、战争频仍、思想多元，急剧的社会变动严重影响了教育管理的稳定性与连续性。这既体现为教育宗旨的不断变化，也体现为教育政策的朝令夕改；既表现为行政首脑的频繁更换，也表现为管理体制的反复无常；既反映在行政机构的混乱设置上，也反映在学校形式的不断调整上。近代中国也是典型的“衰世”，生产力遭到极大破坏，社会生活艰苦，贫弱的社会现实对教育管理同样产生重要影响。可以看到，教育经费短缺一直是困扰近代教育管理的重要问题，不仅直接限制了教育发展的水平与教育管理的能力，而且间接引发了教育独立、教师兼职、学校风潮、学校合并设置等问题。其次，近代教育管理与社会发展的紧密关联还体现在人们对教育管理之于社会发展作用的认识上。无论是早期的“教育救国论”，还是20世纪20年代中期兴起的“国家主义教育思潮”，抑或是抗战时期提出的“战时须作平时看”的教育建国方针，都将教育事业的管理与国家、社会的命运联系起来，视教育变革为社会发展的重要途径。

其二是外国影响与本土思考的交织。中国近代学校教育制度的最初建立，是受外国教育模式影响并整体移植日本教育制度的结果。这种移植具有复杂性：它既是教育制度上的模仿，也决定了我们在教育管理实践和教育管理知识方面要向其他国家学习。张百熙等人当年便提到，学堂发展更重要的是有管理学堂之人，在无人有管理新式学堂经验的情况下，就要考察外国学堂的制度及一切管理教授之法，学习外国如何办理学堂。[①] 罗振玉也强调，教育兴衰取决于教育行政是否得人，因此研究教育行政之学便成了第一要务，而考究他国学校行政之法，翻译相关书籍则是研究教育行政学的基本途径。[②] 可以说，整个近代教育管理实践与思想的产生与发展，与日、德、美、法等国教育制度与观念的影响分不开。

不过，在不同阶段，我们向国外学习的自觉程度是不一样的。19 世纪，我们的学习几乎是被动的，甚至有教育被殖民的意味；到 20 世纪初建立近代学校教育制度之际，虽然从大背景上看仍有"不得不为之"之意，但具体的学习过程显得更为主动；自 20 世纪头十年始，在主动学习中又有了基于本土情境而对"仪型他国""全盘西化"或"囫囵吞枣式模仿"的反思，强调教育制度与教育管理要"谋适合、谋创造"，要"合中国社会之需要"，"努力使其中国化"。也正因为一方面注重向国外学习，另一方面注重学习中的反思和创造，中国在 20 世纪 20—30 年代的教育管理实践和思想，与当时的世界水平保持了高度的同步。换言之，从教育管理的开放性与理论水平的角度看，当时教育管理实践与思想的发展状况甚至要胜过当下。在"昔不如今"的进化论思维或片面的"反移植"论下，这一点常常为我们所忽略。

其三是传统与现代的紧张。在近代，外国与本土的关系很大程度上又表现为现代与传统的关系。在近代教育管理的发展过程中，外国影响与本土思考相互交织。同时，人们也感受到近代教育管理的现代追求与传统影响之间的紧张。一方面，作为管理新式教育的"新教育管理"，近代教育管理在努力提升自身现代性的过程中，遭遇到传统的制度、观念、规范、方法等因素的窒碍。郭秉文在讨论 20 世纪初的学校暴动问题时便指出，新式教育制度强调自由平等，但当时的学生并不能真正理解自由平等的含义，当时学校的管理者也多来自旧制学校，不懂得与学生自由平等交往的方

---

① 舒新城. 中国近代教育史资料(上)[M]. 北京：人民教育出版社，1981：199.

② 璩鑫圭，唐良炎. 中国近代教育史资料汇编(学制演变)[M]. 上海：上海教育出版社，1991：152.

法。林砺儒批评近代中学普通教育与职业教育分合反复现象时也指出，问题不在于两种制度孰优孰劣，而是传统的生产方式、落后的生产力决定了这两种制度都不可能促进职业教育的发展。另一方面，所谓现代的教育管理还被认为不一定优于传统的教育管理。在近代教育管理现代化的初始阶段，人们便对教育管理的现代性有了反身性思考。在陶行知看来，洋教育与传统教育一样糟糕，它不仅将教育限“死”于书本和学校，且制造了教育上的不平等。舒新城则认为，新式学校组织及其管理方法，在某种意义上看甚至是一种倒退，它没有旧学校(私塾)所具有的经费自给、学生自动、良好的师生关系、个别化的教育方法等精神。

其四是科学与民主的追求。胡适曾说：“自从中国讲变法维新以来，没有一个自命为新人物的人敢公然毁谤‘科学’的”，“科学”这个名词“几乎做到了无上尊严的地位”。[①] 同样，我们发现，“科学”也一直是我国近代教育管理发展过程中的一个核心价值追求。从实践层面看，近代教育管理的科学化追求有着多方面的表现。如，平衡教育结构的努力与有效教学组织形式的探索，教育行政体制的不断调整与学校组织结构的日益完善，教育管理人员职责的逐渐明确与教育管理工作程序的逐步细化，对标准化、效率、经济等管理原则的强调与文件管理、会议管理、监督反馈等方法的运用，等等。从研究层面看，科学化的追求除了在内容上直接体现为对于科学理念的强调和效率问题的研究外，还间接地体现在研究的科学方法与态度上。我们看到，自20世纪头十年始，不仅调查、测量、实验、统计等科学方法成为教育管理研究的基本方法，而且教育管理研究成果表达与呈现的规范化程度也不断提高。

在近代教育管理发展过程中，还有一种与“科学”等量齐观的价值追求，它便是“民主”。近代教育管理的民主追求，主要是从20世纪头十年开始出现并逐步发展的。在此之前，我们的教育方针侧重于军国民教育，但第一次世界大战中德国的战败、新文化运动的启蒙以及杜威思想的影响，

① 胡适.科学与人生观[M]//亚东图书馆.科学与人生观.上海：上海书店，1926：序，2—3.

使得军国民主义教育很快为个性主义教育、民主主义教育所替代。这种转变不仅涉及教育目的的调整,也涉及教育管理方式的转变。于是,从20世纪头十年的中期以后,我们看到越来越多的有关教育管理民主问题的讨论和实践。如,在宏观层面,主张通过开放学校、鼓励私立学校、发展女子教育、改良文字等,保障人民的受教育机会;通过改良机械的学校教育制度,促进学生的个性自由发展;通过在教育行政机构中设置审议机关,提高教育决策的参与性与合理性,等等。在微观层面,强调学校管理者要革除长官独裁之旧习;要求教师尊重学生,与学生合作共事;鼓励并指导学生自治,养成他们互助、合作的习惯,等等。

其五是热情与理智的兼有。我们能够在不少近代教育管理实践者与研究者身上,感受到他们探索实践或探究学理过程中的饱满热情。这种热情首先体现在思想层面,近代教育管理思想表现出较为突出的理想主义特征。如,"教育救国""教育独立""教育无宗旨""社会即学校"等主张,都具有很强的教育乌托邦色彩。它们从侧面反映了当时的人们对于教育管理的信心满怀,以及面对困难的无所畏惧。其次,近代教育管理实践者与研究者的热情也体现在他们的语言上。可以发现,无论是政策评议还是学术言论,近代的教育管理话语都有着较强的情绪性,甚至常出现过激的语言。这显然不是简单的语言风格问题,而是因为人们对问题本身投入了强烈的情感。再次,最能体现近代教育管理实践者与研究者热情的是,他们不仅敢"想"、敢"说",且坚决去"做"。我们看到,诸如"壬戌学制""大学院制""男女同学"等教育管理变革之所以成为可能,很大程度上并不是建立在理性分析基础之上的,是追求某种信念的激情提供了"动"力。可以说,如果没有"热情"作为支撑,在近代社会局势与教育条件下,教育管理实践与思想的发展是难有作为的。

同时,在热情之外,我们又能看到近代教育管理实践者与研究者理智的一面。这集中体现为他们对于教育管理专业化的强调与追求。前文提到,罗振玉在近代教育管理实践展开初期,就强调了研究教育行政学的重要性。这也可以看作我国早期的教育管理专业化思想。此后,陶行知、李建勋、邰爽秋、常道直、夏承枫、罗廷光等人，都极为重视教育管理人员或教师队伍的专业化问题。之所以强调教育管理专业化，是因为人们意识到，在教育管理实践日益复杂化的背景下，仅凭经验、常识、小聪明或高涨的热情已难以适应不断提高的合理设岗、用人、办事等方面的要求，必须对教育管理活动作细致考察和深入研究，形成教育管理的科学知识与专业技能，在此基础上对教育管理人员进行专门训练，明确教育管理的人员资格、工作规范和职业精神等。从另一个角度看，强调专业化建设，即是希望突破经验管理的局限，避免无知管理的盲目，杜绝人为管理的随意，扭转激情管理的偏失，以增进教育管理判断的理性水平、教育管理行为的审慎程度和教育管理思维的自觉意识。

最后是理论与实践的互动。我国的教育管理理论，是应办理新式学堂及实施师范教育的需要而出现的，它在产生之初完全是应用性的。譬如，在早期的教育管理教科书中，对管理之性质、管理之意义、管理之类型等学理性问题的阐述很少，而对于学校制度、学校选址、班级编排、学生升级、课程编订、视学方法、学生管理、学生用桌椅的尺寸式样、黑板的制作、门窗的比例、教室采光换气取暖方法、学生体格检查及传染病防治、校历编制等办学治校实务的说明则非常细致。此后，教育管理理论虽不断发展与深化，但理论与实践之间的互动仍极其紧密。一方面，教育管理研究者并不一味地在书斋中做学问，而是强调学术研究要关注管理实践，总是从实践出发构建理论。程湘帆为了更好地撰写教育管理教材，甚至专门到教育行政单位服务，以了解情况，收集资料。另一方面，教育管理研究者还积极地投身实践，参与到教育管理的实际改造中。如，程其保从大学讲坛走上了地方教育行政的领导岗位；庄泽宣为地方教育行政改革担任顾问；李清悚、俞子夷等人虽也在大学任教，但基本上没有离开过中小学办学实际，他们或兼任中小学校长，或从事中小学教育实验；陶行知、邰爽秋、刘百川等人则毅然离开了大学象牙塔，走到教育基层，从事办学治校的改革实验。

我们是携着与陶行知的教育管理实践与思想相遇所产生的兴奋、惊奇与惭愧之情而投入到近代教育管理实践与思想的研究中的，但坦率地说，在研究初期，我们也隐隐地有着一种焦虑。这种焦虑不是担心历史研究方面的课题难以立项或相关研究成果无处发表，也不是担心没有精力与能力完成这项任务，而是觉得放着那么多重要且急需思考与回答的教育管理现实问题不顾，一头钻到故纸堆中，是不是有点“避实就虚”，无视教育管理学作为应用学科的使命。[①] 然而，随着研究的逐步推进，最初的焦虑不仅慢慢淡化，而且转化为我们做好这项工作的动力与信心。一方面，我们发现，上文提到的“教育管理与社会发展、外国与本土、传统与现代、科学与民主、热情与理智、理论与实践”等关系，同样是当下的教育管理实践与思想建设过程中需要面对并有待解决的基本问题。因此，对于近代教育管理问题的梳理与探讨，可以从正反两个方面为当下教育管理实践与思想的发展提供借镜。另一方面，我们还认识到，“过去”不仅仅是“现在”可资参照的样本，它本身即是“现在”的构成部分，在“现在”身上有着许多“过去”的影子。因此，我们只有了解“过去”，才可能清晰地认识“现在”，把握“未来”。

基于上述认识，我们在探究近代教育管理实践与思想的过程中，还进一步丰富了对教育管理研究方式的理解。我在2000年时提出了教育管理实地研究的概念，并在此后几年中运用该方法组织开展了一系列研究。当时我认为，教育管理研究方式可分为思辨研究、实证研究和实地研究三种。其中，思辨研究和实证研究是我国教育管理研究者面对问题、提出问题、思考问题和解决问题的两种传统套路，它们具有相应的价值与合理性，但也存在自我独白、孤芳自赏或忽视意义、价值与个殊性追问等诸多缺失。而以“脚踏实地”为基本特征，以理性地反思和阐释教育管理实践行为与实际问题为主要任务的实地研究，则能够较大程度地弥补思辨研究与实证研究的不足。

概括地看，思辨研究追求“深”，实证研究关注“广”，实地研究强调“近”，它们虽以不同的方式丰富了我们对教育管理现象的认识与理解，但所采取的主要是一种“以当下观当下”的视角，往往只能提供“当下”的“快

① 张新平，褚宏启.教育管理学通论[M].北京：高等教育出版社，2012：34—39.

照”。一如米尔斯(C. W. Mills)所指出的，“以当下观当下”是运用“抽样”方法认识现实。[①] 一旦意识到，过去、现在和未来是相互联结的，我们就会发现，“当下”其实只是我们认识眼前现实的一个时点，而且只是阶段性“终点”，并不是“起点”。涂尔干(D. E. Durkheim)便提醒我们，不能局限于我们自己所处的特定时代，而必须把自己移送到历史的时间刻度的另一端。将过去作为“起点”，沿着这条道路走下去，我们会达到今日的处境。通过历史考察，捕捉种种具有同等正当性的需要与必要性之间的差异，我们将会避免屈从于兴盛一时的激情与偏向所产生的备受尊崇的影响，从而接受一种客观冷静的考察，全面展现教育活动的复杂性。[②] 因此，在思辨研究、实证研究和实地研究之外，我们又提出了教育管理研究的第四种方式——历史研究。[③]

我们认为，教育管理应是“瞻前顾后”的，既要意识到教育管理“不徒重视现在，抑且重视未来，不徒着眼成人生活的改善，抑且期求儿童和青年福利的增进”[④]，知道“往前看”；也要意识到“许多管理现象是十足的历史问题，而不是严格意义上的管理问题”，懂得“往回看”[⑤]。教育管理也应是“且行且停”的，一方面要敏锐地辨识教育管理现实问题的症结所在，敢于变革与创新，努力实现教育管理实践的不断改进；另一方面要保有谦逊与冷静的态度，懂得总结与坚守，能够对理所当然、急功冒进的做法进行反思。相应地，教育管理研究也要更加多元、饱满、稳重、深刻，要能够在偏于平面化分析的实证研究与实地研究的基础上，借助历史研究方式，在考察、分析现实过程中渗入一种纵向思考，以此更为立体、全面地认识教育组织及其管理现象。

---

① [美] 米尔斯.社会学的想象力[M].陈强，等，译.北京：生活·读书·新知三联书店，2001：159.

② [法] 涂尔干.教育思想的演进[M].李康，译.上海：上海人民出版社，2006：18.

③ 张新平，等.教育管理学的方法体系[M].北京：科学出版社，2012：87—96.

④ 罗廷光.教育行政[M].上海：商务印书馆，1942：15.

⑤ Eugenie Samier. Educational Administration as a Historical Discipline：An Apologia Pro Vita Historia[J]. *Journal of Educational Administration and History*, Vol.38, No.2, August 2006：125 - 139.

最后，要感谢本系列各位著作者对于丛书的支持与投入；感谢上海教育出版社教育编辑室主任袁彬一丝不苟、尽心尽责的工作；感谢“江苏高校优势学科建设项目”对于本系列丛书出版的资助。

尽管我们投入了极大的热情，也付出了最大的努力，但受历史材料搜集困难及处理材料能力的影响，丛书定有不当或错讹之处，还望各位读者批评指正！

张新平

2013年12月

编者的话

一

1930年代前期，时任大夏大学教育学院院长的邰爽秋，特约当时国内四十余位知名教育学者合作选编《教育参考资料选辑》，其中的"第二种"是《教育行政之理论与实际》①。该资料可以看作是我国最早的教育管理学文选方面的成果。它分为上、下两编，以民国前二十多年间出现的具有代表性的教育管理研究论文为主，同时收集了一些重要的教育法规与议案。后来，为便利读者起见，教育编译馆又将《教育行政之理论与实际》的下编单独编为《地方教育行政之理论与实际》②，作为《教育参考资料单行本》之一。

张济正和吴秀娟1988年选编的《教育学文集——学校管理》，是我国教育管理学文选方面的另一份重要成果。但这部文选除了列民国时期萧承慎的《我国中学校长制度之探讨》一文作为附录外，所收录的材料主要是1979年以后的，且选编内容以学校内部管理的材料为主。③ 就编者目力所及，自中华人民共和国成立以来，包括港澳台地区在内，国内尚无反映民国时期教育管理学研究总体状况的文选类成果。

正如刘问岫所言："教育行政学科的建设，是不能割断历史的，割断历史等于无源之水，无本之木，是不能有所发展的，就是发展也不会巩固的。"④

---

① 邰爽秋，等，合选.教育行政之理论与实际[M].上海：教育编译馆，1935.

② 邰爽秋，等，合选.地方教育行政之理论与实际[M].上海：教育编译馆，1935.

③ 张济正，吴秀娟，选编.教育学文集——学校管理[M].北京：人民教育出版社，1988.

④ 刘问岫.教育行政学科的由来[M]//张济正，吴秀娟，选编.教育学文集——学校管理.北京：人民教育出版社，1988：34.

晚近的很多教育管理学习者和研究者，对民国时期的教育管理研究知之较少，甚至有人将教育管理学视为改革开放后新设置的课程和学科。这种情况不仅在情理上说不过去，而且会影响合理的学科自我认知的形成，有碍学术研究的延续性与发展性以及学科地位的确立。用张复荃的话说，整理和分析前人遗产，不仅使我们的研究具有必要的延续性，不致事事从头做起，同时也有助于吸取过去研究工作的历史经验和教训。[①] 进一步看，民国时期的教育管理研究成果，还集中反映了当时教育管理实践发展的过程。透过它们，我们既可以在直接意义上了解我国现代教育管理实践初始的概况，以及发现当下教育管理问题的源头与由来，也可以在间接意义上借鉴时人思考与解决问题的取向和方式。

正是基于上述考虑，我们有了编辑《民国教育管理学文选》(以下称《文选》)的想法。在我们看来，这是教育管理学集中精力关注现实的同时，可以做也需要做的一项工作。首先，它具有"补缺"的意义。《教育行政之理论与实际》收集的是民国前期的重要教育管理研究成果。《教育学文集——学校管理》收集的是 1979 年至 1988 年间学校管理研究方面的主要成果。我们编辑的这部文选，时间上涉及整个民国时期，不仅弥补了 1930 年代中期至中华人民共和国成立前这一近代教育管理研究黄金时期的研究成果未加整理的空缺，而且在文选层面形成了从近代到当代相对完整的谱系。其次，它还有"补课"的价值。对学习者而言，本《文选》可以让我们直观地了解民国时期教育管理研究的内容与水平，从而形成对我国教育管理发展历史的整体性认识，弥补"偏知"的不足。对研究者而言，重温民国时期的研究，可以让我们反思一些原先的理所当然的认识和自以为知的判断，避免"无知"的尴尬。对实践者而言，本《文选》也可以另一种方式让他们了解民国时期的教育管理实践与思想，克服"不知"的局限。

---

① 张复荃.论学校管理学的理论化体系化[R]//中国教育学会学校管理研究会，编.论学校管理.内部资料，1984：65.

二

《文选》主要运用浏览法选编而成，所有文献都是一手文献。编者收集和浏览的原始文献主要有期刊和著作两大类。期刊方面，除了全卷浏览《教育杂志》《中华教育界》和《新教育》3种刊物外，我们还浏览了能够找到的18种学术类教育刊物中的400多期文章。① 著作方面，我们浏览的文献集中于教育管理类著作，总数在70部以上，时间跨度从1914年至1949年(见表1)。选择将著作纳入文献来源，一是基于整体地、深入地把握民国教育管理研究的概况；二是防止遗漏一些期刊中没有反映的但对了解民国教育管理研究极其重要的文献。

表1 《文选》主要浏览的教育管理研究著作一览表

书　　名	作　者	出版年份	书　　名	作　者	出版年份
《学校管理法要义》	谢冰等	1914年	《地方教育行政之理论与实际》	邰爽秋等	1935年

① 相关期刊及具体期数为：《都市教育》(1915年至1918年第1—18期、第20—39期、第41期)；《北京高师教育丛刊》(1919年至1926年第1卷第1—4期、第2卷第1—8期、第3卷第1—8期、第4卷1—8期、第5卷第1—6期)；《教育汇刊》(1921年至1926年第1卷第1—6期、第2卷1—4期)；《中等教育》(1921年至1925年第1卷第1—4期、第2卷第1—5期、第3卷1—4期)；《安徽教育周刊》(1927年至1928年第1—3期、第6—8期)；《教育月刊》(1927年第1—4期)；《教育研究》(1928年至1948年第1—77期、第80—82期、第84—88期、第91—110期)；《教育丛刊》(1930年至1932年第1卷第1—4期、第2卷1—3期)；《教育季刊》(1930年至1931年第1卷第1—4期)；《国立中央大学教育季刊》(1930年至1931年第1卷1—4期)；《教育丛刊》(1933年至1939年第1卷第1—2期、第2卷第1—2期、第3卷第1—2期、第4卷1—2期)；《教育研究通讯》(1936年第1卷第1—5期)；《教育半月刊》(1936年至1943年第1卷第1期、第1卷第3期、第1卷6—7期、第2卷第3—10期、第3卷第1—10期、第4卷第1—10期、第5卷第1期、第5卷第3—10期、第6卷第1—12期)；《教育谈》(1937年第1—14期)；《教育学报》(1939年至1942年第1—9期)；《新民教育》(1939年第1—6期、1940年第9—10期)；《教育建设》(1940年至1943年第1卷第1—6期、第2卷第1—6期、第3卷第1—6期、第4卷第1—6期、第5卷第1—6期)；《教育论坛》(1946年至1947年第1卷第1—10期、第2卷第1期)。

（续表）

书　　名	作　者	出版年份	书　　名	作　者	出版年份
《学校管理法》	金承望	1916 年	《校舍建筑及效率测量》	邰爽秋等	1935 年
《学校管理法》	郭秉文	1916 年	《中国教育宪法问题》	邰爽秋等	1935 年
《中国教育制度沿革史》	郭秉文	1916 年	《中学教育之理论与实际》	邰爽秋等	1935 年
《学校调查纲要》	张裕卿	1923 年	《实际的小学行政》	陈剑恒	1935 年
《学校风潮的研究》	常道直等	1925 年	《现代小学行政》	金笆仙	1935 年
《教育行政效率问题研究》	盛朗西	1925 年	《小学行政》	李清悚	1935 年
《教学指导》	程湘帆	1926 年	《小学行政》	曾毅夫	1935 年
《直隶省教育行政组织之改革案》	李建勋	1926 年	《教育视导》	周邦道	1935 年
《中国教育行政》	程湘帆	1927 年	《地方教育行政》	夏承枫	1935 年
《中国新教育行政制度研究》	姜琦等	1927 年	《地方教育行政》	邵鸣九	1935 年
《乡村学校设施法》	古　楳	1927 年	《小学行政》	徐佩业等	1935 年
《教育行政》	张季信	1928 年	《小学行政概要》	程其保等	1935 年
《小学行政 ABC》	魏冰心	1928 年	《地方教育行政》	辛增辉	1935 年
《教育行政学》	周予同	1929 年	《地方教育行政》	曾毅夫	1935 年
《如何使新教育中国化》	庄泽宣	1929 年	《小学行政》	沈子善	1936 年
《学校管理法》	范寿康	1930 年	《县教育行政》	甘豫源	1936 年
《小学行政及组织》	芮佳瑞	1932 年	《考试制之商榷》	李宗吾	1936 年
《新中华小学行政》	俞子夷	1932 年	《各国教育制度》	常导之	1937 年
《现代教育行政》	夏承枫	1933 年	《教育之行政学的新研究》	杨鸿烈	1939 年

（续表）

书　　名	作　者	出版年份	书　　名	作　者	出版年份
《小学行政》	曹鹄雏	1933年	《地方教育行政》	王克仁	1939年
《新师范小学组织及行政》	饶上达	1933年	《学校调查》	黄敬思	1940年
《小学行政新论》	朱智贤	1933年	《国民教育行政》	陆传籍	1942年
《学务调查》	程其保	1933年	《小学行政纲领》	黄香山	1944年
《学校训育论》	陈英竞	1933年	《教育行政》	罗廷光	1946年
《中小学训育行政》	陈智乾	1933年	《小学行政》	杜佐周	1946年
《学制》	邱　椿	1933年	《改造中国教育之路》	庄泽宣	1946年
《地方教育行政》	邵鸣九	1933年	《教育行政》	刘　真	1946年
《中国教育行政大纲》	张季信	1934年	《教育行政教材教法研究》	李建勋等	1946年
《教育行政大纲》	常导之	1934年	《教育危言》	林砺儒	1947年
《现代中国及其教育》	古　楳	1934年	《教育制度改进论》	常道直	1947年
《县教育局行政组织研究》	马鸿述	1934年	《教育行政》	沈慰霞等	1947年
《新小学行政》	吴研因等	1934年	《教育行政》	李建勋等	1948年
《中学行政概论》	黄式金等	1934年	《国民教育视导》	洪石鲸	1948年
《教育视导之理论与实际》	雷震清	1934年	《国民教育行政问题》	刘百川	1948年
《增订教育行政大纲》	常导之	1935年	《校长和教职员》	伍瑞锴	1948年
《教育与学校行政原理》	杜佐周	1935年	《国民学校行政》	徐志学	1948年
《教育行政之理论与实际》	邰爽秋等	1935年	《教育行政》	常导之等	1949年

在选篇原则上，我们力图达成五个方面的要求：

第一，所选文章能够反映民国教育管理研究关注的主要问题。这既包括教育管理实践方面的问题，也包括教育管理学科与研究方面的问题。

第二，所选文章能够呈现民国时期研究教育管理问题的主要人物。这一方面要在个体层面反映那些具有开创性、标志性或将主要精力放在教育管理研究工作上的专业学者的成果，另一方面要在群体层面反映当时从事教育管理问题研究者的知识背景、社会地位、职业身份等方面的多样性构成。

第三，所选文章能够说明民国时期教育管理研究的主要观点。这既要涉及民国时期研究者在教育管理方面一般性的思想和理念，也要反映他们关于具体问题的见解和主张。

第四，所选文章能够显示民国时期教育管理实践发展的主要线索。通过这些文章，我们不仅能够较为全面地了解民国教育管理研究的概况，而且能够在一定程度上把握民国教育管理实践变迁的基本过程。

第五，所选文章能够揭示民国时期教育管理研究的主要特征。这是强调所选文章要反映民国教育管理研究在研究方法、语言表述、行文风格、研究取向以及写作规范等方面的总体样态。

在上述原则下，我们最终选出 100 篇文章，并将它们分归为“教育管理的涵义、理念与背景”“教育政策法规与学校制度”“教育行政体制与组织机构”“教育经费、教育视导与教育调查”“教育局长、教育行政人员与校长”“教师与学生管理”“学校组织与管理”和“教育管理学科与研究”八个主题。为方便读者更清楚地了解相应主题所选文章的内容、特点或背景以及各文章之间的关系和该主题中民国时期的其他相关文献，我们在每一主题文章的开始做了“本辑提要”，对所选文章作概要说明。

三

编完《文选》后，我们发现民国教育管理研究具有三个突出特征。

其一，民国教育管理研究视野开阔。这体现在三个方面。

一是民国教育管理研究者很重视教育方针、教育法制、学校制度、教育行政体制、教育行政机关、教育经费、教育视导等宏观教育问题的研究。与当下教育管理研究中“学校管理研究强，教育行政研究弱”的格局不同，民国时期的教育管理研究总体上呈现出教育行政研究强于学校管理研究的局面。

二是民国教育管理研究者非常重视从宏观社会发展的角度思考教育事业的建设与管理。这既表现在教育管理研究者对教育行政内容与性质的理解上，也表现在教育管理研究主题与追求在不同社会背景下的转变，还表现在当时的研究成果对教育管理研究使命以及教育行政人员、校长与教师职责的界定上。

三是民国教育管理研究有着明显的“向外看”的倾向，特别注重学习其他国家的教育管理理论与实践。而且，这种学习不只是研读或翻译国外作品，而且是基于“走出去”(如不少教育管理研究者都有留美经历)和“请进来”(如邀请杜威、孟禄、麦柯尔等人访华)的深入交流与实质性推广。

其二，民国教育管理研究重应用。教育管理学在我国是清末时期应“用”而生的，是为满足办理新式学堂及实施师范教育的需要发展起来的。综观民国时期的研究成果，强调应用同样是民国教育管理研究的一个基本特征。有所区别的是，清末时期的应用是在不知如何办理教育的情况下，在消极意义上的应对与维持；民国时期的应用则更为积极，关注如何通过研究促进教育发达，增进教育效率。具体地说，民国教育管理研究对应用的重视体现在四个方面：

一是关注教育管理实际问题。无论是宏观分析还是微观考察，民国教育管理研究较少“为研究而研究”，绝大多数研究讨论的是教育管理实践中的具体问题。

二是重视操作与实施问题。当时的不少成果具有方案或提案的性质，还有一些成果直接以“怎样……”为题。更多成果则从应用的角度出发，对很多看上去琐碎的问题进行细致的讨论，并且特别重视表册、文书、标准等工具的介绍。

三是重视国外理论与制度的本土化。学习其他国家的理论与制度，是民国教育管理研究的基本方式，但当时的研究非常强调从国情出发，在认清本国问题的情况下，对外国的理论与制度进行本土化改造。

四是强调教育管理是“行”政而非“坐”政。很多研究者不是坐而论道者，而是努力以宣传、提案或亲身实践的方式，将思想和主张转化为实际行动。

其三，民国教育管理研究有魂灵。这既体现在民国教育管理研究者的追求上，更体现在其对教育管理内在精神的理解上。

民国时期的教育管理研究者注重研究的应用性，追求研究的科学化。前面已述及研究的应用性。对研究的科学化的追求体现为研究者努力用专业知识来审视现象，用调查和统计方法分析问题，用事实和数据支撑观点，用规范格式进行写作等方面。概括而言，强调研究科学化，是希望教育管理学从简单的“术”提升为严格意义上的“学”。

在对教育管理内在精神的理解上，民国的教育管理研究虽然以论“事”为主，但在说明和阐述事情或事务的背后，都有着鲜明的理念追求：首先是强调教育管理效率。民国时期不仅有许多专门论述和倡导教育管理效率的成果，而且在讨论各种管理问题时，都渗透着效率的理念。其次是倡导教育管理的专业化。一方面强调教育管理不能单纯依靠常识、经验和个人能力，而要基于专门知识和专业技能，要变消极的应付与管制为积极的促进与指导；另一方面主张对教育管理人员进行专门教育，确立教育管理人员的入职资格要求与待遇标准，并加强教育管理专业团体的建设。再次是重视教育管理的民主化。无论是讨论宏观的学校制度、行政体制、法规政策问题，还是分析微观的教学、训育、事务管理问题，使教育管理臻于民主，始终是民国教育管理研究者的总体追求。最后是坚持教育管理的教育性。这表现为民国教育管理研究者普遍相信，教育管理是积极意义而非消极意义上的管理，是助长的而非限制性的，是面向儿童而非成人的，是指向未来而不只是针对当下的；也表现为研究者对学校制度和班级编制如何更好地适应学生个性，教育行政如何强化独立性与学术化，教育行政人员和校长如何做好教学指导工作，校舍建筑与设备如何有利于学生的健康与教育等问题的讨论。

民国教育管理研究也存在多方面的不足。如研究在很大程度上依赖于国外的学术资源；尽管意识到研究科学性的重要，并努力为之，但不少成果仍以经验和意见为主，方法与论证的科学性不强；对法规政策的阐述与论证过多，很多时候还将法规政策作为立论的依据，而相对缺乏反思的精神与习惯；等等。当然，不管是“值得称道的”，还是“不尽如人意的”，以上只是我们的认识。究竟民国教育管理研究有何可取或不足之处，还需要读者阅读《文选》后来判断。

四

《文选》的体例上，我们没有对原文作大的调整，这既是因为完全统一体例存在一定的难度，也是为了尽可能呈现选文的原貌。不过，考虑到读者的阅读习惯、出版规范等因素，我们也对一些内容进行了微小的调整。这些调整涉及以下几个方面。

其一，标点符号的调整。对于发表时间早，没有标点符号的文章，编录时添加了标点符号。此外，民国时期的文章中，很多现在看来该使用顿号的地方，用的都是逗号。按照现在标点符号使用的习惯，我们将原文相应地方的逗号改为顿号。还有一些原文断句与现今汉语语法习惯不符的地方，我们也作了适当处理。

其二，标题序号的调整。对于节选自专著的文章，原来的“第一节、第二节……”改为“一、二……”。还有一些文章层次序号的标注不太清楚的，我们也在不影响原文理解的前提下作出相应调整，尽量保证序号的层次性。

其三，个别词语的调整。民国时期因为是竖排，文章中常出现“左图”“如左”“左面”“左表”等表述，编录时相应地改为“下图”“如下”“下面”“下表”等表述。另外，民国的一些文章中会有助词“的”表述为“底”，“什么”表述为“甚么”，“那么”表述为“那末”等现象，碰到此类情况，我们也按现在的用法改为“的”“什么”“那么”等。

其四，表格格式的调整。同样是因为文字竖排，文献中的表格也是竖式的，阅读方式为“自上往下、从右到左”，在转变文字排版格式时，我们也对表格格式进行了调整，将相应竖式表格的“右侧标题”调整为“纵栏标题”，“上方标题”调整为“横栏标题”。

其五，数字表达的调整。原文献中大部分数字使用汉字，在不影响理解的情况下，我们尽量保持原貌，如“法国区划普通行政地域，为八十九府，而教育行政区(或称大学区)仅一十有七”。对于可能给读者带来困惑或理解不便的地方，则改用阿拉伯数字。如原文为：“根据财政部十八年度财政报告：全年税项收入加债券借款收入，共仅五三九、〇〇五、九一九元。”调整后为：“根据财政部十八年[1929]度财政报告：全年税项收入加债券借款收入，共仅 539 005 919 元。”

其六，加注公元纪年。原文中的年份大多采用皇帝年号和民国纪年法。为方便读者阅读，并形成更为准确的年代感，我们在这些年份后加注了公元纪年，其统一格式为：“年号/民国纪年[公元纪年]”。如原文为：“至于县区制度，自光绪三十二年学部奏设‘劝学所’，至宣统二年颁布《地方自治章程》，于是性质一变。在自治未成立地方为执行机关，在自治已成立地方为监督机关。民国初年为紊乱时期，各县情形至不一律。民二教育部略有整顿之议，但实在恢复前清之主管的独立机关，则在民国四年。”加注后为：“至于县区制度，自光绪三十二年[1906]学部奏设‘劝学所’，至宣统二年[1910]颁布《地方自治章程》，于是性质一变。在自治未成立地方为执行机关，在自治已成立地方为监督机关。民国初年为紊乱时期，各县情形至不一律。民二[1913]教育部略有整顿之议，但实在恢复前清之主管的独立机关，则在民国四年[1915]。”

其七，增加编校者注。为了补充、解释或更正原文中的相关内容，我们以脚注方式对这些内容作进一步说明。为区别于原文中的注释，这些脚注后面都以添加“——编校者”的方式作出标示。编校者注主要在这几类情况下使用：一是对每一篇文章的作者作简要介绍，并说明选文来源；二是对原文中的人名、地名译文与今译有异者进行说明，并补充简要信息；三是对原文中较为生疏的或与当下表述有较大差异的概念、专有名称等作补充说明；四是指出并说明原文中明确的或疑似的错误；五是对原文中的一些特殊情况（如文字不清、数字缺失等）作交代或说明。

陈学军

2019 年 7 月 14 日

目录

上　卷

肆　教育经费、教育视导与教育调查 >455

下　卷

壹

教育管理的涵义、理念与背景

本辑提要

本辑的主题是“教育管理的涵义、理念与背景”。其中，马宗荣的《教育行政的特质》(1929)、夏承枫的《教育行政的意义》(1932)和杨鸿烈的《教育行政之内容与范围及与其他普通行政之关系》(1939)聚焦教育管理的涵义。马文主要从国家的角度讨论了教育行政的需要，特别是阐明了教育行政作为“助长行政”的重要意义；夏文除了讨论教育行政产生的背景外，重点强调教育行政的教育性及其涉及的具体内容；杨文的特点则在于，不仅对民国时期学者有关教育行政涵义的理解作了较好的综述，而且详细、深入地讨论了教育行政与其他普通行政的关系。除了这三篇文章之外，陈骥的《什么是教育行政》(1930)也是一篇较好的讨论教育管理基本涵义的文章，但此文在内容上与邰爽秋的《教育行政效率》(1929)一文存在较多的重合，且发表时间要迟于邰文，故未选入。

隐青的《德谟克拉西教育之实施法》(1919)、陶行知的《地方教育行政为一种专门事业》(1921)、余家菊的《国家主义下之教育行政》(1925)、邰爽秋的《教育行政效率》和熊翥高的《小学校的最低限度行政标准》(1935)聚焦教育管理的理念。它们分别体现了民国教育管理学者对教育管理民主化、专业化、国家化、效率化与标准化的追求。民主化、专业化、国家化、效率化、标准化等理念，是民国教育管理学者在价值追求方面的重要特征。

当然，专门讨论有关教育管理理念的文章不只这几篇。譬如，讨论教育管理民主化问题的文章还有张表方的《教育精神的独立自由化与教育制度的贫民民主化》(1930)、唐守谦的《教育民主化的基本原则》(1946)、刘百川和朱佐廷的《民主化的教育机关公文处理》(1948)、董渭川的《中国教育民主化之条件》(1948)等,讨论教育管理专业化问题的文章还有陈侠的《从教育专业的特质说到优良教师的修养》(1947)、常道直的《如何促成教育之专业化》(1948)、程时煃的《从行政经验论教育专业道德规约》(1948)等,讨论教育管理国家化问题的文章还有常道直的《从什么地方看出国家主义的教育之需要?》(1923)、盛朗西的《各国宪法规定国家教育权与教育政策之研究》(1925)、陈启天的《国家教育政策发端》(1926)等,讨论教育管理效率化问题的文章还有盛朗西的《教育行政效率问题一部分的研究》(1923)等,讨论教育管理标准化的文章还有常道直的《研究教育行政上标准问题之资料》(1922)、盛朗西的《视察江苏乡村小学之标准》(1927)和马客谈的《如何使地方小学教育标准化》(1937)等。我们选择《德谟克拉西教育之实施法》和《地方教育行政为一种专门事业》,主要是因为这两篇文章发表的时间较早,具有开创性;选择《国家主义下之教育行政》和《教育行政效率》,是因为这两篇文章对问题的讨论比较全面,两位作者也是相关观点的代表性人物;选择《小学校的最低限度行政标准》,则是因为文章内容更有针对性,主题上更贴近。

罗廷光的《教育行政的背景及其趋势》(1942)是有关教育管理背景的。该文强调,教育行政是实现国家教育宗旨和政策的一种工具,教育不能脱离政治、经济、社会、文化等而独立,教育行政更是随时随地为它们的势力所左右,相应地,教育行政要适应国情和时势。这种观念在民国时期的教育管理研究者中非常普遍,很多成果也都有相关的讨论和表达,较为突出者如庄泽宣的《如何使新教育中国化》、古楳的《现代中国及其教育》等。不过,民国时期以"教育行政背景"为主题作专门讨论的成果却不多见。因此,我们在罗廷光的《教育行政》一书中节选一章,以体现民国教育管理学者对这方面的关注。

教育行政的特质

马宗荣*

一、国家与行政

人们处世，是不能单独生存的；人们欲想维持人们的生存，完成人们生活的意义，必要组织二人以上的团体生活。所以亚理斯多德①说：人本来是社会的动物，是不可一日离脱社会而生存的。

但是，最初的社会，其组织是极不完全的；在文化未开的野蛮的时代，其社会不过是为图谋特殊利益起见而成立的一部分的、暂时的群栖生活。及文明渐次发达，一部的、暂时的群栖生活渐不能满足当时人们的欲望，于是比较广大的、永久的团体逐渐发生。具体地说：最简单的群栖生活进而为家族生活，再进而为部落生活。其后文明的进步日盛，因发生种种对他的关系，势不能不要求一种极永久、极巩固的团体出现。所谓国家的团体遂由此诞生。

其次，人们既实行共同生活，团体的里面，势非有一种秩序不可。详细地说：人们欲长久维持其共同生活，必制定一种适当的约束，使互相遵守，而不

---

* 马宗荣(1896—1944)，字继华，贵州贵阳人。留学日本东京帝国大学，主攻社会教育和图书馆学，获硕士学位。曾任大夏大学教授、社会教育系主任兼图书馆馆长、上海市教育局督学、教育部社会教育司司长等职。主要著作有《社会教育纲要》《最近中国教育行政四讲》等。

本文原载《教育杂志》1929年第21卷第8号。——编校者

① 今译“亚里士多德”(Aristotle，前384—前322)，古希腊哲学家。——编校者

互相侵犯，始能收圆满的结果。所以社会成立之初，里面即有一种草创的、简陋的规约；及团体的组织渐固，其规约的内容形式也逐渐改进，带有永久性、尊严性的法规遂因此产生：这就是所谓国法。

如果上面所述的原理是不错的话，国家是实因人类生活上的必要而发生。所以国家的目的，当应人类生活的要求，而使其生活得以圆满，得以完备。换一句话说：就是当以一面图个人的发达，一面谋社会文化的发展为国家的目的。再简单地说：就是应当以耶律勒克(Georg Jellinek)①所谓的文化的目的(kulturzweck)为国家的目的；而我们想使国家能达到这种目的，最先直接的目标，必须制定能保护国家及国民的法规，且进而讲求维持其法规之道。换句话说：是必需假重如孙中山先生所谓的五权——立法、司法、行政、考试、监察的五大作用，以遂行国家的意志。

二、国家与教育

国家具有所谓文化的目的，而当图谋个人的发达与社会文化的发展；那么，国家究竟要怎样才可以实现这个目的呢？这方法很多——举一两个例子来说：或可殖产兴业，以图国富的增加；或可秣马厉兵，以计国防的充实。然无论要殖产兴业也好，无论要秣马厉兵也好，其主动分子，离不开国民。苟不先图其主动分子——国民有所进步发展，则其效果实不易期。这就是说：掌握各种问题的锁钥的，不外乎人；而培养育成人的根本利器，又不外乎教育。康德说：人唯赖教育，始得为人。是教育以外，即无所谓人。故国家欲完成其目的，而求人类的发达与社会文化的向上，非先完成其国民的教育不可。昔普鲁士被法战败，先努力于教育，而得挽回其国势，就是根据这个原则而收的美果。欧战②既终，世界各国再三注意于教育的复兴与改善，其造因也离不了这原理。

由是以观，国家图谋教育的普及发达，实为国家当然的责务。国家欲求国家的隆盛与人类的进步，非先从教育下手不为功。而运营国家活动的教育一

① 今译“耶利内克”(Georg Jellinek，1851—1911)，德国法学家。——编校者

② 指第一次世界大战。——编校者

部分的因子，则为教育行政。故力图教育行政的完备，实属欲求国家隆盛与人类进步的急务。

三、教育行政的意义

教育行政是什么呢？英语叫作 educational administration，德语叫作 bildungs wesen，就是“关于教育的行政”。但是教育的意义，因时间与空间的不同，其界说也随之而有广狭，故有广义与狭义的区别。从来的所谓教育，多属狭义的，只限于学校教育而言。最近的教育界说，则较为广泛，多含家庭教育、学校教育与社会教育三项。从而各国的教育行政机关处理教育事项，对学校教育，自然不必说，对社会教育，也视为重要的对象。就理论上说来，教育行政所管辖的教育事项，应包含家庭教育、学校教育与社会教育三项，且宜平等重视，而不宜偏重一方。

虽然，处现今这教育行政学尚未发达的社会，事事碍难做到理想化、科学化、原则化的地步，故教育行政虽不能专办理学校教育，然世界各国的教育行政确多被学校教育占主要的地位。又社会教育行政中的保健、感化、风教事业多被内务行政者逾境管理。故今后改弦更张，全恃乎我辈与今后的学教育者的努力奋斗！

四、教育行政的特质

国家为维持自己的存在，并保卫国民的安宁，增进国民的幸福，不可不有一定的法规，所以有立法机关的必要。同时须准据立法机关所定的法规，以执行政务，所以有行政机关的必要。而所谓行政，其样式也有种种。共勃罗威齐(Ludwig Gumplown)①根据政务发展的顺序，将行政分为数类。其第一类，是为军务行政，据共勃罗威齐的理想，以为在国家的历史上首先发达的政务，当

① 今译“龚普洛维寺”(Ludwig Gumplown，1838—1909)，波兰社会学家、政治学家。——编校者

推为保持国家自体的存在而发生的政务;而为保持国家自体的存立计,第一宜着手的政务,即属军务。第二,国家宜筹支军费,是为财务行政。第三,国家文化渐近,可不假武力,而借重外交,亦得主张维持自国的利益,以达到维持国家自存的目的,是为外务行政。故军务、财务、外务三行政,为国家第一次行政。

国家的生存既确定后,国家宜从事的事务,首推维持内部的秩序。而欲维持内部的秩序,宜先调查人民的数目,而户籍事务的必要遂兴。其次,作奸犯科,势所必禁,而司法的事务因之继起。再次,欲使户籍与司法的事务能十分圆满进行,宜区划省县的区别,整理交通道路,于是地方管治与交通事务以生。故户籍、地方管治及交通诸行政,为国家第二次行政。

国家的存立既已安定,秩序亦已整顿,则政务的当行事务,为谋增国民的福利。详细分析地说:第一,为关于民业的事;第二,为关于教化的事;第三,为关于卫生的事。故民业、教化、卫生为第三次行政。

要之,行政有以保存国家自存为目的的行政、以维持内部秩序为目的的行政及以增进国民福利为目的的行政。然现今立宪政治的国家,于普通行政的外,多容忍地方自治的存在,从而对自治行政言,一般行政又叫作官治行政。而今日的法学者往往将各治行政区别为军务、财务、外务、司法、内务五种。前述的地方管治与交通的第二次行政及第三次行政的全部,普通多入于内务行政的里面。

内务行政,是以维持社会公安、增进国利民福为目的的行政。维持社会的治安,是内务行政的消极目的;增进国民福利,是内务行政积极的目的。前者谓之警察行政,后者谓之助长行政。教育行政及一部分国家的宗教行政,同是以谋国民道德身体知识的发达成长为目的,所以是最积极的内务行政。其他交通行政、救恤行政与在现在社会制度下不属于教育行政管辖——论理,应属于教育行政管辖的保健行政、感化行政等,都系助长行政的一种。但教育行政较之交通行政、救恤行政,其性质更为积极。

国家发达过程尚在幼稚的时代,能假警察力以维持公共的安宁秩序,保护国民的福利,则其欲求即已满足:所谓"警察国家"。及至文化发达的所谓文化国家,除力行消极的警察政策而外,当更努力于产业的发达、教育的振兴。换些话说,就是当以产业立国、教育立国为文化国家的主要政策。近世以来,外国语言间每流行“教育第一”的熟语，其造因不外由于教育立国而来。

由是而观，教育是国家或个人欲达其存在的目的与发展上最重要的最根本的因子。所以教育行政是所有行政中最重要最根本的行政。因为教育行政完备以后，才能建设健全的文化国家。

教育行政为助长行政，不是监督行政；是最积极的行政，不是消极的行政。但是反观事实，却有不然。世间办理教育行政的方针，变监督为干涉者则甚多，用力于保护或助成者则甚少。

原来万物是顺序而发生的。据共勃罗威齐的说，国家行政中的军务、财务、外务的消极行政首先发生，嗣后教育行政等才继续而起。所以教育行政的初期，国家致力于监视，以防止其偏向，原为必要，就中，当国家的内部尚未十分整顿之际或建设新制度之秋，势不能不采统一主义，使从事教育者服从一定的规程、划一的标准。试观欧美各国教育行政的发生史，其初期的政策，能逃出这公例者颇少。欧战前的德意志的所以能获优美的教育成绩者，也许受些采用统一政策之赐。

但是，不论何时都采用划一标准监督政策，则失于顽固，国民的活动力可因之而停滞，创造力可因之而钝折。法兰西的统一主义所以使今日的法国产生许多的苦闷者，或即是这个缘故。

虽然，英美的自由主义也有许多缺点。吾人试就实际而观，英国原属自由主义的国家。英国的教育从来是容认私人经营，国家毫不过问，从而也不常颁布统一的法规。其所发布的法规，不过示及能领奖励金或补助金的标准罢了。因而英国的学校制度复杂难解，凡专攻教育者，大概都体验过；而她的学校的良莠不齐，更难为之掩饰。

是以稳健的教育政策，固须容许调和以几分的统一主义，而不使教育行政的特质丧失——须知教育行政为助长行政，是许多助长行政中的最宜认可自由的助长行政，故教育政策不可失之过于划一，宜容忍教育当事者有充分自由活动的余地。最近的英国教育行政政策也是调和以几分统一主义中容许自由。美国的教育行政，是采自由政策。各州的教育，悉听各州自由办理，国家不出而干预，中央唯设教育局以司调查事务。各州制定有主要事项的教育法规，而不及其细目，俾得各发挥其特色。德国的教育行政，也只用法规规定大纲，其琐细节目，则委之各地方与各学校自由发展。

要之，国家为维持其本体的存在计，为增进国民的幸福计，教育的施设颇为必要，故有确立一贯的教育政策的必要。因之，教育行政亦宜以统一主义为一原则，同时须不忘却教育行政的特质，使不致流于划一，而使其于大纲之下能有自由的施设、活泼的活动的余地，是以教育法规的形式，宜使少带强制法的色彩，多含任意法的性质。

其次，教育行政为助长行政中最有特色的行政，故欲使其十分发挥它的特色，行政者宜多方设法助成之，即除力求其制定法规当要而不酷、监察严而不苛外，同时须尽力于指导的工作，使其理想结局能自然地成为事实、化作事业。

我们欲达到前段所述的理想，其方法应该如何呢？就是当设指导的机关——否，当使现在教育行政机关中的视学制度改善。视学的职能不当仅专做假重法规而调查或监督的工作，当进而十分援助办理教育者，加以适当的指导，诱导其理想能循序的化作事业，更促成其继续地发展。近来欧美、日本各国都本此原则而力图改善视学机关的制度，以求发挥教育行政的特质。

又次，教育行政宜重视调查研究而设置调查与研究的附属机关。盖教育宜应时势的进展而常常改善，故当精查目下所实施的现况，参考他国教育的情态，以改良目下的缺点，决定将来的方针。美国的教育局即一调查研究的重要机关。英国的教育部每年出版的统计调查印刷物亦甚多。日本教育部的普通学务局等每年编译发刊的印刷物，也非少数，而该国教育行政学者如龙山义亮氏等仍在大声疾呼调查研究所宜速专设。

再次，教育行政与其他的行政不同，需要专门的知识的地方很多。往昔只以监督为能尽教育行政的职责的时代，凡能通一般行政法的知识者，都可充任。居今日而言教育行政，仍依样画葫芦的做去，实难全其职责。最小的限度，要通达教育一般的理论，有几分实际教育上的体验，且具有教育的识见的了。

五、结　　语

像我们这次殖民地[①]的中国，宜努力地发达教育，这是人人所易见的；而将

① 1901年签订《辛丑条约》，中国沦为半殖民地半封建社会。——编校者

入训政时期的中国的行政，宜极力地注意教育行政，这也是人人所易见的。但是我们试一探问各地的教育行政状况：第一，行政当局的人的问题，就难与前述的理想相符；第二，各地的教育行政的方针，上者每类于干涉，下者则属不闻不问。这样的办理教育行政，究能收效几何呢？我很盼望：第一，各地方当局者宜注意教育行政者的人的问题；第二，各地方教育行政政策宜采助长政策，不可只知监督而不事助成；制度新成之后，固可采统一主义，然其立法时宜留有自由伸缩余地；第三，改善各地方视学制度为视学指导处员；第四，设立各地方调查研究教育机关。

于日本东京

教育行政的意义

夏承枫*

一、教育行政的产生

自中央和地方的行政组织中增列了教育行政一项，政府把教育行政的事权分配给教育行政者；社会把教育事业的责任嘱托了教育行政者。他们必不是轻易的嘱托和勉强的分配，我们先要追求教育行政制度产生的主因。

完备的有系统的教育行政制度是近代的产物。虽然历史上亦可找出许多由政府直接注意教诲人民的事件，如“契为司徒敬敷五教”“周官设大司徒”“唐设国子监”，都可以看作是教育行政的专官或机关。自“夏曰校，商曰序，周曰庠”到逊清光绪以前的书院、府学、州学、县学，以及自汉以降的立博士设太学，自唐迄清的科举取士，亦都可以称为教育行政的计划。在欧洲纪元前四世纪的希腊，文物之盛，蔚为大观。尤其斯巴达的国民教育，可以证明政府的绝对负教育责任。但是我们同时要知道在十九世纪普及教育运动以前，全世界尚不能有普遍建立教育行政的趋向。或者是君主的好大喜功，在都城中设立大

---

* 夏承枫(1897—1935)，字湛初，江苏南京人。国立东南大学教育科毕业。曾任中央大学教育系教授、江苏省教育厅督学、中央大学区教育行政院科长、南京市教育局科长、《新教育》杂志编辑等职。主要著译有《地方教育行政》《现代教育行政》《城市教育行政及其问题》《教育行政通论》等。

本文节选自夏承枫著《现代教育行政》第一讲“教育行政的意义”，上海：中华书局，1932年，第1—17页。——编校者

学以资夸耀；或者是政治上一种联络人才的手腕，而大倡其昌明儒术的高调；自由人和奴隶，其教育机会有霄壤之别。一般的民众，有无受教育的机会，却全凭自谋，政府完全没有责任。而负教育责任的，一是家庭，二是教会，三是宗族和地方。有时有怀抱的学者为传播学说而开门授徒，但亦属诸私人。就中国说，除了科举制度以后拿考试手段隐悬教育标准以外，是无所谓教育标准和实施计划的。

十九世纪国家意识的突飞猛进，民族观念的浓厚和民本主义的宣传，实是教育行政制度成立的主因。一八一七年普鲁士教育部和内政部分离，一八二八年法兰西设教育部，一八九九年英国成立教育部，日本在明治四年[1871]设文部省，我国在前清光绪三十一年[1905]设学部，美国省县教育行政制度在十九世纪逐渐地完整，最近又有设中央教育部的要求。至于近代各国急切的要求设立专管教育的机关，归纳地说，因为有三方面的需要：

（一）政治的需要

现代政治家的目光，已打破了“民可使由之，不可使知之”的传统观念，而真实地承认“民为邦本”。于是，深知民族精神思想的团结一致乃巩固国家的要素。一个民族的存亡，是寄托于民族中所有分子，不仅是如罗马所谓自由人负责，亦不是几个领袖或贤者所能完全负责的。根据这种理由，第一要统一团结民众的精神思想，第二要培养增进民族生存的能力。要达到这两种目的，教育机会不能凭民族中各个分子自己的命运，应由政府来管理支配使得机会普遍而均齐；教育标准不能各行其是，应由政府建立了各种的教育制度以资准绳。

（二）社会的需要

社会的范围逐渐扩大，内容愈加复杂，教育由家长的任务进步到社会的业务。进步到了现代，要希望全民族中没有不受教育的分子，教育便成了新兴的繁重的企业。社会只能投资，乃不得不委托政府为有组织的计划和管理。至于过去的家庭、教会和地方自谋的教育，因为事业的内容逐渐扩大，有力难胜任的情形，亦迫切地希望政府收回教育管理权。不能胜任的原因，一方面固由于普及教育责任过重的关系；一方面由于教育本身的进步，课程不止于以前的读书算;学校种类为适应社会生活起见,亦不似以前的简单。这些都使得私人方面感觉能力不给,而需要专家来办教育,专管机关来主持一切。

(三)教育的需要

教育的范围渐广,教育的标准和制度渐确定,于是教育界应全体通力合作以求教育效率的增高。但是一般的教师,有待于鼓励指示和辅导。一切规章制度实施的结果和预定的目标,距离的程度如何,亦有待于考察衡量和判断。这些不能由教师自谋。教师无此特权,无兼顾的时间,无全部事业的目光和知识。而同时教育界如果盲目地呆板地前进,教育很容易失了方向,低落效率。为免教育的落后并望其有长足的发展,不能不有专任的人员去专从事这一部的任务。这又是教育行政制度产生的一种原因。

从以上三点,我们可以明白教育行政制度的成立,绝不是为了行政制度的点缀,更不是为人设事的骈枝机关。

但是,因为完备的教育行政制度是始于近代,所以各国有一种普遍的现象,就是先有内容庞杂的教育事业而后发生管理问题。于是教育行政的第一步工作,不得不从整齐划一形式美备入手,而最先顾及的又是政治的需要。于是,不顾师资的情形如何,便开始谋教育的普及;只求统计的光荣而忽略教育的本质;公文传递,表格填写,即尽管理能事。这些或是往者一般教育行政者错误的手腕。此后的教育行政,应不要忘记了教育行政制度的产生,实负有重大的使命。

二、教育行政的性质

一般的解释,认教育行政为内务行政的一种。从历史上看,各国的中央教育行政机关未成立以前,亦多属于内政部,或和与内政有关的卫生、宗教、礼俗等合并成部。教育行政如果勉强归纳于内务行政,亦是内政中最重要的一部分。但教育行政确有它的特性,不应隶于任何行政部分。

无论中央或地方行政制度中的各项行政,他们的任务多注重“现实”。除了卫生行政外,更属完全把目光放射在成人生活的福利上。从时间说,其效力不过在最近的将来。从年龄说，不过管理到人生三分之二有生命期中的成人生活。尤其是现在都市的勃兴，市政建设往往顾及成人的便利，增加儿童的危险，减少儿童的生趣，牺牲儿童的幸福。

教育行政的任务是管理学术和教育的行政。在教育方面，自婴儿至未成熟的青年，教育行政实负其生活的全责。成人而失学或学习不满足，教育行政亦有相当的责任。这是很特殊的任务，为其他行政中所未有的。教育的责任尚不仅如是。在学术方面，又具有保存和发扬文化，使继续而悠久；直接影响到社会的生存和将来的民族。一个知识荒废、身体羸弱、道德沦丧的民族，就是表示在前一时代没有"健全教育"的结果。教育行政的关系这样地重大，自有独立存在的可能。

但是，有了教育行政独立的学说后，教育界又发生了奇异的错误。独立是专管的意思；不是和其他方面漠不相关。教育界以为独立便是自守门户而成孤立无援的现象，是很可悲惜的。社会事业是整体而互相有关系的。分部执掌不过是为了分工，容易生效率。我们应该认清教育行政和各项行政都有关系，虽然相关的程度有差异。

教育行政本身是一种职能，不能看作是一种特权。原来教育行政制度的成立，是由于教育事业的要求，并不是一种在教育事业以上或以外增加的一种制度来行使特权，乃是为各种教育事业建立一个中心机关。这个机关发生出来的作用，可以使全部教育事业增加效能。离开了事业或是和事业立在对待的地位，便没有设立教育行政机关的必要。教育行政机关能自处于教育中枢机关的地位，虽是采集中管理的手段，亦可不致使人误会为独裁和专制。

总起来说，教育行政本身的特质是有独立性的，是和其他事业有关系的，是教育事业的原动机关，是一种运用职能而非行使威权的机关。

三、教育行政的内容和方法

教育行政所应处理的是些什么事业，谈到这一个问题，各级教育行政机关所应守的范围是不尽同的。虽然总起来说所管的是教育和学术的行政，但如我国采取中央、省、县三级制的教育行政制度，而各级的任务颇有区别。在地方——

省县——机关偏于教育的普及，尤其是县教育行政机关是负普及教育的专责。在中央机关应多负文化和学术的责任。如法国的学制，大学区（academies）主管中等教育，省（department）主管小学教育，责任十分地明晰。至高等教育的管理，各国的情形多数为中央教育部直辖的。

以上是从事业的划分上讲，至于职权的行使，自然亦各有其范围。在中央教育部，一方面固站在监督地位，一方面是决定教育行政重要事业和计划的机关。如全国共守的教育宗旨和政策，全国各级教育的制度，全国教育发展的预定程序等。省县教育行政机关，固亦有一定区域内的计划责任和直辖的事业。但是省制的成立，如美国是因中央集权为不可能，设省制为相当的集中管理，在中国是因为交通和面积的关系，中央政令不能直接连到地方，地方的情形又多隔阂，于是以省为中介机关。所以，在省教育行政机关，应多站在监督和指导的地位。至教育事业的基础、教育的实际，却完全寄托于教育行政的基本单位。所以，在县教育行政机关应偏重在执行方面。但三级的事业和职权，有时亦很难绝对地立一个界限。尤其是职权，有时亦不能勉强限制。不过，因为各级责任的不同，各级的性质和范围应各有所偏重。

各级教育行政机关的业务，从法规上的列举可以使我们得一个概念。而一切业务的订定，仍不外乎对社会负文化的责任，对个人负培养公民的责任。

我国现行教育部的组织法，是二十年[1931]七月三日由国民政府修改公布的。它的业务是(事务方面除外)：

高等教育方面——大学教育、专门教育、国外留学、学术机关指导、学位授予。

普通教育方面——中学、小学、幼稚园、师范教育、职业教育、地方教育机关设立及变更。

社会教育方面——民众教育、识字运动、补习教育、低能及残废教育、美化教育、公共体育、图书及保存文献。

蒙藏教育方面——地方教育调查、地方各种教育事业兴办、师资培养、子弟入学奖励、教育经费之计划。

华侨教育方面——设计。

此外，有编译图书和审查教育图书仪器及其他用品的任务。又上面所列举的各项业务，除直辖和国立事业而外，教育部的主管事业是委托地方最高级行政长官执行，或用监督指示的方法责成地方最高级行政长官进行。

省教育厅暂行规程是民国六年[1917]九月公布的，内容非常简单。关于任务方面，只有"秉承省长执行全省教育行政事务，监督所属职员暨办理地方教育之各县知事"一句话。它的组织大纲只有四条，在第二条各科执掌所列，有普通教育、社会教育、专门教育、国外留学等。国民政府成立后，尚未公布新的教育厅组织法，但省政府教育厅的名称已载在省组织法。省教育行政机关的组织和业务，现多由各省暂自行规定。用比较研究的办法，可以归纳为下列数种：

（一）省辖事业预决算的编造。

（二）省辖机关领袖及县教育局重要人员的任免。

（三）受理教育行政陈诉事项。

（四）国外留学、大学教育、中小学教育、职业教育的管理（设立变更等）。

（五）中小学教师的审查检定。

（六）义务教育计划。

（七）中初等学校课程的审核。

（八）社会教育机关管理（设立变更等）。

（九）学生管理（转学、升学、退学、毕业考试等）。

（十）相当的教育活动事业（运动会、展览会等）。

（十一）视察指导。

（十二）地方教育行政监督。

县教育局的任务在民国四年[1915]教育部呈准公布的《劝学所规程》中列举较详。十二年[1923]三月公布的《教育局规程》反忽略了职务一项。就现状说，地方教育行政制度除《县组织法》有县教育局地位外，中央亦尚无统一的规定，各省有各省的县教育规程。关于职务方面，要算《前中央大学区各县县教育局局务分课细则》和《江西县教育局组织暂行条例》为较详。归纳起来有下列各条：

（一）执行一切教育法令及政策。

（二）向县政府及教育厅建议教育的改良扩充。

（三）处理呈诉。

（四）筹划并管理教育经费。

（五）任免县立教育机关主任人员，学区行政人员管理。

（六）管理全县教育建筑设备用品等。

（七）缮制统计报告。

（八）学校教育计划事项——单行标准、教材审查、学区划分、教师整理、学事历规定。

（九）学校教育执行事项——教师任免、儿童考查、效率测量、研究集会、就学督促、学校设立变更、各项教育指导。

（十）社会教育执行及计划事项——童工幸福、各业补习教育、社会娱乐场所管理、风俗改良、识字运动、注音符号推行、慈善教育机关指导、社会教育机关设立、古迹保存、民众教育活动等。

可见，县教育局的职务偏于执行，而头绪亦比较复杂。

克卜雷氏（Cubberley）①论美国之省教育行政，谓省机关应注意学制、学历、教师训练检定、物质建设标准、教育税率及种类、义务教育年限和儿童保护的法律等。总之，其任务在比较重大而需要统一的问题方面。市教育局长负组织者、执行者、指导者、地方领袖四重使命。县教育局具文书的、事务的、事业的三项责任。

我们明白了各级教育行政的性质以后，对于教育行政事业的内容，可以总归纳起来分成几类：

（一）教育员工——标准、任务、任用方法、考核、保障、辅助等。

（二）教育经费——宽筹、支配、监督、稽核、财产保管及增加、效率估量等。

（三）教育制度——学制、行政制度、各种教育机关制度、各项教育业务标准、适应个别问题之命令等。

（四）教育计划——区域分配、年期分配、事业分配、政策、进行方案、改进步骤等。

（五）教育结果——测量、判断、估计、调查、比较性质的活动等。

---

① 今译“克伯莱”（Ellwood P. Cubberley，1868—1941），美国教育管理学研究的先锋。——编校者

（六）教育辅导——人员、技术、准备、实施等。

（七）教育改进——统计、报告、一切计划之修正等。

此外，又有偏于事务行政方面的问题，如学校备品的规定和购置等；偏于文书方面的，如卷宗的保管等，因为并非教育行政的目标，故未列入。

从这种种事业里面，我们可以晓得教育行政之所谓“政”，乃是“行”的结果。例如，求教育的效率是一种“政”，但没有测量统计等动作是无从晓得效率的实况。管理教育人员是一种“政”，但没有训练考察等方法亦是无从管理的。“政”是内容，“行”是方法。现在为眉目清醒起见，再把所谓“方法”抽出来归为几类：

（一）监督管理作用的方法——如员工服务的限制，按期呈报各项实状的规定等。

（二）考核判断作用的方法——如教育标准的订定，视察制度的设立，教育结果的计量等。

（三）辅导指示作用的方法——如法令标准的解释，教师进修的计划，专员指导等。

（四）比较研究作用的方法——如多数意见的收集，统计的应用，实验教育的举办等。

从这各种方法中，可以保持教育平衡的状态及一定的趋向，获得改进的途径及整个计划的根据。

在运用这种种作用时，却有两个先决的问题。

（一）教育行政事业的进行，有无效能的全看它有无活动的事业。教育行政仅注意了机械的办公室工作，而忽略了与全部事业发生亲切的关系，教育事业便渐与教育行政隔离，而不免误会和纠纷。仅注意了机械工作，或四项方法忽略了某一项，皆可证明教育行政的不健全。但是同时教育行政又应注意纪律，一般的误会以为纪律的意思就是保守机械工作。要知纪律和活动是不相违的。纪律在教育事业上说应是规矩和标准的意思，亦就是进行的方向，并不是机械的意思。没有纪律的活动，便是无方向的活动，便是盲动；没有活动的事业而空言纪律，一切规章制度标准，很不容易贯彻于教育事业的全体，甚至格格不相入。

（二）教育行政事业的进行，与集中管理至有关系。集中管理，很容易使人联念到专制独断方面，但是民治精神最富的美国，亦渐渐对于教育事业有集中管理的要求。如教育的标准已列在各省的宪法，如绅权的降落，如县教育行政制度的普遍，教育局长渐进于委任专家而不完全靠毫无标准的民选制，都是集中管理的现象。原来教育行政既是整个的制度，如对全部事业不能认识或不便过问，一切的职能无由实现，一切的行政方法皆不能运用。集中管理的流弊，有时使管理者误会为大权独揽，有时地方受种种不合理性的限制使无从自谋适应与发展，有时管理的力量薄弱不能及于全体，但管理集中，才可谈到教育标准的应用和教育机会的均衡，才可承认教育是社会整个制度。不过，集中管理的理性化是必要的。据达敦(Dutton)①和施耐敦(Snedden)②氏的建议，有三个条件要注意的：(一) 职责分明，各级不相侵越；(二) 教育行政方面只能规定最低限度，共守标准，不必限制过严；(三) 高级机关多容许所辖机关之自动建议，自立于裁决地位。能保守这几个要件，虽用集中管理的态度来运用教育行政各项作用，亦不致被误会为专断或独断的。

---

① 今译“达顿”(Samuel T. Dutton，1819—1919)，美国教育管理学者。——编校者

② 今译“斯奈登”(David Snedden，1868—1951)，美国教育管理学者，与达顿合著《美国公共教育行政》(*The Administration of Public*)一书。——编校者

教育行政之内容与范围及与其他普通行政之关系

杨鸿烈*

著者自民国九年(公历一九二〇年)至民国十五年(一九二六年)在旧时北京高等师范学校本预科及升格后之北平师范大学研究科专攻教育学科目者前后凡七年,毕业后在天津南开大学、吴淞中国公学、省立云南及河南大学、北平师范大学执教鞭者又凡八年,深感教育实为社会事业之一部分,与其他机关息息相通,断未有只凭教育者一人或少数人之冥想独行而即能使教育发挥其固有之最大效率,以促进人类生活之向上及臻于善美之境界者,而平日所阅读中西各国学者关于“教育行政”之著书,千篇一律,殆惟详于讨论其“内容”“性质”及“功用”方面,盖属于逻辑学上之所谓“内包”者,是故对于社会上纷错复杂而有极密切关系之种种事业仿佛如熟视而无睹者焉,乃发愤以数年之时光搜集资料,一方面固尚略述如普通之所谓“教育行政之内包”也者,一方面则尤注意探究教育行政与立法、司法及其他内务、外交、军事、财政、交通、党部、考试等之行政关系,盖属于逻辑学上之所谓“外延”。因著者此书实以“教育行政之外延”为主要之基干者也,而似本编

---

* 杨鸿烈(1903—1977),号宪武,云南晋宁(今昆明市晋宁区)人。北平师范大学研究科、清华大学国学研究院毕业,留学日本东京帝国大学,获博士学位。曾任南开大学、上海中国公学、北京师范大学、云南大学、河南大学等校教授、系主任、师范学院院长。主要著作有《中国法律发达史》《中国法律思想史》等。

本文节选自杨鸿烈著《教育之行政学的新研究》第一章“导言”,上海:商务印书馆,1939年,第1—19页。标题为编者所加。——编校者

性质之书籍，以著者所知，无论中国、日本、欧美之教育界出版物中尚难有先例焉。

近世以来，东西先进诸国对于一般行政事务固多加以科学的研究者也，如英国之伦敦经济与政治科学学校（School of Economics and Political Science）、德国之柏林大学、法国之巴黎大学、美国之公私立大学、日本之东京帝国大学等，皆以“学校”为研究“行政事务”之一种机关。此外如英国临时设立之皇家调查所（Royal Commission）、美国之纽约研究局（New York Research Bureau）、华盛顿行政研究所（Institute for Government Research）及其他常设之二十以上之调查所，则又以“调查所”为研究“行政事务”之一种机关也。至如英国之公共行政研究所（Institute of Public Administration）等类性质之机关实为行政官公吏所组织之团体，而英、德、法各国政党所附设之调查机关，其搜集之资料尤称丰富，故在以上所述诸国中，不惟能产生为我国所无之“行政法学”（administrative jurisprudence），且能更进一步组织所谓之“行政学”（science of administration）。著者不幸，生长于学术落伍之今日中国，既未获高明之权威之启示，又未得公共研究机关之援助，徒凭一手一足之烈，草成斯编，区区微意，亦不过欲以我国及日本、欧美关于教育行政之法规及教育行政作用之是非得失等为研究之对象，企图能于“行政学”上有些微之贡献而已，知我罪我，则不暇计及矣。

夫欲透彻明了教育行政与立法、司法及其他普通行政之关系如何，盖必先应明了“教育行政”之意义。按“教育行政”一辞英语为 educational administration，法语为 administration educationalle，德语为 bildunge wesen。今日言教育行政之专书自以美国出版者为多，然如孟禄（Paul Monroe）博士所编辑之《教育百科全书》（*A Cyclopedia of Education*）第一卷第三十九页仅有“学校行政”一目，其他散见全书各条均无“教育行政”之定义，惟第二卷“城市学校行政”一目始有“学校行政”之定义如下：

> 学校行政一辞普通用以包含公共教育之管理与指导机关运用之全体范围与及其组织之形式。此名词不只表示学校管理之属于行政方面，且涉及监督、考察与管理。(注一)

日本建部遯吾博士所著《教政学》亦谓“教育行政即学校行政”(注二)，然皆不免失之过于狭隘，盖“学校行政”只限于一校以内之教育事业之计划及实施，而“教育行政”则为一地域区划以内各种教育事业之计划与实施，故自其范围观之，实较“学校行政”为大。且也，在种类方面，亦较“学校行政”所涉及者为广，因在一地域区划以内各个学校之行政不能任其各自为政而不相为谋，故其对于区划以内之各个学校行政均必出以积极之参与。又其所管辖者并不限于学校教育，其于学校教育以外，有时关涉家庭及社会教育，有时且与立法、司法及其他内务、外交、军事、财政、交通、党部、考试等行政机关均发生交涉，是“学校行政”一语实远不如“教育行政”之妥切周圆也，奈何如美国号称教育行政专家科白勒①与伊里阿特②(Cubberley and Eliot)两氏竟以州郡学校行政(State and County School Administration)名其书也！科白勒氏单独撰之书亦标名为公立学校行政(Public School Administration)及州立学校行政(State School Administration)等，而始终不悟“学校行政”之名为不正，则其言终为不顺也。况其取材既多偏于美国，于所谓“教育行政”之诠释概付阙略，无已，则就著者所见诸书中之“教育行政定义”列举于后。夫孟禄氏之“学校行政”一定义，言既不简，意亦不赅，而如——

> 商务印书馆编撰之《教育大辞书》云：“关于教育之政务，于中央及地方专设机关以司其事，是曰教育行政。”(注三)
>
> 日本川村兼五郎氏所著《小学校之实际经营与管理法》云：“教育行政者即关于教育之行政也。换言之，即国家实施教育事务之作用之谓也。更自行政法上之意义言之，教育行政者，在立法及宪法上大权之下，教育行政机关所通行之统治权之作用也。”(注四)

斯二者立言皆无差谬，惟稍嫌空洞耳。周太玄氏《我国教育之集中统一与独立》一文有云：

---

① 今译“克伯莱”(Ellwood P. Cubberley，1868—1941)，美国教育管理学研究的先锋。——编校者

② 今译“埃利奥特”(Charles William Eliot，1834—1926)，1869—1909 年任美国哈佛大学校长。——编校者

所谓教育行政者，其最大目的在监督或担保学制之实现与其改良，及综理与此相关之事务。而所谓学制者，不过为由广义至狭义之对于课程之一种规定。盖必达到课程，始直接与被教育者相接，而为教育者之主要工具。……(注五)

此则过于“偏而不全”。其他如——

泰东图书局出版之《教育行政讲义》云：“教育行政亦行政学之一部也，其主旨在研究关于教育制度之本质。就一般教育制度或分析之，或综合之，或比较而对照之，以及国家对于教育事业，究应取如何之方针，立如何之主义，教育机关之组织如何，及其作用如何，国家可以强力干涉教育事业之程度界限又如何，皆不可不力为叙述者也。”(注六)

李建勋氏《中国教育行政讲义》云：“教育行政系指研究、讨论、计划、指导及处理关于教育一切活动而言也。”(注七)

杜佐周氏《教育与学校行政原理》云：“教育行政乃是包括教育的学理、教育的经验及教育的艺术三者而言，不过借形式与方法而现诸实际，以求达到教育的理想目的而已。”(注八)

庄泽宣氏《新中华教育概论》云：“国家对于教育政务，于中央及地方设立主管机关，主持计划、组织监督、指导，改进一切教育事业，以最经济手腕，实现国家教育目的而增进立国要素，是为教育行政。”(注九)

程湘帆氏《中国教育行政》云：“何谓教育行政？泛言之，国家对于教育之行政也。国家为求教育设施之便利，代价之经济，效果之圆满，所制定之计划、执行、督察、指导之制度也。”(注一〇)

日本下村寿一氏云：“教育行政者，国家为其人民开启其智能，涵养其德性，增进其健康，使公共生活向上发展之行政，即属于内务行政之一部分也。”(注一一)

以上诸条，其内容均属“大同”而“小异”，然皆可谓之为“教育行政之内包的定义”，若更自其“外延”方面合而观之，则著者以为所谓“教育行政者乃国家于其所属之人民，不别贫富，不分智愚长幼，以公力悉使身受教育，俾其能力增进，尊重社会秩序，了解对于国家及全人类之责任之行政，与司法、财政、军务、外交等之属于特殊性质之行政不同也”。

虽然，仅凭上所列举之诸定义，吾人对于“教育行政”之内容及范围犹未可谓已“一目了然”，无何疑义，故尚有待于较详细之说明。庄泽宣氏云：“教育行政的任务在根据国家目的、社会需要、教育理论，尽量施之于实际，如确定教育宗旨、行政组织、课程标准，厉行视导制度，聘任职教人员，筹划经费，及建筑校舍等皆是。其性质属于全国，必须统筹全局而后始能使各地发展比较平均的，则归于中央教育行政。其必须就地斟酌施行而后始能一面不违全国通例，一面尽量适应地方的，则归于地方教育行政。”(注一二) 此种解释较杜佐周氏所云：“教育行政的范围，专就形式及方法做标准，可分为下列数种：(1) 教育行政的组织及学校系统的规定；(2) 教育事项的监督及管理；(3) 教育事项的视察及指导；(4) 学校行政及管理；(5) 教室的管理。”(注一三) 为能提纲挈要，不涉琐屑者也(杜氏之第5项与其他项并列，巨细差别过甚，殊为失当)。然尚未得谓之为已“囊括无遗”。夏承枫氏所著《现代教育行政》有云：“我们……对于教育行政事业的内容，可以总归纳起来分成几类：(1) 教育员工——标准、任务、任用方法、考核、保障、辅助等。(2) 教育经费——宽筹、支配、监督、稽核、财产保管及增加、效率估量等。(3) 教育制度——学制、行政制度、各种教育机关制度、各项教育业务标准、适应个别问题之命令等。(4) 教育计划——区域分配、年期分配、事业分配、政策、进行方案、改进步骤等。(5) 教育结果——测量、判断、估计、调查、比较性质的活动等。(6) 教育辅导——人员、技术、准备、实施等。(7) 教育改进——统计报告、一切计划之修正等。……”(注一四) 此诸要目以视庄、杜二氏所述者固为加详数倍，然对于“教育行政上诉愿之裁决”等未曾列入，是亦“千虑之一失”也。陈骥氏《什么是教育行政》一文谓：“……一般人向来对于教育行政的范围都没认识得正确，大半失之狭隘，不特中国人如此，外国人亦未始不然，他们之中，有的把‘地方教育’行政机关之活动便当着教育行政，有的把学校管理便当着教育行政，从没一个下过整个的解释的，故为更正这种错误的认识起见，我们只有进一步去具体的指出教育行政的范围之必要。正确的教育行政的范围，它应当是包括一切教育活动的指导与推行，它所管辖的教育事项，应该包括家庭教育、学校教育、社会教育三项，且宜平等重视，而不宜偏重一方，若过细分析起来，则有下列各方面：(1) 从教育种类分，则有家庭教育行政、学校教育行政、社会教育行政等。(2) 就学校种类分，则有大学教育行政、中学教育行政、小学教育行政、幼稚教育行政。(3) 就行政区划分，则有全国教育行政、省教育行政、县教育行政。(4) 就其功用分，则教育行政范围内应包含立法、司法、行政、诊察、领导诸方面。……"(注一五) 此则较以前诸说尚稍胜一筹也，然就著者本编之性质而论，则如商务印书馆之《教育大辞书》所列举教育行政问题："关于教育法律及法规者——如宪法对于教育之规定、教育法律成立之手续、教育法令及规程之执行与运用等"；"关于教育行政制度及组织者——如中央与省及地方教育行政权之划分、教育部官制与职掌、教育厅组织大纲、县教育局组织大纲，教育总长之权限与责任、教育厅长之权限与责任、县教育局长与董事会之权责、学校系统、视学制度、教育行政人才之训练等"；"关于施行义务教育者——如强迫入学、学童调查、童工之保障与立法、课程之制定、教科书之供给、学校建筑之标准等"；"关于教育经费者——如公家对于教育经费之责任、教育经费独立、教育基金、教育基金之给与、教育税、预算与教育等"；"关于师资训练者——如国家对于师资养成之方针、教师检定、检定委员会之组织、在职教师之训练与考绩、教师之待遇等"；"关于私人主办及特殊教育事业者——如私人主办之教育事业、私立学校、教会学校、平民教育、补习教育、教育会与教育学术团体之组织等"。(注一六) 又如日本冈田怡川氏所著《最新教育行政法论》云："教育行政自其实质上观之为：(1) 关于教育之制法事业——即一般的抽象的教育法规之制定作用；(2) 关于教育之执法事业——即于法规之范围内处理特定之事实之作用。又自其形式上观之则为：(1) 关于教育之立法——制定国家负担义务教育经费案及教员养老金及遗族抚恤经费等案；(2) 关于教育之大权作用——制定各种学校体系及各种学校令之作用；(3) 关于教育之行政——于教育的立法及大权作用之下，关于教育行动之一切统治作用。教育行政之范围虽仅属于国家行政之一部分，实包括教育行为之全部。行政法上之教育即因一定之目的而助长他人之发展，传达其思想，陶冶其品性，除学校教育、军队教育而外，家庭教育、社会教育等亦均不外此。现行教育行政(指日本而言)，文部大臣(即教育总长)所管理之部分为最多，其他并分属于农林大臣、商工大臣、递信大臣（即交通总长）、陆军大臣、海军大臣、内务大臣、内阁总理大臣、朝鲜总督之权限以内。”(注一七) 凡此所谓“教育行政”之内容及范围均在在与本编后此所讨论之诸节目有不少之关涉，故不能因其亦属“非完全无若干缺失”而竟不特加之注意也。

教育行政之内容及范围既略经释明，现请再将“教育行政”与“普通行政”相异之点一一为之比较，然后复阐述其彼此间相互之关系。按学者间有误以“教育行政”与所谓“教化行政”一名词相混淆者，如建部遯吾氏《教政学》一书所列举“教化行政之分目”计有：第一，教育行政；第二，宗教行政；第三，学术行政；第四，美术行政；第五，国语行政；第六，礼仪行政；第七，风俗行政；第八，教导行政；第九，变的教化行政（指流行、感化、催眠的暗示等类而言）。(注一八) 是“教育行政”仅为所谓“教化行政之一分目”，故氏将文部省（日本之教育部）及内务省（内政部）皆作为教化行政之中央机关，地方官厅及地方自治团体即为教化行政之地方机关。(注一九) 氏又曾作图以表明其地位：(注二〇)

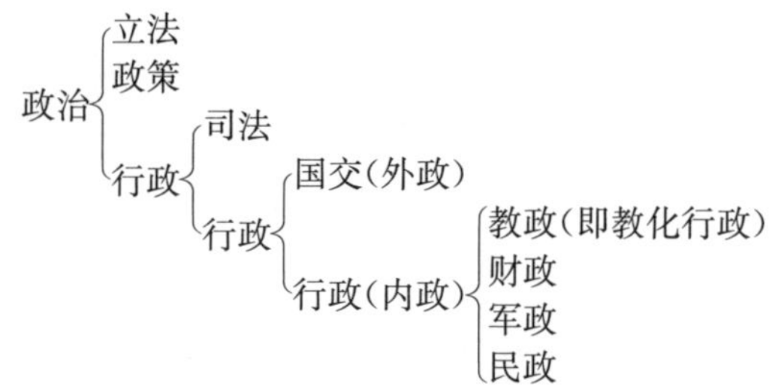

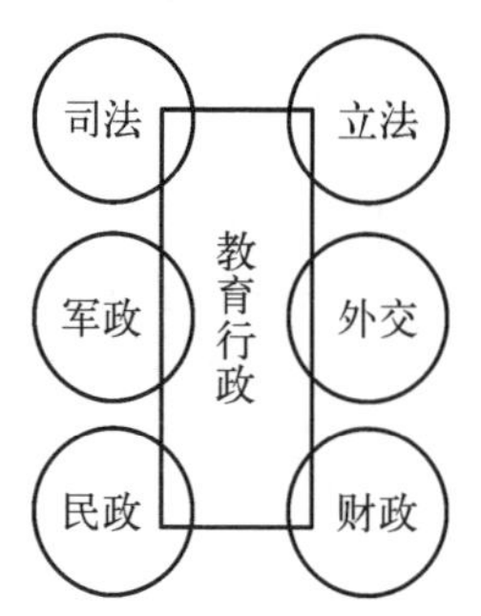

氏所谓“教化行政”，其涵义实未免失之过于狭隘，而所谓“教政”则又与本编所谓之“教育行政”之范围有大小之不同，本编以研究“教育行政”与立法、司法及“普通行政”之关系为主，苟若以图表示之则应如左。

今于详论其相互关系之前，首当揭出其歧异之点：

第一，自“性质”上言之，教育行政据中华书局出版之《中国教育辞典》云：“内务行政分为：（一）消极的行政，以维持公共安宁为目的；（二）积极的行政，以增进国民福利为目的；教育行政属于积极的行政之内，与土木、交通、劝农等项行政相似。”(注二一) 实则亦不尽然，因军政、警察、交通、卫生等等均为履行国家任务之一特殊方面，但教育则关于国家之最根本的任务，此与普通行政不同者一也。夏承枫氏有云："一般的解释，认教育行政为内务行政的一种。从历史上看各国的中央教育行政机关未成立以前，亦多属于内政部，或和与内政有关的卫生、宗教、礼俗等合并成部。教育行政如果勉强归纳于内务行政，亦是内政中最重要的一部分。但教育行政确有它的特性，不应隶于任何行政部分。无论中央或地方行政制度中的各项行政，他们的任务多注重'现实'。除了卫生行政外，更需完全把目光放射在成人生活的福利上。从时间说，其效力不过在最近的将来。从年龄说，不过管理到人生三分之二有生命期中的成人生活。尤其是现在都市的勃兴，市政建设往往顾及成人的便利，增加儿童的危险，减少儿童的生趣，牺牲儿童的幸福。教育行政的任务是管理学术和教育的行政。在教育方面，自婴儿至未成熟的青年，教育行政实负其生活的全责。成人而失学或学习不满足，教育行政亦有相当的责任。这是很特殊的任务，为其他行政中所未有的。教育的责任尚不仅如是。在学术方面，又具有保存和发扬文化，使继续而悠久；直接影响到社会的生存和将来的民族。一个知识荒废、身体羸弱、道德沦丧的民族，就是表示在前一时代没有'健全教育'的结果。教育行政的关系这样地重大，自有独立存在的可能。"(注二二)更自世界所有一切国家政务演进之阶段加以观察，如奥国古姆普罗维赤(Ludwig Gumplown)①氏所著《社会学的国家观》一书，述国家第一阶段之行政为军务、财务、外务之三行政，因国家最先以保国家本身之存在为急务，换言之，即外抗强权、内平祸乱之军务是也。其次则国家宜筹备军费，乃发生财务行政。再其次国家之文化渐有进步，可不一味凭借武力以兼弱攻昧，取威定霸，而利用纵横捭阖，不战而胜之外交手腕，是为外务行政。国家第二阶段之行政为户籍、地方管理及交通诸行政。国家生存既经确定，自宜从事于内部秩序之整顿，而欲整顿内部秩序，必先调查人口，户籍事务遂应运而兴；其次作奸犯科，势所必禁，而管理司法事务继之以起；再次欲使户籍与管理事务能圆满进行，则必区划省县、整理交通，交通事务亦因之而起。国家第三阶段之行政为民业、卫生与教化等。国家秩序大定，则当务之急为

① 今译"龚普洛维奇"(Ludwig Gumplown，1838—1909)，波兰社会学家、政治学家。——编校者

振兴民业，以图富庶；注重卫生，以谋健强；提倡教育，以增文化。此诸种行政中，教育行政较之其他助长性质之行政，其程度尤形积极，故教育行政实为所有行政中最重要最根本之行政，不能与其他“普通行政”等量齐观也。复次，就最显而易见之性质再加比较，则“普通行政”极易陷于官僚化，“教育行政”则应特别注重学术化，中国过去数十余年之教育行政则只有污浊之官僚化而无清明之学术化，故朱有光氏于所著之《中国教育制度之研究》(*Some Problems of a National System of Education in China*)一书不胜慨叹中国之教育机关充满对于教育无甚兴趣，且无多大行政才能之政客，致产生一种官僚之空气。(注二三)殷芝龄氏之《现代中国教育行政》(*Reconstruction of Modern Educational Organizations in China*)一书攻击教育行政之官僚化最力，并列举排斥官僚之八大理由，大意以中国从来未能自官僚之管理而获得些少利益，过去数年所蒙政治攘夺之害极大。德国人民在世界大战时社会之崩溃，殷鉴实属不远。而因政局不安定之故，教育及其他公务人员均怀“五日京兆”之心，致随时均以敷衍了事。中国现已非独裁政治，官僚管理教育则实为独裁政治之遗迹。况中国旧日重“士”，故现当使人民对学校发生兴趣，官僚管理则不克臻此。又以官僚决定教育政策，唯只求划一整齐，故不知社会之种种需要云云。(注二四)民国十一年[1922]，蔡元培氏发表《教育独立议》一文，十七年[1928]一月《大学院公报》“发刊词”又载蔡氏一文云：“十余年来，教育部处北京腐败空气中，受其他各部之熏染；长部者又时有不知学术教育为何物，而专骛营私植党之人；声应气求，积渐腐化；遂使教育部名词与腐败官僚亦为密切之联想，此国民政府所以舍教育部之名而以大学院名，管理学术及教育之机关也。”此种主张固无可非难之处，惜其办法不佳，采用大学区制，以省政府委员兼任教育厅及校长之名职，因此不但不能使“教育行政”学术化，乃实促成为一种官僚化，故此制施行未久，即遭反对而中止。然“教育行政”之终必改弦更张，彻底学术化，则为“势所必至，理有固然”者也，不观夫英国之教育部设有调查报告司(Department of Special Inquiries and Reports)，德国设有中央教育院(Zentral ns. itute für Erriehung und Unterricht)，美国内政部设有教育局(Bureau of Education)，以专力于调查、测验、研究、统计、报告之诸种工作乎？且不仅“教育行政”为然，其他一切“普通行政”殆无不以学术研究为出发点，因无研究之工作，则事业必致无良好有效之方法以产生美满之结果,“教育行政”原为一种学术事业,故其自身之性质,即较其他“普通行政”最富于学术化之条件也。

第二,自“范围”上言之,“教育行政”与“普通行政”亦时有大小之不同,“普通行政”所管辖及者几遍于全国之人民,故范围大;“教育行政”则只以学校及其他学术机关为主,即所谓家庭或社会教育亦仅为社会组织之一部分,故范围比较为小。其在欧美诸邦往往又有教育行政区划与普通行政区划不同其范围者,如意大利区划,普通行政地域为七十五省,而教育行政区则为数仅一十有九;法国区划,普通行政地域,为八十九府,而教育行政区(或称大学区)仅一十有七;此外如美国之市区与学区(school district)亦常多不同疆界。周太玄氏《我国教育之集中统一与独立》一文即深慕法制,欲以之施行于我国,谓:“(一)地方教育行政区域之区分,不必全依政治及军事上之区域。(二)地方教育行政应与国立大学合作。因此,吾人主张将全国划分为十学区;例如第一区为直隶、河南、山东及三特别区;第二区为奉天、吉林、黑龙江三省;第三区为陕西、山西;第四区为江苏、安徽;第五区为湖北、湖南、江西三省;第六区为浙江、福建两省;第七区为两广;第八区为云南、贵州;第九区为四川、川边;第十区为甘肃、新疆。(原注:十区之中以第一区为最大,因其与中央教育行政机关相接近。其次第二区,因地理上之特别情形。其次为第五区,因其交通便利,且武昌亦颇适中。……)”[注二五]常道直氏于所著《教育行政大纲》亦以施行“教育行政区制”可有四种优点,即(一)使教育行政不受他部分行政之牵制;(二)以自然的教育区代替为他种行政利便而设之省区;(三)得依据本教育区之自然环境、居民生活、方言及文化需要,决定本区之教育设施方针;(四)利于教育之专业化。[注二六]常氏又在所著《比较教育》一书有云:“我国……中央教育行政机关之权能不易伸张及于边远疆域,固不待论,即一省(大小几与欧洲一国相当)以内,交通不便,方言习俗、出产及职业等互异。事实上,即以省为单位之透彻的集权制,亦至困难。他日教育事业发达以后,此种困难,当愈显著。我国现在之教育行政区划,应否保持不变,抑应酌量变通,以增行政效能,此为我国教育行政组织上问题之一。”[注二七]准此以谈,则上引周太玄氏所拟第四区江苏、安徽等实欠妥当,盖江苏一省有江南、江北之分,江南方言歧出,山川秀美,人物柔靡而甚聪明,且生活较为优裕,江北为国语区域,地势平坦、居民强悍,生活甚苦。安徽亦有皖北、皖南之分，其差异与江南、江北大率相同。故江北、皖北或可合为一区，而江南、皖南又可合为一区，鄙意以中国一省之大既大约相等于欧洲之一国，今江、浙两省之"大学区制"之试行虽云失败，他日苟有较好之"教育行政区划"出现，则当出于现有数十省"普通行政区划"之扩充与分割之一途，由是可知，两者在"范围上"诚时有大小之不同者也。

第三，自"官制"上言之，如庄泽宣氏《西洋教育制度的演进及其背景》有云："促成教育专业化的原动力，其一便是教育行政的独立；这也以德国为最早，……普鲁士邦在一八一七年（嘉庆二十二年）即设宗教教育及公共卫生部为全国教育行政最高机关。……法国在拿破仑时代以大学为教育行政最高机关。……第三次共和政体后，设教育部而以最高会议监督之。英国的教育部直到一八九九年（光绪二十五年）方成立。"(注二八) 是诸国者于其本国之"官制"上皆确认"教育行政"之有特殊的独立性，而不视之为普通行政系统之一部分也。此外，如西班牙政府于一八五七年（咸丰七年）虽曾颁布法令云全国教育行政事务均隶属教育长官之下，而受内务部之管辖，(注二九) 葡萄牙之教育行政事务亦由内务部管理，荷兰情形并同，(注三〇) 美国联邦政府亦不设置教育部，唯内务部（Department of the Interior）中有一教育局（Bureau of Education）掌理研究及宣传等事，似"教育行政"仅为"内务行政"之一附庸而终不能蔚为大国也。闻美国前此联邦议会已有设置"教育专部"之提案，虽尚未得表决通过，(注三一) 然以"教育行政"与"普通行政"之在"性质"及"范围"上均有彰明较著之差异，则西班牙、葡萄牙、荷兰、美国等之官制上终必有"教育专部"之出现，殆可断言者也。

第四，自"功效"上言之，前引古姆普罗维赤氏所描写一切国家演进之阶段，如第一阶段之军务、财务、外务及第二阶段之户籍、自治、交通与第三阶段之民业、卫生等诸普通行政，其效果皆属易见，而所谓"百年树人"之大计之"教育行政"，则如日本之为世界上最能适应时势环境之民族，其进步之神速为全球之冠。然自明治维新，彻底施行西洋教育，其功效亦需待数十年后始为显著。夫人情皆只留意于近功而忽于远效，故若将"教育行政"强令合并于全部行政之范围以内，则将易被遗忽，而尚欲求如日本之突飞猛进者殆不啻"刻舟求剑""缘木寻鱼"者矣，故"教育行政"在功效方面实有与其他"普通行政"差异之处也。

自以上所述之“性质”“范围”“官制”“功效”四要点言之，“教育行政”之应独立于“普通行政支配”之外，盖有强固之理论与事实的根据者也。然所谓“独立”者，乃设置“专门管理教育之机关”之意，并非与其他“普通行政机关”即断绝往来，唯离群索处，以清高傲人致“百事俱废”“一筹莫展”也，我国学者间有激于世变，主唱此种“教育行政独善论”之人，如周太玄氏云：“……政治易于变迁之国家，因恐其教育受政策更迭频繁之影响而根基不固，因此其教育对于政治常保持有相当之独立，……如法兰西是。……以我国之政体，……不但在理论上教育对于政治应保持相当之独立，而在事实上尤须有真正之独立。……然就吾国教育制度之现状言之则何如？第一，……一切教育行政以及学术事业、文化事业既全统属于一教育部。……教育部在行政上既占一不重要地位，而实际上又穷冷可怜。……今则江河日下，……不免为下等政客之接足地。……第二，……一国教育之最高机关既深受政治之拖累，不能自拔，而其对于地方应有权力之行使，则又因其本身信用日减之故，不能收身臂之效。于是一国教育界渐呈一苟且衰散之象，而尤以中初级教育界受其影响为最大。……在理论上、事实上，教育均有不可不自异于普通行政之处，且与司法相同，应有相当独立之价值。……故教育部在国家政务之中，虽仍可包括在内阁以内，但其位置性质，至少应与现行政体中之参谋部相等；即教育总长应由大总统特任，其去留应以教育行政本身为标准，不当与其他之国务联带负责。”(注三二)周氏著论于我国教育濒于破产之时，故其言之明切犀利如此，虽然，教育事业终为社会事业之一种，而社会事业之本质固为“整个的”，而互为关系者也，其分部执掌不过为“分工”之便利及易于发生效率而已。吾人不独只谋“教育行政”之改造，且应使政府全部皆能发挥健全之机能，教育特其一端，故应彼此共同协力以求改善，而断不能脱离一般行政以“独善其身”者也。何况即使“教育行政”居然能“超脱俗流”，迈步前进，独立自成一系统以睥睨其他凡庸腐朽之行政机关矣，然亦只不过趋向于片面之发展，不能完全适应社会各方面之需要，则所谓“教育”者不几成为“无用之长物”？请以实例为言，近年吾国各地“建设”之呼声实甚嚣尘上，乃教育部或教育厅当局诸公唯一味根据已颁布之学校系统及法令办理一切，而未曾顾及社会新兴事业之需要，致应时而生之骈枝学校机关森然并列，此建设厅有所谓路工学校者矣，财政厅有所谓清丈人员养成所矣，此种学校本可以附设于各国立或省立大学之工学院与法学院，然执政者“各行其是”，不相为谋，致由此种速成学校之出身者，其谋事就职者反属容易，薪水报酬亦甚丰富，故常较由正式学校系统——专门、大学——毕业者为扬眉吐气，惟俟公路修齐，清丈完毕，则此等“现蒸热卖”之学生之出路又成问题，此固社会之一新问题，而“教育行政”之难于与“普通行政”完全脱离关系者，此其第一理由也。复次，“教育行政”与立法、司法及其他普通行政机关实为有机体的关系，如立法机关有对于教育之立法行为及教育经费予与同意之权，又有质问教育行政之权，受理教育请愿之权，建议教育之权；司法机关有监督与特许设置法律学校之权，设置儿童法庭之权；此外如施行义务教育，禁止童工，感化恶少年，取缔所谓“危险思想”，维持学校之治安，皆有赖于警政机关；又如教育品运输之减价，学生团体旅行车船费之优待等皆操纵于交通机关；至如参与庚子赔款之同学，经理海外侨民之学务，介绍与监督在外之留学生等事又非与外交机关联络不可；每月所仰给以维持及发展之教育经费之来源、预算、决算与审核每年度之教育经费，教育品之免税等则在在须与财政机关发生关系；其他类似之例殊属繁多，不胜枚举，故教育行政机关之当局者苟不明了与其他行政机关之关系，故步自封，一意孤行，则将与其他行政机关引起龃龉，致阻碍横生，一事不克办，是岂国家设置“教育行政机关”之初意也哉。须知国家行政实属整个一体，痛痒相关，应有通盘筹划之必要，此“教育行政”之难于与“普通行政”完全脱离关系之第二理由也。且也教育行政机关严格独立，则一般行政皆将感觉不经济，今略举一例，如各省之有实行教育经费独立者，自设征收及保管经费之机关，致所耗费者为数不资，若能确立会计制度，由财政厅代为征收，如数转解教育厅，则所节省者岂在少数？其他如此例皆可推想而知。呜呼！近世国家殆无有不以教育为传播发扬民族精神与特性（换言之即共同文化）及其对于解决社会人生问题所有贡献之结晶也者，故均认教育事业即为国家之事业，因置全国一切教育活动于国家监督之下，特为设置“管理教育行政之专门机关”，同时又使其他行政机关与之积极协作，予与种种之援助及便利，俾旧文化赖以保存，人民生活亦日新而月异，国脉得以绵延至无穷，是岂“文盲充斥”、教育败窳如我中国者所能望其项背也哉？

(注一) *A Cyclopedia of Education. Vol. II*, p.17.
(注二)《教政学》第二六〇页。
(注三)《教育大辞书》第一〇二〇页。
(注四)《小学校之实际经营与管理法》上卷第一编第二章第一〇页。
(注五)《教育丛著》第三十五种第四六页。
(注六)《地方自治讲义》第六种第二页。
(注七)《中国教育行政讲义》第一编第一章。
(注八)《教育与学校行政原理》第二页。
(注九)《新中华教育概论》第二二九页。
(注一〇)《中国教育行政》第二页。
(注一一) 岩波书店出版《教育学辞典》第一卷第四三〇页。
(注一二)《新中华教育概论》第二二九页。
(注一三)《教育与学校行政原理》第三页。
(注一四)《现代教育行政》第一讲第一三、一四两页。
(注一五)《师大教育丛刊》第一卷第一期。
(注一六)《教育大辞书》第一〇二一页。
(注一七)《最新教育行政法论》诸论第四章一三、一四两页。
(注一八)《教政学》第二四二至二四五页。
(注一九) 前书第二五二至二五五页。
(注二〇) 前书第一七六页。
(注二一)《中国教育辞典》第六五四页。
(注二二)《现代教育行政》第一讲第五、六两页。
(注二三) *Some Problems of a National System of Education in China*, *Chap. VI*, p.257.
(注二四) *Reconstruction of Modern Educational Organization in China*, *Chap. VII*, pp.112-114.
(注二五)《教育丛著》第三十五种第五〇至五一页。
(注二六)《教育行政大纲》。
(注二七)《比较教育》第二〇六、七两页。
(注二八)《西洋教育制度的演进及其背景》第二二〇、二二一两页。
(注二九) *A Cyclopedia of Education*, *Vol. V*, p.381.
(注三〇) 吴家镇氏《世界各国学制考》第八十三、八十六及一百三十四页并可参看。
(注三一) 按美国原有教育部,据勒思诺(E. H. Reisner)氏所著《法德英美教育与建国》(*Nationalism and Education Since 1789*)一书云:"美国在一八六七年(同治六年)国会创设了教育部(Department of Education),它的目的是收集各州或各省的教育情况和进展的统计及事实,帮助美国人民组织和供给一个有效的教育系统,如报告学校的组织、行政系统和教授法等以推广和促进全国的教育。法律规定教育部设一教育部长(Commissioner of Education)和其他助手数人,部长每年要向国会作一报告。到一八六九年(同治八年)教育部因不能直接管辖各州教育行政,就变为教育局,它直传至现在。"(参看崔载阳氏等译本第三二七、三二八两页)。
(注三二)《教育丛著》第三十五种第三十九至六十六页。

德谟克拉西教育之实施法

隐　青*

迩来吾国言论界之唱道德谟克拉西①与德谟克拉西的教育者多矣。余今姑略德谟克拉西之概论，而述德谟克拉西的教育之实施方法。区区之心，惟愿吾国教育界勿徒作架空之时论，而急求其实践之道耳。至所述方法是否完善，可否实行，还望海内明达共起研究而教正之。

德谟克拉西的教育之真髓，可大别为三端：(一) 人本主义之教育，(二) 发展个性之教育，(三) 共同生活之教育。约言之，即平等(equality)、自由(freedom)、协同(cooperation)之教育也。论人类之价值，固无不相同，而论人类之个性，则实有差别。惟其有相同之价值，故人类宜平等。因有差别之个性，故人类宜自由。然个人不能遂其成长发达之愿，必合自己之个性与他人之个性更相吸引更相助长，而后始成继续的社会生活，故人类又须协同。兹依平等、自由、协同之精神，胪述以下各种德谟克拉西教育之实施法。

一曰使一般人民皆有受教育之机会也。

教育既以人为本位，则凡属人类皆不可不有相当之教育。换言之，人人宜受切于自己生活之教育。对于自己之所为及所应为者，务求十分了解其意义，

---

*　隐青，可能是《教育杂志》早期编辑化名，也可能是朱隐青，未能查证。
本文原载于《教育杂志》1919 年第 11 卷第 9 号。——编校者

①　democracy 的音译，意为“民主”。——编校者

而感有十分之兴趣。是宜举从前之贵族的特殊的教育，一变而通俗的、一般的教育，使人人皆有受教育之均等机会。此不特知识方面为然，即文学艺术等亦当同作通俗化，使一般人民皆饶有文学艺术上之趣味。试述其方法如下。

学校公开

使有相当之学力者，皆得自由入学。或于校内特设讲演部、夜学部等，使一般平民得于职业余暇来校听讲。一面由学校之教师及学生分赴校外举行通俗演讲。是为纵的方面实现德谟克拉西教育之要策。

提倡私立学校

减除官立学校之拘束。现今欧美各国最发达之著名大学多属私立。盖官立学校往往受官厅之拘束，办学校者不得自由主张，仅成机械的作用，绝无活动之精神。德国教育家甘斯培(Gansberg)①有言曰："学校愈减少官厅之支配，则办理愈臻完善。"此言实深得德谟克拉西教育之真谛。

注重女子之高等教育

发挥女子之特性，以补救从前偏重男子之跛足的文化。是为横的方面实现德谟克拉西之要策。盖女子于本代国民应尽天职而外，更负有直接教育次代国民之任务。人种改良及文化进步之基唯在女子，且女子实富有精密之思想与优美之感情。故职业教育(professional education)当置重于男子，而文化教育(cultural education)当置重于女子。现今美国大学中，习理、工、农诸科者多为男子，而习文科、教育科者多为女子，且全国中学、小学之教员，女子实占其多数。即此可见，女子与德谟克拉西教育关系之密切矣。

改良文字

以期知识之普及，并可使思想之传达得归于真确。夫文字为教育之利器，古代教育为贵族或特殊阶级所独占，故其文字亦仅能通行于少数之特殊阶级。今欲实行德谟克拉西的教育，宜先提倡一种平民易晓之文字，平民易晓之文字莫若白话。白话者，一般平民间传达思想之固有利器也。且吾人之思想为精神的、流动的、无限的，而语言文字为形式的、固定的、有限的。欲以固定的、有限的之形式，发表流动的、无限的之精神，已属难事，况夫雕文琢彩、诘屈聱牙

① 今译"甘斯贝格"(Friedrich Gansberg，1871—1950)，德国教育家。——编校者

之文字，与吾人之纯朴思想，其相去为何如？此古来哲学者所以每叹恨思想之不能自由传达也！白话虽亦为一种固定的形式，然较文言为浅近，其运用亦较自由。故提倡白话文字，亦为实施德谟克拉西教育之第一要著也。

各地方多开音乐会及美术展览会等

或公开，或售以极廉价之入场券，或于通俗讲演中备以留声机器，或于新闻杂志中刊入名家图画，俾一般人民多得娱乐之机会，以增进其音乐、美术上之兴趣，而启发其高尚纯洁之精神。其他若图书馆、博物馆、公园、游戏场等，凡昔日仅供少数人之赏玩者，悉宜改为一般人所共有，是亦实现德谟克拉西之一端也。

二曰改革教育之制度及方法也。

德谟克拉西教育既以发展个性为任务，则教育制度及教授训练等方法，自当以各个人所有之特性为根据，务使被教育者有自动的、独立的、活泼的、创造的之精神，不可染有被动的、依赖的、机械的、因袭的之恶习。然后各个人之特性始得自由发展。

教育制度，当视被教育者心身发达之程度而定。大凡吾人生长至六七岁时，心身上生一大变化，至十四五岁时，又生一大变化，故各国教育制度大抵皆以六岁或七岁为儿童就学之时期，而以十四或十五岁为义务教育完了之时期。然各民族发育之迟早多不相同，斯不可不因一民族之特性而制宜焉。然同一民族中各个人之特性亦复有异，故须辨别其个性，审察其所能为者何事，所爱为者何事，发其天然之本能，顺其天然之兴趣，然后从而诱导之、引进之，增益其生活上所必需之知识焉。杜威博士谓："教育上当认儿童各有其特殊的能力(capabilities)、特殊的要求(needs)、特殊的好恶(preferences)。虽在同一教师、同一教科书之下，然儿童对之之反应各自不同。"(见 *Democracy and Education* p.153)博士又谓："教育二字之语源，本含有诱导(leading)、引进(bringing up)二语之义。"(p.12)所谓诱导、引进者，自与注入之义大相径庭。博士又云："旧教育之观念，视人心如空囊，可任意盛之以何物。又视人心如白纸，可任意绘之以何色。新教育之观念，则反是。谓儿童各有天然的本能，以此本能作主，教师仅能从旁启发之、引导之，使各尽其性分之所固有而已。"(见博士在北京演讲记）旧式教育重教材，而德谟克拉西的教育则以儿童为第一位，教师与教材为第二位。旧式教育重知识，而德谟克拉西的教育重个性，不贵知识之供给，而贵养成获得知识之能力。旧式教育以知识为奢侈品、赏玩品，而德谟克拉西的教育以知识为指示吾人作善良生活之一种工具。旧式教育以知识为人生之目的，以其自身为有完全独立之价值，而德谟克拉西的教育以知识为人生之手段，知识之价值全在实用。古今教育上知识之观念既如此悬殊，则其学校教授之方法自必因之而大异。故旧式教育重注入、重记忆、重留声机式之试验，而德谟克拉西的教育则重自习。教师先提示以该课之门径，使学生自在图书馆收集各种材料研究之，然后教师再为之订正其谬误，批评其得失。换言之，合教科书之所示、图书馆之研究及教师之订正或批评三者，然后始能建立正确之知识，世称之为知识之三角塔。此等知识入乎耳目，著乎心意，布乎四体，形乎动静，已不能复作机械的记忆。其所贵者，在应用，不在再现也。故德谟克拉西的教育之试验，问题非出于所曾教授者之范围内，而当出于所曾教授者之外，惟试验其人之实力如何，而不问其记忆如何也。

复次，旧式教育取学年制度，每有一学科或数学科试验不及格，辄留级一年，并其所及格者亦须重习，徒消耗光阴精力于无用之地，而令学生气沮也。德谟克拉西的教育则当舍学年制度而采学科制度。视被教育者资质之聪鲁以定学习期限之短长，所以齐愚智而各发展其个性，如此虽名曰学科制度之教育，其实即学生本位、个性本位之教育也。

旧式教育既以知识自身为有完成独力之价值，故其教科各各分离，孤立不相关系，教师各以其所授之专科征服学生，而学生遂为教科与教师之奴隶矣。德谟克拉西的教育以学生为本位，以知识为指导人生行为之工具，故各教科自有其共通之目的。教科与教科之间，必相须相助，而有密接不可离之关系。

复次，德谟克拉西的教育，教师与学生之间不可有截然之界限，教师固不宜有专横的干涉态度，然亦不可一味放任。学生固宜取自动态度，然亦不宜离教师而独立。杜威博士曰："教师非离学生，而但取旁观者之态度也，始终不可不以能动的态度参加于学生之活动，而分任其活动。在此共同之活动上，教师即学生，学生即教师（不知不觉间）。无论教师学生，苟愈失其教授与受教之意识，则其教授愈臻于完美。"（见 *Democracy and Education* p.188）

三曰务使学校成社会化也。

德谟克拉西的教育虽注重个人内部的本能，然同时并注重社会外部的环境。因吾人不能离社会而生存，个人之本能必向适合社会生活之方面而发展。故教育之任务即在如何训练、如何指导个人之本能，使能适应外部的环境而与社会的生活相合。杜威博士曰："教育者，即使生活成社会的继续之一手段耳。"（见 *Democracy and Education* p.3）

旧式教育，学校与社会之间划有鸿沟，教育与实际生活判若天壤，是以学生所得者皆为书本上之知识，不适于社会实用，一旦出学校而入社会，辄有生活难之叹。且学生对于学校中所授之课业，因无裨益于目前之实际生活，毫不能发生兴趣，故获效亦甚浅鲜。至德谟克拉西的教育，以学校为一种生活团体，以学校为社会之雏形，以教育为社会环境之需要所惹起之一种生活活动。简言之，学校即社会，教育即生活。故杜威博士曰："学校者，特殊之环境也。"博士之论学校任务，其大意如下：

第一，化复杂淆乱之社会环境为单纯的、为秩序的，且依其难易而分先后以教授之。第二，排除社会环境中之无价值者与不纯粹者，仅取其于现在有益而于将来必要者，以为教授之材料。第三，包举社会一切团体之性质，使未成熟者不致囿于一隅之环境，而可以养成其适应各种社会生活之能力。（见 *Democracy and Education* p.22－26）

学校之任务既如此，则凡学校中之编制、设备、教授、训练等项，皆宜适应社会之需要，以为措施。例如，协助制度（Cooperative System）及学校市（School City）之组织皆为今日使学校成社会化之良法。总之，务使学校生活即为真正之社会生活，学校之学生同时并为社会之一服务员，而学生与学生、学生与老师之间，俨成一亲切之共同生活团体，而勉求进于人类全体共同生活之域。是即实现德谟克拉西教育之第三要件也。

地方教育行政为一种专门事业

陶行知*

市乡教育的界说

地方包含都市和乡村，故地方教育行政有都市和乡村教育行政两种。依克伯利①先生所主张：上五千人的地方都可算为都市；不到五千人的，都算为乡村。凡都市皆令脱离县教育行政范围而直隶于省；凡乡村皆令统属于县；县复就地方之大小酌量分区办理乡之教育。因市、乡人民密度不同，经济能力不同，环境性质不同，凡此种种影响于课程编制、教学方法、行政组织的又都不同。分治就两受其利，合治就两受其弊。详细情形，当另著文说明。现在只下这一定义：上五千人聚居在一处的叫作市，不足五千人聚居在一处的叫作乡。市教育以一市为行政单位，乡教育以全县为行政单位。我所讨论的就是说：这种市教育行政和这种县教育行政要当它为一种专门事业看待，要以专门的目光研究它，要以专门的学术办理它。

---

* 陶行知(1891—1946)，又名知行，安徽歙县人。金陵大学毕业，留学美国伊利诺伊大学学市政，获政治硕士学位，后在哥伦比亚大学研究教育，获“都市学务总监资格文凭”。曾任南京高等师范学校、东南大学教授兼教务主任、中华教育改进社总干事等职，创办南京晓庄学校、上海山海工学团、重庆育才学校等。主要著作有《中国教育改造》《普及教育》等。

本文原载于东南大学教育研究会出版《教育汇刊》1921 年第 2 卷第 1 集。——编校者

① 今译“克伯莱”(Ellwood P. Cubberley，1868—1941)，美国教育管理学研究的先锋。——编校者

地方教育事业之重要与责任

上说之定义，很是概括的。再进一步，就须将都市和乡村教育的事业责任来讨论一遍。

请先说都市。中国有五十万人口以上的都市十三处，十万人口以上的都市四十七处。十万以下的都市，现在尚无确实消息；但据邮政局九年度[1920]一二三等邮局所在地估算，相差不致太远，约在一千六百八十处左右。现设的七千七百六十八处邮寄代办所当中，还不免有好多都市，但确数难定了。有这种情形，所以中数不易求得。我们姑且拿一个五万人口的都市来讨论，都市学龄儿童与人口之百分比，较乡村要低好多。依六三制行义务教育，每百人中应有学龄儿童十六人。故五万人口的都市，约有学童八千、教员二百余。协同二百余教员，培养八千学生，这是何等大的事业，何等大的责任。那百万左右的都市，如北京、上海、广州、汉口、西安等处教育事业的浩繁、责任的重大，更不必说了。

再说乡村教育。乡村教育以县为行政单位。中国二十二行省、四特别区域，共有一千八百四十三县，平均每县一千三百二十七方哩。最小的有千余人，最大的有二百二十七万，平均每县有二十万人。将县内一二三等都市人口除开，平均每县乡民当有十七万之谱。乡村学龄儿童与人口之百分比，较都市多些。依六三制约计，乡村中每百人应有学龄儿童二十一人。十七万乡民之县，当有学龄儿童三万五千七百人、教员千余人。协同千余教员，培养三万五千七百学生，这事业又何等地大，责任又何等地重！

地方教育所含之专门性质

看上面所说，地方教育的重大，固已有具体的事实可作立论根据，但还不免概括。究竟地方教育非专门家不能解决有几个什么问题？

(一) 计划问题

世界潮流、国家大势以及地方人口增减、财力消长、职业变迁，影响于地方教育最大。办学的人宜如何默察趋势、熟筹利弊，预拟一逐年进行的计划，使理想依据事实渐次实现，世界、国家、地方面面顾到。预拟这种计划，是否需要专门的学识？

（二）师资问题

学生学业的进退，多半看教员的良否为转移。五万市民之市，须教员二百；十七万乡民之县，须教员千人。这许多教员未来之先，办学的人宜如何酌量需要，分别设法培养选聘；既来之后，宜如何设法辅助指导，使有最良之精神，并如何筹备种种机会，使教员的学问能得相当的研究进步。办理上说种种，是否需要专门的学识？

（三）课程问题

课程为社会需要与个人能力调剂的工具。编制课程的人，必须明了动的社会的种种需要，将他们分析起来，设为目标，再依据儿童个人心理之时期，能力之高下，分别编成最能活用之课程，使社会需要不致偏废，儿童能力不致虚耗。这是一种最精细的手续，是否需要专门的学识？

（四）经费问题

地方财力有限，教育事业无穷。以有限的财力办无限的事业，支配经济的人必须分别缓急、酌量进行。这“分别缓急”四字包含教育事业各方面的关系。必须将这些关系彻底了解后，才谈得到分别缓急。但是这种了解，是否需要专门的学识？

（五）设备问题

物质环境在教育上之影响，尽人皆知。要有良好的教育，必须有相当的物质环境。校舍、设备、图书、仪器和校外之种种环境，都与教育有密切的关系。空谈自动、自治、自学、自强，是没多用处。有相当之设备，才能发相当之精神。即以校舍论，宜如何构造，才能使他合乎卫生、美术、经济、教育的原理。简括问一句，宜如何选择、支配、联络环境的势力，使教育得收良好的结果，是否需要专门的学识？

（六）考成问题

我们受人民的付托，办理地方的教育，费了这多钱，用了这多人，开了这多学校，教了这多学生，究竟结果如何，应否平心问一问？怎样问法，怎样度量各种教育的历程、结果，和度量之后怎样据以切实改进，都是要从专门研究中产出来的。

（七）劝学问题

假使地方人民对于教育，尚无有相当的了解信仰，就不得不做一番感化的功夫。我们宜如何表示教育的真相，证明教育的能力，使人民自觉教育为人生日常所必需，并发共同负担独立兴创的宏愿，这种教育真相的表示，与教育能力的证明，是否需要专门的学识？

主持地方教育行政人员应有之学业

地方教育即有上述几种问题，非专门人才不能圆满解决，那么办理地方教育人员所应具有之资格，可以推想而知。品性方面，暂且不论。现在只举学业一门，拣其最要的讨论一回。

（一）普通学问方面，至少须学哲学、文学、近世文化史、科学精神与方法、社会问题、经济学、美术等课。这种学问，一来能使目光远大，二来能使同情普遍。因教育是一种永久事业，非目光远大不足以立百年之基；教育又是一种社会事业，非同情普遍，不足以收共济之效。

（二）工具学问方面，须于国文之外，至少学习外国语一门。一可使地方所办学务得与世界潮流接触，二可使自己所得学识与国外同志印证。再，统计法亦为一种重要的工具。得此，就可明了别人研究的结果，也可使人明了自己所办事业的真相，并且还有许多问题要借助统计才有相当解决的。至于办事，最重效率，所以科学管理一门功课，也是应当学的。

（三）专门学问方面，至少须学教育哲学、教育概论、教学法、教育心理学、中等学校之组织及行政、初等学校之组织及行政、地方教育行政问题、学务调查及报告法、学校建筑与卫生。这许多功课，是纯粹关于教育的。各门的宗旨合起来，是使办学的人能拿教育的方法去达教育的目的。

简单些说，我们理想中的地方办学人员，学业方面，至少须有大学毕业同等程度，加些关于教育行政之专门学识。

结　　论

现在中国之一千六百八十市和一千八百四十三县，以主持教育的人而论，已需三千五百人。若将协理人员共同计算起来，至少需万余人。中国若想推行义务教育，非将地方办学人员与教员同时分别培养不可。现在培养师资与普及教育的关系，大家已经了解。惟独对于地方办学人员之培养，大家还没有相当的注意。山西、江苏的义务教育计划书中，都没有这回事。最好的省份，不过为他们举行一二次讲习会补救补救。反对的还以为地方教育人人能办，何必讲习？岂晓得这种学问，已非短期讲习所能了事。故中国不想推行义务教育则已，若想推行义务教育，必从培养改良地方办学人员入手。

国家主义下之教育行政

余家菊*

由国家主义的见地以确定教育方针，此为今日国中之大问题也，国家主义既为吾人所承认，进一步而求所以实现之方法，则为国家主义之教育政策的研究，是即本篇之职志也。欲厘定其政策，必先把握其精神，国家主义的教育之真髓，究安在乎？请简要言之：

（一）教育应由国家办理或监督

不受国家管理之教育事业，无论为教会经营、私人经营或外人经营，一律皆在禁止之列。

（二）教育应保卫国权

国权之圆满行使，为独立国之必要条件，故独立国教育应教育其国民保卫国权之完整而不受外力之宰制。

（三）教育应奠定国基

共和国以民为本，教育应使全民具有共和精神与公民习惯。

---

* 余家菊(1898—1976)，字景陶，湖北黄陂(今武汉市黄陂区)人。武昌中华大学哲学门、北京高等师范学校教育研究科毕业，留学英国伦敦大学心理学系、爱丁堡大学哲学系。曾任长沙第一师范、河南第一师范、武昌大学、东南大学、北京师范大学、河南大学等校教授、系主任。主要著作有《国家主义教育学》《教育社会哲学》等。

本文原载于《中华教育界》1925 年第 15 卷第 1 期。——编校者

（四）教育应发扬国风

国民之独立气概为国家命脉之干城，故教育应养成泱泱大国之风，于媚外之心、自弃之情，应竭力矫正。

（五）教育应鼓铸国魂

国魂为数千年间所流传的国民精神。爱国之情、自尊之概，皆由了解国魂起，教育应表彰而鼓铸之。

（六）教育应融洽民情

国民间一体之感为国家统整之基础，凡鼓吹宗教界限、阶级界限、种族界限者，皆不利于统整者也。教育应提倡“五族一家”“四民平权”“诸教同等”之真精神。

以上六者为国家主义的教育之要旨，凡百设施，皆不得有远斯义；而吾人之种种主张，亦概由此起义。请分别言之。

一、收回教育权

外国在我国内设立学校，不存政治侵略之心，即怀经济侵略之图；不怀经济侵略之图，即具文化侵略之念。如赔款学校，其动机多在政治的与经济的方面；如教会学校，其动机则多在文化侵略而其结果则实为政治侵略与经济侵略的前驱。吾人为国家之生存计，为文化之延续计，为社会之安宁计，而主张收回之，实不得已也。

收回之法，在积极上则力图国力之充实，国力充实自能以外交的方法解决之。在政治方面，则厉行学校注册法，以剥夺外国设立的学校之种种权利，借资限制。在社会方面，则宣传外国设立的学校对于吾国前途之危险，使为父母者知所趋向。注册法之内容必须规定：

（一）非中华国民不得于中华民国国土内创立学校、管理学校，并经营其他一切教育机关。违者得分别封闭并惩戒之。

（二）任何教育活动不得有宣传宗教之意味夹杂于其中，以确立教育中立之旨，学校而反违此条，则封闭之；教师而反违此条，则惩戒之。

此收回教育权之大要理由及其方法也。若夫详情，请参看本志前卷八期

《收回教育权运动号》可也。

二、教育宗旨

近代国家莫不将教育权执诸掌上而自己经营之，以维持其生存并图谋其昌荣焉。国家之欲达此项目的也，又必审慎思维而辨认何种性质之教育可以达其希望。辨认既明，乃制为教育宗旨，宣示全国，咸使闻知；告诫有众，懔遵无渝。夫如是，教育界乃有其共同的趋向、一致的精神，虽所任职务不同，所在地域不同，而其所奔赴之的究无二致也。是故教育宗旨者，所以厘定教育之性质，明示教育之趋向，于以凝人心、合群力者也。教育而无宗旨则形同虚设，有宗旨而不适当，则危险堪虞。故吾人不可不加之意焉。

教育宗旨须具有五种性质方能生其作用。五种性质为：一曰时间性，合于此时之需要者也；二曰空间性，合于此地之需要者也；三曰历史性，合于此民族之需要者也。此三者，合名之曰国家性。是故教育宗旨各国不同，非可转贩者。四曰渗透性，可以贯彻于各项教育活动者也。五曰确定性，可以明示教育者以努力方针者也。无透彻性则难免适于此而不宜于彼，无确定性则易于人执一辞，皆不宜也。故五者缺一不可。持此五者以论吾国之教育应有如何宗旨，则先宜认识吾国之历史，并现时所处之地位而后可，故为事甚难也。

考吾国教育宗旨之沿革，共起三次变更。第一次定为“忠君、尊孔、尚公、尚武、尚实”，时在清季；第二次定为“注重道德教育，以实利教育、军国民教育辅之，更以美感教育完成其道德”，时在民国初元；第三次拟议为“养成健全人格，发展共和精神”，时在民国八年[1919]。此三者以上述五项性质审核之，则第一次宗旨之制定者实具有教育政治家之气魄与识力，确乎能见其大，诚哉能握其要。第二次继承前次之遗规，而删去其忠君、尊孔之意，增入一美感教育，更以道德教育代尚公之义。虽于渗透与明确二点未尽美备，究犹能针对乎“今时今地”之需要也。民八以还，和平之论大作，世界主义日炽，元年[1912]公布之宗旨不满人意，乃有第三次宗旨之拟议，且不谓之宗旨而名为本义，意以为教育本应如此也。然而笼统空泛，不着边际，中国用之可，英国、法国、德国用之亦无不可，盖全无国家性者也。试问健全人格之鹄的，何国教育不奔赴之？

且所谓共和精神者，法、美之共和精神亦有以异于吾华之共和精神否乎？是真不知教育宗旨应有之作用者之所为也。乌乎可？

居今日而欲制定适当之教育宗旨，诚哉其为难事。因国民思想失其重心，故分崩离析无从归约而无法确立公共的目标，于是而教育成为无中心思想的教育，由此无中心的教育又产生无中心信仰之国民。互为因果，生生不已，几何其不载胥及溺乎？吾国而欲以教育救亡者，则教育宗旨中最少须含三事：

（一）曰国民之独立性，对外能抗强御暴，不失其大国民之风；

（二）曰国民之责任心，对内能奉公守法，克尽其国民之天职；

（三）曰国民之和谐性，彼此相扶相助而发挥其休戚与共之情谊。

依此，拟定为“养成健全人格，发挥国家精神，培植共和思想”。盖迁就民八[1919]之本义也。教育为立国之本，而教育宗旨又为教育设施之依据，有志教育者，何可不三思之！

（备考）光绪三十二年[1906]学部奏请宣示教育宗旨，其疏云：……欲审度宗旨以定趋向，自必深察国势民风强弱贫富之故，而后能涤除陋习造就全国之民。窃谓中国政教之所固有，亟宜发明以距异说者有二：曰忠君，曰尊孔。中国民质之所最缺而亟宜针砭以图振起者有三：曰尚公、曰尚武、曰尚实。……中国当列强雄视之时，必造就何等国民，方足为图存之具，此不可不审者也。中国之大病，曰私、曰弱、曰虚，必因其病之所在而拔其根株，则非尚武、尚公、尚实不可也。所谓尚公者何也？……今欲举支离涣散者而凝结之，尽自私自利者而涤除之，则必于各种教科之中，于公德之旨，团体之效，条分缕析，辑为成书，总以尚公为一定不移之标准。务使人人皆能视人如己，爱国如家。盖道德教育，莫切于此矣。所谓尚武者何也？……全国学校隐寓军律，童稚之时，已养成刚健耐苦之质地，……今朝廷锐意武备，以练兵为第一要务。然薄海之民，咸捐一生以赴万死，则犹恐有不能深恃者。何也？饷糈之心厚而忠义之气薄，性命之虑重而国家之念轻也。欲救其弊，必以教育为挽回风气之具。凡中小学各种教科书，必寓军国民主义，俾儿童熟见而习闻之。国文、历史、地理等科，宜详述海陆战争之事迹，绘画炮台、兵舰、旗帜之情形，叙列戍穷边、出使绝域之勋业。于音乐一科，则恭辑国朝之武功战争演为诗歌。其后先死绥诸臣，尤宜鼓吹扢扬，以励其百折不回、视死如归之志。体操一科，幼稚者以游戏体操发育其身体，稍长者以兵式体操，严整其纪律，而尤时时勗以守秩序养威重以造成完全之人格。语云："行步而有强国之容。"记云："礼者，所以固人肌肤之会、筋骸之束。非虚语也。……"（见《光绪政要》）

三、教育机会均等

国家欲求强盛，必须人民能各尽其材，亦必须人民能同遵轨物。一夫失教，百姓受累。就公言，是为谋国不忠；就私言，是为立法不平，皆非应有之现象也。是故教育机会均等尚矣。而义务教育之实施，则为其尤要者也。吾国锐意兴学亦既二三十年矣，而义务教育之废弛依然如故。虽曰政治扰攘有以致之，而士大夫未尝真觉义务教育之重要则其真因也。须知，率无教之民以与人国争，无论争于商，抑争于兵，未有不失败者也。且吾国号称共和，苟有拥护之诚心，则教育民庶使有运用政治之能力，为不可稍缓之举矣。况维持正谊，本为国家之责，今坐视儿童之失学而不救济，宁不有愧于中乎？故教育之普及，吾人当引为良心上的一种使命而努力为之。

抑教育机会之均等，并非教育机会同等之谓。诚以人智不齐，好恶各异，强使智愚同等，趋舍同范，是使两方皆备受戕贼也。均等之义，夫亦曰使之能各尽其材而已。生而上智者，虽属贫人之子，亦当使之能求学于高等学府。生而庸碌者，本非读书种子，虽家财百贯，亦无使之与高材生受同等教育之责任，盖因既无法掖之前进，而又有碍于教育的效率也。义务教育为学龄儿童而施，但吾国之失学者又不但儿童已也，成人尤居十之七八，故言教育之普及必须兼营成人教育。成人教育之性质，或为补充其基本知能，如读书识字之导学是；或为提高其职业知识，如新式农耕法、新式簿计法等是；宜各随其需要而异。

教育机会均等美名也。然使国家于贫寒子弟不予以经济的补助，则虽有此机会亦无法利用，直等于一虚名而已。故国家宜确定奖学制度，使贫寒者能领受国家津贴以维持其生活，并供给以享受教育时之必要的费用。在小学，更宜设免费膳食之例，供给贫家子弟以膳食而不取资。必如此，然后其机会为真的机会。吾国向有之书院膏火制以及族祠之学礼、例规等，皆接近此意，宜善用之。

四、蒙藏教育

蒙古、新疆、西藏同为中华民国构成之一份子。欲其与本部携手并进，必须藉教育与宣传之力以通其情意、培其同心而后可。不然，本国既弃视不顾，强邻复多方勾引，即无俄罗斯、英吉利之武力，恐亦不能为我所有矣。今之国际主义派如共产党等皆承认蒙、藏之独立为正当，而毫不动心且或鼓吹之。须知，蒙、藏之与内地，本有无穷悲痛与欢乐之历史。当其未合之先，长相扰攘，彼此不得安宁。当其既合之后，内地之民既可安枕而卧，蒙、藏之人亦以通好中州为荣。数百年间，相与安居如一日矣。今乃有倡为独立之议者，果由于中州之虐待乎？抑有不愿为共和国之构成分子而愿为他人殖民地者乎？毋亦狡邻离间之所致也。是故真爱国者必当遏止英、俄之阴谋而保卫吾边疆。教育边疆之民，使与吾人同心同德、协力协作，则其一法也。

实施之法，第一宜设立蒙、藏师范学校，招收有志之士，授以蒙、藏文字与风俗之学，及其必要的教育理想。毕业后，高其地位，优其待遇，一律遣之前往边地，使之启发民智，宣传文化。此项师范生遍布蒙、藏之日，即蒙、藏诚心内附之时。其次又可开蒙、藏子弟来学之例，或于内地相当之学校酌留蒙、藏名额，或于北京、甘肃、四川等省特设蒙人、藏人学校。凡来学者，厚其待遇。毕业后，赐以荣衔，或遣归使治其本土之事，或内留使习中州之政，皆足以吸其内向之心也。同时，高等教育机关宜遣人深入蒙、藏，多多益善，以探讨其人情风物，而便于筹划进行之方。于中小学史、地教科书，宜尽量采用有关蒙、藏之教材，使对于该地人民有较良的了解，兼以启发其开拓边疆之壮志。如是行之，数十年后，吾圉其能固乎！

五、侨民教育

南洋地带本为吾先民所开发。不畏风涛之险，不避瘴疫之毒，挺身独往，为国先驱。其间所牺牲之生命精血，盖难以想象及之。我国民对此，应如何爱护而保障之。徒以国力衰微，坐视西人之拔帜易帜而不能理。又因内讧不息，坐视侨民之水深火热而不能救。痛心曷极！欲使侨民坚其内向之心而拒人同化之术，则教育尚矣。欲使侨民发挥其天赋之才智而与西人抗衡于工商界，亦非教育不为功也。请略论侨民教育。

侨民教育，首当坚固其眷恋祖国之心，发强其抗拒西人之念。一面当示以本国文物之伟大、山河之锦绣、土地之饶沃、物产之丰富，以激起其爱护之心。一面又告以西人统治殖民地之毒辣方法，商场战争之倾轧策略，以养成其自卫之能。持此方针以办理侨民教育，侨民庶能卓然有所树立于海外以为祖国光。一俟祖国国力充实，庶几能本主权在民之义而挟其版图以归来也！

侨民教育之经营，教育部当设一“侨民教育委员会”以专司其事。与侨民教育具有密切关系之省份，如福建、广东，其教育行政机关，亦应设立一侨民教育分委员会，以与各地侨民通声息，且赞助教育部内之委员会，使其政策得以现诸实际。此外，又应于各地领事馆设置一“教育秘书”以为侨民策划一切教育事务而期贯彻侨民教育之主旨。教育部又应随时派遣教育员巡视各地教育状况，而相机予各地教育秘书及热心教育之侨民以策略上的援助。同时复将视察之所得，报告于教育部，交由侨民教育委员会讨论之，更以其讨论所得之策略交由各地教育秘书作为参考资料，以备随时应付之需。目前，各国对于吾华侨民教育，率视为危险物而多方摧残之。监督其课程，检查其教员，不特排外之旨在所必禁，即爱国之义，亦不许倡言。内地教育者之前往者，每多方盘查逗留，稍有思想与议论微露锋芒者，不为其所驱逐出境，即为其所监禁囚系。其防备也严，则吾人之实施也不可不以秘密行之。各处教育秘书当然不能使用教育秘书之名称，而派出之教育巡视员在势亦须变其名义以行。总以避免监视，贯彻宗旨为要。

六、国史研究

数典忘祖，古人视为亡国之兆。近人称引故实，辄曰甲国何如，乙国何如，而于本国之所有反茫然无所知，则其视人国为文明，为先进，为伟大，而自分为野蛮、为后进、为劣种也，又何怪焉！吾人欲涤除国民之媚外性而发扬其独立气概，则非提倡国史之研究不可。一九二一年英国开全国大学会议，印度代表侃侃而言，直陈印度各大学有增设印度历史研究院之必要。予闻之，实不胜其钦敬之心。诚以印度而果欲脱离英国之羁绊，而拒绝其同化之魔力者，必于其先民之丰功伟烈、理想与成功、或痛苦与牺牲等有所阐发而后可。盖同情起于了解，既不了解，即无爱慕、眷恋、维护之心，更何有于为之死而为之生哉？吾国学人于故有文物有毁弃而无阐发；于先圣昔贤有鄙视而无尊崇；不事了解，妄肆讥评；不顾历史的背景，率以现代理法指摘前人。于是，历史上无一可敬可爱之人，无一可歌可泣之事。循是以往，势必全国人民皆存自暴自弃之心，不待外国之侵凌，而将以主权奉献于外人，版籍贡呈于外政府矣，可不惧哉？故救国必自爱国始，欲人民爱国，必使人民识国。而历史文物之探讨、阐发、宣传，则使人民识国（了解国家）之唯一方法也。

且人类社会活动有其延续性。自古迄今，一线相承，不或间断。而古人之作为、古代之风习，对于今人现世，实直接、间接具有支配之力，而未曾死去，所谓"有生命的过去"(The Living Past)者是也。语云："知古所以知今。"亦是也。当前问题，仅用横断面的研究，不足以了解而解决之，必于其发生之缘由、变迁之历程、错综之情状，爬梳而洗剔之，然后得以窥其关节所在，批窾导却，迎刃而解矣。故欲解决现代问题非有历史的研究不可。且古今问题之详情虽殊，而问题之性质要为多相类似。读史不但可从古人之解决法获得先例的暗示，亦且可于古人之解决奋斗中吸取迎战之勇气。如外族之压迫吾国，有史以来，代不绝书，吾人若详考而细校之，则何又惧乎列强之侵略哉？此阐明史实之又一功用也。

依此，全国应设立一国史学院，专司历史的研究，自政治学术以迄风俗习尚，无不在其研究之列。中小学之历史科亦必郑重教授。凡语涉轻薄之教本一律摒除。

七、军 事 教 育

战争为人类生活中之一大事项。自有人类以来，战争之事未尝止息。相与战者，或为部落与部落，或为国家与国家，或为阶级与阶级。其战斗之对手虽不同，而其为战斗则一。所持而战者，或为干戈，或为毛瑟，或为唐克，其战斗之利器虽不同，而其为战斗则一。战斗之休止，或数年一战，或数十年一战，或百年一战，其间隔虽有久暂，而其不能一战而永不复战也则一。已往者固如是矣，未来则又何如？使能如和平派之梦想，世界大同，休戚与共，解纷以理而不以力，则吾人宁不愿放马毁甲，沉战舰，改兵工厂，一如今日怯懦者流之所鼓吹宣传，而与斯民共享其升平之乐乎？无如事实决不我许何？方今英、美、日本竞拓军备，惨酷之战，可计日而发，已为有目共睹，不容或疑。况西洋文明为战争文明，西方民性为猛兽之性，征服异族乃其能事，而谓其于倏忽之间能痛改前非，化干戈为玉帛，避疆场而趋樽俎，宁非梦呓乎？吾国土地肥沃，物产丰富，在在足以启强邻据为己有之野心；而民情怯懦，习尚文弱，尤足以使强邻生取之甚易，非取不休之妄念。我国民而真好和平者，则非整军经武，利炮坚舰，以慑其野心而戢其妄念不为功，我国民惩于已往之失败，其亦知改弦易辙之道乎？

人之恒言曰，教育所以适应生活之需要者也。所谓生活者，有个人生活与民众生活之分。故所谓适应需要者，初不必限于个人的需要，而群体的需要实亦寓于其中。今吾国民，有战争知能之需要，已如上述，而吾教育界乃不知所以适应之，宁非溺职之甚乎？谓教育界不知适应需要乎？则个人饮食之需要已知用职业教育以满足之，男女之需要，已知用色性教育以陶冶之矣，何为于个人之需要则重之，于国家之需要则轻之？吾国教育宗旨在清季原有“尚武”之义，在民元[1912]犹有军国民教育一项，而所谓教育调查会者竟主张彻底推翻之，致使告朔饩羊之学校兵操课亦且废除，不为病狂，即为愚昧。其所遗留之余毒，非数十年之努力，不足以洗涤之。欲洗涤之，唯有积极实施军事教育。

军事专门学校以及现役兵士之军事教育，为专家之事，姑不置论。今所论者为普通军事教育。请先言其目的。

一曰御外侮

使人人有从军热情，知当兵义务，以敌忾同仇而固吾疆圉。近年教育界竞言公民教育矣，而独于充军役、御外侮一层则弃置不言。何其傎乎？欲养其御侮之心，必激其同仇之念。当今强国，如英、如日、如法、如美、如俄，固无一而非吾之敌国，实施教育时允当于其侮我之状，谋我之图，一一讲述而无所轩轾，但于谋我最急者，则可别为提出而视为假想的对敌国家，而坚其复仇之心，示以防御之策，庶几知能两方皆能达于御侮之必要程度。

二曰勘内乱

政治紊乱，宵小横行。武人假其虎威，鱼肉小民；主匪肆其剽悍，勒索闾阎。自卫之法，莫善于广练乡团，实行全民武装。于是，团丁之统率，攻守之教练，在在需人。欲普遍的养成此项人才，唯有于普通学校实施军事教练，毕业出校后，平日则教乡民以战术，有事则率乡民以上阵。必使全国之民，人人皆是战士；全国学生（最少中学以上），各个皆可为官佐，庶几小丑敛迹，军阀就范，而野心之徒亦不敢动辄暴动也。

三曰守纪律

有纪律然后秩序保、社会宁，有所进行亦可以敏捷赴的。吾国为政，素尚宽大。士子习尚，更以蔑视礼法为能。近年自由平等之说大作，青年学子不辨底蕴，妄以自由为无规则，平等为无管束，纵性任情，毁法乱纪，无所不至其极。偶有一二贤明师长，思有以纳于轨物而略加干涉，辄复加以侮辱人格之名而叫嚣喧扰，非使良心不昧者皆噤若寒蝉不止也。循是以往，各徒其所尚，而无共守之秩序，势必流于人皆相砍也。外国舟车上下，皆鱼贯而行，虽有千数百人之众，虽当事出意外（如失火）之时，绝无纷扰现象之发生。回视吾国各地车站，买票必挤，上车必争，少壮犹可奋力撑持，考弱则有破头折臂之虞。中西相去之所以如是之远者何也？夫亦曰有无守纪律之训练而已。吾国学校纪律之废弛，乃国家之忧也，宜用军队训练以补救之。

四曰严组织

组织严密为军队所长。有组织，故其动作得以协同，而无人自为政之弊。组织严密，故团结坚固，不易为外界所动摇，而不致予人以攻隙抵瑕之机。吾国国民，在个人既无惯于组织之习性，在社会复无崇尚组织之训练。若在战时，敌国不难飞一炸弹以紊乱全城秩序，散一谣言以摇乱全国人心，其胜败之机，正不必决之于战场也。即在平时，近代事业皆为大规模的，处处非组织不能有济。牵一发而动全身，各随所好以行之之习气不改，大事业决无从发达。此严组织之效，又有待于军事训练者也。

五曰壮胆气

怯懦畏葸，趦趄逡巡，此吾国民之一大弱点也。外则列强惯用虚声以恫吓之，内则民贼常恃乌合之众以蹂躏之。凡以暴厉之气相袭者无不为所欲为而如愿以偿，皆缘教育上无练胆壮气之事也。倘施以军事教育，使习两军对垒之事，猛击阴袭之举，更益以自卫之术防御之识。久之，自能养成其临事不惧，虽千万人吾往矣之气概。必如此，然后暴力不足以挠之，阴谋不足以屈之，而中华民族方能雄立宇宙间也。

六曰强筋骨

吾国国民之体魄可以脆薄二字形容之；而国民之仪容又可以颓唐二字表示之。是故行为迂滞，精力疲惫，不足以当繁剧之事，任艰苦之行。宜用刚性的锻炼以矫正之，而军事训练则为刚性训练之尤者也。军事训练，时或长途行军，野外露宿，又或跋山越涧，练跑习跳，皆可以强筋骨、壮体质，且培养其耐劳习苦之性格也。国家之强，平时则系于国民工作活动之活气，活气大则其效率自增也。战时则系于军士之耐久性，能耐久则可以寡敌众也。国人素以四万万人口自雄，须知活力不旺体力不盛，则工作或战争之成绩皆无从佳胜，而人可以一当吾之百，以百当吾之万，虽多亦奚以为哉。

七曰讲军学

审度地势之法，扎立营盘之理，合围分抄之策，趋避攻守之略，正奇迟速之变，皆人人所必须之军事知识也。有此知识，然后足以讲自卫之法，然后足以审度敌方之行动以迎应之。即使事不关己，而为他人间之战斗，亦可以根据双方之情势、各处之报告，而测度其利弊得失之势而卓然有所自处，不致为无稽的谣传所迷惘也。且如读史，战争之事代不绝书，欲了然于其成败之故、得失之机，非有军事学识不为功也。可见，于相当程度上人人应有军事学常识。在专门以上之学生，更须能实际运用之。

八曰习武艺

射枪击剑，挥拳使打，皆武艺也。人生或狭路逢凶，或纠众对垒，须应用武艺之时甚多。略知使枪之法，略擅用剑之长，偶有缓急，小则可以自保其身，大之则可以保其国家，至用以惩凶抑恶，为社会维秩序，为人间保正气，其时会尤多也。故练习武艺为军事教育之又一目的，其他如攀登之技、救护之术，亦为人人所应有之能力，宜兼顾之。

军事教育之目的约略如是。若言施教之内容，则小学后期应重基本教练，如军礼、步法、枪法、队伍集散、精神训话，兼及攀绳登梯等技术、野餐露宿等生活。每年于国定之国防日，集合邻近学校举行阅兵式，晓以国际情势，以振作其精神而鼓舞其敌忾同仇之气概。中学则施行军队组织。十人一什，什有长。百人一队，队亦有长。什长、队长，皆就学生中轮流选充之。全校置教练员一，以军事教员充之。更会同邻近中学合组一大队，或由省教育长官遣派一军事教育专员统率之，或暂时由各校军事教员互推之。实际教练注重队伍动作、战斗技术，并课以战略。间日一小操，一周一大操，每学期举行野外行军一次，短则一二日，长则一周。每年于国定之国防日，会合邻近学校，举行大会操假作战一次。各省联合运动会举行时，更可以省为单位演习战斗以比较其优劣。全国运动会举行时，更可以东西南北中五大部为单位，使其各表所长以资观摩。夫如是，然后尚武精神可以发扬全国，而一雪东亚病夫之耻也。

说者以为是固美矣，但军队教育重服从，而共和国民则宜有自动之德，去其自动而教以服从，毋乃有背共和精神且为有志为迪克推多之野心家植其基础也。曰是不然。社会事态既须有自动之德，亦须吾人有服从之性，二者缺一不可。浅以喻之，街心警察挥其棒使吾人进则进，使吾人止则止，苟违反之则街道秩序乱而同感不便，同受危险矣。何可因培养自动力之故而轻视服从哉？且军事教育所教之服从为志愿的服从。学生知行军有服从长官之必要，乃降心以服从之，正可发育其自主之能力，长养其委身团体之美德。若夫以不羁为能，以泛驾为高之流，至多不过能为其孤独的生活而已，决不能有所造就于社会也。又何足贵哉？况吾人所主张之军事教育，不但须求学生之能被指挥，且愿其人人皆能施指挥，并于实际上使之轮充什长队长以练习指挥，又何尝抹煞自动哉。

此外更有以压抑个性为军事教育诟病者。吾诚愚，实不知其所压制之个性为何。夫军队训练无他，一种刚性的团体训练而已。若谓军事训练有碍个性之发展，则必证明有人焉生而无群性，故生而不适于团体训练而后可，恐事实决不能予吾人以此项证明也。况教育目的不在将就人类之已然，而在鼓舞人类以趋向于当然。苟团体训练实有必要，军事教育理应普及。纵有学生不甚好之,吾人为欲使其获有圆满之人格计,亦当严以课之。

八、学 术 独 立

现代事业进步,非专科学术不能处理。各国为国际竞争计,有所发明每秘不示人。如“死光”之直接有关于军事者,其不公开固无论矣。其次如颜料化学之有关工商竞争者,其不公开亦无论矣。甚至智力测验如美国心理学家合创之陆军测验者,亦且有一时间秘不示人。然则凡与强国富民之术稍具有关系者,皆不能得之于人国也明矣。今人但知“学术为公”之片面理论,因而不感国家学术独立之必要,诚哉其眼光之短近也!且学术不能独立,举国无深邃之学者镇摄其间,则浅薄的议论每足以摇惑人心。如唯物史观,其偏宕不中事理,各国学术界批评之者多矣。而在吾国,则一二人唱之,众青年和之,而莫识其谬,流弊所在,又不仅思想浅薄已也。况本国学者不多之结果,势必事事求助外人,兴铁路、导河流,须借用外材,智力测验、科学教法,亦须请示外人,则国民之相率而拜倒于外人之下也又何怪哉?故学术之独立不但有益国防国富以及国事之处置,实亦大有关于国民之独立、自尊之精神也。

欲求学术独立,当择全国适中之地,设立二三研究院,丰富其设备,广延人才,优其待遇,使之专心致志于研究之业。若虑经费不足,则可逐年减少官费留学名额而移拨其经费于研究院,日积月累,久而久之,其图书仪器当可应有尽有矣。且留学界好学之士固不乏人,而以混年数(留学生相信,留学年数愈久则资格愈高)得头衔,为唯一职志者亦所在多是。回国之后以其浅薄,教人深刻,且益之以骄矜之气,夸大之情,几何其不率全国之士而入于浅薄虚伪之途,而使真学术无从产生哉?故减少留学费以增加研究院经费,于消极积极两方面皆有造于学术界也。

九、视 学 国 派

视学之设,所以视察各地教育状况而期其贯彻国家之教育宗旨与政策者也。考现行视学制度,其与实际教育有密切之县视学,皆为各省区教育厅所委任。既无共同的训练，又无共同的资格，师范生可任之，中学生可任之，乃至秀才、贡生亦可任之。欲全国教育精神之一致也难矣。故以国家为中心之教育政策，当采用视学国派制。各县视学一律由国家派遣。派遣之先，须使之受相当时期的共同训练。最好于京师开一视学讲习所，就师范毕业生之有志为视学者考试之。及格者使之入所讲习（现任视学亦须轮替入所），而课以教育原理、教育政策、教育方法等，使之毕业后，对于地方实际教育确有视察与指导之能力。遣至任所后，教育部应随时与以训示，并责其随时报告一切，部视学应以审核此项报告为其主要事务，而出部视察乃其次要者也。又视学之进退调动应由教育厅呈请教育部（或由部直接）行之。必如是，然后各省教育方可于若干程度上收同风一道之效，而国家教育之精神乃可以普遍的实现也。而教育部之所干预者，仅为最低限度的必须同一之种种事项，亦绝不致有碍于各地方自由发展之活气。

十、确立教育周

于全年中指定一周间为教育周。一则以使全国人民皆晓然于教育之重要。二则以使全国教育界皆有若干相同的教育旨趣。如设立爱国日，则全国教育界当然一致提倡爱国。三则可以提醒教育界研究实施某种教育之方法。如设立国防日，至是日则教育行政人员与教育实际人员皆当讲求国防的教育方法。四则可以提醒教育界实施某种教育。如设立蒙、藏教育日，至是日则各教师皆当以开发蒙、藏之义训示学生。总之，教育周对于一般民众，有宣传之用；对于教育行政，有促进之功；对于教育者则有提醒之力。诚为亟应创立者也。试依国家主义的教育之旨趣拟定教育周各日间所应宣传、讲论、实施之事项而分别定其日名如下：

教育周

第一日　爱国日

第二日　教育普及日

第三日　教育权收回日

第四日　蒙、藏教育日

第五日　侨胞教育日

第六日　体育日

第七日　国防教育日

至若日期，似以五月九日为国防日为最妙，如是则宜自五月三日起。或自十月十日起，即以国庆节为爱国日，而以十月十六日为止期。总之，能利用一有历史的意义之日期则为势较便而收效亦较宏也。

教育行政效率

邰爽秋 *

今天所讲的题目着重在方法方面的讲述：当我在拟演讲大纲时，很想单从科学方法方面来讲演这题目；不过这样非短时期所能讲完，而尤其不便于在大礼堂上讲述。所以现在我从教育行政效率的理论和基础方面也讲一些。演讲大纲，可分三大段：一什么是教育行政；二是教育行政效率之涵义；三是增高教育行政效率的要素和方法。

一、什么是教育行政

（一）教育行政的性质

我们要知道教育行政的效率，不可不知道教育行政的性质。关乎这一个问题，各方的意见不同；诸位可在各种出版物里看到许多解说。他们居多是单拿国家政治上的行政，笼笼统统地来解释教育行政；这是不很妥当的！本来教

* 邰爽秋（1897—1976），字石农，江苏东台人。国立东南大学教育科毕业，留学美国芝加哥大学、哥伦比亚大学专攻教育，获博士学位（博士论文为《教育行政测量法》）。曾任南京中学校长，东南大学、中央大学、中山大学、河南大学、辅仁大学、北京师范大学等校教授，暨南大学教育系主任，大夏大学教育学院院长，中国民生建设实验院院长，教育部战时教育委员会委员等职。主要著述有《教育行政之理论与实际》《教育调查》《教育经费问题》等。

本文为作者1929年1月14日在中山大学的演讲，由陆厚仁记录，原载于《教育研究》1929年第11期。——编校者

育行政的意义和性质，是不容易下断语的；我个人的意见，是拿两种动作来解释教育行政的性质：一种是教养的动作；另一种是影响于教养动作的动作。

“凡是一切动作，直接或间接影响到教养的动作，因而促进教育进步者，皆是教育行政的动作。”

故一切教育事业——即虽指导自己研习——皆与教育行政有关；也就是教育行政的问题。

（二）教育行政的功用

教育行政的功用，应包含立法、行政、诊察、指导四方面。大家都知道现在我国政府的组织，是分做立法、司法、行政、考试、监察五部分，教育行政是属于这五部中行政一部中的一份。里面看来，好像只管到行政一方面的事，其实它除掉行政以外，也还更有立法、司法、监察、考试等责任；这四种责任，可包在行政、诊察和指导之中（也有人主张教育司法独立），所以吾国政治组织和教育行政功用的关系，有如下图：

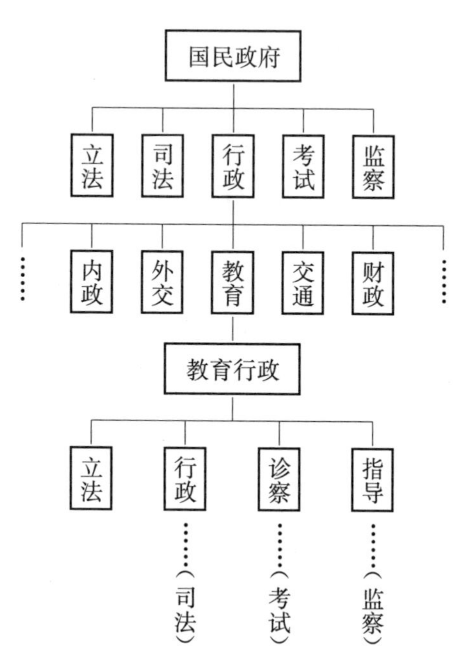

这四种中的行政一项，大家一望而知，不须解释，关于立法一项，有人或许以为会与上面五项中的立法一项冲突，其实是不会的。上面的立法，是订立教育上的根本大法，如宪法中关乎教育的条文等。至于像学校组织法、校长服务条例等一类繁细的法规，那就要由教育行政机关去定。所以，教育行政里包含一部分立法是很明显的。至于诊察和指导二项，通常都极忽略，不过诊察和考试有密切关系，指导和监察有密切关系。这两层占教育行政中很要紧的部分。倘使忽略了，教育行政的效率就会降低。通常人往往忽略了这两点，以为教育行政，不过是承上转下，划发公文，发出几个命令，就算了事。这种观念是不对的。

(三) 教育行政的范围

教育行政的范围，一般的人向来是看得很狭的。不但中国人如此，外国人也是这样。有的把地方教育行政就当作教育行政的，有的把学校行政就当作教育行政的，鲜有下整个儿的解说的。其实教育行政的范围是很广的，现在我画一个图来表明：

就教育种类分	就学校种类分	就区域分 / 就功用分	立法	行政	诊察	指导
体　育	大学	全国				
职业教育	中学	省				
农业教育	小学	县				

从这个图上看，可知教育行政的范围，从教育种类分，有体育的行政，有职业教育的行政，有农业教育的行政等；就学校种类分，有大学教育的行政，中学教育的行政，小学教育的行政等；就区域分，有全国教育行政，省教育行政，县教育行政等。每一种中又应包立法、行政、诊察、指导诸功用。但是现代各国的教育行政，对于这几方面，实在有许多忽略的地方：大概在立法和行政二方面，已有好多做到，而在诊察和指导二方面，都没有什么注意。这种情形，从事教育行政人们应该急速起来改进才是！

二、教育行政效率之涵义

(一)“效率”之通常意义

“效率”这一个名词，本来从讲机械方面转用过来的，就是英文里的Efficiency，它的意思，本来是讲“有效工作与所费能力之比例”。在通常字典里，就可找出这种解说。这种解说，完全从经济(不单指金钱，时间、劳力等也包括在内)和结果方面看的，若把它放到教育上去，依我看来，便有些不适当了。

(二)一般教育者“教育行政效率”观念之狭隘

一般教育家解释到教育行政效率，居多离不了经济和结果两个观念，什么省钱、省工夫，往往是他们能够想着的。这种情形，不但我国教育者如是，就是外国学者，也往往如是。即如常到我国来的美国教育家孟禄，他就是这样见解。他讲起行政的效率，说:“就是所费与所得的比例。”(见《孟禄中国教育讨论集》，中华书局出版)这种狭隘观念的解说，我实不敢赞同。我以为“效率”的观念，不仅应限于“经济”和“结果”(简称为“果”)的方面，同时我们还要顾到“公平”和“过程”(简称为“因”)的方面。为什么我要提出公平的要素呢？譬如诸位出去办学，认定只管省钱，就算效率大;那么倘使请到甲乙两位本领每月应酬送四十元的教员，为省钱起见，甲每月只给他十元，乙因和我有些特别关系，所以出足他四十元，这样每个月固然可省却三十元，但是不公平了。因此，甲或是要灰心，要随便，或是要闹风潮，结果是决不会好的。为什么我又提出“过程”的方面呢？还举前例来说：倘使我们为办学省钱起见，这两位教员每月竟一律酬送三十元，并且各处都是抱的同一政策，使这两位教员任凭走到什么地方，每月也只有三十元的报酬，结果确可省下了许多经费，多教出许多学生，但是对于造果那个因(教员)，未免太刻薄了。资本家所以忽略劳工幸福，增加工作时间，雇佣童工，皆是被“为目的不择手段”“顾经济不顾公平”的两种政策所误。我们要保障工人幸福，尚且应该把“工业效率”的观念改变，使以后讲工业效率的不仅顾到果，还要顾到因，不仅顾到经济，还要顾到公平，何况教育为树人的事业，性质不与工业相同。若使只顾经济，不顾公平，只顾结果，不顾过程;那恐怕教育的前途，是危险之极了！所以我们讲教育行政效率的，不能不把这几方面看得清楚，要记牢：（一）只有经济的一个观念是不对的；（二）单看结果也是不对的！

（三）教育行政效率要素与教育因果各方面之关系

前面所说，教育行政效率要素尚觉笼统，现为使人明了起见，画出下表，更举例说明教育行政效率和教育因果各方面之关系。

关系之方面 \ 效率要素		公　平	经　济
第一种（因）	组织管理		
	人　　员		
	经　　费		
	物质设备		
第二种（果）	教　　育		
	养　　育		

1. 组织管理与公平之关系

如同等各校每生所占行政费相去悬殊，便不公平。

2. 组织管理与经济之关系

如行政费在学校中所占总支出百分比太高，便不经济。

3. 人员与公平之关系

如同资格同程度同工作之教员每月所得有异，便不公平。

4. 人员与经济之关系

如教员薪俸，若使加到太多的程度——譬如说一千元一月——便不经济。

5. 经费与公平之关系

如各地儿童每年教育费多寡悬殊，便不公平。

6. 经费与经济之关系

如儿童每年教育费中数太高——譬如说一千元——便不经济。

7. 物质设备与公平之关系

如同等各校所得每生理化设备费多寡悬殊，便不公平。

8. 物质设备与经济之关系

如一校某种设备,每生所占费用太多,便不经济。

9. 教育结果与公平之关系

各地人民所受教育之平均年数,若有悬殊,便不公平。

10. 教育结果与经济之关系

如儿童迟进(slow progress)的百分比数太高,便不经济。

11. 养育结果与公平之关系

如各校儿童蛀牙中数相去悬殊,便不公平。

12. 养育结果与经济之关系

如儿童体重不及标准(under weight)者百分数太高,便不经济。

(四) 教育行政效率消长之关系

教育行政效率往往因太轻视或太重视某方面,而发生消长的现象;而效率之表现常在轻重适当的程度之间。这种现象,可就前述教育因果六方面说明之,先看下面效率消长关系图:

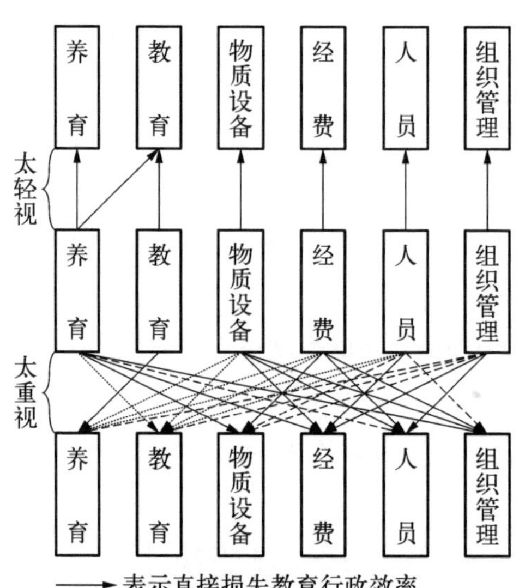

1. 组织管理

譬如办公费一项，如若少到只占全数支出的千分之一，那是太轻视了组织管理，便要损失它所生的行政效率；但如果把它特别看重，增至总数百分之八十，那就要直接影响于经费方面的效率，间接影响到其他诸方面之效率了。

2. 人员

譬如教师薪俸每月只有五元，这未免太轻视了人员，他们办起事来，一定会减少效率，但如每月加到二万元的俸给，那又太重视了人员，直接影响到经费方面的效率，间接影响到其他诸方面的效率了。

3. 经费

若使太轻视经费，挥金如土，任意浪用，影响于教育经费的效率是不消说的。但若太重视经费，只顾省钱，那又直接影响到组织管理、人员、物资设备诸方面之效率，直接或间接影响教育养育两种结果上的效率。如学校中为省钱之故，使十数学生同卧一室，叠床架铺，空气阻塞，致伤身体，便是一例。

4. 物质设备

物质设备，如果太轻视了，那么房屋破损也不管，校具残缺也不管，这一方面的教育行政效率当然要减少了。反之，如果过于重视物质设备，一个小学校里，有极伟大华丽的房屋，有不必需的科学仪器，那么在经费方面，当然要受直接影响，其他如教员薪俸和行政经费，或因之而不得不特别减少，学生方面教养结果的效率，或因之而受直接或间接之影响。

5. 教育

学校不注重教育结果，当然不行的。但是太重视了，逼得学生点着洋烛开夜车；不几时，眼也短视了，背也驼了，脸也黄了，或许有些人下棺材了。这样便减少了养育方面的效率。

6. 养育

太轻视养育，使学生身体疲弱，一方面影响养育方面的效率，同时学生因身体不良，学业不易进步，却又影响于教育方面效率。但若把养育看得过重，那又要直接或间接影响于教育的结果，直接影响于经费，而又间接影响到其他诸方面之效率了。即如学校中有许多运动大家，身体锻炼得优异备至，但一到考试，便往往不及格了。

总之，过与不及，都是足以减耗教育行政效率。但是，怎样才能适中，却又需着几千百个科学研究才能决定。并且现代教育上科学研究的方法还很幼稚，我们要解决这些问题，断非短时间内所能办到。

三、如何增高教育行政效率

如何增高教育行政效率？这个问题关系的方面很多。现在我还照前面所说的四点讲：

（一）立法

教育上的立法和教育行政效率的关系很大。我们在教育上立出不妥当的法来，教育效率一定会大受影响的。所以，我们先来讨论教育上立法的要点。

教育立法的范围很广，从根本大法——宪法——起，到学校里所订各项规则止，皆在这范围之内。法的种类和立法的人虽有不同，但是他们的哲学背景却应该是一致的。谈起教育行政的哲学背景，却不可不先谈谈政治社会哲学的思想背景。我们中国，古来的政治思想，据梁任公的说法，可以分作四大派：

一派是无治主义派——道家
一派是礼治主义派——儒家
一派是人治主义派——墨家
一派是法治主义派——法家

各派中皆有治的问题在内，“治”是对“乱”而讲的。可以说做一种应付乱的方法，大概在乱极的时候，便要想出方法来应付。这方法各有不同：像道家是主张无为而治。像儒家那是主张礼治，孔老夫子便是这派的代表。他说：“道之以政，齐之以刑，民免而无耻；道之以德，齐之以礼，有耻且格。”这段话是表明他是主张用礼治的。像墨家（儒家同）那是主张人治的，所谓“为政在人，人存政存，人亡政亡”便是这种意思。把这两派的主张应用到教育上来，那么便是以身作则；遇到考试等事，用不到如何监督，而用名誉制度（honor system）。但是法家的见解便与前三者大不相同，他们觉得要变乱为治，保持社会秩序，非定出许多条文来控制不可，我觉得法家的思想是很对的——尤其是在现代中国的——不过单用法还有许多不够的地方。我赞成孟子所说“从善不足以为政，徒法不足以自行”的话，孟子说这话的语气，也许还偏在“善”的方面，我们却可改他语气为“徒法不足以自行，徒善不足以为政”。这话便是以法为主，以人治、礼治为辅。把这个理想应用到办学上来，那便是学校对于学生，一面要有规则（或许是自治的规律亦可）来约束引导，一面要做教师的以身作则，以补徒法之偏；又如学校里请教师，一方固要立约书，好像立合同一样，但又必行年功加俸、供给住宅等制度，使学校和教师两方发生和睦的关系。凡此皆可以说明，法治应当拿礼治和人治来救济。必得如此救济，教育行政的效率方不致受什么影响。

法这样东西原来是代表吾们的理想，要使这种理想发生最高的效率，必有一贯的精神存于其间。这种精神，从根本的大法到学校的规则，都是要具有的，试看下面的图，便可知道：

教育基本观念
哲学理想 ⟶ 宪法 ⟶ 政策 ⟶ 计划 ⟶ 方法

我们看了这个图，便可知道一贯的意义。现在世界上各国的教育立法，却有许多地方缺少这一贯的精神；往往在同一种法案里，包含两种精神的条文，互相冲突，教育效率遂因此受了很大的影响。

（二）行政

行政上的效率，可从“组织”和“动作”两方面来看，组织不过是一种机关，它的功效全靠动作来实现。现可先从组织说起：

1. 组织

在组织方面，下面几条原则是要注意的：

（1）系统要完整

一种组织，不管是简单的或复杂的，都要保持一个完整的系统。在同一种地位之上，不应同时存着两种并列而又不相关联的组织系统。倘使有两个同地位的系统存在，那他们一定要向着较高一层的组织或领袖负责。譬如办一个学校,若使只有教务、事务、训育、养育四个系统同时存在,各办各事,而不受一个校长的指导和节制,那这个学校一定办不好的。

(2) 责任要专一

一个组织,不管是总组织或是分部组织,都应指定一个人负定专责。最坏的是一件事不指定什么人去负专责。或只笼笼统统地归几个不相统属的人去共同负责,共同负责实际上就无人负责。教育行政上有好多事就因此减低许多效率。

(3) 职权要分化

行政上一件较大的事,虽说归一人总成负责,但是他绝不能集一切事权于一身。事无巨细,皆由一人去干,一人精力干不下来,势必把这件事分化成许多行政动作的单位,付托给别人去分担,这些人是应当对这位总成的人负责的。倘使这位总成的人是分部组织的首领,那么他就应该再向总组织的首领负责。如此责权虽分,而负责的人层层衔接,使行政的系统趋于完密。

(4) 单位要确定

行政动作的单位和前二项极有关系。兹绘一图,说明如下:

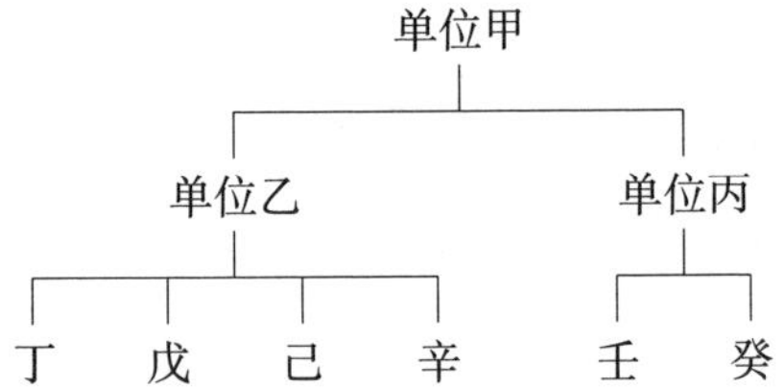

他的关系,有"纵"和"横"两方面:如单位甲和单位乙、丁是纵的关系;乙和丙、丁和戊己……是横的关系。甲是大单位,包含着乙、丙、丁、戊……等的小单位。这些单位须明白确定。确定单位的好处:第一可免各单位负责任的人,遇着不易办或做坏的事互相推诿;另一方面可免他们遇着易办或有利的事,互相争夺。第二办错的事,固好追查负责之人;办得好的事,也可知道谁人的成绩。现在教育行政上(其实普通行政也是这样),极大流弊之一,就在行政动作的单位规定得太笼统,以致各单位间权限不清,种种困难因之而起。行政的效率自然会降低了。

(5) 领袖避独裁

当总组织或分组织领袖的,是代表该总部或分部行政权力的人,他们的见解判断和各方面实际的情形,往往有不能周到和膈膜之处。独断独行往往误事,故必借着种种会议为立法或贡献意见之机关,以期补救。学校中校务委员会,或分科会议等组织,就是因为应付这种需要而产生的。

(6) 分部要联络

有时一件事情于两个分部组织都有关系,一部分贸然做去,不免犯侵权之嫌,有时且往往不得适当的解决,故以由两部分联合解决为是。现在学校里有许多联席会议,或同等教育机关种种联合会议组织,皆是根据这个原因而产生的。

总之,一种教育组织——教育机关或学校——如同有机组织一样,必得分工合作,才能进行无阻,发生效率。前面六条原则,便是实现分工合作的几条规律。

2. 动作

我在开端的时候,就拿动作来解释教育行政的意义,我以为一切教育行政(其实普通行政也如此),应当拿动作来表示,叫作教育行政的动作。一个动作叫作一个单位,统起来叫作教育行政动作之单位。单位有大小,大单位包含小单位,小单位更包含着许多更小的单位,分而又分,直至分到最小的单位为止。譬如,办一个中学校是一个教育行政动作的单位;办中学教务事项是较小的单位;办理教务中招生事项是更小的单位;办理招生时拟登招生的广告便是最小的单位。我们办理教育行政的,应当把教育行政中一切动作单位统统分析出来,使得从事行政的人办事时皆有轨可寻,有事可做,才能增加行政的效率。就办事人方面看,要想办一件行政上的事,能够发生效率,必定要具有知、能、肯三个要素!

(1) 知

知的方面,又分下列四种:

A. 做什么

这便是行政动作的单位问题,做教务主任的应做什么事?通常一个中学中教务方面的事——即动作——至少有一百种。做教务主任的不可不知道他们。

B. 为什么要做这件事

做某事的应明白做它的理由。

C. 怎样去做

知道做什么、为什么还不够，还应知道如何去做。譬如说招生的广告，应当用哪种格式才算合体。

D. 什么时候做

“什么时候做”，在行政上是非常要紧的。同样一件事，做得不当其时，便失去它的功用。譬如学校开会请人讲演，例当由庶务部在事前照料工人在台上布置讲员及招待者的座位，若使这位庶务先生不知在事前做好，却在开会等着椅子用时才去设法安置，虽说做的同一样的事，但是他的效率便完全失去了。

(2) 能

知道做什么？为什么做？怎样做？何时做？还不能担保做得好。因为有许多事在知识之外，还需着能力。譬如说做校长，知道怎样应付人的方法，但是他往往没有能力照样做出。

(3) 肯

既知又能，没有“肯”还是不行，有好多人办事无成效，非由于不知，非由于不能，而是由于不肯，在我们经验中可找出许多例证，不必细述。

以上组织和动作二项，皆是增加行政办事效率紧要条件。有好多教育行政上的事务办得没有效率，不是由于忽略组织方面的原则，或是由于办事的人在动作上不合条件。他们办事办得不好并不是因为完全缺乏了上面所说要素。大概说来，有时由于不知，有时由于不能，又有时由于不肯。在知的方面说，有时由于不知做什么，有时由于不知怎样去做，又有时由于不知何时去做。我们要使教育行政专业化，就是要想训练出知道做什么、为何做、怎样做和何时做，而又能做而肯做的一班教育行政人员。

(三) 诊察

立法和行政之后必继之以诊察。用科学的方法作精密的诊查，就教育过程和结果诸方面去看它的经济和公平到什么程度，这就是教育行政效率的诊查，通常教育调查便是这个意思。关于这一层，我不能详细讲了，好在另外附有讲义可以参考，现在我可略说一下：

1. 储集材料

要看效率的大小必根据客观的调查。客观调查，非有正确的材料作根据不可，所以教育行政上规定各种表格，储集材料是诊察效率的第一步。

2. 厘定标准

诊察效率必赖准尺。有些准尺可从现成的材料中求出，但是还有许多非得另制可，这种手续谓之厘定标准，如校舍测量表及各种测验是。

3. 选择准尺

准尺的选用非常要紧，在美国虽然用得很多，但多乱七八糟地去用，我在美国研究好多时，结果发觉了他们许多错误。如以教师经验，做测量教师效率的准尺，普通认作任事年数愈久愈好，其实不对的，年纪大，思想也许老朽，效率因而降低。诸如此类，例子很多，我此时也不遑举例，请诸君参阅拙作论文*Objective Measures Used in Determining the Efficiency of the Administration of Schools*。

4. 决定成效

有了前面三项，那么便可决定教育的成效了。

(四) 指导

经诊断决定成效之后，便可知道某处教育行政率高低到什么样程度，然后加以指导，使其效率增高，这一点在我国实在忽略之极。指导的事情，各处很少注意的。并且很可笑的，有些人连“教育指导”“学校指导”“教学指导”几个名词的性质，也还弄不清楚呢！其实这三个名词的关系，应如下表：

教育指导 { 学校指导 { 教学指导

至于指导的功用，则可分为三种：(一) 督促的功用；(二) 辅导的功用；(三) 改进的功用。

以上立法、行政、诊察和指导四者，皆和教育行政效率有密切之关系，并且他们有相互之关系。

今天已不早，我只好这样结束。好在来学期我要开学校行政的学程，有未尽处，等以后再从长发挥讨论罢！我很感谢诸位来听，并很感谢陆君为我笔记。

小学校的最低限度行政标准

熊翥高*

教育要用标准办理的声浪已日唱日高，不久恐将成风行一时的时髦品，这也可说是好现象。不过若用和调态度随便地烂唱，难免不唱成油腔滑调。标准自身本没有过失，却被挂羊头卖狗肉的人做坍了牌子。很好的方法要和新教育法一样，被人认为教育的失败品。翥高是对于"标准"主张应用，而在充分运用的一个，稍许有些经验，兹把小学校最低限度行政标准的一切写出来，以充研究者和想应用者的参考。

一、标准的实例

小学行政标准，民国十八年[1929]春，创造于南京市教育局。创造动机，觉得过去的视察方法不能满人意，不能收预计的效力，使学校得着视察的利益。南京市立学校方面即发生改良的要求，由中区实验学校提出研究问题于全市研究会。研究结果，决定起草一种标准以为补救并推定李君清悚、潘君平

* 熊翥高(1890—?)，江苏青浦(今上海市青浦区)人。民国初年即在江苏以办学出色著称，曾任川沙县教育局长、江阴县教育局长、青浦县教育局长等职。有《论学校不当迁就社会习惯》等文发表及《家庭教育与学校》《小学工艺科课程标准》《新编图画教案》《怎样筹集中心学校国民学校基金》等著作出版。

本文原载于《中华教育界》1935 年第 23 卷第 1 期。——编校者

之及翥高为起草员，由翥高主其事。市教育行政方面知道这样一个要求以后，也认为需要，并令起草人积极从事。于是年[1929]五月，南京市立小学最低限度行政标准草案起草完成。七月，京市校暑期研究会时，并提出来征求各校意见，加以补充修正；九月，颁布各市立小学遵行；学期终即根据这个标准，考查各小学的行政。试验下来，很觉满意；素感困难的视察方法，可以此办法解决。所以嗣后每一学期终，又征求各小学实施意见和视察者的经验，逐年将标准加以修改提高。这是小学行政标准的一段产生史。

二十年[1931]秋，翥高任闽南泉、永两属七县的地方教育指导，回想过去在南京市教育局的经验，觉得小学行政标准是一件促进小学教育很科学、很有效力的工具；于是在参观七县教育状况时，把这种标准的起草方法、使用方法、效用所在，和教育行政当局讨论、研究、说明、提倡。各县教育行政当局，都觉得二十余年来，没有具体办法的视察指导方法，的确可用这种标准来解决；二十余年来，怎样可称为优良小学，怎样才算为腐败小学，没有具体答案的问题，现在确有一支很明白的量尺了。对于翥高的提倡一致接受，依法起草应用。这是小学行政标准的又一个经验。

二十一年[1932]秋，翥高返苏长川沙教育，又得到直接应用这种标准的机会，于是又按川沙的环境，将标准加一度修改而应用。下列的实例，即是这个经过下的产物：

川沙县公私立小学暂行最低限度行政标准

甲、全校事业

一、组织

能按教育局颁发的《小学组织标准草案》，依需要组织，并能切实运用。（第一次视察）

二、行政历

在学期开始前，能将本学期应办事项，按教育局颁发的小学行政历编订标准草案，编订成历。（第一次视察）

三、行政计划

本学期中应兴应革事业及进行步骤，在学期开始前，能有具体计划的设计。（第一次视察）

四、奉行法令（随时视察）

（子）接奉的法令，设有实行困难者，能立即奉行。

（丑）接奉的法令，实行时觉有困难者，能提出校务会议或校长会议，或研究会议，征求解决办法。

（寅）接奉的法令，实有困难，确实没有奉行办法者，能叙述困难所在，请示补救办法。

（卯）教育局令填报的表册、查报的事实、委办的事业，都能依法如期完成。

五、集会

（子）谋校务进行的校务会议等集会，三级以上的学校能按照教育局颁发的小学校集会标准草案，依法组织，切实运用，合法记录。（第三次视察）

（丑）发表成绩的运动会、恳亲会、学艺会、成绩展览会等集会，一学期中至少择一种举行一次，并能依法运用。（随时视察）

（寅）与学校有关系的一切教育集会及法定集会，能依法出席，并能依法执行有关系的议决案。（第三次视察）

六、教员资格

教员资格，以尽量聘用师范科毕业生为原则，非有不得已的原因，绝不聘任不合格教员。（第一次视察）

七、学籍

每学期能将全校学生的履历、体格、学业、操行等编订学籍，并能分期完成。（分期视察）

八、学生数

各学级之在席学生，都能达教育厅规定标准的数量。每学期各级学生出席之百分比，都能达到百分之八十以上，平日并有奖励儿童出席办法。（随时视察）

九、学生课业

学生课业能照教育厅颁学历开学授足；如遇教师请假，都能设法请其

他教员代授。(随时视察)

乙、各部事业

一、行政

(子) 经济

(1) 学期中各项开支,预先能有适当的支配预算。(第一次视察)

(2) 教职员的薪金,能不超出百分之八十的限度。(第一次视察)

(3) 每月中能将经济收支状况,公布校中。(随时视察)

(4) 三级以上的小学校中能有稽核委员会的组织,并能行使其职权。(随时视察)

(5) 收支账目,逐月都能如期送交区稽核委员会稽核。(随时视察)

(丑) 卫生(随时视察)

(1) 校内各地,每日至少扫除一次,每学期能有全校大扫除一次;六级以上的学校每月并能有部分大扫除。

(2) 平时能按照教育局规定的学生整洁检查办法,检查学生的个人卫生,并能自订办法检查全校公共场所的公共卫生。

(3) 学校各地能不发生随地吐痰的痕迹和墙壁涂抹污秽的现象。

(4) 饮食睡眠的场所有注意清洁的办法。

(5) 教室中能注意空气的流通和光线的采纳。

(6) 能实行姿势检查。

(7) 最好能按时令有预防疾病的办法。

(8) 椅桌污秽灰尘能随时扫除。

(9) 厕所能清洁通风,不暴露,小便所不随意设置。

(10) 最好有处理小疾病设施和急救方法的组织。

(寅) 图书馆

最低限度能组织一个师生共同管理、共同应用的图书馆;如校舍不敷支配时,得组织学级图书馆替代之。(第一次视察)

(卯) 统计(第二次视察)

(1) 有本学期的概况表。

(2) 关于学生方面,有三种以上合时效的统计表。

(3) 关于教职员方面,一、二级小学能有一张历任教职员表,三级以上的小学能有二种以上合时效的统计表。

(4) 关于行政方面,有二种以上合时效的统计表。

二、教务

(子)课程

(1) 各科内容和分量的支配,都能以教部所颁的新标准为根据。(第一次视察)

(2) 课程的排列能注意儿童身心发展的程序。(第一次视察)

(3) 课程最好有活动的余地,并能酌量地方需要,补充地方性教材或科目。(第三次视察)

(4) 接近乡村的小学,能把劳作科注重于农艺以适应地方需要。(第三次视察)

(丑) 教学

(1) 各科教学有确定的过程并能实行。(第三次视察)

(2) 教学能有预定的记载或过程的记载。(第三次视察)

(3) 文字的读音最好能以国音为主。(随时视察)

(4) 各科作业簿籍能照教育局颁发的格式充分应用。(第三次视察)

(5) 学生作业有下列相当成绩(第三次视察):

(A) 中高年级

a. 作文——每星期至少练习一次。

b. 写字——书法除课内练习外,并能有一定时间的课外练习。

c. 阅读、自然、卫生、历史、地理、算术等,每课每单元都能有系统的记载及练习。

d. 美术、劳作各种单元都能有一、二代表成绩保存。

e. 日记、半周记、周记任择一种,能按时记载。

(B) 低年级

a. 写字——能按时练习,并能注意清洁。

b. 算术——能按时练习,并能注意整洁。

(6) 学生课业能有统一方法的按时订正。(第三次视察)

(7) 学生学业能有系统而完备的记载。(第三次视察)

(8) 高年级有女生十人以上者,最好能有授予适合女子需要的教材。(第三次视察)

(9) 一学期中,至少有三次的成绩考查。(第三次视察)

(10) 每学期中,能有一、二学科的竞赛,并有详细记载。(第三次视察)

(11) 一学期中,能有一次远足或旅行等的校外教学;在过程中:教师方面能有详细记载;学生方面能有相当成绩。(第三次视察)

(12) 学生学业,对家长须有详细报告。(第一次视察上学期成绩)

(13) 寒暑假内,中高年级学生能有自习办法及成绩。(第一次视察上学期成绩)

(14) 生产教育设施(随时视察):

(A) 工作分量——能按规定限量及学生力量积极扩充。

(B) 工作方法——能按指导方法实行后,研究其得失。

(C) 工作兴趣——教职员对于生产操作都能领导儿童共同工作。

(D) 工作成绩——园地及养畜场所清洁整齐,园地上并能不见杂草的生长,养畜场所并能不见尿粪及腐败食物、混浊饮料的堆积存在。

三、训育

(子)训导

(1) 标准——能按照教育部颁布之公民训练标准,依法运用。(第二次视察)

(2) 设施——能有下列各项的布置,并能使儿童明了用意,了解所悬表解、所揭标语的意义。(随时视察)

(A) 有礼堂的学校,能有下列的布置(随时视察):

a. 党国旗(大小照中央规定之比例)

b. 总理遗像、遗嘱及革命和教育之对联。

c. 党歌

d. 标语

e. 信条

(B) 没有礼堂的学校,教室能有下列的布置(随时视察):

a. 小党国旗

b. 总理遗像

c. 关于训育的标语

(C) 校门及运动场之布置,利用墙壁廊柱等揭贴简要标语。

(3) 方法

(A) 根据标准上罗列的方法,切实实行。(随时视察)

(B) 平日并能有实施训导的记载。(随时视察)

(C) 学期终有考查的记载。(第一次视察上学期成绩)

(D) 对家长有考查结果的报告。(第一次视察上学期成绩)

(丑) 儿童活动

(1) 组织——有确定的组织,如公仆会、青年会、学生会、县区村政府等,并能实行。(第一次视察)

(2) 工作——四级以上的小学,能有下列六项的工作,三级以下的小学,能有下列三项以上的工作。(第三次视察)

(A) 清洁整理——能有检查或督促清洁的组织,并有实施方法的记载。

(B) 秩序维持——能有维持纪律、解除纠纷的组织,及工作记载。

(C) 图书管理——能有提倡阅读及管理的办法及记载。

(D) 级务处理——能有级务会议及级务处理的工作记载。

(E) 学校新闻——能有提倡自由、发表文艺的组织,并有处理该项事务的记载。

(F) 课外研究——前期小学能有一二种如舞蹈、音乐、国乐、国术、技击、照相、自由车、无线电等的课外研究科目,完全小学能有三四种的课外研究。

(寅) 体育

(1) 早操——每晨能实行十分钟的健康操。(随时视察)

(2) 课外运动——能有一定的组织,三级以上的小学并能有负责教师的指导。(随时视察)

(3) 军事训练——能按照教育局规定的初步军事基本术科训练办法,切实施行。(随时视察)

(4) 体格检查——最好每学期能举行一次。(第三次视察)

(5) 记载报告——学生的体育成绩，最好校内有详细记载，对家长有详细报告。(第一次视察上学期成绩)

四、研究

(子)组织——三级以下的小学，最好能有联合研究会的组织，三级以上的小学能有专设的研究会组织。(第三次视察)

(丑) 工作——最好每学期有一二中心研究问题，并能有研究结果的书面报告。(第三次视察)

五、设备

(子)校舍

(1) 分配——事实上没有万不得已的阻力，每校应有下列的校舍(第一次视察)：

(A) 一级有一个教学室。

(B) 一校有一办公室。

(C) 一校有一个运动场。

(D) 一校有一个学校园，接近乡村的小学，最好并能有二分以上的农作地。

(E) 一校有男女厕所各一个。

(2) 装饰——布置须合下列二三种原则(随时视察)：

(A) 合于实际上的应用。

(B) 利用学生的力量。

(C) 合于经济原则。

(D) 利用自然。

(E) 采用国货。

(F) 时常变动。

(丑) 表册簿籍

(1) 下列几种表册，能有一定的格式，并能切实应用(第三次视察)：

(A) 成绩报告单。

(B) 全校清洁检查表。

(C) 个人清洁检查表。

(D) 操行考查表。

(E) 学生出席记载表。

(F) 学生勤惰统计表。

(2) 下列各种簿籍,应有一定的格式,并能按照事实记载(第三次视察):

(A) 会议录。

(B) 会计账簿。

(C) 教学录。

(D) 纪念周录。

(E) 校具登记簿。

(F) 图书登记簿。

(G) 学校日志。

(H) 学级日志。

(I) 教职员请假登记簿。

(J) 学生请假登记簿。

(K) 儿童活动会议录。

(L) 儿童活动工作记载簿。

(M) 植棉记载簿。

(N)养鸡记载簿。

(寅) 图书

(1) 教师参考图书,能有一定经费的添置,并能随时登记。(第三次视察)

(2) 学生课外阅读书籍,能有一定经费的添置,并能随时登记。(第三次视察)

(卯) 校具——全校校具最好能撙节经常费添置,并能随时登记。(第三次视察)

(辰) 教具——各科应用的仪器、标本、工具,最好能撙节经常费分期平均自制或添置,并能随时登记。(第三次视察)

(巳) 运动用具——二级以下的小学,至少有皮球、铁环、乒乓球的设备。三级以上的小学,至少有一二种球类,三种器械的设备,并能逐年增添一二种,而随时登记。(第三次视察)

丙、兼办事业

一、三级以上的小学，每学期能办理一届民众学校，并能使四分之一以上的学生，自始至终在校肄业。二级以下的小学，最好在一学年内，能办理一届民众学校，并能使四分之一以上的学生，自始至终在校肄业。（第三次视察）

二、壁报识字指导团、民众识字牌、民众问字处、公共阅报处等社会教育事业，三级小学能择办一种；三四级小学能择办二种，五级以上的小学能择办三种。（随时视察）

二、标准应具有的条件

标准，好比是放矢的目的、行舟的罗盘、行车的轨道，左右不得偏，上下不得差。努力地按之前进，确能经最简捷的途径、最经济的时间、最节省的人工，而达到要达的目的，才能为标准。所以，标准之为标准，应具有的条件甚多：

（一）标准不可唱高调，条文必须顾到一般的经济、人力、时间，以及中线上的努力，能实践的、能实施的事实。

（二）标准不可偏于理想，所以按理想起草以后，必须使实施的人和奉行的人有参加意见的机会。

（三）标准不可重视理论，事实上普通尚没有具体办法实行的学说或主张，不可好高随便附和，应该重视事实而将标准降低。

（四）标准要有弹性，在最低的限度外，应使有自由发展的余地。

（五）标准要具体而不可抽象，要细密而不可笼统，要有整个系统而不可有偏重偏废的现象。

（六）标准要有时间性，今年的标准，应视今年能努力得到的限度规定；明年及明年以后的标准，应视明年及明年以后的努力结果来规定；使标准常不离开事实。

（七）标准有时间性外，尚需有一贯精神；今年的标准，须根据去年的标准增订；明年的标准，须根据今年的标准增订；已努力达到的程度务必保存，使事业常有迈进的机会。

三、最低限度的精神

凡事要立标准，有二种意思：一种含有希望意的，将现在进行中的事业，希望它的各方面，将来达到一个理想的境域，便需要一种标准以为各方进行的目标；又一种含有实行意的，将现有的事业，督促各方走在一个最低界限以上，也需要一种标准，以为实施时和督促时的对照。前一种标准好像船上的罗盘，引导前进的，应设置在事业的前方；后一种标准好像船上的推进机，督促前进的，应设置在事业的后方。要这两种标准有区别，后一种标准上宜冠以“最低限度”的限制。

“最低限度”四字的意义，就是事实不容再低落的界限。可是现在人每好骛高，引用“最低限度”的态度，每不顾事实而妄下。于是，“最低限度”的限制，只能限制于纸上，不能限制于事实。这样烂唱的“最低限度”，一定会成为油腔滑调，使标准失真意，成具文。所以“最低限度”的引用，同时应顾到事实上的经济、时间、人力，并实行人中线上的努力。至于悦耳的理论，特殊环境下形成的成绩，特殊经济下试验的方法，特殊人才所表示的现象，没有求得普遍性时，都不可为例纳入“最低限度”的标准中。照这样成立的标准，庶几实行时没有不可能的困难发生，而得严密执行。

立法过严，往往执行困难。一项标准，若为无法解决的困难而被破坏，其他即使不是困难执行的问题，也得借这种机会来破坏，于是法遂不得保持神圣的精神，结果必为法是法，事实是事实。最低限度的标准，是不容许再有更低的事实发生，所以也是一种法的性质，编订时限度不可过严，而宜宽；执行时宜严，而不得稍有通融。这样的最低限度标准，虽不能求猛进的成绩，但确能收迈进的效力。这也是最低限度标准必具的精神。

四、编订标准时应经的过程

小学最低限度的行政标准，要具实行可能性；要使限度接近事实；要使有弹性；要使具体而有系统；要使有时间性；要使有迈进精神；标准订定以后能严密执行而使成为神圣品，以完成这种标准的使命；那么这种标准当然不能由少数人凭理想臆造，更不当关了大门随便起草。按个人经验所得，这种标准应按下列步骤，编订和使用相提并进：

第一步，由担任视察职务的人员，视学校的一般程度，起草草案。

第二步，另请小学教育有研究、有经验的人员，及一部分将来奉行这种标准的校长，将起草成的草案加以修改整理。

第三步，将修改成的草案，印发将来应该奉行的各学校，令其量自己学校的时间上、经济上及人力上能接受的能力，在校务会议中加以讨论签注意见。

第四步，将各校签注的意见加以整理，召集有关系的校长会议，将各方意见加以讨论，确有实施困难的事项，或将困难点谋切实有效的解除方法，或将限度按事实降低，修改成正式的暂行标准。

第五步，将正式的暂行标准，由行政机关颁布学校执行，成为法令。

第六步，理想和事实常有不吻合的常态发生，起草的标准虽经前列五步手续产生，但是实行时尚不易免做不通的困难，所以中途还当留意实行现象，一遇到问题，即当谋补救办法。

第七步，行政标准上所列的项目，尚只能以一件或一种事业为单位列限度，但一件或一种事业在推行时，目的、方法、步骤、行动等等，也都需要一种参考标准。所以，行政标准进行到这时候，应视学校的需要，编订某项事业的设施小标准以为参考。（编订方法详后文。）

第八步，按标准规定视察方法，严密视察。每一次视察完毕后，对于不能照标准实行的学校，予以警告和切实的指导。

第九步，一学期完毕时，将标准施行努力者奖励之，施行不力者惩戒之。

第十步，征求各校对于标准的实施意见，及一学期来各学校间共同努力改进的设施，汇集起来将标准修改一下，以作下学期的标准。以后照上列的步骤，逐年将各部分事业，分头改进，提高一部分事业的标准。三五年后，自然会有很显著的进步可见。

五、标准的效用

小学行政标准的效用，大别起来可分两大类：一类属于教育行政方面的，一类属于学校行政方面的。兹分述如下：

小学行政标准，在教育行政方面最大的效用为视察工具。因为以这种标准去视察，可以解决不少普遍视察方面的缺点。不过在谈这种利弊以前，先要把标准在视察上的使用法告诉读者，所谈的利弊才能使读者易于明了。兹把川沙所用的视察方法列下：

（一）全县小学之视察，由督学及教育委员共任之；一学期中全县共同视察三次。

（二）每次视察，除临时事项外，悉以《川沙县公私立小学暂行最低限度行政标准》所规定应视察之事项为限。

（三）视察时对于学校一切设施之视察，应以《川沙县公私立小学暂行最低限度行政标准》所载限度为标准。

（四）视察时所见之成绩用下表记载；“概况”一项，以该项实际之设施状况记载；“成绩”一项分“无”“有”“合标准”“努力”“有研究”五等记载。表式如下：

第一次视察记载　　　　年　　月　　日　视察者

<table>
<tr><th colspan="2">视察项目</th><th>概　　况</th><th>成　绩</th></tr>
<tr><td colspan="2">组　织</td><td></td><td></td></tr>
<tr><td colspan="2">行政历</td><td></td><td></td></tr>
<tr><td colspan="2">行政计划</td><td></td><td></td></tr>
<tr><td rowspan="6">奉行法令</td><td></td><td></td><td></td></tr>
<tr><td></td><td></td><td></td></tr>
<tr><td></td><td rowspan="3">(注)法令有永久性的，都已编入标准；临时性，在出发视察前，检查最近应推行的法令，列入此间视察。</td><td></td></tr>
<tr><td></td><td></td></tr>
<tr><td></td><td></td></tr>
<tr><td></td><td></td><td></td></tr>
<tr><td colspan="2">集会(丑)项</td><td></td><td></td></tr>
<tr><td colspan="2">教员资格</td><td></td><td></td></tr>
</table>

(注)视察记载表甚长，全录太繁，所以节录一段。

（五）前项所列五等记载，按下列标准应用：

（1）“无”：行政标准上规定应有之设施，该校未实施者，即以此“无”字记载之。

（2）“有”：事业虽照标准设施，然手续未完备，成绩无实际者，即以此“有”字记载之。

（3）“合标准”：教育局已颁有标准或办法的事项，能照之实施；未颁有标准或办法之事项，设施能具一般程度者，即以“合标准”三字记载之。

（4）“努力”：某项设施有超出一般成绩或标准限度之成绩者，即以“努力”二字记载之。

（5）“有研究”：某项设施、方法能加研究、改革、创造，并实施有效者，即以“有研究”三字记载之。

（6）标准上规定“最好怎样怎样”等不一定有之设施，记载标准应提高一级应用。已有“有”的成绩，即可作“合标准”记载；“合标准”及“努力”的成绩，即可作“努力”及“有研究”记载。如无此设施，应空之不记载。

（六）学校总成绩记载法，根据各项成绩记载求出之。其求法标准如下：

（1）全校有一部分设施不合标准，并查不合标准的原因，大多数有平日不努力之关系者，则以“全校行政不合标准”记载之。

（2）全校有一小部分设施不合标准，并查不合标准之原因有别种困难者，则以“全校行政尚合标准”记载之。

（3）全校行政全合标准者，则以“全校行政合标准”记载之。

（4）全校行政合标准，并有努力设施或有研究设施者，则以“全校行政合标准并有某某等努力成绩或有研究成绩”记载之。所有努力事实及有研究事实，并应附带详细列举。

（5）行政总成绩，除上列四项情形外，尚有其他特殊情形者，得用补充文字详细说明之。

小学行政标准在视察方面的用法，既已明白了，接着就可以谈利弊。兹再分述如下：

（一）普通的视察方法，常用侦探的态度，立意消极，所得的结果优良的，仅能听它优良而加以奖励，不良的仅能听它不良而加以惩戒，在事业的改进上仅能警告将来，不能补救现在，并且被惩戒的尚犯不教而诛的缺点。

用前列标准的视察，事事先有预约、先有指导，并且都有预定视察的时间，许学校充分准备努力，所以态度诚恳，立意积极。所得效力，事事常能因视察而促学校如期完成。所以能警惕现在，并能警告将来；即使尚须惩戒的，算也是已教而后诛了。

（二）普通的视察方法，视察无一定标准，视察者的心理常为被视察者怀疑，因之两方面的态度常立于对敌地位。学校怕视察者前来吹毛求疵，希望少来；视察者虽受学校的怀疑，怕到学校视察，又因态度的敌对，视察结果，自重者多列不痛不痒的评语，认真者反常被怀疑者播弄引起纠纷。

用前列标准的视察，态度公开，视察者要过问的问题，为学校完全预知。因之，努力者常盼望视察者前去表扬；重视地位者也觉已有了充分时间和明白办法在遵循预备，对于视察者也无所恐惧。在视察者也可常处于客观地位，评优评劣都有标准在依据，并都可和学校公开评定，自己可不负其直接责任。因之，学校和视察者易于接近而不易起纠纷。

（三）普通的视察报告多笼统、抽象，一学期中有一次数十分钟的到达学校视察，即有法缮具报告，旁人往往无从考其勤惰。所以，江苏教育厅要防这种流弊，特颁各县督教与教育机关互相监督实施要则以补救之。

用前列标准的视察，某次的视察事项有某次时期内应视察项目的明白规定；每项事业的设施情形又都须有概况的记载和成绩等第的评定。如果某次视察不到，即有某次视察事项无法记载和无法评定等第的困难；如果有某项设施没有注意视察，便有某项设施无法记载实况和评定等第的困难。所以，用前列标准的视察方法能监督视察者按期视察、切实视察。

（四）普通视察，往往以所见片段的教学过程，遽然评教员的优劣，所评很易失常。普通视察，又往往以三民主义教育等空泛题目为视察目标，视察时常易无法下手。普通视察，又往往以教室的空气、光线等为注意对象，结果很易无补于事业。普通视察，又往往本学期注意于甲，下学期即注意于乙，再过一学期忽然又可注意于甲或丙、丁，易使被视察者如入五里雾中，无从捉摸；普通视察往往为教委所注意的，未必为督学所注意，督学以为然的，未必为教委所然，同为一件事实，所评很易矛盾；以致视察行动常没有定向，视察工作常空泛不切实，视察态度常没有一贯的精神。

用前列的标准视察，先就整个小学的办理方法设计，自有关全校设施的行政计划，以至细微的扫除，都有相当的注意。凡学校的设施，都用具体事实规定；视察考成的问题，都按标准的组织为系统；每一学期所用的标准，都根据上一学期的实际状况和改进情形厘订。所以，普通视察方法所犯的“易失当”“易空泛”“无济事实”“无从捉摸”“易矛盾”“无定向”“不一致”“不一贯”等缺点可以免除不少。

（五）一个学校，无论办得怎样优良，如存心要批评，用普通的视察方法，不难找弱点以说话。一个学校只要有敷衍得过的局面，若存心周全，用普通的视察方法，总有法找一二件事实说好话。所以，普通视察报告的评语，易为人所轻视，易为学校所不甘受。

用前列的标准视察，须要全部设施达标准，并要列举得出“努力”和“有研究”的具体事实，方能评为优良；须有不合标准的具体事实可列举，才能评为办理不善。如要有意周全人，随意批评人，都有很明白的责任要负。所以，视察评语比较科学，易为人所重视，易为学校所接受。

（六）视察的任务有二项：积极的为指导，消极的为考成。普通的视察方法，常把学校环境的城乡、镇市，校舍的有无、租建，教室的间数、容量，设备的简陋、完备，以及学校的编制、级数的多少等为视察事项。但是这许多问题和经费都有直接关系。努力责任，行政当局应负的居多，学校可努力的很少，要加视察，试问目的何在？为指导呢？为考成呢？所以，这类事项为行政当局自身努力的问题，即使要明了概况，以备努力时的参考，也系属调查范围，只要印发表格，令饬学校调查填报，毋庸划入视察范围，使视察时间和精神耗费于无关学校努力成绩的问题。

用前列的标准视察，近于这一类的调查问题，都就学校努力范围列入视察事项中，其余关于数量和概况的调查另有系统的办法施行，使视察任务专集于学校办理成绩的考成和办理方法的指导。

以上为小学最低限度行政标准，在教育行政上最大效用之一。其次的用途尚有三种，兹再分述如下：

教育方面，三十余年来的运动和努力，在我们眼前经过的已不知有多少。

可是回顾事实，历来运动的成绩、努力的结果，能保有着仍在继续实施的却不多见。并有许多的事实，当日运动的成绩、努力的结果，已随运动兴趣的低落而消灭。这样的努力，创一法消灭一法；立一术消灭一术，努力百年千年，恐永不会达理想的标准吧！若立有一个前列的标准在，今年努力一种办法，试验一种设施，将这种办法设施保存在标准中，使有关系的标准项目按努力试验的结果加以提高。明年提倡一种学说，改革一种行动，将这种学说和行动保存于标准中，使有关系的标准项目按提倡改革的结果加以提高。这样努力一法，保存一法；改革一事，保存一事；运动一种设施，保存一种设施；提倡一种学说，保存一种学说；整个的小学教育设施虽千头万绪，总有清理的一日可期。这是小学行政标准在教育行政方面的第二种效用。

我国办教育已三十余年，在这三十余年中，可说无一日不呼改进的口号，可是现在的教育比之十年二十年前究属改进了多少？今年的教育比之去年究属改进了什么？试问谁能明白的回答这问题？但是今年有了今年的标准，明年后年有了明年后年的标准，十年二十年后有了十年二十年后的标准，要查明年去年比今年的进步所在，十年二十年后比之今年进步几何，便有法检查，也有法回答。有了这种答案，主持行政的人在相当期间，要自省行政成绩，要以成绩示人，便有办法。一般人无谓的攻击、妄加的批评，都可以此自省和应付。这是小学行政标准在教育行政方面的第三种效用。

小学教育问题复杂，不是一二年的短时间研究可全部解决，这是谈小学教育者都能知道。这样复杂而又费时间研究的小学教育问题，又兼有环境不同、状况不一的问题，罗列在一起，如没有一个详细的具体标准精密考查，头绪必难得，要谋促进势必东拉西凑，枝节从事。又小学教育既需长时间的研究，必须前后一贯精神，进行有一定方针，才能十年如一日的奏效。但是行政局面很难三五年不变，如没有一个具体标准以为介绍，前人当然不能示后人，后人便难继前人，小学行政标准确有解决这许多问题的可能性。这是小学行政标准在教育行政方面的第四种效用。

小学行政标准除上列四种行政方面的效用外，在学校行政方面尚有效用四种，兹再分述如下：

指示小学校设施方法的材料，除散见于教育书籍杂志者外，尚有许多专门册籍，不能说不充备。不过这等书籍所载都就一般立论，以最高目标为终点，以教育理论为依据，以科学系统为组织，并且理论和方法常并述，有事实和环境限制的学校绝不能直接取用。所以参考书籍虽多，实际的效用尚不充分，现在提倡的小学行政标准，就当地情形的可能量为限度，以学校的需要顺序为组织，仅列应行的方法，略所以要这样设施的理论；一个小学应办的事务，应怎样办的方法，及要办至怎样的程度，翻开标准一检便得。所以小学行政标准可以补各小学研究设施书籍的不足。这是小学行政标准在学校行政方面的第一种效用。

一个小学的常务，以现在所订行政标准上的纲目计算已有数十目。纲目以下尚有项目节目，没有一篇细账开列于前以便检查，仅靠人的记忆来处置，怎样能一件不遗漏呢？因之，一般小学的办理现象，往往随校长人选为转移。校长的学力经验稍有不足，学校行政即有一部分废弛，学力经验二者缺一，学校行政常不堪一见。现在有了一个标准，事无大小都一一具体开列，训导、教务、事务三者都一一规定实行限度。校长学力经验即使有差，只要能努力，有这种标准在旁警惕，绝不会发生废弛现象。这是小学行政标准在学校行政方面的第二种效用。

小学校整个设施，过去因为没有细账式的标准，校务不能逐一预为支配；大多数的常务常变为临时工作状态，负责人员都须临时支配。在这种状态之下，校长资望稍差，驾驭能力稍弱，便有左呼不应、右唤不动的现象。现在有了这种标准，在支配教职员任务时，可以就标准一一预为签定负责人员，在续聘教职员任务时，即以这种签定任务向各教职员预为订定。如是，不特事事负责有人，并且校务分担劳逸平均，事的进行都有充分准备时间。这是小学行政标准在学校行政方面的第三种效用。

校务既得预为支配于各教职员，那么各教职员应负的校务责任，也都有标准；谁能负责，谁不负责，过后都有事实在证明。谁主持的校务成绩优良，谁处理的校务不合标准，又有视察人员按标准在考查下评语。校长便可据这种考查的评语为甄别教职员的标准；用人要被环境牵制的困难问题，便可解除大部分。努力的尽可充分奖进，不努力的尽可自由解约。这是小学行政标准在学校行政方面的第四种效用。

六、小标准的编订法

前文标准编订时应经的过程中的第七步说:"行政标准上所列的项目,尚只能以一件或一种事业为单位列限度。但是一件或一种事业在进行时,目的、方法、步骤、行动等等,也都需要一种参考标准。所以行政标准进行到这时候,应视学校的需要,编订某项事业的设施小标准以为参考。"现在要谈的就是这种标准的编订法。这类标准所以要编订的目的,除上述的理由外,在事业的改进上还有一种需要。

因为一种设施,经过不同努力的实行、不同智慧的设计、不同经验的运用、不同意见的考虑,以及不同环境、不同经济下面形成出来的事实,大概有五种状态:一种认为无足重轻,不肯实行的。一种虽在实施,或因信仰不坚,敷衍奉行;或因能力不够,奉行不来;或因不明原意,奉行错误的。又一种能照了普通方法,按了普通步骤依次实施的。又一种能用全副精神,实行得分外周到,工作得分外努力的。又一种能在实施时运用智慧经验,改革或创造出新的简捷方法,以求更大的效能的。若要事业进步,须得把上列五种不同的状态,指导他们走上现在已发现的最前线状态中。要指导他们上最前线,这最前线的一切,便需要明白地叙述出来,以示实施者为参考。

一种事业的最前线设施,常常不会整个地表示出来,每易见甲校的方法,内容详备;乙校的方法,运用简捷;丙校的方法,组织清楚有条理。所以这类标准的产生,应该集各部分的长处以编辑。兹举一实例如下,便可知道这种小标准编订方法的一切。

小学行政历编订法标准

学校行政历名称很多:有单称"学历",有称"行事历""学年历""学校历"。这许多名称都可用得,可任人的喜欢选择应用,没有什么关系。行政历是把全校事务预计一个进行日程,列为一个历,以备日常的遵循处事。学校所以应该编订这样一个历的意思,《中庸》有句话说:"凡事预则立,不预则废。"行政历即是一种预的办法。古人又常说:"天下事以难而废者十之一,以惰而废者十之九。"编订了行政历,则贴座右,触目惊心,便是一种戒惰的办法。这是应编行政历的第一个意思。

凡事开始,希望必很大,某事要怎样办理,某事要怎样改革,及至时间终了,都被"说过搁过"的普通习惯延搁过去,一事无成。如果能将要办改革的事,编为计划列入行政历和一般事同样遵循进行,便可抵抗"延搁"的普通习惯。这是编行政历的第二个意见。

凡事业的进行,需要时间,同时又需要人手,某事在某时期内筹备,届时方能从容不迫;某事在某时间进行,不至于人手支配不开,不致时间急促不敷,行政历编订时便可有这样支配的便利。这是编订行政历的第三种意思。一个学校的行政,要免除因"忘"、因"促"、因"惰"而废事的缺点,应当实行编订行政历。兹将行政历的编订方法分述如下:

(一)编订的手续

行政历编订的手续如下:

(1)进行时期——应在各学期第五学月中设计,学期结束时完成印刷。

(2)编订机关——应由校务会议中组织委员会主持。

(3)参考材料——A. 上级教育行政机关所颁布的学历;B. 上学期的行政历;C. 本学期的行政计划;D. 各种会议录;E. 学校大事记及各种日志;F. 其他参考材料。以上六种材料,A、B、C、F 四项以备汇集材料之用,D、E 二项以备规定如事业进行时日之用。

(4)进行步骤——委员会组织成,材料汇集后,即当从事编订,限期编成草案,提交校务会议修正补充;俟校务会议通过成立后,即当印刷公布。

(二)编订格式

行政历的格式甚多,归纳起来,形式方面约有下列三种,可为代表。惟这三种的立意方面,各有短长,要求完备尚需另行计划。下列第四种表格,便是根据这种意思所设计的。兹再将四种格式的用意分述如下:

第一种格式——普通取用的行政历格式,类这种式样者居多。将可以预定日期的事业,及只能预定时期的事业,分开编列,甚为醒目。不过各部分工作的忙闲,尚不能一目了然。规模小的学校,无论哪种工作,不过这三数人在分任,不成问题;若规模较大的学校,劳逸的支配不均,事业的效力便受影响。

所以这种式样，为一般设想，尚不甚完备。

第一种格式

	月	日	星期	定期办理事项	活期办理事项	备　注
第 学 周			日	例假		
			一	第　次总理纪念周		
			二			
			三			
			四	第　次校长会议		
			五	第　次校务会议		
			六	第　次教导研究会议		

第二种格式——这种格式，将可以预定日期的事业中的集会一部分，分列一格，方法甚佳。不过不列学周，检查时间时，仍须推算进行时期而感到不便。并将只能预定的事业，并列于一月中，应用时恐再需时间的支配计划，这为本表式的美中不足。

第二种格式

月	日	星期	定　期　事　项		预备进行事项
二	一	六		招生会议	全体教职员到校
	二	日			清理校舍
	三	一	开始办理小学招生事宜		购办公用品
	四	二			春季招生
	五	三			印制各种表册
	六	四			办理新旧生入学手续
	七	五	开始办理入学手续		编订各科课程表
	八	六			选订教科用书
	九	日			分发各种表册
	十	一	各部正式上课	纪念周	编订各班座次
	十一	二			分配校工职务
	十二	三		中学教导科常会	改选各项委员会
	十三	四			
	十四	五		小学教导科常会	
	十五	六			

第三种格式——这种格式取用的尚不多。将全校事务分四部编订，各部分目前工作的劳逸情形，可一目了然。不过可预定日期的事业，不预为排定，举行时恐尚须检查日期，所以也有美中不足。并且儿童生活历，并列于训导格中，似太把儿童处于被动地位，所以分类中应将儿童生活另辟一格编订。

第三种格式

学校行政历	月日	2:3—2:8	2:10—2:15
	周次	1	2
	总务	一、整理校舍 二、添置用器 三、旧生登记 四、招收新生 五、订购课业用品 六、校务会议 七、编订行政历	一、规定组织系统 二、整理办公室 三、布置大礼堂 四、分配各级教室 五、收学杂费
	训导	准备周 一、举行开学典礼 二、计划训育大纲 三、规定组织系统 四、编订训练周历	秩序周 一、分配监护人员 二、规定训育各项表格
	教务	一、拟本学期计划大纲 二、组织招生委员会 三、编制新生入学测验问题	一、新生入学测验 二、规定级名 三、分配教学时间表 四、上临时课
	研究	党义研究会 一、讨论教小学生练习民权初步的方法 二、讨论各科教学如何沟通三民主义	国语研究会 一、讨论实验国语教导进行的办法

第四种格式——这种格式是集上列各种优点所拟订。依据第一种格式中的优点，将可预定日期的事业，及只能预定时期的事业，分别编列；依据第二种格式的优点，将集会历另列一格；依据第三种格式的优点，将全校事务分别编列，使用时都可一目了然，各部分谁劳谁逸一望便知，有偶发事项就可调剂支配。

第四种表格

月份	月																					
日期	一	二	三	四	五	六	七	八	九	十	十一	十二	十三	十四	十五	十六	十七	十八	十九	二十	廿一	廿二
学周		前一学周							第一学周							第二学周						
星期	土	日	月	火	水	木	金	土	日	月	火	水	木	金	土	日	月	火	水	木	金	土
局颁学历																						
集会历																						
总务历																						
教务历																						
训导历																						
研究历																						
儿童生活历																						

（三）内容

下列所开行政历内容中应具有的事业，是依据三十六个南京市私立小学及南京中学实验小学、中央大学实验学校等十八年度[1929]行政历中统计出来，一般的事业都尽包罗。实施时可按学校需要以增减。

（一）上级教育行政机关颁布的法定学历。

（二）校务会议、教务会议等各种集会日期。——有常会期的集会只定开始日期，其余会期不定在历中也可。

（三）印发教职员服务规程，服务细则，及宣读修正日期。

（四）经济委员会组织日期，本学期内行政费、杂费、用品费、预算用途日期；各月编造预决算日期。

（五）招收新生绝止日期，不到校旧生开除学籍日期。

（六）重选各种委员会委员日期。

（七）分发教职员用品日期。

（八）支配校工职务日期。

（九）公共场所布置装潢日期。

（十）各级各部月终报告单收集日期。

（十一）学生履历、教职员履历、开始调查日期、结束日期。

（十二）学籍片置备日期、各项目填写日期、退学学生、毕业生的学籍收集日期、升降学生学籍转送日期。

（十三）续定各种书报杂志日期。

（十四）招商承做制服日期。

（十五）体格检查筹备日期、检查日期、结束日期、统计日期。

（十六）检查行政标准上各学期应完成的工作日期。

（十七）大扫除筹备时期、举行日期、结束日期。

（十八）种痘的筹备时期、举行时期、结束日期。

（十九）本学期概况表上各种资料的收集时期、统计时期、制表绘画时期、张挂日期。

（二十）本学期各种统计图表的资料收集时期、统计时期、制表时期、张挂日期。

（二一）本学期中预拟举行的恳亲会、运动会、学艺会等筹备时期、举行时期、结束时期。

（二二）教职员出外参观时期。

（二三）出版物着手编辑日期、付印日期。

（二四）调查校具校产日期、编造清册时期。

（二五）修订不适用规程开始时期、结束日期。

（二六）成绩报告单修改付印日期。

（二七）下学期行政计划设计时期、起草时期、修正时期、付印时期。

（二八）下学期行政历编订时期、修正付印日期。

（二九）下学期教职员任务支配日期。

（三十）下学期招生日期及筹备日期。

（三一）假期内的修理办法讨论日期、动工日期、定成日期。

（三二）下学期应用表册簿籍修订日期、订购日期。

（三三）确定下学期收费日期。

（三四）招生简章、招生招贴修改日期、发贴日期。

（三五）发函请教职员到校通告日期。

（三六）本学期行政计划上拟办事业的筹备日程、进行日程。

以上各项，都属于总务范围。

（三七）教学录、教学日志、学级杂志等簿籍，开始记载日期。

（三八）各科进程统计表揭贴日期、开始记载日期。

（三九）编排授课时间表日期。

（四十）儿童读物选择日期、规定日期、购备日期。

（四一）新生试读终了，确定班次日期。

（四二）编订学生座次日期、编印学生名单日期。

（四三）教室装饰开始设计日期、着手布置日期。

（四四）课外运动开始设计日期、确定办法日期、开始指导日期。

（四五）学校园开始整理日期，规定日常工作办法日期。

（四六）学月测验筹备日期、测验日期、结束日期。

（四七）课外研究科目规定日期、招生日期、开始日期。

（四八）远足旅行筹备时期、举行日期、结束日期。

（四九）各种学业竞赛会的筹备时期、比赛日期、结束时期。

（五十）学期考查筹备时期、举行日期、结束日期。

（五一）假期作业筹备时期、讨论日期、收集成绩时期、订正时期、开展览会日期。

（五二）下学期学生作业簿籍等形式修改日期、购备日期。

（五三）毕业生的升学就业的指导日期。

以上各项，都属于教务范围。

（五四）朝会早操，开始日期；朝会教师训话，轮值排定日期。

（五五）个人清洁，开始检查记载日期。

（五六）公共场所的清洁，开始检查记载日期。

（五七）排定监护值日表日期。

（五八）训练周历编定时期，开始实行日期。

（五九）检查学生姿势开始日期。

（六十）操行考查、个性考查，修改方法日期、开始记载日期、统计日期。

（六一）避灾练习开始日期。

（六二）灭除蚊蝇运动筹备时期、举行时期、结束日期。

（六三）童子军各项事业的筹备日期、施行日期。

（六四）人格选举日期。

（六五）批评全校学生本学期服务成绩及操行成绩日期。

（六六）惩奖学生，确定办法日期。

以上各项，都属于训育范围。

（六七）儿童活动开始组织日期、完成日期，职员就职日期、开始办公日期。

（六八）学校新闻、合作社、银行、图书馆、小医院等整理日期，开始出版开放日期、日常工作进行日期。

以上二项，属于儿童生活范围。

（六九）实验问题征集时期、设计时期、开始实验日期，各段落进行日期及结束日期、求结论时期。

上项属于研究范围。

（四）使用方法

行政历编成印刷公布以后，各教职员应分发一份，办公室应揭帖一份，使各人备查有关系事务，按时进行。又揭帖一份于各办公室，备全校公共翻阅之用。又于每次校务会议前，由主席将行政历检查一遍，凡到期应即筹备或进行各事，提出讨论或通知负责部分着手进行。并在已发动的事业项下，用色笔作一“○”符号，以备下次的检查；如果这种事业，下次检查时，得悉已在进行者，可将“○”符号，改成“⊖”符号；如果查得已结果者，应改成“⊕”符号。并且在揭帖各办公室的历上，也应作同样的符号，以促负责者的注意，而备全校的检查。

七、上述标准尚没有完成的工作

小学行政标准的创造动机，产生于视察方法的不良，现在标准的用途虽不止这一端，但是在行政方面最大的效用还是在视察；在学校方面最大的效用还是在以之为设施规范。但是把这种标准在这两方面应用时，尚觉得标准上各项目间的轻重未分，视察时尚易犯“平日洒扫”和“行政计划的拟订”，作同一分量去批评的缺点；实施时尚易犯避重就轻的缺点。所以，标准上各项目间轻重比例的规定，是一件很重要的工作，如能各项目间定有比例，办学总成绩怎样，更有客观的依据可推求。这种比例的规定方法，拟于行政标准上选一较轻项目，假定为一点；然后订定规定评点方法，分请几百位或几千位小学教育有经验有研究的实施者，各人用各人的主观，将假定一点的项目为比例，规定全标准各项目应占有的评点数。这样规定的几千份评点比例，收集起来，分项作统计，再逐一求中数以为各项确定的评点数。不过这样的办法手续复杂，需要特殊的时间和经费，所以尚没有机会来完成。

八、结　　论

不论什么事业，不论什么办法，效力和努力总是成正比例。呆板的机械，尚需要有训练的人去管理运用才能行动操作。何况千头万绪变幻莫测的人事，岂能以一纸主张、一篇办法去治理就能收效呢？譬如药，固是治病物品；但是怎样的病，应用怎样的药去医治，如有丝毫出入，药便不能治病，便能害病。所以药虽能治病，却需要有训练的医生去开方，才能发生药能治病的效能。又药有涂的、擦的、服的、注射的，药方虽开对了病，若涂服颠倒，擦射误用，小的影响足以使药失效，大的影响足以杀人。所以药方配对病后，还须有训练的人指导用法，才能利害不颠倒。又同一的病，有轻重的不同，有强弱的参差，有老幼男女的分别；同量的药，医甲能治，医乙或许不治，又需要有训练的人去诊断支配。用药医病的直接问题，即使全部解决，若没有有训练的人看护寒暖饮食，药又便有不见效的现象。现在提倡的标准，和药的医病无异，固为治事业病的良方，可是没有有训练的人去诊断病状，分别轻重，酌定分量，指导用法，看护一切直接间接有关系的问题，听病人去任意服用，难免不害已病的事业。所以把小学行政标准的一切写完以后，还要作这一段结论以告读者，标准虽是治理事业的一件工具，或许是很锋利的改良工具；却不是神话小说中仙家的神器法宝，可以为所欲为，随心而奏效；仍须有琢磨的工夫、运用的技术、使用的努力，才能有效能可期。

教育行政的背景及其趋势

罗廷光*

一、教育行政的背景

教育行政已往与各种社会势力隔绝，又与政府其他机构脱节，闭户造车，自然不能合用了。我国教育行政制度，一向是模仿外国而来：忽而日、德，忽而英、美，忽而苏、法。纵经若干次的改革，犹感不适国情。其主要原因，在未正确了解我国社会背景，切实把握它的隐微的因素。不独中国如此，西洋亦每每皆然。教育社会学家范尼（Finney）①说道："把教育当作商店管理（以一小区域自划），无论怎样科学化，怎样小心翼翼，必感不足，必须对于社会的机构有充分的认识方可。"(注一)可谓概乎言之矣。时代的巨轮，推进了科学和工程的发展，引起了生活的改革，社会的革命和民族自决运动，乃至抗战运动等等。教育行政，不期然而然地受到了绝大影响。本来，教育行政是一种实现

* 罗廷光（1896—1993），号炳之，江西吉安人。东南大学教育科毕业，留学美国斯坦福大学、哥伦比亚大学，主攻教育，获硕士学位。历任小学、中学、师范学校教员，国立中央大学教授、教育社会学系主任兼附属实验学校校长，湖北教育学院院长，河南大学教务长兼教育系主任，中正大学教务长，中央大学师范学院院长。主要著译有《教育科学研究大纲》《教育行政》《比较教育》等。

本文节选自罗廷光著《教育行政》上卷第一篇第二章"教育行政的背景及其趋势"，重庆：商务印书馆，1942 年初版，第 15—23 页。——编校者

① 今译"芬尼"（Ross L. Finney，1875—1934），美国教育社会学者。——编校者

国家教育宗旨和政策的工具;教育不能脱离政治、经济、社会、文化等而独立,教育行政更是随时随地为它们的势力所左右。现代教育学者多已觉悟:如欲提高教育的效能,非把学校圈子扩大到社会,就大处远处觅寻改造本身、改造社会的新方案不可。所以钮龙(Newlon)①称"教育行政是一种社会的政策"(Educational Administration as a Social Policy),曾有专著讨论这个。(注二)教育行政的权威学者施菊野②氏说:新时代的教育局长是一个社会的工程师(a social engineer);他的主要职责就在发展社会政策,借着全民教育的推行,实现民主社会的理想。(注三)我国邱椿教授近在所著《现代教师责任的新认识》文中,也曾痛快淋漓地说:"现代良好教师的新责任,在改造社会理想,在联合其他国民共同缔造一个合理的政治、经济制度,在使全部教育机构成为实现这理想的社会制度之工具。"(注四)人们倘使读过杜威、克伯屈等人合著的《教育的前锋》(*The Educational Frontier*)及拉格(Rugg)著的《大工力时代》(*The Great Technology*),当略知此辈前进的教育家最近思想的转变:他们认社会革新是教育革新的先决条件;他们要从远大处探求教育的真义,找寻教育的出路,其重视教育之社会的背景,随处可见。在这里,他们倡导了一种大的运动,发行了一种极可注目的期刊,叫作《社会的前锋》(*The Social Frontier*),所给予该国乃至世界人士的影响相当地大。

不但如此,美国教育家为深究教育之社会的责任起见,新近组织了一个"学校社会研究委员会"(Commission on the Social Studies in the School),刊行一种丛书,名《教育之社会的基础》(*The Social Foundation of Education*),由康兹(Counts)③教授主编,所论颇多精彩。该书虽以美国教育为对象,但其所持见解和主张,大可发他国教育家的猛省。全书共分三部分:第一分析美国文化发展受的几种基本动力——民治的风尚、自然的赋予和工程的发展;第二讨论现时代社会的趋向与紧张情形,分家庭、经济、交通、教育、娱乐、科学、

① 今译"纽伦"(Jesse H. Newlon,1882—1941),美国20世纪早期进步主义教育管理者的代表人物。——编校者

② 今译"斯特拉耶"(George D. Strayer,1876—1962),美国20世纪早期教育管理学研究的领袖人物之一。——编校者

③ 今译"康茨"(George S. Counts,1889—1974),美国教育社会学家,杜威进步主义教育运动的积极支持者。——编校者

艺术、司法政府与国际关系等方面；最后归到教育上应有的社会哲学和方案，包括时代的动向、新民治的需要和学校的责任。在引论中，康氏说：

> 史册已明示：教育永久具有时间、空间和环境的功能；在其基本哲学、社会目标和教学程序上，它定然多少反映出历史上某阶段之特殊民族或特殊文化群的经验、情境、希望、恐惧与兴奋。在实际上，教育的组织与实施，绝非单以教育之终极的普泛的意义为准的。一民族的生物遗传，或者一代一代的没有什么大变化，致在教学的过程上显出若干的常住性；但就整个教育事业来看，它却是相对的随着具体的变迁的社会境况为转移。教育没有它本身的内在逻辑或经验基础为决定其方法或内容的张本。无论在理论或实施方面，教育充分表现着某特定时代和特定社会的理想，或挟着有意的计划，或含着隐藏的目的，都不一定。因为没有一种包罗万象的教育哲学，教育政策与方案能切合一切文化和一切时代的。所以教育问题在披利可(Pericles)①时代古雅典为一种型式、在唐代的中国为一种型式、在中古的萨克森(Saxony)②、现代的日本、共产党治下的苏俄、二十世纪的美国，又各有其型式。很显而易见的，是任何人负起决定某民族的教育理论与实施之责时，应该开始就检讨其社会背景——关于它的天然环境、主要趋向和紧张情形、中心理想乃至人生的价值和兴味等，否则必无是处。(注五)

美国教育家又因为认清了时代社会已经从个人主义的经济转向到集团经济，教育必须设法适应此种新需要；教育行政者必须代表一般人民谋幸福，使集体经济的生活基础得以稳固，并进一步发扬美国的新文化，实现所谓“新德谟克拉西”(The New Democracy)：这是美国人的要求。

世界其他国家的教育，也是同样地那里迈进着，凭是社会主义的苏联、法西主义的意大利乃至纳粹治下的德国，它们的教育制度，莫不以本国政治、经

---

① 今译“伯里克利”(Periclēs，约前495—前429)，古希腊雅典政治家。——编校者

② 今译“撒克逊”(Saxony)。——编校者

济、社会的情况为背景。学校变成了宣传主义的工具,教师和学生都做了政府党的爪牙。教育的政策、内容、制度、方法等等,一一受着国家严密的统制。这些国家的教育行政显然和民主国家大不相同。

二、教育行政的趋势

近代教育行政的趋势,最显著的有下面几种:

(一) 民主化

英美等民主国家,处处标榜着民主的精神,其教育行政之民主化程度,当亦较他国为深。所谓教育行政之民主化涵义有二:一指教育行政自身的民主化;例如教员有参与行政的机会;教育长官对属下无官僚的习气;视导员十分尊重对方的资格;政府所颁法令,非一律强制执行,留有地方伸缩余地等都是。(注六)另一便是所谓教育的民治(popular control),即教育权操自公民,民意机关与教育机关异常接近,使教育成为真正民有民享的事业。美国教育董事会由民选出,它有决定政策,通过预算及任命行政首脑之权。这种由教育董事会掌管教育大权的办法,美国人认为是很民主的。苏联虽说是个独裁的国家,它的教育行政机构,倒是十分民主化的。除地方的工会代表、学生、校工等皆得参加校务会议以外,教育行政机构更尽量容纳公民的意见,并获到他们的助益不少。莫斯科市的教育局所设咨询和协助机关共有二十五组,每组代表多至六百余人,合有代表千余人,他们都是热心参加教育行政人员呢。(注七)

(二) 集权化

集权化也是近代教育行政的一个趋势,和民主化并不冲突。法国是个民主的国家,它的教育行政却是十分集权的。美国教育行政,一方面固然是民主化,同时也是集权化。近来趋向以州为行政单位,州教育行政长官握有极大的权柄。在美国因过去地方狭小区域的分权制,引起行政专家不断的指摘,认为无论从财富和教育经费,国民负担的平衡,受教育机会的均等,行政费用的撙节及专门人才的罗致等方面看，都有集权的必要。又为预防集权后的流弊，该国教育专家曾拟有种调剂的办法（施菊野曾依实际调查拟定实施原则九条，详见[注八]）。至于苏联，更于民主集权之间配合巧妙：一方尽量许可公民参与教育行政并接受他们的意见；他方却极力提高行政长官的权限，其组织上下相承，形成了一种金字塔式的集权制度，这种制度，人们称为"民主集权制"——我国近来亦趋向于民主集权制，但与苏联不同。

至若德、意、日等法西斯国家教育行政上之极度集权化，更不消说。此等国的集权制，所不同于民主国者，以其硬性过大，殊少伸缩余地。

（三）科学化

第三种趋势，则为科学化。这在美国最为明显。关于近代教育行政科学研究之进步情形，前章已经说过。[注九] 在今，举凡行政组织、学校系统、教育视导、教育经费、人事管理、学生升级、课程编订、事务行政及学校建筑和设备等，概已入于科学研究的范围；且每一领域皆有专家悉心研究，精益求精，对于教育行政问题的解决有极重要的贡献。总之，无论就学术或事业方面看，教育行政之趋于科学化，乃是十分显明的。

（四）专业化

这与科学化有连带关系。因了教育行政之日益科学化，所需要的专门知识和技能便益多，单凭个人一点小聪明和普通常识，绝不足以胜任愉快，于是教育行政领袖、督学或视导员及学校校长的职务，成了一种专业，正如医生、律师、工程师需要长期的专门训练一般。专业化的教育行政特点很多，最重要者，莫如组织上易官僚式为商业式——设科用人。根据需要，授位设职，注重效用，办公力求敏捷，用人必当其才；行政上易繁复不合理的为简便合理的；以及视导上易消极侦察的为积极指导的都是。为造就此种专业人才，欧美各有名大学，多设有教育行政科系或专门课程，予以理论和实际的训练。美国教育协会（NEA）中有教育行政部（Department of Superintendence of Schools），会员多至三千余人。关于事务行政方面，美国也有一个学校事务行政人员协会（Association of Public School Business Office），会员数目亦不少。此外，各级学校校长和视导员亦各有其专业的团体：处处显出行政下专业的精神。我国除县市教育局长(或科长)和督学(及视察员)资格略有规定外，余则均付阙如。所谓教育行政之专业化实际远谈不上。

三、我国教育行政的背景及其适应原则

中国教育之必须认清背景乃是近来的一种大觉悟，有识之士类皆不以过去之盲目的抄袭为然。"中国的政治经济与教育不可分离的基础现象，都非先加深刻的观察不可。无论如何，教育制度改革案，若不对中国政治经济详加考察，而惟以日、德、法、美、英的现行制度及中国传统思想作基础理由，必定是一个不合理的改革案"。(注一〇)这种觉悟心理的表现，还可从专家近来发表的文字中加以证明。(注一一)雷沛鸿氏曾从教育行政的立场，指摘过去教育的弊端至少有五：

(1) 缺乏原动力；今后应以复兴中华民族为原动力。

(2) 教育与政治分家；今后应实行政军教三位一体制。

(3) 教育与经济分家；今后学制应与经济背景相呼应。

(4) 缺乏社会基础；今后应用慧眼抉择我国独特文化的优点，并顾及本民族特性和地理气候环境的因素。

(5) 教育设施缺乏整个性、一贯性；今后应有远大计划以实现社会主义之社会，即民生主义之社会。(注一二)

此外学者之研究民族性及从事本国文化、政治、社会、经济和资源的分析，更给了我们很多的新资料，(注一三)帮助我们了解本国社会及其他方面情况不少。

"九一八"以来，国人恫于国难的严重，非深自警惕，卧薪尝胆，不足以救亡图存；于是唱出了非常时期的口号，而非常时期的教育，也随着而高唱入云。这时期教育之设施，力求适应国防与生产的需要，若公民训练的改进、军事童子军教育的厉行、技术人才的训练及科学设备的充实等都是。未几"七七"事变发生，全面抗战展开，全国入于艰难苦奋时期，我国社会的变动，从无若是其

甚者。为适应本时期的特殊需要，二十七年[1938]四月国民党临时全国代表大会制定了《抗战建国纲要》，为今后各方设施的准则。

纲领中对于教育行政较有关系者有下列各项：

(1)“组织国民参政机关，团结全国力量，集中全国之思虑与识见，以利国策之决定与推行”(政治，第十二条)，是为教育行政民主化的先声。

(2)“实行以县为单位……并加速完成地方自治条件，以巩固抗战中之政治的社会的基础……”(政治，第十三条)，是为充实县教育行政组织，厉行县单位教育建设的准则。

(3)“改善各级政治机构，使之简单化合理化，并增高行政效率，以适应战时需要”(政治，第十四条)，是为改善教育行政机构，提高教育行政效率的基础，无形的却又承认了教育行政科学化和专业化的必要。

(4)“经济建设以军事为中心，同时注意改善人民生活。本此目的以实行计划经济……”(经济，第十七条)，是为教育行政之集权化、计划化的张本。

(5)“以全力发展农村经济，奖励合作，调节粮食，并开垦荒地，疏通水利”(经济，第十八条)，是为教育注重生产并发展农村经济的基准。

(6)“推行战时税制，彻底改革财务行政”(经济，第二十条)，是为解决教育经费问题的先决条件。

(7)“发动全国民众，组织农工商学各职业团体，改善而充实之……”(民众运动，第二十五条)，是注重民众教育以扩大教育行政功能的根据。

(8)“加强民众之国家意识，使能辅助政府肃清反动……”(民众运动，第二十八条)，是为注重抗战的民众教育的注脚。

关于教育方面更有重要的规定：(1) 改订教育制度及教材，推行战时教程，注重于国民道德之修养，提高科学的研究与扩充其设备；(2) 训练各种专门技术人员，予以适当之分配，以应抗战之需要；(3) 训练青年，俾能服务于战区及农村；(4) 训练妇女，俾能服务于社会事业，以增加抗战力量。

本会并又通过了《战时各级教育实施方案纲要》，乃抗战建国教育最正确的解释，可为今后教育实施的准绳。

三十年[1941]四月国民党第五届执行委员会第八次全体会议为“抗战必须争取最后胜利，建设必须达到国防绝对安全”，依据着总裁所指示：“我们一切政策，一切设施都要以国防为中心，一切利害是非，都要根据国防来判断。我们的军队必须成为高度国防的武力；我们的政治必须成为动员国防力量总机构；我们的经济，必须是培养国防力量最大的根源；我们的同胞，也必须是个个具有战斗智能，决心为国效命，并恪守国家法令的国民；一切文化教育事业，亦必须适合国防的需要，成为国防的一部分。”再综合总理遗教及《抗战建国纲领》，……特规定《战时三年计划大纲》，其主要任务：

（一）以充实军事、政治、经济、社会等工作为前提，从而争取最后之胜利。

（二）以扩大军事物资与民生物资之生产，从而满足抗战军事之需要，安定人民之生活。

（三）各种有关国防之设施，在抗战期间固须改进，即在战后亦须延长其设施之内容，与依此设施之需要而建立之制度，在质与量上继续迈进。

（四）加强政治组织，并特别注意于基层政治机构之建立与奠定民治之基础。

（五）依据本党之政纲政策，调整一切政治、经济、社会之组织，使其机构人事法令规章，能成为动员国防力量之枢纽。

（六）一切文化教育之事业，均须适应国防之需要，各种人才之教育及训练，须与其他部门计划配合，使人才准备与事业之进度相适应，一切计划可以按时完成。

从这，我们不难了解本时期我国教育行政的背景及其适应原则为何了。

（注一）Finney, R. L.: *A Social Philosophy of Education*, pp.540 - 541.
（注二）Newlon, J. L.: *Educational Administration as a Social Policy*, 1934.
（注三）Strayer, G. D.: “Changing Concepts of Educational Administration”, *Teachers College*

Record, March, 1939.

（注四）邱椿：《现代教师责任的新认识》，《教育杂志》第二八卷第一一号。

（注五）Counts, G. S: *The Social Foundations of Education-Introduction*, Part Ⅸ. Report of the Commission on the Social Studies, American Association, 1934.

（注六）参看 Hunkins, R. V.:"Democratic School Administration: A Misnomer or a Misconception", *Educational Administration and Supervision*, Vol, ⅩⅩⅤ. Sep. 1939.

（注七）Sir Simon, E. D. and Others: *Moscow in the Moking*, *See Chapter on Edcuation in Moscow*, pp.92－142, Jarold and Sons. Ltd. , London, 1937.

（注八）Strayer, G. D. : *The Centralizing Tedencies in Administration of Public Education*, Teachers College, Columbia University, 1934.

（注九）看罗廷光《教育科学研究大纲》，中华书局，第二编。

（注一〇）陶希圣的话，见古楳：《现代中国及其教育》，中华书局，下册，页五〇四。

（注一一）中国教育学会在所刊《中国生产教育问题》专号中，分析时人论文：讨论中国教育根本问题的，凡一八篇；指出危机的，凡四二篇；说明需要的，凡四三篇；指示动向寻求出路和要求教育改革的，凡一一七篇；抓着国计民生的根本问题提倡生产教育的，凡六六二篇。

（注一二）雷沛鸿：《中国过去的普及教育运动》，广西普及国民基础教育研究院印行。

（注一三）例如研究民族性与教育的关系的，有庄泽宣及陈学恂（见所著《民族性与教育》，商务印书馆）；研究中国教育之经济的背景的，有古楳（见所著《中国教育之经济观》，民智书局）；研究中国文化的，有陈高佣（见所著《中国文化问题研究》，商务印书馆）；研究中国农村经济的，有伯克（J. L. Buck）（见所著《中国农田经济》与《土地使用法》*Chinese Farm Economy*, The Commercial Press 及 *The Utilization of Land in China* 同上）。又中国文化建设协会所刊《十年来之中国》对于中国各方面情况，皆有扼要的陈述。凡此都可帮助我们了解中国社会及其教育的背景。

贰

教育政策法规与学校制度

本辑提要

本辑的主题是“教育政策法规与学校制度”。蔡元培的《对于新教育之意见》(1912)和韦悫的《教育方针讨论》(1928),讨论的是教育方针问题。众所周知,蔡文所阐述的教育的五种主义,实则是民国初年教育方针的具体解释。不过,当时在确立何种教育方针问题上,并不只有一种声音。如庄俞在《论教育方针》(1912)一文中,便主张定实利主义为教育方针,不当定军国民主义为教育方针。韦悫的《教育方针讨论》所反映的是1920年代末民国教育方针的一次重大调整,即“三民主义”教育的提出。“三民主义”确定之前及颁布之后,教育学者对此进行了大量的讨论,如《教育研究》杂志1928年就有两次专题讨论。我们选择韦文,一是因为该文可以提醒我们注意,“三民主义”教育方针发端于前期的党化教育讨论;二是因为韦悫是当时教育方针问题讨论中的代表性人物。

郭秉文的《现今国民教育之重要问题》(1916)和黄敬思的《实施义务教育之商榷》(1931),是相对更专门、更具体的教育政策研究。《现今国民教育之重要问题》节选自郭秉文的《中国教育制度沿革史》一书,选择该文既是因为郭秉文在我国教育管理学发展史上的重要地位,也是因为其对民国初年的教育制度和政策问题作了较为全面的阐述。《实施义务教育之商榷》一文是一项具体的政策分析,这种提案性的研究是民国教育管理研究的一个特点。在义务教育方面,类似的较有代表性的成果还有陶行知的《中国普及教育方案商讨》(1935)。我们选择黄文而不是陶文,主要是因为陶行知已有两篇文章选入,而黄敬思作为讨论教育管理问题较多的研究者,还没有文章选入。

马鸿述的《中学教育法令之我见》(1936)和常道直的《论我国宪法上关于教育应有之规定》(1940),反映了在南京国民政府成立后不断加强教育法制建设的背景下,研究者对教育法律问题的关注。相似的文献还有李建勋的《中华民国宪法内之教育专章》(1931)、《立法院宪法草案委员会所拟宪法草案内教育专章之批评》(1933)、常道直的《宪法上关于教育之规定》(1933)、潘公展的《宪草中之国民教育》(1934)以及鸿操的《小学教育法令之我见》(1936)等。我们选择马文是因为在相似主题的研究中,该文的研究者和文章内容更有代表性。选择常文,一是平衡作者作品的结果,李建勋虽是研究宪法教育专章非常重要的研究者,但其已有四篇文章收录在本文选中;二是因为该文的综合性与理论性更强一点。

袁昂的《中国教育政策的检讨》(1948)是有关教育政策问题的综合的一般性讨论。该文具有两个代表性意义:其一,它是以"教育政策"作为标题的文章,意味着教育政策成为明确的学术概念和研究领域。宽泛地看,民国时期的教育管理研究大多是有关政策、基于政策、为了政策的研究。尽管梁启超在1902年就曾发表《教育政策私议》一文,1925年之后也有夏承枫的《改制后中等教育政策商榷》(1925)、盛朗西的《各国宪法规定国家教育权与教育政策之研究》、陈启天的《中国教育政策》(1926)、邰爽秋的《庙产兴学运动——一个教育经费政策的建议》(1928)等文发表,但似乎在1947年之后,"教育政策"才成为更正式的、通用的研究概念。此时,不仅集中涌现出邱椿的《战后中国的教育政策》(1947)、董渭川的《我国教育政策应如何转变》(1947)、袁昂的《中国教育政策的检讨》和陈景磐的《我国教育政策之回顾与前瞻》(1948)等文章,而且出现了专门讨论教育政策研究方法问题的文章,如王宝祥的《我国教育政策研究引端》(1948)。其二,《中国教育政策的检讨》一文还反映了抗日战争结束之后,众多研究者针对以往教育制度和政策而展开的"检讨"和"总结",以及对战后教育工作如何进行的讨论。相关的文章有前面提到的邱文、陈文,还有陈友松的《战后中国教育经费问题》(1947)、孙邦正的《战后中国教育视导》(1947)、朱秉国的《战后县级地方教育的整理和推进》(1947)、程其保和程时煃的《中国教育问题之总检讨》(1948)等。综合上述两点,邱椿、陈景磐和袁昂的文章都是可选的,但考虑到袁文涉及了邱文的内容,又比陈文的视野更为开阔,更具综合性,我们选择了袁文。

陆费逵的《新学制之批评》(1913)、胡适的《对于新学制的感想》(1922)、廖世承的《关于新学制一个紧急的问题》(1922)、舒新城的《中国学校制度之改革》(1928)、邱椿的《学制上的根本原则》(1933)和方东澄的《教育改制析论》(1938),是有关学制问题的。学制改革是民国教育管理实践的一个核心问题,相关的研究成果也非常多。我们选择文章时首要的考虑,是反映民国学制改革的几个主要阶段。正如陆费逵自己所言,他"尤好谈学制",其观点对当时的学制改革实际也产生了重要影响,因此,我们选择他的文章作为民初学制研究的代表。胡适和廖世承的文章反映的是 1922 年的"壬戌学制"改革。胡适是"壬戌学制"的积极倡导者与重要推动者,而廖世承不仅是新学制的倡导者,还是新学制的试验者。《关于新学制一个紧急的问题》基于东南大学附中学制改革试验的经验,提出的"三三制"原则、初中选科制和分科制,在国内产生了广泛的影响。舒新城和邱椿的文章反映了 1920 年代后期与 1930 年代初期研究者对学制的认识。选择这两篇文章,一是因为两位作者都是研究学制的代表人物;二是因为这两篇文章的内容具有代表性,舒文对 1920 年代后期学制的弊端及其改革出路作了较为全面的阐述,邱文与其他研究学制的文章相比,则具有较高的概括性和理论性。方东澄的文章反映的是 1934 年蒋梦麟等人提出中小学改制议案后引发教育界广泛讨论的情况。当时,高觉敷、汪懋祖、周予同、杜佐周、范寿康、倪因尘、赵廷为、罗廷光、林砺儒等三十多人,都对改制议案提出了自己的看法,方文不仅对不同的观点进行了较为全面的综述,而且结合蒋梦麟的提案提出一些改革学制的深入建议。

私立学校与私塾的治理,也是民国时期学校制度方面的重要问题。就这两个问题,我们选择了吴哲夫的《私立学校在国家教育制度中的地位》(1924)

和夏雨农的《私塾与地方教育》(1932)。吴哲夫(Edward W. Wallace)是加拿大人,按理,他的文章不该在选文范围之内,但作为中华基督教教育会代理总干事,吴哲夫长期在华生活,并发表了多篇教育行政方面的论文;更重要的是,《私立学校在国家教育制度中的地位》一文不仅讨论的是中国的问题,而且文章的质量较高。在私塾问题上,选择夏文一方面是想在时间上说明,即便是 1930 年代,私塾治理仍是"地方教育的一个重大的问题";另一方面是因为该文对不能取缔私塾的原因以及私塾改进的方案和办法作了较为全面的阐述。

对于新教育之意见

蔡元培*

近日在教育部与诸同人新草学校法令，以为征集高等教育会议之预备，颇承同志饷以说论。顾关于教育方针者殊寡，辄先述鄙见以为喤引，幸海内教育家是正之。

教育有二大别：曰隶属于政治者，曰超轶乎政治者。专制时代(兼立宪而含专制性质者言之)，教育家循政府之方针以标准教育，常为纯粹之隶属政治者。共和时代，教育家得立于人民之地位以定标准，乃得有超轶政治之教育。

清之季世，隶属政治之教育，腾于教育家之口者，曰军国民教育。夫军国民教育者，与社会主义僢驰，在他国已有道消之兆。然在我国，则强邻逼处，亟图自卫，而历年丧失之国权，非凭借武力，势难恢复。且军人革命以后，不保无军人执政之一时期，非行举国皆兵之制，将使军人社会，永为全国中特别之阶级，而无以平均其势力。则如所谓军国民教育者，诚今日所不能不采者也。

虽然，今之世界，所恃以竞争者，不仅在武力，而尤在财力。且武力之半，亦

---

* 蔡元培(1868—1940)，号孑民，浙江绍兴人。清朝进士，留学德国莱比锡大学攻读哲学、心理学。历任翰林院编修、绍兴中西学堂监督、嵊县剡山书院院长、上海南洋公学总教习、爱国学社总理、南京临时政府教育总长、北京大学校长、大学院院长、中央研究院院长。主要著作有《中国伦理学史》《哲学大纲》等。

本文在蔡元培就任教育总长后发表，先后刊载于《民立报》1912 年 2 月 8 日、9 日、10 日，《临时政府公报》第 13 号(1912 年 2 月 11 日出版)，《教育杂志》第 3 卷第 11 号，《东方杂志》第 8 卷第 10 号。——编校者

由财力而孳乳。于是有第二之隶属政治者，曰实利主义之教育，以人民生计为普通教育之中坚。其主张最力者，至以普通学术，悉寓于树艺、烹饪、裁缝及金木、土工之中。此其说创于美洲，而近亦盛行于欧陆。我国地宝不发，实业界之组织尚幼稚，人民失业者至多，而国甚贫。实利主义之教育，固亦当务为急者也。

是二者，所谓强兵富国之主义也。顾兵可强也，然或溢而为私斗，为侵略，则奈何？国可富也，然或不免知欺愚，强劫弱，演而为贫富悬绝，资本家与劳动家血战之惨剧，则奈何？曰教之以公民道德。何为公民道德？曰法兰西之革命也，所标揭者，曰自由、平等、亲爱。道德之要旨，尽于是矣。孔子曰："匹夫不可夺志。"孟子曰："大丈夫者，富贵不能淫，贫贱不能移，威武不能屈。"自由之谓也。古者盖谓之义。孔子曰："己所不欲，勿施于人。"子贡曰："我不欲人之加诸我也，吾亦欲毋加诸人。"《礼记·大学》曰："所恶于前，毋以先后；所恶于后，毋以从前；所恶于右，毋以交于左；所恶于左，毋以交于右。"平等之谓也。古者盖谓之恕。自由者，就主观而言之也。然我欲自由，则亦当尊人之自由，故通于客观。平等者，就客观而言之也。然我不以不平等遇人，则亦不容人之以不平等遇我，故通于主观。二者相对而实相成，要皆由消极一方面言之。苟不进之以积极之道德，则夫吾同胞中，固有因生禀之不齐，境遇之所迫，企自由而不遂，求与人平等而不能者。将一切恝置之，而所谓自由若平等之量，仍不能无缺陷。孟子曰："鳏寡孤独，天下之穷民而无告者也。"张子曰："凡天下疲癃、残疾、茕独、鳏寡，皆吾兄弟之颠连而无告者也。禹思天下有溺者，由己溺之。稷思天下有饥者，由己饥之。伊尹思天下之人，匹夫匹妇有不与被尧舜之泽者，若己推而纳之沟中。"孔子曰："己欲立而立人，己欲达而达人。"亲爱之谓也。古者盖谓之仁。三者诚一切道德之根源，而公民道德教育之所有事者也。

教育而至于公民道德，宜若可为最终之鹄的矣。曰未也。公民道德之教育，犹未能超轶乎政治者也。世所谓最良政治者，不外乎最大多数之最大幸福为鹄的。最大多数者，积最少数之一人而成者也。一人之幸福，丰衣足食也，无灾无害也，不外乎现世之幸福。积一人幸福而为最大多数，其鹄的犹是。立法部之所评议，行政部之所执行，司法部之所保护，如是而已矣。即进而达礼运之所谓大道为公，社会主义家所谓未来之黄金时代，人各尽其所能，而各得其所需，要亦不外乎现世之幸福。盖政治之鹄的，如是而已矣。一切隶属政治之教育，充其量亦如是而已矣。

虽然，人不能有生而无死。现世之幸福，临死而消灭。人而仅仅以临死消灭之幸福为鹄的，则所谓人生者有何等价值乎？国不能有存而无亡，世界不能有成而无毁，全国之民，全世界之人类，世世相传，以此不能不消灭之幸福为鹄的，则所谓国民若人类者，有何等价值乎？且如是，则就一人而言之，杀身成仁也，舍生取义也，舍己而为群也，有何等意义乎？就一社会而言之，与我以自由乎，否则与我以死，争一民族之自由，不致沥全民族最后之一滴血不已，不合全国为一大冢不已，有何等意义乎？且人既无一死生破利害之观念，则必无冒险之精神，无远大之计划，见小利，急近功，则又能保其不为失节堕行身败名裂之人乎？谚曰："当局者迷，旁观者清。"非有出世间之思想者，不能善处世间事，吾人即仅仅以现世幸福为鹄的，犹不可无超轶现世之观念，况鹄的不止于此者乎？

以现世幸福为鹄的者，政治家也，教育家则否。盖世界有二方面，如一纸之有表里：一为现象，一为实体。现象世界之事为政治，故以造成现世幸福为鹄的；实体世界之事为宗教，故以摆脱现世幸福为作用。而教育者，则立于现象世界，而有事于实体世界者也。故以实体世界之观念为其究竟之大目的，而以现象世界之幸福为其达于实体观念之作用。

然则现象世界与实体世界之区别何在耶？曰，前者相对，而后者绝对；前者范围于因果律，而后者超轶乎因果律；前者与空间时间有不可离之关系，而后者无空间时间之可言；前者可以经验，而后者全恃直观。故实体世界者，不可名言者也。然而既以是为观念之一种矣，则不得不强为之名，是以或谓之道，或谓之太极，或谓之神，或谓之黑暗之意识，或谓之无识之意志。其名可以万殊，而观念则一。虽哲学之流派不同，宗教家之仪式不同，而其所到达之最高观念皆如是。（最浅薄之唯物论哲学，及最幼稚之宗教祈长生、求福利者，不在此例。）

然则，教育家何以不结合于宗教，而必以现象世界之幸福为作用？曰：世固有厌世派之宗教若哲学，以提撕实体世界观念之故，而排斥现象世界。因以现象世界之文明为罪恶之源，而一切排斥之者。吾以为不然。现象实体，仅一世界之两方面，非截然为互相冲突之两世界。吾人之感觉，既托于现象世界，则所谓实体者，即在现象之中，而非必灭乙而后生甲。其现象世界间所以为实体世界之障碍者，不外二种意识：一、人我之差别；二、幸福之营求是也。人以自卫力不平等而生强弱，人以自存力不平等而生贫富。有强弱贫富，而彼我差别之意识起。弱者贫者，苦于幸福之不足，而营求之意识起。有人我，则于现象中有种种之界画，而与实体违。有营求，则当其未遂，为无已之苦痛。及其既遂，为过量之要索。循环于现象之中，而与实体隔。能剂其平，则肉体之享受，纯任自然，而意识界之营求泯，人我之见亦化。合现象世界各别之意识为浑同，而得与实体吻合焉。故现世幸福，为不幸福之人类到达于实体世界之一种作用，盖无可疑者。军国民、实利两主义，所以补自卫自存之力之不足。道德教育，则所以使之互相卫互相存，皆所以泯营求而忘人我者也。由是而进以提撕实体观念之教育。

提撕实体观念之方法如何？曰消极方面，使对于现象世界，无厌弃而亦无执著；积极方面，使对于实体世界，非常渴慕而渐进于领悟。循思想自由、言论自由之公例，不以一流派之哲学一宗门之教义梏其心，而惟时时悬一无方体无始终之世界观以为鹄。如是之教育，吾无以名之，名之曰世界观教育。

虽然，世界观教育，非可以旦旦而聒之也。且其与现象世界之关系，又非可以枯槁单简之言说袭而取之也。然则何道之由？曰由美感之教育。美感者，含美丽与尊严而言之，介乎现象世界与实体世界之间，而为之津梁。此为康德所创造，而嗣后哲学家未有反对之者也。在现象世界，凡人皆有爱恶、惊惧、喜怒、悲乐之情，随离合、生死、祸福、利害之现象而流转。至美术则即以此等现象为资料，而能使对之者，自美感以外，一无杂念。例如采莲煮豆，饮食之事也，而一入诗歌，则别成兴趣。火山赤舌，大风破舟，可骇可怖之景也，而一入图画，则转堪展玩。是则对于现象世界，无厌弃而亦无执著也。人既脱离一切现象世界相对之感情，而为浑然之美感，则即所谓与造物为友，而已接触于实体世界之观念矣。故教育家欲由现象世界而引以到达于实体世界之观念，不可不用美感之教育。

五者皆今日之教育所不可偏废者也。军国民主义、实利主义、德育主义，三者为隶属于政治之教育。（吾国古代之道德教育，则间有兼涉世界观者，当分别观之。）世界观、美育主义二者，为超轶政治之教育。

以中国古代之教育证之，虞之时，夔典乐而教胄子以九德，德育与美育之教育也。周官以乡三物教万民，六德六行，德育也。六艺之射、御，军国民主义也。书、数，实利主义也。礼为德育，而乐为美育。

以西洋之教育证之，希腊人之教育为体操与美术，即军国民主义与美育也。欧洲近世教育家，如海尔巴脱①氏纯持美育主义。今日美洲之德弗伊派②则纯持实利主义者也。

以心理学各方面衡之，军国民主义毗于意志；实利主义毗于知识；德育兼意志、情感二方面；美育毗于情感；而世界观则统三者而一之。

以教育界之分言三育者衡之，军国民主义为体育；实利主义为智育；公民道德及美育皆毗于德育；而世界观则统三者而一之。

以教育家之方法衡之，军国民主义、世界观、美育，皆为形式主义；实利主义为实质主义；德育则二者兼之。

譬之人身：军国民主义者，筋骨也，用以自卫；实利主义者，胃肠也，用以营养；公民道德者，呼吸机循环机也，周贯全体；美育者，神经系也，所以传导；世界观者，心理作用也，附丽于神经系，而无迹象之可求。此即五者不可偏废之理也。

本此五主义而分配于各教科，则视各教科性质之不同，而各主义所占之分数，亦随之以异。

国语国文之形式，其依准文法者，属于实利，而依准美词学者，属于美感。其内容则军国民主义当占百分之十，实利主义当占其四十，德育当占其二十，美育当占其二十五，而世界观则占其五。

修身，德育也，而以美育及世界观参之。

历史、地理，实利主义也。其所叙述，得并存各主义。历史之英雄，地理之险要及战迹，军国民主义也；记美术家及美术沿革，写各地风景及所出美术品，美育也；记圣贤，述风俗，德育也；因历史之有时期，而推之于无终始，因地理之有涯涘，而推之于无方体，及夫烈士、哲人、宗教家之故事及遗迹，皆可以为世界观之导线也。

算学，实利主义也，而数为纯然抽象者。希腊哲人毕达哥拉士③以数为万

---

① 今译“赫尔巴特”(Johann F. Herbart，1776—1841)，德国哲学家、教育家。——编校者

② 今译“杜威”(John Dewey，1859—1952)，美国哲学家、教育学家。——编校者

③ 今译“毕达哥拉斯”(Pythagoras，约前 580—约前 500)，古希腊哲学家。——编校者

物之原，是亦世界观之一方面；而几何学各种线体，可以资美育。

物理、化学，实利主义也。原子、电子，小莫能破，爱耐而几（Energy）[①]，范围万有，而莫知其所由来，莫穷其所究竟，皆世界观之导线也；视官听官之所触，可以资美感者尤多。

博物学，在应用一方面，为实利主义；而在观感一方面，多为美感。研究进化之阶段，可以养道德，体验造物之万能，可以导世界观。

图画，美育也，而其内容得包含各种主义：如实物画之于实利主义，历史画之于德育是也。其至美丽至尊严之对象，则可以得世界观。

唱歌，美育也，而其内容，亦可以包含种种主义。

手工，实利主义也，亦可以兴美感。

游戏，美育也；兵式体操，军国民主义也；普通体操，则兼美育与军国民主义二者。

上之所著，仅具辜较，神而明之，在心知其意者。

满清时代，有所谓钦定教育宗旨者，曰忠君，曰尊孔，曰尚公，曰尚武，曰尚实。忠君与共和政体不合，尊孔与信教自由相违（孔子之学术，与后世所谓儒教、孔教，当分别观之。嗣后教育界何以处孔子，及何以处孔教，当特别讨论之，兹不赘），可以不论。尚武，即军国民主义也。尚实，即实利主义也。尚公，与吾所谓公民道德，其范围或不免有广狭之异，而要为同意。惟世界观及美育，则为彼所不道，而鄙人尤所注重，故特疏通而证明之，以质于当代教育家，幸教育家平心而讨论焉。

---

① 即“能量”。——编校者

教育方针讨论

韦 悫*

教育是国家的根本事业，因为国家要有教育然后有人才，有人才然后可以办国家的建设事业，国民政府以完成国民革命和建设新中国为主旨，对于教育之兴革，负有重大的使命。刻下北伐胜利，国民政府的势力范围日益伸张，自应早日拟定一具体的教育计划，切实施行，以促教育之发展，而副政府注重教育之本旨，兹就管见所及拟就教育方针草案一篇，和各同志商榷一下。

现在最多人讨论的是党化教育的问题，但可惜还有许多人不明白党化教育的意义，有些人以为党化教育就是把教育变成政党的作用，尤其是变成党争的工具，这是最大的误会。国民党并不是一个平常的政党，老实说照平常政党的意义来讲，国民党并不是一个政党，因为平常的政党是生存在一个已建立的政治系统之下而且是代表特殊阶级的利益，国民党就不同，它要努力把旧的政治组织推翻而建立一个新的政治系统，而且它所代表的利益是民众的利益而非特殊阶级的利益，这样看来，国民党是革命党和代表民众利益的党。我们所谓党化教育就是在国民党指导之下，把教育变成革命化和民众化。换句话说，

---

* 韦悫(1896—1976)，号捧丹，笔名普天，广东香山翠微乡(今属珠海)人。留学英美，获芝加哥大学哲学博士学位。曾任岭南大学和广州高等师范学校教授、上海市教育局局长、中央大学教育学院院长兼实验小学校长、商务印书馆编审部主任等职。中华人民共和国成立后曾任教育部副部长、华侨大学校长。主要著译有《比较教育》(与罗廷光合译)等。

本文原载于《教育研究》1928 年第 2 期。——编校者

我们的教育方针要建筑在国民党的根本政策之上。国民党的根本政策是三民主义，建国方略建国大纲，和历次全国代表大会的宣言和议决案。我们的教育方针应该根据这几种材料而定，这是党化教育的具体意义。

我以为现在最大的毛病就是把党化教育看作党义的宣传。因为这个缘故，许多人以为学校添授三民主义和多做宣传的工作，便是党化教育。这不免把党化教育看得太简单了。他们有这个见解，因为他们的教育观念弄错了。他们以为教育是观念传授，所以党化教育就是把党的观念传授与人。其实党化教育并不是这样简单。教育是创造和建设的活动，党化教育就是把党的主张实现在创造的和建设的活动。那么，党化教育当然不是党义的宣传这样简单了。

我现在想把党化教育的意义再为确定一下。党化教育是革命化和民众化的教育，这是大家都公认的。什么是革命化的教育呢？我以为革命化的教育有两个意义。从前的教育是因袭的教育。这种教育以继承传统的思想为主要的目的；以演绎法为无上的法门；以灌注观念为教育唯一的方法；以记忆为教育最重要的功能。革命化的教育是反因袭的教育，而以最进步的自然科学、社会科学做基础的。这是革命化的教育的第一个意义。

教育是社会和国家的事业，因此教育往往根据社会和国家的组织而转移。在不平等的社会，教育是统治阶级维持其统治权和压迫民众的工具。易而言之，这种教育是压迫阶级的保育政策，而专以保存他们的利益为前提的。革命化的教育是推翻一切社会不平等的组织，而建设一个真正自由的平等的博爱的社会的原动力。换句话说，革命化的教育是完成政治革命和社会革命的工具。这是革命化的教育的第二个意义。

什么是民众化的教育呢？方才我说，在不平等的社会，教育是压迫阶级的保育政策而专以保存他们的利益为前提的。民众化的教育当然不是这样。民众在被压迫的地位不能完全享受教育的利益，即使得些少教育，也不过是压迫阶级的恩惠，这是何等可怜啊！民众化的教育是民众所有的教育，而且是民众人人皆能享受的教育。

因袭的教育养成特殊利益的阶级，所制造的人才不过做压迫阶级的工具。试看从前科举时代的教育，所取录人才，无非做朝廷奴仆。民国成立后，教育还是制造自私自利的特殊阶级，讨好于帝国主义者及军阀以求活。民众化的教育一方面使民众人人皆能享受教育的利益，他方面养成为民众谋幸福的人才。

民众化的教育还有一个重要的意义，就是我们研究科学是以民众的利益为中心的。这一点关于社会科学，较为重要，因为社会科学往往为压迫阶级所利用，将是非颠倒，事实曲解，以辩护他们在社会上的位置。所以资产阶级的经济学都是讲资本主义是好的；帝国主义的地理和历史都是为帝国主义者歌功颂德的。在民众化的教育里面，科学自然以事实为根据，不容有什么曲解，而且科学的应用完全是为民众谋幸福的。

我以为党化教育不但要革命化和民众化，而且要科学化和社会化才行。党化教育和科学的关系我在前段已经说过，但是我所讲的只关于科学的内容和科学的应用。以我看来，我们要照科学的方法来实施党化教育，并且要拿最进步的自然科学和社会科学做基础，这就是党化教育要科学化的意义。

教育本来与社会有密切的关系。可惜因袭的教育把教育与社会分离，致教育失却社会的效能。我们的革命策略是以社会的事实为中心的，因此我们的教育应该以社会的事实为根据而与社会需要适合。换句话说，教育要变成改革社会、建设社会的种种活动。那就学校的设备、课程、活动都要变成社会了。这就是党化教育要社会化的意义。

上面所讲是关于党化教育的意义，我现在想讲具体的教育方针。我们在党和党政府指导之下，要有一个完善的教育行政系统，才可以实施我们的教育方针，现在的教育行政还没有一个好的系统，以致教育行政没有监督及指挥的能力。关于教育行政机关的组织，我另有文发表意见，现在我想讲的是教育行政要集中。所有一切教育法令应由最高的教育行政机关制定或核准；各县及各市教育局长应由省教育厅长提出，省务会议通过委任；各省教育厅长及国立大学校长与委员应由最高的教育行政机关提出，中央政治会议通过简任。这样办法，教育行政权可以集中。我相信教育行政权集中是实施教育方针的重要条件，因为我们把教育权集中在党政府指导之下，才可以收监督及指挥之实效哩。

我们有了一个完善的教育行政系统，还要有确定的教育方针。我上面已经说过，我们的教育方针应以党的根本政策做根据。从党的立场着想，我们的教育方针应确定如下：

（一）民众教育应与民众运动一并进行。国民革命的最大目的在求中国的自由平等。欲达到这个目的，我们要组织民众，训练民众，使民众的势力变成国民革命的势力。那么，民众教育之是党化教育的重要工作，不用多讲了。近年党对于民众运动做了不少工作，成绩亦甚为可观，但对于民众教育还没有什么设施，未免可惜哩。我们知道，工人运动和农民运动是民众运动的重要工作，故民众教育对于农民和工人应特别注意。现在农工阶级之不识字者几占全数。我们应该为他们举行识字运动，并设法给他们一种实际知识和在工人与农民所在地设种种的特别学校。其他民众之未受教育的，如大多数的妇女，亦应有同样的设施。

（二）应以最短时间实行义务教育。我国失学的人数约占百分之九十，其中以年长的人为最多，故民众教育最为重要。但我们要记得，还有一班合学校年龄而没有机会就学的儿童。那么，义务教育亦为现在的急切问题。为实行党化教育起见，我们应努力以最短时间促成义务教育。

（三）教育应增进生活的效能。孙总理说建国之首要在民生，故党化教育应增进人民生活的效能。我国教育向不切实用，久为世所诟病，故学校毕业生多不事生产变为游惰阶级，实为社会之累。以后当注意技术的教育，以养成种种有技能的人才，并且要使一般学生所得的训练，能够增进他们生活的效能。我国所设立的工业或农业学校与社会的实在情形太隔膜，故毕业生仍不免变为游惰阶级，于生产毫无裨达。嗣后学校的课程与训练须适合社会的需要，务使学生毕业后能有种种生产的活动，以求民生的发展。

（四）应指导学校毕业生到民间去。我国学生向有学而优则仕的观念，故学校毕业生每以做官为荣，这是科举时代所遗留恶习，应该早日把他掉了。现在农工群众需用知识界的助力很多，各学校毕业的应往民间做种种民众运动的工作，及经营其他的建设事业。教育行政机关应设毕业生指导处及各种短期的特别训练所，以便引导各毕业生到民间做工作。如学校毕业生与民众分离，势必做成一特殊利益阶级，非依附军阀及帝国主义者不能生存，可见这条问题与国民革命和世界革命有重大的关系了。

（五）各学校应增设军事训练。我国民众外受帝国主义的压迫，内受军阀及其走狗的凌虐。一定要提倡尚武精神，讲求军事教育，才可以御外侮、定内乱。嗣后各小学须一律设童子军，中学及大学须一律增加军事训练。

（六）学校应注重体育训练。军事训练和体育训练有别，早为教育家所认识，因为军事训练在造就军国民以备国家不时之需，而体育训练则以养成健全体魄的国民。我国人民素不讲求体育，故有东亚病夫的徽号。历次远东大运动会，我国代表亦不能占优胜。现在各学校多不讲求体育，即有之亦缺乏系统的训练。嗣后各校须添聘体育训练主任及设体育教员养成所，以造就体育教员。民众教育亦须注重体育训练以养成健全体魄的国民。

（七）学生运动应统一在党的指挥之下。自五四运动后，学生运动如风起水涌，一时极为可观。去年"五卅惨案"学生亦为反帝国主义的先锋队，故我们对于学生运动，有很大的希望。但是照实在的情形看来，我们见得学生运动还有许多不满意的地方。我以为现在学生运动最不好的地方是没有统一的指挥。你看现在各学生风潮多是因为校内派别的斗争。这种斗争不过以争小团体的利益为目的，因此弄到校内没有一日得安宁，这是太糟了。挽救的方法在把学生运动统一在党的指挥之下。我们一方面要注意青年的利益，他方面要使青年为民众谋利益。所有非受党的指挥的小团体斗争须一律禁止。这样做法，我相信一定有好结果的。有些人以为这个主张，是党部的主张，不应看作教育政策。殊不知教育的政策要和党的政策相吻合才有好的效果。这就是说在党的指挥之下，学生运动应与教育政策一致，才可免种种的矛盾和冲突。

（八）科学教育应特别注重。党化教育之应该科学化，上面已经说过了。科学为物质建设的基础，在教育的位置极为重要。最可惜现在各学校对于科学教育绝不讲求，只有半面的讲授而无实验室的实习。至标本的缺乏，仪器的简陋，更为普通的现象。为促进科学教育起见，学校须用实验室的方法教授科学，并须使实验室的设备丰富，尤须注重科学的应用和高深的研究。

（九）应努力收回教育权。我国现在有许多学校掌握在外人手里，这是一件很伤心的事。外国人远涉重洋为我们办学，无论他们的居心怎样，都是与我们的国情不适宜。况且他们办学难保非一种侵略的手段。我们试看日本人在东三省所办的学校，便知道他们的伎俩了，即使退一步说，他们所办的学校是慈善性质的，然而学校的课程和训练往往不适合我国的国情是无可讳言的。若想这样的学校依照党义办理，更不可能了。现在外人所办的学校既没有在我国的政府立案，又不受我国教育行政机关的监督，显系藐视我国主权。为收回教育权起见，我们须立刻制定取缔外人所办学校的规程严厉执行，更须积极将外人所办的学校收回自办。

（十）教育应与宗教分离。教育为宗教所制裁是中世纪遗留的恶习。我国以前的教育也是为儒家传统思想所缚束，与宗教的权威一样。现在我国的教育虽然不能完全脱离儒家思想的缚束，却已逐渐得解放了。可惜还有一班传教士和基督徒提倡什么基督教化的教育。这显然把教育当作宗教的附属品，而把教育的尊严掉了。本来宗教和教育是两件不同的东西，不能混合的。教育受了宗教的制裁，便失却其独立的性质。而且宗教与教育混合流弊很多，我们不能不先为防范，以免将来发生不好的结果。我上面已经说过，教育应以自然科学和社会科学为基础，而以党的政策为教育政策的根据。这样看来，教育万不能依附宗教而存在。我们应该取缔一切教会学校，不准在校内有宗教的宣传，宗教的仪式，和宗教的课程。如宗教课程属于研究性质的，则不在禁止之列。

（十一）教育经费应早日确定。现在各省最痛心的事就是教育经费无着，这是办教育最棘手的问题。近年教育界多觉得非经费有着不能办教育，所以提倡教育经费独立之声浪甚高。最近中央及各省联席会议亦议决指定教育经费，可见党内的同志也觉得这问题之重要了。现在各省受兵燹的影响，财政紊乱，库空如洗，欲增加教育经费势有所不能。为保障教育经费起见，自应规定每省自战事停止后，教育经费照旧预算开支，一俟财政整理有头绪，然后酌量增加，并指定岁入百分之四十为教育经费。贫瘠之省得由中央政府酌量补助之。那就教育经费有定，教育必易于发展哩。

（十二）政府应在国内重要的工商业及农业地点开设特别学校。我国地大物博，出产品甚多。倘能设法改良，可令国家富厚。改良的方法最重研究与试验。为促进农业及工商业发达起见，政府应在国内重要的工商业及农业地点，开设特别学校。如江西景德镇为陶业的重要地点，应有一规模宏大的陶业学校；广东顺德与中山两县为丝业重要地点，应有一丝业学校；上海为通商大埠，应有一商业学校；汉阳与汉口为铁钢出产地，应有一冶金学校。余可类推。这种学校或为中学程度或为大学程度，可就各地力情形而定，或者中学与大学同时并设亦无不可。

我们的教育方针定了,便可以切实施行。至关于课程方面,我们当然要增授三民主义,但我们须记得不是添授三民主义便算了事。我们须把学校的课程重新组织。一方面使与党义不违背,他方面使与教育学和科学相符合。我们还要使学校的课程能发扬党义和实施党的政策。现在学校里的课程往往过于呆板,只知传授传统的思想,完全不合社会的需要。关于党义方面,即使有讲授亦不过限于宣传,没有精密和深刻的研究。譬如民生主义所讲节制资本和平均他权。我们须研究清楚才晓得实施的方法。其他关于党义和党的政策尚有许多具体的问题,也应该有透彻的研究,才可以切实施行的,由此可见课程方面非有一番大革新不可了。并且对于各学校所用的教科书应赶速审查和编著使与党义及教育宗旨适合。

现在有许多人已感觉得学校里面应设训育部,以便实施政治训练,这是很对的。不过他们只晓得宣传而忽略政治训练的重要工作。据我看来,政治训练的重要工作在使学生能够做党的实际工作。方才我说毕业生要到民间去。我以为学生不要待毕业后才到民间去,他们应该在求学时间也做民众工作。这样才可得实际的经验以免犯空想的毛病。我以为政治训练应该指导学生做党的种种实际工作。这不是说学生要把求学的时间完全做党的工作,不过说学生应该以课外时间做党的实际工作。

我们想实施党化教育需要一班良好的教职员。现在教职员最大的毛病就是把教育事业当作谋生的方法,不是把教育事业当作专门的职业。他们往往看教育做暂时讨生活的方法,碰着较好的机会便离开教育界了。这样的教职员当然办不好教育的,我们想要良好的教职员,要有良好的训练。并且要教职员的生活有相当的保障和满意。所以我们对于训练教职员和保障与奖励教职员要有适当的办法才好。

总括来讲,目前最急切的问题是党化教育。所谓党化教育就是在国民党指导之下,把教育变为革命化、民众化、科学化和社会化。换句话说,党化教育是反因袭的教育,而以最进步的自然科学和社会科学做基础的;是完成政治革命和社会革命的工具;是民众人人皆能享受的教育;所养成的人才和科学的应用完全是为民众谋幸福的!是拿科学的方面做实施的方法的;是改革社会和建设社会的种种活动。我们要有一完善的教育行政系统使教育行政集中并且要确定教育方针如下：

（一）民众教育应与民众运动一并进行；

（二）应以最短时间实行义务教育；

（三）教育应增进生活的效能；

（四）应指导学校毕业生到民间去；

（五）各学校应增设军事训练；

（六）各学生应注重体育训练；

（七）学生运动应统一在党的指挥之下；

（八）科学教育应特别注重；

（九）应努力收回教育权；

（十）教育应与宗教分离；

（十一）教育经费应早日确定；

（十二）政府应在国内重要的工商业及农业地点开设特别学校。

我们有了确定的教育方针，便要把学校的课程重新改组，使与党义不违背及与教育和科学相符合，并且能够发扬党义和实施党的政策。我们应赶促审查和编著教科用的图书，使与党义及教育宗旨适合。为实施政治训练起见，我们要指导学生做党的实际工作。我们要养成良好的教职员，并且要保障和奖励他们，使他们能够努力做教育的工作。

现今国民教育之重要问题

郭秉文*

吾国教育之发轫进化与复兴之事实已略举而言之矣。外此尚有与教育关系极显之问题，为前此未言而不得不言者。此类问题甚多，而其互相关系又甚复杂。故欲予以充分之解决，为事殊非易易然，岂果不足以言耶？正惟以彼供吾文之资料者颇富，当择一二重要问题言之，未始非解决之方也。

一、教会教育与公共教育制度之关系

泰西教会在中国之教育事业，迄今已成为一重要问题。所谓教会者，包括天主教与耶稣教而言也。初意不过为传道之一助，事事从简，至近数年间始达若是之范围与性质，而其影响及于吾国之新教育又甚巨也。民国元年[1912]耶稣教会在吾国设立之学校，统计初等小学三千七百零八所，学生八万六千二百四十一人；高等小学五千五百三十七所，学生三千三百八十四

* 郭秉文(1879—1967)，字鸿声，江苏江浦(今南京市浦口区)人。上海清心书院毕业，留学美国伍斯特大学理学院、哥伦比亚大学师范学院，获博士学位(博士论文 *The Chinese System of Public Education* 由哥伦比亚大学出版社 1915 年出版)。曾任南京高等师范学校教务主任、校长，东南大学校长。著有《中国教育制度沿革史》《学校管理法》等。

本文节选自郭秉文著《中国教育制度沿革史》第七编“现今国民教育之重要问题”，上海：商务印书馆，1916 年，第 118—146 页。——编校者

人；[1]授高等学问者有三十校，中有九校命名为大学者。天主教会之学校统计表，未见于世；然其学校总数不能多于耶稣教会所设者无疑。信天主教之儿童则有祈祷学校以教育之。宣教者与女尼之教育，则有特殊之学校。又另设缙绅信徒学校。高等学校受主教会之监督。沪上之震旦学院与徐汇公学，即为天主教会所设者，规模颇具。全国天主教会与耶稣教会所办之教育事业，虽无详确之统计，而约计之，学生必在十万人以上也。

国人对于近世学问之需要度颇强，而政府教育之进行亦以国民标准为主，故对于教会教育之状况不惮研求。因是各教会与其本国董事会，思有以观察己之教育政策，与夫如何坚固其教育事业之根基。数年间纷纷组织教育考察团、委员会等，于宗教会议时，亦累次讨论教会之教育问题，实行厘定教会教育之宗旨。其成绩与缺点，或其所以失败之由，标而出之，而改良之条陈，尤所欢迎焉。基督教各宗派联合一教，以成一各级学校办法之标准，免除无谓之冲突竞争，而选择优良教员与主持教育之人，实为急务也。

中国政府之对于教会教育，有发生之问题焉，即取如何之对付态度是也。前清时毕业教会学校者，无享受学位与实官之权利，且并无立案之例，一取放任主义。各省咨议局规定，官立学堂之毕业生有选举与被选权，而教会学校则否。非有排外与排教会之意也，不过当时政府欲保新教育之国民性耳。若现今政府，则全返其情形。虽对于教会教育，无甚积极之政策，闻已派委员往日本考察一切，固非漠不关心者也。

教会教育问题之当研究者有三：（一）政府应取何种承认与管理制度。（二）所取之制度是否为教会所欢迎。（三）与政府之本身有若何之利益。此三者中，其第一节，则日本与印度所行之制度，可备参考焉。就日本教会学校与政府生关系之道有三：（一）政府只承认一部分之教育事业，无视学规程之厘定，是以亦不干涉其宗教之教授。（二）承认其学校之从一种政府教育格式者，予以宗教上之自由，得延展兵役年限，准升入政府设立之高等学校，中学许其转学，毕业后充义务兵役一年。第二种承认之限定，以政府学校课程为标准者。

① 此处数据有误，但原文如此，据《中国教育制度沿革史》（郭秉文著）第七章，为31 384人。见：郭秉文.中国教育制度沿革史[M].北京：商务印书馆，2019：142.——编校者

每年授课占二百二十日，除去考试与休业日不计。各种表簿及试验卷，当保存以待视学之查验。又每年须造成报告书，且教员中必百分之若干须经检定者，校舍与场地必合官定章程学校之事务，随时当从政府视学之指导。（三）此种之承认学校，为完全遵政府制度者，享受各种权利与政府设立之学校等。公众之对于此种学校信任较切。因其组织纯然为一政府学校，校中无宗教课，并无宗教仪式故也。其教授禁制之宽严，视地方之情形而异其程度。有数种学校，可于课余或校外设立宗教随意班。

印度教育制度，有政府得承认私立学校一条。教会学校即包括于私立学校之中，若教授合法，即可得政府承认，而宗教讲演之有无，不予以限制也。一千八百五十四年，印度教育公报载明，凡政府扶助之若何与时间之长短，一以视学按期报告为准。当视学来校时，对于宗教讲演无所顾问，故印度教会学校皆可授宗教课。而视学唯一之责任，即稽考所授之教育，是否应享所给扶助金之数是也。

吾国所当取之方针而最适宜者惟何？曰：须采用承认之制，而不干预其宗教教授，惟限以实行一种教育标准而已。尝闻教会之希望，谓予所主张之政策，乃极公平正直者，几全体赞成之。进言之，虽日本对于教会学校之第三种制度，有数种教会，亦颇欲予以承认。因如是，则上流社会之子弟多愿来教会学校肄业，且彼等之来也，出于本心，其领悟宗教之道必较切。虽直接之成效较少，无害也。行日本第三种制度，仍可输入宗教感化，惟不以教室而以随时演讲，岂不甚便。若以学校之活动，公众之信任，以及施耶教教育机会之广诸利益，与受干涉之害相较，其得益奚啻倍蓰。

吾国既得日本与印度之经验，并观己国之现状。因知一种承认与管理教会教育制度之不可缓，而其利益又非可以一概论也。政府若欲创行管理与监督教会教育之法，参以试诸私塾者庶几。近之，政府因经费竭蹶，教育不克扩充。既管理教会而利用之，适可以补其不足，且同时政府得以观教会教育之如何。而知受其教育者非一不知国情，昧于己国生活之人，乃一富于国家思想与完全中国精神之国民也。

二、教育与道德之养成

如何能使学校为养成适于国民道德之机关，乃吾国今日教育问题中之最重要者也。昔日教育制度以经学为课程之中心。经学者，为吾人高尚思想与言论之宝库。凡个人家庭与人民责任，皆不能脱此藩篱。受其陶镕者，能养成一种高尚之道德及优美稳定之性质。而吾国之文明，即持此种道德性质维系而不坠者也。旧教育制度既废，新教育制度代兴。旧经学与旧道德之教授法，虽不能尽弃而不顾，而其影响必不能若昔时之重大，则无疑义。富于旧道德观念者曰：将来之道德何如乎？以现今之情状，不独保守旧道德所固有，且当合于近世之需要，与西方文明融会而广大之，为事之能乎？否乎？在保守心过重之徒，以复古为志。思复置经学于小学校中占重要之位置。幸有识见高超者，知已废者之不可以复也，而新教育制度之能力若善用之，则其成效必出乎吾人之所料。

当新旧教育过渡时代，道德教授已视为学校课程中之重要科目。编为普通用之道德教科书甚富，不独改良旧道德之教授法，且足以助年幼之学生记诵经学，而孔子所乐称君子之观念，以学生程度之高低，施用各种摹绘情状法与譬喻开发法，俾其了悟于心。虽选辑之材料或不无可以批驳之处，而大体则甚妥适。

我国人在今日，几无不知道德之重要，皆以全力赴之。部中所公布诸法令，所谓教育第一之宗旨者，启发学生之道德也。学校课程中仍注重道德教授，以道德为教授特种科目。则教育唯一之宗旨，自必以道德为归。是以吾国前途之幸福希望，胥赖乎是矣。

虽然养成道德之道亦多矣，岂限于学校课程中之道德一科目已哉，而他种科目未尝不可变更其意思感情，使之趋于正确之途。中国之文学资料有意撰，有稗官，有传记与诗赋，于养成人民道德之生活均占极高之价值。不独关于智慧一方面而已也，且所以振触其感觉，导引其动力和其理想行为与志气之力甚巨。他若历史，则古人之理想功业跃现于纸上。读其书想见其丰功伟烈。有动于心，遂能铸成高贵品格。由是观之，历史为启发道德之重要分子，亦何减于文学哉？故历史教员与国文教员，若以有价值参考之所得，灌输种种模范于学生之心目中。庶几其动作行为有一正确之主张焉。抑更有进者，道德影响之推进，不仅以历史文学为限也，苟拟以道德观念渐绩于全校，则学校课程中无论何种科目，皆足以分奖劝学生道德之影响者也。

夫人既知仅仅教授正当行为之理论，不足以养成儿童之品行。然又确信有一种助力，则无疑义。盖道德教训，非具体而抽象者，若离真正生活而独持此注入学生之脑筋，必无甚价值可言，是以不得不利用他种有效之法而加意焉。所谓最重之原因惟何，曰教员之品格。从经验上而知学生之气质，由聪明豁达之教员默示感化，渐觉其向慕而变化者，则其效必较教员之口讲为真切。其他之原因则由于学生之天性与感觉。凡善于训育之教员，必深悉己之行善风采与优美习惯，影响及于儿童甚大。要之道德演讲、英雄故事、感神寓言，虽能感人之情，若非儿童本性优良者，其效必浅。故理想与感觉非有真实行为之表现，仍不能成儿童能力与习惯之一部分。故吾人之于道德也，非独知之，且宜行之，是谓知行合一。今日中国之教育家，有知以上所述二原因之重要也。故于学校表现天性与感情之机会，设备甚为周至。学校之奖励运动以及游艺会等，皆养成社交之关系，法非不善也，但当稍变其道，而于养成好习惯与品行，尤当三令五申而实践之。

三、学校训练与行政

吾国教育制度之最为人所咨议者，莫学校训练与行政若也。新教育制度既行后数年，学生未免过趋于自由。各种学校暴动冲突之事时有所闻，其故由于一部分之学生颠倒于自由平等之想象，不受约束而肇祸。间或有性情怪癖之学生，亦为致乱子之分子。此等学生大抵年事已长，智识早开。当入学校时，久蓄成见于心，且自视甚高。故视无论何事物，若皆有害其自由，愤嫉之心不期而生。其结果则学生急欲发张其权势，逾越范围之举时作矣。有时被动于爱国之心，见政象危殆。聚众开会讨议补救之方法，去电政府，解决国家特种问题，甚而拒驳政府之行动。此种过举为学校行政者所不欲有，乃事理所不可逃者，苟试遏制之。彼等过敏之神经，扰乱即随之而起。

所以成如是之情状者，一部分归于训练之不当。学校行政者缺乏治事之才，无权宜以济艰难，斯管理之道失矣。学校风潮之起，其咎非学生所独任，间有学校行政者，因个人或他种关系不欲使有效之法，以维持学校之秩序，其结果亦易致扰乱也。次则教员团体亦为酿成学校骚扰之一原因。新教育始兴，担任教务者多来自旧制学校，懵于接待学生之法，仍持其强压与骄慢之精神，滥使其权力以驾驭学生，反对力之发生岂偶然哉。亦有放弃己之责任，或无能为力，保守其校规。一言以蔽之，多数之教员其素养与本能，皆不合于教育之责任，故易激起扰乱也。

今日学校之训练问题，无昔日之严厉。而新旧教育之扰乱，已整顿就绪。新师生关系，已生解决之标准。最近数年之情形遂一变，学生之态度大胜于前五年。不独学校之训练大体斐然，且自由平等之误解亦骤然消灭。而学生之电争政府，亦为绝无仅有之事。盖已知学生者处求学之地位也，所为之事，学生之事也。非羽翼丰满之国民，于国家之政治，当无容喙之地。抑知今日学校所以臻较优之域者，其故有二焉。一信学校管理为急务，故不时增大其权力。二教职员之模范大有进步，不独于教育研究有素，且蓄较真确、较高尚之观念。故学生训练之难问题，想不久即可迎刃而解矣。

同时有一救昔日弊害之根本问题，不可不研究者，即学校校长之当慎选是也。人之有行政才与优美道德者，方可充校长之任，付之以统辖一切校务之权，以免掣肘。而教员之所素养，亦为切要之图。余则养成学生自治与守秩序习惯诸美德之学校组织，尤当变今之道而提倡之。故今而后最当注意者，为学校全体共作之精神。非限于校长与教员之联络，而学生与教职员之情谊，亦非疏通不可。若遇机缘，有几种自治团体，使学生分任一部分关于整理学校秩序之事，所宜输入者也。但含试办性质则可，若骤改常度，则易滋流弊。以富于自治精神之美国人，因学校欲救训练管理之穷，而倡学生自治制度。据经验之结果，谓失败尚多，是以仓卒废除严厉之管理与约束太弛，其利每不胜其弊。故自严厉管理时代而入学生自治时代，其过渡当以渐，庶无放纵扰乱之虞。欲自治制度之有成效，必赖一部分学校行政者之承认，且为各学生能力所及之事。夫教职员确知自己管理权之界限，而学生又能敬守学校行政者之法权。二者交相让，则学生自治之进行其庶几乎！

四、教育制度中之财政问题

新教育制度之最难问题，莫财政若也。以旧日之教育制度言，所支给之费用不过为科举考试，与一二大城中之书院而已。近世教育制度既兴，费用骤增，与旧制规定之比例大相悬殊。校舍之建设，教具与教科书之筹备，以及其他之所需，动辄不赀。昔日之教育，其利益仅及于少数。而今之计划，则教育当推及全体。然教育财政之膨胀，如何解决之问题，颇为当局者之困难。政府对于新制度之进行，深为一般有关教育行政者所喜。维持教育之费，列于中央与各省之预算表。其来源不一，据宣统二年[1910]学部之统计报告，以教育之入款，分为以下之各类：(一) 公产之入款。(二) 贮蓄之利益。(三) 政府之款。(四) 公款。(五) 膳宿费与学费。(六) 强迫捐款。(七) 愿输捐款。(八) 杂种收入。举以上各种教育入款之搜集法，有极饶趣味与悲戚者。譬若以书院改为学堂，迎神赛会敬祖之资，变为学校用款。寺院道观，设为学校，其产业入款，充作教育经费，此皆极饶与趣者也。

政府之奖励私人兴学不遗余力，然而私人未经请求以资产捐入学校为经费，毫无希冀奖励之心者比比皆是。人民对于教育之热诚，牺牲一切，能不为世俗所钦敬耶。是亦吾国人理想程度颇高之明征也。各省有增加地方税以应教育之需者，然为数无几，惟河南一省。行政者办理得法，盈余颇多，惜乎征税无统系之制度，不可为训。

夫欲离国家赋税制度而言，新教育之财政不可也。故欲解决教育问题必先知国家赋税之状况。前次之财政，掌于不肖官吏之手，商市亦时遭经济折阅。故大中小学堂，因连带而露恐慌之象。后又以屡经改革，财政所受之影响甚大。非数年之后，政府之税源与用度不克入于稳健之域。即以第一次辛亥革命损失之约计，除无赋税进款之数月外，合公费之增加与私人之损失，约占二万万三千万两。近数年来，国库之匮乏，内外债之举行，固无足怪者也。而其间以地方税与中央税制度之不分，中央与地方财政之冲突以及地方官吏解款之玩忽，各行省协济中央之迟延，皆为财政竭蹶之大原因。幸未几，中央与各省行政制度之基础已固。然而教育之财政问题，尚未解决也。兹有二种政策于此，颇有研究之价值。一减少尸位素餐之职员或全免之。学校之仪器，必待教员学生有使用之能力，方始购买。免添置不急之校具与校舍暂缓建设。次则为奖励私立学校，以奖励之策或他种计划改良私塾，并求泰西私立学校备案之法，皆当斟酌情形仿效之。庶几弥补财政之缺乏，以待赋税之改良，财源之启发。然则前途之希望若何？以吾国富源之大，决非在泰西诸国下，他日之富强不难也。盖中国譬若一富人，藏金于窖，而日诉贫于众。其故由于工业不兴，工业之所以不兴，则（一）全国教育之幼稚，（二）资本之匮乏。苟能发达近世教育与科学知识，且利用外资以辟地利，则不出数稔，财政之情形必有进步，而教育之扩充，亦较有把握矣。

五、普及教育

泰西教育家与政治家有言曰：教育者人人所当受者也。此义其谁不知。惟吾国旧教育时代，则知者寥寥。新教育制度既成立，普及教育之问题遂盛唱于一时。顾教育之效，群众中只一部分人受其利耳。以教育发达较著各省之统计而论。虽不完备，未尝不可得其梗概。直隶一省，二百人中就学者一人，或已达学龄之儿童，就学者为十四分之一也。若四川省则就学者仅二百七十五人中之一人，或学龄儿童中十五分之一。

吾国人民有数百兆，教育之普及问题，若欲解决颇费踌躇。其最大之难题为文字之关系。因文字之构造复杂，苟无善良之教授法，非废极久之时间，不能读一书，较之西文难易悬绝。加以文字语言之不同，且各处方言又不能统一。故普及教育，其难实甚。吾国发表思想，既若是其繁重，一士子欲受完全教育，较诸他国，非延长三五年不为功。近数年亦有倡议解除此种困难者，以下为各种有意义之试行法：（一）废除机械记诵法，而代以逐字解义之教授。（二）发印通俗教科书报纸，以日用易晓为主。（三）创造简字与使用法。（四）吾国各种语言中，以官话最通行，拟加入学校之课程。（五）改良国文教科书。（六）拟造表音文字，若罗马字。然除文字外，普及教育之第二难题，乃为教员之养成与养成之款项。由估计而知，吾国若行普及教育当有百万学校。较今之五万余学校数约二千倍弱。换言之，即当增加九十五万学校也。学校职员需一百五十万，教员需二百万。此皆属于先事之预备与经济之筹划，有志普及教育者，不可不早为之所。

自改建政体以后，普及教育之一念，时萦绕于政治家、教育家之胸中。教育部且拟实行强迫教育之令。凡儿童自七岁至十四岁，不入学者，罪其父兄；

极力注重初等教育，并兼整顿并合高等教育，以剩余之款，多设高初小学。一洗前此渴慕大中高等学堂，倒行逆施之弊。若果能循此旨而行，则不独前此之弊可免，而初等小学应当注重之道亦得矣。

六、教员之养成

合格教员选择之难，为吾国近世教育进行之一大障碍。当新教育之发轫，政府人民于教育实质上之建设，若校舍器具地图等，规模务求其备。然惟聘请正式养成之教员，则终觉不足。非政府懵于教育之大计，而不欲进近世教育于光明也。盖设立学校易，养成教员难。教员非若学校可以短时间成就者也，生长发育以逮成熟，为时颇久。况学校愈多，需用教员愈繁。西哲有曰：炮制就已架设，惜无施放之人，旨哉言乎！学校之骤然增加，如何供给多数合格教员，实为颇费解索之一问题也。

吾国人数占全球四分之一。若施教育而无充分之预备，是大不可也。教育最要预备，为教员之养成。若吾国新教育之教员，能取材于旧式学校，则学校之增加虽多，亦无难问题之发生。所惜吾国之旧教员，其素养不合于近世学校之需要。其故由于科举时代，只知争得一衿之荣，即终身恃此以为衣食。设馆授童，无教员检定书、教科书、课程表等，惟知笃守遗规，藉执教鞭而已，或被聘为西席，或受徒于已家。学生之数鲜过二十以上者。教授重记忆而轻推理力。自新教育之制度行，教员之地位与前不同。所知者不仅经学与古文，所教者非个人乃全班。教员不独启发学生记忆力，并注重推理力。此皆非旧式教员所能为也。旧式教员富于保守性，不肯轻弃其夙习之旧式教授法。然有时亦不得不承认一部分新学问、新教授法之灵便，而露其惊愕之意。因无适从之道，一旦改入新学校为教员，对于教科书谨守其范围，少有变化，且仍偏重记忆力。若助学生思想之法，则非彼所习或非彼所喜也。于近世教育学，在彼视为一种新科学，彼或无所取，或能重视之，然而不能善用之以尽其效。

是故，吾国政府人民当速求得教员之法，以济急需。为中国近世教育之先导者，教会学校也。而得新教员最先之源，亦为教会学校。盖教会之大中学校多授新教育，其毕业生较宜充新学校之教员。吾国官私学校之聘请教会学校毕业生为教员者甚多，不独需要之大，且学校增加颇速，故往往有求过于供之虞。

新学校教员第二之来源，为素著声誉之学士。彼等知社会之情形已变，非改志趣难以图存，遂由间接而学新智识。急切从事，欲速则不达，幸而有得亦残缺浮薄者耳，推彼等多数之意，以为教育可由捷径而得。各种科学之特点，仍付学生自习之，不必深究其原理。此类之人，可名曰：教育事业家。受各种被动力而养成，或为爱人一念而然，或为经济关系而出。然论其大体，较之旧式学校教员，其思想之进步，奉职之热诚所胜实多。但以己身过去之历史为标准，以儿童委托其手乃属危险之事。

当新教育制度之初开幕也，教员不得不借材于异国，惟以高等程度学校为限。自中学起至大学止，其数不多。其故由于高等程度学校之居少数也。据前清宣统三年[1911]之调查，京师及各省大中学校，外国教员共五百四十五人，中二十一人充京师大学及法律学堂教员。清华一学校，美国教员十八人，其中半数女教员。又外国教员来自日本者亦多。一则同文之故，二则薪金较小，路费较省。然此仅暂时之情形也。

外国教员之资格不一律。有寄居中国甚久，富于教育经验。有志助吾国发达新教育者。反之有一部分人并不喜教务，又不知教育之原理，受人之聘，偶然为教员而已。新教育开始之数年，延请外国教员者，皆归各学校自己之主张，无一律规程与宗旨之厘定。不过，凭个人或机关之介绍而信任之。来去无常，随学校主持者为转移。当时学生之程度尚浅，故外国教员，鲜有教专门或高深科目者。其结果，则外国教员仅分其时以授外国语或浅肤科目，而不能一尽其专门之长技。至清光绪三十四年[1908]，而情形始一变。学部奏准立有聘请外国教员章程。事前必呈请学部承认，若军学教员，则除学部之承认外，且必经陆军部之同意。

留学回国之学生，亦为教员之一种。顾其比较，数尚属寥寥(指欧美留学而言)，其何故耶？曰外国之留学生，多投身于政界或实业界，以希丰优之酬庸。间有已为教员者，亦不过视其职务为一升迁利益之阶梯，非有所乐于此也。数年前在外洋习教育回国之学生，仍担任政府他部分之事务，弃数年之预备养成如敝屣。欲救此弊，故有清光绪三十四年[1908]学部之通饬，凡学部派往外洋学习教育回国之学生，非满五年义务期限，各部各省不得调用，惟薪金加优,并有位置之保证,免其举棋不定,庶使教职员与教育行政官之选得,不患无学识经验兼优之人。

师范学校与师范养成所,皆为产出教员之地。新旧法令对于此等毕业生义务年限,皆斤斤致意焉。其年限皆有规定,时间之长短,则视所受教育之久暂为比例。若抗违此律,则追还其教育费之全部或一部。

历来教员养成之数,不能与各种学校之需要相应合,是亦立法有未尽善也。前清学部谓欲知每年教员之需要,必先制人口之统计。而教育行政官于每年既达学龄之儿童当有调查,以支配教员数之养成。清宣统三年[1911],学部通咨各省,师范学生之增加当以小学之增加为标准,是为预计师范生养成数之第一步。自各省设立师范学校后,毕业者颇众,其中以速成与专修科较正科为多。暗于事实者,以为今之师范毕业生,似嫌过多,殊不知一观以下之统计。教员数之不敷甚巨,知其为鳃鳃过虑矣。

清宣统二年[1910]之调查,除教会学校及私立学校未经政府之承认不计外,师范学校与师范养成所共四百十五处,学生共二万八千五百七十二人。下列为师范学校与学生数之分布表。第一类以学校之种类而分,第二类以行省而分。

第　一　类

	学校数	学生数
优级师范		
正科	8	1 504
选科	14	3 154
专修科	8	691
初级师范		
正科	91	8 358
简易科	112	7 195
教员讲习所	182	7 670
	415	28 572

第 二 类

省　份	学　校	学　生
直　隶	28	2 040
奉　天	33	1 894
吉　林	7	470
龙　江	4	236
山　东	16	1 283
山　西	17	812
陕　西	10	580
河　南	62	3 818
江　宁	19	2 000
江　苏	5	493
安　徽	19	1 093
浙　江	13	1 219
江　西	17	887
湖　北	17	1 702
湖　南	16	1 961
四　川	38	2 173
广　东	9	1 003
广　西	13	1 467
云　南	18	1 140
贵　州	9	726
福　建	8	641
甘　肃	36	791
新　疆	1	143
总　计	415	18 572

自清光绪二十九年[1903]至宣统二年[1910]七月之间,师范学校与师范讲习所各年所有之学生数列表如下:

年　　份	优级师范	初级师范	师范讲习所
光绪二十九年[1903]		80	
三十年[1904]		1 500	90
三十一年[1905]	974	2 234	2 113
三十二年[1906]	1 069	5 031	2 808
三十三年[1907]	2 389	18 253	10 041
三十四年[1908]	3 890	27 474	13 583
宣统元年[1909]	5 817	19 383	12 819
二年[1910]	5 349	15 553	7 670

由上列之表而观,初级师范与师范讲习所学生数达最高点之时,为光绪三十四年[1908],以后则逐年递减。而优级师范学生数之最高点,则为宣统元年[1909],以后递减之速度不若他种师范学生之甚。上述之现象,其原因有二。其一,仅恃一时之热诚而未备持久之常年经费,故设立学校屡起屡仆。中有能独存之学校,则不为经济所困者也。第二原因则后之数年毕业师范者甚多,尤以选科简易科为多,足敷已设立小学堂教职员之数,故教员之需要不若前此之亟亟也。且有多数之学生希毕业于正科,不屑以选科简易科自满。其结果则自宣统二年[1910]起,学部通令各省嗣后不准招考优级选科与初级简易科二种师范生。因照当时情形,小学堂已无缺乏教员之虞故也。

吾国教员之品格不同,而来处亦不一,故限定不合格人入教员一阶级之法令,为不可缓也。宣统元年[1909],学部定有《小学教员检定章程》,明年又有初级学堂、中学堂教员之检定章程发表。以上二种检定教员之权,京师在督学局,各省归提学使,州县之离省较远者,可由提学使委派专员代行其权。其章程规定,凡委派专员以学问优长、声望素著、淹通教育原理与教授法者为合格。当检定小学教员举行时,其考试员限以专门科目之教员,优级师范正科毕业生或有高等程度学堂之毕业生。检定初级师范与中学堂教员之考试员,必为优级师范及高等实业学堂、有名之教员或国内外大学堂之毕业生，且教育有经验之人。

现今建立检定教员之新规程，已编制竣事，惜尚未实行也。照新规程所载明，凡小学教员必持有检定书，方可充任。有得检定书资格者，非师范学校或教育部立案学校之毕业生，即各省教育检定委员会承认能充教员之人。再师范学校之教员，亦必持有检定书，且经教员检定会称为适宜，方得为师范学校之教员。

观以上所述，吾国教育之社会乃杂凑而成者，有教会学校之毕业生，有官立、公立、私立各学校之毕业生，外洋回国之留学生，私塾之教员，事业教员，外国教员，以及师范学校、师范讲习所之毕业生。宣统二年[1910]，学部之统计报告，当时全国教员之数已达八万九千七百六十六人，较之元年[1909]之七万三千七百零三人、光绪三十四年[1908]之六万三千五百六十六人，所增甚多。其中八万四千七百五十五人为普通教员，二千七百十二人为专门与职业教员，其余二千二百九十九人为师范与师范讲习所之教员。

教员性质之分类，观以下之统计表可知也。

1. 普通教育

甲. 中学堂

性　　质	人数(人)	百分比
师范学校之毕业生	848	25.82
他种学校之毕业生	1 260	38.35
外国教员	91	2.79
非毕业生及未进新学校人员	1 087	33.04
统计	3 286	100.00

乙. 高等小学

性　　质	人数(人)	百分比
师范毕业生	6 867	40.20
他种学校之毕业生	3 172	18.57
非毕业生及未进新学校人员	7 005	41.01

（续表）

性　　质	人数(人)	百分比
外国教员	36	0.22
统计	17 080	100.00

丙. 初等小学幼稚园以及他种学校

性　　质	人数(人)	百分比
师范学校之毕业生	33 348	51.90
非师范学校之毕业生	30 978	48.10
统计	64 326	100.00

2. 师范学校

甲. 优级师范

性　　质	人数(人)	百分比
近世学校之毕业生	152	32.50
外国留学毕业生	144	30.84
非毕业生及未进新学校人员	80	17.13
外国教员	91	19.48
统计	467	100.00

乙. 初级师范

性　　质	人数(人)	百分比
师范毕业生	523	41.80
他种学校之毕业生	353	28.10
非毕业生及未进新学校人员	349	27.90
外国教员	27	2.20
统计	1 252	100.00

丙. 师范补习所

性　　质	人数(人)	百分比
师范毕业生	334	57.58
他种学校之毕业生	126	21.73
非毕业生及未进新学校人员	116	20.00
外国教员	4	0.69
统计	580	100.00

3. 专门教育

性　　质	人数(人)	百分比
近世学校之毕业生	397	32.30
外国留学毕业生	370	31.70
非毕业生及未进新学校人员	297	25.50
外国教员	122	10.50
统计	1 168	100.00

4. 职业教育

性　　质	人数(人)	百分比
近世学校之毕业生	748	48.20
外国留学毕业生	243	15.50
非毕业生及未进新学校人员	445	28.96
外国教员	108	7.35
统计	1 544	100.00

读以上所列诸表,有不可不注意之数点焉：一,高等程度学堂之外国教员较多,而中等以下之学堂则否。二,近世学校之毕业生,比较少职务之养成。三,未进新学校或未毕业之教员反占多数,其故由于读书而无职业之人,以为教员职务事简而金多,故趋之若鹜。由是而言,吾国新学校之教员,尚不能谓

之曰尽职或胜任愉快也。间有若干学校之教授荒谬，背乎教育原理者。然师范学校之毕业生，吾国教育家对之尚多不足之辞。若其然也，何怪之有？盖青年学子之肄业师范学堂，多数非初高等小学毕业者，基本学问已不完备，而师范学堂科目繁多，时间短少，以致教授学习大概多属皮毛。每星期之点钟，自三十四至三十六，不仅所习之科目有囫囵吞枣之弊，且于卫生大有妨碍。欲矫正斯失，师范学生必习正科，而入学资格限以曾受小学教育者。如是，知师范毕业生程度较优，而教育事业亦有改良之望。

七、教育之关系生活

吾国今日教育最后之一重要问题，不可不特别注意者，曰教育有关系于受者之生活问题是也。泰西各国文字教育与实验教育之相讼久矣，其结果则实验教育能使儿童得应社会与工业之所需，卒归胜利。若在吾国，以上二者之新旧教育法，尚未脱离争论之范围。数年以来，各学校渐知整理学校作业，期应乎社会之变迁，以及适于工业之需要。学校之课程为学生将来解决日常生活问题之一物，是一进步也。吾国学校之课程，如近世科目若地理法制等，皆已列入，但不能参合学生与社会生活之所需以为教材，故多数热心实验教育家惑焉。而一部分教员之意见，以为学校所授之科目以及教授法，若无害于儿童，必有少许之利益。此论受极高之反对声调。盖学生之抛弃社会而求学于学校，毕业后既不为农，又能不能为工商，教育之本旨安在哉？

此等严厉指摘之言，虽不能包括全体之学校，然未尝不持之有故。所以致此之由，当归于根本之谬误。彼不顾学生就学之目的，轻视处境生活之需要，甚非教育之本能也。欲医斯病，必慎选教材，与夫改进各种科目教授之法。幸而今之教育新进者渐知急所先务，翻然变计，注重实用教育。不出十稔，必有成效可观已。

实施义务教育之商榷

黄敬思*

一、问题之由来

(一) 经费困难

(a) 根据第二次全国教育会议实施义务教育计划上说:“照现在实况,初等小学学生每人每年至少须由公家担任经费七元,若使四千万学龄儿童(估计)一律入学,那么,每年公家要义务教育经费二万八千万元才够。”

(b) 又说:“每增一班,教室需二百元,设备需三百元,共需五百元开办费。”全国共需开一百万班(四十人),共约需五万万元。

(c) 又说:“培养教师一人,公家须担负二百元。”那么,养成教师一百万人,需款二万万元。

以上经常费还差不多,开办费还是太少。比如我知道,乡村单级学校至少须房屋三间:两间做教室,一间做其他一切用途。每间二百元,就要六百元。至于培养师资,据乡师学生每人平均费用说,每学期也要一百元。三年六学期,公家也要用六百元才可培养一人。姑且认教育方案上预算是对的,也要经

---

* 黄敬思(1897—1973),安徽芜湖人。北京高等师范学校毕业,留学美国哥伦比亚大学师范学院,获博士学位。曾任大夏大学、青岛大学、北平师范大学、安徽大学、中央大学等校教授、教育系主任、教育学院院长。主要著译有《学校调查》等。

本文原载于《教育杂志》1931年第23卷第6号。——编校者

常费每年二万万八千万元，开办费约五万万元，师资培养费二万万元。以上的是支出。至于收入项下，请看下面：

(d) 根据财政部十八年度[1929]财政报告：全年税项收入加债券借款收入，共仅 539 005 919 元。就以上数二分之一用于义务教育经常费还是不够，何况这是绝不会做到的。

据此财政报告支出各种费用之百分比，则军务费占 49.6%，偿还债务费占 37.2%，政务费占 12.9%。现在十八年[1929]的事实如此，十九[1930]、二十[1931]以及最近几年的财政收入及支配，总不能大变而特变的。要想全国总收入之一半用于义教，就是提倡义教极热心的人，看看这收入总数及支配情形，也不能如此说的。即使说中央不必完全负义务教育经费之责，或可由中央、省、县三方面分任，恐怕省、县的财政报告也同中央差不多，各任义务教育全年经常费三分之一都是做不到，中央及省大概是一定做不到的。中国国民经济力及用途分配的观念是如此，一时也是无法的。所以看到经常费的情形，教育会议的方案是不易实施的。

(二) 国民对于教育信望不坚深急切

教育为人生四大需要衣、食、住、行以外第一件大事，而人民因为过去教育不适合其需要，所以觉不着其要紧。最近《中华职业教育社宣言》中云："各地义务教育之推广，无论都市或乡村皆须确定一标准，即对受教育者在未经养成其相当能力时，绝对勿使其脱离固有生活，庶不致义务教育愈发达社会基础愈动摇。"这不过是一个例子，举出来说人民对于教育——至少是现在这样的教育——不相信。不然，虽普及了也是无用，于个人、于国家都无好处。

(三) 时间迫切

训政之期，六年即满。实行宪政之时，如全国义务教育仍未普及，则于情理、事实上均感困难。照第二次全国教育会议，义务教育须二十年始可普及，且二十年未必能普及，即使普及，岂不是要宪政施行十六年以上才可以吗？那未免嫌其太慢了。

(四) 减轻民众教育的责任

现在民众教育一部分的责任是代办成人义务教育。如果义务教育一日不普及,则一日民众教育愿意或不愿意要负这个责任。如果义务教育本身得有解决,则民众教育内容可以改变些,收效当更大些。

(五) 义务教育本身之重要

义务教育普及,然后成人及国家之义务减少。或者说国家及成人之权利加多,是为享权利而尽义务的。更进一步说,这种义务不是"为什么"而尽的,这就是"义"务。我国早就看到了这个重要。民国九年[1920]大总统令有"总期义务教育逐渐推行。比户闻弦诵之声,里党睹胶庠之盛。于以牖迪民智,巩固邦基"云云。同年,《教育部咨各省区应遵照明令实施义务教育》文内,亦有"查义务教育,亟应切实筹办,以期全国国民咸受教育,为本部年来设施之方针。近察世界趋势,旁征国内舆论,奋起直追,尤觉无可再缓"等语。可惜自民国十三年[1924]以后,关于全国小学学生及教员的统计我找不出,不然,在此处我至少应说各省现在的初级小学生占该省学龄儿童之百分比是多少。照十三年[1924]统计,全国学龄儿童已入学者,有六百四十余万。若照四万三千六百余万人口推算(十四年[1925]邮务管理局估计),除去已经入学者,还有三千七百十九万余人。

二、问题之解释

通常说:

(1) 国民教育:就国家说,就性质说;

(2) 自由教育:就不征费说;

(3) 初等教育:对中等、高等说;

(4) 强迫教育:就办法说;

(5) 普及教育:对人才教育、专门教育说;

(6) 小学教育:就学生年龄对大学说;

(7) 基本教育:对以后教育或事业说;

(8) 权利教育:少数教育家不赞成义务教育之"义务"二字,嫌义务不如权利好听说；

(9) 义务教育：为国家及人民双方应尽之义务。

以上九个名词，每混为一谈。实在，虽然每每说一件事，可是注重之点各有不同。就我个人意见，民主国家人民最低限度之教育就是义务教育。也就是全国学龄儿童受六年或与其个人智力相当之期限的(理由见后)基本教育。

所谓商榷，我是提出较经济、较科学的、较快、较适当的意见，供大家讨论。尤其是希望教育行政当局加以修正采用。

三、计划中之办法

(一) 延长义务教育年限，改四年为六年

我国现时暂定义务教育为四年。我时常想到国民学校毕业的国民才可进高小。换句话说，我国一般的国民程度还不如高小学生。事实如此犹可说，规定如此未免可耻、可怜、可生气了。再想到别的教育机会均等国家，甚至于视大学毕业为义务教育期满，真令我们感觉十二分惭愧。我想，四年太少，可以暂改为六年。何以改为六年呢？因为小学教育之目的，是统一作用、同化作用，是全国人民的共同必修科。义务教育期限至少与小学期限相等，所以我暂定为六年。

(二) 延长学龄期间

学龄期间是六岁至十岁或十二岁，是太短了。有许多人、许多地方最近的将来，叫他们八岁以前上学是不容易的，尤其是乡间；而且就是强迫做到，也未见得有多少教育效率，还是迟点好。至于迟到什么时候，我想还是暂时说自六岁起，至十五岁止，其中任何六年为义务教育期间。因为十五岁以前总还不算成人，似乎还可以说得过去。将来社会进步，则期限随时缩短，至无可再缩或伸缩性甚少的时候为止。

(三) 减少学生数量

现在学龄期间既然延长，自六岁至十五岁，照六岁至十二岁全国学龄儿童

有四千万的比例说，应增加四千万之二分之一，共为六千万学龄儿童。四千万已嫌太多，六千万当更应设法减少，减少办法如下：

A. 减去 2%特别愚笨学生

照心理上说，人类智力可分为五组：

(1) 特别聪明的　　2%

(2) 较优秀的　　23%

(3) 中等的　　50%

(4) 较愚笨的　　23%

(5) 特别愚笨的　　2%

照此比例，我国四千万学龄儿童中特别愚笨的约有八十万(此八十万中至少有五百个白痴)。如果能用方法预先找出，我们义务的人数，至少可以减少 2%，找出的方法大概不难，因为这种人容易试验发现出来。

特别聪明的也约有八十万。如果能用智力测验的方法找出，我们可以办八百个的一千个天才学生的义务学校。这个提选的方法比较难了，但如果用长期的时候去选择，在两三年中大约总可找出来。

B. 减去 2%身体不好不能受普通义务教育的

大约身体不好，有残疾的，不能受普通义务教育的，大约也有 2%，总共在学龄儿童可先减去 4%。

C. 活动义务教育期间之长短——每学期减少上学期 2%至 3%

六年义务教育可分十二阶段，每半年为一段，定一修业期满成绩最低限度标准，倘若用比较科学的方法定出来，学期终了成绩不及格(标准可以比较宽点定)大约有 2%的人，就不必令其入第二段，第二段不及格(大约又有 2%)不必令其入第三段。换句话说，就是义务教育长的六年，短的半年就够了，并且每学期淘汰 2%，大约六千万人经十二次的淘汰，第一次 4%，以后都是 2%，大约所剩的也不过四千万人了。何以最低限度是半年就够了呢？因为含公民教育意义的民众教育每每分为二期，一期三个月，两期六个月就完了。固然受民众教育的大致年龄大些，效率也许也大些，可是半年义务教育课程如用科学方法细细研究订出，大约也可学不少的东西，至于文字可以不学，学注音符号就顶多了。如果是第三段(第三学期)以上，也许可以教他们识字。

（四）分区先行试办

以省为施行义务教育单位，各省先指定一县，能有数县更好，举行学龄儿童精确调查，同时强迫入学。然后再推行全省，似此则全省义务教育的经费、师资及其他办法，均比较地有把握些。试验以半年至一年为限，以后以县为单位，逐年推广，以七年为期，希望全国义务教育普及。

（五）分步骤

根据人口、地方财力或学生智力等标准，如国民九年[1920]三月教育部规定分期筹办计划，是根据人口定先后程序。民国十年[1921]，省城及通商口岸办理完竣；十一年[1922]，县城及繁镇办理完竣；十二年[1923]，五百户以上乡镇办理完竣；十三年[1924]，三百户以上市镇办理完竣；十四五年[1925，1926]，二百户以上市乡办理完竣；十六年[1927]，一百户以上村庄办理完竣；十七年[1928]，不及百户之村庄办理完竣。

这一类分步办法，或根据地方经济力定先后都不错，不过如能再加智力标准当更好，如最聪明的最好先使其普及，不过这是不大容易的事，须要教育测验专家详细研究方法，并须训练教师兼为测验员始能做到。

（六）节省经费

A. 关于教室的

实施义务教育计划上有五种办法：(a) 利用全国人民家庙；(b) 利用学宫、书院及其他公共场所；(c) 利用一切庙宇、寺观；(d) 奖励私人捐资建筑校舍；(e) 由公家建筑一种极经济而能耐久的校舍。

除以上办法外，关于教室我想也可借用人家大厅或客堂。我去年参观山东福山乡村教育，见每每有村中人家之厅堂借作教室，甚至于每日有两班学生轮流上课，无意中已实行葛雷制了，如加上这个借或略含强迫性的借法内，增加教室就不成问题了。

B. 关于教室设备

每教室据教育会议方案说，需设备费三百元，地方上能筹此款固然很好，不能的时候，我想学生用的，可向学生家属借，除非特别穷的无法想，始由公家办，教员用的由教员自备或借，仿佛戏子自备行头一样，那么设备就不成问题了。

（七）同时须实行的办法或法令

据程湘帆说，强迫教育的条件如下：(a) 必先筹足经费，建设足可容纳学龄儿童之学校；(b) 必先多设教师养成所，训练足敷设施教育人才；(c) 必先规定儿童之学龄及保护者之义务；(d) 必先规定就学义务督促之责任；(e) 必须采用不征费之办法。

我觉得要想义务教育普及必须实行强迫，要想实行强迫教育令，必须实行程氏之 cde 条件（我认为 ab 还不必须），并且还要实行童工律（大约可定十四岁以前，非得有工作准许证，不准作有代价之工作）。不然，儿童一方面被国家强迫入学，他方面被家庭强迫工作（不同钟点），那么，儿童不死也病了。要想实行童工律，又须实行薪工最低标准，因为父母叫儿童工作帮助维持家庭生活，也是因为现在工资标准太低不能维持生活；如果提高成人工资，大概多数家长也不愿意其子弟作工赚钱的。如果要提高薪工标准，大约又要增加生产力，要增加生产力又要多用机器，要多用机器又要提高工人或农人知识技能，此处是民众教育可以帮助义务教育普及的地方，就是民众教育应多多注重职业补习教育。

（八）师资

A. 选择比培养轻而易举

培养一个好教员太贵了，而且现在所需要的数目太大了，我想现在人浮于事，可当教员的人也不少，师范生的出路尚成问题，现在又何必大规模的制造"办一千五百个的师范学校"呢？不如订定标准，严格考试（或检定），再就考取（或检定）的教员切实施行教学指导，就是实行在职训练，省去事前训练，那大致也不比"二百元培养出来的"坏了。这是在施行义务教育头几年可用，以后可以不必。但是头几年如果可以考出一二十万人，也可以省金钱时间不少，如果需要一百万教师，我们还可选出二十万人，那么也就省去训练人数十分之二了。并且投考的人不一定要学界出身，农工商界的优秀分子有志任教员，合我们定的标准，考及格了，当然也可以。

B. 多训练女教员

现在男女职业机会虽然均等，然女子除当教员的，加入别的职业的太少了。我想男子有当兵的义务，女子不妨定一个当教员的义务(如一年或二年甚至于在宪法上明文规定)，大约将来女子智力、体力、年龄合于教师标准的，也有百分之五或六(估计)，这样同时可提高全国做母亲的资格，并且也可提高家庭教育的效率。我在乡村里常常有乡村小学校长教员问我，乡村学校里女生太少，有何办法，我说最好的方法是多请女教员，大约女学生也就多了。尤其是在风气闭塞的乡下，家庭是不愿意送女生给男先生教的，还有现在的中国，请女先生也许是比较地经济些。不过这还是其中很小的一个原因。总上种种，现在我主张乡村师范里多收女生，每班至少收三分之一女生，将来至少希望收二分之一。

C. 鼓励僧尼办学校

现在社会闲人——或休闲阶级的人——太多，僧尼也是一种。他们终日无积极的工作——至少照我看来——可以请他们，训练他们教书。本来在外国教育最初都是僧人主持的，似此可以化无用为有用，且可以帮助打倒“迷信的宗教”，或提高宗教的地位。不过他们能合教员条件的人，这个数目大概有限得很。

D. 函授办法

函授学校如果办得好，也甚经济，如《江苏一届师资函授学员服务概况》说：“江苏各县筹备义务教育联合办事处第一届师资函授训练毕业学员，在地方服务，大有供不应求之象。计溧阳四十一人，宜兴三十三人，武进三十人，无锡一百二十九人，均在各学校任事，并有多人任小学校长者。据各县教育行政人员报告，各学员均富于研究，服务亦勤恳耐劳，恪尽厥职，深得地方人士之信仰。现值各县小学教员缺乏之际，该处适应社会之需要，办理师资函授训练，聘请专家分撰讲义，裨益地方教育，诚属至钜云。”不过这是一种不得已的例外办法，不得认为训练师资之正宗。

E. 增加每教师所担任之学生数

教育会议方案，定每教师平均担任四十人。我想平均每教师学生四十五人，还不算多，因为我知道乡村学校平均学生出席数很少，大约顶多八折出席，所以虽然定四十五人一教师，八折只有三十六人，大约一人担任可以做到。本来还可定的比四十五人还多，可是乡村人家散居太多了，一个学校附近是没有那些学龄儿童的。

（九）师资训练机关

A. 就现有师资机关（据中华教育改进社十四年[1925]统计，全国共有师范学校一百九十五所，每年毕业生统计不满万人。又师范讲习所及专修科一百○六所，总计每年毕业生至多不过五千人。）增加班次，扩充学额，每校至少有六百人，至多二千人为止，每年约有毕业生二万人。

B. 师资训练机关完全独立，俾其充分发展（大学师范专修科、高中师范科、乡村师范科等），一方面造就师资的师资，一方面造就指导员等。

C. 逐渐增设女子师范学校，分一年、两年、三年等课程，其数目至少须与现在所有师范学校之数目相等（约三百所）。

D. 逐渐增设乡村师范（男女兼收），至少须等于现有师资机关数目，加新设女子师范数目（约六百所）。

E. 城市以设立女子师范为原则，乡村师范以男女各半为原则，新设立师范以女子师范或乡村师范为原则。

F. 以上学校，每年约有毕业生六万人（因C项女子毕业于一年、二年、三年等课程，可以有二万以上的人数）。

G. 如果每一个实习班师范生有五个实习生，那么也有三十万个实习小学生，这也是可帮助义务教育普及的。

H. 如果继续训练下去，每年师范毕业生六万人，任期是十年以上，有六十万教师，再加上考取的或检定的，那义务教育师资也就够了。

（十）课程

A. “工国民”或“农国民”的教育

所谓帝国主义的国家，现在电气实用的方法有六万五千种（65 000 aplications of electricity are now in actual use, p.14, *Ed. for Changing Civilization* By, Kilpatrick），美国平均每人有五十马力的生产力，每人利用器械能种麦田三百英亩（约合中国一千八百亩）（美国农人也可做中国大地主了！）。

至于中国现在，连抵制外国的标语纸大半都是外国的，印字的颜料也是外国的；学术上、家庭里的用具，甚至于吃的苹果、橘子、酱油、米醋也都是外国的。十八年[1929]统计，中国人每人要以五角钱到外国买米吃，中国还要说以农立国。向来勤俭自命的民族，“懒”得连墨也不愿意磨，而用外国墨水，读外国书，看外国电影，穿外国衣料，吃外国食料，甚至于睡外国棺材，一切一切，中国不能独立办理了。所以我想现在义务教育是应当为“工国民”“农国民”及少数的“商国民”教育。或者有人说，小学教育是无论男女、贫富共同的教育，不仅小学，就是在初中也不过是教育试探期，不能施以职业教育，这是我早知道的。我的意思也不要小学一定有职业科，我不过说小学功课应根据实际生活所需要，多少有职业陶冶的意味(详细办法要课程纲要里定)，这样才不至于“义务教育愈普及，社会基础愈动摇”。

B. 注音符号

好国民不一定要认识字，并且现在中国文字也不容易，文言文固然难，白话文亦复不易。我有一次一个朋友告诉我，他们那里学白话文同文言文一样难，比如白话文的“呀呢的吗”和文言文的“之乎也者”用法一样难，因为他们平常说话不用“呀呢的吗”啊，如果义务教育必须认字，我想受半年或一年的义务教育的人，学注音符号就可以。

C. 注重儿童“创造的冲动”

儿童的活动似乎在本身之外无其他目的，无所为的好奇心是很有价值的一种性质，可以补救“工国民”或“农国民”教育，或许得到的一种窄狭的偏重功利的计划。生活除求真以外还是要求善美的。生活——生命——之长宽高厚“四度空间”，须要在义务教育期间同样地使其发展。义务教育课程，一方固须有实际需用的价值；一方面又要有引导思想的价值，使儿童在幼稚期中得着生活向上的兴趣，各个人可以享受而不侵犯他人，各个国家可以精神上强大而不一定要征服别的国家。

(十一) 经常费

“公家理财应量出为入”，筹措经费是财政问题。我相信中国财政不是绝无办法的，只要确定预算，遵守预算，大家都愿意义务教育普及，那普及是不成问题的，也许是时间快慢的问题。

不过以国家为单位说，义务教育费中央应担任，像美国以省为主体的话，应由省担任。如果义务教育是直接造福地方的话，那么应由县担任。所以我主张培养师资的经费，完全由省担任，义务小学的经常费中央担任一半，省及县担任一半。至于省县担任的比例，则应活动，比如富有的县能完全自筹义务教育费的话，那么省就不必分任。但是如果是贫瘠的县，也许省要多多地担任了。总起来大约中央、省、县须各任三分之一的经费(估计)。

四、结　论

以上办法，我不过说了个大概，至于以义务教育办理好坏的，为教育厅长、县长、区长等考成标准，也是很有效的。现在亦有几省如此规定，可惜因为他们任期太短，他们不甚注意及此。假使他们的任期是较长的话，他们一定也尽力提倡。以及鼓励教员种种办法，如江问渔所主张的"每省每年提出十万元(?)做奖励小学教师的款子。如此办法，好的老师当然高兴，劣的教师却可增加努力"。或考选服务若干年以上之优良小学教师免费升学留学等。(其他鼓励办法，可参看改进初等中等教育方案，)还有交通的改良，普遍的节制生育(我常想中国如果强迫限制生育，两三年或者可以少一两次内战)等，都直接间接可使义务教育早日普及。以上十一点办法，在我个人看起来是合理的，有实施之可能的，别人看来也许说还是问题太多，不能实现，如果是认为不对的，当然不谈了，认为有研究的价值，请加以详细指正，使这计划更细密更完全便于实施，作为第二次全国教育会议方案中义教计划之补充意见。自以为愚者之一得，很想抛砖引玉得着这个问题正确而圆满的解决。

参考书

(1) 教育部：《改进全国教育方案》。
(2) 财政部：《十八年度财政报告》。
(3) 程湘帆：《中国教育行政》。

中学教育法令之我见

马鸿述*

我国中学制度，实在是从光绪二十八年[1902]开始(注一)，所以现在论中学法规的历史，最初的也要说钦定章程。这个章程虽然经过钦定，却未实行，便又命令张之洞、荣庆与张伯熙三人会同重订，而成光绪二十九年[1903]的章程，这就是后来称为奏定章程的。到了宣统元年[1909]二月，学部奏准中学文实分科，更动课程，但只是一种临时的命令，没有正式的法规。直到民国元年[1912]九月二十八日，教育部才颁布了所谓《中学校令》。民国十一年[1922]学制改革亦只是一个全部学制的命令。到了民国十七年[1928]三月大学院才公布《中学暂行条例》，但是这个条例仍然与民国十一年[1922]所订的学制改革方案无大差异，只不过较为详细一点罢了。民国二十一年[1932]十二月二十四日，国民政府公布《中学法》，教育部亦于二十二年[1933]三月十八日公布《中学规程》十三章共一百二十条，随后又于民国二十四年[1935]六月二十一日修正公布。这规程当中关于教学科目及时数的部分，又于民国二十五年[1936]二月十八日修正公布。现在从这些法令中，择其似有问题者提出讨论。

---

* 马鸿述，广东台山人。国立中山大学教育系、教育学研究所毕业，获硕士学位(研究题目为《中学课程之改造》)。曾任广东省教育厅督学、广东省文理学院教授。主要著作有《县教育局行政组织研究》等。

本文原载于《教育研究》1936年第69期。——编校者

一、《中学法》

（国民政府二十一年[1932]十二月二十四日公布）

第二条　中学分初级中学、高级中学，修业年限各为三年。初级中学高级中学得混合设立之。

这一条的后半部，意义不甚清楚，而且往往使人解作初高中本来应当分设，现在合设，只是变通的办法。我以为为教育上的经济，高初中实在以合设为好，所以我以为后半部应该改作：

“初级中学、高级中学，以混合设立为原则。”

第三条　中学由省或直隶于行政院之市设立之。但按照地方情形有设立中学之需要而无妨碍小学教育之设施者，得由县市设立之。私人或团体亦得设立中学。

据民国十九年度[1930]全国中学教育统计，全国中学共554所，内计已立案及未立案私立中学约有322所，县市立中学共71所。前者占全部校数百分之六十强，后者为百分之十三强。那么，这两种学校一加上来，便占了全部校数的百分之七十三四了。换言之，差不多是四分之三了。(注二)在教育政策上说来，我们实在不主张私立学校太多，尤其是中学。(注三)因此，我们在这个中学的根本大法——《中学法》上面，必定要设法表示这种意见，以限制各省县市及私立中学的设立。所以，我认为这一条至少应该改为：

“中学由省或直隶于行政院之市设立之。但按照地方情形，有设立中学之需要而无妨碍小学教育之设施者，得由县市设立之。私人或团体亦得设立中学，但其数量不得超过该省中学总数三分之二。该省立主管教育行政机关并应极力限制私立中学之开设。”

第十二条　初级或高级中学学生修业期满，成绩及格，由学校给予毕业证书。

这一条与事实不符。在事实上是必须经过毕业会考及格，才能领到证书，所以在毕业会考仍然存在的今日，这一条实在应该改为：

“初级或高级中学学生修业期满，经会考及格，由学校给予毕业证书。”

二、《修正中学规程》

（教育部民二十四年[1935]六月二十一日修正公布）

第六条　省立（指行政院直辖市）中学之设立、变更及停办，应先由省市教育行政机关拟具计划或理由呈报教育部核准后办理。县市立及联立中学之设立、变更及停办，应先由主管教育行政机关拟具计划或理由呈报省教育厅核准后办理，并由厅报部备案。私立中学之设立、变更或停办，应依照私立学校规程所规定程序经由省市教育行政机关核准后办理，并报教育部备案。公私立中学之设立、变更及停办，不依照前项规定程序办理者，上级教育行政机关得撤销之。公私立专科以上学校附属中学之设置及管理与公私立中学同。

这一条，显然地没有顾到一般因实际需要而设置的实验中学。诚然，今日的中国里，除了国立中央大学有一个实验学校的中学部以外，简直就再找不到别一个像样的实验中学。不过，我们实在不能否认，这只是我国教育界的病态。任谁，只要他明白一点中学教育的事实或学理，他便不能不承认中学教育有实验的需要了。很可惜，在现代的中国里，只偶然有几所实验小学，实验中学却可以说没有。这，在未经实际分析以前，我们也许可以把这种罪过归咎于这个中学规程的忽视实验教育。所以作者以为，我们应该在这一条的末尾加上：

“各大学、独立学院，省或直隶行政院之市得因实际需要、人才、设备，设置实验中学或中学实验班，其设立、变更及停办，应依照实验学校规程所规定程序，经由该管行政机关核准后办理，并报教育部备案。”

这么一来，固然可以表示实验中学的地位，亦所以提起国内教育界实验教育的兴趣。不过，既然加上了这么一段，便要早日由教育部制定实验学校规程公布实施了。

第九条　公私立中学应于每学年第一学期开始后一个月内，开具下列各项径呈或转呈各该省主管教育行政机关备案：（一）本学年新生、各级插班生、复学生、休学生、退学生及各级学生名册；（二）本学年校长、教职员学历、经历、职务、俸给、专任或兼任事项；（三）本年度经费预算；（四）本学年学则、校舍及设备之变更事项；（五）前学年各级学生学业成绩表；（六）前年度决算或收支项目。

前项第七款事项应由省市教育行政机构汇报教育部，其第一、三、四、五、六各款事项并应造简表送部。

第十条　公私立中学应于第二学期开始后一个月内，开具下列各项径呈或转呈各该省市主管教育行政机关备案：

（一）本学期新生、各级插班生、复学生、休学生及退学生名册；（二）本学期新任教职员学历、经历、职务、俸给、专任或兼任事项，去职教职员姓名及去职原因；（三）上学期各级学生成绩表。

前项第二款事项，应由省市教育行政机关汇报教育部，其第一及第三款事项并应造简表送部。

这两条——第九及第十——所规定的呈报各项，大抵都是一些传统的、消极的、照例的，而且又只限于防弊方面的事项。其实教学和训育，这两种才是学校整个活动之主要方面，但是关于这两方面，每学期的计划进行的经过，在这两条条文里却完全没有提及，更进一步说，教育行政当局只在防弊，并没有尖利；或者也可以说，教育行政当局只怕教职员不肯负责，却并未想到如何去指导他们如何去努力，如何去负责，这未免有"舍本逐末"之讥詈。因此，我以为最低限度应该在第九条、第十条所开的几项之外，加入后开几项：

（一）上学期教学概述；

（二）本学期教学改进方案；

（三）上学期教学方面大事记；

（四）上学期训育实施经过概述；

（五）上学期训育方面大事；

（六）本学期训育改进方案。

自然，有人以为不必多此一举，原因是这么几条：恐怕还是一些极空洞的呈报；更或有"卖花赞花香"之嫌；即不然，亦会有"千篇一律"之弊。不过，我们实在不必专靠学校方面随便呈报的文字，便去决定学校的好坏。我们还可以善用督学的辅导机能，以济其穷的。

第二十条　每学级学生以五十人为度，但至少须有二十五人。

这一条的规定当然不够。因为这一条只规定"至少须有二十五人"，却未说到不足二十五人的应当如何办理。他方面，他又只指出以五十人为度，却未想到某些规模较大的学校，是一个学级的学生常常超出五十名以外的，更未想到这种学校应该采用哪个办法。所以我以为在原文规定的办法之外，再加：

"不足二十五人之学级不得开办，其原有学生应由该管教育行政机关分别拨入当地或邻近中学收受，但该收受学校的施行甄别试验，甄别规程由教育部定之。超出五十人以外之学级，应施行分组。其分组人数，每组仍以二十五人至五十人为限"字样。必如是，才可以使办理者有所依据，而不致流弊百出。

第二十四条　初级中学之教学科目为公民、体育、童子军、卫生、国文、英语、算学、植物、动物、化学、物理、历史、地理、劳作、国画及音乐。

第二十五条　高级中学之教学科目为公民、体育、卫生、军事训练（女生习军事看护）、国文、英语、算学、生物学、化学、物理、中外历史、中外地理、论理、国画及音乐。

在这两条当中，完全没有理会到分科，只是简单地规定，所以无疑地极难实现初中教育的职能，"初中原来就是美国教育制度下的产儿，其主要职能之一乃在发现学生的个性、兴趣与能力"(注四)，现在既然没有了分科，当然再没有别种适当的方法。所以我以为在初高中第三年级应该容许酌设相当数量的职业科目，所以我以为在第二十四条应加入：

"第三年级得因需要，酌设每周教学两小时之职业科目两种。"在第二十五条之后，亦应加：

"各年级得因需要，每学期酌设每周授课两小时以内之职业科目两种。"

第三十条　各科教学应活用教本，采用地方性及临时补充之教材，并须注重实验及实习。中学除外国语教本外，一律采用中文本教科书，不得用外国文书籍。中学教员一律用国语为教授用语。

关于这一条，徐侍峰先生曾经有过一段很透辟的话。(注五)不过，我至今却还不承认教育部故意闹出这么一套不合逻辑的话，我以为，也许教育部不小心修饰词句，也许徐先生的推理太厉害。所以我以为这种错误，并不致如徐先生所说的那么严重。如果一定要修改的话，我以为只要改成下文的样子，便已经可以了：

"各科教学应活用教本，采用地方性及临时补充之教材，并须注重实验及实习。中学除外国语教学外，一律采用本国文字教科书。中学教学，除外国语科得酌量变通外，须以国语为教学用语。”

第三十二条　中学最后年级学生得利用假期为参观旅行，但不得妨碍课业时间，其费用由学生自行担负。

这一条我们不能不承认其为矛盾了。因为既然认定参观旅行只能于假期中偶尔为之，则第三十一条所谓“观察思考之能力及自动研究之精神”，简直可谓无从“启发”，因为根本上他就缺乏了观察思考、自动研究的对象了。说是“其费用由学生自行担负”，则下文第十一章第八十条又有“体育费专为供给学生运动、远足、旅行及卫生消耗，均不得移作别用”的明文。谓其专为防止这种“师生逃学”的弊病而出此，则教育行政当局又为什么不去指导其改进呢？即或不然，亦大可以一笔勾销，完全不提这事啊！当然，我是承认参观旅行是一种有价值的教育活动，但是我却又不敢不承认今日中学教育界中确乎有“师生串同逃学”的现象。不过，我却无论怎样，不能以这种因噎废食的态度去处理这事是对的，而且法规又是我们办理教育事业的理想原则(注六)，所以我以为这一条的条文应该改正如下：

“中学各年级学生均得为参观旅行以助教学，其时间以利用假期为原则；其结果作为课业成绩之一部，其费用应由学校筹措之。”

第三十三条　中学训育应遵照中华民国教育宗旨及其实施方针所规定，陶融青年“忠孝仁爱信义和平”之国民道德，并养成勇毅之精神与规律之习惯。

这一条显然的是中学训育的目标了，可是这很容易引人误会，因为这条所举的至多只包含本规程第二条所规定的六项之二项——陶融公民道德及养成劳动习惯。换句话说，这一条的意思仿佛说，只有这两件是中学训育的目标，与本规程第二条所列六项似乎漠不相关。所以这一条一定要修订为：

“中学训育，依照本规程第二条之规定，以锻炼强健体格，陶融公民道德，培育民族文化，充实生活知能，培植科学基础，养成劳动习惯，启发艺术兴趣为目标。”

第三十七条　校长及专任教员，均以住宿校内为原则，与学生共同生活。

这一条的条文欠通顺，应把它改成：“校长及专任教员，均以住宿校内，与学生共同生活为原则。”

第四十四条　中学应具备下列各重要场所：(一)普通课室；(二)特别课室(物理、化学、生物、图画、音乐等教学用)；(三)工场(优先设置木工、金工场)农场合作社或家事实习室(视所设劳作科种类及学校环境，备一种或数种)；(四)运动场(如属可能，应备体育馆)；(五)图书馆或图书室；(六)仪器、药品、标本、图表室；(七)体育器械室；(八)自习室；(九)食堂；(十)学生成绩陈列室；(十一)课外活动作业室；(十二)办公室(职员同室办公，并不得占用校内优良屋宇)；(十三)学生寝室；(十四)教职员寝室(如属可能，应备教职员住宅)；(十五)膳堂；(十六)浴室；(十七)储藏室；(十八)校园；(十九)其他。

这一条骤然看来，似乎很齐整完备，可是细细看来，却有可商量的地方。第一，这一条条文采列举法，却有意无意中掉下了厕所不谈。所以至低限度应该在"校园"一项之下加入"厕所"，不然则不如索性不用列举法。第二，这一条里面，"职员……不得占用校内优良屋宇"一语，实在太刻薄。而并处处都流露出"轻视学校办公"及"不信任教职员"的恶意(注七)，很应该取消。至于文字上则(十一)项"课外活动作业室"实在不对，似应改为"课外作业室"。

第五十三条　临时试验，由各科教员随时于教学时间内举行；不得预先通告学生，每学期每科至少举行二次以上。

其实，教师，无论哪个，总不愿意学生不长进的。本条所谓"不得预先通告学生"，其目的亦不过希望能助学生长进罢了。不过，我们却又不能不承认，"不预先通告学生"虽或不失为一种引导学生长进的方法。然而在此种方法之外，实在还有不少的方法，而且，这果然就是最好的方法了吗？我们还不能作一个极有理由的回答，所以我以为与其多此一句，还不如删掉，让一般中学教师得以自由运用其方法的好。

第六十条　学生操行成绩或体育成绩不及格者，不得进级或毕业。

我国教育行政当局近来每每为了某一事物的提倡，便立一条"成绩不及格者不得升级或毕业"的条文。于是要提倡军事训练了，又立一条"军事训练成绩不及格者，不得升级或毕业"。在事实上，因操行成绩或体育成绩不及格而不能升级或毕业者，实在没有，纵然有了，亦不过极少极少的不幸者罢了。然而，我又并不是主张这条条文应当删去，我却以为与其徒具虚名，不如删去。若不删去，便要在这条文的末尾加上"其办法另定之"一语，而由教育部另订相当办法，以为一般学校及教育行政当局办事的依据。

第六十二条　无学期成绩之学科或成绩不及格之学科在三科以上之学生，或仅二科无学期成绩或不及格，但其科目在初中为国文、英语、算学、劳作四科中之任何二科，在高中为国文、英语、算学、物理、化学五科中之任何二科之学生，均应留级一学期，连续留级以二次为限；如本校无相当学级，可发给转学证书。

从前一般教会学校大抵都有所谓“主要科”与“闲科”之分，本条所列各科，大抵就是今之所谓“主要科”了罢。不过，这里便有问题了。因为物理、化学既然算入主要科目之内——物理、化学算入主要科对不对是另一问题，此不具论——为什么却要把生物丢在外面呢？化学、物理是学习物理科学的基础科学，但是生物却是将来研究社会科学、医学及生物科学的基础，其重要的程度，似乎不应有什么差异，而且，生物是高中一年级的科目，今一旦不包括在内，则将令一、二、三年级间显然有畸轻畸重之弊，所以我以为应该入生物一科。

第六十五条　毕业考试成绩内有一科不及格，或虽有二科不及格，但其科目非如前条所规定者之学生，均应令补行考试二次；如仍不能及格，应照前条办法办理。

这一条的意义不甚清楚，应明定补行时间，以为限制。所以条文应改为：

“毕业考试成绩内有一科不及格，或虽有二科不及格，但其科目非如前条所规定者之学生，均应令于第二学期开始前补行考试一次，如不能及格，于开学后一个月内再予补考：如仍不能及格，应照前条办法办理。”

第七十八条　经学校开除学籍之学生，不得发给转学证书及修业证书。

按：转学证书固然可以不必发给，但是修业证书的性质本来只证明学生曾经在学，而此乃是已经过的事实，我们对于这种事实，何必一定要不让他人知道，因而断绝一般在学校认为失败的学生的去路呢？而且，在事实上，在中学时代顶坏的，有时候也有改悔更新的机会，所以我以为这一条“及修业证书”这五个字要删去。

第九十三条　中学设校长一人，综理校务，并须担任教学，其时间不得少于专任教员教学时间最低限度二分之一，并不得另支俸给。

按这一条，则初中校长每周教学九小时以上，高中八小时以上；这，一方面暗示校长无事可做，似乎亦大可不必说什么进修。(注八)因为依邰爽秋教授的推算，每授课一小时，课前准备要一小时，课后处理要二小时，(注九)那么，教学一小时实际上便要四小时，所以照这种规定，推算起来，初高中校长若在教学上的时间总在三十小时以上，每天办公八小时，这个时间实在怎样分配呢？所以，我以为为了要尊重校务处理人员起见，实在应予这种人以自由决定之权。所以这一条应改为：

"中学设校长一人，综理校务，并须酌量兼任教学，并不得另支俸给。"

第九十六条　中学各学科均应聘请专任教员。如一学科之教学时数不足聘请一专任教员时，得与性质相近之学科时数合并，聘请专任教员。但如事实上确有困难情形，得聘请兼任教员，但以限于音乐、画图、劳作等科为原则。专任教员，不得在校外兼任任何职务。

这一条全条都无问题，只是末句有点语病；因为"任何"二字，实在容易惹人误会，所以改成清楚一点如下：

"专任教员不得兼任任何有给职务。"

第一百条　专任及兼任教员均应轮值指导学生自习。

这一条，在事实上困难极多，(注一〇)虽或可于专任教员方面行得通，但在兼任教员方面便一定很不通，因为兼任教员根本就不住校，而本规程亦未尝规定兼任教员要住校，所以我以为这一条大可不必存在。

第一百零六条　中学举行下列四种会议：(一) 校务会议　以校长、全体教员、校医及会计组织之，校长为主席，讨论全校一切兴革事项。每学期开会一次或二次。(二) 教务会议　以校长及全体教员组织之，校长为主席，校长缺席时，教导主任或教务主任为主席，讨论一切教学及图书设备购置事项。每月开会一次。(三) 训育会议　以校长、各主任及校医组织之，校长为主席，校长缺席时，教导主任或训育主任为主席，讨论一切训育及管理事项。每月开会一次或二次。(四) 事务会议　以校长各主任及全体职员组织之，校长为主席，校长缺席时，事务主任为主席，讨论一切事务进行事项。

这里，我有几项意见：(一) 校务会议似可不必全体教员参加，顶多派代表便可以。所以我以为这一部分应改为：

"校务会议　以校长、教员代表、各主任、校医及会计组织之，校长为主席，讨论全校一切兴革事项。每月开会一次或二次。”

其次，训育会议我以为应当取消；不然则第一百零五条的“训育指导委员会”要取消。因为第一百零五条既说明训育指导委员会为“负一切指导学生之责”的，那实在用不着再多这一个训育会议的。只要一切指导学生事宜，一经训育指导委员会的设计、通过，便可交由教导主任或训育主任去执行。这么一来，既可省却许多麻烦，亦可以使事权划一。

第一百零七条　初级中学校长须品格健全，才学优长，且合于下列规定资格之一者：（一）国内外师范大学，大学教育学院，教育科系毕业或其他院系毕业而曾习教育学科二十学分，均经于毕业后从事教育职务二年以上著有成绩者；（二）国内外大学本科，高等师范本科或专修科毕业后，从事教育职务三年以上著有成绩者；（三）国内外专科学校或专门学校本科毕业后，从事教育职务四年以上著有成绩者。

我以为这一条当有如下的修正：（一）第一款“或其他院系毕业而曾习教育学科二十学分”一语应删去。我曾经批评过这条条文，说：“怀疑……究竟在国内这几十所大学，有多少大学有辅系的办法（指各系言）。从何可以证明那个校长待位者（candidate）从前曾经读过十九个或二十个教育学科的学分？”[注一四]真的，与其予人以取巧的机会，不如索性撤去的干净；（二）这三款当中“从事教育职务”等字样，应一律改为“任中学教师”等字样。因为中学校的校务、行政，一切都不如小学的简单，所以必须有了相当年期的实际参与中学教育的工作，方能知其概略。

第一百零八条　高级中学校长须品格健全，才学优长，除具有前条规定资格之一外，并须合于下列资格之一者：（一）曾任国立大学文、理或教育学院或科系教授或专任讲师一年以上者；（二）曾任省及直辖市教育行政机关高级职务二年以上著有成绩者；（三）曾任初级中学校长三年以上著有成绩者。

关于这一条，我以为：（一）现在的国立大学到底还比省立及私立大学为少，因此第一款似乎不应该太不顾事实，应该在“国立”二字之下加上“省立或已立案私立”等字样。（二）第二款“高级职务”不清楚，应明白规定为“督学”。

第一百十条　高级中学教员须品格健全，其所任教科为其所专习之学科，且合于下列规定资格之一者：（一）经高级中学教员考试或检定合格者；（二）国内外师范大学毕业者;(三) 国内外大学本科、高等师范本科或专修科毕业后,有一年以上之教学经验者;(四) 国内外专科学校或专门学校本科毕业后,有二年以上之教学经验者;(五) 有有价值之专门著述发表者。

对于这一条,我认为“专修科”与国内外大学本科、高等师范本科都不同,而且相差很大,所以我以为“或专修科”字样应删去。第三、第四两款的教学经验,我以为应该指明“中学”。

第一百十一条　初级中学教员须品格健全,其所任教科为其所专习之学科,且合于下列规定资格之一者:(一) 经初级中学教员考试或检定合格者;(二) 具有高级中学教员规定资格之一者;(三) 国内外大学本科,高等师范本科专修科毕业者;(四) 国内外专科学校或专门学校本科毕业后,具有一年以上教学经验者;(五) 与高级中学程度相当学校毕业后,曾任中等学校教员有三年以上之教学经验,于所任教科确有研究成绩者;(六) 具有精练技能者(专通用于劳作科教员)。

对于这一条的意见与上条同,兹不赘述。

三、《修正初高中教学科目及时数》

《中学规程》颁布的时候,便已经颁布了两个高初中教学及自习时数表,而且分第一表(国内用)、第二表(需要蒙回藏及第二外国语的地方用),后来各方表示不满,其不满的理由很多(注一二),兹不备述。为了这个缘故,教育部又在本年(民国二十五年[1936])二月十八日公布一个《修正初高中教学科目及时数表》。这次修订,在形式上,最主要的变更是:

(一) 取消每周在校自习时数的规定。

(二) 减少每周授课时数。

(三) 稍能顾及不升学学生的职业准备。

(四) 高中算学分组。

(五) 公民时间减少,且高中初中时数不一致。

(六) 初中一年级国文时数每周减少一时。

(七) 初中一年级英语时数减少一时。

（八）生理卫用时间减少。

（九）初高中学习物理化学的次序先后不一致。

（十）高初中劳作时数减少。

（十一）国画高初中均减少。

（十二）初中一年级音乐及高中音乐均减少。

（十三）论理改在高中二年级学习。

（十四）高中历史时间减少。

（十五）科目有一部分已经合并。

（十六）高中图画音乐二周相间教学。

这次的修正虽然已经稍有进步，但仍有多少未尽妥善的地方，我们也应当改正的：

（一）图画音乐二周间时教学，在事实上诸多不便，应改成高中一年级每周各授一小时，而将公民减去一小时，一年之内把图画、音乐两科均行授完。

（二）论理科教学，在师资与教材上均发生问题，而且放在高中二年级教学三小时，亦无什么理由，而且对中学生的益处亦有疑问。所以我以为应取消，而以这三小时教学职业科，这样既可提早学习职业科的机会，又可不致只教中学生死记几条三段论式。

（三）公民在高中三年级下学期——最后一学期——取消，实在非计，应仍照常教学一小时。那么，高中六学期都是每周三十小时的功课。

（四）高中三年级，不应只限于乙组学生增习英语，因为将来升学理科的更应当有一个相当的英文基础。所以我以为应当改为取消高中三年级体育，让甲组的可以读多两小时的英语，而乙组的则照常习二小时体育。这在道理上也是可以说得通的，因为志愿学文法科的，大抵在这时间以后都不会再去注意体育了，所以应该好好地在这个时间栽培好他对于体育的观感。

（五）初中教学化学及物理的先后次序不应该倒转，应改回原状——初中二化学，初中三物理。

（六）初中一年级动植物应合授，改为三小时，因为一般初中把这两科割裂得支离破碎，使学生不能得到生物科的全般概念。

（七）将初中一年级生物科所余一小时加上一小时于初中一年级的国文

科，使其一致，亦所以示重视之意。有些人以为会考成绩不及格人数最多的科目是英文及算学，于是主张这两科应行复节制(注一三)，其实这是似是而非的道理。我们小心一看，中学国文的成绩实在不见得好吧！关于这一点，作者已有另文论及，兹不再赘。(注一四)

四、《修正中学学生毕业会考规程》

第一条　各省市区教育行政机关，对于所属各中学应届毕业之学生，经原校考查毕业成绩及格后，举行毕业会考。

既然有毕业考试，又有毕业会考，既犯架床叠屋之嫌，亦所以示教育行政当局不信任中学教职员，所以这一条应该改为：

"各省市教育行政机关于所属各中学应届毕业之学生，其毕业考试，依照中学规程第某条之规定，举行会考。"(注一五)

这一条的意思就是说：毕业会考即毕业考试，这是一个很大的变动，因为这个变动，当然要修订全部会考规程，因为根本的精神已经不同了。再，依据此条，中学规程便应当加入一条条文；

"中学应届毕业之学生，其毕业考试应举行会考。会考规程另以部令定之。"

第二条　省县市内公立及已立案之私立中学，其毕业会考由各省教育行政机关组织委员办理之。市（行政院直辖市）区（特别行政区）内公立（省立者除外）及已立案之私立中学，其毕业会考由各该市区教育行政机关组织委员会办理之。

本条条文因第一条之更动，应依心田君所拟改正如下：

"省县市内公立及已立案之私立中学，其毕业考试由各省教育行政机关组织毕业会考委员会办理之。行政院直辖市及特别行政区内公立及已立案之私立中学，其毕业考试由各该市区教育行政机关组织毕业会考委员会办理之。"

第三条　中学学生毕业会考规程，另以部令定之。

这一条没有说明参加会考的学校的教职员能否充任，但在《中学学生毕业会考委员会规程》里却有一条："中学学生毕业会考委员会，设置命题委员及监试委员，分任命题及监试事宜。前项委员，均不得以参加会考学校之教职员充任。”这就是说中学学生毕业会考一事，中学教职员皆不能预闻，这，在中学教职员，原是一件小事。可是，在整个会考制度的效率上言之，却是一件重要的事情，因为中学毕业会考，一般中学教职员既无预闻，一方面教职员固然不明白委员会方面弄甚把戏，他方面亦是教育行政机关对中学教职员的不信任，结果则有许多不明实际情形的事实出现，以致把中学生作牺牲，所以必须加入中学教职员为委员。不过我又不主张无条件的加入，而应对名额方面稍加限制，所以我以为这一条应改为：

“中学学生毕业会考委员会规程另以部令定之。委员中应酌量聘任中学教职员一二人为委员。”

第四条　会考各科暂定如下：一、高级中学：公民、国文、算学、物理、化学、生物学、历史、地理、外国语。二、初级中学：公民、国文、算学、理化（物理化学）、生物（动物植物）、史地（历史地理）、外国语。

这一条所规定的既与部定课程标准不同，所以引起许多中学在高初中最后学期的最后一个月停止了其他一切科目，专去准备这几门会考所必需的科目，畸轻畸重固所必然；因此更引起许多教学上的问题。所以无论就理论上、事实上看来，必须改成如下的样子，方为合理：

“会考科目以部定初级、高级中学课程标准所定者为限。”

第五条　参加会考之学校，其应届毕业学生之第三学年第二学期之学期考试，应在会考日期前二星期内举行。

按这一条与下面第六、八各条所规定的各项日期计算，中学学生在最后一学期，须为考试的缘故，至少要少上一个月的课，而且在上文既认定以毕业会考代替最后学期的毕业考试，所以应将此条撤销。

第六条　各地在举行会考一个月前，应由各校将应届毕业之照片名册，呈报主管教育行政机关。其各科毕业成绩表，并应于会考开始日前呈报。

因为以上各条的改正，所以这一条应改正为：

“各地在举行会考一个月前，应由各校将应届毕业学生之照片名册呈报主管教育行政机关。其平日各科成绩及操行成绩表并应于会考开始日前呈报。”

第七条　毕业会考各科成绩核算方法，应以学校各科毕业成绩（即三学年成绩之平均数）占十分之四，会考各科成绩占十分之六，合并计算之。前项成绩，均以百分法计算，并应以六十分为合格标准。

这一条，因为上面的修正，应改正为：

“毕业会考各科成绩核算方法，应以学校各科平日成绩占十分之四（除劳作、体育、音乐、图画、卫生、军事训练外），会考各科成绩占十分之六；但劳作、体育、音乐、图画、卫生、军事训练，平日成绩占十分之六，会考成绩占十分之四，均合并计算之。前项成绩，应以百分法计算，并应以六十分为及格标准。”

第八条　各地毕业会考，应在每年六月最后一星期及一月第一星期内举行。会考地点，由主管教育行政机关决定公布施行。其区域较广，学生较众之地方，为学生便利计，应分区会考，惟仍须遵照规定之日期举行。会考所用题材，由会考委员会之命题委员拟定，其试卷由主管教育行政机关制备，并加弥封。

这一条因事实需要，应更改如下：

“各地毕业会考，应在每年六月最后一星期及一月第二星期内举行。会考地点，由主管教育行政机关决定公布施行。其区域较广，学生较众之地方，为学生便利计，应分区会考，惟仍须遵照规定之日期举行。会考所用题材，由会考委员会之命题委员拟定，其试卷由主管教育行政机关制备，并加弥封。”

第十一条　会考有一科或二科不及格者，准其继续参加下两届各该科会考两次，及格后方得毕业。如仍有科目不及格时，应考试全部会考科目。会考时，凡对于应考科目之全部或一部因故不克与考者，其缺考科目以不及格论。

这一条来得太不合理，应稍加限制，并且求行政上的方便，所以应改为：

“会考有一二科不及格者，或因病因事不能参加一部或全部科目，由原校出具证明书者，经毕业会考委员会核准后，指定日期，补考一次；如不及格，准予随同下届会考重行考试；如仍不及格者，应予留级。”

第十二条　会考有一科或二科不及格而志愿即行升学者，得由主管教育行政机关核发投考升学证明书，载明毕业会考各科成绩，准其先行投考升学，经录取后，作为试读生。俟参加各该科会考及格，得有毕业证书后，始准其参与所升入学校之毕业考试。

为求方便并避免不及格人类太多起见，这一条应更改如下：

“会考仅有一二科不及格（国文、英文、算学除外），但其不及格分数在五十分以上，而总平均分数及格者，准予毕业。其在五十分以下之不及格科目，得参加下届会考，及格者始得毕业。重考次数不限。初中高中有二科或一科在五十分以下（国文、英语、算学除外）而总平均分数及格，如愿升学者，得由主管教育行政机关颁发投考升学证明书，载明毕业会考各科成绩，准其先行投考升学，经录取后，准作为试读生，非俟参加下届各科会考及格后，得有毕业证书时，不得作为正式生。”

第十三条　会考一科或二科不及格学生如赴他省市升学或服务者，得由该生请原校呈请主管教育行政机关转请该生升学或服务所在地主管教育行政机关核准其参加当地毕业会考，补行各该科考试。

为适应上文修正的缘故，这一条应改为：

“会考不及格学生如赴他省市升学或服务者，得由该生请原校呈请主管教育行政机关转请该生升学或服务所在地主管教育行政机关，准其参加当地毕业会考，补行各该科考试。”

第十四条　各省市区教育行政机关，应于会考后二星期内，公布会考结果，并发给毕业会考及格证明书。

为求简便起见，应以毕业会考及格证明书为毕业证书，所以这条条文应该改为：

“各省市区教育行政机关应于会考后二星期内公布会考结果，并发给毕业会考及格证书。”（各校自制证书，由毕业会考委员会填入学生会考等第。）

第十五条　会考结束时，应以学生个人为单位，将其所得毕业各科成绩之平均数，分列等第揭示之。同时并应以学校为单位，将各校应届毕业学生人数与参加会考人数之百分比，列为甲乙丙丁四等，再以各校会考及格学生成绩之平均数，分列为甲乙丙丁四等揭示之。

这一条应改正为：

“会考结束时，以学生个人为单位，将其所得毕业会考各科成绩之平均数，分别等第揭示之。同时并应以学校为单位，将各校参加会考及格学生成绩之平均数，分别列为甲乙丙丁四等揭示之。”

除了这一条以外，似乎还应加上这么一条，以资奖励：

“会考成绩列甲等学生，免试升学，并得酌给奖学金。免试升学详细办法由教育部另订之。奖学金名额及办法由各省市区教育行政机关另订之。采列乙等学生，就会考成绩某科之特优者，得免其升学考试之各该科目。”

第十九条　各省市区教育行政机关，对于参加会考各生之学校毕业成绩，应严加考核，如发现舞弊情事，应否认其成绩之全部或一部，并惩戒其负责人员。

此条应改正如下：

“各省市区教育行政机关，对于参加会考各生之平日成绩，须严加考核，如发现舞弊情事，应否认其成绩之全部或一部，并惩戒其负责人员。”

第二十条　各省教育行政机关，对于所属各初级中学应届毕业之学生，如有特殊困难情形时，经呈准教育部后，得就全省初级中学抽取一部分举行会考。但此项抽考之学校数，须占全省初中校数半数以上。

这一条的办法太不确定，而且事实上还会有麻烦，所以似乎以改为如下的条文较好：

“各省市区主管教育行政机关认为某初中确有特殊情形时，呈报教育部后，得令其自行考试毕业，免其参加某届会考。”

五、余　　论

上面所论，只限于《中学法》《中学规程》《中学教学科目及时数表》《中学学生毕业会考规程》四种。本来，除了这四种以外，对于《中学及师范学校教员检定暂行规程》《中学及师范学校教员检定委员会组织规程》等法令，也有些零碎琐屑的意见，现在因为时间与篇幅关系，复因这种意见都是无关大体的，所以从略。

(注一) 抱一：《吾国中学制度之历史观》，《教育与职业》一二〇期。

(注二) 教育部普通教育司：《全国中等教育统计(十九年度)》。

(注三) 作者另文《广东省中学校长之研究》，《教育研究》第六十七期。及程湘帆《中国教育行政》均有提及，可参看。

(注四) Thomas H. Briggs: *Secondary Education*, p.97.

(注五) 夏迁:《修正后之中学校规程》(《明日之教育周刊》第一百期,后又收入《中学教育论丛》)。

(注六) 见本文一、引言。

(注七) 同注八。

(注八) 注八所引书及拙著《广东省中学校长之研究》(《教育研究》第六十七期)均可参看。

(注九) 邰爽秋:《论教育部新颁中等学校教职员服务及待遇办法》(二十二年[1933]一月十八日《大公报》)。

(注一〇) 同注八。①

(注一一) 同注一三所引书文。

(注一二) 马鸿述:《评部颁中学课程标准》(广州《群声报》民国二十五年[1936]五月十七日十八日教育专刊)一文可以参看。

(注一三) 张文昌:《评最近部颁修正中学课程》,《中华教育界》第二十三卷第十一期。

(注一四) 马鸿述:《论中学国文课程目标》(香港《中兴报》教育周刊第五十七期至六十期)。

(注一五) 心田:《对于教育部中学毕业会考规程之商榷》(《明日之教育周刊》第二期)。本文关于会考部分,参考此文甚多,以下因篇幅关系,不另注明。

---

① 正文无注一一。——编校者

论我国宪法上关于教育应有之规定

常道直*

约计五年前，愚曾草《宪法上关于教育应有之规定》一文，根据德意志、芬兰、立陶宛、波兰、丹泽①、爱斯东尼②、犹哥斯拉夫③、罗马尼亚、埃及、希腊、捷克、土耳其、葡萄牙、西班牙等国宪法中关于教育之条文，归纳为下列各要点：

1. 国家教育政策之确立。
2. 国家对于教育事业之监督权。
3. 教育宗旨之规定。
4. 儿童及青年教育权利之保障。
5. 公立学校教员之法律上的地位及保障。
6. 基础教育之强制及免费。

---

* 常道直(1897—1975)，又名导之，江苏南京人。金陵大学、北京高等师范学校教育研究科毕业，留学美国哥伦比亚大学师范学院主攻教育行政，获硕士学位，后又留学英国伦敦大学、德国柏林大学研究哲学。曾任中央大学、北京师范大学、安徽大学、四川大学等校教授、教育系主任、教务长等职。发起成立中国教育学会，为民国教育部第二批部聘教授。主要著作有《增订教育行政大纲》《各国教育制度》等。

本文原载于中央大学出版《教育丛刊》1940 年第 1 卷第 1 期。此处选自常道直著《教育制度改进论》，上海：正中书局，1947 年沪一版，第 130—144 页。——编校者

① 今译“但泽”(Danzig)。——编校者

② 今译“爱沙尼亚”(Estonia)。——编校者

③ 今译“南斯拉夫”(Yugoslavia)。——编校者

7. 学术自由之确认。

该文论列所及，虽欠详尽，然亦足表现在宪法中设教育专章或教育专条，实为前次欧战后各国新宪法上之共同倾向。近闻有以美法诸国宪法上并无关于教育之规定，而主张将宪法草案中之教育章完全删除者，不免有漠视教育在国家生活上之重要性之嫌。美为联邦制，以教育为各州所有事，但近来联邦政府亦日渐扩张其教育方面之功能；至于法国，则如有改造其宪法之一日，关于教育之章节将被列入，殆可预测。

“教育机会平等”为“五五宪草”教育章最重要之中心原则，其精神实贯注于国民教育全章各条中。时人有指摘宪草教育章各条散漫琐碎，不妨完全删除者，实未能察见此一贯原则所在。惟原有条文间有松懈脱落之点，以至其中精义转被忽视，爰就管见所及，参照训政时期约法及“五五宪法”草案，将我国宪法草案教育章各条文，重加组织如下：

（一）中华民国之教育以造成健全国民，确保全民生活协调，务期发扬民族精神，增强国家实力为宗旨（参看宪草第一三一条，约法第四七条）。

（二）教育之设施应力谋全体人民受教育机会之平等及全国各地区文化之均衡发展。教育经费不敷之省区，由国库补助之（参看宪草第一三一、一三六、一三八各条；又约法第四十八、五十四条）。

（三）教育为国家事业，公私立教育机关一律在国家监督下，负推行国定教育政策之责（参看宪草第一三三、一三八条；又约法第四九、五三条）。

（四）全部学制应保持单轨精神（宪草及约法缺）。

（五）全体人民除一律免费受国民基本教育外，并得续受适于其能力与志趣之较高级的教育，其学行兼优无力升学者由国家资助之（参看宪草第一三四、一三五、一三八条；又约法第五十、五一、五六条）。

（六）公立各级学校之教员为服务国家之人员，凡曾受教育专业训练，或经检定合格者，由国家切实保障之，其成绩优良者并应予以奖励（参看宪草第一三八条；又约法第五五条）。

（七）教育经费之最低限度，在中央为其预算总额百分之十五，在省区及县市为其预算总额百分之三十。其依法律独立之教育基金并予以保障（录宪草第一三七条原文，并参看约法第五二条）。

（八）学术及技艺之研究与发明，由国家予以奖励及保护（参看约法第五七条；又宪草第一三八条及十三条）。

以上八点相当于宪草教育章之八条，除第七点完全照录宪草第一三七条条文，第四点系作者新增外，其他各点均就宪草原有条文酌加增删或归并；举凡宪草所舍要义无不包罗。关于学制一点，在宪草及约法中均付阙如，笔者则认学制为实现国家教育政策之重要关键，实有补入之必要。

兹为讨论便利起见，再将前列八点，按其性质，并为六项，以资醒目：

一、明定教育宗旨。

二、树立学制根本原则。

三、保证教育机会平等。

四、确认教育为国家事业，教师为服务国家之人员。

五、奖励科学及艺术之研究发明。

六、统筹教育经费。

一、教育宗旨

宪法上关于教育宗旨之规定，不宜过于广泛，亦不可太狭隘，过广则易启分歧之解释，不足为实际行动之指标，太狭则有对于进步的倾向加以非必要的限制之虞。按宪章第一三一条，“中华民国之教育宗旨，在发扬民族精神，培养国民道德，训练自治能力，增进生活知能，以造成健全国民”。大体上堪称具体而明了，不过从文义解释，似以发扬民族精神，培养国民道德，训练自治能力，增进生活知能，四者归束于造成健全国民之总目标，换言之即以此四者为健全国民所当具备之条件，果尔则：

（1）此项宗旨有侧重个人方面之嫌。

（2）所谓“健全国民”应具备之条件，势难列举详备，如审美体格方面，即未见于前举条文内。

（3）从国家立场言，“造成健全国民”仍是达到国家最高目的之手段，其自身并不构成终极目的。

在所拟条文中，仍保存原条文中“养成健全国民”与“发扬民族精神”两要

点,同时并确保全民生活协调,而最后以民族精神之发扬与国家实力之增强为其最高鹄的。兹再分析说明于下:

(1)"造成健全国民",就各个成员而言,国家教育之实施,端在于使之成为健全的国民,是为自明之理,至于健全国民应具备之条件,通常包括:德、智、体、群、美等等方面。但在宪法条文中却无一一列举必要,因为各级各类之教育机关,所有教育对象不同,从而其所能达到及所应偏重之目标,当然亦不无多少差别。此应在关于各级各类教育机关之个别法规中,分别依宪法之概括的宗旨妥善规定之。

(2)"确保全民生活协调",此为教育之集体的目标。或谓人类生来平等,而教育即使之不平等,试观察儿童与成人、原始社会与文明社会之生活情形,显然可见一切不平等现象在儿童相互间不易察觉,而在成人间则颇为习见,在原始社会中较少,而在文明社会则较多。助成此等现象之因子虽颇繁杂,但一切定式的或非定式的教育,亦应分担相当责任。

所谓"全民生活协调"之含义,在拙著《新中国之国民训练计划刍议》(《教育杂志》第28卷第11号)一文有数语可引以解释:国民训练(广义的)之全部历程"为全民一体,和衷共济之精神所渗透,并使全体至少经历若干时期之亲切的共同生活,务期在'大同胞'观念下,化除一切由于门阀、财富、宗教、种族、地域、职业等差别而产生之隔阂,从而形成一个表里一致、同苦共甘之民族社会。"

宪草第五条规定"中华民族各民族均为中华民族之构成分子,一律平等"。各族之平等乃是使全民族生活进于协调之始基。又宪草第一一五条"中华民国之经济制度应以民生主义为基础,以谋国民生计之均足"。是为指全民生活于协调之支柱,而教育则为胶合完成此伟大结构之钢骨水泥材料。

(3)"发扬民族精神,增强国家实力"是为国家教育之最大目标。各个国民之健全,与全体国民之协调,最后乃以其对于民族精神之发扬,与国家实力之增强上所有贡献为衡度。没有这种最高的衡度,每使全部教育设施陷于纷扰,丧失重心,民十[1921]前后一段时期教育上之动乱情况,便是殷鉴。

二、学　　制

为贯彻前述之教育宗旨起见，应建立与该宗旨相配合之学制。关于学制之较详规定，属一般教育法令所有事，但决定学制轮廓之根本原则，却有在国家根本大法中明白宣示之必要。此项根本原则，至少须包含下述二点：

(1) 为造成健全国民起见，此种学制要摆脱一切限制个人享受教育之桎梏，清除“人尽其才”之道途，俾能对国家有最大可能之贡献。

(2) 为确保全民生活协调起见，此种学制要尽量丰富共同生活之经验，并增加全民共同生活之机会，而竭力避免一切足以诱致分化倾向之因子。笔者所提出“全部学制应保持单轨精神”一点，即是本于前述之见地。

学制之为单轨式或多轨式，本为社会阶级之反映，现代国家中虽然仍有保持双轨学制为巩固社会阶级壁垒之具者，但前进的思想家则已渐从单轨学制中觉察到调协全民生活，消弭社会危机之曙光，惟因双轨制在社会上已有根深蒂固之基础，积重难返，久为远见者所焦虑。德国在上次世界大战前厉行硬性的多轨学制，民间阶级层次井然，其后德帝国之崩溃未始非种因于此。威马宪法之起草者有鉴于此，特于“全部学制类为有机的组织”一语中，毅然矫正已往双轨学制之失。

尝见论学制问题者，对于单轨、多轨本质上之差别及其含义，每欠透彻认识，更少严正地推阐其必然的后果者，于此不可不加以补充解释。

所谓单轨学制乃指同程度、同性质、同对象之教育，必须于同型式之教育机关中实施，使全体人民各得依其才力及志趣之所宜，充分领受应得之教育。反之，所谓双轨学制乃指学制上从始至终，有两种或两种以上之型式之教育机关相平行，使人民各依其社会身份、经济力量而领受质量不同之教育。质言之，即是使士之子恒为士，农工之子恒为农工，借以巩固社会阶级之教育制度。

前次世界大战后，德国学制之革新，一依威马宪法之精神，着着向单轨学制迈进。可惜其近年之国策，已不复与这种进步的学制相适应。目前，只有苏联各邦学制有逐渐接近单轨理想之倾向。美国教育久为我国教育学者所推崇，认为民主教育之模范，其实其公立学制为单轨的，与之相平行者从幼稚园以迄大学研究所，尚另有其完整之私立学制。

西欧各国之学制均属多轨或双轨。例如，英国在初等教育阶段有平民的公立小学，与贵族的私立预备学校并峙；在中学教育阶段，有平民的地方公立中学，与贵族的私立公学对立；在高等教育阶段，有地方性的大学，有贵族的牛津、剑桥两大学共存。近年因为免费学额之增广，平民与贵族的两个教育系统间，始有一线交流机缘。

我国传统的旧教育，一般共认其对一切有志者均能予以“上进”机会，自有新学制以来，虽然数经改动，却始终能保持其单轨形态。我们以为这种成果之获得，并非由于清末手创新学制者之自觉的远见，而是不期然而然地受着我国传统的教育精神之支配。

近年来，一方面由于教育主张的分歧，他方面又受了严酷的现实之驱迫，多轨形态之学制竟随着而出现。普通小学以外，另有短期小学与简易小学；正规师范以外，另有简易师范。说者谓此为加速普及教育之暂时救急措施，并非学制定型。但最切要的问题乃是：在现状下如何力求无悖单轨精神？至于在三三制中学外，增设所谓“六年一贯制之中学”之说，将来如不能确保此两种型式中学之毕业程度完全相等，则依事实的及逻辑的推演，将来便有专为三三制中学卒业生另设一种大学之必要。如此则中学阶段便显然有演化成为双轨之可能。

双轨学制不惟与“全民一体”之民族精神之格格难入，即与教育机会平等之民权原则亦不相融洽。且民生主义之国民经济制度既然是要经济方面预防社会阶层之形成，则单轨精神之学制对于此点自亦有其极大之贡献。单轨学制是要由全体被教育者间之亲切的共同生活中达到全民协调地步，而从根源上消弭阶级意识的滋生。由此可见学制与宗旨二者息息相关。宪法上仅规定宗旨而忽视实现宗旨所需之学制，殊难认为妥善，愿教育界同人及有议宪之责者注意及之。

至于具用单轨精神之学制，所当具备之条件，笔者于所著《学制合理化之一般原则及现行学制修正方案》一文（《建国教育》第二期）有较详尽之讨论，兹不复赘。

三、教育机会平等

查宪草第一三二条，首先确定“中华民国人民，受教育之机会，一律平等”根本原则。随着第一三四条关于“基本教育”，第一三五条关于“补习教育”以及一三八条对于“侨居国外国民之教育事业”，与“学生学行俱优无力升学者”由国家“予以奖励或补助”等项之规定，均为由教育机会平等一总原则所派生而来。因为要使机会遍被全民，故有学龄儿童一律免费受基本教育，以及失学人民一律免费受补习教育之规定。复以侨居国外之国民，受环境之限制，每不克与国内同胞获享同等之教育，故特列为国家应予以奖励或补助之事业。然而高唱教育机会平等而忽视经济上之不平等，结果仍不免令一般有才而乏财之青年，对于基本及补习教育以上之教育徒兴望洋之叹。宪草特列“学生学行俱优无力升学者”由国家予以补助，盖即为弥补此项缺陷而设。

又按第一三六条云：“国立大学及国立专科学校之设立，应注重地区之需要，以维持各地区人民享受高等教育之机会均等，而促进全国文化平衡发展。”此条与前列各条，同出于教育机会平等之总原则，所异者，在前举各条乃侧重于受教育者方面，此条则着眼于地区需要，以期促进文化之平衡发展。

本于以上各条之相同点及其关联，可将其归纳为下列两要点：

（一）教育之实施，应力谋全体人民受教育机会之平等，及全国各地区文化均衡发展，教育经费不敷之省区，由国库补助之。

（二）全体人民除一律免费受国民基本教育外，并得续受适于其能力与志趣之较高级教育，其才堪深造无力升学者，由国家资助之。

以下再分别加以解释：

（一）宪草上概括规定全体人民教育机会平等，含义自远较约法第四十八条仅提及“男女教育机会之一律平等”者为广备。为便利此理想之现实，首先要树立一种富于单轨精神之学制，使人人均得依其能力及志趣充分享受应得之教育（此点已在前文宗旨节阐释）。其次要排拒一切足以妨碍或限制教育机会之因子，例如求学所需各项费用，即为其中之一。尝谓征收学费在现代各国中，虽成惯例，然实无异其对于有子女者之一种苛税。今宪草明定基本教育及补习教育免费，并对学行兼优无力升学中等以上学校者予以补助，实为确保教育机会平等之最低限度的措施。

（二）教育机会之不平等表现最著者，莫如内地各省与边疆间，繁盛都市与穷乡僻壤间。边疆教育至今尚在开发初期中，直不能与内地各省相提并论，即在教育较发达之各省内其城市与乡区之教育，亦显有轩轾。例如：完全师范专为城市小学造就师资，乡村简师则为乡村小学师资之所从出。完全小学多设在市镇，乡村仅有简小、短小，甚或并简短者亦无之。中等阶段之教育机关之分布，亦极呈不合理之观，在大城市中，往往数十校望衡对宇，而在不少地方竟全县无一初中。至其质量上之不平等更不待言。由此可见，宪草仅规定"国立大学及专科学校之设立应注意……全国文化之平衡发展"，显有未睹全豹之憾。且私立学校乃为公立教育之补充或代用而存在，同样应负推行国家所定教育政策之义务（第一三三条），自当分担促进全国文化平衡发展之责。所拟条文仅概括规定"教育之设施应力谋全国各地区文化之均衡发展"，而不以国立教育机关为限，亦不以专科大学为限，即以此故。

（三）全国各地区文化之不克均衡发展，大都由于经济情况之限制，弥除此种缺陷之最理想的办法，莫如彻底实行全国各级教育经费统筹统支办法，即是以全国之财力办全国之教育。其次为由中央对于边区及财力不足之省份，予以必需之补助。查县各级组织纲要已定明"收入不敷之县由省库酌量补足；人口稀少土地尚未开辟之县，其所需经费，除省库拨付外，不足之数，由国库补助"。据此项条文之含义，可以推知国家对于教育经费不敷之省，及其同等地区亦当予以补助，息无疑义。

（四）国民基本教育，从广义解释，包括学龄儿童之"基本教育"及失学民众之"补习教育"在内，因宪法比较上是有永恒性，故对在学年龄不必预立限制，以为将来延长义务教育年限之地步；补习教育照目前办法，系暂时性质，更无另立专条之必要。

（五）国民基本教育以上之中等及高等教育，乃为具有相当之能力及志趣者而设，但事实上大学及其准备教育之中学，往往为经济地位优越者所独占，成为酝酿社会上种种不平等现象之策源地，而一般才堪深造之青年，徒以家庭无力担负求学所需费用，致教育机会被剥夺，不克充分发展其禀赋，以为人群服务，岂仅为个人之不幸，国家亦间接蒙其损失。约法及宪草均列有奖进学行俱优无力升学学生之条文，盖为矫正此失而设。惟学业之不易知，操行之优劣详判为难，成人之贤不肖且未易定谳，何况方在成长中之未成年人？本此不如改为“才堪深造”以免个人之好恶成见影响其间，以致优才或反见抑，转失国家作育人才之至意。至于操行上表现恶劣之行为或习惯，非学校训导力量所能挽救者，决非堪加深造之才，自不得与于被奖进者之列。

四、教育事业与人员

按约法第四十九条与宪草第一三三条全同，规定“全国公私立之教育机关一律受国家之监督，并负推行国家所定教育政策之义务”，均仅以确定国家对于教育之监督权为满足，而未能迎头赶上现代最新势趋势，径以教育为国家专办事业。又约法第五十五条及宪法第一三八条均规定对于学校教职员予以奖励及保障，但并未明白确定教师之身份，亦嫌根底未固，故所据条文第三、第六两点特为补足。

（一）国家对于教育事业，有完全听诸私人经营者，有一面由国家办理同时仍容许私人相对的自由者，有作为国家之专办事业者。现代多数国家皆倾向于国家专办政策。本此原则，省县地方之举办教育事业，乃由于国家之委办，私人之设立学校乃出于国家之特许。观于我国，关于各级学校之法规、课程等皆由中央订定颁行全国，私立学校之设立法定限制复甚严。可见实为最彻底之国家专办政策。故于本条特标明“教育为国家事业”以矫正一般认受教育为家庭所有事，设学校为地方所有事之错误。私立学校既为经国家特许，而分担推行国定教育政策之任者，其工作足以替代或补充国办教育之所不及，苟有优良成绩表现，由政府予以应得之奖励，乃逻辑上当然之结论，似无另立专条之必要。

（二）按欧陆各国多以教员为国家之公务员或准公务员，而我国各级学校之教员仅有与校长间之契约关系，与前举“教育为国家事业”之原则显有未合，亟应于根本法中明白确定其身份，至于究当作为公务员或准公务员应于教师服务法规中订定之。宪草及约法均规定教职人员受奖励及保障之条件为(1)成绩优良,与(2)久于其职两项,实则教育上之成绩非可短期表著,苟非先行保障其久任,即无从表现其优良之成绩。所拟条文据此理由分别保障与奖励为两阶段,看原文自明。

以上两点其间有不可分离之关系:在约法及宪草之起草者,或亦已见及,惟未形诸明文,总觉在逻辑上有所欠缺,实有补足之必要。

五、统筹教育经费

约法仅规定中央及地方应宽筹教育上必需之经费(第五十二条),宪草则进一步规定教育经费,在各级政府之预算中所应占之百分数,自较为切实。

依据财政学上"量出为入"之原则,似不宜预先限定教育经费之数额,惟此条仅规定其最低限度,自不致限制教育事业之发展,亦不致妨碍统筹统支之办法,此条为全国教育界同仁所最珍,特为照录全文,其含义无待解释。

六、科学及艺术

此条完全照录约法第五十七条原文,仅改技术为技艺,因技术通常当系指应用于农、工、医事等方面者,此外音乐、美术等属于艺术范围内之研究创作,亦为民族文化之重要成分,自应在奖励及保护之列。按各国宪法中,有规定学术研究之自由者,宪草第十三条有"人民有言论、著作及出版之自由,非依法律不得限制之"之规定可以参看。

中国教育政策的检讨

袁　昂*

一

美国教育学者卡儿(William G. Carr)说："一个高唱势力与强权的社会有它一套的教育目的，一个崇尚公理与爱好和平的社会，另有一套极不相同的教育目的。同样，崇拜祖先和盲目珍视过去的一个社会与认识变动和适应需要的一个社会，也一定有相异的教育政策；教育政策实在就是社会政策的一种形态。"法国教育家涂而干(Durkheim)①也说："教育的过程就是社会的过程。"这些说明了教育不能脱离社会而独立，整个国家社会乱七八糟，没有计划，教育也不能单独有什么政策的。若从事实来看，苏联几次的五年计划，教育政策总是配合工业、农业、财政、劳动与人口政策的。二次世界大战以后，世界风云不变，英国工党执政，已开始执行新教育方案，把一切希望寄托在下一代；苏联也实行她战后教育五年计划，美国教育政策委员会配合着整个国策，订出民本主义的教育政策，向全世界招手。可见国家社会的建设需要教育的动力，而教育

* 袁昂，生平不详。

本文原载于《中华教育界》1948年复刊第2卷第9期，作者时任国立幼稚师范专科学校教授。——编校者

① 今译"涂尔干"(David Émile Durkheim，1858—1917)，法国思想家和社会学家。——编校者

政策更是社会前程的瞭望灯塔。一个人不怕忍饥耐寒，迎受困厄的遭遇，只怕没有志向，毫无前途！同样，一个社会不怕当前的混乱和黑暗，只怕没有共同的意志，人心死去！一个民族也是如此，不怕敌国和外患，只怕苦闷的自杀，不求共存共荣的出路！

从这里可以看出教育政策的重要。

我国自国民党执政二十年来也曾宣布过几次的教育政策：第一次是十八年[1929]国府公布的《中华民国教育宗旨及其实施方针》。这个政策要求达到民族独立、民权普遍、民生发展以促进世界大同。对于各级学校及社会教育则主张：(1) 全体课程与课外作业须与三民主义打成一片；(2) 陶冶国民道德，推进生产能力；(3) 注重师范教育之独立设置与下乡运动；(4) 发展体育与养成规律习惯；(5) 推广改进农业。第二次是二十七年[1938]临全大会通过的《抗战建国纲领》的教育部分，及《战时各级教育实施方案纲要》。为着要适应战时需要，力言：(1) 改订教育制度及课程，注重道德修养与科学研究；(2) 训练各种技术人员，以应抗战需要；(3) 训练青年服务于战区与农村；(4) 训练妇女服务于社会事业。并提出施政方针九点：(1) 三育并进；(2) 文武合一；(3) 农业需要与工业需要并重；(4) 教育目的与政治目的一贯；(5) 家庭教育与学校教育密切联系；(6) 对于吾国固有文化精粹所寄之文史哲艺，以科学方法加以整理发扬，以立民族之自信；(7) 对于自然科学依据需要，迎头赶上，以应国防与生产之急需；(8) 对于社会科学，取人之长，补己之短，对其原则应加整理，对于制度应加创造，以求切合于国情；(9) 对于各级学校教育，力求目标之明显，并谋各地平均之发展；对于义务教育，依原定期限以达普及；对于社会教育，力求有计划之实施。第三次是八中全会通过的《三年建设计划》中有关教育文化的部分，指出教育文化建设须与军事政治经济及社会建设工作密切配合，使事业发展与人才培养并头迈进，以完成抗战建国大业之使命；其中特别强调：(1) 中等教育之设施，一方应求量的发展，同时应求质的改进，以期能与国民教育高等教育以及国防及生产事业方面之需要相衔接，尤应注重师范教育与女子教育之扩充与改进；(2) 边疆教育应宽筹经费，使之尽量扩展，并应注重地方环境之适应，以奠定国族团结之基础；(3) 侨民教育应用种种适应环境之方法，求其扩展，首先注重师资之培养，与教材之编订，并推行视导制度，以加强国内外之联系。

上面这些政策，有的是适用于训政时期的，有的是适用于抗战时期的。自今年起，我国已进入行宪时期，由一党政治变为多党政治，原有的教育政策，时过境迁，当然不尽适用了；所以我们需要新的教育政策！抗战一旦胜利，正是百废待举，千头万绪的当儿，而烽火弥漫，兵连祸结又三年于此了，目前物价狂涨，生产萎缩，民生濒于绝境，中华民族有过百年来未曾有的复兴机会，但今已遭遇到百年来所罕见的忧患。不仅一般民众感到苦闷，就是一向居领导地位的知识分子也觉得茫然了，面临着这样的一个艰危而复杂的新环境，我们尤其需要新的教育政策！

二

年来国内教育学者对于教育设施曾发表过很多意见，类似教育政策的文章也不在少数，其中以邱椿氏的《战后中国的教育政策》（《教育杂志》三十二卷二号，三十六年[1947]八月）与程其保、程时煃诸先生的《中国教育问题之总检讨》（《教育通讯》五卷四期，三十七年[1948]三月）二文涉及教育政策的言论较多。但是邱氏的论文开端就申明他不想提供具体的战后中国的教育政策，只想讨论这个政策的确立所应考虑的若干因素和应采取的几个步骤。他认为应考虑的因素有四：(1) 要认清世界文化的阵线（英美的民主政治与苏联的共产主义）；(2) 要顾到历史的精神传统（齐国文化的法治主义与鲁国文化的人治主义）；(3) 要考虑我国的民族性（对原有民族性汰劣扬优，并发挥综合的功能）；(4) 要顾到当前的社会需要（政治上要和平统一、民主独立；经济上要科学技术和公平分配；种族上要推行优生政策，减少人口数量，提高人口品质）。他并主张中国教育政策的确立应采下列几个步骤：(1) 组织全国教育政策研究委员会；(2) 依据宪法教育条文，列为若干具体问题，委托学术文化机关团体分别研究；(3) 由各单位研究报告汇送研究委员会编成总报告；(4) 由教育部聘请专家写成浅近说明书印发中小学教师参考；(5) 由教育部聘请中小学校优良教师根据教育政策总报告改编中小学教科书及训导方案；(6) 由教育部聘请优良教师和专家编制各种客观测验，印发各校，随时考核教育政策之实施状况；(7) 由教育部根据教育政策总报告书编制五年教育计划，交各省教育厅执行,并订定考核办法。邱氏的意见当然有他独到之处,但也有可议的地方:第一,他提出的步骤太繁难了。在欧美民主国家,每一个政党登台,都有一套政纲政策之类,以取信于国民,我国既然行宪,则教育部当然可提出一套教育政策,送请立法院审议,至于全国专家和优良教师就理论与事实提供意见,那是另外一回事,并非必经的程序。第二,我们认为教育政策是实现教育宗旨的,我国教育宗旨既在民族独立、民权普遍、民生发展以促进世界大同,则教育政策就在如何实现民族、民权和民生的要求,除非我们不赞成这个教育宗旨。中山先生主张革命分军政、训政和宪政三个时期,宪政时期一到,革命党是要还政于民的,在政治上他当然赞成欧美的民主政治而不同意一党专政的政治形态。民主主义要平均地权和节制资本,则经济上中山先生当然主张社会主义的经济,反对资本主义的经济形态;在国际上我国虽介两大之间,仍可图谋独立自由之道,也不一定要走谁的路线!历史的民族的因素,价值究竟如何?还要看当前的世界潮流和社会需要而定。我们正处在一个时代,一切要符合高度的工业文明,才能生存发展,教育当亦不能例外。

程氏等所编论文系分析许多专家学者所提的意见,内容列有问题十五个(三月十五日编成,初步报告)。第一个是今后我国教育政策应着重哪几点?文中特别强调下列四点:

(一) 扫除文盲,普及国民教育;

(二) 加强生产教育;

(三) 中央与地方教育行政权的划分应采均权制;

(四) 确定教育经费。

此外如:(1) 大学教育;(2) 生产教育;(3) 女子教育;(4) 职业教育;(5) 师范教育;(6) 留学办法;(7) 社会教育;(8) 中等教育等问题均曾涉及。程氏等的工作是否系响应邱氏的主张而起,不得而知,不过所提教育政策重点第三、第四项,宪法中早已有明文规定,非政策之有无,而在能否执行的问题。

三

上面我们把中国教育政策需要改弦更张的理由以及时贤对教育政策的主

张约略的叙述了。下面我们还要提出两点意见，作为教育政策讨论的根据。

第一，我们要很清楚地抉择复兴国族的适当途径。

近百年来，国家民族常处忧患之中，有识之士倡议复兴国族的办法也不在少数。当清末国势阽危，朝野人士只注意到外国的坚甲利兵，派童年学生到外国去学习制造枪炮军舰，以为这样就可以有武备，建强国了。后来觉得，仅有武器，不足以言建国。康、梁等继起，乃倡议变法维新，以为政治革新，就可以与英、日一样地富强了，不料为慈禧太后一手所阻止。辛亥革命，推倒清朝，建立民国，大家以为从此可以富强了，岂料北洋军阀阻挠革命，为非作歹，弄得国事如麻！从民元[1912]到十六年[1927]，一部分关心国事的人，有的主张农村建设运动，认为要建国必先建设农村，中国的伟大力量在农村，开发农村，发掘蕴藏在三万万以上农民的无限力量，即足以建设新中国。还有的主张全盘西化，把科学与民主看作建国的不二法门，所谓请教赛先生、德先生便是“五四”以后时髦的口号。但是农村建设迄今还在作点滴的试验，而未见功效；科学与民主的移植，还要看一国的教育文化基础，不是一蹴而可西化的；全盘西化以后，还有流弊，也是值得考虑的。十五年[1926]的北伐，二次革命，当时内除军阀豪绅，外抗帝国主义的侵略，工农大众一时确得抬头的机会。可惜革命未竟全功，政治上只做到上层的改革。民国二十年[1931]以后，日本帝国主义复向我作积极的侵略，“九一八”“一·二八”事变相继发生，而“七七”全面抗战亦于二十六年[1937]开始，抗战终获胜利，大家以为胜利后，外患解除，我国位居四强之列，尽雪百年来的耻辱，从此可以永为富强康乐之国，岂料会变成现在的局势，国际地位一落千丈，连暹罗等战败小国也都来欺辱我们，排华运动层出不穷。为什么闹了几十年还没有能够真正建立起一个现代化的新中国呢？历史给我们启示：单靠坚甲利兵，是不够建国的；政治上换头不换脚，也是不能建国的，别的条件不变，只在科学文化上求进步，也是无济于事的。一定要各方面配合着整个社会的进步，尤其需要建设工业基础，例如动力、矿产、交通等必须先行开发，而后施行全国工业化，工业化要达到什么程度可参考《中国之命运》一书，毋庸多说。一个国家没有高度的工业，绝不会有最进步的军备，没有高度的工业，科学和教育也不会有什么辉煌的成果的，这种历史的启示，教育者必须有充分的认识，并且以这种认识启发全民族的自觉，一致向这个途径努力。

第二，我们认为，社会的理想就是教育的理想，我们要有怎样的社会，必先怎样的去教育社会的分子，教育是高瞻远瞩的工作，社会不断地演变，教育是继续生长的。今后我们的社会理想必须包括下列四点：

（一）和平民主——和平是民主的要素，没有和平就没有民主，今日在国际间凡是迷信武力、抹煞公理的，便是反民主；反过来说，没有真正的民主，也绝不会实现和平的。

（二）公共福利——社会是由各分子组成的，它的存在为着全体分子，并非为少数人的利益，生长在这社会的个人不仅注意自己的福利，而且关心别人的福利；不仅关心本团体的福利，而且注意到其他人类团体的福利。

（三）独立自由——屹立于大地之上的个人或民族，都有他生存的权利——独立自由。个人有应享的权利与应尽的义务，不仅自尊，还要尊重他人、同情他人；一个民族须能自由、自治、自决，不受别国的离间分裂，也不做大国的“附庸”。

（四）生产享受——应用科学技术增进生产，再由生产的实践过程中发展科学技术，提高生产力量，生产不是为少数人的财富，而是为全社会的共同的合理的消费，多生产的目的为的要大家享受多、享受好；不单为目前自己的享受，并且为将来子孙的享受。

四

我们有了上述的几个概念以后，再来讨论现行的教育政策，才不致无的放矢，或前后矛盾。

（一）教育行政的集权、分权与均权——欧美各国的教育行政可分中央集权制与地方分权制两类。中央集权的以为教育是国家根本事业，应当由中央统制，如德、法、苏联等国是；主张地方分权的以为教育是要视地方情形而异，中央集权不能适应各地的需要，如英、美等国是。我国过去的教育行政都是偏重中央集权的。据一般学者的研究，中央集权与地方分权各有利弊：

中央集权之利：(1) 中央集权能使教育有标准，因而可以鉴别比较各国各学校之优劣，以便督促改进；(2) 教育可有通盘计划，然后根据此计划可使全国教育平均发展;(3) 可使地方教育预算得到控制,使各事业能合理地发展;(4) 可整齐教育实施;(5) 便于临时应变;(6) 对于教育法令之推行,成绩之考核,教育人员的奖惩,更易于着手。

地方分权之利:(1) 地方分权可以培养地方人士对教育的责任心、竞争心,以助长教育;(2) 切合地方需要;(3) 可以不因中央的变动而牵动;(4) 指挥和监督较易;(5) 因为教育权力属于地方本身,可使地方人士对教育捐税,乐于缴纳;(6) 可自由研究,促进学术。

地方分权之利即中央集权之弊,中央集权之利即地方分权之弊,不再赘述。我国宪法中采均权制,此后教育行政不偏于中央集权,亦不偏于地方分权,视各项事业之需要与性质,分别划归中央或地方管辖,兼筹并顾,去弊存利,然而到底什么应归中央,什么应归地方,教育政策上亟应规定。依管见,中央政府应管的,如课程标准、教师任用待遇标准、校舍建筑标准、各级学校上课日数、教育经费的比率,以及强迫教育的年限等。地方政府应管的,如教科书的选择、教师的检定和任用、校舍建筑的材料、放假日期的起迄、教育税收项目、强迫教育年龄之起迄等是。

(二) 教育之官办民办与整齐参差——就我国各级教育的设施趋势看,大有趋向于官办与民办整齐划一的田地,例如:

(1) 国民教育——从二十九年[1940]国民教育改制以来,小学教育即统称为国民教育,不论保国民学校或中心国民学校,概归地方政府负责办理,私立小学在法规上实无地位可言;学校施教不仅课程须符合部定标准,即课本亦须采用国定本,故官办与民办整齐划一的趋势,已非常明显。

(2) 中等教育——师范教育自民国二十五年[1936]后即规定应由政府办理,私人不得创设师范学校,中学虽未禁止私人经营,但法规中仍有“中学以省市立为原则”之规定,战时大量增设国立中学,虽为一时救济性质,但战后多半并入公立中学,仍归政府办理,仍照规定的整齐划一之标准进行,且在初中已有国定教科书之印行,而中等学校毕业会考制更是趋向整齐划一的铁证。

(3) 大学教育——近二十年来我国大学数量激增,其来源有二:一系新创设的,一系由私立改为国立的,后者实为国家收回高等教育权,趋向官办的例证;至大学科目的规定,课本的编辑,更可借此明白我国大学教育趋向整齐划一的状况。

教育官办的含义是政府有其一定的教育目标，以训练成一定型的国民。如苏联与战前的德国都是采官办主义的。教育民办的含义，即教育完全视同人民的事业，听任私人办理，不加干涉，如英国、美国是。

就中国实际情形而论，教育的官办与民办各有流弊，兹举其荦荦大者有下列各点：

教育官办的流弊：(1) 官办或公立学校拘于形式，不求实效，往往重表面，而轻视教育效率的高低；(2) 主管人员常随政局变动而进退，无一贯之计划，私立学校校长常有执教数十年或终身从事者，而公立学校校长则朝三暮四，五日京兆；(3) 人员过多，工作效能低微；如今日公立学校员工常超过私立学校，即可了然；(4) 派系纷争，党同伐异，徒耗精力于无谓斗争，致损及教育效果；(5) 处处受政府牵制，不求有功，但求无过，法令如毛，动辄得咎，故对教育只有敷衍塞责，墨守成规，难求改进。

教育民办的流弊：(1) 不易推行国家教育政策，私人办学之风盛，则意见分歧，易置政府政策于次要地位；(2) 不易均衡发展，教育民办常避重就轻，如文法科易办，普通中学易办，私人多趋向于创办中学及文法学院，而社会所需要之职业教育反无人注意，以致引起教育上的偏向与危机；(3) 造成派系及地域观念，私校常为一、二人所创设、经营，往往为派系所独占，或为个人所操纵；有时且流为学店，专在营利，误人子弟，为害甚烈。

我们主张教育事业官办与民营，兼顾并容，何者宜官办？何者宜民办？可以衡诸下列原则：

(1) 官办之教育事业应偏于多费钱者，民办之教育事业可偏于少费钱者；因国家财富较私人为雄厚，举办费钱之教育事业比较容易。

(2) 官办之教育事业应偏于标准化者，民办之教育事业则应偏于实验性者。例如国民教育为每一国民所应受之基本教育，须凭借政治力量，以求普及，并达到标准化，故以官办为宜。实验教育机构可由私人办理，借此鼓励私人以研究实验之科学精神，从事教育事业，推广于一般学校。

(3) 多数人享受之普通教育应由政府办理，少数人享受之职业的或专门的教育可由私人办理。

(4) 特殊儿童(包括天才、低能与盲哑残疾儿童)的教育与少数民族的教育应由政府办理,以资提倡,而期发展。

其次,要谈整齐与参差的问题。

所谓整齐,即全国同类学校皆同一典型,依照政府规定,私人不得变更,如法国的学校教育最重整齐划一,不仅课程照着一定标准,即各校上课,亦一律依照规定时间的。参差的意义,即全国学校形式不必强同,如英国一向采取自由发展的政策,办理学校绝对不拘于一格,可说没有两个完全相同的学校。整齐好?还是参差好?各国都有实例,也都行之有利。照美国教育行政专家寇伯莱(Cubberley)①的意见,绝对的整齐划一,与无限止的参差变化,均无是处。他的主张是:

(1) 最少而精粹的应该一律;

(2) 最高的标准应予规定(藉以鼓励各地,以求达此标准);

(3) 最低限度各地应及早超过;

(4) 私立学校应遵照国定标准,不得随便降低;

(5) 特别进步或落后的地方,应另行规定。

我们极端赞同寇氏的主张,以中国幅员之大,而要求全国各学校变成同一典型,不仅在事实上不可能,而且无此必要。塞柴罗(Suzzallo)②氏说得好:"统一而多变化。"我们对中国教育,也赞成这样办法。

(三) 中等教育之普及与选择——这是一个重要的教育政策。就欧美的现状看,美国是采取中等教育普及政策的,所谓 Secondary educational door for all(中等教育的门为人人而设)。欧洲各国则采选择政策,所谓 Secondary educational door for able(中等教育的门为贤者而设)。照我国近二十年来中等教育的趋势说,过分向美国学习,似有东施效颦之嫌!例如抗战前,江苏省首先采取中学免费政策,民国二十五年[1936],福建省也实行中学免费,随后抗战军兴,各省市也群起仿效,就是收费,照币值算也几等于免费。美国的中学普及政策,一面固然由于他们相信民主主义,注重教育机会的均等,另一面

① 今译"克伯莱"(Ellwood P. Cubberley,1868—1941),美国教育管理学研究的先锋。——编校者

② 今译"苏萨罗"。——编校者

也因为他们财富的增加极速，工业发达，文化水准提高乃必然的现象。我们稍一考虑下列许多问题，就可显见中等教育普及政策，暂时不宜采用：

（1）国民教育未普及前，中等教育即采普及政策，是否有违教育机会均等之原则？有反民主的精神？

（2）我国目前经济上既成竭泽而渔的现象，工业更谈不到发展，国家财力能否允许中等教育普及？

（3）若照目前中等教育制度、课程及修学年限、上课时间等的呆板规定，国民富力能否可供许多青年长期间的享受全时间的教育？

（4）公立中学免费，私立中学收费，同一国家青年而待遇如此，是否违反教育机会均等之原则？

（5）普及中等教育与提高中等教育程度，二者孰为得计？

据统计，全国约有六千二百万学龄儿童，其中只有二千六百万左右有机会受到教育，失学的约占百分之五十八。在目前无论在中央或省政府都应该与县市政府合力来普及国民教育；与其普及中等教育，不如提高其程度，普通中学应加重收费，严加选择。凡优秀而清寒之学生，给予奖助金，使能成材。全国国民学校及小学一律免收费用，学米及教师金尤应废止，教师俸给应全由政府负担。

（四）男女同校与分校——中等以上学校男女同校与分校也是教育政策上常常发生的问题，考诸欧美各国对这一观点，并不一致：美国实行男女同校，但有几州在大学内限制女生修习法律科；英、法、德、意则在高等教育阶段，实行男女同校，中小学则多分校或分班；日本过去女子教育程度低于男子，有名大学且不收女生；苏联在过去男女在一切学校均享受同等待遇，绝无差别，近年来实行男女分校制；我国在小学大学男女同校已无问题，在中等学校法令上有男女分设之规定，而去年教育部亦曾一度通令各省市实行男女分校，后经各方反对，始暂缓执行。而反对意见纯从事实困难上立论，亦不足以服人。我们主张男女教育机会应该均等，在理论上有它确切的根据：

（1）法理的根据——我国宪法第一百五十九条“国民受教育之机会一律平等”，国民既是不分男女老幼在教育上享有一律平等之待遇，则男女同校当无不可。

(2) 社会的根据——人类社会是由两性组织成功的,社会的存在与发展全靠两性的合作,单独男性或女性的社会是不可思议的。一个健全的社会必须给予男女以均等的教育机会,使他们能均衡发展。

(3) 心理的根据——男女除了生理的差异外,心理上实在没有绝对优劣的分别。从前人以为女子头脑小于男子,所以智慧较差,女子不配与男子在学问上竞争。但是根据科学研究的结果,男子与女子头脑大小之绝对比为 100∶94,但其相对比——即与身体大小相比却为 100∶100.8;格路色[①]说:“女子的瞳孔和耳窝都比男子的小,但它们的作用并不逊于男子的。”又如爱立斯(H. Ellis)[②]说:“女子身体各部的发育成熟较早于男子,在形态上较近于童型,但这种差异与两性优劣毫无关系。”男女心理上既无绝对的差别,自可接受同等的教育。

(4) 有人把女子适宜于某种职业来决定其应享受的教育。其实烹饪、缝纫等家庭琐事,虽可勉强女子去从事,终身工作于家庭内,但是不能保证每个妇女对这些工作都可胜任愉快,反视社会上有大量的男子从事理发、厨司、缝纫等,而他们的成绩远较家庭妇女优越,因此我们只能承认职业要求个性的适应,而不该相信职业上有两性的绝对差异。

(5) 有人顾虑到男女同校会发生读书分心、程度低落、管理不便以及贞操等问题。这是囿于社会的习俗和成见,就作者的经验,男女同校,读书格外努力;可以培养出健全的女性;智力不分上下,程度也不会低落。

我们的主张,认为教育是德性与才能的启发者,教育不平等则男女在政治经济上也无从谈平等,永远无法达到男女平等。学校与学习的科目要依各人的才能、志向及社会需要来抉择,不必由男女性别来作决定的。

五

关于教科书、职业教育、大学教育、国际教育等所采政策,本文以篇幅所限,不能多加讨论,只想简单地说几句:教科书采国定本政策已为各方所责

---

① 今译“格罗塞尔”(Grosser)。——编校者

② 今译“埃利斯”(Henry Havelock Ellis,1859—1939),英国性心理学家。——编校者

难，不必赘述；我们也主张采用审定的政策，此外并主张由政府采购赠送给学校，分发给儿童应用，以符合宪法中免费供给书籍的规定。职业教育在目前的困难固然由于课程和训练等不适合所引起的，但实业界的不能与学校合作也是很大的问题。学生无出路，职业学校怎样会发达呢？作者以为中国今日实业界人才的来源有二：一是从学校出身的，一是从艺徒（或练习生）出身的；而后者尤多于前者，工商界的惰性不求改进，便使学校出身的人才无法进身，所以今后工商部一定要令各省市检定工商业机关的职员资格，并逐渐提高任用合格人员的比率及其待遇。这样一来，职业学校毕业生出路广开，来源一定会踊跃的。大学教育政府最关心，恢复得也最快，不过学潮的产生，大学居领导地位，政府也最感到头痛。而且公费奖学金一类的问题，也使整个高等教育如同被救济机关一样，永远是个赘瘤。现在各省都有重行划分土地的举动，我主张每个大学拨给土地数千亩，使它有一笔不动产的基金，将来能耕种生息，逐渐做到半自给的地步；而且农业上的改良试验，都非借重大学不可；可谓一举两得，确是上策！国际教育正是当前各国所注目的一个问题，如何培养世界公民？如何通过教育的作用，使天下变成一家？这些都是国际教育当前的课题，从前的留学政策是为己的，为一个民族，一个国家打算，取人之长，补己之短，最后使自己发荣滋长，人家的祸福也许可以不管；现在的国际教育要人己并顾，要立人立己，达己达人的；所以今后留学生出国不必过分限制，凡学力适当都可出国学习、考察；同时在中国通商大埠不妨建立几所国际学院，由各国派遣学生来学，使中国文化能借此以大量流传于国外。关于博士学位考试应从速实行，使中国留学生不以猎取学位而出国，而同时可使外籍学生参加中国学位考试。最后并希望先进国家举办“空中学校”，以飞机载各国青年游历考察世界名都，借以了解各国人民之生活风尚，由了解而合作，由合作而和平相处，天下一家之观念亦由此养成。

最后我们希望政府有一个五年建设计划，使教育政策配合着整个计划，分年实施，不奢望，不落空！新经济政策可以改善国民生活，新教育政策可以鼓励国民前进！

（三七年[1948]八月二十日　于南京）

新学制之批评

陆费逵*

余好言教育，尤好谈学制。前清时代之教育，无方针，无方法，非以牖民，实以愚民，非以教育儿童，实以戕贼儿童。办学愈久，去教育原理愈远，余辈之批评主张愈多。盖至浅极显之学说，彼等皆未尝梦见也。

客岁南京政府成立，蔡先生任教育总长。暂行办法十四条，合乎教育原理及吾国人情风俗，较之前清进步多矣。迨南北统一，政府北迁，教育部人才既皆极一时之选。益以临时教育会议，集千百人之见识经验，而议定种种制度，其妥善可行，夫岂待言。余等向所主张各说，缩短在学年限也，减少授课时间也，注重实利教育也，无不见诸实行。自此以后，吾辈非覃思熟虑，确具心得，不敢以至浅极显之学说，肆其笔舌矣。吾为吾国教育前途幸，吾尤为吾国未来国民幸也。

虽然，智者千虑，必有一失。天下之事，只有比较的善恶，无绝对的善恶也。新学制之大体，吾无间然，且亦有不必纷纷主张，致朝令夕更者。然有数事，确为新制之缺点，余客冬在都，曾与教育部诸君再三言之，今更撮录于此，

* 陆费逵（1886—1941），字伯鸿，浙江桐乡人。于南昌英语学塾附设日文专修科就读一年，自修成才。历任商务印书馆国文部编辑、出版部部长兼《教育杂志》主编、讲义部主任，创立和主持中华书局三十年。发表《缩短在学年限》《敬告民国教育总长》《民国教育方针当采实利主义》等有影响的教育论文。

本文原载于《中华教育界》1913 年 1 月号。——编校者

以为吾《教育界》之社说。

一曰：初小第四年算术时间太少；高小第二年算术教材太少，第三年太多。余前岁著《普通学制议》，算术科采最近学说，主张初小第一年授二十以下之四则，而读法、数法扩充至百。第二年百以下之四则，读法、数法扩充至千。盖计算之方法从浅，以免伤儿童脑力。数数之范围从宽，以便日常应用，并为提早笔算。第四学年，多课珠算也。南京教育部本拟采之，后有人病其创见而中止，实则日本近已采用矣。今姑不论此。但初小第四年，以每周五小时之光阴，而欲课通常四则简易小数及珠算之加减，势必不能。吾国珠算之用至大，初小至少须习至乘法初步，能于三、四两年各课八十小时（即每周二时），或于第四年课百二十时（即每周三时），或可应用。新章虽未明定珠算时间，然依第四年算术共五时计之，必系每周一时，不言可知。此于儿童谋生、家庭信仰，皆有损害，不可不亟图之。至高小算术之分配，全依日本旧制。殊不知日本当日之制度，高小前二年为一结束，二年修满，或入中学，或改他业。故第二年新教材少而复习多。第三年为第四年之前半，故第三年新教材多而复习反少。吾国既采高小三年制，则三年当共为一结束。第二年既不结束，自应新教材多而复习少。第三年则小学七年，于兹告竣，自当有一大结束，而注重复习。订此课程者，未研究日本之教授细目，未明结束之理，遂有此误。然实际则第二年嫌教材太少，第三年嫌太多，且无复习之余地，非速改不可也。

二曰：英语之疑问。余主张高小以英文为必修科者也。如不能作必修，则毋宁不课。然此次新章，仍以英语为第三年随意科，且申明之曰：视地方情形，可自第二年始。此则吾所不解者也。高小设英语为随意科，盖本诸日本。然日本旧制，以高小二年衔接中学，高小三、四年为不能入中学而欲深造者设。其课英语也，注重日常应用，以为谋生之资。新制则以小学六年直接中学。高小仿法国办法，为课初等实业之用，故或课农业，或课商业。课商业者，方课英语。盖皆为不入中学而谋生者设，且彼中学五年卒业也。今吾国中学四年卒业，英语是否足用？英语足用，则高小或可不课，以省费用，且可以修英语之时间修他科。如中学四年，英语不足用，则高小不得不课英语，以为之预备。如以加课英语为谋生计乎？则当今之世，除山村之民，与世隔绝，专务农业者之外，未有不需英语者。绝不能判何地之民处世当用英语，何地之民不当用也。

矧今之高等小学，固明明为正系普通教育，其毕业程度，固以升入中学为准。高小以英语为随意科，且可任意授二年或一年，则将来中学收入之学生，其英语程度当有下之三种：

（甲）已习英语二年；

（乙）已习英语一年；

（丙）未曾习过。

夫以中学主课之英语，而入学者有三种程度，中学第一年教科，将以何者为准则乎？强高就下，趣味毫无，强劣就优，躐等维艰。授英语者，断不能强编初习 ABC 者与已习二年者于一级之中，于是种种困难，缘之以生。前见北京高师附属中学，分一年级为二组。询其故，则以英语程度不齐，不能强合对。夫英语作为随意科，岂惟英语程度不能齐一，即国文、算学，亦必以英语之加课与否，受时间之影响。（英语时间减，国文、算术时间充之。）鄙意中学既改四年，英语必嫌不足。高小英语，以作必修科为宜。而高小功课，第三年已嫌繁重，第二年却尚轻简，苟定英语为高小第二、三年之必修科，每周匀二时授之，当不为难。有此一百六十时间之英语，升入中学，则中学四年之英语，亦可与前此中学五年相等也。

此外尚有三事，皆当研究之问题。（一）农、商业是否当为正系高小之必修科？（二）以吾偌大且古之国，历史、地理之时间，是否与日本相等已足？（三）女子何以不设家事科？国文科女子所用读本，家事要项，如何加法？（意谓别编女子用书乎？抑加于与男子通用之课本乎？）余以人事匆匆，又以《教育界》之出版期迫，不暇详言，俟诸异日。

对于新学制的感想

胡 适*

我对于第七次全国教育会联合会议的学制系统草案，大致都很满意。陶知行先生要我把我个人对于这个草案的意见写出来。我觉得这个问题很重要，这个讨论的时期尤其重要，故我不敢推辞，就把我的几个感想——或是赞同，或是疑问——都写了出来，请国内教育家指教。

一、关于初等教育的一段

新学制改小学七年制为六年制，废去国民学校与高等小学的名称，统称为小学校，但得分为二期：第一期四年，第二期二年。这个改革把小学的年限缩短了一年。我想这一层有几层好处：第一，省出一年来，加在中等教育上去，使六年的中学制容易实行。第二，当此义务教育未能实行的时候——后三年的实行更不知在何年！——缩短一年便可以减轻学生家属一年的负担。第三，有人疑心年限的缩短便是程度的降低。这是错的。小学改用语体文以后，

* 胡适(1891—1962)，字适之，安徽绩溪人。曾求学于上海澄衷学堂、中国公学，留学美国康奈尔大学、哥伦比亚大学，获博士学位。曾任北京大学教授、教务长、文学院院长、校长，上海中国公学校长兼文理学院院长。为中央研究院第一届院士，杜威教育学说的推广者，"壬戌学制"的主要起草人。

本文原载于《新教育》1922 年第 4 卷第 2 期。——编校者

时间应该可以大缩短，而程度可以必不降低。但这个责任，课程与教科书也应该分担一部分。若把旧日古文体的教科书翻成了白话，就算完了事，那是决不行的。小学里用白话教授，教学的困难可以减去不少，教学的效率应该可以增加。若仍旧一课只能教"一只左手，一只右手"，那就是大笑话了。

新学制关于初等教育，还有一个大长处。总说明第四条云：

> 教育以儿童为中心，学制系统宜顾及其个性及智能，故于高等及中等教育之编课，采用选科制；于初等教育之升级，采用弹性制。

又第五条云：

> 图之左行年龄，以示入学及升级之标准。但实施时，仍以其智力与成绩或他种关系分别入学或升级。

这个弹性制是现在很需要的。现在的死板板的小学对于天才儿童实在不公道，对于受过很好的家庭教育的儿童也不公道。我记得十七年前，我在上海梅溪学堂的时候，曾在十二日之中升了四级。后来在澄衷学校，一年之后，也升了两级。我在上海住了五年多，换了四个学校，都不等到毕业就跑了。那时学制还没有正式实行，故学校里的升级与转学都极自由，都是弹性的。现在我回想起那个时代，觉得我在那五年之中不曾受转学的损失，也不曾受编级的压抑。我很盼望这个弹性主义将来能实行；我很盼望办小学的人能随时留心儿童才能的个性区别，使天才不致受年级的制限与埋没。当此七年小学制未废止的时候，我知道有许多儿童可以不须七年的；将来六年制实行之后，也许有一些儿童还可以缩短修业年限的。当缩短而不缩短，不但耽误了天才的发展，还可以减少求学的兴趣，养成怠学的不良结果。

二、关于中等教育的一段

新学制把中学的修业期限由四年改为六年，分作两级：前一级为初级中学,或三年,或四年,或二年;后一级为高级中学,或三年,或二年,或四年。中学改为六年,是很好的。但我有几点疑问。现在的中学,可算是失败了。但失败的原因并不全在四年时间之短,乃在中学教员之缺乏与教授之不得法。年限的加长并不能救现在中学的弊病。用现在办中学的人,不变现在的教授法,即使六年的工夫全用来教现制中学四年的课程,也是不会有进步的。何况新制的六年中学,除了做完现制四年的中学课程之外,还要做完大学预科和高专预科的课程呢?现在单办中学,人才还不够用;将来办这些兼大学预科的中学,又从哪里得人才呢?这几点都是我们应该注意的。

大学及各种高等专门学校皆不设预科,这固是我极赞成的。我常说,民国元年[1912]的学制把各省的高等学堂都废去了,规定“大学预科须附设于大学,不得独立”,那是民国开国的一件大不幸的事。因为(1)各省设立大学的一点小基础,从此都扫去了;(2)各省从此没有一个最高学府了,本省的高等人才就不能在本省做学术上的事业了;(3)大学太少了,预科又必须附在大学,故各省中学毕业生,为求一个大学预科的教育,必须走几千里路去投考那不可必得的机会,岂不是太不近情理吗?试想四川、云南、贵州的中学毕业生必须跑到北京、南京,方才有一个投考预科的机会。这两年的预科教育,值得这么大的牺牲吗?

新学制主张废止预科,使各省的高级中学都可以做大学预科和高专预科的课程。这就等于添设无数大学高专的预科了。这是极好的意思。但是有一个大疑问。现在国立大学(北京、山西等)的预科成绩实在不能满人意。我们自己承认北京大学的预科办得实在不好。但是北京请教员自然比他处容易多了;国立各大学对于预科教员的待遇,自然比将来高级中学教员的待遇要高得多了。北京的预科办不好,将来的高级中学分做现在预科的职务能更满意吗?这不是很可注意的一个疑问吗?

综合以上各点,我们对于新制六年中学的办法,不能不提出几条辅助的条件:

第一,高级中学之设立必须十分审慎。经费、设备、人才、教员资格、课程等项,必须有严格的规定。

第二,高级中学教员之待遇,须与现在大学预科教员的待遇略相等。

三、余　论

有许多别的问题，我不能讨论了。我现在且下两三个普通的观察。

(1) 新学制的特别长处在于它的弹性。它的总标准的第三第五两条是："发展青年个性，使得选择自由"；"多留各地方伸缩余力"。这就是弹性。学校的种类加多了，中等学校的种类更加多了，使各地方可以按照各地方的需要与能力，兴办相当的学校。职业教育多至六种以上，年限有一年至六年的不同，内容有完全职业的与由普通而渐趋向职业的两大类。中学修业年限也有四二、三三、二四的不同。大学也有四年、五年、六年的不同。这还是新制哩。若加上现制未能即改的种种学校，那就真成了一个"五花八门"的学制系统了！但这个"五花八门性"正是补救现在这种形式上统一制的相当药剂。中国这样广大的区域，这样种种不同的地方情形，这样种种不同的生活状况，只有五花八门的弹性制是最适用的。

(2) 学制系统的改革究竟还是纸上的改革；他的用处至多不过是一种制度上的解放。我们现在需要的是进一步研究这个学制的内容。内容的研究并不是规定详细的课程表，乃是规定每种学校的最低限度的标准。这件事决不是教育部的几个参事司长能办到的。我很盼望国内的教育家应该早日作细密的研究，把研究的结果发表出来，引起公开的讨论。

(3) 前日听见孟禄博士说，他对于学制改革，主张"一种新制非到办理有成效时，不得代替同种的旧制学校"。这是一个极重要的忠告。我们决不可随便把旧制学校的招牌改了就算行新制了。这种"换汤不换药"的法子是行不得的。我以为新制的大部分(中学一段尤其如此)应该从试验学校办起。旧制之下的学校暂时不去改动；旧制学校非确有最高成效为专家公认的，不得改为新制。等到试验学校的成效已证明了，然后设法推行这个新制。

关于新学制一个紧急的问题

廖世承*

新学制中最有精彩的，是中等教育一段，现时教育部学制会议辩论最激烈的，也是中等教育一段。辩论的焦点，是中学应该采用“四二制”或“三三制”。因此又引起了两个问题：(一) 初级中学应否有选科制；(二) 初级中学应否分科。这几个问题，关系很大，都应当用全力来解决。

我对于新学制，抱无穷的希望，在草案没有通过以前，我因为在东大南高方面担任一门中等教育，就在研究这个问题。后来再参以在附中的实地经验，觉得对于这个问题，可以发表些意见。也许我的意见，有可以供我全国教育家的参考。

照原来的草案，本以“三三制”为原则，并在第九条说明“中等教育采用选科制”。至于初级中学应否设职业科，图表上更是显明。所以这个草案发表后，大部分人都觉得满意。后来蔡元培先生在《新教育》“学制研究号”上发表了一篇《学制系统草案评》，主张中学以“四二制”为通则。蔡先生所持的理由是初级中学所以抵现行中学，高级中学所以抵现在大学的预科。抵现行中学

* 廖世承(1892—1970)，字茂如，江苏嘉定(今属上海)人。南洋公学、清华学校毕业，留学美国布朗大学专攻教育，获博士学位。曾任南京高等师范学校、东南大学教育科教授兼附中主任，上海光华大学副校长兼附中校长，国立师范学院(今湖南师范大学)院长。主要著作有《智力测验法》《教育心理学》《东南大学附中道尔顿制实验报告》《中学教育》等。

本文原载于《新教育》1922 年第 5 卷第 4 期。——编校者

的只有三年，觉得国文数学一类功课时间太少，所以主张改为四二。自从这篇文字发表以后，江西就应声而起，决议全省采用“四二制”，并且通电各省，请一致主张。本年五月里边，我到济南去调查学务，和济南的中等学校教职员开了一个谈话会，座中也有人极力主张“四二制”，用蔡先生的话来质问。后来在东大暑期学校中等教育班上，有许多各省来的中等学校教职员，提出这个问题。往后到武昌去，又开了一个中等教育讨论会，现时教育部学制会议湖北代表陈叔澄先生、王义周先生都在座，当时也有多人提出“四二制”的问题。不过我个人对于主张“四二制”的理由，认为不充足。此刻且把蔡先生的意见和教部会议时各省代表主张“四二制”的理由列出来，再逐条解释。

（一）初级中学所以抵现行中学，高级中学所以抵大学预科。

（二）初级中学是普通教育，年限至少须四年。

（三）各国对于中等教育之年限，均有增加之趋势。

（四）中学旧制本为四年，今采“四二制”，实行上亦较便利。

（五）中等教育于陶冶国民性，至有关系，年限过短，实不相宜。

对于第一层缘由，我觉得主张的人是根本误会。大家所以提倡改组，就因为不满意于现行中学和大学预科制。改组以后，初级中学决不是抵现行中学的，高级中学也不是抵大学预科的，性质绝对不相同。现行的学制，对于适应个性一层，毫不顾及。新学制则不然，一方面图谋各段教育的衔接，一方面顾全升学和职业两种。所以不单是高级中学，应该设立职业科和普通科，就是初级中学，也应该这样。预备升高级中学的，可以选读初级普通科；预备升大学的，可以选读高级普通科。不愿意升学的，可以选读几种职业科目。这是何种活动？并且三年一结束，时间上恰好。多了年限太长，少了课程不易支配。但是“四二制”怎样？升学方面，固然和“三三制”一样便利，对于不升学的人也能顾到吗？

对于第二层问题，说普通教育年限，至少须四年。这句话实在说得不圆满。进初级中学的人，难道没有一个升学的吗？我们上边说过，预备升大学的，尽可以在高级中学再读三年普通科。六年的普通教育，难道抵不上四年的普通教育吗？要是不升学的人，教部纵规定他五年六年，也是没有用处。并且社会上一般高等游民，大部分是普通中学校毕业生，他们连一己的啖饭地方都没得，还希望他们提高什么文化？新学制对于能够升学的人，竭力提高他们的普通教育程度；不能升学的人，也设法改良课程，实行辅导，引起他们升学的动机；实在不能升学的人，只有给他们相当的职业智识、职业技能，不单是使他们得到一个谋生的处所，并且还希望他们能够应用所学，去发展他们本身的职业。所以一方面提高一般人的普通教育程度，一方面注重职业陶冶，使人人得安居乐业，是现今欧美各国教育的共同趋势。“六三三制”近年来所以盛行，一半也为这个缘由。我不知道我国学者对于现代的教育趋势、社会实情，何以这样隔膜呢？

第三层缘由说各国对于中等教育之年限，均有增加之趋势。这句话可谓但知其一，不知其二。美国自一八九三年中等教育课程委员会调查报告后，即有改行新制之倾向。当时调查委员长为哈佛大学校长爱力亚得(Eliot)①先生。他觉得中学课程，四年不易支配，主张小学缩短二年，加到中学方面去。一八一九年有大学入学考试委员会，也有同样的主张。至一九一三年教育时间经济委员会成立，遂正式规定“六三三制”的办法。所以要这样，就因为新制较旧制适应个性便利些，时间经济些，衔接密切些。在同样的年限中，可以收到较大的效果。据哥伦比亚教授勃力克斯(Briggs)②的调查，觉得自从初级中学成立以来，中途辍学的人数，减了好多。我想中国初级中学要是办得好，收效还要大些。因为美国是有了中学，学生自己是不愿意去读；我国是有学生，没有学校。但看东大南高附中今年招考初级中学新生时，投考的有一千四百多人。尽有成绩好的，因为学额关系，不能取。所以采用“三三制”，初级中学也可比现时普通中学多设些。学生能多得一些求学机会，间接就是延长普通教育的年限。即此一端，也可说“三三制”比较“四二制”强的地方。

第四层说中学旧制本为四年，今采“四二制”实行上亦较便利。回答这句话，李建勋先生说得最好，他说：“顾及旧制，不如不言改革。”真是破的之谈。说到旧制，我也可就旧制方面来讨论一下，我国前清兴学时，中学本规定五年，

① 今译“埃利奥特”(Charles W. Eliot，1834—1926)，美国教育家，1869—1909 年任哈佛大学校长。——编校者

② 今译“布里格斯”(Thomas H. Briggs，1877—1971)，美国哥伦比亚大学师范学院教授。——编校者

专以“预备较高深之教育”为宗旨；到宣统年间，中学年限未改，唯倡议文实分科，稍稍顾及职业方面。民国起来后，中学年限减为四年，全体系统自二十一年减至十八年，这是我国学制上一个大进步。不过废除文实分科，使中学完全成为一普通学校，成为大学预备性质，不能适合社会实情、学生志趣，这是民国初年学制上一个缺憾。因此大家觉得不方便。民国五年[1916]，全国教育大会即建议中学自第三年起，得设立职业科，教育部采取这个说素，遂于民国六年[1917]允准中学设立二部，并规定办法。民国八年[1919]，教育部再进一步，允准各地“中学斟酌地方情形，酌量增减科目及时间”。自从这个咨文颁布后，中学遂大多活动余地，现时各中学的采用选科制，就根据那个咨文。孟禄博士说，我国的中等教育，办得不好，其实近二年来的中学校，进步确是很快了。要是能够保持这个进步的速度，十年以后，孟禄倘使再来中国，不怕他不称赞。所以有这样的进步，民国八年[1919]的咨文，大有力量。我希望教育部保持不干涉的精神，让各地自由去发展，不要强定“四二制”，束缚人家。要晓得就学理、事实、历史、进化各方面来说，“四二制”实在没有充分的理由。

第五层说中等教育于陶冶国民性上，至有关系，年限过短，实不相宜。这层意思说得太空洞，无从讨论起。并且我们要晓得广东草案对于中等教育年限，非特没有缩短，而且加长了二年，于陶冶国民性上，恐怕不生影响罢！

至于我们主张“三三制”的理由，也有好多种：

(一)“三三制”便于适应个性。

(二)时间经济些。

美国小学本为八年，后主张改为六年，以中学课程甚多，四年怕不够支配，所以拿小学二年来补充。我国小学第七年的功课，也多温习性质；大学预科，又为大学和中学间的隔膜；倘使改行“三三制”，年限不加，使中学有伸缩余地，所以时间甚经济。

(三)可以增加中学人数。

这是一方面因为适应个人志趣能力的关系；一方面因为初级中学校数加多，学生能多得求学机会的关系。

(四)衔接密切。

初级中学是一种承上接下的机关，有了初级中学、小学和中学、中学和大学的关系,可以格外密切。

上边第二、三、四几层理由,尚不十分重要,所以我们此刻不必细谈,只谈第一层理由。我们时常说个性差异,差异的原因可分下列数种:

(甲)年龄

中学生年龄的差异显而易见。每班之中,学生年龄相差大约为四五岁,或五六岁。因年龄不同,遂影响于志愿、兴味和学力。

(乙)智慧

中学生智慧相差最大,一班之中,学生智力的差异,比较班与班智力平均数的差异,要大五六倍。例如一年级全体智慧平均分数是五十分,二年级全体平均分数是五十六分,一年级或二年级本班之内,智慧分数的相差,是不止三十分的。

(丙)学力

近人的测验,觉得同班学生,学力的差异,至少有五六倍。换一句话说,同在一班念书,学力最高的儿童一个月的进步,要抵得到学力最低的儿童五六个月的进步。

(丁)志愿

中学生的志愿,也各各不同。有希望职业,有希望升学。希望升学的,有志在农科,有志在商科,有志在教育。所以学校里边应该有相当的指导,来满足他们的需要。尽这种指导责任最好的机关,是初级中学。

有人反对,以为适应个性,不关乎制度的改革,如旧制中学,能办理妥当,也能适应学生的个性。这句话听来似乎很有理,其实不然。适应个性,要有适应的方法。方法怎样呢?至少有下列几层:

(甲)课程丰富,使学生有选择余地,并可以借此发现学生自己能力。

(乙)分职业科和普通科,学生如欲谋生,可入职业科,学习相当职业技能;如欲升学,可入普通科,做预备升学的功夫。

(丙)多加指导机会,如个人指导、选课指导、教育指导等。

(丁)采用能力分组办法,以学科为升班单位。旧制中学,以年为单位,不管学生能力如何,总须按部就班,读完四年,方能毕业。初级中学,以学生成绩为单位,进步快的,可超升一学程或数学程。以上所举办法,虽不能说是可以完全适应，但也可以适应一大部分。这种方法，在小学固然不易施行，就是在旧制中学，因为年限和旧习惯两层的关系，也不易举办。初级中学承上接下，较为易举。并且办初级中学的，大致有一种革新的精神。所以说适应个性，是初级中学最大的职能，也是新学制唯一的特点。

总之，“三三制”是适合个性、顺应时代潮流的；“四二制”是不适合个性的，偏于理想方面的。因为主张“四二制”，所以有人反对初级中学采用选科制或分科制。这两个问题，我们也得分别说一说。

第一，初级中学应否有选科制？我以为既名初级中学，当然应该有选科，因为初级中学最大的效用，在适应个性；倘使没有选课，怎样能够适应个性呢？有人说初级中学学生太幼小，选科时没有标准。他不知道选科的范围有广狭，选三学分也是选科，选十五学分也是选科，只须范围定得严些好了。并且在选科以前，还得有选科指导。要是不经过初级中学的选科陶冶，到了高级中学，学生还是茫无把握。所以近来研究中等教育的人，多主张早一些培养学生选科的能力。

又有人说初级中学行了选科制，基本学科要有妨害。他不知道选科科目和必修科目是并立的。选科实行以后，必修科目的程度并不因之降低。还有一层，学生进步的多寡，和教材、教法、个人兴趣大有关系，一星期多上几点钟课，倒没有什么影响。例如有两组同等能力的学生，一组有五十人，每星期上五小时英文课；一组只有二十五人，每星期只上三小时英文课，结果两组进步的程度，可以不相上下，这是因为人少，个人指导机会多的关系。所以只论钟点，不问教材、教法和个人兴趣，实在是皮相之谈。不单是如此，基本科目，除必修以外，有时还可列在选科以内。例如数学国文，可以列在选科内。对于数学国文兴趣浓厚的学生，读毕了必修课，还可以选读选修课内的数学国文。对于这两门功课兴趣薄弱的学生，读了必修课，就可以不读这两门功课了。这是选科制活动的好处。

又有人说初级中学第一二年选科，美国也没有。这句话可说错了。美国曾有调查，在初中一年级有选科者，几占百分之五十（见 *17th Yearbook*）。不过我个人并不竭力主张第一年即行选科制。选科制最好在第二年实行，第三年便嫌太迟了。与其在第三年，还不如第一年的好。

第二，初级中学应否有分科制？我个人意见，最好进初级中学的学生，个个升学，不要在年幼的时候学习什么职业。不过实际方面，总不能如我的希望。学生的志趣，总不能一致。现时中学校数少，求学机会困难，所以进初级中学的，大部分还希望升学；将来教育逐渐普及，初级中学校数逐渐增加，升学人数的百分比便要递减，这是必然的趋势。要是初中不分科，对于升学的人当然不生问题，对于家贫无力升学，或年长不愿意升学，或智力太低不能升学的一般人怎样处置呢？请反对分科的人对答我这个问题。有人说，初级中学可以作为普通中学，另外再设立初级职业中学，预备学习职业的人去专修。这是根本错误。何以呢？现行制的所以为人诟病，职业学校和普通中学校的分立，也是一个大原因。学生进校的时候，没有经过选科陶冶，昧昧然地进了一个学校，到后来觉得志趣不对，求学兴味便减少，引起了许多问题。初级中学重在考察个性，适应指导，可以救济这个弊病，所以初中一定要分科。我以前曾向黄任之先生说过，不要另立什么"初级职业中学"的名称，引起误会，致改组不彻底。黄先生也赞同我的意思，不料现时竟成了大误会了。

此刻我再总说一下，初级中学绝对不是高等小学，也不是普通中学。初级中学是以适应个性为目的，不当专顾升学方面。高级中学也不是大学的预科。所以我们应主张：

（一）以"三三制"为原则；

（二）初级中学应采用选科制；

（三）初级中学应采用分科制（如有特别情形，不必分科，当然可不分科）。

我草这篇的时候，教育部会议结果尚未发表，要是如天之福，部中能尊重新学制的精神，那是最好。倘使不然，我希望本届全国教育联合会，再行郑重提出讨论。要知学制每经改革，全国学校必多损失，所以不改革则已，要改革，须彻底。至于我个人本没什么关系，不过因希望新学制成功的心太切，以致如"骨鲠在喉，不得不吐"。希望联合会诸先生和当代教育家的鉴谅并指教。

十一年[1922]九月三十日在东南大学

中国学校制度之改革

舒新城*

本篇为救正现行教育制度的弊端而发，此项制度又系由清末的外患逼成，故于未述正面的改革目的与方案以前，应先说明现行学校制度的由来，及其所以产生弊害的原因。因之，本篇共分四项说明：（一）中国现行学校制度的由来；（二）此制度的弊害及其原因；（三）改革的目的；（四）改革的方案。

一、中国现行学校制度的由来

中国是数千年的小农国家，社会组织、政治制度无不以此小农的经济秩序为背景。小农社会的人民以“家给人足”为公共的生活理想，故民族精神好静而恶动，好和平而恶战争；经济思想以均富于社会为原则，政治思想以垂拱而治为本位；而一切行为标准，均以维持家族发达为目的。数千年来的教育制度，在形式上虽有种种变化，但其精神则一以人本主义为主。所谓人本主义即重内心的修养，不为技巧的竞争；重文化的陶冶，不屑于物质享用之追逐。《大学》言治国平

* 舒新城(1893—1960)，字心怡，湖南溆浦人。湖南高等师范学校毕业。曾任湖南省立一中教务主任、中国公学中学部主任、东南大学附中研究股主任、中华书局编辑所所长兼《辞海》主编。教育著述甚多，有《道尔顿制概观》《近代中国留学史》《收回教育权运动》《教育通论》《我和教育》《近代中国教育史料》等。

本文原载于《中华教育界》1928年第17卷第5期。——编校者

天下以正心诚意为始基,《孟子》谓万物皆备于我,反身而诚,乐莫大焉,皆是此种精神的表现。故在学校制度上,既以小农社会的组织为根据,听人民自由经营教育事业,任其将学校散布乡村,便农民子弟自由入学,政府唯从旁督率之;在经济上,更以"量力纳费,量能授奖"为原则,使贫苦之士均有上进的机会;在教学上,则以个别指导、独力潜修为主,不重机械的讲授与时间的限制;而师生之间的关系,每以宗法的伦常观念出之,将师与亲并称。此种教育虽不尽适于中国现在的过渡社会,但确系小农制度的产物,其精神亦不至于尽不适用。

中国现行的学校制度,则完全为工商业社会的产物。此种班级制度,在西洋历史亦甚短。十七世纪中,德国[①]教育家廓米纽斯(Comenius)[②]在其所著的《大教育学》[③]中,即有班级教学提议,但当时无人注意。到此世纪末,法国劳沙尔(La Salle)[④]组织基督教兄弟学校,始用同时教多人的方法,但亦不能盛行。及十九世纪初元,英国工业革命告成,工人在生活上既需要较高的知识,而厂主又诸事从"经济"上打算,不能为之延请个别的导师。兰楷斯德(Lancaster)[⑤]与柏尔(Bell)[⑥]为贫民所设学校的领班制(monitorial system)[⑦]成功,于是不数年后而推及全英,十余年后而推行美国,数十年后而推行世界。(现在的班级制自然经过许多修改,此处只述其来源。)这种整批生产(mass production)的班级制,虽然与工业社会的生产概念不相背,但把人当作机械看待,已为现代世界的教育学者所不满,而时常提倡改革。(此种议论在世界新教育协会的机关杂志 *The New Era* 上发表得最多。)在中国则除此种公共的缺点而外,并与社会组织不相应。照常情讲,此种整批生产与集中都市的班级制,绝不能发现于中国,然而中国行此制将及三十年,究属何故?

中国之改行新教育制度,并非对于旧者发现若干缺点,亦非真正了解新者

---

① 原文如此。应为"捷克"。——编校者

② 今译"夸美纽斯"(Johann Amos Comenius,1952—1670),捷克教育家。——编校者

③ 即《大教学论》。——编校者

④ 今译"拉萨尔"(Jean-Baptistedel La Salle,1651—1719),法国天主教神甫。——编校者

⑤ 今译"兰卡斯特"(Joseph Lancaster,1778—1838),英国公谊会教徒,教育家。——编校者

⑥ 今译"贝尔"(Andrew Bell,1753—1832),英国国教会牧师、教育家。——编校者

⑦ 今译"导生制"。——编校者

之优点而认为可以补救旧者之缺点。只因自鸦片战争而后，屡次逼于外侮，求所以自强的道路而不得。适邻近的日本因变法而强，于是将社会环境、历史背景一概不问，只从表面上模仿其办法。当时之所谓新政，既以仿照日本为唯一要务，而光绪二十九年[1903]，张之洞等《奏定学堂章程》，除将日本章程大体抄齐而外，并限定办学者非去日本一行不可。于是大错铸成，以后的教育制度虽有所谓德国化、美国化、法国化而常有更改，但中国旧教育制度的价值，完全无人回顾，而中国社会环境、历史背景与新教育制度是否相宜的问题，更无人注意了。总括说来，中国现行的学校制度，完全是由于外侮逼成，初不曾在国情民性上有精详的考虑。

二、中国现行学校制度的弊端及其原因

因为现行的学校制系由外侮逼成，于中国社会环境、历史背景无适当的根据，所以行之数十年，弊端百出。其最显著有下列各端：

1. 畸形发展

中等以上学校集中都市，而国内交通不便，都市生活程度与内地乡村相较，每超出四五倍——如上海之与川北、湘西边县——乡村农民子弟在经济上既不易负担，在习惯上又不愿外出；即使力能外出，家庭愿其外出，亦因都市生活较乡村生活便利舒适，青年在外受教育多年，耳濡目染均为都市的物质文明，生活习惯一经改变，毕业后亦不愿再回乡村过从前的素朴生活。故中等以上之教育机会，既有完全为都市子弟所独占的趋势，而由学校造就之各种人才，亦群集于都市，以致在都市有人满之患，在乡村有无才之叹。

2. 无业者增多

中国原系以农立国，而现在学校制度，在形式上既以工商业的社会组织为根据，在内容上亦以工商业社会的教材为教材；但社会的经济秩序则数十年来少有变更，遂致教育与社会需要不相应，毕业生无业可就。据中华职业教育社统计，自民国六年[1917]至十五年[1926]十年间，江苏中小学校毕业生之不能升学又无业可就者，其比例率常为百分之四五十，已足证明教育之不能改进国计民生；而内地学生之不能升学而又无业可就者，其比例率当有过无不及。此

实内乱之重要原因，更非切实解决不可。

3. 教导失效

教育的收效全在人格的陶冶。昔日以师生拟父子，固然宗法观念太重，但在增进教育效率上，却有其相当的功用。自改行新教育制度而后，师生间的关系完全为商业的。教师之教学也，为生活而贩卖知识；学生之求学也，以代价而购买知识。故师生不独如路人，并且以利害问题而成寇仇。十年来，学校风潮常以驱逐教师为对象，最近则成都第一中学并有学生殴毙校长，弃尸井中之事。为教职员者常有“世世生生不再投胎作教师”（吴稚晖语）之感，更何能说到人格陶冶与教育效率。

现行学校制度所有的弊端原不只此，但即此三者已足以证明教育破产，非极力救正不可。此种学校制度，原为世界文明国所通行者，日本且以之强国，何以到中国竟橘逾淮而为枳了。这就是本节下半段所要讨论的问题。

教育必得与社会的需要相应，方能显其功效，而社会的需要，又每以经济的制度为主要的决定因素。日本之强盛，固曾有许多得力于此种学校制度，但它原来是近于工商业的小国，当明治维新之初，虽然还是封建制度，然而以系统的计划，切实向资本主义方面走，故经济制度革命与教育制度革命同时进行，所以它的经济制度上的资本主义向前发展，整批生产的学校制度也跟着收效。中国为地大物博的小农制度的国家，天然的条件既与日本不同，而处于国际帝国主义压迫之下，处处为不平等条约所束缚，经济更无从发展。社会经济制度既不曾有所变更，只有教育制度模仿着资本主义的办法，教育自然不能适应社会的需要，自然要弊端百出！

三、改革的目的

现行学校制度的弊端既如上述，改革的目的自然首在去弊。但最主要的还是在积极谋中国的独立自强。中国近百年来受列强帝国主义的侵略，现已成为半殖民地的国家，要谋独立，首当注意于经济问题。但因地大物博，交通不便，社会的生产情形正在手工业时代，并且以农业为主。目前既不能将现社会的经济制度一律推翻，而效日本之由封建制度，一步跨到资本主义，即在将来，亦不当追踪资本主义的后尘，自寻苦恼。故就世界经济趋势与中国立国本源上着眼，均当以发展小农制度的农业为主。

要发展社会经济能力，外而不平等条约之解放，内而各种事业之建设，都属重要。但教育为建设的重要工具，更当追随着社会经济制度与历史特质进行，以期收效迅速。故改革现行学校的目的，分析起来，有下列各项。

1. 使都市教育与乡村教育平均发达，在乡村注重改进农业生产，在都市注重制造业之发展，以谋国家经济的独立。

2. 使乡村农民子弟于不增加生活负担之情况内，能自由入学，以普及农民教育。

3. 使教育与生活打成一片，以发展个人职业。

4. 使师生之间的关系，建立在人格之上，以增进教育效率。

四、改革的方案

根据上述的理由与目的，拟订改革纲目如下：

甲　基本原则

1. 一切改革均取进化主义，不取革命手段，以期社会秩序安稳进展。

2. 一切设施以根据历史背景，适合社会需要为主，不徒事模仿，炫奇立异。

3. 一切进行力求经济，以期轻而易举。

乙　实施方法

1. 学校系统仍照十一年[1922]教育部所公布者，唯在学年龄，只定为一种标准，不必严法以绳。

2. 全国各级学校，现在均用二重制：(1) 即已有之学校，听其继续存在，唯中等以下之学校注重个别指导，专门以上学校厉行导师制。(2) 在乡村增设图书馆、科学馆、体育馆，延请指导员指导不能入学校之儿童与青年，辅助其自修各级教育。

3. 全国公立之教育与学术机关一律免费，除在学程上须受考试外，不受经济及性别之限制。(免费在事实上极易办到，另有免费案说明之。)对于贫苦子弟更采奖学制，以补助其直接生活上的费用，使之上进。

4. 各级教育的标准，由总持全国之教育行政机关，据教育立法机关之决议公布之；但只以国民所应具的基本常识及各级教育的公共要素为限，其适应各地方特殊需要之课程，由当地教育立法机关拟订，交由地方教育行政机关执行，由全国总教育行政机关监督之。

5. 各种课程在国民基本常识方面，以唤起其对于国家之自信力（数十年来，因外侮相逼，国人每自居劣等民族而不疑，不良概念之影响于国家前途者甚大）为原则。其他以改进农业生产为主，发展工商业为辅。

6. 严定各级教育标准，厉行考试制，不论校内校外生，凡欲得某级学校毕业或某种专科研究文凭者，一律须受试验。国家用人，即以考试结果为取舍标准。

7. 图书馆、科学馆、体育馆的设备及运用，仿美国格里学校制度（The Gray School System）①的办法，以实事求是、终日应用为目的。各省之有省立大学者，即就其已有之三馆扩充，指定一部分教授为导师，指导校外学生研究专门学科。各县之有中学者如之，以中等教育程度为限。再以镇为单位，添设三馆，以初中以下之程度为限，延请专人负指导之责，以期普及。更就各地方特殊情形设特殊的图书馆（如上海之商业）、科学馆（如汉冶萍之煤铁），指导青年实地研究，以谋特殊事业之发展。

8. 在学校以外自修各级课程者，不限定年龄与时间，以考试及格为标准。他们自修各级课程时，除可在规程内自由请求三馆导师指导外，并可由家庭延请教师指导。

9. 乡村之科学馆附设农事试验场，负改良该地农事之责；图书馆附设通俗讲演所，负开通该地民智之责；体育馆附设卫生处，负当地公共卫生之责；其他各特殊地方之科学馆，一律设特殊事业试验所，以谋改良各种产业。

10. 导师俸给、三馆费用，完全以间接的税收方法供给之。除自愿捐赠者外，无论学生或其保护人均不与导师发生直接的经济行为。（此即师书院制与义塾制之遗意，打破现制的商业行为，以期增加教育效率。）导师指导应以知识启发、工作参加为主，不重空疏的讲演。

11. 平时由教育行政机关分派督学巡视各地。一面考察学生成绩，一面指

① 今译“葛雷制”。——编校者

导导师。(办法略见拙著《教育丛稿·书报指导员与地方教育调查研究专员刍议》。)每学期由督学互换视察地方主考;非有最特殊事情,不调集学生会考。

12. 三馆的添设逐渐进行。先用徒弟制的方法培植导师。次由政府公布各级教育的考试规程,先使不曾受学校教育而有相当知能者与考,以移转民众视学校为教育的唯一途径之视线。次择适中地方,先设立三馆,用科学的方法,诊察比较三馆与学校之效率,次逐渐推设乡村。(清末改行新教育制度,将书院、私塾认为与现行学校制度不能并立的东西,所以倡此必得去彼,以致实际上毫无预备,唯在形式改换名目,结果演成换汤不换药的滑稽剧;现在三馆之添设,只视为学校制度的补救与辅助,性质上并无冲突。所以不必如前此之急急,但收效则可断言。)

13. 三馆经费之来源有二:一为移用他项不必用之经费;一为增加教育税收。第一项以军费为最多。据民国八年[1919]之国家预算,军费达总支出之百分之四十二,教育费不及百分之一。民国十五年[1926],广东全省共收一万万余元,军费达百分之七十二,教育费只百分之一。若照文明国通例,教育经费达百分之二十,则一切教育推广费均不成问题。其次为寺产。寺产兴学,倡于张之洞。(光绪二十四年[1898],他所发表之《劝学篇·兴学章》,即详言及此。)全国庙产,每年收入不下数千万元,提拨一部分充三馆经费,即有余裕。第二项若每县以十镇计算,每镇三馆,计三十馆,每馆平均以三千元计算,不过九万元。举行遗产累进税,与调查荒地作为教育基金,亦有盈无绌。(此不过略述大概,实施时当详为规划。)

此种改革之特点:第一,能使社会秩序不发生丝毫紊乱,而可增加教育之效率。第二,农民之子弟,不必专门划出若干年时间,亦不必增加生活上负担去求学,即可于农隙或辅助家庭作业之余,在家庭中受教育,教育极易普及。第三,父母可以就近或延专人教导子女,国家无形中增加许多教师。第四,教育与生活打成一片,农产工商业可以改良,个人生计可以解决,现在都市教育畸形发展之弊,亦可免去。第五,师生之间无直接的经济行为,学生之受教、教师之教学,皆由国家直接负监督之责。现在的商业关系、寇仇行为,可以打破,而可收人格陶冶之效。第六,利用三馆既可以养成青年独力潜修的学风,并可以促进社会教育。第七,三馆经费既有不病民的确定来源,支出方面又集中于设置薪修两项，无学校之种种糜费，甚合经济原则；分设座位，交互利用（此为格里制之特点，非仿行不可者），既无空置的教室，更无无用的宿舍，房屋亦极经济；学生就近入学，于不增加负担可以求学外，并能助理家务，国民经济上所得更多。第八，三馆制系集书院制、私塾制的长处，融合以班级制、考试制的优点，与民众生活习惯、社会意识相应，进行必无阻碍：既可以发展社会经济能力，又与现社会的经济制度不相冲突。此种轻而易举的方法，实是救正现在学校制度弊端的要图。只要政府有决心厉行考试制度、培植导师，便可实行。

学制上的根本原则

邱　椿[*]

在上面十章内，我们曾略述学制的定义、发展史与各主要国家学制的现状。从这些定义、发展与现状中，我们可以抽绎出许多根本原则。大体说起来，有下列七个原则。

第一，一个学制必定要适合一个社会的特殊需要。学制是社会的产儿；有如何的社会，便能产生如何的学制。涂尔干(Emile Durkheim)说得好："因为教育的目标是社会的，达到这目的的工具，也必定是社会的。在种种不同的教育制度中，没有一个不是社会制度的缩影；教育制度不过是社会制度的主要特性之蜕变与缩小。"(*Education et Sociologie* p.128)换句话说，学制就是社会制度的缩影；有怎样的社会，便会产生怎样的学制。雅典的学制异于斯巴达的学制，因为他们的社会组织完全不同。学制是社会观念与社会情操的表现。所以又说："无论从哪方面观察，教育的本质是社会的。教育上所追求的目标，和所采取的工具，都是教育对于社会需要的适应；都是团体观念与团体情操的表现。"(Ibid p.131)因为学制是社会观念的表现，所以只要懂得社会的本质，

---

*　邱椿(1897—1966)，号大年，江西宁都人。清华学校毕业，留学美国哥伦比亚大学师范学院，获哲学博士学位。曾任北京女子师范大学、厦门大学、北京大学、西南联合大学、中正大学等校教授，教育系主任。主要著述有《中国新教育行政制度研究》《战后欧美教育》《学制》等。

本文节选自邱椿著《学制》第十一章"结论——学制上的根本原则"，上海：商务印书馆，1933年，第68—80页。——编校者

便可推想学制的本质应该如何。他说："如果我们懂得社会学，我们便知道教育制度是什么，我们便能推想教育制度应该怎样。我们了解社会越透彻，我们越能了解学校中的一切事情。"（Ibid p.129）足见学制要适应一个社会的特殊需要；一个学制的好坏，视其能否忠实地表现其社会观念与情操以为断。

尤其要紧的，是一个学制要适应一个社会的经济状况。一个资本主义社会的学制绝不能移植于社会主义的社会之中。同一道理，一个小农社会的国家亦绝不宜盲目地抄袭资本主义的国家之学制。施行某种学制必需要若干经费，这些经费仍须取自民众。若民众无担负巨大经费的能力，学制无论如何完备亦是不能推行的。即使勉强施行，亦必产生畸形的结果。例如中国为小农社会，但在学制上则刻意模仿资本主义最发达的美国。所以我国无财力来推行这种学制；能享受这种学制之利益的，仍是少数富人的子弟。大体说起来，一国学制宜不断地适应其生产力。生产力改变，义务教育的年限与整个学制也跟着改变。

第二，一个学制应顾到受教育者的个性或"生活样式"。学制在一方面固然要适应社会的需要，在他方面又要顾到儿童和青年的需要。但儿童和青年的需要又因其个性而殊异。依文化学派施勃郎格（Eduard Spranger）①的说法，人类的精神活动(Geistesakte)约分六类：(1) 理智的精神活动，其目标在追求真理；(2) 审美的精神活动，其目标在追求美丽；(3) 经济的精神活动，其目标在获得势力或功用；(4) 社会的精神活动，其目标在满足爱的心情；(5) 政治的精神活动，其目标在取得权威；(6) 宗教的精神活动，其目标在求得宇宙整个的意义（Totalism）。每个人都有这六种精神活动；但每人都以其中的某一种精神活动为其生活中心，因此就发生种种不同的人格或个性（Lebensformen, S.89）。

依他的说法，青年的人格也可分为六类：即经济的、审美的、理智的、社会的、政治的、宗教的人格。这种分类法是否合理为另一个问题，但他的门生曾将这种论理应用于学制之上。例如说德国的文科中学校是为"理智的青年"设立的，德国实科中学校是为"经济的青年"设立的。各种高等专门学校也要适应种种不同的人格。例如高等实业学校的目标在适应经济的青年之需要，高

① 今译"斯普朗格"（Franz Ernst Spranger，1882—1963），德国哲学家、教育家。——编校者

等美术专门学校的目标在适应审美的青年之需要。又如大学校内分文科、理科、政法科、神科、艺术科、教育科、社会科、工商科等，亦是要适合理智的、政治的、宗教的、审美的、社会的（依施勃郎格的说法，教师属于社会的人格）、经济的人格之特殊需要。足见一个良好学制应顾到种种不同的个性之需要。

但个性的需要和社会的需要并非互相冲突的。社会文化是精神活动在客观世界的实现。社会文化也可分为理智的、审美的、经济的、社会的、政治的、宗教的六大类。所谓社会的需要，即是社会文化的需要。教育是一种文化的活动，教育制度是发展各方面的文化之制度。一个学制的好坏，视其能否适应各种文化的需要以为断。但精神活动是社会文化的原动力，社会文化是精神活动的结果。所以发展社会文化，即能发展精神活动；适应前者需要，即能适应后者需要。个性只能在文化中发展。使个人接受客观的文化价值，即是发展个性之最好的方法。依施勃郎格的说法，教育即使客观的文化价值变为主观的文化价值之历程。换句话说，要使文化价值在儿童的经验中不断地创造新生命。学制的目标也是如此。所以社会的需要与个性的需要是辅车相依的，学制适应个性需要亦即所以适应社会需要。

第三，一个学制应调和统一性与变异性。依凯欣斯太尼（Georg Kerschensteiner）①的说法，学制的变异性有两种：（1）社会的变异性；（2）心理的变异性。所谓社会的变异性（Soziale Differenzierung des Schulwesens），即是使学制适应不同的地方的需要。在领土稍广的国家内，各地方的物产、气候、民族、风俗各异，所以学制也要有宽大的伸缩性。一国学制伸缩性的大小，应与其领土的广狭或民族的纯杂成正比例。所谓伸缩性，即是变异性。学制上的社会变异性之利益，在能奖励教育的自由试验，能培养本地人民对于教育的兴趣，能鼓励各地方的教育竞胜心，能避免国家政潮的影响。

但学制上的社会统一性也不能漠视。地方需要固然要适应，国家需要也要特别注意。国家最大的需要在公民资格的训练。如果一个学制在公民训练上没有适度的统一性，国家本身的存在即感受绝大的威胁。所以学制的初级阶段（初等教育）之标准应是全国一致的，各地方不得各自为政。全国儿童也有

① 今译“凯兴斯泰纳”（Georg Kerschensteiner，1854—1932），德国教育家。——编校者

受统一的初级教育之义务。凯欣斯太尼说得好:"大体说起来,在文化的国家中,每个儿童都有进国办学校内受若干年共通教育的义务,其必要的年限之长短则以其能养成文化社会中有用的份子为标准。"(*Das Einheitliche Deutsche Schulsystem*, S.34)足见初级教育阶段的统一性是不可缺乏的;否则不能养成有用的公民。不但初级教育阶段,即中级和高级教育段也应保持若干年统一性。学制上相当统一性的利益,在能维持国家的统一,增进教育的效率,划一教育标准,创造共通文化。

所谓学制上之心理的变异性(Psychologische Differenzierung des Schulwesens),即是使学制适应个性不同或年龄不同的学生之需要。前者是横的,或同时的变异性(Simultane Differenzierung);后者是直的,或接续的变异性(Sukzessive Differenzierung)。所谓同时的变异性,即在同级教育段内分为若干科,以适应不同的个性。例如德国的中学校分为许多类,各国的大学校分为许多科等,即是横的变异性。一个良好的学制必定要容许若干横的变异性。但相当的统一性亦是不可缺乏的。凯欣斯太尼说得好:"在我看起来,学制上的同时的变异性不应破坏共通的意识,而应启发团体劳作的精神,应顾到互助的习惯。只有这种变异性,在能容许其存在。"(Ibid p.80)换句话说,横的变异性不应破坏学制的统一性。

所谓接续的变异性,即是使各级教育适合儿童或青年之心理的发育阶段。如六岁至十二岁为儿童时期,十二岁至十八岁为青年时期,十八岁至二十二岁为成年时期。各时期的心理发育之特征不同,所以实施的教育亦不得不异。初级教育宜与儿童时期相应,中级教育宜与青年时期相应,高级教育宜与成年时期相适应。教育的设施随着心理发育的变异而变异,这就是所谓直的或接续的变异性。但学生心理发育的历程是渐变的,不是突变的;自初级到高级的教育历程也应是渐变的,而不是突变的。心理发育有统一性,各级教育也有统一性。

总而言之,一个良好的学制在一方面应注意社会的和心理的变异性,他方面又要顾到社会和心理的统一性。依凯欣斯太尼的意思,一个学制的样式应像一棵树。树有根有干,干往上长而分枝丫,枝丫再往上长而分小枝丫:树的各部分虽然各异,但树还是一整个的机体。初级教育如同树的干,中级高级教育如同树的枝丫,自初级教育以上,学校的类别逐渐增多。学制的各部分虽然有分道扬镳的模样,但他还是一整个的系统。树有"多样性中的统一性";学制也应调和统一性与变异性,也应求得"多样性中的统一性"(*Einheit in der Mannigfaltigkeito*, Ibid s.102 114)。

第四,一个学制应顾到教育机会均等的原则。机会均等是近代平民政治上一个基本信条。现在这种信条已应用到教育上了。所谓教育平等大抵有三种意义。首先,全国儿童,不论血统、阶级、宗教、性别的差别,都要在同类学校内,受若干年基本的国民教育。一个良好的学制必定是单轨的,必定要使全国儿童都有同等的权利,享受共通的基础教育。现在主要国家多半采用单轨制,因为必如此始能维持其政治上的统一,确保其民主政治延续其民族文化。只有极少类国家采用双轨制,但这只算是贵族社会的遗毒,不久即会消灭。

其次,全国儿童或青年,不论血统、阶级、宗教、性别的差异,都有同等权利,受其天才限度内最高级的教育。所谓教育平等,并非要使人人都受高级教育,这是不可能的。即使使全国人民都获得了经济上的平等,人的智力或天才是不能平等的。我们只能使有同等智力的儿童,有同等机会受最高限度的教育。凯欣斯太尼说:"国家的公共学校,应使每个儿童——没有一个例外——都能受其天才所要求的教育。"(Ibid s.26)每个儿童的天才有高低,所以其受教育时所能达到的高度亦各不同。一个良好的学制只能供给一个"教育的自由之路",使全国儿童都有前进之平等的机会;不过能力大者走得远一点,能力小者走得近一点,所谓"能者进焉,不能者止焉"。这种教育平等是真平等。

复次,全国儿童,不论血统、阶级、宗教、性别的差异,都有平等机会,发展其特殊的能力。依凯欣斯太尼的说法,青年的能力大抵可分为六类:即理论的能力、实际的能力、美术的能力、政治的能力、宗教的能力、社会的能力。所谓教育平等,并非要使许多能力不同的儿童或青年受整齐划一的教育。男女的能力与社会职务亦不相同;所谓男女教育平等,亦并非要男生女生受同样的教育。一个良好的学制要能使全国儿童和青年,发展其特殊的天才与个性。例如中等和高等教育的分科,其目标在使学生有自由发展其特殊能力之平等的机会,平等机会所要求的不是"划一的统一性",而是"多样的统一性"。

总而言之,一个学制应有一个共通的基础阶段,使全国儿童有受共通的国民训练之平等的机会；应有充足的升学和转学的便利，使全国儿童有受其智力限度内最高教育之平等的机会；应有适度的区分，使全国儿童有发展其特殊天才与满足其特殊需要之平等的机会。

第五，一个学制要调和文化与实用；调和专业教育与职业教育。在教育哲学上有文化与实用的冲突，在学制也有这种问题：即如何调和文化教育与实用教育？例如普通中学校是文化训练的机关，职业学校是实用教育于机关；又如大学代表文化训练，高等专门学校代表实际训练。这些学校，因目标和方法的殊异，常成对立的状态，其毕业生在社会上亦常形成敌对的势力。这当然不是好现象。学制下一个重要问题是如何使文化训练的学校，和实际训练的学校发生机体的关系？原来文化与实用的冲突是由于"劳动与余暇"或"知与行"的对立。杜威说："今日有一种流行的意见：大家以为一个真正的文化教育不应与实业发生直接的联系；反之，适合民众的教育应是实用的教育，即与文化对立的教育。因此，我们的教育制度便成了一个互相冲突的混合物。"(*Democracy and Education*, p.301)他叙述学制发达史时，也曾指出有些部分代表文化教育，另一部分代表实用教育，因此把学制弄成一个乱七八糟的东西。他说："教育行政上的重大问题是如何使学制上互相隔离与掩盖的部分获得统一性，以减少由冲突、重叠与隔离所引起的浪费？"(*School and Society*, p.66)苏俄实行社会主义，劳动与余暇的冲突完全消灭，所以并无调和文化与实用的问题。但其他各国的学制则多半有此问题。至于解决此问题的方法，依杜威的意思，只要学制的各部分与社会生活保持深切的联系，则文化与实用的冲突自然消灭。还有一个具体的治标的方法，就是增加文化训练的学校与实际训练的学校之"桥梁"，即使两种学校的学生有自由转学的机会。

第六，一个学制要适合民族性或国民性。所谓民族性，是一个民族在社会生活上之共通的基本的态度。民族性足以影响学制，学制亦足以陶铸民族性。例如英国的民族性好变异，所以其学制的伸缩性最大，其中等教育一段真是五花八门，毫无系统。这是民族性对于学制的影响；同时这种学制又使英国人爱变异的性格益加强固。又如法国人的民族性爱整齐划一，所以其学制亦然。又如德国人虽好统一，但个性又极强，所以其学制颇能调和统一性与变异性。施勃郎格也说："在德意志，只有学制上之个性化的统一性是可能的；德意志只容许多样中的统一性，不容许划一中的统一性。”(*Kutur und Erziehung* S.126)换句话说，因为德国人个性极强，所以统一的学制也要个性化。又如美国人爱平等，所以其学制为纯粹的单轨制。这些都是民族性影响学制的例证。民族性并非不可改变；不过一个违反民族性的学制更难推行。若两个学制的其他优点都相等时，一个适合民族性的学制，当然优于一个违反民族性的学制。

最后，一个学制要根据科学的原则。从来学制的创立与改造，都为历史上偶发的事实所支配，而并未充分利用科学的方法。如果用严正科学方法来改造一个学制，我相信应遵循五个步骤。第一，用客观方法分析社会需要，确定每个公民所应养成的“刺应结”[①]。第二，除去校外所能养成的刺应结。第三，把剩下的刺应结归并为若干单元。第四，用实验方法，求得六龄以上，智商中等的儿童习完这些单元所需要的时间。第五，酌量经济的情形，确定义务教育的期限。这个期限也许为六年，也许为六年零三个月；期限的长短，大抵以中材儿童习完单元所需要的时间为标准。我们可用同样方法去选出中等、师范、职业教育所应养成的刺应结，并确定其期限。最后，将各级学校连贯起来，便成一整个的学校系统。这个系统仍须于每五年或十年内修正一次，以适合新的社会需要。我所说的学制改造法也许太理想化了，但我们不能断定这是一个永难实现的理想。

总而言之：一个良好的学制要适合社会需要；要注意学生的个性与生活样式；要调和统一性与变异性；要顾到教育机会均等原则；要调和文化与实用；要适合本国民族性；要根据严正的科学法则。我们应依据这七大基本原则来批评世界各国现行的学制，或改造一个中国的理想学制。

① 指刺激与反应之间的联结。——编校者

教育改制析论

方东澄*

一、叙　　论

"中国自十九世纪末年为日本战败以后锐意革新，教育制度也大加改善。"(庄泽宣)现在各战场抗战工作正在轰轰烈烈进行之际，中国国民党临时全国代表大会又有改订教育制度的决定了。国难严重以来，一般人咸谓我国新教育推行了数十年，丝毫没有成效。新教育果真无丝毫的成效吗？我们举一个事实说罢：清末义和团的"扶清灭洋"，和今日的全民抗战两相对比，这其间的距离几何？我们不难想象而知。而能从前一个阶段进而达到这一个阶段，其动力虽有种种，而新教育的直接的和间接的影响，我们有何反证可以提出否认呢！今日的教育，固有种种不能满意而须改进的地方；但社会之不能有长足的进展，教育岂能独负其责。林砺儒先生说："……若把国内产业崩溃那条弥天大罪加到教育头上，我就决不肯承受；然而刚才所说中学毕业生不能做社会的中坚人物，而只变成一般小姐少爷，这一层罪过，我就要求教育界自首。"这确是持平之论。

因为教育不是"无能"，所以国人每于社会剧变之秋都想用教育的力量来设法调整。因此，教育制度问题就为一般人所注意了。

---

* 方东澄，生卒年不详。曾任教于国立中央大学教育学院、国立湖北师范学院。主要著译有《现代教育学说》(与孙邦正合译)等。

本文原载于《教育杂志》1938 年第 28 卷第 9 号。——编校者

教育改制问题的提出，不自这次国民党临全大会始。二十三年[1934]八月庐山国防会议席上，蒋梦麟、胡适、吴俊升、翁文灏、陶孟和、徐炳旭、周炳琳等，已提出中小学改制的议案。嗣后教育杂志社曾征集全国专家对于学制改造的态度，得三十四人发表意见，汇刊于该志二十五卷一号，这三十四人是：高觉敷、赵廷为、浦漪人、周鲠生、杜佐周、谢循初、杨卫玉、杨廉、孙贵定、吴绍熙、倪尘因、何清儒、范寿康、韦悫、马宗荣、廖世承、俞子夷、吴研因、汪懋祖、郭一岑、周予同、张栗原、金曾澄、陈东原、赵演、欧元怀、于卓、郑鹤声、王书林、杨亮功、章益、罗廷光、林砺儒、朱家骅等。在此以前，吴自强先生有《我国中小学教育制度为什么又要变更》一文载该志二十四卷二号，郑宗海先生有《教育改造声中对于教育本质之探讨》，姜琦先生有《中等教育制度问题的商榷》，林砺儒先生有《从批评中学新法令说到未来的改造》，张安国先生有《改革中国教育制度私议》，及倪尘因先生的《中等教育制度平议》五文载该志二十四卷四号。许崇清先生有《看过了〈全国专家对于学制改造的态度〉以后的小小感想》，石玉昆先生有《读了全国专家对于学制改造的态度以后》两文载该志二十五卷三号。此外，廖世承先生另有《我对于改革学制的意见》，庄泽宣先生另有《中国教育制度改造的我见》及常道直先生的《现行学制须行改善的几点》三文载《中华教育界》二十二卷九期。最近，黄觉民先生的《从战时校舍问题说到改革学校制度》载《教育杂志》二十七卷第十一、十二号合刊。这些，都是讨论学制问题的宏文，我都仔细读过了，现在以蒋案为中心，析为若干标题，归纳各家意见，分别叙述于下。在此党国决心改革教育制度之秋，作为提供参考的资料，或亦不算急其所缓的举动罢。

二、蒋梦麟先生等提案要点

为便于后述各节的讨论起见，我把蒋梦麟先生等提案要点摘录于下，以供参考：

蒋先生等提案的理由是：(1) 现行中小学制度过分侧重升学方面，而事实上不能升学的学生反居多数；(2) 依现行学制，学生由农村而城市而省会而都会，毕业后不肯重返田间，遂致乡村无建设人才，省市多浮游子弟；(3) 现行制度与课程多抄袭外国,不合国情;(4) 以高等教育的立场而论,现行中学制度对于基本知识——国文、外国文、数学——的训练,未能适合大学的需要。蒋先生等根据这些理由,特提出下列改革的办法:(1) 修正现行的单轨升学制,即于现行制度外,对多数不能升学的学生应有一种在各级学校中随时皆可告一段落的制度,使他们毕业后获得良好的习惯与技能;(2) 定四年初等小学为国民教育,其课程自成段落,不为升学而设;(3) 初小毕业后,教育应分多轨制:(a) 升入高小中学以接专科以上学校;(b) 相当于高小之二年职业学校;(c) 相当于初中之初级职校;(d) 相当于高中之高级职校;凡职校概以工场农场生活为中心,不以课堂生活为中心;(4) 失学儿童施以简单的义务教育,暂定一年至二年;(5) 现行学制中预备升学的学校亦应改组。高小至高中八年间的课程,应以求得专门知识与技能的准备为原则,对于国文、外国文、数学三门尤宜严格训练;(6) 四年小学及中学毕业后,应有一种试验,智力学力可以深造的给以中学或职业学校及大学奖学金,使之完成其学业。一二年义务小学毕业时亦然。蒋先生等复声明以上所提办法,为慎重起见,不应立即更张,可选择城乡适当地点,先行试验,俟有成效,再设法推行于各地。这种科学的精神,是值得敬佩的。

三、现行学制要否改订问题

蒋案提出后,教界人士除一部分赞成外,有的认为现行教育失败,非教育所能单独负责,纵改制度亦无所用;有的赞成改订原则,而办法则容有商榷;有的认为蒋案与现行学制相仿,无须改变;更有的讨论到学制改订的原则。兹分别述之。

(一) 中国社会不振,教育改制即能救济吗?

制度所含的空间性和时间性都很大,甲国行之而有效的,乙国模仿之即遭失败;从前行之而有效的,此时一仍旧贯即不合时宜。这明白地说明了各社会有各社会的背景,各时代有各时代的社会理想。任何制度都应建筑在这两前提之上,教育制度又何能例外。所以赵演先生主张先把“国情”(包括人生态度在内)弄清楚了再谈制度。郭一岑先生也主张改革案应建筑在社会的实际情形上。庄泽宣先生说:“我们今后的教育制度必须能发扬中国民族的优点,这必须先研究中国的民族性,而后根据民族性去创造。庶乎可以恢复自信心自信力。”我们此时此地的“实际情形”的“国情”是怎样一个形态?稍微对社会现象留心的人大概都能指出。所以周予同先生说:“整个的中国社会受帝国资本主义的侵蚀而同时把生产教育扼制住,如果不在‘反帝’的意识上提倡生产教育,使生产的教育成为‘反帝’经济计划中的一个轮齿,升学与职业分为并行的双轨,结果也只有惨败。”其实“教育为社会现象之一,他与政治经济的关系是紧密地结合着的。政治经济之于教育是有其决定作用的。因此,我们对于教育制度的评价,不应单从制度本身去考察,而应从它与各种社会现象的关系中去考察。”(张栗原)中国现在的政治经济的情形怎样,我打算留待读者去考察,这里还想把欧元怀先生的一段话重提一下。欧元怀先生说:“中国今日教育的失败,其咎不完全在于教育本身上,如封建思想的遗毒,读书做官的潜在观念,加之政治未上轨道,社会变乱频仍,政府用人无标准,建设事业的不振兴,在在均能影响教育事业的停顿,而纷扰学生的求学心理。姑退一步就教育本身说,教育理论的分歧,教育政策的激变,教育经费的短绌,均为重要原因——可见教育问题极为复杂,社会背景为外因,教育本身为内因,学制仅属内因之一,……倘不洞烛过去失败的症结,由政府统制全国财力和人力,规定通盘计划和严整步骤,力谋政治经济教育的三方面同时改造,……诚恐蒋先生等灿烂辉煌的提案仍是不能兑现的。”类乎这种见解的还有许崇清和郑鹤声两先生。许先生说:“制度改革的问题只在制度本身上是不能解决的,硬干也会陷于绝境。无论宗旨如何堂皇,设计如何周到,如果看不准所在社会的趋向,抓不住他所能备的条件,所定下的什么计划都行不通。……”所以郑鹤声先生认为要改进现今我国的教育,第一步手续是根据国家的需要,订立一个非空谈而要能实行的整个国家复兴计划,其次便是使教育的计划与此整个的计划相适合。不此之由而谈学校教育的改革,似乎还是头痛医头脚痛医脚的一回事。

(二)赞成改革原则而办法则尚须商榷

赞成蒋案原则的,换句话说,主张现制须行改革的甚多,惟对办法或有补充或待商榷。如赵廷为先生于赞成蒋案外，复补充了三点：(1) 对于学生职业兴趣的转变，学制及课程上应有所顾及；(2) 凡有高深研究的能力和兴趣的学生，都应具有入大学或专科学校的资格，不论其所毕业的低一级的学校属于何种性质；(3) 蒋案中之预备学校可改为天才学校，此类学校的学生，其一切费用由国家供给，予以特殊的训练。又如周鲠生先生对蒋案亦表赞同，惟义教改为一年至二年，则持异议，以为仍得定为四年。杜佐周先生同意于蒋案之设职业学校，惟特别补充九点（俟下文讨论职教节细述）。谢循初先生原则上赞成蒋案，但有两种感想：(1) 社会之旧信念旧习惯足以使新教育减低成效者，应从速根本铲除；(2) 国民教育的教材，必须尽量广博，以便各个儿童都有其表现能力的机会。又儿童的能力——普通智能和特殊才能——的表现非有相当的刺激和相当的时期不可，所以国民教育规定为四年，是否适合儿童能力的发展，非经精密的科学研究不能遽下断语。杨卫玉先生相当赞成四年以上的升学与职业的双轨制；惟尚有数点须商榷。杨廉先生对蒋案主张四年小教以生活教育为主，施行简单义教和设奖学金等大体亦行赞同。这些都是主张现行学制须加有条件的改造的表示。

（三）现行学制与蒋案无多出入不必改变

倪尘因先生在《中等教育制度平议》一文里就这样主张，他认为：(1) 过去中学所以不能各科全备的原因，为经费支配之不均，今后诚能依照教部确定经费支配办法——职教35%、中学40%、师范25%——切实做去，并严格督促及指导各中学办职业科，深信前此空泛之弊必能消失；(2) 就经济的原则言，亦以维持原制以职业容于中学为宜；(3) 任何制度均有利弊，吾人得寻其所以不能完善之原因，设法多方补救，不能仅以其有缺点而遽予变更。这里是倪氏对教部将职业、师范和中学分别设立时所表示的意见，他所指的原制是中学、师范、职业合设的制度。他对蒋案仍是这样的主张，仅同意于推行简单儿童义教一点，认双轨制为阶级社会的产物，不能采用；且现行中学之种种缺点，乃实施上的谬误，非制度本身的不健全。字里行间，都含有不必改制的意义。至于吴研因先生则谓蒋案主张多轨制，现行制度实际就是多轨，不必改制的意思更鲜明了。

(四) 改订学制应依据的原则

这一方面的建议,姜琦先生提出三点,他以为中国教育制度的修订须注意:(1) 检讨过去教育之真正病源;(2) 明了中国社会是什么一个主义的社会;(3) 推测将来的社会应该成为一个什么社会主义的社会(三民主义的社会主义),所以今日中国教育制度非预先树立社会主义的基础不可。姜氏的立论,是以三民主义教育哲学为出发点的。此外,庄泽宣先生以为要建立一种真正的中国教育制度,至少须合于下列四种条件:(1) 能发扬中国民族的优点;(2) 符合中国的国民经济力;(3) 推动中国原有社会组织;(4) 适应中国自然环境。张安国先生对于改制的意见,以为教育目标应:

A. 从特权的学历本位进到民主实力本位——取消毕业资格制度,社会用人以实力为本;

B. 从抽象的知识主义进到具体的全人格主义——打破偏重知识注入之弊;

C. 从利己的个人主义进到"社会的个人主义"——求学目的可转移到社会服务方面;

D. 从形式的划一主义进到统制的自由主义——打破千篇一律式的教育;

E. 从阶段的劳动主义进到普及的劳动主义——可转变社会轻视劳动之风;

F. 从表面的都市发展进到根本的乡村建设——可转向于乡村教育之根本建设。

石玉昆先生主张要改造学制,就得建设社会本位、民众本位或整个人生本位的学制。这些都比较具有远大一些的观点,值得我们考虑的。

四、义务教育年限问题

蒋案中关于义务教育年限,主张缩为一年至二年,在此一二年中,教以简单字课与简易书报,取材于农业常识,公民常识及家庭卫生等,以后就国民经济发展情形,再延长其年限。关于这点,多数人均以为太短。吴自强先生说:"……我国义教年限不过四年,日本为六年,欧美各国且有多至七八年以上者,中国义教年限已嫌太短,不能充分教儿童以生活知识及生活技能,若再缩为二年,未免不合国情,我觉得短期义务小学只可作为辅助小学教育之不及,若以之替代义教则不可。……”浦漪人先生也说：“……况义务教育须注重民族意识的培养与国民道德的陶冶。但是各国义务教育的开始，早的五岁，迟的八岁，大多数的国家则为六岁。我们姑假定六岁起始，试问在这极幼稚的二年中间，能否养成民族的意识与国民的道德。所以义务教育只可延长，不能缩短。蒋案原意以为这样可使登高自卑，简而易行；殊不知我国人民的心理，惯于‘取法乎上，仅得乎中，取法乎中，仅得乎下’。定了四年的义务教育固不能使其子弟读满四年，倘若定了二年，恐怕连这二年都不读了。故缩短年限，徒然有害心理，而无补于实际。……”金曾澄先生于十一年[1922]新学制订定的时候是参加讨论的一位大员，他的文章写来有些历史意味。他说：“至义务教育年限问题，当时新学制订立之初，亦明知四年义务教育在中国今日，事实上有许多地方，因经济力量未必能实行。惟以新学制不规定义务教育年限则已，若规定而为二年，则与现代文明各国之十年或十二年义务教育者相较，其文野程度相去太远，反不如不规定之为愈。然不规定义教年限，则为新学制之一大缺点，故斟酌再三，暂以四年为准，实亦少之无可再少者。今日美国义教年限，亦各省不同，何况以中国之大，各地方贫富之差，延长缩短当有可能，亦不必假定为二年也。”金先生的话，把当日规定义教年限诸公的顾全国家体面的苦心带叙了出来，其实，义教年限问题，实在不是“文野”程度的面子问题，还有一个教育效力的根本问题在里面。欧元怀先生说得好：“在这穷苦万状的中国，固不容我们好高骛远的说什么日本义教六年、欧美义教八年，中国也应依样画葫芦来个五六年的义教规定。但是我们不要忘记，义教的对象是那一无世故经验的学龄儿童，试问以那年龄幼稚而且一无世故经验的儿童，仅给以一二年而且半工半读的短期义教的训练，是否已能养成其为国民的生活智识与技能？恐连那最基本的读写算三种能力还是无法教得告一段落，结果空费心力、财力而得不到效果，那又有什么用处呢？……”此外值得提出的就是杜佐周氏的一个建议。杜氏以为义教最好仍定为四年，不过在过渡时期，不妨先采用蒋先生等所建议的办法，切实施行，以为实施义教的准备，可是不必在学制上明文规定这一年或二年的简易教育即为义务教育的年限。再者，为顾全教学效率计，儿童的入学年龄不妨迟延二三年，因年龄较大，学力必较强。根据实验的结果，九岁或十岁时学习，若其他条件相同，可较在六岁或七岁时学习优良数倍；同受二年教育，年龄较长的成绩必可远胜于年龄较幼时的成绩。这种延迟入学年龄的建议，我们实该大加注意！

五、中等教育双轨制问题

如果把即将临盆的孕妇的侧面投影来譬喻整个的学校制度，那么，中等教育这个阶段真错综复杂极了。中学生年龄大概当十二三岁至十八九岁之间，正在所谓丁年(teenage)，他们的身心双方在这时期最会变化。教学上要想为他们谋适应，非多方的设法不可。蒋案主张中等教育阶段分“升学准备”和“职业陶冶”两轨，校正现行单轨升学制的弊病。照吴研因先生解释，现行学制实际已是多轨，且不止双轨；照罗廷光先生解释，所谓单轨制与双轨制，在今日看来，已无多大界限。不过一般学者对蒋案采取双轨制度表的议论极多，极可为我们的参考。主张采用双轨制的如蒋先生等，以为：“就近来统计看，升学者既为少数，单轨的升学制度，必须加以修正。除就现行制度自成一个系统专为少数升学而设者外，对多数学生应有一种制度，在各级中皆有一个段落，使各种情形不同之儿童，各能就其能力与经济状况，选择其所宜之学校，务求其毕业后有相当之良好习惯与技能。”而反对双轨制者以为：“双轨制是专制国家或资本主义国家教育之专用品，至于共和国家尤其是民生主义的共和国家绝不容许这种双轨制存在着的。”(姜琦)张安国先生以为从中国现在立国的理想讲，认蒋案之最大缺点为严整的双轨制之采用，仍不脱一般的陶冶与职业的陶冶可以纯然分家的传统的见解。张氏以为这种见解是希腊阶级社会的产物，我们是以三民主义立国的，三民主义的理想不许有阶级社会之存在，故这种以阶级社会为背景的双轨制，绝不宜采行于我们中国。与张氏有同感的是杜佐周氏，杜氏以为在一民主政体的国家内，若完全采用多轨制，仿佛无形中即将全国人民划分为若干阶级，未免亦有危险，故主张以四年小学直接称为基础学校或国民学校，而且明定为我国义务教育的时期，为公众所必经，以收统一熏陶的效果，以救划分阶级的弊病。即退一步言，容许蒋案升学与职业两轨成立，然：(1) 四年小学毕业生年龄在十岁左右，十岁的儿童是否有确定的兴趣，知道择哪一种学校？学习职业的年龄是否嫌过早？(2) 职教应与人才教育并重，规定四年的小学教育后，是否影响人才教育？(廖世承)(3) 儿童受普通教育或职业教育，若依智力为标准，则普教是否较职教所需的智力高些？若依学力为标准，则所受教育不同，学科性质各异，无论用基本知识或专业技能为根据，均有一方较易失败的机会，似又未免与教育机会均等说相背；若依兴趣为准，则初高中学生身心正在发育旺盛时期，志趣尚未十分确定，我们是否可以全权代其决定应入中学或职校而担保他始终兴趣不变或不发生阻碍，必能继续修业以至毕业而毕业后又一定能升入大学或专校呢？（欧元怀）有此种种，所以林砺儒先生要说所建议的双轨制仍旧未能彻底了。

六、职业教育问题

关于职教问题，各家发表意见特多，归纳起来，约分三派：

（一）职教应行提倡

一般人以为今日学校教育全归失败，中学毕业生仅知一些书本知识，实际从事生产的技能一无所有，长此以往，“社会书生化”（clericalization）的现象将日益严重。现在中等教育偏重普通知识，实为造成此种现象之主因。所以他们主张升学准备和职业准备应分开训练，蒋案主张之三种职业学校，即针对此弊而发。虽然姜琦先生主张中国中等教育必须废弃“普通科”与“职业科”或“实业科”等名称，而应该视各种学科本身的性质之差异，采用“文理科”“师范科”“商业科”“工业科”“农业科”“水产科”“家事科”等名称为学校之冠名，以免“普通教育”与“职业教育”或“实业教育”的名称对立着，把整个的社会分为贵族与平民或有产与无产两种阶级。虽然吴自强先生认今日最切实用的职校，非三年六载的中等或中等以上之职校，而为以手工业为目标之初等职业及现有工人、商人、农人之职业补习学校，但是他们都是主张提倡职教的。

（二）在现社会状况之下现代的职业教育无提倡必要

林砺儒先生以为生产方法科学化、生产组织集团化，才是职业教育发达的条件，绝不是学制变更一下就能成的。民初中学和职校分立，职教不发达；民十一[1922]后职教包括在中学内，职教依旧不发达？由分而混不能得结果，现又由混而分，难道能得好结果吗？现在中国社会始终未曾超过“食于人”之域，而现代的职业教育是“食于天”的教育，社会没有这种需要，宠子似的职教是无从发达的。我们果真要发展职教，便应向改进社会经济着手，使社会经济走上现代的轨道，生产方法科学化了，组织集团化了，才能有现代的职业教育。林先生这个主见，在他前后两文中都作坚强的表示。他始终认定职教乃产业发达后的结果，若不问产业实况如何，而想用职业教育逼出产业发达，就好像一个人想生儿子想疯了，太太肚皮还未大，就先讨回一个童养媳，想把小宝贝逼出来一样。中国的产业实况仍未超过小农业和手工业的程度，社会上除了极少都市外，也还谈不到什么分业。倘若造成大帮新式技术人员，教他们向哪里就业？与林先生有同感的有于卓和金曾澄二先生。于先生以为职教第一个难关是兴办的经济问题不能解决；第二个是毕业生无出路。在政治还没有上轨道，政府对国民经济建设还没有整个计划之前，职教制度很难实行，也不易收得良好的效果。金先生认帝国主义经济压迫与社会组织不良以及徒弟制度、行头制度之存在为职教不能发达之主要原因，非用政治力量廓而清之，则虽改革制度无益也。陈东原先生说：“……蒋先生等的主张既重在生产，重在职业，则必需中国的生产事业有发展的萌芽；经济出路，有开展的趋势；然后这种教育才能有所依倚。所以我对于生产教育的主张，认为应在总理的实业计划果能逐渐举行之后。必需中国的政治经济，都已趋向于中国的生产国家实业的建立，然后中国的教育才能采取生产政策，大量的造就职业人才。”这些意见，虽容有讨论的地方，然在规定学制时，与上述升学与职业双轨制一点，同样值得特加注意的。

（三）举办职教应重视社会需要

事实上，我们盲目地不顾社会实情成批地制造职校毕业生，固然要陷毕业生于无出路的途径，而使职教濒于危殆于绝境；但必俟社会产业发达后再兴办职教，这与民间所流传的“鸡生卵，卵生鸡”同样将陷于迷惑之域。我们知道，产业之推进须借人力，尤须借受有专业训练的人力。在这推进的过程中，这种专业训练的人才一日不可缺少。中国有许多事业，计划未尝不好，徒以兴办者雄心虽具学力不足，所以半途中止。必俟产业发达后始训练各项专业人才，逻辑上似亦难于推论。所以许多学者好似都默认职教应当兴办，唯针对过去职教失败的原因,今后应力事改进,他们的意见是这样:(1)今后职教之办理应根据社会调查之统计结果(金曾澄);这与杨卫玉先生之“以供求相应为原则”初无二致;(2)职教经费,应占较大之百分比;(3)职教设备如农场、工厂和商店应完备;(4)职教之进行应多技术方面之实习,不能偏重书本知识;(5)职教师资应即谋改进;(6)儿童择业年龄应顾到;(7)各级职校之修业年限应以工作能力为标准,不必规定一定年数;(8)职校的种类应尽量扩充,以适应社会各方面的需要及利便学生的出路;(9)各级职校与普通中学应力求沟通,以便双方学生转移;(10)除各级职校外,应多设各种职业补习学校,给现已在职业界服务的青年以补习进修的机会(杜佐周);(11)国家应实施补助职教的制度(马宗荣);(12)职教应侧重“半工半读”及“工读更迭”之职业训练方式(常道直);(13)各级职校不能一贯,以免低级为高级之预备的流弊(汪懋祖)。至于社会上“学而优则仕”的传统观念及一部分教育者“养成狭义的领袖人才”的错误信念,则又为一般人所共同主张革除者。

七、四年小学毕业后儿童应否即入职校问题

教育原为改进并丰富人们生活的一种工具,但是现在的教育与人们实际生活脱节了,儿童于受教育后,非但不能改进生活,反养成种种高度消费的习惯。换句话说,教育非但不能有助社会,反为害社会。这是过去教育偏重文化陶冶忽略生产技术训练的硕果,因此,教育者们主张儿童于受毕四年基础教育后,其经济不成问题而天资聪颖有志深造者可以继续升入中学受普通教育,而贫寒学子资质稍钝者则入职校或职业补习学校,使受专业训练后成为社会的生产分子。这个理论固属可采,但实际施行时却有许多应行考虑之点,即置形成阶级的危险于不顾,当前紧要的问题就有三个:即(1)年龄问题;(2)兴趣问题;(3)允许升学与否的标准问题。

(一)年龄问题

按我国规定的学龄是从六周岁后开始。假使某些儿童因种种关系于读完

四年小学功课后不能继续升入中学，而又只能入二年的职校受专业训练，则前后止共六年，二年的职校毕业时只十二周岁，十二周岁的儿童身心双方发育和发展是否已达到正式从事职业的程度？若准许其自由择业，能否不有违于童工律？（杨亮功）进一步言，儿童于四年小学毕业后若无力走入升学的一途，则必须就业，此时其本身尚无选择职业及学校的能力。盖能力的表现，非有相当的刺激和相当的时期不可。任何种能力都不能自然地向外展开，必待环境的兴奋而后始能发动（谢循初），所以这个年龄是值得注意的。

（二）兴趣问题

兴趣这个东西很易受环境的和年龄的影响，其变动性最大。在某一环境内常受了某种刺激，即发生某种反应，表示对某个问题或事件发生兴趣；在某个年龄的时候，因为“知”和“识”的关系对某个问题或事件发生兴趣，而在另一个时间则迥然不同。儿童对现实固然难有把握看清，对将来更无能力推论。十一二岁的儿童即受有良好的基础教育，其“知”和“识”当还有限。他们受了环境（包括经济和知能在内）的关系被迫而出于择业，他们的兴趣既没有比较的固定，这里的问题就发生了：择何种职业？某种职业需要何种基能？而且社会的变迁很快，家计的升沉无定，这些环境所给予的刺激是兴趣转变的重要因子，今日觉得这样好来试一下，一年半载后旁的兴趣更浓厚了，这不免再来试一下，在这种尝试的过程中兜圈子，经济的损失固可统计，精神的消耗就无从估量。我们既无法使他们的兴趣不转移，就不能强迫他们不改业。所以根据兴趣去择业，问题就不甚单纯了。

（三）允许升学与否的标准问题

“能否升学”与“应否升学”是两个问题。过去及现在对这两个问题不加区别，所以造成这样的错误，即应升学的因乏经济能力而辍学在家，不应升学的因家计优裕而进校门去混文凭（当然有例外）。站在社会的立场言，一方是教育的浪费，一方是社会的绝大损失。有些人所以诋现在的教育几全为有资产者所占有而遗弃了全国大大多数的青年群和儿童群，诋教育好像为有资产者点缀品，就是这个原因。所以蒋案主张于四年小学（及中学）毕业后应有一种试验，智力学力可以深造的给以中学或职业学校（及大学）奖学金使之完成其学业。这里就发生了一个允许升学与否的标准问题了。若以智力为准，究竟有了几多智力才可升入中学？而几多智力只能学习职业？升学以求深造固然需要高智力，而学习职业亦非智力低弱者所能胜任！若以学力为准，则教育工具所能测得出的是些书本知识，若果行之，将尽驱天下儿童群趋于书本知识之学习，“受教育即在读书”的传统仍不能打破，究其极，恐将比过去小学毕业会考所呈现的种种弊端更甚。改订学制时这些似乎不该不顾到。

八、考试与奖学金问题及其流弊

蒋案主张于小学及中学毕业后各予以一种考试，智力学力可以深造者给以中学或职校及大学奖学金，使之完成其学业。这对于贫寒子弟而可以深造者尤为便利，是值得推行的，所以各家都表赞同。惟稍加考虑，问题就不十分单纯。我们现在的中学毕业会考，用意未尝不善，然而流弊所至，已不堪设想，这其中尚止包含一个能否毕业的荣誉问题，若以考试的方法决定奖学金，是除升学的一个荣誉问题外，尚含有经济的性质在内，结果，其流弊将更较毕业会考为甚！这不是我们的“杞人忧天”，这是说施行此制前我们应慎重考虑。考试的工具完备吗？成绩的评判有客观标准吗？现在的毕业会考上几个显著的不良现象，如(1) 命题欠妥；(2) 试卷批阅难公允；(3) 试题泄露。其流弊为：校长教员和学生连成一条战线，想尽方法去求毕业会考的通过。“师生一德，励精作伪”，这种教育要得吗？（林砺儒）这种现象可以发生于毕业会考，难道就不能发生于奖学金考试。而且所谓奖学金制现在各省或各县或各校有行之者矣，成绩如何，殊难言宣。进一步言，我们现行的考试方法只能测出学力、人之力求上进，谁不如我，举行奖学金考试以后，获得书本知识的空气将益浓厚，教育之真义且将全失，所以俞子夷先生说：“在生活教育考试方法未创制以前，主张由考试来行奖学金制，则适与原提案之主张多生活课程减少书本课的本意相矛盾。”这种必然的不良趋势如不事先设法制止，结果，则徒增加“奖学金！奖学金制”的叹声而已！

九、余　　论

至于中学课程究应采取直进式抑仍如现行初高中之圆周式?（汪懋祖）中学与职业学生之中途转学问题。语文数学是否能包括“基础知识”的全部?（章益）这些都是课程问题，在此无暇讨论。校外学位考试问题（常道直）在我国历史背景及社会实况下尤值得注意。黄觉民先生所建议的“自学制度”和童润之先生所提倡的《乡村中等教育的八大理由》（见《教育界》二四卷二号），都是改订学制时值得考虑的问题。至于社会教育和师范教育，在蒋案中似未能占有位置，这两个重大问题俟有机会另文讨论罢!

私立学校在国家教育制度中的地位

吴哲夫*

一、绪　　论

教育之进步,多由于两条不同而似乎相反的原则的互演而成。第一是个人自由的原则——个性发展自由,思想自由。第二是有标准并划一的原则,这是要使个人能遵依他所在的"群"的俗尚及理想,同时群的个性也要发展,将他的事业并文化传给下代的人。

西洋各国在十九世纪以前,"教育自由"为最有势力的理想,这虽未免带着中世纪的色彩,但总没有一个国家是要使他的儿童全入一类的学校的。教育是少数人的特权,他们在什么地方及怎样受教育,都是自由的。到了十九世纪,"教育普及"的理想勃兴起来,这种理想是光明灿烂的,也许就是十九世纪对于人类的最大的贡献了。"教育自由"的理想失败,"教育普及"的理想得势。结果,学校由国家来设办并管理是自然的趋向。同时也有了课程及方法划一

* 吴哲夫(Edward W. Wallace),生卒年不详。加拿大来华传教士,博士。曾任职于成都华西协合大学,为华西教育协会首任总干事、中华基督教教育会代理总干事,1922年巴敦教育调查团主要成员。

本文原载于《新教育》1924年第9卷第1—2期,为作者在中华教育改进社第三届年会(南京,1924年7月)教育行政组中的发言,后有同名单行本于1925年出版(中华基督教教育会出版之"教育丛著"第1号)。——编校者

的要求，法国和德国对于这层已经做到了最完全的地步。

二十世纪之初，这种理想更有进步了。好多国已经认教育应由国家来管理，因为国家的文化及势力都得由教育来创造并扩充。德国在利用教育发展国家的势力上，已经有了显著的成绩，有些别的国也步他的后尘。

就是从国家的文化方面着想，此次大战争的结果，也不能不使人对于教育上狭窄的国家主义有所怀疑。相信人类相爱的人，早就看到，教育若由野心的政客来办，一定会成分崩的动力。国家主义的教育的极端主张，常是被人反抗的，这种反抗的标记，是在在可见的。

世界由十九世纪中得了无限的教训，此后对于国民所要受的最好的训练自应负责设备。但现在却不能如二十年前那样说，一切的学校都要由国家来设办，并是在各处都有人以为教育内容的全体，不一定都要国家来决定。

现在不妨把"私立的学校在国家教育制度中的地位"这个问题提出来讨论一下，我们要先研究教育已经发达的几个国中的情形，然后可以推出几条结论，帮助我们了解将来的发展。

二、私立学校与今日的教育制度

（一）法国

法国在西洋各国中，教育制度是最中央集权的。私立教育的机关很少，或竟说是没有。一方面可以说这是法国人心理的特长，方能有这种完整的制度，在历史方面可以说，是由于拿破仑的影响，目的在利用组织以造成国家的政治的武力的伟大。结果，使教育成为机械的组织。别国的教育家对于这种情形，有的以为是，有的以为非。

数目渐减少的私立小学校，一旦他们得了政府的认可，就有了显著的自由。学校的指导员在所用的方法、程序、课本上，都可自由的选择。国家对于道德及卫生上有监查的全权，所教的及所用的书，只要与道德法律宪章不相违谬，就可以了。[(1)]私立中学校，除了普通的几种限制以外，也是极自由的。

法国的私立学校，确是不多。在理论上，私立学校是不要有的。但在事实上，却给了他们很大的自由。

（二）德国

利用学校来发展国家主义的国，总是不赞成私立学校的。正如在法国，只能有少数的私立学校，他们的影响也很可以不去顾及。他们的课程及教员的资格等项，总要照公立学校的标准办的。[2]中等学校全由政府管理，但精神上他们确不是公立的，与美国的中学校不同，他们实在是阶级学校，是只为中等阶级的男童预备的。[3]女子中等学校差不多全是私办的，这是因为女子教育，还是件新事情，国家尚未能认定这种责任是自己的。

德国的小学都是教宗教的。因为国民的信仰有路德宗和天主宗的不同，就把他们的儿童分校施教，各用本宗的教师。就是犹太人的儿女，若是数目够了，也可以为他们另立学校。共和成立之后，对于改革的问题，曾有好久的讨论，但现在还没有什么决定，就是决定要改革时，私立学校也总可以存在，他们仍可以教授宗教。

（三）英国

历史上说来，英国是私立学校的故土，英国人常常引个人活动的自由以自豪。最近一百年中，在教育史上，是普及教育——由国家帮助及管理的教育，与个人主义战争的时期。现在差不多所有的小学，都照政府的教育法规办理，但这些学校的一半是自动的（voluntary school），乃是由自动的私人团体所设办的。管理方面，也多由他们自己的代表负责。政府承认这些学校是国家教育中的一部分，他们完全遵照教育部的法规办理，视学员也去巡视。这些私立学校与公立的一样得到公家的供给，他们一样可以用地方的学款及中央的补助金。这些学校所以存在者，是因为有好些作父母的，愿意他们的儿女能得着一种宗教的教育，因此也肯多出钱。

英国除了此类的学校外，所谓纯粹的私立小学校是极少的，据最近的教育统计，英国有六百万的学童，但私立学校的学生只有四千。

一九〇二年以前，所有的中等的学校都是私立的，学校的设施及经费，全是私人捐助的。有的学校已经有几百年的历史，也有是新办的。自一九〇二年以来，有许多中等学校是地方所设办的，但是少数。教育部对于这些私立学校捐来的钱，有监督的责任，因为这是法律上所规定的。学校若肯受教育部或大学校的审查，就可以得到中央的补助费。

英国补助学款的办法，是根据于视学员的报告，这种办法很能使学校数目增多、程度提高，同时并不使已经纳教育税的人再有重的负担。这是英国对于教育上的贡献，也是我们要细心研究的事实。

(四) 美国

美国私立教育所占的地位之大，甚足使人惊奇。据一九一七至一九一八年的统计，公立小学及中学学生的数目是 20 853 816，私立小学及中学的学生数目是 1 915 125，后者适为前者十二分之一。有些省份比这个比数还大，在麻沙省(Massachusetts)①及以利诺省(Illinois)②有六分之一，罗岛省(Rhode Island)③有五分之一。(4) 瑞斯那④君(Reisner)(5) 说：这种情形全是由于一般受过教育的富人，要使他们的儿女得到一种与公立教育不相同的教育。他们怕公立学校因着多有侨来的外国儿童，易使道德的标准降低。也有好多是要得着宗教的训练。有些人除了照常纳教育税外，还情愿拿出钱来帮助那些得不着公款的私立学校。

中等学校总有四分之一至五分之一是私立的。高等教育，大多数的大学生是在私立的大学中读书。好多最大最负盛名的大学是私立的，即如哈佛(Harvard)、耶鲁(Yale)、普斯登(Princeton)⑤、诗家谷(Chicago)⑥、司丹佛(Stanford)⑦等是。这自然因为省立大学还是新的，所以不能与那些老的大学并驾齐驱。大学都得由省政府得到一种证书，由这种证书和省宪法的规定，省政府对于高等教育有管理的责任，但各大学多半是独立的。

瑞斯那(Reisner)曾论到美国对于私立教育一般普通的态度说：(6)

> 美国对于个人或团体设办学校的自由是不大限制的，普通都以为要为儿女选择某种学校，受某种教育，是父母的特权。但现在有一种逐渐成熟的

① 今译"马萨诸塞州"。——编校者
② 今译"伊利诺伊州"。——编校者
③ 今译"罗德岛"。——编校者
④ 今译"赖斯纳"。——编校者
⑤ 今译"普林斯顿"。——编校者
⑥ 今译"芝加哥"。——编校者
⑦ 今译"斯坦福"。——编校者

倾向,国家要督促各私立学校,使他们在教育的效率上,达到公立学校所有的标准,……若禁止设办私立学校是与美国自由的精神相矛盾,那么由国家来强迫私立学校,要他们在学生数目、教员的资格、公民教授及学生的进益等事上,都达到公立学校的标准,也是一样与美国自由的精神相背驰的。

(五) 日本

日本的私立小学校的情形,很少兴旺的气象。他是仿德国的办法,利用学校在现代的各种困难的情形中,造成一种强而有力的国家精神。日本在这件事上已经有了很大的成功。但国家好多的领袖,常以为日本为此事所给的代价实在是太高了——减少了个人的创作及思想的自由,造成了武力和政治的大机械。

私立小学校还不足百分之一,而其中的三分之二是在东京资产阶级中。儿童要到私立学校读书,先得有政府的允许,政府对于私立学校与公立学校在标准上有同等的要求,课程读完时,得受国家的公共考试,然后方可入高级的学校。

私立的中学及高等学校是不少的。这是因为公立的中学及高等学校不多的缘故。私立的大学,在日本教育上占了绝大的地位,也是为着这个缘故。即如私立的早稻田大学(Waseda University),有教授二百多人,学生七千多人。这个大学是在西历一八八二年由大隈伯爵所创办的。这个大学的目的就是要与那帝国大学的窄隘而固执的方法对抗,也是要使人多有个得受高等教育的地方。私立学校在好些年中受到了种种的困难,当时不准他们用"大学"或"中学"名字,他们的学生只可以领到证书,不能得着学位。此外还有种种别的难处。但,末了终得到了政府的认可。这是因为他们所养成的人才,确是好的。政府就不能再有别的话说了。现在只要私立的大学能达到标准,并有充足的经费,无论他是何类学校,政府总是可以承认的。

(六) 坎拿大①

上边已经说过,在英国及德国作父母的,要他们的儿女得着宗教的训练的情形,这个问题在坎拿大的情形,更值得我们的研究。坎拿大是英法两民族合住

① 即加拿大。——编校者

的,各用自己的语言——法文及英文;各信自己的宗教——天主教及耶稣教。在奎北克省(Quebec)①,因为居民多是法国人,学校就用法文教授,教授天主教的教义。那少数用英文的耶稣教徒,就将他们的儿女送到用英语教授的另立的学校(separate school),教授耶稣教的教义。在法国人少的省份,他们也是这样作。这些另立的学校,是政府承认作公立学校的一部分的。他们的经费,是由愿送他们儿女入这学校的父母,用纳税的方法交纳。这些学校与公立学校有同样的标准,也受政府的审查,视学员也都是同民族同语言同宗教的人来当。

这种方法的结果,是使两类的人都满意。

(七) 印度

印度的教育,至今多遵照一八五四年的定案办理"印度教育最好是由政府及本地人士协同办理,也可以用补助学款的办法。(与英本国同)……对于宗教教授,是没有什么干涉的"。(8)

小学校有公立与私立两种,公立的共有学生在七百万以外,私立的也有相近七十万。公立小学校须遵从政府所定的学科,受政府的审查,并送学生去受公共考试。其中还分出两类:(1) 公共管理;(2) 私人管理。第一类是由市政厅或其他公共机关主持一切,而第二类是私人团体管理的。这两类以同等条件,得政府的补助,不过私人管理的学校中,可以教授宗教,而公共管理的学校则否。严格的私立学校,不得政府的补助,也不遵从一切条件。

全印度的统计还没有,但是看了末特拉斯(Madras)②一省的统计,或者就可以明了大概的情形。(9)

校别		校数	学生数	百分数
公立学校	公共管理类	10 894	661 591	36%
	私人管理类	26 310	1 080 902	59%
私立学校		3 443	94 529	5%

① 今译"魁北克省"。——编校者

② 今译"马德拉斯"。——编校者

中等学校和大学校如依政府的标准,能得政府的承认和补助的。

在一个国中,若种族及宗教不同,而宗教又被社会认为教育中重要的部分,政府最好是采用承认及补助的办法。

(八) 司堪狄那威亚半岛①

私立学校在丹麦、瑙威②、瑞典、芬兰等国是很有势力的,特别的是中等教育在瑙威中等学校有百分之二十八是私立的,在瑞典私立学校可以得着教育公款。克老德(Cloyd)说:

> 瑙威教育的特色,就是私立学校多,这些私立的学校,有的是得政府的承认,有的没有。有的得着政府的补助,有的没有。这大概是他们人民的天才,能以提倡个人创作的权利。义务教育律,不但要人入公立学校,也许人入私立学校。(10)

因着教育上的自由及柔性的缘故,私立学校在国家教育方针的发展及改进上是重要的部分。

(九) 中国

中国的教育,早就得到政府的鼓励。有时公立学校也很盛行,但照郭秉文博士说,中国教育的发达,大概靠私立的力量,"因为大部分的教育都由私人自办的"。(11)必要的标准,便在那公共考试中一些不费的保守了。

即如现在有了很大的公立中小学校系统,私立学校的数目仍旧不小。其中有些也是全国最好的学校,不过大部分降到标准以下去了。在学校没有普及到全国儿童以前,私立学校万不可限制,教育家对于这点,也该有个切实的计划。

总论以上所说过的是:

(1) 没有一个国家是没有私立学校的。(学校等级不拘)

---

① 即斯堪的纳维亚半岛。——编校者

② 即挪威。——编校者

(2) 有的国家自办小学。私立的很是少数,影响也不大,法国、德国、日本全是这种情形。

(3) 有的国家提倡私立小学,也认私立小学为公立教育的一部分。与公立小学有一样的标准,守一样的教育法规,受一样的审查,得一样的补助费。这是英国及印度的情形。

(4) 私立学校在校宿、课程、师资等事上都要达到一定的标准的。

(5) 只有法国及德国是不利用私立的中等学校,来作人民求学多有的机会。达到标准一层,有的平时用审查的方法,督责他们,英国是这样作。有的平时先不管他,只留有毕业或入大学的考试,司堪狄拿威亚及美国是这样作的。

(6) 私立的大学校,除了法、德国外,各国都有,也很有势力。在日本,私立的大学于高等教育范围的改革及精神上,曾有过大的势力。

(7) 现代的倾向,是公立各级学校不教授宗教,但对于私立学校却准他们自由的教授宗教。在英国、美国、坎拿大及印度,私立学校之所以存在的,就是因为有人要使儿童得着一种宗教的训练。日本曾在好多年中,不承认宗教学校,但现在态度改变了,宗教学校也可以立案了,只要别的学科达到标准,宗教一科是不加干涉的。私立学校的学生与公立学校的学生,享有同样的权利。但私立学校的经费,不能得公家的补助;教员退职时,也不能由政府取得养老金。

三、规定私立教育的地位的原则

我们差不多将世界的私立教育的情形全说到了,现在不妨将关于这件事的几种原则提出来讨论一下:

(1) 教育,原来都是私立及私人管理的,国家设办学校不过是近来的事情。若有人说私立学校是过去的遗物,这似乎是没有大不近情理的地方,但这样的推论法实在是谬误的,虽然有些学校是因着他们的历史上的关系而存在,但好多的学校确是为着一种具体的目的而设立的。有的教育家常梦想着教育全由国家来办,有种统一的制度,取缔一切的私立学校;至于所教养成的国民,都使他们一样,但这种理想的赞成人是日渐减少的。“差异”(variety)乃是个性及人格的标记,有差异,个人方能在世界上得着他自己的最好地位。

瑙威国的拿德森(Rektor D. F. Knudsen)[①]校长说:“要将高等学校所知的事业办到好处,国立的、市立的及私立的学校都有才是。这些学校各有所长,各有所短,最好是能协力合作,各尽所长,互消所短。据我所知道的,还没有一个国家能够,或是愿意将私立的创作尽行取缔的。若他们这样作时,那就如同一个自由的人被捆起了手足,或是一个牲畜被拴在地上一般。”(12)

(2) 全国的儿童能受到充分的教育,这是现在的政府所当负的责任。政府可以由人民收教育税自己来设办各级的学校,或是设法促进自动的私立学校,这样作也可以使人民少纳些教育税。在人民还未十分了解教育税的价值的国中,采用第二个方法更为适宜,印度、日本(中等及高等教育)及中国都有这种的情形。

所谓自动的发展,不仅是多加些学款,一种教育的成功全在乎它所服务的人群的道德的扶助。若只由政府来执行父权主义的办法,则不免摧残个人的兴致。使地方及小的团体能发展自己的教育理想,也就是造成了国家的学校,因为那正是国民的生活及兴致的表现。司堪狄那威亚[②]及英国的人民,都对于私立学校有坚确的信仰,也肯出钱,比所应纳的教育税还多。别的国中,地方并个人对于教育注意的也很多,美国就是这样。只要人民在教育上有兴趣,就是国家之福,先不必问他们的方法怎样。最好由政府来认可他们所办的私立学校,这都是我们上文已经提过的事实。

(3) 有位德国著作家说:“从来没有只为管理的缘故,而使学校划一的,都因为发现了一种新的理想,要将这种新的理想实行出来,然后才来划一学校,使他们向着这理想去作。”(13)

这样的事实,现在德国或别的国中都没有了。欧战曾破坏了教育家的快乐,现在无论什么地方,都有不满意的研究及试验的精神,国家用教育专利的办法,是不宜于这种情形的,因为学校及学生的数目太大,在试验上、在改革上都是不便的。即如现在试行中的道尔顿制,它的价值也许是极大的,但现在还没有试验出来,打算采用这种方法是要用钱的,因为课室得另编制,教员也得受一种特别的训练。若在它的真价值还未证明以前,就贸然使大多数的学校

① 今译“克努森”。——编校者

② 即斯堪的纳维亚。——编校者

采用,这实在是不妥当的。但少数的私立学校,却可以尽量的试验。若结果好时,则公立的大多数学校,再来实行不迟。

职业教育就是这样作成功的。二十五年前只有私立学校办职业教育,因有了好的结果,现在公立教育也照样办了。欧洲的女子中等教育原来也是这样,当时是由私立学校试着办理的,现在政府也正式的办女子中等教育了。

私立教育在教育的试验上是有大价值的,得出来的好结果,是可以供给公立的多数的学校的。

(4) 此时也正好将宗教在教育上的地位这个问题提出来谈谈。有好多人一定是不赞成宗教在教育中有地位的,在西洋各国,宗教原来是教育中的一部分,但教育普及的说倡兴之后,公立学校对于这个问题就有了难处,以后有些国家就将宗教自公立学校的课程中除去。

但有好多人常是对于不含宗教的教育不满意,他们相信宗教是个人教育的重要部分,他们主张他们的儿女是当得着宗教训练的。他们不以宗教是家庭及教会的责任的说法为然,因为有些作父母的或未能注意到他们儿女的宗教训练,但儿女仍有得着宗教训练的权利。哈佛大学的哲学教授哈经(Prof. W. E. Hocking)①对于这关乎心理的及教育的问题说:

> 使人普通的本能没有什么不充分的发现,乃是教育的责任……
>
> 罗素曾反对使不能自卫的儿童浸在造成国家的宗教的政治的信仰的空气中……我以为受政治支配的教育的大危险,就是使最好的所在空着。这种情形,在德穆克拉西的国家中尤甚,因为他们取消了那所以使人有分别的彼此不同的意见。欧战前,法国的不含宗教的教育经验,对于不进则退(Vacuum is equivalent to a negation)的原则有显著的实证,横竖是儿童的反应的能力是被削夺了去。……
>
> 教育当尊重儿童的权利,但他们第一种的权利,不是使他们自己去选自己的生活,没有泥和草是不能作坯的。他们第一种的权利,是能得着我们现有的最好的积极的供给,这样他们就可以在生长中得着自然的保障;

① 今译"霍金"。——编校者

什么都不教他们，并不是好的办法，他们倒有机会得着坏的训练。[14]

美国对于这个问题，现在有了复起的兴趣，或者有的省要将宗教加入课程中，但所教的不能是专属于某一派的教义。因着宗教有派别的不同，所以公立学校不能教授宗教，那么最好是由私立学校来教，他们不但能服务宗教的某派别，也有准确的办法。只要他们能在别的学科上能达到标准，又许政府的视学员来视察，就不该限制他们才是。

(5) 再有一层，也是私立学校为国家教育要紧的一部分的理由。从欧洲的希腊、中国的孔子到现在，学问及教育是最能联合个人及社会团体的，他们可以不顾国界及种族间的区别。中世纪时，欧洲分裂为许多的战争国，但当时有新学问的人，却可以很容易的游历各国，在无论什么地方都能得着朋友。只有普鲁士要将他本民族的各小国，联合起来成一个大国，遂发明了利用教育来作这番事业的方法。她发明了"国家的教育，是为国家的，也是要由国家来管理的"。德国的教育不是要造人，乃是要造德国人。[15]但德国在这事上是将教育的本质弄错了，也得着了她的刑罚。

所不幸者，是欧战前德国的成功，曾激动了好些别的国。直到现在，还有人没看出欧战所给教育家的教训来。英国现在的劳动内阁麦多纳总理，在近来的演说中曾说："我们相信国家主义的人，不要看错了，要知道所谓国格(nationality)并不是排外的意思。"我们也可以换过来说"我们相信教育的人，不要看错了，要知道所谓国家的教育，并不是排外的意思"。

这不过是就大体来说，无论在什么事上若用专利的办法，那就是排外及不愿有竞争的。由国家来专办学校；对于私立的，特别是与自己的方法及理想不同的，就要排挤。岂不知就是因为不同的缘故，私立教育才有存在的价值。自求进步的民族，他们常是对于现在的社会，政治、工业或教育不满意，也只有教育上的差异，是这些问题的大希望。教育上有碍进步的教会主义，此后是不是怕的了，所怕的只有国家教育的高尚的理想，被政客误用在窄狭的观念，及自私的目的上去。一位受过法国教育而有国际同情的德国哲学家对于这种危险说：

我们现在是生活在文化的残毁的标记中。

> 要使文化复兴，则非个人有新的心理不可。这新的心理，是离开那人群所旧有的心理而独立，也要与旧有的相反抗。然后逐渐的得到多数人的信仰以至于能影响他们的行为。
>
> 一种新的舆论，必要用私隐的及不莽撞的方法来造成。现有的用印刷所、宣传、机关、金钱及种种别的势力所造成的舆论，是当废除的。这种不自然的宣传方法是不当再用的，要用一个自然的方法来替换他，——一人传一人，只以真理为标准，听的人只以有新的真理而领受。试问现在的人，能不能将精神对于他所要求的，及时代所不许的实行出来？[16]

我们或者不是这样的急切，但这段意思是我们都赞成的吧！教育不仅是为传授社会现有的理想，乃是更能使新的理想得以发生，用以来改造这现有的社会。这种说法，也都是我们所承认的吧！我们也不能否认，私立学校职务之一，是在造成新的思想及观念。这种职务是公立的大的教育制度所不易为的。私立学校在今日要尽这种义务尤为相宜，因为此时老的文化有消散的倾向，人类都正求着，得一种现在还未发现的较好的生活。

(6) 我们此时到了现代教育的管理问题的中心了。教育普及在已过的一百年中走得很慢，但所得的利益确是不少。国家的学校制度是打了胜仗，我们也相信这是永久的胜利，对于这一层是再没有辩论的余地。

但国家当怎样的管理及设备学校，还没得着个一致的办法。有人主张所有的学校都用国款来设办，也都受政府的管理。这样办对于大多数的学校是可以的，若对于所有的学校，怕不是十分相宜的，有人主张教育的大体是由国家管理，但公立私立学校可以并存，教育的执政者要规定出标准来，使公立私立的学校一体遵行。或平时审查督促他们办的达到标准，或学生毕业时，都受一种公共的考试。这样作，不但收得了国家教育的实效，也对于个人的创作、理想、自由都没有什么妨碍。现在世界教育的潮流，也正是向这个方向走。

四、结　论

我在中国不过是个客人，中国的教育执政者要怎样待遇私立学校，我都不当说什么，这更因为我现在是一组私立学校的代表。但我方才不过是在教育的本身及中国和中国的儿童等方面着想，绝不是由我个人的立脚点说话。

最后我还愿意引两位教育学者对于这个问题的意见，来作我们的参考。

现在我们会场的主人东南大学校长郭秉文博士在他的《中国教育制度史》①中的末了，论到教会教育，我愿意引来作参考，这不单因为他是关系教会教育，乃是因为也与私立教育有关系：

> 从日本和印度的经验，及中国教育的现况看来，都有认可教会学校的倾向。这样作是与中国有好处的。政府可以监督教会学校，利用教会学校以补公立教育之不足，同时也使教会学校的毕业生，都能完全有本国的精神，对于固有的最好的思想及情感，有充分的同情；不至于成为不能适应环境的新奇的人，因着事物的逼迫而生活而作工。(17)

末了我要引一位西方学者，中美两国都推重的孟禄博士，把他的话来作参考。三年前中国一般教育家——就是代表现在中华教育改进社的，请他来研究教育状况，做一个可靠的报告。临去时还要他对于私立教育及最重要的教会学校发些议论。他所说的，我不能完全引用；但下边几节，已能把他的思想完全表明了。他说：

> 要使一个教育统系发达，必要有两条原则：第一是应有各种标准，做各项教育事业的准绳。第二是应有伸缩的余地，可适应社会上的特殊状态。

他说的各种标准便是：注重中文，并以之作教授时的语言；教授中国历史、地理、文学；教员的资格；教员与管理员的国籍。

他还说：

> 从省政府或国家政府方面着想，也最好能容许极大的私立教育范围，

① 即郭秉文所著《中国教育制度沿革史》。——编校者

只要他们能守政府所立最小限度的条件就可以。倘然有许多地方，私立教育方在萌芽时代，而政府无力设施教育，更应给他们自由。况且这种自由，适合民主政体的目的与精神，加以限制，反摧残了。

我近来研究教育，很奇怪的发现中国私立教育，纯粹由中国人自主的，数目竟极大。更奇的是他们在无论什么所在，都列在最优等里。同时教会学校，也常出类拔萃，有许多贡献于社会。我要丢开了我们国里（指美国）的慈善事业，与基督教布道的成见，专以如何可使国家教育制度发达的立足点来论。我相信这也应该给教会教育以充分的自由，只要他们能守政府所立最小限度的条件，那是无论公立私立学校都须遵守的。

参考用书

(1) E. H. Reisner: *Nationalism and Education*, Macmillan, 1923, p.98.

(2) The same, p.207.

(3) Article on "*Education in Germany, in the Encyclopedia of Education*", edited by Dr. Paul Monroe, Vol.Ⅲ.

(4) E. H. Reisner: See (1) above, p.555.

(5) The same, p.556.

(6) The same, p.556, p.557.

(7) D. E. Cloyd: *Modern Education in Europe and the Orient*, Macmillan, 1917, p.359.①

(8) Quoted in "*Education for Life and Duty*" by Sir Michael E. Sadler, in the International Review of Missions, October, 1921.

(9) "*The Problem of Management in Indian Education*," the International Review of Missions, April, 1924, pp.217 - 234.

(10) D. E. Cloyd: see (7) above, p.292.

(11) P. W. Kuo: *The Chinese System of Public Education*, The Commercial Press, p.2.

(12) D. E. Cloyd: See (7) above, p.294.

(13) Article on "*Education in Germany*,"See (3) above, Vol.Ⅲ, p.64.

(14) W. E. Hocking: *Human Nature and Its Remaking*, pp.233, 234, 238.

(15) De Hovre: *German and English Education*, *Constable*, 1917, p.73.

(16) Albert Schweitzer: *The Decay of Civilization*.

(17) P. W. Kuo: See (11) above, p.148.

(18) Dr. Paul Monroe: *The Place of Mission Education in a National System*, *in the Educatlonal Review*, Shanghai, April, 1922, pp.134 - 136.

① 该注释在原文中没有标注出具体位置。——编校者

私塾与地方教育

夏雨农*

一、绪　　论

(一) 私塾是地方教育的一个重大的问题

在地方教育的许多重要问题当中,私塾也占其一,办理地方教育行政的人员,过去的错误,是在专心办理学校及社会教育的一切设施,完全以学校及社教机关,为办理教育行政的对象,对于私塾不甚注意,简直认为私塾成了教育的化外物,和整个的地方教育没有多大的关系。

行政方面,既有了以上的错误,而忽略了私塾,一般塾师们很自由地设立私塾。他们违背了时代,离开了生活,瞎干一切,这于个人的关系还小,对于社会和国家的影响极大,因为他们对于教育根本上少认识,错误的方法,迷醉这许多所谓国家将来的主人——宝贵的儿童;将来这许多儿童长大了,也不能成为国家所需要的一种人才。可是地方教育行政当局,竟无法补救!

容或学校与私塾发生争执,起了纠纷,学校当局呈请教育局取缔私塾,结果虽能取缔一两所,儆诫其他的私塾,可是这种零零碎碎的取缔,固然非常的麻烦,并且这种消极的办法无补于事,要望以后再不发生争执,是绝对的不可能

---

*　夏雨农,生卒年不详,江苏靖江人。曾就职于丹阳教育局和靖江县文教局。

本文原载于《中华教育界》1932年第20卷第3期。——编校者

啊！因此作者要唤起教育界同志，尤其是站在行政方面的人员，须认定私塾是地方教育方面一个最重大的问题，和学校及社会机关同一的需要整理和监督。

(二) 私塾存留问题进一步的研究

现在各县的私塾数目，都超过学校数的好几倍，单就我邑——丹阳来说，学校仅有一百五十余所，而私塾反在千所以上。论到塾舍、设备、训育、教学，……种种方面，一般人都认为欠妥善的，所以许多人主张，在现在的时代之下，非严厉地取缔私塾不可，究竟这种取缔的工作，是否可以实行？这是一个先决的问题，有研究的必要。

从事实方面告诉我们，取缔私塾确有理由，但是在各县教育经费，闹着无办法的当儿，有几点是不能不顾虑到，例如：

儿童失学堪虑

现在各县用现有的教育经费办理教育事业，所设的学校仅仅乎教育少数的儿童，大多数的儿童还是失学，从下面的统计表里，可以看得很明白：

丹阳县学龄儿童入学数统计表

<table>
<tr><th>学区别</th><th>第一学区</th><th>第二学区</th><th>第三学区</th><th>第四学区</th><th>第五学区</th><th>第六学区</th><th colspan="2">总计</th></tr>
<tr><td>学龄儿童总数</td><td>9 795</td><td>16 318</td><td>16 047</td><td>23 720</td><td>15 269</td><td>14 560</td><td rowspan="2">入学儿童数</td><td rowspan="2">失学儿童数</td></tr>
<tr><td>学校学生数</td><td>2 195</td><td>1 334</td><td>1 540</td><td>2 768</td><td>1 760</td><td>1 808</td></tr>
<tr><td>私塾生徒数</td><td>3 548</td><td>8 463</td><td>5 916</td><td>8 547</td><td>4 716</td><td>5 144</td><td rowspan="3">47 739人</td><td rowspan="3">47 970人</td></tr>
<tr><td>失学儿童数</td><td>4 052</td><td>6 521</td><td>8 591</td><td>12 405</td><td>8 793</td><td>7 608</td></tr>
<tr><td>备注</td><td></td><td></td><td></td><td></td><td></td><td></td></tr>
</table>

二十年[1931]二月调查

根据上面的统计表，我们知道在有私塾的现在，丹阳一县，还有四万七千九百七十名儿童失学，如果把全县的私塾取缔，又要加上三万六千三百三十四名失学的儿童，试问公家是否有这种财力，增设学校，添增学级，替这八万四千三百零四个失学的儿童着想吗？这是应当考虑的第一点。

师资感觉缺乏

即使上面经费的问题，幸而能解决了，换句话说，教育行政当局可以筹划一笔巨款来设校增级，可是继续就要发生师资缺乏的问题，因为改革以后，增设了不少的新机关，有学识和有能力的小学教师们，许多的人脱离了教育界，得着别种优越的工作，在这种原因之下，各县都感觉师资缺乏，取缔私塾以后，塾师当然在摒弃之列，试问是否能有这么一大批的优良教师去接充？这是应当顾虑的第二点。

引起民众纠纷

私塾发达，学校衰落，学校收的学费比私塾修金数少许多，并且私塾的习惯，学生家属还要供给膳宿，何以家属情愿牺牲？我从多方面的观察，知道：都是由于少数小学教师的不努力，使学校办得一天不如一天，失掉社会上的信仰，给塾师以活动的机会，尤其是在教育未能普及的我国，大多数的人民——农民，他们的思想还是陈旧非常，塾师们迎合他们的心理，拿经书来投其所好，用极严酷的手段来剥夺儿童的自由，一般愚民们反极端信仰，忠诚的拥护。在乡村方面，这种情形，再普遍没有了。

如果实行我们的取缔工作，塾师们当然鼓动一般愚民作消极的抵抗，那么纠纷的引起，徒然发生许多麻烦，这是应当考虑的第三点。

所以我的主张，在积极方面把全县私塾加以整理，把所有塾师严加甄别，训练尚堪造就之塾师，把私塾一律改良起来，也编配在教育局的监督和指导之下，增进其效能。

二、办　　法

全部工作，分为整理、训练、管理、视导四期，兹分别述之。

（一）第一期工作——整理

组织管理私塾委员会

现在教育行政当局，对于私塾，任其自然，向来没有一个固定的组织，或是派定专员负责去管理的。现在既十分地注意私塾，第一个先要做的工作，就是组织私塾管理委员会，同时由教育局指定一两个局员，专门办理私塾方面的一切事情。至于聘请管理私塾委员会的方法，须根据社会的实际情形办理，我的意见，局长、督学、教委为当然委员，此外应聘请地方上对于教育有深切研究的人充任，其他如区长等亦可择优聘充；负责主持一切，并切实指导局员去工作。

经费列入预算

整理私塾可以促进地方教育的普及，所以教育局应当在预算内，列入一笔整理私塾的经费，至于经费如何列法，可由各县教育局根据各地经济情形办理。

举行全县私塾总登记

事前拟定登记宣言书，及登记表式由局方派员至各区公所，召集所有塾师作恳切的谈话，使他们明了所以要登记的原因，他们也就愿意来登记。

拟定的宣言书及登记表式如下：

（甲）宣言书

诸位塾师：

教育为国家的根本，诸位对于这一点，谅早了解了。现在我们的国家衰弱到如此地步，虽然原因很多，可是教育办得不及其他的国家，是一个最重大的原因。换一句话说，就是列强的人民多数受教育，我们中国人民多数是不受教育。结果，我们中国愚民占多数，所以一切都赶不上人家。

诸位充当塾师，也是做了教育方面的工作，可是诸位所办的教育，与国计民生，均处于相反的地位；因为诸位的主张和办法，与国家现在所希望的相反。换一句说，就是诸位对于现在的教育宗旨，以及教学、训育、设备……种种方面，多不明了，还是用了以前错误的方法，盲目的做着，认为有改正的必要。

诸位散处民间，对于农村的情形自必熟悉。现在农村的种种方面，都处于“危机四伏”的境界当中，如果我们喊着“教育救国”口号的同志们，再不想方法，改善我们的教育，我国非沦亡于异族之手不可！

所以我们行政方面也就下了决心，就是要借重诸位，协同来为地方教育努力，并且希望诸位努力去认识现在的时代，及新教育的学说和方法，做一个优良的民间教师，加入我们的集团，一致为社会国家效力。

此次办理全县塾师总登记，就是这种用意，希望诸位快来登记，并且很诚实地来登记。

（乙）登记表式

（　　）省（　　）县私塾登记表　登记日期（　　）年（　　）月（　　）

<table>
<tr><td colspan="2">第（　　）号私塾</td><td colspan="3">生　徒　数</td><td colspan="7">东　家　负　责　者</td></tr>
<tr><td colspan="2">私塾所在地</td><td>性别</td><td>男</td><td>女</td><td rowspan="3">姓名</td><td rowspan="3"></td><td rowspan="3"></td><td rowspan="3"></td><td rowspan="3"></td><td rowspan="3"></td><td rowspan="3"></td></tr>
<tr><td>市乡名</td><td></td><td>人数</td><td>人</td><td>人</td></tr>
<tr><td>乡镇名</td><td></td><td>总数</td><td colspan="2">人</td></tr>
<tr><td>区公所</td><td></td><td>最大年龄</td><td colspan="2"></td><td rowspan="3">住址</td><td rowspan="3"></td><td rowspan="3"></td><td rowspan="3"></td><td rowspan="3"></td><td rowspan="3"></td><td rowspan="3"></td></tr>
<tr><td>公安局</td><td></td><td>最小年龄</td><td colspan="2"></td></tr>
<tr><td colspan="2" rowspan="2">塾　师</td><td>平均年龄</td><td colspan="2"></td></tr>
<tr><td colspan="3">教　读　情　形</td><td colspan="7">修　金　数</td></tr>
<tr><td>姓名</td><td></td><td rowspan="4">书　本</td><td colspan="2" rowspan="4"></td><td rowspan="3">每　年</td><td colspan="6" rowspan="3"></td></tr>
<tr><td>性别</td><td></td></tr>
<tr><td>籍贯</td><td></td></tr>
<tr><td>年岁</td><td></td><td rowspan="2">其他津贴</td><td colspan="6" rowspan="2"></td></tr>
<tr><td>出身</td><td></td><td rowspan="3">教　法</td><td colspan="2" rowspan="3"></td></tr>
<tr><td>暂时通信处</td><td></td><td rowspan="2">是否供膳</td><td colspan="6" rowspan="2"></td></tr>
<tr><td>永久通信处</td><td></td></tr>
<tr><td colspan="12">备注</td></tr>
</table>

登记者　塾师（　　）

派员调查

兹分调查对象研究，及调查方法两层加以说明：

A. 调查对象的研究

(1) 出身及学力

塾师出身，细分起来，有下列种种：

(A) 科举时代的文人——此类塾师为数已少，存在者亦多衰老不堪了，他们对于旧文学，有所擅长；

(B) 教育界的退职者——此类塾师，有些任过教育行政人员，有些当过小学教员，因种种原因，而退出教育界，去充当塾师，他们因为曾在教育界服务的原故，对于教育学说及方法尚能明了，对于常识也有相当的了解；

(C) 杂色塾师——此类塾师，粗识文字，谋业一无所成，改在穷乡僻壤，设馆课徒，藉以糊口，此类的塾师，学识多数是恶劣的；

(D) 未来的塾师——系指私塾里的附生而言，塾师们收几个年长的生徒，随师读一二年后，便出去设塾，此类塾师，学识浅薄，但是正在青年，可以将他加以训练。

(2) 思想及行为

塾师的思想及行为，约可分下列几种：

(A) 思想稍旧而行为纯良——此类多为洁身自好之士，他们抱与人无争的见解，故他们的行动对于社会无妨害；

(B) 思想陈旧，顽固性成——此类塾师，性多怪僻，自以为是，凡事都很主观，不听劝告，但是也没有什么大过失；

(C) 思想错误，行为恶劣——此类塾师，极熟悉社会情形，但是思想不正，平时借塾师之名，暗中包揽词讼，从中取利，有类土劣，对于这种的塾师，须严格的取缔。

(3) 教读情形

塾师教读情形不一，约分以下几种：

(A) 改进者——参加一点新方法，除经书外，也教些教科书，并且对于算术、尺牍、珠算，也很认真；

(B) 完全旧式——用经书作教本，纯粹注入式，并主张背诵，学生是否明了，塾师绝对不管；

(C) 敷衍——教书是非常随意的，大部分的时间，都用于吃水烟，写诉状，接洽外务。

兹根据以上的对象，制定调查表如下：

第一种：私塾概况

(　　)省(　　)县私塾调查表(第一种)　调查日期　　年　　月　　日

第　　号私塾	房屋		设备	
塾师				

（续表）

<table>
<tr><td colspan="3">学 生 数</td><td colspan="2">修 金 数</td></tr>
<tr><td>性 别</td><td>男</td><td>女</td><td>每人至多出费</td><td></td></tr>
<tr><td>人 数</td><td></td><td></td><td>每人至少出费</td><td></td></tr>
<tr><td>总 数</td><td colspan="2"></td><td>塾师每年收入数</td><td></td></tr>
<tr><td>有无附生</td><td colspan="2"></td><td>塾师意见</td><td></td></tr>
<tr><td colspan="5">调查者之意见</td></tr>
</table>

调查者（ ）

第二种：教读与管理

（ ）省（ ）县私塾调查表（第二种） 调查日期 年 月 日

<table>
<tr><td colspan="2" rowspan="2">第 号私塾</td><td rowspan="2">塾师姓名</td><td rowspan="2">（ ）</td><td rowspan="2">教读时间</td><td>早晨开塾</td><td></td><td>下午进塾</td><td></td></tr>
<tr><td>放午膳</td><td></td><td>放晚学</td><td></td></tr>
<tr><td colspan="2">室内布置</td><td colspan="7"></td></tr>
<tr><td rowspan="5">教读</td><td>用的书本</td><td colspan="7"></td></tr>
<tr><td>有无新科目</td><td colspan="7"></td></tr>
<tr><td>教读次序</td><td colspan="7"></td></tr>
<tr><td>作文方法</td><td colspan="7"></td></tr>
<tr><td>学生成绩</td><td colspan="7"></td></tr>
<tr><td rowspan="4">管理</td><td>严厉抑放任</td><td colspan="7"></td></tr>
<tr><td>如何训导</td><td colspan="7"></td></tr>
<tr><td>用体罚吗</td><td colspan="7"></td></tr>
<tr><td>学生态度</td><td colspan="7"></td></tr>
<tr><td colspan="9">调查者之意见</td></tr>
</table>

调查者（ ）

第三种：塾师的生活状况和社会信仰

(　　)省(　　)县私塾调查表(第三种)　调查日期　　年　　月　　日

<table>
<tr><td rowspan="7">塾师生活状况</td><td colspan="2">塾师姓名</td><td>设塾号数</td></tr>
<tr><td>亲属</td><td>财产</td><td>学力及品性</td></tr>
<tr><td>老辈　　　　人</td><td>不动产</td><td>读书几年</td></tr>
<tr><td>平辈　　　　人</td><td>每年家中收入</td><td>程度</td></tr>
<tr><td rowspan="2">小辈　　　　人</td><td rowspan="2">个人每年收入</td><td>品性</td></tr>
<tr><td>行为</td></tr>
<tr><td>已婚否</td><td>家境及个人担负</td><td>长处</td></tr>
<tr><td rowspan="6">社会信仰</td><td colspan="3"></td></tr>
<tr><td colspan="3"></td></tr>
<tr><td colspan="3"></td></tr>
<tr><td colspan="3"></td></tr>
<tr><td colspan="3"></td></tr>
<tr><td colspan="3"></td></tr>
<tr><td>调查者意见</td><td colspan="3"></td></tr>
</table>

调查者(　　　)

B. 调查方法

由管理私塾委员会，开会讨论，出发调查之日期，及派往各区调查之人员；于未出发之前，并作充分之准备——例如调查表格、宣言等之编造，学区图之绘制，及各区公所之事先联络，均应及早预备。

举行总审查

各调查员调查完毕，管理私塾委员会，应组织临时塾师审查委员会，聘请教育界相当人员充任委员，将全县塾师予以审查；其中学识毫无及行为恶劣者，均取消其塾师资格，并停闭其私塾，其余审查及格者，准许其投考。

举行考试

审查及格者，公布其名，同时即举行审查及格塾师之考试，考试及格者，准其暂行设立私塾，并得享受公家之训练，以期改良，至于如何组织考试塾师委员会，规定考试之科目，以及成绩之评判，均可由各县，参照本地情形，斟酌办理。

领牌照

审查及格之塾师，令至教育局，领取磁质牌照，并静候公家抽调训练，其牌式，拟定如下：

（二）第二期工作——训练

理论方面

训练塾师本是一种最繁重的工作，在科目方面以及训练的方法，均须下严密的研究，然后才可以收到好结果，兹分别述之：

A. 学科的讨论

塾师们的出身不同，程度亦异；如果强迫他们受同一科目，同一程度的训练，极不相宜；据个人的意见，应在科目方面分必修科、选修科；再在必修科方面及选科方面，细加研究，分列各种科目，兹姑拟定如下：

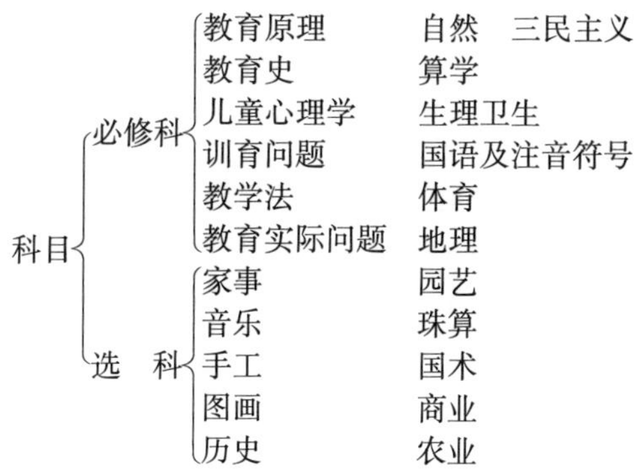

B. 课程标准的商榷

塾师的程度，既有深浅之别，而对于科目方面，亦宜根据塾师之程度，定教材之深浅，例如算术，他们根本上要从数字教起，而对于历史方面，他们对于古代的历史熟悉居多，故各科课程标准应有相当的规定，兹编制表式如下：

科目	标　　准	备　　注
三民主义	1. 总理的历史； 2. 总理从事革命事业的经过； 3. 三民主义的认识； 4. 建国大纲； 5. 建国方略； 6. 重要宣言； 7. 其他。	
国语	1. 精选古文若干篇； 2. 近代应用文； 3. 近代名著若干篇； 4. 近代浅近的文学作品若干篇。	
算术	1. 数字的读法和写法； 2. 加减乘除符号的认识和写法； 3. 四则的演算； 4. 诸等数的学习。	
历史	1. 上古史的简述； 2. 中古史的简述； 3. 近世史的重要资料； 4. 现代史的研究。	应注重中华民族的立国，历代政治的变迁。文化的进步，人民的思想的进化，学术的发扬，以及列强的种种侵略的讲述。
地理	1. 中国古代及现在的疆域比较； 2. 省区的划分； 3. 重要的边防； 4. 名山大川； 5. 出产； 6. 全国交通； 7. 名胜之区； 8. 世界各国与中国的关系。	

（续表）

科目	标　　准	备　　注
自然	1. 地球太阳及其他的星球； 2. 四季的变动； 3. 风、霜、雨、雪……的成因； 4. 电的成因及应用； 5. 水、空气、土壤的简述； 6. 几种益虫与害虫； 7. 食盐的研究； 8. 几种益鸟与害鸟； 9. 重要的植物(例如稻、麦、豆、棉花等)； 10. 重要的动物(例如牛、羊、豕等)； 11. 金、银、煤、铁……的研究； 12. 森林及重要的木料； 13. 其他各种重要原料。	
生理卫生	1. 人体的构造； 2. 心脏、肺、胃、肠的机能； 3. 增进身体健康的研究； 4. 家庭卫生简述； 5. 传染病预防； 6. 简易救急法； 7. 社会卫生设备。	
音乐	1. 音阶的练习； 2. 简易的音乐常识； 3. 精选的歌曲； 4. 乐器的使用。	
手工	1. 折纸工的联系； 2. 竹工木工的练习； 3. 工具的认识与使用； 4. 日常用具的制造； 5. 油漆的练习。	
图画	1. 曲线与直线的练习； 2. 简易的临画； 3. 色彩的应用； 4. 各种简易的写生。	

（续表）

科目	标　　准	备　　注
体育	1. 基本动作； 2. 行进式； 3. 徒手操； 4. 球类运动； 5. 国术； 6. 游戏。	
农业	1. 植物生长原理； 2. 栽培的方法； 3. 简易的园艺练习； 4. 养蜂与养蚕； 5. 家禽家畜的饲养。	
商业	1. 商店组织与管理； 2. 广告方法； 3. 簿记的练习； 4. 商人的道德训练。	
家事	1. 家政的管理； 2. 家庭卫生； 3. 烹饪练习； 4. 缝纫练习； 5. 家庭布置； 6. 家庭教育； 7. 家庭娱乐； 8. 家庭簿记及会计； 9. 家庭副业。	
教育	另行讨论。	

C. 顾到被训练者的便利

塾师们散处乡村，平时修金极少，如果叫他们来城，受长时期的训练，事实上绝对做不到，因为经济方面固然发生问题，同时因先生的长久缺席，这一堂私塾就开不起来——小孩子都要跑完了，所以我们应当替他们着想，在经济方面要力求简省，在时间方面要力求短缩。然后这种训练的伟大工作才可以完成哩。

方法方面

各县有县立师范者可附设塾师训练班，其无县立师范者可单独设立塾师训练所，其办法如下：

(1) 经费——由教育局编造全部预算，除由教育局在公家款项内拨一部分外(其数由各县自定之)，此外全县塾师，每人应纳少数之训练费，以资贴补。

(2) 入学——将塾师考试委员会考取之塾师一律编号，用抽签法，强迫入学。其不愿入学者，取消其塾师资格。

(3) 期限——最多一星期，授一种或两种之科目，训练完毕，再抽第二批，一俟此一种或两种科目，已将全县塾师训练完毕，再定出第三种第四种科目，作为第二期训练目标，依法抽签，分批训练，以下类推。

(4) 待遇——供给宿所，膳费免缴与否，视各县经费情形办理。

所有塾师修完全部科目以后，即举行考试，及格者，给予毕业证书，准其设立改良学塾，将以前所发的“○○○村学塾”牌照收回，另给以下的新牌照，并免其所缴训练费之一半。其不及格者，再继续训练。新牌照的式样如下：

○ ○ 县教育局注册
○ ○ ○ 村改良学塾
年 月(　　) 注册号数(　　)

(三) 第三期工作——管理

全县学塾的编配

将全县学塾编成总册两种，以便查考，其表式如下：

(A) 甲种——改良学塾(已在训练所毕业塾师所设之私塾)

名　称	教育局注册号数	发给牌照日期	塾师姓名	设塾地点	备　注
某某村改良学塾	1	二十一年[1932] (　)月(　)日	某某	某市乡某村	原○○○村学塾
……	2	……	……	……	……

(B) 乙种——普通学塾(未能在塾师训练所毕业塾师所设之私塾)

名　称	教育局注册号数	发给牌照日期	塾师姓名	设塾地点	备　注
○○○村学塾	1				
……	2				

私塾区域图的绘制

全县私塾编制完毕,第二步手续,即可绘造全县私塾区域地图,何处有改良学塾若干、普通学塾若干,可以一目了然。

全县私塾一览表的编造

拟定表式如下:

(A) 甲种

名　称	地点	塾师姓名	生 徒 数			注册号数	注册年月	备注
			男	女	共计			
○○村改良学塾								

(B) 乙种

名　称	地点	塾师姓名	生 徒 数			注册号数	注册年月	备注
			男	女	共计			
○○村学塾								

全县塾师一览表的编造

拟定表式如下:

塾师姓名	性别	年龄	籍贯	经历	私 塾 名	生徒数	修金数	备注
……	男	……			○○村改良学塾			
……	女	……			○○○村学塾			

其他重要表格簿册的编造

其他如各学区私塾数比较表、塾师性别统计表、塾师年龄比较表、各区生徒数比较表、生徒家长职业比较表等，均可顺序编造，在教育上有极大之价值！

编订学塾之科目

全县私塾，应由行政方面制定各种科目，以求一律，同时形式方面亦须切实改良，兹分别述之：

(A) 科目

(1) 三民主义　　(2) 国语

(3) 算术(并教珠算)　　(4) 常识

(5) 体育　　(6) 音乐

(7) 缀法　　(8) 书法

(9) 艺术　　(10) 职业科目

(B) 用书

一律废除经书，采用教科书，有不得已而用经书者，作为普通识字材料，不必与儿童讲述。

议定入学年限

将私塾儿童修学之年限，拟具意见，专案呈请，批准实行，到毕业时，由教育局举行全县学塾儿童毕业考试，及格者，准许其入完全小学高级部读书。

(四) 第四期工作——视察指导

添聘视察指导专员

全县私塾改良以后，完全编配在教育局的监督与指导之下，原来的督学教委人数，已嫌太少，教育局应呈请上级机关，准予添请视察指导人员，分任私塾视察指导事宜，努力者奖励之，不努力者得撤换之。

视察标准及表式的拟定

在初步改进的私塾里，我们不能拿看学校的眼光来看私塾，换一句话来说，就是要把视察的标准降低，兹拟定要点如下：

(A) 塾舍

(1) 宽敞吗？ (2) 干燥吗？

(3) 小孩子坐在里面舒服吗？ (4) 光线充足吗？

(5) 空气流通吗？ (6) 里面干净吗？

(B) 设备

(1) 有党国旗，以及总理遗像吗？ (2) 有黑板吗？

(3) 课桌排列得法吗？

(C) 学生

(1) 活泼吗？ (2) 守秩序吗？

(3) 亲爱吗？

(D) 训育

(1) 训话吗？ (2) 用体罚吗？

(3) 注意整洁吗？

(E) 教学

(1) 能试用班级式教学吗？ (2) 学科完全吗？

(3) 先生教课还认真吗？

(F) 塾师

(1) 有责任心吗？ (2) 有嗜好吗？

(3) 得地方上信仰吗？ (4) 学力还敷用吗？

(G) 学生成绩

(1) 作文成绩怎样？ (2) 常识成绩怎样？

(3) 算术成绩怎样？

(H) 其他

(1) 儿童有休息和游戏的机会吗？

根据以上标准，更拟定表式如下：

第 一 种

○○县

私塾调查表

（　）年度第（　）学期

________学塾

塾址________

____

教育局注册号数____

调查时期　年　月　日

调查者________

社会环境	交通		经费	1. 修金收入		学生			学生所住之村庄
	主要物产			2. 其他捐款		性别	男	女	村名
	生活状况		塾舍	种数		人数			
	人民知识			间数		总计			
	户口数			概况		最大年龄			人数
	学龄儿童数					最小年龄			
	机关					平均年龄			
设备			塾师	姓名	性别	年龄	籍贯		出身
			东家						
科目			意见						
			备注						

第二种

<table>
<tr><td rowspan="13">○○县
私塾视察表

（ ）年度第（ ）学期

______学塾

教育局注册号数__

塾址______

视学时期______

视察者______</td><td rowspan="5">塾舍</td><td>宽敞否</td><td></td><td rowspan="3">生徒</td><td>在三十名以上否</td><td></td><td>视察者之意见</td></tr>
<tr><td>干燥否</td><td></td><td>活泼而有秩序否</td><td></td><td></td></tr>
<tr><td>光线充足否</td><td></td><td>整洁否</td><td></td><td></td></tr>
<tr><td>空气流通否</td><td></td><td rowspan="2">科程</td><td>科目完全否</td><td></td><td></td></tr>
<tr><td>内部清洁否</td><td></td><td>有日课表否</td><td></td><td></td></tr>
<tr><td rowspan="4">设备</td><td>有党国旗否</td><td></td><td rowspan="2">训育</td><td>先生训话适当否</td><td></td><td></td></tr>
<tr><td>供总理遗像否</td><td></td><td>用体罚否</td><td></td><td></td></tr>
<tr><td>有黑板否</td><td></td><td rowspan="3">成绩考查</td><td>先生批阅尚勤否</td><td></td><td></td></tr>
<tr><td>课桌排列得法否</td><td></td><td>无错误否</td><td></td><td></td></tr>
<tr><td rowspan="4">塾师</td><td>勤理任务否</td><td></td><td>儿童成绩平均发达否</td><td></td><td></td></tr>
<tr><td>得信仰否</td><td></td><td rowspan="3">儿童活动</td><td>有别种自治组织否</td><td></td><td></td></tr>
<tr><td>学力敷用否</td><td></td><td rowspan="2">有各种游戏否</td><td rowspan="2"></td><td rowspan="2"></td></tr>
<tr><td>有嗜好否</td><td></td></tr>
</table>

第三种

塾师教学视察评点片　　视察者

<table>
<tr><td colspan="4">教者姓名：______　　教材：______　　科目：______　　视察日期：______</td></tr>
<tr><td colspan="2">视察对象</td><td>满　点</td><td>评　点</td></tr>
<tr><td colspan="2">有准备</td><td>5分</td><td>（　）</td></tr>
<tr><td colspan="2">言语清楚</td><td>10分</td><td>（　）</td></tr>
<tr><td colspan="2">指导认真</td><td>10分</td><td>（　）</td></tr>
<tr><td colspan="2">有兴趣</td><td>10分</td><td>（　）</td></tr>
<tr><td colspan="2">学生都明白</td><td>10分</td><td>（　）</td></tr>
<tr><td colspan="2">秩序好</td><td>10分</td><td>（　）</td></tr>
<tr><td rowspan="3">教　态</td><td>和蔼</td><td rowspan="3">5分</td><td rowspan="3">（　）</td></tr>
<tr><td>活泼</td></tr>
<tr><td>安详</td></tr>
<tr><td>总　计</td><td></td><td>60分</td><td>（　）</td></tr>
<tr><td>备　注</td><td colspan="3"></td></tr>
</table>

模范学塾的奖励

视察完毕，加以考核，成绩优良者，给以奖状，认其为优良学塾，免其全部应缴纳之训练费，并给以荣誉之牌照，其式如下：

○ ○ 县教育局颁发
○ ○ ○ 村优良学塾
发给年月_______ 号数__________

（原有改良学塾牌调回）

指导

视察之后，尤应有积极的指导，办法如下：

A. 成立研究会

所在地的私塾及学校应合组教育研究会，小学教师与塾师合作起来研究教育，其组织方法由各县拟定之。

B. 试教及参观

教育局指定某某优良小学教师，举行模范教学，令塾师前往参观，或由塾师试教，试教以后，开讨论会，行政当局应派员指导之。

C. 派员讲演

每年由教育局派员，或请名人至各区私塾的中心地点，举行学术讲演，以增进塾师的学识。

D. 组织图书馆

联合学校及私塾的经济力量，在中心地点设立乡村图书馆，公家并予以津贴，使一般小学教师及塾师均能吸收新知识。

E. 出教育研究刊物

教育局应出研究教育的刊物分发小学教师及塾师，如行政消息、教育学说、新的常识、新文艺，均可由书面送达小学教师及塾师。

F. 改善塾师精神生活

组织教育人员俱乐部，准许塾师加入，如阅书报、运动、棋艺，……种种的娱乐，均可使塾师发生兴趣，逐渐减少不良的娱乐，而人格自可提高。

三、最后的话

我们喊着"教育救国"的口号,我们不是空喊的,我们应当大家努力起来,运用我们灵敏的脑力,创造地方教育的生命,要认定理想必可成为事实,不要怕难,勇猛的向前干去!就如私塾这一个问题,大家都认为是无办法,然而依着作者所发表的办法去做,又何尝不能造一新局面——花少数的经费,使教育普及哩!这便是我们教育者应有的态度和努力;而教育救国的真意,也就在这里充分表现出来,有志的同仁,来试一下罢。

二一[1932]四,二八,写于丹阳教育局

叁

教育行政体制与组织机构

本辑提要

本辑的主题是“教育行政体制与组织机构”。其中，沈步洲的《学校由中央管辖与地方管辖之划分》(1912)、蔡元培的《教育独立议》(1922)、沈佩弦的《大学区制衡议》(1928)、姜琦和邱椿的《改造中国教育行政系统之原理》(1927)、庄泽宣的《建设中国新教育行政制度的讨论》(1929)和李清悚的《计划教育及其统制机构的合理化》(1938)，是关于教育行政体制的一般性讨论。沈步洲的文章反映了民国初年的研究，相关的文章还有庄俞的《论教育权》(1912)。选择沈文是因为沈步洲在民国初年发表了多篇讨论教育管理的文章，而且该文的学理性与逻辑性更强一点。

蔡元培与沈佩弦的文章讨论了 1920 年代末的大学院与大学区制改革。两篇文章分别代表了大学院与大学区制改革前后的相关研究。朱元善的《教育独立》(1916)、李石岑的《教育独立建议》(1922)和周太玄的《我国教育之集中统一与独立》(1933)，亦强调教育的独立性、自治性或学术性。虽然这几篇文章在当时也有着较大的影响，但蔡元培作为大学院与大学区制的实际推动者和实施者，他的文章显然更有代表性。而在大学院与大学区制问题的具体讨论上，尽管当时的言论很多，但我们搜集到的相对正式、规范的论文并不多，沈佩弦的文章在内容和规范上都较好。

《改造中国教育行政系统之原理》一文节选自姜琦和邱椿合著的《中国新教育行政制度研究》，该文是民国时期教育行政体制理论研究的经典，文中的相关观点仍是当下教育管理学教材教育行政体制章节的核心内容。

1932年张季信发表的《改造中国教育行政之根本原则》,也是讨论教育行政体制问题的代表性文章,其不仅阐述了姜琦和邱椿文章中提到的中央集权与地方分权、学术化与平民化、委员制与领袖制的关系,而且分析了荐举制与考试制、商店式组织与官厅式组织的关系。就内容而言,张文要比姜琦和邱椿的文章更为全面。不过,考虑到张文对前三类关系的阐述参考了姜琦和邱椿的观点,且有关商店式组织与官厅式组织之关系问题,在本卷所选的程湘帆《教育行政机关进化之迹及建议》(1930)一文中也有更早的讨论,所以没有选择张文。选择庄泽宣的《建设中国新教育行政制度的讨论》是因为该文是针对《中国新教育行政制度研究》一书所作的讨论,它既反映了当时教育界的重要学者对教育行政体制的关注程度,也反映了当时的学术争鸣情况以及在教育行政体制安排上的多样化设想。

李清悚的《计划教育及其统制机构的合理化》反映了1920年代末时教育行政体制实践层面的一个重要转变,即强调国家对教育的统制。以"壬戌学制"为代表,1920年代的大部分时间内,教育领域推崇的是自由、灵活、个性、独立等原则。但自1920年代后期始,随着学生就业恐慌现象的出现,特别是1929年国民党第三次全国代表大会确立统制政策后,教育领域关于加强国家教育统制的呼声便不断增强。代表性的研究成果有罗敦伟的《教育统制的检讨》(1934)和刘亦常的《教育统制之检讨》(1936)。前文着重讨论了教育统制的形式与教育统制的内容,后文则相对更全面地讨论了教育统制的意义、教育统制的历史、"三民主义"与教育统制的关系以及教育统制的基本原则,特别是在教育统制之历史部分,从教育法律与政策层面对各国教育统制的发展过程作了较为详细的介绍。就理论性而言,所选《计划教育及其统制机构的合理化》不及《教育统制之检讨》,之所以选择它,主要是因为其反映了抗日战争全面爆发后,随着国民政府决定在经济上实施计划经济,教育统制政策又进一步发展为计划教育,而且该文在计划教育的理念下,讨论了教育统制的具体实施问题。

李建勋的《地方教育行政之理论及其实施》(1930)、夏承枫的《地方教育行政理想组织》(1933)、沈子善的《中国地方教育行政中之学区行政问题》(1937)、袁伯樵的《如何改进省教育行政以配合民主化学术化之需要》(1947)和赵远柔的《地方教育行政的新动向》(1948),聚焦地方教育行政问题。自1920年代末开始,有关"地方教育行政"的研究,逐渐发展成为独立的范畴与领域。这是民国教育管理研究与当下的一个不同之处。如今的教育管理学领域,虽然有很多关于地方教育行政问题的研究,但地方教育行政并没有成为专门的研究方向或专业,甚至没有独立的课程。

在众多的研究成果中,选择《地方教育行政之理论及其实施》和《地方教育行政理想组织》,主要是鉴于李建勋和夏承枫在地方教育行政研究方面的突出地位。作为民国教育管理研究的拓荒者和旗帜性人物,李建勋在促进地方教育行政研究学术化与理论化方面作出了重要贡献。他在1926年出版的《直隶省教育行政组织之改革案》,是民国时期较早对地方教育行政组织作系统深入的学理探究的著作。本卷选入的《地方教育行政之理论及其实施》一文则最早在理论层面对地方教育行政的相关问题作了较为全面的阐述,其观点不仅为众多研究者所引用,而且为后续研究搭建了分析框架。与李建勋相比,夏承枫的研究更集中于地方教育行政领域。按照卢前的说法,"地方教育行政之为学,自君始"[①]。夏承枫不仅翻译、发表和出版了不少专门讨论地方教育行政问题并产生广泛影响的论著,而且于1928年率先在中央大学开设地方教育行政课程。本卷所选的《地方教育行政理想组织》一文,是夏承枫在综合自己发表的《改造地方教育行政之建议》(1932)、《教育视导改制之商榷》(1933)和《教育视导之改造》(1933)等论文观点的基础上形成的,能够较好地反映他在地方教育行政问题上的基本主张。

此外,我们选择沈子善的《中国地方教育行政中之学区行政问题》和袁伯樵的《如何改进省教育行政以配合民主化学术化之需要》,主要是考虑内容上的周全。地方教育行政是一个宽泛的概念,它包括省教育行政、县教育行政和学区教育行政等方面的内容。尽管民国时期的地方教育行政研究集中在县教育行政方面,但也不乏学区和省教育行政问题的讨论。沈文

① 卢前.夏湛初别传[R]//夏承枫公葬筹备处.夏承枫教授公葬纪念册.上海:[出版者不详],1935:10.

讨论了学区行政的重要性、学区行政之沿革、学区行政之改进等问题，袁文分析了省教育行政的现实困境、改进方针与实施建议等问题。这两篇文章是相关研究成果中理论性与事实性结合得较好的，通过它们，我们既能够了解当时学区行政与省教育行政研究的理论水平和倾向，也能够了解民国学区行政与省教育行政实践方面的情况。而选择赵远柔的《地方教育行政的新动向》，一方面是为了呈现民国后期地方教育行政研究的成果，另一方面是因为该文对地方教育行政工作的核心问题作了较为全面的阐述。

蒋维乔的《教育行政刍言》(1917)、程湘帆的《教育行政机关进化之迹及建议》(1930)、周凤锦的《中国教育部工作之研究》(1932)、李建勋的《直隶省教育行政组织之改革》(1926)、马鸿述的《县教育局行政组织的困难》(1934)、上官和生的《论县教育局之恢复设置——兼谈地方教育行政的改革》(1948)、常道直的《教育行政机构改善论》(1939)和刘百川的《国民教育行政问题》(1948)，是有关教育行政机构问题的文章。本部分文章的安排采用以时间为主线的“总—分—总”思路。蒋文和程文是民国前期有关教育行政机构问题的一般性讨论。蒋文从标题上看，似与本部分的主题关联不紧密，但其内容都是关于教育行政机构的。选择该文，一是因为其对“分工、灵活、尽责、联络”等组织原则的讨论，体现了民国初年在教育行政机构问题上理性认识的深度；二是因为蒋维乔作为民国初年重要的教育行政人员和学者，其成果应该在《文选》中有所体现。程文节选自《中国教育行政》(1930)一书，该文不仅对民国前期教育行政机构演变的过程与特征作了要而不繁的分析，而且对教育行政机构的商店化和地方化问题作了深入的前瞻性讨论，是一篇史实性与学理性兼具的文章。

《中国教育部工作之研究》《直隶省教育行政组织之改革》《县教育局行政组织的困难》和《论县教育局之恢复设置——兼谈地方教育行政的改革》，是具体讨论中央、省、县各级教育行政机构问题的文章。民国时期，专门研究中央教育行政机构的文章并不多，除了周凤锦的文章外，程陶勳的《中国教育部组织之评论及建议》(1930)也是不错的文章。程文主要讨论了中央教育行政机构的沿革、弱点、改进原则及方案设计等问题，其发表时间虽早一点，但从研究的规范性与理论性的角度看，要弱于周文。《直隶省教育行政组织之改革》是李建勋博士论文的一部分，该文不仅是较早讨论省教育行政机构的文章，而且综合性与理论性都很强，在当时产生了广泛的学术与实践影响。考虑到县教育行政机构的相关研究较多，且县教育行政机构在民国期间经历的变革较大，我们在这方面选入了两篇文章。《县教育局行政组织的困难》节选自马鸿述的《县教育局行政组织研究》(1934)一书。该书是我们发现的民国时期唯一一本专门研究县教育局组织的专著，具有很高的学术价值。节选《县教育局行政组织的困难》一文的主要动机，即是为了反映这一成果。同时，基于节选的文章，我们也能够了解当时县教育局组织的基本情况，以及开展县教育局组织研究的基本方式。选择《论县教育局之恢复设置——兼谈地方教育行政的改革》，是因为相较而言，该文更好地呈现了民国时期县教育行政机构发展，特别是局科之变的历史过程，且有着较高的理论水平。

《教育行政机构改善论》和《国民教育行政问题》是民国后期有关教育行政机构问题的一般性讨论。作为民国教育管理研究的代表性人物，常道直曾发表过多篇讨论教育行政体制的文章，如《审议机关在教育行政组织中之地位与功能》(1936)、《战时教育行政上几个问题》(1938)、《地方教育行政问题与视导制度改善》(1939)、《新县制下之地方教育行政问题》(1939)、《中心学校制度与地方教育改进》(1940)等，而《教育行政机构改善论》是最为全面地体现其教育行政体制思想的文章。同时，通过该文，我们也能够深入地了解民国后期教育行政机构方面的突出问题与理论主张。《国民教育行政问题》一文节选自刘百川 1948 出版的同名专著。选择该文是基于三种考虑：其一，自 1940 年 3 月《国民教育实施纲要》颁布之后，国民教育行政问题便逐渐进入民国教育管理研究者视野，该文可以在主题上反映这一变化。其二，刘百川是民国时期讨论教育管理问题颇多且产生一定影响的教育行政实践者与研究者，从主要人物的角度考虑，也应该选入他的文章。其三，该文讨论了县教育行政机构改革、教育行政机关用人标准和简化教育公文法令三个问题。其中，后两个问题在其他研究中少有深入的讨论，在内容上较有新意，也有助于我们更为全面地了解民国后期教育行政机构的实际情况。

学校由中央管辖与地方管辖之划分

沈步洲*

前者不揣梼昧，亦稍呈个人之意见，以为言学校系统者进。此系统也，其果行于全国与否，抑随时随地为转移，抑可由各省量情变迁，均为当研究之问题。夫泥政体而言，教育固非正义，然外政体而措置教育，更且扞格难行。统考各国教育系统之划一与否，均随政体为转移。盖教育亦行政之一也，苟地方行政权狭隘，则其掌理学校之权亦至微，而绝不能规定系统以乱中央定例。反是焉，则省各自立系统殊异，中央仅得调查报告，教育不统一矣。故欲言学校由中央管辖与地方管辖之划分，必先研求系统是否为全国而设。

谨请先以美、法、瑞、德、英、加各国中央教育权进。美于华盛顿设教育所一，无总辖之权，但收集各省报告刊布全国。苟有欲访求教育现状者，就询之，无不能答者。若各省教育之如何设施，自小学径达大学，如何定年限，则为各省所自掌，教育所不得措一辞。联邦政体实阴有以驱使之趋此途径也。法之教育制度最为统一。巴黎教育总长凭常设高等教育会之辅助，规定教育系统而实行之。全国教育区凡十七，区各有理治所，名之曰爱坎特梅(academy)①。

---

* 沈步洲，生卒年不详，江苏武进(今常州市武进区)人。早年求学于上海南洋公学、复旦公学，后留美。曾任北京女子文理学院教授、北京大学预科主任、教育部专门教育司司长等职。

本文原载于《教育杂志》1912 年第 4 卷第 5 号。——编校者

① 今译“学区”(academy)。——编校者

区中各部均设一视学员，与本部教育委员会合筹资助部中小学，且监视而保护之。大学总所设巴黎，分设高等学塾于国内，但考给学位之权均系于中央。其部中之集权，可为最重。瑞士政体略与美同，然中央权限稍广。故所定法律为各省法律之张本，教育集权因亦较重于美，但地方自治仍达高点，系统仍不划一。德国教育制度，世人常引为美谈。行政理事集权于中央，教育大臣掌理公私中小学校，地方设立学校管理所。一切章法均由中央规定，且甚严。其管理中学师范学校，惟此章法是据。镇市委员会、城村委员会各司其域。盖自柏林以至最僻乡土，中小学教育息息相通，整齐无间。大学二十一，又均归教育部大臣指挥责成。故由大学毕业者，程度类相同。英国于1870年，国家方筹议统一教育。然中央教育部权限不及法德。1902年，通过教育议案，地方各设行政所，教育委员会附焉。凡资助学校、规定课程、选择教员均取裁于委员会。各校有理事部，承命本地当局。苟有纠葛，则听命中央。地方设立学校必由教育部酌量情形定夺。中学管理大率类是，特校中理事部权力较广耳。大学则俨然独立，一经中央承认，即可自定程格，自选教员，自理庶务。盖大宗入款，均取给于地方税项也。加拿大教育制度綦杂，绝无中央集权，省自为计，有类美国。省中自治机关，亦各有组织。因此，北美教育四分五裂，莫由齐一。

吾国将取统一教育乎？抑分省教育乎？政体或为统一，或为联邦，势不得不有一教育规划，于合治之中含分治之性质，于分治之中得合治之精神，以免鞭长莫及。但所当注重者，教育自理之界限也。苟使全国之中分为若干省，省各立系统。甲省之学校组织与乙省之学校组织殊，省各有集权所，各执一原理，凭以与州县分割权限。仿美国省自治教育制，中央教育部有名无实，旁观者实难哓哓献议。苟有规划之大愿，将必就各省情形而分定章程。苟不慎，徒蹈隔岸观火之诮耳。然师美师加而不师法德，非吾人所当赞同者也。教育制度之良楛，悉随造就人物之资格，全国学问之价值而定为比较。法德教育统一，而学问硕子如鳞栉。加美教育不统一，而学问硕子罕觏，普通人民之智识，或分一定之等第，或等第不明。社会交接之难易，遂亦随之上下。盖学问者，社会来往之无上媒介也。必媒介之性质齐，而后社会之受益多，无可强抑者也。且美之所以能为美，加之所以能为加者，果何在乎？钱财充牣，众且乐为输将，有殷实者慨然以巨资饷学界。设立学校，凡属可以洗刷人耳目，供应人利便，陶冶人性情者，莫不毕具。理化器械、动植标本，搜罗万象，驾英伦各校而上之。一省倡之，邻省继之。以利易名者，比比皆是。故高等学校、专门学校几乎遍布国中。各省理治普通教育，亦复不吝钱财，务求国民人人知书。因此虽教育不统一，犹可以养成通材。我苟仿行之，必且系各省教育之生命于各省行政长官之手。此类长官又将寄托于其素所信任之人，名之曰本省教育司。司有独立之权，故规划厘定悉听其臆断。经济问题不易解决，则且含糊分配。教育学理茫乎不知，则又妄事管理。幸则成一残缺不完之系统，不幸则置全省学子于荆榛充塞之蹊径。是岂教育部所愿耶？又何从得拥资巨万之人，为学者援手耶？

是以今之教育宜统一于中央，所当推敲研究者，中央与地方管辖之如何区分耳。请先言学校之隶属，然后言学校之管理。关于隶属问题，众说不一。我今请先言大学。有少数谓大学宜直隶中央者，请得而辞辟之。大学者，学问之最高团也。主持大学者，大率必富有经验，而后可以无忝厥职。富有经验之人，全国必不甚多，既司掌教，允宜有自由行动之权，聘能者为教员，定教科之程格，教育部似不应滥事干预。反是则掌大学者，事事承命于教育部，不能操纵取舍，必非具上乘学识者所乐为，则且取上中人物以司其事，成效何能昭著哉？或曰，法之教育部直接辖大学，人才辈出。吾子既言之矣，何厚于人而薄于己也？然而，法教育部，其果直辖大学乎？抑仍取裁于学问巨子也？法之常设高等教育会，为世界所绝无仅有。其中会员均卓然为学界表率，富有教育经验，遇教育问题，了如指掌。新会员皆由全体会员推选，亦必负众望者。试问吾国其能有此等常设高等教育会乎？人才有限，苟能规定大学，必当使之掌治校务，何能寄身教育会？即使凡为大学长者，均隶教育会，能保其常川到会聚议一切乎？既莅会矣，能保其不为他项会员所掩没乎？以中小学校人才组织教育会，隶诸中央，而公然议论大学，多见其不自量而已。英伦学者可为众矣，然 1902 年之议案仅及中小学教育，而不及大学，亦明知直辖大学之难也。或又曰，大学负荷綦重，将必求助于国家。既由国家资助，必由国家管辖，用人之权应操之国家。然此非正当之论也。大学即隶中央，管理等等，终必假手于贤者。延请之时，仍以学问为引导。而学问为众所共仰者，只此三数人，征而召之惠然肯来。然中央其能牵掣其行动乎？其能以大学取资国库，而妄事干预乎？能者寥寥，既具学识，莫不有自信之心，国之人宜善体之。建一学校，而寄任于能者，必畀以全权，而后可望其尽心竭力，否则依违两可，事丛脞矣。盖学校之性质，与公司商店殊。公司经理为主人所任用，经理不称职，主人直接受其害，故公司得范围其经理。校长为学界所承认，其对于学界负主从之名。苟其办理得宜，学界崇之，四方归之。万一不善维持，直接受其害者，学界也。天演淘汰，此类学校自不能生存。值此时，国家即裁撤津贴，亦义理之当，初不必于事前漫加绳尺也。我之求学者多矣，其能有所树立者几何？我之能自树立者多矣，其能自立立人者又几何？此区区少数能者，每每徘徊于实业界、学界、报界、商界、官界之间，择饵之最丰美者而就之。故今日为教员，明日为厂主；今日演讲，明日锱铢。盖无能毅然捐身为学界前途放光彩者，其果以学界事业非所愿乎？亦曰学界之所为，不足以偿其愿望耳。

今请进而言中小学。今日义务教育年限不能过长，为中央经费不充计也。然教育既应由国家为主，则国家当酬资助之方。国家负担重一分，则学者负担轻一分，而来者自众。资助之法有二。一由中央直接支应，一由地方税项中提出数成，以充各等校宇之用。美国资助大率采第一法，英则两者并用。年费皆颇巨，我似宜采用英制。或小学费用尽取资于地方，而中学则取资于国家。抽提之际，宜与以伸缩地步，庶免多事更张。此就筹款言也。对于管理一方面，则首当注意者为教科。凡中小学科目均宜由中央规定，地方有遵行之责，无修改之权，以求划一。欲言统一，非此不可。且苟中小学校程度齐一，异日大学虽不隶中央，其程度当亦大致相同。故不行德法之制，而亦可得德法制之效用。其次，则为管理监视。政府宜令省设省教育会，大市镇中各设市教育会，乡村之远离城镇者萃为一区，设乡教育会，由官厅及地方人士混合组织之。会员资格宜从严，权力宜从广，但不得借款及征税耳（此会之性质与今之所谓教育会大异，读者不宜混视）。凡各校之校长，其由省辖者，则由省教育会推举；由市辖者，由市教育会推举；乡辖者，由乡教育会推举。但宜由中央立一程格，使各会得取舍之准，各校掌理宜从一体。欲达此目的，则教育会员宜选一二人专任学务，厘订章法均与校中主政斟酌行事。苟有众校合力筹办，归一团体组织者，选择会员得量情增加。凡该校应聘教员若干，教员程度如何，均宜与中央规定之章程符合。校中经理与教育会有冲突,应取裁于中央。地方教育会应特设视学部,统属于中央视学部,随时遣员巡视学校,以瞻学生之进步迟速及其勤惰。其余琐悉事端大抵由各校自理,但求其与国家定则、原理无相违耳。要之统一教育,其性质随地而殊。中央设立机关,规定大纲,著为约法,而实行此约法之权,宜付之地方教育会。使此教育会而称职也,则中央之势力不至堕落。使此教育会而不称职,或与中央抵牾,则中央得而干预之。中央对地方之态度,宜以和平守统一之主义,而分任其职焉。地方苟有长才主持教育,中央亦自可假以实权,而无虑陨越。就使中央多才,能事事遣人监理,亦未必能驾本土自选之贤者而上之。故统治然也,干预非也。坐镇然也,侵犯应有之权非也。英伦教育之规划至繁赜,而小学教育实可以为天下法。盖中央与地方分划之界限明,地方自由行动权足以解决难题也。

教育未发达之时,学校规划悉操诸私团之手。欧美各国于此点未注意,造就人才之职寄诸教会。教会以宗教为前提,而置他科于宾位。任劳任怨,其志可嘉。然而凡属私团,必有其特别之章法范围,任教务者势不能遁此范围之外。范围出于私团,必且甚狭,或与国家原理相冲突。试观耶稣党(Jesuits)之被逐于法(耶稣纪元中叶,耶稣党遍设校宇,后因党人影响,于国政有妨,故逐出境外。)、教授团各学校之受监治于法政府(法有教授团,多数亦以教人为事,然均受中央监督。)、教会导人之势力渐归于英政府,可知教育者国家应有事也,不容私团独治者也。路得(Luther)[①]在十六世纪末叶,首言教育费用由公家担任,既利国家,且利教会。言者谆谆,听者藐藐。开明如英国,犹迟至1833年,方筹款维持小学。至1870年,方设公家小学。然其成效已如是,从可知教育统一之实用矣。教育者,为社会而设也,为国家而设也,其目的在造就完全之国民,初不必令学者有个人身前身后之观念,但求其能为国任事耳。德人飞虚脱(Fichte)[②]常演告其国民,注意教育与国家之关系。德人遂群起谋改良,改私立学校为国有,屡见不一见。前此德法之役及目前德国实业之优胜,皆由此也。今则更进而上之。国家循儿童之社会阶级及天资优劣,而授以相当之

① 今译“路德”。——编校者

② 今译“费希特”(Johann G. Fichte),德国哲学家。——编校者

教育，使知对待国家之本分。上流社会教以管理之法，下流社会教以执行之法。英亦仿效之，特下流社会之教育布置，逊于德耳。故教育者为国也，必不可囿于一二人之见。中央教育部知此诣，自当不吝资助，力求能者以规划学校，以规划地方教育会。地方知此诣，自当不恤艰苦，事事求与统一之宗旨相合，力求能者以主持学校，以主持地方教育会。如是，则划分中央管辖与地方管辖，指顾间事耳。

更有二事，愿略陈管见。则允许添设学校之权应隶何处，及私校管理宜如何规定也。英国定则，凡添设学校必听命于中央。此法可行于中国否？窃谓全省教育会宜有是权。盖中国地壤广阔，交通又艰困异常，中央不能时时调查各省各区各城邑教育现状以备参考，且现状时时变迁，一再调查必且繁不胜繁。若值问题发生之时，再专遣人调查必又缓不济急。故不如专责任于省中教育会也。或曰，省教育会不称职，奈何？愚谓此过虑也。彼省教育会虽由地方选举，必邀中央承认。苟不称职，是失其省教育会之资格。中央承认成文可以取消，然后专员赴省议会要求重行选举亦未为晚。若假权力于人，而存嫌疑之心，恐其不称职，则无宁不授以权力，而事事亲理也。事事亲理能保其果称职耶？夫行完全统一教育如法德，上策也；行寄任统一教育如英，中策也；行分治教育如美，下策也。欲行完全统一教育而不能，则下之下者矣。庸得曰：取法于上，仅得其中乎。私校管理，窃谓目前国家不宜多事干涉。教育方萌芽，正赖热心人士共出余财余力以相匡助，多事干预或灰其心。鄙人前论已尝言之。识者谓苟不干涉，恐有妨统一是也。特是国家教育制度，效力之广狭随学校之多寡而定。国家苟一时不及普设校舍，而教育不能普及。有私人济助，必受向隅之学子之欢迎。旁观者且持以与公立学校相对照，万一公立学校相形见绌，其遂得归咎于私校乎？国家伸张教育范围之能力上于私人，置能力不用或用而不尽，致贻缺憾。国家实任其责，不得因此而钳制私校之手足也。诚使国有贤才善于治理，教育制度渐完美，系统行用渐推广，合全国之力而经营之，统一基础巩固而不易摇，又何虑于私校之林立哉？愚意中央宜设一二规则，以为立私校者之导引。其欲邀国家承认者，必具如何程度，地方教育会得随时考察其与此程度合否，内部管理仍系诸设校之人。其不求国家承认者，非达法国耶稣党之地位，影响国政，宁勿干预。授国中学子以机缘，使全国皆踊跃向化，建设事业有余裕矣。

案教育总长前曾在参议院发表行政纲要，其与本题有关者如下：（一）专门教育由教育部直辖，分区规定，次第施行。（二）普通教育由教育部规定进行方法，责成各地方之教育行政机关执行，而由部视学监督之。（三）私立学校，提倡而维持之。（四）专门教育经费取给于国家，或以国有财产为基本金。（五）普通教育经费取给于地方税，或以地方公有财产为基本金。大纲与篇中所陈说略同。惟大学由教育部直辖，其分划权限如何？校长对于中央之责任如何？尚无可征验。若视大学为中央之附有品，而校长实权甚微，则非不佞之所敢赞同。德法大学虽隶中央，其实校中规定课程、管理师生，均惟校长是赖，但取资于国家耳。篇中偶遗漏，谨附志于此。又案本篇参考各书如下：

《世界教育状况》商务印书馆教育杂志社刊行

《英文百家全书》[①]Encyclopaedia Britannica

《海摩斯百家全书》[②]Harmsworth Encyclopedia

克雷克：《教育与国家之关系》Craik's The State in its Relation to Education

勃阑[③]：《美国高等学校》Brown's The American High School

① 今译《不列颠百科全书》。——编校者

② 今译《哈姆斯沃斯百科全书》。——编校者

③ 今译“布朗”。——编校者

教育独立议

蔡元培*

教育是帮助被教育的人，给他能发展自己的能力，完成他的人格，于人类文化上能尽一分子的责任；不是把被教育的人造成一种特别器具，给抱有他这种目的的人去应用的。所以，教育事业当完全交与教育家，保有独立的资格，毫不受各派政党或各派教会的影响。

教育是要个性与群性平均发达的。政党是要制造一种特别的群性，抹杀个性。例如，鼓励人民亲善某国，仇视某国；或用甲民族的文化，去同化乙民族。今日的政党，往往有此等政策，若参入教育，便是大害。教育是求远效的；政党的政策是求近功的。中国古书说："一年之计树谷；十年之计树木；百年之计树人。"可见教育的成效，不是一时能达到的。政党不能掌握政权，往往不出数年，便要更迭。若把教育权也交与政党，两党更迭的时候，教育方针也要跟着改变，教育就没有成效了。所以，教育事业不可不超然于各派政党以外。

教育是进步的，凡有学术，总是后胜于前，因为后人凭着前人的成绩，更加一番功夫，自然更进一步。教会是保守的，无论什么样尊重科学，一到《圣经》的成语，便绝对不许批评，便是加了一个限制。教育是公同的，英国的学

---

* 作者简介见本卷中《对于新教育之意见》一文。
本文原载于《新教育》1922年第4卷第3期。——编校者

生，可以读阿拉伯人所作的文学，印度的学生，可以用德国人所造的仪器，都没有什么界限。教会是差别的，基督教与回教①不同，回教又与佛教不同。不但这样，基督教里面，天主教与耶稣教又不同。不但这样，耶稣教里面，又有长老会、浸礼会、美以美会等等派别的不同。彼此谁真谁伪，永远没有定论。只好让成年的人自由选择，所以各国宪法中，都有“信仰自由”一条。若是把教育权交与教会，便恐不能绝对自由。所以，教育事业不可不超然于各派教会之外。

但是，什么样可以实行超然的教育呢？鄙人拟一个办法如下：

分全国为若干大学区，每区立一个大学；凡中等以上各种专门学术，都可以设在大学里面，一区以内的中小学校教育，与学校以外的社会教育，如通信教授、演讲团、体育会、图书馆、博物院、音乐、演剧、影戏……与其他成年教育、盲哑教育等等，都由大学办理。

大学的事务，都由大学教授所组织的教育委员会主持。大学校长，也由委员会举出。

由各大学校长，组织高等教育会议，办理各大学区互相关系的事务。

教育部专办理高等教育会议所议决事务之有关系于中央政府者，及其他全国教育统计与报告等事，不得干涉各大学区事务。教育总长必经高等教育会议承认，不受政党内阁更迭的影响。

大学中不必设神学科，但于哲学科中设宗教史、比较宗教学等。

各学校中，均不得有宣传教义的课程，不得奉行祈祷式。

以传教为业的人，不必参与教育事业。

各教区教育经费，都从本区中抽税充用。较为贫乏的区，经高等教育会议议决后，得由中央政府拨国家税补助。

注：分大学区与大学兼办中小学的事，用法国制。

大学可包括各种专门学术，不必如法、德等国别设高等专门学校，用美国制。

大学兼任社会教育，用美国制。

① 伊斯兰教在中国的旧称，1956年6月以后改称伊斯兰教。——编校者

大学校长由教授公举，用德国制。

大学不设神学科，学校不得宣传教义与教士不得参与教育，均用法国制。瑞士亦已提议。

抽教育税，用美国制。

大学区制衡议

沈佩弦*

大学区制度之存废问题，已为当代人士所注意。言其利弊，登诸报端者，屡见不鲜，然皆依其所在地位、所受之及身影响立论，未足以尽究竟也。

大凡一种制度之成立，必先有一种特殊之需要，谋所以适应此种特殊之需要，而借暗示参酌之功，以改变原有状况，制定特种方式，以达其适应新需要之理想。此特种方式即制度也。此制度所能适应之需要即其意义也。古所谓有物有则者是。然特种之方式，固足以适应特殊之需要，亦有因之感觉缺点，而发生其他新需要为事前意想所不及者；原有之状况为谋适应新需要而改变，亦有向所已能适应之旧需要反致失所凭依者，于是特种方式——制度——之修改，为不可免之事矣。所谓修改者，既非固执制度之整个而不肯稍予变通，亦绝非抹煞其能适应新需要之功能而尽予铲除也，必更罗致新旧一切需要，尽纳诸参酌考虑之中，以求进一步之暗示，而行进一步之修改，此所谓试验的历程也。

窃谓大学区制之存废，亦可循此道以求其究竟。于此第一步之体认，即为大学区制之所以由采用者，其故安在？

大学区制之采用，不外为谋适应下列三种新需要而生：

（一）教育行政权集中——曩者党化教育之呼声既起，而集中教育权之建

---

* 沈佩弦(1898—?)，原名丕谐，江苏吴江(今苏州市吴江区)人。东南大学教育科毕业。曾任江苏省立无锡师范学校校长、省立苏州中学初中部主任。

本文原载于《教育杂志》1928年第20卷第11号。——编校者

议随之而兴。中央教育行政委员会之发表党化教育方针者，无不以教育行政之改组与集中为第一要事。盖教育行政集中，然后各级学校所走之步调可以一致，而中央所取之主义可以贯彻。是行政之集中者为党国教育之第一新需要也。

（二）教育行政独立与学术化——教育独立为近年来新教育运动中心之一。教育固应接受政治上之主义，然须与官僚的政治分离，以保障其学术之尊严，增进其专业之效率，而免受政潮之牵涉，此教育党化之分际，为时人所公认。是行政之独立与学术化者，为当今教育之第二新需要也。

（三）各级学校之衔接——采用新学制以来，虽已六年于兹，然新旧过渡颇不一律，而纵横既极活动，每又各自为制，彼此不能衔接而协调。势须集合各级学校于一线，而后为之通盘筹划，使升学与毕业后之出路均有相当之轨道。是联络与衔接，又为当今教育之第三新需要也。

教育行政当局感觉——有意识或无意识间——以上三种新需要——集中、独立与衔接——而谋所以适应之方式，于是大学区制乃为强有力之暗示，此其所以毅然试行也。一年以来，虽当草创之初，详章细节尚未具备，而精神上之刷新与一贯，表现于各级学校为向所未有者，亦非不能列指。惟是权既集中，举足重轻，偶一不慎，其流弊之及于下级学校而为早先意想所不及者，又岂能免。于是大学区制之本身遂以动摇。兹就反对大学区制之理由，罗列于下：

（一）政教集于一身，运转迟钝，行政效率因之降低。

（二）大权旁落，为学阀所把持。

（三）学制系统之衔接未能实现，有时反多枝节。

（四）学术机关流于形式，有时反为官僚式的行政所同化。

（五）经费支配不公，中小学备受压迫。

（六）教育易受政潮之牵涉。

（七）中小学易受大学不良之影响。

（八）大学教授每多漠视中小教育。

以上种种情形或可归纳于下列四类之原因：

（一）偶然的发现，或为其他问题与大学区制本身无关系者。

（二）试行之初期，一切尚未就绪，为暂时之局，将来可望改进者。

（三）改进大学区制之一部而可以免除者。

（四）非根本推翻大学区制不能免除者。

自民国政府成立以来，教育上之改革，不止于大学区制之推行，如学校之合并、课程之改订等，在在足以牵动教育行政之秩序。况自改组以来，各校事业扩张，而设备均感不足，教育经费本源枯窘，而一切规章均无成案可循，其由于第一、第二类之原因发生困难者，所在多有。实不能不与大学区制本身问题分别讨论。至于如第四类原因之必须完全推翻大学区制者，宇宙间想亦无此绝对之事。然则问题之关键，恐尚在大学区制之改进也。

大学区制既有其特殊需要之适应，自不能因目前一部分所感受之暂时的痛苦而遂尽弃其远大之意义。制度不经几次修改，几无一绝对可取者。如以其部分上之缺陷，而必根本上改弦更张，则所得未必能偿其所失。且朝行而夕废，势必至于无制可行而后已。

更端言之，大学区制本非绝对完全可以取之制度，当局者既已明定为试验之性质，试行亦已一年有余，对于试行之结果，自应有相当之考验。如属完善可取，则当颁布各省，一体遵行；如属完全不能采用，则江、浙宁能久作试验之牺牲。计不及此，而又不能分别修改，以作进一步之尝试，其所谓试行者，意义安在哉！

窃以为今日大学区制之最大病根，厥为学区行政与大学本部关系太形密切，使教育行政权集中于大学本部，直辖之中小学备受压迫，而怨声先起，此今后改进教育行政之枢机也。教育行政之集中与学术化，固为必要；然集中之一点，不必在大学本部；而学术化之方式，尤不必使行政机关与大学发生如是密切之关系。行政机关与大学本部，虽同属教育，然其专职各异。行政机关主司行政，大学主司教学。以生物为例，则大学与中小学均为主司运动、感觉、消化、呼吸等直接生活之机关，而行政则为调节各机关作用之神经系统。神经系统之中心，为大脑小脑以至于脊髓，为独立之组织，与直接生活之机关不相混杂，故其调节可以中正，生活可以平衡。然此仅分化进步之高等动物者有之，至下等动物如水母等，则所有神经皆散布于直接生活之机关，而无特殊之部分。即在高等动物之内脏，亦尚有此种不进化之遗存组织，所谓交感神经是也。至如阿米巴等之原始动物，则更以生活之原形质兼司神经之作用。由是知生物进化之途径，组织之分化实为主要特征，而调节机关之离直接生活机关以独立者，尤为最进化之状态。生物之进化如此，社会亦何独不然；社会事业中之教育，又岂独能置诸例外？中国古代政教不分，教学与教育行政更合而为一，辟雍、太学、国子监等高等教育机关，大都直隶于大司徒，而兼司考试取士之事。是行政本与学术同出一源，而为大学区制之权舆也。降及近代，学校教育普及，严整的学制系统建立，教育行政与学校教学遂有分化之必要。然教育行政，自此流为机械的形式，与学术距离日远，与官僚的政治日渐接近，其弊亦彰。是以教育行政重有学术化之必要。所谓学术化者，当绝非使教育行政与学术机关重行混合为一，而开倒车式之复古运动也，是必一方面保存其分化专精之方式，他方面再以学术尊严之精神灌注其间，而造成行政专业化之规范，是教育行政改革之大道也。

今也则不然，大学区最高行政机关之行政院，与大学本部各院同隶属于同一法人大学校长之下；大学筹备会可以决议大学区内一切教育行政事宜；大学评议会之组织始终以加入中小学教员视为畏途；直辖学校直命名曰某大学某学校；（按第四中山大学时，直辖学校之冠名，初有加区字者，旋即去之。江苏大学时，亦无区字。至最近，中央大学始冠区立二字。此中大有出入。）行政院之组织，以一普通教育之名词，包括一切直辖中小学与全省各县之地方教育，其漠视大学以下之学校表现于组织者如是。此种措施之结果，中小学自宜备受压迫。论者均知大学区制为取自法国，拿破仑抱帝国主义以集中其教育权于一系，我中华民国以灌注三民主义之教育而取法其集中之制度，主义之内容虽如水火，而欲主义之贯注则一。是大学区制之发现于党治下之中国，实为当务之急。然法国教育行政之组织，例分初等教育、中等教育与高等教育并列为三司，其对于中小学，犹未尝以笼统之目光视之；大学区评议会之组织，有中等学校教员所选之代表六人，犹未尝有必须大学副教授资格之限制；大学区最高之领袖，原文为 Rector，多译为学区长而不曰校长，此虽仅一字之不同，然重心之移动大有关系在也。且法之大学区制，以在拿破仑时为最纯粹；厥后大学区虽仍其旧，然最高行政机关已一变而为教育部。足见分化之势有所必趋，安知非大学区制流弊亦多，徒以碍于历史，不能截然废置耳。今中国之仿行大学区制，取其所遗而变本加厉，遂使制度之长不足以盖其所短，而反对之声甚嚣尘上矣。

平心论之,教育之权应须集中,然集中之点绝不可偏重于大学。由学科之程度言,大学固居学制系统之上,然自教育的本身言,则大中小三种学校应处于平衡之状态,各有其特殊之功能,而各有其相关之感应;岂能分其阶段,而品评其高下。正如有机体内循环、呼吸、消化、排泄诸机关之位置,虽有高下之分,然论其功用,未必循环呼吸高于消化,而消化高于排泄也。且优良的中小学教师之工作,未必为一般大学教授所能欣赏。初中小学以至于幼稚园内所用之教材,其程度之幼稚,岂值一般高深学者大学教授之一笑;然其困难,正不在教材之高深,凡儿童心理之体认,教学方法之试验,为一般中小学教师所孜孜不息者,又岂一般大学教授所能忍耐。某初等教育股长深通法学,于其视察小学时,见沙盘而奇,不知其所用,所谓学术化专业化者,究用何种专门学术以同化乎?

综上所论,教育行政必须集中于一点;从事教育行政者须与专门学术相接近;而各级学校必须异事同功,走一致之步调。此三者,诚为今日教育上改革之最大需要,而大学区制之试行,实为适应此三种需要之最强有力的暗示。一年以来,虽流弊甚多,然综不能拘于目前所见之弊端,而遽以抹煞其适应新需要之远大功能。如何保存此种功能而兼以补救其流弊,实为今后教育行政组织改革之焦点,是则作者之所以耿耿而愿陈刍荛之见焉。

改造中国教育行政系统之原理

姜 琦 邱 椿*

在上两章我们已经说明了欧美教育行政制度的现状及其利弊，本章职务在根据欧美教育行政制度的现状及其利弊，抽出几个根本的原则。但在本章所谓原则，并非纯粹主观的理想而不顾客观的事实；我们所建立的原则要顾到中国现在的国情。据我们看起来：中国要改造教育行政系统，应根据五个基本原则。

一、调和中央集权与地方分权

中国教育行政系统，应采取集权制抑采取分权制，实系一重要问题。在一方面看起来，我国应该采取集权制，其理由约有五种：

第一，集权制能促进国民革命与中国统一。目下国民革命的障碍很多，而

---

* 姜琦(1886—1951)，字伯韩，浙江温州人。日本东京高等师范学校、明治大学政治科毕业，后留美入哥伦比亚大学师范学院深造，获硕士学位。历任浙江省立第十师范学校校长、南京高师教员、浙江一师校长，上海暨南学校校长、浦东中学校长、大夏大学教授兼教育行政学系主任，安徽大学文学院院长，湖北省立教育学院院长，国立社会教育学院及中央大学教授，教育部训育委员会专任委员等职。主要著作有《西洋教育史大纲》《德育原理》《教育学新论》等20余部。

邱椿简历见本卷中《学制上的根本原则》一文。

本文节选自姜琦、邱椿合著《中国新教育行政制度研究》前篇第三章，上海：新时代教育社，1927年，第33—50页。——编校者

国民革命的势力尚未团结起来;但团结革命势力最稳固而有效的办法,就是将全国教育大权集中于中央政府之下,由中央政府干部根据三民主义,规定教育计划与实施方策,并派遣练达党员到各省区执行其计划。依照这个办法,党政府可培养国民革命新战士,而将国民革命建筑于青年之上。况且目下的中国是四分五裂的中国,在政治上、经济上、思想上、语言上、风俗人情上,都大相径庭。假使没有一种力量去排除这些异点与隔阂,中国很难变成统一的、巩固的、独立的国家。什么是这种力量呢?就是集权制度的教育。教育集权才能传播文化上的普通思想,有文化上的普通思想,才能树立政治上经济上国家统一的基础。

第二,集权制能增进行政效率使教育改革加倍迅速。中国目下正在新旧过渡的时代,在教育上有大规模破坏与建设的必要。假使我们要大规模的破坏旧教育制度与势力,而重新创造新教育制度,并在最短时间内实地施行,我们除掉采取集权制的教育行政制度,毫无办法。中国旧教育制度弊病很多,而各教育机关又多为旧势力所盘踞,根深蒂固,非有伟大势力集中目标,不能收彻底廓清的效果。假使我们采取放任主义,让各地方自由改革其教育,那么,教育界的反革命分子,正可假借自由的美名,去维护他们的巢穴了。况且中国地方极大,要实行义务教育,是一件最困难的工作,中央政府应该严厉督促地方才能在最短时间内达到普及教育的理想。假使事事任凭地方自由,不知道什么时候才能普及教育呢。中国时机极紧迫,教育不迅速改革,国家前途实在危险,而在这改革时期及革命时期中,我们非采取集权制不可。

第三,集权制能树立整齐划一的教育标准。目下中国教育界纷乱到十二万分了。教育经费上毫无一定标准:有的学校天天闹穷,有的学校事事浪费;有的地方经费充足,有的地方万分贫乏。教师薪金也无一定标准:同是小学教师,有些地方薪水,每月高至二三十元,有些地方低至月薪四五元。学校建筑设备也没有确定的标准:有的学校设备可比欧美,有的学校连黑板也没有。教员资格也是参差不齐,无论什么人,只要认识几个字,便可以当小学教员。学生程度更是参差不齐,有的可以比得上世界最好的学生成绩,有的坏到不可思议的地步。同是大学毕业生,北京国立大学和私立大学便有差别;同是小学毕业生,江苏小学和甘肃小学便有天渊之别。要实现三民主义,应该使全国教育平均发展，要使教育平均发展，应该采取集权制，规定全国最低标准。

第四，集权制能实现教育机会均等的理想。各省区因贫富不均，儿童受教育的机会也不能平等。譬如江苏是全国财富之区，纳税能力很大，教育经费很充足，学校很多，全省儿童比较有更多的求学机会。但是甘肃、陕西、贵州、云南、新疆等省区地瘠民贫，教育经费不充裕，学校数目太少，儿童求学的机会就很难得了。中国还有许多地方本来很富庶；不过该地人民对教育没有兴趣，不肯多出金钱来办学校。又中国现在学校都收学费，尤其是中等以上的学校；因此大多数农工阶级子弟无力进学校，而受教育变成资产阶级的特殊权利。假使我们采取中央集权制，对于贫瘠省区，中央可给予补助金；对于漠视教育的省区，中央可强制其增加教育预算，并督促各省区例行义务教育而不收学费。依照这样办法，生在伊犁的儿童与生在上海的儿童，生在广州的儿童和生在唐努乌梁海的儿童，有受同等教育的机会。

第五，集权制能联合各种教育机关以改进教育事业。目下中国教育机关很多，而没有一种势力把他们联合起来，实在是一件很不经济的事情。各省区有教育行政系统，山西的教育机关和江苏没有相当联合，黑龙江的教育机关又和广东没有关系。又全国各种教育团体如各省教育会联合会、平民教育促进会、科学社、学艺社等，对于教育既有相当贡献，也应该在同一中央机关之下通力合作。又如庚款机关也很多，如俄庚款委员会、英庚款委员会、中华文化教育基金委员会、法庚款委员会、中日文化事业委员会，都各树一帜，而不肯互相合作。假使有集权制的教育行政系统，中央政府便可将一切省区教育机关、全国学术团体、各庚款委员会联合起来，合作互助，通盘计划，那么，教育效果一定事半功倍了。

但在他方面看起来，地方分权也未尝无好处。论列于下：

第一，分权制能适应地方需要。中国幅员太大，各处情形不同；广东的环境和蒙古不一样，满洲①环境又和西藏不一样。各地方自然的和社会的环境既属迥异，教育政策也不能强同。所以我们应让地方自身抉择其教育方针，规定其教材与方法，才能适合该地方的特别需要。假使中央集权过分，则所定政策

① 满洲原指满族，这里是东北和内蒙古东北部地区的泛称。——编校者

适合甲地，又未必适合乙地，结果不是削足适履，便是敷衍了事。

第二，分权制能奖励教育自由试验。教育本是一种创造事业，全靠各地方自动努力不受外界威权的干涉，才能树立崭新的教育制度。况且中国教育制度本是呆板的，而中国教育界人士又正缺乏创造的、独立的、自动的精神；假使我国采取集权制，使全国教师都机械式的俯首听命于中央政府，不更使教育硬化而遏灭进化的种子吗？地方政府有自由而后有试验，有试验而后有比较与进步。三民主义的教育是自由的教育，是活泼泼的教育。我国所急需的是变异，不是划一；是试验，不是因袭。

第三，分权制能培养人民对教育的兴趣。教育发达，全靠人民对教育的兴趣与信仰；假使人民对教育没有兴趣与信仰，无论中央政府怎样的强制地方去整理教育，也是劳而无功的。大抵兴趣的发生根于活动的参加；人民对于教育活动参加的机会愈多，则对于教育事业的兴趣愈浓厚，而对于教育的信仰愈深切。分权制使民众尽量参加教育事业，如选举教育委员，任命教育局长，编制预算，规定政策，编制课程大纲等，都能引起社会对教育的兴趣与信心。假使中国采取集权制，事事听中央指挥，地方人士毫无运用思想的机会与必要，人民对于教育自然没有浓厚的兴趣。

第四，地方分权制能充分利用中国人爱护桑梓的观念。中国人对于国家观念虽很薄弱，但对于桑梓却有热烈的忠心与同情；我们正可利用这种心理使各地方在教育上互相竞争。例如甲地方教育办得成绩昭著时，乙地方人士见了一定会发生景慕心，由景慕他人而自觉惭愧，由自觉惭愧而努力自强。各地方都自强不息，教育事业自然蒸蒸日上了。

第五，分权制能使教育事业超然于政潮之上而得平稳进展。中央集权制有一种毛病，就是使教育事业常卷入政潮漩涡中。中央政局改变一次，教育行政长官与教育政策也变换一次。结果，一种教育政策实施得稍有端倪时，即被人推翻而换一新政策；新政策实行不久，又被人推翻而另换一种政策；没有一种政策能尽量贯彻。假使地方分权，即使有几个地方卷入政潮漩涡，亦不致牵动全局。假使中央不能干涉地方教育，即使中央政局受摇动，而各地方教育机关仍能保持其相当的独立。大抵教育事业的效果，须经过长时间的培植始能显著，所以教育机关应特别保持其独立始能平稳进展。假使学校常受摇动，教师及校长常存五日京兆之心，也不肯专心办教育了。

总而言之，绝对中央集权与绝对地方分权，都是不可能的事。过分集权与过分分权的毛病，法德英美的教育制度已经给我们许多教训。我们应该折中集权与分权制，兼收两种制度的优点而避免其流弊。我们一方面要顾到行政效率、最低标准、国家统一、机会均等、教育势力联合；而他方面又要顾到地方需要、自由试验、民众兴趣、脱离政潮。我们应该在不妨碍国家统一中求教育自由，亦应该在不阻碍变异进化中求标准划一。这种折中办法，不但在学理上有根据，并且适合世界教育行政最新的趋势。法德教育界有一部分人士，已经觉悟他们国家教育行政制度，过分集中与硬化，而毫无伸缩的余地。他们现在正努力求地方分权，不久当能实地改革。反之，在英美方面又有倾向集权的趋势。如英国自一九一八年《费虚议案》①通过后，地方教育计划须呈请教育部批准，地方教育经费不足时，中央须酌量补助，教育部可派遣视学官视察公立私立学校，中央政府发给"议会补助金"时，得强制受补助的学校，适合中央政府所规定的标准——凡此种种，都是倾向集权的表现。又如美国自欧战时，通过斯密司休斯(Smith-Hughes)议案②后，对于职业教育及家事教育，已采取集权的方式。一九二三年又有斯密司道讷(Smith-Towner)议案③及道讷斯特林(Towner-Sterling)议案④，建议将内务部教育司升为教育部，而扩充其职权，虽然没有通过，足见美国教育行政一种新趋势。近来美国教育界仍加倍努力鼓吹教育部的成立，不久定能成功。这样看起来，法德往分权方面走，英美往集权方面走，大家都要走到"允执厥中"的道路上来，这是我们所得着的教训。

德国教育家凯欣斯泰奈(G. Kerschensteiner)⑤说："德国教育求统一的程度实在过分，但在美国又过分自由，而不注重国家在教育上应尽的义务。在这处，如同在他处，最好的办法是求得'黄金的中度'(Golden Mean)(U.S. Ed. Bulletin, 1913, No.24)。"

---

① 即《费舍法案》。——编校者

② 今译《史密斯-休士法案》。——编校者

③ 今译《史密斯-唐纳法案》。——编校者

④ 今译《唐纳-斯特林法案》。——编校者

⑤ 今译"凯兴斯泰纳"(Georg Kerschensteiner，1854—1932)，德国教育家。——编校者

二、调和专家意见和民众利益
（即调和学术化和平民化）

在中国新教育行政系统里，我们应该注重专家精神，还是注重民众利益呢？这也是一个重要的问题。有些人主张中国教育制度内，应特别尊崇专家的意见，应该格外信任专家，而把教育事业完全付托于专家，其理由约有三种：

第一，只有专家能规定开明的进步的教育政策。民众——尤其是中国的民众——都是盲目的，不知道什么是社会需要，什么是世界潮流，什么是国家利益、儿童幸福与教育原理。他们当然不知道怎样去规定教育政策，即使勉强规定了，也必不能适合地方需要、世界潮流与教育原理。与其叫盲目的民众在黑暗中摸索，不如请专家指示南针，省得许多精力。现在教育事业已经渐渐的科学化与专业化了，所以教育事业应完全付托于专家。只有医学专家才知道病人的真病与医救的办法，只有教育专家才知道地方需要与适合此需要的政策。

第二，只有专家才能执行教育政策。教育事业是一种技术，不是人人都能办理的。要是我们让通俗民众去办理教育，他们一定不知道怎样下手，即使仓卒执行，断不能得着所预期的结果，或耗费许多精力与金钱，而得不偿失。为时间与金钱的经济及儿童的幸福起见，我们只好把执行教育政策一项，完全托付于专家。进一步说，只有专家才知道政策的执行是否成功，教育的结果是否优良。民众对于政策执行后所发生的效果，看不出什么好处或坏处；即使知道一点，也不懂好到什么程度及坏到什么程度。只有铁路工程师才能建筑铁路，只有教育专家才能执行教育政策。

第三，尊崇专家可以淘汰教育界的滥竽分子。目下中国教育界，为智识阶级及绅士阶级的逋逃薮；凡是在政界、工界、商界不得志的先生们，都躲到教育界来。因此，教育界份子非常复杂，鸡鸣狗盗之徒，应有尽有，教育事业便糟到不可救药的地步。况且中国政局又不安定，政潮变换一次，教育界人员便更换一次，而行政长官又可大安插其私人。假使我们尊崇专家，而只许专家到我们教育界来，一切滥竽分子定受淘汰，而教育长官也无法安插其私人了。

但主张注重民众利益的，也有很可动听的理由：第一，他们以为注重民众利益可以使教育平民化。中国几千年的教育都是绅士阶级及资产阶级的教育，都是维护特殊阶级权利的工具，对于农工商平民阶级的利益，没有一毫半厘的关系。目下的中国教育仍脱不了这种毛病。中国教育为什么不与民众接近，因为支配教育的人都是绅士阶级及自矜所谓教育专家的先生们。假使我们注重民众利益，而使民众参加教育行政，教育设施一定以农工利益为前提，学校与社会生活当加倍的密切了。第二，注重民众利益，可以培养民众对教育的兴趣与信仰。因为从前教育是贵族式的教育，对于民众利益，毫无关系，所以农工阶级对于学校教育，并没有什么兴趣，有时还怀疑学校教育。假使我们使民众参与教育行政，使教育充分容纳民众利益，农工阶级一定情愿多出租税去发展教育事业。况且使民众参加教育行政，还有一种教育的机能；民众在规定教育政策上，要运用观察力、思想力、判断力，并可增长其自动的、独立的、创造的精神。第三，注重民众利益，可以培养父母对儿女教育的责任心。假使做父母的把儿女教育完全付托于专家，而自身对于儿女应读何书，应做何事，没有一点发言权，那么，儿女教育也不会获得良好的结果，因为学校教育与家庭教育有不可分割的关系。我们在教育行政上注重民众利益，就是要使做父母的，特别注意其儿女教育，而随时与学校合作。

总而言之：在教育行政系统上，绝对信任专家与绝对信任民众，都是不可能的事。最好的办法，还是保持“黄金的中度”。我们一方面要尽量容纳专家意见，利用专家才能，信任专家人格，以求得最经济最有效的教育政策及其实施之方法；他方面又要充分图谋民众利益，使教育彻底平民化，教人民对教育有浓厚的兴趣与坚定的信仰。我们有两个根本原则：（一）凡属教育上普通政策及增加预算，设立新校等，应由民众决定；凡属特殊方针、精细程序及进行手续、实施方案等，应由专家负责。（二）凡属教育上立法事项，由民众支配；凡属教育上行政事项，应完全付托专家。

这种调和办法，不但在学理上有相当的根据，并且适合世界教育行政最近的趋势。法德二国的教育制度最信任专家，无论立法或行政机关，都尽量登用专家；但近来已经渐渐注意民众的利益了。如法国每高小有家长委员会，便是倾向民众利益的表示。又如德国乡村及都市教育委员会里，也有人民代表，也是倾向民众利益的一证。反之，在英美二国，教育行政的趋势是注重专家。各教育局长都是教育专家，对于教育有相当的研究与经验，一切细则的规定与政策的执行都完全付托于他们。英美教育界，从前都以为人人可办教育，现在已渐渐承认教育事业是一种艺术，不登用专家不成功了。法德与英美两派本来代表两极端，近来也慢慢的倾向折中，而渐趋接近了，这也是一个有价值的教训。

三、调和委员制与领袖制

俄罗斯教育行政系统，从中央到最低级的地方行政区域，都采取委员制，法德便纯采取领袖制，英美折中于二种制度之间，而仍偏重于领袖制。中国教育制度，应效法俄呢？法德呢？或英美呢？这是一种值得讨论的问题。大抵委员制是多头政治，集合许多首领，采取合议方式，分工研究，共同讨论，并分头或共同执行一切决议案。所以委员制是立法与行政合一的制度。这种制度，当然有许多好处。论列于下：

第一，委员制既采取合议方式，所以有集思广益及分工互助的利益。在委员制度之下，各教育委员可以各就其见地贡献意见，互相观摩批评，必能获得比较圆满的结果，因为多数人的思想总比一个人的思想更周密。况且教育事业分工渐细，断非一人所能包办；委员制能罗致各种教育人才，各委员都可各就其专长分担各种工作，教育事业自然日趋发达了。

第二，委员制适合平民精神。委员制能防止独裁的趋势。凡议决案都要经过多数通过，任何委员都不能孤行己意，或强迫他人服从己意。执行决议时，结果的好坏，手续的正当与否，随时受其他委员的批评与指导。大抵能参加教育行政的人数愈多，便愈适合平民精神，这是俄罗斯教育制度的好处。

第三，委员制能防止教育行政长官的舞弊。大抵一人舞弊容易，大家共同舞弊更难；因为一人作弊更易守秘密，而大家作弊更难意见一致。况且委员会里未必人人都想作弊，大家互相监督，结果没有一人敢作弊。就是委员会以外的人，要疏通或勾引委员会做不正当的工作也更困难，因为疏通多人比较疏通一人总不容易。滥用私人的弊病也可减少许多，因为委员提出人员须经其他委员的同意。

但委员制也有许多毛病：第一，委员制执行效率不高，集议时又意见分歧，宝贵时间多消磨于互相辩论之中。即使委员中有开明进步的主张，而多为众议所梗。第二，委员会记录多严守秘密，其弊病有时比领袖制还大。委员个别意见如何，外间无从探悉，更无从监督或纠正他们。即使有人作弊，而被人发觉，各委员可以互相推诿，而不能指出何人作弊。第三，委员制的责任不专。执行议决案时，各委员互相推诿，而不肯担负责任。执行有错误时，各委员又把责任推到他人身上或委员会的全体。

领袖制也有许多利益。论列如下：

第一，在领袖制度之下，行政效率更高。一种决议，不必经过长时间的讨论，而即可独断独行，省去多少枝节问题。执行决议时，不必受他人的掣肘，而可进行无阻。并且领袖制有最高威权，部下有争执，都可取决于领袖，不像委员制那样政出多门，不能即时解决一切纷纠。

第二，领袖制的责任更专。凡领袖所应当做的事，他不能推到旁人身上去；事情做得不好，他要单独担负其责任。并且民众要监督领袖也更容易，因为一个领袖的活动最易引起民众的注目。

第三，领袖制可以处理紧急事项。有许多事时机太迫不能等待开会议决，须立刻处理，只有领袖制才能应付这种情况。要是委员制，便不免意见分歧，贻误时机了。

但领袖制也有许多毛病：第一，领袖制有独裁的倾向。领袖总揽一切大权，有时会滥用权威，过分束缚部下，使其绝对的机械式的服从其命令，而遏灭其自动的精神。结果，领袖行为有错误时，无人纠正之，而教育事业遂不能自由进展。第二，领袖制有腐化的倾向。领袖制没有互相监督的机能，做领袖的可以自由任用私人，而营私舞弊，局外人很难发觉其罪状。第三，领袖制有易受摇动的倾向。领袖制偏重一个人，所以有人存政举人亡政息的流弊。在委员制度之下，委员会中虽有少数人因故去职，还有一部分人可以维持局面。

总而言之：委员制及领袖制各有利弊，我们应该兼取两种制度的长处，而避免其流弊。我们一方面要注意行政效率与执行责任，他方面又要顾到平民精神、合议方式及分工互助。我们所应遵守的原则是：（一）立法、司法、检察机关，应采取委员制；（二）执行机关，应采取领袖制。欧美教育行政，也有这种趋势。法德本是领袖制，但对于教育上立法机关，如学校委员会、高等会议、大学区教育参议会等，也采取委员制。美国从前教育行政，有几省也采取委员制，但以后感觉困难，已将执行机能付予教育局长。英国教育制度的立法机关采用委员制，其执行机关采用领袖制，实是一种折中办法。美国市教育行政最为发达，经过百余年试验结果，才演成今日教育家所公认之优良制度。但在这种制度之下，立法机关也是采用委员制，而执行机关则采用领袖制。可见调和委员制与领袖制，不但有学理的根据，而且适合世界教育潮流。此外还有教育与政潮分离、教育与宗教分离，打破双轨学制，实现平民精神等原则，为篇幅所限，我们不必讨论了。

建设中国新教育行政制度的讨论

庄泽宣*

邱大年先生和姜伯韩先生在去年八月里的时候，合作了一本《中国新教育行政制度研究》，此书旋由商务印书馆出版，并有蔡孑民先生的一篇序文，认该书为现代新教育者的最好之参考书，我对于这个问题本有好些意见，读了这本书以后，更想写出来就正于专家。

他们两位所主张的中国建设新教育行政制度时应顾到的三个原则：(1) 调和中央集权与地方分权；(2) 调和专家意见与民众利益；(3) 调和领袖制与委员制。这是我所极端赞同的。但是他们建议，把中国将来教育行政制度分为三个系统："就是(一) 学院系统，行使行政权及考试权；(二) 会议系统，行使司法权、立法权及对行政长官的监察权；(三) 督学系统，对各级学校之校长、教师及学生行使其监察权及考试权。"并且把全国分为大学区、中学区及小学区等。这个制度当然是很完密的，不过我个人以为太复杂一点，并且不十分专业化，所以小子又来妄言一下子。

---

* 庄泽宣(1895—1976)，浙江嘉兴人。清华学校毕业，留学美国俄亥俄州立大学、哥伦比亚大学专攻教育学、心理学，获哲学博士学位。历任清华大学、厦门大学、中山大学、浙江大学、岭南大学、广西大学、国立社会教育学院教授、系主任等职。创办国立中山大学教育学研究所和学术期刊《教育研究》。主要著作有《西洋教育制度的演进及其背景》《如何使新教育中国化》《改造中国教育之路》《各国学制概要》等30余种。

本文节选自庄泽宣著《如何使新教育中国化》，上海：民智书局，1929年，第37—48页。——编校者我以为无论哪种制度是越简单越好，一则因为简单则容易推行，二则不至于手续繁多而于效率方面互相推接继诿，三则因为中国现在人才太少不敷分配。所以我主张将来教育行政制度只要两个系统，一个管行政及督学，一个管司法立法监察及考试。督学在各国都有由视察而变为指导的趋势，本来是行政的一部分，我觉得可以不必勉强分开的。监察及司法也有密切的关系，而且司法立法监察及考试等权都不是终年都须行使的，合并在一个系统里，项数虽多，事务不会太繁。还有一层，行政必须采领袖制，效率方高。司法立法监察及考试则须采委员制，才公允而无舞弊。这是我所要讨论的第一点。中学区和小学区是姜、邱二君所杜撰的，“但也不妨自我们作古”。不过何以称为中学区与小学区？所谓大学区是因为这一区里边的最高教育机关是大学，最高领袖是大学校长。中学区小学区是否如此？假如中学区里不止一个中学和中学校长，小学区里不止一个小学和小学校长，谁做领袖？就是大学区，照姜、邱二君的计划，似乎一省一区，中国应该办这么许多大学吗？恐怕办起来也徒有其名罢。

我在这里又要重申骇人听闻的主张，就是根本废除中学与小学的名称。中国人受了科举的遗毒太深，进了学便想中举，中了举便想得进士点翰林。所以小学毕业生不能进中学，中学毕业生不能进大学便是失望，甚而至于得神经病！本来从名称上看起来，小学是中学的预备，中学是大学的预备，大中小不是一贯的吗？为了这个名称不知害了多少人！所以我在讨论教育方针的时候，主张把第一级学校称为基础学校，因为这是凡是国民——不论儿童或成人——必须受的。(本来国民学校这个名称很好，不过因为通常国民学校即是初级小学，有冒混的弊病。)第二级学校称为产业学校或劳动学校，打破升学与读书的观念。第三级称为学术院及专门学校，才是研究学术和养成领袖人才的地方。对于小学这个名词，还有一个弊病，就是小学生好像必须是儿童才配，而年长失学的教育机关便须称为平民学校，照我看来都可以称为基础学校，因为教法不同可以分为甲乙种。至于多科式的中学虽在美国一时颇为盛行，现在照专门家的意见这是不很好的办法，不但师范应当独立，就是各种职业学校也该独立，然后年限上、管理上、设备上、性质上……都可以显然划分。实在讲起来，连混合的职业学校在二十世纪分工的世界，都没有存在的余地。再进一步说，农业和商业学校或者可以不细分，工业里的木工与印刷便无从而且不必合在一起。

我还以为双轨制虽是已经成为过去的制度，但是我们就性质上讲起来，大学与中学的升学科是一个系统的，职业与补习教育机关是一系统的，小学和师范是一个系统的。我们所谓系统，并不像双轨制的那样分立，不过在行政一方面可因性质相同而集中管理权于一处，在升学一方面并不以社会上的阶级来限制，而当以才能及性向来决定，在心理测验未十分可靠以前，我们当然要使学生有转学的可能。课程方面不可排得太死。

上面所讲的似乎是闲话，但是我们要解决教育行政制度，不可不连带的研究一下。我以为各省在不能也不必每省设大学或学术院的时候，有的省份可设大学及大学区，有的省份可设高等师范及高师区，有的连高师也不能不必兴办的，就老实的附在其他大学或高师区里。所谓高师便是养成第二级教育机关的教职员、图书馆博物院管理员及高级教育行政人员的地方，他们的校长和教授当然是对于教育行政有研究的，行政人员及督学便可由他们兼任，使理论与实际相合，比较不重要的工作和统计一切可以叫他们的学生帮忙，借此学生可以实习。大学或高师区直接管辖的学校便是区内第二级非职业性质的学校及图书馆博物院等，但是师范学校除外。

大学或高师区下可照师范学校数目分区，每一师范学校的"势力范围"所及便设一师范区。师范学校的任务便是养成第一级教育机关的教职员及低级教育行政人员的地方，师范学校校长即是区教育行政长官，教员即兼区教育行政人员及督学，比较不重要的工作和统计一切也可叫学生去实习。① 区内除了下列特别设置的教育行政机关以外直接管理一切第一级学校。

这种办法虽也自我们作古，但在美国各州立师范对于该校势力范围内的下级学校颇有干涉之权，他们现在的州立师范的程度和性质实等于高师。法国高师全国只有一所男校、一所女校，无分区的必要，师范则大约每省一所，师范校长对省区教育行政界很有发言权。德国新式的教育学院对于所在地的小学有管理权。可见，各国很有以师范作教育行政区领袖的倾向。

至于市乡教育行政，我以为分为独立区域的是愈少愈好，愈多则愈不统一，指

---

① 上面所说利用师范生实习的办法，在最近上海即有一个好例，就是利用各大学教育科学生去做调查的事情。

挥起来愈不容易。凡是大的都市，自身有大学或高师的，可自成为大学或高师区，直接隶属于中央。十万人口以上的都市没有大学或高师的可设市区教育行政机关，行政长官由第二级学校有经验的校长里挑选，隶属于大学或高师区。十万人口以下的市区，非有特别原因不宜设独立的教育行政机关而可隶属于师范区。还有偏僻的乡村为师范区所鞭长莫及照顾不到的地方，也可设乡区教育行政机关，以有经验的第一级学校校长充任行政长官，大的事体仍须取决于师范区。

讲到中央教育行政机关的名称，教育部也好，大学院也好，中央教育院也好，实在没有什么大的关系。不过我以为要中央教育行政机关效率增高，最好设立一个中央教育研究所，关于全国教育的设计以及一部分行政事务和督学的工作可以交给研究所的教授同学生去做，而高等师范的教员也可在这里养成。这个研究所的主任便由中央教育行政长官兼任，里面的教授必须有各国留学过的教育学者和国内有经验终生服务于教育界的人物，在人才缺乏的时候不妨请一两个外国的教育家。这些教授一方面研究，一方面调查，一方面教学。将来他们的学生分布于第二级学校图书馆博物院与各师范区及市区，师范毕业生又分布于第一级学校与乡区。这样才可以收指臂之效，非这样中国的新教育制度建设不起来！

关于实业教育机关的管理在教育行政制度上是最难解决的问题。我们或者可以仿法国新定的办法，在中央教育行政机关里设一次长，并另设一实业教育会议去监督辅导他。因为实业教育问题往往关系于全国而且必须有实业界的专家在独立的会议系统里或在中央教育会议分设的实业教育委员会里来指导与帮助，实业教育才能充分发展。若以大学或高师区为实业教育行政区域恐怕对于实业教育机关会有计划不周、分配不当及与实业界隔膜的弊病。这里所讲的实业教育是包含一切专门学校和真正职业性质的第二级学校与补习学校及相关的商店工厂农场等等。

把上面所说的归纳起来，我们所要建设的中国新教育行政制度是：(1) 以大学院(或教育部)为全国最高的教育行政机关管理全国一切学校及监督下级教育行政机关并其他设施之所，受中央教育会议立法上的指导，而辅以中央教育研究所使帮助大学院设计及筹划一切；(2) 以大学或高师区为次级的教育行政机关直辖大学或高师及以升学为目的之第二级学校与区内总图书馆博物院等，监督再下级教育行政机关，而受该区教育会议立法上的指导；(3) 以师范区或市区为更次级教育行政机关，直辖一切第一级学校及区内各图书馆博物院等，监督小乡村之教育行政机关，而受该区教育会议立法上的指导；(4) 偏僻的乡村得暂设乡区教育行政机关，管理该乡村内之第一级学校及图书博物分站，而受该区教育会议立法上的指导；(5) 在大学院中设次长一人，下设实业教育局专管国内一切实业及相关之机关，而受实业教育会议立法上之指导。将来全国实业教育发达时，为实业教育行政便利起见，或可将全国分为若干实业教育区直隶于次长及实业教育局。

每级教育行政机关在教育行政长官之下设三个委员会：即经费委员会、督学委员会及设计委员会；委员长比较的为固定职，由行政长官指派，有支配工作于其他委员之权。每级教育立法会议每年依时由公推之主席召集，但经会员三分之二或教育行政长官之请求得召集临时会议；主席之下设三个委员会：即司法委员会、监察委员会及考试委员会，委员会主席及委员均由公推，惟考试委员会之主席及过半数会员最好不得连任，以防流弊。以上各委员会必要时可设额外会员或开会时聘请专家出席，尤其是教育经费委员会非加入理财专家不可。

现在把所建议的制度以图明之以作结束。

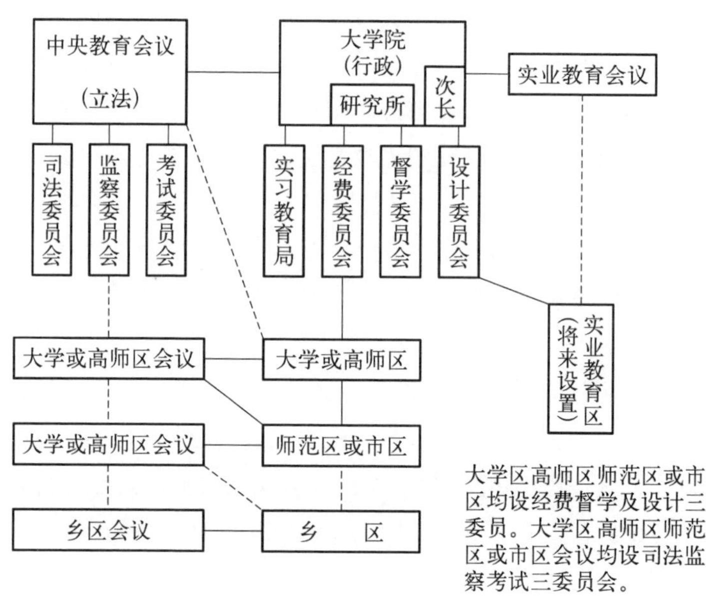

大学区高师区师范区或市区均设经费督学及设计三委员。大学区高师区师范区或市区会议均设司法监察考试三委员会。

计划教育及其统制机构的合理化

李清悚*

国防上有三大要素：一是人的供给，二是物的供给，三是人与物的关系调整。在第一期抗战期中，我们所得的一切伟大的教训，是可资信赖而忠实的支持一部分局面的人才太缺乏，及一般人力的补充困难。这与在战前所发生的"一方面做事找不到人才，一方面又有许多失业者无适当事可做"一种社会病态，是相呼应的。这一种结果固然由于社会支配人才的不恰当，而最大的原因乃是育才的制度与方法未能尽适应国家社会的需要，这无疑的是教育上的一个很严重的问题。过去的教育，在制度上亦曾尽过较大的努力，在方法上也曾尽过较大的努力，亦曾建立过相当的功绩。但是因为太顾及自由的发展，不免支离破碎，变动多而且屡一种制度很难维持较长时间的应用。于是它的效果也就不得不零碎散乱了。在平常时间，很不易发现这个缺点，等到这次抗战的大局面到临，大批征集应用各项人才时而显然的发现某种人才没有，某种人才太缺乏了。这都是暴露着教育上没有通盘计划，所以我们目前很需要实施一种"计划教育"。

---

* 李清悚(1903—1990)，号晴翁，江苏南京人。东南大学教育科毕业。历任江苏省第八师范学校教务主任、南京一中校长、中央大学教授、教育电影制片厂厂长(退休前为上海师范大学教授)。民国时期先后两次为教育部起草小学行政课程标准。主要著作有《小学行政》《学校之建筑与设备》等20余种。

本文原载于《教育杂志》1938年第28卷第8号。——编校者

什么叫作“计划教育”？计划教育与经济上所谓“计划经济”是具有同一意义的，就是以统制姿态出现的一种有系统、有步骤的教育上实施。我们有几种观念须待认清的：

（一）我们认为教育是一种工具，它的作用在传递文化，适应与改造生活，推行国家政策。而所谓传递、适应、推行，皆具有积极作用的；其目的不但求人类生存，而且生活向上，所以所传递的、所适应的、所推行的必具有选择的材料。更无疑的，是合于当代要求的。并且要明了它是一种手段不是目的。所以它的制度与方法，必须与当代的政治合流。政治是求全民族生活安宁与向上一种方术的运用，教育必须辅助这种应用，使政治容易完成其目的。

（二）人类的生存是离不开经济基础的。虽然有人追求着精神上的满足，以为没有精神就失掉他的生存价值，或者不能说是生存着，这也许对的，但是这一种哲学上理解，而维持他的身体存在，仍旧少不了最低限度的物质。我们虽不敢如一部分唯物史观者那样的迷信物质；的确，物质是生活上一个最要紧的条件。既然“教育即生活”已成为一般的信条。蔑视了经济基础不能言生活，同样蔑视了经济的目的也就不能言教育了。所以教育必须与经济携手，国家或社会有了一切大的经济建设，或在政府施行了计划经济，教育必须造就这一批建设的人才、经济的人才。我们过去的教育没有将国家经济环境认清，与经济界太隔阂，所造就的人才无益于国家经济建设，也不能为经济建设上所用。固然一方面由于社会自由经济的设施未必发达，国家更未有统制经济的企图，更未有计划经济的设施，即造才未必有用。但是支配人才与应用人才有无机会是一时的现象，是随时可以修正的，而作育人才不是短时间的事，不是随时可以修正的。这一种错误，教育家不可以不坦然的担负起来，所以教育必须与经济建设相呼应。

（三）民族的生存与否，全视民族自身所具有争生存的力量何如，现代国际间战争是以国力相赌的，必须全民总动员，方能与外来侵略分子相抗，那么民族中每一员必须有战斗的力量，而民族本身中各个分子各有其在战斗上担负的任务。如何使各个分子愉快胜任他的任务，这就是教育的工作。所以平时的教育如果已经完成这个任务，与国防计划协调了，到了战时何必再谈战时教育？现在教育者来高谈战时教育，实在是教育者的一种羞耻，所以教育必须与国防工作或计划协调。

以上三点解释，可以明白教育必须与政治合流，与经济携手，与国防协调。有了这三个基础的观念，就知道计划教育是必要的了。

近在武汉举行全国临时代表大会，确定了抗战建国的纲领，在经济上已决定实施计划经济了，在教育上也确定战时各级教育实施方案。在这方案里给教育一种新的估价，订了一种新的方针，十六项设施上的政策，即(1) 学制，(2) 设置，(3) 师资，(4) 教材，(5) 课程与科系，(6) 训育，(7) 体育，(8) 经费，(9) 建筑与设备，(10) 行政机构，(11) 学术研究及审议，(12) 留学制度，(13) 女子教育与家庭教育，(14) 边疆教育与海外侨民教育，(15) 社会教育，(16) 建教关系。其中不但针对过去教育上弊病，并且开了计划教育的端绪。其中如设校设科根据需要，地方教育行政官吏由中央委派，确立建设与教育的关系及其组织，皆是计划教育中的要素，也是教育上的新猷，的确是一件可喜的事体，我们很希望即此实施计划教育，这种实施须经以下的步骤：

(一) 使全国充分明了计划教育的重要性，显示国家实施计划教育的决心，根绝教育上的封建思想，扫荡以自私自利为出发点所生之人事的障碍。

(二) 延聘各级教育专家组织全国教育设计委员会，实际拟订教育实施计划。

(三) 同时成立中央建教合作委员会，以备拟订教育计划时之咨询。

(四) 实施全国各类人才调查与登记。

(五) 根据国家政治方针、经济计划、国防计划，拟订教育计划。

(六) 调整现有学校之设置、科系之分配、设备之应用、人才之支配。

(七) 整理教育行政机构，特别注意计划教育之推行的功效。

(八) 严密视导制度，注意各地各机关各学校推行的方法与效果。

计划教育有它本身的特性，它是有统一性的、统制性的，它有预期实现的目的。它在时间上应有预期的段落，它有事实作根据，它与国家政治经济建设是协调的，它的本身是整个的如八宝楼台不能拆成片段的。但是要特别注意在定计划以先，必定要十二分慎重，要请专家作深长的考虑，定了计划以后，就不能轻易变动的。

为什么是统一性的？因为这个计划是国家教育的全貌，不是一斑，必定顺应国家政治上需要。在空间上包括内地与边疆的需要。在时间上至少要顾及未来二十年内国家社会的缔造，它应当在空间与时间上观察到若干据点，统筹支配。如有一隅的变动，必定是影响到计划的全般，所以它具有确定不移的统一的原则的。

因为是一个统一的计划，为它施行有效，非应用统制的方法不可，否则中央政令不出都门，即有全国性的计划，只能空具条文而已。故计划教育必具统制性，或者在方策上统制，这也是确立不易的一个原则。不过学术思想重在自由，有自由方有竞争，有竞争方有创作。受教者个性有天然的差异，教育方法应注意因材施教，注重适应个性。可是计划教育上的统制性与学术自由及个性适应两点，并不抵触的，因为在计划教育上只决定我们对于某种学术需要的程度。某几种学术在需要上分别一个缓急重轻。学术的内容仍是自由的，同样在计划教育上只决定教育的制度，不干涉方法，只决定某种科系对于国家所需要的程度而支配科系设置的数字，并不干涉何人入何科系的。

因为这种教育本身是一个有系统的计划。凡是一种计划必有一个预期之目的，也有一个预定的期间实现计划的目的。比如苏俄的五年经济计划实施，预期在五年的完成时候，重工业是发展到什么程度，主要农产品是要增长到什么数量，都有统计数字可以根据的。我们实施计划教育，也应当有同样的估计与期望。以若干年为一段阶，在一段阶中能造成农村建设干部人才若干，地方自治干部人才若干，水利人才若干，化学工业人才若干，治事治学治人之通才若干等等。而这许多人才，又确实是事业界所需要的数目。如此办教育不患造不出人才，造就人才不患没有出路了。社会上也不致有“一方面人浮于事，一方面事缺人才”的病态，这样方能切切实实显出教育与建设协调的功用来。

计划教育的实施有效，固然看计划教育的本身健全性，同时也看统制的机构如何。计划教育的统制机构，有二个最要紧的机关：一是拟订计划的机关，二是推行计划的机关。拟订计划的机关，在中央应当设置一个设计委员会专司全部计划的设计，另置一个中央建教合作委员会专备拟订及推行计划时的咨询。推行计划的机关，当然是各地方的教育行政机关。计划教育本身的施行，好比人身体一个有系统的动作的发动。执行或统制的机构，好比人身体上的各种器官、肢体。人身体上器官肢体发动一个动作时，在生理上有它自然而极合理的统绪的，如果稍有隔阂，就是器官肢体上有病态的时候。所以要计划教育，在施行上显出极大的效率时，就在于如何使统制机构的合理化。以前因为政治上封建形态未泯除，故教育行政上机构简直是一个断臂残肢。中央与地方在行政系统虽有法定的统绪，而在事实上，各以其行政主体为转移，省教育厅听命于省主席者多，听命于教育部者少，市教育局听命于市长者多，听命于教育部者少，以这种行政机构施行一种平常教育也未必有成效，何况计划教育呢？要使行政机构合理化，有三主要条件：

（一）行政人员的慎选与任命方法的集权化

我们无论如何要建立一个信念，即是教育是一种科学，教育工作是一种专业。有了这一个信念，我们选择行政人员，第一要问是否研究教育者的出身。其次再选择他所具有的教育信念和行政才能。过去的几年间，地方行政主体恃其权力，不但随意任命教育行政人员，而且变更了教育行政机关。如各直辖市变教育局为社会局是。有教育局时，教育局长的任命，因有名义的关系，至少要加一点考虑，变为社会局时则任何人才均可为局长，非教育人才而为教育行政人员，自难为教育全般打算，至多应付公事而已。今后的教育行政人员，应当特别的慎选。并且任命权要操之于中央，方能使政策贯彻到底，指挥灵活，与行政意志统一。

（二）强化各机关间的统制机能

统制机能的强化，第一固在任命权的集中，其次要看机关系统的运用是否灵活，上级机关对下级机关的指挥是否如臂之使指。

（三）平日行政方法的灵活

行政方法是否灵活，全视方法应用时有无阻力。减少阻力固在于人事，也在于方法。繁重的公文手续，浪费而无用的报表，琐碎麻烦的行政手续，没有整个计划的方案，都是增加阻力的方法。我们应用简单的公文手续，使用新式传达命令的方法及工具，平时的教育行政，要能如战时传达军令一样神速而有效，方得获到极度的灵活。

以上所论，是计划教育的发凡，计划教育仿佛是一剂猛烈的药剂，应用得当固然是可以起死回生，应用不得当也能速死。这其间的关键，一方面系于最高教育行政领袖的信念，及法律如何范围最高行政者变易已成计划的权力。

比如在没有充分集权施行统制时代，固然有一部分地方教育腐败，也有一部分地方极著成绩的。统制以后如所用皆非人，则全盘失败。所以一方面最好在法律要求得一个安全保障，一方面在中央行政机关上建立一个最高审议机关，求得人事上的一个保障。

现在中央方颁布《抗战救国纲领》，教育上已经有了一种有系统的改革方案。如能依此方案而制订全盘的教育计划是很易的事，尚望全国教育人士集中智虑来注意这个问题。

地方教育行政之理论及其实施

李建勋*

一、绪　　论

(一) 定义

“地方”二字系相对名词，意旨所在须视其国教育制度而定。如法国之中央集权制，则大学区(academy)、省(department)与市(commune)皆为地方。如美国之联邦制，中央无过问教育之权，则所谓地方者，仅县与市而已。中国教育制度系中央集权制，所谓地方者，当然指省与县市而言。

教育行政，系指研究、讨论、计划、指导及处理关于教育之一切活动而言。地方教育行政，即就属于该地方之一切教育活动，研究、讨论、计划、指导及处理之之谓也。

* 李建勋(1884—1976)，字湘宸，河南清丰人。清朝秀才，天津北洋大学毕业，先后留学日本广岛高等师范学校、美国哥伦比亚大学师范学院，获哲学博士学位(博士论文为《美国民治下的省教育行政》)。历任直隶省视学，北京高等师范学校教授、教育研究科主任、校长，东南大学、清华大学、北京大学等校教授，北京师范大学教育系主任、教育学院院长。我国教育行政研究的开拓者。著有《关于教育行政上之五大问题》《中华民国宪法内之教育专章》等论文及《直隶省教育行政组织之改革案》《小学教育行政概要》等著作，均收入《李建勋教育论著选》。

本文原载于北平师范大学教育学会编《教育丛刊》1930年第1卷第2期。——编校者

(二) 范围

一般人每认教育行政为普通行政之一部分，而不研究其特质。故对于教部教厅及教育局之作为，则称为教育行政；对于各级学校内部事务之处理，则称为学校管理或学校行政。一若教育行政，仅指各级教育行政官厅之动作而言者，实大不然。盖以教育行政官厅之成立，实因各级学校之存在，离开学校焉有行政？此证诸各国教育发达史而不爽者也。矧教育事业，千端万绪，除学校外，又有所谓社会者乎？故谈教育行政，不宜自其片面着想，应就其全体立论，办理学校或社会教育之人员（德日认为官吏，美国认为与教育行政官厅人员一体，同称之为line authority），直接或间接受行政官厅之任命，能谓之非教育行政人员乎？学校及社会教育机关之工作，直接或间接受行政官厅之指导认许，能谓之非教育行政之工作乎？如不能，则所谓教育行政之范围者，应加入学校及社会教育机关之工作，不能仅限于各级教育行政官厅之活动也明矣，地方教育行政者，即该地方教育行政官厅各级学校及社会教育机关等，关于教育之一切活动也。

(三) 性质

教育行政之范围，虽有官厅、学校及社会三方面，而其性质则不无区别。一为提纲挈领，为整个的筹划；一为分工合作，为局部之执行；一为指导督促，期政策之有效；一为令奉尽职，图事业之有成。前者属于官厅之行政，后者属于学校及社会教育机关之行政。两相比较，则不同之点显然矣。惟官厅方面，倘对于教育实况无科学的研究，对于教育进行无合理的计划，实难负其性质上应负之责任，此余所以主张教育官厅应专业化及科学化也。

二、理　　论

(一) 国家与教育

1. 教育国有

考欧美各强国之教育发达史，学校当初均为私立，后以教育之良窳，与国家之盛衰攸关，遂逐渐归国家办理。其实行时期，以德国为最早，英国最迟，盖以教育思想变迁，适者生存，而制度不得不随之也。吾国自秦汉以至清末，教育完全为个人事业，国家除派人考试外，几与之不发生关系，迨鉴于甲午庚子两役之失败，始悟吾国教育制度之不善；遂有光绪二十七年[1902]之《钦定学堂章程》及管学大臣之设立。自是，吾国教育亦归国家办理矣。照现代论，教育应归国家办理，殆不成问题，其原理如下：

教育为一国之命脉，国家对于教育负责，非为节省经费起见（以归国家办理，规模大，计划周，较枝枝节节的个人办理省费也），乃实行其天赋之自保权及进取心也。

2. 教育机关

国家既对教育负责，而教育非空言所能致效，故须有宗旨以定其趋向，有政策以导其进行，有工作以期其实现，有督促以收其效率。凡此四者，非机关不足以录其用，非人员莫能举其实，其原理如下：

国家为履行其教育职责计，有设办学人员及教育行政机关之必要。

3. 教育经费

国家既对教育负责，自必进行办理，办理则须经费，而此项经费为数甚巨（照吾国现状，各省政府之岁入，尚不足其办实行强迫教育之用），名义上虽归国家负担，事实上仍出自人民，故一部分人民，往往对教育税之征收，或他税为办教育而增加，则起而反对，此不独中国为然，各国亦有如是者。然实则因未明教育之重要所致，如知教育为立国之本，国强则个人受莫大利益，非但不反对，恐将提倡之不暇也，其原理如下：

一国财源，应尽量供给教育国家儿童之用，故国家对于所属之任何区域内，得征收教育税，以作教育经费。

4. 教育准绳

孟子曰："离娄之明，公输子之巧，不以规矩，不能成方圆；师旷之聪，不以六律，不能正五音；尧舜之道，不以仁政，不能平治天下。"此千古名言也。教育虽为立国之本，倘无所谓目的、课程标准、各机关之组织纲要等等，以为之准绳，正如欲成方圆而无规矩，欲正五音而无六律，欲平治天下而无仁政，焉能收教育之效果哉？故有以下原理：

国家既用公款设学，应注意获收预期之效果，故对于极少限度之标准，有规定之权，但为适应地方需要计，越过该限度之权，须为地方保留之。

5. 各级教师

国家对于教育，虽设有机关，筹有经费，定有准绳，倘各级学校之教师，无相当人才，则所谓负责云云者，仍属空谈。欲得相当人才，非施长期训练及严加去取不为功，其原理如下：

为实行教育政策计，国家对于教师，有训练及检定之权。

6. 强迫教育

教育事业，就纵的方面论，有初等、中等、高等之分。初等为基本教育，中等为预备及职业教育，高等为人才教育。此三级教育，以初等为最重要。盖以其一方面为各种教育之基础，一方面为国民应受最少限度之教育也。各国对此，有定为六年者（日本），有定为七年者（法国），有定为八年者（德国），有定为七年、八年或九年者（美国各省），有定为九年者（英国）。期限长短，视其国之文化程度及经济状况而定，不必一律。然国家虽如此规定，而人民或因其不负责任，或因其漠视教育，或因其经济压迫，往往未能实力奉行，以致坐失国家所备之教育机会，实属一大憾事。欲国家所备之教育机会不虚设，非强迫不为功，其原理如下：

国家既认教育为公共需要，且可维护增进一国之利益，则有权强使儿童入学，参与所备之教育机会。

（二）教育机关之功用

以教育行政为普通行政之一，教育行政机关与其他行政机关并列。教育行政机关之首长亦多为政客官僚，于是一般人咸认为教育行政机关之功用，不过颁发与传布命令及处理所属之照例公事而已。若责以对于教育实际有科学的研究，对于教育进行有先觉的领导，则曰此大学事也，官厅似不必务此。殊不知一行政区域之教育制度，如人之一身，教育行政官厅，头脑也，其他学校与社会教育机关，肢体也。头脑清晰，肢体俱得其用，则事举；头脑颟顸，肢体失其常态，则事废。吾国教育行政，久罹头脑颟顸，肢体失其常态之病症。欲医此病，须将颟顸之头脑清晰之。清晰此颟顸之头脑，须饮下列五种药品，质言之，教育行政机关，非具备下列五种功用，不足表明为清晰之头脑也。

1. 领导（professional leadership）

教育事业日新月异，近二十余年来之进步，尤属可惊。非特学理方面多所发明，而应用范围亦日形扩大。从事于教育者，若不明此，犹如昔日之盲从、武断、主观，则欲其不愤事也难矣，故领导尚焉。惟领导一事，包有实况之研究、对症之方案、专业之提倡、疑难之解决、学术之介绍等项，非对于教育学术确有心得者，断不能胜任。美国近时对于教育行政长官之资格有严格的限定（训练与经验），盖以此也。吾国如欲举教育行政之实效，当亦不能外此。

2. 会商（consultation）

教育事业当重群治、尚经验。一教育系统下，行政官厅虽居领导地位，而实际工作者则为办学人员。行政官厅决定或实行其政策时，非参考彼等经验，获得彼等了解，则不易推行而尽利；欲参考其经验，获得其了解，其法虽多，当以设咨询委员会为最宜。法国与英国教育部之协商委员会（Consulting Committee），即此意也。吾国教育行政机关，若欲充分发展其功用，则不可无此。

3. 统合（coordination）

教育事业，纵言之，有国省与县之分；横言之，有官厅学校与社会之别。范围性质又各不同，若无一贯的政策、划一的标准，以统驭之，难免无支离灭裂之虞，故有统合之必要，如课程标准之规定也，教科书之审核也，各级学校之等分也，校舍与卫生标准之订定也，表册之划一也，教师之训练与检定也，均属行使此等功用之意。吾国对此，虽未彻底执行，尚差强人意。

4. 合作（cooperation）

教育事业，虽各有专责，往往有因限于权力，非独力所能完成者（如筹款则须财政机关，办强迫教育则须民政机关帮助等）；有因限于财力，须请他机关扶助者（如中小学校长赴日参观请中日文化基金会补助之类）；有因助长学术，须予私人或机关以方便者（如大学生论文研究行政机关助其搜集材料之类）；有因阐扬文化，须供给他机关品物者（如与国内外学术文化机关交换教育品及刊物之类）。凡此种种，俱与教育文化有关，非借他力或己力以助成之，均难得圆满之结果，此合作之所以足贵也。吾国对于前二者尚属努力，对于后二者实无可观，岂现时无此需要乎？

5. 法权（legal authority）

教育行政机关，就狭义言之，仅能执行与解释教育法律，处理行政事务而已，而立法司法之权无与焉。然为适应地方需要，获得行政效率计，则于相当范围内，予以广义的立法司法之责，此所以行政机关有发布命令、订定规程、与处理教育诉讼之权能也。吾国行政机关之工作，大都此类事务而已。

(三) 教育行政机关之组织

教育行政机关之功用，虽如上述，若无相当之组织，绝不能发挥其效率。所谓相当组织者，则包有二部焉，一为建议的(advisory)，一为执行的(executive)。前者司研究计划、报告等事，后者司决定、推行、督促等事。无前者，则行政无科学的方案、先觉的领导；无后者，则行政无彻底的实验、进步的改革。二者正如车之有两轮，鸟之有双翼，相辅而行，不可须臾离者也。美国学务局之组织，分为研究与事务二大部分。英国教育部之组织，有询问及报告一股(Department of Special Inquiries and Reports)，实属此意。吾国民十七[1928]，曾有人提倡行政学术化，奈未明其道，致美意演为弊政，不无可惜。然必如何始可实行行政学术化乎？曰于教育行政机关内，一方面设研究股，聘请深于教育理论、富有教育技术者主之，设协商委员会，使各级学校与社会教育机关推出代表组织之，以完成领导与会商之功用；一方面将行政事务按性分职，因职用人(非如现时之因人设职)以完成其法权合作及统合之功用。如是教育政策，未定之先有彻底的研究，既定之后有切实的履行，而犹未事半功倍者，吾不信也。

(四) 工作原则(working principles)

1. 专业化

吾国兴办教育虽已将近三十年，而一般人士对于教育事业尚未真正认识。有谓办教育不必学教育者，有诋教育非科学者，有借教育为退藏之所者，有假教育为升迁之阶者，有利用教育为一派活动之工具者。观念既非，事功可想，以致官僚政客及寡学浅识之辈，充满教育界，欲教育之不腐化也难矣。夫教育为国家百年大计，为社会清苦事业，非对之有充分信仰、有牺牲精神、有专业训练，兼有恒心毅力者，不能胜任。试阅各国教育史，凡能为一世推崇，收教育之宏果者，如德之斐斯他洛基(Postalozz)①、费希第(Fichte)②，美之何拉斯满(Horace

① 今译“裴斯泰洛齐”(Johann H. Pestalozzi，1746—1827)，瑞士教育家。原文有误。——编校者

② 今译“费希特”(Johann G. Fichte，1762—1814)，德国哲学家。——编校者

Mann)①,何一非此等信仰、精神、训练及恒心、毅力所构成乎！吾国不欲其教育收效率也则已,若欲之,则舍于用人上,大事廓清,取专业化外,恐无他途。

2. 科学化

科学化一名词,常为时人引用,然必如何始为科学化,非明该事业之性质范围,不易定其界限。若就教育行政论,当指对于教育之调查、整理、研究、计划、施行等事,以客观的态度、科学的方法处理之而言也。试举一例以明之,吾国教育行政官厅,对于教育实况多缺乏调查,调查矣而未能整理(乏统计学识),整理矣而不能研究(各教育行政官厅所出之统计报告,对于统计结果,并未说明其所以然)。至本于研究定为方案,见诸实行,更谈不到。此岂非行政不科学化之确证乎？若欲举行政之效率,当力矫此弊。

3. 赏罚功过

按效果律(law of effect)论,人作一事有成者则满足,失败者则烦恼。因其满足,以后遇此等事则喜作;因其烦恼,以后遇此等事则避免。吾之所谓赏罚者,系利用此满足与烦恼两情感,使人向善去恶,以期收行政上之最大效率也。惟用赏罚时,第一须严明,即有功必赏,有过必罚是也;第二须公允,即赏当其功,罚当其过是也。然人有谓教育系清高事业,赏尚无不可,罚未免难堪,且真正之教育家,初不以官厅之赏罚介意,此举实属无益而有损。岂知教育行政,贵乎实际,不尚空谈。果教育界尽属清高之士,且有功无过,罚自无所用,否则何以警劣顽乎？真正之教育家,固无处罚之余地,但赏系表明国家崇德报功之意,如得其当,未尝见其不乐受,否则将何以昭激劝乎？无益有损之谈,未免失当。

4. 财政公开

吾之所以主张财政公开者,有三理由：一因财政不公开,引起许多误会,以致教育进行,直接或间接受不良影响;故为免除误会计,须公开。一因人民出血汗钱,供给教育经费,其是否用于教育,或用之得其当否,有闻知之权利;故为使人民了解计,须公开。一因教育界不无恶劣分子,往往借处理教育经费之机,以实行其侵吞之举;故为免除舞弊计,须公开。或谓财政公开,固可免去相当纠纷,但难免有人出而干涉其支配之权,其纠纷不更甚乎？曰,是不然。

① 今译“贺拉斯·曼”(Horace Mann,1796—1859),美国教育家。——编校者

盖以经费支配，有法定机关负责，如省之经费由省政府会议，县之经费由县政府会议，非人人得出而干涉者。如果对于经费支配有高明意见，尽可向法定机关提出，用合法手续解决之，实无所谓纠纷也。

5. 人才主义

吾国教育行政，因受政治影响，未能实事求是，各机关用人以亲故、派别、势力、情面作标准，而学问、品行、能力恒置之弗顾，以致怀才而不喜奔走者则遭摈弃，无学而有奥援者则登显位。堂堂教育行政机关，几变为争权分肥之所，可胜叹哉！吾尝谓军阀政客不足患，帝国主义不足患，不平等条约亦不足患，惟此百年大计之教育，未能认真办理，使学风日下，士气堕落，乃为大患深患，欲整顿教育，非从居头脑地位之教育行政机关入手不可，欲整顿此等机关，人才主义实为唯一良法。(注一)

三、实　　施

(一) 县教育行政机关

吾国县教育行政机关，自成立(光绪三十二年[1906])至今，虽已历二十四年，而组织之简陋犹昔，试阅各县教育局规程，关于组织者，仅云"县设教育局以局长一人、县视学及事务员若干人组织之"而已，欲其负责办理其应办之事，乌可得乎？谨按照以上理论，酌量各地情形，拟其组织如下。

1. 县教育局

(1) 设置

县设教育局，为一县之教育行政机关，内设研究股、行政股、事务股及协商委员会。

(2) 职员

局长一人，研究股主任一人，统计员及事务员各一人，行政股主任一人，事务员若干人，事务股主任一人，文牍及事务员各一人，视学二人至四人，协商委员会委员五人。

(3) 任命

局长由县知事就具有下列资格者推荐三人，呈明省教育厅长选任；股主任及县视学由局长就具有下列资格者推荐，县知事任命；协商委员会委员，除县视学一人，为例任委员，由局长指定外，其余为县立师范校长一人，高小校长一人，初级小学教员二人，由其同仁公推（若师范或高小学校仅有一所，自无须公推，若有二所，由局长指定，若在三所以上，师范校长或高小校长，在其校长中公推一人）。

（4）资格

a. 教育局长

（甲）师范大学，大学教育科或高等师范卒业，曾任教育职务一年以上著有成绩者。（乙）其他专门以上学校卒业，曾任教育职务三年以上著有成绩者。

b. 股主任与县视学

（甲）师范学校本科毕业，任学务职二年以上著有成绩者（嗣后师范学校教育科目须大加扩充，教育心理、教育测验、教育统计、教育行政及教育哲学须为必修科）。（乙）曾任高小校长或本科正教员三年以上著有成绩者。

（5）任期

教育局长股主任及县视学均初任一年，后以三年为一任，届期满时，由县知事或局长呈请改委，或仍令接充，协商委员会除例任委员外，各任期四年，每年改选一人。

（6）报酬

教育局长之薪俸，由县知事详请省教育当局；股主任及县视学之薪俸，由局长呈请县知事定之。但局长之薪俸不得低于师范及中学校长薪俸之中数，股主任及县视学不得低于高小校长薪俸之中数，协商委员会不支薪金，但开会时得支公费。

（7）限制

局长股主任及县视学，非经县知事之核准，不得兼充他项职务。

（8）职权

a. 教育局长

教育局长之职权，有秉承教育厅执行者，有商同县知事办理者，有自行处置者，兹概举之如下。

（a）秉承教育厅执行者

（一）教育政策之订定；（二）教育经费之筹划；（三）县师课程标准之规

定;(四) 检定小学教员之办法;(五) 各种表册之样式;(六) 各校卫生之标准;(七) 其他。

(b) 商同县知事办理者

(一) 任命县师及小学校长科主任与县视学等;(二) 决定及实行教育政策;(三) 会商教育预算及筹款办法;(四) 划分学区及设学区学校董事会;(五) 义务教育之实行事项;(六) 社会教育之设施事项;(七) 县立各校及其他教育事业之设置事项;(八) 改良私塾事项;(九) 解决教育纷争事项;(十) 商订教员待遇事项;(十一) 其他。

(c) 自行处置者

(一) 任命教育委员及学区董事会董事;(二) 查核各学区学龄儿童之登记及其就学免缓事项;(三) 核定区立各校之学级编制及各科目增减事项;(四) 核定各学校之建筑及其他设备事项;(五) 核定区立各校及其他教育事业之设置事项;(六) 经管县属教育经费,编制预算、决算,并稽核各区教育经费;(七) 编制教育刊物及学年报告;(八) 抽查区立各校及其他教育事业;(九) 其他。

b. 研究股主任

(一) 研究本县教育问题及需要;(二) 指正并帮助教育测验之方略;(三) 公布研究之结果;(四) 提出改进之方案;(五) 编制本县教育统计及年报;(六) 介绍教育学术;(七) 供给教育统计于教厅及带有学术性国家性之教育机关;(八) 其他。

c. 行政股主任

行政股管理小学教育(强迫教育在内)、师范教育、社会教育以及其他一切教育,其主任之职权如下。

(一) 印刷学校法令、规程及细则,并颁发于各校或社会教育机关;(二) 对办学人员解释或告诫各项法令之意义、目的及其施行方法;(三) 促进强迫教育;(四) 推行民众教育;(五) 指导师范教育;(六) 检定小学教员;(七) 取缔及改良私塾;(八) 记录教员之学历、经验及成绩;(九) 办理教员服务训练;(十) 筹办相当之职业教育及初级中学;(十一) 其他。

d. 事务股主任

事务股、管理会计、庶务及文牍事宜,其主任之职权如下。

（一）收受登记并保管本局往来文件账目；（二）办理机要文牍；（三）记录本局出纳款项；（四）稽查各校账目；（五）分配各校津贴；（六）报告本局收支情形；（七）处理本局庶务；（八）拟定教育预算；（九）其他。

e. 县视学

（一）视察并指导各学校设备、编制及管理事项；（二）视察并指导各学校教学事项；（三）视察并指导各学校卫生、体育及生徒健康事项；（四）视察并指导社会教育及其设施事项；（五）视察并指导学务职员服务事项；（六）视察主管长官省督学或教育局长指定之事项；（七）督察各区对于教育法令施行事项；（八）督察各区对于教育计划推行事项；（九）检查各区教育经费及学校经济实况；（十）检查各区学龄儿童之就学及出席实况；（十一）宣达主管长官指示之事项；（十二）助理办学者解决困难事项；（十三）其他。

f. 协商委员会

（一）讨论并研究局长交议事项；（二）报告研究结果，并提出改良办法；（三）协商教育政策及各种教育之预算；（四）提议关于各种教育之改进事宜；（五）其他。

(9) 会议

a. 局务会议

为政策一贯，职员协调计，局长、股主任及视学每周须开会一次，研究全县各种教育之改良推行事宜，开会时局长为主席。

b. 协商委员会会议

协商委员会，每月开会一次，由该视学作主席。(注二)

2. 各学区

县教育局，虽为吾国教育制度上之行政单位，倘无学区之划分，以固其基础，而专其责成，实难收指臂之效，此所以吾国教育有上重下轻如塔倒悬之诮也，矧在强迫教育实行时，此学区尤关重要乎，谨将关于此之要点，概述之如下。

(1) 划分

各县教育局规程，虽多有“全县市乡应由教育局酌划学区”一语，但划分标准均未提及，各县所以未能切实举行者，未必非因此，然标准云云，虽难免因各县特殊情形而异，而大体上可分四种，即人口数目、人民富力、道里远近、文化程度是也，兹将此项标准化为一公式列之如下：

10(4×25×6)至10(4×50×6)或6 000至12 000人口

上列公式内之4字指初小四年级言，25至50指满六岁至十四岁之学龄儿童言，6字指满六岁至十四岁之儿童，占全体人口六分之一，以六乘二十五或五十，得全体人口数而言，再乘4者，即有如此数之人口，可设一完全初级小学之意，所以乘10者，即有十个初级小学，可为一学区之意。简言之，一学区内须有六千至一万二千之人口也。照此公式，似专为人口之标准，他未顾及，其实六千至一万二千，相差有半，所以留如此巨大差数者，正为人民富力、道里远近及文化程度，留调剂之余地也。

(2) 设置

学区设学校董事会及教育委员。

(3) 任命

a. 每学区学校董事会之董事，由该学区选民加倍推出，呈请教育局长择任，但董事有不称职时，局长得撤换之。

b. 教育委员，由局长就具有下列资格者委任。

(4) 资格

a. 学校董事会之董事，须负有乡望，对于教育有热诚者。

b. 教育委员，须(甲)省立师范学校卒业者；(乙)县立师范或师范讲习所卒业，曾任学务职二年以上著有成绩者。

(5) 员数

学校董事会之董事三人至五人，教育委员一人至二人。

(6) 任期

a. 董事会董事，定为三人者，任期三年，五人者，任期五年，每年改任一人，但第一次董事之任期各若干年，由教育局长决定之。

b. 教育委员，初任一年，后以三年为一任，届期满时，由局长改委，或仍令接充。

(7) 报酬

a. 董事不支薪俸，但开会时之公费准由该学区学款项下支给之。

b. 教育委员薪俸，不得低于高小教员薪俸之中数。

(8) 职权

a. 董事会

(一) 辅助教育委员，办理该学区教育；(二) 置备及处理该学区之校舍、校具及其他用品；(三) 帮同调查该学区内学龄儿童；(四) 督促该学区内学龄儿童之就学；(五) 筹措并监督该学区内之教育经费；(六) 其他。

b. 教育委员

商承教育局长，处理以下各事：(一) 调查学龄儿童；(二) 免除或展缓就学事项；(三) 改良私塾事项；(四) 教育经费之预算决算事项；(五) 教育基本财产之积存及处理事项；(六) 各学校学额之分配及教育科目增减事项；(七) 学校图表之编制事项；(八) 社会教育之设施事项；(九) 学校内之教授管理事项；(十) 局长及视学之委任事项；(十一) 其他。

(9) 会议

a. 学校董事会，每月开常会一次，主席由各董事公推，遇必要时，得由主席发动或教育委员请求，召集临时会议。

b. 学校董事会，开会时，教育委员得出席，但有发言权而无表决权，遇该董事会之议案与教育法令或教育政策有抵触时，教育委员得纠正之，并须将其结果报告于教育局长。(注三)

(二) 使各教职员努力之要件

依上所述，原理、组织、人才均备，似可收行政之效率矣，其实尚未也，盖以教育行政上之最大动力，在使教育界人士咸感地位之巩固、生活之安慰及职业之增进。吾国现时，校长教员无论是否称职，随时可以更换，地位安乎？校长教员之薪金(指乡间小学言)最为低廉，又无年功加俸及退养制度，而经济负担与日俱进(娶妻、生子及子女教育费等)，生活安乎？在教育界供职者，大多数学校卒业之日，即为其学问终止之时，平时对于学术之研究与进修几等于零，职业有进步乎？以如此状况，而欲其各自努力，对百年大计之教育负责，终身以之，犹缘木而求鱼也，故欲吾国教育行政效率之增进，须备以下要件。

1. 任免

(1) 县师及小学校长等，由教育局长推荐，县长任命，非有溺职及不道德行为之确证，不得撤换；撤换时，倘该校长等不服，得向教育厅控诉。

(2) 小学教员之任用，须经教育局长许可，非有溺职及不道德行为之确证，不得更换；更换时，倘该教员不服，得向教育局控诉。

2. 年功加俸

由教育厅斟酌本省情形，定一年功加俸标准，通令各县遵行（北平及天津两特别市已订有此项标准）。

3. 退养制度

此项制度各国均有，吾国尚付阙如，大抵在一行政区域内（吾国宜以省为限）服务二十年或二十五年，年在六十五岁以上者得退养，退养后，支给薪俸之半数或三分之二，至老死为止。(注四)

4. 服务训练

关于此项之办法甚多，如教育研究会、名人讲演、定期修养（sabbatical year）(注五)、环行阅读（reading circle）(注六)、夏令学校等是也，其中尤以环行阅读及夏令学校为最有效力，盖以此种办法，教员不仅学问上得有系统的进步，薪金亦可计功增加也，吾国宜急采行。

民国十九年[1930]五月十五日　著于北平藐园

(注一) 以上理论系指一般而言，中央、地方均能应用。

(注二) 此会议决案非经局长许可不发生效力。

(注三) 前述理论无论省与县之教育行政均可实施，以县为行政单位，故特述之，省可类推，则从略焉。

(注四) 年功加俸与退养制度之经费，应由省与县共同负担，须各筹备相当基金，以资推行。

(注五) 定期修养，即服务若干年后（普通五年）得休息半年或一年，而仍支全薪，趁此休息时期，赴各处旅行参观，以修养其学识之意，前者杜威及克伯屈两先生来华，即趁此时期也。

(注六) 环行阅读，即由教育局择教员不可不读之新书籍若干种，购妥寄交一部分教员，限期阅读，读毕，再转交其他一部分教员阅读，如是辗转传阅，至一定期间，出题考试，及格者则薪金增加之意也。

地方教育行政理想组织

夏承枫*

二十三年[1934]十一月，应江苏省政府县政佐治人员训练所教育人员班之约，主讲地方教育行政。时期所限，未能尽所欲言，关于组织问题尤有待于全国之商榷。因草本章，用供参考。

自清季光绪三十二年[1906]产生各省学务官制及办事权限章程，省县教育行政制度开始建立。地方教育经此悠久期间之教育行政机关从容展布，宜其已具若干成效。然事实适得其反。教费之枯竭，师资之低落，教育机关之简陋，教育事业发展之迟缓，为全国近二千县共有之现象。所谓某县教育发达教育进步，不过比较之词，实际五十步百步之间耳。地方教育，经劝学所到教育局三十年之努力，而成绩不过尔尔，其现象又属普遍。吾人固可诿责于社会之不安定，经济之日趋衰落，政治之未上轨道。然则必此社会政治等条件具备后，始可言教育；抑当以教育去制服去解决此种种条件欤？论者又归咎于人谋之不臧则此现象又何如是普遍？十九年度[1930]全国初等教育统计，已入学儿童占百分之二十二。三十年之成绩如是，以此推算，非三倍半于此时间教育不能普及，实尚需百年。然证诸地方实况，则此百分之二十二，是否现状下地方教育

* 作者简介见本卷中《教育行政的意义》一文。

本文原载于中央大学教育学院编《教育丛刊》1933年第1卷第1期。——编校者

行政制度努力之最高纪录，殊当顾虑。则教育普及，或永沦为吾人之幻想耳。

作者敢断言，吾人纵为课程为学制谋者无微不至，而不能建立一套适当制度以推行之，则任何教育理想都被牺牲。近今三十年教育史任何一页，皆可证此说并非妄测，未来之教育亦当作如是观。工厂日求出品精良，而不谋运销之道，则货品改善百次，其营业纪录无从提高也。地方教育行政制度之研究，允为今日言教育、言县政、言心理建设者之一主脑问题。讨论本问题先决条件当：

一、不以现状为论据；

二、不蹈入行政系统论理排列之圈套；

三、不专为教育说话，亦不为顾全其他地方行政而损及教育；

四、当纯从事业效率为出发点，不必为所谓行政效率所掩蔽；

五、当放大眼光认识地方教育行政之责任，不可斤斤于行文手续等小节；

六、不以一时一地"人治"之偶然结果以论断"法治"之组织。

本此六假定，愿就理论与实施计划，分别缕述作者之理想。

一、地方教育行政组织之原则

地方教育行政之组织，倘非虚应故事聊备一格者，则其构成当有其一定之原则。其为简单、为复杂，应以原则为转移，而未可借口于经费行政系统或今日一般所谓行政效率等论点以轻易牺牲其原则。作者假定之原则，固有可商讨之处，但先有原则后定组织，则逻辑上无可否认之程序也。愚见所及，可析为七点。

第一，当保持各级教育行政之联锁。

地方教育行政历史虽久而力量终属微弱者，在对上级关系之模糊。清季光绪三十二年[1906]之劝学所章程所谓总董，宣统二年[1910]所谓劝学员长，民国四年[1915]所谓劝学所所长以及今日各省所谓县教育局长，皆受制于两头管理之下；省教育行政机关为其主管机关，所在地地方长官为其一地行政首领。劝学所或教育局，事齐事楚，揣测不定。而双方均可指挥之、命令之，双方之命果出于一途则犹易遵守；不幸背道而驰，则束手无策。教育效率，因束手无策而贻误者不知凡几。身为教育局长者一方为结纳县长而貌似谨顺，一方为服从教育厅长又当暗送秋波。态度略失平衡，事业立遭停顿。是以省县教育行政倘失其联络或联络而不能牢固，则一切教育政策法令断难有实效；地方教育之责任在省推卸于地方行政长官，在县奉诸主管全省教育之教育厅长。是不得不认定一方以期责有条攸归，使教育局有所秉承。然而两者相权，则教育行政各级互为联锁，则事半而功倍也。

第二，当顾及县政之完整。

县政统一为今日倡言废局改科之最大理由。废局改科固当另加商榷(详后)，而县政统一之原则不可忽视。就理论言，地方行政为一个整个机构，在行政之推进虽当有缓急先后之序，而部分事业要当能整个机构相连属。自民国十二年[1923]颁县教育局规程，形成教育局独立之形势，县知事隔岸观火，侧目而视，当时任教育局长者遇有困难，省方堂高帘远，县方坐视不救，今日思之犹有余痛。此特就消极事件言之。社会行政计划，互有联络互有关系；以言教育与任何地方行政计划，无论建设卫生、司法、财政均有密切之联锁，听其孤立，则教育失其方向，其他一切行政亦将少推进之工具。是以县政之完整，当认为重要条件之一。或谓顾县政之完整，则无从求教育行政之一贯。要知此两原则，初无冲突，要在实施计划如何拟定耳。当于下节详论之。

第三，发展专家政治之精神。

专家政治因所辖事业之范围以及行政责任之范围而定。社会事业内容庞杂，而行政又趋于精密管理者，则不得不有技术之要求。技术渐精则分工愈细，任务亦愈专门，此自然之理也。以言教育事业，受教者为全体人民，教育之散布无间城乡，事业之类别复不胜枚举。则教育之行政，自非率尔操觚者，所可尽其能事。更就地方教育论之，教育行政直接与事业发生关系，其任务之驳杂与夫技术之需要为尤甚。是以地方教育行政委诸富有教育技能与经验者则行政实力厚、事业效率强，否则至多获得表层之安定而已。然以我国二千县如期地方教育适用专家政治原则，则必于组织方面为彻底之改造。就现行组织，即有专家徒供牺牲而已。

第四，民意接受与教育政策之调和。

我国自采教育公营制以来，一切教育政策出发于中央，地方有遵守义务无违抗可能。然事实上，中央章制未能完全适应地方，地方或阳奉阴违或设计蒙蔽，就检定教师、审定教本、取缔私塾、统一课程等政策，皆可为此说有力之证据。是以凡一事业之教育计划，人民未可毫无顾问之权。然而民意庞杂又复各有怀抱，教育政策亦未可悉听无标准、无研究甚至存心偏私人民之主张。则地方教育行政组织，应求折中之道，使民意有发表可能，教育之专门化的精神不致摇动。如此则人民认识教育信仰教育，地方教育之推进或可多一部助力也。

第五，地方全部事业之系统化。

所谓地方教育行政组织不等于行政机关内部之组织。有此组织，则统合全体事业为一有机体，成立有组织的事业。失此组织，则事业将崩溃甚至灭亡。全部事业有组织，则分之为各个机关，合之为一个系统。于是部分之间关系密切呼应灵敏，辅车相依，无冲突、矛盾、隔阂、各自为政等情状。如是乃可言事业效率，乃能供推进之便利。我国地方教育，设一孤苦无依之教育局与事业不相连属，各个教育机关除本身略具组织外与整个事业亦复不相连属，则是乌合之众，欲利用以实现所谓一国之教育宗旨方针，无异缘木求鱼也。

第六，分工制之精密计划。

组织之基础在分工。就各部分工作性质异同、关系轻重，而定其组织之方式。教育事业，方面复杂，治理程序更属多端，则组织之良否，应视分工之是否确切精详适当而定。吾人研究教育行政组织，初步应分析教育行政之工作，分工务求其具体。工作既定，于是就其属性与程序分别安排，如是则各有专责、各有工作步骤。依此以推进教育计划，始纲举目张，有条不紊。是以地方教育行政任务具体标准，实为确定行政组织之重要根据，有待于教育研究与实施者协同努力也。

第七，助力之充分利用。

教育之推进，需要社会之合作。教育行政者虽具行政之权责，而政令之推行，绝非一人一机关能力所可完成，则当多求社会之援助。社会各类教育或非教育性质之机关，均有供给助力之可能，是在行政之运用。教育行政组织，果能打破狭义界说，凡足有利于教育之力量皆纳入组织之中，期其居一部地位即尽一部责任，则教育之成效易见，社会之隔阂可减。就我国地方教育观察，自身已甚破落，而又强划界域，未尝筹及外援，则坐以待毙耳。

以上七事，求其容纳于一个教育行政组织系统中，而无所偏废，则地方教育过去因组织不良而生之障碍可除，教育行政之特征可显。然后据以论教育之成败功罪以及学制课程等改造，则论据庶称公允，推进亦具有基础矣。

二、地方教育行政组织之理想

作者过去为文以论地方教育行政之改造者有《教育视导改制之商榷》(《江苏教育》二卷六期)、《教育视导之改造》(《中华教育界》二十一卷七期)、《地方教育行政改造之建议》(《中央大学教育丛刊》第一卷第一期)。今兹所论，则较近归纳，但前后所见并无矛盾。作者之意言地方教育行政之改造，应为彻底的图谋，虽整个破坏现有规制亦无所顾忌。本文首列六个先决条件，即本此旨。盖教育为民族存亡所系，中国今日社会问题最严重者，莫过于多数人未尝有教育。是以今日论教育改造，除为教育本质研究外，应当以普及为立场，以迅速为立场，以效率为立场。在国家先其所急，应废除社会事业平衡发展之目光以观察教育事业。平衡发展可处常未可处变。一切社会行政之组织如何，非研究教育行政所当考虑之问题。在此严重关头，整个社会当集中力量推进教育，则教育行政之组织应纯粹从教育事业当迅速为有效率的普及一点着想。于是其组织之型式当以教育行政需要为准，而无须瞻前顾后；果上述诸原则都能达到，则虽组织有若何奇特亦不足引为怪异。本此假定，愿贡所见。

第一，各县设省督学，会同县长执行地方教育行政之行政及事务工作。

今日县教育局之大病在权轻责重。论官阶不及文官委任末级，言责任则操数万至数十万民众数百至数千方里智愚贤不肖之大权。而教育厅长只尽监督之责，县长徒居节制之名。呼吁无门，指挥无力，今日地方教育经费苛捐杂税之多，地方教育品类不齐，教育效率参差不一，有由来也。改革之方，当增加省教育行政长官与县长之责任，使彼等均得直接过问地方教育。然县长非专治教育一事，省教育行政机关亦断难涉及地方教育之细微问题。使县长而全权掌理地方教育，则县长于教育仅能兼理，窥诸专家政治原则亦有不合。使地方教育完全由省派员办理，则足以破坏县政之完整。为顾及上述第一二三等原则，则惟有以上级教育行政机关人员与本级地方行政长官合治之一途。更为顾及第三原则，合治之范围当有所限制。凡关于政策计划用人经费等重大事件，由双方会同治理之，其属于专业性之问题则另定组织（详后）。省督学每县一人常驻此县，其任务不在视察而在推进一省之教育政策；县长于用人经费等事，就一县之人才物力循省定之政策加以规划。则地方教育行政之权责始略相称，各级教育行政联锁关系得以保持，县政统一亦不致矛盾。

第二，各县现有教育局改为教育辅导局。

地方教育之需行政管理，不仅在教育开始及结果之时，而尤当于进行之中有所策助。上项省督学与县长之工作在教育设施之发端以及教育结果时之收获而已。然收获有丰欠，则贵灌溉之勤。所谓灌溉，必无时或废，必雨露均沾，又必精于技术不致揠苗助长。此则非县长之所能，亦非省督学一人所得而普遍。现代地方教育行政趋向以辅导为中心，非无故也。我国县教育局，为事务所困，为行政问题所阻，遂难以应用专家政治之原则。如上项机关已致力于行政事务工作，则教育局之唯一目的为辅导。理想之教育局为教育研究之枢纽，为地方教师之保姆，为一切教育资料之源泉。所有人员各尽其一部辅导责任，各具有一部有关辅导之工作。无论为局内研究或就地指导，此一机关关系教育之进步为最巨大。吾人应知地方教师未尽成熟，即属丰于经验而落伍亦殊易事，必有常设之中心辅导机关，乃能使教育日有新机也。

第三，教育评议会制之运用。

中国之教育行政组织，病态之组织也。在执行部分无特殊之地位固不足以当独裁之大任，在视导方面无健全之机能无从以接近实际之事业。以至一切教育行政全凭单纯的执行机关为出发，至是否适合国情易于贯彻则非所知。

于是朝令夕更，法制之更迭无常，殆莫过于教育部分。夫教育行政只存躯体，无四肢为助，则政令之失效自属当然。而民意之不接近，则尤为组织上最重大之缺陷也。欧美诸大国于各级教育行政组织趋重评议组织，稍知比较教育者类能言之。诚以教育政策固须统一，而被教育者究属人民子女。各个家长意见分歧，虽不必事事受其束缚；而民权之说，要亦当有所适应。使教育之物质供给而采“取之于民用之于民”之原则者，则评议之制尤当厉行。我国教育行政定制之初，学部设高等教育会议，省设议长、议绅；民国以来其制遂废。民十[1921]以来有省设教育参事会之宣传但未能垂为定制。民十二[1923]各县设教育董事会，又因立法过简各省实施亦至分歧。国府成立中央尚有大学委员会之组织，省县则绝未筹及。作者属稿时，报载中央聘各省绅缙组织各省捐税监理委员会，则教育之重要不让于财政，似亦当有类似之规划；至于县市如听其与民意隔离，又何能利用民力以求教育之推进耶？或谓评议之制，易为行政之阻碍，则事实上确有相当之例证。要知评议组织之如何推行尽利乃评议组织内容问题，无关于制度之存废。所谓障碍亦有两说，执行机关过分便宜行事则不免一手遮天，则多一重审核即多一分审慎，此就优点言也。教育计划，为障碍所阻隔而使其失其完整进行迟缓，此就缺点言也。果于组织本身趋利避害，则评议组织关系于事业效率者，当非浅鲜。而上述第四原则，庶几可以适应矣。

第四，全县教育机关当取网状组织。

地方教育既为一整个事业，当期其名实相符。所谓整个即全部事业形成一个大的系统，在系统下各个分工，即求第四原则之实现也。为求实现此理想，则当使教育机会密如蛛网，而其中一丝一缕又各有其作用且互为联系。消极之效在减免浪费，积极之效使政策推进同时并举，步伐整齐，秩序井然。以此目光，以观察今之地方教育事业，纷如乱丝直至无从着手；所谓改进只能取其一枝一节而全体之精神永难振奋，此皆无组织之为祸也。所谓网状组织者，全县具一总枢纽，分设若干中心，明定中心与总枢纽之关系；一中心下又设若干支部，明定支部与中心之关系；所谓总枢纽、中心以及支部，各有其确切之责任与任务之范围，各有其推进事业之部分与技术。诚如是，则不致如今日教育局孤立而自外于事业，各个教育机关仅能分化教育政策使归于消灭，而绝难合作以求教育行政之推进。网状之说，本非新奇，社会事业以及人事管理，倘内容庞大区域辽阔，则不如此不能于事业进展之中获执简驭繁之效，如治军，如实业组织，如公安，如卫生，殆未能不循此型式而获成功者。地方教育事业应否取此组织，亦惟就地方教育事业本身内容性质而定耳。

第五，组织之每一部分应详举其功用。

教育行政之组织为事而设，非为形式而设以壮观瞻，亦非为人而设以解决失业。则所谓“事”者应有缜密之分析、合理之归类、处理之程序，始可与言组织。故为确定组织当从功用或任务分析入手。任务数百至数千件，某件属于某部，某件属于某层，无论行政机关之内部乃至全部事业之组织，均可适用此原则。校长何所事，视导员何所事，内部各种工作人员任务如何，尤为组织之先决条件。今日之教育法规，未尝不取此精神，但规定太简略所谓任务太笼统，则依然不能达到责有专司、治事有定程之目的。领袖而理其琐碎，一教师可自定课程，此皆紊乱之象。任务笼统则轻重、颠倒、忽略、偏废之弊自然发生，而组织遂徒其形式。故为求组织之分配适当而又能充分运用，则惟有使组织产生于任务已确定之后。无论其为分科、分股、分区、分校，事权有确定性质，治事有确定程序，组织之效用乃可实现矣。

第六，地方自治机关及其他有关机关应相当容纳于地方教育行政组织中。

地方教育事业应否归入地方自治事业范围，即同在自治完成以后亦有可商榷处，暂置不问。至于今日则显然当列入地方行政事业范围，俾主持有人，进行有力。但就地方教育本质言，完全由行政包办则势难臻于美满。如卸责于地方自治组织，则组织本身层次繁多，标准不易统一，即教育机会不易均等，故行政责任亦未能有所放弃。则惟有寄教育行政权于行政系统，加地方教育义务于自治系统。教育宗旨政策制度计划等行政任之，而为实现宗旨政策制度计划所需之力量，行政所不足者，由地方自治组织补充之。如是则地方自治机关在地方教育行政组织中显有一部分功用，即当有一部分地位。自治系统于地方教育之未能隔岸观火，亦犹省之于县未能仅高居监督地位。但自治机关之不当左右国家教育政策，亦犹各个家长之不能拘束教育进行。如于评议组织使有少量之建议机会，自亦无伤于国策。而执行组织则当明定各级自治组织协助之义务。如校舍之寻觅为自治之义务，而校舍建筑之计划则为教育行政之特权。或谓有义务无权利，为不平等之规章。特就教育事业言，则此中殊无截然之区界。保持教育行政权，即所以求教育之美满，享有教育者仍为人民也。兹广其义，不惟自治组织足为教育之助力，凡地方区域以内，一切机关凡足为教育之助力者，应尽量利用，期其于教育行政组织中发生一部分之功用。

三、余　　论

以上六事，特举主要之理想。至如何采及此理想以构成一组织系统图，则各省有其背景，在研究上亦需相当分析功夫，殊未敢臆造。惟作者所当声明者，所陈意见析为各条而互有关系，如割裂应用则与原旨大乖耳。组织意见陈述既毕，更述间接有关组织问题数事，以求增进上述原则及理论之解释。

第一，省县教育事业划界不宜太严。

中国地方教育之效率低微固由于组织之不良，而省教育行政者未能尽其应尽之责亦一重要原因。自民元[1912]法规产生“省教育事业”一名称，于是省教育行政者集中其精神才力于省立教育机关之管理与进展。省事业愈前进，县事业愈落后，省教育行政者亦愈难抽暇以问县事，于是实行其“监督”之旁观地位。要知省县学校所用经费同属省民所负担，所教儿童同属一省之子女，以少数样本式之省事业，而使多数地方教育主持无人，谓非矛盾宁可得乎？为发展地方教育计，当移用现今省教育行政者所用之经济、时间、人力于地方，使省教育行政者有直接负地方教育责任之可能。作者所举第一原则第一理想，始可有实现完成可能。

第二，省教育行政机关应负统治全省教育经费及人事问题。

人才经济之参差，当以地方教育所表现者最为严重。就教育人才言，登庸无标准，待遇无标准，任务无标准，升迁无标准，生活无保障，实已渐沉沦于社会最低级之职业，教育效率尚可问乎？就教育经费言，人民负担不均，使用俭奢不一，稽核精粗不同，规划得失各殊，几使社会目教育局为便于贪污之衙门，教育效率尚可问乎？是在省教育行政者毅然变其方策，不以应付省立教育机关为手段，而直接统治全省之经济与人才。地方教育之整理，惟有待于省之努力也。

第三，废局为科为应付目前困难，非永久之计。

自各省厉行减政，县政组织行废局为科计划，教育局各省存废不一，论者各持一说。废局为科其理论基础，消极的为政费之紧缩，积极的为县政之统一。政费紧缩为目前暂时之现象，故可不论。县政统一与教政系统一贯，作者于本文论及原则时主张双方兼及，故废局为科利弊参半。

惟作者之意废今日之局为今日之科，则得失殊无庸较量。阅报河北全省行政会议教厅力争存局之议，实亦无争辩必要。盖就今日简陋无力之教育局等于虚设，其病在责重权轻，前已言之。今移其重责于较有权之县长，未始不可增加行政之便利。特所损失者在教育本质之管理权移于兼办教育之县长之手，势难发挥尽致耳。故就现势言，不根本改造地方教育行政，则局科之相差至有限。如为永久之图，认地方教育有迅速的有效的普及之必要，则绝非仅保存现状下之县教育局为能满足。本文之作，亦在供图永久计划者之参阅也。

上列三点，为剖析地方教育成败之关键附带论及。作者深望地方教育曙光早现，读者或将病其过涉理想欤？

参考资料

《中国教育视导之改造》(《江苏教育》二卷六期)。
《教育视导之改制》(《中华教育界》二十一卷七号)。
《地方教育行政改造之建议》(《中大教育丛刊》一卷一期)。

中国地方教育行政中之学区行政问题

沈子善*

一、本问题之严重性

所谓地方教育行政，系对待中央教育行政而言。就广义讲，地方教育行政应兼包省、县两重之教育行政。惟省教育行政责在监督与指导，对地方教育负间接责任；县教育行政责任在推行，对地方教育负直接责任，其最大之任务，在注意一般教育之普及，使境内所有学龄儿童获得教育。因此，县教育行政是起而行的行政，非坐而言的行政。我国地方教育行政的建立，已有三十余年的历史，事实上依然呈疲弊之态，不能完成其最大使命者，虽病症复杂，然不能起而行则确为主要病症之一。一县区域辽阔，一县仅一中心教育行政机关——有时尚非独立之机关——以少数人员负担日渐加重的行政责任，照顾难周，起而行的行政事实上既不可能，其结果，教育行政机关与教育实施机关之接触，乃不得不全凭文书往还，循坐而言之途径以冀有所收获。试问坐而行的行政，如何能使行政职权运用灵活？如何能调整散漫不振的事业？

---

* 沈子善(1899—1969)，又名六峰，江苏南京人。东南大学教育科毕业。先后任教于江苏省立第四师范、河南大学、复旦大学、金陵大学、金陵女子文理学院。主要著作有《小学行政》《小学公民训练之理论与实际》等。

本文原载于《教育杂志》1937年第27卷第1号。——编校者

如何可使县教育行政做到起而行？如何可使县教育行政的力量能便利地渗透到本地方之各学校？此固须先从县教育行政机关组织上谋改革，但县教育行政机关与各个学校间之需有一种居间媒介的行政作用，则尤为切要之图。此媒介的行政，即学区的行政。学区行政最大之目的有二：（一）补救县教育行政与学校行政间之隔阂，以增加地方教育行政之效率；（二）协助县教育行政机关对地方教育事业完成"计划""调查""管理"及"指导"之使命。

中国推行义务教育三十余年，未见大效。在富有朝气而积极推行的今日，学区行政尤有研究改善之必要。何以言之？义务教育的施行，为地方教育行政最主要之任务，地方教育行政若不将义务教育完成，则一切事业均建筑在沙滩上，而无所寄托。地方教育行政若仅恃过去一县仅有一中心教育行政机关，而不就县境内分区严密组织，以推行义务教育，则义务教育亦永无成功之望。教育部似亦有此觉悟，故于所颁《〈义务教育暂行办法大纲〉施行细则》第九条规定："……划定小学区，以为施行义务教育开办短期小学之单位……"另颁《修正市县划分小学区办法》八款，可谓顾虑周详。但上列条文中所称之"小区"，吾人只可目之为"校区"，而非"学区"。"校区"之范围小，"学区"之范围大。"学区"乃介乎"县区"与"校区"间之一种组织，可视为县教育行政机关之分机关、分组织，而"校区"则为一校教育事业之区域，为便利或确定义务教育推行及责任而设，此其大别。二者作用虽殊，但均为县教育行政下应有之组织。地方教育行政倘有健全的学区行政组织与有计划的校区安排，复能与省教育行政、中央教育行政求得联络，成独立完整的系统组织，则不仅义务教育政策可以完成，即其他一切教育实施，亦均感推行便利，减少困难。上月余应教育部义务教育干部人员讲习班之邀，前往讲演，犹记曾对出席学员作下列之扼要陈述："自去年中央拨款补助各省义务教育经费，各省复补助各县义务教育经费，此为中国教育史上之创举。各县所得之款虽少，亦可见中央之于省，省之于县，已有连贯一系的精神，各县应本此精神，再为县以下的系统联络，于推行整个义务教育政策上，实有莫大之帮助。"全国各县教育行政除少数外，大半散漫无系统无组织，因此学区教育行政问题有急切注意的必要。

二、我国过去之所谓学区行政

我国在清季末叶，地方教育行政建立之初，即有学区的计划。三十余年来历次修正颁布之地方教育行政机关规程中，亦屡见“学区”一词，及学区行政人员责任之规定。但一考其实，只可谓有学区而无学区行政，有学区管理人员而无学区行政组织，兹先略举其沿革要点如次：

（一）学区初建时期

光绪三十二年[1906]《劝学所章程》规定：“每区设劝学员一人，任一学区内劝学之责。”此时之劝学员责在劝令各村董推广教育，学区教育之实权则在村董。劝学员虽为县教育行政机关之代表人，但不过为一学区之教育顾问而已，并非学区之教育行政人员。

（二）试行自治时期

宣统二年[1910]，各省试行自治制度，各县学区之划分以自治区为标准，学区不过为自治区之分部。一学区中之学务委员，仍无独立责任与职权，仍无行政力量。

（三）学区为县教育行政机关直辖单位时期

民国十一年[1922]，《教育局规程》第十一条规定：“全县市乡由县教育局酌划学区，每区设教育委员一人，受教育局长之指挥，办理本区教育事务。”在法规上已确定学区为县教育行政机关之附属机关，教育委员为学区教育行政人员。

过去之劝学员，仅为学区之教育“顾问”，仅为新政之“宣传员”，当然徒存学区之名，而无学区之实。学务委员则仅为劝学所之“属员”，仅能代表劝学所与自治区接洽学务而已，仍无学区行政之实权。至于教育局制度下之教育委员，从法规的规定上观之，试较“顾问”“属员”不同，似有相当实权，但以一教育委员负一学区教育行政的全责，以一区域之广（以十七年[1928]江苏省的统计，全省 286 学区，全省面积 76 264 404 公方里，平均每学区面积为 267 公方里。)，一人须兼负全区教育上之“事务”“计划”“管理”“指导”等多种的复杂责任，姑无论此教育委员之时间精神能否支配，即就任务言，能兼长多种才具者，亦难得适当之人选，因此各县教育委员中之热心服务者，往往力虽尽而职未尽。否则唯有从事于敷衍潦草之一途。观此可知我国学区之无行政可言，地方教育之日就衰颓，确非一朝一夕之故。

三、学区行政改善意见

学区行政之需急切改善，已无可讳言。兹就改善原则与改善办法，分别择要述之：

(一) 改善原则

(1) 学区行政的中心，应为实施机关，不应为个人。

(2) 学区行政应注意于“校区”行政及“县区”行政之沟通联络，而成一承启的行政枢纽。

(3) 省、县、及学区的教育计划，应力求连贯，并应使全区教育工作人员了解计划内容之大概。

(4) 学区行政机关，应兼负半行政责任(semi-administrative duty)及视导责任(supervisory duty)。

(5) 学区行政应与县教育行政一致努力于行政的事业化、科学化。

(6) 学区行政机关，应为一学区中生聚教训兼施的机关，并应尽量求得与本地方公安、自治及民众团体联络。

(二) 改善办法

此后学区行政的改善，愚见有两条途径可以遵循，一为缓进的办法，一为根本改造的办法，分别略述如下：

(1) 缓进的办法

以一教育委员负学区行政全责，在事实上、理论上既不可能，当然需要改革，而改革又非一蹴可及，于是不得不保留现行的教育委员制度，使专负一区教学辅导之责。所有区内行政，事务之责，不使教育委员担负，另建学区行政机关，负学区行政责任，以为传达行政意旨及陈述实施机关困难之媒介。此外更须注意两事：(一) 借学区行政机关之力量，将本区事业加以严密的组织，使趋向齐一；(二) 借学区行政机关之力量，以参加区内各项事业活动，并指导其进行。

(2) 根本改造的办法

所谓根本改造，即根本取消教育委员制度之意。教委取消以后，须另立计划，以表现学区行政之真正功能。于各学区各立一中心教育机关，使兼负行政、辅导、实业[①]三种任务。在行政方面，俨然为县教育局之分局；在辅导方面，为全区教育辅导之中心；在实验方面，则从实验上创造种种新方法，以备全区教育实施机关之仿行。总之，将此中心教育机关，使成为全区一切教育活动之中枢机关，使成为全区教育工作人员思想集中机关，然后学区制之精神乃得充分表现，学区乃有行政之可言。

四、结　　语

浙江省在十八年[1929]开始试行之辅导制度，类似上述缓进办法。虽其整个制度有“省区”“省学区”“县市区”及“县市学区”之别，但其目的则在求省县教育行政之有组织有系统，于改进县及学区教育行政上不无贡献。(注一)江苏省嘉定县于十七年[1928]创行中心小学区制，分全县为十一个中心学校区，以为改进学区行政之出发点。此制类似上述之根本改造办法，推行以来，据该县试行报告(注二)称此制对于学区行政改善上已呈显著之成绩。以上两种试行，均足供国人有心改进学区行政者之参考。

学区行政为地方教育之基础，基础不固，事业永难上轨。我国现当力图民族复兴之时，各地对于义务教育的推行尤为迫切需要，应赶速斟酌各地方情形，或采缓进办法，或采根本改造办法，将学区行政尽量加以改善，则不特义务

① 原文为“实业”，疑为“实验”。——编校者

教育政策可以按步推行，即地方教育从此亦可树立基础。惟在建立完善的学区行政时，对下列问题应作一度的研讨：

（一）近年各省有将教育局改为县政府之教育科者，此种改变，是否足以阻滞学区行政之效率？

教育工作为社会专门业务之一，教育行政机关乃受社会托付办理此项业务，故应有各级教育行政机关，使自成独立系统，以收互相联络之效。否则专家行政的精神不易表现。改局为科，易失专家行政精神。一县的中心教育行政机关既无独立地位，对于学区行政当有重大打击，故改善学区行政不可不有独立的县教育局。至过去县教育局事业之无计划，行政方术之滞笨等积弊，当然急需改进，却不能因过去行政不得其当，即谓机关无单独设置之必要。

（二）学区辅导人员或机关，应否有行政实权？

地方教育行政，固在利用辅导手段，以改进教育事业，但辅导人员如无相当的行政实权，亦不足为指示、建议及惩奖之后盾。惟不宜如过去督学之滥施威权，使被辅导者望而生畏，致失辅导之效。至于各地方辅导人员，应有如何之行政实权，似宜就本地实况，作适当的规定。

（三）学区与自治区应否划一？

学区与自治区不必强其划一，其理由有三：(1) 学区划分的条件以学龄儿童多少及事业情况为标准，自治区划分的条件以面积人口为标准；(2) 学区分配既以事业分量为准则容有变易，自治区分配则较具永久性；(3) 学区行政应求整个教育行政的联络，不必与自治区强合。近年各地有采保教合一制度者，学区与自治区似已有并合之意。但愚意此种合并，其最大目的，仅在保教联络，以增进教育的推行力量，未尝无相当效用。但吾人切不可强其相同，强其合并，倘于事实上万不得已必须合并，亦应注意两事：(1) 学区行政应始终站在学区事业之中心发动地位，不可受他种外力影响，而变更整个计划。(2) 学区划分系依县教育事业分量为标准，故各学区的事业分配，不应有轻重悬殊之现象。

二五[1936],一一,二一

(注一) 可参阅庄泽宣等编:《浙江教育辅导制研究》(中华书局)。
(注二) 可参阅杨保和编:《中心小学区制的理论和实际》(嘉定县教育局)。

如何改进省教育行政以配合民主化学术化之需要

袁伯樵*

一、面对省教育行政的问题

（一）省教育行政之未重视法治精神，凡人事之更替、政策之改易以及经常临时各费之发放，均以人的关系为主，乃造成今日教育界之奔走风气、动荡局面。

（二）今日各省之教育行政权多在主管当局之手，无论专家意见或民众舆论，主管当局并无必须接受之义务；乃使各省教育进入官僚政治之状态，教育之是否进步，变了主政者对人民之恩惠，并非其责任。

（三）各省主管当局，用其全力于“等因奉此”案牍的处理，此外更无余力于教育问题之研究，教育既不能学术化，教育的进步自然迂缓。

（四）各省教育行政之管理行政过于繁杂苛细，既使各校之主持教育者，失去自动自尊之精神，同时教厅与学校皆须雇佣大批人员以处理此种繁细的事务，乃造成了“自省县而至学校，行政人员之多，皆超过实际需要”（参阅国联

---

* 袁伯樵（1900—1996），浙江嵊县（今嵊州）人。金陵大学毕业，留学美国卡罗莱特大学，获哲学博士学位。历任芜湖萃文中学（今安徽师大附中）校长、四川大学教务长、金陵大学训导长兼教育系主任、河北大学外文系教授等职。主要著作有《中等教育》等。

本文原载于《中华教育界》1947年复刊第1卷第12期。——编校者

考察团著《中国教育之改进》),实有浪费教育经费之处。

(五) 各省教育当局之管理各校,虽迹近苛细,但因各省幅员辽阔,交通不便,管理的工作仅可借力于公文之往返。其实际困难,既无法予以辅助,实际情况亦无法获知其真实现状,故各省之管理学校,乃系形式的成分多于实质。

(六) 各省之督学,虽为教育当局之耳目,但因人数少,学校多,在各校视察之时间既不能久长,耳目自然难周到;且要各校改进教育,政府不加以辅导,用督察,已失去了教育的意义。

(七) 教育法令既多朝令夕改,至教育政策无法持久,而人事之更替更属频繁,故教育之安定局面至今无法获得。

(八) 各校之教育经费,如何使之公开;各校如有修缮建筑与购置,如何能通盘筹划,以资收节省经费之效。

(九) 各校之行政人员,能力类多不足,教员之教学方法,更属低劣拙笨,教育行政如何能助其作知识上之长进、工作效率之增加。我国师资训练机构既告不足,欲多数教员予以再受教育机会,实为国家教育经费及个人经济力量所不许。故最佳之法即在一面工作一面训练(training in the service),此种办法,在今日之行政制度中如何能办到?

(十) 教育厅之编制为中等教育、初等教育与社会教育等,其长处在工作之界限明晰,责任划分;其短处在工作既有重复,又乏联系,且此种组织便于行政之执行,而难走上学术化之途径;可是要今后各省教育之能改进,非借重学术研究之力量不可,故今后教育行政之应为学术化,在行政制度应如何改造?

二、改进各省教育行政之方针

根据前述十点意见,兹提出改进之三种方针如次:

(一) 要各省教育之能稳定、能迅速进展,首在消灭主政者之专断的因素。使主政者的能力能从专断一省教育行政,移到如何采纳多数人的意见,集合多数人的力量,以改进教育上面去。使一省之教育首长,由政客而成为政治家,由个人独裁而为集思广益的民主制度。

要走到此步，今后各省之教育行政须有两种步骤：

1. 教育行政机构须有代表民意、代表专家意见之组织。此种组织，我人名之曰教育委员会。其目的，在审核主政者之教育政策，凡主政者之政策有利于人民者，须支持之，如遇有困难，须协助主政者排除之。反之，凡政策之不利于人民者，须充分供给意见以为主政者之参考。同时委员会对全省教育，决不施权干涉，易言之，委员会对主政者仅施用审核权，而不参加建议权；主持设计、建议以及任免人事之权，尽在教育行政首长之手，委员会只根据民意及专家意见，以审核主持建议、设计及任免之是否得当。

2. 法治精神之建立。全省之教育设施，皆用法律作合理之订定。此后并重视分层负责制，使一省之教育首长，不花其精力时间于审核琐细事件，乃用其精力与时间于全省教育之大政方针之抉择，如经费如何增加，师资素质如何提高，师资保障之如何加强，教育应如何扩充，课程应如何改进等。

（二）今日各省教育之不能迅速进步，人士之不能稳定，教育问题不能作有效的解决，追本溯源，教育厅的本身组织实有重大问题。我们细究今日教育厅之组织，为一纯粹的行政机构，且既缺乏了前述的民主与法治的因素，教育厅实系官厅的一部分，主持者亦多以做官视之，一切处理教育，亦多以官僚作风出之。教育厅为主持全省之枢纽，为全国教育行政机构中实际负责推行教育之单位；今掌握教育生命的行政组织，既如此不合实际需要，如此不合理想，瞻望教育前途，良可悲痛！故各省教育厅之应加以彻底改进，实为一不可再有犹豫的问题，要谈改进，首在解决下列三个问题：

1. 行政组织之必须改进——今日各省教育厅之组织，纯粹由行政立场出发者，实不能担任研究教育问题之任务。考之实际，各省教育之最需要者，为研究工作，因为行政工作的规模已具，继续已往，可以不成多少问题。今日所需要者，为各省之实际教育问题之待解决，要解决问题，而不由研究出发，想用行政的立场来求出路，无异问道于盲。故今后各省教育厅之组织，如何由行政的，而改变到研究教育问题的，实为必要之企图。

2. 人事性能之改变——今日各省负教育行政者，多为行政人员，不是研究人员，易言之，多惯于处理“等因奉此”的公文，关于教育学术的素养不足，故欲其从事于研究工作,亦无异缘木求鱼。故今日各省主持教育行政者,最少科长以下的人员,应有研究的训练与研究的能力。

3. 事工应如何划分——若能严格地做到分层负责,则今日学校内之许多事情,除重大的事项:如预算决算之审核,课程之订定,教员资格之审查,养老金及恤金之经营等,应由教育厅管理或核办外,其余各事应由学校当局自行负责,不需要教育厅迹近苛细的来过问。可是在我国因为办学者能力之不足,因为办学者法治精神之未曾培养,因为尊重自身职务的自尊心及责任心未曾建立,为防患未然起见,不得不施行重叠的监督权,以免弊窦之产生,实为不得已之原因;但作者前已言之,此种权之在教育厅,因省之幅员辽阔,学校众多,徒具形式,不若将此种权转托于区辅导机构,使教育厅得剩余其大部分之时间与精力,除决定一省教育之大政方针外,能切实从事于研究全省之教育问题。

(三) 事实陈列在我人面前,各地学校师资的能力不足,需要主持教育行政者予以充分的辅助,可是此项工作在今日之教厅实无法下手,因为厅与校之间,距离过远,教厅之对学校,确有鞭长莫及之感。要解决这困难,我们主张在厅与学校之间设立一种辅导机构,其任务有三:

1. 代表教育厅切实执行教育辅导工作,无论在行政与教学上,辅导人员应予学校行政人员及教员以确切之助力。

2. 代表教育厅审核及考核有关行政及教学事项。俾教育厅节省管理苛细工作之精力与时间于研究工作,以便为全省之教育找更大之出路,谋更大之发展。

3. 协助各区学习推行校与校之间,及学校与社会间之联络工作,使各校教员得有互助观摩,各校行政人员亦得彼此有切磋琢磨之机会。

(四) 照上述,改进各省教育行政为民主化学术化的方针有三:

1. 设立教育委员会,以达到民主化之目的。

2. 改组教育厅之组织,由行政的而为学术的。

3. 设立在厅与学校之间的区辅导机构,其功用:第一,代表教育厅辅导各级教育之改进。第二,代表教育厅审核与督察各校之行政及教学事项。第三,协助各校行政人员及教学人员,求学业及工作上之进步。

三、改进办法之建议

(一) 省教育委员会之设立

1. 目的

在增加全省教育之民主精神及树立法治楷模。在积极方面支持厅长之教育政策,如厅长遭受省议会与人民攻击时,委员可为之辩护、撑腰。此外,如教育税之增加、学校之扩充等,教育委员均可为之向人民呼吁。消极方面在减少厅长之专断,使教育更趋稳定而安全。

2. 任务

(1) 审查厅长所提之教育政策、经费预算及教育税率之增减,以便厅长将此项事件提出省议会及省务会议时,获得有力之民意支持。

(2) 听取全省重要教育行政人员更替之报告,如科长、教育局长、中学校长之任免。若委员会有不同意,应切实提出意见,以供采纳。

(3) 讨论厅长交议事项。

3. 委员之人选

委员定为十五人,每年改聘五分之一,各省内之师范学院院长为当然委员,此外就省内教育专家中,聘任中等教育专家二人、小学教育专家二人、公正热心之士绅十人,由省长提名,经教育部核准后,由省长聘任之。委员为无给职,但得支舆马费。

4. 委员之责权

最主要之任务,在提供教育设施之意见,在人事及行政上不取直接干涉之态度与行动;反对厅长施政的意见不被采纳时,厅长须提出理由再交委员会审议,审议后有三分之二委员再持反对旧见,厅长必须接受,不能再持拒绝态度。故委员会之最大功用,在代表民意以权衡教厅施政之价值,以免厅长个人之专断,而造成全省教育之动荡。

(二) 教育厅行政组织之改制

1. 原则

原则上教育厅目前所负责的若干工作,应分交给区辅导处去做,厅的任务在决定全省教育之大政方针及研究教育问题之解决，教育机会之扩充，教育经费之增加，教师保障制度之树立等。故其工作为研究的、计划的，多于行政的。

2. 改组办法

(1) 计划科

研究全省教育应如何扩充，经费如何增加，内容如何充实，师训如何推进，教育与事业应如何联系等。

(2) 教学科

主持各级学校教材教法之研究与改进以及课程之改编、与各区教学辅导工作之推行。

(3) 师训科

支持全省之师资训练工作，师资之检定、审查、考核、分发与待遇之提高，及保障制度之树立等。

(4) 总务科

主持全厅之文书、庶务、人事及经费之出纳，账目之报销等。

3. 人选

今后教育厅之人选，亦将与过去完全不同。无论厅长、科长均应在教育学术上极有素养的人始可担任，否则，此种改制的计划便无法实现。

(三) 设立区辅导制

1. 设区辅导制之理由

此种理由前已约略述及，今为切实明了此制之所以必需起见，再为申述如次：

(1) 省区辽阔

我国省区之面积，大者如青海有二百四十九万方里，四川一百二十九万方里；小者如江苏、浙江亦在四十万方里以上。如此辽阔的省区内的学校，要赖教育厅去管理，是不可能的，所以一省之内必须分为若干区，区内之学校由区辅导处代教育厅负辅导和管理之责。

(2) 主持人员与教员之能力不足

以一般情形言，今日我国主持学校之行政人员与教员，其能力与经验，皆不足以维持学校至理想境地，急需教育当局加以辅导之力，此种工作实为今日教厅之所不能，盖学校既多而厅与学校之距离过远也。故必需将全省分为若干区，区内设辅导人员，以代教厅切实执行辅导各校行政人员与教员的工作。

(3) 推行区内各校间之研究工作与合作事业

一区之内，各校之间有许多合作的事业可以推进，例如各校国文、数学、理化等教师，可以推行合作的研究工作，对各教师的实际教学一定有很多的帮助。此外如各校实用品之联合趸买，以及消费合作社之联合组织，皆有助于各校校务之推进者。然此种工作，非有行政之上级人员为之领导不可，此区辅导制之不可不组织者也。

2. 区辅导制之组织

教育之分区，其面积或可与今日各省之专员区相等，一区之内最好不过十县，以中等教育论，最好十县之内有一所师范、一所高中、一所高级职业学校、五所各种性质之初级职业学校、五所至八所初级中学，各校之经费与学生皆可因此统筹办理，不必如过去之分县界也。

区内辅导处之人员，可按照工作之需要而增减。工作多，可分为行政科、体童科、美劳科、语文科、自然科、社会科；科设科主任，全处设辅导主任一人。工作少，则在处主任之下，设二科已足，即行政科、教学科。

3. 设区辅导制后之教育行政费是否增加

此点为一班人所最顾忌者，深恐扩充教育行政费，实则不然。盖省督学之经费、县督学之经费，皆可移用于区辅导处也。

4. 设区后之困难

设区后之最大困难，在辅导人才之难于罗致。故作者主张此制之实行，须以渐次进步。先以一区或两区实验，待其成功，然后推而广之。

四、结论

为使读者明了此制之组织系统，兹绘图以说明如次：

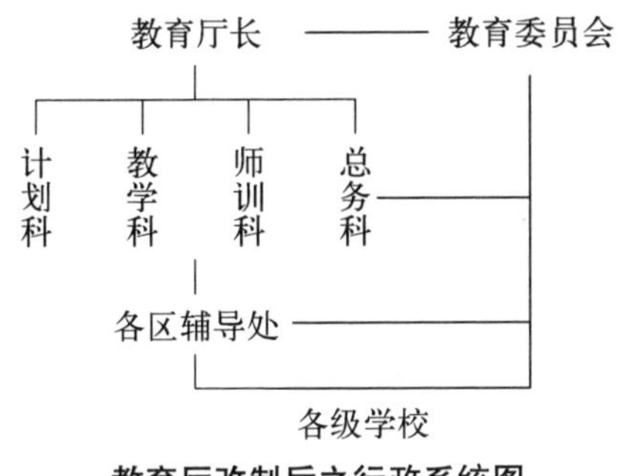

教育厅改制后之行政系统图

此制实行后，希望达到之优点：

（一）教育委员会为一代表民意及专家意见之团体，其目的在根据民意及专家意见，以审查教育厅之设施，以增教育行政之效率。

（二）教育厅由行政的性能改为研究实际教育问题，以改进教育的性能。

（三）区辅导处为实际辅导学校增进教育效率之机构。

此制之实行，可能遇到下列困难：

（一）有人以为厅长的大权，因此旁落。在表面观之，确属如此，实则不然，盖厅长仍握有决定全省教育之大政方针及用人之大权，惟今后之决定大政方针与用人，不能如过去之专断专行，须经委员会之审议。此种审议手续旨在增加工作之可靠性，不宜视为干涉厅长之大权。

（二）委员会有把持全省教育之可能性。因此作者特别申明，委员会只有审议权，并没有干涉权，也没有保举权，若委员会有了以上两种行为，应视为违法，厅长应有向教育部检举之权，经核准后，教育部得指令省长改提新人。

（三）一般人以为最可虑者，为人才问题。诚然，诚然。但亦有方法可以避免：第一，提高薪给之待遇。第二，提高工作之保障。第三，渐次推行，得有训练人员之机会。

地方教育行政的新动向

赵远柔*

教育的设施，应有崇高的理想，但须从现实作出发；这样才能适应时代的要求。中国经过长期的抗战，为争取民族解放、世界和平，而与民主国家并肩奋斗；在苦战胜利后，举国一致的要求，是在民主世界潮流之下，切实完成民主、和平、统一、自由、富强、康乐的新中国。而助成三民主义的建国任务，便是战后教育最现实、最迫切的问题。当前的地方教育行政，惟有皈依于自由、民主的原则，力谋教育的复兴与发展，以达成时代的要求。

时代在急剧地转变着，民主的潮流，已泛滥至每个角落。地方教育行政，必须变动一个方向来努力，现就作者观感所及，拉杂提供一点意见，阐明今后地方教育行政的动向而指示我们以努力的方向。

一、发展社会政策，实现民主社会的理想

教育行政是实现国家教育宗旨和政策的一种手段；教育不能脱离政治、经济和社会等而独立，教育行政更是随时随地为它们的势力所左右。现代学生已觉悟："如欲提高教育的效能，非把学校圈子扩大到整个社会，就远大处来觅

---

* 赵远柔，生平不详。时任国立社会教育学院副教授。

本文原载于《教育杂志》1948 年第 33 卷第 10 号。——编校者

寻改造本身,改造社会的新方案不可。”所以钮龙(Newlon)①称:“教育行政是一种社会政策,曾有专门著作讨论它。”施菊野(Strayer)②也说:“新时代的教育局长,是一个‘社会的工程师’,他的主要任务在发展社会政策,借着全民教育的推行,实现民主社会的理想。”

我们就教育行政的基本着想,它的范围以内的大小问题,如行政机构教育人员、教师待遇、教育经费以及校舍建筑等等,都包含社会的意味。不从整个社会着想,要想从教育本身来谋得解决是绝不可能的。而从更深的一方面看,教育又是改造社会、发展社会理想的主要工具,学校教师的责任决不仅仅“止于教书”。正如邱椿说:“现代良好教师的新责任,在改造社会理想,在联合其他国民,共同缔造一个合理的政治、经济制度,在使全部教育机构成为实现这理想的社会制度的工具。”因之,教育行政的社会化,已成为时代迫切的要求了。

二、教育机会均等,教育权利民主化

上面说过,教育必须配合时代的要求,适应社会的需求。中国社会是个病体,全国民众都挨着痛苦的生活。面对这病体的建国方案,是三民主义。那么,怎样在三民主义的运行下,地方教育行政将履行它的任务,走向光明的教育前程?中国教育改造运动的倡导者雷宾南先生说:“三民主义的中心思想,是在于全民众的利益和幸福。”又说:“从文化观点观察,三民主义的理论体系的基础,实建筑于民众的生活之上,既是平凡,又是切实。唯其如此,当我们运用这理论体系时,必不可忘情于民众的幸福,幸福的开端必须做教育的大众化做起。如其不然,虽有幸福,民众不知,也不能享受,所以教育必须为民所有、为民所治、为民所享。同时,因为争取民众,我们不能不把握青年;为着把握青年,我们更不能不求教育的民主化。”

概括地说,在三民主义的革命建国实践中,中国教育必须力求其“大众化”

① 今译“纽伦”(Jesse H. Newlon,1882—1941)。美国教育政治学者——编校者

② 今译“斯特拉耶”(George D. Strayer),美国20世纪早期教育管理学研究的领袖人物之一。——编校者

"民主化",地方教育行政当尽最大最善的努力,以发挥与运用教育"大众主权",在普及教育、倡扬科学、提高文化等方面表现其劳绩。

三、彻底实施基本教育,配合民主宪政

中国的宪法已公布,民主宪政已开始实行,但是宪政是否能圆满成功,大成疑问。至少在目前实施宪政有着极大的障碍。人民对于宪政,毫不感觉兴趣,不闻不问。有人以为这是中国社会文化的关系。因为:(1) 大家不想要公民权和自由权,所以未得成功;(2) 物质条件不合,如生活不安,而且困难,无暇过问政治;国土大,交通不便,无法过问政治;工商业不发达,不需要政治保护,这是一时不成功;(3) 精神条件不合,如大家不爱争权利,只求安分守己,重谦让服人,存着信任人的心理,不必法制,注重礼义,政教不分,这是永远不成功。这些固然是民主宪政的大障碍,但是最基本的原因,还是在乎文盲的普遍。"大多数人民仍在浑浑噩噩的状态下讨生活,对建国理想无认识,对新的政治经济生活无理解,单是党派问题解决了,怎样实行民主?"

因此,要实行民主政治,必须"奠基于教育的普及"。教育部曾明白地指示:"世界民主之巨潮,已成为今后整个世界教育之指南针,而民主政治尤为当前中国所必需。国父提倡民权,数十年来,民主思想固已印入中国之人心,然其所最缺乏者,殆为人民实行民主之能力。而努力以求之之根本方法,即为使人民教育普及,尤其为公民教育发展。"

教育的普及与否,是民主政治成败的关键。国父说:"县是地方自治的单位。"又说:"学校者,文明进步之源泉也;必须学校立,而地方自治乃能进步。"可见教育之于地方自治是何等重要!所以今后地方教育行政,必须置重点于国民基本教育,如果基本教育没有普及,要想实现宪政,无异缘木求鱼。

所谓基本教育,并不是单纯的读书教育,或是识字教育。因为文盲即使扫除了,识字教育即使成功了,但是也未必能说宪政就可成功。正如古楳说:"行宪应有其他必要的条件,不能单靠识字教育。"因此,我们对于基本教育的观念应放大,希望在识字教育之外,寻求其他的途径,以充实人民的政治意识。陈礼江先生对基本教育的内容曾加诠释,认为基教应包括语文教育、生产教育、公民教

育、健康教育及休闲教育。而龚启昌先生特别强调公民教育的重要性:“……要实行民主的宪政,必须以全体有见识、有能力的公民为基础。为补救以往的缺失,为奠定行宪的基础,应赶快普及公民教育,必使人人具有了政法、经济的常识,必使人人有了民主社会生活的经验,必须使人人对‘众人之事’发生了兴趣,人人有了明辨是非,能抉择他所要的政府以后,才能推行民主的宪政。”

综合上面诸氏意见,觉得实施宪政,普及基本教育固是必要的条件;但是单纯的识字的基本教育,断不能解决民主宪政问题的。因此地方教育行政者,必须正视基本教育的真谛,予民主宪政以重大的保障。

四、确立地方教育行政自由独立的程序,实现教育民治的终极目的

教育行政是国家对于教育事业的行政。罗廷光先生说:“教育行政乃指国家对于教育负起组织、计划、执行、监督、指导的责任;以最经济的手段、最有效的方法,去谋实现国家的教育宗旨及实施计划,借以完成国家教育的使命。”英国鲍尔福(Balfour)教授[①]曾说:“教育行政之目的,无非使合理的学生于合理的情况下,从合理的教师受到合理的教育。”教育行政的功能是这样,我们知道,教育行政与教育事业不可分离,表面为二,实则为一。今天教育事业需要民主化,教育行政也非民主化不可。黎襄先生在《试论教育民主化》一文中说,教育行政的民主化,应分二个方面来说:“(1) 教育行政自身的民主化;(2) 教育的民治。”

要达成地方教育行政的民主化,必须先予教育以“自由”的保障。教育而没有自由,必流于虚伪、欺骗,甚至麻木,没有自由思考、自由学习、自由创造的可能。基于这个观点,地方教育行政的自由自属必要。“地方教育行政没有自由的气氛,地方教育事业决不能受到鼓励与向导而获得自由的发展。因此地方教育行政应亟谋摆脱硬性的中央集权的束缚,奔赴地方分权的大道,以适应地方教育的‘个性’——地方的实际需要。”

---

① 今译“巴尔福”。——编校者

关于教育行政的集权与分权，仁者见仁，智者见智，各有其理由。在这里，略举一二民主先进国家教育行政民主化的实例为证，借以明了教育民治的情形，以为借镜：

美国一切教育上的大权，操之于教育董事会。教育董事会董事，则由地方上热心的教育人士中由人民推选组织而成。它有决定教育政策、通过教育预算、审核决算的权力，甚至有权任命教育行政首脑。因此美国的教育充分表现民主自由的意味，一方面教育事业能获得地方人士的支持与爱护，故能发挥教育的极大功能；另一方面教育又必须地方人士的监督与指挥，故它所有的设施，都能合乎人民的需要。

再以苏联为例，苏联在大革命以后，是无产阶级专政的国家；然而在教育行政机构上，却充分表现出民主的精神，苏联的教育行政机关，在容纳公民的意见上，确曾尽其最大的努力，因此，在他们的教育事业中获得公民的助益不少。

根据上面两个国家教育行政民主化的情形，我们的教育行政应该怎样民主化，也不难找出一个答案。不过，问题是中国甫走上民主宪政的道路，地方自治尚少经验，骤加改革是否合理，尚属疑问。正如程其保先生说："中国应采取分权抑采集权，应有一定之程序。当此全国教育尚在萌芽之期，地方程度过低，尚少地方自治之经验，必须以中央之权力督促施行，方可期事业之逐步推行。及至地方达到相当程度，再予以自由发展之机会，收效自较宏大。"

笔者认为，地方教育行政最后的目的，必须走上民主、自由、独立的阶段。但在这甫行地方自治的现阶段，不妨先确定一个民主化的程序。在地方不妨组织一个评议机构，正如英国的参事会（council），中央以"干涉愈少愈妙"，以期养成地方对于教育的责任心和创造力。总之，地方教育应该竭力挣脱中央的束缚，与谋自由独立。不过，问题是在时间的演进而已。

五、发动社会力量，奠定地方教育的经济基础

据统计，我国学龄儿童共六千七百万人（六岁至十二岁），其中失学者尚达四千六百万人，文盲仍有一亿五千万人，即人口百分之三十。推行普及教育，

至少需要教师百万人，惟至今仅有八十余万人，其中只有百分之三十系经师范教育者（见《新闻报》三十六年[1947]九月五日瞿菊农报告）。这统计是否可靠大成问题；事实上，失学儿童及文盲恐远超此数。问题的症结是在经费；教育虽然是精神事业，但是经费毕竟还是发展事业的基本条件。

戡乱以奠定和平基础，消耗经费固大，但这为的是和平，是国策，我们不能推翻。国家穷，我们对它不必再事苛求，希望它经常地补助。地方教育，必须自力更生，地方人民穷的固然很多，但毕竟也还不乏有经验力量的。问题是在怎样鼓励人民兴学。人民兴学，地方政府又应怎样地奖励，地方人民出一个钱，地方政府必须保证获得一个钱的效用。

不过，要人民出钱，对教育尽些经济上的义务，首先要切实做到教育民主化。如果教育并未做到民有、民治、民享的地步，要想发动社会力量，以求地方教育经费的宽筹，必是很困难的。因此，负责地方教育行政的，除教育行政本身先谋民主化外，尤应造成教育民治的风气，使人民知道地方教育是地方人民的事。

总之，地方教育经费，已是山穷水尽之时。“发动社会力量，宽筹教育经费，乃是开辟教育资源的上策，只要站在地方民众的立场上，力谋教育的目标与政策，都切合民众的需要，教育的设施又能取得民众的信仰，那么地方人民力量的发动，必可收登高一呼众山皆应之效。”

六、培养基层干部，实行地方自治

过去，地方教育因为教育机会的不均等，教育的权利往往把持在地方豪绅的手里，供给少数人享用。因此，地方事业常为这批人所垄断、掠夺，一般劳苦民众只得任其摆布。今后地方教育的权利开放后，必须注意地方自治干部人才的培养，造就地方自治的新血轮。

主席说：“今后行政人员必须重视教育，以教育为方法达到革命建国的目的。……即须以全体民众为对象，以社会为学校，以实际上一切事物现象为教材，注重训练国民如何做人，如何办事。”这可具体地指出教育应训练人民管理政治的能力。如果教育不能教人以管理政治的能力，使成为国家有用的人才，便是低能的教育。

中国自古以来就崇尚人治,所谓人治就是指干部。孟子说:“为政在人。”这已充分说明了人治关系的重要。今后如彻底实行地方自治,地方必感材难之叹,此项基层干部人才应于事前多加储备,所以主席又说:“今后各级学校教育,须与地方组织及事业之需要相配合,既可以使学校教育无空疏无用之弊,又可以使青年学子得广大的出路。”

总之,今后实行地方自治必然会感觉自治人才的缺乏。为适应地方自治的事实需要起见,各县应设立地方干部学校,培养地方自治新人才,而为民主政治奠定久远坚实的基础。

上面六点,是当前中国地方教育的新动向。这动向实际上是因实施民主的宪政而起的新要求!地方教育行政者必须把握时代的要求,认清现阶段地方教育努力的方向,迈步前进,这样地方自治才能因教育的力量而完成呵!

教育行政刍言

蒋维乔*

吾国自官制变更，各省教育司裁撤后，教育事业有摧残无进行。僻远之省无论矣，即风气较开通者，亦不过维持现状。教育经费率提供他用，其用于维持学校者，为数盖寡，且公立学校经费多不以时发给。校长不能专力校务，而劳神于催领学款移借筹垫者，比比然也。今虽全国上下，皆知教育为急务，然能否积极进行，犹属疑问。国库省库之支绌，固为不能推行之主因，而教育行政之不善，亦未始非障碍之所在也。

余近者至斐律宾①，观美国人在彼所施之教育，而恍然于教育行政之精神，绝不似我国之行政官署日以办理公文为毕乃事也。试略述之，约有四端。

一曰制度完善。

斐律宾政府于中央设教育局，局设局长一人，副局长二人，其下设总务部及实业教育、庶务、会计、产业、普通教育六科。庶务科隶于局长，庶务科之速

* 蒋维乔(1873—1958)，字竹庄，别号因是子，江苏武进(今常州市武进区)人。前清秀才，入江阴南菁书院、常州致用精舍深造，开始研究“西学”，曾赴日本、菲律宾专门考察教育。历任商务印书馆编辑及附设尚公小学校长、爱国女学校长、南京临时政府教育部秘书长、江苏省教育厅厅长、上海光华大学教务长兼文学院院长等职。主要著述有《中国哲学史纲要》等，另编撰有《简明国文教科书》《学校管理法》等大批中小学、师范用教科书。

本文原载于《教育杂志》1917年第9卷第4号。——编校者

① 即菲律宾。——编校者

记股及会计、产业、记录三科，隶于总务部。实业教育科隶于第一副局长，普通教育科隶于第二副局长。除马尼拉都城外，全岛划分学区四十有一。一区中又分为数管理区，区设区长，区长之下设管理教员，各管辖其所属之学校，而直接于中央教育局，不属于所在地之省长。有此制度故能举集权之实，而教育事业之发达有一日千里之势。美人治斐仅十九年，今日自大学以至小学，莫不毕举，未始非制度之善有以致之也。

二曰施政敏活。

有此集权制度，则施政之敏活自在意中。斐地公立学校事务，教育局长握有全权而由总务部及各学区长施行之。如身之使臂，臂之使指，无废事失时之虞。全岛学校组织俱辖于一系统之下，区长及教员咸遵守教育大方针，以事其事，朝令夕行，肆应之捷，有非他国所能及者。或疑如此施政，则于各地方风俗习惯必有不能适应之病，而实不然。盖教育局凡施行一新政策也，各区长及教员皆参与之，开会协商而后定。惟政策何时实行，则决诸局长耳。故一方面能力求统一，一方面又能依地方特别情形，变通以求适宜也。

三曰负责。

斐政府行政人员之能负责任，于参观教育局时可见之。入其门绝不类我国之衙署，无通报室，亦无会客室，见局长即至局长办公处，见副局长及各科长亦然。局长以下均异常忙碌，无一息之停，普通教育科俨如学校之预备室，凡各校课程、教授要目、教科书以及学生出缺席表等，皆由此科规定。乃至校舍之形式，必由会计科、建筑股颁定标准，校用之黑板亦由财产科、仓库股选定颁发，精密周详，令人惊叹。实业教育科俨若商店，有仓库贮藏各种手工所用原料及制成物品，有陈列室，有工作场，凡各校手工种类，此科先制图案定制作程序，招集巡回教员多人在科中学习后，再巡回于各校传授其技。故全岛各校手工，如男生所制之篮及家具等，女生所制之花边刺绣等，花样尺寸均属一律。此项工艺品政府非特为各校指导，且为之经理贩卖。全岛设教育工艺发卖所三十五处，分趸批与零售，且为之贩运于美国，亦有自美国来订购者。余参观时，科长米勒(Miller)出示一定制竹篮之电，值美金五万元。至花边之行销于美国者尤多。科中每半月付给货物价与各学区长，区长分给校长，校长再分给学生，故各校学生不但毕业后能自谋生活，即在修学时已能以工作获利。此其行政之精神，岂非我国人所梦想不及者耶。

四曰联络。

观其政府机关以及各学校，不特行政官、局长、科长、区长、视学管理教员互相联络也，各校长、教员亦勠力同心以图教育之进行。不特视学及巡回教员巡行各校往来如织，即各学区之区长，亦无日不自驾摩托车奔驰于道路，以视察所属各校。更不独区长为然，即局长、副局长亦以时出外视察焉。其上下无隔阂，下令如流水之源，非无故也。

返观吾国之教育行政，殆无一不与之相反。行政长官深居简出，少数重要职员亦仅役役于纸上之文字，余皆无事坐啸而已。盖我国之行政有消极而无积极，有监察而无进行。不独教育为然，而教育行政亦蹈此弊也。苟无积极之设施，而贸然欲中央集权，亦未见其可也。窃意斐律宾之教育行政，吾国可取法者实多。吾国地方广大，若欲集权于教育部，势必不能，莫如权集于省。先由学务发达之一二省试行办理，由省中聘请技师调查本省各地方固有工艺，为之改良式样，规定制作程序，招集巡回教员，俾学成后传授于各校并为各校筹划、贩卖之法。至京师学务局，则与马尼拉之中央学区类似，其平日对于各校之行政向为密切，欲由此试办，比省行政机关更易为力。然试办之初，必须聘请外国技师协同规划，盖我国人素无经验，不易着手，且工艺系专门家之事，自非采他国之长，参合本国国情，固不能奏效也。

教育行政机关进化之迹及建议

程湘帆*

本章目的有二。一使学者于讨论我国各级教育行政机关之后，得着相当的温习机会，或综合，或归纳，将零星材料成立有系统的条理。二是使学者于了解我国各级教育行政机关沿革至于今日的情形之后，得着相当的机会，研究其变化的倾向，并解决其前途问题。前者是欲使学者于温习中，抽出几条原则，表示读书心得；后者则于研究中，成立几种建议，表示研究的能力。著者为此目的，特于第一、第二两节，综合前数章之讨论；又于第三、第四两节，发表本文意见。希望学者于本章所述之外，努力研究，自求心得。

一、各级行政机关变化之陈迹

我国新式教育行政机关，自光绪三十一年[1905]创设，迄于今日，乃无时不在变化之中，谓为试验的制度可也。惟吾人学习大都用尝试方法。教育行政机关创设时，亦犹此也。始而只知模仿他人制度，何种机关必须设置，何种

* 程湘帆(1887—1929)，字锦章，安徽芜湖人。金陵大学毕业，留学美国哥伦比亚大学师范学院，获硕士学位。历任金陵中学教员及国文科主任、金陵大学国文系主任、东南大学教育学教授、安徽教育厅第二科科长、中华基督教教育会副总干事兼大夏大学教授、安庆市市长、上海浦东中学校长等。主要著作有《中国教育行政》《教学指导》等。

本文节选自程湘帆编《中国教育行政》第六章，上海：商务印书馆，1930年，第98—108页。——编校者

部分所司何事，无暇考究也。及至实行之后，渐明其需要，渐知其作用，于是扩充者扩充，裁并者裁并，而变化兴矣。

（一）中央制度之变化

中央制度至于今日，已经变化三次。逊清创设以至辛亥，因国体变更，学部遂改组而为教育部。此其一也。十六年[1927]，广东国民政府成立，试用委员制，“教育行政委员会”遂为全国教育行政之最高机关；于是有第二次变化。继而武汉政府虽有改设教育部之议，嗣以军事紧急，无暇实现；而南京又设府政，留粤之委员会受命迁沪施行职权。十六年十月，南京国民政府创设“中华民国大学院”，江浙两省试行“大学区”办法；所以救教育行政之官僚化也。此为第三次之变化。

（二）省区制度之变化

省区教育行政机关始设“提学使司”。民国元年[1912]至六年[1917]各省制度极为紊乱，或由都督府民政厅兼管，或就巡按使署设“教育科”，或就省长公署设“教育司”。总而言之，变化莫测而已。六年公布设“教育厅”，于是恢复前清之主管教育的独立衙署焉。粤汉宁国民政府成立之初，尚仍旧制，不过略加修改其内部组织而已。试行大学区办法公布之后，在浙设“第三中山大学”，在苏设“第四中山大学”，其余各省暂不改制。中山大学内设行政部，包括“高等教育部”“普通教育部”“扩充教育部”。嗣经南京国民政府教育行政委员会改定第四中大行政部，总名称为“第四中山大学区教育行政院”，以统一事权。故省区行政教育机关，除元年[1912]至六年[1917]之临时办法不计外，已有三种制度。

（三）县区制度之变化

至于县区制度，自光绪三十二年[1906]学部奏设“劝学所”，至宣统二年[1910]颁布《地方自治章程》，于是性质一变。在自治未成立地方为执行机关，在自治已成立地方为监督机关。民国初年为紊乱时期，各县情形至不一律。民二[1913]教育部略有整顿之议，但实在恢复前清之主管的独立机关，则在民国四年[1915]。民国十年[1921]全国省教育会联合会建议根本改革，建设地方自治式之“县教育局”。次年教部参酌建议，颁布“县教育局”组织令，于是设董事会焉。学区则设“教育委员”。南京国民政府成立，江苏略仿旧制，加以修正。浙江则独树一帜，于县政府下设“教育科”，而以“教育委员会”为立法监督之机关。市乡学区除设“教育委员”为执行人员外，并设县教育委员会市乡分会。十七年[1928]经省政府议决保留县教育局，颁布暂行条例，并准适用委员会简章。故县区制度，除元年[1912]至四年[1915]之临时救济办法不计外，先后已经试用四种机关。

二、一般进化之途径

吾在前节曾言我国教育行政机关之制度是试验的；惟其试验，故多变化，且其变化的倾向是进步的，是逐渐的倾向于更大效率方面。故其变化愈多，则进步愈大，而行政效率亦愈增。此吾国教育行政之大幸也。因于陈述各级机关变化之后，而略举其进步之大要；庶读者不仅知其变化之多且骤，亦能辨别其变化为进化，并认识其进化之途径焉。

（一）组织方面之简便化

前清学部系仿照日本之文部省之制度，其内部组织则参酌新设外务巡警等部；质而言之，系仿制，非根据行政效率也；故组织以堂皇阔大为主。其实行政效用在敏捷，在简便，在运用灵活。组织愈复杂，规模愈阔大，运用愈呆板，愈不得敏捷便利之效。譬如学部改为教育部时，内部已经简便不少，及今日大学院中之教育行政部分，更简单矣。故其进化之迹第一在简便化，亦即日趋于精力时间之经济，及增大其行政之效率也。

（二）行政事业之专家化

学部一行政衙门耳，一官署而已；故凡有官僚资格皆得为行政官。教育长官与其他行政长官固无以异也；统而言之，做官而已。及教育部成立，渐有文人学者充任长官。民四[1915]视学叙官时，竟有专门资格与官等官阶之争。

近来各级教育长官虽非教育专家，但多教师出身。此次国民政府采大学区制度，且正式宣言打倒教育行政之官僚化，使教育行政超脱于普通行政之外，而求其学术化，使为专业。故其进化之迹第二在专家的专业化。

（三）行政事权之民治化

学部成立在地方机关创设之先，故地方事权系受中央之委托，而为其代表，所以我国教育行政事权初本集中于中央政府。民国之后，尤其是洪宪之后，地方权势渐张，中央变为尾大不掉，省区地方教育长官大都由军阀保荐或竟委任，中央不敢过问。及至民国十一年[1922]县教育局制度颁布之后，法律上已认董事会为代表地方矣。国民政府成立，法令上虽未明白规定地方办理教育责权，但实际上各省颇能各治其事，浙江、江苏尤其例子。然此仅地方分权的趋向而已。近更有民治的倾向，在县区地方尤为显著。查官治教育至民治教育本有三道级阶：第一由官厅主办，而以民间教育专家聘为顾问咨议。第二官民合办，盖官办而以民间之教育学者代表为董事，评其议而参与其事，较之顾问咨议已进步不少矣。第三完全民办，地方人民公推董事，组织主管立法及监督机关，另以执行事权委之行政人员。我国教育行政目下已由第一步而入第二步矣。如能继续努力，恢复地方自治，不难越过第二阶级而至民办地位。

三、教育行政组织需要商店化

夫教育行政机关之设，本所以总汇学务，而为政令之中心也，其组织方式暨事权分配之适当与否，关系教育效率至为密切。以上诸章，吾人对于教育行政官厅之组织与事权之分配，似已撮要陈述；兹以研究态度，就组织与事权二者，讨论其应行政改革之点，以为教育行政机关研究之结束。

（一）机关组织方式

查机关之组织有官厅式与商店式之不同。所谓官厅式之组织者，量其地位，抄袭对等机关之成规，以为组织之根据；必要与否概不过问；盖以为不如是，不足以称其地位而显其身份也。而现代商店则量其需要，求其便利，以为组织之根据。其设科分事必有其设置之必要与便利。以为不如是,不足以应事实上之需求,而获行政上之经济与效用也。

查我国前清学部之组织,据学部奏折系"参仿外商警部分曹隶事之办法",夫外、商、警诸部与学部之职守本不相同。以性质不同之机关而必须转相参仿者,乃所以维持其尊严与地位也。此其组织上之根本原则与商店式之根据需要不同者一也。

又查当时学部奏定国子监之组织云:"其文庙、辟雍殿两处,典礼崇隆观听所倾,自应特设专官,以昭慎重。"由此观之,专官之设全以维持其身份与尊严为标准;效用如何不计也。此其组织上之根本原则与商店之根据效用不同者又一也。

(二)商店组织之利

通常商店不但组织本诸效用与需要;即办事亦有确定时间,毫不假借。又以时效问题,关系贸易之成败至巨,故手续不取繁重,而以敏捷为归,故无遗误稽延之弊。其用人也,则以因事择人为原则,绝不为人择事,故无无功受禄之弊。其报酬也,必须根据其人之知能,所负责任之轻重,与夫办事之成绩,故无侥幸之弊。但其报酬之多寡,又依生活程度为转移,故少物质上压迫,而能专一其事,不必另谋兼差,或启侵吞公款之念。

(三)官厅化组织之弊

官厅则不然。办公虽有规定时间,亦仅官样文章,除少数雇员外,多不按时办事。甚或挂名而不到署,不办公,以致到署办公者不愿努力。加之手续繁重,故多稽迟误事之弊。试同时寄信二封,一致上海先施公司,一致某省教育厅。其复信之早迟,即官厅行政与商店办事不同之表证。且官吏俸金则以地位为标准。欧战[①]之后,生活日高,而俸金标准仍不克与生活程度同增。服务人员,因限于地位,不问需要如何、勤奋如何,俱不易维持生活,不得不另求他道,以图救济。故精力时间不能专一,而官吏之道德亦以此堕落矣。

---

① 即第一次世界大战。——编校者

(四)组织上商店化之建议

二者之利弊既如上述,近年以来,欧美诸国多以商店之组织及管理原则,应用于地方行政。即各县知事及都市市长之名称已逐渐易称商店式之“管理员”(manager)矣,美国利用此项原则,尤收效验。我国教育行政所以不能收圆满功效者,原因虽不止一种,但组织之不善实无可讳。改善之道则在应用商店化组织与其管理之原则,改善现在之官厅式组织与行政。条陈如下:

(1) 参酌欧美诸国教育行政学者之学理,及行政机关之经验与成绩,确定我国教育行政机关事权之性质,依商店化原则,从速改组之。

(2) 根据上项之组织,另拟办事细则改订其行政之方式,务使适合商店管理上之最经济及最有效的原则。

(3) 参酌商店之管理原则,改善服务人员之待遇。

以上三条,实为我国教育行政上急须改良之点。教育行政之学术化已经实现,今后所欲努力者,商店化之组织与商店管理化之行政。换言之,实现下列要点是也。

(1) 设科用人必须根据需要。

(2) 行政手续必须求其简单。

(3) 办理事务必须求其敏捷。

(4) 任事必须求其专注。

(5) 服务之报酬必须根据:

(甲) 其人之学业经验及才能;

(乙) 其人办事之成绩;

(丙) 其人所负之责任;

(丁) 其人之生活程度。

四、教育行政事权需要地方化

中央集权与地方分权之原理及利弊已于第一章中论之详矣。惟以今日情况言之,我国教育行政制度,当此地方自治一时不能施行之际,究应取集权乎?抑分权乎?

(一) 集权分权之折中

由我国历史观之，集权制度由来已久，国人服从中央已成习惯。且因集权中央，法律制度颇能一致，地方歧异亦以此减少。似教育集权最为适当。惟据现状论之，法令上地方虽无自治之明文，事实上确不必事事听候中央命令。革命以来，似尤甚焉。且中央教育事业，除最近大学院尚能轰轰烈烈外，并无成绩可言，况北方教育破产之患似可立时发现。窃以今日之救济方法，当于集权分权二者有所折中。中央当鉴于现势，自动委任其事权之一部于地方；俾中央地方各尽其责，以谋将来之平均发展。所以主张中央必须让予一部分事权于地方之故，非仅就学理而言，实以现在情况有不得不予之势。

(二) 现在集权之病

夫权柄与责任本系连带的，权柄集中则责任亦必集中。北京政府在平时因地位关系，距离地方太远，交通又不便利之故，已有鞭长莫及之势。近年以来，迭遭政变，已无统一能力。事实上已难行使监督指导之责。即中央权力所及之区，因事事必须请示之故，文件往还几费转折，时间精神两不经济，前者部中因政费支绌，部员相率罢工，部务停顿至数月之久，各省因拘于集权之制，可行而不克行，应行而搁置者，屈指难数。目下国民政府虽然成立，但政权统一尚需时间，况当革命之后，地方自由行动已成习惯乎？此就中央政权旁落，贻误地方教育进行，而主张中央集权与地方分权二者，宜有所折中也。

自民国建设十七年内，中央教育行政长官之任期，多以内阁之命运为准则，但内阁基础始终未尝巩固，故而教育长官亦因之更迭无常。长官更迭既繁，而教育进行又无确定的永久计划，以为遵行之标准；故除活动政治、组织僚属之外，所有教育之进行及其进行方式，无不各是其是，而无一定的系统。故更迭一次，教育进行即停顿一次；而进行之方式亦中变一次；影响所及不仅中央机关已也。各省因格于集权制度，事事必须请示中央，以致计划进行颇受打击。此就已往十七年中央政局变更无常，贻误地方教育进行，而主张斟酌采用分权之制也。

近年以来，吾人对于中央集权制度试验之结果颇多失望。除编制教育法规及教育统计之外，并无若何积极的指导研究事业。所有近来教育事业之新运动，如职业教育、义务教育、平民教育等等；教育之新研究如何，学校系统、课程标准、智力测验、成绩测验之标准以及地方教育行政制度等等；教育之调查，如门罗之调查、推士之科学调查、德尔门[①]之智力与教育成绩调查等等；学术演讲，如杜威、卢素[②]、科脱等等；教育部并无积极的提倡，亦无相当的援助。至于有关教育及学术之著作，除设养老式之编辑处，委派编辑员至百数十人之多，而其成绩则无一部稍有价值之著作。部员除终日“呈悉此令”，点缀行政责务而外，所有计划与视察责务久不执行。考其缘故，实以组织之不善，与人才之不足也。长官既多政客而组织根据官僚。当事者多书吏，以公文程式为能事。专门人才因种种原因未能用其所长；以致指导机关而无指导之能力，领袖长官而乏领袖之资格。此就国民革命前十余年事实上中央无领袖指导地方教育进行之事实，而主张斟酌采用地方分权之制也。

（三）地方化之办法

以上所举皆系吾人十余年来之确实经验，非尽学理之谈也。惟集权制度施行既久，而吾人服从中央已成习惯，一旦变更，事实上必多障碍，地方必多问题；且集权制度亦有其利益，其利益所存必有以维持之。今日问题不是打破集权制度，实为根据现在之实况，斟酌二者之利益，而作正当之折中办法。至于办法之规定，应以列举方法，予中央以下列之事权：(1) 设法补助贫瘠地方之义务教育；(2) 学校卫生设备标准；(3) 升学转学之标准；(4) 师资之养成标准；(5) 教员之检定标准；(6) 学期学年之标准；(7) 学校系统之公布；(8) 学校课程之限度；(9) 私立学校立案之标准；(10) 幼童因工作而停学之取缔；(11) 地方教育行政制度之规定与公布；(12) 地方教育经费之筹措标准；(13) 教育学理之研究；(14) 教育状况之调查；(15) 教育统计之编制等等，凡须借用中央权力者皆须仍为中央主管，其余一律为地方主管；凡须整齐划一者仍整齐划一之。总之，中央集权之真价值，必自中央与地方合作而来；否则，谓之专制。将

---

① 即“推孟”(Lewis Madison Terman，1877—1956)，美国心理学家。——编校者

② 即“罗素”(Bertrand A. W. Russell，1872—1970)，英国哲学家、数学家和教育家。——编校者

来我国教育行政制度必为集权与分权制度之折中。

按，教育行政大权有计划、行政、监察等项。凡关于国家全体之教育计划及非地方所能担负之教育计划，由中央计划之，以保持国家之单位。凡地方重大行政，中央有批准备案之权，地方有呈请备查之义务。惟监察一项，事实上中央已难实行。其折中办法，所有省区教育行政官长应仍由中央简任教育式政治家，代表中央执行地方教育进行事项。另由地方组织参事会审议应行案件。地方执行官长既系中央简任，代表中央，则中央之视学监察范围可限于部辖及国立教育机关而止。中央于此节省之时间与人力从事于学术之研究、试验、宣传、介绍、著作，以为地方之领导。

设将前清之学部与民国之教育部详细比较，则教育部已较简单不少。学部官制尚书之下，原设左右侍郎及左右丞。

中国教育部工作之研究

周凤锦*

一、绪　　论

(一) 中国中央教育行政机关之沿革

吾国自清朝末年,废止科举,兴办学堂,采取西方教育制度,遂有中央教育行政官的设置,到光绪二十四年[1898]始设管学大臣,二十九年改为学务大臣,然在这时的学务大臣,一方为京师大学的校长,管理校务,同时又为行政机关长官,管理省外教育,他的事务之繁重,即此可见,况且当兴学开始的时候,计划和督察处处需要用人才,若没有专管机关,实不能应付周详,所以光绪三十一年[1905]乃设学部,统辖全国学务,至是吾国中央教育行政制度才成雏形。

民国成立,改学部为教育部,设一厅三司二室一处,到民国十六年[1927]国民政府成立,将教育部改为大学院,十七年复改为教育部。这些变迁,便是吾国中央教育行政机关,在近三十五年来演进的略况。

(二) 中央教育行政机关研究之必要及目的

1. 研究的必要

吾国中央教育行政机关,自成立到现在已有二十多年,就在这很短的期间

---

* 周凤锦,生平不详。为北平师范大学教育研究所研究生。

本文原载于北平师范大学教育学会编《教育丛刊》1932 年第 2 卷第 3 期。——编校者

内，亦曾经过三四次的改革。惟历次的改革，是否由于社会所需要而为时代进步的产物，它的行政组织是否适合国情，及民治国家精神所应有，至其所办事宜，能否尽教育行政机关的功用与职能？在量的方面而言，发动自教育部本身的占多少，发动自下级机关的占多少？在质的方面而言，属于领导的、统合的、会商的、合作的、法权的，各占几分之几？在今日尚乏有组织而合乎科学的研究。其工作实况，是否各级教育全已顾及或为畸形的发展，殊难认识，即现在教育部组织，司处的分科，已是认为满意的呢？还是尚有改良的必要呢？这些问题均有待研究的必要。我这篇论述，正为研究上所举问题之初步。但是仅从几十期教育部公报上，每周的重要工作报告加以分类分析的功夫，其材料的根据虽欠详备，难得到十分精确的结果，然因此篇而引起一般对于教育行政有兴趣的教育家，做进一步将教育部的工作或其他教育行政上各问题加以更精密更有科学的研究，能将其结果以从事教育上的革新，或许就是本篇抛砖引玉的效果了。

2. 研究的目的

一国的教育部，在组织上为全国的教育行政之最高权力机关，教育政策之执行者，居于领导的地位，负规定全国教育政策及推行教育计划、筹拨教育经费的责任；在法理上，有发布命令、订定教育规程、处理教育诉讼之权。其责任之重、地位之要，不言而喻。全国各省教育及各级教育的设施，是否全能顾及，达到平等均衡的发展，俱视教育部领导下之工作是否得宜，与其他各部院及教育机关会商合作的能率以为断。本论文研究的目的，约有下列数端：

(1) 明了工作实况

根据分析统计结果，把现在教育部的工作实效——量的方面和质的方面——均以数字表示出来，使从事教育行政者知所注意。

(2) 评判现在教育部的组织

教育部之有某种工作，原依其有某种组织而生，若没有某种组织的设置，则必无某种工作；反之，若缺乏某种工作，实因其没有某种组织的缘故，所以根据分析实际工作的结果以评判现在的教育部组织之优劣，于理允当。

(3) 作改良的建议

依工作分析统计的结果，倘发现教育部缺乏某种工作，或某种组织不合需要，则从事搜求教育专家之理论，以作改良教育部组织计划的建议，使显其功能。

(三) 研究的材料及方法

研究教育部的工作,当然是以整个教育部在某一时期内所做的工作实况为研究对象,然这些材料的搜集,非教育部内的工作人员,实很难办到。本论文所得研究的材料,乃赖师大教育学院院长李湘宸①先生的赞助,并允借给民国十九年度[1930]教育部公报全份,计得公报内登载的教育部每周重要工作报告五十余周,及每月教育部各司处的收发文报告表,始得开始做这番统计和分析的研究。然这些材料,在其报告的本身,便是记述不详,仅荦荦其大者,许多普通的工作实已减却不少,而收发文方面,则又件数不清,外人为之统计,实极感困难,所得的结果常与其总数相差甚远,故在量方面的统计,可算是失败了,不得已将经李院长整理过的民国十八年[1929]教育部每月收发文的统计表数份,作为本论文研究教育部工作量方面的借材,因为这些统计是教育部每月自己作的收发文报告,比较我们统计所得的结果,却要精确得多。至于质的方面,就完全是以五十余周的重要工作报告作根据,但这些重要工作,每件均是与多方面有关系的,没有严密分界,因此研究的结果也难正确,所以我在此只能把我个人研究的方法和标准写出来,以求一般学者的批评与修正,或者也可作别人作进一层研究的根据,则后起的研究者容易得到有进步的成功。

我这番研究的工作是依据李院长所述教育行政机关的五大功用作标准(参考《师大教育丛刊》第一卷第二期——《地方教育行政及其实施》),条分缕析而统计之,兹分述于后:

(1) 领导的功用

教育事业日新月异,行政机关非尚领导,则难收教育行政的实效,故教育部须有实况的研究、对症的方案、专业的提倡、疑难的解决、学术的介绍等工作。兹就以此作标准,将其重要工作之属于领导者都纳入此类,更依其各种不同性质的分为若干条,统计而求其百分比。

(2) 法权的功用

教育部虽属行政机关的一种,无立法司法权力的赋予,然为适应地方的需要,获得行政效率计,在教育范围内,须有发布命令、订定规程、处理教育诉讼

① 即李建勋。——编校者

之权，故教育部当有此类工作。兹就以此作标准，将其重要工作之属于法权者都纳入此类，更依其性质分为若干条，统计之而求其百分比。

(3) 统合的功用

教育机关，以官所言，有中央各省各县的区别；以学校言，有高等中等初等学校的分界，范围性质各有不同，非有一贯的政策、划一的标准，实不易统驭。故教育部的工作，须有规定课程标准，审核教科书，等分各级学校，划一表册，审核各种教育兴革的方案，与编造教育统计等工作。兹就以此作标准，将其重要工作之属于统合者都纳入此类，更依其性质，分为若干条，统计之而求其百分比。

(4) 合作的功用

教育事业各有专责，教育行政机关，虽对教育负责，但学校与行政机关或教育行政机关与其他社会机关，需彼此合作始能完成的，故教育部须有与其他机关合作的工作。兹就按此标准，将其工作之属于合作者均纳入此类，更依其性质分为若干条，统计之而求其百分比。

(5) 会商的作用

无论做什么事，实际的经验均是不可少的，办教育者亦然。当决定或实行教育政策的时候，遇到不易解决的问题，必须参考专家的意见及办学者的经验，方易于推行而收后效。故教育部须有与教育专家及实际办学者协商或开讨论会的工作。兹就以此作标准，更依其性质分为若干条，统计之而求其百分比。

上述五个标准，乃教育行政机关普遍应有的功用，在教育部工作上是不该缺少的。因此拿它作评判教育部组织的主要标准，至于各项工作内各条细目，且待叙述工作实况的时候，再行逐条写出，以省重复。

二、教育部的组织

吾国中央教育部的组织，按民国十八年[1929]十月一日，经国民政府修正公布的教育部组织法之规，教育部管理全国学术及教育行政事务，对于各地方最高级行政长官执行本部主管事务，有指示监督之责，对于各地方最高级行政长官之命令或处分认为有违法令或逾权限者得请由行政院院长提经国务会议议决后，停止或撤销之。

教育部内设下列各司处会：

1. 总务司
2. 高等教育司
3. 普通教育司
4. 社会教育司
5. 蒙藏教育司
6. 编审处
7. 大学委员会
8. 华侨教育设计委员会

教育部设部长一人，总理本部事务，监督所属职员及各机关；政务及常任次长各一人，辅助部长处理部务；秘书四人至六人，分掌部务会议及长官交办事务；参事二人至四人，撰拟审核关于本部之法律命令；督学四人至六人，视察及指导全国教育事宜；司长五人，分掌各司事务；科长科员各若干人，承长官之命，分掌各司科事务。部长为特任职，次长参事司长及秘书二人为简任职，秘书科长为荐任职，科员为委任职。

（一）总务司

（1）关于收发分配撰拟缮校保存文件事项；（2）关于部令之公布事项；（3）关于典守印信事项；（4）关于记录职员之进退事项；（5）关于编制统计报告事项；（6）关于编印公报及发行事项；（7）关于本部经费之预算决算及会计事项；（8）关于稽核直辖各机关之经费及会计事项；（9）关于本部官物之保管事项；（10）关于本部庶务及其他属各司之事项。

（二）高等教育司

（1）关于大学教育及专门教育事项；（2）关于国外留学事项；（3）关于各种学术机关之指导事项；（4）关于学位授予事项；（5）关于其他高等教育事项。

（三）普通教育司

（1）关于中等教育小学教育幼稚教育事项；（2）关于师范教育事项；（3）关

于职业教育事项;(4) 关于地方教育机关之设立及变更事项;(5) 关于其他普通教育事项。

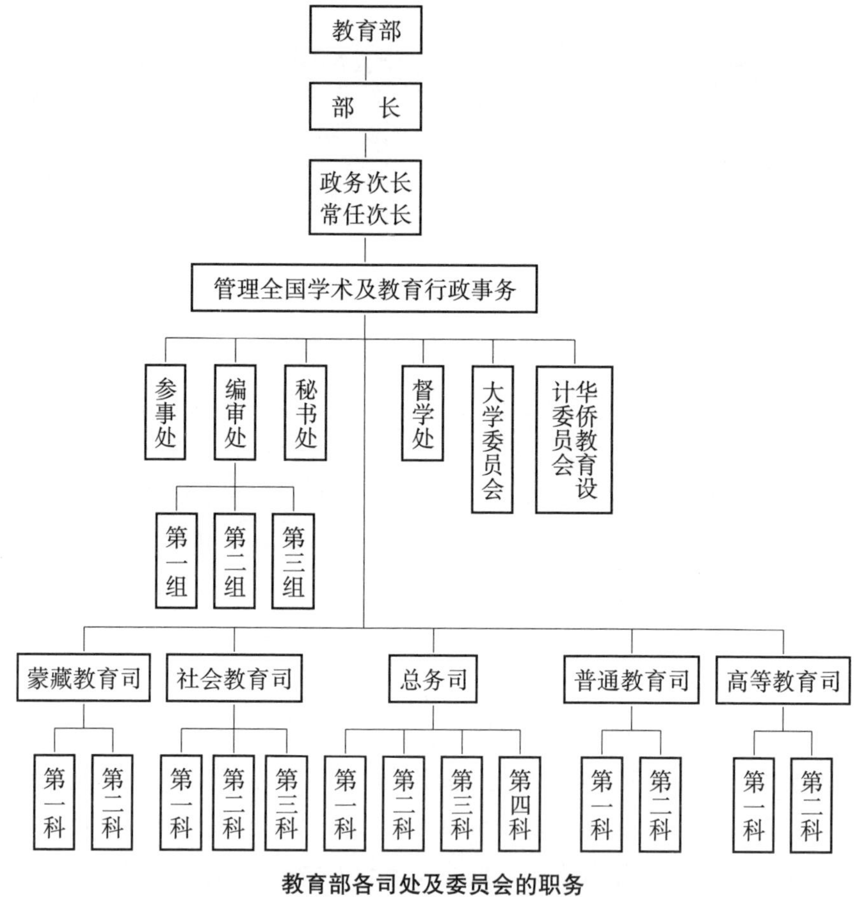

教育部各司处及委员会的职务

(四) 社会教育司

(1) 关于民众教育及识字运动事项;(2) 关于补习教育事项;(3) 关于低能及残废教育事项;(4) 关于美化教育事项;(5) 关于公共体育事项;(6) 关于图书及保存文献事项;(7) 关于其他社会教育事项。

(五) 蒙藏教育司

(1) 关于蒙藏地方教育之调查事项;(2) 关于蒙藏地方各种教育事业之兴

革事项；(3) 关于蒙藏教育师资之培养事项；(4) 关于蒙藏子弟入学之奖励事项；(5) 关于蒙藏教育经费之计划事项；(6) 关于其他蒙藏教育事项。

(六) 编审处

(1) 关于编译教育上必要之图书事项；(2) 关于审查教育用之图书仪器及其他教育事项；(3) 关于全国出版物之征集及奖励事项。

(七) 大学委员会

(1) 教育制度及教育行政制度之变更事项；(2) 教育方针之制定事项；(3) 各国立大学校长之人选事项；(4) 教育部直属各机关预算决算事项；(5) 专门委员会之设立事项；(6) 教育部长交议之事项。

(八) 华侨教育设计委员会

(1) 拟订改进华侨教育方案；(2) 调查华侨教育情形；(3) 计划华侨教育经费；(4) 计划其他关于华侨之教育及文化事宜。

(九) 督学

(1) 关于教育法令之推行事项；(2) 关于学校教育事项；(3) 关于社会教育事项；(4) 关于地方教育行政事项；(5) 关于其他教育有关事项；(6) 关于部长特命视察或指导事项。

(摘录《修正教育部组织法》)

三、工 作 现 状

(一) 量的方面

研究教育部的工作量，在本论文题初决定的时候，原拟定从实际方面着手，将教育部每月的收发文报告逐件统计出来。及至实地去作统计的时候，便发生了很大的困难，就是我们统计的结果，每与其总数不符，这都是因为它的报告本身件数不清，外人难作统计的缘故。关于这层，在陈说本论文研究的材料及方法时已略述及。后查民国二十年度[1931]教育部公报第三卷第一期，得知十九年度[1930]在发文方面,训令的总数共一千四百二十五号(自一月一日至十二月三十日止),指令的总数共二千七百一十七号(自一月一日至十二月二十九日止),虽较民国十八年[1929]的为多,然大体无甚差异。在量的方面,以十九年[1930]的无法统计,即将李湘宸先生统计的十八年度[1929]教育部曾收发文统计表,作为本论文批评教育部的工作量方面的根据。兹分述该表如后。

(二)质的方面

关于教育部工作,质方面的研究完全是依据前述行政机关的五大功用作标准,将民国十九年度[1930]整个的教育部公报十五余期所发表的重要工作报告,作一番分析归类统计的功夫。然这些所谓重要工作,却就有许多他们认为不重要的工作未包括在内。这样看来,实不能算是整个教育部的完全工作。但较此更完备的材料,既不可得,只可以此作材料了。所以在统计的结果上,每有许多普通的事宜,如发给证书、关防启用及缴销等,皆已除外。可是这些工作的删除,却与本论文的研究没有多大的影响。最重要的,就是每一件的工作均是涉及多方面,没有明确的区分。当统计的时候,不免费去许多思索和咨询,才达到今日统计的完成。然其结果,犹未敢信为是精确的,不过只可认为个人能力和时间所及的初步结果而已。兹谨将分析统计的结果逐项分录于后,一方面作为次章批评和建议的根据,一方面亦可资学者的参考和指正本论文的引线,俾本人日后有机会再作研究时,知所改良。

1. 领导

(1) 视察及调查全国教育状况并审核指导办理情形

凡关于派员调查或视察国内公私立学校办理状况、匪乱后地方教育情形,印发各种关于教育调查之问卷,或调查藏书等事属之。

(2) 订定提出及实行关于全国教育政策及计划

(3) 搜集关于文化上有用之作品及可供教育上研究之材料或表册

征集比赛品,调查文言教科书销路情形,搜集编辑三民千字课材料,蒙藏各种读物,外侨学校之办法等属之。

(4) 指导各国立省立私立学校之政策及计划

(5) 审核并指导国内各教育行政机关之行政计划工作报告及教育方案

第一表　民国十八年[1929]教育部收文统计表

项目/件数/年月	训令	指令	呈	咨	公函	电	笺函	条陈	密件	通告	合计
1.18	46	23	422	71	190	109		2			863
2.18	40	16	332	65	168	70					691
3.18	33	11	455	69	131	57					756
4.18	31	24	440	64	174	60					796*
5.18	66	22	566	161	167	61					1 043
6.18	45	2	542	119	134	72					914
7.18	62	25	711	136	176	117		1			1 228
8.18	77	41	719	105	208	128			9		1 287
9.18	71	14	809	125	94	97	68		9	1	1 288
10.18	66	17	872	136	99	105	63	1			1 356*
总数	537	195	5 868	1 051	1 541	873	131	4	18	1	10 219

* 原文如此。——编校者

第二表　民国十八年[1929]教育部发文统计表

项目/件数/年月	部令	训令	指令	布告	呈	提案	咨	公函	电	批	笺函	聘任	证明书	护照	说帖	密件	合计
1.18	9	127	167	2	15		71	75	27	99	35	3	1				631
2.18	10	116	171	1	13	6	51	63	35	75	52	5			1		599
3.18	7	98	171		11		57	53	25	94	47	3	1				567
4.18	12	103	194	2	12	5	79	64	30	87	24		1				613
5.18	6	161	203	1	11	2	136	71	26	113	97	4					831
6.18	14	120	242		18	4	111	54	26	118	80	4		1			792
7.18	6	134	261		23	1	92	63	29	95	55	2					761
8.18	16	149	305	1	12	4	113	76	53	90	65	10				1	895
9.18	13	111	306		19	1	98	70	49	158	55	8		1			889
10.18	9	102	297		17	2	105	85	39	155	71	4		1			887
总数	102	1 221	2 317	7	151	25	913	674	339	1 084	581	43	3	3	1	1	7 465

第三表　民国十八年[1929]教育部各司处收文统计表

项目 件数 年月	秘书处		参事处		编审处		总务司		高等教育司		普通教育司		社会教育司		革命功勋子女就学免费审查会		合计
	主办	会办	主办	会办	主办	会办	主办	会办	主办	会办	主办	会办	主办	会办	主办	会办	
1.18	17	2	13	5	10	1	244	21	216	21	230	18	50	2	1		854
2.18	28		25	4	8		183	9	227	15	130	11	45	5	1		691
3.18	42		13	6	25		163	16	274	13	116	17	64	5	2		756
4.18	23		17	2	41		177	4	304	11	134	14	58	3	5		793
5.18	40		35	8	23	1	244	2	347	18	216	17	80	6	6		1 043
6.18	34		39	1	28		165	1	343	11	180	15	111	4	1		933
7.18	35		34	7	26		192	15	486	19	261	21	121	4	4		1 225
8.18	66	1	41	6	15		203	16	512	26	302	10	85	5			1 288
9.18	88	2	40	5	19	1	270	5	470	27	256	15	98	5			1 290
10.18	45	2	36	3	20		426	8	207	16	277	7	93	4	1		1 356
总数	418	7	293	47	215	3	2 267	97	3 586	180	2 102	145	805	43	21		10 229

第四表　民国十八年[1929]教育部各司处发文统计表

项目/件数/年月	秘书处		参事处		编审处		总务司		高等教育司		普通教育司		社会教育司		合计
	主办	会办	主办	会办	主办	会办	主办	会办	主办	会办	主办	会办	主办	会办	
1.18	15	5	8	1	14	3	127	10	199	2	176	12	49	4	631
2.18	49		23	3	37		84	5	197	9	146	9	5	6	599
3.18	43	3	9	2	23	2	72	4	239	11	112	10	32	5	567
4.18	29		9	9	27		83	2	276	13	121	11	28	5	613
5.18	55		30	19	45	1	131	3	280	12	171	14	61	9	830
6.18	53	2	23	12	23		111	2	303	9	163	6	66	9	782
7.18	39		34	4	15		93		287	10	179	6	82	11	761
8.18	71	2	40	20	26	1	102	1	364	7	241	6	90	6	977
9.18	67		29		6	1	123		325	2	225	8	2	1	869
10.18	52	3	31	8	12		180	1	332	8	197	7	57	3	891
总数	473	15	236	84	228	8	1 106	29	2 802	83	1 727	89	582	59	7 521

附注：按理，第一表与第三表及第二表与第四表之总数，应该一致，乃竟反是，实因是年教育部之每月统计表有误，非向教育部收发处及各司处办公室调查，不能更正也。

以上五项统计结果列表如下：

项目号数	1	2	3	4	5
工作数量	21	13	17	3	7
合　计	61				

2. 法权

(1) 任免本部职员国内外学校校长各学术机关董事及教育厅长等

任免教育所长、局长、大学校长、院长、留学生监督、大学筹备员、派员代理教育机关职务等属之。

(2) 查办及处理关于教育之各种诉讼及纷争

(3) 颁发解释并传达命令与规程并监督其实行

公布教育法律规程，各种教育的办法，解释关于教育的疑问，与发告诫学生书，或令所属机关办理教育事宜等属之。

(4) 奖励及抚恤办学人员

(5) 停办国内办理不善之公私立学校

(6) 查禁编辑不善或已废止之书籍及反动刊物

(7) 聘请或委派关于出席各种会议之代表或委员

聘请私立学校甄别试委员，委派中学校军事训练教官，参加全国运动代表等属之。

(8) 保护文化上之古迹及禁止有关历史之物品流传于国外，如阻止国外考察古物、摄取影片，禁止国内古物书籍名人遗墨等售出国外等属之。

以上八项统计结果列表如下：

项目号数	1	2	3	4	5	6	7	8
工作数量	28	6	107	7	10	5	10	8
合　计	181							

3. 统合

(1) 订定或审核各种教育机关社会之规程组织大纲及学校校历

订定或审核各种章程简章、学校校历、规程、办法、组织法，草拟全国教育会议规程等属之。

(2) 筹发教育经费,审核直辖机关之报销事

(3) 处理本部事务

如登记统计表,绘学校一览表、地域分配表,制造各种调查用表,办理各种统计,拟定统计纲目、工作报告,绘统计表格或私立学校立案表等属之。

(4) 编造或提出预算案

(5) 审核私立学校或校董会之立案及规定其学生资格与办理

(6) 颁布订定或审核中等以下学校之课程标准及训育标准

(7) 审核及编订中等以下学校之教科书及其他有用关于文化之书并指导其编辑要点

如审核各种教科书,编三民主义千字课,指定编辑地理教书,须以英伦格林基[①]天文台为起点等属之。

(8) 编造填注或颁发各种教育统计之图表或全国各校及各教育机关之应用表册

如编辑全国教育会议手册,颁发立案学校一览表,绘教育概况调查表,颁发实际年龄推算表等属之。

(9) 催国内外各教育机关呈报或填写各项教育调查之表册及教育状况表

(10) 审核或指导国内各教育机关关于教育行政人员考试事宜

(11) 审核并指导各校招生编级作业更名退学及卒业事

(12) 审核及指导各省县市教育经费之筹措及处理

(13) 国内公私立学校关于免费就学事项之调查审核及处理

(14) 调查及指导办理各校童子军事项

(15) 国外留学事项之处理及改进事宜

(16) 义务教育事项之处理及改进事宜

(17) 审核或指导关于社会教育事项

(18) 筹办民众教育事项

如筹办民众教育馆,拟定民众教育方案等属之。

① 今译"格林威治"(Greenwich)。——编校者

(19) 关于党义训练及宣传事项

如党义教师之训练及在校教师党义训练,或监督学校举行纪念周等属之。

(20) 审核及指导国内各校之军项

(21) 高等教育之办理及改进事项

如指定大学维持办法,令各校院会维持校务,停止招收预科生,规定大学学位等属之。

(22) 指导中等教育之办理及改进事项

(23) 指导师范教育之办理及改进事项

(24) 指导初等教育之办理及改进事项

(25) 筹办各种职业教育及改进事项

(26) 筹办华侨教育事项

(27) 筹办蒙藏教育事项

(28) 办国语注音符号传习会及推广统一国语事宜

(29) 筹办推广教育事宜

(30) 接受与呈报中央关于教育事宜

以上三十项统计结果列表如下:

项目号数	1	2	3	4	5	6	7	8	9	10
工作数量	83	4	70	3	31	26	17	18	21	7
项目号数	11	12	13	14	15	16	17	18	19	20
工作数量	10	6	4	2	7	4	6	5	5	6
项目号数	21	22	23	24	25	26	27	28	29	30
工作数量	14	9	1	1	2	20	18	16	2	24
合　　计	442									

4. 合作

(1) 与各部院及其他教育机关合作事项

(2) 与各部院及其他教育机关会商关于教育改进事宜

(3) 接受或参加国际间关于教育宣传事宜

以上三项统计结果列表如下：

项目号数	1	2	3
工作数量	52	20	3
合　　计	72①		

5. 会商

(1) 召集关于教育上之各种会议事项

如召集全国教育会议、各种专家会议、编审会议，或其他关于教育上之各种会议，请国内教育机关派员出席各种会议等属之。

以上一项统计结果合计共四二。

综合以上五项功用分析的结果列表如下：

类　　别	工作数量	百 分 比
领导的功用	61	7.6%
法权的功用	181	22.6%
统合的功用	442	55.2%
合作的功用	75	9.4%
会商的功用	42	5.2%
合　　计	801	100%

四、批评与建议

(一) 批评

综观上章分析统计所得的结果，对于教育部的工作现状——量的方面和质的方面——依我们的观点，可得下列的批评：

1. 教育部的工作属于被动的多，自动的少

教育部为全国教育行政机关，对于各种教育的设施，贵在积极的提倡以促

① 原文如此，应为75。——编校者

政策的实现，不宜仅作消极的指导者。今教育部的工作在量的方面，以收文言，训令多而指令少；以发文言，则训令少而指令多。可见其作事乃被动的多，自动的少，是即偏于消极，而忽于积极，实非所宜。

2. 多设革命功勋子女免费就学审查会

革命功勋子女，免费就学审查会在十八年度[1929]，仅收文二十一件，而专设一会以司其事，殊不切于实际之需要。

3. 高等教育司作事多于普通教育司，实教育上的变态

普通教育司，管有中学、师范、小学、幼稚、职业等教育，其事务理宜繁重；而高等教育司，仅管大学教育、专门教育及外国留学事，其工作范围实较普通教育司为狭。然据统计民十八年[1929]教育部各司处收发文的结果，均以高等教育司为多，实非常态教育所宜有。中小学为教育之基础，乃不先固其根干，而欲谋枝叶的茂盛岂不是本末颠倒吗？推其所以演成此种变态之原因，一方面由于近数年来，政府对于教育之政策，设施无定，属下机关，罔所适从。他方面则自五四运动以后，国立各校之学生，嚣张日甚，学校行政，事事干阻，因是当局者无法处理，加以数年来，政局未定，内攘外夺，军政各费，漫无预算，以致教育经费，时被侵借，国立各校，积欠频盈，是以函电交驰，无时或已，而高等教育的事务遂日多一日。苟中国今日欲谋教育的发展，非从整理中小学始断难收效，现在教育部对于师范教育及中等以下教育的工作，实觉太少，负行政之责者，当注意及之。

4. 领导的工作太少

教育行政机关以领导工作为最要。然据现时统计的结果，教育部的工作属于领导的，仅占 7.6%，未免过少。倘欲尽量发展教育部的功能，非急图改进，增加领导的工作不可。

5. 统合的工作过多

教育行政机关，对于实际从事教育者，殆致力于监视，防止其偏向，使其服从一定的规程、划一的标准，原属必要。但是操之过严，则失于固执，国民的活动力可因之而停滞，创造力可因之而钝折。现在教育部实际工作，大半属此，在广大的中国，似有缺乏活动性之嫌。

6. 合作的工作太少

教育行政机关与其他行政机关或团体合作，可使教育政策易于实现，且能

引起学者对于教育问题多作研究之兴趣。然按诸实际，仅占9.4%，似觉过少。

7. 会商的工作太少

教育部的工作，据现在实际状况，会商的工作仅占5.2%，且以编审会议等之召集为多，属于专家讨论者较少，实未尽会商功用的职能。

8. 谋教育普及的工作太少

教育部既设社会教育司与义务教育委员会，但实际上对于是等关系大多数国民之教育，其工作寥寥无几，实有负专设司会之本意，愿教育行政当局多所注意。

9. 缺乏研究及调查搜讨的工作

教育事业宜应时势的进展而常谋改善。故当精查目下所实施的现况，参考他国教育的情形，研究国内教育的需要，以作改良目前的缺点，决定将来的方针。今教育部既乏研究的工作，复少调查搜讨的报告，因是改进无方，诚不足怪。且现在教育部所得关于教育的报告，半属地方官厅粉饰的文章，实际情况得之不易，所以更有从事调查研究工作的必要。

（二）建议

1. 应有的功用

吾国教育部的工作现况，据前面分析统计十九年度[1930]工作所呈现的结果，以与教育行政机关的五大功用的轻重相衡量，诚有许多地方，不能与理论相符合。换言之，就是现在教育部的工作，不能充分表现教育行政机关的功用。前节的批评，已将其欠妥处逐件指陈。然则五大功用，究竟应如何分配，各占全数的几分之几，才算恰到好处，充分表现了教育行政机关的功用而收大效呢？谈到这层，我们就须首先决定，吾国教育行政，是宜采用中央集权呢？抑或是宜采用地方分权呢？关于这一问题，年来国内学者的论述亦复不少，然各家意见并未一致，但我们以为在幅员广阔的中国，绝对的中央集权如法国制，固執不可，而绝对的地方分权如美国制，亦非所宜。参照我国目下情势所可行，与地方需要之适应，亟宜集地方的教育权于省，但非绝对的，在教育上之最低标准得由中央规定，而予地方以多量的活动性，然后各地及各级之教育始能尽量的发展，以适应其需要。而中央对于地方之教育亦有相当的关系，此不特在学理上有所根据，即现代世界各国教育行政的新趋势亦足兼顾。这种折中的主张，是否能获得国内学者的同情姑不具论，然据研究结果，目今教育部的工作70%以上，皆属于统合和法权二功用，乃中央集权过甚，以致地方教育不能依其需要而发展，原为不可掩之事实。欲救斯弊，非放弃今日严格的中央集权制，采用调和的省集权制不可，是以中央教育行政机关应有的功用，须以领导的功用为最要，会商的功用次之，合作的功用又次之，而统合和法权的功用虽属必要，在原则上总以极低限度为宜。兹参照理想的需要和实际的情形，就管见所及，认中央教育行政机关应有的五大功用，无论其行政制度，是采用中央集权，抑或是地方分权，以至于中央与地方均权，其工作原则，与功用质量分配的百分比，须达下列各项之标准：

制度 \ 项目 百分比	领导	会商	合作	统合	法权	合计
省集权	45%	20%	15%	12%	8%	100%
中央与地方均权	35%	20%	15%	20%	10%	100%
中央集权	12%	12%	11%	45%	20%	100%

然则如何始能达此标准，乃与教育部的组织有密切的关系，若何改良，且待次节说明。

2. 应有的组织

现在中国教育部，据研究的结果，其工作既不能充分表现教育行政机关的功用，则其组织有改良的必要，倘不急图改善，而欲强不完备的组织，产生最有效而合乎理想的工作，乃不可能的事。按照前二节所论述，教育部的工作既已偏重，而理想的功用又需达到相当的标准，则今日教育部的组织，应设法修改，自无疑问。兹谨拟改良办法如下：

改良办法：

(1) 扩充大学委员会为咨询委员会

(2) 设调查研究处——聘请专家五人至七人工作人员，若干人分掌调查研究事务

(3) 增加督学人数为十四人至十八人，并规定负担区域及普通与特殊职务

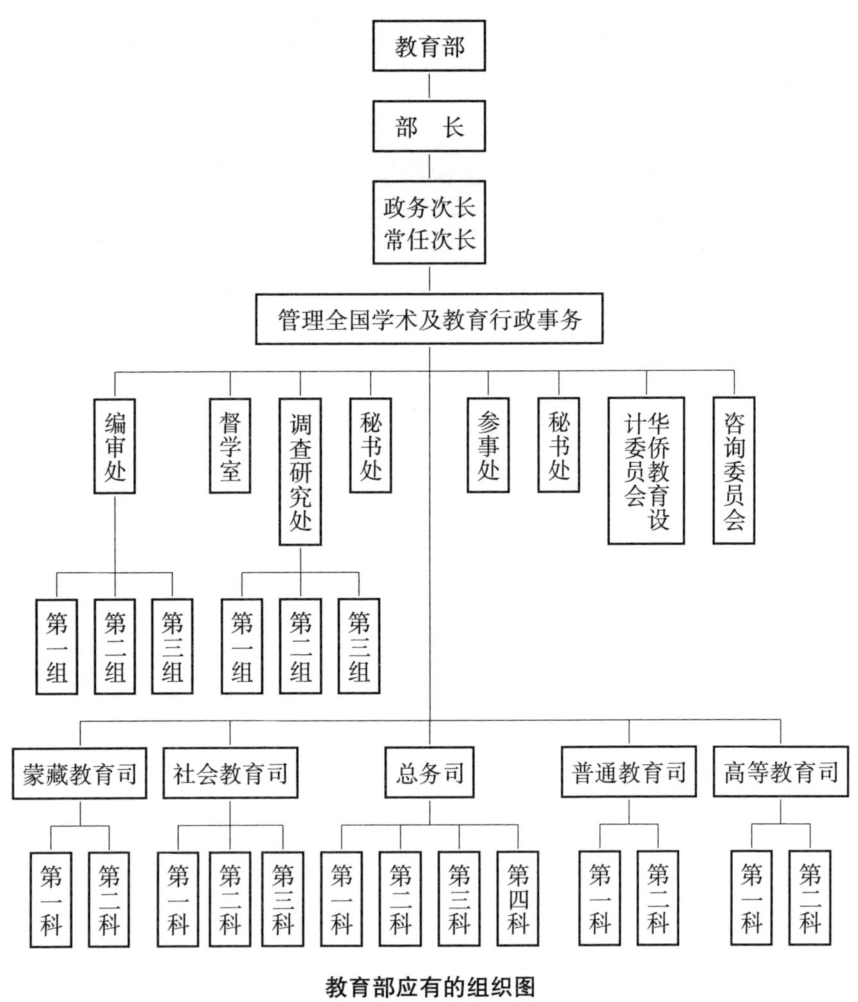

教育部应有的组织图

理由：

扩充大学委员会为咨询委员会，增设调查研究处，增加督学人数，并规定负担区域及普通与特殊职务，可以达到充分表现领导、会商、合作等功用之目的。

咨询委员会

一　委员共四十七人

（甲）当然委员

教育部部长、教育部次长、各司司长、调查研究处处长、首席督学及华侨教育设计委员会委员一人。

（乙）代表委员

国立大学代表五人，教育厅长二人，省立大学二人，公立中学代表二人，师范学校代表二人，职业学校二人，公立小学代表二人，私立学校代表五人。（由其同仁推选之）

（丙）职任委员十五人

由教育部部长，于具有特殊之教育学识或对于全国教育有特殊之研究或贡献者，聘请之，其任期为三年。

二　咨询委员会应协议咨询之事项如下：

（1）教育制度之变更事项；（2）教育方针之制定事项；（3）教育之革新事项；（4）国内公私立学校一切问题之讨论事项；（5）各级学校课程事项；（6）各国立专门以上学校校长之人选事项；（7）国立各校之经费分配事项；（8）国立学校之设立废止扩充事项；（9）专门委员会之设立事项；（10）教育部长咨询之事项。

三　咨询委员会每年开大会一次，每月开常会一次

调查研究处的职务

（1）研究本国教育之特别问题及需要；（2）指示教育改进之途径；（3）研究关于幼稚园小学校之管理教学训育及儿童入学儿童福利各问题并其需要；（4）研究关于中学校师范学校之管理教学训育各问题及其需要；（5）研究专门以上学校之设立扩充管理教学训育问题及其需要；（6）研究关于国内乡村农业商业工业等学校及职业的机会之问题及其需要；（7）研究义务教育及强迫教育实施之方案；（8）研究华侨教育及蒙藏教育实施之方案；（9）研究关于聋哑及有心疾者之教育计划；（10）研究关于健康滋养体育青年过失及异常儿童之各问题；（11）指正帮助教育测量之方略；（12）依教育部长之命在国内作种种指定考察；（13）组织学务调查团体调查国内教育；（14）作研究工作报告分发国内各教育机关。

督学

全国视学区域划分为九（依民国二年[1913]一月二十日前北京教育部之规定而略有变更）

一　辽宁　吉林　黑龙江

二　河北　绥远　热河　察哈尔

三　江苏　安徽　浙江

四　湖北　湖南　江西

五　山东　山西　河南

六　陕西　四川

七　甘肃　新疆

八　福建　广东　广西

九　云南　贵州

蒙古、西藏暂定为特别视学区，其视察次数及人员，由教育部长临时酌定之。

每区域派督学二人，以一人专视察该区域之初等教育及社会教育，一人专视察该区之中等教育及专门以上教育，每年至少视察一次，其职务如下：

普通视察及指导

（甲）视察初等教育及社会教育者

（1）初等学校教育及其经济卫生状况；（2）初等教育社会教育之行政及学务职员执务状况；（3）幼儿教育及特殊教育设施状况；（4）社会教育及民众教育设施状况；（5）初等学校之教学视察及指导事项；（6）协助地方筹措关于初等教育社会之经费事项；（7）关于初等教育之新教育及新教法之提倡事项；（8）关于其他与初等教育社会教育有关之事项；（9）部长特命视察及指导事项（与初等教育社会教育有关者）。

（乙）视察中等教育及专门以上教育者

（1）中等以上学校教育及其经济卫生状况；（2）中等以上教育之行政及学务职员执务状况；（3）关于中等以上学校之教学视察及指导；（4）关于其他与中等以上教育有关之事项；（5）协助中等以上学校关于经费之筹措并视察其经费支出之成效；（6）教育法令上规定事项；（7）部长特命视察指导事项（与中等以上教育有关者）。

特殊的视察及指导

关于专门事项，及其他特别事项教育部长得派临时视察员或聘请专科视察员视察之，但在时间上可能之范围内，部督学亦可兼司其事。

督学当视察完毕其径指定视察之区域时，须具报告于教育部长，并得略陈今后改进该区教育之意见，以备参考。

3. 应有的工作

现在教育部的工作实况，之所以不能尽合理想，皆因其工作不能充分表现教育行政机关的功用所致，因此始有改革的建议。但改革之后，教育部又应致力于何种工作方与理想符合，当然它的工作必须要与教育行政机关的五大功用相适应，务以能尽领导的目的、会商的实利、合作的能率、统合的限域、法权的效用为原则，是以教育部的工作，需依其效用而定。兹就参考各方之理论，与目下实际的需要，认中央教育部应有下列各项的工作：

（甲）领导的工作

（1）计划提议及执行全国教育政策

（2）督察调查全国教育状况并指导各级学校之办理

（3）指导全国各级公私立学校学生关于知识之活动

（4）聘请专家协同研究处组织学务调查团体研究全国教育需要及其改良问题

（5）审核及指导各省县立学校之增设

（6）指导各国立省立县立学校及其他教育行政机关之政策或计划

（7）指导全国各校教师之工作鼓励其勇气改正其弱点并使其明了教育法律的精神

（8）最新教育之提倡与推广

（9）编订或颁发关于教育上研究之报告及其他各种刊物于各教育机关以促进专业之兴趣

（10）关于国际间学术之介绍事项

（乙）会商的工作

（1）召集各省教育厅长大学校长师范学校校长开会讨论全国教育需要及其改良问题

（2）召集教育专家开会讨论各种教育问题

（3）关于教育上实施之方案或政策咨询专家之意见

(4) 关于国内一切学校之课程标准训育标准之协商事项

(5) 协议关于国立学校之增设废止扩充及改进事宜

(6) 讨论国立学校经费之增加及分配事宜

(7) 据调查研究之结果作革新教育之讨议事宜

(8) 通讯征求富有教育经验者对于教育问题之意见或函复征求意见者

(丙) 合作的工作

(1) 协助团体或个人作关于教育上之研究供给物品或材料

(2) 与各国或国内各省县及其他行政机关共同执行强迫教育儿童工作及健康保护法案(此法未规定)

(3) 补助地方教育经费

(4) 关于各地学校之增设教育之推广经费之筹措等与地方合作事宜

(5) 关于教育上之展览或宣传与国际合作

(丁) 统合的工作

(1) 订定全国一贯的教育政策

(2) 审核各省之教育方案或计划

(3) 规定最低限度之课程标准及训育标准

(4) 教师之训练及检定

(5) 编造审核或提出预算案及决算案

(6) 订定关于学校及各种教育组织统一之各种应用表册

(7) 编订或审核各种教科用书

(8) 订定最小限度之卫生校舍建筑计划及样本

(9) 类别全国公私立学校并使其达到一定之标准

(10) 义务教育民众教育之处理及改进事项

(11) 高等中等初等职业及师范教育之处理及改进事项

(戊)法权的工作

(1) 订定颁发解释或提出各种教育法律规程及传达命令并监督其实行

(2) 任免本部职员国内外学校校长各学术机关董事及教育厅长

(3) 处理关于教育之诉讼或纷争

(4) 保护历史的美术的古迹作品及天然名胜或有关文化之物品

参考各书报
杜佐周 《教育与学校行政原理》
姜琦　邱椿 《中国新教育制度研究》
李建勋 《直隶省教育行政组织之改革案》
马宗荣 《教育行政的特质》(《教育杂志》二十一卷八号)
教育部编 《教育法规汇编》(民国八年[1919]五月出版)

直隶省教育行政组织之改革

李建勋*

一、直 隶 概 况

中国领域包有二十二行省，四特别区，三附属地。直隶为二十二行省之一，面积58 640方哩，人口23 318 510名。为统治起见，分为四道：口北道，津海道，保定道，大名道；一百一十九县。口北道辖十县，面积有5 330方哩，人口1 426 765名。津海道辖三十二县，面积23 700方哩，人口8 591 173名。保定道辖四十县，面积17 100方哩，人口8 445 512名。大名道辖三十七县，面积12 510方哩，人口6 855 092名。县行政长官为县知事，受省长之委任。道行政长官为道尹，经内阁之提出，由大总统简任。县知事隶属于道尹，道尹隶属于省长。

二、直隶省教育行政机关

(一) 现行制度

(此种制度系一九一七年由教育部正式公布，乃中国各省之教育行政之共

* 作者简介见本卷中《地方教育行政之理论及其实施》一文。

本文选自李建勋著《直隶省教育行政组织之改革案》(作者英文版博士论文《美国民治下之省教育行政》之末章及附录)，康绍言译，北京：文化学社，1926年版，第1—26页。——编校者

同组织，非专用于直隶一省也。）

直隶省教育行政之组织创始于一九〇二年，其后形式、精神，数经变迁，至一九一七年有所谓教育厅者，方始成立。此种机关受教育部之支配，省长之指导及监督，而与财政厅、实业厅、审判厅立于同等地位。

1. 教育厅长

教育厅长为省教育行政之长官。兹将其任用、任期、资格、俸给及职权分述如下：

（1）任用　教育厅长由内阁提出经大总统简任

（2）任期　无定期

（3）资格　法令无明白规定

（4）俸给　年俸 7 200 元（墨洋），公费包括在内

（5）职权　教育厅长执行全省教育行政事务，监督所属职员暨办理地方教育之县知事

倘吾人将上述各点与美国现行之制度比较，可得下列之事实：

（1）关于选任方法　中国现行制度为美国所未经见。

（2）关于任期　中国所实行者，实与美国最优之理论相合。惟按之实际，任期无定，所收之效果较之理论的效果，相去太远。因教育厅长时为上级机关所调动，自一九〇二年以来，历届厅长从未有在职四年而未加更动者。

（3）关于资格　在中国固未有明白之规定，即在美国各省之教育法规，亦多有漏去此点，未加规定者。

（4）关于俸给　直隶省教育厅长之俸给实远超于美国省教育厅长。7 200 墨洋之价格虽等于 3 600 金洋，而在中国购物之价格实等于在美国 144 400 金元之价格。

（5）关于职权　在中国仅由教育部规定其大体，而在美国则由省议会详定为法律。中制虽予教育厅长多少之自由，然得其人可以创行教育政策，指导教育活动。如非其人，除例行公事外，恐将无事可做矣。美制则不然，其教育厅长之有力者于法律规定之事项外，固可更行进展；其才具平庸者，亦可照法律所规定者按步进行，不致无所事事。关于此点以美国为优。

2. 教育厅之组织

教育厅分设三科及视学处，各科执行事务，视学视察教育。

(1) 执行机关　每科设科长一人，科员三人，由厅长委任。每科功用如下：

(a) 第一科　掌管印信，收发文件，整理案卷，办理机要文牍，综核会计庶务，编制统计之各事项。

(b) 第二科　主管小学、师范及推广教育。

(c) 第三科　主管中等、专门教育及留学外国事项。

(2) 视察机关　设视学主任一人，视学四人。兹将其任用、资格、职权，曾经教育部公布者分述于下(一九一八年四月三十日经教育部公布)：

"省视学承教育行政长官之命视察全省教育事宜"

任用：省视学由省教育行政长官委任，不得兼任他职。

资格：有下列资格之一者得任用为省视学：

1. 大学文科或高等师范学校毕业者；

2. 师范学校本科毕业曾任学务职五年以上著有成绩者；

3. 曾任师范学校中学校校长或教员六年以上著有成绩者；

4. 遇有特别情形经教育总长核准暂行任用者不在此限。

权利：

(1) 省视学于视察时得调阅各项簿册；

(2) 省视学于必要时得试验学生之成绩或变更教授之时间。

职务：

(1) 省视学须视察

1. 地方教育行政及经济状况；

2. 中等以下学校教育状况；

3. 社会教育及其设施状况；

4. 幼儿教育及特殊教育设施状况；

5. 学务职员执务状况；

6. 主管长官特命视察事项；

7. 部视学嘱托视察事项。

(2) 省视学须指导

1. 地方教育行政设施事项；

2. 学校教育设施事项；

3. 社会教育设施事项；

4. 幼儿教育及特殊教育设施事项；

5. 教育法令上规定之事项；

6. 省教育行政机关决定之事项；

7. 主管长官特命指示事项。

(3) 报告　省视学须具报告于省教育长官，省教育长官应将省视学报告摘要汇送教育部，省视学遇部视学莅省视察时，应报告该省教育情形。

任期：由教育厅长定之。

特别视察：关于专门事项及其他特别事项，省教育行政长官得派临时视察员视察之，但亦得命省视学兼司其事。

以直隶教育厅之组织与美国较，有三事足述者，兹分述如下：

局面　直隶省教育厅之局面与美国 Illinois 省大致相同。在美国四十八省中较其中点 Median 为大。

功用　美国各省教育厅运用职权之范围大都较直隶为狭。直隶省教育厅对于全省省立及县立各校有监督及管理之权，不仅省立专门、师范、中学各校长须经其推荐或委任，即省立教育机关之经费及各县之教育方针，亦须得其认可。此种强有力之省权集中，在美国现行制度中从未曾有。

省视学之责任　美国现行视察制度约分二种：第一带有行政性质者，第二与教授有关系者。最善方法即以专门人才视察其各所擅长之事务。直隶视学制视学对于行政、教授事项同时负有视察全责。吾人一视上述省视学规程，即可知省视学责任之如何繁重——以少数之名额(四人至六人)，视察繁多之事务，时间既有限制，一人而为各科专家又属不可能，欲其克尽厥职，不亦难乎？

3. 教育厅对于中央政府及地方行政单位之关系(直隶以县为行政单位)

中国教育之制度以三种机关行之，即国家、省、县是也。国家教育行政机关曰教育部，为全国教育活动之中心，凡省县教育行政机关之创办、组织及教育活动，均借教育部而受中央政府之指挥及规约。此项指挥规约以命令、规程、细则之形式行之，与法律同其效力。省教育行政机关遇必要时，于不抵触中央所颁布之命令等之范围内，亦得自定其规程。县教育行政机关得教育厅之认可，亦有上述之权力。如此县教育行政机关属于省教育行政机关，省教育行政机关属于教育部。

（二）现行制度之批评

现行制度有优点亦有缺点。

1. 其优点为：

（1）以县为单位，于教育行政上适收较大之效率。

（2）强有力之省中央集权可以建立，护持适宜的标准；且使教育厅长有权实施本人之教育方针。

2. 其缺点为：

（1）缺乏教育方针

教育方针为教育活动之目标，如无方针则行政绝无效率可言。直隶自设置教育行政机关以来，教育长官握有立法、行政全权，计划及决定直隶教育方针自属可能，不过教育行政长官任期之长短，则以教育总长及省长之喜怒（事实上尤以省长之喜怒为衡）为转移，而其喜怒之动机，又以政治是否便利为准则，教育效率非所闻问。故历任教育厅长率以为无决定教育政策之必要，盖以果订定教育政策，实行时必多困难，难免因是不为长官所喜也。结果直隶教育之情形正如驶船于狂风骇浪之中，无掌舵之人，以定其方位焉。

（2）缺乏专门训练之领袖

直隶教育行政机关之功用与他省同，不过文牍、统计、规令及劝导而已。所需要于省教育首长者除例行公事外，几无他事可作。其被任命为省教育长官者约分三类：

（a）长于中国文学者；

（b）地方名绅曾游学日本并有办教育经验者；

（c）西洋留学生曾在教育界数年并未受过教育训练者。

上述各种人物对于教育或有超出之能力、重大之兴味，但吾人绝不能望其如有专门训练者之所为，而尽力于专业的功作。如用科学方法研究全省教育问题及需要，订定教育政策，适宜的指导各种教育活动等。

(3) 缺乏民众的同情

中国近代教育制度与其谓创自国民，毋宁谓创自政府，其发展亦自政府以及地方各县，故大多数之国民多视教育为政府官吏及学校人员之职业，与彼等无关。虽现行教育制度实际上优于所谓“科举制度”，然自办新教育以来，所收效果不足以使民众信服，是以对于本省教育经费及行政等视若无睹，不肯为积极之援助。倘不使彼等知教育与自己有极大之关系，且实行参与教育行政，此种态度颇难更易也。

三、中美两国教育的社会的状况之比较

(一) 不同之点

1. 向下发展与向上发展

中国学校系统之发展与美国适立于反对之方向。美国系统起源于十数教会学校，本为宗教改革之产物，后以逐渐蜕变，遂由传道之工具易为公民机关，故学校系统发展之过程始于小学，进而中学，而省立专门以至于大学。中国之完全学校系统布自中央政府，以之为富强国家之工具，其构成及发达则由上而下，自国立、省立大学及专门，而中学，而小学。换言之，即大学之设立早于中学，而中学之设立又早于小学也。

2. 分歧与划一

异地之人而欲研究美国教育状况，观其各省不同之教育制度，必有目迷五色之叹。四十八省各有其教育制度，虽各省教育多为国家的目的所激动，其大旨皆受同一原理之指导，然其组织之方式及系统之范围，几无一省相同者。如以法律的形式论，吾人几难言其有国家的教育制度之存在。中国则异是，各省不止须遵从中央所颁同一之教育制度，而此制度如何之管理监督，亦为中央所规定、所指导。且省教育长官又为内阁所推荐，总统所简任，其所行使之职权，以法律言之，不过教育总长所委托而已。

3. 省与人民

美国教育之管理委诸国民与法定主权者，吾人已知之矣。法定主权者所

行使之职权，皆为教育法律所规定，而教育法律又皆代表国民一般之意见，以法律的形式发表者也。在中国以严格的意义言之，几无所谓教育法律，所有教育的活动不过为代表国家意思之命令、规程、细则所指导而已。

(二)相同之点

1. 大权在民之原则

此种原则在美国及各省之宪法中已有充分之表示。如："宪法中未明白规定谁属之权力应为各省及人民保留之。"(美国原宪法修改案第十条)"所有政治上之权力俱属天赋于人民。自由政府以人民之主权而成立，以人民之福利而组织，故无论何时人民有固有的常存的权利以改造政府，使其成为人民认为有益之形式。"(Alabama省宪法，其他各省亦有此同样性质之条文)在中国二千年前，此种原则已为贤哲所主张，特其解释之形式或不同耳。

"诗云：'殷之未丧师，克配上帝，仪鉴于殷，峻命不易。'""道得众则得国，失众则失国。"(《大学》)孟子曰："民为贵，社稷次之，君为轻。"(《孟子》)

中华民国永远为统一民主国。(一九二三年十月十日所颁之新宪法第一章第一条)

中华民国主权永远属于国民全体。(新宪法第二章第二条)

2. 政府因受治者之福利而存在

美国政府以人民之福利而组织，中国亦有此同样之观念。兹选录两国关于此点之言论如下：

"吾人具有无须证明之真义，凡人平等。上帝赋与人类以固有的权利。人类中有生活、自由及快乐之事业，欲保持此种权利则从而组织政府。其所行使之职权均为人民所授与；无论何时，政府之形式有害于人民之目的时，人民有改造或推倒而组织新政府之权。此新政府之建立，须以人民之安全福利为原则，职权之规定亦以此种原则为依归。"(一七七六年《独立宣言》)

"孟子曰：'桀纣之失天下也，失其民，失其民者，失其心也。得天下有道，得其民，斯得天下矣；得其民有道，得其心斯得民矣；得其心有道，所欲与之聚之，所恶勿施尔也。'"(《孟子》)

"齐宣王问曰：'汤放桀，武王伐纣，有诸？'孟子对曰：'于传有之。'曰：'臣弑其君可乎?'曰:'贼仁者谓之贼,贼义者谓之残。残贼之人,谓之一夫,闻诛一夫纣矣,未闻弑君也'。"

3. 民主政府

自一七八七年美即组织民主政府,中国于一九一二年始改为共和,虽中国较美国之历史为短,而建设民主政府之理想及原则则相同。与美国较,中国政府发展之程序及未来之问题,或更为困难,然中国人民必以民主政府为良好之选择,可以断言。观于一九一五年袁世凯称帝,一九一七年张勋复辟之失败,足征此种确定之无误矣。

(三) 适用民治之可能

吾人既知其同点,今且取两国之异点而检察之。先就学校系统发展之过程言,无论其发展之倾向如何,或向上,或向下,其成就之结果——完备之学校系统——则无二致。划一与分歧各有其优劣,以现时言,中国教育事业之琐细末端,宜从地方习惯之便。美国教育事业之荦荦大者,亦当有全国一致之观。国家对于教育固难辞其管理之责,但中国国体既属民主,人民参与教育管理,自为根本要图。故教育法律此后亦在需要之列。

除上所述,中国省教育行政之组织亦有趋于民主之倾向。一九二二年九月教育总长所召集之全国教育行政会议曾决议于省教育厅设立参议会,此种决议案虽未经教育总长之正式宣布,然采用之者亦有数省(如湖北等省是)。其议决案如下:

省区教育行政机关设立参议会案

一　参议会隶属于省区教育行政机关,协议地方教育事宜。

二　参议会参议名额定为七人。

三　合下列资格之一者得选为参议会参议:

甲　办理教育著有成绩者;

乙　有专门学识者。

四　参议会参议依下列标准推选之:

甲　由教育会推选二人;

乙　由公私立中等以上学校团体推选二人。

以上甲乙两项照原额加倍推选，由教育厅长呈请省长选任之。

丙　由教育厅长推荐三人，呈请省长聘任之。

五　参议会参议之任期定为四年，每二年改选半数，厅长推荐之参议以厅长之任期为任期。

六　参议会之职权如下：

（一）讨论本省区教育进行之方针；

（二）审议本省区教育之预算决算；

（三）评判县市乡教育之争执事项；

（四）讨论教育厅长交议事件及其他关于教育之重要事项。

七　参议会参议均为名誉职，但得开支赴会旅费。

八　参议会参议开会时，由参议中互推一人为主席。

九　参议会参议议决事项由教育厅长核定施行。

十　参议会议事规则由参议会自定之。

此种参议会之性质为专门的，而附属于教育厅长。虽与美国之董事部完全不同，然付与人民之机会，使之加入教育行政之活动则一也。

四、改　　革

直隶教育之需要既如此，实施上述原则及实用之可能又如彼，组织一种教育行政机关包有董事会以事立法，及教育专家之教育厅长以司行政，实为改革中国省教育行政之良规。盖以此种组织对于教育政策，不惟可以计划，决定施行，且可以巩固持久。于直省之教育活动有适宜之指导，专业兴味有提高之可能。又使人民对于教育之兴味可以兴起，经济方面可得较大之帮助。但因两国有不尽相同之故，所采用之原则及实用不能不加以变动。在此种考虑之下，谨议改革直省教育行政组织如下：

（一）教育管理原则

1. 教育为国与省之生命，所以必须握有教育主权者非以经济的思想为根据，实为运用天赋自保及进步之权利也。

2. 省既认教育为公众所需，且为保存发展该省之利益计，宜有权强迫儿童入学，并使其享受所准备之教育机会。

3. 为散布上述一省良民所必需最低限度之知识、技能、道德起见，须注重普通教育。

4. 省中财源须为教育全省儿童之助，故任何税区征收教育税皆属正当之举。

5. 为教育机会及财政担负均等起见，省中须设教育基金，并须妥为保存，不得破坏及改作别用。

6. 未为公家所有之教育慈善宗教团体或其他机关，不得受公款补助。

7. 为完成该省对于教育之功能起见，须设置教育官吏及教育机关，如教育厅长及董事部等是。

8. 省既用省款设学，须视该款所生之结果如何，故省政府对于地方学校有决定其最低的标准之权，但超过最低标准之权仍须为地方团体保留之。

9. 实施所定之教育政策起见，省须有权训练及检定公立学校教员。

10. 为激励鼓舞教育事业起见，省政府须制定适当之退养制度及薪俸训练之标准。

11. 教育厅长既为一省教育行政首长，且为改进公共教育使达最高理想之主动者，故其资格须为有专门训练之领袖。

12. 省所设立之学校，其形式不必尽同，以适应种种不同之个人能力及社会事务之需要为主。

（二）方案

依上述原则，谨拟直隶省宪法内之教育专章与关于省教育董事会、教育厅长及教育厅之各项法令，该宪章及法令包有增进直省教育行政效率所必须需之四大要点。兹缕陈之如下：

1. 省教育董事会与教育厅长须保有适当之关系（立法与行政）。

2. 教育厅之专门化。

3. 保有直省教育行政上强有力之集中制度。

4. 适应本省教育之需要。

所拟直省教育行政组织系统列表于下：

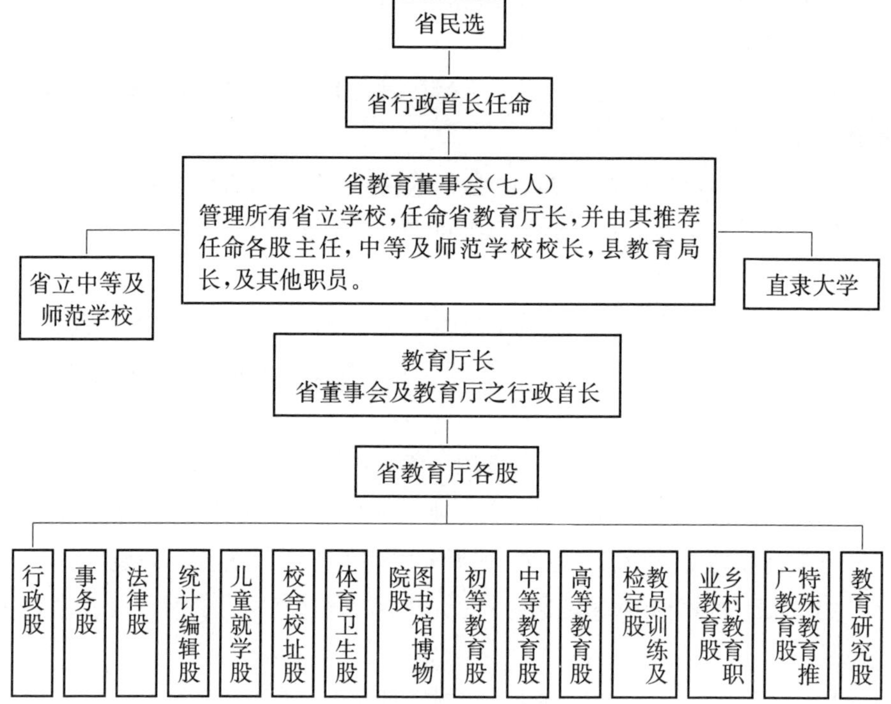

直隶省教育行政组织

县教育局行政组织的困难

马鸿述*

一、制度方面的困难

在本文的开端——第一章第四节——作者曾经说过要"……探讨困难及其结症","才可以使它不致'药石妄投',而致徒劳"。但这个工作,在当时曾经声明过要在寻绎过去及分析现状之后做的。现在,过去的情状与现在的概况,已经在第三章至第十六章以内分别叙述与分析过了,便要在第三编来把各教育局所感到的困难,加以探讨。

为求叙述的有系统与方便,作者特地依据所作过的调查所列的项目,依次叙出。现在先说制度方面的困难。

关于县教育局行政组织上的制度方面的困难,依这次调查结果,可以表列如下:

* 作者简介见本卷中《中学教育法令之我见》一文。

本文节选自马鸿述著《县教育局行政组织研究》第三编"县教育局行政组织的困难"及第二编附调查表,上海:民智书局,1934年,第397—430、51—56页。——编校者

表一　县教育局制度方面的困难

项　目	广东	广西	浙江	安徽	福建	总数
系统不全	15	12	8	4	8	47
事权不统一	10	12	7	3	7	39
无独立精神	20	13	11	3	13	60
行政隔绝	7	9	7	3	6	32
局的地位太低	16	22	18	10	17	83
下级机关漠视	10	17	8	9	8	52
缺乏代表民意机关	13	28	8	11	12	72
未设区学务委员会协助进行	1					1
县府组织法无教局独立设置规定	1					1
县府不暇注意教育	1					1
经费困难不能独立设置	1					1
人员太少工作分配困难	1					1
无切实学龄儿童统计		1				1
党派复杂		1				1
漠视教育		1				1
地方人事善于捏词诬控		1				1
县长放弃督促指导任务		1				1
县长不肯协助解决教政困难问题		1				1
县教委会速令裁减局费		1				1
内政部将局长改由县长荐委教育事业机会减少纠纷日多土劣乘机混入				1		1
县机关滥派人员				1		1
教局长无保障				1		1
县政府不能充分维系以致行政方面每感困难				1		1
各项教费不能按时缴局				1		1

(续表)

项　　目	广东	广西	浙江	安徽	福建	总数
各区区款尚未完全集中统一收支				1		1
受县财政机关牵制				1		1
用人全限于资格未能人尽其才				1		1
未直辖教厅	1					1
不切合实际的事业太多			1			1
教育事业的地位太低			1			1
教育经费比其他任何经费要少			1			1
易受县府牵制			1			1
无执行力量				1		1
总数	98	120	71	51	72	

因为开始的7项系调查表原有的项目，所以局数比较多一点；但是这也可以证明一般的县教育局的困难的所在，因为调查表的原稿是作者根据好些探讨县教育局缺点的结果写出来的(注一)。在这7项的当中，尤以“局的地位太低”的一项所占局数最多，为83局，即251局的33.06%，可知一般的县教育局对此最感困难的。然而这却是法令的规定，是上级机关的事，但不知上级机关对此又将何以处之呢？

而且，不特这么一些，还有“未直辖教厅”等项亦属此类的，由此我们更见到这一点是很真的了。

其次的便是“缺乏代表民意机关”。这一项所占72局，为251局的28.68%。本来，当初教育局成立的时候，各地也有所谓人民意见的代表机关，如董事会等。不过当时的组织发生了许多毛病，尤其不能代表真正的民意，所以结果这个组织又烟消云散去了。从此表的表示，我们又不能不认为代表民意机关的缺少，也是县教育局的一个很大的困难的所在了。

第三项重要的便是“无独立精神”。这一项差不多也与“局的地位太低”相似。“无独立精神”之异于“局的地位太低”者，大抵是前者则在组织地位上说，后者则大都是在其经济上的不独立，凡一收支无不受其他机关的牵制。在这项内的有 60 局，亦为 251 的 23.9%。这个数目还不过是这一项的，还有如“受县财政机关牵制”等亦应属于这项的，假如把这个项目再加上去，那便更明了地见到了“无独立精神”这一项的重要性。

除了上述这三项局数比较多的以外，如“下级机关漠视”“系统不全”“事权不统一”“行政隔绝”等等，每项最少也有 30 多局，亦即每项至少是有十分之一以上的教育局感到的。

这个表里虽然也有 34 个项目；可是后的 27 项中，有不少的是与原调查表开列的 7 项中的某项在意义上很相近甚至相同的，但是因为原调查表上是既把 7 项钩出，又再写上这一项，作者的意见认为这是那个教育局的另有意义的做法，而且这两个意义很相近甚至相同的项目，在某种意义上却也可以分别出来的，所以也把它依旧有文字抄下。

依据这个表所列的事实，各县教育局的困难在制度上大抵都是：（一）局的地位太低；（二）缺乏代表民意机关；（三）无独立精神；等等。这些结果与一般专门家研究的结果很相近，甚至一致的。

各省的个别情形，虽与全部趋势未必全然一致，却也是很相近的，而且各省所有的次数并不很多，所以此地不再具论了。详细的还请读者自己去参看这个表罢了。

二、人员方面的困难

当然，在第十七章讨论制度方面的困难的时候，曾见许多项附加在原表的七项之后的困难而属于人员方面的如“人才常限于资格”等等，便是一个例证。但是那些不过是属于制度方面所涉及的人员方面的困难罢了，至于纯粹的人员方面的困难，还须待这一章来讨论的。

本来，作者这种分法一定是不很清楚的了，但是我之所以必要采取这种勉强的尽分的办法，不过是为叙述上的便当罢了，别无其他的缘故的，所以在这一章里叙述人员方面的困难，更是道理上所应当的。

人员方面的困难，依据这次的调查结果，可以统计列表如下：

表二 县教育局人员方面的困难

项　　目	广东	广西	浙江	安徽	福建	总数
局长无用人全权	17	13	4	7	5	46
不易得相当人才	20	41	19	15	20	115
无奖惩办法	10	30	9	2	6	57
待遇太薄	20	28	42	17	28	135
职员更迭太多	5	6	1	4	4	20
各职员不合作	3	8		1	3	15
各职员缺乏相当修养	8	21	4	14	3	50
无进修机会	14	36	20	16	18	104
各职员无相当保障	1		1		1	3
校长初中毕业无教育智识	1					1
各校长欠缺办事手续	1					1
各区学务委员不负责任	1					1
教职员只知要钱		1				1
教职员不知称职且不尽职		1				1
各职员不明了责任		1				1
人员太少			1			1
纸币充分故薪金以折卖约 7 成				1		1
每月工作专牺牲在筹款方面				1		1
局内科员太少				1		1
办事欠缺能干	1					1
总数	102	186	101	79	88	556

这个表也像表一一样，前八项是调查原表上有的，其余的是各县教育局自加的。在这些自加的项目上，的确是有好些与调查表上类似的，更有好些是不在“人员方面”的范围以内的，但为求真确起见，一律仍旧。

在这 20 个项目当中，以“待遇太薄”这个项目占最多的局数。的确，一个县教育局的课长每月不过领那 45 元的薪俸(注二)，就是督学，还不过是 40

元[注三]；至于其他的职员却还只有30元左右呢[注四]！这真难怪各县教育局都感到这个困难了。

其次的是"不易得相当人才"这一项。在这一项的也有115局，也占了全数——251——的45.81%了。这从上文看来，也是很真的。不要说别的，课长、督学均以后师毕业者为最多，而其他的职员却又只在高中毕业。说到经验与经验年数[注五]，也不见得很好。

不过，这里似乎有一个好现象，就是说"无进修机会"为县教育局行政组织问题上的人员方面的困难的，竟也有104县教育局，由此我们很感觉到这个问题的急；不过很可惜现在国内各省教育厅还没有实行举办这方面的工作的。广东省教育厅以前虽然曾经在教育会议有过这样的提案，至今还未能见诸实行，这真使我们觉得失望。[注六]

原表载有的8项人员方面的困难当中，认为是困难的最少的可算是"各职员不合作"这一项，认为这项是困难的，不过是15局，不过大约是全数——251——的6%左右。由此我们也感到些少欣慰，因为闹意见的事情大概不多见了。不过，我们也要知道，据这次调查的结果，县教育局的职员以7人的为最多，以这么几个人，当然是不会太易"不合作"的，但不知人多了的时候，这个情形会变否?

"职员更迭太多"这一项，认为是县教育局的人员方面的困难的，也只有20局，还占不到全数——251——的10%呢！有人以为这是一个好的现象了，哪知我又怕这一班填表的人自己或者忘记自己了。因为在事实上，无论局长、课长、督学以至其他职员，其在职年数，也不能超过1.55年。再就理论上言，职员这般的更迭，无论如何不能否认其影响于教育上的进行与发展的，因为教育并不是旦夕间的事呢。因此，这里所以很少教育局认为困难的缘故，大抵是"身在其中"的缘故吧，如其不嫌我说得太过的话。

除了原调查表里载有的8项以外的12项当中，以"各职员无相当保障"这一项最多。但是我们因此又会记起原表上的"职员更迭太多"一项。虽然"各职员无相当保障"这个项目，并不单指"职员更迭太多"这一个意义，而其必为当中的一个意义，这却是无可讳言的。

再就其他11项而论，当中有不少是指局外的人员、校长、职教员、区学务委员等。更有论及别一方面——如经费——的问题的。但是"人员太少"与"局内科员太少"这两个项目也该注意的。杜佐周博士也曾说过:"教育局的组织太过简单,欲求效率增进,非常困难。"(注七)这话虽然是从组织上立论,而有关于人员的数目,这却是显然的,因为在事实上,组织一复杂了,人便要多了。所以这两个项目所占的局数虽然不多,却也很应注意的。

总而言之,各教育局认为"待遇太薄"是人员方面最严重的问题,其次是"不易得相当人才"。在这方面的感觉,各县教育局比较上一致些,因为附加上去的项目并不比制度方面的多。

三、工作方面的困难

县教育局除了上述关于制度及人员两方面的困难以外,还有在工作方面的困难,也很令人注意的。关于工作方面的困难情形,约如下表所列。

表三　县教育局工作方面的困难

项　　目	广东	广西	浙江	安徽	福建	总数
职员不敷分配	26	38	28	13	22	127
受地方团体的牵制	8	23	15	9	10	65
交通不便	25	52	27	16	26	148①
局长无时间参与地方上各种学务会议	14	15	13	9	6	57
县政府不能合作	1					1
无经费增加局内职员	1					1
职员欠缺精神条理	1					1
承包税商拖欠附加费		1				1
无法增筹学款		1				1
辖地辽阔,指挥不灵		1				1

① 原文如此,应为146。——编校者

（续表）

项　　目	广东	广西	浙江	安徽	福建	总数
人才缺乏		1				1
不称职且不尽职		1				1
地方山岭多，区域广，视察颇难周到		1				1
地方不靖难以下乡视学		1				1
开会时间过多，各会员又多不依时到会		1				1
时间不够用		1				1
受匪气未靖的影响		1				1
书面工作太多			1			1
上级令办事件太多				1		1
上级令内之惩处语太多				1		1
工作多顾此失彼				1		1
局长任重事繁				1		1
督学事太简单				1		1
下级机关公文不能如限期办理				1		1
缺乏整理工作			1			1
地方欠妥					3	3
缺乏研究精神					1	1
受经费困难影响					2	2
地方环境骤难打开					1	1
不脱封建势力					1	1

在这个表里的开首 4 项是调查表上有的，这 4 项当中，以“交通不便”为数最多，共有 148 局，占了总局数——251——的 58.96%。不只这样，在以后的各县附加的 26 项之中，如“辖地辽阔，指挥不灵”与“地方山岭多，区域广，视察颇难周到”这两项所占的两局，仍是这项——交通不便——的性质的，那么总

计便有150局,快占全数的60%了。

其次的要算"职员不敷分配"这项项目,一共有127局,也占了总局数的50%以上,从此已可见"职员太少"并不是理论上的话。更就上面人员方面的困难的讨论时,所见关于"太少"的局数与表三里的"无经费增加局内职员"等项,这更可深信。总之,"职员不敷分配"之为县教育局行政组织上的困难,其严重的程度并不亚于"交通不便"多少。

调查原表上的其他两项,局数大抵相若,"受地方团体的牵制"比较占得多。

除了原表上的4项以外,各县教育局附加上去的,当中以关于地方不靖的占了3项——"地方不靖难以下乡视学"。"受匪气未清的影响"与"地方欠妥"——共计5局,这也的确是一个困难的情形。受经费的影响的也有4项——"无经费增加局内职员""承包税商拖欠附加费""无法增筹学款"与"受经费困难的影响"——也有5局。关于职员的有"职员欠缺精神条理""人才缺乏""不称职且不尽职""局长任重事繁"与"督学事太简单"这4项,也有5局。关于工作的质量方面,又有"开会时间过多""时间不够用""书面工作太多""上级令办事件太多""工作多顾此失彼""局长任重事繁""督学事太简单""下级机关公文不能如限期办理"与"缺乏整理工作"9项,共有9局,大抵在量方面则以为工作太繁重了,太劳逸不均了;在质的方面则认为是"书面的"与"上级令办的"事件太多,以致缺乏了整理的工作,时间不够用。至于其他的项目所占的并不多了。

那么,我们可以归结一句,说现在的县教育局工作上的主要困难是:(一)交通不便;(二)职员太少;(三)工作的劳逸不均,且书面的及上级令办的太多。

五省的情形,虽然中间也有与全部趋势未必完全一致的,但总是相差不远的,所以看到了全部的趋势,也就可以对各省的个别情形有了相当的了解,倘再参看一下表三的事实,便可以完全了然了。

四、经费方面的困难

制度方面、人员方面以至工作方面的困难之来源,大抵是经费(参看第十七、十八与十九章),所以我们在探究过了上述三种困难以外,更要对于上述三种困难的来源——经费的困难——加以研究，方才容易着手料理，容易收效。关于县教育局经费方面的困难，其情形可如下表：

表四　县教育局经费方面的困难

项　　目	广东	广西	浙江	安徽	福建	总数
被财政机关拖欠	4	28	16	15	27	90
拨发数额不定	7	27	8	19	18	79
不敷开销	21	61	35	21	32	170
保管机关不善	4	18	9	5	1	37
县政府包办	1					1
地方生活程度太高	1					1
以前管理不当	1					1
县府不予充分维持或不肯维持	1	2				3
无法增筹学款		1	2	1	2	6
无确切保障		1				1
被包商或佃户拖欠		1			2	3
前任不敷太大		1				1
各县只知享权利不肯尽义务		1				1
教育经费交财局代收		1				1
义教经费太少		1				1
社教经费困难		1			1	2
财政机关不负征收责任		1				1
经费不稳固		1				1
各校无基金		1				1
筹措经费困难			1		2	3
欠项或息金不能如期征收或偿还			1	3		4
征收停滞			1	1		2
缩减额不能恢复					1	1

（续表）

项　　目	广东	广西	浙江	安徽	福建	总数
县政府拖欠				1	1	2
教育款产被人把持				2		2
各区征收员似多敷衍				2		2
无保管机关				1		1
教育附捐多被中饱					1	1
缺乏研究学术经费					1	1
总数	39	149	73	70	87	418

依这个事实，前4个调查表上原有的项目，以“不敷开销”为局数最多的，约占67.72％的数目，已是三分之二以上了。这个情形正如人员方面的困难之感到不敷分配一样。但是，这里除了不敷开销以外，还有“义教经费太少”与“社教经费困难”等项，也是“不敷”的性质的，如果把这几个项目再加上去，这个情形便更清楚明白了。

其次的便是被财政机关拖欠这一项，这一项所占的虽然只有90局，但是如果我们小心一点看下去，便可以明白，在各县教育局附加的项目中，还有“被包商或佃户拖欠”与“县政府拖欠”等项，如果把这些项也一并算入，那么至少也合在100局以外的数目了。这还不是一个大数目吗？

“拨发数额不定”虽然算是居第三位，如果像上文所述“不敷开销”与“被财政机关拖欠”等项一样，把其他的与此相类似的项目也归在一起，那数目当也不少的了。因为在各县附加的项目当中，如“无确切保障”与“经费不妥固”等项目，都是与“拨发数额不定”有相当的关系的。

五省的趋势，最与全部情形相一致的便是各省大都认定“不敷开销”为县教育局经费方面的主要困难，所以这个项目所占的局数在各省当中都是占首位的。至于其余的三个原有的项目，虽然各省的局数的次第，并不能全互相一致，即与全部的趋势，亦未一致；但是这些情形并不是以影响到“不敷开销”为主要困难的。所以总括一句说，各县教育局认定“不敷开销”是当前最主要而又最严重的困难，其次的便是被各机关或个人拖欠！

五、其他方面的困难

除了上述的几方面的困难以外，还有许多别的困难，不可以分类于上述几方面的，为求叙述上的方便，特地在此再以“其他方面”为题，以一章来叙述。这方面的困难，各县教育局填报的结果如下表五：

表五　县教育局其他方面的困难

项　　目	广东	广西	浙江	安徽	福建	总数
不得地方人士协助	12	24	16	10	9	71
民众对教育无信仰	21	36	21	11	23	112
区教委因义务职不努力		1				1
教师敷衍		3				3
学生用书价值日昂		1				3
学童分配散漫		2				1
排外思想太盛		2				2
人才缺乏		5	1	2		8
小学校经费支绌		1				1
教员待遇太薄		3	1			4
人民教育程度太低		4	1		1	6
地方人士协助不力	1					1
居舍太狭		1				1
县政府漠视教育			1		1	2
卸任职员饰词寻衅			1			1
私塾充斥				3		3
派别分歧		4		2	1	7
区款不充足				1		1
学龄儿童就学者不多				1		1
无直接指挥之警兵	1					1

（续表）

项　　目	广东	广西	浙江	安徽	福建	总数
党部常以教育机关为其私人争权工具			1			1
学校教局两者缺乏联络					1	1
地方不靖					3	3
过去教育界积弊太深					1	1
土劣从中捣乱	2		1	1	1	5
社会环境恶劣	1	2	1		1	5
总数	37	90	45	31	42	245

开首的两项也是调查表上原有的。这两项当中的“民众对教育无信仰”为数最多，占了 112 局，差不多是总数的 50％了。由此可知一般的县教育局都认定这是一个很重大的困难。其次的是“不得地方人士协助”，占 71 局。除了这两项以外，各县教育局附加上去的项目也不少。这些项目当中，以“人才缺乏”为数最多，可知这又是上文所论人员方面的困难的时候，说不易得相当人才这话也是真的。其次的是“派别分歧”。这太奇了，这派别分歧竟影响到教育的设施上来了！再次的便是“人民教育程度太低”，这与“民众对教育无信仰”很有关系，因为假如民众在根本上不懂得什么，又如何会对教育有信仰呢？又如何会感到教育的需要的迫切呢？“土劣从中捣乱”也是一个重要的困难，所占的次数也不少，也值得注意。

在这些以外，作者必须重提出来的是“地方不靖”这个项目。这个项目在上一章论工作方面的困难，已经看到了不少，而今在此地又再看到 3 个县教育局，如果把这两个地方所见的局数相加起来，其数目已是不小的了。

在这次的调查当中，有两个项目——“学生用书价值日昂”与“无直接指挥之警兵”——是值得注意的，虽然它所占的局数并不算多，却为通常人所不及料想的。然而从这两个项目当中，却已透视出许多的教育实况与教育背景了。这两个问题，我们应当如何设法解决？

总括起来，一般的县教育局，在制度、人员、工作与经费四方面的困难以外，最感到困难的是“民众对教育无信仰”与“不得地方人士协助”。

（注一）如《地方教育》第二期：《地方教育行政病》，《对地方教育行政的几点希望》。同杂志第八期：《地方教育行政上的流行病》。

（注二）见表二四：县教育局课长月薪

（注三）见表三〇：督学月俸

（注四）见表三六：县教育局其他职员月俸

（注五）见表二〇、二一、二二、二六、二七、二八、三二、三三、三四。

（注六）广东《全省第三次教育会议提案》，广东教育厅刊行。

（注七）杜佐周：《教育与学校行政原理》第十二页，商务印书馆。

附：县教育局概况调查表

填表者请注意

一、本表每局请填一份。

二、贵局如有出版物，如统计报告等，恳一并检寄一份。

三、不能填报的从缺。

四、一切数目请用1、2、3、4、等字。

五、本表请于收到后十日内寄回广州中山大学教育研究所。

一、县名　　　县。

二、填报日期：二十一年十　月　日。

三、本县人口约数：

四、组织。

五、职员（局长在内）

	职别	学历	经验	在职年数	每月薪额
1				年	元
2				年	元

（续表）

	职别	学历	经验	在职年数	每月薪额
3				年	元
4				年	元
5				年	元
6				年	元
7				年	元
8				年	元
9				年	元
10				年	元

六、经费（以每年计）

收　入		支　出	
1. 政府拨下	元	1. 本局行政	元
2. 直接税收	元	2. 学校教育	元
3. 产息	元	3. 社会教育	元
4. 其他	元	4. 其他	元
5. 总计	元	5. 总计	元

七、会议种类

	名　称	性　质	一年来次数	出席平均人数
1				
2				
3				
4				

八、困难（如有下列困难请勾出）（如有其他困难请加入）

（一）制度方面

1. 系统不全　　　　2. 事权不统一

3. 无独立精神　　4. 行政隔绝
5. 局的地位太低　　6. 下级机关漠视
7. 缺乏代表民意机关　　8.
9.　　10.

（二）人员方面

1. 局长无用人全权　　2. 不易得相当人才
3. 无奖惩办法　　4. 待遇太薄
5. 职员更迭太多　　6. 各职员不合作
7. 各职员缺乏相当修养　　8. 无进修机会
9.　　10.

（三）工作方面

1. 职员不敷分配　　2. 受地方团体的牵制
3. 交通不便　　4. 局长无时间参加地方上各种学务会议
5.　　6.

（四）经费方面

1. 被财政机关拖欠　　2. 拨发数额不定
3. 不敷开销　　4. 保管机关不善
5.　　6.

（五）其他方面

1. 不得地方人士协助　　2. 民众对于教育无信仰
3.　　4.

论县教育局之恢复设置

——兼谈地方教育行政的改革

上官和生*

一

自开始推行新教育以来，地方教育行政制度迄未完整健全，始终仅在机构之形式及编制上面打圈子，而就制度本身上言，殊少实质的改变，试一检阅地方教育行政沿革，即可证明：

县教育行政的正式奠立，始于光绪三十二年[1906]，颁布学部奏定的《劝学所章程》，成立劝学所，以为各县教育行政主管机关，其主要之职务为推广学校、筹备经费、劝导入学、调查学务、宣讲教育宗旨等。其后，宣统元年[1909]颁布《地方自治章程》，使劝学所的法律地位发生变化——由地方教育行政机关变为地方教育行政辅助机关(但因各地自治制度，多未树立，劝学所实际上仍为地方教育行政机关)。民国元年[1912]，地方教育行政极为紊乱：有设学务委员会的，有沿用劝学所旧制的，有县公署仅设务课的。至民国四年[1915]，教育部为整顿地方教育行政机关，公布《地方学事通则》。次年复公布《劝学所规程及施行细则》，规定劝学所应办事项十六项：如义务教育之调查劝导及督

* 上官和生，生平不详。

本文原载于《教育杂志》1948年第33卷第12号。——编校者

促，教育经费之管理分配及稽核，各学区之位置及其联合，学校及其他教育事业之设置，私塾之改良，私立学校之认许及核准，学校之建筑设备卫生，县属教育之统计报告等等，其职掌范围较前放宽。民国十一年[1922]教育部根据在济南召开之学制会议，曾颁布《县教育局规程》，规定地方教育行政以县区为单位，教育局长职务在商承县知事，主持全县教育事宜，并督率指导该县的市乡教育事务，这一规程的特点在：(一) 确定评议制度，县教育局设立董事会，为审议及咨询机构；(二) 树立教育行政对待普通行政的独立精神，教育局有处理全县教育的全权。民国十六年[1927]以后，地方教育行政机构又颇不一致。到民国十九年[1930]颁布《县组织法》，规定县政府下设公安、财政、建设、教育四局。一直到二十九年，实行新县制，颁布《县各级组织纲要》，规定县政府设民政、财政、教育、建设、军事、地政、社会等科，因之各县原有之教育局均被裁改。三十四年五月，国民党第六次全国代表大会，曾决议："为谋基层教育之有效施行，应即恢复县市教育局制度，并提高教育人员专业精神。"国民大会四届一次大会，亦曾作"各县恢复设置教育局"之决议。同年九月，全国教育善后复员会议，教育部交议："收复区各省调整地方教育行政机构"一案，曾经决议办法三项："(一) 收复区各省应即恢复县市教育局，以使负责办理各该县地方教育复员工作，请教育部呈请行政院自三十五年一月起实施；(二) 关于县市教育局之组织，请教育部从速订定颁行；(三) 县市教育局局长务须由省教育厅遴选富有教育经验之干练人员充任。"

三十五年国民大会亦经通过"提早恢复县教育局，及恢复地方教育经费保障制度，务期专款专用"之建议。

教育部鉴于舆论一致要求恢复设置教育局，乃于三十六年一月，训令各省从速恢复设置教育局，原训令云："……今改科之制行已数年，而地方教育基础动摇破坏，几至不可收拾，教育经费常被挪移，学校设施亦少注意，以致教师罢教之风不息，学校停办者日多，紊乱情形，笔难罄述。良以改科之后，科长率由县长委派，权力既属有限，且往往随同县长进退，未能久于其位，而县政丛脞，县长或无暇顾及教育，其甚者，乃至假借权势妨碍教育，无怪地方教育每况愈下。查中央六全大会、国民参政会四届一次大会及全国教育复员善后会议，均有恢复设置县教育局之决议，各省及各县参议会亦纷纷以言恢复县教育局为请，最近四川省简阳等十五县恢复设置县教育局，由部呈院，已蒙国防最高委员会决议准予试办。可见时至今日，恢复县教育局以挽救地方教育，已为各方一致之主张，况宪政实施在即，普及国民教育、提高国民文化水准为行宪之基本工作，则恢复县教育局以加速地方教育行政力量，究属刻不容缓之举……仰该厅从速计划在各县一律恢复设置县教育局，于本年上半年内完成之。……”(注一)

以上所述，是我国推行新教育以来建立县教育行政机构的经过，至废局改科，其间利弊得失，每多论争，其赞成废局改科者，认为借此可以：(一) 使教育行政纳入普通行政系统，行政力量更形集中；(二) 减少行政费用，增加行政效率；(三) 用政治力量，使教育与地方建设相配合。而反对废局改科的，其理由据官方综合不外：(一) 教育行政权不独立，事业之实施，遭受限制；(二) 科长职权有限，遇事须仰承县长鼻息；(三) 科长地位较低，无法延揽资格较高之专才；(四) 原有教育经费被挪移，致教员薪给时有积欠；(五) 县长多非专攻教育，委用科长，亦多非教育行政专才；(六) 降低教育专业精神，致原有人员灰心政业或相率思迁；(七) 科长随同县长进退，难有远大计划循序推进；(八) 科长随县长而来，对地方情形殊多隔阂；(九) 县长职务繁忙，无暇兼顾教育；(十) 科长在县府内办公，地方教育人士多裹足不前；(十一) 教育科人员往往被派办理不属教育之业务。(参阅教育部编印《各省市实施国民教育第一次五年计划总报告》。)以上所列，多就事实上说明废局改科后的缺点。若就理论上言，废局改科以后，由于教育行政丧失其独立精神，因此办理教育事业反受行政力量钳制，不仅不能提高行政力量及效率，反而由于形式的统一发生力量抵消的结果；至于用政治力量使教育与地方建设相配合，远不如使教育力量辅助政治，诱导推进地方建设，更有效果。所幸这种论争，事实上已告结束，以苏浙湘赣诸省，已开始逐步恢复设置县教育局，而全国性的普遍恢复设置，更正在策划之中。

二

四十年来的地方教育行政，既仅有机构形式及编制的改变，而对于制度本身缺乏实质变革。因此，希望这一次的恢复县教育局之设置，不是历史的循环，而是制度的实质的变换和革新。其改革之原则，似应包括如次的基本特点：

（一）独立化

今后的地方教育行政，应该对于普通行政强调其独立精神，具体言之：第一，要使教育行政在配合普通行政的原则下，又不受普通行政的过分钳制，以免损害与割裂教育行政权的独立性与完整性。第二，教育行政要超然于地方派系立场，不受各种派系之干扰。第三，是对待上级教育行政而言，在不妨碍国家教育政策的原则下，对于上级教育行政机构，仍保留其独立地位，得以因时因地制宜的推展各种教育计划。

（二）制度化

地方教育行政，迄未臻制度化，这次恢复设局，应该强调其制度化的重要，俾使县教育行政渐臻健全完整。而这种制度化，必须自然成长，由下而上，容许各种不同制度同时存在，而择其符合一般标准者，逐渐蜕变成为一种共同采取的制度，而非由教育最高当局一纸命令，强自制定划一者。

（三）专业化

废局改科以后，论者每多以降低专业精神为诟病。自教育科学发达以后，教育已成为专门学问，教育事业已成为专门事业。因此，从事于教育行政者必须具有专业训练与专业精神，地方教育行政组织单纯，人事编制不大，因此，更必须强调其专业化，使它有别于一般衙门，摒除官僚政治的作风与习气，而成为开展地方教育的总机关。

（四）效率化

宪法第一百五十八条载明：“教育文化，应发展国民之民族精神、自治精神、国民道德、健全体格、科学及生活智能。”地方教育行政机构负有普及教育发展文化事业的重大责任，必须讲究效率，而效率之提高，因素固多，但强调其计划性、持久性，尤属重要。教育为百年树人工作，犹贵有计划，能持久，然后效率始著。

以上所述仅为一般原则，至于地方教育行政的重要实际问题，犹盼能因这次恢复设置教育局，获得解决：

第一，县教育局的编制及局长选用标准问题。

报载教育当局已订定县教育局的编制及局长任用办法，要点如次：(一) 县市教育局之组织与编制，应参照各县市人口数、教育经费数及学校数之多寡，分为甲、乙二级，由省教育厅酌定；(二) 员额之编制如下：局长一人，督学四人(乙级三人)，科长二人，科员三人至五人(乙级二至四人)，雇员二人；(三) 局长为委任或荐任。局长之任用，除合于公务员任用法或县行政人员任用条例之规定资格外，并须具有下列各款资格之一：(1) 经过普通或高等考试教育行政人员考试及格者；(2) 国内外大学教育院系、师范大学、师范学院或高等师范毕业，曾任教育职务二年以上者；(3) 师范专修科或师范专科学校毕业，曾任教育职务三年以上者；(4) 师范学校本科或高中师范科毕业，曾任教育职务五年以上者；(5) 专门学校或专科以上学校毕业，曾任教育职务四年以上，著有成绩者。[注二]这一种编制及标准其特点是：(一) 编制大小参照地方实际需要，较富弹性；(二) 员额相当紧缩，无一般衙门滥设冗员之弊；(三) 局长任用标准较著重专业修养。然笔者仍认为有几个重要问题，值得考虑：

(1) 以往教育局组织规程规定县教育局分设二科，分别主管学校教育及社会教育，然以往县立中等学校不及今日发达，今仍旧制，已不能符合实际需要，似可将两科业务酌予重新划分，分别主管基本教育(包括国民教育及社会教育)及普通教育(包括中学、职业、师范教育)，并得视事实需要，增减科组。

(2) 督导人员的地位及权力问题。英国的督学虽列在教育部中，但似与其不相属，而有其独立性，权力至大，纯为教育部之独立考核机关，其职权包括：(甲) 视察督导；(乙) 训练(即利用假期与学校，集教师为二周之讲习)；(丙) 研究出版刊物。以曼彻斯特(Manchester)之地方教育行政为例，其中设有主任督学二人、副主任督学一人及督学六人。而此类视导人员，对于各个学校，常出以善意的指导或贡献意见，关于课程、教学方法，亦每发布一种纲要，供一般教师参考，但绝不以强力迫使遵行，因之益增学校与行政机关之密切合作。然我国在三级教育行政机关中，督学地位及权力还不及英国之重要，要健全县教育行政之督导制度，提高督学的地位及比例的增加其员额，似属必要。

(3) 健康教育人员之设置问题。我国青年学生的体力孱弱为众所周知，试以南京市立第二女子中学三十五年度[1946]第二学期健康检查结果为例：参加检查总人数 1 250 人，其检查结果如附表：

项别		共计	
		人数	百分比
参加检查总人数		1 250	
有疾病之总人数		1 125	90%
视力	一眼近视		
	二眼近视		
听力	一耳障碍		
	二耳障碍		
耳病		4	0.3%
沙眼		491	39.0%
其他眼病		6	0.5%
牙齿		182	14.5%
扁桃腺		472	37.1%
淋巴腺		568	45.4%
皮肤		18	1.4%
循环系		232	16.5%
呼吸系		13	1.0%
整形外科		0	0.0%

从以上统计结果，可知健康教育的推展实为迫不待缓的事。拟议中的教育局的组织编制，对于此项健康教育人员的设置，并未加以规定。按战前我国已有若干省市设置健康教育委员会，且江苏各县教育局，并设有卫生教育指导员。英国曼彻斯特的教育局，即设有主任校医 1 人、助理校医 20 人、学校牙医 11 人；目前英国教育行政对于医药的设置尤为重视，并大量免费供应牛乳及定期普遍检查体格。我国公医制度尚未建立，县教育局设置健康教育指导人员及医师护士，巡回各校办理疾病治疗、营养指导、健康检查，实属必需。

(4) 县教育局长任用的标准问题。县教育局长的任用标准,除当局规定的资格外,应该具有纯正之思想品格、丰富之学识修养、充足之行政经验,并与地方关系融洽,及富有热忱、毅力、专业精神,而不能纯凭出身资历定其人选。

第二,建立审议机关问题。

英国教育行政的显著特点之一,为各级教育行政均设有审议机关。即于各级参议会各设教育委员会,其职权受自所属之参议会,对于教育事业有最后决定权,委员会下常分若干小组,分司高等教育、初等教育、夜间补习学校、学校管理、督促就学、教育经费等。在 Yorkshire 的士客北落(Scarborough)①埠,居民仅四万人,教育事务直隶于郡议会,由郡议会设一区执行会,其委员人选之产生,包括郡议会指定 5 人,埠议会指定 11 人,埠以外之二乡议会推举 4 人,教会教员会等选举 8 人,以组成埠教育审议机关。另设区教育局长 1 人,办事员 5 人,纯为执行机关,所有埠内全部教育事业,每年由区会拟定计划,呈郡会核定后,再交执行。我国对于县教育审议机关,亦曾数度倡设;民国十年[1921]第七届全国教育联合会,通过改革地方教育行政制度案,主张改劝学所为教育局,以为执行机关,另设董事会,以为立法机关。民国十一年[1922]教育部颁布《县教育局规程》,规定县教育局设董事会,其性质与省教会参议会相近,为审议及咨询机关,董事定额为 5 人至 9 人。然成立董事会之县区为数极少,徒有条文之规定,迄未付诸实行。希望由于这一次恢复设置教育局,重新考虑建立审议机关,罗致地方热心教育人士,共同策进地方教育事业。

第三,地方教育经费问题。

地方教育经费以往原有专款,独立保管;自实行新县制以后,地方财政厉行统收统支办法,因之教育经费之一切收入,均列为县经费内统筹统支,致令地方教育经费所占总经费之百分比日渐减缩。据官方统计:历年县地方教育文化费之支出:二十五年度[1936]占经费总支出 28.54%,二十六年度[1937]占 28.58%,三十一年度[1942]占 19.75%,三十二年度[1943]占 18.15%,三十三年度[1944]占 13.36%。(注二)试再以江西省为例:

---

① 今译“斯卡伯勒”。——编校者

经费别 年度别	县市总经费	县市教育文化费	教育经费占总经费百分比
三十年度[1941]	31 334 560	8 176 650	26.20%
三十一年度[1942]	78 986 494	12 531 282	15.90%
三十二年度[1943]	157 641 038	23 910 500	15.18%
三十三年度[1944]	211 396 933	75 473 563	12.17%
三十四年度[1945]	798 041 536	144 212 380	5.14%

教育经费锐减情形，于此可见一斑。按行政院曾于三十二年[1943]十月规定：省教育费占省总经费之成数为百分之一五至二〇，县教育费占县总经费之成数为百分之二〇至二五。又《宪法》第一六四条规定："教育、科学、文化之经费，在中央不得少于其预算总额15%，在省不得少于其预算总额25%，在市县不得少于其预算总额35%。其依法设置之教育文化基金及产业，应予以保障。"然而死的条文约束不了活的事实，距离这个标准实在太远。且因预算收支不平衡，中央及地方财政都全力负担战费，而目前物价，犹如脱缰野马，不可收拾，就原有教育文化费预算，实穷于应付。县教育局恢复设置以后，首先便应该解决地方教育经费问题，全力争取：（一）严格依照中央规定教育文化费应占总经费之百分比；（二）力求中央补助费之增加：前述之英国士客北落埠，其教育经费由中央补助53%，地方自筹47%。我国以抗战结束甫经二年，各地惨遭严重损失，加以国内战乱继起，地方税收不裕，中央似更有增加各地教育文化补助费之必要；（三）征收教育税：以往我国地方教育经费独立时期，每多于钱粮、屠宰税、盐税等捐税中附加教育捐税；英国地方教育经费其自筹部分，亦以收集房捐等方式出之。远东区基本教育会议我国代表团所发表之对我国基本教育之建议书中曾经提出："今后中央应将全部教育经费，至少50%，办理并补助基本教育，并应指定税收，为地方基本教育开辟经费来源；必要时，并得经地方民意机关之同意，征收基本教育税，专款保留。"县教育局为开辟经费来源，似可计划试行，以充普及国民教育之费用；（四）鼓励捐款赠产：劝勉热心教育士绅及当地祠会寺庙捐拨财产；此外应加速整理原有教育款产，并于审议机关中设立经费保管小组，以期教育经费专款专用。

三

县教育局之恢复设置，必须含有新的意义。我们希望这一次改制，能使教育行政制度根本革新，确立执行机构、审议机构与督导机构的鼎立制度，提高专业精神，健全人事组织，加强行政效率，宽筹并保障教育经费，努力于地方教育之全面发展，以加强政治民主化的基础，促使教育普及，民生改善，然后这一次的县教育行政的改制，始有历史价值。

（注一）《教育部公报》十九卷二期，页二九。
（注二）十一月七日上海《大公报》。
（注三）教育部编：《全国教育统计简编》（三五年版）页二〇。（正文中未见。——编校者）

教育行政机构改善论

常道直*

一、引　言

近来国内定期刊物中,每见改善行政制度之主张,有时并伴随着一种多少新颖的方案,用意要不外谋行政效率之增进,以求适应抗战建国之迫切的要求。教育行政为国家整个行政中之一部门,举凡应用于一般行政改善之原则,当然亦可适用于教育行政方面。惟教育属国家之积极的、助长的行政,对于国家生活上负有最根本的任务,与其他行政之偏于履行国家任务之某一方面者不同。故其行政组织之原则及其机构,亦具有若干特性。本文即依据此等特性,提供关于改进教育行政机构之一些意见,以为一般行政革新主张之补充。

我国教育行政上向行中央集权制,今后仍应为不容变易之国策。就表面观之,关于各级学校之法令、课程标准、训导方针,乃至学生制服之形、质、色等等,均有全国统一之规定。然而就其表现于实际者观察之,则呈异常分歧之观。考其由来,并非全然出于地理环境或经济条件之限制。例如现有少数国立大学中,其内部的行政组织上、教员聘任待遇上,彼此间即有显著之差别。

* 作者简介见本卷中《论我国宪法上关于教育应有之规定》一文。

本文原载于1939年3月12日《中央周刊》,本处节选自常道直著《教育制度改进论》,正中书局,1947年沪一版,第60—74页。——编校者其实此类事项上之统一规划，实较大学课程之标准化尤感需要。这是欧陆各国实际上所显示之共同点。更严重的问题就是：中央或各省颁行的法令，通过层层行政机关，最后能否到达每个小学否？即使不致如“石沉大海”而到达了，究竟能否产生预期的效果，仍然是问题。摆在眼前的事实，小学不能施行体罚之功令，至少已与中华民国有同样长久之历史（笔者清末肄业两江师范附小，其时即已罕行体罚，忆三年内仅一学童因所犯过失较重，经“堂长”责手心数下，当时全校师生均目为极严重之举）。即抛开已往法例不提，国民政府成立以后，二十二年[1933]教育部颁发之小学规程，亦既六更寒暑，而内地之公私立小学仍多恃夏楚以立教，致最近四川教育厅尚有严行禁施体罚之通令，以如此简明易守之禁令，经过如此长久之岁月，尚未能发生效果，其他含有较积极的意义，而实施上需费较多心力之条文，在实际上所引起之反应（或者竟无反应！）如何，恐怕只有“天晓得”！

前举三例，不过是教育行政上无数实际问题中之“沧海一粟”，此外更恼人更严重的问题，凡具有正视现实之心向与勇气者，都可随时随地发现出来。

如前所举二例，虽然不能专靠改善行政机构而获得满意的解决，但在集权制之下教育行政机关，实把握着推进一切教育活动而纳诸合理化轨辙中之枢纽。

二、现制教育行政机构之缺点及其补缮

考现代各国教育行政组织，虽然形态分歧、繁简不一，但大体上不外包括以下三部门，即：执行干部、视导人员与审议机关。执行干部为发号施令之中枢，视导人员负实地督察与辅导教育工作进行之职任，审议机关则审核规章、预算决算、重要方案、课程纲领、行政及教学人员资格、建议兴革、裁决争议等等。以上三部门，在整个教育行政组织上，彼此相需相依，苟其中之一付诸阙如，或不能充分尽其应有功能，则其他二者亦必深切感受其影响。试举例以明之：今欲修改学校课程，则裁决之者为审议机关，公布之并附以详密之实施步骤者为执行干部，至于欲期新课程推行之顺利而切实，则非有干练之实地视导人员不为功。（参看拙著《审议机关在教育行政组织中之地位与功能》，《中央

大学教育丛刊》二十五年[1936]六月)

按我国现时各级教育行政机关之组织,以执行干部较为充实,审议机关虽尝一再产生,可惜未能成长。光绪三十二年[1906]原拟"设置高等教育会议所","选派部员及直辖学堂监督,各省中等以上学堂监督,及京外官绅之学识宏通,于教育事业素有阅历者,充任议员"。组织上粗具规模,可是结果与清末其他新政一般,并未能见诸实行。民国十六年[1927]改教育部为大学院,设"大学委员会"为最高审议机关,赋予重要职权,会员任期及开会时间等亦有明白规定。惟其构成人员乃以各国立大学之校长、副校长为主体,中等及初等教育方面未有适当代表,仿佛一种大学行政委员会,使之担负"议决全国教育及学术上重要事项"之职责,亦未为允当。至于现时教育部所设之各种委员会,在功能上只能贡献意见,而非审议机关,岂但不能与法国之最高教育审议会(Conseil Superieure de leducation nationale)相提并论,即较诸英国之教育参议委员会(Consulative Committee)亦显有逊色(参看前举论文页三一至三五,或拙著《各国教育制度》上下两册,中华版)。

以言视导人员,在各级教育行政机关中虽均已设置,但就其所有员额观之,则显然未足负起规程上所列举之职责。查我国各级教育行政机关所有室内办公人员与实地视导人员之比,约计在中央为二十与一,在各省为十与一,在各县为五与一;而实际上此少数视导人员尚以兼任其他"内勤"职务为常,且对于视导工作,亦往往并无适当准备。视导工作之重要,在战时尤为显著。著者尝说:"目前战事既然是长期的,各级学校教育及民众教育,不但无听其停滞之理,而且有加紧策进之必要;然而各地方往往以限于财力,或缺乏人才,以致教育事业陷于停顿,或虽勉维现状而未能充分发挥其战时应有之功能。在如此情况下,非由上级教育行政机关,遍布干练视导人员于各地,予以切实之指导督率不为功。"(拙作《战时教育行政上几个问题》,《现代读物》第三卷,第四期)试看英国教育部之内部办事人员与外部视导人员之名额,约计为五与二之比,愈足反映我国视导组织之脆弱。

现在请回到前举两个实例之一。大学内部之分歧现象,绝非全然由于主持者之偏嗜立异。关于高等教育之法规或者不无窒碍难行之处,而且有若干极关重要之点,并无明文规定,各校遂不得自行草创。假令此类法规之制定以前，曾经一种足以代表各大学校长及各院系教授之审议机关之真诚合作，必能更切合于现实情况，从而也必能更顺利施行。或谓：此项程序不几等于使各个大学自行立法而自守之，未免限制主管机关之职权，而伤损法制之尊严性？答曰：法制之尊严性，乃存于其普遍适用性之中，一切民主国家之法律皆由人民所推举之代表（组织议会），代表人民所制定。人民服从由自己意志而产生之法律，不仅负有法律上之义务，而且负有道德上之义务。是故民主国家人民之守法精神，远高于专制国家，凡曾游历欧洲各种政体之国家者，自能觉察得之，而法制之尊严性亦由此表著，此为西洋近代民治与我国儒家德治思想相通之点。教育审议机关之价值，亦可由此体会得之。教育事业之本质，要求提高一般工作者之责任心与自尊心，至于最高限度，始克充分发挥其功能。教育者之参与重要事项之审议，乃达到此项目标所必要；至若因此而提高行政效率犹其余事，实亦其当然之后果。

再说另一实例，中央颁行之法令，实际上在各地方每未能确实遵行，亦非必由于地方行政及教职人员之玩忽功令，有时实由其自身缺乏教育训练，而对于令文未能真切了解（例如对于上级机关令发填写之表格，不解填造，致相传有"临表涕泣不知所云"之笑谈），或虽了然，然不谙达到所指示目标之方术（例如内地不少小学教师确有放下教鞭，便对于顽童无可如何之苦闷）。对付此等情况，虽日日申之以训令，继之以斥责，依然无补于事。此在平时尚仅为延滞进步而已，当兹"千钧一发"之抗战时期，重要法令中一句一条之疏忽，往往足以减弱国家之力量。补救之对策，仅恃加强与提高教育工作人员之训练尚为未足，尤为切实而成效易见者，厥惟改善各级视导组织。

三、审 议 机 关

按各国之教育审议机关，以法国最为完备，在中央有最高教育审议会，在各大学区有大学区审议会（Conseil Academique），在各府有府教育审议会（Conseil de pastemental），使各级各类教育机关之服务人员，对于关涉本身之重要事项，均得参与其决定，并以各该阶层之行政首长为其主席，以谋审议机关与执行干部两方之密切合作。

我国各级教育审议机关，可就中央、省、县所已有者加以调整，俾能确实履行其功能，兹列举其最低限度之通则如后：

1. 在各级审议会之组织规程上，明文列举应行提交审议之事项，一经议决由执行干部付诸实施。

2. 构成人员，应能代表与有直接关系之行政人员及学校教职员。

3. 开会有定期，并设有常务人员，可由参事处任之。

4. 除当然委员外，所有聘任委员，应规定任期，每年改选其一部分。

5. 须与适当之教育研究机关保持密切联络。

以上一至四各点，无需附加说明。最后一点，须略予说明。一般有于审议机关以外，另设独立之研究机关者，有以研究为审议机关之附带功能者。前者不甚合经济原则，而后者则难望进行真正教育科学的研究工作。著者以为凡遇比较繁复之问题，苟非迫不及待，均应先行发文交适当之教育学术机关，然后将所提出之研究报告，交由审议机关作最后之决定。此项研究机关为教育研究所、师范学院、大学各院系（关于教育学术以外之专门问题）及师范学校。泛言之，全国（最高）教育审议会，应与全国大学等级之教育学术机关经常保持接触；各省教育审议会，应与所属“省教育视导区”（详后）内之师范学院及大学密切联络；县教育审议会，应与所属“县教育视导区”（见后）内之师范学校间建立合作关系。

兹将各级教育审议机关组织要点分别列举一二：

（甲）全国教育审议会

教育部现有及将来续设之各委员会可合组为“全国教育审议会”，各个委员会即为该会所属之分组专门委员会，大别为大学、（分院）专科、（分科）中学、师范、职业、（分科）义务教育、教育经费、体育卫生、民众教育及其他专门委员会，分别审议属于各该范围以内之专门事项。遇涉及两个或二以上委员会之事项，随时召联席会。全体审议会每年举行一次或二次。

（乙）省教育审议会（行政院直属市教育审议会附）

查各省每设有教育设计委员会，或其他类似之组织，惟能以发挥审议之功能者则甚鲜，亟宜参照前述五项通则，健全其构造，改设“省教育审议会”，并按省教育上之需要，分为各种专门委员会，余与“全国教育审议会”略同。

行政院直属市参酌省教育审议会办法,“设直属市教育审议会”。

(丙) 县教育审议会(省属市教育审议会附)

现在若干省内,已有县教育委员会之设,但不幸多属有名无实,应即改组“县教育审议会”,使成为行政机关与县属小学及社会教育机关服务人员间意见之交流场所,消除彼此间之隔阂,而求工作效率之增强。

省政府所属市,参酌县教育审议会办法,设“省属市教育审议会”。

四、执 行 干 部

自从十七年[1928]十一月大学院改为教育部,大学区制旋亦取消,县教育局随而成为县政府之直辖机关(按:中央大学区时代,县教育局隶于大学校长,对县政府立于平行地位,参看拙篇《增订教育行政大纲》,页四二~四四)。故现时各级教育行政机关,均为所属整个行政机构之一部门,其执行干部之构造,在大体上自不能与其比肩而立之其他部、厅、局或科有若何特异之处,且我国各级教育行政机关之组织,原以执行干部较为充实,目前尚无改张之必要。至于慎重人选,增进工作效率等,则不属本文范围,暂置不论。

兹仅就各级行政机关之执行干部需加调整之点,简举数例:

(甲) 教育部

按现制教育部之分司以普通教育司统摄职业教育,自民国初年之教育部官制已然,仅大学院时代,曾经一度改称普通教育处。溯其由来,初则由于实施职业教育之机关数量上无单立一司之需要,继则由于民国十二年[1923]以降,职业学校与普通中学合校办理之潮流,故行政系统上遂被纳入普通教育司之中等科内。惟考各国之职业教育,每分隶数部,如工商教育属工商部,农业教育属农务部。法国之工商教育,至一九二零年始改属教育部,在行政系统上与初等、中等、高等三司成“分庭抗礼”之势,农业教育则至今隶农务部之下。即从其名称上为逻辑的推理,所谓普通教育与职业教育,乃相互对待之名词。

现时职业学校既经单独设置,经济建设所需各等资格之实业人才,又亟待积极大量训练,势宜单设一司以专责成。盖职业教育在程度上有高、中、初之分，而在种别上则与社会所有各类主要职业活动相表里，其范围实异常广大而复杂。查清末（一九零五年）成立之学部，原设有实业教育司，与普通、专门各司并立，足证彼时草创者之具有远见。

（乙）教育厅（直属市教育局或科附）

现时各省教育厅之内部组织，多从各省政府单行法之规定，其行政干部大率分为第一至第四各科，将各项事务、教务分别纳入各科，尚合经济原则。今后宜由教育部就各省人口之多寡、教育事业之繁简，别为三等；科数及员额，各从实际工作之需要而定。

行政院直属市之执行干部，参酌教育厅办法。

（丙）县教育局或科（省属市教育局或科附）

近年各省之县教育行政机关盛行裁局改科之趋向，甚且误解"建教合一"口号，而合建设教育为一科，致县教育行政效率为之减低。行政院于二十六年[1937]六月三日公布《县政府裁局改科暂行规程》第三条修正条文："县政府教育事务以设局办理为原则，在人口较少事务较简之县，得由省政府酌量改设专科办理"，甚属切要。设局或改科之标准，应由教育部厘订；至于局内（即行政干部）之分课，一般多分为学校教育、社会教育、总务三课，尚属适当。各课之员额，应视事务之繁简分为数等，略如江苏省之办法。

省属市之执行干部，参酌教育局办法。

五、视导人员

在我国各级教育行政机关中，督学之员额比较甚少，而所需视导事项则甚繁重，视导区域又甚辽阔，致实际上只能作浮泛之视察，而未闻若何切实之指导。英格兰教育部所管辖之区域不过五万八千余方哩，人口不足四千万（据一九三一年统计），而视学员竟有三百三十五名之多；且外此尚有体育视察员十四名。按此项比例而增多督学之名额，既为事实所绝对不许，惟有在不加重各级政府财政上的负担之限度以内，针对现实需要，将各级视导制度为统筹的改造。

现行督学制，分为部、省（及直属市）、县（及省属市）各级，又各行政督察区亦每有督学或视察员之设。考各国视导范围，多限于初等、中等及职业教育，即如以中央集权著称于世之法国，亦无高等教育视导员之设。一般对于高等教育机关之视察多限于事务、财务、行政各方面，可由教育部之高级职员轮值出发视察，不必设置专任人员。惟教育部仍设督学处，为全国教育视导工作之统整机关。

兹将各级视导组织要点列后：

（甲）省视导组织

（一）全国分为若干“省教育视导区”，与“师范学院区”同其范围，每区包括三至五省区，以本区域内所有师范学院、大学、省教育厅及由教育部直接任用之省督学（大致依各省原有之督学名额）若干人构成“省教育视导委员会”，主持区内一切教育视导事宜。

本区内如有直属市应包括在内。

（二）教育部原有之督学，应分驻各区为省区主任督学，其位于中央政府所在地之省视导区主任，兼任教育部督学处主任。

（三）视导对象为中学校、师范学校、职业学校及省立社会教育机关。

（四）本区域内之师范学院及大学有关科系之教授，兼各科指导员，轮流出发指导。

（五）专任督学中至少应有中学及师范各科专家（略如现行师范学院之系别），农、工、商、家事各种职业教育专家各一名，又学校行政及社会教育各种专家若干名。

前项建议主张打破现行之省单位督学制，因其名额过少，无从实施分科视导，若合三至五省区为一视导区，则每区督学名额可达二十名以上，便不难实行分科视导。此为著者五年来所持之主张，最近师范学院区之设置计划，更足以加速其实现。

师范学院及大学为中等学校师资之所从出，使此等学校之教授兼任各科指导员最为切合实际。盖一般学校教员对于行政机关之督学莅临，每心怀疑忌，双方均罕能开诚布公，致指导工作不易进行；但对于来自学术机关之教授，则必能祛除此类隔阂。

（乙）县教育视导

（一）每省分为若干“县教育视导区”，与“师范学校区”同其范围。每区包括五至十县，以本区内之师范学校、省立社会教育机关、县教育局或科及由省教育厅直接任用之县督学（依各县原有之督学名额）若干人构成“县教育视导委员会”，主持区内一切教育视导事宜。

本区内如有省属市，应包括在内。

（二）教育厅原有之督学，应分驻各区为县区主任督学，其位于省政府所在地之县区主任督学兼任教育厅督学室主任。

（三）视导对象为初等教育及县属民众教育机关。

（四）本区域以内之师范学校教员，兼各科（或级）指导员轮流出发指导，遇必要时，得请临近之专科学校或大学之教授担任临时指导。

（五）县督学除出席视导会议之时间以外，应常川分驻各县，按现制县督学为县教育科或建教科下之一员，地位甚低，不能得适任人员充任，须改由教育厅直接任用，提高其地位，庶能履行秉承上级机关（教育厅）督导各县教育之职责。师范学校在县视导区内之地位及功能，与师范学院之在省视导区内相同。其余理由，可参看前项，不赘述。

（丙）学区教育视导

通常一县皆分为若干“学区”，设教育员或教育委员一名。惟其职务多属行政琐务，故向不为人重视，亟应依下述方式，将其改造为地方视导组织之单位。

（一）教育员改称小学辅导员，秉承县督学为学区内各小学之直接的辅导者。

（二）每一学区应有“中心小学”一所，即由中心小学校长兼任辅导员职务。

（三）中心小学之教师员额，应较通常小学增多，且学识经验亦较丰富，俾克分担辅导职责；遇必要时，得请临近之师范或中学教员担任临时指导。

现制每县仅有督学一名，二名以上者为例外，致无从对于全县小学教师尽其辅导功能。如改教育员为辅导员，此项情况立可改善，与前述部、省两级督学改制之理由相同。

六、结论：教育行政学术化

本年二月中旬报载行政院以“战时行政当与军事相辅而行，效率高低，关系綦重。现为促进各级地方政府行政效率起见，特通令各省市政府即于不增加经费及利用现有人员之范围内，组织行政效率促进委员会，参照《行政院行政效率促进委员会组织规程》第二条：关于地方范围各事项考核研究，拟具办法切实推行云云。"行政效率之提高，固然非专由改善行政机构所能奏效。但行政机构本身苟欠健全，则足以降低行政效率，毫无疑义。

著者将行政机构分为审议、执行、视导三部门，乃纯然依据本国现实需要拟定，虽间有撷取列国教育行政上英华，但绝非任何国家现制之模拟。深信此项计划，当能于"不增加经费及利用现有人员之范围以内"，使我国教育行政愈益进于合理化。

行政机构虽是三分，但各级行政组织均以行政首长（教育部长、省教育厅长及县市教育局长等）一身统摄三者，故能确保各级教育行政之完整性，此为其特点之一。

尤其富有意义者即审议机关，须以学术机关之研究成果为依据，视导实施亦由学术机关参与其设计，并由所属教授人员从事实地指导。试将行政机关各部门，与学术机关之相互关联列为下图，当可一目了然：

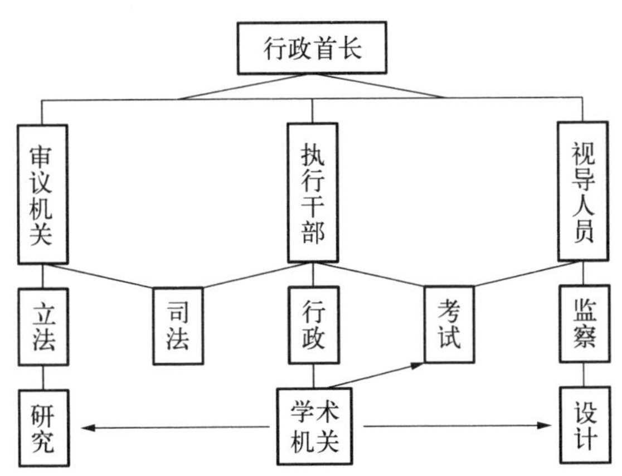

图注：

① 本图列举行政、立法、司法、考试、监察、仅为借以显示五种统治作用之一助，并非以教育行政首长而总揽五权之意味。例如法律须经立法院制定，行政规程亦须经行政院会议通过，监察约略与视导消极方面相当，司法则指争议或惩戒上问题之处理。

② 图中之箭头指示学术机关所得参加之行政作用。

由前图所示，可见学术机关，除了参与审议研究及视导设计以外，对于学校考试（例如，大学对于中学之毕业考试，师范学校对于小学之毕业考试）亦得参加其事，是亦为外国所习见（指前者），此项计划如能贯彻则十年前蔡孑民先生所曾提出之"教育行政学术化"之理想庶几有圆满实现之可能。

二十八[1939]、三、十二夜、于龙隐镇之凤凰山麓。

国民教育行政问题

刘百川*

一、县教育行政机构的改革

自县各级组织纲要公布以后，县教育行政机构便一律裁局改科，并规定区设教育指导员，乡镇设文化股，保设文化干事。从表面上看，县教育行政机构经过了此番调整，当能配合新县制中教育设施的要求，可是事实上县教育行政制度变更以后，反使原有的教育行政方面种种优点逐渐消失，将县教育行政工作陷入重重困难之中，实地从事教育行政工作人员，固无不感受事实的困难，即研究地方教育行政的学者也时常引为隐忧，但是大家对于这个问题却都采取审慎研究的态度，很少倡议变革。推其原因，实由于过去县教育行政制度已屡经变革，终未产生一个较合理较永久的制度。此次裁局改科乃在县政统一规划之下决定的，如果没有一个更好的制度，实在不愿再随便加以更张，致蹈朝令夕改之嫌。于此可知大家对于县教育行政制度，虽暂事缄默而县教育行

* 刘百川（1903—1971），曾用名刘于左，江苏滨海县人。江苏省第八师范学校毕业。先后任职于淮阴中学实小、阜宁县教育局及县立师范、东海中学实小、扬州中学、江苏省教育厅，为镇江大港乡村教育实验区主任、《中央日报》教育副刊主编，并先后在四川大学、华西大学、金陵大学、无锡江苏教育学院任教授。主要著作有《一个小学校长的日记》《乡村教育的经验》《义务教育视导》等20余部。

本文节选自刘百川著《国民教育行政问题》第四章，上海：商务印书馆，1948年，第48—64页。——编校者

政本身的困难却未尝因之减少。而各方面对此问题，也时时在密切注意。因为事实演变的结果，县教育的行政制度的再度改革，乃又有其迫切的需要。因此中国国民党第六次全国代表大会，对教育报告乃有如下之决议："为谋基层教育之有效施行，应即恢复县市教育局制度。"我们读了这样的决议，一方面深佩与会各代表的先知灼见，对此问题能作如此具体的决议；另一方面引起我们慎重的考虑，就是要如何改科为局，才能确定县教育行政制度的永久基础，不致变成循环式的更易。

要讨论县教育行政制度应当如何改革，先要考察现行县教育行政制度的缺点和困难在哪里。根据一般的观察，知现行县教育行政制度的缺点和困难，大概下列几方面：

第一，裁局改科以后，一切教育行政事务统属县政府主管，一切事业的举办都要取决于县长，所有教育科长或教建科长，事无巨细，都要请示县长，才敢处理。有时因为县长的事务太忙，教育科需欲紧急办理的事件甚多，往往无暇兼顾教育；有时因为县长对于教育缺乏兴趣，而且教育对于县长的考成关系甚小(仅占百分之三)也不免忽视教育；有时县长对于教育虽甚热心，但因县长缺乏教育之修养或经验，对于教育任性措施，往往发生很多的错误。

第二，裁局改科以后，教育部对于科长资格，曾于县政人员任用条例的规定科长资格以外，特别有所规定，就是教育科长除去要合县政人员任用所规定的资格外，还要具有小学校长的资格而办理教育著有成绩，或大学毕业办理教育三年以上著有成绩。我们觉得教育部这种专业资格的限制，已经是最低限度的标准，而事实上因为种种的关系，连这个标准有时都不能完全办到。教育科长的人选标准不能逐渐提高，教育行政的效率自然也无由增进。教育科长的任免由县长保请省府委任，这种程序是无可非议的，但是已委的教育科长往往随县长进退，不能久于其任。从加重县长职权方面看，不无言之成理；从教育行政效率方面看，科长更动频繁，实难作较久远的计划与改进。

第三，自推行国民教育以后，县教育行政的业务日渐繁重，而县教育行政机构反日渐萎缩。一般县政府的教育科，科长以外，不过科员一二人，办事员一二人而已。普通县份，至少有学校四五百所，教师七八百人，以科长科员三四人，处理四五百所学校，七八百个教师的事务，无怪一切计划、调查、统计、辅导等工作，都无从推动，就连办公事、发经费、调动人事已经难于办得周全合理了。因为教育科的人员太少，县督学在县政府办公，不出外视导，已经变成最普遍的现象。

第四，县政府以下的教育行政机构，可谓有名无实。在各区设指导员的，这种事例尚不多见，乡镇文化股主任及干事，很少由中心国民学校教员兼任的，多半是由以前联保办公处的书记或事务员改充的。既不懂教育文化为何物，如何希望他帮助教育文化事业的推进，因为如此，教育科不能办或是办不了的事，要是委托乡镇长办，那结果只有格外的糟。

第五，县督学的名额太少，每人所担任视导的学校数目太多，加之所规定的旅费太少，视导的工作乃无法推进。各级国民教育研究会，教育部虽有详细的规定，因为视导的工作做得不够，研究的工作就更难切实推动。

第六，教育经费统收统支，教育科长对于编制预算很少能参加意见，因之教育文化费占县支出总数的百分比有逐年降低的趋势。因此教师待遇无法改善，学校内容无法充实，因受统收统支的影响，各学校筹集基金也不能作有效的展开。

第七，教育机关主管人员的任免，都由县长决定，因之教育机关常常变成县长安置闲员的地方，而教育机关主管人员，也就更动频繁。人人存五日京兆的心理，学校也就不能作有计划的发展。试看近几年来，办理著有成绩的学校日渐减少，此实为主要原因。教师由校长聘请，任期多为半年，校长可以任意解聘教师，教师职位毫无保障，教师待遇太低，几乎不能维持个人生活，优良的教师也永无升迁晋级的希望，因此教员的人员的素质，便一天一天降低了。

第八，在整个县教育行政机构中，尚无参议或咨询机构的设置。县参议会虽已先后成立，对于教育行政的审议，尚未能特别有所注意，即偶尔加以注意，对县教育行政，也少有计划的建议，全县的教师对于教育的措施，尚少贡献意见的机会。因此县长及教育科长处理教育行政往往流为独断独行。因为辅导研究的工作做得不够，所以“行政学术化”至今仍是一个遥远的理想。

以上所述各项缺点和困难，虽不必每县都是如此，但各县有此情形的实在很多。这些情形的发生，虽不一定完全由于废局改科，但因为缺少一个有权力很健全的行政机构，各项问题也就容易发生。今后要实行改科为局，对于以上各种困难，不能不加以考虑，求得适当的解决。

“恢复县市教育局制度”，既经六全代表大会议决，中央自然会从速制定法案，早日付诸实施，教育部、内政部对此问题也曾有所商讨，我以为在制定县教育行政制度法案的时候，下列几个问题是值得加以考虑的：

第一，教育局与县政府的关系。我想教育科改为教育局，并不是要求教育行政独立，而是要充分发挥行政上分工合作的精神。从整个的体制上看，教育局仍应属县政府主管，关于全县教育的大政方针，局长还要秉承县长来决定。从专门的业务来看，教育局是处理全县教育行政的最高权力机关，关于教育经费的支配，教育人员的任免，以及一切教育计划的决定，教育法令的执行，应由教育局全权负责。

第二，教育局组织及人员的配备。教育局的内部组织，采分课、分科或分股办法，均无不可。所要注意的，是员额的配备问题。教育局的主要任务，是要办理全县国民教育，教育局的内部组织，应以国民教育业务为其重心。内部人员的配备，也以国民教育业务的繁简为标准。教育局组织的大小，不妨依照需要分为若干等，分等的标准可参照全县人口数、学校数、教师数、学生数来决定。

第三，教育局长的人选标准和任免的手续。教育局长人选标准，除注重普遍公务员的资格外，要特别注意专业的修养与事业的经验。假使需要甄训教育局长，最好从曾任或既现任中小学校长及县督学中去选拔，选拔后再给与相当时间的讨论。至教育局长的任用，不妨仍由县长保荐，由省府委任，但既任用，省府即予以合法的保障，不能由县长任意呈请调免。

第四，县督学的名额及其地位。在教育局的员额中，督学的名额应设法大量的增加，督学设置的名额可以学校的数量为准。可规定每50—100校，设县督学一人。县督学的任用，可由局长呈由县长转请省府委任。县督学从事视察辅导工作，应直接对教育局长负责。为执行职务便利起见，并可设首席督学或正式成立督学室。因为督学的名额增加，区教育指导员名义可以取消，今后乡镇教育文化的建设，亦可责成县督学多负责任。

第五，咨询机构的建立。教育局成立以后，为协助教育局长推行业务起见，实有建立咨询机构的必要。过去教育局所组织的董事会及教育行政委员会办法都可供参考。至于组织的办法，可在县参议会之下，成立教育咨询委员会，由参议员的代表、教师的代表、教育专家及本县热心教育的士绅来组织。这样集中各方面的意见，对于全县教育的改进，定能不时提具体而有效的建议。

第六，教育经费的保管及其机构。教育局成立后，教育经费也应遵照中央规定，成立特种基金，为管理教育特种基金。在教育局行政系统之中，应参照以往的成例，成立两种委员会：一种是教育经费管理委员会，专门办理教育经费保管及编制教育经费预算等事项；一种是教育经费稽核委员会，专门稽核教育经费的开支及报销等。各乡镇使教育基金的保管和稽核，也由两委员会负责督导。

第七，会议及研究机构的设置。教育局应设局务会议，督学应设教育视导会议，全县及各乡镇应设国民教育研究会，都应遵照已往的规定，分别设置。会议的种类不必太多，会议的内容要力求充实，会议的权能要尽量发挥。为促进教育行政的进步起见，除了各种会议机构外并有设置研究机构的必要，或于教育局成立研究股，或单独成立研究设计委员会，均无不可。

第八，人事制度的建立。要教育行政推行顺利，在教育局成立以后，首先要建立一个良好的人事制度。校长教师可完全由教育局聘请。校长教师的任期可以酌量延长，如初聘为一年，再聘为两年，三聘为四年，四聘为终身职。如无特殊过失，绝不中途解聘。教师的优待、抚恤、升迁、晋级、加俸等，都要定有具体的办法。还有学校教导主任的任用，应从优良教师中去选拔，学校校长的任用，应从优良的教师及教导主任当中去选拔，督学的任用，应从优良的校长当中去选拔。容于以后详加讨论。

二、教育行政机关的用人标准

在省县地方各部门建设中，如果真正抱着为事择人的原则用人，都不免有“才难”之叹。地方教育机关，当然也不例外。尤其在抗战八年[①]以后过去优秀的教育工作人员，大都流徙、死亡、改业甚至于变节，很少仍站在工作岗位上。而八年当中，因为原有教育制度的中断，很少产生继起的地方教育工作者，因

① 这里指1937—1945年。——编校者

此地方教育的复员，虽不致无人可用，但要求所用的人员都与所任的职务相当，实在是相当的困难。例如各县市已先从准备恢复县市教育局，是不是可以找到很标准的教育局长？各县市为推行国民教育，县市督学的名额已有大量增加的趋势，从哪里可以获得这些合理的县市督学？各乡镇已普遍设立中心国民学校，有兴趣、有抱负的中心国民学校校长从哪里去物色？我们如果依照比较合理的标准去考虑各级教育人选，便自然会发现这是目前一个绝大的困难。

要解决地方教育人员的困难，无疑的要从师资训练入手，就是要增设师范学校及师范学院，为地方教育培植需用的人才。不过我们要仔细的考虑一下，目前的师范学校及师范学院，似乎还不能为我们造就出十全十美的优秀工作者。我们要是进一步的考察，便会发现一个优秀的教育工作者，很少是从讲堂里训练出来的，而是从实地工作中训练出来的。因此我觉得要解决地方教育的人员问题，便需要地方教育行政机关负起培养人才的责任。现在有好多教育行政机关主管人员，很注意提高用人的标准，对于教育人员的资格、经验、服务成绩及研究著作等，都看得非常重要，这当然是一种很好的态度，但是如只提高用人的标准，而不注意人才的培养，提高标准仍是徒然。孟子说："犹七年之病，求三年之艾，苟为不蓄，终身不得。"很可以提醒我们储蓄人才是如何的重要！如我们只希望别人为我们培养优良工作人员给我们用，世间哪有这样便宜的事。因为我们要培养教育人员，那我们便应当对于现有的在职人员，从实际工作中去选拔、指导、扶植、鼓励，希望有兴趣、有抱负的教育工作者，都能发展他的兴趣和抱负。并且使每一个教育工作者，都能站在自己的岗位上，不断的求进步。那我们所需要的工作人员便可随时供应不穷，而各人对于所担任的工作，也自然会胜任愉快了。

因为希望教育行政机关负起培养人才的责任，因此我想对于教育机关用人标准提出一个具体的建议，就是一切教育人员的任用，应从业务相同的低级或同级人员中去选拔。例如要选用一个中心国民学校或中学的教导主任，一定要从现有的优良教师中去选拔。如选没有经验的新毕业生来做教导主任，那对于教导行政一定会感觉十分隔膜的。要选用国民学校或中学校长，一定要从教导主任中去选拔。如果不用对学校行政相当经验的教导主任，而任用新毕业的大学生或从未做教师的行政人员去做校长，那对于校长的职务，很难应付裕如的。要选用县市督学或教育指导员，那便从优良的中心国民学校校长中去选拔，因为没有实地办理国民教育经验的人，实在不能担任国民教育的视导工作。要选用教育局长，一定要从优良的县督学或师范学校教育教员中去选拔，如果一个教育局长从未办过实际教育工作，那对于整个地方教育，很难针对需要提出有效的方案。我想，如果地方教育行政机关能坚守着这一个用人标准，毫无例外的去实施，那地方教育方面自然会发生下列几种影响：

第一，凡有志于教育事业者，都知道从最切实的部分做起，希望以自己的成绩获得升迁的机会。新毕业师范生及大学生也不致到处钻营，去谋校长与局长了。

第二，凡是在教育机关从业的人员，都可有专业的修养与专业的经验，那常常自称外行的教育工作人员，便无法插入教育机关来，教育专业的精神，自然可以充分发挥了。

第三，每一个教育工作人员，都有他实地工作的经验做推动另一种工作的根据，教育的效率自然可以逐渐提高了。

第四，一切教育人员都可以循序渐进，没有人是幸进的，也没有人有才具而不克申展，大家都在正常轨道上努力，自然会建立一个优良的人事制度了。——最近有人主张制定教师铨叙制度，我想这种用人标准的确定，也许是确定教师铨叙制度的最好准备。

我的建议，已略述如上，但是这种标准的实施，自然还会遇到相当困难。例如现有教育人员并不完全是用这种标准选出来的，如何补足他实地工作的经验；在师范教育尚未普遍发展以前，各县市不合格的教师仍然很多，在选拔人员的时候，是否仍受资格的限制？资格较高的人员可从较低的职务做起，如何按照资格及经历实行等级支薪？这都是容易发生的问题。我想这些问题，都可以根据法令及事实需要，分别加以解决。最要注意的，乃是选拔的标准如何确定？如何选拔才算是公平合理？普遍选拔的标准，不外包括下列几项：（一）原有的资格；（二）已服务年限及所任职务；（三）服务的成绩；（四）服务期间的特殊贡献；（五）身心健康状况；（六）教育的理想和兴趣；（七）办事的才能及操守；（八）其他与本工作有关事项。如果能根据这几个大项目去考核选拔，恐怕仍不具体，最好根据这几个大项目，分列出若干个小的项目，并且制成评点表，用记分或分等的方法，列出评定的具体标准。那么，教育行政机关要运用什么人员，便可拿着这个标准，就现有在职人员中选拔，如合格的不只一人，也可以根据评定的结果，定出先后任用的次序。果能如此，在教育行政机关方面，对用人可以公平合理，可以减少人事上的纠纷；在教育人员自己，有了一个努力向上的标准，也可以自行策励。如果教育行政机关对于在职人员的研究进修，再作有效的规划与实施，那相当时间以后，不但教育行政机关用人可不成问题，就是教育工作的效率也要随着逐步提高了。

虽然我们常常以"教育第一"比拟抗战期间的"军事第一"，但教育究竟不是军事，军事可以旗开得胜，马到成功，教育却不能如此的收到速效，教育要在最合理最稳定的情况之下求发展。为使地方教育走向安定前进的道路，达到有效成功的目的，这个用人标准实须早日付诸实施。

三、简化教育公文法令

最近教育部为增进教育行政效率，集中力量，简化教育行政法规。此项简化法规的工作，进行颇有相当成效。我们对最高教育行政当局这种开明的措施，实应致无限的敬佩。因为若干年来，各部门行政的实施，所颁订的法规多太繁复与杂乱，因此常有"虽令不行""朝令夕改"的现象发生。普通行政如此，教育行政似亦不能完全例外。复因为所颁布的法规太繁，所以推行政令的公文也随之繁复起来。因为政令及公文太多，各机关的全部工作人员都集中力量来处理公文，很少时间去做研究检讨的工作。在处理公文的时候，因为公文太多，高级长官无暇加以考虑与规划，不得不将大部分公文委之于科员以下的人员去处理，高级长官只是盖章判行而已。所以若干年来，对于一般行政的实施，时有"公文政治""图章政治""科员政治"的批评。一般行政机关如此，教育行政机关其有异于一般行政机关者恐怕也不多。近来一般行政机关，对于提高行政效率，简化公文手续，已有所注意，而教育部乃首先从事教育法规的简化，借以提高行政的效率，实在是一种必要的企图。我们很希望因为教育部致力于教育法规的简化，能引起全国各级教育行政机关的注意，一致努力教育行政法令及手续的简化，而以节省精力及时间，从事于研究辅导及监督考察的工作，那教育的行政效率自然会逐渐提高了。

我个人因为厕身省教育厅多年，对于教育行政的处理观感颇多，近年来对于简化教育法令及公文，亦时有所考虑。现在仅就考虑所及，提出几点具体的意见以供参考：

（一）每一种法规的制定与公布，都要在事前作审慎的考虑，要考虑这种法规在事实上能否做到，有无困难，经济条件够不够，有无其他的流弊或不良的影响。在正式公布以前，还应设法征求各地教育行政人员及教师自己的意见，再作最后的决定。每一种法令等决定公布以后，那必须切实执行，不能有例外，非到必要时，绝不轻易变更。果能如此，一切的法规才不会成为具文，更不致有朝令夕改的现象发生了。

（二）一切的法规制定与公布，最好在学年开始之前，以便在学年开始时即可遵照实施。切勿在学年或学期中途公布新法令，使实行时发生困难或歧异。旧法规的修订，也在学年开始前作通盘的规划，一次加以修订。切勿临时作部分的修订。这样一切法规的内容便可划一，不致互相抵触或重复。而推行政令的公文，也要随之减少许多了。

（三）教育行政机关对所属教育机关或学校，所指示的命令，要减少到最低限度。最好在每学年开始时，将有关工作作一次通盘的指示，以后即在实际工作上辅导其实行，并考核其实行情形。彼此之间，除必要的经费、学籍、统计等表报外，最好多用直接的考察，少用书面的报告。最近据某报载，日本统治台湾五十年，所发布的公文，没有中国收复台湾后一年内所发布的多，可见我们行政机关平日的公文太多了。要提高教育行政效率，一定要从减少公文做起。

（四）教育行政机关对所属教育机关或学校预算的核定，应切合事实，配以各项工作必需的经费。教育行政机关对于教育机关及学校已核定的经费，必须依照规定，按期发放。如此则呈请追加预算，呈请核发经费的公文可以大量的减少。教育机关及学校的主管人员也可以节省许多时间去做研究辅导的工作，不致再天天为钱米奔忙了。

（五）教育行政机关对于教育人员的更动与调整，最好在学年开始前办理，除有特殊过失者外，不在学期当中更动人员。关于各级教育人员的控案，最好都交由视导员作为实地考查的资料，不必一一直接处理。如此一则可以减少许多捏名的控案，再则可以减少许多公文处理的手续。

（六）教育行政机关对于各种调查统计表报，最好每学期只有一次，每种调查统计，应都有明确的目的，表式要简明、完备，便于填写，使人人明了，而不致有误会。调查的时候，力求内容的正确，一次调查以后，各方面所需要的资料，即以此次调查为根据，不再作第二次第三次调查，以免各教育机关及学校有“临表涕泣”之苦。

（七）对于一切教育行政手续的处理，要力求其迅速、确实、简单、划一。如教育行政机关对于所属机关所请求事项，能迅速予以处理，则可以免掉第二次第三次的催请。教育行政机关对于每一工作的处理，能力求其精确，则所有的调查统计自然会精确可靠，不致向壁虚造了。此外如例行文件的送达，可只于本件上盖章，不再行文，一切表报，除另有指示外，亦不得再作覆文，如此则公文的数量也会大量的减少了。

（八）一切政令的执行与公文的处理，都要考查其效果如何。即是每一件事，都要求得一个最后的结果，无论如何不使任何一种事情有始无终。每月或每年终了，都要将已颁布的法令或公文作成分类的统计，考查其推行的实际效果。如此不但可以增进行政的效率，而且可以使机关以内的工作分配及工作考核，更臻合理。欲提高教育行政效率，这实在是一个起点。

肆

教育经费、教育视导与教育调查

本辑提要

本辑的主题是"教育经费、教育视导与教育调查"，涉及具体的教育行政事务。程其保的《中国教育经费问题》(1924)、邰爽秋的《教育经费根本问题》(1929)、杜佐周和杨思杰的《江浙两省各县地方教育经费的调查和比较》(1934)、古楳的《由免费公费问题想到我们的教育制度》(1937)、陈友松的《战后中国教育经费问题》(1947—1948)和熊子容的《我国中等教育经费问题》(1948)，是讨论教育经费问题的文章。教育经费是民国时期的教育管理研究最为关注的问题之一，不仅有很多专论性的文章，且大多数其他主题的文章也常涉及经费问题。除此之外，汪懋祖的《教育经费的根本运动》(1921)、陶孟和的《财政公开的一个条件——预算》(1922)、李步青的《小学教育经费问题》(1924)、左学礼的《县教育经费独立问题》(1931)、李育蕃的《义务教育经费筹措问题》(1931)、傅继良的《关于教育经费之几个基本问题》(1932)、赵欲仁的《地方教育经费分配问题》(1934)等，也是具有一定学术价值的文章。

选择现在的六篇文章，主要是从人物代表性与文章重要性角度作出的考虑。其中，《教育经费根本问题》《由免费公费问题想到我们的教育制度》和《战后中国教育经费问题》三篇文章，主要反映了邰爽秋、古楳和陈友松这三位民国时期最负盛名、最有影响的教育财政与经济学者的思想。邰爽秋曾撰写和发表过《公众负担教养经费之哲学背景》(1928)、《教育经费增高问题》(1928)、《教育经费独立问题》(1928)、《教费负担平均问题》(1928)、《教育机会均等问题》(1928)、《庙产兴学运动——一个教育经费政策的建议》(1928)、《大学经费的研究》(时间不详)、《教育用款单位决定法》(1928)、《再论教育用款单位之决定并答李君》(1928)等系列文章,对教育经费的基本问题作了较为全面深入的分析,而《教育经费根本问题》一文是最具综合性、最能反映邰爽秋关于教育经费思想的文章。

古楳一直强调,教育发展必须立足于社会经济条件,并注意自身的经济性。他的教育经济思想主要体现在《现代中国及其教育(上、下)》(1934、1936)、《中国教育之经济观》(1934)等著作中。透过《由免费公费问题想到我们的教育制度》一文,我们同样可以发现,在古楳看来,学费收免的各种问题与新教育制度的引入以及中国社会的经济状况密切相关。同时,该文也为我们详细分析了民国头二十多年中学费制度几次重要变革的过程及背景。

与邰爽秋和古楳相比,陈友松的主要贡献是促进了民国教育财政与经济研究的学科化与理论化。他于 1936 年出版的博士论文《中国教育财政之改进》,被誉为中国第一部教育财政学专著。同年他翻译的美国内务部教育署全国教育财政调查团著的《教育财政学原论》,也受到当时学界的高度评价,为教育财政问题的教学和研究提供了优质的参考资料。我们搜集到的陈友松讨论教育财政与经济问题的论文并不多,只有《战后中国教育经费问题(一)》(1947)和《战后中国教育经费问题(二)》(1948)。这两篇文章不仅为我们呈现了"二战"后我国教育经费的状况与问题,而且较好地体现了陈友松的学术观点与理论品质,因此将它们合为一篇收录到本文选中。

《中国教育经费问题》《江浙两省各县地方教育经费的调查和比较》和《我国中等教育经费问题》三篇文章,则是主要基于论文的内容及意义作出的选择。《中国教育经费问题》一文是民国时期最早对各级政府教育财政责任及经费筹措办法进行全面阐述的文章。《江浙两省各县地方教育经费的调查和比较》是杜佐周和杨思杰合作开展"江浙两省地方教育经费的调查"的研究成果。在此文发表之前,杜佐周曾独立发表《江苏省地方教育经费之比较的研究》(1934),并与杨思杰合作发表《浙江各县地方教育经费的调查及其比较》(1934)。我们所选的文章,即是后两篇文章的综合分析。

该文有两个特点：一是方法上采用调查研究；二是提供了大量细致的地方教育经费筹措与分配的具体名目和数据。《我国中等教育经费问题》一文的价值则在于：一方面结合大量的数据，对中等教育这一特定教育阶段教育经费的历史变化、实际问题与改进趋向等问题作了较为深入的分析；另一方面有着很强的理论性与科学性，写作规范、严谨，表明民国后期的教育财政与经济研究已经达到了较高的水平。

汪懋祖的《现行视学制度改革刍议》(1921)、郝耀东的《学校视察与教育政策》(1924)、黄德正的《省视学与地方教育》(1926)、程湘帆的《教学指导之性质及需要》(1926)、庄泽宣的《从地方教育行政的困难说到辅导制度》(1937)和孙邦正的《战后中国教育视导》(1947)，是讨论教育视导的文章。前三篇文章讨论了民国早期的教育视学制度。其中，《现行视学制度改革刍议》一文对视学制度进行了整体性讨论，主要涉及部、省、县视学的职责、关系及视学制度的不足等问题。在此之前，对视学问题进行整体性讨论的成果还有贾丰臻的《视学管见》(1918)一文和王光鹫的《视学纲要》(1919)一书。因王书中无法节选出合适的文章，我们便将选择范围放在贾文和汪文上。若从发表时间的角度出发，应选择贾文，但考虑到汪文更为全面地反映了民国初年颁布的各级视学规程的相关要求，所以还是选择了发表时间稍晚一点的汪文。《学校视察与教育政策》和《省视学与地方教育》是具体讨论学校与地方教育视察问题的文章。《学校视察与教育政策》一文讨论了“审查地方上教育需要”“调查地方上财政能力”“调查现在的教育状况”与“建议和报告”四个视察学校的步骤及相应原则和指标，是相关主题的成果中阐述较为全面、研究性较强的文章。《省视学与地方教育》重点讨论了视察地方教育时应特别注意的几个内容。除此之外，钟道赞的《视察江西湖北两省教育之后》(1933)也值得关注，它是民国时期为数不多的反映省级层面教育视察问题的成果。但考虑到发表时间、本文选的篇幅、语言表述等问题，没有将其选入。

《教学指导之性质及需要》和《从地方教育行政的困难说到辅导制度》两篇文章，主要反映了民国时期教育视察理念与制度上发生的一些重要变化。《教学指导之性质及需要》节选自程湘帆的《教学指导》(1929)一书,该文体现了教育视察观念从“视学”向“视导”的转变。就我们接触到的材料来看,最早明确提出视察与指导之区别,主张加强视学指导工作的成果是王克仁的《视学指导——教育行政的一个重要问题》(1922)。此后,类似的成果,论文有程湘帆的《小学视察及指导问题》(1924)、沈振家的《改省视学为指导员的商榷》(1924)、雷震清的《教学视导概要》(1933)等,著作有程湘帆的《教学指导》、雷震清的《教育视导之理论与实际》(1934)、盛振声的《乡村小学视导法》(1934)、李晓农和李伯棠的《乡村教育视导》(1935)、周邦道的《教育视导》(1935)、洪石鲸的《国民教育视导》(1941)、刘百川的《义务教育视导》(1941)等。综观这些成果,王克仁和程湘帆的研究具有开创性意义,而在他们的成果中,《教学指导之性质及需要》一文的分析与写作又相对更全面、更规范。同时,民国时期视导概念的提出并不仅仅是一种学术上的创见,它也表现为实质性的制度创新。1927 年,浙江省便在大学区制下试行视导制度,大学区制取消后仍继续进行,并在江苏、安徽、江西等省推广。所谓“辅导”,用庄泽宣的话说,是用教育的方法积极地辅助指导地方学校,而不是以消极的视察和批评制裁为任务。它某种程度上比视导的概念要更进一步,即不只是将“视”与“导”置于同等地位,更强调“导”重于“视”。在民国时期研究教育辅导制度的学者中,数庄泽宣成果最多,影响最大,所以选择他的《从地方教育行政的困难说到辅导制度》,作为反映这一制度创新实践的代表。

《战后中国教育视导》讨论了民国后期教育视导的缺点及其改进之道。民国时期,讨论教育视导制度实施问题的文章很多,具有代表性的成果有常道直的《视导制度商榷》(1928)、卢蕴伯的《中国督学工作评论》(1930)、夏承枫的《中国教育视导制之改革》(1933)、杜佐周的《视导组织与视导效能》(1935)和朱振之的《对于小学视导制度改进之商榷》(1936)等。选择《战后中国教育视导》一文,首先是因为该文在时间上可以反映民国后期教育视导实践与研究的相关情况。更重要的是,该文具有高度的综合性与概括性,其以凝练的语言和清晰的框架,对过去教育视导的缺陷和未来教育视导的改进进行了较为周全的讨论，基本涵盖了以往相关研究所涉及的内容。

王克仁的《教育调查之必要》(1921)、邰爽秋的《教育调查述要》(1929)、杨效春的《成都市学校调查后一个简短的报告》(1930)和邰爽秋的《地方学校校舍之调查与报告》(1932)，是有关教育调查问题的文章。受新文化运动的影响，1910年代末的教育领域兴起了一场教育科学化运动。科学化的教育强调根据客观材料，用反省思想和批评的态度对教育问题作实际分析与深入思考。与此相应，作为促进教育研究和工作科学化的基本方法与途径，教育调查也受到高度重视，在蔡元培、陶行知和张伯苓等人的推动下，1921年成立了实际教育调查社。

在教育管理领域，王克仁和邰爽秋是讨论教育调查问题最为重要的两位学者。王克仁的重要性既在于他与邰爽秋一起较早地开展教育调查的实际工作，更在于他最先对教育调查的相关问题进行了学理讨论。他发表的《教育调查之必要》和《地方学务之调查》(1922)，是最早的专门讨论教育调查问题的文章。之所以选择前文，是因为其在时间和主题上更能够体现王克仁在教育调查问题研究上的学术地位。邰爽秋的重要性，一方面体现为他也是较早倡导开展教育调查工作的学者，另一方面是他在教育调查问题研究方面无人企及的卓著成果与广泛影响力。邰爽秋先后编著与发表《教育调查述要》(1928)、《教育调查》(1931)、《教育调查应用表格》(1931)、《地方学校校舍之调查与报告》(1932)、《校舍建筑及效率测量》(1935)等成果，这些成果不仅对教育调查的理论作了全面阐述，还系统地整理和开发了实施教育调查的相关工具，对当时教育调查的研究与实践起了极大的推动作用。也正是鉴于邰爽秋在教育调查问题研究上的突出地位，我们选择了他的两篇文章。其中，选择《教育调查述要》一文，一是因为该文是邰爽秋的相关成果中发表时间较早的，二是因为该文的综合性较强，对教育调查的意义、起源、类型、功用、范围、步骤、标准等问题进行了较为全面的阐述。同时，《教育调查之必要》与《教育调查述要》具有很好的互补性，前者是提出问题，后者对问题作出了一般性说明。

《成都市学校调查后一个简短的报告》和《地方学校校舍之调查与报

告》两篇文章,则是对专项调查的具体讨论。《成都市学校调查后一个简短的报告》一文从调查动机、调查范围、调查工具、调查方法、调查态度、调查程序和经过、调查结果等方面,呈现了学校调查涉及的相关工作与内容。无论从形式的规范性,还是从内容的完备性角度看,该文都是我们搜集到的学校调查方面最好的文章。它既体现了1930年代教育调查研究的水平,也有助于我们了解当时中小学的相关情况。同样是有关学校调查的文章,《地方学校校舍之调查与报告》一文所关注的更为具体,专门讨论了校舍调查的问题。除了从"考察校舍需要、测量校舍效率、考察经济力量、报告方法"四个方面,全面地讨论校舍调查的程序、内容、方法外,该文最大的亮点在于,提出了更适合国情的校舍效率测量表和学校设备调查表。正如程其保在1930年所指出的,调查学校时加强校舍视察,是一件非常重要的事。但视察校舍,也是一件很困难的事。第一是因为没有相当的标准,第二是难得适宜的方法。[①]最初,国内的校舍调查基本上是借用美国学者斯特拉耶(George D. Strayer)和恩格尔哈特(N. L. Engelhardt)提出的标准,但此二人的标准存在条目过多、使用不便的问题,特别是不适合当时很多偏僻与经济困难地方"仍多沿用庙宇,或借用民房"的国情。有鉴于此,邰爽秋在《地方学校校舍之调查与报告》一文中,对斯特拉耶和恩格尔哈特的标准"略加修改",提出了"邰氏修正施安二氏小学校舍测量表"和"邰氏修正施安二氏一校校舍设备调查表",从而增强了校舍调查标准的操作性与科学性。

① 程其保.学务调查[M].上海:商务印书馆,1934:178.

中国教育经费问题

程其保*

一、概　　论

教育事业,各国视为国家生命之根本,故对于经费之筹划,实为行政上重大之职务。综观各国筹划方法,略可分之为三类:

(一) 组织完全独立机关,自由征税。美国市城多有行之者。其利在不致受任何方面之影响而易于支配;其弊在组织不经济,如保管不得当,流害实多。

(二) 由财政机关代筹,另组织独立机关,以负保管与支配之责。但用此种方法时,两机关权限宜清,保管得当。

(三) 完全仰给于财政机关,如中国现行组织是。教育视政治为转移,此法最为不当。

吾国教育经费,尚无统一制度。其根本原因,约有数点:

(一) 新旧教育变迁太速,毫无历史上之准备。

(二) 教育行政机关素未独立,完全混全于政治。

---

* 程其保(1895—1975),字稚秋,江西南昌人。清华学校高等科毕业,先后入美国芝加哥大学、哥伦比亚大学研究教育行政,获博士学位。历任东南大学教育系教授、齐鲁大学教育系主任、中央大学教育学院院长、教育部部员兼中央政治学校教授、湖北省教育厅厅长。主要著述有《小学行政概要》《学务调查》等。

本文原载于《教育杂志》1924 年第 16 卷第 8 号。——编校者

（三）新教育发达太速。二十年来之进步，虽远距吾人之希望，而其速度颇足以抵欧美百余年来之成绩。

故处今日而言教育经费，是求其末而不究其本也。就一般情形论之，教育不独立，绝难希望切实教育经费；但无切实教育经费，教育亦绝不能独立。

现在教育经费问题，实在不是教育问题，教育家无法解决之，乃是中央财政问题。中国财政问题，亦不完全系财政问题，乃政治问题。故根本推究，仍在改革政治。

中国法定维持教育方法，约如下列：

（一）凡一切专门及特别教育，由中央政府负责。

（二）凡普通教育，由地方征税维持之。

（三）如地方上不能担负充分之责任，得收受政府之帮助。

维持经费之来源，约如下列：

（一）学款及学产　如从前之书院、考棚、宾兴学田、学屋等款。

（二）地方税　多从杂捐及附加税得之。

（三）学费　依学校性质，得规定征收学费法令。初等学校不收学费，但遇必要时亦得收纳。

（四）政府分配方法如下：

1. 补助贫穷地方，如教员俸、恤金、改良费、奖励金等。

2. 补助职业及师范教育费。

3. 补助边境教育费。

4. 补助科学研究费。

（五）私人捐助　得由政府表奖。

（六）基金　如地亩、森林、存款、盈余等属之。

中国国土之广，教育事业应如何宏大，教育经费应如何雄厚，而综观全国，只斤斤于千百万之间，比之美国之纽约一城之教育经费，已瞠乎其后。就中央言，教育经费不及年政费百分之一，而时虞不得。就地方言，终日割肉补疮奄奄待弊，教育之发展不足言也。

但就理想方面言之，中国教育充分发展后，究应需经费若干？兹拟之如下：

就中央言，教育经费约分数种：即（一）部费；（二）直辖学校费；（三）分机关费；（四）留学费；（五）补助费。照民八[1919]预算，教育费为 6 202 065[①]（民国十一年[1922]有减至 4 124 923 之事实），全军政费为 647 691 787，是教育费只占全预算百分之一有差。照各国例，教育费在国家预算至少应占百分之二十，是中国中央教育费至少应有 100 000 000 元。

再就省计算，省之教育行政范围多属中等以上之学校及留学补助事业。各省情形不同，以故数量因之而异。江苏一省，年需二百八十余万，是为富者也。浙江省每年一百五十余万，是适中者也。至江西则每年只六十余万，是贫者也。以平均论之，省教育费至少应占省预算百分之十；是省教育费虽难得确切之数目，当不下 70 000 000 元也。

再就地方教育论，地方教育范围多在小学。照近数年来小学教育费用，每一小学生每年用费约在二十元左右。以此为标准，设使全国及小学年龄之儿童皆同时就学，可得下列方式：

（1）及学龄儿童（约占全国人民百分之十足）	约	50 000 000
（2）需有教员数	约	1 000 000
（3）教育费（每学童约占二十元）	约	1 000 000 000
（4）教员用费	约	700 000 000

以兹计算，合中央省及地方教育费，约共需 1 170 000 000 而过之。此不过指平时维持费而已。设须扩充及改进事业，更或倍之未可知也。试问如此浩数，以中国现在情形，将何以对付之乎？

整顿方法可别之为两端：（一）分配方法；（二）核算方法。此不过就教育费本身而言，至若如何筹划、如何用途，是又属别论矣。

教育费分配方法，各国惯例不同。有由国家完全担任者，如法、比、丹麦是也；有由中央或省县或地方按比例分担者，如美国之加州是也。就中国现情论，是以第二种方法为尚。如此方可以使中央尽中央之责，地方尽地方之责，不致推诿。至于分配方法，以地方教育为标准，可分配之如后：

（甲）乡市区应担负者	小学校开办、建筑、设备及维持等费。
（乙）县应担负者	小学教师之薪俸等。

① 数字单位为“元”，下同，不再一一标注。——编校者

（丙）省应担负者　　　　小学教师之优待俸等。

（丁）国应负担者　　　　小学教育及边境补助费等。

至于核算，实为中国教育经费根本改革之首端。试问中国今日教育之纷乱，几至查无可查，有之因登记之不得法，有之因私人之把持而无从征实，有之连预算而无之，如是而欲终日呼号，以改革教育经费，又何所根据乎？故就根本言之，经费筹矣，学校兴矣，苟无切实之核算以征实之，不足恃也。是以学校经费簿记法尚矣。簿记首要功用，在：（一）所以证明经费是否用于正当之途径；（二）所以借以断定将来之政策；（三）所以考察一切服务方法及设备上之效率。在校育方法言之，更可以断定教育之代价如何。（表格从略）

二、中央教育经费

欲研究中央教育经费，不可不先研究中央之财政状况。中央财政收入，约分下列数项：

（一）由中央直接收入者，如关税、盐税、印花税、烟酒公卖、邮电铁道等。

（二）各省国库收入者，如地税、厘金等等。

照民八[1919]实收，共为398 741 501元。去年尚有下列各议：（一）酒烟税增加一成；（二）各省乡区实行贴用印花票；（三）杂捐分别增加；（四）奢侈品税加二成。如是则收入者不止此也。从表面观之，重要税源均由国家收入。但就实际言之，（一）关税用为外债担保，（二）关余作为内债整理费，（三）盐税作为债款基金，（四）盐余经陆续抵押，所余有限，（五）印花滥售贱押，（六）烟酒多被各省截留不解，故中央实在收入较之支出，恒不符在150 000 000元以上。无怪中央财政之困难也。

改善之法维何？（一）整顿内外债；（二）改组税法以整理旧税，别开新税；（三）国省经税，厉行划分；（四）限制年费依宪法不过得预算四分之一；（五）实行预算制。但法固善矣，欲实行之，是又当别有所恃矣。中央教育经费，依经费之来源，可别之为数类：（一）由教育部直辖者；（二）由各省国库项下维持者，如东南大学是也；（三）由行政各部自行维持者，如外交部之俄大学校、陆军部之陆军学校是也；（四）各省自办而带国之性质者，如西北大学等是也。

其由教部直辖者,每年预算依时而变。

民二[1913]至民三[1914]	经常费为	5 207 215	临时费	1 701 635
民三[1914]至民四[1915]		3.276 104		—
民五[1916]		12 611 583		225 724
民六[1917]至民八[1919]		4 433 893		594 943

照民八[1919]预算,总出为 647 691 789 元,海陆军费占 269 099 583 元(或百分之四十二),而教费只占 5 028 836(或不及百分之一)。民八[1919]而后,虽无确实预算,(但军费年有增加,)教育费日处穷境。此不可不为中央教育费抱悲观者也。

因教费之困穷,遂时有经费运动之举。举其大者,可分类如下:

(一) 筹款运动;(二) 独立运动;(三) 基金运动。

兹举其要者,可分下列几种:

(一) 民七[1918]第四届教育联合会在上海提出规定教育经费案。

(二) 民九[1920]第六届教育联合会提出教育经费独立案。

(三) 民十[1921]公布实行所得税充教育经费案。

(四) 民十一年[1922]二月改进社推定筹划全国教育经费委员会。

(五) 又七月在济南开第一届年会,提出(1) 规定支配经费标准案,(2) 各国赔款用途案。

(六) 民十二[1923]教育推定教育基金委员会。

(七) 最近如美、英、日、俄退回赔款、海关附加等事,均鼓教育界之活动。

上列各项,最切实者莫如:(一) 所得税之充教育费及;(二) 各国退回赔款两事。为长久计,吾教育界尤宜鼓动所得税切实继续之实现,至各国赔款争利者多,尚难预断也。惟按之行政上之便利,所得税似宜由省政府办理,作省教育费之用。若各国赔款,能均用之于中央教育,意至善也;但以区区之数,办百年大计之教育,又岂能永久乎?

三、省教育经费

各省财政分国库、省库。前者多以间接税属之,以应行划一之租税收入辅之。后者多以直接税属之，而以杂项税捐及附加等辅之。名义上划分似甚清晰，而实际上则不然。国库支出年有亏空，军费浩大，常难支持。省库有不足，则连国库而不解中央。至言管理机关，本属各省财政厅；但财政厅隶于财部，秉承省长之监督，性质兼国兼省。如是而言地方财政不易也。

一省教育经费之来源，多为附税（如忙漕、屯粮、地—芦课、屯租等）杂捐、省有基金生息及行政收入等。以上各种分配于各项行政，故教育除行政收入外，别无确定来源。近年如江、浙、安徽等省，行卷烟税使教费有所着落，然行之有日，成绩又何如乎？

省教育费之支出，约分下列数项：

（一）行政费；（二）省立学校及机关费；（三）国立学校及机关费；（四）补助费；（五）留学费；（六）特别费。

各省数量不同，如江苏年支二百八十余万，而江西年只出六十余万，相距实远也。

近年以来，因省教育之困苦，乃有各种建议，以谋经费之独立，下列举其著者耳：

（一）四川省前年三月间，举行肉厘税，额年本可得百五十余万，奈办理不善，以致结果毫无。

（二）河南省之实行卖当契税，充教育专款，每年可得百万元。组织教育专款监理委员会，以负监理收支及分配之权。

（三）江苏建议组织教育银行，其宗旨在辅助省政府谋教育基金之圆活，以调剂全省各项教育经费。定资本为一百万元，营业年派以三十年为期，其事业为：（1）受省政府之委托，代理省库教育特税及附税；（2）经营省教育基金；（3）存放省立机关经费；（4）收受各县教育存款；（5）兼理教育储金；（6）其他商业银行应有之营业。私意度之，此种组织取意至善，惟行之在教育经费妥协之后耳。历届教育联合会常有教育经费之建议，其结果只将议决案呈请政府执行，并不自谋组织负责机关，以致因循搁置。故第九届会议乃有各省区宜组织教育经费筹集委员会案。各省至迟于十三年[1924]暑期以前成立，须于最短时间筹集专款以充教育基金，如基金一时未能筹足，须商请省区政府指定的款以为教育经费，惟各省区宜互于联注唤起舆论，以期全国一致为积极之运动。现时期已届，结果又何如乎？

（四）最著而最有希望之运动，即为卷烟税。江苏、浙江等已有行之者，安徽、江西、湖南等亦拟仿之，惟行之不当，致乏结果。夫征收卷烟税之正当理由：(1) 烟为奢侈品，应重征之，所以寓禁于征也。中国每年耗于烟卷者，年约100 000 000，而江苏一省已及24 000 000元。日本征税在百分之三十五以上，中国实行此项税，实善法也。(2) 卷烟税征自吸户，与条约无关。无如实行以来，外受外商之反对，内受中央之执肘，以为有碍于将来之关税会议。其结果如是，又何疑乎？

总之，补救省教育费之方法，非小运动所可奏效者。必随大事整理省财政，实行裁减军费，使至多不得过预算四分之一，指定省库小靠收入为教费，由教育机关直接保管，及发展省内生产事业，若往斤斤于不关痛痒之建设，无所补也。

若就教育经费本身论，是亦大有整顿之价值在焉。江苏一省教育费，年支二百八十余万。就一方面言，教育费之出入实不止此也，盈者何所去乎？就他方面言，此项教育费真全用之于教育乎？恐未必也。然则所亏者，又何所去乎？此中底细，非身历其事者不能知其奥也。

四、地方教育经费

地方教育分县、市、乡。五千人以上或可谓之市；五千人以下或可谓之乡；中国都市情形：

500 000人口以上者约有十三处；

100 000人口以上者约有四十七处；

10 000[①] 人口以上者约有一千六百八十余处。

中国乡村情形，乡以县为单位，中国共有一千八百四十三县。最小者有千人以上，最大者有二百万人以上，平均约二十万人。除去市内人口，乡平均人口约十五万左右。以平均每百有十人应入学者计算，是地方教育之巨可知矣。

---

① 结合上下文看，应为“10 000”。——编校者

中国地方教育费应由地方自负，其理由前已言之。一般地方政治腐败，以故教育受其影响。试观地方教育情况，可以下列现象括之：（一）教育恒无的款；（二）常入不敷出；（三）私立学校办理经济而成绩优；（四）社会教育不发展。

地方教育费之收入，多恃附税、杂捐、特捐款产租息及行政收入等。

编制预算方法，有以全县通盘筹算者，以匀市乡贫富之分；有分市乡各自筹算者，其结果当然为推广或保储之用。而绌者无以自全。两法互较，似仍以前法为善。

地方经济公开，行之者为数不多。其利在：（一）免包办性质；（二）免受政治或他方面之把持；（三）易于核算以定方针；（四）得社会之信用。是教费公开，是为当然之手续，深盼教育界有以促进之。

近今以来，各省试办义务教育经费，更形支绌。山西一省对于此项筹划至为周密，特简录以资借镜。

（一）所得之捐款，城市商店住户，其额有等级之分。如永和县之商店捐分上中下三等；上等每斗三元，中等一元五角，下等五角。

（二）乡村教育费，多由地亩匀摊，户繁而田腴者多捐，贫者少捐。全县教费由各村各户按地公摊。

（三）谋永久之计以求一劳永逸，如高平县每遇半年，每亩带征各集若干，以其收入作教育基金，不作别用。又如永和县以五斗分筹捐款以作基金。其额上等每年不过五元，中等三元，下等一元。

（四）征收学费并不一律，视家庭负担之能力而定。

（五）如乡村不能自立学校者，纯由县公款开支或补助。

（六）有以初级小学分等级，所领经费数因之而异。

（七）大宗收入，多出自商店捐、住户捐、房屋捐、地亩捐、牲畜捐、学费及其他杂费等（如本捐、皮货、学田租等等）。

教育经费根本问题

邰爽秋*

今天所讲的是教育经费根本问题,经费问题的重要是不消说的,但是国内人士对于这个问题认真研究的还不多。

我把它来讨论一下。这问题中包含五个问题:

一是教育经费增高问题;

二是教育经费独立问题;

三是教育经费负担平均问题;

四是教费支配公允问题;

五是统一教育经费行政问题。

前面四个问题是一样要紧的,但是它们不能单独解决,所以拿统一教育经费行政问题,把它们连环勾通起来研究一下。

一、教育经费增高问题

这个问题包含八个要素,如果能照这八个要素去做,教育经费一定可以增高。

* 作者简介见本卷中《教育行政效率》一文。

本文为作者1929年1月7日在中山大学所作的公开演讲,由陆厚仁记录,原载于《教育研究》1929年第9期。——编校者

(一) 增高国民富力

增加教育经费与国民的富力大有关系，一定要在富庶的地方才可以筹出多量的教育经费。即如美国纽约一城，约教费一年竟有四万万美金之巨，超过我国全年国库的收入总额，倘使纽约的人民也很贫瘠，那么这么大的数额，是决计拿不出的。就中国说，广州一地每年教费有六十几万之多，在国内其他各城绝不会有此数目，这也是因为广州人民富力高的缘故。更拿一县来看，也有这种情形。据说在广东省有的县份建造一所初中的校舍竟有用到六十万元的，这个数目，恐怕贫穷的地方，全省的普通教育经费，也还抵不上呢！所以增高人民一般富力实在是增高教育经费的先决条件，筹划教育经费的人应当对此特别注意，至于增高国民的富力以充教育经费的方法，中山先生在地方自治开始实行法里已经提及，他说：

> ……至于力所不能到之处，则以我辈手力所生产之粮食原料，由公家收集，输之外国，以换其精巧之机械，以补我手足之不足，则生产日加，财富自然充裕，学校之目的，于读书、识字、学问、智识之外，当注重乎双手万能，力求实用，凡能助双手生产之机械，我当仿造，精益求精，务使我能自造，而不依靠于人，必期制造精良，实业发达，此亦学校所有事也。

孙先生的办法，可以分成两方面看：一面是要提倡国民普通生产，一面是提倡学校力求实用，以促进生产。这两点实是根本要图，为教育经费谋百年大计的人，不可不于此留意。

(二) 开辟教育富源

开辟教育富源，是增高教育经费的第二个要素。这话怎样讲？我们请先看现在筹谋教育经费和办教育的人，居多只知拿现成的款子来用，而忽略了替教育方面开辟一种取之不竭的富源。外国的学校往往不用公家补助涓滴，而能措之裕如，如美国哥伦比亚大学，年费美金五千余万元，但是这宗经费的来源，并不是靠什么官厅的补助，而是靠着该校生产事业的收入。据说纽约的电灯公司，每年中所赚余利中的百分之十几，是要归该校收入的。诸如此类的生产事业，美人借之以维持教育经费的很多很多，这种方法在工业发达的国家很易实现，至于我们中国，似乎比较困难。但如培植学校林等事，费本极微，轻而易举，倘能继续提倡创办，不隔多时，便成为教育经费上一个大泉源了！

（三）利用无益资财

这一条的范围很广，社会上的款项，本应拿来办有利于社会上的事业。在我们中国，国库不足尤应注意及此。去年我想到中国最大而最无益的资财，要算是庙产了，那些大和尚我奉他们一个僧阀的徽号，税是不纳的，收进来的钱，居多暗中拿去讨小老婆，淫人妻女，无恶不作，而对于一班小和尚，则去叫他们做下层工作，扛水挑柴，粗茶淡饭，苦得不堪！有时还要加以鞭挞虐刑，所以这般和尚真是我国社会上的蠹虫，毫无存留的必要，而他们竟拥有惊人的资产，就江苏镇江一县，据确实的调查，竟有五千万①之多。我国丛林大寺无虑千万，推算下来，全国的庙产，当在二十万万以上！这样大的资产，不去利用来办教育，宁非可惜？所以去春我做了一篇《庙产兴学运动》的文字，主张"打倒僧阀""解放僧众""划拨庙产"创办教育，把这意思详细的发挥，鼓吹此事，并曾约友人提出全国教育会议，当时一般僧阀极为骇怕，纷纷拍电报反对。结果，交大学院和内政部审核，未得圆满的结果，可惜之至！现在我已编了一本《庙产兴学讨论集》（上海博物院路二十号内二百十九号中华书报流通社出版），把这事原原本本叙述出来，可供诸位参考，现在我不细讲了。

（四）改良教育税制

这一条可分三点说明：第一是关于税的种类的，第二是关于税的程度的，第三是关于征税方法的。

A. 税的种类——另辟教育税源

在两个贫富相同的省份若是税的种类不妥当，那么教育经费的产生也必有很大的差异。通常的教育款项是从什么地方来的？广东的情形，我还不详细，至于江苏等省，那是以田赋为大宗。田赋制度在中国已有数千年的历史，所以当局

① 原文如此，疑其意为五千至一万间。——编者注

者筹款时总是在田赋上附加，但是这田赋是取之于农民的，农民的负担因此变得独重。农民的生计本来很苦恼的，现在再去敲剥，更属苦不堪言！反对附加税，自不能免。教育经费有一部分是从盐税上附抽得来的，盐这样东西，富人所用是有限的，而大多数的贫人，却靠此下饭，所以从盐斤上再去附加税款，又是苦了许多贫民。所以主张今后要增加教育经费，当另辟税源，不可再蹈"附加"的恶例。新税源的种类很多，如遗产税、矿产税、营业税、所得税、奢侈税等都是，在此几种中，我觉得遗产税一项尤应特别注意，关于此点，以后再说。

B. 税之程度——采用公平税率

上面一点是就税的种类上比较，现在就一种税的征收办法来比较。同是一种税源，若使税率不同，也会使所收税项发生绝大的悬殊。现在我国的税制居多不分贫富，依照同一税率征收的，像江苏的义务教育经费附加亩捐，不分田多少、家贫富，一律是每亩八分。这种办法，富人是很占便宜的，而穷人却吃了大亏！宜乎在施行时发生许多困难了！

C. 征税的方法——革除中饱流弊

其三就要对于征税方法应特别注意。税局人员居多是中饱税款的。社会上对于这种情形，已经见惯不惊，所以在收税机关当差，中国人往往目为肥缺。增办了一种新税，或是附加了一种教育税，往往代他们增加了一个发财的机会。这样下去，任何好的新税和税率都是不中用的，倘使能够把征税方法改良，把中饱的流弊革除净尽，使税收涓滴归公，虽照目前的税率去征收，那所收的数额也要比现在增加好多。

（五）扩大负税单位

这一个要素也可增高教育的经费。通常我们有一种谬误的观念，以为这一处的钱只能办这一处的教育，那一地的款项，也只许供那一地的应用，这样小单位分配，便演成孟子所说的"庖有肥肉，厩有肥马，民有饥色，野有饿莩"的那种现象。从民有饥色、野有饿莩的情形看来，那是苦得树皮草根都没有了，哪知富贵人家厨房里却剩着许多肥肉，马厩里马也养得精壮了！这是因为两方面财货不相流通以致有这样苦乐不均现象，教育经费上的现象也是如此。富的地方，往往富到征收某种程度的教育经费毫不费力，因之设备上有许多锦上添花之处;穷的地方,虽征税至怨声载道的时候,往往还办不到最低限度的教育。即以江苏的情形来看,他们为办义务教育而要各县一律附征八分亩捐,但据说在江南几个富饶的县份仅加二分已很从容,还有六分便是余下的像厨中肥肉一样,而在江北的几个贫县,虽加至每亩二角还是不够。各县的情形如此,各省的情形居多也是如此。这种贫富不相通的办法,使教育经费失其调节作用,因而形成教育经费困难一个原因,实属不妥。所以我主张把地方的界限打破,把部落观念消除,把负担教育经费的单位扩大,以富县之余调剂贫县之不足,从县扩至省,以富省之余调剂贫省之不足。我们可以说人类愈进步,负教费的单位也就愈加扩大。若干年后,也许我们会把美国的钱拿来办日本的教育,把中国的钱拿去办英国的教育的。这种办法虽于经费总数没有添加,但是在实际上,却增加不少的效果。

(六)鼓励人民协助

现在社会上有很多的守财奴,积蓄了几十万几百万的家私,而表面常常说穷,不但不肯去协助教育经费,就连自己子女的教育费,也居多吝而不与,这类守财奴是不足挂齿的。不过社会上也往往有些人肯解出囊来办教育的。如江苏的污者杨斯盛开办浦东中学,如山东的乞丐武训开学四所之多,又如陈嘉庚的设厦门大学,……不胜枚举。不过我们觉得此数人中,那富有人是不很难的,而那无钱的人如武训,竟行丐兴学,尤觉难能而可贵。此外又用劳力协助教育经费之一法,孙中山先生说:

> ……或疑经费(指教养经费)无从出,此不足虑也。以人民一月义务劳力之结果,必足支持此费,如仍不足,则由义务劳力之内议加,或五日或十日,以至一月,则无不足矣。境之内,如人尽所长,为公家服一二个月之义务。长于农事者为公家垦荒,则粮足食矣。长于织造者,为公家织布,则衣食足矣。长于建筑者,为公家造屋,则房舍足矣。如是少年之衣食住,皆可由义务之劳力成功。自治区之人民,各有双手,只肯各尽其长,则万事俱备矣,不必于穷乡僻壤,搜刮难得之金钱,筹集大批之款项,始能从事于自治也。只要人人能知双手万能,劳工神圣足矣。

孙中山先生这一番说话，并非理想，在今日我国的情形之下，很是适当的。如果国民政府要贯彻三民主义，要实行中山先生的遗教，必先谋这种主张的实现。

(七) 防止行政流弊

防止流弊和后面第八点都是消极方面的。但这都不可忽视，现在各教育机关往往在经费里有许多黑幕。我在广西调查地方教育行政人员养成所的学员，他们报告几种普通的流弊：如拿学校或教育机关里的钱去做投机事业，幸而中，其利益为私人所得，不幸而负，那么这宗损失便归于学校；又如于大洋小洋之间颠倒渔利，亦极普通；此外像投标建筑等等也都是他们作弊渔利的机会。大概教育行政当局及庶务会计一类人员，清廉者固不乏其人，而利欲熏心、通同作弊的亦复不少。若把这种流弊革除，教育经费无形中便加多了。

(八) 减免无形消耗

减免教育上的无形消耗，也是间接增加教育经费的一种方法。教育机关中无形的消耗多极了，别的不说，且看学校里最普通的讲义纸一项，如果管理得法，至少可减去百分之五十的消耗。我在南京中学当校长时，曾算过用毛边纸和用本国出的新闻纸两种相较，每页相差就有六厘之多。全国的中等以上学校，如果对此加以留意，一年便要省到二十四万元左右。这不过是极小的一端，类此可以注意的地方正不知多少呢！

上面我所举的八点，如果能够完全做到，那么教育经费的增加也就不成什么问题。不过有一点要申明的，在现在社会情况之下，我们才要这样去费力筹划。如果将来社会的组织有进步有改变了，那么这八种方法有几种却可以无须我们烦心了！

二、教育经费独立问题

教育经费独立应受保障，载在党纲。近几年来，大家对于这个问题闹得天花乱坠，但是我觉得怎样使得教育经费独立，于方法方面不去注意，其结果或要比不独立更坏亦未可知。所以这个问题值得详细讨论的，现在分几方面来讲：

（一）教育经费独立之原因

有两派意见：一派是市政专家，一派是教育行政专家。詹姆斯（H. G. James：*Applied City Government*）、葛得禄（F. J. Goodnow[①]：*Municipal government*）、孟罗（W. B Munro[②]：*The Government of American City and Principles of Municipal Administration*），这一班都是市政专家。他们都是反对教育经费独立的。他们说：教育也是市政的一部分，和卫生、建设、财政等是一样的，不应该另砌炉灶，使教育部分的经费独立起来，再去另设征税机关等，既不经济，又滋危险。至于教育行政专家，适与此相反，不但赞成独立，并且竭力主张要教育脱离政治的漩涡，非教育经费独立不可，柯柏烈氏（E. P. Cubberley）[③]说：

> 把政治排出城市与学校行政之外，一个重要步骤，是要把城市教育局和市政府差不多完全分开。我们美国各城市的经验，明明白白的表显，决定学校税款的权力，应当从城市参事会的控制里拿开，在议会所规定的几种法律限制之下，交给当局去规定。（见 *Public School Administration* p.104. ）

又施菊野氏（G. D. Strayer）[④]也说：

> 教育局经费应当独立，凡是研究过公共教育上各种问题的人，无不赞同。

---

① 今译“古德诺”（1859—1939），美国教育家、法学家。——编校者

② 今译“蒙罗”（1875—1957），加拿大历史学家、政治学家，曾在美国哈佛大学、加州理工学院任教，因研究美国市政管理而闻名。——编校者

③ 今译“克伯莱”（Ellwood P. Cubberley，1868—1941），美国教育史学家。——编校者

④ 今译“斯特拉耶”（George D. Strayer，1876—1962），美国20世纪早期教育管理学研究的领袖人物之一。——编校者

此外如莫高爱氏(McGaughy)①、朱塞勃氏(Jessup)②、濮克氏(Packer)③等,都是极力主张教育经费独立的。我的意见,认教费独立不过是过渡时代的一种方法,在世界上也不过美国的大都市里有这种问题发生,而在各国的宪法上,都没有规定。至于我国在财政未上轨道,教费没有保障的特殊情形之下,当然很需要独立的,不过将来真正到了理想地步的时候,教育经费是否仍需着独立,尚有讨论的余地。

(二)教育经费独立的要素

现在大家都知道教育经费应使独立,但是独立的方法怎样?怎样去保障独立?大家都没有研究!如果大家只闹要教费独立,而不去了解教费独立的要素,那么结果也许要弄到比不独立更不好,使反对教育经费独立的人反而站在旁边要讥笑,所以我现在提出教育经费独立的要素来讲一讲,我所想到的有后面的八点:

A. 教育基金之确定

保障教育经费独立的第一个要素,便是要有确定的教育基金。现在世界上文明的国家,对于这一点都认为很重要,所以有的指定了一种永久的收款作为教育基金的,也有指定了几许资产作为某种教育的基金的。这种基金的数额,要使它生出的利息,能足教育经费之用,以后只许用利,不许动本,这样的基金,才真能使教育经费得到保障。我国前清时代的学田,原来也是教育基金的一种,不过年来变故频仍,这种原有的资产,有许多已不能完整。我们不但要把原有的恢复整理,并且还应开辟新的基金,如庚子赔款、城根基地庙产等,都可用来充作教育基金。

B. 教育税源之划分

保障教育经费独立的第二个要素是划分教育税源。有些人以为只要争到法律上规定教育经费占全体收入百分之几的地步,便可算达到保障教育经费

① 今译"麦高希"(McGaughy)。——编校者
② 今译"杰瑟普"(Jessup)。——编校者
③ 今译"帕克"(Packer)。——编校者

之目的。这种见解，实属不妥。因为法律上规定成数，原是在不能独立的制度下不得已的办法，实际上没有什么保障。若真要教育经费独立，便须划清教育税源，由法律规定哪几项税源归教育项下征收。不过各种税源中，有些系带有不稳性的，如田赋、牙税、漕粮赋税等等。有些是带稳定性的，如卷烟税、遗产税等等。我们应当选择稳定性的税源，使教育的进行不致因意外的危险发生，而受阻碍。江苏教育界在前几年得卷烟特税为教育经费，所以教育事业的进行很觉顺利。革命后卷烟特税收作国税，以田赋抵补教育税源，教育经费遂由稳定的地步降而至于危险状态之中。所幸一年以来，没有发现大的灾荒，尚可勉强维持，否则一般中等学校早要关门大吉了！各税源中有些系具独立性的，如各种正税是。有些系带有连带性的，如各种附税是。连带性的税源在将来征收的时候，不能同正税的征收脱离关系，往往影响到经费的独立。所以我们应当选择独立性的税源。

C. 预算制度之独立

保障教育经费的第三要素为预算制度之独立。预算独立的意思，系指的教育行政当局应当根据科学的计算，察看它所管辖范围的教育需要大小，自行编制预算，给教育立法机关审核通过，教育立法机关若要削减预算总数，或预算某项数目，须得编制该预算的教育行政当局之同意。因为教育的需要，只有教育行政主管机关自己知道，他种团体不明个中情形，如何能把他们的预算任意干涉，任意削减呢？可惜中国教育行政的立法机关向来就是政治当局或是普通立法的机关，他们不明教育预算独立的道路，以为教育机关把预算开来多少留了一点还价的“虚头”，不可不打个折扣，于是乎听凭自己豪兴随意，钩去若干千万，听教育当局去支配。在这种情形之下，若使教育当局来得狡猾，确是带了虚头的，那么打下折扣来正好差不多倒也罢了。若使他老实一点照实际需要开出预算，经这一度乱七八糟的削减，不免陷于无办法的地步，并且要被人骂不善于办事呢。于是乎诚实的人也渐渐变成狡猾，结果教育界各当局无一个不狡猾，不虚报开出来的预算，有时简直不成话说。政治当局或立法机关个个懂得这个把戏——有许多却曾亲身玩过的——于是乎格外拿起大斧头来乱砍乱削，削得体无完肤，所谓教育预算也就完全弄糟了。现在我们要保障教育经费独立，务须办到预算独立这一点，不然就不成为教育经费独立。

D. 加税权力之独立

要预算制度之独立,必须先有独立自加税的权力,否则还是办不通。因为预算制度虽说不受干涉,但是预算上的数目超出于目下税款的收入时便须增加税率,若是加税的权力完全在政治当局或是立法机关手里,就不免常时受他干涉,使教育的进行发生许多阻碍。我们要谋教育经费独立,既争得制定及通过预算的权力,同时不得不争自由加税的权力。不过我们应当注意,所谓加税权力并非毫无限制,大概立法机关应当规定一个最高可能税率限度,在这个限度之内,应凭教育当局酌量需要自由增加。譬如卷烟税指作某省教育经费,照目下情形抽出百分之十,已经够办该省教育,但是该省立法机关不妨规定百分之五十为最高税率限度。在没有达这限度时候,由该省教育当局酌量教育需要自由增加,无须得立法机关的同意,直到要超过限度的时候,再请立法机关规定。如此办法,可以减少立法机关许多限制及阻碍,教育经费的独立也才可以不受影响。

E. 征收机关之独立

保障教育经费独立的第五个要素,是征收机关的独立。目下所谓教育经费独立的省份,虽划分了教育税源,仍往往委托着普通财政机关代为征收。其原因一则为其所划的税源,系普通财政收入的税源的一部分,如江苏的田税附加,实不便另设机关办理。二则因为教育界中人士往往不明收税之办法,若单独经管征收不免有许多危险,不若仍托普通财政机关代收较为妥当。三则因为分设征收机关用费太多,不如托普通财政机关代征,转觉来得经济。因有以上三个原因,所以有许多人主张托普通财政机关代管征收事务,但在实际上又发生三种缺点。第一,普通财政机关代征系属代办性质,或许不能十分认真。第二,中国到处经费都是困难。财政当局弄到无办法的时候,往往移东补西,不管是哪项来源,且先拿去应付,随后再为弥补。这种办法,往往使教育经费停顿多时,教育当局向他催促,他说尚未交到,你亦不易证明。第三,中国财政界的积弊尚未革除,中饱自肥之徒难免没有,况属税收事项,尤难清理。既托普通财政机关代办,只好听其缴报,其中有无流弊殊不可料。所以我主张教育税款,应由教育当局自行征收,不过我们应当注意的:第一,须选取独立性的税源,如遗产等税,尚未经指定用途者最佳,以减除前面所说的第一种困难。

第二，应当统一全国教育经费的行政权，于中央及省县地方专设机关，聘请专员办理（详细办法参阅，全国教育会议报告鄙人提案），以减除前面的二、三两种困难。如此办法，方能达到保障教育经费的目的。

F. 保管机关的独立

保障教育经费的第六个要素，是保管机关的独立。保管机关的独立是和征收机关连带而来的。在征收机关不独立的地方，保管教费之权，往往操在普通财政当局之手，因此在支用款项的时候，就不得不仰它的鼻息，教育的进行也就不免受了影响。所以我主张，保管教育经费的机关要独立。不过，所谓独立，不是说只和普通财政机关分开，归一个什么委员会管理，存在普通银行里，凭委员会共同签字取付。因为中国的银行靠不住的很多，委员会的人未必都是能把款子放在妥当的银行里，并且这地一个委员会，那地一个委员会，把教育经费系统都弄乱了，所以我赞成筹设教育储蓄银行的办法，有了这个银行，将来教款收入，可不经过教育经费委员会之手，径直交存总行，或各省地方分行，归入教育机关名下，取用时全凭支票，亦不必由委员会发给。如此办去，可免去种种流弊。

G. 用款权力之独立

保障教育经费独立的第七个要素，是用款权力独立。各教育预算，既经通过之后，教育经费主管机关就应当依照预算数目，按月通知各教育机关领取该月经费。在发款的时候，不得受任何别的政治团体之副署或牵掣。

H. 审核机关的独立

保障教育经费独立的第八个要素，是审核机关的独立。所有各教育机关收支账目，应由教育主管团体负责审核。在江苏现有稽核委员会之设，其权限为稽核各项收支簿据盖章于发款通知书，并注意税额之比较及支款之用途（参阅《大学院公报》第一期《江苏教育经费管理处组织大纲》第九条，及《管理处稽核委员会简则》第三条）。关于后面两项权限，交给稽核委员会，妥当不妥当，我们且不去管它，单就稽核各项收支簿据而论，不知是属于哪个机关的，若说是指的各教育机关及各学校的，那恐怕不是几个稽核委员能办得了的，并且经费管理处顾名思义，只管到管理一项，在目前只应该征收保管，关于稽核各教育机关及各学校账目，不是它权限以内的事。若说所稽核的单指管理处的收支账目，那么，各学校的收支稽核究应该谁人管理，我以为全国教育经费收入的审核，应归入一个有系统的机关办理，固不应该交给管理处办，也不应该交给教育厅或大学行政院办。关于此点，我在统一全国教育经费的提案里，已经有了规定了。

三、教费负担平均问题

（一）本问题的重要

“教费负担平均”这一个问题，我认为实是我国教费上当前的最大问题，现在筹划教育经费的人居多只顾目的而不顾手段。只知收入的提高而忘却负担的平均，致使平民的苦痛反因教费增高而愈加重。俗语说，一钱迫死英雄汉！照现在的情形，我可改一句话说：“一钱迫死老百姓！”这种情形，言之真觉痛心，尤可痛心的，是他们所办的教育，居多是一般富翁的子弟来享受。贫人出钱，富人享利这句话，是不枉说的。照理说，富人应当出钱为贫人办教育，不得已而思其次，贫人出钱办的教育，也应当尽贫人享受。现在中国的情形，都倒过来了！贫人出去，替富人办教育——谁实为之，孰令致之？我们教育界——我也惭愧，是其中之一分子——应该深沉的向无数穷苦的老百姓忏悔呀！空空的忏悔不算数，要对于教育经费负担平均问题解决，才是有用呢！

（二）公平的税制之重要

富有的人纳税虽多不觉其苦，贫者纳税虽较轻，而尤时觉其苛。所以现世各国对于征税制度，每依据公平的原理、能力原则，逐渐把以前不公平的办法废除或改订，以舒贫人之困。孙中山先生在党纲上主张增高教育经费，但同时却又规定严定田赋地税之决定额，禁止一切额外征收。他虽未明白说过教育税制应该公平，但是这个意思已经蕴蓄其间。可是我们居多没有注意，但是我们如果真正要想替老百姓谋幸福，那么对于这一点实在不应该再忽略了！

（三）我国教育税制不公平状况之一斑

至于我国现在教育税制不公平状况，那更是一言难尽！我现在只好拿江苏的情形来做个例子，其余以此类推，不难想见概况。

A. 种类

就江苏教育经费的来源而言，其大宗是田赋附加税，如八分的义务教育亩捐是。此外还有许许多多，说出来真可谓搜括得无微不至，其名称类别为：

甲、衣食住行方面之捐税①

1. 田赋附税类

(1) 芦漕田房附税 (2) 芦课附税 (3) 芦课特税 (4) 芦忙修志费
(5) 灶课附税 (6) 灶课增加税 (7) 盐捐 (8) 盐斤加价
(9) 盐引捐 (10) 盐公益捐 (11) 灶折附税 (12) 灶地学捐
(13) 场灶带征 (14) 场灶 (15) 半厘盐款 (16) 场运盐厘
(17) 盐栈补助金 (18) 盐栈捐 (19) 盐旗捐

2. 佐食品捐类

(1) 猪肉捐 (2) 屠宰带征 (3) 宰卖废牛捐 (4) 牛羊肉捐
(5) 猪捐 (6) 鸡鸭捐 (7) 市鸡捐 (8) 蛋捐
(9) 市八鲜捐 (10) 鱼捐 (11) 鱼虾捐 (12) 鱼池捐
(13) 鱼库特捐 (14) 鱼筹捐 (15) 粉条捐 (16) 菱捐
(17) 花生捐 (18) 瓜果捐

3. 燃料捐类

(1) 柴捐 (2) 草捐

4. 住捐类

(1) 房捐

5. 行捐类

(1) 轮船租港捐 (2) 船捐 (3) 渡船捐 (4) 帮船捐
(5) 中河船捐

乙、营业方面之捐税

1. 中捐牙捐类

(1) 牙帖附税 (2) 牙税带征 (3) 牙税营业附税 (4) 契牙附税

① 此标题为编者所加，原文中只有“乙 营业方面之捐税”“丙 货物方面之捐税”等，而无“甲 衣食住行方面之捐税”，似乎是遗漏了。——编校者

(5) 印捐中资捐　(6) 中资捐　(7) 牙行捐　(8) 陆陈担捐

(9) 陆陈捐　(10) 牛行捐　(11) 猪行捐

2. 其他营业

(1) 短期营业捐　(2) 窟捐　(3) 典捐　(4) 洋商年捐

(5) 机厘　(6) 砻坊捐

丙、货物方面之捐税

1. 牛皮捐　2. 竹捐　3. 木捐　4. 红砂捐

5. 石货捐　6. 石灰捐　7. 茧捐　8. 棉花捐

9. 百货附捐　10. 扫把捐　11. 花果捐　12. 洋轨车捐

丁、产业买卖方面之捐税

1. 置产捐　2. 变卖收入　3. 过割费　4. 契税附税

5. 验契带征　6. 验契附税　7. 验契教育捐　8. 验契教育费

9. 纸契带征　10. 契纸加价　11. 田房契附税　12. 田房契凭单费

戊、消耗品方面之捐税

1. 烟酒附税　2. 烟酒带征　3. 门锁酒捐带征　4. 烟叶捐

己、迷信方面之捐税

1. 庙捐　2. 寺田捐　3. 寺庵捐　4. 寺庙注册费

5. 僧捐　6. 经忏捐　7. 香簿捐　8. 锡簿捐

庚、其他杂项捐款

1. 市乡杂捐　2. 花捐　3. 戏捐　4 义冢捐

5. 灰粪捐　6. 渣捐　7. 登录特税　8. 马路捐

9. 公益捐

诸位想想！小民用的布帛柴草也要抽捐，甚至灰粪义冢亦要收捐，苛细如此，真亏得一班筹划教育经费的先生们做得出的！

所以我在全国教育会议提议厉行公平教育税制，实施教育机会均等案里有一段说道：（案：此案已经大会通过）

异哉我国人之筹教费也！不曰亩捐附加，便曰盐斤带征，苛细杂捐，直接间接影响于贫民之生计者，不一而足，彼北方之武人政客，不恤贫民之疾苦,其苛征暴敛也固宜,至若青天白日旗下之教育界,日以解决民生问题相号召者,独奈何于筹谋教费之际,转以救吾民者害吾民乎?嘻!教育尚未救民生,民生已受教育之摧残,虽谓"教育杀人",谁曰不宜?

又说:

至若盐斤带征,尤悖乎公平之原理,而违背人道之精神。盖贫苦小民,力不能备珍馐,其稍以佐餐下咽者,厥惟富于盐分之蔬菜,或单纯之盐卤。因此贫人所需之盐分,必比富人为多,乃徒而苛税之,加之又加,不以为怪,以挺杀人,何以异于此?

我这一番话,极为沉痛,盼望全国教育界赶快起来,免除苛细杂税,贫民幸甚!

B. 程度

关于此点,仍可举江苏的八分义务教育亩捐来说明。八分义务亩捐,我是十分反对的!我反对的原因,是因为这种税的方法不对!它不分贫富一概征收八分,是绝对违反负担均平的原则的,所以我在全国教育会议那个提案里面有段说道:

……夫良田万顷,肥肉肥马之富翁;与薄田三亩饥色饿莩之小民,同依八分亩捐之税率负担教费,执途而问之,有谓为公平者,吾不信也。况吾国为小农制度之国,百亩以下之田,不足以赡养其人口之家者,居全国人口之大半。今以教育税制之不当,就田赋一项,已足影响二万万同胞以上之生计,吾辈教育中人,又安能辞其咎?

(四)对于我国教育税制的建议

对于教育税的情形前已经说了好多,现在讲我对于我国教育税制的两个建议。

A. 未来教育经费的大泉源

要为我国教育经费上筹划一种公平的、稳定的、单独性的新税源，那么当无过于举行“遗产税”。关于征收遗产税的学说有好多种，现在不讲了。至于举行遗产税的好处，那么第一因为遗产并不是他自己劳力所得，是他长辈或是别人的产业，这种产业实实在在是社会上的劳力、社会上的群众帮他得来的。如今抽些税来办公众的教育，那是很公平的。第二因老死的人每年总不知有多少，所以收入上是很可靠的。第三，遗产税现尚未举行，尚未指拨作他种用途，辟作教育经费更属方便的。

拿遗产税做教育基金的，美国便是其一。他们已有四州办得很有成绩，至于吾国前年绍兴教育会曾经提倡过，可是影响不大，去年全国教育会议已通过了办遗产税兴学的案子，这事是很要紧的，盼望国人竭力把它实现。

B. 公平的教育税率

现在的税率，可谓不公平到极点。我上面已经讲过了，要使它公平，那么有两个要素应特别注意：一是免税的限度，二是屡进得税率。百亩之田，八口之家刚刚好过生活，不妨定为免税限度，那就是在百亩以下的，一概豁免征收。此数以上，就应依据屡进税率征收，并且免税限度应当逐渐提高，屡进的程度也应当逐渐加速，像下面一个图的样子。

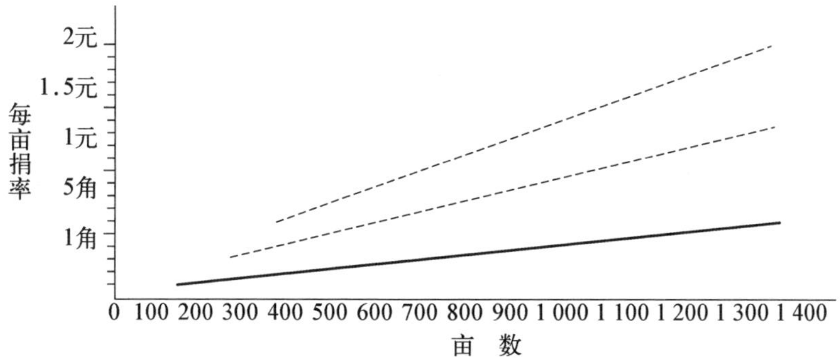

（注：此图不过表明理想，实际上田亩大小厚薄及一家人口多寡等，皆当注意，但此属于科学方法范围之内，非本文所及。）

这样征收多属有产之家，使穷苦的人不受影响方得谓平，现在一般人士唱高调者多，往往忽略了老百姓的疾苦，盼一望大家对于这点特别注意，老百姓幸甚！

四、教费支配公允问题

教育经费支配公允问题，前回一次演讲里已略提及，现任时间不早，我只可讲个大概。

（一）本问题之重要

前面所讲的“教费增高”“教费独立”“教费负担公平”都不过是一种手段，而最后的大目的，乃在求“教养机会的均等”。如果增高了教育经费，只拿来供少数人享受，那便失却本意了，我们可以说公允的支配教费是教养机会均等的保障。

（二）各地方教育经费差异之现象

中国各地方教育经费差异很大，即如江苏有的县份，每儿每年平均教育经费占至十六元有奇，有的只有四元许。一省之内悬殊若此，若以各省地方之教育经费相比，其差异当更非吾辈所能料及！

（三）“以地方之款办地方之学”观念之错误

中国教育界有一种误谬的观念，以为一地方的教育经费只应拿来办一地方的学校。若使我们把富县的教育经费分来贴给贫县，那富县的人士一定群起反对，以为这是很不公平的事。他们的理由是：“我们县里出的钱，为何拿去教育别县的儿童呢！”这种见解，至为狭隘！就和富人不肯捐钱办学校说“我们家里的钱，为何拿出去教育别人家的儿子呢！”一样的心理！我们听见富人说这话是很觉得讨嫌的，为何自己存着“本地方的教育经费只应办本地方的学校”的狭隘观念，自己不觉得讨厌呢？要知道你们富县教育经费，不是你们富县的钱，乃是中国人的钱，贫县的儿童不是与你们不相干的，他们乃是和你们共生长共休戚相关的中国儿童。我们所认得的是应受教育的儿童，我们所看见的是拿出来办教育的经费，我们不管是在哪里生长的儿童，也不管是哪一方面筹出来的经费。

(四)孙先生的社会主义教育理想与经费支配

社会主义教育的理想,是“天下为公”的教育理想。在这种理想之下,照孙先生说,只要是圆颅方趾,都有受教育的权利,这个观念系以全人类为范围的。近今世界上,一般人的理想实在狭隘得很,他们只看到中国或本民族的人受教育的机会,却不管别国或别民族的人的教育机会——他们在一国里,只看到本省人民受教育的机会,却不管别省人民受教育的机会,在一省里只看到本县人的教育机会,却不管别县人民受教育的机会。推而至于在县里只顾及一镇一村人的教育机会,更只顾及一家人的教育机会,甚至在一家里,只顾到本人一身的教育机会。如此办法,只有把世界上的人弄到个个都是自私自利,到那时简直不成为人类了!孙中山先生看到这一点,所以他主张“天下为公”,他一定反对狭隘的地方主义,他一定主张以社会之款办社会之教育。在一县内要谋各村镇的儿童教养机会的均等,在一省内要谋各县儿童教养机会的均等,在一国里要谋各省儿童教养机会的均等,在全世界里要谋各民族儿童教养机会的均等。本着这种观念,一步一步的向前进行,一直达到最后目标,以谋“天下为公”主义的教育之完成与实现。

(五)中国政府应确定中央补助教育经费

欲谋前述理想之实现,在这帝国主义侵略时代,我们当先谋本民族内教育机会的均等。所以我主张在目前中央政府对于省及地方教育经费,应多多予以补助。通常都有一种观念,以为国税应办国校,省税应办省校,地方税应办地方学校,把负担教育经费的责任分成三个阶级办理,彼此可以不负责任,这种观念最为均等教育机会上的大障碍。我们主张教育机会均等的人,竭力主张中央政府确定补助省及地方的经费,补助的东西,或用现款,或用官荒。补助的目的,可参阅先进国的设施,或助教育薪金,或鼓励特殊事业,务期补助各地方教育经费不均齐的现象,而谋全国儿童教育机会均等之实现。

(关于各国中央政府补助地方教育经费状况,请参观拙著《教育经费问题》。该书现由广西教育厅出版)

五、统一教育经费行政问题

前面所讲过的教育经费增高、教育经费独立、教育负担均平、教费支配公允四个问题，是有连环性的。枝枝节节的去办理，而不谋整个的解决，那是不中用的。因此我在这末了特为提出这个统一教育经费行政问题，把前面四个问题做一个有系统的整个儿的方案，来同诸位讨论：

(一) 全国教育会的一个提案

这个方案是怎样的，就是我在全国教育会议里所提出的"统一全国教育经费行政案"(参观全国教育会议报告)，我这提案的办法大概如下：

(甲) 原则

a. 系统要独立

b. 事权要集中

(乙) 办法

a. 全国教育经费一切行政事宜，分辖于中央、省、特别区、特别市、县五种教育经费局，并各设教育经费委员会，以"中央教育经费委员会"为最高教费立法机关，以"中央教育经费局"为最高教费行政机关。

b. 全国各级教育经费局，由中央以至地方，一律以有机体之组织构成之。成为一完全独立系统，不受普通财政系统之牵制。

c. 全国教育经费行政权集于中央省及特别市县，代表中央处理教费行政事宜。

d. 一切现有之教育经费机关，如庚款委员会、文化基金委员会、教费管理处、教育款产清理会等，分别性质，一律归并于各级教育经费局，以一事权而节靡费。

(二) 提案的结果

我这个提案当时分付审查，审查下来的结果说：

> 郃案主张统一教育行政一节，大会已另有决议，应不再论，至集中分

配，裒多益少一节事实上窒碍甚多，恐难办到，拟俟庚款收回，再议平均分配，惟原拟组织条例，条理颇觉完密……云云。

他们说此事恐难办到，其实天下哪有不难之事，总在乎我们去做罢了！他们不赞成我的主张，也许因我没有先将此案要义提出和教育界讨论所致，现在我准备下次有机会再提此案，盼望国内人士多多赐教。

江浙两省各县地方教育经费的调查和比较

杜佐周　杨思杰*

一、本调查的目的

地方教育经费问题的重要，为常人所共晓，此地无须赘述。教育经费的多寡及其支配的得失，关系于教育前途甚大，若不有实地的调查与夫系统的分析研究，非特不能知其全豹，且亦难以估评其效用。江浙两省的富裕及其教育经费的充足，素为全国冠；但其程度究竟如何，仍未有详细的调查与研究。此乃提出本问题的主要原因。

二、调查的方法与经过

调查的表格分为二部：一为教育经费来源，二为教育经费分配。教育经

* 杜佐周(1895—1974)，字纪堂，浙江东阳人。武昌高等师范学校毕业，入美国爱荷华州立大学研读教育学，获哲学博士学位。历任武汉大学文学院院长、厦门大学教育心理系主任、暨南大学秘书长、国立英士大学校长、国立社会教育学院教授。主要著作有《教育与学校行政原理》《小学行政》《普通教育》等。

杨思杰，生平不详，时为厦门大学学生。

本文原载于《厦门大学学报》1934年第2卷第2期；另有单行本发行(1934年)，为厦门大学教育学院研究丛刊之一。——编校者

费来源分政府补助、捐税、产息、捐款、学费及“其他”六项。政府补助项下又分省、县、地方三目。捐税则未书明何种，而由填报者代为填写。产息项下又分田产、地产、房屋、基金息四项。教育经费分配分教育行政、学校教育、社会教育及“其他”四项。教育行政项下又分教育局、教育经费管理处、教育委员会及“其他”四目。学校教育项下又分特殊学校、幼稚园、初级小学、高级小学、完全小学、实验小学、初级补习学校、初级中学、高级中学、完全中学、中等补习学校、职业中学、师范学校及“其他”十四目。社会教育项下又分图书馆、阅报所、教育馆、讲演所、民众茶社、体育馆、问字处、民众学校及“其他”九目。其格式见下：

县教育经费来源及支配调查表

________省________县　　民国　　年　　月　　日

<table>
<tr><th colspan="3">项　　目</th><th>圆　数①</th><th>占总额百分比*</th><th>备　注</th></tr>
<tr><td rowspan="17">全县每年教育经费来源</td><td rowspan="4">政府补助</td><td>省</td><td></td><td></td><td></td></tr>
<tr><td>县</td><td></td><td></td><td></td></tr>
<tr><td>地方</td><td></td><td></td><td></td></tr>
<tr><td>合计</td><td></td><td></td><td></td></tr>
<tr><td rowspan="13">捐税</td><td>1.</td><td></td><td></td><td></td></tr>
<tr><td>2.</td><td></td><td></td><td></td></tr>
<tr><td>3.</td><td></td><td></td><td></td></tr>
<tr><td>4.</td><td></td><td></td><td></td></tr>
<tr><td>5.</td><td></td><td></td><td></td></tr>
<tr><td>6.</td><td></td><td></td><td></td></tr>
<tr><td>7.</td><td></td><td></td><td></td></tr>
<tr><td>8.</td><td></td><td></td><td></td></tr>
<tr><td>9.</td><td></td><td></td><td></td></tr>
<tr><td>10.</td><td></td><td></td><td></td></tr>
<tr><td>11.</td><td></td><td></td><td></td></tr>
<tr><td>12.</td><td></td><td></td><td></td></tr>
<tr><td>合计</td><td></td><td></td><td></td></tr>
</table>

① 数字单位为“元”。——编校者

（续表）

项目			圆数	占总额百分比*	备注
全县每年教育经费来源	产息	田产			
		地产			
		房产			
		基金息			
		合计			
	捐款				
	学费				
	其他				
	各项来源总额				
全县每年教育经费支配	教育行政	教育局			
		教育经费管理处			
		教育委员会			
		其他			
		合计			
	学校教育	特殊学校			
		幼稚园			
		初级小学			
		高级小学			
		完全小学			
		实验小学			
		初级补习学校			
		初级中学			
		高级中学			
		完全中学			
		中等补习学校			
		职业中学			
		师范学校			

（续表）

项目				圆数	占总额百分比*	备注
全县每年教育经费支配	学校教育	其他				
			合计			
	社会教育	图书馆				
		阅报所				
		教育馆				
		讲演所				
		民众茶社				
		体育场				
		问字处				
		民众学校				
		其他				
		合计				
	其他	1.				
		2.				
		3.				
		4.				
		5.				
		6.				
		合计				
	各项费用总额					

* 该项如无已经核算之确数，可由调查者代为核算填写。

在调查表格的下面，附有下列问题：

1. 贵县教育经费如何筹划？

2. 筹划教育经费方面有何困难？

3. 将来拟用何种改进计划？

4. 贵县教育经费归何人或何机关保管？

5. 对于保管方面有何意见？

6. 贵县支配教育经费根据何种标准？

7. 分配教育经费方面有何困难？

8. 将来拟如何改良？

9. 根据贵局长过去之经验，对于地方教育经费一项有何感想及高见？

10. 贵局长对于此种调查有何高见？

调查表格的寄发，系由厦门大学教育学院函请江浙两省教育厅代劳，同时并请其令知各县教育局克日填报。计江苏省共发六十一份，浙江省共七十五份。

可是截至民国二十二年[1933]十月底止，所收到的表格，在江苏省只有廿六份，仅占全省县数百分之四十二有奇，在浙江省只廿九份，仅占全省县数百分之三十八有奇。这种结果，未免有点令人失望！其所以致此的理由，就作者推测，不外下列几种：

1. 有些县份因无现成的统计，无从填写。

2. 有些县份因教育经费过于支绌，不愿填写。

3. 填写表格纯系义务性质，有些县份不愿费神合作。

关于一，是不是应该有这种现象，关于二和三，是不是应该有这种态度，我们不愿多言。不过我们可以说这种现象和态度，是研究教育问题的工作中一种最不幸的情形。

至于调查表格后面所附的问题，在江苏省，十条都答复的有八县，答复不完全者亦有八县。在浙江省，完全答复者有十五县，部分答复者亦有八县。其余两省的县份都未答复的。

以这样少数县份的填报（两省均不及半数）似乎不足以代表一般的情形。不过，根据事实报告出来，未始没有相当的价值。

三、材料的整理

整理材料的方法，系将两省分别计算，然后再加以比较。就中以江苏一省为例，申述于次：

将表格分为两部整理。一部分属于来源方面，先制成一个总表，如“表一”。再分别列成几个分表，如“表二”“表三”“表四”。他部分属于分配方面，亦先制成一个总表，如“表五”。再分别列成几个分表如“表六”“表七”“表八”“表九”。在每表上并各求出其百分比、大小距、平均数、上下四分点及四分点差。兹先述各表的意义如下：

“表一”表示江苏各县教育经费各项来源的款数及其总额的比较。

“表二”表示各县政府补助，如省库、县库、地方各项的款数，及其总额的比较。

“表三”表示各县捐税的项目、款数，及其总额的比较。

“表四”表示各县产息，如田产、地产、房产、基金息各项的款数，及其总额的比较。

“表五”表示各县各项教育经费分配的款数及其总额的比较。

“表六”表示各县教育行政经费的项目、款数及其总额的比较。

“表七”表示各县学校教育经费的项目、款数及其总额的比较。

“表八”表示各县社会教育经费的项目、款数及其总额的比较。

“表九”表示各县“其他”面经费的项目、款数及其总额的比较。

以上是说到经费来源与分配两方面的整理方法。至于表格后面所附问题的整理，因为收到的县份不多，而且其中答复完全的又很少，故其整理的方法亦比较简单，不过将大多数的意见举列出来罢了。

他若浙江省的材料的整理，完全与江苏省的一样，并无赘述的必要。以下将分省叙述之。

四、江苏省的地方教育经费概况

江苏省填答复表格的县份共有二十六，为镇江、江宁、溧水、丹阳、扬中、上海、南汇、青浦、川沙、嘉定、宝山、海门、吴县、昆山、吴江、武进、无锡、如皋、涟水、仪征、兴化、萧县、睢宁、灌云、沭阳及赣榆。

各县教育经费的来源，最多的为如皋，每年共 495 333.579 元，最少的为扬中，只 32 058 元，相差至四十余万，可见贫富的悬殊！各县平均为 208 399 元，而达到此数者有十县。上四分点为 302 537.06 元，下四分点为 94 851.26 元，四分点差则为 103 842.9 元。可见，各县彼此每年教育经费相差很多。

政府补助，可说很少，只占各县来源总数 3.92%。就中有补助的县份只镇江、上海、宝山、海门、吴县、无锡、如皋及萧县八县。可见，政府补助一项，在江苏省并不占经费来源很重要的地位。不过，有一特殊现象，就是萧县与镇江两县的政府补助特别多。前者竟达到总收入 88.01%，而后者也达到 31.56%。

捐税一项，各县都有，而且各县的教育经费来源大都依靠此项的收入，约占各县总数 74.52%。以数额言，最多者为如皋，达 469 120.779 元；最少者为萧县，有 3 420.93 元。以所占某县收入之百分比言，最高者亦为如皋，竟至 94.71%；最低者亦为萧县，只 4.15%。此两县有一种相反的情形，即政府补助一项如皋县的百分比最低，而萧县的最高；反之，捐税一项如皋县的百分比最高，而萧县的最低。萧县捐税之少，为一种特殊的现象。其余的县份，除上海及灌云外，均在 50%以上。

产息收入，也是各县都有。不过，除上海及沭阳两县外，所占的百分比都不高，占各县的总收入只有 6.65%。

捐款只六县有之，所占的百分比为各项来源中的最低者，只 0.19%。数额最多的为无锡，也不过四千余元而已。这并不是一种很坏的现象，因为捐款每不能计入于预算之内的！英国塔尼(R. H. Tawney)[①]说得好："私人的捐款，其盖然性也不高，因为无论在任何种情境当中，教育决不可靠富人恩典的机会。"(见叶启芳译塔尼《社会主义之教育政策》)

学费项下，江宁、扬中及赣榆三县没有填，岂均不收学费？抑系遗漏？武进一县，原来注明系指学杂宿费而言，故其数额亦最多，有 119 910 元。最少者为仪征县，仅 500 元。

---

① 今译"托尼"(R. H. Tawney，1880—1962)，英国经济史学家，成人教育的重要支持者。1931—1932 年以国际联盟教育顾问的身份访华。——编校者

表一 江苏省县教育经费来源总比较表

县别＼项目	政府补助		捐税		产息		捐款		学费		其他		各项来源合计
	数额①	占合计百分比	数额	占合计百分比	数额	占合计百分比	数额	占合计百分比	数额	占合计百分比	数额	占合计百分比	
镇江	70 200	31.16	153 632	61.22	6 363	2.54			11 196	4.46	548	0.22	250 930
江宁			115 442.77	94.00	7 373	6.00							122 815.77
溧水			59 055.88	80.16	2 192.95	2.98			1 680	2.28	10 742.58	14.58	73 671.41
丹阳			168 440.66	88.43	6 813	3.58			14 753.80	7.75	480	0.25	190 487.46
扬中			27 458	85.65	4 600	14.35							32 058
上海	13 000	9.20	67 423	47.73	53 236	37.71			7 318	5.18	250	0.18	141 227
南汇			200 805.29	68.36	9 337.60	3.09			27 085	8.95	59 309.17	10.60	302 537.06
青浦			163 224	89.12	10 880	5.96			9 000	4.29			183 104
川沙			49 787	63.01	5 241	6.63	1 370	1.73	20 177	25.54	2 434	3.08	79 009
嘉定			107 116	51.07	3 860	1.84			12 215	5.82	86 532.57	41.26	209 723.57
宝山	9 100	7.02	102 671	79.15	7 630	5.88			8 500	6.55	1 810	1.40	129 711
海门	2 426.22	1.54	109 941	69.95	15 212.88	9.68	35	0.02	27 420	17.45	2 128	1.35	157 163.1
吴县	31 040	6.33	368 131	75.11	63 200	12.80			27 760	5.66			490 131
昆山			224 664	85.35	31 664	12.03	1 200	0.46	5 200	1.98	504	0.19	263 232
吴江			292 514	89.97	16 270	5.00			11 346	3.49	5 006	1.54	325 120
武进			296 643	68.35	12 246.48	2.82			119 910	27.63	5 200	1.20	433 999.49
无锡	3 600	0.87	292 160	70.31	11 830	2.85	4 110	0.90	103 828	24.99			415 528
如皋	1 930	0.39	469 420.779	94.71	5 026.80	1.01			19 256	3.89			495 633.579
涟水			163 078.457	88.38	9 982.715	5.41	1 800	0.98	9 660	5.24			184 521.172
仪征			75 914	92.83	5 106	6.25			500	0.61	210	0.26	81 730
兴化			236 580	66.66	13 078	3.68			2 840	0.80	102 415	28.86	354 913
萧县	72 605.9	88.01	3 420.93	4.15	5 210	6.32			1 106	1.34	149.9	0.48	82 492.73
睢宁			38 698	75.91	9 278	18.20			3 000	5.89			50 976
灌云			80 238.41	46.32	18 062.69	10.69	2 000	1.29	3 900	2.78	66 309.84	38.92	170 530.97②
沭阳			81 793.61	74.29	22 047.2	20.03			6 252	5.68			110 092.81
赣榆			89 551.26	94.40	5 300	5.59							94 851.26
共计	212 902.12	3.92	4 043 504.076	74.52	361 061.315	6.65	10 515	0.19	453 802.80	8.37	344 023.06	6.34	5 425 898.371

大小距＝32 058—495 333.579　平均数＝208 688.399　下四分点＝94 851.26　上四分点＝302 537.06　四分点差＝103 842.90

① “数额”及“各项来源总计”栏的数字单位为“元”。——编校者

② 此行数据有误，但原文如此。——编校者

“其他”一项的收入，十六县有之。最多者为兴化，年计102 415元，最少者为仪征，共210元。占收入的百分比最高者为嘉定，达41.26%，其次为灌云，又次为兴化。

从大体上看来，江苏省的教育经费来源，最多者为捐税，其次为学费，又次为产息，又次为“其他”，又次为政府补助，最少为捐款。以学费的收入而占第二位，似乎不是一种提倡教育的合理现象。

以上是江苏省各县教育经费来源的大概情形，其详细数目可阅表一。

根据调查表格所列的项目，来源有政府补助、捐税、产息、捐款、学费及“其他”六项。除捐款、学费及“其他”三项在原调查表上并未再分细目，此地无须分别说明外，现将其余各项分别说明如次：

政府补助项下，又分省库、县库、地方三种。受政府补助的县数，只有八县，为镇江、上海、宝山、海门、吴县、无锡、如皋及萧县。其中以镇江为最多，共79 200元，以如皋为最少，共1 930元。就受补助的县份而言，平均数为26 612.765元，上四分点为51 822.95元，下四分点为3 013.11元，四分点差为24 404.92元。

政府的补助以县库为最多，占全数49.15%，其次为省库，44.53%，最少为地方，6.31%。

详情请阅表二，惟表中上海之省库补助原注系市政府补助，附此注明。

表二　江苏省县教育经费来源分比较表——政府补助

项目／县别	省库		县库		地方		合计
	数额①	占合计百分比	数额	占合计百分比	数额	占合计百分比	
镇江	72 000	90.91			7 200	9.09	79 200
江宁							
溧水							
丹阳							
扬中							
上海	12 000	92.31			1 000	7.69	13 000
南汇							
青浦							

① “数额”“合计”栏数字单位为“元”。——编校者

（续表）

县别＼项目	省库		县库		地方		合计
	数额	占合计百分比	数额	占合计百分比	数额	占合计百分比	
川沙							
嘉定							
宝山	8 400	92.31			700	7.69	9 100
海门	2 426.22	100.00					2 426.22
吴县			31 040	100.00			31 040
昆山							
吴江							
武进							
无锡					3 600	100.00	3 600
如皋			900	51.29	940	48.70	1 930
涟水							
仪征							
兴化							
萧县			72 605.9	100.00			72 605.9
睢宁							
灌云							
沭阳							
赣榆							
共计	94 826.22	44.53	104 635.9	49.15	13 440	6.31	212 902.12

大小距＝1 930—79 200　平均数＝26 612.765　下四分点＝3 013.11　上四分点＝51 822.95　四分点差＝24 404.92

以下我们谈到捐税。

统计时最感困难者，为捐税一项。名目繁多，固不必论；且有许多县份，填写名目极不一致。有的逐一填写，有的合二项或数项填写，因之于分别上甚觉不易。如亩捐一项，有合普教亩捐及义教亩捐一连填写者，亦有将普教亩捐与教育亩捐一连填写者。到底何者若干，无从查明。如契附税，有合契纸税一连填写者，同样的不能分别清楚。有些县份，且不注明何税，而只说“附税及带征”。如仪征县则仅以“杂税”完之。这种现象，也许是因为原调查表有点缺陷，因其未将捐税名目摘要写出，使填表者有所依据的缘故。

因为有这种情形，所以统计时只得尽量分开或合并。于合并时，原来已经注明或须特别声明者，均为注释于下。至于其余名目，概仍其旧。

亩捐——合普教亩捐、义教亩捐、教育亩捐及原填亩捐者而言，因多数县份均如此合并填写。

契附税——有指契附税者，有指验契附税者。如上海、青浦、萧县三县，则合契纸捐在内。

盐斤加价——南汇及吴县系指盐厘而言。

忙漕附税——嘉定注明合带征而言。

特捐——各县均未注明。

杂捐——各县均未注明。

因为有这种情形，所以很难知道各县教育捐税的种类确有若干。不过，大概情形也可从下表看出。其中种类最多者为南汇，有十四种，共 206 805.29 元；最少者为仪征，仅一种，共 75.914 元。但此县是一种特殊现象，因为不知杂捐一项，究竟包括有多少种。就全体言，以自四种至十种为最普通。

捐税中百分比最高者为亩捐，有 39.10。同时采用这项税目者亦最多，共十八县。其次采用最多者，为屠宰附税、契附税、箔类特税、忙漕附税等。采用箔类特税的县份有十六，但在各县捐税收入内所占的百分比并不甚高。不过，萧县是例外，共占捐税收入的百分比，竟达 70.92。这种收入颇不稳固，因教育愈普及，箔类税额将愈少。

捐税款额最多者为如皋县，共 469 120 779 元；最少者为萧县，共 3 420.93 元。各县的平均数为 155 519.388 元，上四分点为 224 664 元；下四分点为 75 914 元，四分点差为 74 395 元。

大概情形如上，详细可参阅表三，不过有一点应注意，就是捐税的种类并不尽如表中所列的。

复次，便是产息了。产息原分田产、地产、房产、基金息四项调查。百分比最高者为田产，其次为房产，又次为地产，最低者为基金息。产息收入最多者为吴县，共 63 200 元，最低者为溧水县，共 2 192.95 元。平均每县 13 886.974 元。上四分点为 15 212.88 元，下四分点为 5 241 元，四分点差为 4 985.94 元。在表四，嘉定县的田产款额，原注明合地产及房产而言。

表三　江苏省县教育经费来源分比较表——捐税(1)

县别＼税别	亩捐		牙帖附税		屠宰附税		契附税		中资捐		盐斤加价		箔类特税		田赋带征	
	数额①	占合计百分比	数额	占合计百分比	数额	占合计百分比	数额	占合计百分比	数额	占合计百分比	数额	占合计百分比	数额	占合计百分比	数额	占合计百分比
镇江																
江宁	78 000	67.57											606.55	0.53		
溧水	39 261.38	66.48			997.50	1.69	810	1.37	1 141	1.93	1 602	2.71	2 426.29	4.11		
丹阳	106 920	63.48	400	0.24	2 500	1.48	1 000	0.59	2 000	1.19			2 426.30	1.44		
扬中	18 040	65.70	210	0.75	741	2.71	100	0.36	150	0.55	1 000	3.64	2 426	8.84		
上海	39 587	58.71	180	0.27	451	0.67	900	1.33	2 810	4.17	1 440	2.14	2 426	3.60		
南汇	120 938.36	58.48	1 600	0.77	576	0.28	1 760	0.85	5 200	2.51	1 152	0.56	2 426.23	1.17		
青浦	100 926	61.83	270	0.17	3 000	1.84	1 170	0.72	2 000	1.23	720	0.44	2 426	1.48		
川沙	27 925	56.09	110	0.22	826	1.68	600	1.21	2 000	4.02	1 000	2.01	2 426	4.87		
嘉定	28 594.63	26.71														
宝山															87 865	85.58
海门	96 000	87.32	220	0.20	1 600	1.48	200	0.18	300	0.27	200	0.18				
吴县	140 400	38.14	10 000	2.72	6 000	1.63					7 224	1.90	2 426	0.66		
昆山	137 698	61.29	550	0.24	3 520	1.57	4 900	2.18			1 500	0.67	2 426	1.08		
吴江	107 221	36.66	1 000	0.34	5 821	1.99	1 000	0.34	1 000	0.34	2 500	0.85	2 500	0.85		
武进																
无锡			846	0.29	9 720	3.33	6 240	2.14	9 173	3.35	6 396	2.19	2 426	0.83	239 522	81.98
如皋	315 876.662	67.33	8 000	0.64	9 000	1.92	10 000	2.14								
涟水																
仪征																
兴化																
萧县			100	2.92	400	11.69	100	2.92	150	4.39			2 426.22	70.92		
睢宁	26 145	67.56														
灌云	67 856.29	84.57	100	0.12	1 133	1.42	3 000	3.74					2 426.27	3.02		
沭阳	61 479.95	75.16	90	0.11	468.33	0.57	2 012	2.46	1 112	1.36			2 426.22	2.97		
赣榆	68 020	75.96	250	0.28	3 281.5	3.66	990	1.11	900	1.01			2 426	2.71		
共计	1 580 889.272	39.10	189.6	0.47	50 038.33	1.24	31 782	0.86	28 536	0.71	24 734	0.61	37 072.08	0.92	327 357	8.15

① “数额”栏数字单位为“元”。——编校者

表三　江苏省县教育经费来源分比较表——捐税(2)

税别/县别	忙漕附税		忙漕带征		田亩特税		地价税		货物杂捐		营业杂捐		市乡附税		渔　税	
	数额①	占合计百分比	数额	占合计百分比	数额	占合计百分比	数额	占合计百分比	数额	占合计百分比	数额	占合计百分比	数额	占合计百分比	数额	占合计百分比
镇江							121 967	79.39								
江宁	13 950	12.08													50	0.04
溧水																
丹阳	44 474.36	36.41							2 200	1.31	4 920	2.92				
扬中	3 788	13.80														
上海	18 973	28.14									336	0.50				
南汇	44 787.61	21.66	9 580.08	4.64												
青浦	52 177	31.97														
川沙							10 514	21.12								
嘉定	69 675.15	65.05														
宝山																
海门	4 260	3.87									4 961	4.51				
吴县							88 302	23.99								
昆山							74 070	32.98								
吴江	92 065	31.17	65 007	22.22					12 400	4.24						
武进																
无锡																
如皋	13 242.527	2.82			71 117.37	15.16										
涟水																
仪征																
兴化							205 928	87.05								
萧县																
睢宁	2 728	7.05	7 825	20.22							2 000	5.17				
灌云	533.62	0.66	1 619.57	2.02					1 602	2.00			1 867.69	2.33		
沭阳	13 993.64	17.11							100	0.12						
赣榆	6 728.76	7.51							3 795	4.24	1 000	1.12				
共计	381 376.667	9.43	84 040.65	2.08	71 117.37	1.76	500 781	12.38	20 097	0.50	13 217	0.33	1 867.69	0.046	50	0.001 2

① “数额”栏数字单位为“元”。——编校者

表三　江苏省县教育经费来源分比较表——捐税(3)

税别 县别	灶地附税		杂税附税		荡折附税		渔芦柴捐		芦课附税		屯芦场灶渔课附税		县税附税		教育行政费	
	数额①	占合计百分比	数额	占合计百分比	数额	占合计百分比	数额	占合计百分比	数额	占合计百分比	数额	占合计百分比	数额	占合计百分比	数额	占合计百分比
镇江			7 310	4.76												
江宁			4 550	3.96												
溧水													8 473.68	14.35	1 959.53	3.32
丹阳									600	0.36						
扬中																
上海											320	0.48				
南汇	3 324.30	1.61							2 057.81	0.99						
青浦									35	0.02						
川沙	1 867	3.75					170	0.34								
嘉定			3 500	3.27												
宝山			3 080	3.00												
海门																
吴县																
昆山																
吴江																
武进			14 665	4.94												
无锡																
如皋	10 000	2.13														
涟水			1 153	0.71												
仪征																
兴化	2 530	1.07														
萧县																
睢宁																
灌云					100	0.12										
沭阳											111.47	0.12				
赣榆																
共计	17 723.30	0.44	342.58	0.85	100	0.002 5	170	0.004 2	2 692.81	0.067	431.47	0.017	8 473.68	0.21	1 959.53	0.048

① "数额"栏数字单位为"元"。——编校者

表三　江苏省县教育经费来源分比较表——捐税(4)

税别 县别	师范经费		横沙特捐		附税及带征		经忓捐		筵席捐		登录捐		船照捐		过割费		海会捐	
	数额①	占合计百分比	数额	占合计百分比	数额	占合计百分比	数额	占合计百分比	数额	占合计百分比	数额	占合计百分比	数额	占合计百分比	数额	占合计百分比	数额	占合计百分比
镇江																		
江宁																		
溧水	1 553.50	2.63																
丹阳											1 000	0.59						
扬中																		
上海																		
南汇									480	0.23								
青浦																		
川沙			208	0.42														
嘉定																		
宝山																		
海门													2 200	2.00				
吴县									15 000	4.07								
昆山																		
吴江																		
武进					234 931	79.20												
无锡							3 557	1.22	13 680	4.68								
如皋															5 000	1.07		
涟水					157 018.228	96.28												
仪征																		
兴化																		
萧县																	30	0.88
睢宁																		
灌云																		
沭阳																		
赣榆																		
共计	1 553.50	0.038	208	0.005 2	391 949.228	9.69	3 557	0.088	29 160	0.72	1 000	0.025	2 200	0.054	5 000	0.12	30	0.000 74

① “数额”栏数字单位为“元”。——编校者

表三　江苏省县教育经费来源分比较表——捐税(5)

税别 县别	庙贴费		米捐		省忙银手数料		房捐		茧捐		特捐		杂捐		学捐		合计
	数额①	占合计百分比	数额	占合计百分比	数额	占合计百分比	数额	占合计百分比	数额	占合计百分比	数额	占合计百分比	数额	占合计百分比	数额	占合计百分比	
镇江											12 120	7.89	12 235	7.96			153 632
江宁											12 326.22	10.68	5 960	5.16			115 442.77
溧水													831	1.41			59 055.88
丹阳																	168 440.66
扬中									1 000	3.64							27 458
上海																	67 423
南汇	200	0.09													12 713.90	6.15	206 805.29
青浦			500	0.31													163 224
川沙							2 139	4.29									49 787
嘉定											5 346.22	4.99					107 116
宝山											11 426	11.13	300	0.29			102 671
海门																	109 941
吴县							98 779	26.83									368 131
昆山																	224 664
吴江					2 000	0.68											292 514
武进											42 262	14.25	4 785	0.62			296 643
无锡																	292 160
如皋											15 926.22	3.40	15 958	3.40			469 120.779
涟水											3 506.220	2.15	1 401	0.86			163 078.457
仪征													75 914	100.00			75 914
兴化											8 743	3.70	19 379	8.19			236 580
萧县	214.71	6.28															3 420.93
睢宁																	38 698
灌云																	80 238.44
沭阳																	81 793.61
赣榆							2 160	2.41									89 551.26
共计	414.71	0.010	500	0.011	2 000	0.049	103 078	2.55	1 000	0.025	111 655.889	2.75	136 763	3.38	12 713.90	0.31	4 043 504.076

大小距＝3 420.93—469 120.779　平均数＝155 519.388　下四分点＝75 914　上四分点＝224 664　四分点差＝74 395

① “数额”栏数字单位为“元”。——编校者

表四　江苏省县教育经费来源分比较表——产息

项目 县别	田产		地产		房产		基金息		合计
	数额①	占合计百分比	数额	占合计百分比	数额	占合计百分比	数额	占合计百分比	
镇江	1 620	25.18	1 598	25.11	1 868	29.36	1 295	20.35	6 363
江宁	3 513	47.65	260	3.53	3 600	48.83			7 373
溧水	2 102.95	95.89	20	0.92	70	3.19			2 192.95
丹阳	6 585	96.65			228	3.35			6 813
扬中	4 600	100.00							4 600
上海	5 874	11.03	2 519	4.73	42 502	79.84	2 341	4.40	53 236
南汇			8 000	85.68			1 337.60	14.33	9 337.60
青浦	9 200	84.56	1 680	15.44					10 880
川沙	3 201	61.08	1 800	34.34	240	4.58			5 241
嘉定	1 800	46.63					2 060	53.37	3 860
宝山	5 750	75.36					1 880	24.64	7 630
海门	15 118.8	99.39					94.08	0.61	15 212.88
吴县	63 200	100.00							63 200
昆山	23 160	73.14			640	2.02	7 864	24.84	31 664
吴江			11 750	72.22	120	0.74	4 400	27.04	16 270
武进			12 246.48	100.00					12 246.48
无锡	8 200	69.32					3 630	30.68	11 830
如皋	3 450	68.63			936.8	18.64	640	12.74	5 026.8
涟水	9 928.715	100.00							9 982.715
仪征	5 000	97.92	48	1.65	22	0.43			5 106
兴化	12 432	95.06	150	1.15	496	3.79			13 078
萧县	710	13.63	4 500	86.37					5 210
睢宁	9 278	100.00							9 278
灌云	18 082.69	100.00							18 082.69
沭阳	21 029.20	95.38					1 018	4.62	22 047.20
赣榆	5 300	100.00							5 300
共计	239 171.355	66.24	44 607.48	12.35	50 722.82	14.05	26 559.68	7.36	361 061.315

大小距=2 192.95—63 200　平均数=13 886.974　下四分点=5 241　上四分点=15 212.88　四分点差=4 985.94

① “数额”栏数字单位为“元”。——编校者

经费来源的情形既如上述，支配方面又如何呢？就大概的情形言，支配的多寡每受来源多寡的影响。试举二个极端的例子。如如皋一县，收入最多，支出亦最多，年为524 133.579元；扬中一县收入最少，支出亦最少，年为32 058元。这两县教育事业的悬殊，于此不难想见。就平均数言，每县支出201 402.247元，上四分点为302 537.06元，下四分点为79 009元，四分点差为111 764.03元。

支配于各方面的经费，各县似乎没有一致的标准，此自然因为各县的情形不同。不过兴化一县却有点特别，即支配于学校教育者特少，而于"其他"一项却特多，一为22.67%，一为67.20%。就大体言，支配最多者为学校教育经费，占59.07%；其次为"其他"一项，占24.59%；又次为社会教育经费，占10.50%；最低者为教育行政经费，仅占5.84%。沭阳县没有教育行政经费的支配，原注"教育局奉令改科，行政费尚未规定，无从填列"。于此可知，教育经费的大部分是用于学校教育方面的。详情见表五。

以下分别讨论教育行政、学校教育、社会教育及"其他"各项经费。

先谈教育行政的经费。年支最多者为如皋县，约30 237.029元；最少者为扬中县，约4 220元。平均每县年支12 210 961元；上四分点为15 967元，下四分点为8 067元，四分点差为3 950元。沭阳县因原来款数未填，故未计算在内。

支配于教育局者占大部分，其次为"其他"，又次为教育经费管理处，复次为教育委员会。就表六，尚可得到一种事实，就是设立教育经费管理处者，只武进一县；设立教育委员会者，只睢宁及灌云两县。其他诸县似乎没有这种机关；否则，何以没有这项经费的支配？

次谈学校教育的经费。支配最多者为吴县，约366 412元；最少者为扬中县，约13 627元。平均每县年支118 979.689元；上四分点为155 193元，下四分点为44 596元，四分点差为55 298.5元。

学校教育原分特殊学校、幼稚园等项调查。其中占总额百分比最高者为初级小学，50.55%。惟南汇与兴化两县没有这项支配，似乎全部均支配在义务教育项下。其次为完全小学，占14.37%；又次为高级小学，占10.07%。表七上江宁县完全小学一项，原注明指高级、完全、实验小学三项而言。南汇有

表五　江苏省县教育经费支配总比较表

项目 县别	教育行政		学校教育		社会教育		其他		各项费用总额
	数额①	占总数百分比	数额	占总数百分比	数额	占总数百分比	数额	占总数百分比	
镇江	14 300	9.13	108 882	69.55	19 041	12.16	14 322	9.15	156 545
江宁	13 800	11.24	74 381	60.56	12 000	9.77	22 634.57	18.43	122 815.57
溧水	5 548	7.59	30 160.63	41.22	11 894.95	16.26	25 567.83	34.92	73 171.41
丹阳	10 500	5.51	111 876.27	58.73	29 558.65	15.52	38 252.23	20.24	190 487.15
扬中	4 220	13.16	13 627	42.51	4 568	14.25	9 643	30.08	32 058
上海	16 817	11.91	78 933	55.89	16 164	11.45	29 313	20.75	141 227
南汇	15 914	5.16	233 678.50	77.24	47 343.56	15.65	5 901	1.95	302 537.06
青浦	8 993	4.91	126 480	72.93	19 640	6.81	28 291	15.35	183 104
川沙	7 680	9.72	46 962	59.44	10 790	13.66	13 577	17.18	79 009
嘉定	14 206	6.77	133 497.64	58.89	19 619.02	9.35	52 400.91	24.99	209 723.57
宝山	8 809	6.79	72 483	55.88	13 819	10.65	34 600	26.68	129 711
海门	8 820	5.23	86 030.529	54.74	13 077.558	8.32	49 835.013	31.71	157 163.1
吴县	22 032	4.50	366 412	74.76	57 588	11.75	44 099	9.00	490 131
昆山	13 710	5.21	155 193	58.96	25 528	9.70	68 801	26.14	263 232
吴江	17 532	5.39	174 540	53.68	27 533	8.47	105 515	32.46	325 120
武进	16 320	3.76	292 692.54	67.44	30 380	7.00	94 607.20	21.80	433 999.74
无锡	19 708	4.74	310 527	74.73	39 441	9.49	45 852	11.03	415 528
如皋	30 237.029	5.77	265 848.440	50.72	42 716.40	8.15	185 331.710	35.36	524 133.579
涟水	8 754	4.74	89 507	48.51	21 126.672	11.45	65 133.560	35.30	184 521.232
仪征	5 848	9.54	41 145	67.12	12 420	20.26	1 890	3.08	61 303
兴化	13 000	3.66	80 469	22.67	22 947	6.47	238 497	67.20	354 913
萧县	8 538	10.35	57 289.06	69.45	14 767.96	17.89	1 898.71	2.30	82 493.73
睢宁	4 114	10.76	31 024	75.60	5 600	13.65			41 038
灌云	8 560	5.02	39 508	23.17	11 337	6.64	111 125.97	65.16	170 530.97
沭阳			44 596	80.31	10 934	19.69			55 530
赣榆	7 914	14.02	38 029.3	67.39	10 489	18.58			56 432.3
共计	305 274.029	5.84	3 093 471.907	59.07	550 323.77	10.50	1 287 388.703	24.59	5 236 458.411

大小距=32 058—524 133.579　平均数=201 402.347　下四分点=79 009　上四分点=302 537.06　四分点差=111 764.03

① “数额”栏数字单位为“元”。——编校者

表六　江苏省县教育经费支配分比较表——教育行政

项目 县别	教育局		教育经费管理处		教育委员会		其　他		合　计
	数额①	占合计百分比	数额	占合计百分比	数额	占合计百分比	数额	占合计百分比	
镇江	14 300	100.00							14 300
江宁	13 800	100.00							13 800
溧水	4 658	83.96					890	16.04	5 548
丹阳	8 220	78.29					2 280	21.71	10 500
扬中	3 996	94.69					224	5.31	4 220
上海	12 662	75.29					4 155	24.71	16 817
南汇	13 220	84.67					2 394	15.33	15 614
青浦	8 993	100.00							8 993
川沙	5 660	73.69					2 020	26.30	7 680
嘉定	6 906	48.61					7 300	51.39	14 206
宝山	8 809	100.00							8 809
海门	8 220	100.00							8 220
吴县	22 032	100.00							22 032
昆山	9 796	71.45					3 914	28.55	13 710
吴江	17 532	100.00							17 532
武进	14 880	91.18	1 254	7.66			190	1.16	16 320
无锡	16 320	82.81					3 388	17.19	19 708
如皋	16 320	53.76					13 917.029	46.23	30 237.029
涟水	8 754	100.00							8 754
仪征	5 248	89.74					600	10.26	5 848
兴化	7 741	59.55					5 259	40.45	13 000
萧县	8 538	100.00							8 538
睢宁	4 144	93.88			270	6.12			4 414
灌云	8 520	99.55			40	0.45			8 560
沭阳									
赣榆	7 914	100.00							7 914
共计	257 183	84.24	1 250	0.41	310	0.10	46 531.029	15.24	305 274.029

大小距＝4 220－30 237.029　平均数＝12 210.961　下四分点＝8 067　上四分点＝15 967　四分点差＝3 950

① “数额”栏数字单位为“元”。——编校者

经常费一项，不知何指。

实验小学，连江宁县计算在内，只有五县已有设立。至于完全中学或高级中学，没有一县有之。其中两县有职业中学，十七县有师范学校。

就全体言，经费支配于初等教育者最多，其次则为中等教育，详表七。

又次，便是社会教育方面。最多的为吴县，年支 57 588 元；最少的为扬中，年支 4 568 元。每县平均支出为 21 166.299 元；上四分点为 27 533 元，下四分点为 11 894.95 元，四分点差为 7 819.025 元。

在表八有一点应注明的，就是江宁县社会教育经费的款数为 12 000 元，只填总数，并未分项填写。故于计算总百分比时，未将该县计入。

除江宁县未知外，在二十五县中，八县没有图书馆，一县没有教育馆及民众学校，两县没有体育场。在没有图书馆的八县中，四县设有阅报处。南汇一县，有一条经常费，数目达到 28 482 元之多，未知用在何处？观其图书馆、教育馆等项目全未填写，似乎是用在这方面的。如果这种推测是对的话，那么我们可以说各县都有教育馆的设立了(除江宁未知外)。

就全体言，支出最多的为教育馆，占 50.40%。在赣榆，这项所占的百分比最高，吴江则最低。其次，图书馆、体育场及民众学校等都差不多。详情见表八。

最后便是“其他”方面的经费了。除睢宁、沭阳及赣榆三县外，都有此项开支，其中以兴化为最多，以仪征为最少。各县平均数为 55 973.422 元(没有开支的县份不计在内)。上四分点为 68 801 元，下四分点为 14 322 元，四分点差为 27 239.5 元。

在此应声明的，就是在“其他”项下有补助费、临时费及预备金等项目。此等项目在社会教育项下(有时学校教育亦有此等项目)亦有之。分类方法均依原来填在何处为准。因为不知其性质，未便擅为改动。但因为有这种情形，使我们不能不怀疑，有的性质完全一样，或竟被填入不同的项目之下。此种疑问，难于复按；但若真有这种现象的话，那么就会影响到各项的百分比。虽影响未必很大，但亦宜在此特别申明的。详情见表九。

上面是关于经费的来源和支配两方面的情形。至于问案的答复如何，便是下面所要讨论的材料。

表七　江苏省县教育经费支配分比较表——学校教育(1)

项目 县别	特殊学校		幼稚园		初级小学		高级小学		完全小学		初级补习学校		实验小学	
	数额①	占合计百分比	数额	占合计百分比	数额	占合计百分比	数额	占合计百分比	数额	占合计百分比	数额	占合计百分比	数额	占合计百分比
镇江			1 680	1.54	56 710	52.08	17 244	15.84					2 580	2.37
江宁			2 190	2.94	66 101	88.87			6 090	8.20				
溧水					26 778.63	88.79	3 382	11.21						
丹阳	2 400	2.15	1 708.80	1.58	68 080.80	60.85			9 532.8	8.52				
扬中					6 042	44.34			2 520	18.49				
上海			2 040	2.57	35 288	44.71			23 848	30.21				
南汇														
青浦					52 580	41.67			54 160	42.92				
川沙			618	1.32	34 839	74.19	7 462	15.86						
嘉定	2 000	1.62			70 865.96	57.38	16 224	13.14						
宝山					53 491	73.79	11 396	15.72						
海门	400	0.46			51 779.4	60.19	13 749	15.93						
吴县			9 020	2.46	164 452	44.88			148 944	40.65				
昆山	1 060	0.68	1 152	0.74	54 176	34.91			54 151	34.89			8 139	5.24
吴江			3 118	1.79	103 296	59.18	32 616	18.69						
武进			629.40	0.22	205 836.84	70.33	55 664.90	19.00			600	0.21		
无锡					199 792	64.34			78 236	25.19				
如皋			2 103.28	0.79	155 326.21	58.43	96 258.55	36.21						
涟水					54 156	60.50			21 869	24.43			3 810	4.26
仪征					13 608	33.08	27 537	66.93						
兴化							7 860	9.77						
萧县					16 704	29.16			14 328.8	25.01			9 744	27.01
睢宁					19 074	61.48	5 950	19.18						
灌云					14 550	36.83			16 150	40.88				
沭阳					23 864	53.53	16 436	36.86						
赣榆					16 210	42.63			14 750	38.79				
共计	5 860	0.19	24 259.48	0.78	1 563 600.84	50.50	311 779.45	10.07	444 579.6	14.37	600	0.019	24 273	0.78

① “数额”栏数字单位为“元”。——编校者

表七　江苏省县教育经费支配分比较表——学校教育(2)

项目 县别	初级中学		中等补习学校		职业中学		师范学校		整理私塾及师资训练		开办及扩充费		劳绩加俸及奖励金	
	数额①	占合计百分比	数额	占合计百分比	数额	占合计百分比	数额	占合计百分比	数额	占合计百分比	数额	占合计百分比	数额	占合计百分比
镇江							8 160	7.49					5 784	5.31
江宁														
溧水														
丹阳	6 657.8	5.94			1 800	1.61	8 194.8	7.32	600	0.54			1 000	0.90
扬中							2 400	17.61					168	1.24
上海	7 818	9.90	800	1.01			4 983	6.32	884	1.12				
南汇														
青浦	11 900	9.43					6 580	5.21					600	0.48
川沙									840	1.79			840	1.79
嘉定	7 490	6.06					4 217.68	3.42						
宝山							6 785	9.36						
海门	4 644	5.40					3 860	4.49						
吴县	14 040	3.83					15 616	4.26						
昆山	16 376	10.55					6 676	4.30	120	0.08	2 773	1.79	400	0.26
吴江	11 500	6.59					3 040	1.76			13 370	7.66		
武进	19 437.8	6.64			4 271	1.49	6 252.6	2.13						
无锡	26 570	8.56												
如皋	12 160.4	4.57												
涟水	7 368	8.22							400	0.45				
仪征														
兴化	6 000	7.47												
萧县							8 800	15.36	1 632	2.85			200	0.35
睢宁	2 500	8.06					3 500	11.28						
灌云	4 480	11.34					3 238	8.20	60	0.15				
沭阳							4 296	9.63						
赣榆							7 069.3	18.59						
共计	158 934	5.14	800	0.026	6 071	0.20	103 668.38	3.35	4 536	0.15	16 143	0.52	8 992	0.29

① “数额”栏数字单位为“元”。——编校者

表七　江苏省县教育经费支配分比较表——学校教育(3)

项目 县别	养老金		研究费		义务教育		童子军费		指导费		补助费		调查费	
	数额①	占合计百分比	数额	占合计百分比	数额	占合计百分比	数额	占合计百分比	数额	占合计百分比	数额	占合计百分比	数额	占合计百分比
镇江					12 140	11.15								
江宁														
溧水														
丹阳	384	0.34												
扬中			60	0.44									150	1.10
上海														
南汇					133 020.47	56.92								
青浦														
川沙							250	0.58			550	1.17		
嘉定														
宝山														
海门			337.629	0.39							9 208.5	10.70		
吴县	3 500	0.96							6 000	1.64	4 840	1.32		
昆山														
吴江											5 600	3.21		
武进														
无锡							900	0.29						
如皋														
涟水					1 272	1.42	640	0.72						
仪征														
兴化					66 609	82.76								
萧县											1 920	3.35		
睢宁														
灌云					460	1.16	570	1.44						
沭阳														
赣榆														
共计	3 884	0.13	397.629	0.013	213 501.47	6.90	2 360	0.076	6 000	0.19	22 118.5	0.72	150	0.004 8

① “数额”栏数字单位为“元”。——编校者

表七　江苏省县教育经费支配分比较表——学校教育(4)

项目/县别	讲习所		临时费		预备金		基　金		建筑校舍		其他		经常费		合　计
	数额①	占合计百分比	数额	占合计百分比	数额	占合计百分比	数额	占合计百分比	数额	占合计百分比	数额	占合计百分比	数额	占合计百分比	
镇江							4 584	4.21							108 882
江宁															74 381
溧水															30 160.63
丹阳			4 960.7	4.43			5 950	5.32			606.75	0.54			111 876.27
扬中			420	3.82			1 767	12.97							13 627
上海							1 766	2.24			1 506	1.91	40 850.80	17.48	78 933
南汇			9 902.83	4.24	49 904.40	21.36									233 678.50
青浦	360	0.28													176 180
川沙							1 563	3.33							46 962
嘉定			22 700	18.38											123 497.64
宝山			811	1.12											2 483
海门			900	1.05											86 030.529
吴县											1 152	1.34			366 412
昆山									10 107	6.55					155 193
吴江	2 000	1.15													174 540
武进															292 692.54
无锡							4 029	1.29							310 527
如皋											1 000	0.32			265 848.44
涟水															89 507
仪征															41 145
兴化															80 469
萧县			2 306	4.03	1 654.26	2.89									57 289.06
睢宁															31 024
灌云															39 508
沭阳															44 596
赣榆															38 029.3
共计	2 360	0.076	42 100.53	1.36	51 558.66	1.67	19 659	0.64	10 170	0.33	4 264.57	0.14	40 850.80	1.32	3 093 471.909

大小距＝13 627—366 412　平均数＝118 979.689　下四分点＝44 596　上四分点＝155 193　四分点差＝55 298.5

① “数额”栏数字单位为“元”。——编校者

表八　江苏省县教育经费支配分比较表——社会教育(1)

项目 县别	图书馆		阅报所		教育馆		讲演所		民众茶社		体育场		问字处		民众学校	
	数额①	占合计百分比	数额	占合计百分比	数额	占合计百分比	数额	占合计百分比	数额	占合计百分比	数额	占合计百分比	数额	占合计百分比	数额	占合计百分比
镇江	960	5.04			7 896	41.47	600	3.15			3 096	16.26			1 560	8.19
江宁																
溧水	1 116	9.39	360	3.03	5 760	48.42			384	3.23	1 672	14.06			700	5.88
丹阳	1 920	6.50			17 874	60.46					1 278	4.32				
扬中	120	2.63			1 812	39.67	180	3.94			636	13.92	480	10.51	160	3.50
上海					11 112	68.75					720	4.45			3 032	18.76
南汇																
青浦	1 320	6.73	400	2.04	10 200	51.08					1 320	6.73	200	1.02	2 400	12.22
川沙			300	2.78	7 680	71.18			100	0.93			100	0.93	700	6.49
嘉定	666.67	3.39			9 621.68	49.09	100	0.51			430.67	2.19			2 500	12.74
宝山					8 821	63.83					1 300	9.41			1 500	10.85
海门	2 256	17.25			4 320	33.03			72	0.55	1 172	8.96			2 198	16.81
吴县	5 400	9.37			38 520	66.89					3 180	5.52			5 000	8.68
昆山	2 018	7.91			13 840	54.21			334	1.31	3 206	12.56			1 200	4.70
吴江	1 372	4.98	2 160	7.85	8 235	29.91					2 530	9.19			2 736	9.94
武进	4 650	15.31	1 332	4.35	20 748	68.29					916	3.01			800	2.63
无锡	5 710	14.48			23 763	60.25					2 032	5.18			1 100	2.76
如皋	2 816	6.59			27 000	63.21					2 302	5.38			5 126.4	12.01
涟水			792	3.75	7 565.672	35.81					5 604	26.53			2 400	11.36
仪征	1 376	11.08			6 888	55.46					1 440	11.59			544	4.38
兴化					10 103	44.05			532	2.32	720	3.14			3 236	14.10
萧县			2 160	14.63	8 229	55.72					1 196	8.10			1 200	8.13
睢宁	800	14.29			2 200	39.29					800	14.29			1 000	17.86
灌云			2 480	21.88	4 800	42.34					930	8.20			1 800	15.89
沭阳	140	1.28	30	0.28	6 840	62.56			360	3.29	1 024	9.37			1 900	17.38
赣榆	500	4.77	500	4.77	7 489	71.40					600	5.72			1 400	13.35
共计	33 140.67	6.16	10 514	1.95	271 322.352	50.40	880	0.16	1 782	0.33	38 104.67	7.08			44 192.4	8.21

① “数额”栏数字单位为“元”。——编校者

表八 江苏省县教育经费支配分比较表——社会教育(2)

项目 县别	识字运动		补习学校		职业指导所		公 园		临时费		奖励金		巡回文库		基 金	
	数额①	占合计百分比	数额	占合计百分比	数额	占合计百分比	数额	占合计百分比	数额	占合计百分比	数额	占合计百分比	数额	占合计百分比	数额	占合计百分比
镇江			2 544	13.36											1 864	9.79
江宁																
溧水									960.68	8.08					9 422.27	7.92
丹阳									3 746.65	12.68					2 550	8.63
扬中	100	2.19							325	7.11					755	16.53
上海															1 000	6.19
南汇									2 200.49	4.65					7 256.30	15.32
青浦																
川沙	200	1.85					800	7.41			240	2.22			670	6.21
嘉定									6 300	32.11						
宝山													320	2.32	1 378	9.97
海门									53.558	0.41						
吴县	1 320	2.29	1 000	1.74			3 168	5.50								
昆山							1 720	6.82					1 350	5.29		
吴江																
武进																
无锡					340	0.86									2 772	7.03
如皋							1 728	4.05								
涟水							1 215	5.75								
仪征							960	7.74								
兴化																
萧县									1 124	7.61						
睢宁																
灌云	50	0.44							1 277	11.26						
沭阳							360	3.29								
赣榆			260	2.56												
共计	1 670	0.31	9 971	0.71	340	0.036	9 971	1.85	15 987.378	2.97	240	0.045	1 670	0.31	19 187.57	3.57

① “数额”栏数字单位为“元”。——编校者

表八　江苏省县教育经费支配分比较表——社会教育(3)

县别 \ 项目	辅助费		教养所		预备金		培养人材		添置费		农民教育馆		业余运动会		教育公有林	
	数额①	占合计百分比	数额	占合计百分比	数额	占合计百分比	数额	占合计百分比	数额	占合计百分比	数额	占合计百分比	数额	占合计百分比	数额	占合计百分比
镇江																
江宁																
溧水																
丹阳																
扬中																
上海																
南汇					9 404.77	19.86										
青浦	1 800	9.16														
川沙																
嘉定																
宝山			500	3.62												
海门							416	3.18								
吴县																
昆山																
吴江									9 920	36.03						
武进											1 934	6.37				
无锡																
如皋											3 744	8.77	700	3.31		
涟水																
仪征	444	3.57														
兴化															150	1.02
萧县					708.96	4.80										
睢宁																
灌云																
沭阳																
赣榆																
共计	2 244	0.42	500	0.093	10 113.73	1.88	416	0.077	9 920	1.84	5 678	1.05	700	0.13	150	0.028

① “数额”栏数字单位为“元”。——编校者

表八　江苏省县教育经费支配分比较表——社会教育(4)

县别＼项目	民教实验区		民众教育		理科实验区		其　他		经常费		合　计
	数额①	占合计百分比	数额	占合计百分比	数额	占合计百分比	数额	占合计百分比	数额	占合计百分比	
镇江							521	2.74			19 041
江宁											12 000
溧水											11 894.95
丹阳							2 190	7.41			29 558.65
扬中											4 568
上海							300	1.86			16 164
南汇									28 482	60.16	47 343.56
青浦			2 000	10.18							19 640
川沙											10 790
嘉定											19 619.02
宝山											13 819
海门	2 160	16.52	140	1.07	290	2.22					13 077.558
吴县											57 588
昆山					1 840	7.21					25 528
吴江							580	2.11			27 533
武进											30 380
无锡							3 724	9.44			39 441
如皋	2 850	13.49									42 716.40
涟水	768	6.18									21 126.672
仪征											12 420
兴化							8 351	36.39			22 974
萧县	800	14.29									14 767.96
睢宁											5 600
灌云											11 337
沭阳											10 934
赣榆											10 489
共计	6 578	1.22	2 140	0.40	2 130	0.40	15 666	2.91	28 482	5.29	550 323.77

大小距＝4 568—57 583　平均数＝21 166.239　下四分点＝11 894.95　上四分点＝27 533　四分点差＝7 819.025

① “数额”栏数字单位为“元”。——编校者

表九　江苏省县教育经费支配分比较表——其他

项目 / 县别	补助费		开会费		研究费		刊物费		特别费		临时费		基金		预备金		息金		其他		合计
	数额①	占合计百分比	数额	占合计百分比	数额	占合计百分比	数额	占合计百分比	数额	占合计百分比	数额	占合计百分比	数额	占合计百分比	数额	占合计百分比	数额	占合计百分比	数额	占合计百分比	
镇江	14 322	100.00																			14 322
江宁									10 413.65	46.01					12 220.92	53.99					22 634.57
溧水									120	0.47					15 205.25	59.47			10 242.58	40.06	25 567.83
丹阳															38 552.23	100.00					38 552.23
扬中	492	5.10			51	0.53									9 040	93.75			60	0.62	9 643
上海	540	1.84													18 282	62.37			10 491	35.79	29 313
南汇									5 901	100.00											5 901
青浦	760	2.69	520	1.84											24 711	87.35	1 200	4.24	1 100	3.89	28 291
川沙									2 860	21.07	2 964	21.83			7 753	57.10					13 577
嘉定									1 807.33	3.45					13 493.58	25.75	24 500	46.75	12 600	24.04	52 400.91
宝山									3 814	11.02					30 786	88.97					34 600
海门									12 699	25.48			9 700.633	19.47	27 295.38	54.77			140	0.28	49 835.013
吴县	732	1.66					600	1.36			22 107	50.13			20 660	46.85					44 099
昆山	1 010	1.47											13 826	20.10	52 387	76.14			1 578	2.29	68 301
吴江													10 442	9.90	62 551	59.28	5 000	4.75	27 522	26.08	105 515
武进	8 217	8.69	800	0.84											85 365.20	90.23			225	0.24	94 607.2
无锡	4 503	9.82													39 119	85.32			2 230	4.86	45 852
如皋											31 243.219	16.86	24 711.926	13.33	108 947.635	58.79			20 428.930	11.02	185 331.71
涟水									4 310	6.62			12 893.002	19.79	44 704.085	68.63	3 226.473	4.95			65 133.56
仪征					160	8.47	110	5.82									400	21.16	1 220	64.55	1 890
兴化									5 786	2.43	42 770	17.93			87 526	36.70			102 415	42.94	238 497
萧县									1 898.71	100.00											1 898.71
睢宁																					
灌云									3 901.61	3.51			9 788.67	8.81	28 808.16	25.92			68 627.53	61.76	111 125.97
沭阳																					
赣榆																					
共计	30 576	2.38	1 320	0.10	211	0.016	710	0.055	53 511.30	4.16	99 084.219	7.70	81 362.231	6.33	727 407.440	56.50	34 326.473	2.67	258 880.040	20.11	1 287 388.703

大小距＝1 890—238 497　平均数＝55 973.422　下四分点＝14 322　上四分点＝68 801　四分点差＝27 239.5

① “数额”栏数字单位为“元”。——编校者

在收到表格的二十六县中，十六县有答案，其中吴江、宝山、无锡、灌云、上海、睢宁、昆山、丹阳八县完全答复；如皋、海门、镇江、溧水、嘉定、萧县、兴化、仪征八县，只有部分的答复。总计各条问案的县数如下：

第一条十六县，第二条十六县，第三条十三县，第四条十六县，第五条十四县，第六条十六县，第七条十三县，第八条十一县，第九条十一县，第十条九县。

因答复的县份不多，所以对于此方面的整理，只将大部分县份所有的情形举出。意见方面亦如是。

关于第一问，贵县教育经费如何筹划？大多数县份的收入均以附税带征亩捐为大宗，此点可与表三互相参照。

关于第二问，筹划教育经费方面有何困难？只有一县尚无困难，其余的可举出下列四点：

(1) 征收捐税每难足数，特别是杂税方面；

(2) 地瘠民贫，无力担负；

(3) 征额已达最高限度，无法增加；

(4) 收获欠丰，税款因之减少。

关于第三问，将来拟用何种改进计划？大都均感困难，在此困难中，大都以从整理原有税收入手。

关于第四问，贵县教育经费归何人或何机关保管？计：

(1) 由县政府保管者三县；

(2) 由教育局保管者十一县；

(3) 由教育财政两局共同保管者一县；

(4) 由县公款公产管理处保管者一县。

关于第五问，对于保管方面有何意见？除二县无意见外，大都希望有专管机关的设立，以便增加教育效率。

关于第六问，贵县支配教育经费根据何种标准？大都核据厅令及实际情形支配。

关于第七问，分配教育经费方面有何困难？除五县尚无困难外，其余均感来源有限，需求日增，分配非易。

关于第八问，将来拟如何改良？大都拟增筹教费。此点若参以第二问的情形，恐不甚易。

关于第九问，根据贵局长过去的经验，对于地方教育经费一项有何感想及高见？此点可举下列各种意见：

(1) 地方教费应由国家筹款补助，俾资发展；

(2) 农工商各界应平均负担；

(3) 目前中国社会状况不在治法而在治人；

(4) 增筹经费，颇难收效；

(5) 教费竭蹶，教育无法普及。

关于第十问，贵局长对于此种调查有何高见？除一县无意见外，其余均希望于总合统计结果后，想一救济办法，通知各方俾资借镜，并建议政府设法改进。

五、浙江省的地方教育经费概况

浙江省填答表格的县份共二十九，为海宁、於潜、新登、昌化、嘉兴、海盐、崇德、平湖、吴兴、孝丰、鄞县、奉化、绍兴、萧山、余姚、新昌、宁海、温岭、龙游、江山、金华、兰溪、东阳、义乌、永康、桐庐、缙云、庆元及泰顺。

各县教育经费的来源最多者为鄞县，年计 284 113 元；最少者为昌化，年计 10 211 元，相差廿余倍。平均每县年有 52 240.22 元；上四分点为 57 651 元，下四分点为 20 183.2 元，四分点差为 18 733.9 元。

政府补助，除海宁外，各县都有，并且占各县收入很重要的地位。其中桐庐一县占其收入 67.49%，为百分比之最高者；其次为绍兴，占其收入 32.27%。最低者为平湖，其占收入 0.74%。

捐税收入占收入的大部分。最高者为崇德，占 87.14%，最低者为桐庐，占 6.68%。桐庐的经费，大部依靠政府补助，故捐税收入特少。其他各县至低亦在 10%以上。

产息一项各县都有，在收入中亦占一个重要的地位。其中占百分比最高者为庆元，约 60.52%，此县为一特殊现象，大部经费可说是依靠产息的收入。其次为龙游，约 48.66%。最低者为鄞县，约 2.25%。

捐款一项，於潜、海盐、平湖、鄞县、奉化、温岭、江山、金华、永康、庆元、及泰顺十一县有之。其中除泰顺占23.95%较多外，其余所占百分比，均不高。

学费收入，除海盐一县没有外，其余各县均有之。於潜、萧山、江山、义乌、余姚五县，原填系合杂费而言。百分比最高者为义乌县，占29.32%；其次为东阳县，占23.93%；最低者为庆元县，占1.60%。

“其他”一项，十九县有之。百分比最高者为吴兴，占32.63%；其次为温岭，占13.53%；其余各县均不高。

就全体看来，各县教育经费的来源最多者为捐税，占56.99%；其次为政府补助，占14.58%；又次为产息，占10.01%；又次为学费，占9.52%；又次为“其他”，占5.70%；最少者为捐款，占3.19%。详细数目见表十。

如江苏一样，以下将分别讨论各项来源：

第一，先谈政府补助费，除海宁一县没有补助外，其余均有。其中最多者为鄞县，年有116 760元；其次为绍兴，年有36 320元；最少为崇德，年只有600元。平均每县(海宁未计在内，以下依此)年有7 886.89元；上四分点为3 590元，下四分点为864元，四分点差为1 363元。

补助的来源最多者为地方，占所有受补助诸县的总额43.63%；其次为省库，占43.14%；最少者为县库，占13.23%。不过有地方补助的县份只有三县，而有省库补助的县份却有廿县，可见大部分是受省库补助的。详见表十一。

第二，谈捐税方面的收入。这方面统计的困难如江苏一样，故亦应有下述的声明：

四成教育费——在东阳县，原填合新增附税而言。

验契附税——在嘉兴县，原填合置产捐而言。

附税——在江山县指新增附税而言，在海宁县则未注明。

特捐——海宁县未注明，其他各县均指土产及货物特捐而言。

附捐——海宁县未注明，其他各县均指丝绍及一五附捐而言。

牛捐——在义乌县，原指牛只出口捐而言。

大致言之，捐税种类最多者为萧山县，共有十三种，年收42 255元；其次为鄞县，共有十二种，年收入71 083元；最少者为一种或两种，但亦有数县未曾填明种类。如兰溪的捐税名目仅称“县税教育费”，泰顺的捐税名目仅称“田赋附

表十　浙江省县教育经费来源总比较

项目 县别	政府补助		捐税		产息		捐款		学费		其他		各项来源合计
	数额①	占合计百分比	数额	占合计百分比	数额	占合计百分比	数额	占合计百分比	数额	占合计百分比	数额	占合计百分比	
海宁			62 279	83.77	3 133	4.22			8 930	12.01			74 342
於潜	864	6.78	7 089	55.21	1 912	14.89	1 296	10.09	600	4.67	1 082	8.42	12 843
新登	2 298	13.58	9 435	55.77	2 820	16.66			2 345	13.86	20	0.12	16 918
昌化	960	9.40	4 105	40.20	2 905	28.45			2 101	20.58	140	1.37	10 211
嘉兴	7 840	7.84	75 453	75.51	6 806	6.81			8 512	8.51	1 330	1.33	99 941
海盐	1 114.4	2.29	39 548	81.44	2 880	5.94	5 000	10.30			18	0.04	48 560.4
崇德	600	1.29	40 425	87.14	3 401	7.33			1 966	4.24			46 392
平湖	768	0.74	70 165	67.52	12 876	12.39	13 709	13.19	5 600	5.39	800	0.77	103 918
吴兴	4 840	3.95	75 259	61.39	300	0.24			2 200	1.79	40 000	32.63	122 599
孝丰	768	4.96	8 540	55.17	5 592	36.12			580	3.75			15 480
鄞县	116 760	41.10	71 038	25.00	6 395	2.25	14 870	5.23	50 064	17.62	24 986	8.79	384 113
奉化	864	2.62	21 042.8	63.75	3 735	11.32	600	1.82	4 475	13.56	2 290	6.94	33 006.8
绍兴	36 320	32.27	59 492	52.86	14 964	13.29			1 404	1.25	360	0.32	112 540
萧山	4 992	9.28	42 255	78.52	3 656	6.79			2 810	5.22	100	0.19	53 813
余姚	3 340	5.43	50 510	82.15	1 784	2.91			3 805	6.19	2 050	3.33	61 489
新昌	2 194	13.29	5 980	36.24	3 891	23.58			3 190	19.33	1 244	4.54	16 499
宁海	1 160	5.04	16 819	73.05	1 155	5.02			2 760	11.99	1 130	4.91	23 024
温岭	960	2.15	25 950	58.02	7 895	16.98	600	1.34	3 570	7.98	6 050	13.53	44 725
龙游	768	1.98	17 144	44.25	18 854	48.66			1 320	3.41	660	1.70	38 746
江山	1 152	3.49	18 155	54.92	10 547.75	31.91	2 000	6.05	1 200	3.63			33 054.75
金华	768	1.86	30 730	74.47	3 786	9.18	2 000	4.85	2 960	7.17	1 020	2.47	41 264
兰溪	3 840	9.48	30 773	76.00	1 418	3.50			1 400	3.46	3 060	7.56	40 491
东阳	2 960	10.84	15 065	55.14	2 752	10.08			6 540	23.93			27 312
义乌	2 268	6.04	22 206	59.16	2 064	5.50			11 005	29.32			37 543
永康	2 940	7.78	25 323	66.98	2 631	6.96	1 733	4.58	5 120	13.54	60	0.16	37 807
桐庐	14 152.4	67.49	1 400	6.68	2 631	12.55			2 785	13.28			20 968.4
缙云	2 460	12.69	9 756	50.29	4 609	23.76			2 573	13.26			19 398
庆元	614	4.10	3 955	26.43	9 059	60.52	1 100	7.35	240	1.60			14 968
泰顺	2 268	9.86	3 545	15.41	7 477	32.51	5 510	23.95	4 200	18.26			23 000
共计	220 832.8	41.58	863 431.8	56.99	151 628.75	10.01	48 418	3.19	144 255	9.52	86 400	5.70	1 514 966.35

大小距＝10 211－284 113　平均数＝52 240.22　下四分点＝20 183.2　上四分点＝57 651　四分点差＝18 733.9

① “数额”栏数字单位为“元”。——编校者

表十一　浙江省县教育经费来源分比较表——政府补助

项目 县别	省库		县库		地方		合计
	数额①	占合计百分比	数额	占合计百分比	数额	占合计百分比	
海宁							
於潜	864	100.00					864
新登	2 298	100.00					2 298
昌化	960	100.00					960
嘉兴	7 840	100.00					7 840
海盐	500	44.87	614.4	55.13			1 114.4
崇德			600	100.00			600
平湖	768	100.00					768
吴兴	4 840	100.00					4 840
孝丰			768	100.00			768
鄞县	20 340	17.42	600	0.51	95 820	82.07	116 760
奉化			864	100.00			864
绍兴	32 000	88.11	4 320	11.89			36 320
萧山	4 992	100.00					4 992
余姚	3 340	100.00					3 340
新昌	1 864	84.91			330	15.09	2 194
宁海			960	82.76	200	17.24	1 160
温岭			960	100.00			960
龙游			768	100.00			768
江山	1 152	100.00					1 152
金华	768	100.00					768
兰溪			3 840	100.00			3 840
东阳	2 960	100.00					2 960
义乌	1 500	66.14	768	33.86			2 268
永康	2 940	100.00					2 940
桐庐	614.4	4.34	13 538	95.66			14 152.4
缙云	2 460	100.00					2 460
庆元			614	100.00			614
泰顺	2 268	100.00					2 268
共计	95 268.4	43.14	29 214.4	13.23	96 350	43.63	220 832.8

大小距＝600—116 760　平均数＝7 886.89　下四分点＝864　上四分点＝3 590　四分点差＝1 363

加捐”。其中必含有数种捐税。大概捐税的种类，以自三种至八种为最普通。

捐税收入以嘉兴县为最多，年有 75 453 元；其次为吴县，年有 75 259 元。其中以桐庐县为最少，年只有 1 400 元。平均每县年有 29 773.51 元；上四分点

① “数额”栏数字单位为“元”。——编校者

为 46 382.5 元，下四分点为 8 987.5 元；四分点差为 18 697.5 元。

四成教育费，采用的县份有十七县，收入亦丰。东阳一县，达收入 93.76%。地丁附捐采用者十八县，收入可与四成教育费相伯仲，缙云一县达收入 95.80%。抵补金特捐采用者有十五县，除崇德、海盐及嘉兴三县之百分比较高外，其他诸县则无多。采用验契附捐的县份虽有十六，但收入甚微，占各县收入之百分比极低。屠宰税采用者有十六县，收入与抵补金特捐差不多。

就全体看来，各县捐税来源以四成教育费为最多，占各县总收入 21.30%；其次为地丁附捐，占 18.24%。其他捐税，虽名目繁多，但各种收入实甚有限，故占收入之地位亦极低。如永康的验契附捐年不过 4 元；龙游年不过 5 元；奉化的米捐年亦不过 64 元。诸如此类，如非有十分需要，实无征收的必要。详情见表十二。

第三，谈产息方面的来源。产息一项，各县均有，不能不说是一种好的现象。其中以龙游为最多，共 18 854 元；其次为绍兴，共 14 964 元；最少为吴兴，仅 300 元。平均每县这方面的收入，年有 5 228.58 元；上四分点为 7 141.5 元，下四分点为 2 631 元，四分点差为 2 255.25 元。

以种类言，田产除嘉兴一县外，各县都有；地产十一县有之；房产十五县有之；基金息除嘉兴、吴县及温岭三县外，其余各县亦都有之。占各县产息收入总数的百分比最高者为田产，约 65.77%；其次为基金息，约 22.81%；又次为地产，约 7.03%；剩余的为房产。

在表十三，海盐田产一项，原填合地产及房产而言。绍兴与义乌则合地产而言。

以下论及浙江省经费支配方面的情形。支出受收入的影响，在该省亦如是。收入最多者为鄞县，最少者为昌化。既如上述，故支出方面最多者亦为鄞县，年计 256.253 元，最少者亦为昌化，年计 10 102 元。每县平均数为 51 763.77 元；上四分点为 56 151 元，下四分点为 200 370 元，四分点差为 18 058.65 元。

就全体言，教育经费大部分是用于学校教育的，占总支出 65.37%；其次为教育行政经费，占 14.37%；又次为社会教育经费，占 11.48%；最次为“其他”，占 8.78%。各县各方面的支配，尚属无多大出入。不过，以教育行政费而多于社会教育费是不是一种合理的支配，确是一个值得讨论的问题。详细

表十二　浙江省县教育经费来源分比较表——捐税(1)

项目 县别	四成教育费		地丁附捐		抵补金附捐		推收学捐		牙帖附捐		验契附捐		水陆捐派款		彩轿贳货教育捐	
	数额①	占合计百分比	数额	占合计百分比	数额	占合计百分比	数额	占合计百分比	数额	占合计百分比	数额	占合计百分比	数额	占合计百分比	数额	占合计百分比
海宁	10 596	17.01	19 500	31.31	6 600	10.60										
於潜	1 880	26.52	1 205	17.00	705	9.94										
新登																
昌化	1 238	30.16	770	18.76	369	8.99					40	0.97				
嘉兴	37 843	50.15	15 923	21.10	14 697	19.48					1 550	2.05				
海盐	8 188	21.46	8 750	22.13	8 000	20.23										
崇德			18 124	44.83	14 343	35.48					50	0.12				
平湖																
吴兴																
孝丰																
鄞县	16 790	23.64	9 125	12.85	2 700	3.80					47	0.07				
奉化	9 278	44.09	5 230	24.85	2 500	11.88					350	1.66				
绍兴	13 277	22.32	23 838	40.07	3 029	5.09	13 344	22.43	1 824	3.07	480	0.80	850	1.43	2 500	4.20
萧山	9 600	22.72	7 500	17.75	690	1.63									1 100	2.60
余姚	18 200	36.03	9 750	19.31							220	0.44				
新昌	3 000	50.17														
宁海	5 137	30.54	2 700	16.05	810	4.82					12	0.07				
温岭	7 950	30.64	5 500	21.19												
龙游	9 969	58.15	5 700	33.25	840	4.90					5	0.03				
江山	8 924	49.15			498	2.74	1 000	5.51			80	0.44				
金华			8 176	26.61	978	3.18					100	0.33				
兰溪																
东阳	14 120	93.76														
义乌	7 600	34.23	5 134	23.11	252	1.14					100	0.45				
永康			1 219	4.81							4	0.02				
桐庐											10	0.72				
缙云			9 346	95.80							10	0.10				
庆元											20	0.51				
泰顺																
共计	183 890	21.30	157 490	18.24	57 011	6.60	14 344	1.66	1 824	0.21	3 078	0.36	850	0.098	3 600	0.42

① “数额”栏数字单位为“元”。——编校者

表十二　浙江省县教育经费来源分比较表——捐税(2)

项目 县别	庙宇香火捐		置产附捐		戏　捐		盐栈税		茶碗捐		各项教育捐款		公益捐		电杆使用费	
	数额①	占合计百分比	数额	占合计百分比	数额	占合计百分比	数额	占合计百分比	数额	占合计百分比	数额	占合计百分比	数额	占合计百分比	数额	占合计百分比
海宁																
於潜			140	1.97												
新登			500	5.30			120	1.27								
昌化			300	7.31			100	2.44	40	0.97						
嘉兴					600	0.80									840	1.11
海盐			500	1.26	500	1.26							500	1.26		
崇德			400	0.99	400	0.99										
平湖									6 036	8.60						
吴兴			2 970	3.95												
孝丰																
鄞县					480	0.68										
奉化																
绍兴	350	0.59														
萧山	600	1.42	3 200	7.57									4 000	9.47		
余姚			540	1.07	2 300	4.55										
新昌																
宁海																
温岭			300	1.16												
龙游																
江山																
金华																
兰溪																
东阳											760	5.05	180	1.20		
义乌					2 000	9.01										
永康																
桐庐			950	67.86	100	7.14										
缙云			400	4.10												
庆元																
泰顺																
共计	950	0.11	10 200	1.18	6 380	0.74	220	0.028	6 076	0.71	760	0.088	4 680	0.54	840	0.097

① “数额”栏数字单位为“元”。——编校者

表十二 浙江省县教育经费来源分比较表——捐税(3)

县别 \ 项目	轮船捐		经纤捐		田赋附加捐		中学基金		抵补金特捐		县税教育费		锅捐		茧捐	
	数额①	占合计百分比	数额	占合计百分比	数额	占合计百分比	数额	占合计百分比	数额	占合计百分比	数额	占合计百分比	数额	占合计百分比	数额	占合计百分比
海宁															364	0.58
於潜															900	12.70
新登																
昌化															300	7.51
嘉兴	1 200	1.59														
海盐	600	1.52	1 000	2.53					8 650	21.87						
崇德			1 000	2.47												
平湖																
吴兴			2 400	3.19	68 929	91.59										
孝丰											8 000	93.68	240	2.81	300	3.51
鄞县			11 520	16.22												
奉化			1 500	7.13												
绍兴																
萧山											1 600	3.79			450	1.06
余姚																
新昌							2 400	40.13								
宁海																
温岭																
龙游																
江山																
金华																
兰溪											30 773	100.00				
东阳																
义乌			500	2.25												
永康					2 200	8.69										
桐庐																
缙云																
庆元											2 245	56.76				
泰顺					3 545	100.00										
共计	1 800	0.21	17 920	2.08	74 674	8.65	2 400	0.28	8 650	1.00	42 618	4.93	240	0.028	2 314	0.27

① “数额”栏数字单位为“元”。——编校者

表十二　浙江省县教育经费来源分比较表——捐税(4)

项目 县别	特捐		附税		附捐		屠宰税		柴木捐		鹽引乐捐		坝埠捐		牛捐	
	数额①	占合计百分比	数额	占合计百分比	数额	占合计百分比	数额	占合计百分比	数额	占合计百分比	数额	占合计百分比	数额	占合计百分比	数额	占合计百分比
海宁	3 960	6.36	4 950	7.95	13 200	21.19	2 676	4.30	112	0.18	240	0.39	81	0.13		
於潜							499	7.04								
新登			6 400	67.83											60	0.64
昌化	680	16.57					268	6.53								
嘉兴							2 800	3.71								
海盐							1 800	4.55								
崇德	200	0.49					5 908	14.61								
平湖			36 129	51.49												
吴兴					960	1.28										
孝丰																
鄞县							1 735	2.44								
奉化							2 020.8	9.60								
绍兴																
萧山																
余姚					3 500	6.93	3 000	5.94								
新昌							580	9.70								
宁海															758	4.51
温岭							5 000	19.27								
龙游							630	3.67								
江山			5 253	28.93			2 400	13.22								
金华																
兰溪																
东阳																
义乌							3 420	15.40							200	0.90
永康							1 650	6.50								
桐庐	250	17.86													90	6.43
缙云																
庆元					1 350	34.14	340	8.60								
泰顺																
共计	5 090	0.59	52 732	6.11	19 010	2.20	34 726.8	4.02	112	0.013	240	0.028	81	0.009 4	1 108	0.13

① “数额”栏数字单位为“元”。——编校者

表十二　浙江省县教育经费来源分比较表——捐税(5)

项目 县别	营业税拨补		酱渣石子捐		地丁特捐		新增地丁附捐		杂　税		育婴堂捐		米　捐		谷袋捐	
	数额①	占合计百分比	数额	占合计百分比	数额	占合计百分比	数额	占合计百分比	数额	占合计百分比	数额	占合计百分比	数额	占合计百分比	数额	占合计百分比
海宁																
於潜															1 500	21.16
新登																
昌化																
嘉兴																
海盐	360	0.91	400	1.01												
崇德																
平湖																
吴兴																
孝丰																
鄞县											100	0.48	64	0.32		
奉化																
绍兴																
萧山																
余姚					13 000	25.73										
新昌																
宁海							5 400	32.11	2 002	11.90						
温岭																
龙游																
江山																
金华					13 300	43.29	8 176	26.61								
兰溪																
东阳																
义乌																
永康					6 612	26.11	13 638	53.86								
桐庐																
缙云																
庆元																
泰顺																
共计	360	0.042	400	0.046	32 912	3.81	27 214	3.15	2 002	0.23	100	0.012	64	0.007 4	1 500	0.17

① “数额”栏数字单位为“元”。——编校者

表十二　浙江省县教育经费来源分比较表——捐税(6)

项目 县别	柴炭及炭窟捐		物产捐		竹筏捐		住户捐		烟叶捐		青爪捐		车捐		教育亩捐	
	数额①	占合计百分比	数额	占合计百分比	数额	占合计百分比	数额	占合计百分比	数额	占合计百分比	数额	占合计百分比	数额	占合计百分比	数额	占合计百分比
海宁																
於潜	260	3.67														
新登			1 855	19.66	500	5.30										
昌化																
嘉兴																
海盐																
崇德																
平湖															28 000	39.91
吴兴																
孝丰																
鄞县															14 400	20.27
奉化																
绍兴																
萧山									300	0.72	300	0.71	1 800	4.26	11 115	26.30
余姚																
新昌																
宁海																
温岭															7 200	27.74
龙游																
江山																
金华																
兰溪																
东阳																
义乌							3 000	13.51								
永康																
桐庐																
缙云																
庆元																
泰顺																
共计	260	0.030	1 855	0.21	500	0.058	3 000	0.35	300	0.035	300	0.035	1 800	0.21	60 715	7.03

① “数额”栏数字单位为“元”。——编校者

表十二　浙江省县教育经费来源分比较表——捐税(7)

项目 县别	游艺捐		娼妓花筵捐		筵席捐		螟蛹捐		合　计
	数额①	占合计百分比	数额	占合计百分比	数额	占合计百分比	数额	占合计百分比	
海宁									62 279
於潜									7 089
新登									9 435
昌化									4 105
嘉兴									75 453
海盐									39 548
崇德									40 425
平湖									70 165
吴兴									75 259
孝丰									8 540
鄞县	8 732	12.29	3 200	4.50	2 000	2.82	309	0.43	71 038
奉化									21 042.8
绍兴									59 492
萧山									42 255
余姚									50 510
新昌									5 980
宁海									16 819
温岭									25 950
龙游									17 144
江山									18 155
金华									30 730
兰溪									30 773
东阳									15 060
义乌									22 206
永康									25 323
桐庐									1 400
缙云									9 756
庆元									3 955
泰顺									3 545
共计	8 732	1.01	3 200	0.37	2 000	0.23	309	0.036	863 431.8

大小距＝1 400—75 453　平均数＝29 773.51　下四分点＝8 987.5　上四分点＝46 382.5　四分点差＝18 697.5

① “数额”栏数字单位为“元”。——编校者

表十三 浙江省县教育经费来源分比较表——产息

项目 县别	田产		地产		房产		基金息		合计
	数额①	占合计百分比	数额	占合计百分比	数额	占合计百分比	数额	占合计百分比	
海宁	380	12.13	246	7.85	216	6.89	2 291	73.12	3 133
於潜	1 056	55.23					856	44.77	1 912
新登	1 600	56.74	130	4.61	70	2.48	1 020	36.17	2 820
昌化	260	8.95			60	2.07	2 585	88.98	2 905
嘉兴			5 062	77.31	1 744	22.69			6 806
海盐	2 500	86.81					380	13.19	2 880
崇德	3 180	93.50			186	5.47	35	1.03	3 401
平湖	11 865	92.16	116	0.90	545	4.23	350	2.72	12 876
吴兴	300	100.00							300
孝丰	1 500	26.82	200	3.58	1 564	27.97	2 328	41.63	5 592
鄞县	215	3.36	2 798	43.75	882	13.79	2 500	39.09	6 395
奉化	2 645	70.83					1 090	29.18	3 735
绍兴	7 547	50.44			489	3.27	6 928	46.29	14 964
萧山	3 271	89.47					385	10.53	3 656
余姚	1 464	82.08					320	17.93	1 784
新昌	3 434	88.25			119	3.06	338	8.69	3 891
宁海	963	83.38			136	11.77	56	4.85	1 155
温岭	7 395	97.36	200	2.64					7 595
龙游	16 267	86.27	40	0.21	34	0.18	2 513	13.33	18 854
江山	9 311.25	88.27	122.5	1.16			1 114	10.56	10 547.75
金华	1 176	31.07	746	19.70	546	14.42	1 318	34.83	3 786
兰溪	920	64.88					498	35.12	1 418
东阳	2 392	86.92					360	13.08	2 752
义乌	1 464	70.93					600	29.07	2 064
永康	1 546	58.76			27	1.03	1 058	40.21	2 631
桐庐	400	15.20	1 000	38.01	48	1.82	1 183	44.97	2 631
缙云	3 089	67.02					1 520	32.98	4 609
庆元	6 335	69.93					2 724	30.07	9 059
泰顺	7 234	96.75					243	3.25	7 477
共计	99 709.25	65.77	10 660.5	7.03	6 666	4.40	34 593	22.81	151 628.75

大小距＝300—18 854　平均数＝5 228.58　下四分点＝2 631　上四分点＝7 141.5　四分点差＝2 255.25

① “数额”栏数字单位为“元”。——编校者

数目阅表十四。

以下分论支配的各方面：

首论教育行政的经费，最多者为吴兴，年支 19 438 元；最少者为昌化，年支 2 407 元。平均数为 7 435.84 元。上四分点为 10 170.50 元，下四分点为 3 891 元，四分点差为 3 139.75 元。

其中支配于教育局者为最多，占全数 83.04%；其次为教育经费管理处，费 8.22%；又次为“其他”，占 6.32%；最低者为教育委员会，占 2.42%。各县均有教育经费管理处及教育委员会的设立。在某种意义上，这确是一种好的现象。详情见表十五。

次论学校教育的经费。年支最多者为鄞县，共 196 711 元；最少者为昌化，共 6 098 元。平均每县年支 33 839.58 元。上四分点为 34 727.50 元，下四分点为 12 998 元，四分点差为 10 464.75 元。

完全小学各县都有设立，而支出于此方面者亦最多，占全体支出 34.21%。其次为初级小学，除龙游及义乌二县外，各县亦均有设立，经费占全体支出 25.12%。又次为补助费，占 17.05%。完全中学校只鄞县有之，职业中学只二县有之，师范学校十县有之，初级中学十四县有之，其经费共占支出 20%有奇。可见，大部分经费是用于初级教育方面。有幼稚园者七县，实验小学者一县，特殊学校者七县，各种占的百分比极低。

在表十六，“其他”项下包括添置、增进、推广、奖金等费用而言。永康的初级小学经费共 10 041 元，原填合高级小学而言；因不知各占若干，一并列入初级小学项下。余姚巡回文库支出 60 元，他县均列入社会教育经费之内，该县则原填入学校教育经费之内，性质原有不同，未便更改，故仍存之。

又次论社会教育经费的支配。最多者为鄞县，共 30 630 元；最少者为庆元，826 元。平均每县支 5 941.65 元。上四分点为 9 018 元，下四分点为 1 926 元，四分点差为 3 546 元。

教育馆及民众学校各县均有设立，占总支出百分比之最高者为前者，其次为后者：一为 43.36%，一为 25.11%。图书馆设立者有十县，占社教经费 8.04%；阅报所有十六县，占社教经费 2.38%；体育馆有十县，占社教经费 4.94%。其他详情，阅表十七。

表十四　浙江省县教育经费支配总比较表

县别＼项目	教育行政		学校教育		社会教育		其他		各项费用总额
	数额①	占合计百分比	数额	占合计百分比	数额	占合计百分比	数额	占合计百分比	
海宁	10 043	11.61	62 421	72.13	9 579	11.07	4 508	5.21	86 551
於潜	3 444	26.80	6 868	53.43	1 968	15.31	573	4.46	12 853
新登	3 942	23.33	9 740	57.63	1 884	11.15	1 332	7.88	16 898
昌化	2 407	23.83	6 098	60.37	1 168	11.56	429	4.25	10 102
嘉兴	11 508	11.51	73 347	73.36	11 041	11.04	4 085	4.09	99 981
海盐	5 878.4	10.05	34 584	71.22	5 906	12.16	3 192	6.57	48 560.4
崇德	6 220	14.03	27 142	61.17	3 746	8.45	7 255	16.35	44 363
平湖	8 551	8.29	83 072	80.54	9 410	9.12	2 117	2.05	103 150
吴兴	19 438	15.72	52 167	42.20	13 702	11.08	38 312	30.99	123 619
孝丰	3 748	24.21	8 750	56.52	1 504	9.72	1 478	9.55	15 480
鄞县	18 380	7.17	196 711	76.76	30 630	11.95	10 532	4.11	256 253
奉化	5 289	16.02	21 024	63.70	5 053.8	15.31	1 640	4.97	33 006.8
绍兴	17 127	14.54	71 636	60.82	17 394	14.77	11 631	9.87	117 788
萧山	11 808	21.95	27 326	50.78	8 626	16.03	6 053	11.25	53 813
余姚	10 298	17.61	34 871	59.62	9 479	16.21	3 841	6.57	58 489
新昌	2 936	16.28	12 254	67.94	1 344	7.45	1 505	8.34	18 039
宁海	4 042	17.61	15 681	68.31	1 590	6.92	1 641	7.15	22 954
温岭	7 014	15.78	25 389	57.10	5 305	11.93	6 747	15.18	44 455
龙游	10 002	25.81	20 200	52.13	4 136	10.68	4 408	11.38	38 746
江山	6 550	19.74	20 734	62.50	5 310	16.01	580	1.75	33 174
金华	6 328	15.33	28 541	69.16	3 112	7.54	3 283	7.96	41 264
兰溪	10 586	26.14	19 044	47.03	4 582	11.32	6 279	15.51	40 491
东阳	5 504	20.15	18 407	67.39	2 310	8.46	1 091	4.00	27 312
义乌	5 682	15.14	26 199	69.79	3 120	8.31	2 542	6.77	37 543
永康	6 856	17.94	26 577.8	69.52	3 449	9.02	1 346	3.52	38 228.8
桐庐	3 972	19.22	13 742	66.48	2 052	9.93	903.4	4.37	20 669.4
缙云	3 840	19.80	10 714	55.22	1 866	9.62	2 978	15.36	19 398
庆元	2 652	17.72	10 608	70.87	826	5.52	882	5.89	14 968
泰顺	2 594	11.27	17 500	76.09	2 215	9.63	690	3.00	23 000
共计	215 639.4	14.37	981 347.8	65.37	172 307.8	11.48	131 854.4	8.78	1 501 149.4

大小距＝10 102－256 253　平均数＝54 763.77　下四分点＝20 033.70　上四分点＝56 151　四分点差＝18 058.65

① “数额”“各项费用总额”栏数字单位为“元”。——编校者

表十五　浙江省县教育经费支配分比较表——教育行政

县别＼项目	教育局		教育经费管理处		教育委员会		其　他		合　计
	数额①	占合计百分比	数额	占合计百分比	数额	占合计百分比	数额	占合计百分比	
海宁	9 028	89.89	583	5.81	168	1.67	264	2.63	10 043
於潜	2 952	85.71	456	13.24	24	0.69	12	0.35	3 444
新登	3 288	83.41	498	12.64	120	3.05	36	0.92	3 942
昌化	2 170	90.15	165	6.86	60	2.49	12	0.49	2 407
嘉兴	10 104	87.79	1 236	10.74	48	0.41	120	1.04	11 508
海盐	4 242.4	86.96	420	8.61	216	4.43			4 878.4
崇德	3 532	56.79	852	13.70	636	10.23	1 200	19.29	6 220
平湖	7 112	83.17	423	4.95	188	2.20	828	9.68	8 551
吴兴	12 572	64.69	2 196	11.29	180	0.93	4 490	23.10	19 438
孝丰	3 336	89.01	364	9.71	24	0.64	24	0.64	3 748
鄞县	16 032	87.23	716	3.89	336	1.83	1 296	7.05	18 380
奉化	4 642	87.77	311	5.88	240	4.54	96	1.82	5 289
绍兴	15 696	91.64	1 170	6.83	126	0.74	135	0.79	17 127
萧山	11 268	95.43	300	2.54	180	1.53	60	0.51	11 808
余姚	8 670	84.20	1 140	11.07	288	2.80	200	1.93	10 298
新昌	2 596	88.42	168	5.72	100	3.41	72	2.45	2 936
宁海	3 548	87.78	346	8.57	24	0.59	124	3.07	4 042
温岭	5 836	83.21	758	10.81	324	4.62	96	1.37	7 014
龙游	5 436	54.35	402	4.02	200	1.99	3 964	39.64	10 002
江山	5 420	82.75	828	12.64	266	4.06	36	0.55	6 550
金华	5 546	87.64	446	7.05	240	3.79	96	1.52	6 328
兰溪	9 744	92.04	564	5.33	182	1.72	96	0.91	10 586
东阳	4 892	88.88	372	6.76	192	3.49	48	0.87	5 504
义乌	4 872	85.74	510	8.97	204	3.59	96	1.69	5 682
永康	5 400	78.76	1 064	15.52	224	3.27	168	2.45	6 856
桐庐	3 468	87.31	4 081	10.27	96	2.42			3 972
缙云	3 276	85.31	384	10.00	144	3.75	36	0.98	3 840
庆元	2 170	81.85	314	11.84	156	5.88	12	0.45	2 652
泰顺	2 222	88.66	338	13.03	22	0.85	12	0.46	2 594
共计	179 070.4	83.04	17 732	8.22	5 208	2.42	13 629	6.32	215 639.4

大小距＝2 407－19 438　平均数＝7 435.84　下四分点＝3 891　上四分点＝10 170.50　四分点差＝3 139.75

① “数额”“合计”栏数字单位为“元”。——编校者

表十六　浙江省县教育经费支配分比较表——学校教育(1)

项目 县别	特殊学校		幼稚园		初级小学		高级小学		完全小学		实验小学		初级中学		完全中学	
	数额①	占合计百分比	数额	占合计百分比	数额	占合计百分比	数额	占合计百分比	数额	占合计百分比	数额	占合计百分比	数额	占合计百分比	数额	占合计百分比
海宁			744	1.19	14 824	23.74			16 041	25.69			11 566	18.53		
於潜					336	4.89			2 856	41.59						
新登					2 100	21.56			5 880	60.37						
昌化					910	14.92			4 848	79.49						
嘉兴					4 800	6.55			24 818	33.84			7 874	10.74		
海盐			540	1.56	19 998	57.82			12 050	34.84						
崇德	2 310	8.51	700	2.58	11 000	40.53			13 132	48.39						
平湖			920	1.11	56 773	68.34			13 879	16.70			11 500	13.85		
吴兴					7 248	13.90			9 480	18.18			7 392	14.17		
孝丰					1 800	20.57			3 450	39.43						
鄞县			1 312	0.67	41 729	21.21			79 002	40.16					25 380	12.90
奉化			700	3.33	660	3.14			4 947	23.53			5 405	25.71		
绍兴			3 272	4.57	14 350	20.03			28 402	39.65	660	0.92				
萧山					4 272	15.63			13 464	49.27						
余姚	3 266	9.37			16 000	45.88	2 700	7.74	12 175	34.91						
新昌					1 730	14.12			3 894	31.78			6 430	52.47		
宁海	600	3.83			1 500	9.57			6 120	39.03			6 851	43.69		
温岭					4 855	19.13			5 480	21.58			7 786	30.67		
龙游									4 970	24.60						
江山					2 000	9.65			5 136	24.77						
金华					3 510	12.27			18 904	66.24			827	2.90		
兰溪					3 564	18.72			5 248	27.55			374	1.96		
东阳					3 700	20.10			3 855	20.94			10 852	58.95		
义乌									8 277	31.59			13 080	49.92		
永康	489.8	1.84			10 041	37.78			3 132	11.78			12 575	47.31		
桐庐					3 500	25.48			10 242	74.53						
缙云					600	5.60			5 820	54.32						
庆元					5 744	54.16			4 864	45.85						
泰顺					8 923	50.99			5 340	30.51			107	0.61		
共计	6 665.8	0.68	8 188	0.83	246 467	25.12	2 700	0.28	335 706	34.21	660	0.067	102 619	10.46	25 380	2.58

① “数额”栏数字单位为“元”。——编校者

表十六　浙江省县教育经费支配分比较表——学校教育(2)

项目 县别	职业中学		师范学校		其他												合计
					巡回文库		教育参考室		代用小学		各项补助费		各项开会费		其他		
	数额①	占合计百分比	数额	占合计百分比	数额	占合计百分比	数额	占合计百分比	数额	占合计百分比	数额	占合计百分比	数额	占合计百分比	数额	占合计百分比	
海宁											18 896	30.27	350	0.56			62 421
於潜											3 466	50.48	210	3.06			6 868
新登			1 760	18.07													9 740
昌化											240	3.94	100	1.64			6 098
嘉兴	5 106	6.96	1 589	2.17							28 800	39.26			360	0.49	73 347
海盐			1 796	5.19									200	0.58			34 584
崇德																	27 142
平湖																	83 072
吴兴			480	0.92							22 662	43.44			4 905	9.40	52 167
孝丰											3 500	40.00					8 750
鄞县	41 760	21.22	7 528	3.83													196 711
奉化											9 052	43.06	260	1.24			21 024
绍兴											23 452	32.74	1 500	2.09			71 636
萧山											8 840	32.35	400	1.46	350	1.28	27 326
余姚					60	0.17	300	0.86	200	0.57			170	0.49			34 871
新昌											200	1.63					12 254
宁海											220	1.40	390	2.49			15 681
温岭											7 178	28.28	90	0.35			25 389
龙游			1 244	6.16							10 000	49.50	1 886	9.34	2 100	10.40	20 200
江山			2 058	9.93							11 540	55.65					20 734
金华											4 600	16.12			700	2.45	28 541
兰溪			1 536	8.06							7 532	39.56	790	4.15			19 044
东阳																	18 407
义乌											4 592	17.53	250	0.95			26 199
永康													340	1.28			26 577.8
桐庐																	13 742
缙云			1 397	13.04							2 597	24.24	100	0.93	200	1.87	10 714
庆元																	10 608
泰顺			2 980	17.02									150	0.86			17 500
共计	46 866	4.77	22 368	2.28	60	0.006 1	30	0.031	200	0.020	167 367	17.05	7 186	0.73	8 615	0.88	981 347.8

大小距＝6 098－196 711　平均数＝33 839.58　下四分点＝12 998　上四分点＝34 727.50　四分点差＝10 464.75

① “数额”栏数字单位为“元”。——编校者

表十七　浙江省县教育经费支配分比较表——社会教育(1)

项目 县别	图书馆		阅报所		教育馆		讲演所		民众茶社		体育场		问字处		民众学校	
	数额①	占合计百分比	数额	占合计百分比	数额	占合计百分比	数额	占合计百分比	数额	占合计百分比	数额	占合计百分比	数额	占合计百分比	数额	占合计百分比
海宁	486	5.06	80	0.84	5 705	59.56									2 878	30.04
於潜					1 344	68.29									400	20.33
新登					1 282	68.05									542	28.78
昌化			44	3.77	744	63.70			36	3.08	50	4.28			250	21.40
嘉兴	1 836	16.63			4 276	38.73					100	0.91			3 495	31.65
海盐	1 544	26.14	270	4.57	1 080	18.29					960	16.25			1 512	25.60
崇德	336	8.96	634	16.92	2 452	65.46									324	8.65
平湖	1 714	18.21	80	0.85	5 068	53.86	140	1.49	100	1.06	782	8.31			1 166	12.39
吴兴			366	2.67	7 824	57.10			300	2.19	100	0.73			2 410	17.59
孝丰					1 284	85.37									220	14.62
鄞县	3 609	11.79	910	2.97	6 620	21.62					3 480	11.36			9 060	29.58
奉化	812	16.07	60	1.19	1 285	25.43					600	11.87			172	3.40
绍兴	3 066	17.63			5 508	31.67			120	0.69					4 640	26.68
萧山			300	3.48	4 356	50.49									2 968	34.41
余姚			236	2.49	3 693	38.96					1 800	19.00			2 930	30.91
新昌					1 044	77.68									300	22.32
宁海			60	3.77	768	48.30					40	2.52	22	1.38	700	44.03
温岭			260	4.90	2 304	43.43					600	11.31			1 014	19.11
龙游			192	4.64	2 268	54.84									1 330	32.16
江山			150	2.82	2 736	51.53									1 374	25.88
金华					2 070	66.52									600	19.28
兰溪					2 572	56.15									300	6.55
东阳			220	9.52	1 470	63.64									430	18.61
义乌					1 704	54.62									612	19.62
永康					1 633	47.35									1 406	40.77
桐庐			240	11.70	960	46.78									756	36.84
缙云	200	10.72			1 216	65.17									300	16.10
庆元	252	30.51			414	50.12									160	19.36
泰顺					1 036	46.77									925	41.76
共计	13 855	8.04	4 102	2.38	74 716	43.36	140	0.081	556	0.32	8 512	4.94	22	0.013	43 174	25.11

① “数额”栏数字单位为“元”。——编校者

表十七　浙江省县教育经费支配分比较表——社会教育(2)

县别＼项目	其他												合计
	各类补助费		各项开会费		公园		识字运动		巡回文库		其他		
	数额①	占合计百分比	数额	占合计百分比	数额	占合计百分比	数额	占合计百分比	数额	占合计百分比	数额	占合计百分比	
海宁	180	1.88			200	2.09	50	0.52					9 579
於潜			224	11.38									1 968
新登							60	3.18					1 884
昌化			22	1.88			22	1.88					1 168
嘉兴					400	3.62					934	8.46	11 041
海盐	210	3.56	330	5.59									5 906
崇德													3 746
平湖					360	3.83							9 410
吴兴											2 702	19.72	13 702
孝丰													1 504
鄞县					2 798	9.14					4 153	13.56	30 630
奉化			600	11.87	1 424.8	28.19	50	0.99	50	0.99			5 053.8
绍兴	3 724	21.41			336	1.91							17 394
萧山					492	5.70			300	3.48	210	2.43	8 626
余姚	240	2.53	400	4.22							180	1.90	9 479
新昌													1 344
宁海													1 590
温岭	200	3.77									927	17.47	5 305
龙游					246	5.95	100	2.42					4 136
江山			650	12.24					200	3.77	200	3.77	5 310
金华	70	2.25	80	2.57	292	9.38							3 112
兰溪	1 540	33.61	170	3.71									4 582
东阳	90	3.90	100	4.33									2 310
义乌	590	18.91	214	6.86									3 120
永康	235	6.81	175	5.07									3 449
桐庐					96	4.68							2 052
缙云	20	1.07	118	6.32			12	0.64					1 866
庆元													826
泰顺			210	9.49			44	1.99					2 215
共计	7 099	4.12	3 293	1.86	6 644.8	3.86	338	0.20	550	0.32	9 306	5.40	172 307.8

大小距＝826—30 630　平均数＝5 941.65　下四分点＝1 926　上四分点＝9 018　四分点差＝3 546

① “数额”“合计”栏数字单位为“元”。——编校者

最后论“其他”方面的费用。以吴兴为最多，昌化为最少。预备费占24.21%，特种费占19.09%。“其他”一项的百分比最高，为26.94%，细目未详。鄞县有女教员的生产费600元，为他县所无，而在江苏亦未见到者，可见一般尚忽视这种需要。详情见表十八。

以下为关于问案答复意见的部分：

在收到表格的二十九县中，答复问案者有二十三县。其中完全答复者有十二县，为桐庐、新昌、奉化、崇德、鄞县、於潜、海盐、平湖、龙游、昌化、泰顺及庆元；部分答复者有十一县，为萧山、义乌、东阳、宁海、永康、绍兴、孝丰、嘉兴、吴兴、兰溪及金华。总计对于各问题答复的县数如下：

第一问廿三县，第二问廿二县，第三问廿二县，第四问廿三县，第五问二十县，第六问廿一县，第七问廿一县，第八问十九县，第九问十九县，第十问十四县。

分析后，大部的情形及意见如下：

关于第一问，贵县教育教经费如何筹划？大部以附税带征亩捐为大宗，而由教育委员会及地方团体讨论进行之。

关于第二问，筹划教育经费方面有何困难？可提出下列几点：

(1) 民生艰窘，筹划不易；

(2) 增加负担，每受人民反对，不能进行；

(3) 增加原有赋税的附税，每限于法令，不能超过正税某种限度；另立名目则受反对；

(4) 人民漠视教育，征收税款困难，且县长不甚负责。

关于第三问，将来拟用何种改进计划？九县答称将整理原有税款，增加税目，并节省支出。其他有主厉行经济公开，实行统收统支者；有主政府应多补助，整理业产者；有主地方税收应全归地方或在教育上自开途径者。

关于第四问，贵县教育经费归何人或何机关保管？各县均由教育款产委员会管理之。

关于第五问，对于保管方面有何意见？十五县尚称稳固可行，不成问题。其他诸县则以教育款产委员会职员多非专任，且每不负责，颇感困难。同时有主张于教育局内设出纳员，专负保管的责任，而教育款产委员会则专负监督的责任。因如是一则可免除上述困难，二则又可节省经费。

表十八　浙江省县教育经费支配分比较表——其他(1)

项目 县别	补助费		开会费		奖励及优待		特种费		私塾费		预备费		各种教育经费	
	数额①	占合计百分比	数额	占合计百分比	数额	占合计百分比	数额	占合计百分比	数额	占合计百分比	数额	占合计百分比	数额	占合计百分比
海宁	1 150	25.51	320	7.10	300	6.66	750	16.63			1 988	44.11		
於潜											124	21.64	449	78.36
新登	210	15.77	238	17.86							510	38.29		
昌化	40	9.32	225	52.44	40	9.32	54	12.59	40	9.32			30	6.99
嘉兴	570	13.95	540	13.22			1 170	28.64			1 805	44.19		
海盐	215	6.74	144	4.51			2 278	71.36			555	17.39		
崇德							7 255	100.00						
平湖	310	14.64	250	11.81	100	4.72								
吴兴											7 267	18.97		
孝丰											238	16.10	1 240	83.88
鄞县	1 779	16.90	540	5.13			2 300	21.84			5 313	50.44		
奉化	80	4.88	210	12.80	50	3.05	712	43.42			488	29.76	100	6.10
绍兴	1 520	13.07	760	6.53	2 000	17.20	4 203	36.13			3 148	27.07		
萧山	1 460	24.12	1 080	17.01	450	7.43	1 080	17.84	300	4.96	1 733	28.63		
余姚	736	19.16			120	3.12			200	5.21	1 045	27.20		
新昌	152	10.10	556	36.95	50	3.32	747	49.64						
宁海	554	33.76	180	10.97	26	1.58	280	17.06			21	1.28		
温岭	430	6.37	336	4.98	1 200	17.78	2 004	29.70			842	12.48		
龙游	932	21.13	400	9.07							2 976	67.51	100	2.27
江山	340	58.62												
金华	396	12.06	180	5.48			200	6.09			1 500	45.68		
兰溪													4 409	70.23
东阳	180	16.50	168	15.40	360	33.00	200	18.33			183	16.77		
义乌	400	15.73	374	14.71	530	20.84	602	23.68			636	25.02		
永康	100	7.43	306	22.74	300	22.29	340	25.25			300	22.29		
桐庐											903.4	100.00		
缙云	30	1.01	312	10.47			799	26.83			200	6.72		
庆元	340	38.55	132	14.97	890	44.22								
泰顺	114	16.50	132	19.10	100	14.47	200	28.95			145	20.98		
共计	12 038	9.13	7 333	5.56	6 016	4.56	25 174	19.09	540	0.41	31 920.4	24.21	6 328	4.80

① “数额”栏数字单位为“元”。——编校者

表十八　浙江省县教育经费支配分比较表——其他(2)

项目/县别	女教员生产费		学产还粮费		赋税		临时费		其他		合计
	数额①	占合计百分比	数额	占合计百分比	数额	占合计百分比	数额	占合计百分比	数额	占合计百分比	
海宁											4 508
於潜											573
新登			216	16.22			158	11.87			1 332
昌化											429
嘉兴											4 085
海盐											3 192
崇德											7 255
平湖					1 457	68.84					2 117
吴兴									31 045	81.03	38 312
孝丰											1 478
鄞县	600	5.70									10 532
奉化											1 640
绍兴											11 631
萧山											6 053
余姚					400	10.41			1 340	34.89	3 841
新昌											1 505
宁海							580	35.34			1 641
温岭							1 935	28.68			6 747
龙游											4 408
江山									240	41.38	580
金华									1 007	30.67	3 283
兰溪									1 870	29.78	6 279
东阳											1 091
义乌											2 542
永康											1 346
桐庐							1 637	54.96			903.4
缙云											2 978
庆元									20	2.27	882
泰顺											691
共计	600	0.46	216	0.16	1 857	1.41	4 310	3.27	35 522	26.94	131 854.4

大小距＝429—38 312　平均数＝4 546.7　下四分点＝1 211.5　上四分点＝5 280.5　四分点差＝2 034.5

① “数额”“合计”栏数字单位为“元”。——编校者

关于第六问，贵县支配教育经费根据何种标准？大都依上级命令并参照地方情形行之。

关于第七问，分配教育经费方面有何困难？大部均感教费支绌，不足分配；且社会教育经费年有增加，而学校教育经费又未便减少。

关于第八问，将来拟如何改良？大都拟从开源及节流入手，且均感教费无多，虽有改良计划亦随之而束手。

关于第九问，根据贵局长过去的经验，对于地方教育经费一项有何感想及高见？这层可举出下列几点：

(1) 地方教育经费应由政府规定整个计划逐年增加，若仅由教育局零碎筹划，实无济于事；

(2) 地方教育经费最由县政府财政科负责办理较有效果，若由教育行政机关自行筹划每见枉费精神；

(3) 教育经费虽比前较有保障，然地方政府每不开心，致教育行政人员兼负财务人员的责任，因之每致分心，使教育效率减低不少；

(4) 教育事业日渐推广，开源既少可能，节流又属非易；惟有由国省补助或指定大宗税收充作经费的一途；否则，地方教育实无法改进与维持。

关于第十问，贵局长对于此种调查有何高见？大部希望统计完竣后，作一有系统的报告以供参考；并建议政府当局设法改进。

六、江浙两省的比较

江苏与浙江两省的地方教育经费的情形，既如上述，以下将把这两省的情形大略比较一下，以明其同异。

就教育经费的来源而言，江苏最多县份年有 495 333.579 元，浙江年有 284 113 元；最少县份江苏有 32 058 元，浙江年有 10 211 元。每县平均数前者为 208 688.399 元，后者为 52 240.22 元。可见，江苏每县每年经费平均约四倍于浙江。

政府补助，浙江只一县没有，江苏则只八县有之。捐税在江苏所占来源的地位较重于浙江，而产息则反之。捐款两省均不多，学费及“其他”则相伯仲。

政府补助一项，在两省得到补助县份中，江苏最多与最少者为 79 200 元与 1 930 元；浙江最多与最少者为 116 760 元与 600 元。四分点差，一为 24 404.92 元，一为 1 363 元。

占补助中百分比最高者，在江苏为县库补助，49.15%；在浙江为地方补助，43.63%。其次，在江苏为省库补助，44.53%；在浙江亦为省库，43.14%，最低者一为地方补助，一为县库补助。

关于捐税来源，江苏亩捐占重要的地位，其次忙漕附税。浙江则以四成教育费收入为最多，其次为地丁附捐。在江苏捐税收入最多者年有 469 120.779 元，最少者有 3 420.93 元；浙江省一为 75 453 元，一为 1 400 元。平均数一为 155 519.388 元，一为 29 773.51。可见，江苏捐税的收入多于浙江若干倍。四分点差一为 74 375 元，一为 18 697.5 元。

捐税种类，就表三与十二所示，江苏有四十一种，浙江有五十二种。多数县份的普通数码，在江苏为自四种至十种，在浙江为自三种至八种。

产息方面的比较，两省各县均有。收入最多者在江苏为 63 200 元，在浙江为 18 854 元。平均数一为 13 886.974 元，一为 4 985.94 元；四分点差一为 5 228.58 元，一为 2 255.25 元。

田产在两省均占重要而不相上下的地位，基金息则浙江多于江苏。至于地产与房产，则江苏的收入较多。

来源的比较如上，以下将讨论支配方面的比较。

支出最多者，在江苏年计 524 133.579 元，在浙江年计 256 253 元。最少者在江苏 32 058 元，在浙江 10 102 元。平均数江苏为 201 402.247 元，浙江为 51 763.77 元。四分点差前者为 111 764.03 元，后者为 18 058.65 元。可见，两省教育经费的悬殊！

大部分经费，两省均用于学校教育方面，一占 59.07%，一占 65.37%。教育行政经费及社会教育经费的百分比，浙江均高于江苏。而教育行政经费甚至达到两倍有奇！

教育行政经费，大部分均用于教育局，江苏占 84.25%，浙江占 83.04%。浙江各县均有教育经费管理处及教育委员会的设立，江苏则成为绝无仅有的现象，此或浙江教育行政经费支出较多的缘故。

统观全体情形，江苏年支最多者有 30 237.029 元；最少者有 4 220 元；平均为 12 210.961 元；四分点差为 3 950 元。浙江年支最多者有 19 438 元；最少者有 2 407 元；平均为 7 435.84 元；四分点差为 3 139.75 元。两省平均数虽差至四千余元，但浙江省却能有教育经费管理处及教育委员会的设立。在某种意义上，不能不说是比较江苏为优的现象。江苏用于“其他”一项，似乎太多，占至 15.24%。

学校教育经费一项，两省均大部用于初等教育方面；其次即为中等教育方面。其范围如下：

初等教育经费——在江苏合特殊学校、幼稚园（这两者的百分比甚低，故并入此）、初级小学、高级小学、完全小学、初级补习学校、实验小学、义务教育等而言。在浙江合特殊学校、幼稚园、初级小学、高级小学、完全小学、实验小学、代用小学等而言。

中学教育经费——在江苏合初级中学、中等补习学校、职业中学、师范学校而言。在浙江合初级中学、完全中学、职业中学、师范学校等而言。

关于学校教育经费的支配，江苏最多者 366 412 元，最少者 13 627 元，平均 118 979.689 元；四分点差为 55 298.5 元。浙江最多者 196 711 元，最少者 6 098 元，平均 33 839.58 元；四分点差为 10 464.75 元。两省平均相差至二万余元！

社会教育经费一项，两省均大部分支配于教育馆，一占 50.40%，一占 43.36%。其次为民众学校，一占 8.21%，一占 25.11%。支配最多者，在江苏为 57 588 元，在浙江为 30 630 元。最少者在江苏为 4 568 元，在浙江为 826 元。极端的差异若是之巨！平均每县江苏年支 21 166.299 元，浙江年支 5 941.65 元。四分点差江苏为 7 819 025 元，浙江为 3 546 元。

最后为“其他”方面支配的比较。在江苏预备金占大部分，其次为“其他”。在浙江则反是。平均江苏每县年有 55 973.422 元，浙江年仅有 4 546.7 元。

意见方面的比较亦可略提一下。关于教育经费来源方面，两省大部均以附税带征亩捐为大宗。筹划的困难亦均相同，不外民力艰难，负担不易，经济衰颓，增筹无法。江浙两省且如是，可见其他各省的情形了。将来改进的计划，亦不外整理原有税收，以裕来源；减省费用，以节开支。

教育经费的保管机关,在江苏以由教育局保管者为多,而浙江则均由教育款产委员会保管之。保管的困难,在浙江大部不成问题,而江苏则希望有专任保管的机关,以便增进教育的效率。同时,浙江有几县对于教育款产委员会似觉不大适用,而有改由教育局保管的意见。

支配经费的标准,两省均根据上级命令及实际情形的需要。其困难亦均感觉来源低微,而教育则须与日发展,甚难应付。其改良计划,两省均拟从增筹教育经费入手。此点若就筹划的困难观之,则恐难于办到。

两省教育局长对于地方教育经费的意见及感想,可总括如次:教育事业日渐发达,需用款项亦与日俱增。同时,地方经济濒于破产,民力无法负担。开源既无源可开,节流亦无流可节。若欲义务教育的普及,地方教育经费必须由政府当局通盘计划,逐年增加;或指定大宗收入,以资支配。否则,教育前途恐难乐观。

对于本调查的意见,两省相同。上面已略叙述,此地恕不再提。

七、结　　论

江浙两省的地方教育经费的情形既如上述,且已作约略的比较,兹再就这次调查的结果,再提出几点来谈谈,以为结束:

一就教育经费的来源方面而言,有些县份实苦太少。如浙江的昌化县,年不过 10 211 元,未免令人感觉到该县教育之不易发达。救济的方法,自应就各县的情形及其可能性,尽量筹划增加。例如政府的补助,应该设法添增,特别在经费支绌的县份。我们若要希望教育平均发展,这层恐怕是一种很重要的方法。

捐税一项,固甚重要,但不宜过于重视。我们须知捐税有时是不大稳定的。视之为来源之一则可,但若视之为来源的大部分,则未免过于危险,特别是完全依靠它的县份。如江苏的如皋县,捐税收入竟占收入总数 94.71%!万一一旦捐税收入短少,则教育必将大受影响。再者,如箔类税一项,更不可靠。将来教育愈发达,迷信必愈少;迷信愈少,则此类的收入必愈减,教育经费就将因之而摇动,故不可不慎重考虑的。

还有一点应该注意，就是有好几种捐税收入的数额，每年只有 4 元或 5 元，实无设立的意义。须知道设立一种捐税，非特要有稳固性，同时且要有相当的款项才好。若税目甚多，所得仍微，则未免太琐碎了。

产息方面，尚称适当。此项已为各县所共有，以后仅须设法增加。这次调查分田产、地产、房屋、基金息四项，这四项虽有时亦难免发生变动，但总比较稳固的。

捐款一项，在江苏是一种绝无仅有的现象，在浙江所占的百分比也不高。这或者可以说民众对于教育事业不热心。但在教育的立场上说，我们亦不希望教育完全建筑在私人的恩典上。这当然不是说我们不欢迎私人的捐款来办教育；不过专要靠私人捐款，就是错误。况且私人捐款往往是靠不住的。

学费收入一项，两省均约占 10%。其收费的情形如何，我们不大明白，不敢多言。但我们总希望在义务教育一段，全能免费才好。

二就教育经费的支配方面而言，社会教育经费比较学校教育经费未免相差太大。学校教育固甚重要，但社会教育也不能过于忽略，特别在现在的中国情形之下。江浙两省的社会教育经费，只占 10%左右，实在觉得太少。浙江的教育行政的经费反多社会教育的经费，尤觉分配之不大适当。

学校教育中，关于幼稚教育方面太过忽略。统观两省支配于幼稚园的经费，都不过占学校教育经费中 1%。特殊学校亦如此。同时，设立这两种学校的县份并不多。须知幼稚教育是一切教育的基础；关于儿童身心的发展，殊为重要的。特殊学校大抵指盲哑聋或残废的儿童及失学的成人的学校而言。这些不幸的儿童或成人在国内并不为少，除非我们否认教育机会平等的原则，我们就不能剥夺他们应受教育的机会。

教育经费应另立机关保管，似乎已成为很普遍的要求。在事实上，江苏尚未设有特殊保管的机关。可是，各县均希望速有这种机关的成立，以便增进教育的效率。至于浙江，大都已设有教育款产委员会负责保管，故大部分亦不感觉有什么困难。虽有几县认为该项机关不大适用，但是我们只能认为是一种特殊的现象。

各县对于教育经费，均感不敷分配，而同时又认为增筹非常艰难。不过在普通的县份内，有几种来源或可试办的。兹特在此介绍一下：

(一) 庙产与祠产——这种收入,各县必定很多,弃而不用,未免可惜。倘实行时,多事宣导,同时并借用政府的力量去进行,我想必可得有相当的成绩。

(二) 遗产税——这种税收充作教育经费,在民国十七年[1928]第二次全国教育会议时业已通过,可惜至今尚未实行。其实,征收遗产税非特甚为公允,而且来源也觉可靠。若能切实进行,成绩必有可观的。

(三) 所得税——征之于个人每年的收入,似非完全去剥削平民可比。故这种征收也很公允而可靠。

以上三种,各县均可征收,应定为一般的捐税。至于各县特殊的捐税可得而征收者,此地自难一一申述,全赖负有职责者因时制宜,积极去办。此外,如矿税及教育林等,亦可认为收入的大宗。

兹从上面统计的结果,举其重要者,可归纳如下:

(一) 江苏与浙江的地方教育经费相差很多,教育难得有平均的发展。

(二) 将教育经费的来源平均起来。在江苏,政府补助占3.92%,捐税占74.52%,产息占6.65%,捐款占0.19%,学费占8.37%,"其他"占6.34%。在浙江,政府补助占14.58%,捐税占56.99%,产息占10.01%,捐款占3.19%,学费占9.52%,"其他"占5.70%。

(三) 将教育经费的支配平均起来。在江苏,教育行政占5.84%,学校教育占59.07%,社会教育占10.50%,"其他"占24.59%。在浙江,教育行政占14.37%,学校教育占65.37%,社会教育占11.48%,"其他"占8.78%。

由免费公费问题想到我们的教育制度

古　楳*

人有困难问题，就会想方法去解决，想了方法有时也会害人的。这虽然是一个矛盾，而我们的问题却即由此而起，由此而复杂，更由此而得一解决。

一

大家都知道，中国现行教育制度是从外国输进来的。这种教育制度和中国原有的教育制度比较起来，有许多特点。（详见拙作《现代中国及其教育》下册第二十一章，中华书局出版。）其中教育经费的筹措，便是一点。因为中国以前的私塾或书院，其维持的经常费，多是由私人捐助的。虽间有由地方公款设立的，也仍多出于地方公有的学田或其他的公产。因此，个人就学的，多不必负担学费等项，甚至还有津贴的膏火。即使要送束脩，也看人家的贫富而定多寡，并非平均纳费。自从采行外国的教育制度后，政府既要干涉学校行政，自不能不筹划教育经费，筹划不足更不能不征收学费等项。由是，发展教育与筹

*　古楳（1899—1977），字柏良，广东梅县（今梅州市梅县区）人。南京高等师范学校教育科毕业。曾任中山大学、中央大学、江苏省立教育学院、国立社会教育学院等校教授。主要著作有《中国教育之经济观》《现代中国及其教育》《乡村学校设施法》《乡村教育新论》等。

本文原载于《教育杂志》1937年第27卷第1号。——编校者

措经费乃成了一个相提并论的问题。

中国从前清同治元年[1862]开始采行外国的教育制度,当时对于经费还不发生严重问题。到光绪二十一年[1895],盛宣怀设立天津中西学堂,感到教育经费困难,便想出征收附加教育经费的办法。从此,办教育即成了病民扰民的事!盛氏所想的办法是这样:

> ……大约头等学堂每年需经费银三万九千余两,二等学堂每年需经费银一万三千余两,共需银五万二千两左右。现值国用浩繁,公款竭蹶,事虽应办,而费实难筹。职道查津海钞关近年有收关平煤税,每年约库平银一万四五千两,为从前所无之税款,似可尽数专提,以充学堂经费。又天津米麦进口,自光绪十九年[1893]禀明每石专抽博文书院经费银三厘,每年约收捐银三四千两,拟每石改收银五厘,亦不为多。又电报局禀明自天津至奉天借用官线,递寄海兰泡出洋电报,每字津贴银一角,电线通时,每年约计应缴洋三四千元。营口一带线断之后,已经停止。嗣后锦州至奉天改造商线,仅借用天津至锦州官线一段,津贴更征。拟令电报局以后不计字数,每年捐缴英洋二万元。又招商局运漕由沪至津轮船,向系援照沙宁船成案,装运土货,例准二成免税,藉以抵制洋商。拟令招商局以后在承运漕粮运脚免税项下,每年捐缴规银二万两。以上合计,每年捐银五万二千两左右,全数解交津海关道库存储,专备天津头二等学堂常年经费。通筹扯算,似可有余无绌。……所需购办格致化学器具书籍等项及聘请教习川资,创办应用之款,不在常年经费之内。查光绪十九年[1893]起,至二十一年四月止,米捐存银八千余两,拟即在此款内核实动用。……(注一)

在光绪二十一年[1895],设立一个头二等学堂(头等学堂即外国的大学,二等学堂即外国的小学)。所需经常费不过五万二千两,便要提征钞关、米麦、电报、漕运各种附加捐税,毋怪乎现今各校经常费多则百余万,少则数万数千,也要附加征收各种苛杂的捐税啦!

二

中国采行外国的教育制度后，虽渐感筹措教育经费为难；但是因为当时风气未开，来学者不多，也仍然因袭旧制，不强迫学生负担经济，甚至还有膏火的津贴，借以奖励学生。如同文馆规定："月课例给花红银三十三两，季考例给花红银四十八两，岁试例给花红银七十二两。夏季增加汉文课，每月给花红银八两。"(注二)就是到光绪二十四年[1898]，总理衙门奏呈京师大学堂章程，也还规定："额设学生五百人，分为六级，略依同文馆之例，据功课之优劣，以第其膏火之多寡——第一级三十人，每月膏火二十两；第二级五十人，每月膏火十六两；第三级六十人，每月膏火十两；第四级一百人，每月膏火八两；第五级一百人，每月膏火六两；第六级一百六十人，每月膏火四两。"(注三)这种办法，虽不免含有奖励仕进的作用，但对于贫寒的学生，未尝没有相当的帮助。不料当时管学大臣孙家鼐兼任了总教习后，听到一位西教习丁韪良(Wa. P. Martin)说："泰西大学堂，来学者皆出修脯，极贫者始给纸墨，从无月给膏火办法。盖以图膏火而来学者，未必诚心向学；出资来学者，乃真有志于学者也。"又："观总理衙门章京与日本使臣论学堂事宜问答之语，与丁韪良所言略同。"(注四)便立即变通办法，停给膏火，但给奖赏。从此贫寒子弟入大学者，没有膏火，就很不容易了。

三

再到光绪三十二年[1906]，教育经费更形困难，学部因两江总督周馥咨称："学堂收取学费，为东西各国通例。奏定章程亦已采取其法，著有明文。诚以公家财力只有此数，若事事仰给于官，不独力难为继，抑且势有所穷。……"(注五)乃明定《各学堂征收学费章程》(注六)计十四节，分别规定：

> 初等小学堂征收学费，每学生每月至多不得过银圆三角，并得体察地方情形，暂时酌量免收；
>
> 高等小学堂征收学费，每学生每月自银圆三角至六角，初等实业各学

堂酌减；

中学堂征收学费，每学生每月自银圆一圆至二圆，中等实业各学堂准此；

高等学堂征收学费，每学生每月自银圆二圆至三圆，大学预备科、法政学堂、高等实业各学堂准此；

大学堂征收学费，每学生每月银圆四圆；

女学堂暂时免收学费；其因经费支绌，必须征收学费者，听其按照程度，比照各学堂酌减征收；

师范学堂不收学费；惟考取入学时，每学生征收保证金银圆十圆，俟毕业后发还；自费生征收学费，每学生每月银圆一圆，简易科准此；优级师范学堂自费生征收学费，每学生每月银圆二圆，选科减半；

半日学堂，艺徒学堂不收学费；

除师范学堂、小学堂、初等实业各学堂、半日学堂、艺徒学堂及女子各学堂外，凡各学堂学生考取入学时，应纳入学费银圆二圆；

学生所用书籍、笔墨、纸张、石板及操衣、靴帽等件，由学堂代为购备，学生缴价具领；其能自行如式购办者听；

学生寄宿者，应收膳宿费；不寄宿而在学堂用膳者，应收膳费。

自从这次征收学费章程发布后，除女学堂暂免学费，师范学堂及半日学堂、艺徒学堂不收学费外，其余大、中、小学以及实业学堂等皆征收学费。且除学费外，还有报名费、保证金、书籍用品费、膳宿费等项。合计自初等小学至大学毕业，学费一项便需要三百六十余元，其他各费尚不在内，自非普通一般贫穷子弟所能胜任了。结果，有钱的子弟可以进学堂，无钱的人只好摈诸门外。所谓“学堂大门八字开，无钱子弟莫进来”，显然表示教育权跟着所有权走了，何怪乎有许多失学的人哩？

四

民国以后，教育制度虽多改革，征收学费章程也修改若干次。如元年

[1912]《学校征收学费规程》,十七年[1928]《小学暂行条例》,二十一年[1932]《小学法》,二十二年[1933]《小学规程》《中学规程》《师范学校规程》《职业学校规程》等,对于征收学费均有详细的规定,甚至规定小学免征学费。然总没有打破"不出费,不能受教育"的限制。甚至教育经费较前更加困难,向学生征收的费更多。因为这种障碍,使许多贫寒的学子失却受教育的机会。舒新城氏有见于此,在十七年[1928]春特撰《免费问题》一文(注七),大声疾呼,主张免费。他的"最简单的理由就是无论什么人都得受教育"。随后他又在全国教育会议(1928)提出《各级学校一律免费案》(注八),胪列理由和办法,谓"全国学校一律免费,实属理既可通,又甚易行之事。只要政府决心去干,便可实行"。他的理由很多,他的办法是:

(1) 设免费委员会,专司全国教育经费统计及规划进行之责;

(2) 由大学院、省教育厅、县教育局切实调查国立、省立、县立、私立各级学校之经费,将收入支出各项细目分别汇列,汇送免费委员会统计;

(3) 以统计上正确之学费数目(据前文统计总数约九百万元)分别筹定抵补之数;筹款先注意军政筹费之移用,后注意寺产提拔及遗产税;

(4) 免费先从初级小学起,逐渐及于高小、初中、高中、专门、大学,斟酌经费状况,务一年免去一级,于六年内全部免去;

(5) 各级学校免费后,现在师范学校之特殊待遇取消之,以其经费用考试的方法奖与贫苦子弟,供给其直接生活费,使之上进。

舒氏的提案虽没有经全国教育会议完全通过,却被采纳了一部分的意思,如大会通过的办法:

请大学院组织"奖励优良贫苦学生计划委员会",参考各案,规定办法,渐求减免学杂膳宿各费。并即通令各省市教育行政机关,于各级学校多设免费学额。凡贫寒子弟学行兼优者,校中得免收其一部分或全部应缴各费。(注九)

这议决案通过后，因教育经费随着学校的发展，社会经济的衰落，益形困难，所以不特政府没有决心去实行，甚至连原有的教育经费都被挪用了。而所谓“奖励优良贫苦学生计划委员会”自然没有成立，至多不过通令各省市教育行政机关，于各级学校多设免费学额而已。可惜学校经费无所出，仍不能不向学生方面去征收学费，加征杂费(最近教育部通令限制学校收报名费，上海教育局令各校禁收毕业证书费，可为证明)。而所谓多设免费学额，也就成了不兑现的支票。结果，学生负担愈加重，愈没有受教育的机会，甚至为着想受教育，筹措学费不得，迫死人命！上海成衣匠严金清便是一例。(请看民二十年[1931]三月十日《申报》,《措学费不得而死》。)

> 《措学费不得而死》(二十年[1931]三月十日《申报》)
>
> 老北门白衣街开设成衣店之严金清，生有一子，名严海荣，生性聪慧，严亦誓为造就，不再使其继续旧业。故其子由初等而高小，现已升入某中学校肄业，学费等项共须八十元。而严筹措多日，不能成数，羞对其子，深自怨艾，前日遂服鸦片而死。当由二区一分所令饬地甲投地方法院，报请相验，亦一惨史也。

五

“不出费，不能受教育”的限制，到底是妨碍青年学子受教育的障碍，非打破无以使教育机会均等。所以到民国二十年[1931]中央召集国民会议，讨论《训政时期约法草案》，郃爽秋等二千八百八十四人对于《草案》第五十二条规定“全国公私立学校应设置免费学额，以奖进品学俱优，无力升学之学生”仍表不满，主张改为“全国各级学校应一律免收学费”。(注一〇)他们的理由是：“教育既为人民之权利，则一切费用，皆应由公家担任，故总理主张‘学费书籍以及学童之衣食，皆当由公家供给’。……为补救计，当规定全国公私立各学校，一律免收学费，俟国家经济充裕，更当逐渐免收书籍、衣食等费，以期实现总理遗教。……”会议结果，遂通过：

第五十六条　全国公私立学校，应设置免费及奖学金额，以奖进品学俱优无力升学之学生。(注一一)

旋于六月一日由国民政府明令公布。照理从二十年[1931]八月起，各学校应当实行免费及奖学金了，如天津《大公报》社评所云：

现在暑假将满，全国大、中、小公私立学校均将次第开学。吾人在此时特大声疾呼，亟盼全国大、中、小公私立学校校长教职员乃至学生，应注意《约法》第五十六条，为天下无力读书之寒士，从速设法，勿辜负《约法》上授予之权力，忘其应尽之天职也。……《约法》现已发生效力，故自本学期起，假定全国公私立学校有不设置免费及奖学金额者，严格言，可以谓之为违法；让步言，至少亦应谓之为玩法。故凡全国公立之大、中、小学校，应立刻改定预算，或另作追加预算，依法设置免费及奖学金额若干名，以安置品学俱优无力升学之学生，自不待言。凡全国私立之大、中、小学校，亦应依法立刻设置此项学额若干名。……《约法》在法律中，应含有绝对的硬性，不许通融假借。……(注一二)

不幸自《约法》公布后，设置此项免费及奖学金额的学校仍不多见，只有江苏省从二十三年[1934]春季学期起，才免除全省中等学校学宿费，同时并设奖助清寒学生办法(注一三)，其他各省绝少闻见。即就江苏而论，不先免除小学生的学费，也非真正救济清寒子弟的办法，何况连免除中等学校学宿费的办法都没有的呢！

六

晴天霹雳，甘霖下降，多年希望实现的各级学校免费学额，竟于二十五年[1936]五月由教育部一纸命令通饬全国公私立各级学校，限于二十五年度[1936]开始时一律设置，以奖助家境清贫、体格健全、资质颖异、成绩优良的学生；并设置公费学额若干名，借以津贴特别贫寒优秀的学生。该《免费及公费

学额规程》计二十条,要点如次(注一四):

(一)各校为奖助家境清贫、体格健全、资质颖异、成绩优良学生起见,应遵照规程规定,设置免费及公费学额;

(二)免费学额除免收学费外,体育、图书、实验以及其他类似等费,均免收;

(三)公私各校均应依如下规定设置免费学额:

(甲)小学以不收费为原则,其因特殊情形征收之小学,应设置全校儿童数百分之四十以上免费学额,二十五年度[1936]至少应设百分之二十,以后逐年增设,限至二十八年度[1939]一律达到百分之四十标准;

(乙)中等学校初高中及初高职应设置全校学生数百分之十五以上之免费学额,二十五年度[1936]至少应设百分之八,以后应逐年增设,限至二十八年度[1939]一律达到百分之十五标准;

(丙)专科以上学校应设置全校学生数百分之十以上之免费学额,二十五年度[1936]至少应设百分之五,限至二十八年度[1939]一律达到百分之十标准;

(四)公费学额除免收学费外,并应依第十六条之规定,给予最低限度内膳宿制服书籍等费;

(五)全国各级公立学校,除设置免费学额外,并应一律依如下规定,设置公费学额:

(甲)小学普小及短小二十五年度[1936]至少应设置全校学童数百分之四,以后并应逐年酌量增设;

(乙)中等学校初高中及初高职二十五年度[1936]至少应设置全校学生数百分之三,以后并应逐年酌量增设;中等师范学校之公费待遇,依《师范学校规程》规定办理;

(丙)专科以上学校二十五年度[1936]至少应设置全校学生数百分之二,以后并应逐年酌量增设;

各级私立学校之经费比较充足或受有政府补助者,亦应酌量设置公费学额;

（六）全国各级公立学校设置公费学额经费，应以在学校经常费内撙节开支为原则；

（九）各级学校应设置之免费及公费学额，应酌量分配于该校各年级学生；

（十）凡学生家境清贫，其家庭无力担负子弟就学费用者，得觅具二人以上切实保证书，向原籍县市或居住在三年以上县市主管教育行政机关申请证明；

（十二）凡声请免费或公费之待遇者，应依下列规定为之：

（甲）投考学生应于报名时呈缴家境清贫证明书；

（乙）在校学生应于每学年开始前呈缴家境清贫证明书；

（十三）各级学校依照本规程规定兼设有免费学额及公费学额者，其公费学额应给予家境清贫而入学考试成绩或在校成绩较优之学生；

（十六）各校设置公费学额，其给予学生费用，由各校依照当地生活情形，就下列范围酌量定之；普小每人每年十元至三十元，初中及初职每人每年四十至八十元，高中及高职每人每年六十至一百元，专科以上每人每年一百五十至二百五十元，短小公费学额之待遇，由各校酌量各地情形定之；

（十九）各校所设之各种奖学学额，其经费系出自公私机关团体或私人，并非由本校经常预算内开支者，仍应概予维持，并不得以之抵充本规程之免费或公费学额。

这次的规程公布后，我们在报章上就时常看到各校招生广告内列有免费及公费学额的公告。这对于家境清贫的学子，自有多少的帮助。严金清如不早死，他的儿子严海荣既这样聪颖好学，自然也可以得到免费或公费的待遇，由小学而中学、而大学，受到现行的教育。不过，我们千万不要以为从此以后，几十年来所闹的免费问题便解决了！因为收费的教育制度（拿钱换教育的制度）不改革，设置了若干名免费或公费学额，仍然有极大部分的人要被摈在学校门墙之外的哩！换句话说，公私立各级学校不能一律免费，教育还是畸形的、阶级的。

即退一步讲，目前因为经济状况所限，政府与学校均不能多筹经费，一律设置免费或公费学额，故不得不如此权宜办理。但照规程看来，也有几点值得讨论的。

第一，所谓“体格不健全”，多少是由“家境清贫”而来的，最显明的如眼病、肠胃病、营养不良……，甚至死亡等，都是由“家贫”而起的。平开微支（Pinkevitch）①在《教育学新论》里曾经说：“人类身体之体质的基础，显然是因为那个人所处的社会的物质环境，受着生活过程中之变化。……若然，教育者必须深深地研究儿童的身体发育之社会的条件。……所以无产者必然地不是在于家庭教育，而是要努力于社会教育的。”(注一五)林仲达君也说：“在某种范围以内，儿童实际上的发育史是由他的环境决定的。……他们（农民和雇农）终年以汗血所换来的代价，尚不能支持其生命所需求的最低限度的食品的热量。他们连自己的生存权尚成问题，根本谈不到其孩子的营养。……”(注一六)现在儿童身体发育之社会的条件没有改变，而要想“体格健全”——特别是小学儿童——得到免费或公费的待遇，当然是太滑稽了。明白地说，贫苦儿童身体多不健全，资格不合不能享受免费或公费的优待；只有那些较富裕人家的子弟才有享受免费或公费的资格。这不是和现在各地举行的“儿童健康比赛”一样的滑稽吗？

第二，规程中规定免费学额，限至二十八年度[1939]小学一律达到百分之四十标准，中等学校一律达到百分之十五标准，专科以上学校一律达到百分之十标准。试问到二十八年度[1939]以后，还有多少因为“家贫而体格不健全”，没有资格享受免费学额待遇的呢？况且《小学法》（第十六条）中明明规定“小学不收学费”，而本规程也说“小学以不收费为原则”，到了二十八年度[1939]以后收费的岂不是成了变则吗？变则不能不收费，至少有一部分不能不收费。这样的结果，贫苦儿童不被摈在学校门墙之外，又到哪里去受教育呢？北平市社会局长雷嗣尚君说：“小学如不免费，最需要教育之贫寒儿童，多被摈弃，故欲实施强迫，非完全免费不可。但是教育经费如不充裕，免费实有困难。”(注一七)困难不能解决，只好牺牲贫寒儿童的教育了。

或者有人以为免费学额虽有限，而公费学额却规定“以后并应逐年酌量增设”，大可以救有限的免费学额之穷。这话固然言之有理，但如果学校经费不

---

① 今译“平克维奇”（Albert P. Pinkevitch，1884—1939），苏联教育家，著有《苏联共和国的新教育》一书。

增加，教育权又不操在贫苦大众手里，“酌量增加”也只是永远保持百分之四、百分之三、百分之二等数额而已。

第三，家境清贫的学生须觅具二人以上切实保证书向教育行政机关申请证明，在今日中国社会里，人情戚党的关系支配了一切，不是很容易，就是很困难。而真正家境清贫、无力担负就学费用的人，没有人情戚党的关系，得不到证明，也就没有得到免费或公费的待遇了。这样的结果，不但不能奖助家境清贫的学生，反为家境非清贫的学生多造优待的机会，这难道是奖助的原意吗？

七

如此说来，不设置免费公费学额，家境清贫的学生固然很少得到受教育的机会；设置了免费公费学额，仍然“惠不及实”，所得无几。那么，究竟怎样办好呢？是不是实行“各级学校一律免费”就能把问题解决呢？我的答案是：

（1）在现行教育制度下，有限免费乃至一律免费，均不能解决清贫学生就学的问题；

（2）即令设置公费学额，人人有不出费而受到教育的机会，也不是最完善的解决方法；

（3）只有彻底改革教育制度，依据义务劳力的结果去受教育，然后人人才有平等受教育的权利与可能。

第一个答案的理由，在前面各段已分别说明白了，可不复赘。第二个答案的理由，在现在学校经常费极形支绌的情形下，别说开支无可撙节，即使可以撙节也撙节不到几个公费学额。同时政府财政竭蹶，又不能多筹公费学额的经费。结果，纵令在规程内规定全体公费，也仍旧等于不兑现的支票。再退一步说，政府有钱设置公费学额，人人可以得到公费的待遇，受到相当的教育，但是这样的教育也就等于慈善的教育了，所以我说不是最完善的解决方法。惟有照第三个答案改革教育制度，才能使人人有平等受教育的权利，同为公家服役的义务；人人以义务劳力的结果受到的教育，才是平等的教育。在这种教育制度之下，当然没有所谓“家境清贫”的问题了，岂不是最好的办法吗？

人人为什么要有平等受教育的权利？孙中山先生早已明白说过了。他在

《社会主义之派别与方法》讲演里说：

> 圆颅方趾，同为社会之人，生于富贵之家，即能受教育，生于贫贱之家，即不能受教育，此不平之甚也。社会主义学者，主张教育平等；凡为社会之人，无论贫贱，皆可入公共学校，不特不取学膳等费，即衣履书籍，公家任其费用。尽其聪明才力，分专各科。即资质不能受高等教育者，亦按其性之所近，授以农工商技艺，使有独立谋生之材。卒业以后，分送各处服务，以尽所能。庶几教育之惠，不偏为富人所独受。其贫困不能造就者，亦可以免其憾矣。(注一八)

孙先生这样主张人人有平等受教育的权利，却不是慈善的教育。因为来受教育者，均无条件地不取学膳等费，同时还由公家供给衣履书籍费用。这虽和公费学额相似，而实大不相同。毕业以后，由公家分送各处服务，更为公费学额中所无。换句话说，社会上人人有教育的权利，有服务的义务，乃是有计划的教育，并非无政府的作育人才。这样的不分贫富，不论资质，人人能受教育，乃真是平等的教育，而非阶级的教育。必定要实现这样的教育制度，然后贫寒学生就学的问题才能真解决。

自然，实现这样的教育制度，也需很多经费，而经费若无所出，仍等于不兑现的支票。在这一点，无论移用军政等费、提拨庙产、征收遗产税，甚至像武训一样行乞兴学(注一九)，均不能彻底解决问题。惟有照孙中山先生提示的办法，才能奏效。孙先生在《地方自治开始实行法》里说：

> 凡在自治区域之少年男女，皆有受教育之权利。学费、书籍以及学童之衣食，当由公家供给。学校之等级，由幼稚园而小学、而中学，当陆续按级而登，以至大学而后已。教育少年之外，当设公共讲堂、书库、夜学，为年长者养育智识之所。或疑经费无从出，此不足为虑也。以人民一月义务劳力之结果，必足支持此费。如仍不足，则由义务劳力之内议加，或五日，或十日，以至一月，则无不足矣。一境之内，如人尽所长，为公家服务一二个月之义务，长于农事者为公家垦荒，则粮食足矣；长于织造者为公

家织布，则衣食足矣；长于建筑者为公家造屋，则屋舍足矣。如是少年之衣食住，皆可由义务之劳力成功。……学校之目的，于读书识字、学问、知识之外，当注意于双手万能，力求实用。……学校者，文明进化之泉源也。必学校立，而后地方自治乃能进步。故于食衣住行四种人生需要之外，首当注重于学校也。(注二〇)

在这里，孙先生不但主张男女老幼要有受教育的权利，并且主张要有受教育的义务。“义务劳力”便是受教育的义务，也就是筹措经费的好办法。不但有筹措经费的好办法，并且把教育与劳动结合起来，使不分家；更把地方自治和教育劳动相互联系，发生作用，真算是一个完善的制度。所谓“人人受教育，人人劳动生产，大家都有饭吃，大家一齐管政治”，乃是我们企图的典型的教育制度。不向这方面企图努力，日惟讨论延长一年缩短一年的教育制度，实不免徒劳！

附注参考书报

(注一) 舒新城：《近代中国教育史料》(第一册页二五至二六)
(注二) 同上(第一册页一一)
(注三) 同上(第一册页一四〇)
(注四) 同上(第一册页一五〇)
(注五) 同上(第二册页一三九)
(注六) 同上(第二册页一三九——一四一)
(注七) 舒新城：《免费问题》(《教育杂志》第二十卷第六号)
(注八) 舒新城：《中国教育建设方针》(页六五)
(注九)《学校免费案》(《全国教育会议报告》乙编页一九三)
(注一〇) 邰爽秋等：《对于约法草案国民教育章之意见》(民二十年[1931]五月九日《申报》)
(注一一)《中华民国训政时期约法》(《东方杂志》第二十八卷第十一号)
(注一二)《教育界速注意〈约法〉第五十六条》(民二十年[1931]八月十二日《大公报》)
(注一三)《苏省中学下学期起免收学宿费》(民二十二年[1933]十一月二十七日《申报》)
《修订江苏省立中等学校奖助清寒学生暂行办法》(同上)
(注一四)《各级学校设免费公费学额规程》(民二十五年[1936]五月八日《申报》)
(注一五) 卢哲夫译：《教育学新论》(页二一及二七)
(注一六) 林仲达：《社会学观点下之儿童死亡问题》(《大众教育》第一卷第二期)
(注一七) 雷嗣尚：《最近北平市之义务教育》(《教育杂志》第二十六卷第七号)
(注一八) 孙中山：《社会主义之派别与方法》(《总理全集》第二集页一〇〇)
(注一九) 韩德溥：《行乞兴学的武训》(民二十五年[1936]九月三日《申报》)
(注二〇) 孙中山：《地方自治开始实行法》(《总理全集》第一集下册页八五九)

战后中国教育经费问题

陈友松*

一

(一)问题在哪里

我们假定的战后中国,是内战停止后行宪时期的中国,军队国家化、政治民主化、经济平等化,人民生活开始安定,公共财政渐上轨道,建国计划开始实行的新局面。我们的课题,是什么是此之所谓战后中国的教育财政政策,怎样使教育经费有保障,能充足,而平等化。换言之,怎样建立一个现代化的教育财政制度,使人人能享受教育的平等机会。这并不是说,教育永久是政治、经济、军事的尾巴。也不是说,教育经费问题必须要等待这些问题解决以后,才谋解决的方法,乃是因为本文只就新局面立论。

全国上下,一向尤其在目前,最注意的是政治、经济、军事,以为这是最重大的国事。不论是报纸杂志,或街谈巷议,他们注意的焦点无非是这些事,教育并没有被认为是最急的事。于是教育经费,便没有人认为有紧急措施与大

---

* 陈友松(1899—1992),字敦伟,湖北京山人。武昌博文书院毕业,留学美国哥伦比亚大学师范学院,获哲学博士学位(博士论文《中国教育财政之改进》)。曾任大夏大学社会教育系主任,厦门大学、西南联合大学、北京大学等校教授,湖北省立教育学院院长。主要著译有《中国教育财政之改进》《教育财政学原论》等。

本文原载于《教育杂志》1947 年第 32 卷第 4 号及 1948 年第 33 卷第 5 号。——编校者

刀阔斧的措施之必要，四十余年的新教育，便是这样颟顸而拖延误事的。韦尔斯说："我愿我有一种毒涎，咬着人们，使他们为了教育而发狂！"中国人正需要被咬一口，因为人民和政府对教育有了狂热的信仰，教育经费才有希望彻底解决。目前中国教育经费仍在战时局面，大众经济加速崩溃，同时财富日趋集中，内战消耗国家岁出70%以上，使各级政府财政加深了危机，仅靠发钞与借债度日。因此，对教育之百年大计的用费便振振有词，采行敷衍应付与拖延的政策，终年做焦头烂额的救济，不从曲突徙薪上想出根本的办法来。目前除非政府对教育下最大的决心，纵然内战尚未停止也要下最大决心，采取一个教育财政的紧急措施方案，像战时英、苏和经济危机时期的当年美国一样，至少维持平时教育水准，甚至要达到平时教育经费实值的水准。除非如此，我们认为长此颟顸下去，中国教育是不能应付二十年内世界大局之剧变的。我们虽然讨论战后的教费问题，我们的刍议并不一定要等待停战以后才能实施。

目前中国教育至少倒退了二十年，师荒在质量上均仍感觉严重，设备与内容既贫乏，又苦窳。精神与物质的粮食同样在饥饿线上，士心惶惑，学潮澎湃，学生程度江河日下，学术空气未减稀疏，国民道德崩溃，一切建设无从着手。种瓜得瓜，种豆得豆，今日之教育，决定十年二十年后建国人才的收获，瞻望前途，不寒而栗！教育的贬值，虽其社会、政治、经济与军事原因复杂，然其根本原因，是政府在骨子里误解教育，浅看教育，小视教育所致。其直接原因，不能完全视为教育界不努力，实由于教育经费未能在战时维持战前水准，不然何以社会、政治、经济与军事不但未使英、美、苏的教育过度贬值，而且有空前的发展计划，在战后已逐渐实现了？固然"德者本也，财者末也"仍有一部分真理，然道德乃环境的产物，教育与文化的产物。现代教育行政专家，一致认为有贝之才对无贝之才的发展，实在有很大的决定能力。"钱！钱！钱！你是国实源流，万事当先！"教育经费，自不能例外。

（二）扫除教育经费的心理蔽障

中国教育经费问题，首先是一个心理问题。一切等待、敷衍、贴补、救济和头痛医头、脚痛医脚的政策，皆由此而生。我们要首先扫除几种心理上的蔽障。例如：第一，教育是国家与社会的手段。忽视了教育本身也是目的，受教育的人民也是目的，不是手段，国家则是人民的工具。因此，他们认为，政治的解决先于教育的解决。第二，胜利后，两个世界的明朗化，欧洲的社会主义、美洲的民主主义、亚洲的民族主义日益尖锐化，美、苏两强的对立，引起第三次大战的危惧。于是国人心中，仍以为纵然在战后也是军事第一，今后国家大部分财力，仍以为是要用在国防上，至于教育则是远水不救近火。第三，中国根本问题是穷，必须富而后教。故国人认为先要工业化，谈工业化者很少谈到教育是其先决问题的，盲从以为“工业落后的国家其财力不能教育其人口百分之五以上”(罗素语)。第四，救济先于教育，物质复员先于精神复员，认为大兵之后，必有凶年，疮痍满目，百废待举。教育不是最急的事，“救死不遑，奚暇治礼义哉”！第五，教育是消费的事，因此是一种损失。因为私人无利可图，(战时以办学起家者，则是盗人家的钱来开学店。)所以富人决不以为教育是一种投资，也不愿意自己出钱去教人家的子女。第六，教育事业愈经济愈好，教师是应该穷的，因为穷而后工，才能做穷且益坚的师表。学校建筑不必花多钱，设备不必精益求精，教育只限于读书或除文盲，所以教师不一定要有专业训练，人皆可以为师，教育辅导、卫生、福利、农场、工厂、艺术、科学的一切开支，都可以节省。但是工商业或政府的建筑设备与一切器材则愈富丽堂皇愈好，且视为当然之事。第七，教育经费是公共财政之事，是经济学者的范围，教育界的职责，只在等款办事，教育学者不可闯入经济学者与财政学者的园地。于是教育界对于教育财政以及有关的公共财政，永久摸不着专门问题的底蕴与症结之所在，永久以为没有办法。永久是靠天吃饭，并仰财政界与行政界的鼻息，而财政界又永久摸不着现代教育的专门趋势及其需要，两界各执一端，彼此脱节。于是永久没有一个良好的教育财政制度与计划。因此，战后的中国首先要建立“教育第一”之健全的理论，来扫除这些心理蔽障。忆前几年在美国胡德学院举行的联合国教育会议，曾有这样一个警告：“深恐各国当轴领袖，在解决安全与政治经济问题时，忽视公共教育之伟大可能性，则一切和平计划正如过去一样将成泡影。”可见，教育是政治、经济、军事的重大因素。教育第一，不是把政治、经济、军事一律停顿而使教育孤立先办。教育不是传授固定知识和狭仄的呆板训练。教育是生长与经验的改造，要使整个生活向上，这样看教育便如物质营养之于生理成长不可一日或缺。教育第一，乃是把这个扩大的现代的教育概念及其事业，作为全国上下的第一桩心事，无论是政治、经济与国防，都以不断的学习与生活的向上为第一义，以培育下一代人这样学习这样向上为第一件大事，则一切政治、经济与国防问题自能迎刃而解了。教育第一乃是一种心理革命，上述七种心理疙瘩，我们于是可以一一消治如下：

第一，教育为政治之本，民主政治本是操政权的人民与行治权者的公仆所做的事。政治的好坏，在乎得人，在乎民智，所以英国政府一向要首先"教育他们的主人"。美国公共教育之父何理士曼①说过："教育是我们唯一的政治保障，在此方舟以外别无救济办法。"威尔逊说过："没有适当的教育，则民治的政府决不能永存，自由制度之维持与成功靠知识与道德，故人民必须受此种教育。"

第二，教育是国防与和平之本。（按：美国人常谓此次的胜利，是教育的胜利。）《教育是美国的魔术》一书著者 Hughes & Lancelot 说："别国人每每寻找美国强盛的秘密，却偏偏闭目不见这个简单的真理——就是美国把教育当了国运的主要工具，我们美国和别国的主要区别，就是我们对教育有不挠的信念，视教育为一个促进社会进步的一切办法中最大的办法！"邱吉尔曾警告英人说："世界的将来，是属于受了高深教育之种族的，因为只有教育才能使这些人能运用战时和平时所必需的科学工具。"原子时代的国防已革命了，科学教育的深化与广化是先决条件，人口的质重于其量，一切建设就是国防事业，而且再有一次大战，全人类有灭亡或回到原始时代之虑。所以不如以和平为最可靠之国防，而和平之先决条件，在教育全民有和平之知识思想与态度。

第三，教育是致富之本。教而后富，是一个现代观点。教育财政专家罗敦(J. K. Norton)②曾用一部书《教育与经济福利》来阐明此理。亚当斯密士③谓："人民的才智，实为一国的一种资本。"这种资本比土地、劳动与物质资本尤为重要。中国工业化的先决条件，在全民有工业化社会之新知识、技术、态度与眼界，和所需教育的 1 350 万干部。正因为穷，所以要多花钱办教育，有一次某小国得了国联一笔借款，致有庞大的教育预算，其部长被人攻讪。他答道：

① 今译"贺拉斯·曼"(Horace Mann，1796—1859)，美国教育家。——编校者

② 今译"诺顿"(John K. Norton，1893—1976)，美国哥伦比亚大学师范学院教授，致力于用公立学校系统的改进推动社会发展。——编校者

③ 今译"亚当·斯密"(Adam Smith，1723—1790)，英国古典经济学家。——编校者

"是的！教育预算是庞大的。但我们必定要为教育无吝惜的宽筹经费。因为你看啦，我们是一个穷国家呀。"我们也可以回忆革命后的苏联和农业时代的美国，并不因为穷而吝惜教育经费。反之，他们的教育制度，是正在穷时而用大刀阔斧建立基础的。英国经济学者唐尼[①]曾警告英国，资源与殖民地已不可靠，惟有投资在教育下一代上，是英国最可靠的出路。唐尼到过中国，著有《中国之土地与劳动》一书，其结论说："中国如欲大规模地经济改进，必须先发展一个完备的公共教育制度。"

第四，教育也是救济，物质复原不伴以精神与心智的复原是无济于事的，一本书和一碗饭是可以同时送去的，"从生产来下手，把教育送上门"是救济上策。邰爽秋先生的民生教育运动是解决救济事业与教育事业脱节的良好办法。

第五，教育是生产的，因为教育是生产者的生产者。若纯从经济生产立论，教育是增进社会与个人财富的主要因素。亚当斯密士又说过："为教育青年的一切开支，就是为了生产能力而消费目前的价值。"李斯得[②]谓当时有一种错误的哲学观点，以为养猪的人是社会的生产分子，而教育人的人则是不生产的。殊不知"这些心智的生产者，在促进启蒙增进知识上愈成功，则物质财富的生产必愈大"。教育行政学者施菊野[③]和财政学者海格[④]，曾这样说："教育制度造就技术智巧，增进生产能力，提高人民的智德水准，准备他们有智慧参与政府，近年来教育被用以改进社会的品性和风气。例如保健与节俭都有重大的经济意义，最后教育还有重大贡献，即是培养赏鉴能力。此能力可以决定一个社会所需求而消费的货物与劳务之品质。"又说："科学研究的经费，可能使生产力扩大到梦想不到的可能性。……"据赫胥黎云："巴斯特[⑤]在兽医蚕病和鸡霍乱症上的发明，增加法国的财富，其总数等于一八七〇年战争的全部赔

① 今译"托尼"(Richard Henry Tawney，1880—1962)，英国经济史学家。1931—1932年以国际联盟教育顾问的身份访华。——编校者

② 今译"李斯特"(Friedrich List，1789—1846)，德国经济学家，历史学派的先驱。——编校者

③ 今译"斯特拉耶"(George D. Strayer)，美国20世纪早期教育管理学研究的领袖人物之一。——编校者

④ 海格(R. M. Haig)，时为美国哥伦比亚大学教授。——编校者

⑤ 今译"巴斯德"(Louis Pasteur，1822—1895)，法国微生物学家、化学家，近代微生物学的奠基人。——编校者

款。"在电子时代、原子能时代，以及不用土壤的农业生产革命的时代，教育是消费的谬见，可以不攻自破了。

第六，教育是一个千里马。传统的错误的节省观是桎梏千里马的槽枥，现代的教育概念扩大了，教育是一种专门的科学与工程事业，教育的内容要力求充实，方法与工具要力求效率。优良的教师与新兴的利器，都是要花大钱才能有的，教育事业不可看得太仄狭了，但并不是说教育经费不必节省，节省有正当与不正当之分。"教育经费有时减少得不在情理有损于教育效率，可以说是不正当的节省。反之，教育经费之减少，同时学生能获得同等或较多的教育，那就是正当的节省。正当的节省之意义，就是用一文钱得一文钱的十足价值。欲审查其办法是否正当的节省，但看其对学生的福利与进步有何效果而定。正当的节省不一定是少花钱，有好多时候恰是相反的，如果用费能使效率异常增加，多花钱是合理的。"

第七，教育财政是教育界最切身的公共问题。公共财政与经济问题是现代公民最切身的公共问题。教育者要对教育事业有成功的希望，非了解并能直接影响财政的政策不可。老实说，任何公民都应该如此。至于教育财政的专门问题，则是教育行政者非了解不可的，他们应有的专门训练之一。据某次专家调查，在美国以教育财政居首位。教育财政学已成了一种专门科学，其基础有二：其一是公共教育的科学管理；其一是公共财政。近三十年来，在美国已经有许多著名的专家和几百种专著和调查，政府与社会已经承认它有独特的学术地位，不再是普通财政学者或经济学者的独占园地了。美国已有好几次全国教育财政调查与研究报告，并且专家们曾颁布一个教育财政宪章，全国教育协会的会纲也把教育财政列为一个专章。可见，教育财政的研究与决策是教育界的重大任务之一了。我们不可再说，解决中国教育经费问题，是要专靠政府和财政当局的。我们不可再存无办法的宿命观，必须剑及履及迎头去抓住这个困难问题。因为这是我们自己的问题。老实说，也是每一个现代公民自己的切身问题。

(三)教育复员的财政意义

检讨过去，从破坏中找出建立教育财政制度的资据，拨开败瓦颓垣，挖出坚实的基地,划定建筑的轮廓,是战后第一步工作。国际战争以后的复员,还要来一次内战停止后的复员。胜利后,我国的教育复员工作始于三十五年[1946]五月。政府谓曾尽力筹措复员经费,到是年底计办理:(1) 战区专科以上学校之迁移与后方高等教育之维持;(2) 国立中等学校之交省与各省之补助;(3) 敌掠文物之接收与清理;(4) 复员交通之筹划;(5) 学校建筑设备之修理与补充;(6) 收复区中等以上学校员生之甄审;(7) 失学与失业青年之辅导与救济。虽已大体告成,然因内战又起,致运输困难,物价飞涨,复员时期稍有延长,其被摧毁与失修之学校建筑因物资缺乏,工资昂贵,则未能达到圆满之地位。三十五年度国家预算中,列有六百亿的复员费,到了九月预计已增到一千八百亿。较之抗战八年[①]内全国文教所受直接与间接之损失总值九亿六千六百万美元,约合战前国币三十二亿。此一千八百亿何啻杯水车薪,我国三十五年度[1946]平均物价指数为五一九九倍,(二十六年[1937]上半年为基数一)只合战前三千五百万之实值。何况此一千八百亿,大部分是用在运输以及其他非补偿战前损失之开支的。三十六年度[1947]中央教育文化预算说明,谓预算增加原因,是为已复员之学校与文化机关,加班、修理、扩充、改良、图书仪器等项,若按平时学校开支内设备费占20%左右粗估,则三十五年度[1946]之预算八百〇八亿(复员费在外),加三十六年度[1947]预算三千八百亿中,最多只有九百二十亿用在补偿战时损失,只合去年复员费之半数。而今年物价又比去年涨至七倍了,可见"复员不是复原"说,不无疑问了。复员不是复原,可有二义:一是不要回到战前设施之种种缺陷,二是要超过战前的优良水准而有发展。质的发展是实在的,否则量的扩充正如通货膨胀一样了。复员的财政涵义,则是:(1) 不可复原到战前的混乱与落伍的教育财政制度。(2) 是相反的——我们必须要复原到战前水准的教育财产与教育经费之实值,在战后第一个五年计划中这个理想恐怕是很高的,但这个理想目标非达到不可。不然就谈不到中国教育的真正发展。如果不能达到百分之百,至少要像英国达到战前物价实值水准的三分之一。原来复员到战前的水准,在英国大致是只有物价一个因素最大,这是英国一九四四年教育新方案的初步目标。[注一]大

① 此指1937年至1945年。——编校者

战开始前一年度(一九三八至一九三九),英国全国公共的教育经费为九亿三千八百万磅。他们计划在复员年,即是在教育改革新方案的前一年中,补足因物价高涨(其实物价指数在一九三九年为一五八到一九四五年为203,不过涨了45%而已)而贬值之教费数。但他们只能在第一年提高15%,即是达到战前实值的三分之一了。我国物价截至本年六月上旬已涨到三万四千倍,纵然复原到战前水准的三分之一,恐怕还是很高的理想。不过内战停止后,可能从币制与物价上另想办法,不必一定要在增加教费本身想办法了。

上述所谓战前水准的意义,是一个技术的意义。着眼在教育的质上,复原到战前水准,就是说要至少恢复战前各级学校平均每一个受教育者所占的教育资产和教育岁出之实值或每人口平均负担教育经费之实值。通俗所看重的教育支出的毛数,若没有比较的单位和相关的解释,是极表面而缺乏重要意义的数字。我们每每听说教育经费加了几倍,这有时好比说吃一个大馒头,比吃一颗多种维他命丸要有营养得多些一样,易受政客们的愚弄。我们的教育经费毛数之增加,有下列几种因素:(1) 受教者数目的增加所引起的费用。因此,原受教者的费用可以说是如前;(2) 中等以上学校设施比较昂贵而引起的增加,例如民国二十五年[1936]教一个大学生比教一个中等学生要贵十倍,教一个中等学生比教一个小学生也贵十倍;(3) 物价上涨,法币贬值,即通货膨胀所引起的表面增加,因之,实值未增而通常在减少中;(4) 教学品质之改良与充实教师的劳务与课程与教学设备的较高价值所引起的增加;(5) 一学制中课程以外之福利设施所引起的增加;(6) 一学制中社会教育与文化事业之扩充而引起的增加;(7) 建筑设备一类的临时费,可能歪曲总数的印象,其实不专属某一年度之开支,而应分列在此后各年度直至完全折旧为止。所以美国把置产费另立一项,分别相比。在战时还要加上膳食、生活补助、救济、运输等费用之增加。其中最算得是真实的增加者为第(4)、(5)项。严格说来,学生公费等又不可加在预算总数上,与战前同一预算总数上相比。所以欲求出学校教育经费历年之实质,而比较其真实增减,应剔除(1)、(3)、(6)、(7)诸项因素之影响,而(6)、(7)两项可以分开来作比较。在中国因为教育统计没有专业化,应该有的资料完全没有,兹尽可能从断编残简的脱略数字,列表如下,效颦古生物学者从一两块化石骨头猜一猜原物像(见下表):

表一　抗战前后全国教育经费之比较

	A	B	C		D	E		F	G	H 附表
年度	全国公私立各级学校及社会教育事业岁出总数 单位：(元)	物价上涨倍数以1937年为基数1	全国教育经费总数(加权) 单位：(百万元)		全国教育经费总数实值历年为1944年之倍数	每人口负担教育经费元数 (C÷450 000 000)		每人口所得 单位：(元)	全国教育经费总数占国民所得之% E(2) ÷F	教费占国民所得之%与美英苏比较 美国： 1900—1.2 1913—1.57 1928—2.44 1930—4.15 1934—3.87 1938—4.20 1940—3.65 1942各邦—2.44—6.4 1945 计划—5.6 英国： 1946—4.0 苏联： 1947—7.0
			(1) 原数	(2) 等于1937年购买力实值		(1) 原数	(2) 实值			
1930	193 508 138	1.2	217	181	6.8	0.48	0.40	41	1.0	
1932	215 114 594	0.9	241	268	10	0.535	0.56	53.5	1.0	
1933	218 004 611	0.8	244	305	11.4	0.542	0.68	53	1.3	
1936	235 037 801	0.86	263	306	11.5	0.585	0.68	61	1.3	
1943	4 827 919 623	140	5 407	39	1.5	12.02	0.08	50	0.16	
1944	7 271 160 911	488	8 143	26.7	1	18	0.037	46	0.08	

注：

A. 经费统计系根据教育部历年编印之教育统计，内 1944 年统计不甚完全。

B. 物价上涨倍数见三十四年[1945]六月《统计月报》105—106 期十五省七市一百七十二地区售货格格总指数，与重庆同年度之零售物价指数或公务人员生活费指数相差不多，自 1946 年起可改用京沪指数。1936 年以前指数见《国联统计年鉴(1939—1940)》。

C. (1) 1930—1944 年之教育岁出不包括教育行政费及一切有全体性质之费用，例如中央之留学费，一省之运动会费即是。全国教育经费总数必须补入计之，其加权方法见陈友松著：《中国教育财政之改进》(英文本)39—47 面。

C. (2) 用 B 项除 C(1)。

F. 每人口所得见《中央银行》月刊一卷六期，丁鹄著：《中国国民所得的五种估计》及巫宝三等估计历年可能支配所得以四万万五千万人口除之，乃得上述之数为官方作国际应用之标准。1944 年之数乃方显廷所述，美金十四元即战前之四十六元。至于 1930 年中国国富与国民所得，估计另见 Doane 著：*The Measurement of American Wealth*, P.35.

H. 见(1) 陈友松：《中国教育财政之改进》(英文本)P.175
(2) *Moscow News* Feb.23, 1947
(3) Mort P：*R Public School Finance* P.235, 1946
(4) Hughes & Lancelot：*Education America's Magic* P.70
(5) Mandel：*A Guide to the Soviet Union* P.434, 1946
(6) *Statesman's Yearbook* 1946
(7) *World Almanac* P.395, 1947

从表一我们知道：

(1) 全国人口为教育共花了多少钱，各级学校与社教岁出统计数字(A)，还要加上各级政府的教育行政等一切顶头费(C)才知道全国教育经费总数的毛数，在战前已超过二万万元，民国二十五年[1936]为二万万六千三百万元，战时激增了，一九四三年为最可靠，到了五十四亿元，一九四四年增至八十一亿元。

(2) 但各年毛数的实值，与一九三七年相比(C(2))，可知战前一直到一九三六年是在增加的，到战时一九四三年，就锐减到仅值三千九百万元了，一九四四年教费仅值二千六百七十万元而已。

(3) 换言之，一九四四年或可以说胜利前的全国教费，只等于一九三六年的十一分之一，一九三〇年至一九三六年教费实值则日增，所以教育大有进步，战时只有战前十一分之一的经费，所以教育江河日下了，这是铁的事实。(D)

(4) 每人口的担负，在战前只有五角到六角，战时每人担负十八元，而实值仅等于八分钱或四分钱。(E) 比英、美在平时与战时每人担负教费美金十七元至二十元，实在望尘莫及。

(5) 这不是因为太穷，乃是因为政府没有尽力，可从每人口所得看出(F)，根据经济学家多次的研究，可知我国国民所得实值约在50元左右。战后物质蒙极大损失，生产率降低，所以我们采用经济学者最低的估计，46元代表胜利前每个国民的财力是合理的。按北大杨西孟教授，在三十三年度[1944]估计为实值70元。陈振汉教授估计约当俄国革命后所得之三分之一，即六英镑点三，等于当年国币70元左右。于是我们拿教费和国民所得的比例，看出我们担负教费的努力程度，也可以看出这担负是太轻抑太重？北伐以前，我国通常以所得的百分之一，作为教育经费。至国民二十五年[1936]，增到1.3%。到战时或目前则递减了，一九四三年的教费不到2‰，此估计似乎不太过少。因为据昆明九教授对于物价及经济问题的呼吁(一九四五年七月求真出版社第三七面)“三十三年[1944]我国战时岁出，我们认为至少应占大后方国民所得总额12%多至20%，而当前支出不及后方国民所得的3%”，教育岁出当然是所得的“不到3%的”10%以下，因为本表所列所得是指实值而言，再用事实证明如下：

三十三年度[1944]教育文化岁出占总预算百分比

	总 预 算	教育经费	百分比
(1) 中央	79 501 431 808 元	2 615 715 343 元	3.13%
(2) 省市	5 068 318 603 元	352 533 907 元	6.96%
(3) 县市	8 139 164 518 元	1 087 786 704 元	13.36%
合计	92 708 814 939 元	4 056 035 954 元	4.4%

由上表可知全国教费仅占全国总预算 4.4%，就是说政府战时总岁出，既不到国民所得 3%，而教费又不到战时总岁出之 5%。可见，教费占国民所得的百分比之低，而政府对教费是怎样的滑稽了。

(6) 若要恢复战时水准到二十五年度[1936]的水准，教费总数实值至少要加十倍，每人口担负至少要加七倍(以一九四三年的为较可靠的基数)。国人对教费的努力，即教费占所得之百分比也要加七倍。至于建国十年计划内，我们的理想是赶上英、美的水准，若要赶上苏联的水准，恐怕还要等十年。拿美国来比(H 附表)美国一九〇〇年的教费努力程度，和我们战前相若，美国平时和战时教费总占所得的 3%至 4%，战后计划增到 5%以上，有些邦已超过了 6%。我们只想赶上他们平时的努力，即是把我国国民所得至少 4%拿来办教育。

(7) 至于三十五[1946]、三十六年度[1947]的天文数字，并不惊奇。各省及县地方统计，虽未齐全，无法求出教费总数，但看看中央的预算，三十五年[1946]为八〇八亿，加复员费一千八百亿共二千六百〇八亿。以物价倍数五一九九除之，不过等于战前五千万而已。三十六年度[1947]中央教费为三千八百亿，最近如果真要增加二倍半，即一万三千三百亿，以物价倍数三万四千除之不过等于战前四千万而已，何况“吃”了一半或党团训练宣传事业分去了一半呢！因此，我们须从表二知道更深一层的事实。

表二

年度		1929	1933	1936	1943	1943 年等于 1937 年之实值	1943 年实值与 1936 年比例
国民教育	合计	8	9	7	63	0.45	1/15
	初小	6	7	6			
	高小	24	22				
	幼稚生	12	17	14			
中等教育	合计	106	101	97	947	6.76	1/15
	中学	127	95	87			
	师范	111	104	124			
	职业	155	154	154			
高等教育	合计	664	681	937	5 700	40.7	1/23
	大学	746	1 037				
	学院		767				
	专科	386	1 289				
社会教育	正规学校外每万民众占岁出	320	456	366	1 800	13.43	1/27

	国民学校	中等学校	专科以上学校	社会教育(每万民众)
1 944 元数	106.6	2 946	23 698	3 266
实值 1 931 元数	0.22	6.04	48.56	6.7
实值与 1936 年费用单位之比例	1/32	1/16	1/19	1/55

注 1. 根据教育部编印统计,小数四舍五入,物价倍数见表一 B 行。
注 2. 1944 费用单位补充资料。

表二告诉我们说:

(1) 战前每一个下一代人所受的教育实值,在战时一年不如一年。拿一九四三年比一九三六年,每一中小学生所占费用,只合战前十五分之一,每一大学生所占的费用，只占战前二十三分之一。社会教育经费，更减得不成样，只当战前二十七分之一。换言之，我们要拿战前一元去买战前二十五元之值的教育效力，实在不可能了。

(2) 我们要恢复战前水准，至少到二十五年[1936]的水准。即为每一小学生要花七元，每一中学生要花九十七元，每一大学生要花九百三十七元，每万民众起码要三百六十六元之实值。

(3) 但我们不要复原到两种教育的不平等现象，即社教经费不过占教费总数6%左右，小学生的费用太少。

(4) 至于我们建国十年计划的理想，则要超过二十五年度[1936]的每生用费水准。即增进教学的效率，充实教育的内容，至少到英国的水准，赶上英、美、苏的战后教育计划的目标，是我们终极的理想。

(5) 表中各单位数字，可作为战后估计教育计划所需经费数的根据，但不可作为贬价法币看。

至于教育资产复员问题，首先要知道战前全国教育资产的总数，战时所受的损失和胜利后资产的总值，然后才有根据。民国初年的统计全国教育资产为八九千万元，民国五年[1916]增至一亿一千五百万，民国十九年[1930]过了两亿元，但中等教育资产和社教资产不在内。民国二十二年[1933]的统计不包括社教资产，其数字如下：(注二)

初等教育	274 160 347 元
中等教育	170 524 691 元
高等教育	49 651 292 元
社会教育(估计)	40 000 000 元
合　　计	534 000 000 元

若根据历年全国教育岁出约二亿，而设备费通常占百分之二十左右来估计，截至二十六年[1937]，全国教育资产至少有八亿以上，约合美金两亿半。二十七年[1938]秋，顾前次长估计约损失 217 396 864 元之校产。复员后南京赔款委员会估计，中国战时损失共值三百一十亿美金。其中，公共机关如医

院、学校等之损失值十一亿五千七百万美金。又据朱部长报告，我国教育与文化直接与间接之损失，共值九亿六千六百万美金。其中，直接损失决不致超过全国教育资产总值以上。也许是资产统计与调查根本不正确，还待切实地加以研究。美国平时全国学校资产占美国国富的3.13%(注三)。杜安氏研究中国战前国富为八百四十亿美元。如果教育发达，像美国一样努力，中国的教育资产应为八百四十亿的3%，即是二十五亿美元，即是战前教育资产的十倍。根据教育财政专家莫德①发现，每年教育岁出约为是年教育资产的四分之一，即是全国国富的0.78%。这样估计，则中国全国教育岁出为两亿元时，其资产至少应为八亿元，所以我们上面的估计是相差不远的。

因此我们有两个结论：

第一，我们在第一次五年计划内，至少要回到二十二[1933]至二十六年[1937]的水准，即是二亿半美元的教育资产。每一小学生要占七美元，每一中学生要占一百美元，每一大学生要占三百美元(每一大学生每年应有设备费四十四美元)。第二，我们最后的理想在赶上美国，不是赶上实数，而是赶上比例，使教育资产达到占全国财富百分之三的水准，即是八百四十亿美元之百分之三，即是二十五亿美元。这就是教育复员的财政意义了。我们第二步就要研究战后究竟需要多少教育经费了，因为需要在先筹措，在后量出为入，是现代财政的重要政策。

二

教育经费问题是当前一大问题。在国民经济与政府财政空前的危机之下，全国教育呈一总崩溃的现象，面临着极大的难关。正如重庆记者的描述：教育在涨风中觳觫着。北平的批发物价，在一月中旬，为战前的二十四万倍强，上海的生活费在十九万倍强。自政府通过指数发薪办法以后，私立及地方学校大受影响。一则非增加学费不可，家长不胜负担；一则收入无确实新来源，请求中央补助，不曾完全解决问题。天津私立学校收费标准，小学面粉一

① 今译“莫特”(Paul R. Mort，1894—1962)，美国教育财政专家。——编校者

袋半至二袋；中学二袋半至三袋。青岛私立中学，每一学生须每月缴四十万元。重庆各校改收实物，一个学院的学费为米五石至六石(每石合八十万元)，宿费一百八十万，学生曾罢考反对。青岛市私校校长，虽讨论半日之久，仍是束手无策，仅据实呈报市府核办而已。重庆各级学校因经费不敷，学生无力负担膳食，而提前放假。全市校长一百五十人曾向市府呼吁，在年底前发紧急贷款，公私立学校应平等享受教育补助费。湖北限制高中学杂费为二百六十万，初中为二百二十万。昆明征收实物，每生收白米五石半，约合五百万。河南学生五万人生活无着，四百多个中学过半停闭。各省地方财源枯竭。去年经财、教两部派专员考察，特别是江浙一带，国民教育即已有总崩溃之趋势，今年当更严重。武昌市小学教师薪金尚欠数月。北平市教育经费素占市府各项支出之第二位，久已入不敷出。中小学旧待遇标准，月需开支八十三亿；若按新标准，月需一百二十亿。北平市教育会已电请中央增加。但据云：只增加营养税九亿，市府尚不敷百余亿。今年的教育难关可以由此推测了。各地学生深恐失学，已有团体行动。首都大、中学生组织了劝学委员会，用各种方式——甚至为人擦皮鞋——募捐，以五十亿为目标。上海组织了清寒同学联合会，因为小学征费已增到二百五十万，初中四百万，高中五百万，大学八百万至九百万了。他们要求各校设百分之二十五的免费额，由政府负担。上海已设立了统一奖学金，共七百三十七亿。但这充分表现全国教育的大难关。全国各地区之流亡学生已达一百万了，这是大问题！抢救教育，我们必须在教育经费上想办法。然而教育界无点金术，中国又这样穷，我们怎样办呢？

希腊大政治家伯利克利士①说过："穷并非耻辱，惟不克服穷则是耻辱。"第一，要研究我们的问题，知识即是力量；第二，要大家关心这个问题，团结便是力量。教育经费，自古就成问题，在陈绝粮即是一例。不过孔夫子未加研究，没有充分运用子贡的教育总务才和子路、冉有的事务才。子罕言利，又说："邦有道，谷；邦无道，谷，耻也。"使后在教育者耻谈金钱，不注意教育经济。我们的时代大不同了，经济成了政治的中心，不研究便落伍。不仅是教育者要懂财政，老实说，人人要懂，因为这是公民的责任，是义务也是权利。

---

① 今译"伯里克利"(Periclēs，约前495—前429)，古希腊雅典政治家。——编校者

我们把当前的教育经费分三点来说：

1. 当前教育经费的问题在哪里，教育财政的缺点何在？先把事实弄清楚，实事求是地分析一下。

2. 紧急的措施——治标。

3. 一劳永逸的解决方法——治本。略贡愚见，根据中国教育学会的议决案，提出应研究的问题，共同探讨，说明我们应有主张，希望教育界有一致的行动。

（一）现阶段我国教育财政的缺点

一言以蔽之，因我们没有健全的教育财政制度。美国教育财政专家莫德氏说："一民族文化水准之高低，可自其教育财政政策观之。在落伍的文化中，教育财政是私人慈善之事，富于阶级性，且是紊乱无章的；在文化进步阶段中，教育财政是全民力量的积极表现，教育经费由全民共同担负，且能源源不绝的供给。"所谓缺乏健全的教育财政制度，析言之，可有下列各点：

1. 缺乏健全的教育财政政策——何谓健全的教育财政政策，在讨论第三点时，我们举出若干原则来。

2. 缺乏正确的事实——虚报假造、残缺错误不适用，是一切教育统计的毛病。教育经费的事实也不能例外，一切统计数字皆有错误而不正确。今日一般人所以对教育经费问题模糊不清，即因统计数字不精确、不可靠。故今日我所提出的各项统计数字，皆经详细审核无误，方敢提出。

3. 政府、一般社会人士对教育和教育的重要性，认识不够正确，信仰不够坚定。因此，对教育经费的看法不够合理，对教育出钱没有断然的心愿。考其因，乃基于七种影响教育经费的心理：

（1）认教育为国家与社会或政党的手段，而忽视其积极的独创性。

（2）认为国防第一，戡乱第一，教育在次。

（3）富而后教，此乃根本错误，教育本是生产事业。

（4）救济先于教育。

（5）教育是消费之事。

（6）教育观点的错误。现在教育的领域已扩大，而社会人士仍认教育为读书，不必多花钱。

(7) 认为教育者不当过问财政,只在筹款办事。"子罕言利",殊不知教育财政问题关系后世子孙福利甚巨。

4. 钱不够用——不充足。可以战前、战后各级学校教育经费数相较。战前以二十五年度[1936]为准,战后以三十四年度[1945]为准。二十五年度[1936],全国小学生一千八百万,三十四年度[1945]二千一百万,学生增加了三百万,而国民教育经费实值反减少了。三十四年度[1945]的国民教育经费之实值仅约合战前法币一千万,尚不到二十五年度[1936]的十分之一。(二十五年度[1936]为一亿一千九百万。)拿每生费用来说:三十四年[1945]的国民学校,每生费用实值仅当二十五年[1936]的十五分之一;中等学校每生费用实值仅为二十五年[1936]的十二分之一;专科以上学校学生,每生费用仅当二十五年[1936]的二十六分之一。学生激增而教育经费购置力激减,教育如何不崩溃?

5. 没有量力出钱——有钱没有充分用。常言道:中国因为穷,所以教育经费不能不如此少,这是骗人的话。有事实为证:在战前九一八时,作者研究,全国每人口负担教育经费是五角,当时固然太少,(日本每人口十二元,美国每人口六十一美元。)但民三十四年[1945],全国各级学校经费共约为五百五十四亿,加上社会教育及行政费,共约六百五十二亿。换为战前购买力(以二二八九除之),再以四万万五千万人口除之,每人约五分强。实际负担少了,只当战前的十分之一。再据能力而言,中央研究院巫宝三先生估计,三十五年度[1946]中国国民所得为二百三十三亿九千三百万战前法币,每人口所得约五十元,而教育费仅占所得的千分之一。按美国人通常以所得的百分之三至四办教育,苏联以所得的百分之七至八拿来办教育。可见我们尚未努力。虽然穷,但尚有毛未拔!

6. 不平等——所谓不平等,有以下几点:

(1) 负担不平等

穷人出钱,有钱的人读书,是因为税制使然。教育经费赖税收。而百分之八十以上的各级税收是间接税,负担在穷人身上。大老虎逃脱了,财富集中得可怕!一部财政学可以证明,用不着我来啰嗦。

(2) 城市与乡村不平等,各地区不平等

以每生费用而论,各省市比较,最大的相差达二十二倍。县区小学的每生费用不到省会小学的一半。最近,武汉区、厦门区、苏松常无区之抗议也是不平等的表现。

(3) 各级学校的经费分配不平等

小学太少,大学太多,社会教育太少。以三十四年[1945]为例:小学每生费用1 011.4元,实值四角四分;中等学校为19 266元,实值八元四角;专科以上学校为79 684元,实值三十五元。中等学校比小学多二十倍;大学比小学多九十倍。以美国来比:一九三八至一九四二,每生费用:小学73.72美元,初中89.64美元,高中101.99美元,大学444美元。小学与中学比相差不多,与大学相较亦不过一与六之比,决不是为一与九十或一百之比。所以中小学教育在中国江河日下,如此分配休想发展。

(4) 不免学费

是不平等之至。

(5) 待遇不平等

A. 对各界不平等。

B. 各级学校内的不平等,待遇悬殊过甚。

我们要单一薪制,有超级高额的制度。

7. 政府预算给予教育经费太少。

应有的百分比:中央教育经费,据欧美十国统计,占总预算10%~19%;各省市教育经费,美国占26%~30%,苏联十六共和国占37%(据一九四七年统计);各县地方教育经费,美苏通常为40%,有至50%者。我国实际情形则是一年少一年。三十六年度[1947],中央教育经费仅占政府预算3.16%,三十五年度亦不过3.62%;省市教育经费未超过7%,三十五年度才占6.84%;各县地方为5.39%。

8. 用途支配太不合理。

(1) 用于基本教育者太少

美国以51%办国民教育,苏联第一次五年计划以60%办国民教育,我国一九三九至一九四四,用于国民教育者才占28%~30%。

(2) 用于生产教育者太少。

(3) 事业费太少。

一下子是吃了，只顾不饿死，无发展性。

9. 各级政府皆仰给中央——财源集中于中央。三十三年[1944]全国中央、省、市、县收入中，中央收入占86%；各县地方仅占8.8%；各省减收，今年或比较好一点。

10. 教育界财源俯仰随人——教育财政不独立。

11. 私人捐资兴学不踊跃——财富越集中，办教育者越少(有统计为证)。北平谢衡甫、天津王崇植是凤毛麟角！

12. 人民没有发挥自动力量。

(二) 治标

问题之需解决，迫不及待，教育不能等！因为儿童在成长中。美人说："多兴一学校，多关一牢狱；反之，多关一学校，多开一牢狱。"中国的存亡实利赖之。在危急存亡之秋，先救下一代儿童，政府应有紧急措施。紧急措施之基本原则是："以全民的力量来办教育。在哪里有钱，就在哪里收钱；在哪里有儿童，就在哪里收儿童。"关门不是办法；争论学费之多少，让学生满街奔走呼号劝学运动不是办法。唯一的希望是政府——中央的紧急措施。不能如张院长说："这是过渡时期！"就可以马虎！固然我们体谅中央今年预算九十六万亿中收入仅有五十三亿，需要太大。预算中军费第一，又三分之二为了叫文武公教人员不饿死，三分之一为了叫政府不关门。不错！还有办法没有办！我们喊出口号"向豪门资本想办法""吃大户"！在极艰难之时，英国还增加教育经费一倍多。美国当年不景气时，教育经费不特不减反而增加了。再以私人为例：胡适之的母亲在极穷之时，宁肯自己吃苦把塾师的待遇加倍。私人能如此，国家亦应如此。国家处境无论如何紧急，教育经费绝不可轻易减少。至于治标的办法，可有以下几点：

1. 救济特捐应改为财产税，其中15%应作为教育经费。
2. 各省市及县地方举办教育特捐，如直接税、遗产税、庙产等。
3. 运用日本赔款，提倡生产教育。至少15%。
4. 美贷的公教人员粮食部分——教育费至少占15%。
5. 中央大量补助国民教育，应以预算20%补助之。

6. 实物配给迅速实行。

7. 银行界紧急贷款——教育界须自觉，一切为了儿童，要有牺牲精神，对教育重新估价，教育生产化、生活化、劳动化，并要彻底实行。

8. 大量设奖学金并提高教师待遇。

（三）治本

建立新中国的教育财政制度。民主国家不能像独裁国家之全听政府发令遵行，乃应付诸人民，共同讨论捐税问题，然后依人民负担力量决定。美国近年感到教育经费非解决不可，曾于全国各省、市、县举行两年全国教育财政调查，得一结论是：欲教育经费好转，必须有一套健全的教育财政政策。经专家三四十年研究、思想的结果，提出若干原则，此等原则固有未尽合于我国国情者。中国教育学会第九届年会关于教育经费的议决案，亦曾提出一套很进步而切实可行的原则与办法。倘能依此实行，则可使我国教育经费渡过难关。兹特检讨若干要点，报告如下：

1. 督促政府切实执行宪法之规定（详宪法第一百六十四条）

根据最近全国教育经费统计，各级（尤其省县）教育经费所占政府总预算之百分比有逐渐减少之趋势。教育事业不但不能发展，即维持现状亦甚为困难。故须建议并督促政府依照宪法规定之教育经费百分比至少额，自三十七年度[1948]起切实执行。所谓“切实”含义甚多：

（1）教育文化支出应以用于纯粹教育及文化事业者为限。军事教育应不包括在内。而且根据各国向例，应以教育部、厅、局主管者为限，其他政府机关所主管之训练与研究事业及有教育性质之福利或教化事业不应代列或混合计算。

（2）教育工作人员之正俸应包括于教育文化支出之内，但为适应目前物价波动而支给在内。于预算公布后，遇物价波动，学生奖学金、师范生公费、留学外汇之调整有增加之必要时，其所增数额，应在教育文化经费以外另行筹拨。

（3）临时费于每学期开学之初一次拨给。

（4）各级政府岁出预算遇有追加时，教育文化经费应依照宪法所规定之比例追加。遇有事业需要，教育文化事业经费必须追加时，亦得由各级主管教育行政机关单独呈请追加。

(5) 在实施统收统支之财政制度以前，原属独立之教育款产，应由各级教育行政机关采取主动会同财政、经济或民政机关查明恢复并保障其独立，各级教育事业机关可协助政府办理此项工作。

(6) 中央、省及地方教育行政机关，应设置教育经费委员会，筹备教育经费之增加及预算之编列。此种委员会之政府当然委员不得超过三分之一的名额，其余名额应包括民意机关代表、产业机关代表、各级学校代表及专家若干人。

2. 健全的教育财政制度之基本原则

(1) 充实(adequacy)

A. 必须以数字为根据。国家保障之国民教育最低标准所需经费应量出为入。特借美国为例：国民教育是人民应有之权利，国家有此义务，负责供给人民最低限度之教育。所谓“最低限度”，美国以平均数为准。中、小学一齐计算，每班(小学每班 30 人，中学每班 27 人)教育经费每班中数为一千六百美元，以此为标准，不足者由中央或省政府补给。此之谓量出为入。

B. 一切教育经费逐年增加——因学生数增加，因物价波动欲维持实值而增加。

C. 应顾及教育概念之扩大与充实——教育是生长、是生活，包括体育、卫生、职业指导、教育指导等在内；教育品质之一般的提高；教育新工具之使用——无线电播音、电影等。所需费用应由政府设法宽筹编列预算。

(2) 稳定(stability)

A. 切实保障不受政治、经济及天时、人事之影响，违宪应有法律上之惩罚。

B. 一切政党退出学校。

C. 设立教育银行或福利合作社等类之金融机构。

(3) 平等(equality)

一切人民及各地方区域对教育经费的负担平等。即按其富力有平等之负担比率，不得偏向农民或劳工及一般在生存水准下之消费者课税。如美国以财产税为教育税，每千元抽一二元。欲达此平等，必先调查全国国民所得及财产状况，实行累进税率。我国则向无客观标准。为谋农村与都市，内地与边疆，富裕与贫瘠区域之教育经费平等起见，应有客观之平等补助与经费分配之准尺与计划。

(4) 应变(adaptability)

根据专家的解释，欲使教育设施不过度受环境的阻碍和制度上的牵制，而玩于传统与惰性，能随时适应新环境、迎合教育新潮流，在财政上必须予地方以有余的财力，使得表现地方自动精神，实验新设施，其关键在：

A. 补助得法。

B. 税率在法律上有弹性。

C. 不使地方教育收入来源枯竭。

(5) 均权(balanced control)

教育财政不偏于中央集权，亦不偏于地方分权。凡财务如支配标准，有全国或全省一致之性质者由中央或省决定之，教师待遇标准即是一例。凡财务有因地制宜之性质者，如经费征收应经地方同意支配。

(6) 效率(efficiency)

经费使用，一钱有一钱之效率。但减少浪费有时不一定在减少经费。真正之节省，有时反要增加经费，因为教育之品质与效率得以增加。有人曾说："一个天才教师教学地理一小时，不如一地理影片教育十五分钟。故教学地理时，宁可多花钱，利用影片教学。"可见，在教育品质与效率有几倍之增加时，需增加教育经费，如此乃为真正之节省，惜一般人多于此点不明！

(7) 公开(publicity)

我国教育部教育经费预算，一向视为秘密，绝不公开。各省市教育局者亦然。美国则完全公开，人民参与讨论，然后通过。预算、决算及一切收支详情皆须公开，使人民及专家有贡献意见之机会，并博取社会信仰。

(8) 严明(strictness or prudence)

预算与会计必须准确，审核必须严格，保管必须周密，人事必须谨慎。

此外尚有二点需加以补充：

(1) 有弹性

现行教育财政制度之枷锁使各级学校行政首长无伸缩之余地。受束缚过甚，致失创造性之活动；处处受法令限制，欲有新设施，殆不可能。殊不知教育事业与其他各种事业不同，因教育事业对象是“人”，是一种独特的事业，故教育经费、会计、预算制度不同于工商会计，乃应富于弹性。现在一般产业机关多有此种感觉，教育界更当如此。

(2) 应有长期计划

教育计划应配合于财政计划，须长期一贯，最好是十年，一切均要计划化。国民教育经费初度十年普及计划，教部现在拟制中。

3. 教师待遇之原则

健全的教育财政制度更赖于健全的待遇制度。健全待遇制度之原则，除部订规程公布外，举出若干原则特加注意。

(1) 力求单一薪制。即同工、同能、同酬之实现。自幼稚园至大学之教师，在同能时，不问其在何级学校，一律享受同等待遇。换言之，教师薪金以学识为准，不以所在学校而有别。如此，则可使各级学校教师终身服务于教育界。美国已施行此制，我国则尚未施行。

(2) 工作时间采取三个十五制为原则。(美新颁教师人权宣言有三个十五。)

A. 每周上课不能过十五小时。

B. 准备和进修十五小时。

C. 学生课外指导或其他教导工作十五小时。

(3) 根据物价指数，各地区生活程度，调整待遇，力谋生活安定。

(4) 年功加俸制度应顾及：(甲) 普通学力，(乙) 专业训练，(丙) 教学与服务成绩，(丁) 研究与进修之成绩等条件。

(5) 超级高额薪俸(super maximum)之设置，以吸引并久留特殊才智之士于教育界。

(6) 尊师之社会风气的养成：

A. 物质因素：薪俸力求与其他各界平等，并有各种福利设施。如旅行减价，免费之休息馆舍，及子女教育之免学膳费等。

B. 精神因素：全国教育专业道德规约须配合以教师基本权利宪章。教育工作人员，尤其教师，应充分享有宪法所保障之基本人权。“礼”的精神及民主精神应充沛于教育制度以内。

总言之，目前中国教育经费虽呈总崩溃现象，但不能说没有办法。如上所说：豪门资本、日本赔偿、中央补助等皆是办法。然则，如何实行以解决当前问题，则需全国教师团结起来，一致行动。团结就是力量。中国教育学会希望我们有大联合，使成为社会上的一大势力，共谋改进。如此才能有出路，将来建国之成功，全在吾人之手。教育经费问题关系全国前途。故人人应对之关心而加以研究。

我国中等教育经费问题

熊子容*

一

中等教育是地方的建设事业，其经费的收支系统，在地方自治的先进国家，如英美，地方政府有立法权，不受上级政府的控制和支配。我国中等教育，以地方办理的原则，其经费占地方政府"教育文化"岁出总预算一部门，没有独立的收支系统。而年度预算，必得呈报上级政府中主管部门审核。如县教育年度预算，呈报省教育厅，省或直辖市，呈报教育部是。本文讨论我国中等教育经费，着重在地方政府财政的健全制度，首先检讨中等教育经费实际问题，以便申述应有的趋向。

(一) 从最近三十年中等教育经费岁出统计，看它的问题所在

例如，民国四年度[1915]，岁出经费，共计 3 623 470 元；(注一) 民十四年度[1925]，共计 9 540 127 元；(注二) 民二十五年度[1936]，共计 61 035 605 元；(注三)

---

* 熊子容(1896—1968)，湖南湘阴人，曾在湖南省立第一师范、国立东南大学就读，后留学美国华盛顿大学攻读教育学。曾任复旦大学、中央大学教授兼教育系主任，中大附中校长，中华人民共和国成立后为南京师范学院图书馆馆长。主要著作有《课程编制原理》《公民教育》《职业教育》等，译著有《教育学原理》。

本文原载于《教育杂志》1948 年第 33 卷第 8 号和第 9 号。——编校者

民三十四年度[1945]共计 26 873 629 795 元。(注四) 即每十年的岁出经费，都已倍数增加，尤其三十四年度的倍数增加，由十年前六千多万元，跃进在 200 亿以上。可是，事实上，从民二十八年[1939]起，国家通货，因战事逐年膨胀，民三十四年度[1945]物价指数，各地平均，已至五一九九倍，是年度中等教育岁出经费，约等于战前通货实值 5 167 076 元强。与民十四年度[1925]岁出经费比较，尚差二分之一弱，即民三十四年度[1945]岁出经费的实值，已回到那时二十年以前的状况。

每一年度经费，应有的增减，须看年度内，学生总数与每生所占岁费若干，以资比较。例如，民四年度[1915]，总计中等学校学生 59 835 人，每生占岁费六五元，民十四年[1925]105 309 人，每生岁费九六元，民二十五年度[1936]，627 246 人，每生岁费九七元，民三十四年度[1945]，1 563 392 人，每生岁费 17 827 元，但这岁值以同年度平均物价指数五一九九倍衡之，其实值等于 3.3 元。

上面说明的四个年度，经费与学生统计数字，虽不能代表三十年度[1941]的平均数字，可是年度的起讫，以每十年为一期，每一期有先后衔接的关系，因此把这四个年度经费与学生各自增加比率，列如下表，以期表明学生数量逐期扩展，与其岁出经费增加常成正比，而教育的改进也与岁出经费的总量及其实值有密切关系。兹逐项说明如次：(1) 经费增加比率，逐期进展，第一期最后一个年度，比开始一个年度，增加了 1.63 倍，为开始一个年度 2.63 倍。余类推。(2) 学生增加比率，第一期比开始一个年度增加了 0.75 倍，为开始一个年度 1.75 倍。余类推。(3) 第一期经费增加 1.63 倍，则学生数增加 0.75 倍，第二期经费增加 5.39 倍，则学生数增加 4.89 倍，常成正比。但第三期，两者增加，不成正比，另有原因在。(4) 第三期经费增加率，其实值，仅为 0.137，这比率较本期开始，一个年度的经费实值不独没有增加，反降低了 86.3%。因此与同期学生增加比率，没有正常关系。(5) 第三期学生增加比率，只占第二期增加比率 42.2%，即由于同期经费增加比率，其实值降低的缘故。(6) 最近国内一班人士，都说中等教育较战前的成绩低落，假若拿中等教育经费的现状来解答这问题，民三十四年度[1945]每生占岁费 3.3 元，与二十五年度每生岁费 97 元之比较，则教学设备费用仅有战前 3.4%。反而言之，较战前低了 96.6%。

四个年度中等教育经费与学生增加比率表

项目＼年度	第一期 民四年[1915]至十四年度[1925]	第二期 民十四年[1925]至二十五年度[1936]	第三期 民二十五[1936]至三十四年度[1945]
经费增加比率	1∶2.63	1∶6.39	1∶440.2 实价率 0.137
学生增加比率	1∶1.75	1∶5.89	1∶2.49

(二) 从最近三十年中等教育公私经费统计,看它的问题所在

例如,民四年度[1915],公立的占十分之九,私立的占十分之一,(注五)民十四年度[1925],公立的占十分之六,私立的占十分之四,(注六)民二十五年[1936],公立的十分之六,私立的占十分之四,(注七)民三十三年度[1944],公立的占十分之七,私立的占十分之三。(注八)即在这三十年内,公私经费所占的比例,彼此增减,没有一定的趋向。若细加分析其原因,则可发现中等教育尚待解决的问题。譬如:

1. 中等教育政策的问题

我国中等教育,自前清兴学以来,还是逗留在由上推行的一个阶段,不像英国在区(district)、美国在乡(county),完全由地方负着教育经费的责任。比如,民四年度[1915]私立的经费,占十分之一,民十四年度[1925],与二十五年度[1936],十分之四,民三十三年度[1944],十分之三。其中有一部分是外国教会学校的经费,有一部分是私人捐资兴学的经费,有一部分是地方团体募集基金的经费。不论这类经费的性质怎样,总之不是出自地方,自动负起地方公益事业,为就地筹款的经费。充其量,只能说是地方的集团或个人,各以不同的目的,凑集而成的经费。这三十年来,私立的经费所占比例小于公立的,即因我国中等教育政策,一向是中央指挥省、省指挥县的缘故。

2. 中等教育经费来源的问题

民十四年度[1925],与民二十五年度[1936],公私经费都占同一比例。一则公立的中等学校经费,在这十年内,各省都采用专款制度,保障其经费独立,如盐税附加是。经费来源有了保障,则事业费的岁入不致受着人事变动,影响岁出。同时因专款税收有既定比额,不能随事业必有的进展计划,使岁出超过岁入的预算,这是民十四年与二十五年度,公立的中等学校经费都占同一比例的缘故。二则私立的中等学校经费,其中大部分学校是以征收学杂等费为经济来源。一般私立中等学校增筹经费不及公立的方便,紧缩开支,则较公立的经济,量入为出的预算,以规范决算不使超支,私立中等学校常较公立的容易实现。可是,从另一方面看,因经费预算紧缩,则一切教学设备费用,难免因陋就简,学校行政商业化。例如民国十四年度[1925],私立中学,共 315 校,职业 66 校,(注九)民二十五年度[1936],私立中学,则有 824 校,职业 171 校,(注一〇)并不以学校数量倍数增加,而提高了所占总经费的比例。这除了撙节开支,或开支经济以外,则没有其他更充分的理由解答,私立中等学校经费在这两个年度内,所占总经费为同一比例。民三十三年度[1944],公立的中等学校经费,较民二十五年度[1936]的,所占总经费比例提高到十分之七,私立的所占比例低落到十分之三。这互为消长的情形,是完全受了国家通货逐年膨胀的影响。因为自二十五年度[1936]以后,地方财政都以战事所受损耗,不能平衡普通岁出的经费,地方政府除了额定的税款与税收外,不能另辟财源,惟有请求中央补助弥补岁出赤字。而中央开辟财源,轻而易举的,莫过于增发通货,通货愈膨胀,则地方申请中央的补助费愈大,这时中等教育的经费在地方普通岁出预算内,已分惠有中央的补助费一部分。而且,中央从民二十七年度[1938]起,到民三十三年度[1944],先后创办了国立中等学校四十余所,这是民三十三年度,公立的中等教育经费所占总经费比例提高到十分之七的缘故。同时,私立中等学校经费受着国家的通货膨胀影响,一方面社会生活不安定,自筹经费困难;二方面征收学生费用苛杂,学生不胜负担,因是入私立中等学校的学生,不及入公立的踊跃,这是公私立中等学校经费所占百分比互为消长的缘故。

3. 中等教育的经费开源的问题

公立的中等学校经费,在民二十年[1931]以前,是从正税,征课附加,定为专款。民十八年[1929],行政院尚颁有“教育经费保障独立”的训令。(注一一)民二十年[1931],中央裁厘,及统一各省盐税附加,教育经费专款,如厘金、烟酒、盐等附加税,一律裁废,另筹抵拨。民二十三年[1934],第二次全国财政会议议决“省与县税收,划分后,彼此不得附加”一原则。(注一二)从此,教育专款制度彻底取消。民三十年[1941],国府颁行"改定地方财政收支系统",如房捐、屠宰税、营业牌照税、筵席捐、娱乐捐五种税收,定为地方单独税源。民三十一年[1942],国府改订"财政收支系统实施纲要",地方除有单独税源外,并由中央划拨及补助地方税款。(注一三)至此,已完成地方自治的税则,地方政府普通岁出经费,已有了固定的税收与税款,照理应按照地方事业推进计划,统筹经费,支配年度内全部预算,则中等教育经费也不会有偏枯的现象。

然而,事实上怎样呢?民三十七年[1948],有人说:"民国以后,虽收支历有划分,然地方苛杂,仍未稍免。直至上届全国财政会议时,俞鸿钧氏尚谓地方财政,无一不在摊派之中,无一物不在摊派之列,国计民生交受其困。"(注一四)教育经费也有人说:"各省县教育经费筹集方法,大都亦不出摊派、动用公学款产及附加三种方式。惟有轻重之间,略有不同而已。"(注一五)这都是由于最近十年来中央与地方的财政同受战争影响而陷于瘫痪,因是一切事业岁出经费,自然拣需要切、功效速的为分配预算标准,没有速效可见的教育投资在各级政府的岁出预算中就成了点缀。例如,民三十年度[1941],总预算中的教育经费,(注一六)在中央占有3.13%,在省占有6.96%,在县占有13.36%,这与宪法上规定的,中央应有15%,省25%,县35%,相距尚远。

私立中等学校的经费来源,自民元[1912]以来,各省市教育厅局岁出预算、教育文化经费项下均列有补助省市内私立学校经费一目。民二十八年[1939]以前,国家通货稳定,一般私立中等学校的岁入预算,大都以地方政府核予的补助费与征收学生学杂等费,以平衡岁出预算。民二十八年以后,私立中等学校经费,除了省比较固定基金的孳息收入外(学租收入的较为稳定),其他无不受通货膨胀影响。一则基金孳息的,如房租、股金等因通货膨胀而贬值;二则地方政府给予的补助费,在每一年度开始核予定额,到年度终了时的时值,相差悬殊,杯水车薪无济于事。因此,征收学生费用,几在逐期增加的动态中,名目既繁多,征收复苛杂。如学费杂费外,又有图书费、体育费、设备费、建设费、赔偿损失费、预缴金、敬师金或修进费。自民三十年[1941]以后,改用食米计算,征收各项费用,相习成风,以多收一学生,即多一份经济来源,使一般家境清贫的学生不胜负担,惟有设法转入公立学校,否则只有辍学。所以私立中等学校经费,近年来唯一在征收学生费用上开源,其教育演变至今几已成了有产阶级或暴发户的子弟所能独享的园地。

(三)从各省市中等教育经费所占平均百分比,看它的问题所在

例如,民三十一年度[1942],各省市的"普通岁出预算",正是中央与地方财政收支系统划分开始实施的一个年度。即各省市按照各该省市单独税源的税款总额,与中央划拨和补助地方税款的岁入总额,以编制岁出预算。照理普通岁出的经费具有极合理的分配标准。兹首先列举普通岁出各科目,所占平均百分比为下表,(注一七)以作一般的比较:(1)普通岁出经费,共列十八科目,其中占经费20%以上的,有普通补助支出一科目;占10%以上的,有保安支出、教育文化支出、其他支出,共三科目;占5%以上的,有行政支出、经费及交通支出,共两科目;其余十二科目,所占的百分比都在4%以下。(2)普通补助科目所占百分比最高,主要原因是各省市财政值战时都受了国家通货膨胀的影响所致。从各省市个别所列这一科目的经费所占岁出总数比例情形极不一致的状况中可以看出。如四川省的岁出总数,为337 524 675元,其中普通补助支出为165 737 327,几占50%;青海省岁出总数,为4 671 792元,其中普通补助支出,为771 780元,只占6.5%,所以这一科目的经费支出,其所占平均百分比之高不是平时岁出预算的标准。(3)保安支出与教育文化支出,对地方公益的效用说,两者行政完全不同,即前者为消极的,后者为积极的。因地方文化水准的高低,常与保安支出成反比,与教育文化支出成正比,今事实则反是。(4)政权行使支出、社会事业支出、营业投资及维持支出,都在2%以下,足见教育文化支出,所占11.43%,与地方公益或公用事业,不曾有互为消长的关系在。尤其中等教育经费所占百分比,应就地方公用事业必需培植的人才所占岁费为标准,否则中等教育是造成休闲阶级。

科　目	总　计	百分比
岁出总数	1 558 801 110	100
政权行使支出	26 236 768	1.68
行政支出	139 938 578	8.97

(续表)

科　　目	总　计	百分比
教育文化支出	178 455 032	11.43
经济及交通支出	128 888 995	8.26
卫生及诊疗支出	44 462 431	2.85
社会事业支出	21 645 816	1.39
保安支出	224 860 302	14.41
财务支出	55 705 829	3.57
债务支出	77 231 138	4.95
公务员退休及抚恤支出	2 317 138	0.15
普通补助支出	370 971 876	23.77
其他支出	183 315 188	11.74
移殖支出	1 880 599	0.12
营业投资及维持支出	18 019 422	1.15
损失支出	348 266	0.02
保育及救济支出	14 033 330	0.90
第一预备金	21 730 639	1.39
战时特别预备金	50 769 955	3.25

今更进一步说明这一点，再看同年度二十四省市，中等教育支出占教育文化总经费的平均百分比，列如下表。[注一八]与其他教育支出，作一比较：(1) 如省市教育文化支出费，共列十五目。其中，中等教育费占百分比最高，实支 77 966 547 元，占教育文化费十分之四。(2) 按照各科目经费支出的事业性质，其中除了特种教育费、其他教育补助费、其他文化事业费三科目外，其余各科目都包括有与中等教育有关的支出。(3) 中学费用，占教育文化总费用 20%，师范占 11.98%，职业占 7.25%，那么中学、师范、职业三项费用的比例为 4.3∶2.5∶1.5。换言之，中学费用比较宽裕，职业费用比较窄小，师范费用则居于两者限度之间。(4) 即令中学费用所占百分比不嫌高，但高等教育费用百分比，7.31%相当低，中学生升学就成了问题。这是近年来省立大学普遍要求改国立的趋向，

中学生升入大学普遍拥挤的呼声。(5) 即令职业费用所占百分比不嫌低,要之,逃不了两种事业的背景,即地方生产事业不发达,无需多办职业学校,或以往的职业教育,不曾与地方农工商等职业实况,配合恰当。

科　目		总　计	百分比	
教育文化费		197 333 706.50	100	
教育行政费		12 067 639	6.11	
高等教育费		14 512 807	7.31	
中等教育费	中学	39 470 286	20.00	39.51
	师范	23 648 130	11.98	
	职业	14 872 091	7.53	
小学教育费		9 501 793	4.81	
国民教育费		32 768 237	16.31	
社会教育费		7 919 711	4.01	
边疆教育费		73 000	0.037	
特种教育费		524 265	0.26	
卫生教育费		1 373 514	0.69	
救济费		8 292 056	4.20	
私立学校辅助费		1 432 684	0.72	
其他教育补助费		12 806 901.5	6.49	
学生公费及奖助费		8 417 235	4.26	
教育人员生活改善及奖励金		2 876 400	1.45	
其他文化事业费		6 489 427	3.28	

总结上面所提示:如中等教育岁出经费、公私立中等学校经费、中等教育经费所占的百分比,一一尚待解决的实际问题,借此以讨论今后我国中等教育经费应有的改进与趋向。兹扼要提出三点:

(1) 中等教育经费岁入预算,应依据地方财政收支系统,保障中等教育的需要与推进,能够实现教育经费均等的原则。

(2) 中等教育经费岁出预算,应按照学生必需的岁费,以谋中等教育量的扩充与质的解进,具有平行的原则。

(3) 中等学校,如中学、师范、职业等,各占经费的比例,应顾及地方事业干部人才的需要,为分配三种学校经费的标准,保持供求相应的原则。

现在逐一加以讨论。

二

现代国家,地方财政岁入总额都以地方的独立税款为主要来源,以中央补助为调剂。例如,美国市财政,在第二次世界大战以后,不像战前完全依赖地方"财产税"为税源,现在也有很多的城市,(注一九)在岁入总额中,以"售货税""牌照税""服务规费""公共事业捐助"列为重要财源的税目,而"公用事业税"与联邦政府"补助金",年来则有渐次增加的趋向。英国的地方税源以"土地税"与"房屋税"为主要收入。近年来,英国各城市增辟"公用事业"的收益,较为丰裕。苏联地方财政岁入总额中,以"货物税"与"消费税"为重要来源,而苏维埃中央的补助费也占了地方岁入调剂的成分。

我国地方财政,在民三十年[1941],中央划五种税捐,为地方单独税源,民三十一年[1942],营业税与田赋收归中央,由中央补助地方税款(均见本文前节)。有人认为这是:"表面确定了地方财政制度,实际则仅为中央分惠于地方。"(注二〇)但地方财政,为健全地方自治的建设事业起见,则不仅地方税源须具有独立性,而税则又须具有建设性。地方事业的建立,终能作有计划的逐期进展。为说明这一点的重要意义起见,首先看民三十六年度[1947],二十九省市岁入预算概要,(注二一)统计如下表,以明我国各地方岁入款项与收入的实况。(1) 营业税是由中央补助地方的税款,即中央在各该省市营业税总收入中,由中央补助地方 30%～50%,而中央补助收入自民三十一年度迄今,除规定的补助税款外,又有普通补助费。因为大多数省市都受着国家通货膨胀影响,开支庞大,逐年增加,固定的税款与收益不能平衡支出时,惟有请求中央补助,现在各省市均赖中央税款补助与普通补助为主要来源。(2) 法令规定的地方单独税源,如房捐列入本年度岁入预算的,仅有二省市,如屠宰税、营业牌照税、使用牌照税、筵席捐、娱乐捐,列入岁入预算的,仅有四省市。(3)田赋是由中央征实的土地税。现在由中央拨给原属地方,收入的金额列为岁入预算的有二十七省市,这是地方普通的一桩税源。(4)契税及契税附加是地方财产税的一种,列为岁入预算的有二三省市,这也是普通的一桩税源。(5)公粮收入,是起于战时的田赋带征,为国家公职人员食米津贴的来源,由中央征实,以定额金拨还地方政府,粮食部的补助收入是复员后国立中等学校改由地方接办的一笔补助费。这几种性质不同的地方收入,虽说在目前是各省市的普通收入,列为岁入预算的有十九省市,地价税、土地增值税,则有十五省市,但都还没有普遍列为岁入预算。(6)其他税款或收入,如行政规费,其金额占总数的比例很小;罚锾及赔偿收入,预算与实收变动很大;豁免留省田赋,不是地方岁计的岁入;财产售价收入,有损孳息收益。总之,这类税款与收入都不是地方财政丰富的来源。(7)湖产收入、官荒收益、牲畜营业税,这类税收又不是每省每市都有的,即令两地同一税目,其收益又有丰啬,税率又有高低之别。(8)鱼税、旅栈捐、田赋带征,这类税收都为中央所规定的地方特别课税,但都近于苛杂。

省市		税款或收入项目	省市所占次数	注
21省:	江苏	营业税、中央补助收入、田赋	均二十九省市 二十七省市	营业税见注十三
	浙江	粮食部补助收入	二十六省市	同上
	安徽	契税及契税附加	二十三省市	
	江西	公粮收入	二十一省市	
	福建	教育部补助费	二十省市	
	广东	营业盈余及事业收入	十九省市	
	广西	行政规费	十六省市	
	湖南	地价税、土地增值税	十五省市	
	湖北	罚锾及赔偿收入	十四省市	
	四川	财产孳息	十三省市	
	山东	豁免留省田赋	十省市	

（续表）

省　市	税款或收入项目	省市所占次数	注
山西	财产售价收入	六省市	
河南			
河北	遗产税、湖产收入、租金	均五省市	
陕西 西康 云南 贵州 青海	屠宰税、营业牌照税、使用牌照税、筵席捐、娱乐捐、生产物品售价、县市协助省田粮经费。	均四省市	
甘肃 热河	房捐、医疗收入、市民银行收入、官荒收益	均三省市	
察哈尔 绥远 宁夏	土地改良物税、信托管理收入	均二省市	
5市：南京 北平 天津 青岛 重庆	鱼税、旅栈税、田赋带征、牲畜营业税、股金、自治经费收入	均一省或市	

从以上逐条列举，因此以我国地方财政的税源论，还没有独立性：营业税与田赋都已归之于中央，而地方只能得着中央给予这两方面的补助税款。目前事实上，地方普遍都靠了这两方面的岁入经费，比较其他税收稳定而丰富。又以地方财政的税则论，还缺少建设性，因遗产税虽已由中央举办，然分惠于地方的微乎其微。“以三十六年[1947]说，在预算中，直接税占总岁出9.1%，但实收仅占支出总额3.3%”(注二二)。由地方单独课征的，如契税、地价税、土地增值税、房捐等，其税率都较田赋征实为低。至于地方“公用事业”的收益或税收，一则受战事的影响，其事业本身天天在缩减；二则因国家通货膨胀，一般地方都缺少庞大的公积金投资地方的公用事业。

中等教育经费与地方独立性的税源有什么关系呢？因为中等教育既以地方办理为原则，则地方不仅要负担经费；而且，须从地方本身，事先计划每个年度必须开支的经费。如小学生升中学、中学生升大学的人数估计正确，职业学校学生的招收和就业与公用事业所需求的职工配合恰当，师范生就业与地方逐期扩充小学教师名额计算合度。因是中等教育的经费效用，不能单独看中等教育本身发达与否，还要看它与其他地方事业互为消长的关系。如果地方政府有课税的独立税源，则地方事业经费可以随地方与时代的事业需要通盘筹划，不致受一般积习所牵制。譬如，已往各省市中等教育，或则若干年来承袭既成事实标准，或则以分摊总经费为原则，皆由于地方岁入总经费开支各项用途，粥少僧多，不够分配之故。即由于地方已有单独的税源，其税收既歉啬，而税收丰富的，如营业税、田赋，又只得着中央的补助税款。地方每一事业经费预算，在短绌的情状下，只有各守门户，中等教育闭户造车，不曾与其他地方事业合辙，其原因即在此。

中等教育经费与地方建设性的税则有什么关系呢？因为中等教育既以地方办理为原则，则经费大部分取之于地方。即应注意经费来源，符合教育机会均等的原则，且易臻实现。比如中央在实行统一各省市税则之前，各省中等教育经费以盐税附加为专款，邰爽秋先生说过："盐斤带征，尤悖乎公平之原理，而背人道之精神。盖贫苦小民，力不能备珍馐，其赖以佐餐下咽，……比富人为多。"(注二三)从民二十三年[1934]以后，教育经费专款虽已撤销，然而中央举办的遗产税，在民三十六年[1947]实收总额，只占总岁出3.3%。地方单独税源，如房捐、筵席捐、娱乐捐，列为岁入预算的都在四省市以下。这类事实足以显示地方统收的岁入经费，大部分不是由建设性的税则课征而来，则中等教育经费岁入预算，在教育文化费科目中，充其量只占分摊的比例，无由实行经济机会均等，以达到教育机会均等的原则：一因中等教育经费，有一部分与小学教育经费的性质相同，为提高地方一般文化水准的普通教育经费，如初中免收学费、教科书费是。二因中等教育经费，有一部分与高等教育经费相同，为提高地方学术水准的人才教育经费，如高中与高职设奖学金是。为达到这般目的起见，地方有产阶级负有缴纳教育税款的义务，地方政府依照立法程序，课征"财产等级"的税率与消费税中娱乐税，最高税率已为现代各国所采行的税则。

地方建设性的税则以具有机动性质的税率为要。同一税目，应随地方的情形，与时代的转变，以定税率的高低，使纳税者负担，与其能力相比称，没有苛征与逃税的可能，比如以上海市的话剧20%的税率而定，该市参议会觉得过高。[注二四]上海市房捐，有人说："房捐本为战前市收之大宗，自复员后，中央定率太低，故有市政建设捐。"[注二五]这都是由于中央对地方税率作了硬性规定所引起的地方苛杂。又如"使用牌照税"，按照最近（民三十七年[1948]一月）中央修正税则，已由5万元加到100万元，如京沪大都会与内地小城市都年纳同等税额。再如筵席捐，中央规定各省市为一律最高的税率，因是豪门巨贾，闭门设宴，而筵席税捐，大多数落在撑场面小吃的人民身上，这也是中央硬性规定所引起地方税收的损失。因此，现在各省市的单独税源，其税目逐渐加增，以零星索取，弥补地方支出经费，都由于单独税源的税率不能随时代随地方而规定，对纳税人负担能力而言，已失课税公平的意义。

地方课税有失公平，则纳税者大半由转嫁而构成的义务，则对地方事业岁出经费的效用，有同秦越之视肥瘠；地方民意代表机关，或者为某一方面的权益，在课征税率上说长道短，却把量出为入的"公经济"政策视同损耗地方财源的苛征暴敛。地方财政，在这般情况之下，不是挹彼注此，即是寅吃卯粮。中等教育经费也同消极性质的保安费、救济费一样，年年在维持现状，天天在敷衍场面，谈不到是提高地方文化水准、培植地方一般公用事人才的经费。

总结

中等教育经费岁入预算占着地方普通岁出费，需要多少，依据目前"地方财政收支系统"的单独税源实现，很难估计各省市有一客观的预算概要。除非按照宪法规定："省可自定财政及省税"[注二六]缩小省区，以省为地方自治的单位，才能彻底实行"国家与地方财政"的两级制。以地方税源，出自直接税系统，包括营业税、土地税、行为税、消费税、特别课税（属于一地方的如特产税）；国家税源，出自间接税系统，包括海关税、货物税、盐税、矿税、特别课税（属于全国性的，如救济特捐）。然后人民纳税，不致重复（如"所利得税"即与"营业税"重复）。国家税收与地方税收不致冲突，因是地方岁入预算得着保障，分配普通岁出各科目的经费有一定的标准，中等教育经费岁入预算，为实现教育机会均等的原则，地方政府与中央则有协同觅取岁入预算标准的必要：

（1）地方税收的机会均等

如上所述，我国地方财政制度已是统收统支政策，今后地方税收，若基于公平税率，则纳税人按其财力大小负担地方的事业经费。这与英美地方教育经费由人民直接纳平等的税率实同一意义。只不过岁入预算，在英美是地方教育经费独立，有其独立的收支系统。在统收统支的地方财政如我国，教育经费是地方政府普通岁出经费一部门，没有独立的预算。现在《宪法》上，明白规定各级政府岁出经费，其中教育经费的百分比也可保障岁入预算有固定的比例。

（2）中央补助的机会均等

各省市的税源有丰啬，文化水准有高低。可是中等教育为达成地方普通教育和人才教育的目的起见，则各省市所需发展的中等教育经费，都应具有同样的最低标准。因此，中央的补助费必依据省市的人口与中等学校学生的比例、教学设备费占经常临时两部门费用的百分比，以定补助总额的多寡。又如促进全国各地方文化有同等水准，则高初中免收学费教科书费，同时减低其他学校的规费，岁入预算总不宜以学校规费为主要收入。

（3）教育设施的机会均等

各省市的中等学校一切教学设备费用，都须有同等的标准。如校舍、学校工场、农场、课程、图书、卫生医药设备、膳食营养有关的设备、指导教育设备、康乐活动的设备，都不应因经费的丰啬、地方文化高低，致使设备费用预算有差别。年来因各省市私立中等学校经费困难影响，设备不够标准，倒是相当严重的问题。以民三十三年度[1944]，私立中等学校共有 2 152 校而论，占了同年度中等学校总数 40.24%。(注二七) 今后地方政府补助私立中等学校经费都应设备必需的标准。

三

上节已说明我国中等教育经费的性质是提高文化水准与培植地方公用事业人才的经费，则岁出预算首先在确立预算理论（philosophy of budget），然后研究费用（costs）经济的方法：

（一）预算理论

在英美，地方教育经费大都出自地方人民，按财力大小而纳税，或从自由捐助涓滴而成。在我国统收统支的地方财政，教育经费如从公平税率的税捐而来，则年度统支的教育经费预算仍不出地方“公经济”(public finance)的岁出理论。即按岁费等级而确定预算大小，为岁费等级的理论(coordinated business management)，或按地方所愿付出代价的一种教育程序，以编制预算为岁费功能的理论(functional point of view)。这两种理论出发点各有不同，因是预算理论编制的方法有异。

(甲) 岁费等级的理论

以教育经费岁出预算，是“一学年内，学校业务上各项开支的经费，从可靠的收入方面作一种精确计算，然后分配收入总额于每项开支的成数，指示费用有一定限度，以不超支恪守预算为要”。(注二八) 这种理论完全从经费的本身着眼，地方各种事业岁出预算以量入为出为原则。岁费等级，事先经过立法手续，以审计制度(auditor system)执行预算的规定。我国从民国二十四年[1935]，实施审计制度以来，各省市的岁出预算都因战事与国家通货膨胀的影响，几无法实践量入为出的原则。从民三十一年度[1942]以后，单就教育文化费而论，没有一个年度不追加，如民三十一年度十九省的追加教育文化经费，一一与各该省原列教育文化经费，作一比较列如下表，(注二九) 以表明量入为出的原则，在编制预算时，必须注意的尚有其他事项：(1) 预算追加的数字，各省的差异很大，这不能以国家通货膨胀，如追加预算的唯一原因，如河北省追加160%，察哈尔追加81%，必定还有其他的重要原因。(2) 追加1/200的，有广西省；追加1/30的，有青海、陕西、福建、西康等省；1/20的，有湖南省；1/18的，有广东省；2/10的，有湖北省；1/10的，有四川、江西、贵州、浙江、河南、云南等省；1/2的，有安徽、甘肃、宁夏等省。(3) 追加数比例相接近的省别，除江西省、浙江省，因省境毗连或可视为一个区域外，其他省别都没有同一区域的关系。(4) 各省追加比例，彼此差异，不论差异大小怎样，总不外编造预算，有不适合地方教育实况之处。如通货的实值(purdsuring power)、学生数量的增加、设备新起的要求、班级费用最低标准等是。(5) 因此量入为出的原则，编制预算时，还须顾及不超支恪守预算的条件。如(子) 预算费用，必须看预算经费的实值，因此一个会计年度预算应根据先一个年度的物价平均指数作基数，以估计本年度岁出预算的总额。(丑) 预算费用，又须看会计年度预算，预算增加学生的数量，因此一个会计年度预算应依照先一个年度每个学生所占平均岁费为单位，以估计本年度岁出经费的总额。（寅）预算费用，再须看预算年度内，一切设备必要的改进，因此一个会计年度预算必注意先一个年度内一般设备费用短绌的情形，以估计本年度设备费增加的总额。（卯）预算费用，须综合看预算年度内经费的效用，在求教学上质的精进，因此一个会计年度预算应参考先一个年度每一学级费用的最低与最高标准，以估计本年度岁出经费的总额。

省别	预算经费	
	追加数（元）	原列数（元）
四川	1 984 077	23 814 474
江西	987 442	11 525 586
贵州	513 466	4 841 214
湖南	2 674 743	12 461 052
广西	79 104	18 237 318
浙江	1 265 000	18 909 986
安徽	2 328 288	4 221 594
西康	162 400	3 025 920
广东	505 304	9 151 961
河北	1 307 059	688 054
湖北	5 681 319	13 634 833
河南	1 395 000	11 031 444
甘肃	3 448 822	6 382 909
宁夏	400 766	748 032
青海	24 975	707 178
云南	9 213 930	10 874 334
陕西	320 000	9 725 541
福建	324 300	9 237 656
察哈尔	100 000	115 060

（乙）岁费功能的理论

教育经费岁出预算，是“推进教育程序所需的经费，用通货单位元、角、分，表达经费的数量，且必从社会认可的教育工作之本质与性格，为预算编制的基点”。(注三〇)这种理论，是把教育完全看作地方的责任。教育经费预算首先要考虑地方人士所愿举办的教育是哪一种教育程序。比如地方的普通教育，以儿童的福利为重呢？还是以地方传统观念为重呢？这当然以教育目标为先决条件。因此预算的终究之点，是从教育目标指示的诸因素与地方人士所愿付出的代价，在这两者之间显示一种平衡的状态。换言之，预算的功能既不是单独从教育程序，估计经费所需又不是单独从经费可靠来源估计总额，以确立岁出预算，而是教育程序经过地方的立法手续，取得地方人士的信心，则预算经费可随实际需要增开来源，采“公经济”量出为入的原则。

岁出预算经费，如采用量出为入的原则，经费总额应该列入多少、扩充多少，现在还没有绝对的标准可循，惟有看先一个会计年度的支出，对于教育工作所发生的效用怎样，以确定经费的比较价值。这比较价值不可与地方生产事业经费的效用相提并论。因为教育的结果，在受教育者的学生而言，为启发权能；在社会或地方的影响而言，为成就共同生活的理想。前者的观点，即成教育上直接造成学生的变化，以估量教育经费的效用；后者则从学校教育工作，影响于社会的风尚，以估经费的价值。然而这两种观点，还没有客观而精确的地方，因测量学生能力的发育，如知识、技能、习惯、态度、欣赏等，不能单以费用作指数。表达成就的高低程度，更不能表达社会共同生活理想成就的高低，是惟由于教育经费的多少关系。

教育费用的比较价值，一在参考先一个会计年度用费的标准，二在辨别本年度教育程序。实际所需的总费用，以分析费用性质，确定费用单位（均见本节后面）为要，然后从决算，拿事项单位相同的，一一比较其费用的大小。如学生数量、校别、级别、学科别，都可用统计方法，表达量的扩充是否与经费多少有关？又如毕业生升学就业的百分比，与教育费用、教员任课办公时数比率，与薪给费用、学生退学留校比例，与课程设备费用、学生疾病率，与卫生设备费用，这一类统计工作都能够用数字表达每项质的增进与费用有无互为消长的关系？综合教育工作量的扩充与费用多少关系，质的增进与费用相关，以确定经费的比较价值。

中等教育经费岁出预算，不论采用量出为入的原则，抑为量入为出的原则，在预算编制中必须顾及经费总额与地方其他事业岁出费预算有比率价值。例如一个地方的交通建设与管理、水利、农业、工程、公共卫生、保险事业、地方行政、小学教育，都是中等学校学生就业出路。分析言之：(1) 地方已建立的公用事业，以统计事业作根据，每年必须补充若干公职人员，所估计中等教育经费的比率。(2) 地方在分期计划中，扩充的公用事业，每年必须增加的公职人员，以估计中等教育经费的比率。(3) 为增进地方公职人员的工作效能，系于中等学校方面，必须增加的教育设备费用，以估计中等教育经费的比率。我国地方普通岁出预算，教育文化费所占的总额还看不出比率标准。兹采择各省县八个年度，岁出经费分类统计百分数之平均数，列表如下(注三一)，以供研究：(1) 各省县一般情形，党政费的比率占第一位，教育文化费占第二位，保安费占第三位，预备费及其他支出占第四位，建设、卫生及恤救费占第五位。(2) 以各省县的个别情形看，如青海省，教育文化费与建设、卫生、救恤费，为 36.55∶4.27，宁夏省为 28.52∶1，四川省为 34∶6.99，甘肃省为 26.67∶4.71，河南省为 31.23∶5.53，西康省为 30.49∶5.42，陕西省为 20.18∶4.32。假若建设、卫生、救恤费，岁出 1 元，而教育文化费岁出，在宁夏省为 28 元，青海省为 15 元，甘肃、西康两省均为 6 元，陕西、四川两省均为 5 元，安徽省为 4 元，山东、福建、湖南、山西、湖北、贵州等省均为 3 元。广东、云南、江西、江苏等省均为 2 元，浙江省为 1.2 元。(3) 假若以民三十一年度[1942]，各省市岁出中等教育经费占教育文化费，平均百分比 39.51 为标准，(见注一八)则各省县岁出建设、卫生、救恤费 1 元，与中等教育经费岁出的比例，在宁夏省为 11.16 元，青海省为 5.92 元，甘肃、西康两省均为 2.37 元，陕西、四川两省均为 1.97 元，安徽省为 1.58 元，山东、福建、湖南、山西、贵州等省均为 1.18 元，广东、云南、江西、江苏等省均为 0.79 元，浙江省为 0.47 元。(4) 从以上分析，除非各该省县的中等教育岁出经费，是比照地方已建立的、分期扩充的、增进工作效能的一切建设事业，直接有关中等教育的设施，则无从确定中等教育经费应占会计年度岁出总额的比率。

各省县八个年度(从民二十四年度[1935]到民三十一年度[1942])普通岁出各科目所占百分数之平均数统计表

省别	分类科目				
	(1)党政费(元)	(2)保安费(元)	(3)建设卫生及救恤费(元)	(4)教育文化费(元)	(5)预备费及其他支出(元)
宁夏	52.34	18.01	1.00	28.52	16.81
贵州	47.00	9.72	8.00	24.92	11.76
甘肃	43.20	13.10	4.71	26.67	17.67
安徽	43.19	19.49	6.03	22.04①	8.57
广西	39.28	3.74	11.07	29.44	16.04
山东	38.45	—	10.84	34.42	12.78
广东	38.27	20.42	6.96	14.34	19.98
云南	37.63	31.95	7.18	15.86	7.88
浙江	35.24②	23.12	14.57	17.64	11.09
福建	34.83	19.08	7.54	24.28	14.78
陕西	34.19	26.92	4.32	20.18	19.54
湖南	33.02	14.46	8.10	26.70	17.69
河南	32.39	10.38	5.53	31.23	20.37
山西	32.26	29.71	4.81	15.02	18.55
四川	32.05	5.90	6.99	34.00	20.90
西康	31.94	5.37	5.42	30.49	26.00
湖北	30.98	19.79	8.63	26.95	13.60
江西	30.68	24.37	10.20	23.44	11.30
江苏	22.40	19.11	12.58	31.41	14.51
青海	20.27	9.98	4.27	63.55	3.84

* 宁夏、甘肃两省百分数之平均数有错误,原著未列资料来源,无从检校。

①② 原文数字不清楚,此数字未必准确。——编校者

(二) 费用经济

中等教育经费岁出预算,依照地方普通岁出经费总额,以定它的比率。然而比率价值,除上所述各点外,还要看预算的费用分配,是否符合经济的原则?在预算编制的技术上说,费用经济一为分析费用的性质,二为确定费用的单位。兹分列说明如次:

1. 分析费用的性质

其目的在指示学校行政对经济分配使用有一定限度,对教育政策有一定趋向,则分析资料应该以学校经费表报为根据。地方政府审核中等教育经费预算,以先一个会计年度的决算为参考,除收支符合法定外,更须分析各学校经费表报。其中可能有的问题,如一个学校经费表报,逐月比较各科目费用,盈亏与挹注的情形不同,其原因安在?两个学校其学级编制全相同的表报中分配费用,实际不等的,其原因安在?地方各学校的经费表报,决算与预算核对,其盈亏情形不等,有为一般的例子,有为特殊的例子,其原因安在?找出这些原因,建立费用经济的标准,可用中等教育行政与政策为中心,分析费用的性质。如:

(甲) 中等学校应支付校内外各项教育事业经费各占多少。比如,普通中学兼办地方教育事业,在校内的设备、人员不够使用情况之下,则校外费用如果占预算一部门,这是不合经济的标准。师范学校辅导地方小学教育,职业学校与地方职业团体的合作事业,即令预算经费不够分配,必从开源与节流方面列入这类费用,才能提高校内教育费的效率。

(乙) 中等学校支付在每一科目的教学费用各占多少。比如,科目的内容不同则需要的设备不同,科目的教育目标不同则估计教育成效不同。即是说,科目的费用比较只能用同性质的科目作单位。甲校与乙校,或甲级与乙级,分别科目,以资比较,以定每一科目教学费用的标准。还有,用等量的学生,或用等量的费用,估计每个学生在每项科目所占费用多少,这除了显示费用量的关系外,则没有其他任何意义。因为费用量的大小不即是代表质的高低,费用经济还要看教育工作的平均成绩。

(丙) 中等学校支付在学生杂用项下的应占总经费多少?比如,水电、灯油、薪炭、夫役等费用,都是消费的性质,以我国近十年来,各地受着国家通货膨胀的影响而论,会计年度预算仅能适用年度开始一两个月的物价。拿燃料一项为例,把全部办公费开支尚感不敷。又如邮电、文具、纸张、杂支,都是学校不可少的开支。如是学校,为应付临时迫切开支的情形,惟有挪移建设费用、购置费用、钟点费用。等到办公费增加,挪移的经费因办公费逐月的短绌不能归垫,因此影响教育设施,以因陋就简,为学校行政的通例。这问题在预算编制时,须有一物价指数作基本数,估计岁出经费的时值。又在追加预算时,须按比率增加,如已规定的教学费,占 70%,购置费占 20%,办公费占 10%,必同时追加,若单独追加办公费,则仍不能盈虚调剂。

(丁)一个地方的中等教育政策决之于国家已建立的教育目标,同时也须顾及地方特殊情形,以易于实现中等教育与地方公用事业分工合作。如同有机体各部门,彼此有相须相成的功能,那么中等教育岁出预算不是单独从经费的比例着眼,还要分析经费所占比例,有无拮据或浪费的后果?比如中等学校学生就业困难,这表明教育设施不曾与地方的职业需要合辙,则费用直等于浪费。又如学生就业后,一般情形,工作效能低,这表明学校教育工作,量与质没有平行发展。即由于设备因陋就简,不能促进师生日求精进的兴趣,努力不够程度,其过错也由于设备简陋所引起,费用拮据必使教育工作一切表面化。

(戊)一个地方的中等教育经费,不是单独看它与职业、师范两种教育经费的比例,还要看它与本地方小学教育经费、高等教育经费的比例。因为小学教育发达的地方,中学教育随之发达,高等教育也随之发达。整个学校系统教育发达的地方,必定一般人民的生计安定而富裕,社会经济生活水准高。忽视了这社会背景的经费预算,不是经费来源有障碍,即是经费岁出有困难。比如中学教育,列为普通教育经费的预算,在小学教育未能普及之前,人民未感觉到需要之前,则增筹经费惟有出于地方苛杂税收一途,而岁出经费惟有下不着地,上不接天,与小学大学都不衔接,引起经费分摊办法的恶果。又如中学教育,列为学术准的人才教育经费预算,在地方的科学基础未充实之前,社会应用科学的功能未普遍之前,则中学教育上设备费用须特别宽裕。因不能利用学生从社会的环境得来的科学常识,为科学教育的辅助力量,科学设备简陋的中学,学生得不着机会陶冶科学兴趣。曾把科学与文学等量齐观,以读书与作文即为人才的基本能力，纯理科学与应用科学都没有准备初步的体验知识。

2. 确定费用的单位

其目的在计算每项费用有公认的标准，好比长度有尺、重量有衡。费用有单位，才能比较费用的经济大小。如教学费用，以学生平均在校日数为单位；保持校舍整洁的费用，以面积平方尺为单位；室内冬暖夏凉设备费用，以体积立方尺为单位等是。有人列举预算中，每一项目费用，所采用的单位依费用性质而分类，兹列如下表(注三二)，说明如次：(1) 教育总费用，指着岁出总费而言，共包括十四项目，单位不同的，计算的方法也不同。例如，单位“学生在校平均日数”共有七个项目，合并计算以公式表之：

$$a\,\frac{(X_1+X_2\cdots+X_n)}{n}$$

即 a 代表学生总数，X_1，X_2……Xn 代表同单位的各项费用，n 代表学生全年上课日数。(2) 学校行政费用，包括职员薪给、邮电、文具、纸张、杂支(如出差人员的旅膳费等)；教学费用，包括教员薪给、退休金、抚恤金；注册与训育办公费用，包括印刷簿表、邮电、文具、杂支(如学生疾病或偶发事项等费用)；水电费用，包括饮水用水所须薪炭、电料损耗、水电付价；课外活动费用，包括运动器具与艺术用具等经常的消耗；卫生医药费用，包括医士的薪给、医药与器材的消耗；辅导教育费用，包括增聘人员的薪给；特殊设备费。以上七项费用，都以“学生在校平均日数”做单位，即每项费用包括各细目费用之和，是以一学年学生在校的日数合并计算。(3) 视导费用，包括视导人员的薪给、旅膳、印刷簿表、邮电、文具等费，以一地方被视导的教师总数量为单位，合并计算。(4) 校警或清洁夫役的人数、费用，校舍整洁如除草、校景布置、沟渠疏导，校舍修缮如筑路、开辟场地、修理房屋等费用，都以面积的平方尺为单位，以计算所需物料与人工的费用。(5) 房屋内冷气或暖气设备费用，以每一立方尺，在每一小时内所需燃料或电力的费用为单位，合并计算全年的总费用。(6) 教育科目费用，包括教师钟点费、教学设备费，以学生上课时数或日数为单位，合并计算其总费用。

项　　目	单　　位
教育总费用	学生在校平均日数
学校行政费用	同上
教学费用	同上
注册与训育办公费用	同上
水电费用	同上
课外活动费用	同上
卫生医药费用	同上
辅导教育费用	同上
房屋冷气与暖气设备费用	立方尺
视导费用	教师数量
校舍修缮费用	面积
校舍整洁费用	平方尺
校警费用	面积
教育科目费用	上课时数或日数

总结

中等教育经费岁出预算的理论，决之于地方政府，所采用立法程序的方式怎样。但预算分配各科目的经费，都以具有比率价值为要。其条件在预算的经费经济；其方法在分析费用性质，确定费用单位。而经费的使用经济，则预算编造的准备过程中，必须标明每项费用的性质怎样，决算审核的比较过程中，必须采用一律的费用单位，然后学生岁费，以地方别、校别、年度别，一一比较；才能显示费用经济，顾及教育量的扩充与质的改进，两者没有畸轻畸重之势。

四

中学、师范、职业三种教育分别设立学校，如我国自前清《壬寅癸卯学制》

到民国时代，都是一贯的中等教育政策。只在民十七[1928]，大学院时期，一度施行中等教育的综合编制，因编制不同而引起的经费预算问题也不同。如中学、师范、职业三种学校，以省市为单位，各省市的人口、学龄儿童、社会经济水准、工商发达情形各有不同，则三种学校的预算经费，各省市不能一律以规定的校数比例为经费所应占的比例。又就各省市推行民主政治制度而论，都有同一目的，即中等学校，一在提高一般国民的知识水准，为建立政治平等的真正基础；二在培植一般国民有生产的能力，为树立经济平等的坚实基础。因此，中学经费预算不可单独着眼于升学准备，师范与职业不可单独着眼于职业准备，学生升学与就业所需经费求其平衡。为推行民主政治的中等教育制度，美国采用综合编制，是一个很明显的例子。

我国已往各省市中等教育经费，中学的比例占得大，职业的占得小(见本章第三表)，表明了中等教育是受着前清士大夫教育的影响。可是近年来，三种学校的经费预算其趋向已有改变。兹列举民三十六年度[1947]，十七省的中等教育经费预算如下表(注三三)，以资说明：(1) 十七省中等教育三种学校经费预算，中学、师范、职业之比为 1.37∶1.22∶1，这与民三十一年度[1942]二十四省三种学校经费预算比较：中学预算费与职业经费之比，减低了中学经费 1.34 的倍数。(民三十一年度[1942]中学、师范、职业三种经费之比为 2.71∶1.56∶1。)(资料见本章第三表)即是提高了职业学校经费的倍数。换言之，民三十六年度[1947]十七省，平均用在职业学校的经费一元，则中学用一元三角七分。民三十一年度[1942]，二十四省平均用在职业学校经费一元，则中学须用二元七角一分。

省别	普通岁出(元)	教育文化经费(元)	中等教育经费(元)		
			中　学	师　范	职　业
浙江	40 927 028 000	3 483 786 000	41 055 000	26 411 000	18 392 000
安徽	31 065 147 000	3 175 184 000	39 981 000	21 400 000	15 497 000
江西	31 257 288 000	529 110 000	9 830 000	13 099 000	27 427 000
湖北	31 683 595 000	1 669 954 000	52 805 000	35 927 000	19 123 000
四川	36 409 060 000	2 252 173 000	4 800 000	6 000 000	2 358 000

（续表）

省别	普通岁出（元）	教育文化经费（元）	中等教育经费（元）		
			中　学	师　范	职　业
西康	17 340 373 000	283 912 000	3 500 000	2 924 000	2 400 000
河北	42 307 927 000	3 238 005 000	22 290 000	28 690 000	18 900 000
山东	41 619 351 874	1 833 680 000	108 463 000	31 260 000	51 226 000
河南	46 262 832 000	2 963 878 000	110 595 000	89 227 000	66 110 000
山西	39 911 161 914	1 989 574 000	83 522 000	89 791 000	59 095 000
陕西	40 855 562 917	2 241 660 000	39 340 000	36 133 000	25 347 000
青海	10 265 663 298	181 184 000	4 000 000	4 500 000	5 070 000
广东	39 281 024 000	2 294 681 000	40 788 000	34 384 000	36 964 000
广西	39 303 133 000	1 204 016 000	39 668 000	36 300 000	19 429 000
云南	25 324 753 300	2 410 507 000	18 685 000	16 532 000	6 551 000
贵州	22 639 260 000	1 057 785 000	20 400 000	11 931 000	5 454 000
察哈尔	13 904 044 000	160 263 000	12 600 000	90 000 000	90 000 000
总计	551 017 204 303	30 969 352 000	643 322 000	574 518 000	469 406 000
			1 687 246 000		
平均百分比	100%	5.8%	占教育文化费百分比 5.4%		

(2) 根据上表资料，列如下表，职业经费一元，则中学经费二元以上者有七省，其余十省中约为 1.37∶1，有三省约为 0.42∶1。(3) 中学、师范[①]、职业三种经费比例，循序渐减的，有浙江、安徽、湖北、西康、河南、陕西、云南、贵州八省；师范、中学、职业三种经费比例，循序渐减的，有四川、河北、山西、广西四省；职业、师范、中学三种经费比例，循序渐减的，有江西、青海两省；中学、职业、师范三种经费比例，循序渐减的，有山东、广东两省；职业师范各占七倍于中学经费的，有察哈尔一省。这五种不同的比例顺序，都应以各省的公用事业所须干部人才情形不同为决定因素，否则三种学校经费比例没有客观的标准。

① 原文为“中等师范”，疑错误。——编校者

省别＼比例	中学		师范		职业
浙　江	2.2	:	1.4	:	1
安　徽	2.6	:	1.4	:	1
江　西	0.33	:	0.48	:	1
湖　北	2.5	:	2	:	1
四　川	2	:	3	:	1
西　康	1.4	:	1.2	:	1
河　北	1.2	:	1.5	:	1
山　东	2	:	0.6	:	1
河　南	1.5	:	1.3	:	1
山　西	1.4	:	1.5	:	1
陕　西	1.5	:	1.4	:	1
青　海	0.8	:	0.9	:	1
广　东	1.1	:	0.9	:	1
广　西	1.5	:	1.8	:	1
云　南	3	:	2.5	:	1
贵　州	4	:	2.2	:	1
察哈尔	0.13	:	1	:	1

(注一) 与(注五)陈青之:《中国教育史》下册六八三至六八四页。

(注二) 与(注六)中华教育改进社:《民国十四年度[1925]中等学校统计》,二十版。

(注三) 与(注七)教育部:《全国教育统计简编》第九版十一页资料,用学生平均岁费计算。

(注四) 与(注八)同。

(注九) 中华教育改进社:《民十四年度[1925]全国中等以上学校统计表》表1。

(注一〇) 教育部:《民三十五年[1946]全国教育统计简编》,一一版,表一。

(注一一) 民十八年[1929]二月十八日,行政院第七三四号训令。

(注一二) 全国第二次财政会议,通过“省县收支划分标准原则”五项,其中第四项。

(注一三) 中央补助地方税款:(1) 印花税纯收入30%;(2) 遗产税纯收入25%;(3) 营业税纯收入30%至50%;(4) 土地税征收实物时期,实物归中央,原属地方收入部分,由中央参酌原收入金额,拨给之;(5) 契税原属地方收入部分,暂仍其旧。

（注一四）民三十七年[1948]二月五日，上海《大公报》第三版，《财政的一统与均权》。
（注一五）彭雨新：《县地方财政》第五七页，上海商务民三十四年[1945]。
（注一六）陈友松：《战后中国教育经费问题》，《教育杂志》三十二卷四号。
（注一七）教育部中等司编：民三十一、二年[1942、1943]各省市教育文化经费表一。
（注一八）同上表二。
（注一九）Municipal Finance Officers Association：*Where Cities Get Their Money*，1946.
（注二〇）见（注一四）一文。
（注二一）资料采自教育部中等司，三十六年[1947]一月各省市厅局报部《岁入预算概要》书，经著者编为统计表。
（注二二）上海《大公报》三十七年[1948]三月六日社论，第二版。
（注二三）邰爽秋：《请大学院补充教育经费政策》，参考资料选集第二种，教育编译馆。
（注二四）上海《大公报》三十七年[1948]三月七日"本市新闻"。
（注二五）见（注一四）。
（注二六）中华民国宪法一〇九条。
（注二七）蔡继贤：《五十年来私立学校之发展》，《教育通讯》复刊四卷十期。
（注二八）Kinkade Arthur：*Public School Fiscal Records From the Viewpoint of an Auditor*，American School Board Journal. Vol.67，No.2，pp.43-45.
（注二九）资料摘自教育部中等司民三十一、二年[1942、1943]教育文化经费简明统计表2、表3。
（注三〇）A. B. Moehlman，M.R. Keyworth：*The Public School Code of the Hamtramck. Mich*，U. S. A. Public Schools Research Series，No.2 Ham.，Mich.
（注三一）注一五自二十一页至二十五页。
（注三二）Engelhardt Fred & F. Von Borger Srode：*Accounting Procedure for Public Schools*，P.92.
（注三三）资料见（注二一）。

现行视学制度改革刍议

汪懋祖*

视学一职，在教育行政上关何等重要，其职务应如何分配，我国现行视学制如何不良，此三点为本文论究之要素。诚欲改革我国视学制度，则必资益于他山，以求合我之需要。请先述美国之视学制。

美国之视学制甚复杂，其性质概可分为两种：一为教授上之辅导，一为行政上之辅导。各有其所被指分之辅导区域，匡辅教师及办学人员之所不逮者也。所谓教授辅导，当然包含教科组织、课程排订、以及教室管理、训育等项。其他行政上之辅导，则地方教育局长、副局长兼任之。至于省视学之职务，自以推行省教育政策及辅助地方解决问题为前提。

第一种又分两制：一为分级制，一为分科制。凡小学初级（一、二、三年级），适用分级辅导，小学中级有用分级制者，亦有用分科制者。而自小学高级（七八年级当初级中学）及中学，则适用分科辅导。此项视学，既以辅助教师能力之不逮为其主责，则某区某科教师之能力程度已充足时，此科之辅导在此区即可不设。故美国各地方视学之分股，就一般言：为幼稚园、小学初级、手工、

---

* 汪懋祖（1891—1949），字典存，江苏吴县（今属苏州）人。清朝秀才，江苏高等学堂毕业，天津北洋大学肄业，留美就读于哥伦比亚大学师范学院，获硕士学位。历任哈佛大学研究员、北京师范大学教务长兼代理校长、国立东南大学教育系主任、江苏省督学、苏州中学校长、西南联大教授、国立社会教育学院教授等职。主要著作有《美国教育彻览》《教育学》等。

本文原载于北京高等师范学校出版《教育丛刊》1921年第2卷第3集。——编校者

家事、音乐、卫生、英语、公民科。而历史、地理之辅导，设者绝少。数学一科，亦较少焉。

第二种性质之视学，属于省视学居多。省视学分股之繁简，范围之大小，一视各省教育局之权限而异。要其各股之范围，决不若前者之狭。大概为义务教育、小学教育、中学教育、师范教育、职业教育（家事农事工业又各分门）、乡村教育、美化教育、特殊教育、推广事业、学校卫生等类。其视学有多至六十余人者。余尝读其各省之教育法令，每有订明地方教育局必须雇用某种新设科目（如职业科目）之教授辅导。最近，因整顿乡村教育，各省通过议案，补助乡村教师暨辅导员之年俸。可见，省视学与地方区域视学之职掌划然有别矣。

我国现行视学制度，据教育部法令：

一、部 视 学

全国视学区域划分八区（《视学规程》第一条）。每区派视学二人，视察该区域之普通教育及社会教育（第二条）。视学应视察之事项如下（第六条）：

1. 教育行政状况
2. 学校教育状况
3. 学校经济状况
4. 学校卫生状况
5. 关系学务各职员执务状况
6. 社会教育及其设施状况
7. 教育总长特命视察事项

视学遇下列各事项得就主管者表示意见（第八条）：

1. 与教育法令抵触事项
2. 部议决定事项
3. 学校教授管理事项
4. 社会教育设施事项
5. 教育总长特命指示事项

二、省视学

各省设省视学四人至六人，承省教育行政长官之命，视察全省教育事宜（《省视学规程》第一条）。省视学应视察之事项为（第四条）：

1. 地方教育行政及经济状况
2. 中等以下学校教育状况
3. 社会教育及其设施状况
4. 幼儿教育及特殊教育设施状况
5. 学务职员执务状况
6. 主管长官特命视察事项
7. 部视学嘱托视察事项

省视学关于下列各事项得就办学者指导之（第五条）：

1. 地方教育行政设施事项
2. 学校教育设施事项
3. 社会教育设施事项
4. 幼儿教育及特殊教育设施事项
5. 教育法令上规定之事项
6. 省教育行政机关决定之事项
7. 主管长官特命指示之事项

三、县视学

各省设县视学，每县一人至三人，秉承县知事视察全县教育事宜（《县视学规程》第一条）。县视学之职务如下（第五条）：

1. 督察各区对于教育法令施行事项
2. 督察各区对于学务计划进行事项
3. 查核各区教育经费及学校经济之实况
4. 查核各区学龄儿童之就学及出席实况

5. 视察各学校设备编制及管理之状况
6. 视察各学校课程教授及学业成绩之状况
7. 视察各学校训育学风及操行成绩之状况
8. 视察各学校卫生体育及生徒健康之状况
9. 视察社会教育及其设施状况
10. 视察幼儿教育及特殊教育设施状况
11. 视察学务职务状况
12. 视察主管长官或省视学所指定之事项
13. 宣达主管长官指示之事项

综上观之，则我国视学之职责，不论部省或县，皆非有万能之才，不克胜任。人数复少，更难深稽周察。其结果不得不流为敷衍的、具文的、武断的，安能求其为积极指导及实际示范。柯柏雷[①]博士之言曰："视学之态度，如上级官之训令者必失败，如侦探之行径者亦必失败，徒为消极的批评者亦失败。"其实我国之视学，能为教育上之侦探，固已大佳。余尝阅其对于教师、办学人员之批评，俨如科举时代学政对于教官廪生之评语也。其所作报告——学校坐落朝北门面，……学生若干人，——苟以比诸旧时地保衙役之按户写排门册，不为过也。凡此结果，吾人固不能不责备，视学之不克自振作，而制度之不良亦不容辞其咎也。

部省及县之视学所应视察事项，初无特别不同之处。所异者不过地域之大小及教育之范围而已。而县视学实可谓之部视学之缩形，亦犹科举时代有县试、府试、学政试之三级试验。上级者不过对于下级之所验，为一度更严的复验。其所注重纠察者，不出教育法令施行与否一事项，其能协同地方学务人员，措设该地之教育计划，或改订某地方学校课程，以应其社会需要，或建议一省中某项之教育政策(如师资训练等)者，未之前闻。至于美国之教授辅导，须有实际示范，而常为教师之良辅者，求诸我国视学者，实乏此等功用。盖部省及县之视学，其分功只在地域及教育范围；而职务上之分工，惟有如科举时代之三级试验而已。

---

① 今译"克伯莱"(Ellwood P. Cubberley，1868—1941)，美国教育史学家。——编校者

论部省及县视学之关系，就法令可见者，上级对于次级有嘱托视察某事项之权；次级对于上级莅其所属之地区时，须报告本地之教育状况。是次级对于上级，负有报告及被委托之义务；而上级对于次级，乃无丝毫之辅助。且其间未尝有密切之联络。全国教育行政会议中，亦未闻有视学团之组合，以研究视察中之问题者。分工未著，而阶级之见因以滋生，亦可怪矣。

视学一职，一方面为主管机关之耳目，一方面为地方学务人员之辅导。其在教育发达之区，领袖人才分播于地方，则视学者调查报告，不妨少懈其辅导之责。若地方学务人员智识程度颇差，端赖视学随事运其辅导之术，督促之方。视学之重要在此。我国小学教师，未受师范训练者实居多数。欲补救此缺点，一方面自须竭力培养师资，一方面宜多设教师辅导，殆不容缓已。

教育部所订各项规程，垂为办学之标准，持之以考成，据之以准驳。而视学所视察之第一事，即为教育法令之施行与否。近者教育部亦深悟单调划一之教育，足以闭塞地方的个性，颇有稍驰之使地方自动之动议。然地方而能为合理的自动，必其办学者之智识能力，不在吾人想望之平线下。不然者则一知半解，冥行盲从。如民国元、二年[1912、1913]间，有聚小学生而称大学之怪现象，反不如谨守部章之为愈矣。苟主管机关欲施行部定之最小标准，而不致闭塞地方之自动，漠视地方之需要者，其间枢机所操，在于视学，而省视学尤关重要。今各省除应添设中学各科之教师辅导外(调查诸科中师资甚缺乏者设辅导不必各科皆设)，其他视学，亦宜有分股之组织。每年须协同地方办学人员，调查社会需要，与之措施计划。最近，如职业教育、义务教育、中学变更课程采用学分制、高等小学加入职业指导等等问题，视学须加以辅导，至少亦应作有力的参与。其有办法不合理者，直宜干涉，不可空为消极的批评也。

省视学对于各地方有调查辅导之责，对于省主管机关有报告建议之责。部视学之于省也亦然。各县区应专设教授辅导，其余所应督促及调查事项，应责成劝学所长、劝学员、学务委员分担其任。迨教育发达，问题复杂，自应添设额缺。吾观现在各县之劝学员、各区之学务委员，不事事者居多数，何不加增其事务乎？

或曰如子所主张，则视学额必大为增加，试问经费与人才，将何从出？曰：凡事有所扩充，则经费自必有相当之增加，是亦不难筹措。我国各机关中冗员在所不免;机关愈大,则冗员愈多。如教育部人员多至三百余名,其实在做事而得用者甚少。美国中央教育局全体人员不过九十人,而其事业之宏繁,较我国教育部奚啻数倍。故裁汰冗员,改设要缺,妙选人才,良为行政上之要图。至于培养此项专门人才之机关,舍高等师范莫属。美国大学师范院内有“辅导”专科,而其分门且甚细,所以培养此项专门人才也。余所以主张高等师范宜改组为师范大学,扩张其事业。不但培养中等学校之普通的及职业的教师,而行政人才、教育学者,并宜加意培养。至其改组之具体计划,余另有说帖,非本文范围所及矣。

学校视察与教育政策

郝耀东*

一、绪　　论

教育家视察一地方的教育状况，犹如工程师测量一地方的形势一样。工程师想建筑铁路桥梁，须先测量地势的夷岖、山丘的高下、水流的缓急等——凡与铁路桥梁相关系的事件，都须一一考查；等到胸有成竹，然后敢决定何处应修桥，何处应凿洞。教育家为一地方采择教育政策，亦须先考查该地方的天然的富源、人民的职业、学童的多寡、不识字的人数以及该地方的财政能力、现在教育状况等。然后，根据此以定教育的方针，小学若干，中学若干，师范学校若干，以及蒙养园、游艺场、半日学校、夜学校、职业学校等，其性质、种类、数目多寡都可按需要而定。盖必如此，而后学款才不至于误用，人民才能受教育上的实惠。

我国教部及各省、县向设有视学专员；但其职务多系监督的性质，仅限于学校设备及教职员是否胜任等问题。其所作的报告，亦不过对于各校教职员加几句考语，于学校设备加几句批评；至对于将来应采的教育政策与具体的详细计划，很少能道及。我尝细考中国现行视学制度，其最不满意之点，约有三端：

---

* 郝耀东(1891—1969)，号照初，陕西长安(今西安)人。上海中国公学、天津北洋大学毕业，留学美国斯坦福大学教育学院，获硕士学位。曾任国立西北大学教育学教授、安徽大学教育系主任、陕西省立师范专科学校首任校长。主要著作有《教育视察与视察后的感想》等。

本文原载于《教育杂志》1924年第16卷第8号。——编校者

（一）近来各专门科学日形发达，视察各种科学都须聘请专家，绝非“万能式”的视学员所能胜任。

（二）视察各项事实须用有标准的科学方法去测量，不能凭视学员个人的主观的评判。

（三）报告须有系统、有主张，对于一地方的全体学校制度下批评，不应限于一人一事。

这篇论文的目的，是要介绍几个视察学校的原则并举几个视学上的工具方式。揆之中国情势虽或不免偏于理论；但此事重大，关系中国教育前途不浅，还望国内各地方实际教育家加以研究。

二、视察学校的第一步：审查地方上教育需要

欲知某地方教育办理是否完善，须先考查该地方教育上的需要，然后调查现在教育状况是否与此需要相合，以求改善的办法。这是视察学校的最要目的，视学者不可不知。欲知某地方教育上的需要，须晓得下列各种事实：

（一）天然富源（如农田、森林、矿山、土产等）

（二）人民特性及文化特征（就历史上人物考查）

（三）人民职业的种类及各业人数

（四）本地人向外地谋生的发展（交通是否便利）

（五）不识字人民的数目

（六）学童数目（五岁以上十八岁以下）

（七）各种残废儿童数目（如聋、哑、盲目等）

所需参考书：

（一）最新的省县地图

（二）最近的省县图志及报告

（三）最近的教育统计

（四）最近的农工商等职业统计

（五）其他关于教育书报

视学者既有上列各种知识，然后可按某地方教育上的需要，以批评该地方现行的教育制度——某种学校应增加，某种学校应减少；某项课程应增加，某项课程应减少；凡一切优点劣点以及应兴应革事件，都不难一一指示。总期款不虚縻，学有实用，教育上的设备与社会上的需要针锋相应而后已。但各地方的富力不齐，因之供给教育需要的能力亦不等。所以批评一地方的教育制度，既知其教育上的需要，还须考查该地方财政能力是否能供给此需要，这是视察学校的第二步。

三、视察学校的第二步：调查地方上财政能力

欲知某地方上的财力是否能供给该处教育上的需要，须调查下列各种事实：

（一）某地方的财产总额

（二）每人平均财产额（per capita wealth）

（三）每人平均岁入（per capita income）

（四）地方的公共岁入及岁出

（五）教育费占公共岁出的百分之几

（六）教育费占财产总额的百分之几

（七）教育费占每人财产额或每人岁入的百分之几

以上各种事实，因中国现行统计制度不完全，有时无从考核。最简便的方法，莫如就地方上各种岁出为比较的研究，斟酌事之轻重缓急，以定教育费在各项岁出中应占的位置。然后再考查现在情形，教育费支出是否有过或不及之弊，以为将来建议的根据。盖必如此，而后所作的计划方不致限于经费无着，而徒托空言。

就中国现在情形而论，各地方教育不振兴的缘故，似乎不在于缺乏财力，而在于误用财力。盖政治腐败，各项政费分配不当，教育费在总岁出应占的位置多为他项支出所侵夺（参看附表一中陆军及教育两项），比之美国各省教育费占百分之三十五（参看附表二），其相差不啻有天渊之别。并且对于这区区的教育费，又不能善为分配，所以徒见公款虚縻，而各项重要教育事业，如职业教育、普及教育等，仍毫无进步，这实在是一至可痛心之事。

附表一　中国几个省份行政费分配表(五年度预算)

		外交	内务	财政	陆军	海军	司法	教育	农商	交通	总计
直隶	元数	57 108	2 813 429	807 376	4 392 621	70 000	350 000	1 249 845	112 760	15 554	9 868 893
	百分比例	0.6	28.6	8.1	44.5	0.7	3.6	12.6	1.1		100
陕西	元数	6 000	1 401 758	307 619	3 624 026		272 442	282 140	48 752		5 942 747
	百分比例	0.1	23.6	5.2	61.0		4.6	4.7	0.8		100
江苏	元数	65 208	4 732 498	764 758	4 850 108		400 000	1 261 097	304 936		12 378 605
	百分比例	0.5	38.2	6.2	39.2		3.2	10.2	2.5		100
四川	元数	36 247	3 037 945	251 449	6 024 078		384 784	791 360	350 488		10 876 297
	百分比例	0.4	27.9	2.3	55.4		3.5	7.3	3.2		100
福建	元数	36 724	1 509 978	342 974	1 888 652		220 000	459 317	33 152		4 490 797
	百分比例	0.8	33.6	7.7	4.21		4.9	10.2	0.7		100
广东	元数	2 434	4 048 645	818 399	7 614 864	578 925	350 000	580 891	42 167		14 045 374
	百分比例	小于 0.1	28.8	5.8	54.3	4.1	2.5	4.2	0.3		100

附表二 美国各省行政费分配百分比例表(1921 年度)

	普通政费	身体及财产保护	富源保管	防疫	清洁自来水阴沟	道路	慈善事业	教育		娱乐场所	杂项
								学校	图书馆		
各省平均	8.9	5.6	5.7	2.2	0.1	10.0	22.5	34.9	0.2	0.2	9.8
纽塞浦歇①	5.9	4.3	5.3	2.5		16.4	14.1	22.3	0.5		28.6
浮芒②	14.0	3.5	6.1	4.2		33.7	15.7	19.6	0.2		2.9
马赛③	11.7	8.1	2.4	4.0	0.2	9.2	38.1	10.0	0.1	0.7	15.5
劳德岛④	12.4	3.3	2.1	4.7		12.0	20.4	8.2	0.3	0.6	36.0
纽吉塞⑤	5.6	3.5	2.8	2.3		29.0	15.4	37.4	0.1	0.3	3.6
印第安那	6.4	6.0	4.8	2.1		4.6	29.5	42.1	0.3	0.6	3.6
伊利诺⑥	14.5	7.9	4.9	2.0	0.1	2.5	31.3	31.8	0.3	0.4	4.3
明奈索达⑦	4.4	5.6	6.0	1.8	0.1	0.2	17.8	28.3	0.1	0.1	35.5
爱欧瓦⑧	8.4	4.5	7.5	2.8		2.2	35.5	33.0	0.6	0.3	5.2

① 今译“新罕布什尔”。——编校者
② 今译“佛蒙特”。——编校者
③ 今译“马萨诸塞”。——编校者
④ 今译“罗得岛”。——编校者
⑤ 今译“新泽西”。——编校者
⑥ 今译“伊利诺伊”。——编校者
⑦ 今译“明尼苏达”。——编校者
⑧ 今译“艾奥瓦”。——编校者

（续表）

	普通政费	身体及财产保护	富源保管	防疫	清洁自来水阴沟	道路	慈善事业	教育		娱乐场所	杂项
								学校	图书馆		
米苏里①	8.7	4.2	2.7	1.9	0.1	8.1	38.7	33.8	0.1	0.1	1.6
北达科大②	9.8	7.5	5.9	3.2		0.6	20.8	40.9	0.2	0.1	10.8
南达科大③	7.0	5.4	11.4	2.6		0.5	13.7	55.0	0.2	0.1	4.1
纳布拉斯加④	5.9	3.1	4.6	1.4		31.4	17.9	33.0	0.2		2.5
西浮及尼亚⑤	14.4	8.8	6.5	2.8		21.7	16.8	27.6	0.1		1.2
南喀陆里拿⑥	11.5	4.8	7.0	4.5		0.7	24.1	36.1	0.2		11.0
乔吉亚⑦	8.4	3.3	7.6	2.0		1.1	15.8	47.4	0.2	0.1	14.2
推及西⑧	12.5	5.1	6.2	1.4		3.3	25.2	32.6	0.1		13.5
阿拉巴麻⑨	9.5	2.3	5.1	2.4		0.5	24.7	41.9	0.2		13.3
欧克拉哈马⑩	8.3	4.1	3.1	1.3		24.3	21.8	32.3	0.1		4.7

① 今译“密苏里”。——编校者
② 今译“北达科他”。——编校者
③ 今译“南达科他”。——编校者
④ 今译“内布拉斯加”。——编校者
⑤ 今译“西弗吉尼亚”。——编校者
⑥ 今译“南卡罗来纳”。——编校者
⑦ 今译“乔治亚”。——编校者
⑧ 今译“田纳西”。——编校者
⑨ 今译“亚拉巴马”。——编校者
⑩ 今译“俄克拉何马”。——编校者

（续表）

	普通政费	身体及财产保护	富源保管	防疫	清洁自来水阴沟	道路	慈善事业	教育		娱乐场所	杂项
								学校	图书馆		
泰克沙斯①	9.9	3.3	3.7	1.1	0.1	6.2	12.1	58.0	0.1	0.1	5.5
紫他拿②	9.6	9.8	12.6	3.6		2.1	18.8	38.2	0.1		5.2
爱戴河③	9.1	8.9	15.5	1.1		17.5	11.3	32.9	0.1	0.3	3.2
华民④	8.5	7.4	12.9	1.2		15.3	20.1	29.5	0.8	1.0	3.4
考禄拉度⑤	10.2	10.2	8.8	1.8		10.0	18.9	36.3		0.2	3.6
新墨西哥	8.5	5.7	10.5	0.6		13.7	14.1	44.2	0.1	0.8	1.8
油达⑥	12.6	7.8	8.6	1.0	0.1	8.7	8.1	52.2	0.1		0.8
纳华达⑦	10.1	9.7	11.5	1.4		5.6	13.4	42.4	1.8		4.2
华盛顿	5.4	8.4	7.6	1.7		11.7	18.2	38.4	0.1		8.5
欧立根⑧	8.5	4.6	15.1	2.0		12.3	17.8	30.7	0.8		8.2
加利福尼⑨	7.8	6.8	8.7	1.5	0.1	8.9	21.6	41.6	0.4	0.1	2.7

① 今译“德克萨斯”。——编校者
② 今译“蒙大拿”。——编校者
③ 今译“爱达荷”。——编校者
④ 今译“夏威夷”。——编校者
⑤ 今译“科罗拉多”。——编校者
⑥ 今译“犹他”。——编校者
⑦ 今译“内华达”。——编校者
⑧ 今译“俄勒冈”。——编校者
⑨ 今译“加利福尼亚”。——编校者

四、视察学校的第三步：调查现在教育状况

视学者既对于某地方教育上的需要和财政能力有明确的观念，此时即可开始调查该地方现在教育状况，分类记载其优点劣点，以为后日批评与建议的基础。其应注意的事项，约可分为下列各种：

（一）该地方的教育行政系统

（二）学校制度（如学校种类、学生入学年龄资格、毕业年限及各校就学的人数统计等）

（三）学校经费来源及保管方法

（四）学生职业指导和介绍机关

（五）社会教育（如通俗讲演、戏剧、电影等）

（六）公共游戏及体育场

（七）学校组织管理及学生自治机关

（八）学校建筑及设备

（九）各科设备（如仪品、标本、图书、用品等）

（十）教职员胜任问题

（十一）功课分配和钟点排列方法

（十二）学生成绩考核方法

（十三）校中应用各种报告方式（如统计表、簿记、点名册等）

（十四）学生体格检查及智慧和教育测验等统计

关于上列各项事实的工具方式，近经各国学者逐渐发明，其适用客观的标准方法，颇多可采之处。兹以限于篇幅，不能就各种方式为详细的讨论，但举施泰亚(G. D. Strayer)①博士的学校建筑调查表（附表三）及保外氏(A. C. Boyce)②的教员效率测验表（附表四）以例其余。还希望我国各地实验教育家能创造类

① 今译“斯特拉耶”(George D. Strayer，1876—1962)，美国20世纪早期教育管理学研究的领袖人物之一。——编校者

② 今译“博伊斯”(A. C. Boyce)，时为美国芝加哥大学教育学院教师。——编校者

似的科学方法，以为各项视察的标准，则视学者既有所依据，庶不致再蹈从前空虚敷衍之弊，中国教育前途实利赖之。

附表三　施泰亚的城市学校建筑调查表(适用于中小学校)

城市名称　学校名称　校长姓名　调查日期　学生人数　男生若干　女生若干　共计　平均每日到班人数　男生　女生　共计　房屋数目　约值价若干　调查员姓名							
分类调查事项	最高分数			分类调查事项	最高分数		
一、校址			125	丙、内部构造		80	
甲、位置		55		1. 楼梯	35		
1. 接近学生住宅	25			2. 廊道	20		
2. 周围环境	30			3. 底屋(最下层)	15		
乙、排水方法		30		4. 颜色设施	5		
1. 地位高下	20			5. 顶屋(最上层)	5		
2. 土性	10			三、屋内设备			280
丙、大小形式		40		甲、温度和空气调剂		70	
二、校舍			165	1. 设备种类	10		
甲、位置		25		2. 安置方法	10		
1. 方向	15			3. 空气充足	15		
2. 分配	10			4. 气扇和发动机	10		
乙、外部构造		60		5. 分配方法	10		
1. 样式	5			6. 温度增减自由	10		
2. 材料	10			7. 特别设备	5		
3. 高度	5			乙、消防设备		65	
4. 屋顶	5			1. 防火器具	10		
5. 基础	5			2. 耐火建筑	15		
6. 墙壁	5			3. 逃火屋外楼梯	20		
7. 进口	10			4. 电线安全	5		
8. 美观	5			5. 逃火门径	10		
9. 现状	10			6. 逃火门上灯光记号	5		

（续表）

分类调查事项	最高分数			分类调查事项	最高分数		
丙、清洁设备		20		2. 运书机	2		
1. 设备种类	5			3. 废物放置机	3		
2. 安置方法	5			四、教室			290
3. 效率	10			甲、位置和距离		35	
丁、光线调剂		20		乙、构造和设备		95	
1. 电灯汽灯	5			1. 大小	25		
2. 安置分配	5			2. 形式	15		
3. 光线适度	5			3. 地板	10		
4. 使用方法	5			4. 墙壁	10		
戊、电信设备		15		5. 门	5		
1. 大钟	5			6. 耳房	5		
2. 电铃	5			7. 黑板	10		
3. 电话	5			8. 公布板	5		
己、自来水设备		30		9. 颜色设施	10		
1. 饮泉	10			丙、光线		85	
2. 盥所	10			1. 玻璃面积	45		
3. 灌浴所	5			2. 窗的位置	30		
4. 热水冷水	5			3. 窗帷	10		
庚、厕所		50		丁、更衣所和衣架		25	
1. 分布	10			戊、设备		50	
2. 设备	10			1. 学生桌凳	35		
3. 足用和安排适当	10			2. 讲台	10		
4. 与别屋隔离	5			3. 其他设备	5		
5. 清洁	15			五、特别用屋			140
辛、机械的设备		10		甲、公用大屋		65	
1. 升降机	5			1. 游戏室	10		

（续表）

分类调查事项	最高分数		
2. 讲演厅	15		
3. 读书厅	5		
4. 图书馆	10		
5. 体育室	10		
6. 游泳池	5		
7. 饭厅	10		
乙、教职员室		35	
1. 职员室	10		
2. 教员室	10		
3. 看护室	10		
4. 夫役室	5		

分类调查事项	最高分数		
丙、其他用屋		40	
1. 实验室	20		
2. 指导室	10		
3. 储藏室	5		
4. 美术室	5		
总分数			1 000

凡得九百至一千分者为一等建筑，七百至九百分者为二等建筑，均颇适用。得六百分至七百分者为三等建筑，须稍有更改，五百至六百分者为四等建筑颇不合用，五百分以下者为五等建筑，完全不适用，须从新建筑。

附表四　保外氏的教员效率测验表

教员姓名 月薪若干	某地某校 最高的普通学业	教授某科某年级 专门技术程度	经验几年			
		最下等	下等	中等	上等	最上等
品性	1. 容貌					
	2. 健康					
	3. 声音					
	4. 智慧					
	5. 自动力和自信力					
	6. 活泼					
	7. 精细					
	8. 殷勤					
	9. 热心和乐观					
	10. 忠诚					

（续表）

		最下等	下等	中等	上等	最上等
品性	11. 自治力					
	12. 敏捷					
	13. 应变才能					
	14. 公平					
学识	15. 普通知识					
	16. 专门知识					
	17. 特长					
	18. 通晓儿童心理					
	19. 热心学校事业					
	20. 热心社会事业					
	21. 应酬主顾					
	22. 对于学生的兴趣					
	23. 合作精神					
	24. 职业上的兴趣和进步					
	25. 注意每日功课					
	26. 国文程度					
教室管理	27. 注意教室的光线温度空气					
	28. 教室清洁					
	29. 注意日常事务					
	30. 管理学生能力					
授课技能	31. 目的明确					
	32. 习惯养成技能					
	33. 启发思想技能					
	34. 指导学生求学技能					
	35. 发问技能					
	36. 选择教材技能					

（续表）

		最下等	下等	中等	上等	最上等
授课技能	37. 组织教材技能					
	38. 分配功课技能					
	39. 使学生发生乐趣技能					
	40. 注意学生个性的需要					
成绩	41. 学生的注意和兴趣					
	42. 班中学生人数增加					
	43. 学生成绩长进					
	44. 社会推重					
	45. 道德上的影响					
平均等级						

五、视察学校的第四步：建议与报告

按视学的职务，约可分为三部分：(1) 监督与考核各校教职员及其他办学人员的勤惰与是否称职；(2) 调查各地方实在的教育状况，编制统计，以备公众参考；(3) 建议应行的教育政策，以备行政及立法机关采择。就中国现行制度而论，视学的职务多偏重第一项，对于第二、第三两项常不注意。因无精确的报告和统计，所以教育者研究一地方教育问题，每常苦无所参考；而立法及行政机关采择教育政策，亦常苦无所根据。不过看别人举行某项政策，成效卓著，遂不免东施效颦，照例仿办。至于该政策是否能应本地方的特别需要，则非当事者所能知。其结果，势必至于徒糜公款，无补实际。这都是由于视学人员素无精确的报告与建议所致。所以我希望以后的视学人员对于此点须特别注意。

为便利起见，报告与建议可分为两种：(1) 临时报告与建议，于紧要事件发生时（如须撤换教职员或学生滋事等）为之；(2) 总报告与建议，于年终或法定的适当时期为之。总报告与建议的内容须汇集各视学的详细报告，分类编辑，由一视学专家总其成。其大致内容约可分为下列诸项：

（一）某地方上之教育问题（需要和财力）

（二）教育行政系统

（三）学校制度及各校就学人数统计

（四）教育经费来源及保管方法

（五）学生职业指导及介绍机关

（六）社会教育

（七）公共游戏及体育场

（八）学校组织管理及学生自治生活

（九）学校建筑及设备

（十）教职员资格薪俸的比较研究

（十一）课程分配方法

（十二）学生成绩考核方法

（十三）校中应用各种报告方式

（十四）学生体格检查及智慧和教育测验等统计的比较研究

（十五）建议将来应采的教育方针和计划

上列各种事实，不过就普通观察列举数项。至于详细节目的规定，须按各地方情形，由当事者酌量损益。总期事无遗漏，言无废辞，一表一目，都足资读者考镜而后可。

六、结　　论

我尝谓现在中国教育上有两大问题：(1)“所学非所用”的问题；(2)“所学非所能”的问题。“所学非所能”就是儿童的才力和志愿相左，长于此而习于彼，徒羡他人的虚荣，而不揣度自己的能力。所以不免徒费光阴，甚至有穷毕生之力而不能成一业。要知道个人才力之不同，如其面然，各有所长，亦各有所短。教育家的责任，就是要利用各个儿童之所长，以掩盖其所短。解决这个问题的方法，已萌芽于各种智慧和教育测验等运动以及职业指导各机关的设施。兹以非本题范围，姑不具论，单讨论第一问题。

"所学非所用"一句话，几乎已成了一般人责备学校和学生的一种口头语。细想一下，这个责备的话也很有道理。因为学校中所学的东西，常与社会上的需要不相应。学生在校读书是一事，毕业后在社会上服务又是一事，两者常不相关。甚至有学校毕业生出去做事反不如未入校的优良，言之殊可浩叹。所以致此的原因虽多，而重要原因则不外执政当局对于各种教育设施无具体的目的与政策；所以学校的供给不能应社会上的需要，终弄到学非所用，用非所学，虽兴学数十年而效果未著。就中国现在情形而论，各省有名无实的法校未免过多，而农、林、工、矿等职业学校则失之过少，且设备多不完全。所以法校毕业生常不免无相当的职业，流入游惰阶级；而各项的待举农工等事业反不免借才异域。不徒财政上不经济，人才上亦不经济，我深为各省当局不取。但是亡羊补牢，未足为晚。当此凡百教育事业正在萌芽之际，如各能调查本地方的特别教育需要，采择适正的教育政策，为适当的教育设施，务期办一事有一事的利益，设一校有一校的实用，则前途远大，教育家正大有可为呢。

参考书

1. A. C. Boyce: *Methods for Measuring Teachers' Efficiency*, The 14th Yearbook of the National Society for the Study of Education, 1915, Part Ⅱ.

2. J. B Sears: *Technique of Public School Survey*, Journal of Educational Research, Nov., 1922.

3. J. B. Sears: The School Survey (not yet published)

4. G. D. Strayer and Others: Standards and Tests for the Measurement of the Efficiency of Schools and School Systems, The 15th Yearbook of the National Society for the Study of Education, 1916, Part Ⅰ.

5. G. D. Strayer and N. L. Engelhardt: The Classroom Teacher, 1920.

6. U. S. Bureau of the Census: Financial Statistics of States, 1921.

作于美国斯丹福大学①教育院

① 即斯坦福大学。——编校者

省视学与地方教育

黄德正 *

视学一职,实富有消极积极两方面:消极者何?即本诸时代潮流,最新之教育原理、学说,作严密之批评也。积极者何?乃实地指导,介绍学说,将视察所得之弱点,镕冶一炉,以修补破弊,而匡其不逮也。是则视学关系于教育之前途,不啻一活动的指南车;对于现状的教育,不啻教育之扁鹊也。其责任重大,视巡阅使而有尊。然纵观往时,视学于视察时,不过走马看花,择其交通便利、人事繁华之区,作几小时之逗留。视察既竣,仅寥寥千余言之视察报告以蒇事;贤与不肖,又孰从而知之哉!迩者春季开学,省视学出发之期将届,吾有不得不攀辕上书,贡愚者之一得,以分述如次,俾各地方从事教育者,亦知所警惕,以向上努力也!

愚谓省视学之视察,以精力与时间关系,当注重于教育行政方面之考成。行政者果得其人,则根固实遂;地方小学之策励有人,则励精图治。否则,上下其手,互相蒙蔽,不于行政方面彻底澄清,而欲小学教育办理之完善,是舍本而逐末,缘木而求鱼。虽有热心教育者,亦不敌恶势力之溶化也!故吾以为视学员之视察,应以考查教育行政为最要著。视察学校,犹其次焉者耳!

一县教育行政之中心,厥惟教育局。掌管教育局者,为教育局长。是则教育局长平时之一举一动,均有关于地方教育之前途,宜如何洁身自好,以榜样

* 黄德正,生平不详。
本文原载于《教育杂志》1926 年第 18 卷第 5 号。——编校者

士林。省视学至各县时，即应本此目标，预定考成之方针。爰拟如下：

1. 资格

资格不健全或牵强之教育局长，每有幸进之嫌。非与行政长官（县知事）狼狈为奸，以局长为酬应品（因遴选局长，为县知事之特权）；即以金钱为取得之方。事虽仅有，然视学不得不于此详为侦查，是否有无是种情弊。

2. 学术

地方绅董，泰半前清耆旧。地方官履新后，耳目所接触者，皆此辈八股先生。一旦教育局长改组，所谓地方舆论之贡献，不过八股先生咿唔呫哔之结晶体耳！故地方官保荐之结果，非胸无点墨之偶像，利其便于操纵，即为帖括余生之老儒，不知教育为何物。夫以若辈从事于教育，宜其永无起色矣！

3. 规划能力

为局长者，应有统计能力。已往之千花万絮，当归纳之；将来之推广计划，当预筹之。故视学一入教育局，可先审查该局各项行政，有无统计表、预决算表。若其残缺不全，或局徒四壁，则平时行政之紊乱可想见矣！

4. 注意骈枝冗员

教育行政费，本有定额。各县每因位置私人，便于通同作弊，势不得不巧立名目，额外开支。如学董明令取消，而易其名曰"区董"，曰"征收员"。是何居心，当不难洞烛其隐衷。

5. 忠于职守

昌黎云："术业有专攻。"局长既负有全县教育行政之重权，自宜神不外散，本位地向上发展。然间有假局长之名，四处招摇；或有兼任他职，视教局如传舍，因此宵小弄柄，上下怠荒，而其弊有不可胜言者！

6. 用人之深究

"用人行政，局长自有全权"一语，乃局长之口头禅，局长植党营私之虎符也。故有资格不合，学术荒芜者，恒奔竞于局长之门下，蝇营狗苟，恬不知耻。其终也，竟博得代理校长、试用教员之头衔。吁！以若所为，办理神圣之教育，可不痛哉！视学如发现上列情事者，应即督令改聘，以维学风。

7. 特殊法令之制止

局长欲妄作妄为，每碍于法令之限制，于是不得不法外立法，强述理由，耸动听闻，以蒙请官厅，为作弊之准备。官厅昧于地方情形，遂准如所请。局长益兴风作浪，肆无忌惮。负考察教育责任之视学，须注意及之。

8. 办事之勤惰

考察局长之勤惰极易。视学至各县时，可检阅其收文发文簿，是否有延搁不理、抗庇违法等弊，即可知其勤惰之大概矣。

9. 私德之探访

有嗜好者，且不能享公民之权利，遑论为局长乎！至于终日聚赌，宿娼纳宠者，其人格更复堕落。在今日"人格教育"盛倡之际，似宜示以限制，以正士风。

10. 经济状况

经费为办学之要素，各县感觉困难者，十居八九。若论诸实际，其亏欠或不致如彼之巨；甚有略加整顿，不徒不绌，且有盈余者。此亦道在人为，视局长之能否"一秉大公，以教育为怀"以为断。汰冗员，清学租，催积欠，涓滴归公，则预决算收支适合，学校自无停顿之象矣。

考查教育局长既毕，仍宜分别视察县署第三科主任能否尽监督之责；董事会能否有筹划经费之能力；教育委员与县视学能否忠于职守，尽指导之重任。凡此种种，皆应随时随地切实调查，以图整顿也。然后再视察小学校办理之成绩奚若。

地方小学因办理非人，弊端百出，不胜枚举。在交通繁盛之区，或可略顾体面；否则，有"起风一半，下雨全无"之势。（谓风天学生仅有半数出席；雨天则学生无一人矣！此乃形容学校中学生出席之谚语也。）而每日作息时间，无正确标准，有时碍于教育之迟到，竟拨回时针，以掩饰学生之耳目，百怪千形，言之痛心。试问视学于极短之时间内，焉能明察秋毫。惟有数事，足为短时间内考查之标准，请举如次：

a. 招牌学校之设立

地方小学每仅有学校之招牌、校具等，而校门则终年请铁将军为之守卫者。至校长则遥领学校头衔，减成支薪。行政方面，利其有回扣可取，遂置之不理。校长则以减成为口实，亦相安于无事。此类学校以乡村为最多。视学如舍城市而视察乡村，自不难破获。

b. 临时聘请之学生

视学抵境时，教育局遣价通知各校。故儿童不发达之学校，则赴邻近之私塾暂行挪借，以壮观瞻；或将已毕业及已视察后之学校中学生，参与其中，自欺以欺人。是种刁风，切不可长。视学于视察时，不可不随时留意，择其形迹可疑、举止生疏、书本较新者，略事抽查，则水落石出矣。

c. 疲于奔命之教员

每有一教员兼任数校之教科者。此种习尚，在中等学校尚无大碍。惟在小学校，舍少数科目可兼外，其他各科，无论如何，均宜各有专责；不能东奔西窜，疲于奔命。甚有所任时间超过学校应有时间者，迨不能兼顾时，遂动辄缺课，贻误青年，莫此为甚。其在自身，亦有伤于身体，须力为矫正。

d. 类似酬应之钟点

钟点制度不适用于小学，今之稍具教育常识者，靡不知之。然地方小学犹有采用者。采用之故非他，一则便于编制日课表；二则为校长者可以取一二小时为酬应品，以聘任资格不合之教员。视学者于此亦须设法禁止之。

e. 望而兴叹之师范生

从事小学教育之主人翁，厥惟师范生。今观各地小学，对于新毕业之师范生，往往畏之如虎，双手拒绝。推其原因，在于师范生之陈义过高，与彼学校中之得过且过主义不相协。万一令其厕身其中，大加改革，则校长之信用旁落，甚至危及自身之地位。故每有一完全小学校中，虽求一完全师范毕业者，而不可得。视学对于此项学校，当知其内在之私心！

f. 有无研究之精神

教育学说日新月异，小学教师于课余暇日，宜浏览教育名著、教育杂志等书，以求新知识。或集合同志，举行研究会，以探讨教育真理。绝不可抛却教本，使往来花业，寄与樗蒲也。故视学至各校时，尤应注意各教师课后有无研究之精神与正当娱乐之方法也。

关于视察教育行政及学校方面之要点，既如上述。他如社会教育、教育会等考查方法，视察者自有主张，毋庸吾呶呶矣！惟吾有不能已于言者，则在小学教育之待遇问题耳！迩来生活程度日高，小学教员平均之所获，不过十数元耳。试问际此米珠薪桂之时，仰事父母，俯畜妻子，且虞不足，而养生送死之婚丧费取给于斯，子女入学之教育金仰求于斯。一旦遇彼丧心病狂之教育当局，每因经费支绌，减成发给。呜呼！小学教员处于今日，直奄奄一息耳！大有我生已矣，我死谁埋之慨！我负有视察之责者，除消极的批评外，对于小学教员生活之状况，亦当详为调查，建议行政当局设法优予待遇。庶登高一呼，福泽广被。而小学教员亦可安于其位，固本位之发展矣！

于上海

教学指导之性质及需要

程湘帆*

一、视察与指导之区别

易烈提①分教育行政之作用为四项：曰立法（或曰计划），曰行政（或曰执行，亦曰设施），曰指导，曰视察（见 E. C. Elliot，*Instruction*，*Its Organization and Control*）。行政长官统率全体职员，负全部责任。立法之责由教育参事会负之。行政或设施之责由教育行政官署及教育委员负之。视察之责委任视学负之。职在依据委任，视察所颁行之计划法令实施之程度。其依照视学章程，按时视察者，为"例行视察"；受长官指派，视察特别事件者，为"特令视察"。但其事仅止于视察。视察之后，应如何办理之处？仍须呈请长官核定行之。此通例也。然按我国视学章程，除视察而外，且有就被视察者表示意见，讨论企划之规定（见《视学规程》第八、第九条）。故我国视学似兼有指导任务。

然指导与视察作用不同。视察之职在根据法定之标准，视察实施之程度；指导则于视察外，加以详密之诊断，予以同情之辅助；使当事者乐就指导，相砥于成。视察之事以事为重，用法定之标准，以例视察之事实；而指导则对事之

* 作者简介见本卷中《教育行政机关进化之迹及建议》一文。

本文节选自程湘帆著《教学指导》第一章"教学指导之性质及需要"，上海：商务印书馆，1926 年版，第 1—22 页。——编校者

① 今译"埃利奥特"。——编校者

外尚须对人，人事既洽，尤须期其成效。视学员是代表主权，依法令之标准，考核办学者之功过；指导员是代表行政，依教育之原理，增大教学者之效率。我国制度偏重视察。视察规程虽曾提及指导，但仅括于视察之中，加以各级视学多非专门人才，因之，只有视察之事而无指导之功。况规程中所谓对主管者"表示意见""讨论进行之企划"等尤非今日所谓指导者乎？

二、指导之性质与作用

（一）指导性质

指导之性质各以其设置之目的而殊。其专为指导学校设施健康教育，筹划保险设备，以及医药卫生等事者，谓之健康指导员。其专以计划校舍图样及指挥建筑修理等事者，谓之校舍指导员。其专以筹划职业、师范以及乡村各种教育之进行办法，而指导其实施，增进其成绩者，为某某教育指导专员。其专为指导一级或一科学者，为某级、某科教学指导专员。指导为专门的事业，指导人员必须专门训练，具备专门才识。指导性质虽有不同之处，但大致不外行政指导与教学指导二种。二者尤以教学指导为最要，设置者亦最多。故普通所谓指导云云，多指教学指导而言。本书范围既偏重教学指导，故就教学指导一项，而论其作用于后。

（二）教学指导之作用

夫教育行政之目的本为增进学校学业之效用。其行政组织之适合与否？行政处分之相当与否？学校制度之完善与否？教职人员之优良与否？无不以学生学习之成绩为标准。但学生学业之良窳，又以教学方法为转移。教学方法而善，学生学习之成绩当无不良。故教学之事实为教育行政事业之中心。然直接担负教学之责任，与学生学习之成绩有直接关系者，为教师。故教师虽非行政人员，但其事为教育行政事业之中心。无论行政上之组织、之设施、之改良，盖无不以便利教师之教学为归宿。

尝考各国实施教育之教师，除德国教师大致尚有专门训练，颇能了解其任务，而成绩亦比较优良外，其他诸国，不能胜任者甚多。即以美国言之，其滥竽教席者已难胜数。

据战后之调查，该国中小学校教师约65万人。以年龄言，则17岁至19岁者有10万人，不满21岁者达15万人。以教育言，全国30万乡村教师中，其未卒业四年之中学校者约15万人，占全数50%；其仅仅完毕小学七八年者3万余人，占全数10%。再以师范训练言，30万乡村小学教师中，其未受若何师范训练者约10万人，占32%；其卒业师范学校者仅6 000人，占全数2%；其受特别乡村师范训练者仅仅300人，占全数1‰耳。夫以直接关系学生学习成绩之教师，其年龄、其训练如此，则教育之事岂不危险！

于此情形之下，而欲设施补救之方，俾一方化险为夷，一方增大效率，于是有教学指导制度之设置焉。任用富有学识之专才以同情的辅导，而与一般年龄程度不齐之教师同负教学之责任。举凡教师之方法优良及成绩显著者，则嘉奖之，宣传之，以为他人之取法；其徒劳无功，用力多而收效少者，则以建设手段，指导之，矫正之；其学识迈群者必有以奖励之，学识薄弱者必有以培养之，实在不堪进益者则黜去之。善于指导者类能增广教师之眼界，扩充其经验，使得充分了解其职务，而知其改进之途径，俾教学成效有进无已。以一人之长指导多数，化无效为有效，变小用为大用。此指导之所以重要也。论其地位则在行政与教学之间，受行政之委托，实行增进教学之效用。兹更归纳一切，条举于次，俾学者了然于教学指导之性质，而确知其作用焉。

(1) 指导之主旨在求教学之进步。故指导成效之有无及其大小，应以教学之进步定之。举凡关系教学成败之课程编制、教材选择、教法使用、教室管理等项皆须注意，而负其责任。

(2) 指导非视察，然指导必根据于视察。视察之外，另有改良之建设者，谓之指导。

(3) 就教师方面言之，指导在奖进教师之程度，发展其创作之能力，造就其自动自治独立之精神，培养其负责之观念，扩充改造其经验。故指导之效果应以教师之有无进步及其进步之程度为断。故：

(甲) 指导必有以奖励良好之教师，使之更求进益，自强不息。

(乙) 指导必有以激发程度中等之教师，改良其作业，增加其能力。

(丙) 指导必须黜免滥竽教席及不堪进益之教师。

（丁）指导既须考成教师，但考成之标准必为科学的、公平的、无人的关系的。

（4）指导应有确实之范围。

（5）指导之进行应有完善组织的程序。

（6）指导为合作之事。双方必须明了指导之真意，而有乐求合作之观念。

（7）指导之设施必以热心、同情、友谊，辅助观念出之。

（8）指导之关系重于教学，行政次之。

（9）指导系专门事业，故指导员必为专家。

（10）指导员为教学界之领袖，故必有“德谟克拉西”的精神及领袖资格。

（三）教学指导之任务

就以上所举，具体言之，教学指导者应有五项任务。

（1）依据儿童心理，暨教材性质，指导教师善用教学之方法，俾用力少而收效多也。

（2）依据课程标准，暨儿童兴趣，指导教师选用适当之教材，俾学生学一事即获一事之实用，不致徒糜学款而费时间也。

（3）依据心理测验，暨教育测验之标准，率领教师测量儿童之智力，考核其成绩，俾明学习之实况及教授之结果，以为改良之根据也。

（4）利用学社、演讲、共同讨论、暑期学校、流动图书股、互相参观、通函教授等法，增进现任教师之学业，俾教者知识日新月异，教学程度亦有增无已也。

（5）利用各种教师考成之标准，测验教师之学业，与其事业之进步，以辨优劣，俾优者获其奖励，劣者有所警诫也。

三、美国设置指导之情形

二十年来，美国教育界鉴于教师之年龄程度多不整齐，以致教学成绩不能一律。又鉴于每岁旧有教师既多辗转迁移，而新添教师又多年轻识寡，未能即时适应地方及学校情形。而视学人员除作机械式之视察暨官样文章之报告外，对于能力薄弱之教师，不能作积极的补助。青年寡识者不能作建设的指导；成绩素优，学识兼长者不能作相当的鼓励。至于根据教育趋势、社会需要及学童心理，编制教学方案，选用教材，改良方法，提高教育之标准，促进教学之效验，尤非一般视学所能任。故先后设置指导专员，受行政首长之委任，依据行政之方针及教育之标准，以代表行政之资格而为教师之头脑。

(一) 指导员与学生数之统计

指导员设置之人数并无一定标准。大概学校教师程度优良地方，需要指导之处自少。其教师程度优劣不齐，或辗转调任甚多者，需要亦多。故人数之设置，亦以其需要为准。美国中央教育局于一九一二及一九一三年统计，平均350余学生即有指导员一人。其比例情形如下：

第　一　表

东方各市	每一指导员合学生数目
Trenton, N. J	182
Troy, N. Y.	227
New Bedford, Mass.	269
Des Moines, Iowa	291
Youngstown, Ohio	241
Grand Rapids, Mich.	359
Kanas City, Mo.	360
Camden, N. J.	371
Albany, N. Y.	372
Duluth, Minn.	381
Omaha, Neb.	400
Yonkers, N. Y.	445
Dayton, Ohio	446
Springfield Mass.	464
Lowell, Mass.	479
平均 中数	359 371

第二表

西方各市	每一指导员合学生总数
Colorado Springs, Col.	208
Sacramento, Col.	252
Pasadena, Col.	262
San Diego, Col.	283
Butte, Montana	296
Ogden, Utah	312
Tacoma, Wash.	331
Los Angeles, Cal.	333
San Jose, Cal.	365
Spokane, Wash.	369
San Francisco, Cal.	397
Seattle, Wash.	400
Denver, Colo.	423
Berkeley, Cal.	433
Oakland, Cal.	445
Salt Lake City, Utah	460
Portland, Oregon	513
平均 中数	358 365

（二）指导员与教师及学生数之统计

牛直谢省①一九一六年之统计，平均每教师十二三人，或学生 470 余人即有指导员 1 人。其比例情形如第三表：

① 即新泽西州。——编校者

第 三 表

市 名	学生数目	指导员与教师数目之比例	指导员与学生数目之比例
Belleville	2 847	12.9	475
Bloomfield	3 933	16.9	492
East Orange	7 564	11.3	378
Irvington	4 225	13.0	526
Montclair	4 772	12.0	262
Nudey	1 967	14.0	492
Orange	5 366	11.1	383
South Orange	1 804	9.0	258
West Orange	2 699	16.8	540
中数	3 933	12.9	475

（三）指导员与学生教师及行政人员数之统计

卡伯雷①曾将各级城市之学生数目计其指导员、教员、教育局长、科员及其他行政人员之数。由此吾人可以推计每个指导员约合教师、学生或行政人员之数目。其大略情形如第四表：

第 四 表

市之等级	5 000 至 10 000	10 000 至 25 000	25 000 至 100 000	100 000 以上
平均学生数目	1 380	2 679	7 442	62 589
平均指导员数目	1.5—	2.8—	4.8+	16.5
平均教师数目	38	74	203	1 517
平均行政人员数目	1.0+	1.1—	1.2—	8.0

① 今译“克伯莱”(Ellwood P. Cubberley,1868—1941)，美国教育史学家。——编校者

(四) 牛约市[①]设置专科指导

牛约市之教育事业极大，规模亦极宏备。各科指导制度较之他市亦有不同。依据《教育法》令，所有专科，如图书、手工、乐歌、体育、烹饪、裁缝、幼稚园等科，皆设专科指导主任(director of special branches)、副主任(assistant directors)暨专科教员(special teachers)三种名目。此项专科教员与学校科任教师不同。科任教师系教授级任教师所不及教之图画手工等科。专科教员除家事手工等极少科目亲自教学外，皆为监督指导学校教师而设。一九〇三年十二月二十三日，关于此项人员之事权，曾以《补充法令》规定之。

其第三条云："专科主任受市教育局长、学区教育委员及学校校长之咨询，监督指导各该专科事宜。主任暨副主任承市局长之委任，考核专科情形，并指导专科教员及各级教师之教学。"

第六条云："专科教员受学区教育委员之监督，及专科主任、副主任之直接指导，出席指定学校，视察教学，考核成绩，施行模范示教，并得校长之合作，指导改良教学方法。"

第七条云："专科主任、副主任每年须将所指挥之各专科教员服务成绩呈报市教育局长二次。遇必要时，得随时呈报。"

(五) 牛约市之专科指导员人数

依一九一一年之统计，其专科主任、副主任及专科教员数目列表如下：

科目	指导员	数目	科目	指导员	数目
音乐	主任	1	手工及工艺	主任	1
	副主任	1		副主任	1
	教员	53		教员	100
图画	主任	1	体育	主任	1
	副主任	1		副主任	3
	教员	48		教员	32

① 即纽约市。——编校者

（续表）

科目	指导员	数目	科目	指导员	数目
裁缝	主任	2	幼稚	副主任	2
	教员	60	书法	主任	1
烹饪	主任	1	德文	教员	45
	教员	135	法文	教员	6
幼稚	主任	1			

四、我国今日需要指导员之程度

夫国家兴学原所以教育儿童，蔚成将来之国民也。然自教育中之“德谟克拉西”言之，各个儿童不但应受教育，且应受平等的教育。其学习的机会必须平等。无论儿童之年龄如何，智愚之区别如何，家属在社会中之地位如何，所在是否都会，抑或穷乡，至少皆应有良好教师之教导。

指导员之设，在消极方面，为救济学校教师程度之不一；在积极方面，为增进教学之成绩。盖所以使各个儿童一律享受良好学习之机会也。假使地方学校所任教师程度俱优，而教学成绩皆能圆满，自无需乎特设指导人员。否则，此项人员之设置，实为平均机会与增进效率之最经济及最有效之办法也。

然则，我国今日之需要如何？查地方教育行政系以学校为单位。行政机关以总辖一校之权委任于校长。所有校中教职人员之任免皆为校长之职权，行政官厅备案而已。故学校命运实操之校长。假使校长得人，自能择人善用。否则，学生成绩不堪设想矣。

况当此地方教育亟待扩张之际，而师范毕业生又极有限，即使校长知人善用，其如才难何？加之教师待遇各地不同，概而言之，极为清苦。优异者不求改业亦望升学；否则，辗转迁移以谋较厚报酬。且内地教育因地方关系仍有士绅盘踞，以办学为名，把持地方事业。此等地方其委用师范毕业生也，非有奥援即系亲故，或则用以点缀而已。

兹就安徽教育厅民国十一年[1922]冬所调查之情状，择其尤甚者数县，以明地方教师程度之不齐，而指导制度之设，实不容缓也。

资格 \ 性别 \ 人数 \ 县别		芜湖	婺源	贵池	泗县	英山	歙县
师范毕业	男	27	31	5	62	25	22
	女	10		2	3		1
已受检定	男	63	16	22	42	17	8
	女			3		1	
未受检定	男	125	100	334	230	213	76
	女	1	1	32			
私　塾	男	450	1 300	未详	236	215	756
	女	21					
总　计	男	665	1 456		660	470	862
	女	32	1				

吾人对于上表必须注意者：

（一）表中所载已受检定与未受检定两项教师，皆在初级及高级之正式小学校中。此两项中，其已受检定者，六县中共有 172 人；其未受检定者，六县中共有 1 162 人。以百分计之，已受检定者，合未受检定者，为 15%而弱。夫于公立小学中而有 87%的教师不受检定，或未受检定，实有不能漠视者。然由此可知小学教师之情形矣。

（二）按照上表，六县中教师之有师范训练者合共 172 人，另女生 16 人。我国办理师范亦既有年，历年师范毕业生数目，虽无确实统计，如能切实罗致，量才任用，六县之中绝不止 180 余人，可想而知。然实在服务者，固仅此区区也。岂其待遇过薄，生活艰难，因而改业乎？抑服务机会有限，因而赋闲，或竟他去乎？岂其自知程度不及，因而升学，或竟为淘汰乎？抑或死亡之率过速因成此数乎？以上问题虽为教育行政上不可不确实调查，详细研究之要端，但由此足征地方教师程度之薄弱也。

（三）上列统计，最足使吾人惊异者，为私塾数目之巨也。夫以五县（贵池除外）所有教师计之，共 4 111 人，而私塾竟有 3 045 人之多，则国民教育之前途，讵可设想！私塾教育，非国民教育，吾人知之审矣。然私塾教师既如是之多，而宁送子弟入私塾者又相继于途，此其间有耐寻味者矣。岂国民学校不足收容多数之学童乎？抑学生家属守旧观念太深，而国民学校之价值尚不为所信仰乎？岂国民教师不能满足父兄之需求乎？抑私塾教师果有胜于国民教师者乎？此又教育行政上亟待研究、亟待解决之问题。亦即证明设置指导员切实视察、监督、指导小学教师教学之必要也。

此外，每年教师因种种原因，辗转迁移；及每年因新设学校与扩充学级之故，应加用教师数目，虽无切实调查，但为数想亦不少。此辈非有老成练达之指导员从事辅助，恐未即能适应也。总之，我国今日地方教师之资格非但不齐，而其力量亦甚薄弱。故为救济此项教师之服务起见，不能不设指导员。况将来地方教育必须扩张，师范学校必不能于此最短期间，培养如许良好教师，以应扩张之需要。然又不能因此限制扩张。

于是，教师之任用必不能严其资格，可想而知。指导制度之需要亦将因此愈大。目下，江苏等省为推广义务教育起见，从事设立一年制、二年制及三年制之师范简易科，招收小学毕业及同等程度者入学训练。严格言之，将来此辈毕业之后，其程度年龄二项皆未能适合义务教育之需要。但为目前之救济，似较毫无学校训练之村学究稍优。

设为儿童计，及教育上之经济效率计，不可不设老成练达之指导员，从事监督指挥，俾此等教师一方实地教学，一方以教学去学教学。数年之后，即可练成一班良好教师。故就各方面言之，指导教学制度实为今日教育界之首要事业，而指导制度之研究诚不容或缓之举也。

五、学校教职员与指导责任

指导教学在行政方面，直接负全部之责者，为专门指导员。其他，若地方之教育局长与教育委员，按照规程，亦有指导责任。盖行政目的在设备环境，使教师安心教授，学生便于学习。否则，行政无存在之必要。即视学员若不推广其视察职务，兼任指导，将来恐无实缺视学之必要。

在学校方面，以师范学校言之，直接负全部之责者为担任实习教学之教员及附属小学之主事。其他学校，若校长、教务主任、主任教员以及小学正教员亦负有责任。盖学校职员设置之目的，原所以使学生获学习之便利，而教员获圆满之教授环境也。否则，职员无存在之必要。

吾人将来讨论中之指导员包括甚广，不必完全指特别设置之指导员及师范之实习教员也。所有学校职员皆在其内。兹先略论其指导教学上之责任，庶从事校长及教务主任或主任教员者，亦得利用以下各章之原则而实施其责务也。

(一) 校长之指导责任

校长为一校之首领，总理全校事务，盖一校之中心也。通常论校长事务者，分为下列之四项：一曰计划，二曰行政，三曰视察指导，四曰社会领袖。美人麦克乐尔(McClure)①曾请大学教育学教授 15 人，分别校长事务为五项，并以全日时间作一百分，按照事务之轻重，分配于各项之下。其结果如下：

事务之轻重次序		第一	第二	第三	第四	第五
事　　项		教学指导	学校行政	领袖社会	专门研究	例行文牍
应用时间之中数		40%	20%	15%	11%	10%
所占时间之范围	最少	25%	10%	10%	5%	0%
	最多	65%	40%	30%	30%	20%

以上所举，一则分校长事务为四项；一则分为五项。然皆有教学指导一项。且就麦氏研究，各项事务中之最要事项及应占校长时间最多之项，厥为教学指导(当全部时间 40%)。由此可见，学校校长与教学指导之重要矣。

然考现在一般校长事务多限于计划与行政方面，而教学指导则忽视焉。其故，或因校长自身对于各科教学无实在之把握；或因视察指导之事素未举行，一旦行之，唯恐有碍教员之尊严而引起反抗之纠纷；或因行政事务纷繁，无

① 今译“麦克卢尔”。——编校者

暇及此;或因校长俸金菲薄,非另兼他职,或别兼教授不克维持其生活,以致事实上不能行使此项职权。然学校之目的固在增进学生学习之成绩也。教员教学之方法,关系学生成绩既巨,非视察之、指导之,不足以昭慎重。故校长之事务实结晶于教学指导。

克博雷(Cubberley)①云:"学校校长之理想、精神、智慧,当在教学与学生之逐日功课中发扬之。"夫校长既负全校之责任,自应确知学校教员教学之情形、学生学习之状况、学校课程计划与设施之程序。盖非此不克规定教授之标准,支配学生之学级,解决学校之问题也。况学校教员之程度绝难一致;非视察之、指导之,则学校成绩不能整齐。故校长事务当以教学指导为中心也。

(二) 教务主任及主任教员或正教员之指导责任

学校校长负学校全部责任,而委任其中之教务于教务主任。主任教员或正教员负一部分之教授责任。故教务主任承受委任,执行教务方面之计划、行政及监督指挥教学之责,而主任教员或正教员则负所委任之一部分之监督指挥教学之责。就学校方面言之,代表学校之意思,主持教授事务,以求教员教授及学生学习之便利与效率;就教员方面言之,为教员之一分子而具领袖之资格。地位既高,责任亦大。分而言之,其职有三:曰教学,曰行政,曰视察指导是也。

考现在一般情形,无论教务主任、主任教员或正教员,其职责上所忽视之点实为教学之视察与指导。其忽视之故或以他事繁忙无暇及此,或以关系教员尊严,恐为教员所不能虚心承受;加之,未有先例恐起反抗。其实此事关系学校成绩至大,事实与学理两方皆有施行之必要。兹略述于下:

(1) 以学理而论,既负教课方面之责,则教员教授之状况与夫学生学习之情形必须视察之,批评之,指导之,庶有进行之途径与进步的把握。学校全部事业既结晶于教学,校长或以委托有人可以塞责;而负教授行政者则无可推诿。

(2) 以事实而论,教务之计划及改良必须根据事实,而教务主任及主任教员,正教员又有考核所部教员服务勤惰及学生学习成绩之责,监督指导之事实

① 今译"克伯莱"(Ellwood P. Cubberley,1868—1941),美国教育史学家。——编校者

未可忽视也。且有时,新进教员服务之初,必有不能适应之苦。为公为私,皆有监督其教学,指导其方法之必要。

故指导之事,在行政方面,以指导员为中心;在学校方面,以师范之实习指导为中心;而行政上之首长及其属员与学校中之校长,及所委托之主任,皆兼负其责。以下各章所述之指导方法、指导工具及指导手段皆可分别求其应用。

从地方教育行政的困难说到辅导制度

庄泽宣*

我在中山大学任教的时候，曾指导一位马君鸿述作过县教育行政组织的研究，制定一种调查表，请托广东、广西、安徽、福建、浙江各省教育厅转发各县调查。一共发出表格 370 多份，后来共收到 251 份，占全数二分之一。我们得了这些材料之后，即着手分别统计，结果发现了下列的四点困难问题：(1) 制度的困难问题；(2) 人员的困难问题；(3) 工作的困难问题；(4) 经费的困难问题。

兹分别述之如下：

(一) 关于行政制度的困难

这种困难分析起来，可归纳为下列几点：

1. 地位太低

教育局的地位实在太低，(自改局为科后，地位更一落千丈。)譬如，在广东方面有许多的县立中学，其校长、教师的待遇，往往在局长之上，所以局长不易指挥。

---

* 作者简介见本卷中《建设中国新教育行政制度的讨论》一文。
本文原载于《教育杂志》1937 年第 27 卷第 6 号。——编校者

2. 缺乏独立的精神

地方教育行政机关，自改局为科后，完全丧失独立的精神，对外不能发表公文命令，对内没有独立的组织。

3. 缺乏代表民意的机关

任何行政机关，尤其是地方教育行政机关，需要代表民意的机关，来博得广大民众的拥护。所以不管任何的议会组织，应有评议会、董事会等等，这样可以多多地征求民意。过去的县教育局，都缺乏此项组织。

4. 下级机关心存漠视

此种例子很多，如中等学校、县立完全小学校，多不听局长的命令，乡绅办理的小学校长不把局长放在眼睛里，事事不经过局长的同意。所以很容易发现事权不统一的现象，使局长处处感到困难。

5. 系统不健全

县教育局是全县最高唯一的行政机关，其下应有学区的划分和劝学员的设置。但我国是没有类似此种组织的系统，同时不管对学校方面也好，社会教育机关方面也好，县教育局均难于指挥。

(二) 关于人员的困难

1. 待遇太薄

各县教育局长的待遇，其平均数为65元，其不及65元的为数也很多很多。至科长督学的薪水，大都不及40元。因待遇如此微薄，自然优良的人才不易罗致。

2. 缺乏进修机会

地方教育行政人员是地方上的领袖，对于教育科学的各种新兴思潮与实验，都应时加研究，但事实上因为工作本多，未能做到。

3. 无惩奖办法

上级机关未能订定显明的惩奖标准，到底工作做到怎样受奖，做到怎样受罚，无有规定。纵然有，大都没有实行。因此，工作努力的也等于白努力，不努力也没有多大关系。

4. 无用人之权

例如，广东的县立中学校长及小学校长等，县教育局长多无聘用之权，甚至教育局内部督学局长之任用，也要受他方或县政府的干涉支配。

5. 人员时常更换

根据可靠数字的统计，县教育局长任职达到一年半的占三分之一，局内人员都随局长之进退为进退。裁局改科以后，科长的更动更是厉害，可说是不随县长之进退为进退的很少。我们知道，教育是百年大计，教育工作人员不能安于其位，怎样可以做出好的成绩来呢。

（三）关于工作的困难

1. 人员不敷分配

大多数教育局里面，只有督学或局员兼督学一人。我国一县土地如此广大，小学的数目有多至几百的，一人的力量怎样可以视导得来呢？按法国的规定，每五百班设督学一人，即不到一百所小学，即有督学一人。所以我国各县，因督学人数太少，视学工作自然感受困难。

2. 受地方上的牵制

县教育局长如对于地方教育有何改革设施，往往受地方绅士或团体的反对或牵制，帮助的人少，干涉的人多，以致教育无起色。

3. 人事太忙

多数教育局长平日因忙于应酬，以致开会的时间都没有，至于研究进修、工作计划，那是更谈不到。

4. 有研究有计划的太少

根据可靠数字的统计，其对于事业有研究、有计划的教育局不到百分之一。如此，地方教育怎样能有好的成绩呢？

（四）关于经费的困难

1. 不敷开支

根据二百几十县的统计，其不敷开支的到达四分之一，其余只仅仅勉强足够敷衍。所以，要想教育如何推广发展，是很困难的。

2. 拖欠经费

因经费得不到，致从事教育者不能久于其位。

3. 经费无保障

有些县份简直没有教育经费预算，纵或有之，也往往发生挪用折扣情事，以致教育经费不能稳定。

4. 经费保管不善

有些县份虽有教育经费保管处之组织来保管教育经费，但事实上多不健全。

总上所说，可知若要改革地方教育行政，必先要增筹经费、提高待遇、添设人员、增加工作效率。可是，这些问题不是一朝一夕可以解决的。全部关键，应系在大前提(经费问题)的解决。但是在吾国目前经济状况之下，谈何容易？所以，不得不暂时找出一条治标的办法，以解决目前的困难。这个治标的方法是什么，就是后面兄弟要说的辅导制度。

辅导制度在外国已经施行了很久，但在中国只有六七年的历史。当民国十六年[1927]国民政府建都南京以后，浙江省在大学区制之下，首先试行辅导制度，其后大学区制虽已取消，而辅导制度仍然继续进行。现在江苏、安徽两省也正在部分地推行，听说(江西)刻下也正在试行中，可见此种制度已获得多数人的赞同。

浙江推行这种辅导制度，因历史较久，所以有相当的基础。现在将它简单地介绍一下：

浙江辅导制度可以分为四个阶段来讲：

1. 省辅导主持机关

浙省的辅导事业，以省辅导会议为发动机关，由省教育厅主持，每年四月召集全省地方教育辅导会议一次，决定下年度辅导方案，以及提出实际困难问题，共商解决办法。此外又附带举行行政成绩展览，借以比较各地实施。

2. 省学区辅导主持机关

浙省共分十一个学区，每区设省学区辅导会议，由省立学校、附属小学及省立社教机关主持，负辅导本学区初等及社会教育事宜。

3. 县市辅导主持机关

由县市教育局科暨社教机关组织县市辅导会议，举办各种辅导事业。

4. 县市学区辅导主持机关

由县市中心小学、民众教育馆及中心民众学校，主持组织县市学区辅导会议，拟订辅导计划及辅导历并报告研究结果。

以上是浙省辅导制度的四级组织。其每一辅导机关，都有负责的辅导员，省辅导机关方面有省督学和专门视察员，省学区辅导机关方面有省立学校附属小学教职员及省立社教机关的负责人员，县市辅导机关方面有县市教育局科长督学及县市立中心小学及中心民众学校教职员，县市学区辅导机关方面有中心小学、民众教育馆及中心民众学校教职员。其联络方式，由省辅导机关达到省学区辅导机关，再由省学区辅导机关达到县市辅导机关，最后由县市辅导机关达到中心小学、民教机关。其辅导员都是富有教育实际经验的。

所谓“辅导”，是指积极地辅助指导地方学校的进行而言，不是消极的批评与制裁，如一般督学的工作一样。各校有何困难，均可请示于辅导员，辅导员亦应尽力指导协助。兹将主要辅导工作略举如下：

(1) 直接解答各项困难问题；

(2) 介绍教育上的新方法、新实验；

(3) 介绍新书报、新杂志；

(4) 组织读书会；

(5) 召开讲习会、研究会。

至于各辅导员本身不能解决的困难问题，可请外面富有经验或具有某项特长的专家来参加指导。总之，辅导的意义是用教育的方法来指导，不是专以消极的视察和批评制裁为任务的。概而言之，省立中等学校的辅导人员，由省教育厅委派，县市辅导人员多与省立中等学校发生关系，上下互相沟通。

如此，在现行的地方教育行政组织之下，不论为教育局或教育科，只要增加少许辅导员的薪水，就可以增加很多教育上的效率。所以，最后有点希望，希望辅导制度能取得普遍的信仰，来替代地方教育行政机关，在一个师范区内的小学，通通归师范学校来管理监督。这样，地方教育行政机关的经费，可用之于辅导人员方面了。

至于浙江实行辅导制度后所感到的困难也很多。例如：(1) 辅导员因缺乏行政力量，以致所定计划不能发生效力。(2) 辅导人员不容易做。(3) 最低级的辅导员，因须解决许多困难问题，不易寻得。这是因普通师范都是以造就教师为目的，而不是以造就教育行政人员为目的的缘故。

这里报告浙江省的辅导制度，因时间匆促，不能多说，希望大家以后切实研究，更希望以后能够把“为教育而教育”的辅导办法来代替“为行政而行政”的办法。以上是我从浙江带来的一点土产，献给各位作为见面的礼物。完了。

上为作者春假中在南昌对江西地方教育行政人员讲稿，承李允谓、徐伯康两君记出，特此致谢！

战后中国教育视导

孙邦正*

教育计划之实施，教育政策之推行，必借强有力之视导机构为之督导辅助，乃能推行尽利；教育事业之改进，教育效率之提高，亦必赖干练之视导人员为之推动指导，然后始能达于完善之境。我国对于教育视导素不重视，每视视导机构为行政之附庸，视导人员为散曹闲值之辈，以致视导效率无由提高。实则政令是否推行无阻；如何方能推行尽利，使事业成功，效能增进，并非一纸命令所能奏效。近年来，教育视导工作始渐为人所注意，或作学理上之研究，或作制度上之革新。惟以各级视导机构未臻健全、视导人员地位待遇之低微、职务上之笼统繁重、视导方法之未尽科学化、经费之不足、行政当局之轻视，以致视导功能仍未能充分发挥。抗战胜利以后，各种教育事业亟待复兴，而有赖于视导人员协助督导之处尤多。然欲充分发挥教育视导之效能，必先检讨过去教育视导方面之缺点，并针对此缺点，力谋改进之道，然后对于教育建国事业之推进，始能作最大之贡献。

我国过去教育视导方面之缺陷，简言之，约有下述各点：

---

* 孙邦正(1913—2007)，安徽宣城人。国立中央大学教育系毕业，留学美国哥伦比亚大学，获教育学硕士学位。曾任四川省立教育学院、湖北师范学院、湖南师范学院等校教授，后去台湾，任台湾师范大学教授兼教育学院院长。主要著作有《教育视导大纲》《中学课程改造原理》《中国学制问题》等 40 余种。

本文原载于《教育杂志》1947 年第 32 卷第 4 号。——编校者

（一）视导组织不健全。从纵的方面看，中央、省、县各级教育视导机构缺乏一贯的系统和有机的联系；从横的方面看，全国和各省、各地方尚未完成视导网的组织，视导机构和辅导机构亦未能密切联系。视导组织既有松懈脱节之病，视导效率自无法提高。

（二）行政与视导未能密切联系。行政人员对于视导人员之报告与建议，往往视为官样文章，不加重视，而视导人员亦往往视其所视，导其所导，而不以教育设施计划为依据。以致教育政令无法推行，视导结果无法见诸实施。

（三）各级视导人员之地位与待遇均未提高，担任是项工作者，多不能安心供职，物色理想人选尤为不易。视导人员之任用亦未能严守法规。主持教育行政者，对于视导人员之资历、能力、教育经验及教学经验等基本条件，往往漫不考察，随意任用，以致视导人员之能力至不整齐，因而不能取得被视导者之信仰。

（四）各级视导人员数额虽已增加，然仍有不敷分配之感，每一视导人员所视导之区域甚广，以致视导工作难以精密周遍。各级视导人员之职务亦笼统繁重，举凡教育行政、教育经费、学校行政、课程教材、教学、训导以及各级教育之视导，均由一二视导人员负责，视导工作自难期精确。少数省份有因视导人员旅费不足而减少视导次数者，对于视导工作之推进亦一莫大之障碍。

（五）视导人员之努力精进者固不乏人，然多数视导人员苦无进修时间与机会，甚且有缺乏进修与兴趣者，历时既久，以致本身学力不足以指导教师，仅凭惯例手续处理事务，对于教育事业之改进，难有贡献。

（六）教育视导人员，往往于视察时无客观的标准；有所批评，往往凭借主观见解；有所指示，往往拘守成法。关于事实的调查、成绩的考核，鲜能应用科学方法。视导报告亦无一定格式，大多不明晰、不真确、不切实际，主管机关仅视报告为例行公文，照例令发被视导机关知照，至于被视导者是否遵照改进，并无人经常加以督促考查。

（七）教育视导之成功，固有赖健全之视导组织，充足之视导人员，适当之方针、章则、表册，客观之视导标准，与夫科学之视导方法。然而，最重要之关键，在于视导者与被视导者间建立推诚互信之关系，若视导人员不能取得被视导者之合作，则一切视导工作将无法进行。但视导人员之态度往往欠佳，或则威风凛凛，盛气凌人，或则冷讽热嘲，阴险叵测，或则吹毛求疵，或则窥伺侦探，以致被视导者望而生畏，难与合作。

(八) 视导工作可分为视察与辅导二大部分。视察所以明实况、定奖惩，作改进教育设施之根据。辅导则在纠正错误、补救缺点、协助解决困难、督促推行法令，使教育事业日新月新。但今日视导制度中，多偏于视察，而忽于辅导；视导人员亦往往于视察之后，凭主观之见解，作消极之批评，以申斥指责为表现权力之方法，而不知加以积极的指导，以致对于教育事业之改进，甚少贡献。且也中心学校为辅导机构中之基本单位，但今日中心学校并未能发挥辅导功能，以致全部视导计划难以彻底实现。

综上所述，可知我国教育视导之改进，实属刻不容缓之事。改革之途径有三：一曰革新视导制度，二曰加强视导人员，三曰改进视导方法。兹胪述如后：

一、革新视导制度

关于我国教育视导制度与视导组织方面应有之革新，约有下述各点：

（一）完成全国视导网组织

以往的教育视导，部督学与省督学间、省督学与县督学间，缺乏直接的关系。职务相同，工作重复，有时省督学与县督学之主张不同，而令学校无所适从，此种重复与矛盾现象，实由于各级机构脱节所致。若能厉行层级视导，下层视导人员对上层负责，上层视导人员对下层施以督导，则视导效率可以提高，视导系统得以完整。

在横的方面，今日甲省督学与乙省督学之间、甲县督学与乙县督学之间，亦乏相当联系。甲县试行某种制度已告失败，乙县犹茫然试行；乙县已解决之问题，丙县尚无方法以应付。若能于一省一县之内完成网状组织，更进而完成全国视导网之组织，此呼彼应，左右逢源，然后视导工作可以推行无阻。

合理的教育视导制度，应以中心学校为基本组织，每县自成一视导网，将全县划分为若干学区，每一学区由一县督学驻区担任视导工作。每一学区再就区由原有之乡镇数，划分为若干之辅导区，由乡镇中心学校校长及各部主任负辅导全区国民学校之责。

全省亦构成一视导网，划全省为若干省视导区，每区辖三四县，由驻区省督学一人，中等教育视导员及国民教育视导员若干人，主持全区视导事宜。每一县由驻区省督学指派视导员一二人主持全县视导工作，督导县督学分区视导。各县之省县立师范学校，为各该县中心学校之辅导机关，供给各中心学校教材，解决各中心学校行政上与教学上之困难问题，主办本区内小学教师之进修工作。各省内之师范学院、教育学院、大学教育科系，为各该省中等学校之辅导机关，负责供给各中等学校教学材料，改进教学方法，主办中学教师进修工作。全省于省政府教育厅内设一视导室，置主任督学一人，综理全省视导工作。

全国亦须完成视导网制，划全国为若干视导区，此项视导区宜与师范学院区相配合，每区由驻区部督学一人、视导员若干人，督导省督学推进全区视导工作。各区内师范学院教育学院，负有设计、研究、实验视导方面各项问题，以及辅导各该区内中等学校之责。教育部设视导室，置部督学若干人，视导员若干人，总揽全国教育视导事宜。

除上述基本组织外，尚须有各级视导会议为视导方面立法、设计、审议及联络之机构，此项组织，约有下列五种：

全国教育视导会议：由教育部部长召集各师范学院院长、部督学、各省教育厅厅长及主任督学、部内各司司长，并延聘专家，于每学年开始时，举行全国教育视导会议一次，以商讨全国之教育视导方针、计划、标准及实施方法，为全国教育视导之最高立法机关。

各省教育视导会议：由省教育厅厅长召集省督学、省立中等学校校长、厅内各科科长，并延聘专家，驻区部督学、师范学院院长等，于全国教育视导会议闭幕后，举行省教育视导会议一次，以议决全省之视导方针、计划、标准及实施方法等，为全省教育视导之最高立法机关。

各省视导区教育视导会议：由驻区省督学会同该区行政长官，召集各该区内县督学、县教育科长、中等学校校长，商讨本视导区教育视导问题，并根据全省教育视导会议议决案，参照地方情形，决定本区视导方针、计划、标准和实施方法。每学年开会一次。

各县市视导会议：由县市长召集各该县市教育科(局)长、县市督学、中等学校校长、各区指导员、乡镇中心学校校长、民教馆长及指定之经济文化股主任，并延请驻区省督学视导员等，于每学期开始时，举行县市教育视导会议一次，商讨全县市教育视导工作之推进事宜。

乡镇辅导会议：每二月举行一次，由各乡镇中心学校校长召集之。应出席者，为中心学校教员、国民学校校长教员及其他教育机关工作人员，并延请县督学或区教育指导员，研讨各项教育实际问题。

如上所述，可使各级教育视导机构，有一贯之系统；各地之视导人员，有密切之联系；行政人员与视导人员，既可打成一片；研究机关与实施机关，亦可通力合作；视导力量乃能达于各级各地。

（二）实行分层负责办法

各级视导人员的性质虽相似，但其范围则有广狭不同。欲增进视导工作的效率，各级视导工作应各有重心，实行分层负责办法。例如：

部督学应注重国立省立高等教育、中等教育、社会教育、国民教育机关之视导，各省教育行政之督察，各省教育视导实施情形之考核与指导，各省教育视导人员服务成绩之考核，各省教育调查统计资料之搜集等。

省督学视导员应注重中等学校及省立社教机关之视导，各县教育行政之督察，各县县督学服务成绩之考核，省视导区教育调查统计资料之搜集等。

地方教育视导员及国民教育指导员应注重县督学工作之领导，区教育指导员服务成绩之考核，乡镇中心学校之视导，县立社教机关，乡镇中心学校辅导工作之考查与指导，参加中心学校各种研究工作及辅导工作，举行示范教学或学术讲演，以及各县教育调查统计资料之搜集等。

县督学及区教育指导员应注重县立社教机关、乡镇中心学校及保国民学校之视导，乡镇公所文化股工作之指导，乡镇中心学校辅导工作之考核与指导，指导在职教师进修，协助中心学校、国民学校解决困难问题，以及搜集各学区教育调查统计资料等。

乡镇中心学校应注重保国民学校实际工作之辅导，督促各保国民学校教员研究改进教材、教法及训育等事项，举行示范教学、成绩展览、学术讲演等工作，以及搜集乡镇教育调查统计资料等。

(三) 力求视导机构与各方面之联系

欲发挥视导的效率,不特其本身组织须层层节制,即与视导有关之各种机关,亦须取得密切联络。举例言之,视导人员应与主管教育行政人员密切合作,教育视导应根据行政方面之计划,为教育行政之喉舌。教育行政人员亦应以视导报告为根据,厘订改革计划,并切实执行视导人员之建议。教育视导既需一定之标准与计划,而标准与计划往往有赖于研究和设计,教育上困难问题之解决,亦有赖于实验与研究,是以视导人员和教育研究机关(如研究院所、师范学院、大学教育科系、实验中小学等)亦应合作。教育视导乃一种公开活动,视导者不应采取窥伺侦探之手段,而应与被视导者忠诚合作,密切联系,然后有所建议,被视导者自必乐于接受。即各级视导人员之间,亦应取得密切联系,使彼此工作趋向一致,以免各自为政,意见分歧,是以上级视导人员抵达一地时,应先与驻在该区视导人员相会商,然后会同视导,中央及省教育行政机关并可编印教育视导通讯刊物以资联系,并可为研究进修之资料。欲达到此一理想,则教育视导制度应形成一独立系统,自中央以至地方视导人员应有一贯之系统,具备直接与隶属之关系,层层节制,然后始能收效。

(四) 逐渐推行分级分类分科视导

教育视导之范围至广,以教育阶段分,有高等教育、中等教育、国民教育、幼稚教育之别;以教育事业性质分,有学校教育、社会教育及教育行政等项;而学校教育中,又有行政、教学、训导、建筑、设备、卫生等不同工作;而在教学一项之内,又有各种学科之别。若以一二督学担任各种事项之视导,势难周密,故应采取分工办法。行政视导与教学视导性质不同,应各由专人负责,而教学视导中,中学应按视导的学科分任,小学应按视导的年级分任,至于职业教育、专门教育、建筑设备、体育卫生、会计事务、社会教育等,皆具专门性质,须设专科视导员,始能收效。如此办法,可使视导人员各就其专长而从事工作,视导功效可以更为显著。

(五) 加强辅导工作

教育视导应以视察为手段,辅导为目的。过去我国教育视导的缺点,在于偏重视察而忽略指导，视导人员往往凭主观的见解，作消极的批评，而缺乏同情的辅助与积极的指导。因此，对于被视导者毫无裨益。今后各级视导人员应加强辅导工作，对于被视导者予以切实之指导与辅助，协助被视导者设计与改进，指导被视导者研究与进修。中心学校为教育视导机构中之基本单位，尤应充实其自身力量，以发挥其辅导功能；且应从实际工作中发生指导作用。一切设施应有确定之计划，一切指导皆应根据被视导者之实际需要，而示范教学、成绩展览、教学批评会、研究会、读书会以及各种联合活动，更应切实举行，务使被视导之学校与教师，因受视导人员之辅导，能自动研究，自谋改进。

师范学院及师范学校对于中等教育、地方教育及国民教育负有辅导之责；虽经明文规定，然今日师范学院及师范学校能切实进行辅导工作者，殊不多见。据民国二十八年[1939]七月教育部颁布《各省市师范学校辅导地方教育办法》，各省市立师范学校对于各该区内地方教育，应予以切实之辅导，师范学校应设置地方教育辅导委员会，并设置地方教育辅导员一人至四人，专司辅导事宜。师范学校应举办之辅导工作，如举行专题讨论会、办理通讯研究、指导教育实验，供给乡土教材及补充教材、开办假期讲习会、发行教师进修刊物等项。惟揆诸实际情形，认真办理者并不多见。其症结所在，由于师范学校无专人负辅导之责，辅导活动所需之经费亦无着落。今后师范学校行政组织系统中宜成立一辅导组，由专人主持辅导工作，辅导活动所需之经费，亦应列入预算。各师范学院间或有从事辅导中等学校工作者，但大多无固定之组织，无一定之计划，无经常之活动，亦无专人负责，是以难收实效。今后欲使师范学院成为中等学校及地方教育行政辅导之核心，应于师范学院内成立一能实际负责之机构，厘定一贯之计划，确定辅导活动之经费，然后始能予被辅导者以切实有效之帮助。盖教育视导之最后目的，不在被视导者接受批评与指导，而在养成被视导者自信、自立及创造之精神。此种自信、自立及创造精神之培植，端赖各级视导人员及辅导机构之积极的、同情的指导与辅助，尤重在以实验研究的方式推行视导工作。

二、加强视导人员

徒法不足以自行，教育视导制度革新后，必须有健全而充足之视导人员，然后始能推行尽利。欲健全人事，必自视导人员之训练、任用、名额、待遇及进修五方面着手。

(一) 训练

视导工作之繁重困难，甚于行政方面之例行事务，非由专家担任，不足与言事功。视导人员不仅要熟悉教育学理，有关教育法令规章，且须具有教学与行政的经验、敏锐的观察能力、建设的批评本领、有效的辅导技能。此种人员必须有长期专门训练，然后对于视导工作，方能胜任裕如。且也际此教育事业力求复兴之时，学校数量倍增，实质亦当求改进，更非大量之视导人员，不足以应需要。因此，各级视导人员之训练，不得不责之于各级师资训练机关。今后师范学院、师范学校应将“教育视导”或“教育辅导”学程，改为必修科目，学生修业期满时，应参加教育视导“实习”工作；并可附设短期讲习会，分批召集所属区内视导人员予以短期之辅充训练，以充实其专业知能，俾能负起视导重任。

(二) 任用

教育视导人员乃“教师之教师”，若非学识、经验、技能、态度、品格都高人一等，焉能取得被视导者之信仰。是以教育行政当局，任命视导人员时，应审慎从事，务期视导人员的学识、经验、技能、品格足以负起视导的重任。

就任用之标准言，现有各级视导人员之任用及铨叙，与普通公务员一例办理。但具备简任、荐任、委任公务员之资格者，未必即能胜任视导工作；而于教育事业有实际经验，于教育学理有深刻研究者，以未具备简任、荐任、委任公务员之资格，任审难以合格。而教育视导人员之名额，未列入各级政府组织法者，更无法确定其地位。因此，教育视导之专业精神无由发挥。今后对于教育视导人员之任用与铨叙标准，似应另订单行法规，不受普通行政人员任用之限制，俾有教育修养及教育经验之人员，均可充任教育视导人员。

就任用手续言，现制：省市督学由各省市教育厅局提出，于省市政府会议决定，再由省市政府任命。省市教育视导员，大多由各省市教育行政长官直接聘任或委任。县市督学之任用手续，各省所规定者互有出入。实则视导含有监察意味，应仿会计人员任用办法：其人员，省市督学应由部派用，县市督学应由省派用，至于各级教育视导员，可由各级教育行政机关直接任用。

（三）名额

依据民国三十一年[1942]十二月《修正教育部组织法》，部设督学三十人至四十人。以三四十人主持全国教育视导工作，已感不敷分配，况实际上现在犹未足额，以致未能负起领导作用，视导功用亦未能充分表现。

民国二十年[1931]教育部公布《省市督学规程》，规定省教育厅设督学四人至八人，行政院直辖市教育局设督学二人至四人。我国幅员辽阔，往往一省可拟之欧洲一国，以督学四人至八人处理全省教育视导工作，自无法避免“走马看花”“视而不察”之弊。至于指导工作，更无从谈起矣。

至于各县市督学名额，各省单行规程中均有规定，大多设督学一人至四人。以致县督学之热心视导工作者，均感疲于奔命，力不从心之苦；其敷衍塞责者，则仅每学期巡视一周，虚应故事而已，未可与言“视”与“导”也。

今后欲充分发挥教育视导功用，欲实行分级分类分科视导，欲加强辅导工作以推进教育事业，必须增加各级教育视导人员名额。否则，虽有良法，亦不易推行也。

（四）待遇

教育视导人员职务繁剧，工作辛劳，人选资格亦严，其待遇自应较普通行政人员为高，始足以使其安业乐业，努力服务。视导人员之旅费，亦应从宽筹划规定，俾不致因旅费不足，致减少视导活动，甚至因旅费困难，而不能出外视察。

（五）进修

教育学术日新，教育事业亦日在革新中，为教师者固须时时进修，以免落伍。视导人员为“教师的教师”，尤当自强不息，然后方能领导群伦。惟视导人员工作繁剧，席不暇暖，虽欲进修，实少机会。是以欲期视导人员能以进行研究进修工作，必先拟定周密的办法给予视导人员以研究进修的机会，解除研究进修工作上的障碍。其办法：(1) 由省教育厅会同师范学院举办视导人员短期讲习会，分期抽调视导人员予以三个月之训练，作有计划之研究进修工作；(2) 由省教育厅会同师范学院，并指定师范学校举办通讯研究，出版视导通讯刊物，介绍新出图书杂志，并指导组织读书研究会；(3) 教育视导人员任职三年而服务成绩优良者，予以一学期之休假，并介绍至师范学院研究进修；(4) 由省教育厅免费发给厅内编印之各种书报刊物，并由各省视导区举办视导人员巡回书库，由驻区省督学主持之，书籍由教育厅购置，供全区视导人员巡回阅览，每半年互换一次；(5) 视导人员研究进修有特殊成绩者，应予以升级、加薪或其他名誉奖励。

三、改进教育视导方法

我国过去教育视导方法之缺点，在于缺乏一贯的计划、客观的标准、科学的方法、适当的态度。今后应自此四方面力谋改善。

(一) 厘订长期的视导计划

教育系国家百年大计，教育计划一经审慎厘订，即应分期实施，以求其实现。教育事业既系有计划的、有步骤的，则考察指导此种事业之视导工作，亦应有长期之计划、一定之步骤。且教育事业之改进，非短时间内所能奏效，亦必须有长期之计划、一定之步骤，始能有所成就。全国教育视导计划，当与全国教育设施计划相配合；一省教育视导计划，当与一省教育设施计划相配合，一县教育视导计划，亦当与一县教育设施计划相配合。各级教育视导会议，即负有拟订此项教育视导计划之责。视导工作不仅需长期的计划，且需一定的步骤，切不可断断续续、零零碎碎地做，以致劳而无功。惟视导工作的连续，有赖于视导人员的固定，若视导人员时时变动，视导工作自无法连贯。是以视导人员不宜频频调动；且于调动之时，视导人员亦应将该区内视导计划，分已办、正办、未办三种，移交后任，使后任人员明了该区过去背景，把握现在实况，计划将来工作。设若教育视导有长期计划，而且计划之实施有一定之步骤，则教育事业之推进可以预期。

（二）厘订客观的视导标准

教育视导的实施必须有一具体而客观之视导标准，以为衡量教育实施之根据，评定教育效率之准绳。若无一致之标准，则一切教育工作的评判无所依据，一切是非得失，惟有凭视导人员主观意见而定。以致同一学校、同一教师，因视导人员之观点不同，而评语往往互异，此不仅难获得被视导者之信仰，亦将使被视导者有无所适从之苦。若各级教育视导人员有一致的、具体的客观的视导标准，不仅视导人员可作为视察辅导之根据，被视导者亦可作为检讨反省之准绳。此项视导标准，可由教育部委托师范学院研究厘订，再召集专家加以修改，然后分发各级教育视导人员试用，并征求各级视导人员及教育机关之意见作最后之订正。此项视导标准中，须定出最低限度之要求与最高之标准，以为各地教育人员努力之目的，并可觇各种教育事业之进步。各级教育视导人员从事视导工作时，一切考核、调查、批评、指导、奖惩等，均须依据此项标准；并应于事先将此项视导标准印发各被视导者，以为检讨、反省与实施之标准。

（三）采用科学的方法

过去视导人员往往拘守成法，关于学务调查及成绩考核等，鲜能应用科学方法，如量表、测验等。报告内容，亦易有不明晰、不真确、不切实际之病。今后各级视导人员对于事实之考查，须多方参证，并宜应用教育测验及各种测量教育效率、行政效率、教学效率之量表，以为调查考核之工具。视察报告，须简明切实，并利用统计法、表列法表示事实，以便比较，俾视察调查之结果正确可靠，考核奖惩公允切当，指导方法切实扼要，报告内容符合事实，然后视导效率可以提高。

（四）采取适当的态度

视导活动多半是人与人的交涉，视导人员若能处处抱持同情的态度，推诚互信，以和气迎人，以善意待人，并设身处地为被视导者打算，使被视导者愿意合作，则视导的目的容易达到。而且视导工作应注意启发教师自动研究的兴趣和独立创造的精神，使被视导者能自谋改进，以期教育事业日在革新进步之中。

四、结　　语

总之，战后教育事业百废待兴，必须加强教育视导组织，充实视导人员，改进视导方法，以督导推动其进步。兹以《教育杂志》编者之命，用贡刍议，以供关心教育视导问题者之采择焉。

教育调查之必要

王克仁*

本年南京高师开办暑期学校，来学的人以小学教职员占最多数。我的朋友郃君爽秋和我，想乘这个时候，作两种教育调查：一是关于小学教师的，一是关于小学训育的。因为印刷来不及，只能先将一种办好发出。我们满望能收一种好的效果，不料这种事实罕见于国内教育界，大家都觉得莫名其妙。有的不肯填写，颇有误会。他说："我们的薪水少，你能补给我吗？我们希望月薪较大的事，你能为我们设法吗？这种调查的事业，不过拿我们开心！"有的承他们好意详详细细写来，不过这种太少。我们发出一千余张调查纸，仅收到六十余张。并且多有附注，询问可作何用。我们真正惊异之极！不料闹了一年多的新文化运动，连这一种实际有用的东西，浅而易见的道理，许多人都不明白。然则所谓新文化，岂非徒有虚表？胡适之先生这回在南高暑校，他劝人不要乱拿一些半生不熟的名词，空谈这样那样的主义，到处去贩卖。务要从内容上切实研究，提高文化的程度，将来才有新文化！我们从教育方面看来，也信适之先生这话说得一点不错。这就是郃君爽秋和我之所以要作教育调查，而我之所以要做这篇文章的缘故。

---

* 王克仁(1894—1981)，名天鉴，贵州兴仁人。东南大学教育科毕业，留学美国芝加哥大学教育研究院，获硕士学位。曾任集美学校、暨南大学、湖北教育学院、厦门大学等校教授，无锡中学校长，驻日留学生监督，国立贵阳师范学院首任院长。主要著作有《西洋教育史》等。

本文原载于《中华教育界》1921年第10卷第4期。——编校者

我们要想明白教育调查之必要，首先要问教育的事业，是不是可以空吹的？可怜一个专门学校的朋友对我说："你为什么学教育！而且又是教育之教育？教育也待专学吗？这种事不过口空吹，笔空谈，不用什么脑，不费什么力，比较学数理、学工程、学农林等等的，就真差得太大！"这种观念，把教育当作可以空吹空谈的。唉！这真大错而特错了！

若果教育的事，实是可以口空吹，笔空谈；那么我们专研教育的人，自然真是无用，或者还可以说是社会之蠹，就是实际办教育的，也怕没有怎样的价值！我们还讲什么重视教育，优待教师呢？我们要办教育，有金钱造房子，购器具，招学生，请几个戏场说书的当教师，也就好了。我们要改良教师，翻翻东西孔子大圣人说的"嘉言懿训"，依样画葫芦，也就够了。这样，教育真是容易到极点，当然用不着什么教育调查。

无如不然，并且大大不然！教育不是可以离开实际生活的，离开实际生活的教育绝不是真教育。教育不可离开实际生活，则教育上的各样事实，不从调查哪里知道？试问，今日人人讲振兴教育，究竟要从什么地方振起兴起？全国小学教师的薪金最大的是好多？最小的是好多？他们多少的生活怎样？和社会经济情形有无关系？他们有什么志愿？或满意，或怨望，这和教育前途的发展，有如何的因果？教师有没有进修的机会，这与改良教育，增高教育，又是怎样地密切？教育上发生新问题，做教师的有何意见，这与实施改良有无妨碍？此外，还有许多诸如此类的问题。我不敢信谁能来说一句最最确实的话，我因是怀疑改良中国的教育，是不是对症发药。何则？教育上还没有许多带科学精神的缘故。

教育要是带了科学的精神，自然种种问题接踵而起。有了问题，自然要搜集事实的材料，要统计各种事实的现象，要求事实中间相关的度数。然后想方解决，实地实验，印证结果，种种手续，都要做到。所谓教育调查，就是搜集事实的材料。这就是教育要从科学研究、科学处理的初步。这一步做完做好，以后才好再做下去。史密斯先生(Walter Robinson Smith)说得好。他说："我们有许多努力无容疑虑，定是粗浅的，有些或许还是错谬的。不过，这些努力，目的总在正的方向，我们努力地完成了，一定对于教育的事业供给一种科学性质的东西，乃是一向所难得的。从前判断教育的问题，唯一解决的方法是演绎的方法。根据的起点又不过主观的经验，教育带了科学意味，一切努力就是于此之外加用归纳的方法和客观的现象(注见史密斯所著《社会学导言》第二百页)。"这样看来,教育调查无非想从实际做功夫,要求客观的现象要用归纳的方法来解决教育上的问题,这不必要而又必要吗?

教育调查,不过是个总名,其中的种类自然很多。只要我们越肯研究教育的问题,这分门别类关于教育的调查就越详越细。即如我们以下附的教师调查、训育调查,不过若干种中之一二种。我们再看教育调查,究竟对什么人有怎样的价值,然后他的必要才是真正的必要。

第一对于教育行政的人

所谓教育行政的人,无论在学校方面、政府方面,他们平素总要感几样困难。为什么呢?

(一)他们坐在高位发号施令,即不说坐在高位,也可说是立于主动,究竟号令和实际情形怎样,难得知道。

(二)政府正式的调查,有些教育的事因有政治的关系。调查的时候,大多表面敷衍,不可依据。并且行政人员,每每限于主观的见解去批判,谬误很多。

(三)行政人员和学校教师,情谊声气,多有睽隔难通的地方。其间真象所在,无由呈露。

假若有了一种不是什么政府公文上的调查,全为要作一种科学的研究法、科学的解决法,则这种调查之于行政人员,最大的几层好处是:——

(甲)可以知道教育的实际而定教育行政的大方针。

(乙)可以推广行政的眼光而决教育上特殊的问题。

(丙)可以丰富教育的经验而知理想、事实两面的利害冲突。

(丁)可以助解声气之窒碍而泯行政人员和教师的意见。

第二对于专修教育的人

教育本像一种发电的事业,发到四面八方去的光,究竟亮不亮,要看发电机真正好不好。发电机发光要求电力平均,分配经济也得要看到各处应用的光怎样,或多或少,或大或小。研究教育的人,正像一架发电机。假若他们专修的教育,全是书本上的教育、脑想中的教育,不知道教育界实际的情形,你看这种教育有用没有？不佞现在专研教育，也读什么比较的教育，晓得英国的教育怎样，法国的教育怎样……学制如何，学科如何，……然而不晓得我们中国的教育究竟怎样，不独我们学的人不晓得，连教我们的先生，他也未必晓得，我总常常觉得这真不对已极！我的朋友金君海观，他把丹麦的乡村教育讲得这样详细周到，十分有味，然而他是中国人，要问中国的乡村教育究竟怎样，恐怕他也哑口无言了。即使晓得的，也真有限得很！然则要想专研教育的人，不犯这种学用不合的毛病，（我的同学朋友，每每来信说，学的和用的相异得太远，苦痛已极！）则教育调查收集教育事实的材料，真是这种人的命了！社会上从事实际的教育家，若果以教育为重，就真要切实地供给材料，由是专研原理而知道实际，实际从事而本乎原理，然后教育真能改良，真能进步。欲达乎此，则教育调查其价值为何如？

第三对于学校教师

做教师的人，每每坐在一个地方，耳目就限于一个地方。他们既不晓得自己事业和别地别人同样的事业比较起来究竟怎样；也不晓得自己事业，是否可以满足，是否应得改良。我上面也已提到他们和教育行政人员的隔阂很多。有是种种，做教师的想了解自身事业的真相，想打破地理上分位上的种种暌隔，都不能不希望有各种切实可靠、周详可考的教育调查。再进一步说，教师们做了这种最高洁的教育事业，也应得要各本所为、各尽所能的报告于社会，受社会一种评判指导，才算尽了责任。有些人说我们当什么学校的教师，拿什么学校的薪水，对什么学校的学生，讲讲“天地日月山水土木”也就大尽责任而特尽了，这话恐不对吧！然则，教育调查之于教师正是助成他们应负之责任，而使社会因此晓得教育之真象，加高教师之地位，其价值又怎样呢？

第四对于社会公众

教育是社会的事业，这话人人都知道，大可不必多说了。不过教育的真相，社会上公众并不知道，并不晓得怎样设法改良，设法援助，而只讲“教育是社会的事业”，这怎说得过去？况且教育事业是社会事业当中之一部分。他和各样事业都是连环的；他的一切问题、一切事实，都不免与别样事业有关。然而他的真相不调查、不统计、不宣示,有关又怎样呢?你看社会调查和教育调查该是怎样地密切啊(参看前注一书第十一章)!我们要想教育成为公的,不是私的,则教育调查之对于社会公众其价值自不待多说。

我想说到此地,教育调查之所以必要,真可不必多言了。现在就把郜君爽秋和我所拟的教师调查和训育调查附在下面,若果有愿填写的,就请寄交南京高师郜爽秋收。至于其中不对的地方,我们自然是很希望指教。

教育调查

姓名(　　)写否听便　　填成后请寄南京高师郜爽秋

年岁(　　)　　省份(　　)　　学校名称及地址(　　　　　　　　)

● 教师之调查

▲甲　生活状况

(1) 每年薪水收入几元?

(2) 每年家中用度支出几元?

(3) 有没有别的收入?若有,究竟有若干?

(4) 有没有其他兼职?若有,对本职有无妨碍?

(5) 家中有多少人口?子几个?女几个?

(6) 你还是宿在校里呢?还是宿在家里呢?

▲乙　希望和志向

(1) 你满足于现在的状况吗？(　　　)何故？

(2) 假使你不满意，你将作何图？

(3) 你所希望的最大月薪是多少？

(4) 你还是愿意在城里做事？还是愿意在乡下做事？(　　　)何故？

(5) 你究竟以小学教师为苦为乐？(　　　)何故？

▲丙　教授的经历

(1) 何校毕业？

(2) 现在何种学校服务？(　　　)城校呢？乡校呢？

(3) 已经做事几年？

(4) 教授何科？

(5) 每周教授多少点钟?

(6) 每天有几点钟闲时?

(7) 每天下课后及星期日,有什么娱乐的机会?

(8) 你平常看什么教育参考书?

(9) 你平常有报看没有?

△丁　对于教育上的意见

(1) 你以为理想的教师,有哪几种要素?

a.　　　　b.　　　　c.　　　　d.

(2) 你对于小学男女同学的意见,请以笔划出下之一条,并言其故。

a. 同校同班(　　　)何故?

b. 同校异班(　　　)何故?

c. 不同校(　　　)何故?

(3) 你对于小学校教授改用国语赞成吗?

(4) 你在教育上觉得有什么困难?

(5) 你有什么别的意见?

• 训育之调查

(1) 你们学校管理、训练学生,有没有一条一条写出来给学生看的规则?

(2) 你对于用规则来管训学生有什么意见?

(3) 你以为管训学生应有哪几种标准?

一、

二、

三、

四、

……

(4) 你用什么方法,达到你所定的标准?

一、

二、

三、

四、

五、

六、

……

(5) 你曾拿你们学校里所定的标准和别的学校比较?

(6) 若是比较过,你觉得有哪几点是共同的? 哪几点是相异的?

一、

二、

三、

四、

……

(7) 下面的几个德目,是你以为然的,加一圈;是你最以为然的,加三圈。

俭朴	合群	清洁	孝顺	用功	不吸烟	刻苦	耐劳
不赌	服从教师	帮助朋友	热心公益	爱国	尚武	守约	

(8) 你最欢喜的学生是哪一种?(就训育上说)

(9) 你最讨厌的学生是哪一种?(就训育上说)

(10) 学生背后骂你,被你听见了,你对于他有什么办法?

(11) 两个学生吵到你面前,各说各有理,你有什么法子,判断他们的曲直?

(12) 学生犯了过,你最喜欢用哪一种办法,请以笔画出下之一条。

(甲) 当众责罚　　(乙) 召至私下责罚

(丙) 叫他反省　　(丁) 劝说不责罚

(13) 你对于用体罚的意见怎样? 请以笔指出之。

(甲) 绝对不用体罚　　(乙) 略用

(丙) 绝对主张用

(14) 你对于最顽劣的儿童,有什么办法?

(15) 你最喜欢用哪一种方法赏？请以笔指出之。

(甲) 金钱　　(乙) 口头称赞

(丙) 奖凭或奖章　　(丁) 文具图书

(16) 你对于赏团体与赏个人的意见怎样？

(17) 你以为赏罚在教育上的价值，是属于下面的哪一种？请指出之。

甲. 有很大的价值　　乙. 没甚大价值

丙. 无价值，有时发出恶影响

(18) 你觉得自己训育学生，有什么优点劣点？

教育调查述要

邰爽秋*

教育行政有两方面之意义：(一) 哲学；(二) 科学。先有哲学的理解，以为基础；后有科学的方法，以谋应用。哲学的理解，往往陈义过高，难于实行；或实行而不合乎需要与环境，以致发生种种窒碍与困难。故须用科学之方法为之运用实行，以收事半功倍之效。此即科学的教育研究，亦即教育调查之作用也。

一、教育调查须根据科学的教育研究之方法

科学的教育研究者何？曰："本诸反省思想，根据客观材料，用批评态度，对于教育问题，作一比较的最准确之答案"是已。兹分述之：

(一) 反省思想

反省思想者，发现原理及规则之心理的过程也。昔之教育学者研究教育，虽亦能从经验中发现原则，但因材料不正确之故，其结论每多陷于错误。自教育研究倡导以来，教育学者莫不注意于方术上之研究，搜集客观材料，本反省

* 作者简介见本卷中《教育行政效率》一文。

本文原载于《中华教育界》1929年第17卷第8期。——编校者

思想，以发现教育上之原理原则。

（二）客观材料

欲求正确结果，须根据客观材料。真正教育研究者于可能的范围内，寻求比较最适当最精确之材料，然后以严密之态度，按照现有材料，演出一种结论。在未下结论之先，必有假定，但终以假定视之。虽偶亦利用观察或不正确之材料，但必不忽视其限度。真正教育研究者，确定其所搜材料之限度，若其不完全，或从别方看来，不免有所错误，必于结论中加以限制，以免发生误谬之解释。故某种教育研究之结论，不必为精密而确断，特在可能范围内，为吾人所求之比较的最好答案而已。

（三）批评解答

搜集客观材料，仅为教育研究中片面之工作。外此尚须规定问题之定义，并须对于应有答复之各小问题，皆下精密说明。所搜材料，尤必以批评之态度，推究考察。须知有客观的材料，未必能担保结论正确。搜集或使用客观的材料之人，固亦有时不合于科学方法。故吾人当注意结论之解释，以研究的态度，证实所拟之假定。

教育研究之性质，既如上述。兹更将无科学的价值之教育论文，列为标准十条如下。

1. 固执一己之见者，未免主观，故无科学价值。

2. 引某名人为言者，亦无科学价值。以名人之言，未必句句都是。但经科学证明者，不在此例。

3. 举委员会之公意者，亦不能称为有科学之价值。以所谓委员会者，亦不过少数人之意见也。

4. 引大多数意见者，未免失之笼统，亦无科学之价值。

5. 用比喻推论者，亦无科学价值。

6. 由默认而推论者，无科学价值。例如，揖让之治人皆称之。究竟是否事实，仍为问题。但若谓此事向未经人反对，可断为事实，则大谬矣。

7. 删除与已说明相反之证据者，无科学价值。例如，主张有井田制度者，举其正面证据,而没其反面证据。

8. 不能指出搜集材料方法及材料之出处者,亦无科学价值。

9. 引证错误者,亦无科学价值。

10. 误解材料者,无科学之价值。

以上所述,皆科学[①]的教育研究之方法。教育调查,乃科学的教育研究之一种,故当用为根据。

二、教育调查之起源及发达

教育调查,英、德、法、美、奥、苏格兰、比利时、瑞士、瑞典等国皆有之,其历史远溯于十八世纪,而以美国为最发达。美之教育调查本由社会调查演递而来。西历一九一一年始有美国波赛城(Boise)[②]教育调查出现,为美国教育调查之始。其后于一九一三年纽约城出教育调查一书,共三大厚册,为教育调查中之巨制。一九一五年有克里夫兰城(Cleveland)之教育调查出版,共十余册,其方法在该时极为新颖,各处颇多采用。一九一六年,有唐弗(Denver)[③]城之教育调查出版,以学校效能为经,事项为纬,别开生面。一九一八年有葛雷(Gary)及圣路易(St. Louis)之教育调查出现。一九二二年,又有菲拉特(Philadelphia)[④]及巴铁模(Baltimore)[⑤]之教育调查,书中方法均极完备。同年又有纽约州乡村教育调查出版,为研究乡村教育者之应用。近数年之调查中,以一九二六年泰姆伯(Tampa)[⑥]教育调查于方法上最多贡献。此外,虽有其他地方之教育调查出版,其价值无多可载,故不赘录。至于研究教育调查之专书,一九一三年吉特氏(Judd)[⑦]在《美国教育研究社年鉴》上曾著《教育调查大纲》(*Outline of*

① 此处"科学"之前疑漏了"非"或"不"等词。——编校者
② 今译"博伊西"。——编校者
③ 今译"丹佛"。——编校者
④ 今译"费城"。——编校者
⑤ 今译"巴尔的摩"。——编校者
⑥ 今译"坦帕"。——编校者
⑦ 今译"贾德"。——编校者

School Survey），方法简单，无甚价值。一九一八年白雷士（Bliss）①著《地方教育调查方法》（*Methods and Standards for Local School Surveys*）一书，系统略具，惜不完备。一九二五年佘尔氏（Sears）②著《学校调查》（*The School Survey*）一书，比白氏之书较为完备，可作教科书用。一九二七年郜爽秋氏著（*Objective Measures Used in Determining the Efficiency of School Administration*），阐发准尺之性质，并于方法上多所改进。为研究教育调查者，不可不读之书。教育调查之发达，在美国未及二十年，但其进步极快，其原因有二：

（甲）关于经济方面的

（乙）关于科学方面的

兹分述之。

（甲）经济

美国教育日形发达。教育经济逐年增加，兴办之教育，有无成绩，或有如何之进步，皆当彻底调查，宣示社会，以副其负担经费之盛意。此为教育调查发达之第一原因。

（乙）科学

教育科学日益昌明。即以智力测验、学力测验而言，十数年来均已有显著成绩。因此教育调查之方法，亦无形受其影响，日臻完善。此为教育调查发达之第二原因。

我国效法美人，民国八年[1919]，东南大学教育科曾设有教育调查学程，并于山东省试行调查。事属草创，尚未为国人所注意。其后又有昆山教育调查。现中央大学行政院教育学院及南京特别市又曾办南京教育调查，尚未完竣。

三、教育调查之功用

（一）估定教育结果

欲谋教育之改良，不可不先事调查，以估定其结果。

① 今译“布利斯”（Dan Carroll Bliss）。——编校者

② 今译“西尔斯”（J. Sears），美国“学校调查运动”中的教育管理学家。——编校者

（二）决定教育政策

教育行政当局，可根据教育调查所得之结果，决定何种政策最为适当。

（三）鼓励人民对于教育之兴趣

教育日进，需费日多，不无加重人民之负担。非得将调查成绩公布报告，不足以释群疑，而鼓励人民对于教育之兴趣。

（四）保存教育参考之资料

欲明了从前调查教育之底蕴，则有资于昔日之调查报告书。欲知今日调查教育之成绩如何，以为将来参考之资料，则有资于现在之调查报告书。然则保存教育参考之资料，诚属教育调查之功用矣。

四、教育调查之范围

教育调查之范围颇广，举其荦荦大者如下：

（一）调查地方社会情形

1. 政治状况

政治状况如何？有无恶劣政客？

2. 经济状况

商工业发达与否？人民生计困苦与否？

3. 社会状况

地方闭塞与否？何地宜办学校，何地宜……？

（二）行政调查

1. 教务管理

究竟采用何种制度——教育——应办若干学校等等。

2. 事务管理

(1) 任用何种人才为适宜——学或商

(2) 添置校品采何办法——总购、分购等

(三) 经费

1. 人员——用何人才?

2. 保管——用何方法?

3. 支配——用何标准?

(四) 校舍设备

1. 位置

适合与否?

2. 构造

适宜与否?

3. 布置

适当与否?

(五) 教师

1. 年限

服务年限若干?

2. 经验

经验年限若干?

3. 报酬

有无特别鼓励办法? 有无年功加俸制度?

4. 请假缺课

对于请假缺课之教师,有无规约? 等等。

(六) 教学状况

修养

较前有无进步? 教法——较前有无改良? 等等。

(七) 课程

1. 内容

是否适合地方社会需要?

2. 编制

是否适合儿童心理?

(八) 儿童

1. 天资

儿童天资如何?

2. 体格检查

学校设备对于儿童体格检查注意与否?

3. 家庭职业

农与商等职业孰多孰少?

4. 毕业后状况

儿童毕业后状况如何? 升学与不升学之比较若何?

(九) 健康状况

有无消防队、救火队、童子军等之组织?

(十) 教学结果

考查成绩所用方法如何? 成绩结果如何?

五、教育调查进行之步骤

(一) 规定计划

1. 查考教育略况

2. 审度调查费用

调查一县(或一市)应需调查费几何? 须先审度得宜,无使有过不及之弊。

3. 决定调查事项

调查范围甚广，欲一一调查无遗，不免有费时间与经济，故决定一种或两种，分工调查。

4. 人员之计划

a. 指导员　b. 调查员　c. 测验员　d. 统计员　e. 事务员

5. 预算之规定

（二）搜集材料

1. 初步搜集

（1）少数学校

（2）决定调查事项

2. 后步调查事项

（1）管理上

a. 调查纲要　b. 用品　c. 人员

（2）材料性质上

a. 有用　b. 适当而多　c. 易于统计　d. 事实的　e. 代表 Sample

（三）整理材料

1. 行政上

（1）分别记录　（2）估计工作　（3）支配工作

2. 技术上

（1）器具　（2）表格之规定　（3）时间之经济　（4）材料之结束

（四）解释结果

1. 行政上

（1）人员上

a. 教育调查专家　b. 各科专家　c. 实际教师

（2）引证上

a. 社会状况　b. 经济状况　c. 健康状况　d. 政治　e. 人才及方法　f. 其他

2. 技术上

(1) 文字

浅显

(2) 篇幅

简要

(3) 说明

有生气

a. 图画　b. 图表　c. 照相　d. 滑稽画　e. 其他

(4) 构造

a. 结果的简短的报告

b. 简短建议

c. 各项分述

d. 较详总述要

(五) 建议

1. 考虑事项

(1) 财力之厚薄　(2) 时期　(3) 政治状况　(4) 人员

2. 态度

(1) 科学的精神

a. 优点　b. 劣点

(2) 忠厚的态度

六、教育调查之准尺系统

准尺之标准有二:(一) 正确的标准;(二) 适用的标准。适用的准尺必正确,正确的标准未必能适用。

(一) 正确的标准

1. 数量的尺(quantitative scale)

例一(非数量的)

a. 很不好　b. 不好　c. 勉强过得去　d. 好　e. 很好

如谓某生学业：国文很不好，英文不好，数学勉强及格，唱歌好，体操很好。此尺从外面骤观之，好像有理合用，实则各科的优劣是缺乏标准，且又不可以数量估计者。

例二(数量的)

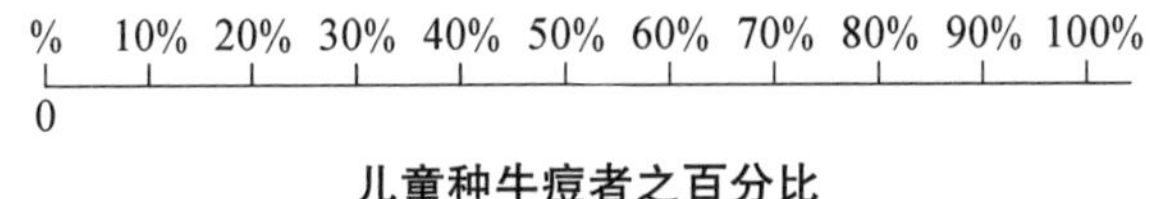

儿童种牛痘者之百分比

2. 正确的基础(exact basis)

例一(不正确的)

学校儿童有不好的牙床状况之百分比

(不好的牙床无一定的标准，故基础不正确。)

例二(正确的)

学校儿童有蛀牙之百分比

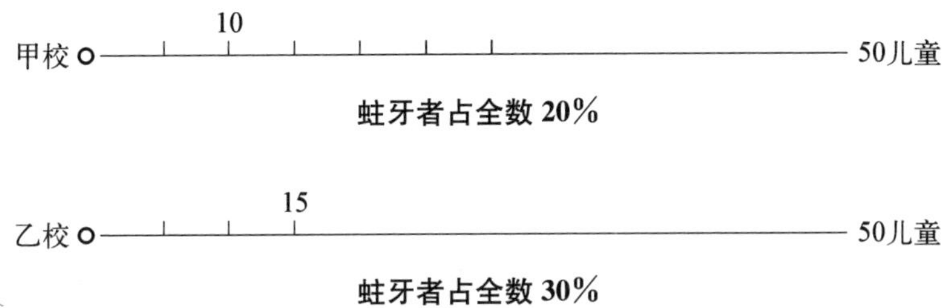

蛀牙者占全数20%

蛀牙者占全数30%

凡牙有损伤蛀蚀者皆为蛀牙的标准。基础是正确的。

3. 从确定之零点起(reference to a defined zero point)

例一(不对的)

上海　500元　550元　增加10%

南京　400元　480元　增加20%

从民国十年[1921]至十七年[1928]教员薪水增加之百分比

从上面准尺图看来，从民十[1921]至民十七[1928]南京教员薪水增加10%，而上海增加20%。但此仅为表面之观察，其实南京是由400元起，上海是由500元起，故所增加之百分比不能相比。

表之如下：

元 0 ——— 100 ——— 200 ——— 300 ——— 400 ——— 500 ——— 550
增加数10%

元 0 ——— 100 ——— 200 ——— 300 ——— 400 ——— 480
增加数20%

或谓若二城民十[1921]之薪水皆为500元，则亦可为成绩比较之标准乎？如：

民十[1921]数

上海…………500元——550元 增加10%

南京…………500元——580元 增加16%

答曰否，因：

上海 元 100 200 300 400 500 550
增加数10%

南京 元 100 200 300 400 500 580
增加16%

从增加之百分比看来，上海与南京优待教师之成绩，似为10∶16，其实为550与580。

或又谓若即从零点来起何如？

答曰，凡所谓增加者，必有其原数。若原数为零，则不成其为增加之百分比。故凡增加或减少百分之准尺，皆为不正确之准尺。

例二（对的） 教员在小学毕业后受专门训练之年数

其零点为："零年之专门训练。"

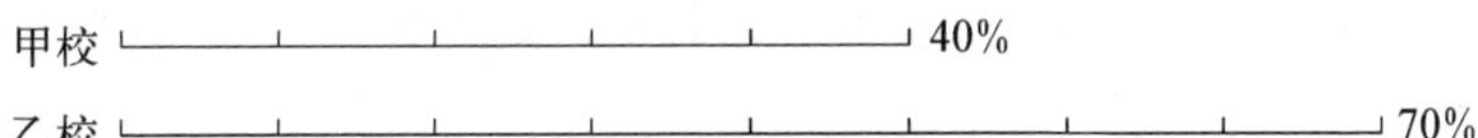

(二) 适用的标准

1. 可与被测量之事实相比(comparability with the facts to be measured)

例如,中心乡村学校儿童行走泥路,诸多不便。教育局可设公车运送。故调查其走泥路儿童之多寡,而可知其教行之成绩。(此种学校,美国近已创办。)其准尺为:中心乡村学校儿童步行入校数之百分比。

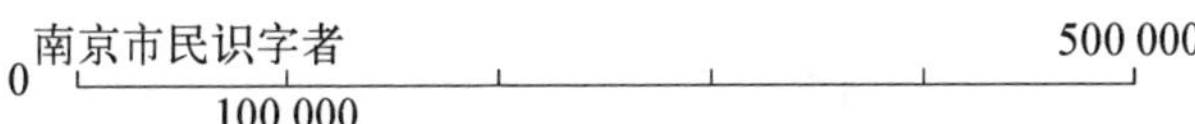

上尺在乡村固可应用,但在城市无此事实,不能以之为之测量教行的效率。

2. 与教行效率有关(relevance to efficiency)

例一(无关) 全体人民数目

此尺虽准,但与教行无关。

例二(有关) 人民识字数百分比

上表表明南京市民识字者占全体人民 20%,当与教行有关。就与效率有关之标准言,准尺又分二种:

1. 可以测量效率而不受限制

如人民识字数之百分比

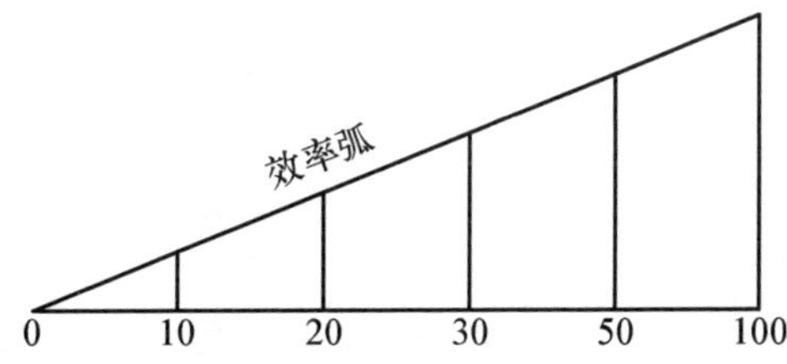

识字运动逐渐推行,愈多愈好。

2. 可以测量效率但受限制

如教师经验之年数

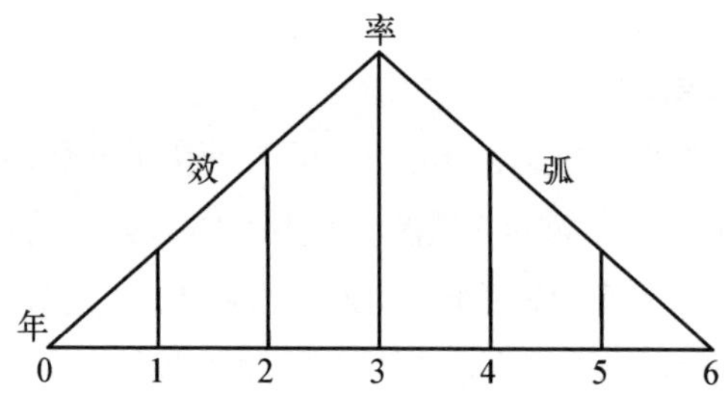

教师之经验，于相当年数内，其教法优良。如再延长年限，或为逐年之退步亦未可知。

上述二种标准，各分为：(一) 可单独应用；(二) 必与“同类准尺”(kindred measures)并用二种。如前例“人民识字数之百分比”，同时为可单独应用之例。但如“教师专门训练之平均年数”，则必与“教师专门训练之最低年数”及教师专门训练之最高年数并用，方较正确，兹以图表明之。

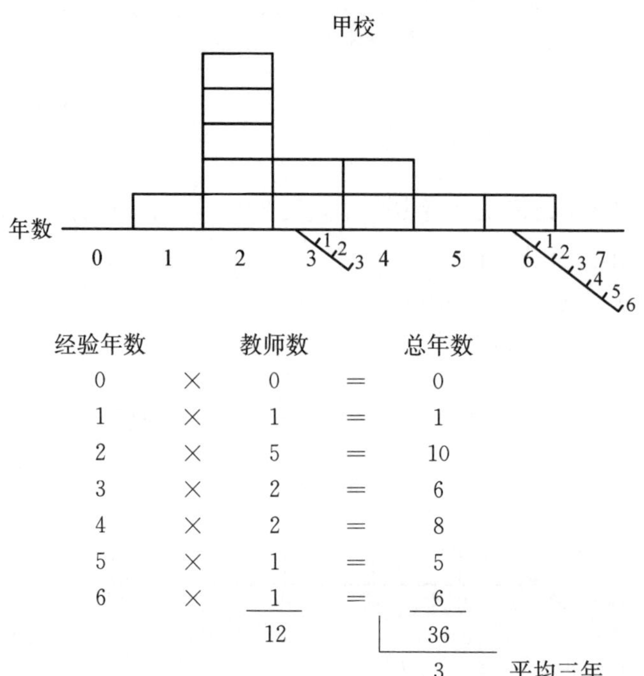

经验年数		教师数		总年数
0	×	0	=	0
1	×	1	=	1
2	×	5	=	10
3	×	2	=	6
4	×	2	=	8
5	×	1	=	5
6	×	1	=	6
		12		36
				3 平均三年

乙校

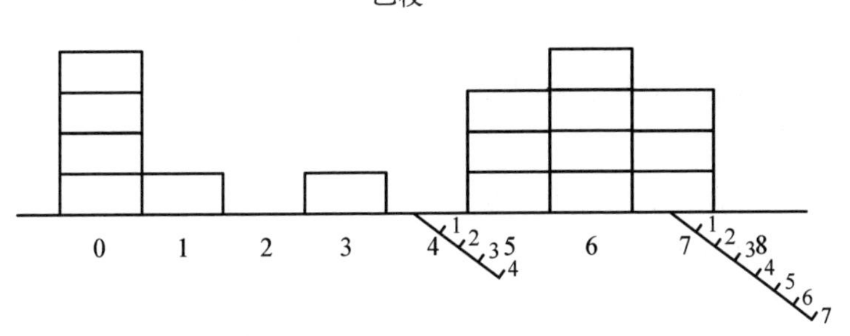

经验年数		教师数		总年数	
0	×	4	=	0	
1	×	1	=	1	
2	×	0	=	0	
3	×	1	=	3	
4	×	0	=	0	
5	×	3	=	15	
6	×	4	=	24	
7	×	3	=	21	
		16		64	
				4	平均四年

单从“教师专门训练平均年数”观之，甲校为三，而乙校为四，似比甲校为优。但若从其最高及最低年数观，则甲校最高者为六年，最低者亦为一年，程度较为整齐。而乙校则最高者为七年，最低者则毫无专门训练。其数占全体教师 25%。高低悬殊如此，谓乙校高于甲校殊属不当。故当三尺并用，以明真相。或疑零年专门训练，不能谓之准尺。兹以图表说明之。

年

−6　−5　−4　−3　−2　−1　0　+1　+2　+3　+4　+5　+6

零年实为准尺中之一数合各数而成准尺

合而计之，准尺可分下列四种：

(1) 可测量效率而不受限制之准尺

A. 可单独应用者

例：人民识字之百分比

B. 须与同类准尺并用者

例：人民受教育之(a) 最低(b) 平均(c) 最高年数

(2) 可测量效率但须受限制者

A. 可单独应用者

例：教师薪金每年每生所占数

B. 须与同类准尺并用者

例：教师专门训练之(a) 最低(b) 平均(c) 最高年数

成都市学校调查后一个简短的报告

杨效春*

成都是四川的省会。市区内河水萦洄，森林茂密，真可说是“中国的花园”。居民30余万(十五年[1926]调查为302 895。见《成都市政年鉴》第一期)，也是中国西部的一个大都市。只因它远在西陲，交通不便，是以夔关以外的人，对于它的政治、经济、文化诸种社会情形，多半和“谜”一般，不能了解。四川的人——教师、学生和在教育界服务的朋友，常常组织教育考察团等，到武汉、江浙、平津一带来考察。他们对于外间的教育设施状况都比较明了。前几天，成都某报还登载一个教育者的参观报告。其中有一段说，“近来武汉的教育，实有长足的进步。一因教育行政比较统一，二因教育经费比较充实，三因从事教育者肯负责、肯研究”。这是很可以向诸位道贺的。从此，我们就可知道：四川的教育界对于外间的教育，确有很关心的。四川的学者、到四川去的，或是采集标本，或是考察地质，很少注意它的教育。因此，大家对于四川教育的实际状况，都是莫名其妙。四川的教育界，现状如何？优点何在？缺点又何在？他们的困难是什么？解决他们困难的办法又该是怎样？大家对此，都

* 杨效春(1895—1938)，又名兴春，浙江义乌人。东南大学教育科毕业。曾协助陶行知创办南京晓庄学校，在安徽创立黄麓乡村师范学校及教育实验区。

本文是作者在湖北教育厅暑期学校的讲稿，原载于《中华教育界》1930年第18卷第1?期。——编校者

像隔岸观火，漠不动心。今天在这儿，有这好机会，和诸位谈谈成都市的教育调查和它的中小学教育概观，真是非常高兴。在这里，第一，我愿根据我们调查的结果、统计的事实，作简单扼要的报告，盼望大家从此对于成都市的中小学教育得知梗概。他山之石，可以攻错。如果大家听了我的报告，以为成都市中小学教育界同志的努力成绩，实有可以借鉴之处，那更是我所深盼。第二，我愿说明我们此次调查成都全市学校——大学及专门学校、中等学校、小学、幼稚园及民众教育机关——的经过、手续及所用的表格等等，盼望大家对于我们方法上的错误与疏失，加以严刻的指正。

我们的调查前后费时四个月。调查的结果，若要一一仔细地说明，至少可以做一大厚册的《成都市学校调查报告》。今天在这里，只作简要的报告下列各事：

一、我们调查学校的动机；

二、我们调查工作的范围；

三、我们调查所用的表格；

四、我们调查学校的方法、态度及经过；

五、成都中小学教育概况：学校、经费、教师、学生、教育设施、困难问题、革新运动等。

一、调查的动机

普通学校调查的目的有二：一是发现确实的事实以供学术研究的参考。一是靠着调查可以明了学校教育的实际状况，以便对症发药，有所建议，共图教育事业的进步。我们这一次从事成都全市学校调查的动机：第一，是因为成都大学教哲系四年级的学生，不久就要毕业。他们平日在校看书、听讲，所读的教育课程已经不少。但对于一般学校的实际状况，反多隔膜。他们自己很明白：设施教育一方要以学理为指针，他方亦要用事实做根据。单靠书本的阅读是不够的。他们早已具有出川考察教育或在附近调查学校的决心。第二，是因为成都大学已有创办实验学校的计划。这个实验学校所负的使命很大，并为成都教育界所异常注目。它究竟该如何办理，成大教哲系的教授和学生是不能马虎解答这个问题的。他们一方面固然可以参阅教育原理、儿童心理、成人学习及各处实验学校的教育报告做依据。他方面也就不可不考察成都附近各校的教育设施,优点何在?缺陷又何在?以资借鉴。第三,是因为成大教哲系与国立成都师范大学同为成都教育界所瞩目。他们在学术上实均负有领导成都全市或四川全省教育界的使命。成大教哲系教授和学生对当地教育,即不能不悉心考察,量力辅导,以谋与当地教育界发生良好的关系,能有适当的贡献。第四,我们曾见好多的教育行政人员,只是会做官而不会做事。他们做省督学、县督学或教育委员的,在视察学校的时候,往往是走马看花一样,敷衍应酬一番,随即做了几句不关痛痒的批语和报告就算了事。我们想,这样的做法,做官是可以,做事就不能;要靠它敷衍塞责是可以,要用它革新教育,决不能。这样的督学,在教育事业上看来是有罪的。罪在他们做了教育的官,不做教育的事。他们该会做科学的学校调查,而他们素来缺乏这样的训练和经验。成大教哲系的学生毕业以后也许会有去做督学及其他教育行政人员去的,如果他们能在学生期内获得学校调查的经验和能力,岂不是好。第五,我们相信"教学做合一"是最好的教育法。大学教哲系里的"学校调查"一门课程,正可以运用此种方法在校外作实际的调查工作,不宜再在课堂里空口说白话。而且我们相信这样的"学校调查"很可以做大学教哲系学术研究上一个设计的中心。因为学校调查工作中实包含许多步骤,如:搜集事实,分类及统计,体察各项事实的关系,编制报告,建议改革意见,唤起公众的改革运动等,极为繁复。大学教哲系里的课程如教育行政、学校组织、教学法、学校建筑、学校卫生、中学教育、师范教育、小学教育、幼稚教育、社会教育,以至教育统计、教育测验、教育原理等等,都可以从"学校调查"出发来施教。根据上述的理由,我和我的同学——成都大学教哲系四年级全体——乃大胆地、欢喜地来做成都市学校调查的创举。

二、调查的范围

我们的调查,本来只想调查小学和中学就完事,后来觉得教育的全部事业都是互相关联的。小学兼办幼稚班,查了小学就顺便要查幼稚园,中学附属于大学或专门学校，查了中学就不可不调查那大学或专校，因此而民众学校，而其他社会教育机关。学校的事情和教育行政官厅也有密切的关系。因此就得去访四川教育厅、成都市社会局（成都市政府内未设教育局，教育事业归社会局兼辖。）及成都、华阳两县的县教育局了。综计我们调查所及的有：

1. 教育行政机关：四川教育厅、成都市社会局、成都县教育局、华阳县教育局。

2. 高等教育：国立大学二，即成都大学、成都师范大学。省立大学一，即四川大学，内分五院，即法学院、外国文学院、中国文学院、工学院、农学院。省立专校二，四川高等蚕业学校、四川女子高等实业学校。私立的有岷江大学、中山大学、民立大学、西南大学、四川美术专门学校男生院及四川美术专校女生院、敬业学校专门部、新西南高等实业学校、四川女子法政专门学校、四川文书专门学校、晶星电机工商学院、志诚法政专门学校。公立的有警监专门学校。教会立的有华西协和大学。共计大学及专门学校凡 18 所。全国各大都市除上海外，高等教育机关之多，成都可以称雄了吧。可惜这些学校，类多经费支绌，规模狭小，五间民房已经是一个大学。一座浙江会馆里面除兵士、菩萨占去一部分房屋外，还办有一个大学、一个小学、一个专门学校。其中教育设施究竟有不免贻误青年的地方。寻常的学校往往欢喜“改大”，我倒很希望成都市内各大学的当局有勇气“改小”咧。（暇日当再作《成都市大学调查报告》）

3. 中等教育：共计 38 校。（详见后）

4. 小学教育：共计 90 校。（详见后）

5. 幼稚教育：共计 11 所；内国立 1 所，即成都大学实验学校幼稚园。省立 2 所，即四川第一女师附设蒙养园、西城小学幼稚班。县立 1 所，即华阳女子小学附设幼稚班。教会立 7 所，即协合女师幼稚园、幼幼幼稚园、培基幼稚园、华英幼稚园、广益幼稚园、华西大学附设第维幼稚园、明德幼稚园。

6. 社会教育：有成人学校 1，为成都大学实验学校所办。各中小学教师或学生设立平民学校 7，市立平民识字处 20，中华平民教育促进四川分会立平民读书处 31，通俗教育馆 1，博物馆 1，儿童图书馆 1，公共运动场 1，此外还有日报馆 21 家。

三、应用的表格

调查小学用表凡四种：甲一、甲二是调查全校的行政和设备等等用的；乙一、乙二是调查各教室用的。内容项目全照浙江大学“小学教育辅导丛书”《地方教育行政》中所载的小学调查表。调查中学用表凡三种：甲一、甲二是调查全校的情形用的，乙一是调查教室用的。此种表册即由本级同学李英、张用晦参酌小学调查表拟订出来。调查大学用表只一种，也是李英、用晦拟订的。调查教育行政机关、社会教育机关、幼稚园及报馆各用表一种。教育行政机关及社会教育用表是同学邓健订的；幼稚园用表是助教周文山订的；报馆用表是同学傅明材订的。各种表格的细目怎样，这里只得按下不谈。且来谈谈：

四、我们调查的方法

学校调查和社会调查一样均应用各种不同的方法：

（一）间接调查法

此种方法是搜集新闻、杂志、书籍、各机关印刷品以及他人所已经调查过的事实记录而为之比较研究。这种办法可以根据已有调查的结果，获得精确的智识，并免却自己重行调查的麻烦，实在是很方便的。可是，我们这次不能十分利用它。因为成都市从来未曾举行这样的学校调查，也就没有精密的记载可凭。我们从《成都市市政年鉴》第一期及少数学校的概况报告或纪念册里得斯许智识外，就再没有什么现成材料可以利用了。我们曾经想用第二个方法就是：

（二）通信调查法

这是利用邮递，将自己所欲调查的问题先行印成表册，寄发各处，请求他们填注答复。我们自己就可在学校里收集各处的回信，加以分析研究。但是，我们想：(1) 成都市区内究竟有多少大学？多少专门？多少中学？多少小学及幼稚园？私立学校既未向官厅立案，官厅亦不知道他们的校名、校址。我们既不知道他们一一的通信处，怎样和他通信调查！(2) 我们的信去了，而他们不解我们调查的用意或他们自己课务忙碌，不给回复，也是没办法。(3) 这样的调查结果不甚可靠。(4) 有许多事实不是从纸上问答可以得其真相。因此，我们就不能不用下面所说的观察法和访问法。

(三) 观察法

此种方法是调查者立于纯粹旁观的地位，用科学的眼光、物观的态度，去观察学校的设施和活动。再就观察所得，很忠实地把它记载出来。这种方法的优点：(1) 则手续简易，(2) 能纯任自然，(3) 能继续地永久地研究。它的缺点则为：(1) 费时太多，(2) 精密的观察不易，初事调查而没有经验的人对于这层尤觉困难。

(四) 访问法

就是就所欲调查的事项，照预定的计划，亲身去访问。访问时常先备一种表格或问题纸，写列种种问题，就有关系的人物而一一询问之。这种方法一则可使被问者对于问题不致不了解。倘有不了解，即可当面说明。二则可以得到较为详细的事实。所怕的只是当面责问，要使被问者不高兴。这种办法需要时间亦很多。

五、态　　度

我们的工作只是教育学子的调查，不是教育当局的视察。我们调查的结果至多只能对大家在办学的事情上有些学理的讨论、方法的介绍；不能撤他们的职，或补助他们的经费。因此，我们去调查的时候，须得十分小心。我们在调查工作中的态度只是一个仔细的参观人，并不是具有权威的督学员。因此，我很感谢成都全市的学校当局，他们都很乐意赞助，使我们的调查工作能够完成。

六、手续及经过

凡知名的学校，我们要去调查而未曾去的前一天或两天，我们就寄给他的校长一个信，说明我们来这学校调查的用意、日期，并盼望他不客气地给我们指导。这样则我们去的时候，校长或其他重要职员常可在校内等候，给我们招待、引导、答问。那不知名的学校，即在教育厅及教育局内也查不得他校名的学校，我们只得随时访问，随时寻觅，凡访得或寻得的也就随时去调查了。当然也得先自说明来意，并请指导的。参与这次调查工作的人为成大教哲系四年级同学李英、邓健、张用晦、傅明材、阳楚卿、周蜀西、周家彦，助教周文山和作者自己。教授罗季林、本一同学徐师干也常来帮忙，助力不小。我们去调查，有时是全体去的，有时是分组去的。组的大小亦不一定。或平分两组、三组、四组；或三人一组，二人一组，总看学校大小、工作繁简而定。开始调查的时候最好是全体同去，因为便于大家质疑问难，讨论纠正，求方法的完密、记载的准确，随后只要在规模宏大或办理优良的学校由大家全体去查便可。因为规模宏大的学校，全体去则众擎易举，便于分工。办理优良的学校，全体去则仔细参观，得长见闻。我们到一个学校去调查，少则半天，多则一天，真花时间不少。有时候到一个单级学校去，刚巧它的教师出去了。我们诸人去找他，有的听说查学的来了就回来，有的竟是不知道到哪儿去咧。也有第一次不见教师，第二次才见着他的。也有第三次、四次都不见，我们只能凭着观察，凭着学生、校工、邻近民众的口答，得些材料来。也有教师已经病故，学校已经关门的。因为这些缘故，我们调查这起学校，所用的时间真是不少。助教周文山，同学李英、邓健、张用晦，他们四位除了上课听讲以外，每周时间几乎尽为着这件工作费去。他们在做调查的进程中，可以说是很起劲，而且很高兴。有时候，也很吃苦。一天从早出发，晚黑归来，腿跑酸了，手冻裂了，口说干了，肚饿痛了，头脑也累得晕昏了的时候也有。有时候，也很有趣。一回，我们五个人——文山、李英、邓健、用晦和我——肚子饿时，两毛钱连饭和菜就吃饱了，非常满意。天大雪后，我们就到城外去工作，顺便就玩一年难得的雪景。（成都气候温和，一年下雪的时候很少。）蚕高和华大的学生合力在办东南平民学校，成绩极好。

同学李邦俊也和师大学生联合在办惜字宫正志小学，惨淡经营。看见小学生的舞蹈，听着幼稚生的唱歌，都不能不令人高兴。一个女校长所办的学校，学生最多。一个老教师教导低年级的学生，活泼天真，也不能不令我们钦佩。成都全市的学校，有的建筑合式，有的校景美丽，有的学生勤奋，有的教师和气，有的注意于学校与家庭之联络，有的肯留心推广教育的势力于社会，有的这样是好，有的那样很长。我们调查以后，参观之余，不仅是极为满意，而且是很觉欣幸的。光阴荏苒，岁月如流，调查调查，我们从去年十一月开始调查，到今年二月才告结束。为了调查，竟费去我们四个月的时间。

七、中小学教育概观

我们的调查结果，要在这儿一回就向大家报告出来，这是做不到的。诸位多半是中小学的教师，所以今天特别用些时间来谈谈成都市中小学教育的情形。

学校

前面说过，据我们调查所及，成都现有小学 90 所、中学 38 所。这些学校，从他们的设立人来分别，可表示如下：

表一　成都中小学立别之统计

学校 设立人	中　学	小　学
国　立	2	2
省　立	3	6
市　立		1
联县立	3	
县　立	3	6
区　立		19
私　立	21	39
教会立	6	17
总　计	38	90

这些学校从他们的创办年期来观察，则可表示如下：

表二 成都市中小学创办年期统计

年期 \ 学校数	中学	小学
1930	1	1
1929	4	10
1928	1	5
1927	2	4
1926	1	7
1925	2	3
1924	3	3
1923	1	5
1922	2	
1921	1	3
1920	1	
1919		1
1918		1
1917		2
1916		3
1915	1	1
1914		4
1913		3
1912	5	7
1911		1
1910	3	3
1909	1	1
1908		2
1907	1	1
1906	2	3
1905		1

（续表）

年期＼学校数	中　学	小　学
1904	2	5
1903		1
1902		1
1901		1
1900	1	1
未　详	3	6
总　计	38	90

从表二里我们可以知道：(1) 在一九〇〇年即光绪二十六年已有中学一所小学亦 1 所。(2) 一九一二年即民国元年，学校数激增。革命以后，气象顿新，一般民众要求新教育者自然加多，学校数之加增原因大致即由于此。(3) 一九二三年后学校数亦显见增多。四川乡间多匪患，人民稍有资产者常挈其子女避居成都。成都学校因此加多，而它四乡的学校因此关门或冷落了。

经费

说到成都的学校经费，真不免令人叹息。四川人民的钱均为军人所囊括。在现今，人民纳粮已有纳至民国四十二年[1953]的。此仅止田赋一项讲，其余鸦片捐、特别捐、编遣费、寒衣费等等尚不在内。全省的盐款、肉厘，尽归少数军人自由使用。全省公立学校的经费都要仰军人之鼻息，候军人之唾余的。成都为四川省会，教育中心。而其公立学校经费之窘困，也是这样。兹据调查所得，表示成都市各中小学之经常费如次：

表三　成都市各中学之常年费(十八年度[1929])

经费(元为单位)	学 校 数
39 000～40 000	1
38 000～39 999	
37 000～37 999	1

（续表）

经费（元为单位）	学校数
36 000～36 999	
35 000～35 999	
34 000～34 999	
33 000～33 999	
32 000～32 999	
31 000～31 999	
30 000～30 999	
29 000～29 999	
28 000～28 999	
27 000～27 999	1
26 000～26 999	
25 000～25 999	1
24 000～24 999	
23 000～23 999	
22 000～22 999	
21 000～21 999	
20 000～20 999	1
19 000～19 999	
18 000～18 999	
17 000～17 999	
16 000～16 999	1
15 000～15 999	1
14 000～14 999	2
13 000～13 999	1
12 000～12 999	1
11 000～11 999	
10 000～10 999	1

(续表)

经费(元为单位)	学 校 数
9 000～9 999	
8 000～8 999	5
7 000～7 999	1
6 000～6 999	2
5 000～5 999	
4 000～4 999	3
3 000～3 999	7
2 000～2 999	1
1 000～1 999	3
1～999	2
未 详	2
总 计	38

看表可以知道,成都市中学校的常年费最多的是 40 000 元。最少的不满 1 000 元(800 元)。众数为 3 500 元。

表四 成都市各小学之经常费(十八年度[1929])

经费(元为单位)	学 校 数
15 000～15 499	1
14 500～14 999	
14 000～14 499	
13 500～13 999	
13 000～13 499	
12 500～12 999	
12 000～12 499	
11 500～11 999	
11 000～11 499	

（续表）

经费（元为单位）	学 校 数
10 500～10 999	1
10 000～10 499	1
9 500～9 999	1
9 000～9 499	1
8 500～8 999	1
8 000～8 499	
7 500～7 999	2
7 000～7 499	1
6 500～6 999	
6 000～6 499	
5 500～5 999	
5 000～5 499	2
4 500～4 999	1
4 000～4 499	
3 500～3 999	1
3 000～3 499	4
2 500～2 999	3
2 000～2 499	2
1 500～1 999	4
1 000～1 499	17
500～999	10
1～499	24
未　　详	12
总　　计	89①

① 原文为38，根据所列数据总计应为89，但这与表二提到的90所小学又有出入。——编校者

看表就知道，成都市小学之经常费，全年在500元以下者为24校(众数)，而此24校之经费不满百元者一校；在一二百元间者七校；在二三百余间者六校；在三四百元间者八校；在四五百元间者二校。最少的一校，全年经费只有80元。要用这80元来作一校的教师薪金、校舍修理、校景布景、校具添置、图书购买以及一切日常消耗之用。此中滋味只有身受者知道得最清楚。

教师

成都市中小学教师，共有人数若干？其中男的多少？女的多少？住校的有多少？在外面兼课或兼差的又多少？统可在下面表里看清：

表五　成都市中小学教师统计

校别 教师	中学	小学	总计
总人数	1 220	1 272	2 492
男教师数	1 112	962	2 074
女教师数	108	310	418
住校男师数	47	171	218
住校女师数	46	107	153
在外兼事教师数	888	922	1 810

根据上面的表，我们可以明白成都市各中学的教师：(1) 男的占总数92%，女的占8%。(2) 男教师住校的占男数4%，女教师住校的占女数42%。总计住校教师占总数8%。(3) 在外兼课或兼差的教师占总数73%。

根据这个表，我们也可明白成都市各小学的教师：(1) 男占76%，女占24%。(2) 男住校占男数18%，女住校占女数34%。总计住校教师占总数23%。(3) 在外兼课或兼差的教师占总数72%。

中小学校的教师性别，男多于女或女多于男，在教育事业上是无多大关系。然而，住校的教师如此少，兼差的教师如此多，那就发生困难不少了。(1) 教务上排列日常课程必多方牵扯，不能合理。(2) 学校行政全由少数人负责，一切会议都难得召集。(3) 教学与训导分离，教师与学生膈膜，收不到

“知行合一”“共同生活”的教育效果。(4) 学生自修没人指导。课后要质疑问难均不方便。(5) 教师的时间精力，常在风尘奔波中空耗，损失不少。总之，一个学校，住校的教师太少，钟点的教师太多，他的教学一定是多敷衍，他的训导一定是多马虎，他的教育效率一定是很低微的。此中最受损害的人是学生。为什么成都市的学校，会有许多不住校，要在外面兼事呢？这里面原因是很多，例如教师人才缺乏啦；学校房屋狭小，不能供给教员住宅啦；校长欢喜应酬，拿钟点去笼络当地有声望或有权力的人士啦；教育界缺乏专业的精神啦。但最大的原因还是由于学校经费支绌，教师的薪金本是低微，还要三折四扣、拖延，甚至完全不发，使得一般教师的生活不能安稳维持的缘故。请看下表：

表六　成都各市中学之教师月薪

学校号次＼月薪(元)	最多薪额	最少薪额	大多数薪额
1	86	5	30
2	30	10	20
3	70	5	20
4	70	5	20
5	144	2.4	36
6	100	8	30
7	100	16	50
8			
9	36	7.2	24
10	80	20	40
11	80	12	35
12	35	10	20
13	20	8	14
14	60	20	35
15	45	30	

(续表)

学校号次 \ 月薪(元)	最多薪额	最少薪额	大多数薪额
16	40	8	20
17	50	10	30
18	24		
19	24	6	9
20	48	3	25
21	20	5	10
22	70	4	10
23	20	4	10
24	30	4	
25	36	20	24
26	70	6	30
27	70	4	40
28	95	30	
29	20		
30			
31	60	5	25
32	35	7	20
33	56	10	20
34	80	6	
35	20		
36	30	15	
37	45	3	
38	62	15	
平均数	54.5	9.8	25

看表，成都市中学教师的月薪，最多的一人为 144 元，最少的一人为 2.4 元。各校平均计算最高额为 54.5 元，最少额为 9.8 元。大多数的教师月薪是 25 元左右。而且他们的薪金，除校长及训教主任等职员能一年十二个月支领外，其他的教师多半是用钟点计算。上一点算一点，哪点钟不上，无论不上课的原因是由于学校放假，或学生罢课，或教师病假，都是一律扣薪。钟点教师的薪金有五角钱一点钟的，也有二角五分钱一点钟的。设或不幸，还要拖欠或则不发，成都市中学教师生活的艰困，就可想而知了。小学教师的生活，实比此不如。写到这里，适见报载中央大学教职联名索薪宣言："同人服务本校，因以教课为天职。然他方面尤持校中按月发薪，为仰事俯畜之资。苟生活上不虞匮乏，则精神舒泰，自能安心任事。教者学者两得其益。此固一定不易之理也。乃者本学期来，九月行将告终，而七月份薪犹延宕不发。长此以后，势必积欠累累。……同人为学校前途计，为学子学业计，为个人生活计，特联名向当局紧急声明：七八两月薪俸，限本月内发清。此后每月薪俸，应于次月十五号以前发给。否则同人惟有顺自然之趋势，坐视学校停顿不能负责矣。"(见十九年[1930]九月二十二日《新闻报》)大家设身处地想想看，成都市的中小学教师，为学校前途计，为学子学业计，为个人生活计，该怎样干才好呢？

学生

成都市的中学，除成都公学外统是男女分校(或分院)。至此三十八校之中，究有男校若干？女校若干？男生若干？女生若干？高中几级？初中几级？看下表就可了然：

表七 成都市中学生统计

学生性别＼事项	校数	学生数	学级数		备注
			高中	初中	
男 生	25	5 257	17	112	成都公学有男生 470，女生 39，列入男校。
女 生	13	1 770	15	38	
总 计	38	7 027	32	150	

看表，知成都女校占总数37%，女生占总数25%。四个中学生里仅有女生1名。男女求学的机会还是不很平等的。若从各校的学级数上来观察，则高初中之比，适为一与五之比（男高中与男初中之比为一与七之比）。在成都办学的人常说高中难办，高中难得招生。为什么成都市的高级中学难得招生呢？那就因为该市内大学校和专门学校已经太多，他们都可以招收初中毕业或未毕业的学生。青年学生有捷径骤做大学和专门学校的学生，那里面资格既高，管理又自由，谁个很愿意再来高中投考啦！

成都市的小学生，男7 908，女6 117，共14 025。女生占43%。内分单式三四一级，复式及单级六八级，共四〇九级，复式占16%。

这里请大家注意一点。成都市的中小学——特别是省、县或联县立的初中和初小，每级学生往往异常之多。中学里有十五级，学生数在60名以上（内二级为每级80名）。小学里有二十四级学生在60名以上（内两级各97名，一级98名，一级100名，一级124名）。这一面可以表示一般民众对于官立学校还是非常信任，一面也可表示各官立学校的经费，实在太过困难。不然，为什么要有那么多的学生硬在一级上课呢？

教学

在教学上，我要报告的，一是他们的课程，二是他们的教学方法，三是他们的教学时间支配，四是他们的每学期中行课期间的长短。

高中的课程标准，到如今还没有正式公布。大家办高中的，尽多自由配布，漫无限制，这是不足奇的。初中和小学的课程标准，教育部已有个规定的。但是山高皇帝远，成都的办学者还是十分随自己的便，你看初中一年级的学生：(1) 七校无公民训练，(2) 十七校无周会，(3) 五校无体育，(4) 十六校无工艺，(5) 一校每周国文十二时，作文又二时，(6) 一校读文十二时，讲文六时，作文二时，(7) 两校每周读经二小时，(8) 一校把圣经也列入正课，(9) 全体一律，各校都是没有童子军教育。至于小学里更是五花八门，无奇不有。无体育、无美术、无工作的所谓私塾式的小学约占五分之一。还有些学校的学生读经者多，读教科书者反少咧。成都市的儿童和青年，不知道在什么时候才能从四书五经的压迫底下解放出来？我想，这是一件要紧的事体，成都的新教育建设者还应该继续奋斗的。

说到教学方法，中学的因为我们时间匆促未能细加观察分析、记载，无从报告外，小学的可从调查所得，表示如次：

表八 成都市各小学之教学方法

手足无措	2
令学生不绝读讲	20
抄黑板	2
照书读讲便完	14
讲白话文	8
照教授书讲给学生	11
不绝的讲演	17
能发问	28
能处置学生问答	7
能使学生问	5
讨论不失中心	2
试行“教学做合一”	1
学生有兴味	19
学生呆板	22
学生胡闹	11
学生齐读	2

成都的学校，因为专任教师太少，钟点教师太多，所以他们教学上时间的支配、功课的排列竟非常悖理。这个主持教务的人并不是完全不知道讲究教育原理，因应学生需求，无奈事实不允许。大家听了下面的报告，多少总有点惊异吧！

（甲）各中学教学时间支配之不合理举例

A. 初中一，国语每周十小时，由雷、闵、曾、蒋四位先生教。曾先生四小时，其他每人二小时。此外，还有一位徐先生教这一级的白话文二小时。雷先生作文又是两小时，曾先生的四小时全在星期二的上午即八至十二。

B. 初中二，作文二小时。这两小时的排列，一在上午十一至十二，一在下午三至四。中间隔一次午餐和两小时的地理课。

C. 初中二，体育二小时，同一天，一次在上午，一次在下午，其他各天统没有。

D. 初中三，代数四小时，统在星期三，即上午十至十一和下午一至三。这一级的矿物、三角、文学史统是每周三小时，各科统是连续着排在一天的上午或下午。

E. 初一，每周有读经二小时，讲经四小时，发文三小时。

F. 初三，英文六小时，分排在星期二、三的下午一至四。

G. 高一，每周有英文十一小时，由廖、李、江、适四位先生分教。廖先生教一时的英文戏曲，李先生教四时的英文法，江先生教四时的英文名人述异，适先生教二时的泰西三十轶事。

（乙）各小学教学时间支配之不合理举例

A. 高一，算术五小时。统在星期一即上午九至十二，下午一至三。可以说："算一天的算术。"

B. 初三，唱半天的歌，上午三小时。

C. 体育二小时，排在一天，又连在一起。

D. 英文四小时，排在一天的上午。

E. 校国文、算术、写字、手工、图画、自然、唱歌、社会、常识、公民、三民、体育，上列各项科目每周皆是两小时，各连续一起排在一天的上午或下午，每周有六天，每门科目占半天，这十二门科目刚排满他们的一张上课时配表！

大家看了这等实在的例子，可以知道这些日课表的排列，只是迁就钟点教师的便利，并没有顾着受课学生的利益。如果大家为求学的学生想一想，这样的日课表必得扯碎，重新改编一番的吧！

再来看看成都市各中小学一学期内行课期间的长短。

表九　成都市中小学之行课日数(十八年度[1929]上学期)

行课日数	小学校数	中学校数
155～159	1	
150～154		
145～149	4	
140～144	3	
135～139	10	
130～134	6	

(续表)

行课日数	小学校数	中学校数
125～129	10	1
120～124	12	3
115～119	16	3
110～114	9	8
105～109	7	9
100～104	3	6
95～99		
90～94	1	
85～89		
80～84		1
75～79	1	
70～74		
65～69		
60～64		1
未　详	7	6
计　总	90	38

从这表里,我们可以知道成都市各中学之行课日数:最多为 127 日,最少为 62 日。相差 65 日,一倍有余。众数 107 日,平均数 108 日。各小学最多为 157 日,最少为 77 日,相差 80 日,亦一倍有余。众数 117 日,平均数 124 日。以星期计,中学平均 18 周,小学平均约 21 周。不到 18 周的中学有八校,不到 20 周的小学有 21 校。

训育

现在我们来看看成都市各中小学的训育情形。先看他们所规定的训育标准,再看他们所应用的训育方法,次看他们的课外作业,最后就看他们师生间的生活关系。

表十　成都市各中学之训育标准

训 育 标 准	学校数
养成完善人格	1
养成改造中国的适用人才	1
本三民主义养成社会健全人才	1
养成耐烦辛苦之习惯	1
革命化、主义化、社会化、科学化、艺术化	1
培养个人道德发展自治精神	1
诚朴奋进	1
以中西名人言行为标准	1
纯朴	1
好公民	1
养成能自动的人	1
发展个性与人合作	1
十大信条	1
志圆行方胆大心细	1
严格主义	9
无明定标准的	15

表十一　成都市各小学之训育标准

训 育 标 准	学校数
养成堂堂正正的人	1
养成道德高尚的人	3
养成良好习惯、高尚志趣及健全身体	1
五育并重	1
自治辅导主义	1
中山主义	1
严格管理	8
依据校训"仁信肃任谦公朴劳"	1
敬业乐群	1
宽严相济	1
养成儿童自治能力	2
整齐严肃	1
培养学生五育并进、成为健全国民	1

(续表)

训 育 标 准	学校数
养成儿童勤学及公德心	1
灌输道德及主义	1
使人人有良好习惯	1
以古今中外名人人格为标准	2
笃学务行	1
养成健全的公民	1
养成自立的人	1
注重德育	1
养成新社会的健全分子:健强的身手、科学的头脑、艺术的兴趣、劳动的习惯、改造社会的精神	1
无明定标准的	57

看了这两个表,知道成都市中小学的训育标准,有的不免含混,如以"中西名人言行为标准""灌输道德及主义""中山主义"。有的不免偏颇,如"养成耐劳辛苦之习惯""养成儿童勤学及公德心""使人人有良好习惯"。有的误以方法或实施上应用之原则为标准,如"严格管理""自治辅导主义"。也有比较是适当又明确的,如"养成良好习惯、高尚志趣及健全身体";"培养学生五育并进,成为健全的国民";"养成新社会的健全分子:健强的身手、科学的头脑、艺术的兴趣、劳动的习惯、改造社会的精神"。还有 15 所中学,57 所小学竟没有训育标准。私塾式的小学教师或者不知道训育,不知道训育要有正当明确的标准,他们的学校没有规定训育标准是我们意想不到的。独至中学校也竟没有注意于此,岂不令人奇怪吗!

次看各校实行训育的方法:

表十二　成都中小学之训育方法

训 育 方 法	小 学	中 学
揭示格言	19	12
设标语条	21	9
揭示成绩	25	16

(续表)

训育方法	小学	中学
有校闻	6	10
设拾遗箱	13	5
作公共演讲	8	4
有个别谈话或指导	28	12
设朝会或午会	8	2
主张严格管理	4	5
施用体罚	10	1
利用纪念节作团体训练	1	1
有“模范生”或“好公民”条例	4	3
积极引导学生自治	2	2
揭示周训	1	
揭示校训	18	10
学生性行每周有纪事册		1

顺次,就来考究各中小学之课外作业:

表十三　成都市各中小学之课外作业

校别 \ 课外作业项目	阅书	习字	表演	演说	种植	图书	照相	音乐	跳舞	运动	郊游	远足	游泳	自治会	巡察	贩卖	烹任	缝纫	灭蝇	下棋	平民教育	听讲	参观
中学	27	20	8	14	7	14	1	22	12	36	3	8		10			2	3			2	2	1
小学	42	42	19	21	15	19	1	39	26	44	23	20	1	24	3	11	1	1	1	1			1

这里,最令我们注意而值得提倡的,在中学方面有:省立一师、成都联中学生之办理平民学校;省立一工学生之利用暇时修理或参观工厂;成都县中学生之级园经营;华美女中、华英女中之家事实习;敬业初中之星期讲演;成都职校学生之分任缮写及油印诸事。在小学方面有:成大实校之户外生活及参观博物馆、国货陈列所等场所;华阳一女小及中城小学学生之管理图书;东南平民学校之校景布置;总府街区小之学生自办图书室;得胜乡小学之学生自制卫生图说。

说到成都市各中小学师生的关系,因为各校教师住校者少,兼课者多,所以各校之中能够师生共生活、同甘苦的实在罕见。据我们调查所得:教师与学生，同在一处用膳的，中学仅 7 校，小学仅 12 校；同席用膳的，中学 7 校，小学 12 校。现在各校能够实行师生同吃、同住、同游戏的，只有成大实校和省师附小、省女师女小。

教师联合及研究

成都中小学的教师，大家为生活所逼，课务所困，一来心不安，二来身不闲，所以互相联络，做研究的工作或娱乐的活动者统是不多。成大实校的教师读书会和教育法研究会、榴荫小学的教师互助会、明德女校的教师同乐会、第维小学的统计图表都是难得的举动。这是就各校内部教师与教师间的关系说的。至于学校与学校，他们的联络更是太少。成都有许多中学，但没有中学教育研究会；有许多小学，亦没有小学教育协进社。甚至全市的教师，竟没有一个教职员联络会之组织。因此，教育经费听凭军人克扣，莫可如何；学校行政，全受政客支配，不能挽救。而学校教育的设施，仅靠各人之聪明与努力，不能大家分工合作，协助进行，其效果亦不甚显著。新近成大教哲系教授与省一师、省一女师等校教师有成都教育研究会之组织，不久又无形瓦解，甚为可惜。为教育前途计，为个人生活计，成都市的中小学教师联合起来啊！

家庭联络与推广事业

先谈家庭联络。我们知道教师与父母同为教导儿童的人员，学校与家庭同为教导儿童的机关。要求儿童教育能收实效，非得双方互相协作不可的。比方，学校要学生按时到校，而家庭的早饭中饭，漫无定时；学校要学生穿制服才得上课，而家中无米为炊，一贫如洗。这都是要做教师的人肯替儿童设想，才可好好解决的。总之，学校教师为着儿童教育的缘故，必宜与学生家庭切实联络才好。成都市的中小学对于家庭联络的一般工作如何呢？请看下表：

表十四　成都市中小学之家庭联络

学校 / 活动项目	中学校数	小学校数
通　信	16	51
访　问	15	22

（续表）

活动项目＼学校	中学校数	小学校数
恳亲会	8	41
展览会	5	21
运动会	10	15
学艺会	4	3
父兄会		1
母姊会		1

次谈推广事业。我们知道教育是社会事业。它是社会所办，也为社会而办。是以今日办学的人一面须尽力教导儿童，使自己所办的学校日有起色；一面亦须努力推广事业，使自己所处的社会更是幸福、公平而进步。“自扫门前，莫管他家”的个人，在今日国家生活里已无存在的余地。“学校重地，闲人免进”的学校，迟早也只有被淘汰。今日成都市的中小学经济真是十分窘穷，人力真是十分忙碌，但大家对于推广事业，或多或少，仍有不断的注意。只看下表：

表十五　成都市中小学之推广事业

活动项目＼学校	中学校数	小学校数
公开演讲	3	7
卫生运动	4	11
防火运动		4
识字运动		6
民众学校	2	5
阅 报 室		1

困难的问题

我们曾经细问成都市各中小学当局办学上的困难问题，大家的答案有异口同声的，也有各校不同的。依我们调查所得，知道成都市中小学的共同的难题：一是经费困难，要以之维持现状，已觉不足；扩充事业更是无望的。二是军人干教。校长由他任命,校款由他挪用,甚至学生毕业也要由他命题给凭,而省教育厅、县教育局反无权过问。教育精神从此斫丧不少。三是教师兼差,不能专心在校,因此学校行政、学生训教均受多种障碍,无法整顿。四是学校与学校、教师与教师尚多门户之见,缺少团体与组织。因此,教育界全体统受军人压逼,莫敢谁何。教育事业之进行,亦徒凭个己之努力与诚心,不能大家互相切磋,共图发展。

分别来讲,则知:(甲)中学方面觉着的难题:风潮时起,不能平定者二校;学生党派分歧,指导为难者七校;校址狭隘者五校;学生程度不齐,教授困难者三校;大学有预科,使高中与后师难办者一校;后师毕业生或为小学教师,或为初中教师,故课程难于编制者一校;试行选课制后,学生或视公共必修科为无足重轻者一校;女学生不喜习家政者一校;男女社交,家长主张放任,而学生经验浅薄,不知前途黑暗,引此为忧者一校。(乙)小学方面,觉着的难题有:

1. 学生多缺席。
2. 学生进步少。
3. 学生不按时到校。
4. 低年生不了解三民主义。
5. 学生中途辍学。
6. 男学校为社会习惯所囿,不能兼收女生。
7. 学生实习时不免滥费材料。
8. 学生不肯做制服,做了亦不肯着制服。
9. 学生少。
10. 学生毕业后出路难。
11. 学生程度不齐。
12. 学生管理难。
13. 教师不负责。
14. 教师常病。
15. 教师有意见,不能和衷共事。
16. 教师常出外,不在校。
17. 教师任课时间太多,忙劳太甚。

18. 教师薪金太薄,又不能按月支发。

19. 前校长欠款不清。

20. 校长在军部兼事,常常不来校。

21. 理化无实验。

22. 教科书不合地方需要。

23. 教室破漏,无钱修葺。

24. 没有固定校址。

25. 没有运动场。

26. 学生家属反对教科书,爱读四书五经。

27. 校舍为军队占去。

28. 地方人士对学校不信任,不谅解。

29. 校外人士误视本校以基督教小学,竟加攻击。

30. 基督教小学诱拉本校学生。

“认清问题,研究问题,解决问题是真教育。”成都市中小学教育界今日所感到的难题,有如上列种种。大家想想看:这些问题该如何解决才好?

得意的事情

我们也曾细问成都市中小学当局:本学期中可有什么得意的事情?他们的答案很多是极有趣的。请先看中学方面的得意事:学生勤学,4 校;同事合作,1 校;学生成绩好,进步快,4 校;师生健康,无病痛,1 校;家庭联络,信任学校,1 校;学生加多,2 校;校舍落成,1 校;校风纯良,学生守规,6 校;师生融洽,学生爱校,并了解学校当局之苦衷,2 校;新建图书馆,1 校;改建校门,1 校;教师不缺课,2 校;试验不作弊,1 校;行课最早,1 校;学生一律制服,1 校;其中没有任何得意事者 12 校。次看小学方面的得意事:学生勤学,缺席者少,8 校;学生成绩显著进步,8 校;训育进步,5 校;教师合作,2 校;家属信仰,2 校;教师负责,不缺席,3 校;学生加多,3 校;学生赴观摩会,成绩尚好,1 校;学生参加校外跳舞,得人赞许,1 校;纪念周比从前有生气,1 校;行课周数,比从前加多,1 校;学生拾得半元交给教师,1 校;边防军月助款 20 元,使学校得以维持,1 校;新建雨操厅,落成,1 校;非教徒子女也来入学,1 校;守旧家庭也送子女入校,1校;国庆日宣传得力,3校;假期,学生仍来校游戏自修,2校;其中没有任何得意事者27校。

八、结　　论

大家看了这个简短的报告,可以明白今日成都市的中小学,实有不少的缺陷。一是经费支绌;二是教师兼差者多,住校者少;三是每级人数分配不均,少者56人,多者竟至124人;四是教师薪金太薄,三折四扣,有时还要久欠不发;五是课程编制不能遵奉部定标准,小学尚多读经,初中竟无体育,教会学校居然胆敢仍将"圣经""耶稣训言"列入正科;六是教法仍多讲演注入,未能采用启发式、设计法或教学做合一;七是训育,有许多学校尚无明确标准,亦无适当方法。最苦的是教学与训导分离;八是学校与学校,教师与教师无组织、无团结;九是学校当局之能注意家庭联络与推广事业者亦不甚多。然而,成都市的中小学教师在这政治混沌、经济贫困的地境,还能忍苦茹辛,和中小学生,在学校庭园之中,从事清淡的教育事业,他们的苦心究竟可感,他们的精神也很可佩的。而且,他们在千苦万难之中,也很多可令人满意的成绩。你看:

1. 师大附中的学生军。

2. 省立一师学生所创办的平民学校。

3. 省立一女师学生的勤学,少缺席。经费困难而全校整洁,无半点贫穷气象。

4. 省立工中利用假期给学生参观工厂和实习。

5. 成都联中的全体出席早操,图书及仪器的设备。

6. 成都县中的级园布置,斋室整理与举行各级田径赛的比赛。

7. 成都职业学校的缮写、油印、洗扫、烹饪、整理图书等事全由学生分任办理。

8. 华阳县中的救火设备、操场设备,都很可观,而师生同席共餐也是难得。

9. 叙属中学以教师少缺席者自喜。

10. 四川公学新建图书馆,已经落成。而购置图书之费约四百元,全由师生捐募集得。

11. 锦江公学提倡国术，规定全校学生每逢星期二、四、六，三天早起练习。

12. 敬美初中利用星期日上午请校内教师或校外人士讲演。师生亦同食。

13. 瀛寰中学的注意课外活动及娱乐。

14. 职业女校利用手工科使学生制造化装用品。

15. 宾萌中学的各级级园，经营布置，各具匠心。

16. 大成学校的校长很得家长及同事的信任；学生亦勤学，少缺席。

17. 三英中学的教室建筑，高低大小、通光、通气等事都很合理。

18. 中华女中的师生融洽，教师不缺课，学生亦勤学。

19. 民新中学提倡劳动教育，大扫除等事均由学生负责。

20. 协合中学的教室建筑，很是合理。寄宿舍生活，亦肯讲究。

21. 协合女师的学生实习办法，及教师年功加俸制都很可供吾人参考。他们校里联络医院医士以讲求学校卫生，亦是很好的办法。

22. 华英女中的学生自治，成绩颇佳。校中洗扫、买菜、烧水、擦灯、开闭窗户等事均由学生分任。

23. 华美女中的家事实习、庭园布置，都很得当。其管理学生能与家庭切实联络，更是难得。

大家看了这些中等学校的种种举动，当不会不感愉快的吧！再看各小学：

1. 成大实验学校的：(A) 大学生来校实习者即以全力参加校务及训育、教导等事；(B) 导师皆专任，不许在外兼课；(C) 提倡儿童自治；(D) 举行有计划的普遍地访问全校学生的家庭；(E) 试行“教学做合一”，谋教育法之彻底改革；(F) 设教育法研究会，全体导师轮流试教，互相参观、批评，以谋改进；(G) 设教师读书会，大家轮流报告心得，以增学识；(H) 设儿童图书馆，培养小学生自修阅读的习惯；(I) 编辑《儿童教育》周刊，以唤起社会人士对于儿童教育的注意；(J) 不收学费，不定制服，以便利贫民入校。

2. 省一师附小的管理员与学生共寝室，不辞劳苦；学生就食，鱼贯入膳厅，不争先恐后，亦不喧哗；儿童图书馆由学生自行管理，井井有条，不零乱。

3. 南城小学的食堂有纱窗、纱门。

4. 西城小学设慈幼班，班中学生免费，并日供伙食两餐，利惠贫苦子女不小。学生众多，男女合计 1 097 人。为各校冠。

5. 北城小学所规定的训育标准及方法，很是详明。

6. 中城小学学生管理图书，井井有条；编辑《合作周刊》也有意思，作业室之整洁除一年级外全由学生轮流负责。实施训育也有良好计划。

7. 市立一小在少城公园之中，附近有博物馆、教育馆、大运动场、竹林、荷池、花园、纪念塔等，环境最好。

8. 华阳一女小鼓励学生按时到校，学生迟到者甚少；小图书室管理全由学生轮流负责；全校整洁，都由学生洒扫；洗马池中养鸭喂鱼，池岸栽竹及菊，风景优美。教师课余办平民学校一所。

9. 华阳二女小长期假日指定学生工作。

10. 华阳县小高年级教室内有自制美术品、级新闻及盆景。

11. 总府街区立小学高年生级中自办图书室，由学生自动捐书捐款，竟有书 40 余种。

12. 益州女小有花圃，有菜园，校中隙地，尽为利用，景致亦佳。

13. 榴荫小学教师有互助会。

14. 正志小学教师均系各大学学生，纯尽义务，创立此校以为收回教育权运动之助力。热心尽责，从不缺席旷课。

15. 东南平民小学创办之宗旨与正志小学同。教师亦系各大学在学生，纯尽义务，热心负责。校长谭某热忱干练，尤为可敬，他现在已以全力办理该校，与学生同甘苦、共操作。平操场，整校园，洒扫庭除，均为他和学生通力任之。该校的四周本是荒地，现经他们开辟，俨然一公园了。我们去调查的那天，各级教师正缺席，而学生自动工作(低年级由高级生指导)，孜孜不倦。

16. 大成小学规定教师连任三年以上者其子女入学，学费减半。

17. 文诚小学为慈惠堂所办，专收孤贫子弟，课以书算及实用文字。教师皆专任，学生之衣食宿皆由校供给。

18. 少城小学寒假有补习班。

19. 尊德小学已与教会脱离关系；设卫生局等以鼓励学生自治；办平民学校以推广民众教育。

20. 明德小学新建雨操厅；利用星期日上午使学生练习演说。

21. 启化小学周会中要学生报告时事，使大家注意看报。

22. 明德女校教师有读书会、同乐会;对家庭有母姊会。

23. 实用女学对卫生教育极注意,除卫生课外另有健康会、卫生会及卫生演讲等;对家庭有父兄会。

24. 第威小学学生见参观者至,仍安心上课,或起立行礼;同学相处无相打骂;墙壁间全无墨迹、痰迹,可谓有训练了。学校所制统计图表最多,也最好,教师平日若不肯留心研究,是不能有这种成绩的;对家庭通信有定时,半月一次;对星期日上午,则利用为举行周会时间;都使参观者异常满意。

25. 清真小学有展览会及运动会。

26. 盲童学校学生有重明学会之组织,极力宣传盲人教育。

我们看了这些教育设施,也不禁感佩而欢喜!

我们此次调查成都市学校,参与工作者凡 10 余人;所费时间,凡四阅月。我今日在此,只能为这样简短的报告。其中若有错误与疏漏之处,尚希大家指正。

十九年[1930]国庆脱稿于柳村

地方学校校舍之调查与报告

邰爽秋*

校舍为教育上物质环境之主要部分，其良否影响于教育经费之效力及学童身心之发展者极大。故调查学校者当注意校舍之视察。

校舍二字，实包括校舍、校地、校具、教具种种物质设备在内。其在教育调查方面之问题有三：(一) 考察校舍需要；(二) 测量校舍效率；(三) 考察经济力量。兹就第一问题研究之。

子、考察校舍需要

校舍需要有两方面：一为需要之范围，二为需要之性质。校舍需要之范围，视一地方待教人数之多寡，学校组织管理之计划及公园、图书馆与其他可以利用之公共机关数目而定。至校舍需要之性质，则视课程及作业、教学方法、班级组织、学校组织之形式、儿童健康之需要及一地方气候而定。调查教育者于考虑校舍需要之际，当注意此两方面之情形，尤应注意待教人数之多寡。因其与校舍需要之关系最为密切，且为各地方公有之问题也。兹先分为"人口测量"与"待教人数之测量"两点述之。

---

* 作者简介见本卷中《教育行政效率》一文。

本文原载于《中华教育界》1932 年第 20 卷第 3 期和第 4 期。——编校者

一、考查人口情形

就通常状况言，人口众多之区，其儿童数亦必随之而多。故吾人可从人口数目中，推知儿童之数目。惟我国人口除少数都市外，向无精密统计，欲作详细研究，殊难着手。亦唯有就一地方之情形酌量估计而已。兹从教育调查者之见地，述其应注意之问题如下：

(一) 现有人口之数目

欲知一地方现有人口之确数，当从实际调查着手。惟人口调查，手续繁难，绝非教育调查者所能从事。教育调查者所应为者，只在尽量利用公安、建设、邮政等局已有之资料加以分析研究。或则集合熟悉地方情形之人，酌量估计，以作推算校舍需要之参考。若舍却教育调查本身之工作，而从事人口之实际调查，在能力上固不免发生问题，即在时间上亦将不敷支配矣。此调查教育者所应注意者也。

(二) 现有人口之分布

为决定学校地点及校舍容量之大小起见，适于人口总数之外，更研究其地理的分布，其法有二。

(1) 绘出一地方之空白地图，就现有行政区域分为若干部分，测量各部分面积之大小(公园、铁路及其他不可用作住宅区域之地方，应除去计算)，求出每方里(或其他单位面积)之人口数，用下列之阴影方法表出之。

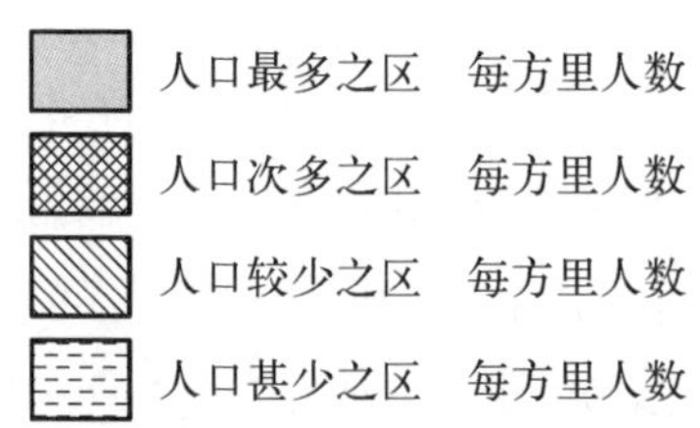

(2) 绘出一地方之空白地图，调查住宅数目，每一住宅在图上作一个小黑条表示之。从某部分小黑条数目之多寡，间接推定其人口之密度。此法虽不以人口为根据，但手续较为简单，可以补前之不足也。

(三) 未来人口之增减

一地方之人口因迁移或生长，与死亡之关系，往往发生增减之现象。儿童数之多寡，亦往往随之变动。故教育调查者于调查现有人口之外，同时仍应注意人口数之增减，估计其数量之大小，以为推算儿童数之根据。兹就吾国情形，将各地方人口增减现象，析为三种述之。

(1) 人口数目固定，增减之数极微，我国大多数工商业未发达之城市属之。

(2) 人口数目增加，各年皆有不同。其中又分增加率确定与不确定二种。前者多为发达较久之县市，后者多为新兴之都市。

(3) 人口数目减少，其中又分为渐减与骤减二种。前者多为工商业衰败之县市，后者多为骤经兵燹或灾害之县市，或为政治中心转移因而衰败之都市。

人口之增减，与校舍需要之程度有密切关系。就通常情形言，人口减少之地方若其地之教育已经普及，则于新学校之设立，当注意其学生之来源是否充旺；对于人口逐年增加之区域，则应注意其增加之数量，亦应特别注意各区间数量之分配，及其逐年增加之趋势，以为决定校舍地点之根据。至于人口数目固定地方，只须注意校舍数量能否容纳现有儿童，实现预定之教育计划，其问题比之前二种虽较简单，然在实际上亦须仔细考虑，不容忽视也。

请进而言测量人口增减之方法。欧西各国测量人口增减之方法颇多，求其合于我国目前之情形者殊少。不得已择其最普通者数种，介绍于下，读者可斟酌情形用之可也。

1. 以一地方逐年全体人口数之增减为标准

方法：搜集一地方最近若干年内人口数目之资料，列为下表。求出其增减率，用以推测将来之趋势，以作估计校舍需要之参考。

第一表　某地方人口之增减

民国　　年	人口数	增减数	比前一年增加或减少数

2. 以一地方在某数年内一天一周或一月内加增或减少之人口数为标准

此标准在不能觅得若干年人口数之资料时用之。用法与前条同。

第二表　某地方在某某两年内增加或减少之人口数

月	民国　　年	民国　　年	增加或减少数	增加或减少之百分数
1 2 3 4 5 6 7 8 9 10 11 12				
总数				

3. 以某数年内住宅建筑执照为标准

此标准宜用于新兴之都市，可将搜得之资料列入下表。

第三表　某地方某数年内住宅建筑执照数

民国　　年								
住宅建造执照发给数								
人口估计数								

用此标准时，应注意之点如下：

(1) 先求得某地方各住宅人口平均数，用以乘住宅建造执照数，即得人口估计数。

(2) 须查明或估计拆毁及迁地建筑之住宅数，在住宅建造执照发给数内加以相当之考虑。

(3) 求出各年住宅增加率，用以推算将来之趋势，以为估计校舍需要之参考。

(四) 未来人口之分布

除研究人口目前分布之状况外，仍应研究其未来分布之状况，其法如下。

(1) 查出一地方先后两年间各区人口数,并估定若干年后增减之数目,列入下表。

第四表　某地方各区人口之分配

年 人口数 第　区	民国十年 [1921]*	民国二十年 [1931]*	民国三十年 [1941] (估计数)
1 2 3 4 5 6			

* 为假定之年数

(2) 绘一空白地图,就现在区域分为若干部分,测量各部分面积之大小(公园、铁路及其他不可用作住宅区域之地方须除出计算),求出每方里(或其他单位面积)之人口数,用下列之阴影方法表出之。

若干年后人口极盛之区域(增加率在100%以上)
若干年后人口加增之区域(增加率由10%至100%)
若干年后人口无大变动之区域(增加率由0至10%)
若干年后人口减少之区域

若不能搜得上项资料,则可就下列要素中搜集资料,绘于图上,借以决定一地方人口发达之趋势:

各区选举人民数;

建筑执照数;

现在及计划中之工厂位置(工厂附近人口必多);

火车、电车、马路或电话线路之延长;

自来水之设置;

可以建筑住宅之空地;

各区小学儿童数之增加。

二、估计待教人数

待教人数之测量,可分为:(一)现有待教人数;(二)现有待教人数之分布;(三)未来待教人数之增减;(四)未来待教人数之分布,四项述之。

(一)现有待教人数

一地方校舍需要之大小,就目前状况言,视待教人数之多寡而定。所谓"待教人数"可分四种:(一)十五岁以下应受四年义务教育之儿童;(二)十五岁以下受过四年义务教育继续入学之儿童;(三)十五岁以上应受补习教育之成人;(四)十五岁以上继续求学之青年。计划校舍时,应先知此四种学生之确数。其中尤以第一、第二两种在教育调查上最为重要。惜我国素无此类统计可资参考,亦唯有凭照外国比较可靠之数目或斟酌一地方之情形,酌量推算,是亦不得已之办法也。

1. 十五岁以下应受四年义务教育之儿童

在欧美各国,大约每六人中有一学龄儿童,但我国义务教育暂定为四年,故人数较少,兹暂假定每十人中应有一人应受义务教育,即百分之十之人口数也。

2. 十五岁以下受过四年教育继续入学之儿童

此类儿童大概入高级小学或入初中,数目无从推定。唯有就一地方之情形斟酌计算。

3. 十五岁以上应受补习教育之成人

据教育部教育方案编制委员会所编《改进全国教育方案》,根据欧美各国人口年龄分配百分数,按照百分法求出之各年期人口平均百分数如下。

15 岁以下…………33.18%
15～40 岁…………39.53%
40～50[①] 岁……… 18.77%
50 岁以上………………9%

又据中华平民教育促进会前数年之调查报告,笼统计算全国民众,不识字

① 原为 60,疑错误,改为 50。——编校者

者约有百分之八十。若已知某地方之人口数，则某年期内应受补习教育之人数，即可依下列公式求得之。

某地方某年期内应受补习教育之人数＝某地方人口数×某年期之人口百分数×80％

假定某地有人口一万，试求其十五岁至四十岁间应受补习教育之人数。依前式应得出数目如下：

10 000 人×33.18％×80％＝2 654 人(约数)

4. 十五岁以上继续求学之青年

此类学生大概入高级中学或大学，数目无从确定，当就一地方之情形斟酌计算。

(二) 现有待教人数之分布

依前段所述，现有待教人数分为四种：(一) 十五岁以下应受四年义务教育之儿童；(二) 十五岁以下受过四年义务教育继续求学之儿童；(三) 十五岁以上应受补习教育之成人；(四) 十五岁以上继续求学之青年。此四种待教人数之地理的分布，可依下法研究之。

1. 绘制一地方之空白地图四张，备点绘儿童家庭地址之用。

2. 查出各儿童之住居处所，点绘于图上，每人以一点代表之。

3. 六岁至十岁之儿童，十一岁至十二岁之儿童，十三岁至十五岁之儿童，十六岁至十八岁之青年，各绘一张，表现应入初级小学、高级小学、初级中学及高级中学四种待教人数地理分布之状况。

4. 应受补习教育之人数太多，可即参用前节“现有人口之分布”段中之分布图，不必另绘。

(三) 未来学龄儿童数之增减

估计未来待教儿童数时，须注意下列各点。

1. 调查六岁以下各岁中现有儿童之数目。

2. 研究数年内生产率及死亡率之高下。

3. 考虑六岁以下儿童每年迁入及迁出者之数目。

(四) 未来学龄儿童数之分布

将六岁以下儿童，按其住居处所，分年点绘于六张空白地图之上，每儿以一点表出之。更用空白地图一张，点绘六岁以下之全体儿童。

三、考虑其他情形

估计校舍需要时，除待教人数外，其他应考虑之情形甚多，兹分述之。

(一) 关于校舍需要之范围者

1. 教育范围之广狭

校舍需要之范围，视一地方教育范围之广狭而定。即如义务教育，如以六年小学为范围，则校舍之需要自与以四年为范围者不同。又如补习教育，如以二年每星期三小时为限度，自与以一年为限度者不同。

2. 学校组织管理计划

校舍需要之范围，视学校组织管理之计划而定。学校之组织若采用全日制，则校舍之需要较大；若采用半日制或葛雷制，则需要较小；若更利用晚间上课，则需要更小。

3. 公共机关利用之程度

校舍需要之范围，又视一地方公共机关可以利用之程度而定。如一地方设有图书馆、体育场、公园及其他公共机关，并可充分利用，则校舍需要自必因此减小。

(二) 关于校舍需要之性质者

1. 课程及作业之种类

校舍需要之性质，视课程及课外作业之种类而定。如偏重工艺课程，则应有工艺设备；如偏重农业课程，则应有农作设备；如偏重幼稚课程，则更应有幼稚园之设备。

2. 教学方法及班级组织之情形

校舍需要之性质，视教学方法及班级组织之情形而定。即如班级制之设备与设计法之设备不同；设计法之设备又与道尔顿制之设备不同。

3. 班级组织

校舍需要之性质，视班级组织之情形而定。如以学级为单位，自与以能力分组者不同。

4. 学校组织

校舍需要之性质，视学校组织而定。如采用葛雷制，则应多设特别教室是。

5. 儿童健康之需要

校舍需要之性质，视儿童健康之需要而定。如为盲儿或跛童之学校，则一切设备自应与普通学校不同。

6. 地方气候

校舍需要之性质，又视一地方之气候而定。在严寒地方之学校，其取温设备自必与在温暖地方者不同。

此外应行考虑之情形尚多，教育调查者可随时留意，本篇不能备述也。

丑、测量校舍效率

测量现有校舍之效率，可分一学校校舍之效率及一地方校舍计划之效率二项述之。

一、学校校舍之效率

吾国校舍向极简陋，且各种有关系之事实多无记载。欲作精密调查，颇非易事。美国教育家施菊野[①]、安革霍[②]二氏所订小学校校舍效率测量及校舍调查二表，极为详细。虽所悬标准过高不尽适于调查我国校舍之用，然近年来国人对于校舍问题已渐注意；校舍建筑亦日有进步。衡以二氏所订标准，除少数节目外，尚无不合之处。惟穷乡僻壤及经济困难地方，仍多沿用庙宇或借用民房，与二氏标准相去太远。强足就履，自多扞格。吾人为适合国情计，亟应另订相当标准，但绝非一时所能办到。故在目前仍须采用二氏标准，略加修改，专为测量新式校舍之用，至破旧不堪之旧式校舍，除调查一部分事实外，其效率太低，尽可不必测量矣。兹先将作者所修改之施安二氏小学校舍效率测量表介绍于下。

(一) 邰氏修正施安二氏小学校舍测量表之内容

施菊野、安革霍二氏小学校舍效率测量表，内容极为简单。表内只有“项目”及“分数”二栏。各项标准，有数千条之多，另订一册，计共三十九页。用表之际，若携带该册随时查核，既不方便，且费时间。若欲一一牢记于胸，纵可勉强于一时，终必日渐遗忘，使所测结果不能正确。且强记极费时间，初学颇感不便。作

① 今译“斯特拉耶”(George D. Strayer)，美国20世纪早期教育管理学研究的领袖人物之一。——编校者

② 今译“恩格尔哈特”(N. L. Engelhardt，1882—1960)，美国教育管理学者。——编校者

者有见于此，特将该表构造略加修正，于原表“项目”及“分数”二栏之间，加入“标准”一栏，摘取原有标准之重要条目，缩成简短语句，按项插入表内。测量时只需明了其意义，即能自由应用。较之用施、安二氏原表，可省却许多困难也。

第　五　表

校舍效率测量表　　第______号

学校__________测量日期_____年_____月_____日
测量人_________

测量须知

1. 本表每小学用一份，遇必要时得两份并用。
2. 测量工作由三人担任之。
3. 本表仅适用于新式校舍。
4. 总分数共为千分。
5. 测量时应按照表内所订标准。详细标准请参阅施菊野、安革霍二氏之小学校舍标准。
6. 表内分数项下之数目，皆为各项最高标准分数。
7. 实际测量时，只填第一项，至二、三两项，随后填算。
8. 须参用一校校舍设备调查表。
9. 不能填写之项目从缺。
10. 填成后，加成总数记于最后总数格内。
11. 由三人所测各主要项目(甲、乙、丙、丁、戊)之中数，加成总数而得某校舍之最后分数。
12. 本表请于_____月_____日填交_________。

项　目	标　　准	分　数					
		1		2		3	
甲. 地址						125	
A. 坐落				55			
1. 交通	便利、适中、现在及将来临近街道，或去电车不远。	25					
2. 环境	a. 物质方面：花园树木房屋邱山。天际线与校舍基础不得过30度。 b. 社会方面：居民稠密，无不道德之势力。 c. 保护方面：无嚣哗、灰尘危险、臭气。	30					

（续表）

项目	标准	分数		
		1	2	3
B. 排水			30	
1. 高度	宜在高地，斜而向下，避去邻地流水，若在平地，则须有适当之排水沟。	20		
2. 土质	宜用天然土，不要腐融污垢，含有15%～25%之沙。操场须干燥透水，不宜用砖或水泥。	10		
C. 大小形状	当宽大整齐，每儿童有100方呎面积之游戏场。场上应有运动设备，并有40呎长之旗杆。	40	40	
乙. 房屋	每所房屋均须分开测量。			165
A. 地位			25	
1. 方向	东南最好，其次为东、西南、西、南、北。光宜用于艺术等室。	15		
2. 位置	宜美观。避嚣市及丑陋之屋。留出充分操场地位，留出房屋扩展地位。	10		
B. 外部构造			60	
1. 形式	T. H. F. U.等式为宜。	5		
2. 材料	砖或石，水泥尤佳。	10		
3. 高度	稠密城市两层楼。材料不佳者，至多一层。	5		
4. 屋顶	顶平不漏，可作游戏场，并有适当斜度易于泄水。屋檐应有泄水管。	5		
5. 屋基	砖石三合土，基底宽，地室应不透水。	5		
6. 墙壁	石、三合土或用硬砖嵌入水泥最佳。	5		
7. 进口	a. 中央有大进口，在主要及次要走廊交界近楼梯踏脚处。更有双门之两小进口，各进路无阻碍物。 b. 阶步宜少，且不露天不得滑，高六吋宽十二吋。 c. 正前廊宽10～12呎。 d. 双门向外开，3×7呎，有避险机。	10		

（续表）

项　目	标　　准	分　数					
		1		2		3	
8. 美观	布置优美，但不奢侈。	5					
9. 修理	时常修理，无颓废之状态。	10					
C. 内部构造				80			
1. 楼梯	a. 构造：宜用不致引火之材料，最好用铁或三合土。梯阔五呎，脚踏板阔度为10～12 吋，高则 6～7 吋。 b. 数目和方向：以屋内所容人数能于三分钟内走空为准。地点以在外墙为佳。 c. 光线须适宜。 d. 勿使藏垢纳污。	35					
2. 廊庑	a. 位置：宜环绕各室通达各梯。 b. 构造：材料须不引火不发声，及坚固美观，光线要适当，廊宜广大，可挂地图相片以陶冶身心。	20					
3. 地室	储藏杂物，装置火炉，地板墙壁应不易着火，气锅气管须装置得宜，并要避免无用空地。	15					
4. 颜色	须与教室内之颜色相等。	5					
5. 屋顶小室	屋顶与天花板之间，不应堆积杂物，但须以铁梯通于下层。	5					
丙. 卫生设备						280	
A. 取温换气				80			
1. 种类	热水汀最好，煤炉次之，炭盆最坏。	15					
2. 装置	须得宜。	15					
3. 通气	应有换气机，各室空气皆要流通。空气来源须新鲜，并应有洗气机，使教室内之湿度 40％～60％之间。	15					
4. 电扇摩达	应设电扇，并安置适宜之摩达。	10					

(续表)

项　目	标　　准	分　数		
		1	2	3
5. 分配	教室、自修室、集会室、实验室等华氏 67 至 70 度;衣室、茅厕、走道等,华氏 65 至 70 度;游戏室、健身房华氏 60 至 65 度。	10		
6. 调节温度	应有自动的温度调节法。	10		
7. 特别设备	其他关于调节空气之特殊设备。	5		
B. 防火			65	
1. 器具	有水管、灭火药水、压水机、警钟。每层楼皆易于达到警钟处。	10		
2. 避火	房屋质料,须能避火。	15		
3. 逃火	如无保火险的梯井,即应设逃火梯。门须与逃火梯相连,通至屋外地上。	20		
4. 电线	须照保火险公司之规定装置。	5		
5. 火门	自能关闭的火门,使火房与他处分开。逃火梯上下之窗,应设火玻璃。	10		
6. 灯光	逃火门应有触目之灯为记号。	5		
C. 去污			20	
1. 种类	用真空去污制。	5		
2. 设置	大校舍应设真空去污制,小者应有地刷扫地化合物及其他材料。	5		
3. 清洁	各处须十分清洁。	10		
D. 灯光			20	
1. 电灯	全屋皆用电灯。	5		
2. 盏数	教室 6～9 盏,走廊 20～25 呎一盏。	5		
3. 光亮	教室、自修室、图书馆每桌六尺烛光,礼堂三尺。	5		
4. 装法	简单适宜,不宜直触眼帘。宜用半直接或间接法。	5		

（续表）

项　目	标　　准	分数 1	分数 2	分数 3
E. 电用设备			15	
1. 电钟	每教室一，主要路道及校工室亦应安置。	5		
2. 铃锣	为开会上下课及火警训练之用。	5		
3. 电话	安在校长室或总办公室中。	5		
F. 水料			30	
1. 饮料	沸水终日不断，分杯饮。	10		
2. 洗濯	各室皆有洗手盆，五十儿一盆，适合高度。	10		
3. 洗澡	设男女浴室，雨淋最佳。	5		
4. 水物	有卫生肥皂及手巾架等，并备热水。	5		
G. 便所			50	
1. 分配	每层楼有男女厕所。	10		
2. 设置	瓷器座，自来水。	10		
3. 便利	男生每二十五人合一马桶。十五人合一小便位。每十五女生合一马桶。	10		
4. 隔离	男女分开，在屋之两端。	5		
5. 卫生	南向空气流通，窗面占地板面积20%。	15		
丁. 教室				290
A. 位置	须离扶梯出口、厕所、饮水处及水厕所不远。	35	35	
B. 构造粉饰			95	
1. 大小	每学生须占十五方呎地板面积，和200立方呎空气体积。	25		
2. 形势	式须长方形，旁边开窗。	15		
3. 地板	硬木板材料，接合须密，不藏灰垢。	10		
4. 墙壁顶板	平滑，坚硬，修整。	10		

（续表）

项目	标准	分数		
		1	2	3
5. 门	三尺宽、七尺长，须设于教师节制便利之处。	5		
6. 藏物处	每教室须备一处，近教师台。	5		
7. 黑板	种类、长阔、颜色、粉槽、离地高度、面积、材料(年级)等均须注意。起码宽 1—3(年级)28 吋；4—5(年级)32 吋；6—8(年级)36 吋；粉槽地高：1—2(年级)24 吋；3—4(年级)26 吋；5—6(年级)28 吋。宜置于室之前面，两窗间不宜安置黑板。	10		
8. 布告板	布告板以软木质为佳。	5		
9. 颜色	墙淡黄或淡绿，天花板白色，近地处较黑。	10		
C. 光线			85	
1. 玻璃面积	占地板面积五分之一至四分之一。	40		
2. 玻璃窗	a. 位置于教室之长边。b. 光线须由左方进来。c. 二窗间不过十二吋，近黑板之一端，5～7 呎内无窗。e. 近火门处，须用耐火玻璃窗。①	30		
3. 窗帘	透光窗帘，并可揭开，颜色与墙色调和。	10		
D. 藏衣室	宜有充分地方，不可与墙接近。挂钩高度，应适应学生用时之便利。	25	25	
E. 设备			50	
1. 桌椅	单位坐，可移动的，升降的。	35		
2. 讲台	质坚、式美、合用。大小约 52×32 吋，且须有高足。	10		
3. 设备	须适应各年级及各特别教室之需要。	5		
戊. 特别室	光线、构造、颜色、门框等，当与普通教室同。			140
A. 普通用的			65	
1. 游戏室	男女各一，应与操场厕所相近。	10		

① 原文遗漏了 d。——编校者

（续表）

项目	标准	分数		
		1	2	3
2. 会堂	a. 地位：便利交通，宜在一层楼；b. 大小：能容全校生60%以上，每人占七方呎之面积；c. 构造：当注意质料、地板、传声、阻碍物、出路、楼厢、装修、装饰等项。地板须平，椅子向后，层层加高；d. 讲台：高度三尺半至四尺，深约相当于台口之半，另有更衣室、储藏室、电影室。	15		
3. 图书室	书籍充足，设备适宜，宜在第一层近总道口处。面积约当于各教室总面积五分之一。	10		
4. 体育室	能打篮球、排球，并够练习柔软体操。位置应在地面，设观众坐位。长宽成三与二之比。声音不达教室。用木质地板。光线充足，三面开窗。窗面占地板面积20%～25%，并有游戏设备。此外更有主任室、淋雨室、更衣室、置衣室及储藏室。	15		
5. 游泳池	近更衣室，水池水料等物皆清洁。	5		
6. 膳堂	为通学儿童午膳之地。应与家事室相连。能容三分之一的儿童一次食饭。光线、空气、装饰等，均须合宜。	10		
B. 办事室			35	
1. 办公室	位置宜设在一层。较大之学校宜备应接室、储藏室、书记室等。	10		
2. 教员预备室	男女各一，书籍、茶水、衣物、台椅等设备，须完全。	10		
3. 医药室	须注意大小、设备、卫生等项。应包含治牙所、医病所，及其他应备之医药材料。	10		
4. 校役室	宜与水锅及便所相近。水盆、电话、办公室用具均宜有之。	5		
C. 其他特别室			40	
1. 家事室	应有烹饪及缝纫等完全之设备。	20		

（续表）

项　目	标　　准	分　　数		
		1	2	3
2. 工艺室	大小 24×45 呎。工具房、颜料房宜分立。并须备水盆等物。最低限度须能容 20 人。	10		
3. 科学与图画室	大小应与教室同。有台椅等设备，并应有书架、自来水等。	5		
4. 储藏室	宜近办公室，并应有充足光线。	5		
总　　数		1 000	1 000	1 000

第六表　校舍总分数

项　　目	测量人姓名	某项中数分数
甲. 地址		
乙. 校舍		
丙. 卫生设备		
丁. 教室		
戊. 特别室		
总　　数		

如有其他资料请书于下

（二）校舍测量表之应用

调查校舍时须先填“校舍设备调查表”。此表项目极多，其中之一部分，为记载各校舍普通事实，备说明参考之用。另一部分则为供给测量表中所需要之特殊事实，如游戏场及教室地板面积均是。用测量表时，可将此类含有特殊事实之项目暂行空下；俟结算清楚后再为填入。此外，遇有特殊情形为表中所未备者，则用铅笔记于表之边缘，以便整理时酌量记载分数。至记载分数时，应注意之点甚多，兹按该表所订项目，逐条说明如下。

甲、地址

A. 坐落

1. 交通　至少给一分，普通给二十分。

2. 环境　a、b、c 三项，至少给四分，普通给七分。

B. 排水

1. 高度　至少给六分，普通给十四分。

2. 土质　砖地二分，水泥地三分，泥地而阴湿者五分。

C. 大小形状

1. 游戏　每儿有一百方呎以上之游戏场面积者二十五分；七十五至一百方呎者二十分；二十五至五十方呎者十五分；二十五方呎以下者十分。

2. 设备　毫无固定设备（如浪桥、木马等）者零分；略有一二件者二分；有五件以上者十分。

3. 旗杆　无旗杆零分，有短旗杆三分，有四十呎之长旗杆五分。

乙、房屋

本项须就所测校舍情形斟酌记分。

（甲）若一校校舍只有房屋一所，则以一表测量之。

（乙）若一校校舍有房屋数所，各所情形大概相同，则以一所为代表测量之。

（丙）若数所房屋中有一较大者足以代表全校全部校舍时，则以该所为代表测定之。

（丁）若各所房屋彼此情形迥异，则须用数表分别测量，然后求出各条平均数填入后一表内计算总分。

A. 地位

1. 方向　东南十五分，东十三分，西南十一分，西九分，南七分，北五分。

2. 位置　美观二分，不靠近嚣市及丑陋之屋二分，留出充分操场地位三分，留出房屋扩展地位三分。

B. 外部构造

1. 形式　不合 T、H、E、U 等式者三分。一校内房屋有二分之一合于此数种形式者三分。

2. 材料　砖或石七分，水泥十分。

3. 高度　平房五分，一层楼四分，两层楼以上三分。材料不佳而有楼房者照减二分。

4. 屋顶　合于表内标准者五分，有屋脊又有泄水管者四分，无泄水管者照减一分。

5. 屋基　砖石三合土而基底宽者亦给五分。基底在一尺以内者照减一分。土墙或木板墙各给二分。

6. 墙壁　不合标准者至少给二分。

7. 进口　a. 三分　b. 二分　c. 二分　d. 三分。不合标准者各条照减一分。

8. 美观　至少给二分。

9. 修理　至少给三分。

C. 内部构造

1. 楼梯

a. 构造项共给二十分。铁或三合土之梯给十四分。木质梯给五分,宽阔高各给二分,不合标准各给一分。

b. 数目和方向项,共给八分,不合标准四分。

c. 光线适宜给四分,不合标准给二分。

d. 合标准给三分,不合者给二分或一分。

e. 无楼房之校舍此项共给二十五分。

2. 廊庑

a. 位置合标准者四分,不合标准者二分。

b. 构造内共四项。每项合标准者各给四分,不合标准各给二分。

3. 地室　无地室者给十分。

4. 颜色　白色给四分。

5. 屋顶小室　如无屋顶小室而有天花板,则给三分。若并天花板而无之,则给二分。

丙、卫生设备

A. 取温换气

1. 种类　热水汀十五分,煤炉十二分,炭盆或无炭盆者给六分。

2. 装置　无取温设备不给分。

3. 通气　无通气设备给五分。

4. 电扇摩达　无此项设备者不给分。

5. 分配　此项给五分。

6. 调节温度　不合标准者零分。

7. 特别设备　不合标准者零分。

B. 防火

1. 器具　有水龙者五分，有水缸、水桶者三分。

2. 避火　木质房屋三分，砖木合用者十分。

3. 逃火　有逃火梯井者二十分，有逃火梯又通至室外地上者十五分，无梯给五分。

4. 电线　暗线五分，明线三分，无电灯或其他灯火设备者亦给三分。

5. 火门　仅有逃火门者三分，并逃火门而无之者零分。

6. 灯光　不合标准者零分。

C. 去污

1. 种类　不合标准者给一分。

2. 设置　用扫帚者给二分。

3. 清洁　至少给三分，普通给五分。

D. 灯火

1. 电灯　洋灯给二分，无灯零分。

2. 盏数　洋灯给二分，无灯零分。

3. 光亮　电灯光暗者三分，无灯零分。

4. 装法　有露泡之电灯者给三分，无者零分。

E. 电用设备

1. 电钟　不合标准者零分。

2. 铃锣　无铃锣者给二分。

3. 电话　无电话者零分。

F. 水料

1. 饮料　每条各给五分，不合标准者二分。

2. 洗濯　无洗面盆者零分。

3. 洗澡　男女浴室只有一种者二分，兼有者四分，有雨淋者再加一分。

4. 水物　不合标准者零分。

G. 便所

1. 分配　楼房只有一层设厕所者给八分，平房男女厕所兼备者给十分。

2. 设置　有盖便桶六分，粪坑四分。

3. 便利　不合标准者至少给二分。

4. 隔离　男女厕所靠近者二分。

5. 卫生　不合标准者至少给五分。

丁、教室

A. 位置　不合标准者至少给十分。

B. 构造粉饰

1. 大小　不合标准者至少给十分。

2. 形势　不合标准者至少给五分。

3. 地板　木板接合不密而有灰垢者五分，砖地三分，土地二分。

4. 墙壁顶板　至少给二分。

5. 门　至少给三分。

6. 藏物处　不合标准者零分。

7. 黑板　无黑板或其他代替物者零分，有黑板者至少三分。

8. 布告板　无者零分。

9. 颜色　不合标准者至少给五分。

C. 光线

1. 玻璃面积　占地板面积五分之一至六分之一者三十五分；六分之一至七分之一者三十分；七分之一至八分之一者二十五分；八分之一至九分之一者二十分；九分之一至十分之一者十五分；十分之一以下者十分。

纸窗或明瓦窗照上述标准减半。夹用玻璃者照标准推算。

2. 玻璃窗　每条六分。除最后一条如无火门可给四分外，其余各条至少各给三分。

3. 窗帘　如无窗帘零分，有窗帘而颜色不合七分，玻璃窗上加白油者五分。

D. 藏衣室

无藏衣室而有置衣物柜者二十分，否则零分。挂钩位置不适当者照减五分。

E. 设备

1. 桌椅　全用双位坐椅十五分；全用单位坐不能升降移动之椅二十分；高低单位椅夹用二十五分；高低双人椅夹用二十分；全用凳位十分。

2. 讲台　不合标准至少五分。

3. 设备　不合标准至少二分。

戊、特别室

A. 普通用的

1. 游戏室　无游戏室者零分，男女游戏室每室至少二分。

2. 会堂　有代替会堂之室（如饭堂等）五分，否则零分。普通食堂无半月形讲台者八分，有者十分。

3. 图书室　有者至少给三分，否则零分。

4. 体育室　有者至少五分，无者零分。

5. 游泳池　无者零分。

6. 膳堂　有者至少四分，无者零分。

B. 办事室

1. 办公室　只有办公室者五分。若更有应接、储藏等室，每室再加一分，以加至十分为限。

2. 教员预备室　有者至少五分，合在办公室内者给二分。

3. 医药室　有者至少给三分，无者零分。

4. 校役室　有者至少给一分，无者零分。

C. 其他特别室

1. 家事室　有者至少给七分，无者零分。

2. 工艺室　有者至少给四分，无者零分。

3. 科学及图画室　有者至少给二分，无者零分。

4. 储藏室　有者至少给二分，无者零分。

(三) 测量结果之整理

1. 一校结果之整理

校舍测量工作系由三人担任。俟各人结算完竣后，将所有结果填入下表。

第七表　三个测量员所给某校校舍之分数

项目 \ 分数 \ 测量员号数	6	9	12	中数	
				分项	总项
甲. 地址	85	71	83		83
A. 坐落	45	30	45	45	
B. 排水	20	26	23	23	
C. 大小形状	20	15	15	15	
乙. 校舍	94	113	91		101
A. 地位	15	22	16	16	
B. 外部构造	44	36	26	36	
C. 内部构造	35	55	49	49	
丙. 卫生设备	106	113	110		115
A. 取温换气	31	32	30	31	
B. 防火	0	8	9	8	
C. 去污	13	15	16	15	
D. 灯光	0	0	0	0	
E. 电用设备	5	15	15	15	
F. 水料	15	2	5	5	
G. 便所	42	41	35	41	
丁. 教室	174	186	187		179
A. 位置	35	25	25	25	
B. 构造粉饰	49	67	60	60	
C. 光线	47	50	56	50	
D. 藏衣室	20	20	16	20	
E. 设备	23	24	30	24	
戊. 特别室	111	78	75		85
A. 普通用的	45	28	35	35	
B. 办事室	28	13	10	13	
C. 其他特别室	38	37	30	37	
总　　计	570	561	546		563

2. 一地方各学校结果之整理

一地方各学校情形不同，往往因一级总分数或某项分数之多寡，而影响全部之数目，故当用数表分别表出。兹以松江各小学资料为例说明之。

第八表　松江十五小学校校舍根据施安二氏校舍效率测量表所测各项分数与标准比较表

学校名称	依照每校所得总分数排定之次第	标准分数	分项标准分数与各校各项所得分数				
			Ⅰ 地址	Ⅱ 校舍	Ⅲ 卫生设备	Ⅳ教室	特别室
		1 000	125	165	280	290	140
第一小学	1	560	103	120	98	192	49
实验小学	2	536	88	110	117	176	45
第二小学	3	524	97	103	97	187	45
松筠小学	4	448	63	97	53	195	40
崇文小学	5	406	75	97	66	194	15
北内小学	6	321	48	85	40	143	5
莫家弄小学	7	319	47	87	60	104	21
东内小学	8	319	67	87	53	124	5
景贤小学	9	312	52	75	58	116	11
培本小学	10	306	66	58	25	135	24
妙严小学	11	304	46	79	50	124	5
尊亲小学	12	278	53	64	37	116	8
聂氏小学	13	254	51	59	43	73	20
东外小学	14	226	50	44	48	79	5
大涨泾小学	15	224	47	63	42	68	5
标准分数		1 000	125	165	280	290	140

根据上表绘出下列二图，一则表明各校总分数（第一图），一则表明各校分项数（第二图）。

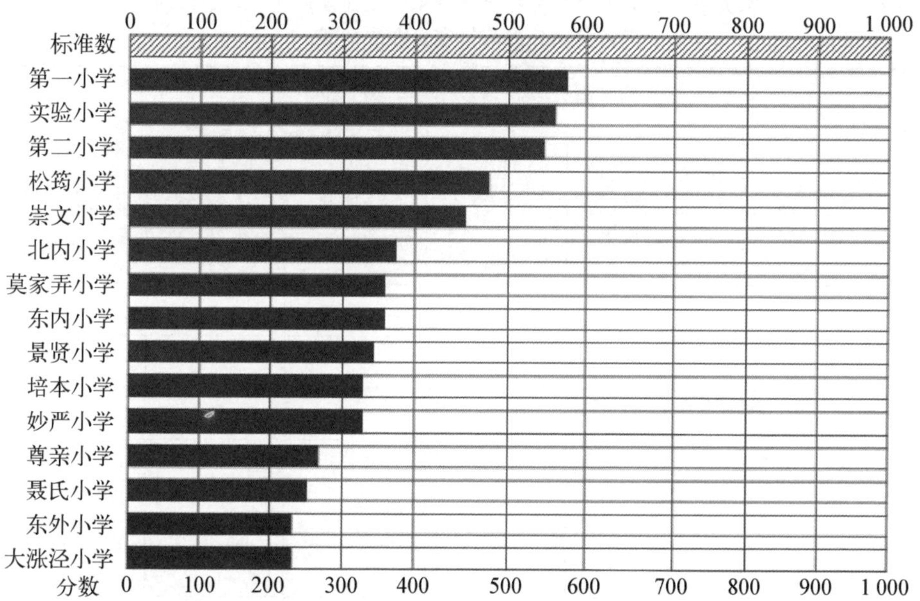

第一图 松江城十五小学校舍根据施菊野、安革霍二氏测量表效率总分数之比较

	地址	校舍	卫生设备	教室	特别室
标准数	125	165	280	290	140
第一小学	103	120	98	192	49
实验小学	88	110	117	176	45
第二小学	97	103	97	187	45
松筠小学	63	97	53	195	40
崇文小学	75	97	66	194	15
北内小学	48	85	40	143	5
莫家弄小学	47	87	60	104	21
东内小学	67	87	53	124	5
景贤小学	52	75	58	116	11
培本小学	66	58	25	135	24
妙严小学	46	79	50	124	5
尊亲小学	53	64	37	116	8
聂氏小学	51	59	43	73	20
东外小学	50	44	48	79	5
大张泾小学	47	63	42	68	5

第二图 松江城十五小学校舍根据施菊野及安革霍二氏测量表效率分数分项比较

第九表　某城各小学校校舍根据施安二氏测量表　　地址项所得各分项分数与标准分数之比较

第　一　项　　地　址					
学校名称	依照每校所得第一项总分数排定之次第	标准分数	分项标准分数与各校所得分数		
			A. 坐落	B. 排水	C. 形状大小
		125	55	30	40
标准分数					
		125	55	30	40

第十表　某城各小学校校舍根据施安二氏测量表　　校舍项所得各分项分数与标准分数之比较

第　二　项　　校　舍					
学校名称	依照每校所得第二项总分数排定之次第	标准分数	分项标准分数与各校所得分数		
			A. 地位	B. 外部构造	C. 内部构造
		165	25	60	80
标准分数		165	25	60	80

第十一表　某城各小学校校舍根据施安二氏测量表　　卫生设备项所得各分项分数与标准分数之比较

<table>
<tr><th colspan="10">第　三　项　　　卫　生　设　备</th></tr>
<tr><th rowspan="3">学校名称</th><th rowspan="3">依照每校所得第三项总分数排定之次第</th><th rowspan="2">标准分数</th><th colspan="7">分项标准分数与各校所得分数</th></tr>
<tr><th>A. 取温换气</th><th>B. 防火</th><th>C. 去污</th><th>D. 灯光</th><th>E. 电用设备</th><th>F. 水料</th><th>G. 便所</th></tr>
<tr><td>280</td><td>80</td><td>65</td><td>20</td><td>20</td><td>15</td><td>30</td><td>50</td></tr>
<tr><td></td><td></td><td></td><td></td><td></td><td></td><td></td><td></td><td></td><td></td></tr>
<tr><td></td><td></td><td></td><td></td><td></td><td></td><td></td><td></td><td></td><td></td></tr>
<tr><td></td><td></td><td></td><td></td><td></td><td></td><td></td><td></td><td></td><td></td></tr>
<tr><td></td><td></td><td></td><td></td><td></td><td></td><td></td><td></td><td></td><td></td></tr>
<tr><td></td><td></td><td></td><td></td><td></td><td></td><td></td><td></td><td></td><td></td></tr>
<tr><td colspan="2">标准分数</td><td>280</td><td>80</td><td>65</td><td>20</td><td>20</td><td>15</td><td>30</td><td>50</td></tr>
</table>

第十二表　某城各小学校校舍根据施安二氏测量表　　教室项所得各分项分数与标准分数之比较

<table>
<tr><th colspan="8">第　四　项　　　教　　室</th></tr>
<tr><th rowspan="3">学校名称</th><th rowspan="3">依照每校所得第四项总分数排定之次第</th><th rowspan="2">标准分数</th><th colspan="5">分项标准分数与各校所得分数</th></tr>
<tr><th>A. 位置</th><th>B. 构造粉饰</th><th>C. 光线</th><th>D. 藏衣室</th><th>E. 设备</th></tr>
<tr><td>290</td><td>35</td><td>95</td><td>85</td><td>25</td><td>50</td></tr>
<tr><td></td><td></td><td></td><td></td><td></td><td></td><td></td><td></td></tr>
<tr><td></td><td></td><td></td><td></td><td></td><td></td><td></td><td></td></tr>
<tr><td></td><td></td><td></td><td></td><td></td><td></td><td></td><td></td></tr>
<tr><td></td><td></td><td></td><td></td><td></td><td></td><td></td><td></td></tr>
<tr><td></td><td></td><td></td><td></td><td></td><td></td><td></td><td></td></tr>
<tr><td colspan="2">标准分数</td><td>290</td><td>35</td><td>95</td><td>85</td><td>25</td><td>50</td></tr>
</table>

第十三表　某城各小学校校舍根据施安二氏测量表　特别室项所得各分项分数与标准分数之比较

第五项　特别室					
学校名称	依照每校所得第五项总分数排定之次第	标准分数	分项标准分数与各校所得分数		
			A. 普通用的	B. 办事室	C. 其他特别室
		140	65	35	40
标准分数		140	65	35	40

根据上列各表结果，更可绘出类似第一图之图，使各校舍各项效率情形更为详细明了。

(四) 重要校舍项目效率之测定

以上系就作者所修正之施安二氏小学校舍测量表所整理之结果。施安二氏尚有《一校校舍设备调查表》，亦经作者修改，专为适合我国校舍调查之用，其内容如下。

第十四表

一校校舍设备调查表　　第______号

学校__________调查日期______年______月______日
调查人__________

填表须知

1. 本表每校一份，遇必要时得数份并用。
2. 本表使用时，须携备皮尺一条，量高尺一把，米突尺一根，白纸本一个，铅笔一枝，笔铇一个。
3. 本表调查工作须由三人担任之。
4. 有△之项可于测后补填。

5. 长度悉准英呎。
6. 元数悉准国币大洋。
7. 请填写清楚。
8. 数目用 1、2、3、4 等字。
9. 不能回答之项目从缺。
10. 本表请于______月______日前填交。

调查项目

一、校舍平面图

(绘图须表明尺数及各部位之名称。有现成图样,可附贴一份于下。)

二、校　　地

1. 交通便利否? ______道路如何? ______与最近都市之距离? ______
2. 环境
(1) 物质的:有花园否? ______有树木否? ______其他风景______
(2) 社会的:居民稠密否? ______居民主要职业______
(3) 保护的:嚣哗否? ______灰尘多否? ______危险多否? ______
3. 地势高否? ______地土干燥或潮湿______
4. 环境里面感动人的特点__________
5. 不感动人的不卫生之特点__________
6. 校舍四邻有否房屋或空地可租、可买或借用? __________
7. 校地价格______元
8. 校地面积______平方呎
9. 校地分配

种　类	草地	建筑	游戏场	花园	总数
平方尺					
百分比					

三、游 戏 场

1. 每生所占面积______平方呎
2. 运动器械

名称																	
数量																	

四、房 屋

1. 房屋名称					
2. 建筑或改造(注明原作何用)					
3. 方向					
4. 有几层					
5. 屋顶式样					
6. 屋顶材料					
7. 发现白蚁否					
8. 地基潮湿否					
9. 房屋建筑价格					
10. 设备器具的价格					
11. 建筑或改造的年月					
12. 房屋所占的面积					
13. 房屋的高					
14. 房屋的容量					
15. 每立方尺的价格					
16. 出路条数					
17. 出路门向					

五、楼 梯

楼梯	数目	防火否	材料	每级高	每级长	每级宽	楼梯角度	栏杆数	备注
往地下室									
往二楼									
往三楼									

六、走　　廊

走廊	宽	长	有自然的光线否	何种灯火	阻碍物	颜色	如何利用
地面室							
第一层楼							
第二层楼							
第三层楼							

七、消防及逃火设备

设备种类													
件　　数													

1. 房顶材料是否可以防火______
2. 屋内藏有引火的燃料否______是什么？__________
3. 有无火警训练______方法如何？__________
4. 消防管理情形如何？__________
5. 重要地方的门有几处是向内开的？__________
6. 若系楼房，墙外有无铁制逃火梯之设备？__________

八、灯　　火

1. 灯火采用何种？______电______煤气______洋油______
2. 走廊及要道灯位数______适当否？______
3. 厕所灯位数______适当否？______
4. 哪种重要地方未有灯？__________

九、电　　器

1. 电铃通到哪几处？__________
2. 电话通到哪几处？__________

十、饮　　料

1. 饮水来源是什么？__________
2. 饮料清洁情形？__________
3. 管理情形如何？__________

十一、教　室

调查事项／课室名称	构造																		采光													通气	声浪		设备														其他
	现容学生数	大小									有天花板否	地板		墙壁		门户			光从哪方面射入（前、后、左、右）	窗之构造											教室方向	有空气流通之设备否	室内有回声否	邻室声音有无影响	坐位				有讲台否	黑板						通告板面积若干	清洁		有藏衣物处否
		长若干呎	宽若干呎	高若干呎	平方呎	立方呎	每生占若干方呎	每坐位占若干方呎	每生占几立方呎	每坐位占几立方呎		铺地用何材料（木、砖、泥）	地板油漆否	用何材料	颜色	有几个门	有门槛否	向内或向外		玻璃窗几面	纸窗几面	窗面若干立方呎	窗面积与地板面积之比	窗距地板之高	窗距书桌面之高	窗距天花板之高	二窗相距若干	有纱窗否	有窗幕否	第一窗与前面墙壁之距					坐位有几	单人坐位各若干	桌椅分几列	桌椅分高低否		总共有几面	面积若干	向何方	离地板若干呎	有粉槽否	材料		痰盂几个	用何物洒扫	

注意：1. 长度悉用英呎　2. 如有某项则于格内做一√记号。

十二、普通室

事项 室名	长	宽	面积	设备数目																							空气足否	光线足否
				办公桌	背椅	书柜	书架	时钟	痰盂	电灯	靠背椅	床	会议桌	小凳	长板凳	书桌	单人洗脸架	洗脸盆位	浴室									
礼堂																												
办公室																												
教员休息室																												
教员宿舍																												
图书室																												
自修室																												
膳堂																												
厨房																												
门房																												
储藏室																												
调养室																												
浴室																												
盥室																												
成绩室																												

十三、宿　舍

调查事项/宿舍号数	容量		构造														采光							通气	设备数目						其他		
	床位数(高架床以二位计算)	现容人数	大小									有无天花板	有无地板	墙壁			窗牖数				窗面玻璃若干平方呎	窗上缘与天花板间之距离	窗面积与地板面积之比例	有空气流通之设备否	痰盂数	电灯数	煤油灯数	床架	书桌	椅子	是否与自修室合用		
			长若干呎	宽若干呎	高若干呎	平方呎	立方呎	每床位所占若干立方呎	每床位所占若干立方呎	每床位所占若干立方呎	每床位所占若干立方呎			何种质料	是否粉刷	何种颜色	前	后	左	右													

十四、便　所

种　类		男生	女生	男教员	女教员	工人	
大便所	数目						
	形式						
小便所	数目						
	形式						

1. 男女厕所是否有相当隔离？______
2. 男生大便是蹲还是坐？______
3. 如系粪坑，上面是否有盖？______
4. 清洁情形如何？__________
5. 便所附近是否有洗手设备？______

十五、房 屋 利 用

1. 屋顶空地利用情形__________
2. 地下室利用情形__________
3. 其他房屋之利用有无不经济的地方？__________

十六、修　整

房屋的部分或房子之名称	需要修整情形

上表除供给校舍测量表所需资料外，尚有重要项目甚多，亦应摘出报告。兹述之于下。

1. 校舍平面图

从校舍平面图内，可看出：(1) 各校校舍面积之大小；(2) 各校房屋之形式；(3) 各校房屋之布置；(4) 各校房屋之方向。可将各校校地，按照比例大小，画在一幅纸上，更将有房屋部分涂成黑色以便比较。

2. 校地

除照表内各项叙述普通情形，加以说明、批评及建议外，更将校地分配项内各条之数目算出，用条形表示法比较之。

3. 游戏场

除将运动器械之种类及数量加以说明、批评及建议外，更将各校每生所占游戏场之面积化作正方形，按照大小比例，连同一百平方呎之标准面积，排成先后顺序，画于一幅纸上。除标准面积用阴影表示外，其余各正方形部分一律填成黑色。

测量游戏场时，须注意将花园、草地(指不用作游戏场之部分)及阶沿路道等除出计算。遇有不等边之场面，更须应用平面测量术测量之，以期正确。

游戏场太小或无游戏场之学校，下课后必异常拥挤。可摄下一影，插入调查报告内，以为说明之用。

4. 房屋

房屋项内“发现白蚁”一条，颇堪注意。盖房屋梁柱，经白蚁蛀蚀后，质料污烂，一经风雨，便有倾圮之虞。调查时，若发现此种情形，当即建议补救。

各校舍房屋，往往优劣悬殊。可择最优者与最劣者各摄一影，互相比较，使地方人士知各校儿童在校舍方面之机会不能均等。又在宗法社会或佛教盛行之地方，祠堂庙宇往往富丽堂皇；而学校房屋反多褊小狭隘。调查时，若发现此种情形，亦当各摄一影互相比较，使地方人士见而生愧，知改良校舍之不可缓也。

5. 楼梯

楼梯质料以用钢铁或水门汀为宜。至通常所用木梯最易引火，危险殊甚！如楼上用作教室，又只设一梯，若用木质，危险尤甚。调查时，若发现此种情形，当即建议补救。

6. 走廊

走廊太窄，阻碍交通，太宽又不免浪费。若发现此种情形，即当摄影表出之。前者宜摄于下课后学生拥挤时，后者则可不必也。

7. 消防及逃火设备

消防及逃火设备，有楼房之校舍，尤不可少。美国俄海俄州哥林俄德(Collingwood)①城某校，于一九〇八年不慎于火，烧毙儿童173人及教师2人。

① 今译“俄亥俄州科林伍德”。——编校者

当时情形之惨，笔难尽述。美人艾叶①氏（Ayres）于春田城②学校调查报告中，插入该校火后余烬图，并加以说明，使春田人士阅之惊心怵目，而觉本地方学校消防及逃火设备之不容或缓。此种警醒民众改进校舍之办法，实有仿效之价值也。

8. 教室大小

教室大小，可从每生所占地板面积平方呎数及空气体积立方呎数求之。测量教室容量时，应注意有无天花板。无天花板之教室，其高度应量至第一条横梁处为止（近屋檐处）。其上面之空间，不必加入计算。

依施、安二氏小学校舍标准，每生应占之地板面积为 15 平方呎，应占之空气体积为 200 立方呎，可先将各校数目求出，化成平方面积及立方体积。按照比例大小，排成先后顺序，更与标准数比较，各绘成一图表示之。

9. 教室光线

教室光线以窗玻璃面积为准。测量时须注意将玻璃边格除开计算。纸窗或明瓦窗照玻璃折半计算。依施、安二氏标准，教室玻璃窗面积应占地板面积五分之一至四分之一。可先算出每校教室地板及窗玻璃之总面积，分别求出其百分数；再用各校教室地板之总面积，除各校教室窗玻璃之总面积，得出一地方之平均数，而以下图表示之。

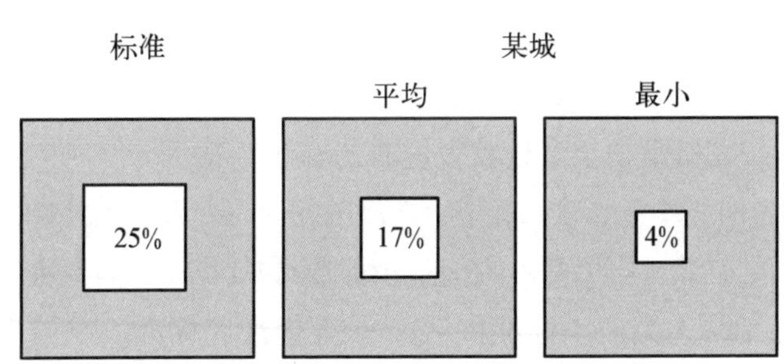

第三图　某城教室光线与标准教室光线之比较

10. 便所

便所设备之适当与否，与卫生及观瞻两方面皆有密切关系。据施、安二氏所订标准，便所之设置以用新式水厕为宜；并应将男厕所与女厕所分设于校舍

① 今译“爱尔丝”（Leonard P. Ayres，1879—1946），美国教育统计学家。——编校者

② 即斯普林菲尔德（Springfield）。——编校者

之两端,以免观瞻不雅。我国教育经费不如美国之宽裕,自不必以新式水厕为普通标准。但如松江某校以无盖粪坑为厕所中唯一设备者,则又未免有碍卫生矣!至若沪上男女同校之某大学,尽备有新式水厕,而男女厕所并列,其间仅隔一墙,虽各行其是,两无所碍,而在观瞻上断觉不雅。调查时若发现此种情形,当即摄下一影,插入报告内,使办学者知其错误之所在,而加以改正也。

各校厕所往往优劣悬殊。如松江某两校之厕所,一则为二十世纪之水厕,一则为十五六世纪之粪坑,机会之不均等如此,地方人士宁能忽视?此松江教育调查之所以特摄其影编入报告,以促地方人士之注意也。

二、地方校舍计划之效率

一地方校舍计划之效率,可分:(一)校舍容量之大小;(二)校舍地点之分配,二项述之。

(一)校舍之大小

1. 校舍容量之大小与经费效率之关系

校舍容量之大小,与经费上之效率关系至巨。据科学地研究,在某种限度内,一校之学生愈多则每生年费亦愈省。因此,断定小规模之校舍,在用费上最不经济。美人杜得来(Dudley)[①]氏曾于其所著 *The Location of City School Plants* 书中,研究城市中小学校校舍应有之容量。据谓,小学校舍应能容 700 人至 1 400 人,初级中学校舍应能容 1 200 人至 2 500 人。依杜氏之研究,学校容量之大小,在小学自应以 700 人为最小标准,以 1 400 人为最大标准;在初级中学自应以 1 200 人为最小标准,以 2 500 人为最大标准。在最小标准以下,学校愈小,每生年费亦愈增;在最大标准以上,学校愈大,每生年费所省极微。且因容量太大,发生管理上之困难,甚或增加特殊用度,每生年费且必因此加多。若在最小与最大容量标准之间,则学校管理上之困难,必比在最大容量以上者为少;而每生年费,亦必比在最小容量以下者为省。使杜氏之研究可以代表我国之现象,则小学及初中之容量,自应以杜氏标准为宜也。

① 今译"达德利"(L. Leland Dudley,1872—1948),美国教育管理学者。——编校者

2. 研究之方法

研究此方面效率之方法，可以松江城教育调查所得结果说明之。松江城内之学校，计分中等学校、完全小学及初级小学三种。中等学校计3所，因其或为师范、或为中学，性质不同，且预算标准互异，故不能作比较研究。至于完全及初级二种小学则无此情形，故便于比较研究，兹先披露其结果于下。（第十五表）

第十五表　松江城十九年度[1930]各种学校学生数、经费数及每生每年用费表

学校性质	学校名称	学生数	全校十九年度[1930]用费元数	每生每年用费
完全小学	成年女校	79	2 186.00	27.67
	松筠女校	256	4 859.00	18.98
	第一小学	431	6 540.00	15.17
	实验小学	449	7 944.10	17.69
	第二小学	690	6 700.00	9.71
初级小学	培本小学	51	500.00	9.80
	聂氏小学	60	800.00	13.33
	大涨泾小学	62		
	东内初小	70		
	景贤女校	80	938.00	11.73
	尊亲小学	85	992.00	11.67
	北内初小	111	936.00	8.43
	东外初小	167	1 252.00	7.50
	妙严寺初小	170	1 352.00	7.95
	崇文初小	177	1 219.00	6.89
	莫家弄初小	182	1 277.00	7.02
	县东初小	260	1 620.00	6.23
中等学校	县立师范	87	11 176.00	128.46
	县立女师	139	6 900.00	49.64
	县立中学	190	22 280.00	117.26

据此结果，可知校舍容量愈小者愈不经济。其情形与杜得来氏所述者正同。唯因材料较少，且松江城无千人以上之小学，尚不能表显其最高限度为何如耳。研究此方面效率之方法，虽属简单，然亦有应注意之点，兹述之如下。

(1) 性质相同之学校，归为一类，以便比较。完全小学与初级小学之情形不同，故应分别研究，以便比较，而明真相。

(2) 查明每校全年支出元数及学生数，求出每生每年用费数，依每校学生数之多寡，按学校性质向下排列(第十五表)。

(3) 以基线代表学校能容人数，以左边纵线代表每生年费元数，画出一图(第四图)。

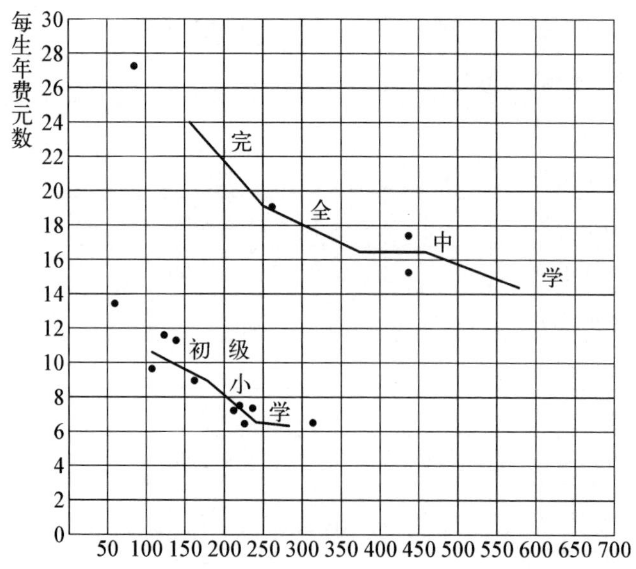

第四图　每生年费与校舍容量之关系(根据松江城校舍调查结果)

(4) 就每校学生数及每年用费数之交会处，在图上着一小点志之。

(5) 就每类学校之位置，依绘弧方法，各绘一弧形。

3. 效率之判定

依此研究之结果，推究松江各小学校舍在容量上之效率，可断其颇不合于经济原则。试摘录第十五表中之材料，并假定将松江城小规模之学校合并，将未并之学校扩充，以容690之第二小学为完全小学容量之最大标准，以容260

之县东小学为初级小学容量最大标准，则得出下列之推算（第十六表）。

观下表可知，松江城各小学之容量，若以第二小学及县东初小为准，每年应省之数竟至 12 250 余元之巨。且此二校之容量，尚未能代表完全小学及初级小学之最高限度。若以 1 000 人之小学为容量之最大标准，则松江城每年此方面所应省之经费，尚断不止此数也。

第十六表　松江城小学校舍增加容量后应节省经费数之推算

（一）学校性质	（二）学校数目	（三）学生总数	（四）本年度经费共用元数	（五）最大学校所容学生数	（六）最大学校每生年费元数	（七）以最大学校每生所费为准，现有学生应用经费之数（三）乘（六）	（八）每年所省经费元数（四）减（七）	（九）每年所省经费总元数
完全小学	5.	1 905	28 229.10	*690	9.71	18 497.55	9 731.55	12 250.66
初级小学	×10.	1 343	10 886.00	△260	6.23	8 366.89	2 519.11	

×大涨泾及东内初小二校因无报告未加入计算
*第二小学
△县东初小

4. 建议时应注意之点

调查教育者若发现上述现象，则应作建议如下：

(1) 某区学生人数增多时，须就已有校舍尽量扩充，以能容至 1 000 人为度。万勿另办小规模之学校。

(2) 如在人口逐渐增多之区域创立新校，而学生来源一时又或不能畅旺，则当注意购定将来可以容纳 1 000 人之校址；房屋建造式样，亦须多留扩充之余地。

(3) 认定小规模之校舍为不经济之校舍，应设法扩充增加其容量。如为校址面积所限不能扩充，则当逐渐将其裁并，另择校址，创立大规模之新校。

我国小学校舍多沿用小规模之庙宇或民房。在主持其事者，以为此乃经济办法，实则大误。即以松江而论，依前项计算，每年可节省 12 250 余元之巨。

假定松江城学生数无大变更，依此推算，则十年之间可省经费 125 500 余元。以此数建筑新式校舍，则目前 3 200 余学生（此数系就第十五表第二项内完全小学及初级小学学生加成之约数），可以容纳而有余。若以 1 000 人为校舍容量之标准计算，则十年间所省之数当更巨，用以建筑新式校舍，更必绰有余裕。故设立大规模之新校舍以代小规模之旧校舍，实乃真正经济之办法。至于儿童方面，在新校舍内所得利益之多，则更不可以数量计矣。

（二）学校地点之分配

1. 材料之整理

欲决定一地方各学校在地点分布上之效率，可先绘该地方之地图，以每圈点代表一学生之家庭住处，更以半哩（小学）或一哩（中学）为半径，以各学校为中心，画出若干"通学标准图"成为下图之形式。

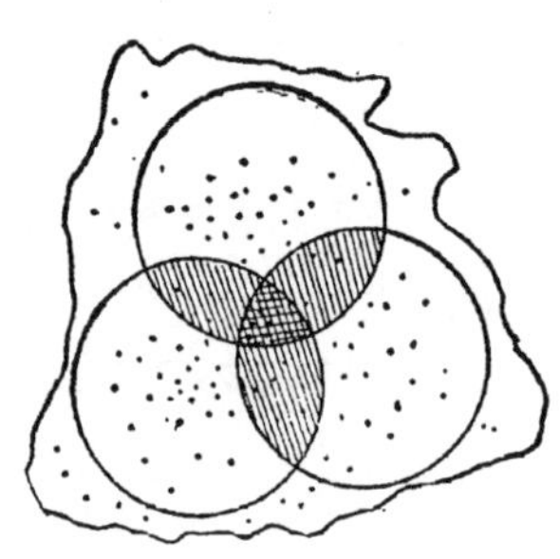

第五图　通学标准图

假定该图内之学校皆为小学，则可于图内发现三种儿童。

第一种　住在圈外之儿童。此种儿童任入何校，其通学距离皆在半哩以上。

第二种　住在圈内无阴影部分之儿童。此种儿童，在通学距离半哩以内，只有一校可入。

第三种　住在交掩部分阴影内之儿童。此种儿童又分二类：一类住居单交阴影部分，在半哩之通学距离内，同时有二校可入。另一类在双交阴影部分，在半哩之通学距离内同时有三校可入。

2. 效率之测量

上列三种儿童之通学，第一种因距离太远有碍健康，且多不便；第二种适如其分；至于第三种，则机会太好，比之第一种儿童殊欠公允。为平均教育机会并谋节省教育经费起见，办理地方教育者，对于学校地点之分配，当力求允当。务使在标准通学距离内只有一校可入之儿童数，增至极大限度，学校地点效率之测量亦即以此为准。作者曾据此制定一种准尺，并化为公式，经哥伦比亚大学师范院教育行政系主任施菊野（Strayer）氏鉴定，认为可用。兹述之如下。

"住在通学标准圈内只能入一校之儿童数对于全体就学儿童之百分数"

据此准尺，百分数愈高者，其效率愈大，否则反是。

该准尺化作公式为：

$$某城校舍分布效率系数=\frac{在通学标准圈内只能入一校之儿童数\times 100}{全城学龄儿童数}$$

兹假设甲乙二城并假设儿童数说明之：

甲城	乙城
儿童数＝100	儿童数＝150
在通学标准圈内只能入一校之儿童数＝60	在通学标准圈内只能入一校之儿童数＝75

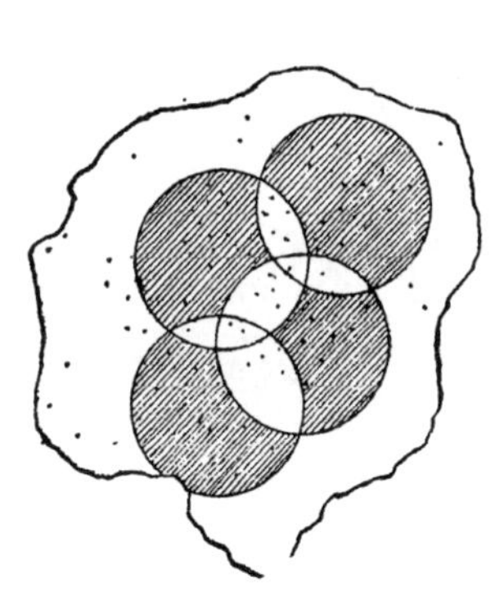

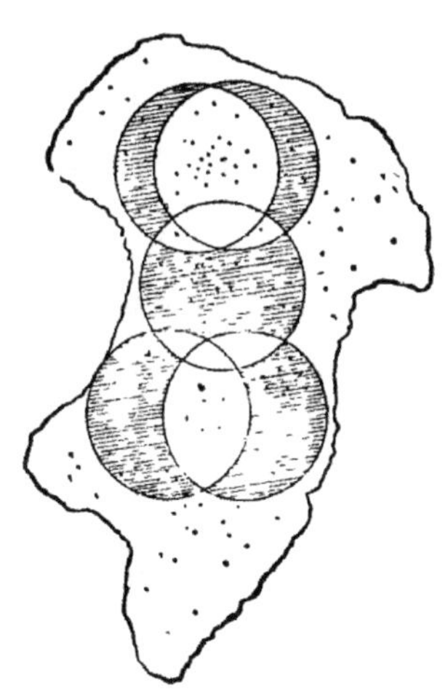

第六图　甲乙二城校舍分布效率之比较

此两城教育行政在学校地点分配上之效率，照所开资料代入上述公式，得有结果如下。

$$甲城校舍地点分配之效率系数=\frac{100\times 60}{100}=60\%$$

$$乙城校舍地点分配之效率系数=\frac{100\times 75}{150}=50\%$$

由此可知，甲城校舍地点分配之效率实比乙城为高。

根据上述公式之标准，若欲一城校舍地点分配之效率达于最大限度，必具有下列条件。

(1) 住在通学标准圈外之儿童数，必少至最小限度。

(2) 住在通学标准圈内只能入一校之儿童数，必多至最大限度。(但此数非在极特殊之情形下，决不得等于全体儿童之数。)

(3) 在通学标准圈内同时能入两校之儿童必等于零。此条件必须各学校彼此间之距离大于两倍标准通学距离，方能办到。

兹更绘一校舍理想分布图以明之。

以理测之，一地方之儿童，必有三种：(1) 住在圈外者；(2) 住在圈内只有一校可入者；(3) 住在圈内交掩部分者三种。三种儿童相加成为某地方学龄儿童之总数。第(2)项儿童数，等于全体儿童数减去(1)(3)两项之数。故若第(3)种儿童数等于零，而第(1)种儿童数又少至极小限度，则第(2)种之儿童数必多至极大限度。因此，可以证明前项公式可以成立无疑。

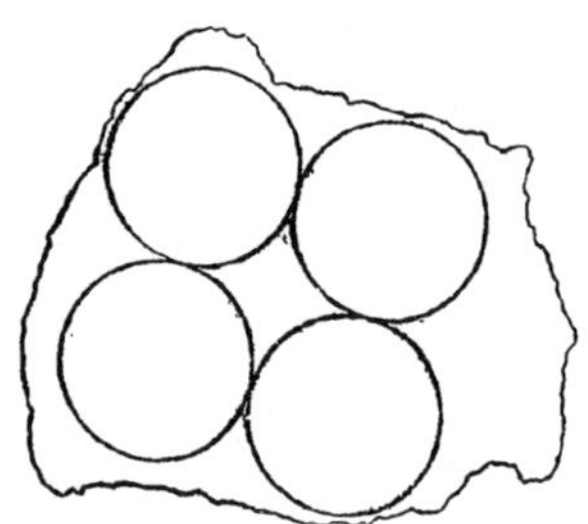

第七图　某城校舍之理想的分布

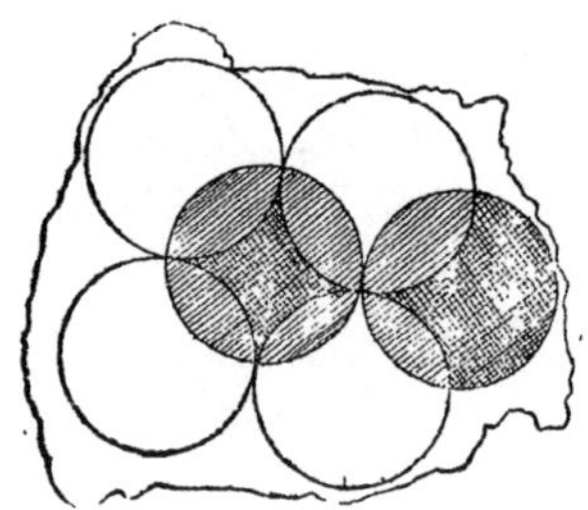

第八图　校数多寡与校舍分布效率之关系

或有以学校数目增多，而致影响公式之效力难全者。细经考虑，殊不成问题也。盖在理想的分配之第七图中，若任意加入两校，交掩于原有四校圆圈之上，使该图成为第八图之形式，则一方面固有住在各圈外之儿童(圆内双交阴影部分)加入圈内，使某城之效率系数受影响而加高，他方面却有住在原有圈内只能入一校之儿童(单交阴影部分)，因交掩之故而减少其数目，使某城之效率系数，受影响而降低。彼益此损，在理论上固可互相调剂，不致发生问题也。

3. 建议时应注意之点

建议更变旧校址或购定新校址时，当注意下列之标准。

(1) 校地之大小及形状，须适合现在及将来校舍之需要。

(2) 校地之外形，应能于地方经济能力范围之内发展有效用的校舍。

(3) 校地之土质及排水须适当。

(4) 校舍之环境应能促进儿童道德及美感之发展。

(5) 学校地点应能使学校之容量适当而又经济。小学校之容量从 700 人至 1 400 人;中学校之容量从 1 200 人至 2 500 人(依杜得来氏之标准)。

(6) 通学距离应以最幼学生为准。小学通学距离,普通为半哩,最大不得过一哩;高初中通学距离,普通为一哩半,至多不得过二哩。

(7) 在通学标准圈内,宜避去工厂、坟山、公园或其他非住宅之区域,以免阻碍学生来源,或增加通学上之困难。

(8) 交通须便利。此点在选择中学校址时尤为重要。

(9) 宜避去危险之路径(如穿过铁路等)。

(10) 宜留校址扩充之余地,地点不必适中。

(11) 应考虑地价(现在部分及将来扩充部分)及交通费用之大小。

(12) 宜使各级学校互相联络(即如初中可与高中相近),有时并应与邻区或邻县合作,以免设备重复,并可增加学生之来源。

至于决定校舍永久地点,则应遵照下列之步骤。

(1) 搜集关于一地方人口发展,公私立学校学生数,现有校舍及经济状况之资料。(参阅“子”节)

(2) 明了一地方各方面之情况,如地理状况、交通状况、将来发展计划、社会与政治区分以及其他与决定校舍地点直接或间接有关之资料。(参阅“子”节)

(3) 选择每种学校通学距离之标准,考虑各种要素与本地方特殊情形之关系。

(4) 确定小学、初中及高中三种学校之理想的地点。

(5) 标出应留存于永久计划中现有各种学校之位置。

(6) 摘出似乎不适用之各个校舍,慎重考虑其最后处置之方法。

(7) 于未经用过的区域内,决定新校舍之地点。

(8) 暂定各学校入学儿童所占区域之界限。

(9) 试验各区内现在与将来学生之数目,以决定各学校之大概容量。

(10) 遇必要时,须考虑其他各种要素,重行决定学校位置,使少数学校达到极大之容量。

(11) 根据地方经济状况，将最后决定之各种校舍位置，与现有各校舍位置，作一比较。估计在若干年内可使最后校舍之计划完全实现。

上述步骤，系以具有小学、初中及高中之地方为准。若只有小学而无中学，或仅具初中而无高中，则应斟酌情形变通办理，不必拘泥也。

寅、考察经济力量

一、估定校舍费用之数量

既知校舍需要之情形，又知现有校舍之容量及其效率，则当估定校舍需要之费用，其注意之点如下。

(一) 决定教育之种类。如幼稚教育、中等教育、或补习教育是。

(二) 确定教育之年限。如小学教育以四年或六年为标准，补习教育以每星期若干小时为标准，在若干年内完成是。

(三) 估计应受教育之人数。可以五年或十年为标准逐年表出之。

(四) 估计现有校舍在以后若干年内之容量。可以学生数为单位表出之。估计时，须注意私立学校之校舍容量；并须将效率太低(以施、安二氏测量表四百分为标准)，在某年内应行毁弃之校舍除出计算。

(五) 估计各年内应增加之校舍容量。亦以学生数为单位表出之(从第三项之数减去第四项之数)。

(六) 算出每生所需校舍用费。以合于校舍测量表六百分以上，并能容五百人以上之新式校舍为准，按年估计其建筑费用，然后求出各年内每生之费用之单位。估价时，须注意过去若干年内建筑费用增高之百分数，以为估计未来建筑费用之参考。

(七) 算出各年内添筑新校舍所需之经费(用第五项之数乘第六项之数)。

以上所述，只从学生数目上着想，至本篇“子节”第三段内所述各种情形，亦与校舍费用有关，须随时加以考虑，不可忽视也。

二、考虑地方经济之力量

增建或改建校舍所需之费用既经估定，则当拟一建筑经费计划，供地方教育当局采纳。该计划内应包含之项目如下。

(一) 本地方校舍需要之大概情形。

(二) 本地方现有校舍容量及效率之大概情形。

(三) 应改建之校舍所需用费数。

(四) 应增建之校舍所需用费数。

(五) 筹划用费来源之方法。

建议时,当考虑地方经费之力量,能否担任所拟定之用费数目。可从下列各标准观察之。

(一) 每个人口所占地方财产数。

(二) 若干年内每千元财产所抽之平均税款数。

(三) 若干年内每个人口所纳税款之平均数。

(四) 每个人口所负地方公债平均数。

(五) 教育经费所占地方公款支出总数内之百分数。

(六) 每平均出席学生每年所占用费数(或每生每年用费数亦可)。

(七) 每个人口所占学校建筑用费数。

教育调查者可就上述各标准,搜集与本地方情形相同的地方(约十处)之资料,与本地方所搜得者比较,借以表显其地位之高下。

三、建议时应注意之点

建议增建或改建校舍时,应注意之点如下。

(一) 须顾及本地方经济力量,不可过事铺张,徒使地方教育当局望洋兴叹。

(二) 须顾及各学校校舍之均齐发展,使各校儿童之教育机会得以均等。

卯、报 告 方 法

最后,请为读者一述校舍调查报告之方法如下:

(一) 篇首应有一简短之摘要,其形式为:

摘要:

本调查发现校舍方面之重要事实如下。

(1) …………

(2) …………

(3) …………

本调查关于校舍方面之建议如下。

(1) …………

(2) …………

(3) …………

(二) 各个小题目,应分段报告,每段之步骤,大概如下。

(1) 叙述搜集材料之方法及步骤。重要表格,亦须插入。

(2) 整理结果,重要之统计图表及照片须插入。

(3) 解释结果,并建议改进。

(三) 报告时,须注意比较。或以一地方之情形互相比较,或与别地方之情形比较。

(四) 报告文字,如欲使一般社会人士阅读,须明了简捷,并宜多用照片插画。至专门性质之统计图表,有时亦可移置篇末,以清眉目。

(五) 篇末分段作总结束,其内容须比篇首之摘要较为详细。

附告:

本篇所用长度皆以英寸(吋)、英尺(呎)及英里(哩)为准,应用时,可依下表化成中国尺寸。

吋 = 营造尺 0.793 74
　= 0.234 公寸
　= 关尺 0.709 22 寸

呎 = 12 吋
　= 0.304 8 公尺
　= 营造尺 0.952 5 尺
　= 关尺 0.851 尺

哩 = 5 280 呎
　= 1.609 3 公里
　= 2.794 里

参考书

邰爽秋：《教育调查》上卷　教育印书合作社出版，上海真如南新书社出售。

邰爽秋：《教育调查应用表格》　同前。

邰爽秋：《教育行政效率测量法》（英文）　同前。

邰爽秋：《教育统计图示法》。

邰爽秋等：《松江城教育调查报告》　暨南大学及中央大学教育学院出版。

程其保：《学务调查》　商务印书馆出版。

杨隽时：《测量学 ABC》　世界书局出版。

《改进全国教育方案》　教育部出版。

《第一回中国教育年鉴》　商务印书馆出版。

1. Ayres, Leonard P. and others: *The Public Schools of Springfield*, Illinois, Russel Sage, Foundation, New York.

2. Dudley, L. Leland: *The Location of city schools Plants*, Harward University Press, Cambridge, Mass, U. S. A.

3. Engelhardt, Freds, *Forecasting school Population*, Teachers College, Columbia University, New York.

4. Enegelhardt, N. L.: *A School Building Program For Cities*, Teachers College, Columbia University, New York.

5. Sears, Jessie B.: *The School Survey Houghton*, Mifflin Company.

6. Strayer, G. D and N. L. Engelhardt: *Standards For Elementary School Buildings*, Teachers College, Columbia University, New York.

7. Strayer G. D. and Others: *Report of the Survey of the Schools of Tampia*, Florida, Teachers College, Columbia University, New York.

8. Strayer. G. D. *Reports of the Survey of school of Newburgh*, New York, Teachers College, Columbia University, New York.

“霍英东教育基金会”第十四届高等院校青年教师基金基础性研究课题
“民国时期教育管理学名家研究”（项目编号：141098）成果之一

国家社会科学基金教育学一般项目
“20 世纪以来乡村教育家精神的社会记忆及当代建构研究”（课题批准号：BHA190126）成果

受“江苏高校优势学科建设项目”资助

民国教育管理学文选（下）

陈学军　王　珏　主编

上海教育出版社

伍

教育局长、教育行政人员与校长

本辑提要

本辑的主题是“教育局长、教育行政人员与校长”。盛朗西的《县教育局长应有之资格应操之职权与应享之待遇》(1924)、杨亮功的《教育局长之职权》(1932)和赵远柔的《怎样做教育局长》(1948)三篇文章聚焦教育局长问题。民国的县教育局制度,直到1923年《县教育局规程》颁布后才得以确立。自此之后,有关地方教育行政部门领导者的研究才集中出现。与教育局制度刚刚确立相呼应,最初的研究讨论最多的是教育局长“应当具有”的资格与职权等问题。其中,盛朗西的《县教育局长应有之资格应操之职权与应享之待遇》和阎洁吾的《教育局长问题》(1927)是最具代表性的两篇文章。盛文着重分析了《县教育局规程》形成过程中有关教育局长资格和职权认定的不同观点;阎文则主要讨论了颁布后的《县教育局规程》中相关规定的不足之处及改进办法。选择盛文是因为其发表时间更早,对问题的关注更全面,特别是呈现与综合了当时各种不同的主张。同样是讨论教育局长职权问题,杨亮功的《教育局长之职权》一文的视角与盛朗西的文章又有所区别。该文不是简单地从研究者或政策法规的角度出发讨论“教育局长应当有什么样的职权”,而是运用调查研究的方式,侧重从教育局长自身的角度出发,考察“教育局长自己认为要具备或正在承担什么样的职权”。

1930年代以后,有关教育局长问题的讨论有了一种新的关注点,即从“什么是教育局长”转向“如何做教育局长”。相关的成果如金敬晦的《怎样做县教育局长》(1933)、郃爽秋的《怎样做教育局长》(1935)和赵远柔的《怎样做教育局长》等。其中,邰文和赵文是我们认为写得比较出色、具有代表性的文章。邰文从"教育局长职务作为专门事业"的性质出发,讨论了教育局长在计划、行政、视导、社会等方面的职责,以及履行这些职责的方法和注意点。该文具有很强的综合性,对于具体问题的讨论也比较细致。但考虑到此文多本克柏莱的(Ellwood P. Cubberley)的《公立学校的管理》(*Public School Administration*),且与杨亮功的文章都发表于1930年代,使本文选无法反映民国后期教育局长研究的成果,最终选择了赵远柔的文章。同时,就内容来看,赵文分"未做局长之前""既做局长之后"和"不做局长之时"三个阶段分析如何做教育局长的问题,不仅更有针对性,而且讨论问题的思路更有新意,更具实践味。

邰爽秋的《教育行政人员专业训练方法之商榷》(1930)和李季开的《教育行政人员的专业道德》(1948),是一般性地讨论教育行政人员的文章。民国时期,以"教育行政人员"为专题的文章并不多见。除了所选的两篇文章外,还有程时煃的《对于教育行政人员的希望》(1933)。该文主要是希望教育行政人员要有最高的觉悟,除私心,戒因循;要有最大的牺牲,耐劳苦,耐谤言;要有最大的努力,定计划,重效果。考虑到该文是作者作为教育厅长在江西省教育行政会议上的讲词,我们没有将其选入。《教育行政人员专业训练方法之商榷》一文,在比较分析当时中央大学、大夏大学、暨南大学和哥伦比亚大学师范学院训练行政人员的课程的过程中,讨论了教育行政人员的选拔、训练课程的设置、课程教授的方式等问题,突出了教育行政人员的工作经验、专业知识与实际能力的重要性。《教育行政人员的专业道德》一文则对邰文的观点作了很好的补充。该文强调,"教育行政人员,不仅需要普通的行政干才,抑且须对教育及学校行政工作具备专门的知识。尤重要者,即是必须具有服务精神与专业道德"。虽然两篇文章的着重点不一样,但它们的指向是一样的,即促进教育行政人员的专业化。

程湘帆的《学校校长之事权与资格》(1927)、俞子夷的《小学校长与教学指导》(1927)、萧承慎的《我国中学校长制度之探讨》(1934)、黄玉树的《一个理想的中学校长》(1935)和林砺儒的《怎样做中学校长》(1942),是讨论校长问题的文章。相比于教育局长问题，民国时期有关校长问题的研究要多得多。除了所选的文章外，具有一定代表性的文章还有周邦道的《中等学校校长应取之态度及方针》(1921)、周之淦的《中学校长教学指导之责任》(1925)、俞子夷的《小学校长的职务》(1925)、程湘帆的《再论学校校长之事权与资格》(1927)、郑西谷的《中学校长与教职员》(1932)、马鸿述的《广东省中学校长之研究》(1936)等。

民国时期有关校长问题的集中与深入研究，是自 1920 年代初开始的。与教育局长问题的研究相似，最初的校长研究也重在校长职责、事权、资格等问题的讨论。其中，《学校校长之事权与资格》一文，不仅对校长之地位、校长之事权、校长之法定资格、校长事实上必备之资格等问题进行了较为全面的讨论，而且在讨论这些问题时引用了美国学者的相关研究成果，从而可以交代当时主流观点的学术渊源。而《小学校长与教学指导》一文，则反映了民国教育管理研究者对于校长各事权中之教学指导职能的强调。这一观点与当下所讨论并推崇的"教学领导"思想非常相似。从发表时间、内容完整性与论述规范性的角度看，周之淦的《中学校长教学指导之责任》一文较之俞文还要稍胜一筹，但鉴于本部分中已经选了三篇中学校长方面的文章，且俞子夷是民国时期小学校长和小学教育研究的代表性人物，我们还是选择了俞文。

《我国中学校长制度之探讨》(1934)和《一个理想的中学校长》(1935)两篇文章，是 1930 年代中期的成果。它们突出反映了彼时的校长研究在本土性与理论性方面的深入发展。前文在阐述中学校长由来的基础上，基于历史与现实兼顾的原则，系统讨论了晚清现代学校制度建立至 1930 年代初年，中学校长的任用办法与任期、任用资格及免职条件、俸给、职权等方面的制度规定及其问题。该文不仅汇集了众多国家和地方层面的政策规定，具有很高的史料价值，而且说事论理的思路清晰，写作严谨、规范，具有很高的学术价值。后文节选自黄玉树的《中学校长之职责》一书的最后一章。该书基于严谨的研究设计，运用文本分析与访谈等方法，从对上级机关之职责、对校内一切活动之职责、对职教员之责任、对全校学生之责任、对社会之责任以及自身之修养等方面,对校长工作的内容及完成相关工作的自身条件,作了全面细致的分析。无论是横向的与当时世界上其他国家的校长研究相比,还是纵向的与当下的校长研究相比,《中学校长之职责》一书都具有很高的研究质量,在研究的规范性与理论水平上,堪称当时本土研究的典范。

《怎样做中学校长》(1942)是1940年代初的成果。选择该文,除了使本文选中研究成果的时间分布相对完整外,更重要的是基于两个考虑。其一是考虑到林砺儒的身份。作为中学校长和教育研究的代表性人物,林砺儒对民国时期的教育研究和办学治校实践产生了广泛且重要的影响。他与俞子夷的成果,既分别反映了民国时期知名的中学校长和小学校长对中小学校长工作的相关认识,又共同体现了民国时期教育管理研究者构成及教育管理研究的一个重要特点,即当时的很多人都兼具研究者与实践者的双重身份,理论研究与教育实践之间的关联和互动十分紧密。其二是考虑到文章的内容。一方面,与其他的很多成果不同,这篇文章属于“经验之谈”,是林砺儒基于自身多年中学校长工作经历的思考;另一方面,与所选的其他文章不同,该文所侧重的不是理想,也不是制度,而是侧重于“怎样做”,关注的是实际的行为与行动。

县教育局长应有之资格应操之职权与应享之待遇

盛朗西*

民国十年[1921]第七届全国教育会联合会议决两大议案：其一为改革学制系统案，其一为改革地方教育行政制度案。十一年[1922]九月教育部召集学制会议，所讨论者，亦即为此两大议案：其一为学校系统改革案，其一为教育行政机关组织改革案。然国内各地教育界人士讨论或研究改革学制系统案者，极一时之盛；而讨论或研究改革地方教育行政制度案者，竟未之前闻，宁非怪事？

民国四年[1915]之规复劝学所，本系临时之救济方法。虽当时规定其职务为辅佐县知事办理县教育行政事宜——在自治未成立地方，有代其执行之责，在自治已成立地方，有实施综核之职权——但究为办理地方自治过渡时期之不得已的救济方法。假使各处地方自治成立，则劝学所制度非重新改造，不足以应将来之需要。且教育为地方自治之第一要务，自治团体为施行此种要务计，当然设置自治式之行政机关，实未能容官办的教育机关之劝学所存在。故劝学所制度非重新改造，不足以免将来办事上之冲突。再者，我国兴办学校

* 盛朗西(1901—1974)，上海青浦人。国立东南大学教育科毕业。曾任上海市实验小学校长25年，退休前在上海市第一师范学校任教。主要著作有《中国书院制度》《教育行政效率问题一部分的研究》《小学课程沿革》等。

本文原载于《教育杂志》1924年第16卷第5号。——编校者

为时已久，一般人民对于教育之功效，已有相当觉悟。此时正宜努力求教学上之改良，谋数量上之推广，似无庸再劝。况县教育行政机关本须负指导、督促、矫正之责，劝学二字不能涵盖，是劝学所之名称已不适用于今日。此其名义非重新改定不足以副其实在。故为适应将来地方自治之精神，避免办事上之冲突，及机关名称副其办事实情起见，民国十年[1921]第七届全国教育会联合会提出《改革地方教育行政制度案》与《改革学制系统案》同为重要。而十一年[1922]九月教育部召集学制会议，亦有《教育行政机关组织改革案》之议决。当时经审查委员之详密考虑，会众之长时间辩论，率以地方教育行政以县区为单位而包括市乡镇，至特别大市与县区同为单位，县区设教育局，以局长一人、指导员及事务员若干人组织之。至十二年[1923]三月二十九日，国家第九号教令公布《县教育局规程》，于是县教育局遂为地方教育设施之中心，县教育局长遂为一地方教育行政之主干。

美国一八五三年始设教育局长，办理至今，成效卓著。吾人欲将美国教育局制度运用于中国，初不过一种理想，然转瞬之间，教育局一名词居然出现于中国法令之上。虽此制度之根本精神与美制尚有大相径庭之处，然就独裁制一变而为合议制一端而言，则不可谋非最近教育制度上一大革新。

有人说："教育行政制度是比较的进步了，但是制度究竟是死物。制度虽好，如果付托不得其人，那么，教育局和劝学所还不过是半斤和八两之比。我们以为，人的问题比法的问题为重要。这却不是不承认制度革新有相当的功效，不过仅仅改了制度，同时没有好人去主持，结果还是归于无效。"诚然！外国有许多良好制度，中国何尝不尽量采纳？但是一到中国，即发生意外的变化。于此亦足见人的问题之格外重要矣。自县教育局规程奉教令公布后，苏、浙、鲁诸省各县之教育局长经教厅委任宣布者，已屡见报端。惟是以劝学所改组教育局，抽绎部定规程，性质既已变更，职权亦复扩大。就制度论之，其为改进无疑。虽然，吾人所应注意者，不在名而在实。从前劝学所之成绩何以不良，改组以后，将如何而入于良之一境，是则人的问题有不可不郑重思维者。规程所载局长、董事均明定任用资格，但一县之中，合于此资格者实非少数，是则县知事之推荐选聘，教厅长之选任，宜必以平时物望及办事成绩为衡，不容有次等人才滥竽充数，实为最重要之一点。至局长为行政之领袖，规程第一条载，县设教育局，以局长一人、视学及事务员若干人组织之。是视学本为县知事之耳目者，今则为局长之辅佐。规程第十一、十二两条载，全县市乡酌划学区，由局长选任教育委员，办理本学区教育事务。是学务委员本为各市乡办学人员不因劝学所进退者，今则为局长之掾属。全县教育事务均集于教育局，而局长一人实总其成，其责任之重大为何如者！

九月十八日，报载奉贤全县小学教职员为否认教育局长事，发出宣言书云："教育局长为全县教育界之表率。得其人，则督促指导，攸往咸宜，随事有发展之地步。不得其人，则措置乖方，丛生窒碍，匪但无发展之希望，恐与教育界前途，反有一落千丈之势……"其言甚是。是故为局长者，必深知世界教育之大势，必洞晓四周教育之环境，必能计划地方教育之进行，必有知人善任之才，休休有容之量，而尤在宅心公正清廉，乃能胜任而愉快。即以最低限度言之，亦必勤慎奉公，无偏无党，庶不至贻误地方。盖局长为专门家事业，局长之事在组织，在综理。譬诸公司之总理，其最大任务，为计划，为执行，为督促，为改进。一地之教育愈发达，则分职亦愈繁密。于是而谋事务之分配与衔接，益非一极有能力之教育局长不为功。今请言其应有之资格、应操之职权与应享之待遇如下：

一、县教育局长应有之资格

县教育局长之资格，于学制会议时，或拟按照江苏而主从宽，使各县之程度较同者不受拘束，而低者不受障碍。或以山东试验之结果而主从严，盖教育局长之资格太宽，则人人多思争得此席，其得之者又非志在教育，且知识有限，亦不胜任，而才高者则不屑就。或主张以地方大小而分别规定大县须何项资格，小县又须何项资格。或主张规定一最低资格，使其酌量办理。结果，仍按照教育部提出之《县市乡教育行政机关组织大纲案》之所规定者而修改之。部案第三条教育局长之资格如下：

（甲）毕业高等师范学校者；

（乙）毕业于师范学校本科并任教育职务二年以上者；

（丙）毕业于专门以上学校本科并任教育职务二年以上者；

（丁）曾任中等学校及小学校长三年以上者；

（戊）曾任教育行政职务三年以上者。

（丁）（戊）两项必须于二年之内，在曾经备案之教育讲习会或暑期学校研究教育行政得有成绩证明书者，或对于教育有著作者。

于讨论（甲）项资格之规定时，有谓教育局长之资格应注重于经验，故甲项之下似宜加服务一年以上之字样者。有谓甲项应在“者”字之上加“本科”二字者。有谓现在社会上对于高等师范学生之需要，实甚急迫，不宜再加服务年限。惟高等师范中并有所谓专修科者，故宜明白加入本科及专修科字样。有谓查专修科亦必三年以上者始能谓其具此资格，故本条中但加三年以上字样，即可包括一切者。有谓社会对于高等师范毕业生之需要，固属急迫，但非即以之为教育局长，故虽加以服务年限，亦未尝不可者。有谓以甲项较之乙项，则甲项之资格比之乙项未服务者，实多四年。今乙项但须服务二年，即可为教育局长，而甲项反在四年之后，尤须服务一年，未免失之不平者。此外，更有主张维持原案者，有主张修改为“毕业于大学教育科或高等师范学校者”者。结果修改为：（甲）毕业于大学教育科或高等师范学校者。

于讨论（乙）项资格之规定时，有谓乙项于毕业之后，但须二年即可具此资格，而甲项则须四年，是二年经验等于四年之研究，未免失之不平，应改为服务四年以上者。有谓参照十一条之规定，“为行政上之便利，得由省区行政长官分县为数级，其细则另定之”，则各项资格在应用上实甚活动，无庸修改者。更有主张维持原案者。结果，仍维持原案。

于讨论（丙）项资格之规定时，有主张删去“本科”二字者。结果，删去“本科”二字，修改为：（丙）毕业于专门以上学校并任教育职务二年以上者。

于讨论（丁）（戊）两项资格之规定时，有谓曾任校长者既可具此资格，则曾任教员，何以并无规定？有谓中小学教员多有前数项之资格，无另行规定之必要者。有谓中小学教员亦有无前项之资格者，故应添入。有谓中学教员可以加入，至小学教员则可不必者。有谓教员与校长究竟不同，于教育行政上无密切之关系，故以不加入为善者。有谓校长与教员不同，多非由师范毕业，故有规定之必要。有谓有（乙）（丙）两项之规定，教员自有具此资格之机会者。有谓国民学校校长若亦可具此资格，则未免过多，故应除外者。有谓中学校长与小学校长有别，应减少一年，改为二年以上者。有谓丁项可以完全删去，盖可以包含于戊项之内。又戊项之规定，亦觉太泛，故应加"著有成绩"四字者。有谓在事实上中小学校长之在师范毕业者居少数，故应将戊项之任职年限加高，至于丁项，则可以完全删去者。有谓可将丁项完全删去，而以戊项作丁项，且删去"行政"二字，而加入"著有成绩"四字者。有谓任职年限应改为五年以上者。有谓经验之增加有一极限，且第一年加增最速，第二年次之，第三年又次之，至三年以上，即有增加亦甚少。故三年之于五年，所差有限，可以不改者。有谓查讨论(丁)(戊)两项之目的，实为提高其资格，但今之所以修改者，实较原案尤低。故非将此二项完全删除，则以维持原案为当者。更有主张修改为(丁)为"曾任教育行政职务三年以上著有成绩者"。然又有人谓"著有成绩"四字，亦无一定之标准，故以原案为较妥善者。结果，仍维持原案。故当时所议决教育局长之资格如下：

(甲) 毕业于大学教育科或高等师范学校者；

(乙) 毕业于师范学校本科并任教育职务二年以上者；

(丙) 毕业于专门以上学校并任教育职务二年以上者；

(丁) 曾任中等学校及小学校长三年以上者；

(戊) 曾任教育行政职务三年以上者。

(丁)(戊) 两项必须于二年之内，在曾经备案之教育讲习会或暑期学校研究教育行政得有成绩证明书者，或对于教育有著作者。

惟教令第九号所公布之县教育局规程第三条教育局长之资格如下：

(甲) 毕业于大学教育科、师范大学校或高等师范学校者；

(乙) 毕业于师范学校并曾任教育职务三年以上者；

(丙) 毕业于专门以上学校并曾任教育职务二年以上者；

(丁) 曾任中等学校或小学校长三年以上者；

(戊) 曾任教育行政职务五年以上著有成绩者。

与学制会议时所议决者，已稍有所变更，且将(丁)(戊)两项之限制条文完全取消。夫县教育局长责任之重大，已如前述。苟欲其人之能胜任愉快，则其资格宜应从严规定。关于规定资格之前四项，尚不失之过宽，惟末项资格，则流弊滋多，而换汤不换药之县教育局长实由此产生。谓予不信，请观江苏省六十县教育局长之资格如何？

江苏教育厅为改组教育局选任局长事，曾一再训令六十县知事。于训令第九五八号则曰："局长一职，关系地方教育，至为重要；任用得人，前途自有发展希望。该知事应按照规程第三条之规定，妥慎推荐，呈候选任。资格务求符合，物望亦须素孚，毋稍迁就，致滋贻误。"于训令第一〇三号则曰："案查改组县教育局办法，业经呈奉省令核准，并转饬推荐局长呈候选任在案。惟局长一职，关系地方教育，至为重要；任用得人，前途乃有发展希望。苏省为文物之邦，人才荟萃，选择匪难。各该知事应就规程第三条规定各项资格中，妥慎遴荐，非至万不获已时，勿以小学校长荐充。能慎重推选在前，庶免滥竽充数于后。"三令五申，亦不可谓其不郑重将事。然一查六十县局长之为何等资格，则不免大失所望。《新闻报》"教育新闻"载关于县教育局长之消息如下："江苏六十县教育局长问题——各县教育局为全县学务之总枢，发展新教育，全视局长之得人与否为断。兹探访各方面消息，知江苏各县中尚未呈请委任者，只有吴江、无锡、东海、赣榆、扬中等五县。其业经委任，又请辞职者，有江阴之钱体纯。其委任后为地方人士反对者，有砀山之张英三、奉贤之庄礼楷。至新委之局长即系从前之劝学所长者，有江宁孙濬源、溧水徐进、江浦茆义和、六合徐复光、金坛吴企南、上海李宗邺、松江张树勋、青浦蔡钟秀、金山张本载、川沙张志鹤、太仓洪保婴、嘉定戴思振、崇明陶铸、海门龚翼之、吴县潘起鹏、昆山王颂文、武进何其焯、靖江杨名浩、南通邢启才、如皋沙元矩、泰兴封激云、淮阴赵增祐、泗阳张兴权、阜宁王汝垲、江都胡初元、仪征樊德馨、高邮丘民、丰县刘尔孟、沛县张绍孟、邳县黄锐之、睢宁卓家址、灌云钱正居、沭县施应生。若新委之局长并非前任劝学所长者，有句容严大奎、高淳刑朝钟、丹阳杨鸿范、丹徒徐兴范、溧阳王士桢、南淮徐守清、宝山袁希洛、常熟屈如干、宜兴周品高、淮安沈乃颐、涟水郑宾、盐城孟义臣、东台袁牧、兴化石鸣镛、泰县徐藻、宝应朱瑞年、铜山梁中枢、萧县刘云昭、宿迁罗桢等人云。"观此，则以前劝学所长而充任现县教育局长者，占苏省六十县二分之一以上，是皆县知事依据末项资格推荐使然。故各县劝学所之改组县教育局，类皆换一块招牌而已。而十二年[1923]十二月二十一日，《时事新报》"教育界"评论耿君良伯之《委任县教育局长的我见》尤慨乎言之："……县教育局里首座人物为教育局长，监督全县小学教育的进行。我乃苏省人，在苏言苏，姑先将我对于苏省各县教育局长的感想，拉杂书而出之。……我苏各县教育局长深具有教育学识者，虽不乏其人，然泰半来自缙绅豪董，资格学识俱不充裕。初以包围地方知事呈荐，继乃运动省厅当道，勾心斗角，侥幸成功。问其具有教育知识否，未敢信也。……”亦足见舆论之一斑。故自教育厅发表各县教育局长后，遭地方教育界人士之反对，电省厅要求撤换。其见于报端者，有常熟、宜兴、青浦、溧阳、奉贤、东台、吴江、兴化等县。而宜兴县周局长之被攒殴辱骂，奉贤县庄局长之遭罢教拒绝，卒以解职而去者，一时尤传为话柄。平心而论，试问今日各地方之教育局长，其为教育家乎，抑为小官僚乎？其目的在教育乎，抑在做官乎？虽其中不乏真正热心教育之专家，但究属少数；而官僚氏的教育行政家，则所拾皆是。故不得不严定资格以限制之！

二、县教育局长应操之职权

县教育局长之职权，于学制会议时，有主张列举的规定之者，亦有主张概括的规定一者。主张列举者，大致谓列举虽难免有疏漏之病，然可列举其重要各项而概括的规定其余。苟不采列举的规定，则其结果，热心者固可以尽力从事，而不热心者将因之而事搁置。主张概括者，大致谓局长职权采列举的规定，苟有遗漏，实无法救济。因采用列举的规定，非有高级或对待之机关以为救济不可。今教育局既为一县教育之最高机关，似不宜采用此种规定。且各省情形复杂，亦难列举，应俟其单行条例，自由斟酌。当时陶知行先生则谓：概括与列举，既各有所长，无妨先拟一列举的规定，用作比较。以本席之意，应列举九项：

（一）拟定全县教育计划；

（二）编订全县教育经费之预算；

（三）任免教育行政人员；

（四）考核全县教育成绩；

（五）拟定各种学校课程标准；

（六）选定各科教授用书；

（七）编制全县教育统计；

（八）划分全县学区；

（九）办理其他教育行政事务。

然又有人以为，如此规定过于具体，恐实行之时，与董事会冲突，而不无怀疑者。结果，仍维持原案，为概括的规定如下：

“县教育局长商承县知事，主持全县教育事务，并督促指导市乡教育事宜。”

而十二年[1923]三月二十九日教令第九号公布之县教育局规程第二条则为：

“县教育局长商承县知事，主持全县教育行政事宜，并督促指导属于该县之市乡教育事务。”

其大体上并无差异。盖当时经会众之讨论，皆主张于大纲内即不列举，将来规定同样之细则时，亦可为详密之规定。至细则上应如何详密规定，亦不可不一讨论及之。查前劝学所规程施行细则第一条，关于下列各事项，由劝学所呈请于县知事处理之：

（一）义务教育之调查及劝导督促等事项；

（二）查核各学区之位置及其联合事项；

（三）各区学务委员会之设置事项；

（四）查核各区学龄儿童之登记及其就学免缓事项；

（五）经营县属教育经费编制、预算、决算并稽核各区教育经费，处理其纷争事项；

（六）查核各学校之建筑及其他设备事项；

（七）核定区立各校之学级编制及教科目增减事项；

（八）县立各校及其他教育事业之设置事项；

（九）核定区立各校及其他教育事业之设置事项；

（十）私立学校之认许及考核事项；

（十一）代用学校之核定事项；

（十二）改良私塾事项；

（十三）社会教育之设施事项；

（十四）学校卫生事项；

（十五）县属教育之统计报告事项；

（十六）县知事特别委任事项。

似县教育局长之职权亦可斟酌采用其一部分或全部。汪典存先生所著《美国教育彻览》载美国县教育局最近之趋势，言局长职权应依下列七条：

（一）执行县教育董事部议定之一切教育法令及政策；

（二）认真执行强迫教育及关于儿童幸福各事宜；

（三）荐举所属学校教师及分区劝学员；

（四）视察所属学校指导教员；

（五）秉承董事部办理补习学校、短期讲习班及推广教育；

（六）会同县卫生局办理卫生教育，指导学校卫生及保姆职务；

（七）保存一切档案，每年将本县教育情形报告于省教育局局长。

李石岑先生《教育独立建议》中有“教育行政委员会法”，其第九条载县教育行政委员会之职权如下：

（一）编造本区教育预算；

（二）管理全县教育经费；

（三）统计全县学龄；

（四）分配学区；

（五）视察全县教育监督进行；

（六）任命县立各学校教职员；

（七）处决关于全县教育上纷扰事件。

康绍言先生在保定暑期讲习会讲教育行政，其述理想的县教育行政机关之组织中之教育局长职权如下：

（一）执行董事部所决定之方针；

（二）监督所属各学校；

（三）视察省董事部、省教育局长、县董事部所定之法令章程是否遵行；

（四）选定科长、特种视学及其他教育局职员、助理员等，请董事部任命；

（五）监督县董事部所属各机关，并为各机关规定程序，指导事宜，辅助进行，遇必要时，得提出免去所属各职员之职务；

（六）推举合格之教员、校长，以便董事部选定、指定、调动教员、校长服务地点，遇必要，得提升、停止、罢免其职务；

（七）巡视学校，改良辅助一切事项，提高管理训练之标准，唤醒教育努力之兴味；

（八）为教员、人民组织并出席各种集会，提倡巡回文库及图书馆；

（九）指导所属学校调查之进行；

（十）对于儿童入学予以交通上之便利；

（十一）改动学校款项分配事项；

（十二）行试验教员，颁给教员证书；

（十三）测量教育的效率；

（十四）研究教材，选择补助书籍；

（十五）预备审查周年报告；

（十六）县议会、省董事部随时付与之职权。

依鄙见言，县教育局长受省教育行政官厅之委任，根据县教育局规程，综理全县教育事宜而负其责任。其职权之如何规定，应视其自身在教育行政之地位而定。按学制会议时，陈宝泉先生说明部交《县市乡教育行政机关组织大纲案》之理由，谓本案精神实因县市乡地方自治已将推行，推行之后，现行之劝学所等制度不能适用，故不得不决定一相当制度，以应需要。……查地方自治之第一事，即为教育，故应将现制改良，使彼此不致冲突。又地方自治制之性质，并非脱国家而独立。故国家之主管机关，在其范围之内，亦得直达各地方云云。是则县教育局长之地位，当在省教育行政长官与地方自治区区董及学务委员之间。教育为国家应有之事业，故支配全省教育政策之权在教育部委派之各省教育厅长；而执行此项政策，担负一县兴学之责任者为局长。换言之，省教育厅长之权在规定计划、监督及执行全省之教育事宜，而县教育局长之权在对省教育厅代规定一县教育之计划、监督、执行事项。又教育亦为地方自治之第一要务，故支配自治区内各学区之教育行政事权，由区董负之，而由各学区内之学务委员佐治之。而监督各区之教育行政事权之设施与否，担负一县内各自治区实施综核之权者为局长。换言之，各自治区区董及学务委员之权在规定计划、监督、执行一自治区内之教育事宜，而县教育局长之权在对自治区各区董及学务委员负监督全县各自治区教育之计划、执行、监导事项。

惟当时议决之县教育局规程与各地方自治章程不免有所冲突，因之职权上遂发生问题。例如，苏省自地方自治议会恢复以后，所有关于元二年[1913]暂行县制与现行之特设官厅制之教育机关抵触处，虽经省令迭次解释各县所呈询之疑义，然终不能十分圆满。因之，十二年[1923]十二月十日江苏省教育行政会议有：(一) 教育厅咨询教育局成立后应如何规划进行案；(二) 教育局处理事务应悉遵中央法令办理案；(三) 县市乡教育事务应由教育局统筹规划案；(四) 请议教育局权限与劝学所权限有无分别案；(五) 各县教育局局长应有完全权限以免牵掣而利进行案之提出。后议决付审查，审查结果为："经济之扩充，人才之培养，以及新学制之推行，与章程均有重要关系。查办理教育行政，以遵照法令为最要。现行教育局规程，自县市乡自治恢复后，发现章制抵触之处甚多，以致进行诸感困难。但教育之设立，纯因现代社会潮流趋势而来，所有元二年[1913]江苏暂行县市乡制与中央新颁教育局规程抵触之处，应尊重中央法令办理。"但教育行政会议虽如此议决，将来地方自治团体对此能否不发生争执，尚有问题。就目前而言，县教育局长既有完全职权，则一方面当根据中央教育部颁行之国家教育政策暨施行标准，代表国家而为国家教育之监督指导、计划、行政的官吏；一方面又当根据地方情状暨教育范围，代表地方政府而为地方教育之监督指导、计划、行政的人员；更一方面当根据社会之公意、人民之希望，代表人民而为公共教育之监督、指导、计划、行政的领袖。故其职权通常可分别之为三项：(一) 计划上之职权；(二) 行政上之职权；(三) 监督指导上之职权。兹分别述之：

(一) 计划上之职权

按前言，教育为国家事业之一，故根本计划乃由国家主持，即由中央教育部或委派之各省教育厅长主持。然一国内各省之情形不同，而一省内各县之情形亦不同，教育设施必须根据地方情况。故如何计划适用部令与厅令之程度与组织，各县自有其活动之余地。总之，中央与省厅教育行政机关所规定之计划系概括的，各县在此范围内有本其地方特况，自由计划其设施的具体办法之权。此项计划即为一县教育行政之标准，亦即一县教育良窳之关键。局长既负全县教育之责任，则此项计划自属局长之职权。

（二）行政上之职权

前言教育局长一方面代表国家政府，一方面代表地方政府，更一方面代表地方人民而行使其代表之职权。国家政府于各省设有省教育厅，由省教育厅计划、执行、监导该省各县之教育事宜，而县教育局长遂负有执行省厅之计划，而促其完成之责任。地方政府以县知事为其行政首领，关于县区内之教育事宜，县知事负有全责；县议会之关于教育上之议决案件，县知事当奉行之；而县教育局长即当商承县知事而代为之主持一切。地方人民之代表机关为董事会，董事会有审议本县教育之方针及计划之权，有筹划及保管本县教育经费之权，有议决教育局长所提交事件之权，而县教育局长即当执行董事会所议决之一切案件。故县教育局长所有行政上之职权，其一为省厅所委任者，其一为县知事所付托者，其一为董事会所议决者。

（三）监督指导上之职权

通常教育局长之职权，多限于计划与行政方面，而不行使其监督指导之职权。然一县内各学校之实际情形，非监督之，指导之，实不足以昭慎重。局长既负全县教育之责，自应确知各种教育机关之实际为何如，各校教职员之服务何如，学生之作业何如，课程及教学之效率何如，校舍及设备何如，学校与社会上之关系何如，各学委之指导与策划何如，其他教育机关如图书馆、通俗教育馆及公共体育场等之设施何如，而谋所以指导之方。局长操用舍进退之全权，当明定良好之办法以求人才，而不宜顾虑人才之缺乏以迁就办法，则其效果自大。

以上三大职权，为局长者当保持平衡，不可失之偏倚。有时为一计划者，有时为一执行者，有时则为一监督指导者。今以此为根据，试列举其职权之重要者如下：

（一）拟定全县教育计划；

（二）划分全县学区；

（三）编造全县教育经费之预算；

（四）编制全县教育统计报告；

（五）拟定各种学校课程标准；

（六）测量教育的效率；

（七）查核各学校之建筑及设备；

（八）调查各区学龄儿童；

（九）认真办理义务教育；

（十）认真设施社会教育；

（十一）执行董事会议决事项；

（十二）执行县知事特别委任事项；

（十三）办理其他教育行政事务；

（十四）视察全县教育监督进行；

（十五）考核全县教育成绩；

（十六）任免教育行政人员及县立各学校教职员；

（十七）处决关于全县教育上纷扰事件。

三、县教育局长应享之待遇

县教育局长之待遇，于学制会议时，虽有程时煃先生之提议，谓部案并未提及，似应加入。然会众并不十分注意，而规程内亦未列入。依美国最近趋势，局长年俸临时由董事会议决。盖年俸以法律规定，则是使人择俸而争选，不能择人而定俸。然教育局长在教育局中占一重要之位置，其人须有学问、有干才，经过长时期之训练，方足以任重而致远，故其待遇不得不较为隆重。Cubberley 所著 *Public School Administration* 一书中，引美国中央教育局出版之一九一四年第十六期公报中载有全国教育会联合会所调查之"一九一二年至一九一三年之局长薪水报告"，如下表：

县之等级	薪俸数		
	最低额	最高额	平均额
居民自 5 000 至 10 000	\$400	\$3 600	\$1 915
居民自 10 000 至 25 000	\$1 200	\$4 250	\$2 774
居民自 25 000 至 50 000	\$2 000	\$5 000	\$3 019
居民自 50 000 至 100 000	\$2 400	\$5 000	\$3 582

(续表)

县之等级	薪俸数		
	最低额	最高额	平均额
居民自100 000至250 000	$3 300	$7 500	$4 422
居民在250 000以上	$4 000	$10 000	$7 178

吾国此次改制，机关地位较前提高，而办事人员之资格亦较劝学所为严，因之俸给亦多增加。江苏省教育厅依各县教育费收入总额之多寡，规定县教育局经费为五等。

(甲) 全县教育费收入总额在十万以上者，年支三千元。

(乙) 全县教育费收入总额在五万以上者，年支二千五百元。

(丙) 全县教育费收入总额在三万以上者，年支二千元。

(丁) 全县教育费收入总额在一万以上者，年支一千五百元。

(戊) 全县教育费收入总额不满一万元者，年支八百元。

而局长薪俸亦规定为四等。江苏教育厅训令第九五八号载：

"……至从前劝学所长俸薪，并未规定，由各县自行酌量支给，以致多寡不等，甚至纯尽义务，似非持久办法。兹并拟规定局长薪俸：甲等月支六十元，乙等月支五十元，丙等月支四十元，丁等月支三十元。各视事务繁简、经费多寡，按照前项标准支给。……"

浙江省教育厅亦将各县教育局长分为三等六级：

(一) 二百五十校以上为一等一级；

(二) 二百校以上为一等二级；

(三) 一百五十校以上为二等一级；

(四) 一百校以上为二等二级；

(五) 五十校以上为三等一级；

(六) 五十校以下为三等二级。

并规定县教育局职员俸给如下：

(甲) 一等县教育局长

一等县六十元

二等县五十五元

三等县五十元

（乙）二等县教育局长

一等县五十五元

二等县五十元

三等县四十五元

（丙）三等县教育局长

一等县五十元

二等县四十五元

三等县四十元

此外，如山东县教育局长，以荐任职待遇，薪水有增至八十元（前只三十元）者。安徽则教育局长月薪自四十元至六十元不等。鄙意局长待遇不宜菲薄。盖有能力之人，所以能久于其位者，以其位置有希望、有机会之故。但县教育局长之位置，毫无机会、希望之可言，如薪给过薄，恐有借他种职业谋生，而对于局长职务仅费去一小部分之时间，则全县教育行政将废弛不可问矣。

教育局长之职权

杨亮功*

关于县教育局长本身之职权，各省教育法令多未有规定，即偶然涉及亦多简略，未能条分缕析。故各县教育局长无所依从，往往不能自明其本身应负之职责，以为努力工作之标准。此篇关于教育局长职权之调查，其问表(questionaire)有二种：

1. 用空白问表由答者自行填写。

2. 试列举县教育局长之职权，应有尽有，由答者逐条加以圈定。

此二种问表，后者较为妥善。盖应用问表以征集事实，应使答者费时短而写字少，若用前种问表由答者自行填写，其结果必写字多而费时长，则答者每因惮烦而置之不答，即使答复亦难期详备。故作者对于此种教育局长职权之调查，采用第二种问表。其制表方法先试列举县教育局长之职权，系依据戴奋博(W. S. Deffenbaugh)之报告而加以增减成二十二条。继以此二十二条职权，测验北大地方教育行政及教育调查两班学生约 50 人，使各根据个人之判断，决定是否为县教育局长应有之职权，逐条圈定复就测验结果加以讨论，删繁

---

* 杨亮功(1897—1992)，名保铭，安徽巢县(今巢湖市)人。北京大学中文系毕业，留学美国斯坦福大学、哥伦比亚大学、纽约大学学习教育学，获哲学博士学位。曾任安徽省立一中校长、安徽大学校长、北京大学教育系主任等职，后转任政府监察委员、监察使，赴台后曾任台湾当局考试管理机构负责人、政治大学教授。主要著作有《中学课程之改进》(英文)、《美国州立大学董事会之组织与职权》(英文)、《中西教育思想之演变与交流》等。

本文原载于《明日之教育》1932 年第 1 卷第 7 期。——编校者

就简，共成十八条，详下调查表。但恐仍有遗漏，特留空白，以便答者自行填写。

地方教育行政状况调查表(表一)

(下列各条请根据实际行政经验逐条加以考虑。如有某条认为系教育局长应尽之职权，请于各该条后括弧内加一圆圈(○)，并恳于民国二十一年[1932]五月十日以前寄交北平国立北京大学教育系收为感。)

一、确定教育目的与政策……………………………………( )
二、选任、移调及辞退各校校长及其他各教育机关主管人员……………( )
三、选任、移调及辞退本局职员及雇员……………………( )
四、考察教育人员工作之勤惰……………………………( )
五、视察学校………………………………………………( )
六、编制课程………………………………………………( )
七、选择教本………………………………………………( )
八、强迫儿童入学…………………………………………( )
九、筹措经费………………………………………………( )
十、编制教育预算…………………………………………( )
十一、计划及改进学校之建筑与设备……………………( )
十二、改进学校卫生………………………………………( )
十三、注意教育法令之实施………………………………( )
十四、召集各种教育会议…………………………………( )
十五、处理教育界之争执…………………………………( )
十六、注意教育之专门研究………………………………( )
十七、对于地方各机关、团体、人士之交际………………( )
十八、编制每月或每年报告………………………………( )
(如认为尚有地方教育局长所应负之职责，而未列入者请列于下。)
十九、……………………………………………………( )
二十、……………………………………………………( )
二十一、…………………………………………………( )

此问表寄交六省共五百县教育局长，收到答复为数339，约占全数68%。若以各省分别而论，除湖南省回答县数最少，约占全省县数40%外，其余河北、山东、安徽、江苏及浙江各省回答县数皆超过各省县全数65%以上，亦有多至84%以上者。

惟此种问表系要求答者根据行政经验对于各条职权加以判断，以定去取。当然不免有主观见解，其结果恐难正确。但依照下表所列，各省教育局长对于各项职权之圈定，实有同一之趋势，其各项职权所得之百分数及其等级，各省皆大致相同，其各相关系数亦多在90%以上，足以表现公共意见之一致，颇可靠也。

六省三百三十九县教育局长职权分配表(表二)

职权＼省别/项目	河北			山东			安徽			浙江			江苏			湖南			总计		
	县数	百分数	等级	县数	百分数	等级	县数	百分数	等级	县数	百分数	等级	县数	百分数	等级	县数	百分数	等级	县数	百分数	等级
1. 确定教育政策	58	69.87	17	44	46.31	17	15	37.50	18	22	43.13	17	17	41.46	17	20	68.96	1	177	52.7	17
2. 选任、移调及辞退主管人员	82	98.79	3.5	90	94.73	7	40	100	3	51	100	3	40	97.56	7	28	96.55	5.	331	97.6	6
3. 选任、移调及辞退本局职员	81	97.59	6	95	100	1.5	39	97.50	7.5	51	100	3	40	97.56	7	29	100	2.5	335	98.8	4
4. 考察工作勤惰	83	100	1	94	98.94	3.5	40	100	3.5	51	100	3	41	100	2.5	29	100	2.5	388	99.7	1
5. 视察学校	68	81.92	10.5	71	74.73	11	36	90	11	37	72.54	13	33	80.48	12	25	86.206	10.5	270	79.6	11
6. 编制课程	45	54.21	18	37	38.94	18	18	45	17	16	31.35	18	16	39.02	18	15	51.72	18	147	43.6	18
7. 选择教本	65	78.31	13	58	91.05	14	23	57.50	16	26	50.98	16	24	58.53	16	21	72.41	14	217	64.0	16
8. 强迫儿童入学	59	71.08	15.5	68	71.57	12	39	91.50	7.5	35	68.62	14	29	20.73	14	25	86.206	10.5	255	75.2	13
9. 筹措经费	80	96.38	7	90	94.73	7	39	97.50	7.5	45	88.23	8	40	97.56	7	27	93.103	7.5	321	94.7	7
10 编制预算	75	90.39	8	90	94.73	7	40	100	3	49	96.07	7	40	97.56	7	26	89.65	9	320	94.4	8
11. 改进建筑及设备	66	79.51	12	67	76.52	13	34	85	12	42	82.35	9	32	78.04	13	24	82.75	12.5	265	78.2	12
12. 改进卫生	60	72.28	14	53	55.78	15	28	70	14	33	64.705	15	25	60.97	15	19	65.51	16	218	64.3	15
13. 注意法令实施	72	98.79	3.5	94	94.94	3.5	40	100	3	51	100	3	41	100	2.5	29	100	2.5	337	99.4	2
14. 召集会议	82	98.79	3.5	95	100	1.5	38	95	10	51	100	3	41	100	2.5	29	100	2.5	336	99.1	3
15. 处理争执	82	98.79	3.5	93	97.88	5	39	97.50	7.5	50	98.03	6	41	100	2.5	28	96.55	5.5	333	98.2	5
16. 注意专门研究	59	71.08	15.5	52	54.73	16	29	72.50	13	39	76.47	11.5	36	87.804	10	18	62.66	17	233	68.7	14
17. 交际	70	84.34	9	82	86.31	10	26	65	15	39	76.47	11.5	34	82.92	11	24	82.75	12.5	275	81.1	10
18. 编制报告	68	81.92	10.5	87	91.57	9	40	100	3	40	78.43	10	40	97.56	7	27	93.103	7.5	302	89.1	9

依据上表，县教育局长各条职权所得之百分数及等级，各省既有一致之趋势，故单就各省之总计数一项讨论，即可代表各省。准此，试观上表所列十八条职权中除第六条外，其余各条皆超过全数 339 县 50%，在 90%以上者为二、三、四、九、十、十三、十四、十五等条，等级亦最高；其次在 80%以上者为五、七、八、十一、十二、十六等条；六条仅占全数 44%，等级为最低，其次为一条，占全数 52%。兹就其结果，再申论之。

二、三两条关于选任各教育机关主管人员及教育局职员，实为教育局长重要之职权。教育局长对于全县教育设施，既负有全责，亦应有进退全县教育行政人员之全权，但教育局长应知用人之良窳实关系教育实施之成败。其用人标准应根据其训练、经验、才能及操行，不受党派、区域及宗教之限制，尤需避免请托，为事择人。九条之筹措经费亦为教育局长之重要职权，但教育局长之职权，不仅在善于筹款，并且要善于用款而无浪费。绥尔西(J. B. Sears)[①]云："教育预算为教育政策从经济方面之表现，从经费之分配可以见教育局长之教育政策及其工作。"故十条之编制预算，亦应为教育局长之重要职权。其次，四、十、十三、十四、十五等条[②]，如考察勤惰，注意教育法令，实施召集教育会议以谋教育之改进，处理教育界争执及编制报告，皆为教育局长应有之职权，无待详释。但所谓注意法令实施，系指教育法令之解释及教育法令之执行，县教育局长对于地方教育界系代表上级教育行政机关，对于上级教育机关所颁布之法令，应负有帮助解释及执行之职责。

交际一条非指普通无意义之酬酢，教育不能离开社会而独立，教育政策之施行，尤赖社会之赞助。教育局长对于地方人士之交际目的，一方面在熟知地方情形以明了社会需要，一方面使地方人士明了教育之内容及其重要，以引起地方人士对于教育之兴趣及赞助。且教育局长办理地方教育事业之成败，亦视其能否得地方人士之同情。再者，教育局长在地方所居之地位不仅是为教育界之领袖，亦应为地方人士之领导者，其所负责任不仅在谋地方教育之发展，亦应负有领导社会之职责。故教育局长对于地方人士之交际，实含有重大意义也。

---

① 今译"西尔斯"(J. B. Sears)，美国 20 世纪上半叶著名教育管理学家。——编校者
② 原文误，对应者应是四、十三、十四、十五、十八条。——编校者

其次，五、七、八、十一、十二、十六等条，如视察学校、选择教本、强迫儿童入学、改进建筑及设备、改进卫生及注意专门研究，或关教学之改进，或关教育之积极建设，其百分数及等级虽不如以前各条之高，而其重要实有过之无不及。盖以前各条多系教育局长应有之职权，显而易见，教育局长每易注意明显之职权，而忽视其最重要积极之工作。且视察学校尤为教育局长最要之职责。克柏莱（E. P. Cubberley）[①]在《普通教育行政》（*Public School Administration*）书中，曾分教育局长职权为组织、行政、视察及领导地方四大类，而认视察一类为最重要。有云："其他别种职权不过为第三种职权之预备，所谓第三种职权，乃视察及改进学校教学者也。"戴奋博云："在小城市中教育局长，如用有助理，应当用去其三分之二时间视察学校。"许士（C. L. Hughes）[②]曾根据五十八位大学教授之判断，对于教育局长工作时间之分配，如下表所列，视察教学占全数工作时间 31%。盖教育最终之目的，在使儿童得到适当之教学或训练，一切教育计划、组织及行政，皆以此为归宿。视察学校之最大目的在教学之改进，虽大城市教育局长事务甚繁，不能有许多时间亲自视察学校，多委之于督学，但同时教育局长须与教师有接近之机会，明了教学状况，以谋改进。

小城市教育局长工作时间分配表（表三）

职　权	时间分配百分数
1. 视察	31
2. 行政	33
3. 教课	13
4. 社会服务	11
5. 文牍	10
	100

至于一条确定教育目的与政策，虽百分数甚少，亦应为教育局长重要之职权，虽整个全国教育目的与政策中央曾有规定，但各县教育局长亦应根据地方情形与需要，确定一种地方教育目的与计划，而不违背中央之所规定。其等级

① 今译"克伯莱"(Ellwood P. Cubberley，1868—1941)，美国教育史学家。——编校者

② 今译"休斯"(C. L. Hughes)。——编校者

最低、百分数最少者为六条之编制课程，多认为课程标准中央既有规定，各学校课程可由各校校长及教师，依照中央所规定之标准自行编定，编制课程无关教育局长之事。但中央所规定课程标准乃适用于全国学校，为适应各地方之特殊需要起见，其所规定之标准应为各地方留有伸缩之余地。各县教育局长应一方面根据中央之规定标准，一方面顾及地方特殊需要及其办学目的，与各校校长及教师共同编制一种课程标准为本地方之用。或由教育局长联合教师组织一种课程编制委员会，以谋课程及教材之改进，此亦教育局长应有之职责也。

其外，答者所附加之职权共约八十余条。惟多重复，兹特删拼成二十三条，列表如下：

附加之县教育局长职权表(表四)

1. 教师之
a. 训练　b. 检定　c. 选择　d. 待遇
2. 提倡厉行及推广
a. 义务教育　b. 成人教育　c. 民众教育　d. 社会教育　e. 特殊教育　f. 乡村教育　g. 职业教育　h. 小学教育　i. 女子教育
3. 教育经费及学产之
a. 整理　b. 征收　c. 保管　d. 分配　e. 审核　f. 保障
4. 厘定地方教育单行规程
5. 确定地方教育方针及政策
6. 取缔私塾
7. 考查教学成绩
8. 考核学生成绩
9. 学生升学指导
10. 规定学校训育标准
11. 制订学校历
12. 编制各项教育表册
13. 参加县政府会议
14. 划分学区
15. 保存文献
16. 考核及奖惩教育人员工作成绩
17. 整顿学风
18. 编制教育刊物
19. 协助地方自治之施行
20. 提倡文化
21. 改良风俗
22. 失业问题
23. 处理上级教育机关委托事项

上表所列除四、十三及二十四[①]等条，如厘定地方各种教育单行规程及细则，及处理上级教育机关所委托事项，应列入为县教育局长之职权外，其余各条，或与前列十八条相重复，或为前条之含意所包括，可以归并，或非教育局长直接所应负之职责，似可不必列入。如五、十六、十八等条与“表二”所列之一、四、十八相重复。二条之 a、b……及六、十四、十五、十七、二十及二十一等条，皆关于教育实施之方针及政策，可并入“表二”之一条。七、八两条可拼入“表二”之五条，盖视察学校实含有考核教学成绩之意义也。十三条可以与“表二”十四条相合并，一条之 a、b 两项乃省教育机关之职权。三条之 a、b……f 等项在教育经费未独立之县，尚难认为系教育局长应有之职权。一条之 e、d 及十、十一、十二等条，其标准之规定，其权属于省教育机关。九条关于学生升学指导，各校校长及教师之所担负之责任实较教育局长为多。十九及二十二两条，更非教育局长直接所应负之职责矣。

① 应为“二十三”。——编校者

怎样做教育局长

赵远柔*

一、绪　　言

自实行新县制，各县教育裁局改科后，权限大为缩小，地方教育便成一蹶不振之势。胜利复员后，在教育第一声中，大家建议恢复设局，以期加速普及国教。教育部鉴于地方教育的重要，已令各省市转饬恢复教育局独立的设置，并期望各县能于三十六年[1947]上半年一律改制设局。但是期限已过，各县尚以经费拮据为借口，迟不设局，对于地方教育之推进，影响殊大。如江苏六十多县中，已恢复设局的，只有镇江等十二县。可见，各县对于设局一事还是阳奉阴违，于国教前途打击殊大。

我们如果要国民教育，或是说基本教育普及，必须迅即实行中央六全会暨国民参政会四届一次大会恢复设局的决议，加强局长权限。否则，国民教育在县政当局忽视之下，必难达到理想的境地，国民基本教育问题也永远得不到解决了。

不过，恢复设局后，地方基本教育也未必能办理完善，也是无可否认的事实。问题是在制度好了，还须有好局长，否则，地方教育还是一筹莫展的。我们常见某一县，国民基本教育原是腐败不堪的，后因局长得人，也渐渐地改善

* 赵远柔，生平不详。时任国立社会教育学院副教授。

本文原载于《教育杂志》1948 年第 33 卷第 1 号，作者时任国立社会教育学院副教授。——编校者

了,变好了。我们也常见有的地方,教育原是很好的,但因局长不得其人,也终于变坏了,退步了。俄谚说得好:“欲知如何寺?但看怎样僧。”这话应用到教育上来,又是多么地恰当。因为,根据过去的经验,我们一看“怎样的局长”,便知道是“怎样的教育”。这可见,局长之于地方教育的关系是何等地重大。

总之,教育事业的进行,固赖完善的制度;但要充分发挥教育的效能,尤须教育人员的充实。人员的健全与否,实为教育事业成败的关键。中国基本教育的推行,应由县地方教育当局负其职责。教部次长杭立武先生说:“中央办理高等教育、省办理中等教育、县办理国民教育,权限分明,自易获效。”国民教育是国民的基本教育,是一切教育的基础,而县级教育局长正是推行国民基本教育的最高领导者,责任是何等地重大,职业又是何等地神圣!所以,做一个县级教育局长,无论于事前事后,都需要充分的准备。不然,办理腐败,影响个人前途事小,而对于贻误万千国民的子弟,那就非同小可了。

二、未做局长之前

县级地方教育,完全侧重在国民教育,也就是基本教育。所谓基本教育,其特质并不仅仅教国民识几个字就算完事。它包括儿童教育和成人教育。这种教育不仅教人读、写、算,并且授以若干基本的东西,使他们可以谋生,改良他们的经济状况,使他们可以艺术地、有教养地表达他的自己的思想,使他们可以改进健康生活的环境,参加国内和国际的政治活动,借以引导他们走向比较充实而完善的生活。可见,现在的县教育局长,较之过去仅仅侧重于小学教育的局长的职务,不知繁重多少。所以,准备做县级教育局长的,在未就任之前,必须对于自己的能力、资历、动机等等详加考虑。

(一) 先度有无局长资格

做一个局长,必须通过法令上的资格。自新县制实施后,县政府教育科长的资格,大体上曾有规定。现既明令恢复设局,法令自有修正之必要。依据民国十六年[1927]以前所公布之《县教育局规程》,县教育局长的资格,共为五项:(一) 毕业于大学教育科、师范大学或高等师范者;(二) 毕业于师范学校并曾任教育职务三年以上者；(三) 毕业于专门以上学校并曾任教育职务二年以上者；(四) 曾任中等学校校长或小学校长三年以上者；(五) 曾任教育行政职务五年以上著有成绩者。上面所定的资格相当严格，为提高效力，严格规定局长资历原无不可。但事实上能符合规定的，殊不多。杨亮功先生曾就341县，作局长资格之调查(见杨亮功著《教育局长》一文，正中《教与学》月刊一卷五期)：

资　　格	人数(人)	百分比(%)
日本留学者	8	2.35
大学毕业者	44	12.90
师范大学毕业者	8	2.35
高师及优级师范毕业者	30	8.80
高等专门学校毕业者	10	2.90
大学预科及高等学校毕业者	8	2.35
大学肄业者	11	3.22
中等师范毕业者	202	59.20
中学毕业者	11	3.22
中等职业学校毕业者	1	0.29
其他	8	2.35

杨先生所调查的，远在抗战之前，战时及战后地方财政困难，教育人员待遇菲薄，局长资格虽尚无确实统计可循，但绝不如战前，自可断言。作者认为，学历上的资格尚在其次，经验上的资格尤为重要。一个理想的局长必须受过大学师范教育，并曾从事国民教育行政工作或师范学校教员、地方教育辅导人员，如擢选县督学升任尤为适宜。所谓经验，尤须具有与局长任务有关事项的经验。

局长除学历及经验上能符合规定外，更应具备法定以外的资格——高尚的品德——借以表率群伦，树立风范，绝不能以普通官吏自居，予人以不良的印象。美国教育家李德(Lide)曾请二十五位专家品评教育局长品德的要素，依其性质的重要定为等级，表列如下：

等　级	品德要素	等　级	品德要素
1	领袖能力	14	细　　心
2	善于判断	15	合　　作
3	多方兴趣	16	坚　　定
4	见识卓越	17	热　　心
5	公　　平	18	文　　雅
6	宽宏大量	19	道德高尚
7	智　　慧	20	乐　　观
8	富有魄力	21	透视周密
9	适应能力	22	社交能力
10	有 目 的	23	机　　警
11	诚　　恳	24	勤　　勉
12	可　　靠	25	号召能力
13	健　　康	26	守　　时

(见 Lide, *Educational Research Bulletin of the Ohio state University*, Vol. Ⅶ.)

又我国杜佐周先生认为,局长除法定的资格之外,尚须具备下列各种品格:健全的体格、优美的德性、长于知识、勇于学习、富于经验、周于观察、深于思虑、工于计划、善于劝导、长于指示。(见杜佐周著《教育与学校行政原理》,商务。)

局长学历、经验以及品格上的资格既如是,我们在未做局长之前,就须反躬自问,到底够不够资格?

(二)再问动机是否纯正

资历是做局长的先决条件,动机的纯正与否,是决定局长命运与事业成败的重要因素。教育是最清苦的事业,干县级地方教育事业,尤为艰苦。际此物价动荡、教育经费拮据、生活维艰的时候,师资难得、设备简陋、社会风气败坏……在在给教育人员以精神物质的打击。县级教育局长,就是维系教育人员人心的主要领袖。如果局长动机不纯正,终日营营,唯名利是图,视教育为谋生的职业,以不得志于仕途而从事于教育。灵魂既失,躯壳徒存,失之毫厘,差以千里，未有不功败垂成、名利两尽的。作者认为，局长动机的纯正与否，须看其是否具有下列各种条件或因素：

(A) 纯正的动机，必须对于基本教育的行政，有真实的兴趣。

(B) 纯正的动机，必须对于当地基本教育，有改进或整顿的决心。

(C) 纯正的动机，必须以教育为终身事业，绝不以图名利为目的。

(D) 纯正的动机，必须以服务道德为基础，不能排斥异己，造成紊乱的局面。

总之，教育是清苦的事业，尤以县级国民基本教育为然。局长动机如果纯正，阻力必少，即有阻力，也绝不致精神颓丧，中途告退的。反之，如局长的动机完全以一已私利为出发，不要说事业绝无成功希望，且必身败名裂。对于这一点，要做局长诸公，必须深自考虑，反躬自问的。

(三) 最后要看环境是否相宜

局长如资格相合，动机纯正，对于该县级教育事业，至少已能维持现状。但是，时代是前进的，教育学说日新月异，绝不可墨守成规，以保守即为尽局长之能事。相反地，我们必须精益求精，达成教育理想为目的，所以除局长资格、动机必须慎重考虑外，对于当地环境是否相宜一点，也得详加考虑。

天时、地利、人和，是事业成功的必要条件，教育亦然。县级地方教育，往往为地方势力所把持，如果局长人地不宜，必事倍功半。反之，如人地相宜，办事当可顺利，舆情洽然，终能收事半功倍之效！

总之，局长资历的好坏，足以征信办理教育有无把握；动机的纯正与否，可表示有无事业的兴趣；环境适宜与否，可决定办事的顺利与否。因此，如果一个县教育局长有优良的资历、纯正的动机和适宜的环境，必可保证他有辉煌的成就的。如果并未具备这三个有利的条件，千万勿轻易尝试，否则勉强将事，也唯有焦头烂额，徒事牺牲而已。

三、既做局长之后

局长是难做的，尤其是县级地方教育主管人员。但委令既下，唯有立定志意，排除万难，迈步前进。必从“慎始”开始，沉着应付，予人以第一个良好印象。

(一) 怎样着手接收?

局长接受委令之后,第一步工作便是接收。接收看来是件小事,其实不然。往往因为接收时态度不好,出言不慎,惹起许多意外的纠纷、波折。接收非但要接收文件、财产等固定的东西,更重要的是接收"人心"。所谓"接收人心",就是造成接收的良好空气,使各级教育工作同志对新任局长有良好的印象。接收时有着必须注意的几点:

(A) 商洽移接日期——旧任的移交和新任的接收,事前必须约定日期,如有第三者居间商洽更好。新任局长应利用接收前的余暇,拜访当地老友和地方领袖,对于教界耆宿更应竭诚联络。地方领袖如有改革当地教育的好意见,应尽量记录,以资参考并示接受意见、诚意合作之意。这样,对于将来办事不无帮助之处,而于接收工作更可顺利进行。

(B) 以崭新的阵容来接收教局——在接收的当日,新局长的仪表和态度往往为旧任职员所最注意的一点。而新任也应随时留意旧任职员的仪态,以作接收竣事后,决定去留人事的参考。接收时自当随带新聘高级职员一二人,以便随时商议。但更高级职员必须较旧任的资历为优,这样姿态崭新、阵容坚强,在"第一印象"(first impression)的感召下,自可加强各方面的信仰了。

(C) 招待地方领袖和新闻记者——教育绝不是孤立的,尤其是地方基本教育,不仅是教人读、写、算而已,尤应以改善人民生活为最高理想。因此,范围广泛了,努力的方面也增多了,自不应闭门造车,以蹈覆辙。所以,招待地方领袖及新闻记者,报告本人行政决策,争取舆情,是新任局长接收后的第一大事。

(D) 确定人事的去留——局内人事以少动为是,即欲更调,也须次第进行。因原任职员,对于各属校情形较为熟悉。至于各属校校长孰去孰留,更应慎重考虑。但多留旧人,少委新人一原则,必须坚守。越显出学者风度,越可以镇服人心。但校长确有资历不合,能力薄弱,滥竽充数的,当也不应再予姑息,贻误校务。

(E) 召开中心校长谈话会——自实行国民教育制度后,中心国民学校的任务,特别加重。它非但本身必须健全,并须负荷辅导国民学校的责任。所以,中心国民学校校长,可说是国民教育制度的灵魂。如果中心国民学校校长都能得人,并可诚意合作,那么,县教育人事上大体已无问题。召开中心国校校长谈话，一方面可借以联络，报告今后行政方针；一方面又可明了过去国教一般设施状况，以作日后改进的借鉴。开会时，态度必须严肃而有风趣，最后可征询校长对于改进该县基教的意见，以供参考。

(F) 调查各校概况——新任局长接收后，对于该县教育状况，必须有清楚的认识。过去的优点，绝不可因旧任之去而一笔抹杀。相反地，应加以表扬，竭力维护，这样反能显示新局长宽大的风度，使人乐于接近。调查概况，最主要的，必须知道本县教职员师资的水准，全县教育经费及其分配、学级数及学生数等等。调查概况，可作日后施政的参考，新局长必须郑重将事才能推进事业。

(二) 怎样拟具计划?

县级教育行政问题至为复杂，自非本文所能详加讨论的。不过，现在却有一个显著的趋势值得我们注意，就是今后教育行政的措施，一定要向“计划教育”的方向做去。这正如政治经济之走向“计划政治”与“计划经济”，同是一个道理。既做局长之后，当认清时代所赋予地方教育的使命，绝不为“门面主义”所惑，为“应付主义”所囿，为“揩油主义”所误，必须认识大时代所予的使命，振臂而起，高举“教育建国”的大纛！县级地方教育是一切教育的基石，如何以“管、教、养、卫”之方，行“礼、义、廉、耻”之教，使每一个国民都成为新中国的中坚分子。这一问题，假使每一个局长都有高瞻远瞩的卓见，便不致如一般昏庸的局长只知头痛医头、脚痛医脚了。

县级地方教育行政，重心在乎基本教育的推行。而基本教育的内容，据陈礼江先生的意见，认为就是人类的生活教育。因此，必须包括语文教育、生产教育、公民教育、健康教育、休闲教育。换句话说，基本教育就得包容人生所必需的最低限度的一切知能，也就是人人所必需的生活教育。(见陈礼江著《我对于基本教育的信念》，《教育与社会》，基教专辑。)

对于当前县级教育的重心，有了清楚的认识后，就得对准它的目标，拟定切实的计划，这是县级教育局长成功的前奏。局长的职务纵有久暂，而计划不妨求长，如前任局长有完善的计划尚未次第完成时，就得把它包含在新局长的新计划中。新局长的计划应循下面几个原则拟订：

(A) 计划从行政的部门分看，应订教育人员的调整，经费预算的编造，视导的实施,调查及统计等;以教育的内容分,应是儿童教育及成人教育。

(B) 计划要根据实际情形拟订,分别缓急,并分年分期地实施。

(C) 拟订计划要征求多方面的意见,局长只要加以汇集修正而已。

(D) 各年度的工作大纲,应根据三年或五年的总计划,详订本年度的工作。

(E) 本学期的行政历,按照本年度的工作大纲,衍为行政周历。

(F) 各种重要的计划,例如建筑设备的分年计划、基教实验研究计划、教职员进修计划等,都应分别缓急,切实拟订。

(G) 计划拟定后,应分别指定负责施行人员,限期完成,严加考核。

(H) 计划拟定后,得视实际情形随时酌加修正。

总之,做教育局长的,特别在中国基教尚未普及时,必须有一种改革振兴的精神,详细筹划,其计划不应仅为暂时的,且应为将来的。他不应存五日京兆之心,视教育局为一块过桥板,去另谋较好的职位。这样,他才可算是一个忠实的教育家。教育并非一日或一年的事业,教育局长的计划至少应顾到五年或十年的事业。换句话说,教育局长必须建立他所要达到的教育理想的计划。

(三) 什么是县教育局长的任务?

要知道教育行政人员的任务是什么,必先明了教育行政机关的功能是什么?据中外一般教育学者的研究,各级教育行政机关的主要功能有六种:(一) 领导(professional leadership)、(二) 会商(consultation)、(三) 统合(coordination)、(四) 合作(cooperation)、(五) 法权(legal authority)、(六) 督察(supervision)。这样看来,局长的主要任务不外计划、组织、执行、视导、研究及社会活动等项。

我国各级教育行政首长所负的任务,现仅县级已有明文规定,其项目如下:

(A) 遵照教育法令及中央暨省教育计划,推行全县教育文化。

(B) 拟具全县推行教育计划,普及全县国民教育。

(C) 整理或增筹全县教育经费,并依照法令保障、管理,支配动用之。

(D) 依照法令,选用、奖惩所属教育行政人员及学校校长与其他教育文化机关主管人员。

(E) 奉行中央及省颁教育法令，并执行其所委办事项。

此外，我国杨亮功氏曾调查 339 县教育局长职权之分配，其结果颇足供参考。兹表列如下：

职权种类	所占等级	职权种类	所占等级
考察工作勤惰	一	交际	十
注意法令实施	二	视察学校	十一
召集会议	三	改进建筑及设备	十二
选任、移调及辞退职员	四	强迫儿童入学	十三
处理争执	五	注意专门研究	十四
选任、移调及辞退所属主管人员	六	改进卫生	十五
筹措经费	七	选择教本	十六
编制预算	八	确定教育政策	十七
编制报告	九	编制课程	十八

综观以上所述，可见县教育局长的任务，是如何地纷繁了。这样的工作能否胜任，应在未做之前考虑的。既做之后，只有凭着毅力，不屈不挠地向前推进了。最后，我觉得局长做事，应抱定一个原则，就是要找事做，不要等事做。基本教育的工作真是千头万绪，成败与否，胥视主管长官的努力了。

(四) 怎样执行任务?

教育局长的任务，既是这样地纷繁，如何执行，自然不能三言两语道尽的。这里所要说的，就是怎样领导属员？怎样联络社会？和怎样应付政府？这些都是执行任务以达到目的的方法，做局长的，不能不加以注意。

1. 怎样领导属员？

做局长一定要有驾驭属员的能力，这能力就是局长最起码的才干。至于说属员，广泛地说，无论局内局外，教育工作同志都可说是属员。邰爽秋氏列举教育局长建立领袖资格的方法如下：(A) 应以热忱实学，作人模范，勿凭一己地位责人为善；(B) 法律所赋予之职权须善为运用，新职权之获得必凭真实能力；(C) 应认清本地地方教育目标之所在，及用何种敏捷妥当之方法，促其实现；(D) 应力求达于教育政治家之境地，不为行政琐务所束缚；(E) 应利用时机，力谋教育政策之实现；(F) 应利用种种机会，如列席参议会、举行校长谈话会、发表论文、利用学年报告等，于无形中造成舆论，凡所建议应尽量接受；(G) 应知罗马非一日造成，凡重要改革必经长久时期方能贯彻。郃氏所列各点，似嫌笼统，现再提供几点于下：

（甲）优美的品格——局长要拿出使人悦服的品格，然后才能表上率下，蔚成优良的风气。据查德斯的研究：必须是善于听纳、态度公开、友谊精神、言行有力、彬彬有礼，五者兼备，才可使人悦服！因之，局长对于属员：第一，要用人不疑，疑人不用；第二，要亲近同事，以身作则；第三，待人接物，要开诚布公；第四，要量才器使，劳逸均衡；第五，长处要鼓励，短处要容忍；第六，要安定生活，鼓励进修。唯有如此，才能使属员通力合作，献身教育。

（乙）经常的联系——局长和各级主管人员必须经常联系。属员苟有所询，必须掬诚答复。联系的方法不外下列各种，就是访问、通讯、约谈、会议等。联系的主要目的，在于联络情感，互相慰勉，报告意见或心得。联系的方式不论如何，但终须以改进当地基教为依归。

（丙）严正的态度——局长对于属员，无论是局内同事或是属校校长，于接洽公务或闲坐聊天时，始终要保持严正的态度。属员之间，如有互讦情事发生，局长应保持静听的态度。同时，约束亲信，不任意发议论，不作左右偏袒。与地方领袖有所洽商，也应一秉公正廉明的风度，不因权威而顺从，也不因受屈而沮丧。

（丁）民主的作风——局长之于属员，必须先行树立信仰的基础，更进而为民主的领导，那自然可如顺水推舟，无往而不利了。属员苟有意见发表，应多予考虑，尽量接纳。举办事项，应责成主管人员负责完成，勿越俎代庖，免生误会。

2. 怎样联络社会？

对下领导固然重要，而对外联络也不可忽略。局长执行任务，如无社会舆情的颂扬及社会人士的协助，纵使没有一点阻力，成效必不宏大。现就作者的意见，略陈几项于下：

（甲）与各社团的联络——教育绝不是孤立的东西，它必须跟其他力量配合起来，成效始可显著。教育会是教育同人的大结合，应该扶助其发展；新闻界是社会教育的急先锋，应该谋取其协调；党政军以至地方各界领袖，都应联络，请其协助。

（乙）与实业界的联络——专家古楳先生说：基本教育的基本问题，是在政治与经济制度。（见古著《基本教育的基本问题》，《教育与社会》季刊六卷二期。）可见，教育如没有经济与政治作撑腰，必不能尽量发展的。譬如说，地方如有工厂，局方应充分联络，一方面可利用其经济基础，同时可假用其专门技术人才，实施社会教育，而达成改善人民生活的目的。

（丙）参与政教联席会议——政治与教育是不能分家的，这早就被人公认了的。但是，事实上又是怎样呢？政教合一只是口号而已。教育当局认为教育是清高的，因此不屑与政治联系。譬如说，宪政即将开始了，地方教育当局就应紧追政治参与工作，饬令各校协助乡镇公所举办选举事务，以达成地方自治为目的。因此，政教联席会议之类，也得参与才是。

3. 怎样应付上级政府？

县教育局长位在公务员之列，奉省县政府的命令推行教育，所以对于所属的省教育厅，应该保持密切的联系：

（甲）成绩的争取——做局长的，希望长官看得起，就得先把当地的教育办好。教育办好了，舆论推崇，德望提高，各界首长自然也都重视了。怎样使当地教育办好？忠实显居首要。何为忠？做事尽心谓之忠。何谓实？办事彻底谓之实。因此，教厅所颁行的法令，必须脚踏实地地忠诚执行，以博长官的信任。

（乙）情感的联系——做官的，最讲面子。办县级地方教育的，以下事上，礼节是不能省掉的。但是，不卑不亢的态度，局长还是要保持的。同时，局长对于省教育厅各主管科长，也得充分地联络，互通消息，请求指示。但奉迎以博欢心，却也大可不必。过与不及，都该矫正。

（五）怎样自我度量？

据上面说来，一个教育局长，有理想、有计划、有方法、有步骤，对内得同事的合作和各属校校长教员的悦服，对外得社会的同情和上司的信任。那么，这位局长便够理想了！但是随时反省，随时求进步，这又是县教育局长所必须自我度量的。下面，是作者拟议中的县教育局长自我度量的标准：

（甲）我对于教育建国有没有坚强的信念？

1. 曾否深切体认我们建国的最高原则三民主义？

2. 已否切实执行三民主义教育的政策？

3. 一切教育设施，是否配合政府的政令？

（乙）我对于教育行政已否发挥民主的精神？

1. 对于教育设施方针，能否容纳他人的建议？

2. 是否与局内同事及局外教职员同共甘苦，同负教育的责任？

3. 经济公开办法，能否切实地执行？

（丙）我的教育行政计划完美否？

1. 计划的拟订，能切合当地当时的需要否？

2. 计划不很适用时，是否酌量修改？

3. 计划能切实执行否？

（丁）我对于人员的去留能大公无私否？

1. 对于教职员，能否优予保障？

2. 延聘人员，能抱人才主义吗？

3. 对于人事的去留，能不排斥异己否？

4. 我能做到疑人不用、用人不疑吗？

5. 我能不借局长的权威，任意推荐教员吗？

（戊）我对于视导工作，能切实执行吗？

1. 对于视导，有完善的计划吗？

2. 对于视导，是否重在积极的指导，少用或不用消极的批评。

3. 对于保国民学校，能尽量利用中心国民学校研究辅导部，以利工作否？

4. 视导有一定的标准否？

5. 经视导批评后，教职员能诚意接受，并能改进否？

（己）我对于社会联络有美满的措施否？

1. 能借出版品以引起社会的注意否？

2. 曾否开放各种场所，以利社会教育的发展？

3. 曾参与各种会议以资联络否？

(庚) 我对于教职员的进修是否已尽可能的协助?

1. 曾否介绍有关书报于各校教职员?

2. 用过何种有效的方法,以鼓励各种研究会议的参加?

3. 曾否倡导关于教育专题的研究?

4. 曾否鼓励教师入假期讲习会或进修班?

(辛) 我对于自身的进步,是否随时地检讨?

1. 曾否利用机会参观他县教育状况?

2. 在最近五年内,有无进过假期讲习会、进修班或各种训练团?

3. 对于地方教育行政,尤其是县教育行政,已否尽心服务而有专门研究?

4. 对于最近出版的书报,尤其是教育书报,是否能随时注意阅读?

当然,局长要度量的,还不仅是这些,但上面已是比较重要的。所谓“一日三省吾身”,做局长的,只需一周一省就很足以进步了。

四、不做局长之时

“合则留,不合则去。”这是每一个局长应具的风度!倘使人事已在变迁,环境渐趋失宜,纵欲继续奋斗,而事实上已不可能,便当急流引退,以让来者,还来得光明磊落。但是,不做局长之时,也有其应注意之点:

(1) 办理移交,协助后任——教育不是世袭的事业,局长终有其去职之日。新旧任局长,都为教育服务而来,“就”固无所谓“荣”,“去”也无所谓“辱”。更无所谓载兴而来,败兴而去。所以,旧任既准辞职,便须等待新任之来,亲办移交。局内财产、文件等固须一一移交,就是过去设施的利弊、得失,也该尽情相告。唯其如此,才能使新任局长得到许多便利,而旧任所辛苦经营的局务,也才能延续不坠。

(2) 仍本素志从事教育——局长职务虽已卸却,而教育大任还须肩负。我们既能体认“教育为立国之本”,便当以毕生的精力从事教育事业。做局长可,做教员也可。职务虽有差别,贡献究竟相同。我们固无须以升任局长为荣,也不必以退任教员为辱。守住教育岗位,鞠躬尽瘁,死而后已,这才是难能可贵的教育者!

五、结　　论

怎样做县教育局长？上端各节已有所论。但是，不少局长往往不循正轨努力，犯着下列种种毛病：

(1) 门面主义——所谓门面主义，便是专讲形式。教育设施只求冠冕堂皇，不务实际。尽管教育经费怎样拮据，局长室、应接室却不能不讲派头。尽管各校师资低劣、校务废弛，而统计图表、宣传刊物却不能不有。这种缓急失宜，本末倒置，是门面主义的特征。

(2) 应付主义——“不求有功，但求无过”，这种消极心理，适足以助长应付主义的抬头。上对官厅，等因奉此，极尽公文图表的能事！言过其实，自欺欺人。对同事属员，轻诺寡信，只求敷衍塞责，得过且过，头痛医头，脚痛医脚。根本谈不上计划，更谈不上实践，这便是应付主义的本色。

(3) 揩油主义——县教育经费本已枯竭，可是局长往往还想从砻糠里刮油。局长一做，任用私人，皇亲国戚，为人设事，耗损公帑。人事上，甚至以少报多、吃空额、采办回扣、建筑抽成、假公济私等，不一而足。

总之，每一局长，应不为门面主义所惑，为应付主义所囿，为揩油主义所误；而尽心尽力，苦干实干；终能取得属员的爱戴、同事的拥护、上司的信任、社会的同情。地方基本教育的命运，都握在局长们的手里，怎可不好自为之。

（附注：本文承本院研究部主任古楳教授详为指示，特注，以示谢忱。）

教育行政人员专业训练方法之商榷

邰爽秋*

一、导　　言

教育行政人员专业训练之重要，久为一般教育学者所公认。苟非自身缺乏专业训练，或以“门外汉”而僭居教育要职，借非难教育专业以自掩护者流，断无有生异议者也。顾所谓专业训练，亦必有其适当之方法。方法错误，虽有专业之名，而无专业之实。不独使非难者有所借口，抑且使信仰专业训练者，渐疑其主张之谬误，而将与非难者同其论调矣。窃尝论我国教育行政之专业训练，所以未能臻于巩固地步，固由于不明教育专业化者之谩肆诽谤，淆惑众听，以致减少社会之信仰。而我辈教育者未能采取严格的、适当的方法，造就真正专业之人才，以致失却社会之信仰，亦一大原因也。请略述国内各大学训练教育行政人员方法之大概，以证吾说。并介绍美国哥伦比亚大学师范院训练教育局长之行政课程，略评其优劣之点，而示今后改进之道焉。

---

* 邰爽秋(1897—1976)，字石农，江苏东台人。国立东南大学教育科毕业，留学美国芝加哥大学、哥伦比亚大学专攻教育，获博士学位(博士论文为《教育行政测量法》)。曾任南京中学校长，东南大学、中央大学、中山大学、河南大学、辅仁大学、北京师范大学等校教授，暨南大学教育系主任，大夏大学教育学院院长，中国民生建设实验院院长，教育部战时教育委员会委员等职。主要著述有《教育行政之理论与实际》《教育调查》《教育经费问题》等。

本文原载于国立暨南大学教育学院编《教育季刊》1930年第1卷第1期。——编校者

二、我国训练教育行政人员方法之大概

国内各大学训练教育行政人员之方法,颇多差异。有于文学院教育系中设立一二教育行政科目,如私立光华大学等校是。有于教育学院或教育科中设立专系者,如国立中央大学及私立大夏大学等校是。又有于教育系中设有教育行政组者,如国立暨南大学是。光华等校之行政课程,内容过于简略,殊不能担负教育行政专业化之使命,故无批评之必要。今仅就设有专系或专组之中央、大夏、暨南三大学,评述其训练教育行政人才之课程于下。

(一) 中央大学教育学院教育行政系课程

据本年[1930]《国立中央大学一览》第五种《教育学院概况》所载,该院教育行政系之必修及选修科目如下:

(甲) 必修学程

1. 第一学年

党义,2 学分。教育原理或教育概论及教育社会学各 3 学分。国文及现代文化概论各 4 学分。英文 6 学分。生物学及教育心理学各 8 学分。

2. 第二学年

教育行政、教育测验、教育统计、地方教育行政,各 3 学分。教育哲学、教育通史,各 4 学分。比较教育 6 学分。

3. 第三学年

小学行政、中学行政、小学普通教学法、中学普通教学法,各 3 学分。教育之事务行政 6 学分。

4. 第四学年

课程论、训育论、教育调查、教育视导,各 3 学分。

(乙) 选修学程

中学行政及课外作业、教育行政问题、图书馆学、教育经费,各 2 学分。都市教育行政、省教育行政、比较中等教育,各 3 学分。

上述课程计划之重大缺点，在将教育行政之内容分得太碎。同为教育行政，除设一普通教育行政学程外，竟又分为省教育行政、都市教育行政、地方教育行政、教育行政问题、教育之事务行政、教育经费、中学行政、中学行政及课外作业、小学行政、教育视导、教育调查等至十数种之多。每种多至6学分，少亦2学分。整个的行政课程，既分得如此零碎。又由数人分任教授，各不相谋，其结果必不免发生三种现象：第一，各科目缺少联络，使学者目眩神迷，不能得着整个的行政专业训练；第二，各科内容重复之处太多，不独浪费时间，抑且使学者生厌；第三，各教者之主张，未必尽同，往往使学者无所适从。

该项课程之第二缺点，在只注重理论知识，而忽略实际经验。理论本由实际经验归纳而成。吾人为教授之方便与经济，固不可离开理论，但同时亦必顾到实际经验，以谋旧理论之证印与新理论之发现。今该项课程计划，并未顾及此点，是实一大缺点也。

(二) 大夏大学教育科教育行政系课程

据《大夏大学十八年度一览》所载，该校教育科教育行政系之课程如下：

1. 教育科必修课程

教育原理、教育史、教育测验、中等教育、普通教学法、教育心理学，各3学分。教育行政6学分(最近办法)。

2. 教育行政系选修学程

选修学程计有：儿童心理学、青年心理、特殊儿童心理学、心理测验、小学教育、小学教学法之改良、师范教育、公民教育、乡村教育、童子军教育、军事教育、课程论、中小学课程之改造、实验教育、教育表册、学校调查、学校视察、小学校之组织及行政、中学校之组织及行政、师范学校之组织及行政、职业学校之组织及行政、成人学校之组织及行政、县市乡教育行政、学校管理、学校财政、教学指导、课外作业、学校图书馆管理法、训育问题、教育哲学、教育社会学、性欲教育问题、近代教育趋势、教育思潮、比较教育、妇女教育问题、乡村学校师资问题，共37种，各3学分。该校规定，凡预备毕业后从事于教育行政者，应于前列各学程中至少选习21学分。换言之，即7个学程而已。

上述课程计划之缺点，除将科目分得太碎，并忽略实际经验，与中央大学教育学院教育行政系课程之缺点相同外，尚具有一特别缺点，即其在课程内之各科目太散漫而无系统是。照该课程所规定之行政专业科目，除属于教育科普通必修仅有 6 学分之教育行政外，余则由学者在 37 学程中任选 21 学分。此种限制学分之办法，有相当价值。惟查兹 37 学程属于行政之性质者，不及半数。学者仅可任选一二行政学程，及其他五六种与教育行政无密切关系者以充数，而亦得自命为经过教育行政专业训练之学生。名实两方，未免太不相符矣。

（三）暨南大学教育系行政组之课程

暨南大学教育系行政组之课程，除三民主义 2 学分，中国近百年史、西洋文化史各 3 学分，南洋概况 4 学分，国文、英文、数学、生物学各 6 学分，为大学所规定之共同必修者外，尚有属于系必修者为：教育哲学、教育原理、教育心理学、教育社会学、中国教育史、外国教育史、督学常识、教育行政、健康教育、小学教育、中学教育、教育统计、师范教育、普通教学法、测验概要各 3 学分，南侨教育状况 2 学分，普通心理学 6 学分，计共 17 学程。至属于教育行政组之专业课程，则有教育公文、教育经费各 2 学分，学校行政、教育观察、地方教育行政、教育调查、教育指导、教育行政实习各 3 学分。另有教育专题研究属研究性质，视研究工作之结果，酌给学分。

该课程计划为暨大教育学院同人所订。其内容虽不似大夏大学教育行政系课程之散漫，并虽已注重实习，但行政科目仍不免零碎分割之弊。且所谓行政实习，仅订 3 学分，为时太短。欲借此以沟通教育行政之理论与实际，恐亦不易办到，故亦不得谓为完全之课程计划。

此外，尚有一缺点，为三大学所共有者——也许各大学教育学院皆有此缺点——即其对于准备作行政人员之学生，皆取放任政策，不加甄别是已。教育行政人员，具有领袖性质，非人人皆可为也。吾人天禀不同，能力各异，有适于行政职务者，有不适于行政职务者。训练行政人员者，当规定严密之限制，以宁缺毋滥之态度，慎重选择宜于学习教育行政之人才，然后施以适当之专业训练。如是则教者方面，可收事半功倍之效；而学者方面，亦得圆满成功，将来在社会服务自能游刃有余，乐于所业矣。

我国各大学训练教育行政人员之方法，既略如上述。请介绍哥伦比亚大学师范院训练教育局长之行政课程，以资比较，而谋改进。

三、哥伦比亚大学师范院训练教育局长之行政课程

据 *Teachers College Bulletin* 四十五页至四十九页所载，该校规定，欲得教育局长学位文凭者，必有成功的教学或行政之经验，否则暂将文凭扣留。俟其任教育局长或副教育局长有一二年成功之经验或在城市教育厅或县教育局实习一二年并表显其能胜任后，再行补给。

该校又规定，得有高等学位者，始得发给教育局长学位文凭。

（一）课程计划

欲得高等学位者，至少研究二年，所选科目如下：

1. 主要课程

第一，教育行政；第二，教育行政研究。

2. 次要课程

从教育统计、小学教育（课程或指导或兼而有之）与中学教育（初级中学或高级中学之课程或管理）诸范围中，就各人以前之训练选择之。

3. 其他课程

从职业教育、宗教教育、高等心理、财政学、市政管理、体育等科中，就各人之需要选择之。

4. 普通课程

得某种学位必修之普通教育课程。

（二）教育行政学程之内容

该学程为训练教育局长之第一主要课程。每年 12 学分，分两学期授完。

讲授者为施菊野(Strayer)①、安革霍(Engelhardt)②、亚历山大(Alexander)、毛特(Mort)③等教授。其内容如下:

本学程与教育行政研究之学程,根据分析专业的行政领袖之工作,而研究教育行政上之问题。实际上最常发生于教育局长经验中之问题,或适用于大城,或适用于小城者,皆将提出与学者讨论解决。讨论之际,若需体育、家政、职业教育、宗教教育、艺术,或其他各科目之专门知识,则请该专家等出席指导,并鼓励学生和彼等商量。

讨论之问题,概从下列范围中选出之:

州政府对于地方教育之责任——州、城及县教育局之组织及其与其他管理团体之关系——行政与指导人员之组织,特别注意其权属之组织——学校系统之组织;小学校,包括蒲拉东或复式学校制度,分科教授与特别班级;初级中学;高级中学,专科的与多科的;补习学校、职业学校、成人教育——课程——教学纲要之编制——指导——儿童登记——继续的学龄儿童调查及儿童入学事项——学校健康行政与体育——行政问题上统计方法之应用——教学结果之测量——事务行政,包括记账法、预算编制法、教科书及教学用品之选择购置及分配——教师之训练、选择、任期、薪俸、升任及退隐金——校舍与设备,包括建筑方案与施工细则、校舍测量、建筑计划、校产购置、设备登记——教育局长与乡里之关系,包括宣传术、家长教师联合会等。

(三) 教育行政问题研究之内容

本学程为训练教育局长之第二主要学程,教授时间及教者与前学程同。

本学程与前学程之异点,在其所讨论的问题之性质及其研究之方法。在前学程中教者不仅提出问题,并供给解决问题时所必需之材料;而在本学程中,教者仅提出普通教育情形,而由学者决定其问题之性质,并搜集解决时必需之材料。所谓普通教育情形,多由全班所从事之野外工作中提出。该班每

① 今译“斯特拉耶”(George D. Strayer,1876—1962),美国20世纪早期教育管理学研究的领袖人物之一。——编校者

② 今译“恩格尔哈特”(N. L. Engelhardt,1882—1960),美国教育管理学者。——编校者

③ 今译“莫特”(Paul R. Mort,1894—1962),美国教育财政专家。——编校者

年举行之教育调查(普通的或专门的),即讨论问题时大部分资料之来源也。

每年所提出之问题,类由选读本学程学生之团体的兴趣决定之,但同时必注意于教育局长所必须解决之主要问题。

学者若于上述问题发现某点,可作精深之探讨,亦可多费时间,从事专门研究,但仍需同时上班参与讨论。

上述课程计划之优点有四:(1) 课程有整个计划,无散漫之弊;(2) 主要行政科目,内容所包甚广,实具有综合性质,可免重复或缺少联络之弊;(3) 数教授合教一科,实际上课时虽由一人主讲或领导讨论,但其他各教授亦同时列席、听讲或参加讨论(规程上并未载出),故能彼此交换意见,不致主张歧异,使学者无所适从;(4) 注重理论与实际之沟通。

虽然该课程计划,亦有其缺点在:(1) 选择学习教育行政之学生,尚无妥当办法。虽该校规定,有成功的教学或行政之经验者,方能得学位,似寓有选择之意;然而教学经验与行政经验有别。长于教学者,未必能担任行政职务;且所谓成功的经验,尤无判定之标准。(2) 理论与实际之沟通问题重大,非仅规定学者具有一二年行政经验,即能圆满解决。故余以为该课程计划,亦未能达于完全之境地也。

此外尚有一点,应为吾人所注意者,即该校课程系为研究院之学生求高等学位——博士学位——者而设,吾国大学尚无研究院办法。然通常大学课程之编制,颇受美国大学研究院课程之影响,此种办法是否妥当,亦有待于研究。

四、今后训练教育行政人员应注意之点

通常训练教育行政人员方法之大概及其缺点,既如上述。欲谋补救,殊非本文所能毕事。兹谨根据前述之批评,并参加其他意见,提出今后应行注意之点如下:

(一) 应规定严密精确之办法,慎重选择学习教育行政之人才,宁缺毋滥。

(二) 全部专业课程之内容,应有精密之计划。

(三) 课程内容,应具设综合性质,力矫零碎分割之弊。

(四) 课程内容,应由各教者共同商定,力矫重复缺漏之弊。

（五）应以课程为主体，由数人联合教授。并同时出席参加讨论，彼此交换意见，以免主张歧异，致使学者无所适从。

（六）课程内容，应就行政专业之需要，分为各种行政的动作。每动作为一问题，训练学生时，以解决某种问题或获得某种行政动作之知识、技能及经验为及格标准。

（七）应取消教室上课制政。另行设立研究室，搜罗解决某种问题或训练某种行政动作之书籍资料，并设置所需之用具及用品。

（八）应在教育学院附近，设立教育行政实验区（约以一县之大小为限），专为试验各种教育计划制度，试用各种测量表格及为学生研究实习之用。此种实验区之地位，应与师范学校之实验学校看得一样重要，无此即不得称为完全之教育学院。

（九）学生“上课”（其实并无所谓上课），实际上即为解决问题。有时在研究室，有时或在乡村学校，有时或在野外，有时或在通衢，胥视所习某种行政动作之需要而定。

（十）理论与实际应打成一片。“学什么”，即“做什么”。

（十一）应提高专业训练之程度，并应发给某种行政人员之专业文凭，以资识别，而免鱼目混珠之弊。

十九年[1930]十一月二十日，于暨大

教育行政人员的专业道德

李季开*

一

社会上各项职业，种类繁多，其进于专业（profession）而不同于普通的行业（trade）者，不仅由其具有广博的文化根基、专门的业务知能与高尚的智慧创获，尤须赖其具有充分的服务精神，以及同业间共同信守的专业道德，维系其间。因此，西洋过去所称法学、医学、神学之三大专业，其从业人员除必须遵守社会上一般的道德标准外，相互间并各有其自行遵守的专业道德存乎其间。此种专业道德，虽非必具成文的表示形式，然其各个从业分子多能自愿地接受其约束，而有感觉必须服从与力行的义务。以是此种专业道德，足以增进各该专业分子间之协调与福利，防止其产生不正当的行为与竞争，加强其专业训练的水准，提高其专业的社会地位。总之，乃是维系及发展各该专业的必要条件。

近世进于专业领域者，已不专限于西洋昔日所称之法学、医学、神学三项，其他如工程、农业，以及政、经工作等等，莫不早进于专业。为教师者，需有深厚的

* 李季开（1913—1985），江苏宜兴人。无锡师范学校毕业后入国立中央大学教育系，1937年毕业，先后任江宁县小学校长、四川南渝中学教师、四川万县师范附小校长、中央大学教育系讲师、《教育杂志》及少年儿童出版社编辑，兼大夏大学、沪江大学、上海美专等校教师，1953年起任上海体育学院教育心理教研室主任、院图书馆主任。

本文原载于《教育杂志》1948年第33卷第4号，作者时任《教育杂志》社主编。——编校者

基础、专门的训练，其为一种专业，亦久获社会一般的公认。各个教师间，其言行举止、态度理想，固亦有其公认的合于专业道德的标准。在各个教师组织之专业团体中，且以之具体的订为成文的规约，以资各会员之遵守。此种专业道德规约之订立，在近年美国教育界中，一时已蔚为普泛的运动，众所周知的美国全国教育协会所订的专业规约，乃最著者。我国各教育专业团体中，初未注意及此，去年冬天，中国教育学术团体联合会及中国教育学会先后提出讨论并通过关于制订全国教育专业道德规约的议案，实是我国教育界近年极重要的创获。

一般所订教师专业道德规约，虽多曾说明同样包括教育行政人员，如教育部、厅、局中行政人员、视导人员，以及学校校长与其他负有行政职责者，惟显系着重于一般专门担任教学工作的教师。自广义言之，教育及学校行政人员原亦均可称为教师，惟其所任工作偏于行政业务。目前即在教育界中，尚多有一种误解：以为只是各级学校教师乃属专业分子，教育及学校行政工作与普通行政初无二致，只须稍具行政干才者类能担任。殊不知教育行政同是一种专业，具有与一般普通行政相异的特质：第一，教育行政之所接触者，远较普通行政为广泛。举凡儿童、青年、成人、妇女，无论智愚贤不肖，莫不为其施政的对象。其次，教育行政特别注意于积极的教化、诱导与辅助发展，非如普通行政之仅事消极的监督与干涉所可完成其职责。同时，由于教育对于个人的连续的多方面性的关系，无论德、智、体、群等各方面，无时不有继续教育的需要。教育行政对于一般儿童、青年、成人、妇女的施教工作，即须刻刻负责，时时管理，决不能如普通行政之仅注重于个别事件，专注意及于人民生活的一方面，而其时间的效力亦仅及于最近的将来而已。因此，教育行政问题已日趋复杂，在在均需科学的精密的研究，方能获得适当的解决。教育行政人员，不仅需要普通的行政干才，抑且须对教育及学校行政工作具备专门的知识。尤重要者，即是必须具有服务精神与专业道德。如此，方能适切地担当此种繁巨的工作。否则，必致流于庸俗的官僚主义，徒足以纷扰教育界良好的安定的秩序，而将一无效果之可言。

二

目前，我国教育界中呈现着一种杌陧不安、危机四伏的状态，乃是不必讳言的事实。此种状态之所以造成，自有其各种政治的、社会的、经济的背景。但是由于一般教育及学校行政人员本身的愚昧与自私，不能了解与信守真正的专业道德标准，实属极重要的原因。试一检讨目前我国一般教育行政人员所有的由于愚昧与自私，而表现的非专业行为，或不合于专业道德标准的行为，可举其最严重者，分述如下：

（一）奴役师生气焰高涨

普通一般教育及学校行政人员，以其担负行政责任的关系，常易学习所谓“官僚习气”。自以为身居高位，教师、学生均属其管辖与控制的范围，于是视师生如奴役，气焰高涨。大有目空一切，睥睨不可一世之概。教师与学生必须恪守其命令或训诫，倘有拂逆己意、抗辩不服者，于教师往往吹毛求疵，申斥解聘；于学生则更可任意辱骂记过，退学开除。不问缘由，擅做威福，而教师、学生或摄于威势，敢怒而不敢言；或消极态度，亦步亦趋。其狡黠或不堪凌辱者，则甚至联合反抗、鼓动风潮。于是，教育界秩序荡然，将至益发不能收拾。

（二）独裁专断刚愎自用

一般行政人员常喜专尊一己成见，不能容纳他人主张。自以为学识能力，高于其次级属员或教师学生之上。伊等见解类多不切实际，卑卑不足道，惟有自己的主张与办法，始能行得通，且能行得好。甚至，有许多行政人员尚以为身负行政职责，必须标示自己具有独特主张与办法，不能任意听随或接受他人的意见。否则，即易失去自己的身份，无法控制他人，大有不如此不足以表示自己的行政职分或地位者。于是，学校会议形同具文，教师建议置若罔闻。墨守成见，一意孤行。虚骄习气，深不可拔。其遇事幸而成功，则自鸣非凡。如不幸而致偾事，则又移罪于他人之不能合作。凡此种种，在教育的专业中，实多属不合专业道德的行为。

（三）结党营私倾轧排挤

此为尽人所知的非专业行为，然在教育界中实为最普遍的现象。自从政府宣布行宪，党派的形式组织虽已普遍从学校中退出，惟各种封建性的偏私的派系组织，在一般学校及其他教育团体中，实仍见活跃。无论形式的与非形式的，或以政治立场为勾连，或以地域关系而结合，或以毕业学校相标榜，甚至以血统亲戚及其他关系，种种所在多有，互结为无数团体组织。大圈之内又有小圈，层层相结，互相对立。或共同勾结，逐其自私的企图；或锄除异己，尽其倾轧的能事。勾心斗角，奸险欺诈，一切可以不择手段。寒暑假中，由此而造成的教育界纠纷事件尤多。教师、校长可以不问理由，任意停聘、解职。不孚资望学识能力者，可由夤缘而攫得职位。党同伐异，倾轧排挤，无所不用其极。负有教育职责之行政人员，教人需要“合作”，而身自参与“斗争”，令人宁不感叹！

（四）假借职权图逐私利

教育行政人员中，往往有凭借其职务上的权势，以图逐其一己私利的。此种情形甚多，最显著者，如安插私人。无论直接的或间接的，向其所属事业机关，推荐其亲友或其他有关系之人。虽明知其资历、学识不能胜任，而其所属事业机关之主管人员，或摄于权势，或欲结欢心，不得不曲意奉迎，勉强接受。又如参加政治性或其他的选举，利用其职位权力以向属下威胁利诱，无异强迫其属下，而剥夺其自由意志。至于运用任何明目张胆的作弊方式包办一切，以控制选举之进行，或以其他利益互让为钓饵者，当更违反专业的道德行为。

（五）攀附权势以广仕途

教育行政既与教学工作同是一种专业，自须望其从业分子，能以毕生的时间精力尽瘁于教育事业。但是，在教育界中，尽有不少以从事教育工作为“脚踏板”者，一旦遇有其他较为“良好”(?)的机会，即随时准备离弃教育工作。更有人以为教育机关，乃是一种“冷门”。终身做一教师，固认为无有“出息”，而教育行政工作亦多以为是为人牺牲、为人服务，于己无权、无势、无利的事。从事教育行政工作，或是企图造成拥护自己的一部分势力，或是借此得与其他行政界人士相接触交际，借获广开自己的“门路”。此种分子专为一己的出路打算，不能忠实于教育事业，抱着“五日京兆”的心理，对于教育行政工作实在是不适宜的。

（六）菲薄教育轻视专业

教育虽已进于专业，但是在社会上尚有一部分人士，受了传统的影响，以为只须薄具常识，即人尽可师。对于教育学术仍是抱着一种怀疑的态度，以为并无高深原理，只是一种普通的常识而已。最可怪者，即是此种思想态度，甚至竟影响及于一部分教育行政人员。在其本身，于教育学术或缺乏透彻的了解，或根本未曾受过教育专业的训练，凭其过去求学时代浅薄的印象，或平素浮泛的观感，以为足可胜任应付，根本不知重视专业知能与理想态度。对于教育研究工作，甚至以为只是费钱费力而无多大意义的事，只须略加点缀，不知积极扶助。其选任属员，或事业机关之主管人员，亦只问其与一己关系的深浅，及其应付人事的能力，而毫不考虑其于教育学术有无研究，是否有所专长等等。目前，一般教育工作之缺乏效率，或引起纷扰，实多由此种情形之所造成。

（七）遇事推诿粉饰表面

国人处世，喜抱圆滑态度，遇事推诿，不负责任，粉饰表面，不务实际。此种情形在教育界中尤为普遍。行政工作职权不分，有过相推，有功则争。办理教育，专求形式的整齐美观。校舍须求壮丽，经费须求丰裕。学校中能平稳应付，不生风潮，即可满足。至于教学训导，一仍旧贯，只求整齐划一。实质应如何改进，受教者的需要应如何适应，均可不在考虑之列。命令办法可以任意颁布翻覆，不问理由。倘若由此而致纠纷，而无办法时，即借法令规章以搪塞，希图卸却自己的责任。

（八）利用公款牟利贪污

教育界人士每喜自鸣“清高”，实则政治上的贪污风气业已影响及于一部分教育行政人员。贪污办法，并不必须侵蚀公款。诸如利用公款存放比息，或购货囤积，均可饱入私囊。其他如修建校舍，可与建筑机关谈论回扣，甚至可以通同作弊，浮报开支。购置图书仪器、设备校具，亦可任意受人佣金或酬报。会计手续虽然严密，贪污方法不一而足。近年经济动荡，物价高涨，此种情形尤多。

三

教育行政人员，包括视导人员以及学校校长及其他负有行政职责者所应遵守的专业道德，于各教育专业团体普通所订公约中，间亦有论列及者。惟多属零星，而其自身未能构成一种系统。以之有系统的专门论列及者，尚不多见。美国学校行政专家里特氏（Ward G. Reeder）[①]，于一九四一年修正再版之《公立学校行政原理》（*The Fundamentals of Public School Administration*）一书中，曾专就教育及学校行政人员所应遵守的专业道德建议一规约，颇有系统，今特迻译如下，以资参考：

（一）对于学生与社会的

（1）学校在使学生努力完成民主社会中良好的公民准备，学校行政人员即常须努力达成此目的。他应使其所属的学校及其区域以内，力求教育机会的均等，并使每一学生得以充分适应其需要。

（2）教育工作的领导者，须努力争取所有势力的合作，以求学校的进步，并须防止各种势力的结合与行动之破坏此种目标的实现。

（3）他必须遵守及依据所有有效的学校法规与地方规章，然又须能支持对于革新学校组织行政与其他教育设施的进步的建议。

（4）他应以适当的步骤，向社会忠实地报导学校的情形，惟为其个人而在请求社会帮助，编造学校预算，编制报告，或陈述学校任何设施时，妄夸成绩，虚报事实或学校需要，乃是不道德的。

（5）他对于学生及其家长，必须忠实和公正，并在学校中竭力秘守学生及其父母的缺陷情形。

（6）他应维护其学校，防止任何个人或团体利用其学校的工作或权势，以为政党派系自身利益，或自我宣传之用。除非是足可信任的教育团体，或其他不自私的与其职员及学生福利有关的机关，他不能任意畀予其所属职员、学生

① 今译“里德”（Ward G. Reeder）。——编校者

的姓氏住址的名单。同时，亦除非与其学校有直接关系的事务或有关学生职员的事情，不能允许此种机关的代表，访问其职员与学生，谈论有关学校的事。

(7) 他不应将学校经费挪移他用，或任意浪费。为此，应有独立的会计，并由公众或其他代表审核所有学校的经费。

(二) 对于教育专业的

(1) 教育行政人员须用正当的方法，以求稳固或谋升迁其职位。以下的几种方法，是不正当的：

(A) 请求未知空缺的职位；

(B) 以索较竞争的候补者为低的薪金，或以“廉价而沽”为手段，而谋争取职位；

(C) 私自中伤竞争的候补者；

(D) 假造其资历；

(E) 以进行其他职务为要挟，而谋增加现职的薪给；

(F) 允许去做违反其学生及教育专业或公众正当利益的事。

(2) 他应遵守其所订契约，以迄于完成履行或解除契约关系之时。

(3) 他应尽力取得其每一所属职员，对于行政工作及其学校改进的建议和合作。

(4) 他与其上司及职员间的应守机密的消息，应如普通行政人员、医生及其他久已确定为专业的人员一样，能力守秘密。

(5) 在正常的情形之下，他应与其职员循序商酌学校事务，不容有所越级。举例以言：凡一教师须与其视导员或校长讨论的事情，教育局长普通即不宜与之商谈。同样地，凡校长或视导员之应与教育局长商酌者，普通不应移商于学务委员等其他人员。

(6) 他须慎重考虑所有向其求职者的申请书，并以各种简单的方法通知每一请求职位的候补者。除非此人对于此一职务确有相当的可以胜任的资历，否则为其自己而任意推荐任何人去担任工作，是不道德的。

(7) 凡请问其关于过去与现在所属职员的就业情形者，应忠实地予以答复，惟常须于其职员能有所助益。

(8) 他应以荐引良好的职员升迁于自己的或其他的学校，而鼓励其上进。为了不愿失去其良好的职员为其工作，而不荐引其晋升于另一职位，乃是不道德的。同样地，拒绝其属下应得升迁或增加报酬的要求，及至其他学校主管人员延揽伊等时方能答应他们，亦同是不道德的。

(9) 他不能以对其亲疏信托的关系为标准，来衡量所有学校人员的成绩。

(10) 倘已物色得有适合的代理人，他应在其属下的请求之下，立刻允予解除其契约的关系。

(11) 他不应因选购学校用书、设备或其他物品，而接受商家的佣金与礼物；亦不应为了帮助其职员去获得一个位置或升迁机会，而接受他的任何报酬。同样，要求其学生或属下去买能使其本身可以获利的任何物件，亦是不道德的。

(12) 他须维护其上司与所属职员，使其不受任何不公平的攻击。但是，反之，对于任何人的行为之有玷于专业者，必须毫不犹豫地予以解职。

(13) 他仅能在其私下予其属下以规箴批评。

(14) 他应根据多方面的证据，去判断一个属员及其行动，而不本于无稽的流言。他应避免与他人闲谈其校中职员的是非。

(15) 每一职员均应予以合理的鼓励与帮助，以使其胜任职务；新的与无经验的职员更需要得到各种帮助。

(16) 除非其已能确切地证明一教师曾于学生有不忠直公正的地方，他不应任意干涉师生间的记分、训导或其他类似的事情。

(17) 他须用每一合理的步骤去帮助其继任者。

(18) 他应参与地方与全国性教育团体组织，并须应用各种的方法以增进其效能与专业的利益。

(19) 他须力使此规约传布于教育及学校行政者之间，并使其能实行此规约。(此自尚有待于修改，并经教育行政组织的决定采用。)

综上所述，并参酌我国国情与需要，吾人可以教育及学校行政人员所应信守的专业道德，归纳为若干要点，分述如下：

1. 专业信念

教育及学校行政人员，于其从事的事业工作，必须抱有深厚的信念。首应抱定决心，以教育工作为其终身事业，绝不以教育或学校行政工作为晋升官阶的“脚踏板”。尊重教育学术，能充分利用专业知能，以及教育科学的研究成果以处理所有的业务；并自知继续进修，力求充实。对于各种教育学术研究事业，必予竭力提倡鼓励，保护扶植。

2. 服务理想

教育既是一种为人服务的事业，教育及学校行政人员即须抱有服务的牺牲的理想，对于教育工作抱有极大的兴趣。惟计事业的成败，效率的有无，绝不任意推托，敷衍将事。教育原是清苦的事业，具有安贫乐道的精神，待遇可求合理，不作过分要求；多为社会服务，不计额外报酬。

3. 民主作风

教育行政工作系为教育事业的推进而存在，乃是达到增进教育效能的一种必要手段，与普通行政性质迥不相同。因此，教育行政人员不应以主属的关系，对付一般教师、学生与其他从业人员，应有适当的礼貌态度，能自知克制感情，不以疾言厉色对人。职权分化清楚，相互合作，处事不以专制为能，一意孤行。能处处周咨博询，广征意见。会议时能充分听取他人的发言，而不滔滔不绝地专陈自己的意见。努力协调同事间的意见，多方防止任何偏私的组织的产生。

4. 负责精神

教育事业，绝非一朝一夕即可奏效。因此，须要求教育行政人员领导所有从业人员，具有锲而不舍的负责的精神。对教育事业，力求忠实，决不见异思迁，决不知难而退。职责分明，共谋联系，决不互相推诿，敷衍塞责。一切实事求是，不以粉饰表面为能事。学校活动，热烈参加；家长参观，剀切欢迎。学校的消息，可向社会正确的报导，惟不作过分的宣传，忠于同事、教师、学生以及家长，凡不应公开之任何事实、报导，均应力守秘密。同事或教师的聘约，双方均能恪守，不为片面的破坏。

5. 合作态度

教育事业须赖众人合作，非独立即可支持。行政人员尤须与其同事、职员、教师、学生甚至学生家长及社会人士充分谋取合作，防止任何足以破坏同事间或学校中合作协调的势力。施教步调，求其一致；各种活动，力谋联系。对同事及其所属职员，教师应抱绝对信任的态度。主管人员的主张，必须明告教师、职员；教师职员的意见，亦须力为支持。各人分内的事，要求各人负责，决不横加干涉。倘遇有行政交接时，前后任尤能共以教育事业为重，充分合作，决不吹毛求疵，互相留难攻讦。

6. 公允判断

处理行政工作，最须求其公允。决不袒护私人，排除异己。信赏必罚，态度公正。聘请人员或增加薪给，悉以能力的高下、成绩的良否，而不以亲疏的关系、信托的情形为衡量的标准。滥竽充数、有悖职守者，可予毅然解职；无忝专业的尊严者，不容任意解聘。辞退人员，应有充分的正当理由，并能严遵双方所订契约上应有的手续，不容任意污蔑曲解，推托敷衍。

7. 同情心理

教育工作，应以博爱为出发点。职员、学生之于行政人员，有如父兄之于子弟。必须适应其需要，体谅其困难。循循善诱，和蔼亲人。尊重员生，培植其自尊的观念，维护其心理的健康。员生遇有过失，不以恶形相向，或当众责骂。能原恕者，必予宽容。遇有纠纷事件，能寻求真正原因，予以合理解决。决不任意以辞聘、解职为威胁，记过开除为武器，压抑员生，掩蔽自己的缺陷。

8. 廉洁操守

教育界中决不容有任何贪污事实之存在。行政人员应以廉洁自持。会计独立、财政公开、预算制度严于遵守，稽核工作定期举行。用费必须以有裨于教育效能的增进为标准，决不任意浪费虚掷，假公济私。修建校舍，购置用具，均能为学校经济打算。评断价值或用款标准，力求合理与实在，不应有任何变相的贪污事实之存在。不兼分外的职务，不受非分的报酬。贪污事件，在教育界中必须彻底根绝。

教育及学校行政人员，在教育界中，处处需要领导其他从业人员。惟使其从业人员心悦诚服，乐于接受领导者，并非由其职位的崇高，亦非仅由其具有充分的专业知能，最重要者，尚在其具有高尚的专业道德。苟其道德不足以为一般从业人员的表率，即无法取得伊等全心全力的合作，则虽有最完备的法令规章与最严密的管制手续，亦恐无裨实际，徒足以滋扰社会秩序，贻误教育事业。专业道德的重要，于此可见一斑。

学校校长之事权与资格

程湘帆*

近者，江苏人士为促进地方教育之革新，发起学校调查之举，并由官厅认可，拨资进行。调查大纲已经日报宣传。

按：教育调查，欧美各国近极盛行。盖其作用不仅使地方人士明了其教育发展之程度，更可由专家调查之报告，了解所以补救之方。惟调查之事必有确定标准与翔实统计，然后建设始有根据。目下，我国教育标准尚在开始研究之际，而地方统计素无精确编制，于此欲收教育调查之益，谈何容易！况地方教育千篇一律，可资调查者更寥寥无几耶？

然教育调查本可促进教育，因噎废食，亦殊可惜。为今之计，最好调查报告书中，不必谆谆注意于已往及现在事实之本身，而以全副精力归纳所得事实，演为切实可行之建议。至于建议事件，贵在切要，而不在多；就其关系重大，切实可行者，提出三五件，其余枝叶不妨置之。务使地方不以为累，而行一事则获一事之效。诚如是，调查之功不朽矣。

办学人员实为掌握地方教育命运之人，调查之际，最宜注重。盖我国今日

---

* 程湘帆(1887—1929)，字锦章，安徽芜湖人。金陵大学毕业，留学美国哥伦比亚大学师范学院，获硕士学位。历任金陵中学教员及国文科主任、金陵大学国文系主任、东南大学教育学教授、安徽教育厅第二科科长、中华基督教教育会副总干事兼大夏大学教授、安庆市市长、上海浦东中学校长等。主要著作有《中国教育行政》《教学指导》等。

本文原载于《教育杂志》1927 年第 19 卷第 5 号。——编校者

一切法令规程尚极简单，视察指导又未认真，故办学人员比较欧美诸国地方教育人员日在苛刻法令制度之严密的监督指挥之下，真算自由极矣。惟其自由，故所负责任非常重大，而其关系亦极密切。查地方办学人员以教育局长、教育委员及学校校长为最要。兹就平日考调研究所得，先述“学校校长之事权与资格”，以为我学校当局之参考，并就正于现在从事调查教育之专家焉。设有机会，再续论教育行政人员。

一、学校校长之地位

学校校长受官厅之委任，为全校教职人员之领袖，根据法令综理一校事务，而负其责任。由地位论之，似乎一方为行政人员之代表，一方为学校教员之首领。但其实，既非行政人员，亦非学校教员，乃在行政人员与学校教员间之特殊地位也。故欲明校长之职权与其性质，不得不于二者之外，作单独的研究焉。依现行法令之规定，学校校长除行使的事权与委任的资格二项外，所有其他事项，大抵皆依据教员规程办理。故本文讨论，亦仅限于事权与资格二项，此外读者不难由教员规程推求之。

二、校长之事权

校长为一校之首领，全校成败系之。校长一职，既非教育行政人员，又非学校教员，则其事权必有特殊性质。概而言之，约分四项：(一) 计划上之事权；(二) 行政上之事权；(三) 视察指挥上之事权；(四) 社会上之事权。兹分述之。

(一) 计划方面之事权

我国制度，认教育为国家任务，学校为设施国家教育之所，故根本计划乃由国家主持。此各级学校令所以由中央公布而为各省施行之标准也。然地方情形不同，教育设施必须根据地方情况；如何规划适用部令之程度，地方官厅有其自由规定之权。但地方学校亦各有其特殊历史及单独问题，如何本其特殊情形，规划适用官厅计划之程度，则为各个学校之事权。此各校之内部组织所以由学校自由计划也。总之，教育行政机关规定之计划系概括的，各个学校在此范围内，有本诸学校特况，自由计划其设施的具体办法之权。此项计划即为学校内部组织行政之标准，亦即学校成败之关键。校长既为行政首领，而负全校责任，则此项计划自属校长之事权。此其一也。

（二）行政方面之事权

前言校长之地位，在行政官厅与学校教职员之间。官厅之事在计划，并监督指挥其计划之执行，而考察其程度与效果。校长之事权则在执行官厅之计划，而负其成绩之责任。故凡教职人员之任用，学生学级之编制，健康之管理，管教成败之考核，学校设备之购置，校舍之修理，以及夫役之服务，簿记之经营，经济之支配等等，皆为行政官厅所委任之行政事权。至于例行事务，美国教育专家赖梯曾依其性质分配如下：（1）每学年或每学期之例行事项：（甲）设备及教育用品之购置事项；（乙）学级升降之支配事项；（丙）各个学生升留级之支配事项；（丁）新生学级之编制事项；（戊）各种簿记公文之稽核事项；（己）对于官厅之学年或学期之报告事项；（庚）毕业筹备事项；（辛）课程表之支配事项。（2）逐日例行事项：（甲）校舍校场之稽察事项；（乙）夫役勤惰之稽察事项；（丙）学生课外之管理事项；（丁）学生缺席之稽核事项；（戊）普通及特别之训育事项；（己）学生伙食之稽查及饭厅管理之事项。（3）其他例行事项：（甲）学校推广事业事项；（乙）教员与学生家属联合会事项；（丙）教员会议事项；（丁）学校陈列事项；（戊）其他事项。

（三）视察教学之事权

通常校长事权，多限于计划与行政方面，而教学上之视察与指导多忽略焉。其故或因校长自身对于各科教学无实在之把握；或因监督指导之事素未举行，一旦行之，惟恐有碍教员之尊严；或因行政事务纷繁，无暇及此；或因校长俸金菲薄，非另兼他职或兼任功课，不克维持生活；以致事实上，不能行使教学上监督指导之职。然学校之目的固在增进学生学习之成绩也。教员教学之方法，关系学生成绩至巨，非监督之、指挥之，不足以昭慎重。且校长事权，虽有计划、行政等项，但二者之目的固在筹备环境、计划方法，以求学生成绩之进步也。故校长事权，虽非一种；但最后目的无不结晶于教学一事。视察指导即所以增进教学之效率也。

克卜雷(Cubberley)[①]云："校长之知识、理想与精神，当在教员与学生间之逐日功课上，发扬而表现之。"按《国民学校令施行细则》第十五条云："国民学校校长应详定各科目之教授细则。"夫校长既负此项责任，自应确知逐日教员所为何事，学生所学何事，课程计划施至何程度。至于支配学生之学级，改良课程之组织，解决教授上困难问题，在在须有确实根据。非视察之，不足了解教学情形；非指导之，无以增大其效率。

师范校长负责尤大，对于所属师范区内所有小学教学情形，皆负有此项责任。盖（一）以师范学生多数来自本区，毕业之后亦多在本区服务。此项毕业生服务状况，颇与师范计划攸关。故为证实本校计划起见，实有从事视察之必要。（二）师范教育既为培养小学教师，则师范课程及训练标准，必须根据实地需求。故为编制适合地方需要之学校课程及训练标准起见，亦有从事视察之必要。（三）师范学校，依其专门的责任而言，除培养在校学生之教学上技能外，尤须增进本区内在职教师之教学效率。对于本校之师范生，不仅担负在校数年内之教育责任，并且担负毕业后服务的责任。故为履行责务起见，不得不考察教员服务之成绩，明了一般强弱优劣之点，以为指导补救之张本。因此，民国六年[1917]教育部以第三六九五号咨文通咨各省省长，转令各师范学校校长，视察各该区内所属分县教育概况，以为改良计划之设施。八年[1919]又以一千八百廿三号咨文通咨各省区，请令各师范校长视察附近小学状况，详具报告。师范学校校长责任如此，其类于师范者亦可知已。

(四) 社会方面之事权

迩来教育事业之进步与推广，日新月异。以"社会化学校"，以"学校化社会"之论调，愈唱愈高。实际言之，学校与社会关系密切，而无超脱之可能。学校目的原在造就社会幸福，而学校事业亦即社会事业之一种。学校校长即为

① 今译"克伯莱"(Ellwood P. Cubberley，1868—1941)，美国教育史学家。——编校者

社会领袖。社会态度尤可左右学校事业之进退。故学校校长为求学校利益起见,应利用其社会中地位宣传学校事业,使得一般社会切实了解学校目的及教育之作用,俾出全力赞助学校。

我国今日教育推行所以滞缓,教育捐税每受社会抗拒者,实以学校自学校、社会自社会,二者不能联络之故。今后教育界,尤其是学校校长,对于公益事业之发起、地方事务之改良、社会教育之提倡等事,苟能增进社会与学校间之善意,学校校长皆有参与之必要。且须开放校舍,以为公众集合之中心。吾人所希望于校长者,不仅为校内良好之首领,尤须为社会事业之领袖;不仅有指导教员、教授学生之技能,尤须有领导一般社会之技能;不仅办理学校事务,尤须办理社会事务。设有机会,应充分利用教育,增进地方福利,改良社会环境,提高居民生活。

三、校长各项事权之比较

一九二〇年,博克斯(Baggs)①于其 *School Board Regulations Concerning the Elementary School Principalship* 论文中,将美国 30 个城中教育董事会制定之校长服务规程,依其性质分配为七类;并于每类之下,统计其条款数目。读者由每类下数目之多寡,即可明了该类事权之轻重矣。兹录其统计于下:

事权之种类	法令规程之数目
(一)关于例行文牍事项	101
(二)关于校舍及设备之例行事项	171
(三)关于用人事项	133
(四)关于训育事项	72
(五)关于教学事项	9
(六)关于概括的视察指导事项	42
(七)关于具体的视察指导事项	52

① 今译“巴格斯”(J. Baggs),时为美国芝加哥大学教师。——编校者

麦克乐尔(McClure)曾将校长事权分为五类,分请大学教授15人,按照校长事务之轻重,分配各项事务应用之时间。其结果如下:

事务轻重之次序	事务之性质	应占时间之中数	至少	至多
第一	教学之指导	40%	25%	65%
第二	行政事项	20%	10%	40%
第三	领袖社会事项	15%	10%	30%
第四	专门事业之研究	11%	3%	5%
第五	例行文牍	1%	0	2%

按:我国校长事权,依照法令之规定,只有概括式之“综理全校事务”一语。若详细分析,颇难例举。以上四类,系就其重大而极显著者归纳之结果也。

四、校长之法定资格

按:校长资格,由法令上观之,系以正教员之资格为准。由此可见,我国政府素以校长为学校教职员,而于其行政视察之资格,则忽视之。师范学校因此亦无训练校长之专门课程,实教育上之不幸也。兹录江苏现行标准于下,读者于此可见我国任用校长资格,并无单独规定之特别需要也。

江苏各级校长任用标准:

小学校校长资格:(一)师范学校或高级中学师范科毕业,曾任小学校教员一年以上者。(二)检定合格之小学校及旧制高等小学校之正教员。

初级小学校校长资格:(一)师范学校或高级中学师范科及师范讲习科毕业者。(二)检定合格之正教员。

中学校校长资格:(一)师范大学大学教育科毕业者,曾任中等教育职务一年以上者。(二)大学或高等师范学校毕业,曾任中等教育职务二年以上者。(三)专门学校毕业,曾任中等教育职务三年以上者。(四)曾任学校校长教员五年以上,著有成绩者。

(附注)以上各条,师范学校校长适用之。

初级中学校校长资格：（一）师范大学大学教育科或高等师范学校毕业者。（二）师范专修科毕业，曾任教育职务一年以上者。（三）专门以上学校毕业，曾任中等教育职务一年以上者。（四）曾任中等学校校长教员三年以上，著有成绩者。

（附注一）如各县有设立初级中学校之必要，尚无合于前列各项资格人员时，得暂以师范学校、高级中学毕业，曾任中等教育职务二年以上，著有成绩者任之。

（附注二）以上各条，相当年期之师范学校校长适用之。

五、校长事实上必备之资格

（一）对于官厅方面

校长所处地位、所有事权，吾人言之详矣。兹更就其所处地位及施行之职权，而论其事实上应具之资格。校长职务，依教员、学生及学生家属方面视之，实为代表官厅处理全校事务。盖行政官厅之作用，在计划学校进行之方针，而指挥监督学校校长之设施。学校校长则在秉承官厅之指挥，设施其计划于一个学校之内，而负其责任。行政官厅所计划者，为设施教育一般的纲领；学校校长所计划者，为实现此一般纲领于一个学校之特殊办法。行政官厅之效能，全视学校校长设施之成绩。质言之，校长设施成绩之总和，即为行政官厅之成绩。故学校校长与行政官厅实相依为用，其相互的关系至为密切。教育之效用亦全在双方之合作。故选用校长，第一当视其能否与行政官厅合作。克博雷氏（Cubberley）①于其 *The Principal and His School* 书中曾言："A superintendent is almost entirely dependent upon the frankness and loyalty of a principal for information of the school and the community, and for recommendation or to needed changes in the work of a school."

大凡易于合作之校长，其为人必须胸襟旷达、眼光深远、忠诚宽恕、气平心和、手段灵敏、办事认真。对于行政官厅必尽忠诚，若有咨询，乐抒意见，以便采行。凡所讨论，未至公布时期，皆应秘密，守口如瓶。会场言论尤应负责，不

① 今译"克伯莱"（Ellwood P. Cubberley，1868—1941），美国教育史学家。——编校者

得随意宣传。至于执行案件，虽与本人主张颇有出入，但为尊重多数意见起见，应当尽力推行。遇有误解误传官厅政策之人，应当力为解释，以去群疑。担负责任，不后他人。如有必须奋斗之处，急应努力为之。以上所举，为学校校长对于官厅合作上必备之资格。亦即评论或选择校长时，事实上必须注意之标准也。

（二）对于同事方面

按例，国民校长在四级以下之学校，乃由正教员兼任。故校长资格，普通言之，皆为教员出身，对于教育情形当无隔阂，而合作之事可无窒碍。然徒有教员经验，不必就能督率职员服务，指挥教学进步也。校长资格，除教员应有之学业经验外，尤须明了学校组织与行政制度、教育行政系统，以及教育哲学、教育社会学、教育统计学及实施原则。质言之，校长非教员也。教员所为之事，校长固应优为；教员所不能为之事，校长亦须为之。通常校长一经任命，则教员每每不以同类视之，即校长之自视亦有不同。盖其所处境地不同，所负职务殊异故也。

查其职务上所以异于教员之处，而为校内合作起见，事实上必须具备之资格，略有下列数项：（甲）必须有以表示学业上首领之资格，而使一般教员信任而赞助之。对于教员之事业，必有深切之兴趣与同情；对于校内同人之地位，必有相当之尊重；对于同人之服务，必有诚意的信任与友谊的指挥。凡有问题发生，必须推诚考虑，公平处置。所有待遇皆须平等，不得有所厚薄。知能方面必有以副众人之望，而认为学业上之领袖。（乙）必有以表示其办事上首领之资格。办事才能包括个人品格与办事习惯而言。所谓个人品格者，如谦恭有体、和平公正、整齐修洁。办事习惯系指准时作事，概不苟且；大小先后，整齐有序。凡百事务能知其比较价值与复杂关系，亦能分别校务之大小，量其轻重，委任同事为之；用以启发他人之责任观念，形成合作事业；一方减轻本人之担负，从事比较重大之工作。此外，关系最大、责任最重者，为学校经费之处分与公开。今日学校校长之最大责任，就事实言之，乃在催领经费；而最不易见谅于人者，亦为经费之处分。设此事有相当之信任，则校内合作更形巩固矣。

(三) 对于社会方面

克博雷氏有言曰:"The principal must remember that he holds a particularly responsible position as a model in his community."又曰:"To this end he must remember to carry himself all times as a gentleman of the world should and would."学校本为社会之中心,而今日我国学校,于社会之中,隔阂极多。一般社会对于教育经费,尤多抗税罢捐之事。如何沟通,而使其谅解教育事业与学校的作用,并出全力赞助之、维护之,是在校长之努力。故选用校长除以上二者之外,又不得不注重其社会中已有之地位,及社会对待之态度焉。未有社会唾弃之人,而能为优良校长者也。

按:本章所论,计有二端:一为校长之事权,所以表示校长在教育人员中之地位也;二为校长任用之资格,所以表示选用校长时,应有特殊标准,不得一律依教员之资格也。我国教育行政向来未尝注意校长之特殊地位,及在此地位内需要之资格。为教育前途计,应用严格之任用标准,以保校长地位之尊严;使用校长等第之标准,改良视察指导之制度;切实奖励资格相当、成绩优良之人,淘汰滥竽充数、不堪进步之人。一面更以讲习会、函授法增进在职者之效能;一面由师范学校特设校长专科,以为专门人才之培养。诚如是,教育前途幸矣。

小学校长与教学指导

俞子夷*

"小学校长是教员的教员。"这一句话是一位研究指导的人说的。小学校长的职务太复杂了。有时,他要做一个学校行政的领袖。有时,他也要做一个地方上文化的先觉。他又要兼做教员的教员,真不容易!

教员的教员便是指着指导说的。有人说:"要做合适的指导者,顶要紧的只有三件事要做。第一件是养成自己与同事间有一种共和的精神。第二件是探求各同事的效力和能力,做指导的出发点。第三件是帮助各人从现在的实力起向上发展。"

什么叫共和精神?若用抽象的言语来解释,恐怕满纸还是堆砌着许多抽象的名词。要是先用些例子来做证明,我们或者容易明白这一句话的真意。一个指导者去参观一个教得不很好的教员,那教员一时神经过敏,教得比平时更坏。指导者在那里参观了一个下半天,直等到那学校散学。散学以后,那教员战战兢兢地预备受指导者的指摘;料想一定是批评到一文不值。哪知这指导者和教员先和气气地随便谈些别事。那教员起先是羞羞涩涩的,不敢多话,

---

* 俞子夷(1886—1970),字道秉,江苏吴县(今苏州)人。上海南洋公学肄业,曾受公派赴日、美考察教育。曾任南京高等师范学校教授兼附小校长、浙江大学教育系教授、浙江国民教育实验区主任等职,中华人民共和国成立后任浙江省教育厅厅长。主要著作有《小学教材及教学法》《一个小学十年努力记》《小学行政》等。

本文原载于《中华教育界》1927 年第 16 卷第 8 期。——编校者

后来却和指导者很痛快地讨论了好多教学法上的问题。指导者每提一个问题,必定先问那教员的意见,并且也很尊重他的意见。这就是成立了一种共和精神的例子。

还有一个指导者,参观了一个教员上了一课算学,他要和那教员讨论。他便先把参观所见逐一详细地批评,那教员忽然提出一个问题,便是"什么是算学教学的标准?"。指导者一时误会,以为那教员有意取笑,不肯听从指导,所以发了几句不客气的话。因此,后半节的讨论,那教员完全不开半句口,听凭指导者的演说罢了。这是一个反证。

这两个例子,都不是校长指导本校的同事,都是类于视学性质的视察学校,所以所遇大半生人,起先极容易发生误会。若在本校,同事们朝夕相见,这一种共和精神或者比较地容易成立。然而,因为朝夕相见,所以往往超过了亲热的程度,变成相狎。那么,做校长的有时竟不好意思提出正经的问题来细细讨论,怕同事中讥笑他"像煞有介事"。乡村和小城市里,校长和教员往往同学,有时校长不过是同学中掮出来的摆炮,所以极容易发生这种困难。这是行政上支配人的不得当,要是校长当真有能力可以指导,虽是同学,也不必客气。同学时在教室内共同上课,也仅可以由一人做领袖,大家把问题共同研究的。师范学校里若行惯了设计的学习法,早有良好的共和精神成立,将来同事自然可以不生问题。

总结说起来,要使同事们有机会自己发表,有自信;要使同事们知道教学是他们的职务,指导是帮助他们职务的改善;要使他们知道,指导者提出的改善方法或者不合他们的需要,尽可拒绝;要使他们知道,指导者不是发号施令叫大家跟了做的,是来研究大家所遇的困难,帮他们做的。

第二件是什么意思?先看下例。一个师范新毕业的人,教三四年的复式。第一个月,没有人来参观过。到了第二个月,指导者忽然走进那教室里去参观。看了十分钟,不停地笔记。走出去的时候,留一张纸条在教员的桌子上,写着道:"一、屋子里太热。二、采光合宜。三、学生不安静。四、你说话太多,应当多问问学生。"那位新教员看后,吓得不敢再担任下去。同事们挽留他,说大家都收到同样的纸条。后来,他们联合起来,想和指导者反抗。这是一个不合格第二件的例子。指导者没有找出要点来,专在小节目上用苛求责备的功夫。

还有一个指导者，他去参观一个教员教一首古诗。他找出那教员顶大的困难点便在发问。教员问了许多的问，但是学生答的话，大多不合教员的预期，教员很想问引动学生思考的问句，而使这一课有社会化的精神。但是他的问句却十分之九是单答发问，只要一句话，有的竟不过二三个字便可以回答的。这是要点。指导者从这一点出发，和那教员在课后很恳切地讨论“问答法”，那教员心悦诚服地领教了好多“问答法”。指导者始终没有把“全班学生上课时差不多个个人要瞌睡”的事告诉那教员，要是指导者找不出要点，专注重在学生的瞌睡方面去，不是又要把那教员吓哭了吗？

看了上面两个例了，我们可以说指导者要会得找出各教员的困难点来，不要责备。要会得找出真正的根本原因来，不要专在表面细节上用功夫。若专苛求，注重零零碎碎的小节目，没有不使教员灰心，因而使他们的能力不得向上发展的。

第三件实在是三件里顶主要的。譬如医生，仅仅临床诊断而不开药方，病情虽已明白，病是终究不会好的。能诊断，便应能处方。再看一个例子。一个指导者参观了一课国语以后，和教员谈话，道：“工作缺乏动机，这是你所用方法的缺点。”但是只有这一句的批评，以后便又议论别的问题了。究竟怎样引起动机，怎样把方法改善，都没有积极的指示。那教员听了他消极批评以后，心上实在莫名其妙。只好等指导者去后，在教育辞典里去找“动机”的意义。

还有一个指导者，看见一个教员教算学，他想用启发式教一个新算法的例题，他用的方法不合，所以没有能达到预期的目的。退课以后，指导者帮了他共同合编一个用启发式教新算法例题的教案，教员因此知道启发式的真意义了。

有时指导者收集了好多共同的重大问题，在职员会或研究会上提出讨论。这时候顶要注意的是：不要涉及个人，专拿教学上的重大问题做讨论的目标。若涉及个人运用方法的好歹，在被批评的人，觉得当众指摘他的缺点，有些不好意思。性情稍不好的，便想报复。在大多数旁人，也往往因为要批评同事的好歹，大家避嫌疑，一个也不肯发言。结果，不是讨论，简直变成了主席的演说。这又失去了共和精神。

若能专事讨论问题和事实，大概可以各抒所见，尽量地发挥。但是也有一种要注意的：因为教员们天天在实际上用功夫，所以一讨论到实在的问题时，往往因联想的关系牵涉到别的问题上去。弄得不好时，花了好多的时间，多是彼此问答，交换意见，对于本问题丝毫没有论及。所以，指导者做主席时，要想法把全体的注意集中在应讨论的问题上，这也是一种技术。

论大纲，有上述的三个要件。今再附列一二件较小的如下：

指导者若不是校长，顶好要预先通知，使教员预知你那天什么时候去。若是本校长指导，此层手续可以省去。但是在每学期开学时第一次职员会或研讨会上，宜共同讨论一学期内大体的方针，如能把一学期里预定的指导计划在会提出更好。这样，一次规定以后，无论何日何时，都可以随便出入教室，只要不妨碍学生工作就是了。顶好要鼓励教员们有了空时间相互参观。那么，共同讨论时大家对于事实可以比较地明白些。不然，往往大多数教员因不明白真相不敢发言，弄到后来，讨论变成指导者和当事教员两个人的问答，其余不过是旁听而已。

指导者顶好要有一个预定的一学期里的计划。有了计划，定了顺序，可以一件一件、一科一科、一个一个的问题逐渐进行。同时贪多，一定要一事无成的。譬如，在初开学的几天里，或者因新教员多时，先花一星期或半个月的时间，按照各级时间表，把各科目统体参观一遍，这样可以大略决定顶重大的问题在哪一方面。然后，再在职员会或研讨会时提出，并且询问各同事中哪一方面有顶困难的问题。然后综合起来，斟酌讨论，决定几个指导的大纲。

大纲决定以后的参观，要和起先一二星期内的情形大不相同。此时宜参照各级时间表——有时偶然要临时和教员约定日期——到各教室里去参观，宜自始至终，看个全体。有的，或者要连续二三天看一单元的全体。等到各级都看全了，大体的问题和事实找出来了，那么可以在职员会或研究会里提出讨论。

讨论，绝不能一次就可以得到结论的。有时，问题重大，专靠各人的记忆和经验不能得到合宜的解决法。指导者若一时性急，把自已知道的倾筐倒箧地说出来，又要犯了注入的弊病。这时可以提出若干参考书来，分别认定，各各在会后研究，下次再报告讨论。或者问题更复杂，非从试验不易解决，那么在开会时先讨论试验研究的方法，会后各各分别试验。过了相当时期以后，再就试验经过讨论解决。

总之，指导教学，好比在师范学校里用自学辅导法或设计法教师范生教学法的实习。命令和注入是绝不能求成功的，要引导教员们自己用自己的努力向上发展才可以有成就。所以，要指导成功，第一，要在全体教员里养成一种好学深思、热心向上的精神。这就是一种的动机。没有这动机，而由校长压迫下去的指导是空的，是假的。有了动机，同事中临时发生困难时，自己会得来找校长去参观，请指导呢。

我国中学校长制度之探讨

萧承慎*

一、中学之起源及中学校长名称之来源

"中学"一名辞为近代产物，至新教育时代方始采用。而"大学""小学"在上古时即为国都的学校之名称。(注一)因此，近人论及我国中学制度时，有谓我国之学校自古分为"大学""小学"两级，迄无中学阶段。(注二)而张百熙于其《奏陈遵拟学堂章程疏》中则谓："《礼记》载：'家有塾，党有庠，州有序，国有学。'试比之各国，则国学即所谓大学也；家塾、党庠、州序即所谓蒙学、小学、中学也；其等级盖甚分明。《记》又曰：'比年入学，中年考校，一年视离经辨志，三年视敬业乐群，五年视博习亲师，七年视论学取友，谓之小成。九年知类通达，强立而不反，谓之大成。'其一年、三年、五年、七年、九年之节即所谓大学、中学、小学、蒙学之卒业期限也。"(注三)此两种说素，皆不免有牵强附会之处。考我国历代各朝于中央设有国学，地方设有乡学，其划分多侧重阶级之别，有时亦兼为程度之分。其性质与现时之学制迥然不同，若勉强施以比拟，致感扞格不能入。此种较量，殊觉大可不必。

---

* 萧承慎(1905—1970)，湖北江陵人。中央大学教育学系毕业，留学美国哥伦比亚大学师范学院，获硕士学位。曾任中央大学教育学系、河南大学教育学系教授、国立编译馆编辑、复旦大学教育学系教授兼主任。主要著作有《教学法三讲》《师道征故》等。

本文原载于《中华教育界》1934年第22卷第2、3、5期。——编校者

我国之有新教育，发轫于清同治元年（民国纪元前五十年）[1862]总理各国事务衙门之奏设京师同文馆。(注四)其次年复设立广方言馆于上海，同文馆于广东，其毕业之学生得保送入京师同文馆肄业。嗣后继续设有各种学堂，如驾驶学堂、管轮学堂、武备学堂、自强学堂等，是皆为专门性质，其招取之学生为私塾已稍有造就，年在十二三岁之青年。是为一种不成文的"两段制"。迨至光绪二十一年（民国纪元前十七年）[1895]，盛宣怀奏设天津中西学堂，(注五)分为"头等学堂""二等学堂"，均为四年毕业。据其所拟之《二等学堂章程》称："二等学堂即外国所谓小学堂"；而"凡欲入二等学堂之学生，自十三岁起至十五岁止。按其年岁，考其读过《四书》，并通一二经，文理通顺者，酌量收录。十三岁以下十五岁以上者，俱不收录。"如是，二等学堂非"外国所谓小学堂"，乃近于外国所谓中学堂。成文虽为"两段制"，而不成文则已具三段的组织。同年，华亭钟天纬于上海办立三等学堂，(注六)是为"三段制"之滥觞。光绪二十二年[1896]，李端棻于《奏请推广学校》奏折中，(注七)主张分设府州县学、省学和京师大学，各以三年为期，是为建立三级学制系统之先声。光绪二十三年[1897]，盛宣怀奏陈开办南洋公学，(注八)分为四院："一曰师范院，即师范学堂也；二曰外院，即日本师范学校附属之小学也；三曰中院，即二等学堂也；四曰上院，即头等学堂也。"上、中、外三院各以四年为期，"中院"即中学。"中院"之名称亦为中学名辞之前身。中学一名辞，据可考者最初见于光绪二十四年[1898]五月十五日军机大臣暨总理衙门《筹议京师大学堂章程》，(注九)第一章第三节："……今当于大学堂兼寓小学堂、中学堂之意，就中分别班次，循序而升。……"及第四章第二节："……今拟通饬各省，上自省会，下至府、州、县，皆须一年之内设立学堂，府、州、县谓之小学，省会谓之中学，京师谓之大学。由小学卒业领有文凭者，作为经济生员升入中学；由中学卒业领有文凭者，作为举人升入大学；由大学卒业领有文凭者，作为进士，引见授官。"同月二十二日上谕："学校等级自应以省会之大书院为高等学，郡城之书院为中等学，州、县之书院为小学。"(注一〇)是为中学之起源。同年六月十七日，孙家鼐有《议复五城建立中学堂小学堂疏》(注一一)："请即饬下五城御史设立劝办"，但未实行。迨至光绪二十七年[1901]八月初二日上谕："除京师已设大学堂应行切实整顿外，着将各省所有书院，于省城均改设大学堂，各府、厅、直隶州均设中学堂，各州、县均设小学堂并多设蒙养学堂。着各该督抚学政切实通筹，认真举办。”（注一二）一时各省纷纷设立学堂，有风起云涌之势，是为政府正式兴办中学堂之开始。迨至光绪二十八年[1902]，张百熙进呈《全学章程》（世称《钦定学堂章程》），奉旨照准，其学制系统（世称《壬寅学制》）分为大学堂、中学堂、小学堂三个阶段。嗣后《奏定学堂章程》之《癸卯学制》，民国初年之《壬子癸丑学制》，以及民十一[1922]之《新学制》，民十七[1928]之《中华民国学校系统》，皆一仍旧贯，沿用三级制度分为大学、中学、小学。惟中学名称在《钦定学堂章程》前，“中学”“中学堂”两名辞并用。《钦定学堂章程》及《奏定学堂章程》定名为“中学堂”。民元[1912]五月十一日，教育部通咨：“从前各项学堂均改称为学校。”（注一三）“中学堂”遂改称为“中学校”（元年[1912]九月二十八日有《中学校令》）。十七年[1928]三月十日大学院公布《中学暂行条例》，“中学校”遂又改称为“中学”。现时一般教育文件固均已改称“中学校”为中学，但仍有多数省份之公立中学，在名称上仍沿用“中学校”字样。试一稽阅民国二十年[1931]十月所印行之《全国公私立中等学校名称及分布概况》所刊载之各省公立中学名称，仍袭用“中学校”名称者有皖、赣、鄂、冀、晋、陕、甘、辽、吉、黑、滇、黔、热、察、绥、宁、新十七省，平、青两市，东省特别区及威海卫行政区。已改称中学者仅有苏、浙、湘、川、鲁、豫、闽、粤九省①，及京、沪两市。其分歧之缘故，当系因政府未明令通咨改称中学，而《中学暂行条例》之改称，大多数省份又未十分留意之故。去年春，报载教育部编印年鉴，发觉此种分歧情形，乃决议在年鉴中将各学校名称中之校字一律废弃，以求统一。

负中学校务之全责者，在《钦定学堂章程》颁布以前，及在《钦定学堂章程》中，皆称“总理”。（注一四）《奏定学堂章程》时代则称“监督”。（注一五）民国成立，教育部通咨改称“监督”为“校长”。（注一六）沿用至今，未有变更综理全校之校务者称校长。（《中学法》第八条：“中学设校长一人，综理校务。”）

二、中学校长之任用办法及其任期

中学校长之任用，在有清时代，中学堂皆由学部委任。宣统三年[1911]，

① 原文仅列出八省。——编校者

学部奉旨照准将中学堂统归省辖。旋民国肇兴，颁布《中学校令》，规定中学由省款举办，归省教育行政当局管辖，中学校长之委任权遂亦移归地方当局，但呈报教育部备查而已。民元[1912]十二月二日，《中学校令施行规则》第三章第二十六条规定："省立中学校校长由省行政长官任用。……县立中学校校长由县知事呈请省行政长官任用。……私立中学校校长由设立人任用，但须呈报省行政长官。"(注一七)六年[1917]十一月三十日，部通咨规定《教育厅长委任中小学校长及劝学所长办法》改为："凡省立中等学校校长应由厅长委任，呈报省长及教育部备查。县立中等学校校长，……应由县呈由厅长委任，呈报省长及教育部备查。其联合县立之校长即由厅长委任。"(注一八)十七年[1928]，《中学暂行条例》第三章第十二条规定："省区立中学校长由省区教育行政机关直接委任；市县立中学校长由各该主管机关选荐合格人员，呈由省区教育行政机关委任之。私立中学校长由校董会选聘合格人员，呈由市县教育行政机关转呈省区教育行政机关核准备案。"(注一九)十九年[1930]五月十日，教育部因查各省市县中等以下学校校长……之任免手续颇不一致，审核自难周密，遂用四五四号训令颁布《各省市县中等以下学校校长……之任免办法》(注二〇)，明定："省立中等学校校长……之任用，由省教育厅长提出合格人员，于省政府委员会议通过后，由省教育厅派充，并得以省政府名义派充之。特别市立中等学校校长……之任用，由特别市教育局长选荐合格人员，呈请特别市政府核准派充。市县立中等学校校长……之任用，由市县政府选荐合格人员，呈请省教育厅核准派充。"并注明在省教育厅尚未成立之省份，省县市立中学校长之任用由政府派充或核派。二十一年[1932]十二月二十四日，国民政府公布之《中学法》，(注二一)其第八条规定："中学设校长一人，综理校务。省立中学由教育厅提出合格人员，经省政府委员会议通过后任用之。直隶于行政院之市，市立中学由市教育行政机关选荐合格人员，呈请市政府核准任用之。县市立中学由县市政府选荐合格人员，呈请教育厅核准任用。除应担任本校教课外，不得兼任他职。前项中学校长之任用，均应由省市教育行政机关按期汇案，呈请教育部备案。私立中学校长，由校董会遴选合格人员聘任之，并应呈请主管教育行政机关备案。"此为民国以来，中央关于中学校长任用办法之规定。

民国以来，中央迄无强有力能号令全国之政府，教育部部令之效力更可相见矣。教育部虽时有关于中学校长任用办法之规定，而各省教育厅自订单行法规，时仍多各自为政，而以己意为依归。作者于去年春曾搜集各省关于中等教育所订之法规(共搜得十八省)，将其所规定之中学校长之任用办法、任期、资格、免职、条件以及薪俸，一一加以分析比较。兹将二十一年[1932]十二月以前，(注二二)各省教育厅所规定之任用省立中学校长办法别为五类如下：

第一类办法："由教育厅长遴员提出，省政府委员会议议决派充。"采用此种办法者有江苏(注二三)、浙江(注二四)、安徽(注二五)、湖北(注二六)、湖南(注二七)、陕西(注二八)等省。

第二类办法："由教育厅遴选二人，呈请省政府核委一人。"采用此种办法者有江西一省(注二九)。

第三类办法："由教育厅荐，请省政府委任。"采用此种办法者有广西(注三〇)及云南(注三一)。

第四类办法："由教育厅委任。"采用此种办法者有山东(注三二)及河北(注三三)。

第五类办法："由教育厅长聘任。"采用此种办法者有福建一省(注三四)。

关于县立中学校长之任用，各省所订办法亦不一致，可归之为四类如下：

第一类办法："由县长选荐合格人员，呈请教育厅核准派充。"采用此种办法者有安徽(注三五)、浙江(注三六)、湖南(注三七)等省。

第二类办法："由教育局遴选，呈请县政府转呈教育厅委任。"采用此种办法者计有河南(注三八)、河北(注三九)两省。

第三类办法："由教育局选荐合格人员，呈请教育厅委任。"采用此种办法者有广西一省(注四〇)。

第四类办法："由县长商同教育局长选荐合格人员，呈请教育厅核准。"采用此种办法者有江苏(注四一)。

省立中学校长任用之办法，曾引起教育界一度之注意者，厥为采用委任制或聘任制之问题。自建立学校制度以来，中央关于中学校长之任用皆采委任制。聘任制之创行，缘于民十六[1927]国民政府定都南京，改教育部为大学院，并试行大学区制，标榜"行政机关学术化"。厥后，中央大学区规定中央大学区区立中学校长任免之规程时，遂一改沿用之委任制而为聘任制。其意在打倒“官僚化”，视校长有如下属之委任制，而建设“学术化”之聘任制，表示尊师重道，礼贤下士。试行年余，大学区及大学院均遭反对，相继取消。中央大学区教育行政院乃于十八年[1929]九月移交于江苏省政府，重称江苏教育厅。十九年[1930]，遵部令遂又规复委任旧制。当时教育界多为之感叹。曾任中央大学区教育行政院普通教育处处长之程柏庐先生，于十七年[1928]改任福建教育厅长，遂于其所订之《福建省立中学校长任免规程》中，亦本“学术化”之精神，采用聘任办法。虽有十九年[1930]五月十日之四五四号部令，仍终其任(二十一年[1932]冬)，未有变更。是为采用聘任制之始末。

聘任或委任之问题，受教育界之注意者，表面似乎在“尊师重道”之礼貌关系，实则注意点之所在为任期之规定。关于中学校长之任期，中央素无规定，各省亦鲜有提及者。迨至中央大学区改委任为聘任，方规定初聘一年，续聘两年，再续聘则为终身。(注四二)如此则优良之校长方得高瞻远瞩，立定计划，按部就班，安心任事。因无重大之过失，在聘任期中，当局难于解聘也。非如素行之委任制，已无任期之规定，设当轴易人，或靠山失势，便有席不暇暖，即被撤换。如湖北近年多事，省立一中自民国十六年[1927]至民国二十年[1931]，四年之中，九换校长。(注四三)此种例证，不乏枚举。凡熟悉各省中学情形者，皆可屈指而数，某某中学，每一学期便一易校长。故现时一般校长多存五日京兆之心，夙兴梦寐，心思所系，非为如何发展学校，而为如何巩固自身之位置。有人篡改《诗经》四句而咏校长在学期终了时之情态，诗曰：“未见撤换，载笑载言；既见撤换，涕泣涟涟!”并非戏谑，是乃纪实。

委任制非与规定任期为不能相容者。如各省之规定任期者，据作者所知，(注四四)有两省。一为福建之规定，初聘任期一年。一为行教育厅委任制之山东，规定委任任期为四个阶段，初委一年，续委两年，再续委四年，复再续委，任期不定。现时一般校长之惶惶然，恐被撤换者，非委任制之过，乃无任期规定之所致也。

近来，夤缘幸进之风盛行，谋中学校长位置者多如过江之鲫。每至学期终了，厅长室中函电盈尺，非“要人”之八行，即“委员”之快电，皆为所谓推举贤才，介绍校长而来也。会客室内，门户为穿，出出进进者非为他人说项，即为本身营谋，或“拍马”，或“吹牛”，甚至倚势勒索，挟众要求。怪事奇闻，无一不足。

情势所逼，厅长有不能不更换大批校长者。虽大批更迭，然粥少僧多，供求之间，仍不得缘满。有时且处于上下交逼之地位，左右为难。委员要人之函电，亲戚朋友之谋托，不能不设法"敷衍"。学生或党部之反对与"拒长"及前任校长与教职员之"抗交"与质问，亦不能不有所顾虑。因此，或考量来者后台势力之大小，与本身利害之关切，择其来头大、利害切者而发表之；或酬庸追随多年之小喽啰而发表之；或拉拢与当地党部有关系，能为本身联络党部撑腰者而发表之；或敷衍当地重要之教育派别，择其重要分子而发表之。所选所择，注意点之所在为势利、为利害。资格之相当否，早已置之九霄云外，不能得而考虑矣。苦矣！教育厅长。有传昔日某省教育厅长内定校长人选之后，先期借故避往他地，由秘书长代为提出省政府通过后发表之。其故则在避免届时各方快函、急电、要人团体种种之包围。吁！中学教育因此迄无宁日，至为举世所诟病。去年八月，《大公报》载某省在国立各大学毕业之学生，争谋省立中学校长位置，有求谋未遂者，转而攻击教育厅长，并提出条件，应按该年度本省人士在各校毕业人数之多寡，按比例支配中学校长。如在甲校毕业者有三人，发表一人为校长，乙校有毕业生六人，则应发表校长两人。（按该省中学情形多实行清一色制，校长为某校毕业生，则教职员大半为某校毕业生。因此，各校之争甚为剧烈。）如此，直视中学为大学毕业生分赃之地盘。同时，各报又载某省更换中学校长，发表之人选，便有资格不符，冒充大学毕业生者，群起质问教厅，索阅文凭。如此种种记载属实，则不啻为中学教育送丧之钟声！

造成此种现象之缘故，在外铄方面，则为大局不宁，政出钻营，任用私人。在本身方面，则为所订之中学校长资格不严，委任时更复任意通融，至遭一般人之觊觎，及无任期之规定，厅长易于更换人选。借所谓"整顿"之名，即可不分皂白，大事撤换。愈撤换，则情形愈糟，愈须整顿，而更可有所借口矣。

欲挽回此种狂澜，应严订资格（下一节详论之），并切实按资格委派，毫不假以通融。资格既严订之后，教厅可按资格，公开举行校长人才登记。登记之时，须呈缴各项证明文件。（先缴抄件，必要时再通知缴验正件。）设有应更换之校长，则按登记人才或教育厅所欲罗致之人选，一一签注审查意见，并遴选二人提交省政府委员会议议派一人。委派之时，立即公布被委者之资格，昭示大公。人选既已慎重选定，再规定以任期（如山东所定）为之保障，使其安心任事。任期内有重大错失，仍得罢免之，宣布理由，并许其呈诉于上级机关。若只图任期之规定，设滥竽之士一旦钻营入选，即可借任期为护符，其弊亦不亚于无任期也。

其次，作者认为可试行者，为举行中学校长考试。近年，考试院举行之高等考试，已列有教育行政人员之考试。自二十年[1931]四月至二十一年[1932]六月之间，山东及福建皆曾举行教育局长之考试，浙江及热河均曾举行地方教育行政人员及教育行政人员之两种考试。(注四五)现时之考试固多重书本知识之记忆，可訾议之处虽多，然比专凭八行快电之谋托，不知好几千万倍矣。考试之优点在示人以公，在示人以尊重学问。八行快电之谋托，其所生之影响，为教人以私，教人以钻营之道。上有好者，下必有甚焉。校长乃钻营而来，教员之位置亦为他人所钻营而去。厅长之“条子”，督学与科长之“介绍信”，无一不要“应酬”。有大学未毕业者因厅长之嘱托而谋得高中教务主任之职；有习数学者因无数学钟点可派，为“敷衍”推荐者之面子而使其改教史、地。形形色色，所呈露者，莫非“势力”与“情面”。吁！教学效率焉得不降至零点以下？学风亦焉得不陵替耶？考试之法可改进之处甚多，其效度与信度皆可增高，以之甄拔真实人才，虽不中亦不远矣。其在心理上所生之良好影响，则最为可贵。对于现时钻营幸进之恶习，尤为对症良药。校长人选出于考试，厅长亦可从此少受包围，更无须避往他地，既无私人之安插，每学期非必要的更换大批校长之风亦可煞止。

县立中学校长之任用，亦应严定资格，公开人才登记，慎重遴选，规定任期以为保障，亦如省立中学校长。其应特别提出讨论者，为由县长遴选耶？由教育局长遴选耶？教育部四五四号训令及《中学法》皆主由县政府，前列各省所订之四类办法，则有主教育局遴选者。其分歧之缘故，则因各省之中有主教育行政权统一者，有因所订之教育局长资格，较县立中学校长为低，故对于遴选及任用县立中学校长，颇感困难，乃由县政府主持之。为尊重教育专业化及统一事权起见，作者主张采用江苏所订之办法，由县长商同教育局长选荐，呈请教育厅核委。教育局负一县教育行政之责，关于县立中学校长之人选，其应参加意见，此不待哓叨者也。况教育部为“划一公文程式”，坚持主张“县教育局与县立中等学校往来行文应用令呈”。(注四六)教育局长资格纵较低，仅参加意见，当无不合。教育局长负改进地方教育之任务，职责綦重，其资格亦应提高，严加规定。如是，则教育局长之参加意见，更无所谓困难矣。

据教育部二十年[1931]十月所印行之《全国公私立中等学校名称及分布概况》所载，当时全国私立中等学校与公立中等学校之比例为1∶1.71。其中所载之私立学校颇有遗漏之处，若加以精密之调查，则私立与公立之比例当更相近。私立学校在中等学校所占之地位几与公立者相等，其重要可知。私立中学校长之资格既无规定（各种法规中均只有“合格”字样），任用之方法在《中学法》中则又仅定为“由校董会自行聘任，呈报主管教育机关备案”。而校董会之校董，其资格亦仅规定“至少须有三分之一之校董，以曾经研究教育或办理教育者充任”(注四七)。如此，校董会所聘任之校长，人选能否适当，至为疑问。偶有一校，校长人选不慎，则千百青年立蒙其害。私立学校如此之多，不慎重其校长任用办法，其对于全国中学教育之影响，当匪浅鲜。现时所谓“备案”手续之限制，仅能匡救于聘任之后，未能防范于聘任之前。殊不知一校校务，其一日之进展或废弛，皆与千百青年之教育有密切之关系，生重大之影响。再者，《私立学校规程》第十二条第二项所订：“关于学校行政，由校董会选任校长或院长完全负责，校董会不得直接参与。所选校长或院长应得主管教育行政机关之认可。如校长或院长失职，校董会得随时改选之。主管教育行政机关如认校董会所选任之校长或院长为不称职时，亦得令校董会另选之。另选仍不称职，或校董会发生纠纷以致停顿时，得由主管教育行政机关暂行遴任。”(注四八)亦仅作消极之制裁，谋事后之补救。故作者主张，私立中学校长应由校董会按照《中学规程》第一〇七至一〇九条所规定之中学校长资格（详下一节），推选合格人员，会同资格证明文件，呈请教育厅核准后聘任之。为谋迅速促进我国中学教育起见，此为不容忽视者也。

三、中学校长之任用资格及免职条件

中学校长之资格，中央迄至《中学规程》中方始规定。《中学校令》时代，教育部仅曾训令中学校长不得兼任他职。(注四九)《中学暂行规程》中虽有“中学校长教员资格及待遇条例另订之”之条文（第十三条），历时五年（十七年[1928]三月至二十二年[1933]三月），并未“另订”。尚不如中学教员在《奏定学堂章程》中有正副教员资格之分别规定，宣统元年[1909]有《检定及待遇中学教员办法》之颁行，民国九年[1920]教育部复有“教员许可状”规程之公布。(注五〇)前二者之规定固随鼎革而丧失效力，民九[1920]“教员许可状”之部令实际上亦未出部门，然表示当局对于中学教员资格之规定，似较中学校长资格之规定殊为注意。实则我国中学校长享有选聘教员之重任，处理校务之全权，一身系学校之兴废，其资格之应特别规定，更为迫切需要。得引以为幸者，则大多数省份自行订有单行法规，尚可有所准绳。否则中学校长人选之杂，当更不堪设想矣。兹录作者所作之各省教育厅规定之中学校长资格分析表及免职条件分析表(注五一)于后：

各省教育厅规定之中学校长资格分析表

材料来源：

1.《江苏省立中等学校校长任免及待遇暂行规程》(21年[1932]7月)载《江苏省现行教育法令汇编》(22年[1933]2月)

2.《江苏省县立中等学校校长任免及待遇暂行规程》(21年[1932]7月)载同上

3.《浙江省省立中等学校校长任免及待遇暂行规程》(20年[1931]10月)载《浙江省教育法规汇编》(21年[1932]12月)

4.《浙江省县市立私立中等学校校长任免及待遇暂行规程》(20年[1931]10月)载同上

5.《安徽中等学校校长任免暨待遇暂行规程》(17年[1928]7月)载《安徽现行教育法令汇编》(21年[1932]3月)

6.《中小学校校长资格》(广东21年[1932]4月)载广东教育厅编《现行教育法令汇编》(21年[1932]3月)

7.《湖北省立中小学校长教职员任免章程》(20年[1931]9月)载《湖北省政府教育厅现行规章》(21年[1932]3月)

8.《山东省立中等学校校长任免及待遇规程》(19年[1930]1月)载《山东省政府教育厅第二次工作报告》(18年[1929]10月)—(20年[1931]6月)

9.《河南县立中等学校校长及职教员任用办法》(21年[1932]5月)载《河南教育法规汇编》(22年[1933]4月)

10.《广西省中等学校校长任免规程》(17年[1928]9月)载《广西法规辑要》(18年[1929]12月)

11.《福建省立中等学校校长任免及待遇暂行规程》(17年[1928]11月)载《福建现行教育法令汇编》(21年[1932]7月)

12.《河北省中等学校校长任用暂行规程》(18年[1929]11月)载《河北省现行教育法规辑要》第二册至第四册中(18年[1929]12月，19年[1930]4月，20年[1931]9月)

13.《湖南省公立中等学校校长任用暨待遇规程》(19年[1930])载《湖南教育行政汇刊》第六至第十辑中(19年[1930]12月，20年[1931]3月，20年[1931]4月至6月，20年[1931]7月至9月，20年[1931]10月至12月)

14.《云南省立中等学校校长任免服务待遇暂行规程》(21年[1932]4月)载《云南教育行政周刊》第二卷第三四两期合刊(21年[1932]5月)

15.《陕西省立中等学校职教员任免待遇规程》(21年[1932]7月)载《陕西教育法令汇

编》(19年[1930]1月)及21年[1932]7月《修正之中等教育规程》(油印品)

16.《江西省立中等学校校长任免暂行规程》(21年[1932]6月)载《江西教育行政周刊》。

[附注]考热河《现行教育法规汇编》(20年[1931]7月)、《察哈尔教育厅现行法规辑要》(21年[1932]5月)、《山西省教育法令辑览》(19年[1930]8月),均未载此项规程,并据绥远省教育厅函复亦无此项规程。

普通资格(省立县立、高初中同):

1."服膺党义",或"深明党义,遵守党纪",或"服膺三民主义"。

(浙、冀、皖、鄂、桂、苏、陕、滇、鲁、闽)

2."人格健全",或"人格高尚"。

(浙、苏、皖、鄂、桂、陕、滇、鲁、闽)

3."专心教育"

(浙)

特殊资格:

省立高中	
学　　历	经验或特殊研究
1. 大学教育学院或教育科毕业	中等教育职务二年以上著有成绩者(浙) 曾任政府认可之中等以上学校教育二年以上者(粤) 中等或以上学校教员,或办理教育行政二年以上者(陕) 教育职务二年以上著有成绩者(鄂、赣)。 中等教育或教育行政职务一年以上确有成绩者(皖) 曾任大学或专门学校教职员一年以上著有成绩者(鲁) 教育职务一年以上著有成绩者(冀、湘、桂、闽)
2. 国内外师范大学毕业	中等教育职务二年以上著有成绩者(浙) 曾任经政府认可之中等以上学校教员二年以上者(粤) 中等或以上学校教员,或办理教育行政二年以上者(陕) 教育职务二年以上著有成绩者(鄂、赣) 中等教育或教育行政职务一年以上确有成绩者(皖) 曾任大学或专门学校教职员一年以上著有成绩者(鲁) 教育职务一年以上著有成绩者(冀、湘、桂、滇、闽)
3. 国内外高等师范学校毕业	中等教育职务三年以上著有成绩者(浙、鲁) 曾任经政府认可之中等以上学校教员二年以上者(粤) 教育职务三年以上著有成绩者(冀、湘[以国内高师为限]鄂、桂、苏、闽、赣) 服务教育二年以上者(滇) 中等教育或教育行政职务一年以上者(皖) 教育职务一年以上著有成绩者(湘[以国外高师为限])

省立高中	
学　　历	经验或特殊研究
4. 国内外大学各学院或各科（除教育学院或教育科）毕业	中等教育职务三年以上著有成绩者（浙、鲁） 曾任经政府认可之中等以上学校教员二年以上者（粤） 中等教育或教育行政职务三年以上确有成绩者（皖） 教育职务三年以上著有成绩，并对于教育学术确有研究提出证据者（冀） 教育职务三年以上著有成绩者（鄂、桂、闽、赣） 中等或以上学校教员或办理教育行政二年以上者（陕） 曾经服务教育二年以上著有成绩者（滇） 教育职务一年以上著有成绩者（苏）
5. 优级师范毕业	教育职务三年以上著有成绩者（湘） 中等教育或教育行政职务一年以上确有成绩者（皖）
6. 专门以上学校毕业	曾任中等学校教职员三年以上著有成绩者（鲁） 中等教育或教育行政职务三年以上确有成绩者（皖） 中等或以上学校教员曾办理教育行政三年以上者（陕） 教育职务三年以上著有成绩者（湘、鄂、桂、滇、苏、闽）
7. 专门学校三年以上毕业	曾任经政府认可之中等以上学校教员二年以上者（粤）
8. 无	办理中等教育十年以上著有特别成绩者（赣）
省立初中	
学　　历	经　　验
1. 国内外大学教育科毕业	曾任经政府认可之中等以上学校教员二年以上者（粤） 曾任中等或以上学校教员或办理教育行政一年以上者（陕） 教育职务一年以上著有成绩者（鄂）
2. 师范大学毕业	曾任经政府认可之中等以上学校教员二年以上者（粤） 中等或以上学校教员或办理教育行政一年以上者（陕） 教育职务一年以上著有成绩者（鄂、滇）
3. 国内外高等师范学校毕业	中等教育职务一年以上著有成绩者（浙、鲁） 曾任经政府认可之中等以上学校教员二年以上者（粤） 中等教育或教育行政职务三年以上确有成绩者（皖） 教育职务三年以上著有成绩者（冀） 中等以上学校教员，或办理教育行政二年以上者（陕） 教育职务一年以上著有成绩者（湘、桂、苏、闽）

(续表)

省立初中	
学　　历	经　　验
4. 国内外大学高等师范专修科毕业	中等教育职务三年以上著有成绩者(浙) 教育职务四年以上著有成绩者(湘) 教育职务三年以上著有成绩者(冀、闽、赣) 教育职务二年以上著有成绩者(苏、鄂)
5. 大学教育专修科毕业	教育职务二年以上著有成绩者(赣)
6. 优级师范选科毕业	中学教育或教育行政职务三年以上确有成绩者(皖)
7. 优级师范毕业	教育职务三年以上著有成绩者(赣)
8. 师范大学或大学教育科修业满二年	教育职务二年以上著有成绩者(桂)
9. 师范学校本科毕业	教育职务三年以上著有成绩者(冀)
10. 高中师范科毕业及后期师范毕业	初中教职员或小学校长三年以上著有成绩者(桂)
11. 国内外大学毕业	曾任中等学校教职员一年以上著有成绩者(鲁) 曾任经政府认可之中等以上学校教员二年以上者(粤) 曾任中等以上学校教员或办理教育行政二年以上者(陕) 教育职务二年以上著有成绩者(鄂、桂、滇)
12. 专门学校毕业	中等或以上学校教员，曾办理教育行政三年以上者(陕) 曾服务教育三年以上著有成绩者(滇、赣) 教育职务二年以上著有成绩者(桂) 教育职务一年以上著有成绩者(苏)
13. 专科学校三年以上毕业	曾任经政府认可之中等以上学校教员二年以上者(粤)
县立高中	
学　　历	经验或特殊研究
1. 大学教育学院毕业	曾任经政府认可之中等以上学校教员二年以上者(粤) 服务中等以上学校或办理教育行政满一年以上确有成绩者(皖) 教育职务一年以上著有成绩者(浙、湘、冀、桂)
2. 国内外师范大学毕业	曾任经政府认可之中等以上学校教员二年以上者(粤) 教育职务一年以上著有成绩者(浙、湘、冀、桂)

（续表）

县立高中	
学　　历	经验或特殊研究
3. 国外高等师范学校毕业	曾任经政府认可之中等以上学校教育二年以上者（粤） 教育职务三年以上著有成绩者（桂、冀） 教育职务一年以上著有成绩者（湘、苏） 教育职务一年以上者（浙）
4. 国内高等师范学校毕业	曾任政府认可之中等以上学校教员二年以上者（粤） 教育职务二年以上著有成绩者（湘、桂、冀） 中等以上学校或教育行政满一年以上确有成绩者（皖） 教育职务一年以上著有成绩者（苏） 教育职务一年以上者（浙）
5. 高等师范专修科毕业	教育职务二年以上著有成绩者（苏）
6. 优级师范毕业	教育职务三年以上著有成绩者（湘） 中等以上学校或教育行政满一年以上确有成绩者（皖）
7. 国内外大学毕业	曾任经政府认可之中等以上学校教员二年以上者（粤） 中等以上学校，或教育行政满三年以上确有成绩者（皖） 教育职务三年以上著有成绩者，并对于教育学术确有研究提出证据者（冀） 教育职务三年以上著有成绩者（桂） 教育职务一年以上著有成绩者（苏）
8. 国内外专科以上学校毕业	中等以上学校或教育行政满三年以上确有成绩者（皖） 教育职务三年以上著有成绩并对于教育学术确有研究提出证据者（冀） 教育职务三年以上著有成绩者（湘、桂） 教育职务二年以上者（浙） 教育职务一年以上著有成绩者（苏）
9. 专科学校三年以上毕业	曾任经政府认可之中等以上学校教员二年以上者（粤）
县立初中	
学　　历	经　　验
1. 国内外大学教育学院（或教育科）毕业	曾人经政府认可之中等以上学校教员二年以上者（粤） 无（浙）
2. 国内外师范大学毕业	曾任经政府认可之中等以上学校教员二年以上者（粤） 无（浙、豫）

（续表）

县立初中	
学　　历	经　　验
3. 高等师范毕业	曾任经政府认可之中等以上学校教员二年以上者（粤） 中等以上学校或教育行政满三年以上确有成绩者（皖） 教育职务一年以上著有成绩者（湘、桂、苏、冀） 无（浙、豫）
4. 国内外大学高等师范专修科毕业	教育职务四年以上著有成绩者（湘） 教育职务三年以上著有成绩者（冀） 教育职务二年以上著有成绩者（苏） 教育职务一年以上者（浙）
5. 优级师范选科毕业	中等以上学校或教育行政满二年以上确有成绩者（皖）
6. 大学教育科修业满二年	教育职务二年以上著有成绩者（桂）
7. 师范大学本科修满二年	教育职务二年以上著有成绩者（桂）
8. 师范学校本科毕业	教育职务二年以上著有成绩者（冀） 教育职务二年以上著有成绩者（豫）
9. 高中师范科毕业	曾任初中教职员或小学校长三年以上著有成绩者（桂） 教育职务二年以上著有成绩者（豫）
10. 后期师范毕业	曾任初中教职员或小学校长三年以上著有成绩者（豫）
11. 国内外大学毕业	曾任经政府认可之中等以上学校教员二年以上者（粤） 教育职务二年以上著有成绩者（桂） 教育职务一年以上著有成绩者（苏）
12. 专科以上学校毕业	教育职务三年以上著有成绩者（冀） 教育职务二年以上著有成绩者（桂） 教育职务一年以上著有成绩者（苏、冀） 教育职务一年以上著有成绩者（浙）
13. 专科学校二年以上毕业	曾任经政府认可之中等以上学校教员二年以上者（粤）
14. 高中毕业	初中教职员三年以上著有成绩者（豫）
15. 旧制中学毕业	初中教职员三年以上著有成绩者（豫）
16. 无	中等学校校长二年以上著有成绩者（浙）

各省教育厅规定之中学校长免职条件分析表

1. “违背国民政府教育法令者”，或“违背政府教育方针或教育法令者”，或“违背政府教育法令或中央及省教育行政机关所定各项学校规程者”，或“违背中华民国教育宗旨及其实施方针或违背教育法令者”。

（苏、浙、鄂、湘、桂、皖、陕、滇、鲁、闽、赣）

2. “操守不谨者”，或“操守不严者”，或“侵蚀校款者”，或“操守不谨，侵蚀校款者”。

（苏、浙、湘、桂、皖、陕、滇、鲁、闽、鄂、赣）

3. “怠于职务无成绩可言者”，或“治校不力，改进无方者”，或“治校不力者”。

（苏、浙、鄂、桂、皖、陕、滇、鲁、闽、赣）

4. “行为不检者”，或“行为不检，人格堕落者”，或“行为不检，不堪师表者”。

（苏、浙、鄂、湘、桂、皖、陕、滇、闽、赣）

5. “违背中国国民党党义者”，或“有反革命行为者”，或“违背三民主义而有反革命言行者”。

（苏、浙、鄂、湘、桂、陕、鲁、闽、赣）

6. “身心有缺陷不能执行职务者”。

（浙、陕、皖、湘、桂、闽、赣）

7. “学生成绩太劣，不合规定标准者”。

（浙、湘、桂、皖、陕、鲁）

8. “教育无方，校风恶劣者”，或“训育无方，校风恶劣者”，或“管教无方者”，或“训育无方者”。

（浙、湘、桂、陕、鲁）

9. “擅离职守，放弃责任者”，或“擅离职守，贻误校务者”。

（陕、鲁、闽）

10. “有不良嗜好者”，或“有不正当嗜好者”。

（陕、赣）

11. “褫夺公权，尚未复权者”。

（鄂）

12. “曾受破产宣告者”。

（鄂）

13. “吸食鸦片者”。

（鄂）

14. “受刑事处分者”。

（陕）

15. “身心不健全，或有恶疾者”。

（鄂）

16. “无正当理由，延不呈验证明文件，逾限至一月以上者”。

（陕）

各省关于资格之规定时有变更，有由宽泛而臻严密者，亦有由严密而入宽泛者。上表所根据之原料，皆为各省在《中学规程》施行以前，最近有效之规程。综观此表所陈露者，为各省规定分歧性之大。虽江浙比邻，同为教育发达之区，其规定亦大有悬殊。例如，非教育学院或教育科毕业之大学毕业生，在浙江须服务“中等教育职务三年以上”，方得任高中校长，在江苏则须服务“教育职务一年以上”，即可合格。一年与三年较，在时间上已有明确之差异。“中等教育职务”与“教育职务”比，在性质上复有显著之区别。小学教员、大学助理、教育部之书记、教育厅之科员，皆为“教育职务”，担任此种职务虽积十年之经验，恐亦不能深知中学教育为何物！（按：此乃对条规立论，实际情形，江浙中学校长资格不相上下。）其次，则此表昭示吾人，各省教育厅之规定，其最大之缺点为忽视教育专业化之精神及所订之资格极为宽松。在普通资格方面，仅浙江一省提及“专心教育”一项，其他各省除因“党化教育”之缘故，规定“服膺党义”，“深明党义，遵守党纪”外，仅列举“人格高尚”“人格健全”之空洞条文。“人格高尚”一语，从我国习俗上看来，多含消极之意义，能独善其身即可，而不必兼善天下也。“专心教育”一语，含有积极之意义，己立立人，己达达人，甚至摩顶放踵，诲人不倦。浙江之规定，深堪注意。

在特殊资格方面，仅河北省于学历、经验之外，规定须“对于教育学术确有研究，提出证据”。其他各省，则只注意于某类学校毕业须有几年之经验而已。经验之性质则极不确定。所谓“教育职务”固是笼统，即“中等教育职务”，亦属空泛。譬如，教初中一年级之国文，历时三载，即可谓彼已有治理一个完全中学之经验乎？再譬，有某大学国文系毕业生，毕业后继续在某中学任初中一国文教席三载，确实著有成绩。但其成绩在国文之教学，除此以外，他种知识极为简陋，办事能力亦属薄弱。若在浙、鲁，彼已有任高中校长之资格，设风云际遇而膺校长之委，是不得谓当局违法，而此人治理一高级中学，其结果尚堪设想乎？故经验之性质，应订为几年教学之经验，几年任教务主任或训育主任之经验。如此，则其所经所验，方及于全校之措施。据莫利逊（R. H. Morrison）①之研究，美国教育行政当局选任校长时，所最注意者为行政能力、领袖资格及视导能力等等。(注五二)此种种皆非身任主任，担任行政职务，无由充分表现者也。英、德、法教育当局之委派中学校长，亦多择学校中之教师，学识优长，行政能力昭著者任之。盖校长为学校之行政领袖，需要行政之能力也。(注五三)进一步言之，个人之所经所验有空间及时间之限制。且专凭经验，易于使人故步自封，安于现状，而不求改进。故有人分经验为平常的经验及创造的经验。所谓创造的经验即是学识。学

① 今译“莫里森”(R. H. Morrison)。——编校者

识者,冶他人之经验与自身之经验于一炉,据此为原动力,发踪指使自身之行政能力,方可期改进学校,创造一切。故专门之学识,斯为校长所最需要之资格。兹请举一例为证:哥伦比亚大学师范院浦利斯教授(Thomas H. Briggs)①所授之中等教育班,在一九三〇年冬有学生 33 人,其中曾任中学校长者 15 人,全班学生服务之经验平均有八年半之久。可见,个人之经验并不十分可贵,真正之学识方为至宝。河北省之规定,吾人应再三致意焉。

四十位聘请教师者所举之被选派为校长者应有的品质之等第、次数及百分数分配表

等第	品　　质	次数	百分数
1	行政能力 executive ability	25	62.5
2	领袖资格 leadership	16	40
3	视导能力 ability to supervise	15	37.5
4	广博的经验与训练 broad experience and training	12	30
5	与人合作 to get on with people	10	25
6.5	组织能力 organizing ability	6	15
6.5	研究教育问题的学者 student of educational problem	6	15
8	愿意负责 willingness to assume responsibility	5	12.5
9.5	先见之明 foresight	4	10
9.5	感动信仰之人格 personality which inspire confidence	4	10
11	训管能力 ability to discipline	3	7.5
14.5	社交适应能力 ability to mix	2	5
14.5	考虑他人的意见 considerations for opinion of others	2	5
14.5	勇敢 courage	2	5
14.5	自动力 initiative	2	5
14.5	态度大方 poise	2	5
14.5	有眼光 vision	2	5

① 今译"布里格斯"(Thomas H. Briggs)。——编校者

（续表）

等第	品　　质	次数	百分数
21	对付公众之能力 ability to meet public	1	2.5
21	丰富的精力 abundant energy	1	2.5
21	热忱 enthusiasm	1	2.5
21	发明力 originality	1	2.5
21	自信 self-confidence	1	2.5
21	公平的感觉 sense of fairness	1	2.5
21	机敏圆通 tact	1	2.5

再则，各省仅规定省立、县立之中学校长资格，而未及私立，是亦为一大缺漏。兹请进而论《中学规程》所订之中学校长资格。

第一〇七条规定："初级中学校长须品格健全，才学优长，且合于下列规定资格之一者：（一）国内外师范大学、大学教育学院、教育科系毕业，或其他院系毕业而曾习教育学科 20 学分，均经于毕业后从事教育职务二年以上著有成绩者；（二）国内外大学本科、高等师范本科或专修科毕业后，从事教育职务三年以上著有成绩者；（三）国内外专科学校或专门学校本科毕业后，从事教育职务四年以上著有成绩者。"

第一〇八条："高级中学校长须品格健全，才学优长，除具有前条规定资格之一外，并须合于下列资格之一者：（一）曾任国立大学文理或教育学院或科系教授或专任讲师一年以上者；（二）曾任省及直辖市教育行政机关高级职务二年以上著有成绩者；（三）曾任初级中学校长三年以上著有成绩者。"

第一〇九条："有下列情形之一者，不得任用为中学校长：（一）违反刑法，证据确凿者；（二）曾任公务员交代未清者；（三）曾任校长或教育行政职务成绩平庸者；（四）患精神病或身有痼疾不能任事者；（五）行为不检或有不良嗜好者。"

《中学规程》所规定者确较以前各省之规定，远胜一筹。仅有高级与初级之分，而无省立、县立或私立之别，无论其为省立或私立高级中学校长，按规程均应适合同样之资格。此种规定对于促进县立中学及私立中学之教育，裨益不少，其优点一。所规定之资格较各省所定者提高甚多，不可同时而语，其优点二。所不幸者，各省规定之最大缺点仍未能改进。关于初中校长之资格，于学历外亦只有“从事教育职务”几年之规定，其弊一。关于高级中学校长之资格，则将国立大学文理学院（或科系）教授或专任讲师与教育学院者同等待遇，显然忽视教育应专业化及专门学识之可贵，其弊二。根据此项规定，则大学外国语文系毕业者，毕业后在大学任外国语助教三年，及国立大学外国语专任讲师一年，亦得为高级中学合格之校长。果尔，斯人也，既无教育之专门学识，又无中学之行政经验，若能对于高级中学校长之职务胜任愉快，宁非一大怪事耶？

关于丧失中学校长资格之规定，各省之“免职”条件与《中学规程》之“不得任用”等条件、名称及性质虽异，而内容与功用则同。《中学规程》列有“曾任校长或教育行政职务成绩平庸者”一项，是为其特色。惟各省及《中学规程》所列举之“行为不检”一条，其界说颇不易确定。如现时一般中学教职员“打麻将”之风最为盛行，甚至非如此不足以联络同事之感情。卜昼卜夜，废职旷课，此种行为，检耶？不检耶？恐人各异其辞。有谓此乃游戏耳；有谓此乃“亡国之游戏”，且含有赌博之性质，中学教职员身为青年师表，此种举动实属不检。故作者主张，为纠正现时一般中学教职员此种恶习起见，应于行为不检条中特别注明“打麻将”者认为行为不检，严加告诫。“不良嗜好”之定义，亦人各异其趣。如吸吃纸烟一项，“论语派”之林语堂视之，认为有关文化，并谓英国大学教育即出于教授所吸烟斗之烟雾之熏陶，不但非为“不良嗜好”，且应特别提倡。在领导土货运动之郃爽秋，以及主张戒烟以为节约之张季鸾视之，则是国民经济巨大漏卮所在，其为不良嗜好，固不待言。我国中学对于学生吸烟悬为禁例，并有违反此项校规，即行“开除学籍”者。(注五四) 如欲诱导青年，不染此种“不良嗜好”，则校长先应洁身自好。“其身正，不令而行，其身不正，虽令不从。”古人又云：“以身教者从，以言教者讼。”故现时一般自身吸烟之圆滑校长或训育主任告诫学生不得吸烟时，不云吸烟为“不良嗜好”，而云“二十五岁以下之青年吸烟，有碍身体发育”。预留地步，以防学生质问。际此困难严重，匡救时艰，端赖教育青年，有心之教育当局必有感于斯也。如各省教厅在订单行规程时，标注中学校长吸烟认为不良嗜好，其一条条文之规定，耸动世人之耳目者，实匪浅鲜。

四、中学校长之俸给

《中学校令》时代，中央无中学校长俸给之规定。民国十六年[1927]，国民政府之教育行政委员会曾一度有下列之规定：完全中学校长，第一级为200元，第二级为180元，第三级为160元；初级中学校长，第一级为140元，第二级为120元，第三级为100元。(注五五)十七年[1928]之《中学暂行条例》，宣称另订之，其实并未再订。《中学规程》第一〇七条仅规定："中学校长视专任教员进三级至五级支薪，由主管教育行政机关或校董会定之。"专任教员之俸给等级则由各教育行政机关自订之。私立中学则参照各省市公立中学情形，于其校章中规定之。教员俸给之最低级应参照地方情形，以确能维持适当生活为标准。兹将各省规定之中学校长俸给等级按月薪分别起薪、最高额、等次、差数、起薪与专任教员起薪比较、最高额与专任教员最高额比较、附考七项列表如下：

各省教育厅规定之中学校长月薪表
（材料来源与资格分析表同）

各省立高级中学

省别	起薪	最高额	等次	差数	起薪与专任教员起薪比较	最高额与专任教员最高额比较	附考
滇	400元	800元	分五级	100元	－50元降三级（按专任教员月薪等级计算。以下仿此）	＋50元进一级	(1) 教育厅长依学校之性质、高初之等级、班级之多寡、个人之资历、在职之年限及学校所在地之生活状况分别定之。(2) 概依滇省通用富滇纸币计算。(以上见《省立中等学校校长任免服务待遇暂行规程》第十一条) (3) 专任教员月薪为550至750元，分五级，每级差数50元。(见《省立中等学校教职员任免服务待遇暂行规程》)

（续表）

省别	起薪	最高额	等次	差数	起薪与专任教员起薪比较	最高额与专任教员最高额比较	附　考
浙	200元	260元	分四级	20元	+80元进四级	+60元进四级	(1) 凡始任中等学校校长，均支第四级薪，每继续服务满二年，著有成绩者，得进一级支薪。 (2) 凡本省各省立中等学校校长支给薪俸，不得超过本规定之最高额。（以上见《省立中等学校校长任免及待遇暂行规程》第七条） (3) 本省为罗致中等教育专家，以资实验中等教育新学理起见，得任用合于下列各项资格者，为省立中等学校校长，其待遇得由教育厅呈请省政府特许径自第二级或第一级俸额起支给。（一）曾任大学教授二年，对于中等教育有特殊研究者。（二）有实验中等教育之具体计划与决心者。（见同规程第八条） (4) 专任教员月薪为120至200元，分五级，每级差数20元；兼任每小时钟点费一元五角至二元五角。（见《省立中等学校教员任用及待遇暂行规程》）
鄂	180元	260元	分九级	10元	+40元进四级	+40元进四级	(1) 凡初次服务者，均应按照最低级起薪。 (2) 合于下列规定之一者，得提高一级起薪：（子）国内外大学毕业后，曾入研究院得有学位，或研究满二年以上者；（丑）曾任国立大学教授或讲师者；（寅）学识特优，著述经部审定者；（卯）曾继续服务同等以上学校满五年卓著成绩者。

（续表）

省别	起薪	最高额	等次	差数	起薪与专任教员起薪比较	最高额与专任教员最高额比较	附　　考
鄂	180 元	260 元	分九级	10 元	＋40元进四级	＋40元进四级	(3) 如曾在本省其他同等学校服务者，应照原校最后月俸金额起薪。（以上见《各级学校教职员待遇章程》[20 年[1931]9 月]第十一条） (4) 进级依下列各款之规定：(甲) 继续在本省同一学校，服务满三年，著有成绩者，得进一级。（乙）凡已进级者，每届一年，得按其成绩递进一级。（见同章程第十二条） (5) 专任教员月薪为 140 至 220 元，分九级，每级差数 10 元；兼任每小时月俸 10 元。（见《各级学校教职员待遇章程》）
皖	160 元	200 元	分两级	40 元	＋40元	＋40元	(1) 分甲乙两级：甲级月支 200 元，乙级月支 160 元；高初中合办，班次在六级以上者属甲级，不足六班及单办初中者属乙级。（见《中等学校校长任免暨待遇暂行规程》第五条） (2) 专任教员月薪为 120 至 160 元；兼任每小时月俸 7 元。（见同上规程）
闽	150 元	190 元	分五级	10 元	＋50元进五级	＋50元进五级	(1) 须在本校兼课，以六小时为限，不另支薪。（见《省立学校职教员服务及待遇暂行办法》[二十年[1931]三月]第二条） (2) 专任教员月薪为 100 至 140 元，分五级，每级差数 10 元；兼任每小时月俸 1 至 6 元。（见《省立中等学校教职员任免及待遇暂行规程》）

(续表)

省别	起薪	最高额	等次	差数	起薪与专任教员起薪比较	最高额与专任教员最高额比较	附考
湘	150 元(原则)						未分等级。(见《公立中等学校校长任用暨待遇规程》第六条)教员薪俸查无规程规定。
鲁	140 元	300 元	分九级	20 元	+40元进四级	+160元进十六级	(1) 教育厅长就各校班次之多寡,事务之繁简,及各校长之学历、经验规定之。(见《省立中等学校校长任免及待遇规程》第六条) (2) 专任教员月薪为 100 至 140 元,分五级,每级差数 10 元;兼任每小时月薪 4 至 7 元。(见《省立中等学校教职员聘任及待遇规程》)
陕	140 元	180 元			+60元	+40元	(1) 由教育厅视学校事务繁简,各人学历、经验酌定之。(见《省立中等学校职教员任免待遇规程》) (2) 专任教员月薪为 80 至 140 元,兼任每小时钟点费为 1.35 元。(见同上)
苏	120 元	280 元	分九级	20 元			(1) 由教育厅就各校事务之繁简,及各人学历、经验酌定之。(见《省立中等学校校长任免及待遇规程》第六条) (2) 继续任职满三年以上,成效卓著,经省督学报告教育厅核准者,得晋俸一级。但不得自行请求。(见同规程第七条) (3) 高初中不分。 (4) 教员薪俸查最近出版之《江苏现行教育法令汇编》无规定。

省立初级中学

省别	起薪	最高额	等次	差数	起薪与专任教员起薪比较	最高额与专任教员最高额比较	附考
滇	400元	800元	分五级	100元	＋50元进一级	＋250元进五级	(1) 高初中不分,见高中部分。(2) 专任教员月薪为350至550元,分五级,每级差数50元。(见《省立中等学校教职员任免服务待遇暂行规程》)
浙	160元	220元	分四级	20元	＋80元进四级	＋60元进三级	(1) 凡始任中等学校校长均支第四级薪,每继续服务满二年,著有成绩者,得进一级支薪。(2) 凡本省各省立中等学校校长支给薪俸,不得超过本规定之最高额。(以上见《省立中等学校校长任免及待遇暂行规程》第七条) (3) 本省为罗致中等教育专家,以资实验中等教育新学理起见,得任用合于下列各项资格者为省立中等学校校长,其待遇得由教育厅呈请省政府特许径自第二级或第一级俸额起支给。(一) 曾任大学教授二年,对于中等教育有特殊研究者。(二) 有实验中等教育之具体计划与决心者。(见规程第八条) (4) 专任教员月薪为80至160元,分五级,每级差数20元;兼任每小时钟点费一元至一元五角。(见《省立中等学校教员任用及待遇暂行规程》)
皖	160元				＋80元		(1) 支乙级薪俸(见《中等学校校长任免暨待遇暂行规程》第五条) (2) 专任教员月薪为80至120元,兼任每小时月俸50元月俸。(见《中等学校教职员聘任暨待遇暂行规程》)

（续表）

省别	起薪	最高额	等次	差数	起薪与专任教员起薪比较	最高额与专任教员最高额比较	附　考
鄂	150元	220元	分八级	10元	+30元进三级	+30元进三级	(1) 凡初次服务者，均应按照最低级起薪。(2) 合于下列规定之一者，得提高一级起薪：(子) 国内外大学毕业后，曾入研究院得有学位或研究满二年以上者；(丑) 曾任国立大学教授或讲师者；(寅) 学识特优，著述经部审定者；(卯) 曾继续服务同等以上学校满五年卓著成绩者。(3) 如曾在本省其他同等学校服务者，应照原校最后月俸金额起薪。(以上见《各级学校教职员待遇章程》第十一条) (4) 进级依下列各款之规定：(甲) 继续在同一学校服务满三年，著有成绩者，得进一级。(乙) 凡已进级者，每届一年，得按其成绩递进一级。(见同章程第十二条) (5) 专任教员月薪为80至140元，兼任每小时钟点费1.35元。(见《省立中等学校职教员资格任免暨待遇规程》)
陕	140元	180元			+60元	+40元	(1) 高初中不分，见高中部分。
闽	130元	170元	分五级	10元	+50元进五级	+50进五级	(1) 须在本校兼课，以六小时为限，不另支薪。(见《省立学校职教员服务及待遇暂行办法》第二条) (2) 专任教员月薪80至120元，分为五级，每级差数10元；兼任每小时月俸3至5元。(见《省立中等学校教职员任免及待遇暂行规程》)

(续表)

省别	起薪	最高额	等次	差数	起薪与专任教员起薪比较	最高额与专任教员最高额比较	附　　考
苏	120元	280元	分九级	20元			高初不分,见高中部分。
湘	120元(原则)						未分等级。(见《公立中等学校校长任用暨待遇规程》第六条)
鲁	100元	260元	分九级	20元	+40元进四级	+160进十六级	(1) 教育厅长就各校班次之多寡、事务之繁简及各校长之学历、经验规定之。(见《省立中等学校校长任免及待遇规程》第六条) (2) 专任教员月薪为60至100元,分五级,每级差数10元;兼任每小时月薪3至5元。(见《省立中等学校教职员聘任及待遇规程》)

县立高级中学

省别	起薪	最高额	等次	差数	起薪与专任教员起薪比较	最高额与专任教员最高额比较	附　　考
湘	150元(原则)						未分等级。(见《公立中等学校校长任用暨待遇规程》第六条)
浙	80元						(1) 只规定最低额。(见《县市立共立私立中等学校校长任免及待遇暂行规程》第九条) (2) 专任教员月薪80至160元,兼任每小时钟点费1至2元。(见《县市立共立中等学校教员任用及待遇暂行规程》)

（续表）

省别	起薪	最高额	等次	差数	起薪与专任教员起薪比较	最高额与专任教员最高额比较	附　考
苏	50 元	100 元	分六级	10 元	+10元进二级	+10元进一级	(1) 由县教育局长就地方经济能力、各校事务繁简及各人学历、经验呈准教育厅核定之。(见《县立中等学校校长任免及待遇暂行规程》) (2) 继续任职满三年以上，成效卓著，经省督学查明，报告教育厅核准者得晋俸一级。但不得自行请求。(见同规程第七条) (3) 专任教员月薪为 40～90 元，分八级自 40～60 元，差数为 5 元，自 60～90 元，差数 10 元；兼任每小时钟点费 0.5～1 元。(见《县立中等学校教职员聘任及待遇暂行规程》)

县立初级中学

省别	起薪	最高额	等次	差数	起薪与专任教员起薪比较	最高额与专任教员最高额比较	附　考
湘	120 元(原则)						未分等级。(见《公立中等学校校长任用暨待遇规程》第六条)
浙	50 元				+10元		(1) 只规定最低额。(见《县市立共立私立中等学校校长任免及待遇暂行规程》第九条) (2) 专任教员月薪 40～120 元，兼任每小时钟点费 0.5～1.5 元。(见《县市立共立中等学校教员任用及待遇暂行规程》)

（续表）

省别	起薪	最高额	等次	差数	起薪与专任教员起薪比较	最高额与专任教员最高额比较	附　　考
苏	50 元	100 元	分六级	10 元	+10元进二级	+10元进一级	高初中不分，见高中部分。

（注甲）（注乙）（注丙）

综观此表，可得下列诸点：（一）云南以“富滇币”为单位，所列数目不得与他省相提并论，以作比较。（二）省立高中校长起薪，以浙江规定为最高（200元），以江苏为最低（120 元，高初中不分），其次低者为山东及陕西（均为 140元）。最高额以山东为最高（300 元），湖南为最低（150 元，此为原则），其次低者为陕西（180 元）。省立初中校长之起薪，亦以浙江为最高（160 元），最低者则为山东（100 元）；最高额推江苏为最高（280 元，高初中不分），山东次之（260元）。（三）俸给等级，九省之中有三省分为九级，两省分为五级，其他分四级，分两级；提出原则，及无等级规定者各占一省。其趋势在多分等级。盖因一省所辖，幅员辽阔，各地教育状况不同，通都大邑之省立中学，规模宏大，事务极繁，校长人选亦较严格。穷乡僻壤之省立中学，则仅具雏形，校长人选亦为降低，悬殊甚大。且任职有久暂，应行年功加俸，故各省规定乃多列等次，以资分别适合一切。（四）中学校长之俸给与专任教员者比较，多数省份为进三级至五级，与《中学规程》所订者恰相符合。山东则高初级中学校长最高俸给，较高初级中学教员者均晋十六级（每级 10 元计 160 元），云南高中校长起薪较中学教员起薪低三级，是为两个显著的不合理之规定。（五）县立中学校长之俸给与省立中学校长者比较，差数极大。以江苏而论，县立高中校长之最高薪俸（100 元），尚不及省立初中校长之起薪（120 元）。虽为地方经济情形所限制，但同为国家服务同一阶段之学校，有时且同处一城，其物质待遇不应如此悬殊过甚，使县立中学难于罗致人才，而不能与省立中学并驾齐驱。浙江只规定最低额，尚有见地，但县立高中校长之最低额（80 元），则远不及高中专任教员之起薪（120 元）。现时《中学规程》即将县立中学校长之资格提高，与省立者同样规定，此后当然亦应受同等之待遇。想各省最近改订规程时，当必能有所改进者也。

各省规定之最低俸给是否能“维持适当生活”，吾人殊无法置论，因各省衣食住行之生活程度现时无精确之调查，是则无标准以资衡量。再者参照生活程度比较，究以何省之规定为最高，亦不能洞悉矣。

我国中学校长握有全校经济之权，除俸给以外，多有额外收入，久已为公开之秘密。其生财之道多方，有为法令所不容者，亦有为法令所许者。兼他职领双薪，以及兼本校教课，另支薪俸，多公开为之，是为比较合法者。其不合法者，则五花八门，各有其途径。或克扣教员薪俸，或捏造各种“报销”，或合班上课，冒领两班经费，或假借名义，征收额外费用。中学校长有“小县长”之称，盖有由来也。历来学校风潮澎湃，据各种客观统计，经济不公开是为原因之一。(注五六)各省教育当局有鉴于此，多规定各校设立“经济稽核委员会”，由全校教职员推选代表组织之（亦有加入学生代表者），以为制裁。其实，教职员皆由校长聘来，或去或留，悉凭校长主意。入选经济稽核委员会者，更多为与校长接近之人。稽核云云，徒负虚名。于是，近年湖南教育厅规定各中学之会计主任由教育厅委任之。另由校长聘庶务一人，襄理会计主任处理全校事务及出纳。《中学规程》近亦规定“省及直辖市立中学会计由省市教育行政机关指派充任”（第一〇四条）。其意皆为积极预防中学校长之舞弊中饱也。

五、中学校长之职权

中学校长职权自《钦定学堂章程》以来，即定为“综理校务”（《中学法》），“负学校组织及行政之全责”（《中学暂行条例》第十一条），“统辖全学员董司事人役，主管一切教育事宜”（《奏定学堂章程》）。掌教员之进退，司学校之出纳，职权之綦重，德、法、英、美诸国之公立中学校长罕与伦比。江苏教育厅曾详列其职权，计分为两大类，共二十一条目，照录于下：(注五七)

“（甲）关于处理校务方面：（一）领导教职员实施党义教育，奉行教育法令；（二）召集校务会议及法定各种委员会；（三）执行校务会议及各种委员会议决之事项；（四）支配教职员之职务及俸给；（五）考察教职员之成绩并酌定其进退；（六）督率主管教职员支配课程、编造学校行政历及各种应用表册，并统计校务进行状况；（七）督率主管教职员考核学生成绩；（八）处理学生入学、转学、休学、退学事务；（九）发给修业、毕业、转学等证书；（十）主持全校训育事宜；（十一）厉行学校卫生及学生身心检查事项；（十二）保管全校经费及整理校产；（十三）编造预算决算，呈报审核；（十四）计划学校之设备及建筑事项。"

"（乙）关于研究方面者：（一）中央及省县指定之研究事项；（二）研究教学训育方法及其实施步骤；（三）考察社会之需要，以为改革教育之标准；（四）领导教职员组织学术研究会；（五）编辑刊物，报告研究实验之结果；（六）组织学术讲演会；（七）指导其他研究之事项。"

校长非呈经教育厅核准后不得自行处理者，计有下列六项："（1）学级之增减；（2）校舍之建筑及特别修缮；（3）行政收入之动用；（4）校产之处分；（5）校外之联合活动；（6）其他临时发生重要事项。"

作者披阅其他各省所订之《中学校长服务细则》（如云南等三四省有规定者不多），其所列举之条项，内容皆与之相同，仅文字稍异。所可怪者，如此条分缕析而仍未能将校长之重要职责——教学视导指出。虽有"考察教职员之成绩并酌定其进退"之规定，是乃消极之办法；教学视导则为积极者，视察之后须继之以指导。教学视导之重要目的在改进教师之教学，而非为侦察其成绩。校长仅考察成绩，酌定进退，无异"不教而诛"也。

独浙江教育厅不同凡俗，于其制颁之《中等学校校长注意事项》[注五八]中郑重规定："校长须划出一部分时间，——每日至少一小时，——计划本校教学改进事宜（教材教法）。"（第四项）"须明了各教员上课状况，每学期对于每教员至少须曾参观其全课一次。退课后与教务主任接洽后，予以指导。"（第八项）依照其所附"周期事务表（举例）"所示，则校长每日须以至少二小时之时间实行教学视导。此种规定为空谷足音，必出于教育专家之手，盖系知何者方为校长之重要职责也。二十一年[1932]十一月四日，教育部以九〇八七号训令颁发《中学教职员服务及待遇办法》时，谓"今日各地中等学校校长，则不兼教学，俨同行政机关之长官。"遂规定"中等学校校长必须担任教学，其时间不得少于专任教员教学时间最低限度二分之一"。《中学规程》本此，亦郑重规定之（第九十三条)。按教育部之意,校长须努力于担任教学。固不论其规定之教学时间"不得少于专任教员教学时间最低限度二分之一"是否合理(注五九),校长之重要职责亦并不在自身担任教学,而在教学视导,以改进全校之教学。故校长在美国有"教师之教师"之称。我国中学校长"俨同行政机关之长官"者,在不指导教师教学,而专门出布告,上呈文,终日于"切切此布""等因奉此"之纸堆中讨生活。我国中学"教育之效率"未能"增进"者,并不在校长不教学,而在校长不指导教师改进教学。我国中学校长之不指导教学者,盖由于有所不敢、有所不知也。校长应参观及指导教学,在我国除一二教育学者于文字中偶一提及外,政府既未规定,教员又视同侮辱。际此学校最易发生风潮,"发踪指使"者复多为教员(注六〇),校长咸抱"多一事不如少一事",听凭教员如何敷衍,此校长有所不敢者一也。校长多未受专门之训练,中学各科之目标、教材要点与教学法,以及实行教学视导之方法皆茫然无知,心或有余力确不足,此有所不敢者二也。校长位置有夤缘而来者,本人既是滥竽充数,亦不知中学教学为何物,此有所不敢者三也。

最高教育当局既不知中学校长之重要职责何在,所规定者更有碍于校长之履行其重要职责,多数校长则对于履行其重要职责,又有所不敢、有所不知。情形如此,而欲改进中学教育,岂非南辕北辙乎?

民国十年[1921],美国教育学者孟禄(Paul Monroe)博士应我国教育团体之聘,来华考察教育,其结论谓我国教育以中等教育办理最坏。过十年(民二十[1931]),又有由欧洲教育专家(注六一)组织之国联教育考察团,奉国际文化合作委员会之命,应我国最高教育当局之请来华考察教育,其所制之报告"中等教育"章首端一语,即为"中国国家教育之弱点即在中等学校,中国教育界莫不承认之"(注六二)。我国中等教育办理最坏,十年来欧美教育家先后发现之,我国"教育界莫不承认之"。其罪状盖已如铁案矣。然症结所在,孟禄谓为学制不良、教法不良。因之遂有模仿美国制度之"三三制",以及选科制、学分制之创行。教学法之新名词亦输入甚多。国联教育考察团所见,又谓我国中等教育之坏,正由于模仿美国制度。因此,教育当局于《中学规程》中取消分科制、学分制,而划一其课程,举行类似英国 First Examination & Second Examination、法国 Baccalaureat、德国 Mittlere Reife & Reifezeunis 之"中学会考",大有经此改革，则我国中等教育定必蒸蒸日上。对于报告中所述“教育制度之良窳与教职员之效率有密切关系。因此，如何训练称职之教师，实为实施任何教育政策时之重要问题”(注六三)之数语，则未能予以深切之注意，仅知增加中学校长及教员教学之钟点，而不注意如何培植与选拔中学校长及教员之专门人才，规定及输入其应有之专门学识。亦如十年前只知介绍教学法之新名词，而不切实训练中学教员，使其能采用新式的教学法。同一舍本逐末，不禁覆辙重蹈，深可慨也！

二十三年[1934]三月六日于伦敦

(注一)《尚书大传周传》:“古之帝王者，必立大学小学。”又《礼记・王制》:“有虞氏养国老于上庠，养庶老于下庠。夏后氏养国老于东序，养庶老于西序。殷人养国老于右学，养庶老于左学。周人养国老于东胶，养庶老于虞庠。”郑康成注曰:“上庠、右学，大学也；下庠、左学，小学也。东序、东胶，亦大学；西序、虞庠亦小学。”

(注二) 抱一:《吾国中学制度之历史观》(见《教育与职业》20 期中学革命专号)。

(注三) 见刻本《钦定学堂章程》。

(注四) 黄炎培:《中国教育史要》页 89。

(注五) 舒新城编:《近代中国教育史料》第一册页 23 至 35。

(注六) 陈翊林:《最近三十年中国教育史》页 46。吴研因与翁之达在《三十五年来中国之小学教育》文中(见商务出版《最近之十五年之中国教育》)称，光绪二十二年[1896]上海开办有沪南三等学堂。两书均未注出处，无法核对。

(注七) 舒编《史料》页 1 至 5。

(注八) 同上，页 35 至 40。

(注九) 同上，页 138 至 147。

(注一〇)《最近三十年中国教育史》页 45。

(注一一) 舒编《史料》卷二页 1 至 2。

(注一二)《大清教育新法令》第一册。

(注一三) 民八[1919]教育部编《教育法规汇编》页 88。

(注一四)《钦定学堂章程》之《中学堂章程》第三章第一节:“中学堂应设总理一员，以主持全学教育，统辖一切事宜。”

(注一五)《奏定学堂章程》之《中学堂章程》第五章第一节:“中学堂应设监督一员，统辖全学员，董司事人役，主管一切教育事宜。”

(注一六) 元年[1912]五月十一日教育部通咨《规定学校校长毕业生名称》第一项:“从前各项学堂均改称为学校；监督、堂长应一律通称校长。”

(注一七) 民八[1919]教育部编《教育法规汇编》页 190。

(注一八) 同上。

(注一九) 舒新城、孙承光编:《中华民国之教育——学校教育》页 72。

(注二〇) 同上行政页 14。

(注二一) 民二十二年[1933]教育部编《法规汇编》页 320。

(注二二) 此处所根据之材料为近年来各省教厅依据《中学暂行条例》所规定之《暂行规程》(有数省

则不用暂行二字），迨至二十一年[1932]十二月二十四日，国民政府公布《中学法》规定“本法自公布日施行”，则此种种暂行规程均应改订。二十二年[1933]三月，教部又颁布《中学规程》规定“自二十二年[1933]八月一日施行”。近日各省教厅乃着手依据《中学法》及《中学规程》改订。报载江、浙两省改订之规程已颁布，故此处不用近时而继以日月，实则各省之“暂行规程”至二十二年[1933]夏各省教厅更换校长时仍多沿用。

（注二三）《江苏省立中等学校校长任免及待遇暂行规程》（二十一年[1932]七月）第二条：“省立各中等学校校长由教育厅长遴员，提出省政府委员会议议决派充之。”

（注二四）《浙江省省立中等学校校长任免及待遇暂行规程》（二十年[1931]十月）第三条：“省立中等学校校长由教育厅长提出合格人员，于省政府委员会议决通过后，由省政府任用之。”

（注二五）《安徽中等学校校长任免暨待遇暂行规程》（十七年[1928]七月）第一条：“省立中等学校校长应由教育厅提出省政府委员会议议决委任之，县立中等学校校长应由县政府依照本规程所规定之资格，遴选人员，呈请教育厅核委。”

（注二六）《修正湖北省立中小学校校长教职员任免章程》（二十年[1931]九月）第九条：“中等学校校长由教厅遴选合格人员，提经省政府委员会会议通过后委任之，但于必要时得由教育厅先行选派合格人员代理。”

（注二七）《湖南省公立中等学校校长任用暨待遇规程》（十九年[1930]）第二条：“省立中等学校校长由教育厅提出省政府委员会议议决派充，市县立中等学校校长由市县政府选荐合格人员呈请教育厅派充。”

（注二八）见《陕西省立中等学校职教员任免待遇规程》（二十一年[1932]七月）。原条文因现羁寓英伦，无法查阅，甚歉。按此文原为中央大学教育学院主编之教育丛刊创刊号而作，稿成，于去秋请假来英，整理行装时，不知遗失何所，迄未能查出。行时友人有曾见原稿者，怂恿于海行途次再录用以就正大雅。舟中因有晕船之苦，未能如愿。最近另一友人驰书问及此文，乃就尚存之一部分原料，再录为此文。旅中未携书籍，时日既久，记忆难全，面目已非。

（注二九）《江西省立中等学校校长任免暂行规程》（二十一年[1932]六月）第一条：“江西省立中等学校各设校长一人，由教育厅遴选二人呈请省政府核委。”

（注三〇）《广西省中等学校校长任免规程》（十七年[1928]九月）第二条：“省立中等以上学校校长由教育厅荐请省政府委任之。县立各中等学校校长由教育局选荐合格人员呈请教育厅委任之。”

（注三一）《云南省立中等学校校长任免服务待遇暂行规程》（二十一年[1932]四月）第二条：“省立中等学校校长之任免，由教育厅呈请省政府核准行之。”

（注三二）《山东省立中等学校校长任免及待遇规程》（十九年[1930]一月）第二条：“省立各中等学校校长由教育厅委任之。”

（注三三）《河北省中等学校校长任用暂行规程》（十八年[1929]十一月）第十二条：“1. 省立中等学校校长由教育厅长委任之。2. 县立中等学校校长由教育局长推荐，呈由县长转请教育厅长委任之。3. 私立中等学校校长由该校董事会自行聘任呈报教育厅审核备案。”

（注三四）《福建省立中等学校校长任免及待遇暂行规程》（十七年[1928]十一月）第二条：“省立中等学校校长由教育厅长聘任之。”

（注三五）见注二五。

（注三六）《浙江省县市立共立私立中等学校校长任免及待遇暂行规程》（二十年[1931]十月）第三条：“县市立中等学校校长由县市政府遴荐合格人员，取具证明文件，呈请教育厅核准任用。共立中等学校校长由校董会推选合格人员，取具证明文件，呈请教育厅核准任用。私立中等学校校长由校董会选聘合格人员，取具证明文件，呈由县市政府转呈教育厅核准备案。”

（注三七）见注二七。

（注三八）《河南县立中等学校校长及职教员任用办法》（二十一年[1932]五月）第二条：“县立中等学校校长，由教育局遴选，……呈请县政府转呈教育厅委任之。”

（注三九）见注三三。

（注四〇）见注三。

（注四一）见《江苏省县立中等学校校长任免及待遇暂行规程》（二十一年[1932]七月）。

（注四二）原条文不在手中，年数或稍有出入。

（注四三）见《湖北省立第一中学一览》（民二十[1931]出版），内并谓历任之校长中有人将文卷或焚毁或携走，致后来者不知学校成立于何日，历届校长教职员为何人，亦无从查悉。

（注四四）作者所作之统计已失，记忆所及，谅无多大出入。

（注四五）见民国二十二年[1933]《申报年鉴》考试章页J2—3。

（注四六）见十八年[1929]二月七日教育部第六五七号指令。（载教育部二十二年[1933]编《教育法令汇编》页246。）

（注四七）见十九年[1930]五月十日教育部第四四四号训令。（载民二十二[1933]之《教育法令汇编》页604。）

（注四八）十八年[1929]八月二十九日教育部公布之《私立学校规程》。（载同上页584。）

（注四九）六年[1917]二月六日教部训令第五九号。（载民八《教育法规汇编》。）

（注五〇）全部条文商务出版之《教育大辞书》有转载。

（注五一）作者编此表时，曾得刘君知行代为摘录条文，分别等级，费时甚多，书此致谢。

（注五二）R. H. Morrison："Qualities Leading to Appointment as School Supervisors and Administrators"见 *Educational Administration and Supervision*, Nov. 1926. pp.505－511.

（注五三）据伦敦大学 F. A. Cavanagh 及 G. Winthrop Young 两教授告作者，欧洲诸国教育当局选派中学校长，多择普通学识优长，曾任中学教师多年，负有中学行政经验者任之。作者现正搜集各国之规程，为法订资格之分析，将于拙著《各国中学教育》一书中译述之。

（注五四）作者与刘君知行曾分析全国一百〇六所中学之校规，制有《中学斥退规定分析表》载入作者所编之《中学行政参考资料》中（《中央大学讲义》）。

（注五五）作者此时手无原文，忆大学院编《现行中央教育法规汇编》中可查得。

（注甲）根据上列材料来源，查广东、热河、河北、河南、江西、广西、察哈尔、绥远、山西九省，无省立中学校薪俸之规定。

（注乙）根据上列材料来源，查云南、湖北、安徽、福建、山东、陕西、广东、热河、河北、河南、江西、广西、察哈尔、绥远、山西十五省，无县立中学校长薪俸之规定。

（注丙）作者尚有各省教育厅规定之中学教员薪俸表，可参看作者所编《中学行政参考资料讲义》。

（注五六）民十二[1933]，常道直先生发表之《民国十一年度[1932]学校风潮之具体的研究》（《教育杂志》十五卷四期）及民二十[1931]周振先先生发表之《十九年[1930]全国学校风潮之分析研究》（《燕大教育季刊》第一期），所列举学校风潮之起因，皆有"经济不公开"一项。

（注五七）二十一年[1932]九月，江苏教育厅公布《江苏省县立中等学校校长服务细则》。（载《江苏省现行教育法令汇编》。）

（注五八）见《浙江教育行政周刊》四卷一号。

（注五九）邰爽秋先生曾著《论教育部新颁中等学校教职员服务及待遇办法》。（见二十二年[1933]一月十八日《大公报》，痛斥此项规定之不合理，谓校长如担任教学之时间不得少于专任教员教学时间最低限度二分之一，则高中校长须至少授课十小时至十二小时，初中校长须至少授课十一小时至十三小时。如"课前准备"一小时，"课后处理"二小时，则高中校长每星期之时间须用于教学者，计四十四至四十八小时，初中则须四十四至五十二小时，外加校长职务。"人不是机器，哪能二十四小时不停。"）

（注六〇）周振先在《十九年[1930]全国学校风潮之分析研究》中，曾引北平某报记者曾云："历来学潮的原因，窃恐百件之中，真出至学生主动者，不过二三；出于教职员唆动者当在百分之九十以上。"胡汉民在《整饬学风声中教授与学生应有之觉悟》演讲中云："一个学校会发生风潮，从前都以为是学生主动，近来揭穿黑幕，则往往有教职员在内。教职员想达到某种目的，完成某种欲望，往往千方百计去怂恿学生，学生做他一己的工具。""所以每次学潮的兴起，大半由于一般不肖的教职员发踪指使于后，无聊盲目的学生们，便叫嚣隳突于前，混合起来，所谓风潮才真实扩大了。"

（注六一）"国联教育考察团"英名为 The League of Nations, Mission of Educational Experts，直译为"国联教育专家考察团"。

（注六二）国立编译馆译本《中国教育之改进》页101。

（注六三）同上页124至125。

一个理想的中学校长

黄玉树*

为中学校长难,为理想的中学校长更难。然而,陈陈相因,不求进步,中等教育,将永远落后矣!兹姑就本研究所得之结果,参以中外教育学者之主张,对于中学校长,罗一理想的标准焉。

(甲)资格

法定之资格,当然不可无(见《中学规程》一〇七条、一〇八条)。所以,中学校长须有国内外师范大学、大学教育学院、教育科系毕业,或其他院系毕业,而曾习教育学科二十学分以上者,方为合格。若欲提高程度,使合于理想的,则曩使此项人才服务于中等教育界。若干年之后,再由公家赞助,使入研究院,作二三年之教育研究,以增进其能力,扩大其眼光。然后畀以重任,自无覆炼之虞矣。

(乙)经验

成功的中学校长,第一须具优良教师之性质,第二须有教学视导之能力,第三须有教育视导之技能。操此业者,苟欲达到理想的程度,则对兹三项,非

* 黄玉树,生卒年不详。曾任福建莆田高级中学校长兼师范科教师,后考入北平师范大学教育研究所,获硕士学位。主要著作有《小学教师》《中学校长之职责》等。

本文节选自黄玉树著《中学校长之职责》(硕士论文,国立北平师范大学研究所丛书之一)第三章,北平师大研究所,1935年,第317—341页。——编校者

有相当之经验不可。故其最低限度，须担任中学教师、教务主任、训育主任各一年以上，著有成绩者，方称合格。

（丙）人格

中学校长，乃造成青年人格之模型，若自己人格不健全，焉能当此重任耶？鄙意以为须有：

（1）强健的体魄
（2）超人的智力（IQ 须在 120 分以上）
（3）熟练的技能（教学、训育两种能力）
（4）勤劳的德性
（5）敏捷的举动
（6）愉快的心思
（7）负责的意志
（8）牺牲的精神
（9）感化的能力
（10）读书的习惯
（11）救世的婆心
（12）高尚的志趣
（13）科学的头脑
（14）慈母的心肠
（15）改造的热忱
（16）试验的态度

（丁）抱负

人生无一种特殊的抱负，绝对不能造出惊人的事业。"己饥己溺"，禹稷之抱负也；"忧国忧民"，尧舜之抱负也。古之人有此抱负，是以能下决心，为民服务，仔肩独任，艰苦备尝。因是而洪水猛兽除，因是而稼穑事业兴，"五谷熟而人民育"。又因是而人伦道德，普及于民间，"民得安土而居"，不致"逸居无教"（见《孟子》）。炎黄世胄，因得繁衍于亚洲，以迄于今日，其功勋不伟欤？乃近二十年来，外患内忧，天灾人祸，纷至沓来，令人心悸！分析言之，则匪患难除也，吏治不清也，农村经济破产也，帝国主义侵略也。笼统言之，则“愚穷弱私”，整个民族未能奋自振拔也。危殆之势，犹甚于“兽蹄鸟迹，交于中国”之时，萑苻遍地，民不聊生，贪暴强邻，实逼处此！近者鲁豫闽南，且有陆沉之虑，安得往圣复回，跻万民于水火之中欤？范仲淹曰：“士当先天下之忧而忧，后天下之乐而乐。”身居社会领袖地位者，既以“士”自称，即当抱为国为民之婆心，负发聋振聩之重责也。理想的中学校长，尤须有伟大之抱负、救世之诚心，除陶冶青年，预贮救世之真才外，尚须关心民教、文艺教育以救“愚”，生计教育以救“穷”，卫生教育以救“弱”，公民教育以救“私”，礼义廉耻，以救陷溺之人心，转移末世之乱俗。如上所诉之“中等学校职业化”“农村化”“村治化”（第二章第五节）以及“青年道德化”等（第二章第二节），皆有见于民族危亡之迫于眉睫，而作挽回厄运之方案者也。愿有心国事者，抱同一之热忱，肩同一之艰巨，而探同一之具体方案，中华民族应有复兴之望也。

（戊）兴趣

理想的教育家，应以培养青年为无上的乐趣，而后能有诲人不倦之精神。所谓“得天下英才而教育之，三乐也，而王天下不与焉”者，是也。外国教育家尝以学校比花园，以学生比树木，以教师比园丁。窃谓下等的园丁只知以种植为谋利，而上等的园丁于从事生产、维持生计之外，尚有一种“精神所托，乐此不疲。南面王不与易”之高尚兴趣存乎胸中。有此深厚的兴趣，自然视学校若家庭，视青年如子弟，教养辅导，劳瘁不辞，培壅功夫，唯恐不及矣。

（己）精神

世界上以“人”为工作对象之专门职业，共有四种：曰律师，曰牧师，曰医师，曰教师。医师在救护人命，律师在保障人权，牧师在培植人性，教师在改造人生，任此种工作之人，均须受专业的训练，始克有所成就。[注一]此童润之先生之作也。作者以教育为造人的事业，而校长乃“教师之教师”，须有专业的训练，尤须有专业的精神。不因贫改变，不见异思迁，一心一意，以此自终，富贵不能淫，贫贱不能移，威武不能屈。此种大丈夫气概，实为理想的校长必具之要素也。

(庚) 服务成绩

教育为建设事业，非力求进展不为功。故服务教育界之人，务须“一日有一日的成绩，一人有一人的成绩”。而校长总其成，尤不能尸位素餐，以误青年学子。与其成绩毫无，不如洁身引退。斜耳氏[①]著《学务调查》，主张以服务成绩为教师加薪之标准。吾谓中学校长亦应以是为进退的根据。如果其人对于新办的学校有创造之能力，对于腐败的学校有改造之能力，能创业，能守成，能改革，能进展，成绩在人耳目，得失置诸度外。如是则上级机关既予褒扬，社会人士亦将赞许。郑通和先生所谓理想的中学校长，应以成绩表明服务之能力者。(注二)诚为经验之良言也。

(辛)教育贡献

理想的中学校长须向三方面努力，而后对于教育能有相当之贡献。一曰研究：夫教育为进步的事业，尽人知之，操此业者，如无研究精神则思想落后，必有不胜其任之一日。欲救其失，必须顺应潮流，思想日新月异，时时皆有问题，处处潜心研究，然后发表心得，以其结果贡献于教育界。如中外学者之专心著述是也。二曰发明：教育事业，在今日世界，已成为一种科学。科学重在发明，而发明必基于实验。例如，近者 New Jersey 之 West New York 中某校校长 Dransfield 与 Saipulpa、地方教育局长 Barton，曾实行一种实验，其实验之目的在评订教学读法之方法。结果，在控制学校(Control School)中，读法成绩商数(AQ)增长之总数为 60。在实验学校中，增长之总数为 143，即使不计算因读法能力增加之结果，使史、地、算术等科有所改造，或因此等能力，利于学生将来进步之价值，……此两组能力增进之差，仍不失为千万元之价值。(注三)此种试验，结果可增之教学效率，可使教学期间减少一年。以金钱计算，在美国全国，可省 103 600 000 000 元，其贡献之伟大何如耶？其他类似之实验，可以造福人群者，不一而足。理想的中学校长，非于此加之意焉不可。三曰改造：夫应用学术，改造人生，为教育上最高之鹄的。如应用“小先生制”可救失学文盲，应用“工读制度”可济穷苦儿童，皆其实例也。远者如美国该雷(Gray)[②]之

① 今译“西尔斯”(J. Sears)，美国“学校调查运动”中的教育管理学家。——编校者

② 即葛雷市。——编校者

采用“两校制”(Two-School System),撙节经费、设备工场,不但使学生得到谋生技能,且使之“因操作而得一种求学之动机”。(注四)又如芝加哥之“中学工业学校”,则以“工作帮助人生之修养”,且使学生对于所学皆有实用。(注五)三如新兴纳底(Cincinnata)①之学校与工场之协作计划(Co-operation Plan),对于教育实有显著之贡献。(注六)此种学校,一切计划之目的皆在使学生得知各种职务及实业界实在情形,俾将来择终身职业时有适当之标准,不致有误,其造福青年殊非浅鲜。以视我国中等学校,多半制造游民,其未能裨益社会者尚且不言。即就学生个人而论,“毕业失业”,愁惨异常,强者误入歧途,殃及社会,弱者愤而自戕,转诸沟壑。如此人生,有何乐趣?挽国运于垂危,拯斯民于水火,根本功夫仍赖教育。有心人应急起直追,共谋改进——勤研究,勤实验,改造人生。总有一日,能以是贡献于人类,方无愧为理想的中学校长也。

(壬)主要能力

中学校长应具的能力断非片言所能尽。举其荦荦大者言之,则约有十端:一曰推行教育宗旨,造成有德行、能生产之优秀公民;二曰补救课程缺陷,寻得一种有弹性、可实行之理想的课程,以应社会需求;三曰清理财政,能使涓滴归公,绝无弊实;四曰知人善任,能使人尽其才,忠于所事;五曰教学视导,能辅助新进教师,使之“愿安承教”;六曰训育视导,能减少训练上的困难,而增加其功效;七曰领导同仁,善于联络,善于鼓励,善于对付,善于驾驭,能使人人悦服;八曰扶持后进,明其习性,解其困难,补其缺陷,促其反省,能使之各知自爱;九曰唤醒社会,转移风化,减少文盲,造成生产领袖,救济农村破产,能使教育功效普及于民间;十曰改造自身,锻炼维勤,驱除障碍,读书以增其才智,游历以广其见闻,能将人格提高,博得员生信仰。凡兹各种能力,皆为中学校长最不可缺之要素,谓之为理想的校长主要之能力固可,谓之为一般校长应有之能力亦无不可。

(癸)具体的自省表

中学校长既有法定的资格、训教的经验、健全的人格、特殊的抱负、高尚的

① 今译“辛辛那提”。——编校者

兴趣、专业的精神、服务的成绩、教育的贡献、主要的能力，不妨再用下列自省表，自己估量一番，纵使一时未能完全达到标准，然自省为自强之基，时常省察，逐渐加功，则日积月累，必能有所成就。理想的校长之荣誉，自不翼取得，至官厅方面，对于中学校长，似亦当以是为度量之标准，为黜陟之依据。庶不至埋没有用之才，降低教育效率也。

中学校长自省表

一	重要职责 (1) 你是否用下列方法辅助上级机关推行教育宗旨： 甲. 借“人格感化”及“集团训练”使青年德行日趋纯正？ 乙. 以正式功课为主，以课外活动为辅，使青年生活日见丰富？ 丙. “直接生产”与“间接生产”并重，以符普通教育之本旨，而救徒读死书之弊病？ 丁. “课内指导”与“特殊训练”并施，借资培养意识，激发忠义热忱？ 戊. 物色级任人才，指导学生自治，使知运用民权，负起公民责任？ (2) 你是否用下列方法补救课程标准之缺陷： 甲. 注意课程研究，寻得补充教材，以应社会之需求？ 乙. 酌量增减教材，扩充课外活动，以补标准所不及？ 丙. 增设选修科？ 丁. 应用实验法？ 戊. 调查学生志愿、家庭状况，作为伸缩课程之依据？ (3) 你是否根据教育宗旨，审定教育方针？ (4) 你决定训育方针时，除根据部定方针外，是否参酌学校情形，征求同事意见？ (5) 决定训育方针之根据，是否以学生需要及教育法令为主，以研究结果及教育原理为辅？ (6) 你校的训练目标是否为： 甲. 锻炼强健体格； 乙. 陶融公民道德； 丙. 培育民族文化； 丁. 充实生活智识； 戊. 培植科学基础； 己. 养成劳动习惯； 庚. 启发学术兴趣； 辛. 提倡生产教育？ (7) 你对学校建设事业之进行，是否遵照官厅规定办理，事前呈请核准，随时呈请派监，工完呈请查验，事后呈送报销？ (8) 贵校有无组织修建委员会专司建筑的事情？ (9) 你是否尽量减少物质建设所费的时间，从事训教事业，以收精神建设之效果？ (10) 下列各种规程曾否呈请上级机关核准备案： 学校组织规程

(续表)

一	校务会议规程 行政会议规程 教导会议规程 各科会议规程 事务会议规程 养育会议规程 经济稽核委员会规程 招生委员会规程 导师会议规程 主任任务规程 级任任务规程 会计任务规程 学生课外活动指导委员会规程 研究会规程 校董会规程 职教员待遇规程 学生收费规程 出版委员会规程 建设委员会规程 (11) 贵校组织系统是否完善? (包有执行及研究两大部) (12) 你对教育法令是否完全遵守? 切实施行? (13) 你是否将“法令”分交各主任传阅,俾各留意其应办的事情? (14) 有关全校学生之法令,是否立时公布,俾众周知? (15) 有关办事人员之法令,是否在校务会议时报告? (16) 有关全校员生之法令,是否利用纪念周详加解释? (17) 你对例行公事,是否随时留意以免公务废弛? (18) 你对例行公事,是否分门别类以便随时考查? (19) 你是否借“呈报事项”,使上级机关明了学校努力的情状? (20) 你对校事是否先呈请而后实施,使上级机关亦负相当责任? (21) 你是否遵照官厅指令各点,办理应兴应革的事宜? (22) 你曾否遵照官厅指定,会同全校职教员改良一切设施? (23) 你曾否会同视察人员,妥商校务改进办法? (24) 你是否用下列各种方法,促进地方文化? 甲. 介绍图书 乙. 征集文献 丙. 协助调查 (25) 你曾否调查当地社会情形、生活状况、物质环境、民情风俗,作为改良教育之根据? (26) 你曾否阐扬地方先哲之嘉言懿行,作为鼓励青年之资助? (27) 你曾否在省志、县志中发现英雄故事,培养民族精神?

（续表）

一	(28) 你能否知人善任，驾驭同仁？ (29) 你办理校务是否遵守下列原则： 甲. 分工合作，广益集思 乙. 谨慎负责，授人以权 丙. 开诚布公，用人所长 丁. 大处落墨 戊. 以身作则 己. 公开迅速 庚. 共同生活 辛. 虚心诚恳 壬. 热忱宽大 癸. 勤慎和厚 子. 经济效率 丑. 遇事即办 寅. 学校家庭化 卯. 工作有定时 辰. 情形无隔阂，上下只一心 巳. 重要事自己留神，例行事分交各课 午. 态度客观，公正为慎 未. 时间精力集中校内 (30) 你聘请人员时，是否先征官厅同意？ (31) 你曾用何法罗致优良教师？ (32) 你对用人能否一秉至公，不受任何方面之支配？ (33) 你选聘教师时，是否以人格、资格、经历、学识、能力五项为标准？ (34) 你聘请教员时是否依照下列方法： 甲. 须专家推荐或学校介绍 乙. 从事调查 丙. 实地观察 丁. 口头查问 戊. 体格检查 己. 决定试聘 (35) 你曾否协助上级机关规定职教员薪俸的标准？ (36) 你规定薪水率时，是否依据情形略事增减？ 甲. 最近各地职教员平均的月薪数 乙. 教育专家所定的原则 丙. 当地人民生活的情形 (37) 你曾否稽核职教员勤惰，以作升降或黜陟标准？ (38) 你曾用何种方法催促教员补课？ (39) 你曾用何种方法补救教师缺课？

(续表)

一	(40) 你是否以教育为前提,处客观之态度,谨守官府规定之办法,参酌教导主任之意见,公正不阿,详加考虑,以进退教师? (41) 你对于职教员聘请之期间,是否恪守"初聘宜短,续聘宜长"之原则? (42) 你对"办事努力,教学精良"之同事,曾否呈请官厅,准予长期(至少两年)聘用,以示保障优异教师之诚意? (43) 你优待职教员是否采用下列办法: 甲. 年功加俸,再加名誉褒扬 乙. 予以进修机会,规定具体办法 丙. 子女入学免费之外,且有退休及抚恤之规定 (44) 贵校所用人员是否依照规程,多聘专任,绝不因人设事,贻累公家? (45) 你能否以最少的金钱,办最佳的学校? (46) 你曾否依照厘定经费额数及学校开支情形,会同负责人员编造预算草案? (47) 你对于学校经费之出纳,是否恪守下列原则: 甲. 手续严密,避免流弊 乙. 用人适当,涓勺归公 丙. 按月结清,随时查核 丁. 稽核认真,不许敷衍 戊. 公布出纳,俾众周知 (48) 贵校经费用途是否分开:经常、特别,以清眉目? (49) 经常费中,是否薪俸占70%,行政费10%,设备费20%? (50) 贵校报销经费是否须经稽核,然后呈送? (51) 你曾否在校提倡研究风气,使同事精神有所寄托,并借此以增高教学效率? (52) 你曾否呈准上级机关,资助出国进修,或在国内研究? (53) 你曾否资送教师,往外进修,或赴暑校听讲? (54) 你曾否和同事研究下列各种问题: 甲. 课程问题 乙. 教学问题 丙. 行政问题 丁. 训育问题 戊. 学生出路 己. 救国教育 庚. 训教合一 辛. 生产训练 壬. 试办生活学级 癸. 校费开源办法
二	校内活动 (行政) (55) 你对于行政工作,是否费三分精力于策划上,费七分精力于人事上? (56) 你在学校是否常抱"对事不对人"之态度?

(续表)

二	(57) 你的“大政方针”是否包含下列各项： 甲. 分配工作 乙. 拟具计划 丙. 实施政策 丁. 修订规程 戊. 规定办法 己. 培养校风 庚. 提倡研究 辛. 参加活动 (58) 你对同事是否注重感情之联络？ (59) 你对学生是否注重积极的奖励？ (60) 你对社会是否注重“家庭联络”及“慈善事业”？ (61) 你对官厅是否注重呈报手续及应办公文？ (62) 你对校工是否注重管理及训练？ (63) 你对于校事，是否先求脚踏实地，然后方图进展？ (64) 你对实验教育，是否有特殊的兴趣？ (教务) (65) 你是否知道教务上整个的工作是包含： ·(子) 工作分配 ·(丑) 教学研究及规划事项 ·(寅) 教学实施及进行事项 ·(卯) 勤惰稽核事项 (辰) 成绩考查及展览 (巳) 升级毕业问题 (午) 教务上补救事项 (未) 指导事项 (申) 联络事项 (酉) 鼓励及惩罚事项 (戌) 教学上设备事项 (亥) 调查事项 注：项目上有·号者皆为主要事项 (66) 你对教务上各种工作，能否知所先后择要参加？ (67) 你参加教务工作时，是否有主张，有布置，有办法，从大处落墨，并就研究、考查、实施、补救四项，痛下功夫？ (68) 你是否知道训育上整个的工作，是包含： (子) 订定规程标准及实施办法 (丑) 指导日常生活及公共服务 (寅) 指导课外活动及思想行为 (卯) 改进学校风纪及团体行为 (辰) 开训育会议

(续表)

<table>
<tr><td>二</td><td>(巳) 向学生谈话
(午) 处理及惩奖
(未) 社会家庭之联络
(申) 操行成绩之评定
(酉) 公布或报告
(戌) 其他
(69) 你主持学校训育，是否以积极的指导为主，以消极的改进为辅？
(70) 你进行训育上一切事宜，是否力避独裁，广征众意？
(71) 你曾否借“个人谈话”指导学生，使之心悦诚服？
(72) 你曾否联络家庭训管子弟，借收“双管齐下”之功？
(73) 你对学生作息时间、生活状况以及团体意识之训练，善良习惯之养成，是否时加留意？
(74) 你对于贵校训育规程标准及实施办法是否牢记胸中？
(75) 你对于学生之研究、参观、娱乐、运动、旅行、出版、交际、联络、修养以及热心爱国种种活动，能否时加指导？
(76) 你曾否借“劳作运动之示范”，以养成学生勤劳耐苦之习惯？
(77) 贵校是否注重“学生生活周记”，使知日夕省察，养成纯粹青年？
(78) 你曾否鼓励学生阅报，俾知关心时事？
(79) 你曾否调查学生用度并提倡俭朴，借以减轻学生父兄之负担？
(80) 你曾否和学生讨论新生活问题？
(81) 你曾否采取家庭意见，改进学校训育？
(82) 你是否和全校教师评定学生操行？
(83) 贵校是否注意学生假期作业？
(84) 你常举行学业兴趣调查否？
(85) 你对于训育工作是否常持下列五种原则：
甲. 用人适当
乙. 组织严密
丙. 立法妥善
丁. 解决得法
戊. 处理公平
(86) 你相信要收训育之实效须有“三分原则，七分实行”否？
(87) 贵校训育精神是否系：
人格化、劳动化、家庭化、军事化、独立化、求是化、理智化、积极化、实行化？
(88) 你明了中学训练是包含各种训练——是智育、体育、群育、性育、美育和生计教育的总称否？
(89) 你曾否实行“训教合一”，使学生才德并进？
(90) 你是否主张“学校职业化”以补生计训练之缺陷？
(91) 你曾否注意性育训练，使青年安度危险期？
(92) 你曾否潜心研究中学教育，以便实施教学及训育两种指导？
(93) 贵校已否采取级任制，厉行师生共同生活，以收人格感化之功？
(94) 你是否深知养育在教育上价值？</td></tr>
</table>

（续表）

二	(95) 你是否知道养训上整个的工作是包含： 甲. 健康教育计划及实施 乙. 体育管理及设备 丙. 体格检查及补救 丁. 其他养育上例行事项 (96) 你的健康教育计划是否含有： 运动、卫生、营养、疾病、预防及处理等项？ (97) 你对养育工作是否以培养生活力为主，以预防疾病为辅？ (98) 你是否会同校医及体育主任办理下列事项： 甲. 检查膳食 乙. 举行体格检查及校内运动，注意养育设备及精神健康 丙. 拟定体育标准，调查家庭环境 丁. 举行或参观卫生展览会 戊. 打防疫针，隔离传染：编制《传染病常识表》 己. 调查学生营养情形 庚. 举行健康比赛及卫生健康周 辛. 按照青年个性实施两性教育 壬. 编订学生卫生法 癸. 编造养育预算表 (99) 贵校对于学生养育，有何特殊设计及办法？ (100) 你注意下列各项事项，以收养育之宏效否？ 甲. 改造学习环境 乙. 进行卫生教学 丙. 注意联络家庭 丁. 布置游艺场所 (101) 贵校建筑是否适合卫生条件，有无下列各种设备： 甲. 体育场 乙. 学校园 丙. 医药室 丁. 健身房 戊. 游艺室 己. 游泳池 (102) 你的学校曾否实行“分食制度”？ (103) 你明了校内经济状况么？ (104) 你知道普通经费管理法否？ (105) 你知道财政困难补救办法否？ (106) 你知道每个学生每年平均的费用否？ (107) 你知道每生每年所占的校费否？ (108) 你是否深知“经费管理”和“教育效率”有高度的相关，随时加以留意？

二	(109) 你曾否比较政府和家庭所负担的教育费，因而提起精神，努力教育，以求无负公家及社会之重托？ (110) 你知道物质建设和精神修养有高度的相关否？ (111) 贵校普通建设情形是否包含下列各点： 甲. 校舍之修建 乙. 校具之购置 丙. 图书馆设备 丁. 自然科设备 戊. 社会科设备 己. 劳作科设备 庚. 体育卫生设备 辛. 军训及童子军设备 壬. 校园布置 癸. 消防设备 (112) 你曾否注重劳作设备，以立生产教育之基础？ (113) 你曾否注重社会设备，以立公民训练之基础？ (114) 你对于自然设备是否和图书设备一样的注重？ (115) 你对于职业及卫生设备是否和教学设备一样的看重？ (116) 你曾否撙节校费以充建设？ (117) 你曾否向校友或社会人士募捐以充建设？ (118) 你曾否利用地方公业扩充校舍？ (119) 你曾否利用庙宇寺观，能得社会同情？ (120) 你曾否采用“办理私立学校的精神”来办理公立学校？
三	对于同事 (121) 你能否对职教员负起下列的责任，并且认定第四项是最主要的？ 甲. 领导一切工作 乙. 引起合作热忱 丙. 接近指导 ·丁. 训教视导 戊. 鼓励进修 己. 纠正思想 (122) 你本身是否勤于工作，为同事先？ (123) 你是否以“诚敬”二字引起同事热忱？ (124) 你能否借友谊之联络以团结学校的精神？ (125) 你对于教学视导的技能悉心研究否？ (126) 你对于训育视导的方法痛下功夫否？ (127) 你曾否发现训教上的困难，设法以谋解决否？ (128) 你是否知道“校长为教员之教员”，其得力方法首在鼓励职教员进修？ (129) 你曾否鼓励同事旅行或参观，以求学问之实证？

（续表）

三	(130) 你曾否鼓励同事作个别研究，从事著述？ (131) 你曾否劝勉同事休假进修？ (132) 你曾组织早晨读书会否？ (133) 你曾保送教师进暑期学校否？ (134) 你曾否鼓励教师加入专门学会？ (135) 你曾组织分科研究会否？ (136) 你曾组织教务讨论会否？ (137) 你曾用何法提高教师研究的兴趣？ (138) 你能否领导教员编辑课本？ (139) 你曾否介绍新著作，促进同事进修？ (140) 你的学校是否备置研究机会？ (141) 你能否实践"模范学生"，造成读书风气？ (142) 你曾用何法取缔不合作的教师？ (143) 你曾用何法纠正职教员思想？
四	对于学生 (144) 你是否知道"制造真才，以利社会"是中等教育唯一的目标？ (145) 你对学生品学随时稽核否？ (146) 你对学生本身、学生家庭和他们毕业前后的志愿计划及服务状况是否十分明了？ (147) 你曾否借运动竞赛、听演讲、学射击、游山玩水讨论人生，以消青年烦闷？ (148) 你实施两性教育时，是否采用"个别指导"和"生活指导"两种方法？ (149) 你施行性教育发生问题时，是否会同家长指示利害？ (150) 你是否用下列四种方法解决学生出路问题？ 甲. 升学指导 乙. 职业介绍 丙. 职业指导 丁. 职业训练 (151) 你能否变化青年气质，改良学校环境，补救学生种种缺陷？ (152) 你能否厉行"训教合一"，以救学生"偏重智识"之弊？ (153) 你曾否注重"生产劳作"，以补学生游手好闲之弊？ (154) 你曾否"注重养育"，以免学生沉溺不良嗜好？ (155) 你曾否借"特种设施"及"课外活动"，以补学校环境不良之缺陷？ (156) 你曾否借"联络家庭"及"训话劝告"，以补学生过激之缺陷？ (157) 你是否尊重青年人格，养成羞恶之心，以免其有堕落之虑？ (158) 你曾否注重"休闲教育"，以免青年虚度光阴，转入迷途？ (159) 你曾否养成学生"娱乐习惯"，以免青年烦闷抑郁，陷于悲观？ (160) 你曾否提倡俭朴，以免青年羡慕奢华？ (161) 你曾否指导学生择友，以免同流合污之弊？ (162) 你曾否用诚恳的谈话，使学生认识自己的伟大使命，因而不闹学潮？

<table>
<tr><td>四</td><td>(163) 你曾否用下列方法防止学潮：
甲. 使全校同仁，共负训育之责
乙. 行政须由会议决定
丙. 行事务求平正
丁. 办事不敷衍
戊. 注意学生事项之处理
(164) 你处理学潮的方法是否系用下列各种方法：
甲. 平心静气
乙. 联络家庭
丙. 吸引好学生
丁. 排除劣分子
戊. 始终抱谅解青年之态度，使风潮不致扩大
己. 平昔提倡尊师之理，以免彼此枘凿
(165) 你曾否亲制学生自省表以备应用，或令学生逐日记载生活情形，以收进德修业之效？</td></tr>
<tr><td>五</td><td>对于社会
(166) 你能转移地方习俗，使学校成为改造社会之中心？
(167) 你曾否办理民众教育，借学生为减少文盲之利器？
(168) 你曾否宣传科学，以破除一般社会的迷信？
(169) 你曾否介绍平民读物，以丰富一般人民的常识？
(170) 你曾否培养慈善风气，使青年学子富有同情心？
(171) 你曾否唤醒社会，使知新生活运动为复兴民族新基础？
(172) 你能否使学校所在地的民众明了一切爱国运动的真谛？
(173) 你曾否借各种纪念会，使社会人士咸知党国缔造之艰难而共谋团结？
(174) 你曾否注意卫生演讲，以谋社会之健康？
(175) 你曾否将学校之全部或局部开放，使当地民众享受文化机关之利益？
(176) 你曾否将学校银行、医院及消费合作社公诸社会，以利一般民众？
(177) 你曾否办过妇女补习学校和职业补习学校？
(178) 你曾否注意贤妻良母之教育，以利社会及家庭？
(179) 你曾否研究地方教育以应社会需求？
(180) 你能否将所有学生造成生产的领袖，使不致流为社会之蠹？
(181) 你曾否鼓励青年“往田间去”为民服务，借资救济农村，以免危亡之祸？
(182) 你能否使你的学生个个成为社会化的个人，使教育之利普及民间？</td></tr>
<tr><td>六</td><td>对于自身
(183) 你是否深明职责之重大，因而着重自身之锻炼，借继续不断的修养，随时随地改造你的人格？
(184) 你是否感觉“保持身体健康”为办事上先决之问题？
(185) 你平昔是否“言行相顾”，以作青年模楷？</td></tr>
</table>

(续表)

六	(186) 你的心地能否保持洁净? (187) 你的思想能否适应潮流? (188) 你待人接物是否和蔼可亲? (189) 你遇着困难能否设法征服? (190) 你能否与书为友,得失忘怀? (191) 你对读书、工作,是否皆有一定之时间及场所? (192) 你曾否借著述及游览名胜,以标明你的主旨,开扩你的胸怀? (193) 你曾否用下列方法除去进修的障碍: 甲. 认教育为终身事业,无贪慕荣利之思 乙. 实行新生活,革除不良嗜好 丙. 谢绝无谓之应酬,不干琐细之外事 丁. 不觑细微,不抱悲观 戊. 自学进修,持之以恒 己. 淡泊以明志,宁静以致远 (194) 你在百忙中是否划定时间阅读书报? (195) 你至少在四年中总有一年去进暑期学校么? (196) 你时常去参观别的学校和出席种种学校么? (197) 你曾否请求官厅津贴留学? 或自己早作进修贮蓄,以图增进学识? (198) 你是否保守早晨读书之习惯? (199) 你曾否和教育研究机关作(通讯研究),以解决中等教育上一切问题? (200) 新出的中学教科书、参考地图和用具等,你时常购备否?(注七) (201) 你对下列各门功课是否研究有素: (一) 教育门 教育或学校行政、教育学、中等教育、教育哲学、教学法、中学行政、教育原理、教育史、中学各科教学法、科学管理法、教育思潮、教育法令、教育视导、中外教育名著、课程论、教育社会学、测验及统计 (二) 公民及心理学门 甲. 社会学、公民学、党义 乙. 普通心理、教育心理、青年心理、儿童心理、社会心理、群众心理 (三) 应用科学门 专门科学、各科常识、哲学、首领论、演说学、伦理学 (四) 地史门 史学、世界大势 (202) 你对于本书第一四一表内所列百种书籍曾经涉猎或研究否? (203) 你研究各种学程时,是否着重公民学,为训练学生之工具? 是否着重教学视导和训育视导为辅助同仁之具? (204) 你曾否谙习统计、测验及研究法等教育科目。以便专心致志于(教育之科学的研究),作为改良或促进中等学校之根据?

注释

注一：《中华教育界》二十三卷一期
注二：《文化与教育》二十三期
注三：Mc Call：*How to Experiment in Education* Ch.I.
注四：《明日之学校》二四六页
注五：同上，二五一页及二五四页
注六：同上，二五七页
注七：《中华教育界》十三卷二期《中学校长自省表》

怎样做中学校长

林砺儒*

那一位斫轮老手轮扁对齐桓公说："斫轮徐则甘而不固，疾则苦而不入；不徐不疾，得之于手而应于心，口不能言，有数存焉于其间，臣不能以喻臣之子，臣之子亦不能受之于臣。"这一段话固然反映出手工业时代的传统习惯——秘诀不传，而亦道破了一番的教学原理——经验只可凭实践工作体会，而不尽可以言语传授。大抵一个能拿得稳校长来做的人，必有他一套看家本领——尤其是在这年头——只是它不可说，而他也不肯说罢了。我自然是没有看家本领的，可是也混了二十多年，要说没有，也一定没人相信。倒不如干脆说，那是不可说，而又说不得的。现在写这一篇，自然是可说而又说得的，这并非不忠实地把一块假金砖来骗人，实在我所有的止此而已。读者又何妨姑妄听之！

一、现阶段中学教育的使命

济颠和尚突然地质问临安一位大医师："刚蒸出屉的馒头治什么病？"那位

* 林砺儒(1889—1977)，原名绳直，广东信宜人。日本东京高等师范学校毕业。历任北京高等师范学校教授兼附中校长、中山大学教授兼教务长、广州师范学校校长、勷勤大学教务长兼教育学院院长、广东省立教育学院院长、国立桂林师范学院教授兼教务长、厦门大学教授。中华人民共和国成立后，历任北京师范大学校长，教育部中等教育司司长、副部长。主要著作有《文化教育学》《教育哲学》《教育危言》等。

本文原载于《教育新时代》1942 年第 3 卷第 11 期。——编校者名医简直瞠目结舌不知所答，因为这味药是《本草纲目》所没有的。回头被济公一语道破："刚蒸出屉的馒头治肚饿。"这却是平淡无奇而人人知道的事情。现在对中学校长问"现阶段中学教育的使命是什么?"，也许就是和"馒头治什么病"一样的无关宏旨的问题，可惜我却不懂得那些有关宏旨的"校长须知"，只好就这"无关宏旨"的来嚼嚼舌头。所以，不言做大学校长，又不言做小学校长者，正以现阶段中学教育应负特殊的使命也。这不只是开笔擒题的作文法，实在要这问题解决之后，才能知道中学教育工作的最高原则在那里。中学教育是什么？从现代的中学教育的理论，颇不容易找出圆满确切的解答。然而，大别可分为两面：从中学本身说，中学教育是紧接小学教育之上，正对着青春时期，给以更高度的普通教育；从社会方面说，中学教育是把中层社会的儿女给以教育，使他们能负起社会中坚的责任。

现在，再依据这两层概括地说一说：从第一层说，中学生在中国的法定年龄是十三岁至十八岁——世界各国也大抵如此——实际是十五岁至二十岁的居多数。人生最宝贵的时期差不多给中学时期占去了大半。青春时期的特点是什么？据现代心理学的综合研究，最显著的第一点就是自我意识的抬头。在小学时期，万事都听父母和先生的安排，做什么事大抵出于无心，或半意识的。可是，到了青年期，就有了自我意识，认识自己是一个人，自己有主张、有欲望、有要求，很盼望人家把自己当作有独立人格的人看待。反过来说，他有脾气，他会玩花样，会跟父母、先生闹意见。第二点就是自我与环境的对立。他们对环境要试探它，批判它，甚至于反对它。第三点是由第一、第二两点来的，一方面由于自我意识的发展，一方面由于对社会文化试探的趣味长成，渐渐要在社会文化的各方面，找着自己的立脚点为自己发展的根据地。简单地说，青年期正是整个性格发育成长得最旺盛的时候，而中学教育就是对正这时期的教育。

从第二层说，我们也未尝不可以高唱，人人都应有受中等教育的权利，中等教育机会要均等种种口号。然而，这离开历史的实况太远了。若从历史的实况看，便可晓得中学教育虽可美其名曰"社会中坚的教育"，而实际自古迄今都是统治阶级的教育。欧洲中世纪统治阶级是封建领主和教会领袖，因而中学教育是他们的教育。十七八世纪以后，资产阶级代兴，因而十九世纪以来，所谓中学教育现代化，其实就是资产阶级取得政权之后，中学教育便不能不是他们的。最近二三十年来，欧洲的中学教育推广运动，也就因为劳工运动的势力渐渐不可无视，所以，中学教育不能不给第三阶级分沾多少。美国中学教育比较欧洲推广得多，就因为他们开始便是工商立国，没有好大的封建残余势力。所以，中学教育当然是工商业者所有。苏联的教育推广，这十多年来如此迅速，就因为它的统治阶层是劳工。所以，跟着两三次五年计划的经济建设而扩张。“中学教育是统治阶层的教育”这个命题是事实的叙述，这里面并没有包含什么褒贬的意思，只看我们怎样运用罢了。也许有人质问道：现在美国中学生总数快要等于全国人口二十分之一。苏联第三次五年计划预定十年学校的学生总数要达到4 000万，等于全人口五分之一。若一旦中学教育全普及了，还能说是统治阶层的教育吗？对于这个质问的解答是：到了那种状态，便是民权发达的极轨，全国人人都是统治者，而同时也是被统治者，因而中学教育必然地普及了。

中国现在全国中等学校学生不过60万人，等于全国人口七百分之一。这60万青年男女的家庭都要有相当的财产和地位。换句话说，有相当的财产和地位的中层社会的儿女才能进中等学校。姑且假定每一个中学生代表一户，那么，集合全国能送子女入中学的人家还不能达到六百乡镇。照普通人口分布计算，不过一二十县而已。若把60万中学生平均分配到全国各乡，还不到每保一人。实际情形如此，我们便不能不承认中学教育是中层社会的教育。也许有人要唱高调说：这样不平等的现象不能让它存在，中层社会应该打倒。殊不知中国现在中层社会正在崩溃中，恐怕要不打自倒。为什么？因为中国整个社会都在帝国的铁蹄之下，用不着社会内部发生什么急激的摩擦，而已经在崩溃。他们在经济上没法抵抗外力压迫，一天一天在崩溃下去，人精神上受了半殖民地文化、买办性文化的诱惑、同化，只提高了他们物质享受的欲望、习惯，养成对帝国主义的依存，而固有的俭约、勤劳、自尊的美德日渐丧失。照这样情形下去，他们若不变成帝国主义的扈从、工具，就必不免沦入贫苦之群。中国社会除掉这些少数中产阶级之外，绝大多数散漫的贫苦农民，现在要推行一二年的义务教育也还办不到。他们的文化水准几乎要等于零。还不如资本主义国家受了长久的大工业洗礼的劳工，他们未曾觉醒，没有组织，决谈不到自动地负起革命大业的责任。在这样实况之下，中国唯一的活路，只是把正在崩溃中的中层阶级救回来，做大多数民众的领导、中坚，协力解决帝国主义的桎梏，这便是三民主义的革命路线。那么，中学教育的使命是把中层社会的青年，正当他们人格成长最旺盛的时候，给以更高度的教育，使他们负得起复兴民族和改造文化的责任。简单地说，养成三民主义的战士是现阶段中等教育的使命。我以为今日中学校长应该十分清楚地体认这一点，奉为自己工作的最高原则。

二、工作实践与学问修养

通行的教育理论书籍，每提到校长教师问题，便说一大篇教育家应当如何修养。中学校长没有修养，自然不行——我曾提出一个最低限度的请求：校长须用读书人——不过修养和工作不是截然分开的，而是互为表里的。修养的目的不是要做名士，充学究，乃是为工作而修养。正如陆象山说的："道外无事，事外无道。"事是人做出来的，若离了人、离了事的修养，便谈不到什么意义。做校长的目的不是升官发财，也不是统治学校逞威风，而是教育青年，改造社会。这种工作不能空口说白话，而有赖学识去指导，用能力去实践，这就非有修养不可。我敢向校长先生提供两句话："治事如治学，治学如治事。"原来治事和治学，对象只是一个，都是环境的现象。只是用处理的态度、行的态度去应付它，便是事。而用认识的态度去应付它，便是学。要处理它，必须认识它，所以说"知为行始"。处理得妥当，才认识得更清楚，所以说"行为知成"。进步的治学方法，不能只靠读书，也不能只凭冥想，而必须搜集、分类、观察、实验，因此"知"也就是行。若不能把书本翻译为环境的事实，或不能于书本之外找研究材料，就不问他所治的是自然科学或社会科学，都要等于八股文、试帖诗。所以，治学须能如治事，才可叫作"通"。否则不通，是书呆子。治事要得阅历，求长进，透入现象的奥底，发现它的意义，若不应用学问，不运用心思，便是鲁莽、敷衍，不论经历多少，总要等于水过鸭背，涓滴不留。用治学的态度去治事，事就好比学问的资料，是一部活书。我们一面研究，一面处理，不问成功与否，都可得一番趣味，增长一步见识，而且须遇着相当复杂，相当困难，才饶有兴致。要在做事的过程中得到兴趣，抵偿劳碌，消灭烦恼，而不一定依靠成功的报酬，就唯有治事如治学。往往有的没涵养的先生们遇事还未观察清楚，便逞他虚骄的意气，凭偶然的联想，揣测是如何如何，应这样那样，不知道他自己的行动实在并不是反映事实，而只是反映他自己脑子里的幻想罢了。这样做事，简直等于酒醉、做梦，试想一个校长整天在醉乡、梦里，那学校还要得么?

治事当然要有理想，而往往有人强调自己的理想，就因为他要规避现实，无力分析事实，不能克服事实的难点，偏偏抬出理想来做烟幕，打算借此而轻视事实，掩蔽事实，以掩护自己之无能。理想不过是在某种事实情景之下，可能进一步地妥善，若不依据事实，只是自欺欺人的空想罢了。遇着十分困难的时候，心中最容易浮起所谓理想，我们立刻须晓得这是一种魔障，它要诱惑我们躲入幻境，逃避现实！埋没于事实里面而看不见理想，迷失了价值方向，固然不能治事。可是若高谈理想，不顾事实，又好比要离开水面而凌空游泳。校长律身要严谨，宅心要公正，这是起码的条件。然而，若把道德太强调了，也会用自己的夸大的自尊心构成一个躲避现实的避难所。尤其是在今日的中国，一般人欲横流，操守腐化，于是偶有一二能洁身自好的先生，他便把自己那一点小道行看成高贵到了不得，幻想他有了无限的神秘的感化力，好像真是所过者化，所存者神，正气一到，百邪辟易。这可以叫作“道德的自信狂”。这实在是无力处理现实的变态的表现。您如果遇着一位校长，开口便正心诚意，闭口也斋庄中正，您就可晓得他老先生已经不济于事了。这好比秀才见了鬼，高声念“乾元亨利贞”，不过是自己壮壮胆子罢了。孟子说得好：“徒善不足以为政。”我们决不能借口修德化人而遁入空门！

三、中学校长应做的工作

中学校长应做哪些工作？要把它列举是不可能的。为便于研究起见，现在把它分为两大类：一为对人工作；二为对事工作。对人的工作，又可分为：(一) 对教职员；(二) 对学生；(三) 对社会各界人士。对事的工作，也可分为：(一) 指导教学；(二) 领导训育；(三) 处理事务。

校长的工作不是事事直接经手的，多半是处在领导监督的地位。因而，校长所做的事，一定含有对人的成分，把它分为对人和对事两大类，未免有点牵强。以下姑就做事方面，分几项来说一说：

甲、怎样指导教员教学？

照现行规程，校长多少也教一点书，不过直接去教书总不是校长重要的职务，而事实上重要的职务是指导教员教学。这可分几点来讨论：

1. 辨别教员教学之优劣

学校与学生发生摩擦，往往因为教员问题，所以这第一步非做到不可，尤其是对于新教员更应该注意。这里有一点困难，就是校长要像一部百科大辞典，什么学科的知识都要精通，做个百科博士是不可能的。然而，这里有内容和方法的分别。关于内容，校长对于中学各学科，不能全都太外行，绝对门外汉。关于方法，校长非有相当把握不可。教员的缺点何在，优点何在，怎样去鼓励，怎样图补救，都要能辨别清楚。新到校的教员，或者缺乏经验，或者人地未习，更应当随时注意，善为指导，否则一个有学识的教员也容易受误会而被埋没了。刚由师范学院毕业生出来的教员，校长更须把他当作教生看待，恳挚地辅导他成材。在这一点，应分担一分训练师资的责任。

2. 使同科各教员教学彼此联络

除教学时数较少者之外，事实上不能一科只有一位教员。好比国语，一年级一个教员，二年级又一位教员，这样就需要彼此有联络，以免重复、冲突，而省掉不必要费的精神时间。尤其是社会学科，不比自然学科那样地界限分明，每级一位教员若不互相联络，至容易犯重复冲突的毛病。可是，中国人的习惯，不肯管他人的事，教员们自动联络不大容易，须由校长提倡时常开会，使同科教员互相交换意见，以期得教学的联络。

3. 使异科教员教学互相关照

学科分类本来是抽象的、社会的和自然的现象，实在都是一个整体，不能划分哪块是史地范围，哪里是理化境界。不过为研究的便利，不能不分科。但分科之后，各科还是互相有关联的，学校各学科要能互相关联，学生们的头脑才能融会贯通，而获得学习的结果。所以，提倡异科各教员教学互相关照，也是一件要事。

4. 鼓励教员进修

这对于能力稍逊的教员，固属必要；而对于能力好的教员也很有益。能力好的教员每每有一种毛病，愈老练愈懒于改进，这是一种惰性。比方，教数学老练的教员，每满不在乎地开口就讲，连课本也可不用。其实一切学科都日在进展中，教学法也日新月异，守旧每渐变为落伍。这是很可惜的事。做校长的应以身作则，鼓励教员进修，造成浓厚的学术空气。

5. 研究教学方法之改良

在教学方法方面，中国有一种坏风气，学教育的人们研究教学法，而学其他学科的人们便忽视教学法。研究教学法的人们自己什么学科也教不好。因而文理科的先生更看不起教学法，所以前几年国联中国教育调查团到中国来，对中国的教学法曾这样地批评：他们的教学法是学美国的，他们只能教他人教他们自己所不能教的东西。教学法的研究须由中学各科教员负起责来做才有实效。然而，要教员们从事研究，也非校长提倡不可。

6. 提倡新教材之搜集

这也和第四点一样，愈是老练的教员，教熟了一套教材，就老是倚老卖老，不肯另找新鲜的。例如，生物一科，生物种类各处不尽同，而生物学的研究也时时有进步，有新发现。所以，生物一科教材非随时随地搜集新材料不可。但多数生物学教员是把从大学所学的那一套来零卖。历史也是一样。据我所知道的，欧战以后的教材很少补入的。一本历史教科书由写完而至出版，应添的新材料就不少，如果不重新搜索，就不能把握时代。这种搜集的工作，也要校长提倡。

7. 救济劣等学生

一般教员对于学业或性格不良的学生，每每怀着轻视或讨厌的心理，不愿理会他们。站在教育立场，这种态度是不对的，校长应该矫正这缺点。对于劣等生，务必体察他们的个性，诊断他们的原因，予以合理的指导。

乙、校长怎样领导训育？

中学训育工作最需要而最困难。因为青年期的中学生有一个特点，他处处要人帮助，处处要人指导，可是他有了自我意识，又很要把他自己看作成人，很要人了解他，认识他的人格独立。然他却又喜欢画起一道防线，不肯把真相给人看。所以，要费大功夫把他了解清楚，才能领导他，这是最困难的事。校长的训育工作大别可为两种，一是直接，二是间接。

先说直接的训育工作。

1. 训话

最普通的训育办法就是训话。纪念周、早会、临时训话、个别训话等都是。仿佛训话是校长的唯一法宝。不过，有一点要注意。对学生训话必须有事情，或有问题才行。不论是学校、社会或国家的事情或问题，总要有一个，而且要能触类旁通，引申取喻。根据事实发挥，由具体说到抽象，从一般看出特殊，这样才能收效。拿句老话来说，便是要“言之有物”。否则好像讲修身教科书，或《圣谕广训》，那只有令学生生厌。

2. 惩奖

惩奖是校长的特权，也可以说是校长的专门买卖。不过，滥用起来，就会弄得一团糟。所谓奖惩，并不是报复或笼络的手段，而是改良进步的刺激。任何惩戒，要留有改良的余地，还要鼓励改良的勇气。否则便等于报复，对学生非徒无益，而且有害。所以，对于学生，尤其是女学生，可保留体面便应保留，不可把他们的面皮全撕破。如果不关全校风纪秩序的过失，不必作公开的惩诫，以尊重其人格。至于奖励，“奖”字在《说文》里是将犬，是奖猎犬有功之谓。奖励学生决不能滥，尤其是物质之奖更要谨慎。奖励应在精神，不在物质，这是针对着中国民族性的办法。有利则趋，瞪眼便害怕，而甚至于利令智昏，这是中国士大夫的一大缺点。要改造民族性，在教育上惩奖的施行，要十分审慎，惩不伤其人格，奖不使成猎犬。

3. 处理团体事件

处理团体事件，态度是第一要紧。尤其是二十余年来，风云变幻的政治，青年所受的影响很大。遇有不如意的事，他们就会用外交家的态度，向父母、先生交涉。所以，我们决不能用政治手腕跟青年们斗法。自然，我们有经验、有手段，正所谓“老奸巨猾”，斗法的花样很多，但这不是教育者应采的态度。我们的态度应该开诚相见，以至诚感召。其次，青年初期的中学生在一个大团体中，年龄、思想、经验各方面都有很大的差别。初中生与高中生固然相差得很远，就是一年级、二年级学生也往往趣味、经验及成熟的程度参差不齐。通常一个大团体的活动，被年长狡黠者少数人所操纵，年轻天真者却莫名其妙，爱读书的又多半不爱管闲事。要矫正这毛病，应依年龄、经验、见识相差不远的分为若干团体，使各有其事，各尽其力，各得其所，而竭力鼓励培植优良生服务于团体。

4. 处理个人事件

处理个人事件的基本原则，在了解个性，明了真相，而因势利导。否则，单凭校规或校长权威来钳制，只是暂而不可久，而且面服心不服，在教育上没有效果可言。对学生的行为，应从生理、心理及社会背景去追寻其远因、近因，分析影响其行为的条件、因素，从而明了其真相，善为诱导。这样事情就容易处理。你要领导谁，必须了解谁，否则自己的儿女也难信服您做父母的。

5. 管制全校环境

管制着全校环境，使学生了解生活规则之意义，而得环境的好影响。这点应为校长训育工作的中心，比较任何训话还要有效。学校环境处处都是对着学生的一种刺激、一种暗示。如果学校环境处处都能给学生一种良好的刺激或暗示，训育的工作可说是已解决过半。否则，学校环境处处都可惹起学生不良的感受或反响，就饶您整天训话，弄得舌敝唇焦，也没有效用。

上面说的都是校长直接的训育工作，这回再说到间接的：

1. 慎选训育人员

往往有人以为，教书教不好的也可以做训育工作，过去的学监就类多如此。记得民国初年，我回到乡间，听到这样的故事：某校学监不学无术，而好作威福，学生们想了一个对付他的办法，每逢学监来巡查，大家都拿一本书向他问难。后来学监就不敢再来了。所以，千万不可以为，教书不好的人也能当训育人员。学问是取得学生信仰的一大条件。

2. 各训育人员须有共同一致的步骤和方法

无论用级主任制或导师制，要各人的方法都完全一致，这是不可能的事。但在相当范围内的一致是需要的。如果彼此步骤全不一致，方法各异，例如甲级许看这本书，而乙级则取缔，乙级可作这活动，而甲级则禁止，这样必引起学生之不平。有的导师受爱戴，有的导师则被抨击，训育的方法互相矛盾，这是大损失。

3. 各训育人员须时常互相讨论

训育比教学困难。训育工作虽可分组分级负责，但有时有些问题不是一个人所能思虑周全或单独解决，必须互相谈论，交换意见，才能收分工合作之效。前面说的齐一步骤，尤为重要。否则彼此不相谋，各自为政，许多小团体将成为许多小部落，甚至引起纠纷。所以，训育人员互相讨论，校长应为之倡导。

4. 要先树信而后树威

做校长的大都知道树立威信的重要，这自然不错。不过，威生于信，不信便无威。无信之威那是假的、暂时的。反之，心地坦白，态度光明，处处得学生信仰而心悦诚服，自然敬畏的心油然而生。没经验的教员多不明此理。

最后，对于训育工作，再提一个重要条件，就是心和气平。要这样才能了解学生心理，辨别事件真相。遇着学生犯规有过失，我们难免有火气，可是自己应马上救火。在盛怒之下不可处理事件，必须心和气平以避免主观武断之弊。吕新吾①说得好："两家动气，一对小人。"

丙、校长怎样处理事务?

1. 处事的基本原则

校长处理事务，怎样算是好？怎样算是坏？这没有一定的界限。但基本的原则，就是事务的处理须有教育的效果。任何大小事务，都以有否教育的效果为最高的评价标准。例如，购买图书是好的，但买一批宋明版本，它的效果就很少，这就不合处理事务的原则，因为中学的图书馆不该以藏珍本为贵。

2. 守法与从权

处理事务，守法与从权都属重要。但两者的调整，做校长的须有把握。第一，对政府法令，绝对要遵守。其次，根据国家法令所定的校规，已经订定公布，也不能随便更动。经校务会议通过的议决案，也非遵守不可。就是最普通的办法细则，经过合法手续确定之后，也不容任意取消。这是一种守法的精神。可是，守法并非盲从。尤其是政府法令，多半是一般的、概括的，拘束力不

① 即吕坤(1536—1618)，字叔简，号新吾，明代文学家、思想家。——编校者

很大，须理解其用意，有疑问则须请示，这样才能够运用不误。对学校自订的规程，也应勿忘其用意。这是就守法来说。至于从权，就是原有法规应付不了的当前事实，而参照原有法规，凭其原则精神权宜从事，以补原有法规之不足，可不是随意推翻成法。

3. 会议与独断

按理说，个人独断不如集思广益的会议。不过，运用会议有一个原则。会议并不是校长用以推诿责任或掩护自己。如果那样，什么都推到会议，会议又随便通过，最后负责的还是校长。会议的要诀，事前必须有一番准备，找出问点，搜集材料，根据事实，加以分析比较，开会时提出说明。这样才可从多数的意见中，获得贤明的判断和结论。这样领导会议，似乎近于独断，但事实与妄行独裁不同。要这样负责才可求得贤明的公断。

4. 案牍表册的应用

学校案牍表册很要完备精细，这是很值得研究的。但案牍表册之功用，一为便于检查，一目了然；一为引起注意，促进工作。可是，往往有人误会，以工具为目的，以为整饰好了表册就算有了成绩，仿佛贴了标语，就算打倒了日本帝国主义。甚至于全校职员整日忙造表册，而实际事务废弛，真是使他们感到“临表涕泣，不知所云”。

5. 领导职员

学校职员读书较少，修养往往不足，大抵凭专长的技术从公，很容易有两种缺点：第一，用惯了的一套技术，往往成了机械化，不容易改良求进步。有时且只知其然而不知其所以然。校长须注意鼓励其求改进。其次，有一种习惯以为在学校做小职员，无能力教书，便看低自己身份，言行不检，而被教员鄙弃，学生轻视。校长应指导他们进修，鼓励他们自尊自重，勿自暴自弃。

总括以上所说，都是校长怎样做事，而对人也含在其中。至于对人方面，应付社会各界人士也关系重大，再简单地提几点：

1. 对主管机关

应注意两点：第一，奉命守法，虽然必要，但对法令或命令有疑问，就不必客气，须随时请示。其次，受主管机关委任负全校之责，办的不只是例行公事，同时须以专业者的地位随时向主管机关贡献意见。

2. 对学生家长

我们对学生家长必须改换掉从前西宾对东家的态度。东家是一家之主，他有权支配西宾——塾师——的工作。而我们的东家是中华民国，而不是张家李家把他们家里的少爷小姐委托我们教导。所以，校长可代表国家为主，学生是国家委托我们教导的公民，家长无权指挥校长的教育工作。倘若家庭环境不良，可给学生以不良影响，我们还该设法矫正，更不可谄媚富有家长而欺负寒门。

3. 对地方人士

我们办教育，不是抱出世的态度去修道做和尚，也不是充绅士，用威权去包揽地方事，而用教育者的地位在可能范围内领导社会，想贤明的方法，谋地方的改进。对地方人士自然开诚相见，领导群伦，通力合作，但不阿谀迁就，趋权附势。因为，我们的责任是改造文化，复兴民族，不能不认真工作。

写了一大篇，末了，郑重声明一句：这都是“馒头治肚饿的理论”，和“看家本领”决无关。

陆

教师与学生管理

本辑提要

本辑的主题是“教师与学生管理”。经亨颐的《教师专任问题》(1922)、甘豫源的《教育专业问题之研究》(1926)、常道直的《教师分等制——教育行政问题之一》(1926)、郑西谷的《中学师资训练问题之研究》(1936)和梁兆康的《教师组织及其活动意见调查报告》(1944),是有关教师管理的文章。

教师兼差或兼职,一直是民国教育管理中的突出问题。高式愚在1914年的《论今日学校之缺点及其补救法》一文中就指出,“学校教员多流通,授课之外,杳不可晤”乃当时学校的一个重要缺点。据此,他提出“教员宜专聘”的主张。《教师专任问题》则是较早专门探讨教师兼职问题的文章,而且与当时主流的观点不尽相同,经亨颐强调,教师专任既是对教师的保障,也是对教师的限制,既有其积极效果,也有其消极影响。而就原因来看,出现教师兼职现象,一是因为良师太少,二则与教师待遇较低、生活困苦有关。在民国时期的教师管理研究中,有很多讨论教师待遇和生活问题的成果,如诸葛龙的《各国小学教员待遇之情形》(时间不详)、杨伟文的《小学教师之薪水问题》(1928)、赵敦荣的《为小学教师生活问题告当代教育家》(1931)、郭枬的《中小学教职员待遇之调查与研究》(1936)、赵端英的《各国小学教师待遇的比较研究》(1936)、陈振名的《广州市小学教师生活之研究》(1936)、蒋协力的《小学教师苦闷的原因及其解除的方法》(1938)、黄敬思的《教师的待遇保障与其影响》(1948)等。受篇幅限制,本文选未选入专论教师待遇和生活的文章。

不过，在我们所选的甘豫源的《教育专业问题之研究》一文中，部分地涉及了教师待遇问题的讨论。该文是民国时期具有代表性的总论教师队伍专业化建设的文章。作者认为，无论从实施国家教育政策，增进教育效率，还是从教育本身的特点和社会事业进化趋势的角度看，教育都有专业化之必要。而教育的专业化，根本上又依赖于教师职业专业性的提升。为此，就有必要在教师资格、教师训练、师范教育政策、教师服务及待遇等方面作出严密思考与科学规定。此外，常道直的《教育专业论》(1925)和陈侠的《从教育专业的特质说到优良教师的修养》(1947)，也是专门讨论教师专业化问题的文章。前文的讨论侧重于教师的地位与尊严，后文的讨论侧重于教师的专业修养，它们与《教育专业问题之研究》一文具有互补性，但在内容的综合性上要弱于甘文。

常道直的《教师分等制——教育行政问题之一》讨论的是教师评价问题。与大多数文章不同，常文不仅将教师评价的内容从"教师资格"扩展至"教师效能"，而且将教师评价的功能从"检定与考核教师"提升至"增进教学效能"。常道直指出，教师分等制(teacher rating)就是用分析的方法，列举良教师必须具备的种种构成要素，而借此评定教师效能的制度。此种制度具有进退教师、上下薪俸等重要功用，但这些功用只是选择良师的方略，绝非最后目的，教师分等制的最终目的在于教授效能的增进。

郑西谷的《中学师资训练问题之研究》一文，反映的则是与教师评价密切关联的教师培训问题。民国时期对于教师培训问题的关注，主要集中在职前培训(即师范教育)方面。如祝雨人的《我国中小学师资训练制度》(1936)、吴福元的《中小学师资训练问题》(1937)等具有一定代表性的研究成果，主要都是围绕师范教育制度展开讨论的。相比而言，郑文在视野上要开阔一点，不仅讨论了职前的师范教育问题，而且强调"理想的教育常处于改造历程之中"，主张教师应注意职后的学术进修与精神修养。同时，郑文讨论问题的方法也具有自身的特点，与大多数成果采用思辨或比较研究的方式对师范教育或教师培训制度进行应然分析不同，该文首先利用统计数据和问卷调查，呈现教师的实际状况和校长对于教师的意见，在此基础上指出教师的弱点及其症结，然后再提出改进师资训练的途径。

梁兆康的《教师组织及其活动意见调查报告》一文，讨论的是教师组织问题。梁兆康是民国时期唯一对教师组织问题展开专门研究的学者。除了所选的文章外，他还发表有《各国教师组织之理想的比较》(1942)、《中国教师组织运动》(时间不详)、《教师组织起源论》(1947)等文章。选择《教师组织及其活动意见调查报告》一文，首先是因为"教师组织"这一主题即便在现在来看，也极具新意与研究价值。其次，该文运用调查研究法，对当时教师组织停滞的状况、原因以及教师对自身组织改造的意见，进行了详细深入的实证研究。与梁兆康发表的其他类似主题的文章相比，该文在方法、内容以及观点等方面，都要稍胜一筹。因此，《教师组织及其活动意见调查报告》一文不仅是梁兆康教师管理研究成果中的代表性作品，更体现了民国时期教师管理研究所达到的水平。

郭秉文的《学校管理法》(1916)、陶行知的《学生自治问题之研究》(1919)、常道直的《民国十一年度学校风潮之具体的研究》(1923)、沈锐的《上海小学生退学原因之研究》(1929)、徐蕴晖的《小学训育制度的研究》(1928)、环惜吾的《中等学校导师制的实施及其问题》(1938)和郑慧卿的《我国中学男女同学问题之探讨》(1937)，是有关学生管理的文章。其中，郭秉文的《学校管理法》讨论的是"狭义之管理法"，其"专注意于管理学生，而以培养道德为要旨者也"。"学校管理法"是清末时从日本传入我国的，早期翻译和自编的学校管理法著作受赫尔巴特管理思想的影响较深，而郭文体现的则是美国进步主义教育思想。因此，该文的重要意义在于，它不仅标志着民国初年的教育管理学研究从清末时的简单借用向深入的理论创造的转变，更标志着美国教育管理实践和思想对我国教育管理思想和研究产生全面影响的开始。

正是受美国教育管理实践和思想的影响，1920 年前后，我国教育领域兴起了一场关于学生自治问题的讨论。相关的成果有蒋梦麟的《学生自治》(1919)、陶行知的《学生自治问题之研究》(1919)、郑晓沧译的《中小学校学生自治实施之计划》(1919)、陈鹤琴的《学生自治之结果种种》(1919)、廖世承译的《关于学生自治的几个问题》(1919)、袁易的《自治主义的训练》(1920)、凌济东的《学生自治问题》(1920)、姜琦的《学生自治的性质及其促进的条件》(1920)、张君劢的《学生自治》(1923)等。在这些研究成果中，《学生自治问题之研究》和《学生自治的性质及其促进的条件》是学术性更强并具有互补性的两篇文章。前者对学生自治的概念、必要性、利弊以及施行学生自治应注意的要点等问题进行了全面辩证的分析。后者则指出："怎么能够使学生去练习自治？怎么能够使职员去指导自治？这两个问题，非仅仅靠着一纸空文和几条章程就可以解决了的。"据此，该文讨论了经费、设备、职员、教材和教授法、家庭和社会等学生自治的条件。在这两篇文章中，选择陶文，一方面是由于陶行知不仅较早地倡导学生自治的理念，而且努力将这种理念付诸他所创办的晓庄学校和育才学校的教育管理实践，在理论和实践两个层面都对学生自治理念的发展起到了积极的推动作用；另一方面是因为姜文对学生自治条件的讨论侧重于关注"条件"问题，而相对淡化了对"学生自治"本身的分析，在内容上没有紧扣学生自治的主题。

常道直的《民国十一年度学校风潮之具体的研究》讨论的是学校风潮问题。学校风潮一直是民国时期教育管理中的难题。贾丰臻的《说学校风潮》(1912)和朱元善的《学校风潮论》(1914)便反映了民国初年学校风潮的相关情况。在五四运动影响下，学校风潮在1920年代频繁发生，相关研究成果也大幅增加。其中，杨中明和常道直是最具代表性的两位研究者。杨中明曾发表《中等学校校长与学潮》(1922)、《民国十一年之学潮》(1923)、《怎样消弭学校风潮》(1923)等多篇专论学校风潮的文章，对学校风潮的数量、规模、原因、经过、后果及其消除等问题进行了全面的阐述与分析。常道直虽只发表了《民国十一年度学校风潮之具体的研究》这一篇文章，但该文无论在统计方法的运用，还是在问题讨论的广度与深度上，都具有极高的学术价值，在当时的教育界产生了广泛的影响。此文发表后，余家菊还专门撰写了《读常道直君学校风潮之研究》(1923)一文加以评议，并讨论了自己对学校风潮问题的看法。1925年时，商务印书馆鉴于常文及余家菊评论文章的重要性，将它们合编为《学校风潮的研究》一书出版。

学生退学是民国时期另一个对学校教育教学秩序产生严重影响的问题。许兴凯便指出，“退学问题是教育行政上最大的一个问题”，特别是在北京、上海等大城市，“退学是很常见的一件事，学生能安定在一个学校里从入学一年级一直到毕业止，是很少很少”。不过，与退学现象的普遍化相比显得不太对称的是，民国时期研究退学问题的成果并不是特别多。我们搜集到的具有代表性的文章有朱鼎元的《儿童缺席之研究》(1916)、许兴凯的《北京中小学校学生退学调查》(1928)和沈锐的《上海小学生退学原因之研究》(1929)等。其中，朱文讨论的范围大一点，包含“缺课”和“退学”两种情况，该文分“因事”和“因病”两个类别分析了学生缺席的原因，并提出了“预防”和“纠正”两种补救学生缺席问题的方法，是早期研究中学的理性较强的文章。后两篇文章则是专论退学问题的，且具有较大的相似性，在方法上都以调查法为主，内容上都讨论了学生退学的年龄、年级特征以及学生退学的原因等问题。选择沈文，一是与朱文相比，该文虽在发表时间上晚一点，但得益于调查方法的运用，其在事实呈现方面更胜一筹；二是与许文相比，该文论事的全面性与析理的规范性又更强。

徐蕴晖的《小学训育制度的研究》和环惜吾的《中等学校导师制的实施及其问题》，是讨论学生训育管理问题的文章。民国时期，有关训育问题的讨论集中于两个阶段：一是1920年代前期；二是1930年代末期。前一个阶段的讨论主要是因为五四运动以后，学生一旦解放，反流于放纵，于是有了合理理解并加强学校训育，对学生自治进行正确引导的要求。此阶段的相关研究成果有薛钟泰的《今后之训育观》(1921)、宋焕达的《中等学校实施训育的几种方法》(1921)和《实施训育后失败之研究》(1921)、余家菊的《严格训练与管理》(1922)、廖世承的《中等学校的训育问题》(1923)、杨贤江的《中学训育问题的研究》(1925)、匡互生的《中等学校的训育问题》(1925)等。后一个阶段的讨论则是因为教育部1938年颁布了《中等以上学校导师制纲要》及《实施导师制应注意之各点》。此阶段的相关研究成果有林砺儒等人的《中等以上学校导师制纲要之研究》(1938)、胡毅的《实施导师制时应有之考虑》(1938)、何心石的《中等学校导师制施行问题的商榷》(1938)、欧元怀的《推行导师制平议》(1938)、周厚枢的《导师制施行的困难及今后的改进》(1938)、周邦道的《实施导师制应行注意的问题》(1938)、袁伯樵的《导师制成功的最低条件》(1938)、王欲为的《中学实施导师制问题》(1938)、陆霄汉的《关于导师制推行问题》(1940)等。在1920年代的成果中,选择徐文主要是因为其研究焦点在制度上,是有关训育管理的研究,而不是一般性的训育研究。在1930年代末期的成果中,选择环文是因为比较而言,该文对问题的阐述最为全面,既有较强的理论性,又对导师制实施的细节作了周详的讨论。

郑慧卿的《我国中学男女同学问题之探讨》一文,反映的是民国时期学生管理中特有的且引发持久讨论的性别问题。男女同学问题作为民国初年妇女解放运动的一个构成部分被提出,并逐步实现。就此问题,除了郑慧卿的文章外,我们搜集到的文章还有王卓民的《论吾国大学尚不宜男女同校》(1918)、康白情的《读王卓民君论吾国大学尚不宜男女同校商兑》(1918)、仲九的《男女同学和性欲》(1920)、徐植仁的《我对中学男女同校的主张》(1921)、姜琦的《女子教育问题之研究》(1921)、陈望道的《和时代思潮逆流的江苏省议员"禁止男女同校"提案》(1922)、陶行知的《为反对中学男女同学的进言》(1923)、刘爽的《男女同学问题的研究》(1923)、胡忠智的《中学男女分校问题之认识》(1936)等。很多文章都是为了表达支持或反对男女同学实践的主张,理论性较弱,只有少数几篇侧重于学理分析。其中,《我国中学男女同学问题之探讨》一文综合性与理论性最强,不仅全面检讨了男女同学的相关理论,讨论了当时有关中学男女同学问题的新认识,分析了中学男女同学实践的各种不足,而且其思想即便在当下看来也极为深刻。

教师专任问题

经亨颐*

我看现在中国全社会中各种职业，除了养老院的官僚和什么咨议顾问……现在得干薪本不好算人生正当生活以外，大家遵守“不劳无食”这句信条，良心天地，要算当教师最自由、最舒服！背着一块“高尚”“清苦”的招牌，好像立在普通社会制度以外。所谓“师道之尊”，我们安享这句话的幸福已经好久了！今后的教师，我想要渐渐地没有如从前的自由舒服了。小学教师不作为本问题讨论范围之内。我国近状，中等学校以上，当教师确是随随便便，没有一定的办法。终算听铃上班，是最小限度不得不遵守的。有时尚且要临时请假，比不得别的劳工走一步非有替工不可，不到一点钟非扣除薪水不可。预备了一份讲义，同地方、同教课、同程度的学校可以通用。所以，孜孜为利的欲望，迫使他碌碌奔波的肉体，兼了好几个学校教课，凡是都会中不免有此现象！我们中国从事教育的人，也常常讨论这个问题，到现在终没有正当的方法。瞒不过被一位外国特地来实际调查的教育大家孟禄博士看出这种缺点，指出教师专任问题警告我们。本校《教育丛刊》想根据他几种要点，分别讨论发挥意见。

---

* 经亨颐(1877—1938)，字子渊，浙江上虞(今绍兴市上虞区)人。留学日本东京高等师范学校。曾任浙江第一师范学校校长、浙江省教育会会长、上虞春晖中学校长、国立中山大学副校长、北京高等师范学校教授、国民政府全国教育委员会委员长等职。发表有《春晖中学计划书》等诸多教育名篇，均收入《经亨颐教育论著选》。

本文原载于北京高等师范学校编《教育丛刊》1922 年第 3 卷第 1 期。——编校者编辑主任汪懋祖君嘱我做这个问题，我先对他声明，我是认为中国现在讲教师专任，也有一种流弊！但是这个问题，终是很重要而且很有趣味。且别责备我以小人之心度人，老老实实发表我的意见。先把这个问题分两面研究：

一、教师专任是限制教师的。

二、教师专任是保障教师的。

凡是讨论一个问题，往往有异而实同的争议，也往往有同而实异的赞成。例如说，军人为本务而战，军人听了不以为然，要强说军人当为名誉而战。其实，军人为本务而战，并不是"养兵千日，用力一朝"，领了国家军饷，不能不战，不能不死的意思。军人为名誉而战也是军人的本务，这是异而实同的争议。至于教师专任问题，我听得有一位校长和教师的谈话，教师不可不专任，那位教师也接着说教师非专任不可。我想，校长意中的教师专任和教师意中的教师专任有些不同吗？校长意中恐怕是限制主义，教师听得喜欣欣地认为保障主义，这是同而实异的赞成。

平心而论，教师专任问题，限制和保障两种意思是要兼有的。不能以小人之心度人，专讲限制，也不可以利己主义专讲保障，而且最好校长意中要带些保障主义，教师意中要带些限制主义才好。原来限制和保障，是互相为因果的。没有限制，怎样保障呢？为什么当教师闹到如现在的没有限制，其原因就是没有保障。"狡兔三窟"，那是政客生涯，当教师本不应该如此。但是为维持生活危险，不得已骑两脚马、三脚马，多兼几个学校，这校不成还有那校，可以做退步，这种当教师心理上的弱点，也是难怪的。但我要郑重声明，"保障"这句仍是有限制的。法律不外由限制和保障而成。当教师这种职务，原是不好严格地讲法律，因为教师和学生的关系，是存在于感情和信仰之上。学生无理要求，有时诚不免发于冲动。但弄到感情已经坏了，信仰已经没有了，无论有保障条例也是不中用的。除非教课不上，职也不辞，现成仍受薪水，到底人格上也说不过去！所以，论教师专任问题不如直接痛快提出是限制教师，并不是斤斤计较限制教师个人经济，实在是珍重教师，使他可以节制精神。教师的信仰，成立于一"诚"字。为某校教师，诚意为某校尽力，就是最合理的限制，也就是最正当的自己保障，以时间计修，兼任教师不得不适用这种制度，尚且留着预备时间并计在内。否则，像留声机似的唱一点钟，也未必要如此之贵。至于专任教师所定条件，现在算注重的，只有一句每周授课至多若干时为限。这是表示再加多于教师一人精神有碍的意思。岂可于专任某校时间以外，再兼他校教课，显然与珍重教师原则不合。勉强担任未始不可，无如和“诚”字相违背了？如其在某校专任，避得最少负担，以其余力兼任他校，那是专任制反为学校的恶例！

有人说，现在中国人才缺乏，良教师更不可多得。这校也要请，那校也要聘，其结果道路还可以周转的范围内，情不可却，不得不在甲校既充主任，又在乙校当专任教员，仿佛非专任不足以表示相当待遇，恰是事实上不得已的。现在中国人才确是缺乏，但是永远不能免的，而且缺乏是量的问题，不过比较的话。把人才缺乏来作理由，来打破专任制的精神，成为一种苟且的特例，我是很不赞成。宁可听他缺乏到怎样程度，再想共同救济方法。况且这种习惯，不过都会中有的，因为学校设立会在一处，所以容易发生兼任的变通方法。倘把学校分配到各地方，相隔距离万难兼任，是不是人才就不愿去吗？学校起色就很难了吗？如其是的，我以为：

一、所谓人才志愿本不在学校，根本的不必请其专任，都会中不适用专任办法；

二、学校设立在各地方，无可兼任，倒是天然专任，也何必特定专任方法。

如此两刀论法讲来，教师专任问题，岂不是没有研究的必要吗？外国很好的法则，搬到我们中国来试行，什么国会、议会、司法独立……没有一件不是流弊万出！这教师专任问题，孟禄先生的理想，不知道我们中国配不配得上。我前几年是极迷信，竭力主张教师专任的一人。为了这件事，曾经提出多少次议案，被种种阻力不能满足地实现出来！各学校聘请教师，向例是一学期或一年送一次聘书，我以为太不尊重教师人格，极端反对。自己所办学校，送聘书是无限期的，哪里知道流弊也发生了不少！全是以君子之心度人也不对的。教师不专任，心不安，固然不好。反过来，教师得了专任，心太安，也有不好！这是的确不错，并不是我失敬于同人，太过、不及两原则也免不了的。所以，我想把教师专任问题，不如广议一点，改为教师任用条例。酌乎其中，不可使教师心不安，也不可使他心太安，我的主张很简单，叫作“有任期的专任制”。

我对于现在学校内设立一种聘任委员会，很有怀疑。校长大权旁落，朋比造成教阀，都不必过虑。校长究竟负什么责任？同事能否不闹意见？学校内任用教职员，决不以校长一人为进退，更不应以校长感情意气为去留，这是我很赞成的。所谓聘任委员会，照名义直解，当然仅指任用一方面，就是进的方面；还有免用一方面，就是退的方面，本不在聘任委员会职分以内。我要问这退免权是否仍属于校长？校长如有此特权，聘任委员会也等于无效。所以，严格地研究起来，实在很不明了。但我终以为校长当有校长的责任。监督教师、识别教师，不必客气，必须切实负责，慎重施行退免的特权。更应当酌量情形，免许教师退任他校。退免的必要，并非专为淘汰不良教师而设。“聚散无常”，中国适用这句话，寓有无限感慨，或者还带有牢骚气。因为，向来认为离散终是不幸的，或是恶感。彼此分手往往没有笑面的居多，这是我们中国人心理上好安静不愿动进的通病！我以为很不好的。教师为什么要定任期，意在良好教师也不必终老一校！任期满或连任几次以后，欢欢喜喜地离去，是极应当的事。在同一个学校里，任事十年、二十年以上，虽不是恋栈，不是暮气，我以为理性上应当要厌倦的。所谓年功加俸，这种制度，如其仍要存在，当然不必限定对同一学校计算。将来学校经济，我非但主张公开，简直主张公共。年功是对教师个人说，与学校无关。例如，现在聘请教师，往往因某先生经验丰富，比别的新任教师应多给若干俸金，岂非是无形中早有移计年功的办法吗？我所主张有任期的专任，换句话说，就是提倡可转任的专任，任期长短或二年或三年，或得连任，或至多连任几次，或以教课单位多少为任期长短，我且不必规定。总而言之，学校内部组织，要使他能变化、能活动，教育前途才有进步，不知当世教育家以为何如？

教育专业问题之研究

甘豫源*

一、教育专业化之必要

教育为专门职业，从其事者须有精深之造诣与特殊之训练。事属当然，原无疑问。顾今日我国教育界情形，其身为教育长官者多未受专业之训练。至滥竽讲席者，更比比皆是。即在号称教育发达之美国，教师程度亦极不齐，去专业之理想尚远。吾人为国家、为社会、为文化前途、为教育本身计，教育之专业化实有讨论之必要。常君道直曾二度为文论之，发其端而未道其详。兹更扩充题义，推论教育专业运动中应采之方策。顾自惭谫陋，舛误良多，教育专家，幸希匡正。

（一）为贯彻国家教育宗旨，实现国家教育政策计，教育有专业化之必要

政治学家韦罗比（W. W. Willoughby）①言："立国之要件，首在其人民有建国之愿望，次在其此种愿望有实际之表演，又次则为统一（unity）、实力（force）

---

*　甘豫源（1903—1999），号导伯，上海市人。东南大学教育系毕业。曾任职于江苏省教育厅、江苏省立教育学院及其所属民众教育实验区、教育部社会教育司，后为国立社会教育学院教授兼推广会主任。主要著作有《县教育行政》《民众教育概论》等。

本文原载于《中华教育界》1926年第16卷第2期。——编校者

①　今译"威洛比"（W. W. Willoughby）。——编校者

及主权(sovereignty)。”世界民族苟徒拥繁庶之人口,广大肥沃之领土,而人民无建国之愿望者,直部落已耳,不足以成国家也。然将何术以培养国民建国之愿望乎?曰:赖乎教育。德意志实首先采取此种政策者也。今日东西各国,莫不兢兢于此。故今日之教育,非复个人自由经营之事业,更非教会宣传教义之利器;乃国家之事业,所以养成国民建国之愿望,与夫陶铸国性者也。孟禄氏尝谓:“立国之根本,不在国民有共同之血统,共同之语言,共同之宗教,甚至亦不在有共同之法守,而在有共同之思想、情感及行动,即所谓共同之文化是也。且所谓共同之文化者,可以由教育造成之。”故国家为自身昌盛发达计,必有统一之教育宗旨、详密之教育政策,以造成共同之文化。从事教育事业者,必服从国家教育宗旨,受国家教育政策之指挥。教育者须知受国家付托之重,执行国家事业并非为宣传个人之思想,更非谋个人之利禄也。

日本明治三十年[1897]《师范学校改正令》第一章第一项谓:“今日介于世界列强之间,不可毁损国家之体面,当扬国威、耀国光,国民富于忠勇义烈之念,有事时则有举国一致,奋殉国难之觉悟。以此至诚,鼓吹于国民之间,永维持我国粹。教师之志气,当以此为要。”德国之选拔师范生也,父母政治主张不正大者,子女不得入师范。盖均有见乎教育为培养国民共同精神之工具,决不容教育者挟党见,骋私学,以图一快己意。我国当此海宇分崩之秋,帝国主义者挟宗教教育为文化侵略之先锋,赤色帝国主义者亦以赤化中国教育为急务,国内学者亦复各私其学,以教国人,奈何不致四万万人之四万万其心乎?为今之计,欲贯彻国家教育宗旨,惟有训练此新理想之教师队,散播于全国各学校,而使以此理想传播于全国国民。是则教育者必须有一致的志趣,与夫特殊之训练,绝非人人所可随便从事也明矣。

(二)为教育效率之增高及教育事业之精进计,教育有专业化之必要

“效率”一词,今日机械工程界知之最审,用之亦最精。顾于社会事业则未能深究。诚以社会事业之效率,固不易度量,要亦从事社会事业者,未有精密之研究有以致之也。吾国教育界夙有“不问收获,但问耕耘”之谚,其精神固未可厚非,衡诸科学原理,究有未合。按美国教育学者留级问题(retardation)之研究,知全国小学学生百分之三十以上留一级或数级,全国每年小学教育经费

中，美金$40 000 000费于留级之儿童。换言之，即四千万元的教育经费为消耗的。而其他因教法、训育、行政上种种不良而减低教育之效率者，未能计算。按我国全国各种学校经费支出59 424 567元，虽不能媲美欧西，为数已不小。以此巨额之经费，付诸不知教育为何物者之手，必致虚糜公帑。故此中非有教育专家精于度量，决不能知教育效率之高低，而使公款之得其用也。

近代教育学术之进步足以促成教育之专业化者有四：夫教育事业为人类最早事业之一种，故教育之研究，其起源甚早，其积累甚富。自学术界盛行发生研究法、历史研究法后，教育学者取而用之，其宝藏之富，使教育学之收获日丰，蔚为独立之科学，此其一。自心理学经过实验法之洗礼后，严正的科学方法，一一转用于心理学界，而心理学者复本之以研究教育问题。因教育问题与心理学有关者甚多，卒致教育本土内的问题，亦有科学方法以研究之。科学有繁复之公式，教育学亦有之；科学有完备的实验室，教育学亦有之。教育学实与理工科学立于同等地位，此其二。十九世纪以来，教育事业日形发达，教育学研究之资料日益丰富。学生身心状况也，学校组织法也，教育制度也，教学方法也，幼稚教学也，乡村教育学也，无一不待人研究。其可资开展之地域既广其学术，其事业自日臻完善，此其三。古昔之从事教育者，不必有教育之智能，意以为有学识者即可教育。自卢梭、裴斯泰洛齐而后，儿童中心之主义大昌，于是教育重心由教材而移于教法。欲为教师者，仅有专科之学识不足用，必须加以教法的智能然后可，此其四。凡此四者，足证教育事业确成专业，绝非人人所可得而兼营，亦绝非如前日视为英雄落魄时之末路事业也。(注一)

(三) 从教育事业之特质观之，教育有专业化之必要

常乃德君论师范教育云："教育虽为职业之一种，但与其他各种职业实有不同：(1) 普通职业之直接的影响，是在局部范围之内，教育之直接的影响是普及于全社会、全人生的。(2) 普通职业之对象是物品，教育的对象是活泼泼的人。"(注二)洵属探本之论。盖一般职业或处理物产，或处理人事，其影响不过及于人生活动之局部，教育以人为中心，以社会事务为圆周，要必使被教者发展智能，以控驭人事与物质的环境，发展个性以培养其美满的人格。是故普通职业之处理物质也，可取适己意，而方之圆之，分之合之，取冷静严酷之态度，凭理性之指挥可也。而教育事业则不然，其对象既为活泼的人，则教育者必有宽大之胸襟、多方的同情、丰富之常识，与夫敏锐之观察、认识个人之独立的人格、特具的性能，而予以同情的、热忱的诱导。教育者一方面既具有科学家之冷眼，以研究教育学术；一方面更有宗教家献身之热忱，以人格感化后生。其未受特殊之训练者，不克荷此重任也。更有进者，普通职业仅受个人意旨之指挥，教育事业则受国家政策之指挥；普通职业可谋个人之利益，教育事业则牺牲个人之荣利，养成贡献于国家社会之信念。决不能以经营普通职业之见解，经营教育事业也。

教育既所以诱导后进，则社会文化之传递实利赖之。固有之文化赖教育者以传递，后代之文化赖教育者以发扬。故从事普通职业者，具有某种职业之特殊知能，已足应付。而从事教育事业者，必有远大之眼光、上下千古之识力，能了解、能欣赏、能评判社会文化之精髓，能默会于心，出诸于口，笔诸于书，使后生小子受其熏染，识人类历史之悠久、成绩之伟大、能力之无穷，以引起其振作有为之志，庶无愧乎承先启后之功。故从事教育事业者，必有多方之修养，决不能如普通职业者，仅受偏狭之训练，转而造成偏狭之青年。

（四）从社会进化之顺序观之，教育有专业化之必要

近世自然科学与人文科学之应用日广，除神学、法律、医学三者早成专业外，其他各种职业均有专业化之趋势。尤以今日工业界，求产品之精，效率之高，分工愈细，执业愈专，而教育界则瞠乎其后。考古时凡其人能以所学教人者，便为教师。我国读书人家取师必经明行修，欧洲贵族师傅亦必道高学博，初未尝有专门之训练也。自十六世纪宗教改革，以推广教育为扩张宗教势力之具，而后师资之训练渐觉需要。近世国家主义勃兴，教育权由教会而移至国家，促成教育之专业。德法二国之师资训练规划周详，训练亦深，其不受师范训练者不得高据讲席焉。英国则教师注册公会，方努力运动教育之专业。盖今日教育事业之关系国家社会者至重且大，而教育事业之本身，亦建筑于理性基础之上，新法之试验、效率之度量日见精密，视自然科学亦无多让，从其事者须有充分的了解，与夫精熟之技能，不受专业训练而可从事教育之时期，在进化顺序上业已过去。

惜乎，我国今日工商不振，科学不兴，政治不轨，其为社会放一线之光明者，厥惟教育事业。学者牺牲荣利，竭忠尽智以研求之，使此根本的社会事业得立于学理与实验基础之上。如学制之改革、课程之编制、乡村之建设、测验之编造，举凡足以增进教育效能者，均先后举办。而社会尚未予以相当之同情，反示以无端之菲薄。身任教育行政长官，竟下解散师范大学、取消教育科之命令。国内学者，亦有以教育学术不值研究，教育事业人人可任之言论。吾不怨教育事业之厄运，吾徒怪今日社会之浅见，仅求物品制造之精良，而不知为其最钟爱之子女，受良好之教育，以造成最有用之人物也！

综上四端，教育之应成为专业，了无疑义。惟如何实现吾人之理想，绝非短期间之努力所能实现。兹略举数事，以讨论焉。

二、教师之资格

教育事业既非不学无术者所能胜任，则教育者之资格须受严格之考核。于消极方面，则凡以学校为传舍者，以教育为英雄末路之事业者，宜屏诸教育同业之外。于积极方面，则规定教师应具之资格。兹分述之：

（一）教师之选择

1. 以学校为传舍者，宜屏诸教育同业之外

我国教师程度参差不一，来源亦极复杂。政客以学校为升官发财之阶梯，议员以学校为政治活动之根据。省立中等学校校长，竟有奔走于督军省长之幕下者。据廖茂如先生中学教师之统计，知一千五百二十二人中有一千二百十四人，曾任非教员职务，尤以任政界职务者占多数。我国今日官途拥挤，升沉莫定，失意类多谋教育职务，暂作一枝之寄。若辈对于教育事业，既无维护之诚意，更无信仰可言。平昔既视讲席为发挥牢骚抑郁之地，一朝志得意满，自必敝屣教席，掉臂而去矣。尤可恨者，今日议员绅士凭其威势，逞其私意，视学校为囊中之物，破坏之唯恐不力。此风不改，欲求教育事业之发达也难矣！

2. 以教育为宣传教义之利器者，宜屏诸教育同业之外

教育所研究者为真理、为科学知识。宗教则为反科举的，尚感情、轻理性，

尚迷信、轻事实。曾忆今夏美国某小学教师，因讲授进化论而被教徒控之于法庭，足见宗教之流毒。且教育肯定人生，宗教否定人生。教育所从事者为人世，而宗教则从事天国。教育所重视者为现代，而宗教则重视来世。教育所希求者为生活的康乐进步，而宗教则求灵魂之安慰超度。故教育与宗教根本立于反对之地位。宗教家虽名为从事教育事业，实则暗中破坏真正的教育事业也。教育受宗教徒操纵之时，正欧洲智识界衰落时也。故今日之忠心于教会者，决不宜任教育职务。

近世国家恶教会之阻碍国家主义之发达也，于是先后夺教会之教育权，而置诸国家掌握中。盖以教会只知有宗教，不知有国家。近世教会之所以承认国家之职权者实以教皇大势已去，无可依附，故借此以保持其地位，与夫缓和反对者之空气已耳，岂真效忠于国家哉。独我国教育，数千年来素不受宗教势力之控制，而近世反以教育之责任，托之宗教师之手。政府非但无力干涉教会教育，安心承受帝国主义之文化侵略政策，且复从而揄扬之，称道之，人民亦靡然风从，群集于教会之门，而乐受其熏陶，其为害于国性之发展，与夫国民意识之发达也，彰彰明甚。不观乎欧战①以后法国政府规定师范生必为法人乎？及今又规定宣教师不得为学校正教师乎？吾国当此海宇分崩、邪说横行之际，岂容帝国主义之先锋侵害我国家教育大权哉。自今以后，急应认明宪法，规定国民信教自由为一事，而国家收回教会教育为又一事，宣教与教育判然两途，无相牵混可也。

3. 未受师范训练者，宜退出于中小学教育界

吾国今日政纲败坏，百业停滞，需要人才亦不旺盛。故毕业于大学文理科者，或毕业于普通中学者，每感就业之困难，于是相率投身于教育界。按民国十三年度[1924]江苏中学毕业生出路统计，毕业生总数一千一百三十三人，升学者六百零八人，占全数53.66%。就事者一百八十五人，占全数16.33%。就事中就教育职务者，一百四十人，占就事人数75.67%。其他调查未明者，三百四十人，占全数30.01%。可知，中学毕业生就业之困难，仅此一百八十五人中，竟有一百四十人投身于教育界。大学毕业生出路一时未得相当之统计，然

① 即第一次世界大战。——编校者

据个人观察，不但大学文理科毕业生投身于教育界，即工业大学毕业生亦有任中学数理或英文教职者。盖人才年有增加，而百业未见发达，英雄既无用武之地，不妨谋一教职权作安身。在事实上，今日大学、中学毕业生之任中小学教职，尚不失为合格之教师。但若辈训练既不专，活动之途亦广，难免不存五日京兆之心。普通文官也，铁路员也，邮务生也，皆中学生活动之途也。高等文官也，工厂技师也，新闻记者也，银行经理也，皆大学生活动之途也。一旦高迁，谁复关心教育？今日固不能望不受专业训练者退出教育界，事实上一时亦无如许良好之教师应此需要。然将来大学、中学毕业生出路必有旺盛之一日，斯教育界必有师资缺乏之时，今日亦宜早为之计，毋使不受师范训练者，梗塞师范生服务之途也。

（二）师资之考核

于消极方面既慎于教师之人选，于积极方面更当规定教师任用之标准。当满清末叶，《奏定学堂章程》虽有任用各学堂教员资格之规定，亦从未遵照办理。兹摘其大要如下：

一、大学堂分科正教员

以通儒院研究科毕业，及游学外洋大学院得有毕业文凭者充选。

二、大学堂分科副教员

以大学堂分科毕业考列优等，及游学外洋得有大学堂毕业优等或中等毕业文凭者充选。

三、高等学堂暨优级师范学堂、高等实业学堂正教员

以大学分科毕业考列优等及中等，及游学外洋得有大学堂毕业文凭，暨大学堂选科毕业考列优等者充选。

四、高等学堂暨优级师范学堂、实业学堂副教员

以大学选科毕业考列优等及中等，及游学外洋得有大学选科文凭者充选。

五、普通中学堂及初级师范学堂正教员

以优级师范毕业考列最优等及优等，及游学外洋高等师范毕业考列

优等中等及得有毕业文凭者充选。

六、普通中学堂及初级师范学堂副教员

以优级师范毕业考列优等及中等，及游学外洋得有高等师范毕业文凭者充选。

七、中等实业学堂正教员

以大学堂实业科毕业，及高等实业学堂考列优等者，及游学外洋高等实业学堂毕业得有毕业文凭者充选。

八、中等实业学堂副教员

以高等实业学堂毕业考列中等者，及游学外洋得有高等实业学堂毕业文凭者充选。

九、初等实业学堂正教员

以曾入实业教员养成所，及中等实业学堂得有毕业文凭者充选。

十、初等实业学堂副教员

以曾入实业教员讲习所，及中等实业学堂得有修业文凭者充选。

十一、高等小学堂正教员

以初级师范学堂考列最优等及优等，及游学外洋得有寻常师范优等中等文凭者充选。

十二、高等小学堂副教员

以初级师范毕业考列中等，及游学外洋得有寻常师范毕业文凭者充选。

十三、初等小学堂正教员

以曾入初级师范考列中等及得有毕业文凭者充选。

十四、初等小学堂副教员

以初级师范得有修业文凭者充选。

以上规定，在当时大致尚无不合，徒以开办之初无可取缔。各级学校且无毕业生，外洋游学返国者，尤寥寥无几，实无可充选。暂时办法，只有选用外国教师及“程度相当”者。所谓“程度相当”者大抵为教会学堂毕业生及号称通达时务之科举人才。教会学堂开设最早，惟宗教色彩太重，课程不甚完备。但对于英文、算学，即当时所谓"西学"与"时务"者，尚属认真。故所有各级学堂英文、算学及西学教员，以教会学堂毕业生为最多，即在今日亦不在少数。其次则以科举出身，但对于时务多所鼓吹，即当时之所谓"通材"。凡学堂职员及国文、历史教员充数最多，今日势力犹存。此外更有私塾学究，因缘而充小学教师者亦不少。更次为外国教师，借材异国固当时不得已之办法，惟限于中等以上教育机关。至于今日教师之受专业训练者固年有增加，而资格不合之教师依然充塞。此后整顿教育，自当先行规定教师之资格。惟一切措施，亟待商榷。(注三)兹先述德国教师考核情形，以资借镜。

德国教育经礼教部大臣亨堡(William Von Humbolt)①于一八一〇年七月颁布干涉教育法令，取缔教师之资格，顿改旧观。教员任用，均受国家之检定。中间屡有变更，至一八九八年教员考试改革令颁布后，教员资格益为确定。小学教师修毕三年师范课程后，应于校中受第一次教员检定试验。检定委员以省督学局委员一名，师范学校所在区域之县参事官一名，师范学校校长及师范学校正教员全体组织之，以省督学局长为委员长。试验分笔试、口试两种。笔试之题为：(a) 关于教育学及教授法论说一篇，或关于德文及德文学教授论说一篇。(b) 属于宗教范围之论说一篇。(c) 从几何及算术中详细说明三问题。(d) 从历史、地理及理化中各取一题，对该三问题之答案。(e) 欲担任风琴教授者当作关于音乐之论述一篇。(f) 外国文与德文之互译。口试为关于师范学校之各教科目者，以检验受试者之于其所习问题，能否明了正确，能否讲演谈述，于检定委员全体之面前执行之。此外兼须行实地教授，其科目于受验期前二日通告受验者。受验者之成绩，如有宗教或德文或算术或其他学科中之三科不及格者，即不授以教员之资格。其及格者得暂充国民学校教员。国民学校教员经第一次教员检定试验及格后，须于五年内就任地所在之师范学校受第二次检定试验。试验委员与第一次同，而其试验旨趣则迥乎不同。盖第一次注重复习，而此则于教员之管理学校，以及教授上技能如何，程度如何，熟练如何，皆须检查。因是此项试验，某教员奉职地方之区视学，必共

① 即洪堡(Karl Wilhelm von Humboldt，1767—1835)，德国教育改革家，柏林大学创办者。原文中的外文名有误。——编校者

同将事，证明其实地教育上之成绩。试验亦分笔答、口答二种，倘笔试不及格，则不能应口试。笔试关于学校实务论说一篇，关于宗教及其他学科论说各一篇，行之试验委员之面前，时间甚促，不得过四小时。口试为教育史（特重普鲁士国民学校发达史）、教授学、管理法及各科教授，此外亦有实地试验，为小学校之一教科目之实地教授，其课题于试验之前日定之。试验合格则给与记明各科试验成绩之证书于受试者。监督官厅附记于证书，以证明有正教员之资格（其不及格之学科，每令补习半年再受试验）。其已得正任之资格者，虽经转任，仍为正教员，且有受退隐费之权，并得终身在职，永不罢免。战后旧制师范废除，而代以高等学校，更于高等学校之上，施设三年制的教育大学。凡欲为小学教员者，先入一般陶冶为中心之高等学校，受小学教员之职业的预备教育。毕业后再入教育大学，体验三年之人格的教化生活——专业训练——方得为小学教员。德国虽于国家财政破裂之余，而汲汲焉谋小学师资之改善，毅然于教育经费上增一巨额。若都林奇亚（Thuringia）①、萨逊尼（Saxony）②、汉堡（Hamburg）诸地方，且更彻底地规定小学教师之必受完全四年大学教育，其精神良可佩矣。(注四)

德国中学教师必须经过教员检定试验。其合格者更须经过实地练习，始得充任。兹先述检定试验。试验委员由大学教授、中学教员及国家代表组织之。受验者须为：(一) 九年程度之中学毕业生。(二) 曾在德国联邦立大学修业三年以上。惟欲得数学、物理、化学教员检定文凭，而曾在高等工业专门学校修业三年半；及欲得法语、英语检定文凭，而曾在英国或法国肄习语言学二年半以上者，亦得应试。试验大别为普通试验与专门试验二种。两种均有笔试与口试。普通考试科目为：哲学（心理、论理、伦理）、教育学、德国文学、宗教论。不问属何专科，一律受验。专门试验应于下列诸科中任选一科。(1) 拉丁语、希腊语。(2) 法语、英语。(3) 历史、地理。(4) 宗教及希伯来语。(5) 数学、物理学。(6) 化学兼矿物学、物理学。(7) 化学兼动物学、植物学。应试者须在家中作论文二篇，限十六星期交卷，交卷后由试验委员协议而判定之。判定

① 今译“图林根”，德国州名。——编校者
② 今译“萨克森”，德国州名。——编校者

后举行笔试,以三小时为限。笔试及格者,再受口试。然后综计各项而定其等差。试验及格后,须候地方学务局之命令,分赴有名中学,就其校长及特任之指导教师,研究教育学、教授法及各科教授法一年。此时期内谓之师范研究期。研究之余,复须参观模范教授以资练习。如是研究既终,由指导教师将研究生研究状况报告于学务局,如学务局认为满意,则再分发至中等学校实习一年,此期间内谓之练习教师,每周约担任八小时至十小时功课,且讨究中等学校之法令事务之办法、生徒之管理、学校卫生等事,以其职务上所必需之知识训练。如是实习终了,仍由指导教师报告于学务局,如学务局认为满意,则分派于各中等学校为候补教师(如认为不满意时须重行实习)。至于候补年限,则又不能预定,亦有长至五年或五年以上者。在此候补期内,可任助教之职。直俟教师有缺额时,始得实补为正教员。教员以国家待遇之优异,社会地位之尊崇,专业训练之非易,故一经授职,遂以为终身事业。故教员改业,于德国并不多见。

法国师资考核之严,不亚于德国。教师地位之尊荣,待遇之优异,任职之永久,均与德国相埒。小学教师必经三次试验。第一次为师范入学考试,及格者得初等证书(Brevet élémentaire)。第二次为师范毕业后之高等证书(Brevet Supèrieur)试验(有同等学历者亦得与试)。第三次试验完全为职业的、专门的试验,及格后授以教育适任证(Certificate d'optitude Pédagogique),得为小学校长及完全资格之教师。中学教师亦须受二度之试验,及格于 Licenciés 学位试验者,仅可充作助教师,应试者大概为大学三年级以上程度。如欲为中学正教师,则须受 Agrégés 学位试验,此种试验非常困难,每年只取需要的人数,以补充中学正教师之缺,故实为竞争试验。凡得学士学位者,至少须预备二年,方可投考。惟巴黎高等师范毕业生,则可径应此种考试。

英美二国教师之考核,不如德法之严。尤以美国教师程度至为不齐,待遇亦甚菲薄,地位亦甚低下。小学教师有小学毕业略受师范训练者,有受十二星期之职业训练者(乡村教师),有于小学毕业后受一二年之师范教育者,有中学毕业后受二年或四年之师范教育者。程度不齐如是,加以国内工商发达,生活程度浸高,教师相率改业,国内师资时虞缺乏,而不合格之教师,亦得滥竽讲席矣。故于德法二国,教育已成专业,美国则未足以语此也。吾国今日政治不轨,强邻窥伺,分崩离析,其困难不减于战后之德国。然德国于喘息之余,仍能从容整顿教育，提高教师程度，其精神毅力诚有足多者。吾人期以教育再造国家，对于师资之考核不可不深长思议。如今日之小学教员检定情形，应试者既寥寥无几，未受检定者又无力取缔，实未足以言整顿教育也。

三、教师之训练

教育之所重在以人教人，完美之制度、精密之方法、丰富之教材，与夫优良之设备，苟无适当之人物以运用之，终不能得满意之效果也。故欲整顿教育，欲实现教育专业之理想，教师之训练实为第一要著。言其要者有四，兹分述之如下：

（一）专业精神

教育为专门职业，教育者不但宜有深切之了解，精熟之技能，尤贵乎有浓厚之兴趣，油然而起乐业之情。故师范教育之主要职责，在培养教师之专业精神。"于不谙教育，不习师范者，则严防其潜入教育界，免使教育的效用，因教师之粗劣而减少。于已习师范，已明教育者，则鼓励其从事的兴趣，培养其专业精神，使之不起改业之心，免因熟练之人才减少，致引起教育进步之停滞也。是以师范学校作中心，俾教育界之实际活动家，时时呼吸其兴奋之空气，振作其发奋有为之精神，不因工商业利益之优厚，而起废然思返之念，实为今日之要图。"

"欲使教育者之安心乐业，则教师之物质待遇，与夫社会地位大有改进之必要。但教师之乐业精神，与夫自尊其职业之态度，则为其尤要者也。欲教育者之自尊其职业也，又须于理论上、事实上充分阐明教育之价值，与教育者在国家兴衰、社会隆污中之关系，以唤起其责任心。于教育史之教授，当注意此点。于讲授近代实际教育发达史时，尤当充分注意此点。普之胜法也，归功于小学教师；日之胜俄也，亦然。此皆世人所通知而共晓者也。主持师范教育者，理当即以此等事使学生一深长思之，而得以有见乎教育事业之伟大。人而欲为一伟大之人，欲有所贡献于社会国家，则从事教育事业实为最优的机会，于是乐业之心、自尊之情油然而起，沛然莫能御之。虽有强大之诱惑，亦不能使改途易辙，而思另就他业也。如是则教育界专业原则可成，而教育进步之希望亦无穷矣。"(注五)

为今日之教师，须信仰教育为神圣事业，为救我中国之唯一途径，为实现理想世界之唯一手段，亦即吾人对于国家最大之贡献。陈君启天著《教育信仰论》(见《教育汇刊》四集)其第一段曰："无论现在从事教育的教师，或预备将来从事教育的教师，也无论中小学的教师，或大学专门的教师，我们以什么做自己反省，或他人批评的第一标准呢？我有一个假定的解答：就是教育信仰。……什么叫作教育的信仰？就是说，一个人想投身教育界，首先要信仰教育，以教育的事业为终身的事业，以教育的学术为终身的学术。犹之真正的宗教家，信仰宗教，矢志既定，始终不变，这就叫作教育的信仰。没有宗教信仰的不是真正的教徒，没有教育信仰的也不是真正教育家。换言之，没有教育信仰的，不配做教育家，犹之没有宗教信仰的不配做教徒一样。这种信仰教育的精神，为现在青年教育界所最缺乏。改革教育最要的方法，就是一方训练这种精神，一方又培养这种精神，使青年教育家觉得投身教育界是他的志愿，有他的兴趣，绝不是迫于生计，而以学校为传舍、教育为末路，非其安心立命之所。有这种信仰，才可以从事教育、改革教育。不然，有什么教育可言？一个学校的好坏，可以他的教师所具有教育信仰心的多少与深浅来判断；一个教师的好歹，也可以他所有教育信仰心来评断。教师的教育信仰心愈大，则教育的前途愈有希望，有教育信仰的教师愈多，则教育的改进愈易着手。因为有这种信仰的人，才可把教育当作个专门事业，学校当作个教育机关，不是个人的休憩室与啖饭所了。"斯言实为训练师资之要诀。

办理师范学校不能以专门教育之眼光与手段，使师范生有深切之信仰与专门之知识技能，则师范教育可谓失败。顾今日各省师范学校是否施行专门教育，师范卒业生是否皆有教育之信仰与知能以为终身之职业，实为疑问。今之抨击师范教育者多矣，有以师范为贫民中学，有以中学与师范相同，而有废除师范之建议。提出此项议案者，盖有见乎师范之专门教育与中学之普通教育无异。肄业于师范与肄业于中学之学生，既同修普通教育，毕业后同作升学运动。即不升学而就事者，亦同归于教育界(中学毕业生就事者 75. +%[①]入教育界)。而一则有公费之津贴，一则须自筹各费。故以师范之课程及待遇言

① 原文如此，疑意为"超过 75%"。——编校者

之，呼为贫民中学亦不为过，再考师范之专门课程标准与中学之普通标准，其不同者，仅十余时之教育学程，及增加数小时之农工商业学程耳（参看部定师范学校课程与中学课程）。即师范学校各种普通科目之下，虽列有教授方法之规定，但教授之人并非师范专才，其非学校出身者尤不在少数。比如国文一门，担任者多由科举出身，而师范生将来教学尤以国文教法为重要，兹欲求此辈国文教员以最有效的最经济的国文教学法，传习师范生，能乎？否乎？参观一门，各校虽皆举行，但非参观研究实施教法情形，不过借此游览胜景，消耗公帑耳，或谓旅行式的参观，非刻薄也。实习教学，尤是徒拥虚名，各校既无组织的学程，附小教师尤无指导之资格，实际言之，师范生借此获得教育经验者，实居少数。今日新制师范代兴，课程亦多改弦易辙，六年训练，专业精神当能贯彻。教育学理、教育技能，宜有更深之了解、更多之习练。如以六年之长期训练，而仍不能养成教育之信仰，了解教育之学理，获得教育之初步技能者，则请不必再高标师范之名，则改为中学可也。

顾欲使师范生精通教育原理、熟练教育技能，除注重职业课程外，师范学校必有特殊之精神、特殊之空气。所谓特殊之精神、特殊之空气者何？曰："教育"是也。学校之所充满者，教育的空气，学生之所怀感者，教育的兴趣也。一入学中，耳濡目染于不知不觉之间，选择教材也，编制学级也，教学方法也，成绩考查也，与夫学校行政也，事事皆合乎教育之理想。夫然后学者皆知教育学理有普遍之效用，不但应诸口说，形诸笔墨而已也。

（二）多方修养

"用志不纷，乃凝于神。"固属训练师范生专心致志之道，然师范学校徒有狭隘之职业训练，而不能使学生有宽阔之胸襟，能了解他人之理想，欣赏他人之服务，体谅他人之困难者；以至当代文化、本国民族精神，觉莫明其所以者，则亦背乎教育之本旨。盖教育者绝非窄狭的呆板的训练，乃将扩张与改造个人之经验者也。师范学校仅有职业的训练，而无多方之修养，直可谓之师范"训练"，不得谓之师范教育。

且夫教师者，乃文化之承转人，国民精神之鼓铸者。既为文化之承转人，故对于当代文化能了解、能欣赏、能默会于心，而形诸笔墨口舌，使未来之国民受其涵润。教师既为国民精神之鼓铸者，则对于本国文化、本国民族之特性，宜有更深之了解、更深之信仰，以之凝整国民之心意、融洽国民之精神。今之师范生往往受中学之同化，聚精会神于英文一科，视国文为无足重轻。微特于子史未窥其大要，即操纵中国数千年思想界之四书，亦未寓目，是又乌足以了解本国之文化，陶铸民族之精神哉。

观德国之师范教育，以旧制师范训练过于狭隘，学者比诸“同族结婚”“兵营生活”。彼邦于一九一一年，教育舆论界形成一师范学制。主张改革师范学校为高等学校，使成为具有深厚的学术意味之普通教育机关，以矫正从前普通教育过于肤浅之弊。高等学校重视一般的陶冶，而撤除职业陶冶。毕业后再入教育大学，受专业训练，高等学校改革从前以外国文、数学、自然科学为中心之制度，而以德国之文化资料代替之，于是遂生德国青年教育之重心，应为“德国科”(Deutsoho Kunde)之主张，而高唱德国文化，必须成德意志高等学校之第一教化资料者。高唱德国的经济与劳动，德国的国语与文学，以及德国的历史、风俗、信仰等，确有其陶冶的价值，而应采作学校教育之中枢者，实繁有徒，且多为学界巨子。高等学校之目的，为创造统一的德国文化，而又发挥德国之固有文化。故其所努力，在以德国文化为核心，而吸收各国文化。且更重视现代精神，并不为复古运动。其目的在造就健全的“人”，造就健全的人，即所以造就健全的教师也。其着眼点在培养民族的心性，精炼民族的素质。盖德意志民族之得为德意志民族，全恃其教育界能保持此精神也。高等学校而后，乃继之以教育大学，施行教育的职业训练之场所，以何种机关为适宜乎？德国人之答此问题者，不无欲以从来之大学负担此责任者。但多数人皆认从来之大学不适合于教员养成之目的。莱布锡大学教授休布兰加谓：“为教员之道有三：一为储蓄为人的教养，教师所以须卒业于高等学校者以此。二为职业的陶冶，教育职业为‘树人’的职业，故必须授以人文的理想为基础之教育。三为教师必须具有尽量用教学必要的教育资料，以善导儿童之志愿。具此三者，方得为新教师，如是之新教师，绝非偏重学术，而置‘教育’于第二位之旧式大学之教育科所能当其任者。”旧大学之学风，偏于理论的修养，缺乏“全人”的生命，故新教育大学有创立之必要。观德人理想之高超，令人起敬，亦足见“一般陶冶”于师范教育之重要也。(注六)

（三）人格训练

科学家所运用者物质也，所控制者物质之变化也，故科学家之所重者知识也。企业家之所运用者资本与劳力也，所希冀者利润也，企业家所重视者，远大之识见也，灵活之手腕也。而教育家不但贵乎有丰富之知识、远大之见解，尤贵乎有高尚之人格。教育家所化育者人也，所控制者人类气质之变化也，教育之所重者，不但在以特殊之技术授人，不在以整块之知识教人，而在以人格化人。教师持身不谨，予学生以不良之范式；出言不慎，遗学生以不良之影响者比比皆是。故师资之训练，以人格教育为其核心，不但见诸书本，闻诸师说，且将于日常生活中身体而力行之。举凡起居饮食，藏修息游，在在足以表示为人之道，庶几无愧乎为人师表。

夫教育之所化育者既为活泼的人，故为教师者决不能以一己之好恶、偏狭之成见，易其教育之方针。情性不一，意趣多方，宜有以兼存而长养之，狂者有余，狷者不足，宜得其中道而行之。为教师者宜有敏锐之观察，与夫精心忍耐之德行，然后能领会教育英才为天下之至乐。

美国密西干州关伯雪朗第师范学校校长麦根力（Mc-Kenny）[①]曾以彼所希望于教师之人格者解析如下：① 同情，② 诚实，③ 公平，④ 灵活巩固之学识，⑤ 礼貌，⑥ 重理想目的（参看郑译密勒[②]氏《人生教育》二五一——二五三页）。同学罗君廷光亦曾以彼所希望于教师之人格者，分析如下：[注七]

1. 有坚定正确的人生观，尤其是教师的人生观内含：

① 抱定教育建国的信仰

② 了解教育与个人及国家社会之关系

③ 有始终从事教育的决心

④ 有艰苦卓绝的精神

⑤ 有富贵不能淫、贫贱不能移、威武不能屈的气概

2. 有坚强的体魄

3. 有爱好儿童之态度

---

① 今译“麦肯尼”。——编校者

② 今译“米勒”(Irwing E. Miller)。《人生教育》即 *Education for the Meeds of life*。——编校者

4. 有科学的头脑

5. 有试验的精神

（四）事业分化

中学课程之分化，所以适应学生之个性也。大学科系之分立，依学科之性质便于专攻也，师范教育则不在适应学生个性，不在养成科学专家，而在乎适应职业上之需要。故高等师范之分文史地、数理化等部，为合于中学校之需要也，其有以大学分系办法，甚至设地质系、社会学系者，误矣。师范学校课程，如采用中学分科办法，而分文理农商等科者，此不明师范教育之本旨者也。师范课程之分化，不宜为学生个性分、按学科性质分，宜视职业上需要何种人才，即造就何种人才，依今日教育界之需要，除各级学校教师外，尚需行政人才，如指导教员、视学员、各种学校校长，均应分别训练。美国哥伦比亚大学师范院，造就教育人才之课程，都六十五种。盖各种人才需要之知识技能各有不同，非专门训练不能有效。依吾国今日之需要，师范教育当养成下列各种人才。

(1) 幼稚园及小学初年级(一、二年级)教师

(2) 小学高年级(三至六年级)教师

(3) 初中普通学科教师

(4) 高中普通学科教师

(5) 乡村学校教师

(6) 师范学校教师

(7) 教育行政人员

(8) 体育教师

(9) 艺术学科教师

(10) 各种职业学科教师

上列分类依余家菊先生所拟。训练之宗旨，在能供应教育界各种需要。各种教师之训练，应列于同等程度，不当以教师之智能，但能高出学生之智能若干分量，即无损越之虞。盖教师所授与学生者诚有浅深之别，而欲贯彻教育宗旨，实现教育专业之理想，各种人才宜有同等程度，不应有深浅高下之分也。

四、师范教育之政策

教育为国家之任务，师范教育之设施，原为国家造就师资，非为广招寒士，以宏造就；亦非为任何地方、任何团体之教育机关。故他种职业学校，可自由设立，师范学校则完全为国办。盖欲凝整国民团体意识，贯彻国家教育宗旨，必先使师范教育有一致之精神，守共同之法律。且教师名额及师范之设置，均须由国家通盘筹算，使供求相当，无过剩与不足之虞。斯二者能实现，则教育之基础定矣，教育专业理想成事实矣。惟今日师范制度正在摇荡之中，师范教育亦现紊乱之象。于此摇荡紊乱之时，吾人当力求拨乱反正。兹请陈四事：

(一) 取缔私立师范及教会立师范

私立初级师范及师范大学，今日固不多见，而私立专科师范，则已星罗棋布。其内容姑不论，然其违反师范国办政策，了无疑义。其所造就之教师，专科知识之高下如何，教育知能之高下如何，亦可暂置不问，其不能依据国家师范教育宗旨，不能与国办师范有一致之精神，自属意中事。若是则吾国今日师资虽形缺乏，而此种不明国家教育宗旨，不受国家教育政策指挥之教师，虽多亦奚以焉。

教会立师范为今日所急应收回者。盖欲陶铸国性，凝整国民思想感情，而以师范教育托诸教会之手，直南其辕而北其辙也。夫教会师范之目的，在养成宣教师耳，不在养成国民教师也。教会师范之学生，必诵圣经，做礼拜。希望学生步教徒之步，服教徒之服，言行举止皆以教徒化为归。彼徒曰："小学教师必须胜任宗教上之教导。"又曰："教徒对于生活的态度乃为良好教师必备之要件，师范学校的学生生活宜以此为榜样。"(见《中国基督教事业》)是则教会师范之违背国家教育宗旨，显然可见。夫教师者，学生之指导者，亦学生之伴侣，其言行举止，能影响学生之终身事业，教师而迷信宗教，甘为帝国主义文化侵略之先锋队，将置吾祖国于何地耶！

(二) 教师名额及师范学校设置之规定

师范既确定为国办，则全国师资之需要总数有通盘筹算之必要。师资之需要，随学校之增加、教育之普及而益大。吾人如认定民主国民有享受教育之权利，国家有企图教育机会均等之责任，则目前因政治纷扰所招致之教育停顿，决不足以使有志者为之短兴。故吾人得依据吾国教育界所应有之现象，以讨论师资之需要，而商量今后之方策。

我国人口依国务院统计有 377 673 424 人(蒙古未计)。依民国十年[1921]海关统计有 443 382 000 人(蒙、藏、新疆未计)。民国十一年[1922]邮务局统计有 447 154 953 人(蒙、藏未计)。大体言之在实数上决不至少于四万万人也。依各国通例计算，学龄儿童约占全人口五分之一。吾国四万万人口，实得学龄儿童八千万。暂定义务教育年限四年。在各国率为八年或九年。是故吾国之学龄儿童与全部人口数之比例，大体上应减少一半，故姑认定吾国应有小学生四千万。目前实际上则只 4 842 368 名(依民七[1918]、民八[1919]统计)。依十三年度[1924]统计则有 5 965 957 名。是在入学年龄而尚未入学者，实有三千四百余万。换言之，吾国学龄儿童之已入学者，但有百分之十五弱，其未入学者占百分之八十五强，去普及教育之标准尚远也。

又查各省区小学教师数为 223 219 名，以视五百八十余万之小学生(教会小学不计)，每一教师约抵当二十六名学生。准此，则四千万学生必须得教师一百五十余万，方能任教育之责。纵令将来每一学校因强迫入学之故，学生人数激增，每一教师所可教育之儿童，势亦不得超过四十名。如是则欲实施义务教育，亦需教师一百万人。目前所有者仅二十二万余人，尚约缺七十八万人。此七十八万人将如何养成之，实师范教育之大问题也。

又考吾国各省区师范学校共二百七十五所，在校学生 38 277 人。每校约有学生一百三十九名。如是则一百万教师之养成，须有师范七千一百余校。纵令每校能招集多数学生，而满足部定之最高额(四百名)，须有师范学校二千五百校。以目今已有之学校视之，不过及百分之十一。则师范学校之设置，当为今后努力之一大目标明矣。且征诸各国师范学校状况，比国人口七百五十余万，有师范学校五十余所。荷兰人口六百三十余万，有师范学校八十二所。法国人口三千九百万，有师范学校一百六十六所。我以四万万人口之国，如以比利时为比例，应有四千师范学校。即以法国为比例，亦应有一千六百校。而今所有仅得其六分之一而强，不亦为数过小乎？

又按中华教育改进社统计，现有师范专门学校学生三千零九十三名，中等教师总数 20 189 人，约当六点五分之一。又此项师范专门学生，暂以四级分配，每级平均得七百七十余人，是即谓每年可得七百七十余中等新教师。此项毕业生约当现有中等教师二十六分之一，然中等教师每年因疾病、年老、死亡、改业而退职者，当不止二十六分一，是则目下高师在校学生尚不足补充退职教师之数，况言中等教育之扩充哉？查各国中学生数与全国人口，常成百分之一乃至百分之二之比例。吾国四万万人口，即以百分之一为标准，亦当有四百万中学生。假定每一教师所教学生之比例为四十名，亦须有十万之中等教师。若以现状为根据，中等教师二万有零，中等学生十八万余人，每一教师所教额数不足十人，若是则吾国中等教育发展至各国水平线程度时，必须有四十万教师方可济事。又假定每一师范大学收学生千人，则今日须有师范大学四百所。纵使国中一切大学皆为师范大学，一切大学生皆为师范生，犹不足以供应其需求。寥若晨星之三四师范大学，犹视若赘疣，以不合经济而排除之，以吾人之教育专业理想观之，真所谓“开倒车”矣。

今日教育之不振也如此，师资之缺乏也又如彼，吾人之教育专业理想，自不能于此时急求实现，然为国家前途、为教育本身计，吾人不得不向此途努力也。

（三）师范学校应独立

吾人已确认教育为专门职业矣，教师当受专业训练矣，则造就师资之师范学校，自有特殊之目的、特殊之设施，碍难任他种教育机关越俎代谋，更不容已成立之师范学校与普通中学合并。与商业或工业学校之不能并入中学，工业或商科大学之不能并入大学文理科，理属当然，无劳争辩。盖吾人主张之教育专业理由，亦即师范学校独立之理由。前述教师之专业训练，亦即师范学校应独立之理由。且舍师范外，更无第二种教育机关可以代劳。常乃德君所著《师范教育改造问题》，亦曾畅论师范独立之理由。其言曰：“普通反对师范独立的人，主张师范的目的，只要学习丰富的知识，至于传达智识的方法，不必管他，这固然是错了。然而，若主张师范可以独立的人，却也只说师范学校是一种专门职业的养成所，他的意思便是说，师范学校不但要学得知识，还要学得传授知识于别人的技术，这话固然较前说为进步，但还不是彻底了解师范的性质。我的意思，以为师范学校固然不仅是一个学习知识的处所，却也不仅兼是练习技术的地方，他是于这二种目的之外，还要注重人格的锻炼，养成一种对于教育上的信心。……所以，师范教育假使真正只有第一个目的——学习知识——的话，则师范学校真可以不要，如果兼有第二个目的——练习技术——的话，则师范学校便有单独存在的必要。如果于前二目的之外，更兼有第三目的——锻炼人格——的话，则师范学校不但有单独存在的必要，而且除了师范学校之外，也再没有第二种学校，敢有权利主张也可以负担这个养成教育者的大任了。然而，师范教育确有这三个目的，这三个目的缺一不可的。”洵确论也。新制中学有得设师范科之规定，固属补救师资缺乏之暂行办法，然决不能以中学得设师范科，进而废除原有之师范学校。尤可虑者，中学既得设师范科矣，于是私立中学及教会立中学亦援例设立师范科，紊乱师资训练之方针，立法者不得辞其咎也。

（四）师范生应享受公费

考德法二国，师范系统最严密，训练亦最一致。师范生均享受全部或一部分之公费。英国师范生在二年修业期内，每人共纳三十五磅于学校，而国家则每人年助五十五磅。我国师范生学、膳、宿各费全免，讥者谓之慈善事业，宏开广厦，寒士欢颜。[注八]不知师范生之享受公费，非济贫，亦非饵诱；乃所以尊师，所以励志。而主要之图，在求教育行政上之便利。盖师范生既有享受公费之权利，即有服务之义务。服务年限既有规定，可使教师久于其任，专壹其志，而教师成为专业。且每年退职之数率，与补充之数率，易以比例预测，师资分配易于调度（乡村服务应另订奖励专章），其便于教育行政为何如。或谓今日服务规程无法实行，此缘政治纷浊，致教育行政发生障碍。设一旦政治顺轨，厉行国家政策、服务规程，安见难行，似未可以一时变态而因噎废食也。

五、教师之服务及待遇

（一）师范生之服务

英国师范生服务期限，十年内须有七年。法国师范生服务期限十年。德国师范生服务期限五年(各邦不一律,大多如是)。我国初级师范生服务期限:第一部公费生七年,半费生五年,自费生三年,第二部生二年。女子师范毕业学生公费五年,半费生四年,自费生三年,第二部生二年。如因特别情事,有行政长官认可,亦得就职于他省或华侨所居之地,从事教育事业。如欲更求深造,在服务之期间内入高等师范学校,行政长官允许之后,其服务义务即展缓。如该校亦有应尽义务,其年限又与原有年限相当,则原有之义务亦得免除。行政长官尚得因特别情形,酌量减免毕业生之服务义务。如无行政长官正式之允许,在服务期间,以自己一方之事由未能服满其义务者,则公费生应令偿还学费及给予各费,自费生则令偿还学费。不过此种事由颇多,性质复杂,尚得酌量情形,免其一部或全部耳(见《师范学校规程》)。

高等师范学校卒业生,自受毕业证书之日起,于一定期间以内,负继续从事于教育事务之义务。其义务之期间,则以学科之异同,及自费公费之区别而不能一致。本科公费生服务期,自受毕业证书之日起,以六年为限。专修科公费生之服务期,自受毕业证书之日起,以四年为限。如经教育总长特别指定职务,或服务于边远之地者,前者得减至四年,后者得减至三年。本科、专修科自费生服务之期间,视公费生均减半。如遇有特别情事,不能依规定期限服务者,教育总长得酌量展缓或免除之。在服务期内,如愿入大学或高等师范研究科者,得呈请教育总长认可。如无正当事由,未履行此义务,或服务期间中因惩戒免职,或教员许可状被剥夺者,在公费生应令偿还学费及给予各费,在自费生应令偿还学费(见《高等师范学校规程》)。

师范生既有享受公费之权利,自有服务之义务。师范毕业生不愿服务,而谋改业或升学者(师范毕业生升高等师范或大学教育科者为变例),实为师范教育之失败。今日师范学校之训练不专,教师酬报太薄,盖以政府无力支配师范生之服务,故师范生之改业或升学者,未能执行追偿各费之规定。据江苏省教育会民国十三年度[1924]师范生出路统计,服务教育者五百十二人,占全数82.05%。升学者五十三人,占全数8.5%。死亡七人,赋闲及调查未明者五十二人,两占全数9.45%。兹更将民国五年[1916]来江苏各师范毕业生服务及升学比例,表列如下。

观下表可知各师范毕业生百分之八十以上服务教育。升学者不及百分之十,改业者亦甚微少,且不现增长之趋势。惟服务比率微见下降,升学比率微见增高耳。江苏工商业较他省为发达,发财之机会较多,而师范生并未谋改业,他省情形,想不致有大变。盖今日教育界虽清苦,然改业亦殊不易。高师毕业生之服务状况,吾未知其详。想今日中学教师之待遇,尚不十分清苦,教育事业亦较他界为安稳。故今日师范毕业生之升学或改业问题,尚不十分重大也,所虑者在将来耳。

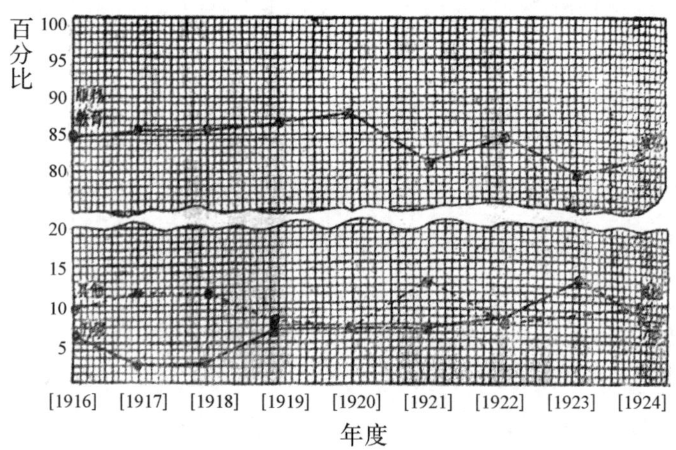

九年间江苏各师范毕业生出路比较表(百分比)

抑今日师范生服务,国家既未有支配之权能,更无确实之保障,使之安心服务。德法二国教师,如经检定指派服务后,可终身任职,非有大过,永无撤任之虞。我国师范生之程度,虽未能媲美德法,然优良之教师,国家宜保障其服务,今也或以地方士绅之喜怒而进退,或以校长之更易而迁调,使教师时虞地位之不保,酿成今日教育界之不安定状态。此风不改,教师殊难安心供职也。

(二) 教师之待遇

今日小学教师之窘状,为一般人所深知。据调查报告,均有"小学教师连衣食住都维持不住"之结论。据唐轂君等之调查,称:"他得出来的现俸中数是一百六十元零二角五仙。第一年俸的中数是一百二十五元一角,个人每年费用大概要百元光景。照现俸论,每年只有六十元可以供家用。照第一年俸论,每年只有二十五元供家用。若论女教员大概每年自己用还嫌缺乏些。又据积蓄和亏空的表内所载，积蓄的人不满百分之二十，亏空的人倒有百分之四十六弱。亏空的中数是二百六十七元八角六仙。又其估计单身小学教员的年俸的中数为一百八十七元。各人估计有子女四人的小家庭的教员，年俸的中数是四百零九元。未婚的希望结婚后的年俸的中数是四百十七元。总之，不问单身或是有家庭的，照其现俸来计算，总不敷用。"(注九)而杨鄂联君称："山东省的小学教员平均每月不过得十二吊钱(双铜子五十枚为一吊)。江浙小学教师平均月入八元。"此盖指乡村小学教师而言。其窘状可知矣。

我国中学教师之生计，较小学教师为宽裕，然已颇感拮据矣。据廖茂如先生之调查，中学教师年俸中数七零六元有零，个人全年用度中数二九三元有零，家用中数三六六元有零，然年来干戈扰攘，教育经费积欠经年，少亦数月，中学教师亦时不免捉襟肘见矣。

生活程度继涨增高，而教员薪俸非但未见增进，且并此低廉之月俸而不能得，是又安得责其终身任职，悉心研究哉。后此数十年，此风不改，吾恐教育界将无复有第一流人物矣！美国麻省测验师范生一般智力，较大学生为劣下，盖皆以各校淘汰之余而入师范也。诚以美国小学教师每年所入，不及一黑人之业拭鞋者，为数甚夥。大战以后生活程度浸高，而教师薪金未见大进，生活既处困难，故人人视教职为长途，由是而师范学校之学生数逐年减少，在职教师亦谋改业。故师资缺乏，为今日教育界之紧急问题，而引为深忧大患。教育领袖，已见机而作，提倡加薪运动，各省亦逐渐推行，且有制定退隐金制度者矣。

德法二国教师待遇优异，地位亦较崇隆，教师程度亦较齐整，故教育界不现阢陧不安之象。考德国小学教师均有年功加俸，并供给住宅或房租以及养老金抚恤金之规定。中学教师之待遇亦优，且其地位等诸上级官吏，按级升迁，与法官、教士受同等之尊敬。法国教师之待遇，与德国同样优越，中学教师职位，既不易谋得，地位亦殊崇高，故教师颇安心供职，不谋改业。

吾人试一较美利坚与德法二国之教师待遇，即可见教师报酬之厚薄，地位之高下，与教育专业问题之关系。吾人期以教育再造国家，当永以合众国之覆辙为戒，而以德法之成效为师，为我中华文化渊源之教育事业，一开生面也。

六、结　　论

教育专业之于中国，或不免为高远之理想。然于理论上既有坚强之根据，于欧美先进国中既有显著之成效，逆料于我国前途，更有实现之可能与必要，则吾人今日即认为有研究之价值，并预备作长时期之努力。自问此心此志，完全为国家社会，为教育前途，无惧乎"垄断"与"包办"之毁誉。即谓之"垄断教育""包办教育"，揆诸分工原则，亦属理之所当然，受之亦无愧焉。

附言：是文之作，颇得力于余家菊先生之师范教育讲演。其他各家意见，亦多所采取，均表感谢。

十四年[1925]十二月作于南京

(注一) 余家菊：《教育科在大学中之位置》，《敷教》第六期，东大教育科出版

(注二) 常乃德：《师范教育改造问题》，《教育杂志》十四卷号外

(注三) 盛朗西：《教师之专业的训练》，《中华教育界》十卷九期、十期

(注四) 李勉韶：《德法英美四国中小学教师养成之比较》，《教育汇刊》第五集

(注五) 余家菊：《师范教育讲义》

(注六) 参考余家菊：《师范教育讲义》；任白涛：《德美师范教育改造问题》，《教育杂志》十五卷十一号

(注七) 罗廷光：《国家主义与师范教育问题》，《中华教育界》十五卷一号

(注八) 汪懋祖：《师范教育三大问题》

(注九) 唐毂：《中国小学教师问题》，《中华教育界》十四卷二号

教师分等制

——教育行政问题之一

常道直*

引　　言

年来，国内教育研究之空气渐见浓厚，于教学上新方法之输入，尤为盛极一时。教育行政方面，虽亦不少注意及之者，但教育大会行政组之所讨论，高专大学行政课程之所讲授，（就所知者而言）大率侧重学制系统、机关组织方面，而于实行制度、运用组织时，所必然遭遇之种种行政方面问题，如教师任期、薪俸等级、退职恩俸（当解为社会因教师服务多年，于其年老退职时，酬其恩惠之金）、评定等次、建筑标准、教育经费、簿记制度等等，则研究之者尚不多见。

美国人于教育方面，哲学理论之研究或不及欧洲英德诸邦之深邃。但于实际问题之研究及解决，则其专精独到，修理井然，实自具有一种不容否认之价值在。

---

* 常道直（1897—1975），又名导之，江苏南京人。金陵大学、北京高等师范学校教育研究科毕业，留学美国哥伦比亚大学师范学院主攻教育行政，获硕士学位，后又留学英国伦敦大学、德国柏林大学研究哲学。曾任中央大学、北京师范大学、安徽大学、四川大学等校教授、教育系主任、教务长等职。发起成立中国教育学会，为民国教育部第二批部聘教授。主要著作有《增订教育行政大纲》《各国教育制度》等。

本文原载于《中华教育界》1926 年第 16 卷第 2 期。——编校者

作者拟于读书之余，将美国教育学者关于实际问题研究所得之成绩，准据我国现时之需要，编次为“教育行政问题”以供国人之借鉴，且以引起研究实际问题之兴趣。倘亦国内教育学者之所首肯者乎？

十五年[1926]一月三十日于纽约露素院

教师分等制(teacher rating)即是用分析方法，列举良教师所必需具备之种种构成要素，而凭之以评定教师效能之制度也。评定之者，率为校长、各科及各部主任、视学员、辅导员及教育局长。亦有由教育行政当局按期发给教师一种表格，使其本自己之辨别力而决定自身在表格上所居地位者。要之，无论何者，其主要目的皆在发现某特定教师之优点与弱点之所在，然后徐图改进其教授效能。此制于进退教师、上下薪俸等等，虽亦具有重要功用，然而绝非最后目的也。何则，进退教师、上下薪俸，特为选择良教师之方略，其终竟目的仍在教授效能之增进也。

本篇所涉论要旨及其范围如下：

一、教师分等制研究之略史。

二、反对教师分等制之理由及其答辩。

三、域格氏对于分等制之贡献。

四、简便之分等法举例。

五、关于教师分等制之学说摘要。

六、教师分等制之现状。

七、教师分等应用表格举例。

八、我国教育行政问题之一束。

一、教师分等制研究之略史

自有学校以来，即有评定教师优劣方法之存在。惟前此评定高下，率凭个人所得之印象与主观的判断。若夫企图以比较可恃之客观方法代替漫无标准之主观方法者，则在美国教育界，为最近二十年来之事。兹将最先研究此问题数人所得结果略为介绍于此。

(一) 米利安氏(L. L. Meriam)之研究结果(一九〇六年)

米利安氏研究题目为《师范教育与教授效能》,内有一章研究教授效能与师范学校之学业成绩之相关度,欲以解决“良好的教师是否即为淹博的学者?”“师范学校之各种学科效用若何?”。换言之,在教师间技能高出同侪教员者,是否即为在学校时成绩超越侪辈之学生?研究目的乃在决定何种元素构成干练之教员。彼用统计方法,研究结果发现,师范学校之地位与教授上之胜利,其间之相关度极低。彼又发现在校期之实习教授,尚略有预测毕业后教授技能之功用,至若包含专业的教材之考试结果,亦不足为个人教授上胜利之指数。米氏以相关度数表示此中关系:

教授技能与实习教授之相关度	+0.39
教授技能与心理学之相关度	+0.37
教授技能与教育史原理之相关度	+0.28
教授技能与教授法之相关度	+0.29
教授技能与普通学科之相关度	+0.22

据米氏研究所得结果,经过一年之教授以后,经验对于教授之改进上,功效甚微云。

(二) 衣立奥特(E. C. Eliot)①之研究(一九一〇年)

衣氏于一九一〇年发表其《试用教师技能测量表》。此种等级表,其后数经改正,但重要元素概保持其旧。彼之表式将教授效能分为七项,每项给予若干分数,合计共一〇〇分:

一、身体的效能	十二分
二、道德品性的效能	十四分

① 今译“埃利奥特”(Charles William Eliot,1834—1926),哈佛大学教授,美国20世纪上半叶著名教育管理学家。——编校者

三、行政的效能　　十分
四、应付问题的效能　　二十四分
五、计划的效能　　六分
六、成功的效能　　二十四分
七、社会的效能　　十分
以上合计一〇〇分

将教授技能分析为若干要素，使人易知某教师缺点之所在，因而为之救济，乃是衣氏之特别贡献。

（三）巴埃斯(Boyce)①之研究(一九一五年)

巴氏在全国教育研究社第十四年年报发表其《测量教师效能之方法》。彼收集多数关于一般能力与特殊质性之记录。然后用统计法，算出此等特殊质性之比较的重要程度。彼所用之方法较米氏为进步，但其大体则相同云。

（四）奈特(F. B. Knight)之研究(一九二二年)

奈氏就教员一百五十三人，令此等教员相互评定其高下，然后就其结果算出教授效能与各种质性间之相关度。彼将一般的教授技能与年龄、经验久暂、书法、由测验而得之智慧、对于学问之兴趣、师范学校之学业程度、任职期内之职业进修等等，均一一算出。但其间之关系率甚低，不足为评定教师高下之标准。普通教授技能与专业试验成绩＋0.541，师范学校学业＋0.153，智慧＋0.108。彼之研究又证明兴趣一要件，于增加教授胜利上颇有关系。但在中学校，则智慧与教授效能之关系甚深。彼意可用以预测教师教授上之胜利。

二、反对教师分等制之理由及其答辩

美国教育界人士之反对教师分等制者，在数年前为数颇众，柏那脱女士

① 今译“博伊斯”。——编校者

(Ava Parrott)[1]在一九一七年之全国教育联合会声称:

> 分等制实为根本错谬;公正而确切的应用,乃事之不可能者。此制足以使教师对于己身及在儿童父母与生徒之前降低其身份与尊严,实属不仅非必要,而且有损于教育价值,使其不得与他种高等专业比肩云云。

柏女士之主张可以简单分析为以下各点:(一)分等制有妨教授事业之尊严,使不能成为高等专业。(二)分等标准因人而异,故难得其平。(三)分等法常易被人滥用,而为不公平之待遇。(四)此制强令教师追随辅导员之好恶,而妨害其教授生徒以其实际需要之物。以上各节理由是否可信,请略加研究。

分等制果足妨碍教授成为专业乎?法律界、医药界都无所谓分等制,是固然矣。惟吾人须知从事此等专业者,类多事前经过比较一般教师更长期、更专门的训练。且此等专业中亦自有一种标准存在,不及此标准者时而被排出于该业以外,是其明证。现时之教师分等制其主要目的之一,尽在于由鼓励在职教师受更进一步之专业训练,因而增进其教授效率。域格氏(H. O. Rugg)[2]谓:"最急切的教育需要之一,即为训练在职之教师。当彼等初从事教授时,十九皆未受充分训练者。加之,任职期又甚短,普通仅二年。每年至少有175 000新教师开始教授生涯。此等情形在小镇、市中尤为显著。此等镇市容纳一般以此为传舍之教员,而成为大城市教师之训练中心;因彼等稍积教授经验便亟亟转往大城市也。在大城市中情形相异。长期的任职,其中极少间以进修的训练。一种按年机械般的增加薪俸制,益以长久的任期,趋于使教师成为一种故步自封之手艺工人。对于此等教师罕能望其对于自己之工作发生一种建设的批评态度。"由是可知,由分等而促进教师之专业训练,正所以增高教授事业之地位,使得与一般专业比肩也。

---

① 今译"帕罗特"。——编校者

② 今译"拉格"(Harold Ordway Rugg,1886—1960),美国教育学家、课程编制专家,哥伦比亚大学师范学院教授。——编校者

评定教师等级之高下果因人而异乎？柏女士以为一个教师所列之等第，常因评定者而异，即在同一评定人，于时间先后亦有差别，此在今日诚为不可免之现象。此其故，尽由于吾人对于表中之各要件所含意义未尝明白厘订，对于分等制建立客观之标准之困难，由于人类判断力之差别，且由于规定与应用上之错误所致。然当制定表式时，经过各方之合作与坦白之讨论，此等缺陷类多可以避免。现时于观察与判断方面已经有加以改良者。此后自当对于制定表式与应用上多加注意，若因噎而废食，吾未见其可也。

分等计划果易被滥用乎？果行政及视察人员存心偏私或系政客之流，分等制果然给予彼等以无限机会，借此排除异己，援引私人，而置职业道德于不问。关于此点，救济之法不在径行废除而乃在如何保持公平，防止偏私。

分等果真迫教师追随视察及行政人员之好恶而遗忽儿童之需要乎？此项疑问，显系根诸误会分等制之性质而来。事实上，偏狭之教师，在所不免。惟于此须知良好的分等法，其要义乃在制定时须得教师之协作，并使教师自己应用之，彼之自己评定可为共同讨论之根据并且可为视察辅导员比较之资。简言之，分等制绝非以一方面之好恶令他方面强同也。

三、域格氏对于分等制之贡献

域格(H. O. Rugg)谓教师分等运动，在现时尚未可视为成功；并谓在某某数市中，此制之运用已经失败。每见有采用一种分等表格试用数年之后，即被弃置，而认为不满意者。一般教师多有反对此制者，即教育行政人员亦每怀疑其价值。彼分析现制陷于不进步状况之原因为以下数种：第一，一般分等制，其主要目的并不在促进教师之自己进修。据彼之意见，若欲使分等制真正有实际效用，须特别注意由自己评定而达到自我改进之目的。盖欲在职教师之改进，其第一步须使其能以由一种客观的测度方法，而自觉其优点与弱点之所在。欲达到此目的，则规定此种格式时不宜由行政人员片面决定，而以上临下之态度应用之可知已。第二，各种品质之解释，疑义滋多，而且为非客观的、不确定的。各项品质之含义既不明晰，则彼评定者与评定员间自难得共同之了解，一般表格多用一单词表示一种品质，如同情、干练、热诚、忠实、公正等等，无怪评定之结果,每因人而异其等第也。第三,各种品性之分类不明晰,每每成犬牙交错之势。例如,自制与敏练、秉公与正义等等意义,即不易划分清楚也。

域格氏为避去以上所举缺点,乃提出一种由自己评定而达到自我改进目的之行政的方术。彼创制 A、B 两种格式。A 种将教师之质性分为五大类:

(一) 教授之技能。

(二) 管理之技能。

(三) 与人协作之品性。

(四) 长进与接近新思想之质性。

(五) 个人的与社会的质性。

据彼之自言,制定此计划时,曾经与中等学校教员以及校长、教育局长一同讨论决定,努力免去各种质性之互相重复。表格中,包括多组具体的问题,令教师就每一问题之下,将自己地位列于上、中、下三组中之任何一组。具体的问题自较抽象的单字更为明显;而自己评定又较他人评定可以避免误会。

域格氏之 B 种格式,其中心理想为人与人之比较(Man-to-man Comparison),一个教师所给予之地乃是由该教师与表格中之标准教师相比较而定之。所评定之品质仍分五组与前 A 种相同。人与人比较方法之精髓乃在于选择五个代表五个等第之教员。(一) 吾人所知最良之教员;(五) 最低劣之教员;(三) 材能中人之教员;(二) 最良与中材之间之教员;(四) 中材与最低劣中间之教员。对于以上每等教员各给予一定之分数:例如最良之教员三十八分,最低劣之教员六分,中材之教员二十二分;中材之上者三十分,中材之下者十四分。五组之品质,给分法相同。某一特定教师所得分数,即是由总加五组所得分数之和数。例如某教师若在各组之品质中皆位列中材,则其总分数即为一百一十分;最良之教师合计得一百九十分;最低劣之教师合计可得三十分。

域格氏又提出如何可以增加应用表格之可靠程度。所拟之方法有二:第一,减除评定程序中之主观质素;于制定时,特加审慎;既制定后,不宜轻易更改。第二,增加独立的评定之次数。若每一分数之决定,皆取二人或三人以上之判断定之,则差误程度可以减少。若是事实上不能得数人独立评定之分数时,则可由同一人数次评定所得结果决定之。

域格氏之 A 种表格甚繁重,不便译载。B 种格式附下节。

四、简便之分等法举例

经由辅导而改进教授效能，是为今日教育上一重要问题。于此吾人首先须要证明何者为良好教学方法之构成要件，估定此等要件之比较的价值之能力，以及以机敏方法将某教师之优点与劣点通知本人，且为之指示改进之方针。为达到是项目的，所以教育者规定多种分等表格，专供视察时评定教师高下之用。克利刚氏(Rose A. Carrigan)①以为现行之诸种分等法，其中每有过于繁复而不合实用，并且有于中包括有若干不可观测之要素在内者。克氏自己常与四百左右校长、辅导员、教育局长将此问题详加讨论，制定一种分等表格。视察者用之，可以于就一次视察之结果，而分别教师之等级。每次为时仅需四十五钟左右。此制应用时比较轻而易举，于学区大而视察人员少时，尤为适用。附录于后。

总观下列表格，所需评定之点，分三大项：即(一) 环境；(二) 工作；(三) 所获得之结果见于儿童之反应者。此类分类颇为简要，所有重要各节亦大概包罗。总言之，若是一个儿童，工作于适宜的环境之中，从事有价值之作业，受完美之指导，能以对课业临以充分的努力，则教师之责务即为已尽，此外似不必更事苛求。克氏之毅然删去其他不能观察、不易评定之元素盖以此。

记　分　表

(甲) 环境或工作地	250
Ⅰ. 室内之空气，能助长学习否?	110
1. 卫生状况	30
2. 教室整饬	20
3. 简单经济的装饰	15
4. 鼓励读书之显证	25

① 今译“卡里根”。——编校者

5. 必要工具之保管与分布 20

Ⅱ. 教师方面准备充分否? 140

1. 教师有一日工作之详确记载 25

2. 彼之一日计划,侧重反思,抑重机械的反应。 25

3. 由工作计划足见其熟诸教材并善于应付否。 25

4. 由彼之每日计划簿表出学生方面合理的进步否。 25

5. 彼曾否为学生或令学生准备足以增加读书热诚之资料否。 40

(乙) 工作 375

Ⅰ. 属于教师权限内之教材选取适当否? 50

Ⅱ. 特殊的目标明白、确定,且有充分价值否? 50

Ⅲ. 组织合宜否? 50

Ⅳ. 时间支配合度否? 40

Ⅴ. 上课时学生之反应足以证明教学胜利否? 50

Ⅵ. 问答时是合作的抑为学生猜度教师之所欲得之答语? 45

Ⅶ. 对于结果有无校正方法? 40

Ⅷ. 暗示与将来活动之亲切的联络否? 50

(丙) 儿童 375

Ⅰ. 儿童在每课之始心中有无明白的目标? 95

Ⅱ. 指定之工作,在各个学生能力所及之范围以内否? 90

Ⅲ. 对于功课始终具有真挚兴趣,而肯努力者所占人数满意否? 100

Ⅳ. 学生对于努力所获之胜利,感觉满足否? 90

总计满分 1 000

(丁) 教师等第 所得分数

最优等……………………………………………… 950—1 000

优等 ……………………………………………… 900—949

上上等 …………………………………………… 850—899

上等 ……………………………………………… 750—849

中上等 …………………………………………… 700—749

中平等 …………………………………………… 650—699

中下等 ·· 600—649

不及格 ·· 500—599

(注)上表较原来格式少加节略。

克氏又述其所以选取某种特殊质性而省略其他各点之原理如下:(一)凡属校长或视察员所不能一次观察清晰者皆不得列入。根据此项原则,故教师健康状况,个人的特质如习性,合作能力,道德的效能或对于学生之道德的感化力等等,皆在删除之列,以其不可目观,故不能评定也。(二)专诚的准备每日功课之习惯,于教师最为切要,尤其是在初任教授之时期。故视察者对于教员笔录之每日计划及拟具之教案宜多留意。(三)方在努力增高效率而现时尚未达到所规拟之地步者,应对其努力给予相当地步。(四)训育可以节去,因为可以视为丙项第三案之自然效果,无需另列。(五)儿童之创作力,亦可根据前条理由,节去之。(六)分等要件固然须明显易观,俾可由一次视察便可十九估定确切者;但同时,内中所包含之各个要件亦须简练,俾视察人于视察后脑海中易于回忆一层,亦甚重要。盖必如此视察人视察既毕后,方能重温对于各点所给予分数是否轻重适当也。

五、关于教师分等制之学说摘要

(一)

一九二五年,美国教育联合会教师实际问题委员会所拟具报告,将教师分等制之根本原理分条说明,大要如下:

一、分等制必须以引导教师增进服务能力为主要目的。

二、教师分等制须供给每个被评定之学生以确定而具体的基础,俾教师知所以改进教授效能之道。

三、用于评定教师教授效能之方法,须极力使之成为客观的与科学的,并且须为被评定者所能了解。

四、分等之结果既完备后,须随即以书面移交被评定之教师,使知其已往之成绩,并作将来之指导。

五、应当有一专司教师分等之最后评定人员。

六、教师分等制，须为行政、视察及教授，三方面人员共同一致决定之结局。

（二）

鲍尔顿氏（W. H. Burton）①总结分等制之价值，略谓分等表格现被行政及视察辅导人员用作决定教师升降、任期、薪俸增加等之标准。凡此种切均甚合法，但都系功用之小者。其主要目的，须在于刺激教师使能明敏的自己批判其工作之价值。事实上，此制之被滥用，其过乃在用之者，而不在制度之本身。教师不能因是而鼓起发奋自强之决心，则应被非难者，当为教师而非制度。某一学区所采取之特定表式，必须为各方有关人员合力规定者，或就他地现行制中，经过考核与讨论之后而采取之。最好，各个教师宜自行评定数次，然后以之与视察人员之记录相比较。要之，对于被评定教师必须通知，且当予以对于一己评定等第有询问之权云。

（三）

克利刚氏谓教师能力记分表之主要目的，不在于评定教师工作所得之分数多少，而在供给行政人员一种多少可靠的指南，而凭之以最简便的手续，达到指引教师造诣最高的教授能力之途径。

（四）

纳德（H. W. Nutt）②谓测量教师之效能其最关紧要之点，乃在于以客观的根据与彻底的分析代替主观的印象。客观的根据与精微的分析，绝非由少数匆促之视察所能获得。所以，彼以为根据视察与印象所得结果而评定教师等级之高下，在教育上是不合科学的，须当以比较可恃之教授效率测量之方法代之。适宜的辅导，与科学的测量。

① 今译“伯顿”。——编校者
② 今译“纳特”。——编校者

此外,美国现时之教育家如康鲁尔(Connor)①、奈梯(Knight)②、佛南生(Franzen)③、坎特(Kent)④、苛蒂斯(Courtis)及麦柯尔(MeCall)等,皆反对使用主观的评定教师等第方法,而主张发展一种客观的、科学的测量方法。各人主张之大略,利威士氏(E. E. Lewis)⑤在《教育界之人的问题》(*Personal problems of the Teaching Staff*)有简明之叙述,可供参考,兹不多及。

六、教师分等制之现状

最近,宾雪非尼大学⑥金氏(LeRoy A. King)研究美国教师分等法之现状,谓现行制度中最可注意者有以下各点:(一)着重点偏于教师之人格的、教育的及社会的质性,而不在学校之课业及学生之反应。(二)分等之标准要件及行政方针要点有迁移之势。(三)教育行政人员及辅导员对于教师分等制之态度与观念正在变迁中。金氏并援引实例,以证明其推论。彼搜集九十二个城市之现行教师分等制加以研究。此等城市人口大多数在二万五千人以上,代表三十九省。此九十二市中,有七十市(全数百分之七十六)皆采取一种确定的教师分等制。各市中,有百分之五十五市,其教师皆赞成现制,百分之二十无确切断语,其余无所表示。教师之赞成此制者,有如下之种种理由:

(甲)帮助教师改良弱点。

(乙)良教师愿意有人为其工作估定价值。

(丙)建立升迁之基础。

(丁)薪俸等级之根据——分等表由教师组成之委员会制定之。

教师之反对分等制者,有如下之理由:

---

① 今译"康纳"。——编校者
② 今译"奈特"。——编校者
③ 今译"弗兰岑"。——编校者
④ 今译"肯特"。——编校者
⑤ 今译"刘易斯"。——编校者
⑥ 即宾夕法尼亚大学。——编校者

（甲）个人之好恶参入其间。

（乙）分等方法浮泛不切实际。

（丙）教师工作全部价值之确切的估定为不可能。

（丁）行政人员视察学校为时甚暂，甚难下正确之判断。

金氏以为，教师反对分等制之理由，并不能委过于制度之本身；用之不当，乃属运用之者之失云。又依各市教育局长（市督学）之意见，教师分等制之理由，依其重要程度分列如下之次序。

（一）增进教授之效率。

（二）鼓励在职教师之进修。

（三）剔除不适任之教师。

（四）决定升迁教师之标准。

（五）增加薪俸之依据。

（六）补助教学之辅导。

司教师分等之事者，第一，为各校校长（百分之一〇〇，即各城市中，凡采行分等制者，校长皆司其事，无一例外。）。第二，为教育局长（百分之七〇）。第三，为各科辅导员（百分之五十七）。第四，为特科辅导员（百分之五十四）。第五，为副教育局长（百分之四十）。第六，为级任辅导员（百分之四十三）。第七，为各部主任（百分之三十六）。第八，为教师自己分等（百分之二十九）。

分等之最后取决，各市现行制不一。全数中，有四十六市总计各个分数而计算之。最后分数之计算，各市中百分之七十四皆由教育局长任之。总结之时期，有一年一次者（三十八市），有每半年一次者（八市）。最后之取决，多取其平均数，亦有少数由身与其事者开会决定之。

在七十个城市中，将分等之结果通知教师本人者，仅有二十一市。但其中四十一市之办法，则教师得请求结果之通知。金氏以为是乃现行制中之一缺点。盖教师分等制之目的既然在增进教授之效率并帮助教师之进修，苟不使其明悉分等之结果，则彼等既不知己身缺点之所在，又何从加以改良而力图进步？

各市中，只有二十四市之教师从事自己分等。由行政当局供给教师以特种自己分等之表格者仅十八市。此为现行制度之又一缺点。盖供给教师以一种自己分等之特种表格，实可使教师对于分等制，发生一种合作的态度，而从事自己工作之分析、批评与估值。

金氏又就各市所用之教师分等表格而发现，一百〇三表格中仅有三十五件(百分之三十四)，附有关于用法之说明。是乃最严重的缺点之一。盖一般校长与辅导员之应用分等制者，每对此事并无专门训练故也。现在急切之需要，即为规定详细用法说明，然后可望获得较为确切之记录。

各市既采取分等制，究竟采取何种方法，以为达到增进在职教师效率之目的。最通行之方法为将分等之结果与各个教师讨论。采行此法者占五十二市。由此，可令教师完全了解分等制之价值与目的。兹并列其他方法如下：

a. 给予各教师一纸，详细记录之等级分数表者十六市。

b. 根据分等结果与各个教师为亲切之讨论者五十二市。

c. 随同分等法，分送一种通知书者。

各市学制，多数以教师分等制与薪俸等级直接或间接相结合。七十市中，有四十六市采取此项办法。但多数对于学生学业成绩方面，每每忽视。只有十七市企图以分等制，用于裁决各科规定目的所已达到之程度方面。认此为分等制任务之一者，其所采取之方针如下：

a. 假设教师数人对于某项功课成绩均甚低，则其责任应委诸课程，而不归过各个教师。

b. 目标与结果之相接近。

c. 目的鲜明。

d. 创发能力。

e. 由学生之成绩定之。

f. 一种不甚确定的方法，非科学的。

g. 由标准测验定之。

h. 各辅导员所给多数之总平均数。

i. 等级表之功用即为课业目的成就之指标。

金氏所研究之城市中，有二十二市未采行分等制。此中有十之一，从前曾一度试用，但因以下各种理由，故中途废止：

(甲) 施行不当。

(乙) 纯然因其不满意。

(丙) 过于繁重而机械。

(丁) 无法使其公正而满意,显见不能实行。等等。

二十二市中有十三市现时不欲采行此制,其理由:

(甲) 学区不甚广。教育局长与教师能以保持密切的联络。

(乙) 此制甚不确定——无客观标准。

(丙) 毁损学校以内之和谐。

(丁) 亲切的会晤为唯一可行的分等法。

关于教师分等制,现时诚然无客观标准。分等时,何种元素应当列入,又各个元素应占之分量,均无确立之标准。唯此并不能为否认分等制存在之理由,盖客观标准之确立正有待于充分之试用也。

一般采取分等制者,其所着重之元素,依其重要程度列表如下:

教授技能	(1)	学问与训练	(8)
教授结果	(2)	领袖资格	(9)
创作能力	(3)	执行事务能力	(10)
个人品性	(4)	合作精神	(11)
专业兴趣与长进	(5)	学校管理	(12)
训育	(6)	学校活动	(13)
功课预备	(7)		

此项结果,与巴埃斯氏(A. C. Boyce)一九一四年所研究结果不同,巴氏曾就五十种分等制研究发现,班级训育在各元素中占首位,在金氏则退居第六位;巴氏以学问与专业训练列第二位,金氏则列第八位。由此可以想见十年来各种元素价值之变迁情形。

金氏又将现行之分等表式,分析其中所包举之元素及其定义。一百〇三种表式中只有七十六种将总元素分为若干细目,至于为各个元素加注适宜之定义者,则仅有二十四种而已。此又为现行教师分等制缺点之一。试举例说明。假设以教授技能为评定教师优劣要件之一,则吾人对于何为“教授技能”一元素须有明白定义,并分析其构成要素。否则,各凭评定者之主观臆断,必致漫无一定标准。现行制中之以教授结果为测定教师成绩之一要件者，所取之标准最习见者如下：

（甲）学童之知识及其应用教材之能力。

（乙）学童之一般的发展。

（丙）习惯与技能。

（丁）学童之注意与反应。

（戊）思维之独立。

（己）品性、道德之培植。

（庚）建立学校与社会间之联络。

（辛）发表能力。

（壬）好尚与理想。

以上各点，自多不能确切测度者。但吾人由此可以知悉现时教师分等之通例，渐由教师个人方面而移向教授效果之趋势之一斑。

各市所用以品定教师高下之标志差异甚大，金氏研究一百〇三市中，所用之记分法有三十八种，最普通者如下：

1、2、3、4 四等制。

分数制。

优、良、平、下、下下五等制。

优、良、平、下四等制。

5、4、3、2、1 制。

A、B、C、D、E 制。

优、甚良、良、平、下、下下六等制。

此外，有自十至一分为十等者，有以字母旁更加以正副号者，有仅用偶数十、八、六、四、二者，亦有仅分上、中、下三等者。现时一般趋向，为分布教师于各等阶上成为一种常态分配状态。

七、教师分等应用表格举例

一九二五年美国教育联合会之年会报告，载有现行教师分等表式数种，颇有供参考之价值。

校长用评定教员等第标准(纽加色省[①],赫坎塞市[②],教育董事部发,一九二四年):

一、教室管理

(a) 学校财产之保管。(b) 热力,光线及通气。(c) 室内之整饬。(d) 学童之健康。(e) 适宜的座位与儿童姿势。

二、教师品格

(a) 对于本班学生之态度。(b) 声音高下适中。(c) 功课准备。(d) 用语恰当。(e) 时间分配合宜。

三、教学状况

(a) 适应学生之能力。(b) 适应个别的需要。(c) 学生之兴趣。(d) 学生方面个人的思辨力。(e) 学生经验之联络。

四、授课情形

(a) 激励学生之成功与努力。(b) 功课指定足以保持学生之兴趣。(c) 教案条理明晰。(d) 令全体学生参与。(e) 学生批评自己的课业,并且互相批评。(f) 探验学生对于课业之准备。(g) 善于发问。

五、训育

(a) 秩序自然,无强制痕迹。(b) 用勉励与暗示方法,改正学生之错误。(c) 培植品性之明证。(d) 对于教师及他人之循礼态度。(e) 发展学生自制与自决能力。

六、专业的态度与合作

(a) 增进本地方之教育兴趣。(b) 对于课室以外诸般活动之合作。(c) 创发力与领袖能力。(d) 业务的长进,见之于课室教授及管理者。(e) 专业研究,见之于适当之教法者。(f) 访问学生家庭。

七、健康

① 今译“新泽西州”(New Jersey)。——编校者
② 今译“哈肯萨克市”(Haekensack)。——编校者

教师用自己评定表(纽汉浦辖省①,普利貌市②,教育局长亚当士规划) 教师自省条:

一、我明了教育之意义否?

二、我知悉各种学科之特殊目标否?

三、我于所教各科,具一切实之目标否?

四、吾之目的成就否?

五、我能适当利用学生以前之经验及教学否?

六、我能善用旁征博引之资料否?

七、我善用黑板否?

八、我助学生之处过分否?

九、我发言过多否?

十、我对学生能免于呵斥或吹毛求疵否?

十一、我对于工作热诚否?

十二、我之学生对于教授反应当否?

十三、我之学生能发含深思之问题否?

十四、我知道练习、复习及考试之价值,并能善用于教学否?

十五、我于教学上常先引起动机否?

十六、我每日之工作对一己满足否?

十七、我帮助所服务地方之居境事业否?

十八、我对于(甲) 学生、(乙) 教育局长、(丙) 同僚教员、(丁) 学务董事、(戊) 学生父母,能常以礼貌相待否?

十九、我于己身之外表、衣装、头发、指甲、牙齿,常留意否?

二十、我尝设法增进自己之教育学识否?

(说明)用者,以 A、B、C、D、E 五等,指示优、良、平、下、下下五级。此外尚有模范的格式数种一并介绍如下。

---

① 今译"新罕布什尔州"(New Hampshire)。——编校者

② 今译"朴次茅斯市"(Portsmouth)。——编校者

阿利共省①由径市评定教师等级表格式

教师姓氏	下	平	中	上	
1. 外表					
2. 健康					
3. 声音					
4. 随机应变与创作能力					
5. 干练					
6. 勤勉					
7. 热诚与愉快					
8. 敏捷					
9. 每日准备					
10. 学识					
11. 专业的兴趣与长进					
12. 对于各个学生之兴趣					
13. 对于全体学生之兴趣					
14. 合作与忠实					
15. 室内之整饬					
16. 训育					
17. 学生信用					
18. 全班学生之注意力与兴趣					
19. 使学生各自努力之能力					
20. 对于各个学生需要之注意					
21. 学生之一般的发展					
22. 一般的教法					

(说明)每张专为一教师用于教师所应得之地位,作一小点,然后以直线联各点成一多角形次数分配图。

① 今译“俄勒冈州”(Oregn)。——编校者

鲍尔顿氏所拟定表式如下：

日期………… 教员………… 年级………… 校称…………
证书………… 训练………… 经验…………

	E	G	F	P	U
Ⅰ. 个人方面种种 外表、健康、声音、热诚与乐观、创作与自立、体合与应变、可恃、同情、干练、勤勉、智能。					
Ⅱ. 教授能力 教材组织，准备与计划，学生目的选择，新教材之提示明白，习惯养成，激刺享乐，发表能力练习，谈话教程中之技能，使学生协作、指定功课之技能，自习时之辅助，设计之选择与组织，兴趣之利用，个别兴趣之适应，发问之技能，标准分数之使用，测验与考试之应用，善能引起复习动机。					
Ⅲ. 常务与物质的情况 对于教具材料之节用，课程表、注册簿、报告书之保存，光、热、空气之调节。					
Ⅳ. 训育 经由良好的教学与习惯行动，善处极端之事件，客观的态度。					
Ⅴ. 为学制中之一员 与在上者之协作，与同事教员之合作，对于批评之态度。					
Ⅵ. 专业的长进 使用专门的书报，其他以外之书报，夏令科、函授科等，学会及其他集会参加，对于教师会议之贡献，方法上之试验。					
Ⅶ. 社会的效率 对于本地事业之兴趣与合作，与儿童父母之合作，交友选择，从群众或自树力，正务外所从事之社会事务，必要的游戏与娱乐之设备，社交的判断力——礼貌、谈话、待人接物。					

评定(视察员)人签名…………

(附注)以上七大项下，各条必须平行排列，方便记录。兹为节省篇幅起见，汇列如上表，阅者谅之。评定等第之字母：E为优等，G为上等，F为中等，P为中下等，U为下等。

上列表式，显然是根据波埃士(Boyce)一九一五年所拟之分等表。该表将应评定之要件分为五大类：(一) 个人方面；(二) 社会的与职业的方面；(三) 学校管理；(四) 教授技能；(五) 结果。其下又分列细目为四十五条。所用记分法为下下、中下、中、中上、上上五等。

域格氏表格

格式　B——分等表：每一等级一代表的教员以便比较(供教育局长及校长用)

Ⅰ. 教授技能			Ⅱ. 管理技能			Ⅲ. 协作品性			Ⅳ. 长进：新思想接近			Ⅴ. 个人的与社会的品性		
最良教员	38	----	最良教员	38	----	最良教员	38	----	最良教员	38	----	最良教员	38	----
中上教员	30	----	中上教员	30	----	中上教员	30	----	中上教员	30	----	中上教员	30	----
中等教员	22	----	中等教员	22	----	中等教员	22	----	中等教员	22	----	中等教员	22	----
中下教员	14	----	中下教员	14	----	中下教员	14	----	中下教员	14	----	中下教员	14	----
下等教员	6	----	下等教员	6	----	下等教员	6	----	下等教员	6	----	下等教员	6	----
实得分数			实得分数			实得分数			实得分数			实得分数		

总分数……

八、我国教育行政上问题之一束

教师分等之事，属于地方教育行政范围内之职权。我国地方教育行政之区域与政治区分之县合一。县之下，虽亦有随警察区域而分为学区以及市、乡、学区等。但实际上，此等学区以内并无何种组织，一切职权仍集中于教育局(劝学所)。“学区”仅为指示学校所在地之一冠词耳。以县教育局长一人，县视学一二人司全县教育行政事，欲其对于各个教师一一评定其教授效能之高下，实为不可能之事。此为待解决之问题一。

美国中学校与小学校同属地方教育行政机关统辖，我国之中等学校则多为省立，不在地方教育行政机关之职权以内，省视学对于各地之中等学校又因接触太少，甚少与教员熟识之机会。对于评定高下之举，一般中学教员之意见，虽不免歧异，但教学效能增进之必要，则无论何人不能否认。又假使采行此种制度应如何运用，此为待解决之问题二。

我国一般学校情形，校长(小学及中学)罕见有负辅导(supervising)之责者。校长对于教员之进退实际上可云无固定标准。校长于应付此类事件时，既无所依据，而在教员方面对于校长方面之停止聘请亦无术自卫。此种评定教授效能之制，是否足以解决此难题，又以何法实施此制，此为待解决之问题三。

假设实行采取此制，则表格应如何制定，制定者应属何人，司评定之责者当属何人，评定结果应如何运用等等，是为待解决之问题四。

假设某县教育行政当局及各校校长、教员，公决采取一种他人评定或自己评定制度，其结果发现，某教员于学识或技能方面有不足之处，或某教员自觉有进修一己学业之必要，则教育行政当局应如何供应此种需要，是为待解决之问题五。

以上诸问题，非徒托空言所可解决；必须由实际的实验，观其发生之效果如何，始可下最后之断语。甚愿国内教育者有进而试行之者！

中学师资训练问题之研究

郑西谷*

一、导　　言

按我国现行学制，中学校学生年龄自十二岁至十八岁，适当青春发动期至成熟期。在此时期，不但机体之生长颇为显著，即心理方面亦起重大改变，实为人生一大关键。如体格之锻炼，德性之陶冶，学业之修养，胥赖于此时期培植良好之基础。况值此国难严重时期，中学学生负有救亡图存之重任，更当予以积极训练，使有强健之身体、实用之知能与自强不息之精神，为救国之准备。而实际负训练之责者，厥惟中学教师。欲造就优良之中学生，必须先有优良之中学教师而后可。西谚谓："有其教师，必有其学校。"今为之转一语曰："有其教师，必有其学生。"盖学校成败之因，固由于教师之优良与否；教师优良则学校成功，教师不良则学校失败。而学校成败之分，则视乎全校学生成绩之总和。学生成绩良好，即学校成功；学生成绩低劣，即学校失败。故谓"有其教师必有其学校"可，谓"有其教师必有其学生"，亦无不可。以今日国难之严重，非有大多数具有救国实力之青年，共同负担救亡图存之重任，不足以言解纾国

* 郑西谷(1899—1985)，名通和，安徽庐江人。南开大学毕业，留美入斯坦福大学、哥伦比亚大学主修教育，获硕士学位。历任大夏大学教授、上海中学校长、甘肃省教育厅厅长，后赴台湾，任台湾大学教授、教育部政务次长等职。主要著作有《中等学校行政》等。

本文原载于《教育杂志》1936年第26卷第7号。——编校者

难；非有大多数之优良教师，共同负担训练青年之重任，不足以言教育救国。

中学教师与国家关系之密切既如是，而今之中学教师，能胜任训练青年之责，无负国家之期望者，尚不多见。其故在一般教师各有弱点，未能尽其职责。作者服务中学教育有年，据平日观感所及，中学教师之弱点可分服务与修养二方面言之。

关于服务方面之弱点：

(1) 学科知识与教学技术，未能兼具。盖今日中学教师之来源不外二途，一为师范大学及教育学院之毕业生，一为大学文理商法各科之毕业生。今之师范大学及教育学院，不以中学学科分系，而以教育课程分系。其毕业生于教育理论与方法颇有心得；于中学学科方面鲜有特长，担任中学教师殆无功课可教。而大学文理商法各科毕业生，于中学学科方面，虽间有专长，惟不谙教育原理与方法，担任中学教师其效率亦至低微。

(2) 只能教书，而不能教人。今之中学教师能了解教训合一之义，而躬行实践者尚不多见。所谓优良教师者，仅注意于准备之充分，讲解之详明，指导之切当，此皆教课范围以内之事。对于学生课外之言行，似犹未能负督促训导之责任，故于学生个性未能深切了解。教学虽勤，仍无显著之成效可言。

(3) 对于救国教育之实施，尤多忽视。教育当以教人为唯一目标，而所教者非为自私自利之个人，而系勇于自我牺牲以谋团体福利之国士。在国难期间，此义尤属重要。顾今日一般教师，目光囿于一隅，安于故常，以挽救国家、复兴民族为老生常谈，迂远而阔于事情。故其教人也，因循敷衍，得过且过，未能高瞻远瞩，为国家民族前途谋永久之福利。今日国内徒有教育救国之呼声，而无教育救国之实效者，坐是故耳。

关于修养方面之弱点：

(1) 身体健康与服务年限成反比。中学教师职务繁重，苟非具有健康之身体，自难胜任愉快。而今之教师，或以平时教课过多，无暇休息致损健康；或以忽于卫生与运动，身体日就衰弱；或以沾染不良嗜好，自暴自弃，以断丧其躯魄。因此，服务愈久，则身体之衰弱愈甚，其影响于服务之效能者，至深且巨。

(2) 学术研究与服务年限成反比。现代学术与时俱进，教师于服务之暇，应注意进修，以谋学术之深造，而提高服务之效率。一般新进教师尚能注意及此，迨服务年限稍久，则研究精神逐渐减退；或以教学时间太多，课前须准备，课后须阅卷，日常教课生活，已颇忙碌，实鲜余力以从事进修；或以家务丛脞，不易摆脱，忽而家庭，忽而学校，双方兼顾，深感疲于奔命；或以恣情赌博，夜以继日，学识与思想无暇求其进步。因教师之学识未能与时俱进，故教育事业亦鲜生气。

(3) 服务精神与服务年限成反比。今日之中学教师大多缺乏服务精神，而任职愈久者，则其服务精神愈不振作。尝见新进教师，年富力强，思想新颖，对于教师生活颇感兴趣。不及数年，体力日渐衰弱，思想日就陈腐，而社会习气日益加深。服务但求敷衍塞责，不复求其进步，权利义务观念甚深，课外工作力求摆脱，大有"入世渐深，朝气渐减"之慨。教师之服务精神如此，学校自无进步之望。

上列数项，仅就作者个人观感所及，述其弊之大者。一人之见解，殊未敢认为确论；表面之观察，尚不明症结之所在。于是有中学教师实况之调查，与中学校长意见之征询。希望从实际情况中，推求所以致此弱点之主因。集诸家之意见，获得更可靠之结论。兹将调查与征询之结果，分别报告于下。

二、中学教师之调查

此次调查中学教师之实况，先印发调查表于各省市中等学校。被调查之学校务求普遍，故于各省市内均选择若干校作为代表。调查表之式样如下：

表一　中等学校教职员调查表

姓名	年龄	性别	学历(注明科别)	服务年限	担任职务及科目	每周任课时数	月薪	备注
意见	关于中校师资训练现有缺点及将来希望等，请发表伟见于后							

是项调查表共寄发 164 校，二月以内先后收到 98 校，合计教职员数 4 095 人。此 98 校以设立性质分，公立者 79 校，约占 80%，私立者 19 校，约占 20%；以所在地域分，江苏省 23 校，上海市 13 校，浙江省 8 校，安徽省 7 校，山东省 7 校，广东省 6 校，江西省 6 校，河北省 6 校，河南省 5 校，南京市 4 校，山西省 4 校，湖南省 3 校，青岛市 2 校，湖北省 2 校，广西省 2 校，地域分布尚觉普遍。调

查表收集后，即就表内所列各项，分别各以统计。兹将各项统计结果，分述如次：

（一）性别

此 4 095 人中，男性 3 795 人，占 92.68%，女性 300 人，占 7.32%。查最近教育部出版之《教育年鉴》所载“十九年度[1930]各省市中等学校教职员数统计”，男性占 91.16%，女性占 8.84%，与此次调查统计之结果相差甚微。此次被调查之 98 校中，惟江苏省苏女师、徐女师、松女中及上海爱国女中等数校，女教职员较多，其数亦仅约占全校教职员之三分之一而已。其他各校女教职员人数，均颇寥寥。中学教职员是否男性较为适宜，而女子不宜担任中学教师之职务，颇难加以解释。此种现象，要为女子教育尚未能与男子平等发展之明证耳。

（二）年龄

关于年龄，此 4 095 人中填写年龄者 3 838 人，如“表二”所列，自 20 岁至 69 岁，其中数为 33.65 岁，25 岁至 50 岁为数最多，占全数 88.18%，25 岁以下占全数 5.94%，20 岁者 22 人，50 岁以上占全数 5.88%，年在 60 岁以上者 14 人。年龄之大小与经验之多寡、精力之盛衰颇有关系。中校教师之年龄，在教育法规中虽无明文规定，但依吾人之理想，当以 25 岁至 50 岁最为适当。盖中学教师之学力，宜有大学毕业程度，而普通大学毕业年在 25 岁左右。不足 25 岁者，学养肤浅，未能获得学生之信仰。复据国人一般的健康状态而论，年在 50 岁以上，精力遂渐衰退，60 岁以上而犹能胜任中学教师之烦剧者，殆不多见。

表二　中学教师年龄比较表

年　龄	人　数	百 分 数
20～24	227	5.94%
25～29	906	23.61%
30～34	1 801	28.14%
35～39	714	18.60%

（续表）

年　龄	人　数	百 分 数
40～44	452	11.78%
45～49	233	6.05%
50～54	150	3.91%
55～59	61	1.61%
60～64	10	0.36%
65～69	4	
总　计	3 838	100%

（三）资格

中学教师之资格，在部颁《中学规程》中所定者如下：

（甲）高级中学教员须品格健全，其所任教科为其所专习之学科，且合于下列规定资格之一者。

（1）经高级中学教员考试或检定合格者。

（2）国内外师范大学毕业者。

（3）国内外大学本科、高等师范本科或专修科毕业后，有一年以上之教学经验者。

（4）国内外专科学校或专门学校本科毕业后，有二年以上之教学经验者。

（5）有有价值之专门著述发表者。

（乙）初级中学教员须品格健全，其所任教科为其所专习之学科，且合于下列规定资格之一者。

（1）经初级中学教员考试或检定合格者。

（2）具有高级中学教员规定资格之一者。

（3）国内外大学本科、高等师范本科或专修科毕业者。

（4）国内外专科学校或专门学校本科毕业后具有一年以上之教学经验者。

（5）与高级中学程度相当学校毕业后曾任中等学校教员，有三年以上之教学经验，于所任教科确有研究成绩者。

关于师范学校及职业学校教师资格之规定，大致与此相仿。此次统计以各校所填送之职员资格，不属于研究范围，故未加入统计。加入统计者计 3 188 人，其中以大学毕业者为最多，占全数 40.28%，其次为专门学校毕业者，占 14.11%，又次为高等师范或师范专修科毕业者，占 12.99%，国内师范大学或教育学院毕业者，占 11.35%，以留学国外得有学位者颇少，仅占 5.02%。其排列之次序，与《第一次中国教育年鉴》所载之"十九年度[1930]各省市中等学校教员资格比较表"相同。

表三　中学教师资格比较表

资　　格	人　数	百分数
留学外国得有学位者	161	5.02%
国内外师范大学或教育学院毕业者	362	11.35%
国内外高等师范或师范专修科毕业者	413	12.99%
国内大学毕业者	1 284	40.28%
国内外专门学校毕业者	450	14.11%
中等学校毕业者	307	9.60%
其　　他	211	6.65%
总　　计	3 188	100%

表四　十九年度[1930]各省市中学教师资格比较表

资　　格	人　　数			百分数
	专　任	兼　任	合　计	
留学外国得有博士学位者	44	74	118	0.29%
留学外国得有硕士学位者	179	172	351	0.85%
留学外国得有工程师学位者	30	28	58	0.14%
留学外国得有学士学位者	361	300	661	1.60%
留学外国者	947	600	1 547	3.75%
师范大学毕业者	944	873	1 817	4.39%
大学毕业者	6 082	4 187	10 269	24.83%

（续表）

资格	人数			百分数
	专任	兼任	合计	
高等师范毕业者	2 933	1 788	4 721	11.42%
专门学校毕业者	5 187	3 391	8 578	20.74%
其他	7 973	5 257	13 230	31.99%
总计	24 680	16 670	41 350	100%

此表系节录《第一次中国教育年鉴》

综观二表所列，中学教师资格大体与规定相符。惟教师系一种专业，以曾受专业训练之师范大学或高等师范毕业者充任为宜。目前中学教师之受过专业训练者，在表三内约占全数25%，在表四内约占16%，其比数殊嫌过小。表四内所列“其他”一项，占32%，凡列入“其他”项者，谅无相当资格，其数颇大，可知中学教师中，不合规定资格，虚拥皋比者尚多，此乃一大可注意之问题。

（四）服务年限

教育之功效，积久始能实现，惟久于其位之教师，始有最大之效果，故中学教师之服务年限不宜过短。此次调查表内各校教师所填之服务年限，有填在各处服务之总年限者，有填在一校内服务之年期者，二者不能混为一谈，但亦各有其不同之价值，因分别加以统计，如下表：

表五　中学教师服务总年限统计

服务年限	人数	服务年限	人数
1	70	7	57
2	78	8	50
3	55	9	44
4	71	10	34
5	84	11	35
6	67	12	60

（续表）

服务年限	人　数	服务年限	人　数
13	27	23	6
14	38	24	7
15	32	25	3
16	23	26	4
17	16	27	0
18	15	28	3
19	20	29	1
20	19	30	10
21	25	总　计	966
22	12	中　数	7年

表六　中学教师服务总年限比较表

服 务 年 限	人　　数	百 分 数
1～4	274	28.37%
5～9	302	31.26%
10～14	194	20.08%
15～19	106	10.97%
20～24	69	7.14%
25～29	11	1.14%
30～	10	1.04%
总　　计	966	100%

依据上列二表可知，中学教师服务年限，自一年至五年，人数或增或减。自五年以上，有逐渐减少之趋势。服务满十年者，合计约占全数40%。人有恒言，“十年教训”。今教师负教训之责，继续至十年之久者，不及半数。此中原因，大可玩味。倘一考中学教师在一校内服务年期之现象，更觉不满。

表七　中学教师在一校内服务年限统计

服务年限	人　数	服务年限	人　数
不足一年	186	15	29
1	500	16	17
2	449	17	18
3	437	18	14
4	206	19	6
5	166	20	11
6	141	21	7
7	98	22	10
8	135	23	5
9	56	24	5
10	13	25	2
11	29	26	1
12	8	总　计	2 605
13	31	中　数	2.38 年
14	25		

表八　中学教师在一校内服务年限比较表

服 务 年 限	人　　数	百 分 数
0～4	1 778	68.25%
5～9	596	22.88%
10～14	106	4.07%
15～19	84	3.22%
20～24	38	1.42%
25～30	3	0.16%
总　　计	2 605	100%

观此可知，教师在一校内服务，最初三年变化尚少；自四年以下，大致年期递增，人数递减。从表八中可知，教师在一校内服务逾五年者，合计仅占全数31.75%，即一校在五年之内，只有三分之一的教师，能继续任职，其余三分之二，时在更调之中。如此，则多数教师服务，不能专心一志，其效率必致降低。推究中学教师未能久于其位之故，一由于职位无保障，教师恒随校长同进退，校长又随行政长官同进退。因此，政局一有变动，学校随之改组，教师职位即发生动摇。一由于待遇太菲薄，教师职务颇繁重，而生活至清苦，如有他种机会，自必舍此就彼。

（五）待遇

关于待遇，调查表内之低级职员及兼课教师待遇极少者，均未加入统计。加入统计者共2 735人，月薪自30元至444元，差数极大，中数为100.6元，40元以下及200元以上，人数均不多，统计时各列一组，详见下表：

表九　中学教师月薪比较表

月薪元数	人　数	百分数
40元以下	88	3.22%
40～50	168	6.15%
50～60	147	5.41%
60～70	157	5.71%
70～80	222	8.12%
80～90	306	11.19%
90～100	201	7.39%
100～110	250	9.14%
110～120	221	8.05%
120～130	248	9.07%
130～140	152	5.56%
140～150	191	6.95%
150～160	84	3.07%
160～170	111	4.10%

(续表)

月薪元数	人数	百分数
170～180	52	1.90%
180～190	34	1.24%
190～200	21	0.73%
200元以上	82	3%
总计	2 735	100%

查中学教师待遇标准，各省市多有规定。大抵公立学校之待遇较私立者高，省市立学校又较县立者高。此次被调查之98校，多数为省市立学校及少数之私立学校，此少数私立学校在社会上俱较有地位者。故统计结果，恐未能代表一般的情形。即实际上中学教师待遇之中数，不足百元。但教师待遇之多寡悬殊，于此亦可知其崖略。以月薪最低之30元与最高之444元比较，相差几至十五倍之多。再就表内观之，月薪最低之3%为40元以下，最高之3%为200元以上，相差逾五倍。更推求表内之二十五分差(Q)，下二十五分点(Q_1)为75.54，上二十五分点(Q_3)为132.83，二十五分差(Q)为28.65。从统计学上观察，离中趋势甚为显著。即表示教师之待遇，有极大之差异。表内所示月薪在200元以上者，大多为外国留学得有学位之教师。(最高之444元，为杭州高级中学之德文教员威多福，此系外籍教师，似可认为例外。)此等人才，倘在政界或实业界服务，其待遇当不止此。我人主张提高教师待遇者，在使同程度之人才，同为国家服务，不应令教师所得待遇最为菲薄。其更重要之一点，尤在使一般生活在水平线下之教师，提高其待遇，以安定其生活。

(六) 每周教学时数

教师待遇之参差，一由于各校经济力之丰绌有别，一由于教师教学时间之多寡互殊。此次调查各教师每周教学时数，加入统计者，共2 787人。凡兼任职务之教师，均视职务之繁简，折算教学时数，如教导主任一职作每周教学12小时计，教务主任、训育主任、事务主任等职各以教学10小时计，级任导师以教学3小时计。统计结果如下表。

表一〇　中学教师每周教学时数统计

教学时数	人　数	教学时数	人　数
1	12	19	129
2	74	20	295
3	43	21	163
4	101	22	164
5	51	23	64
6	144	24	81
7	39	25	33
8	102	26	32
9	60	27	10
10	127	28	10
11	57	29	3
12	106	30	6
13	72	31	0
14	132	32	0
15	164	33	5
16	141	总　计	2 787
17	89	中　数	15.22
18	278		

表一一　中学教师每周教学时数比较表

教 学 时 数	次　　数	百 分 数
0～4	230	8.25％
5～9	396	14.21％
10～14	494	17.72％
15～19	801	28.74％
20～24	767	27.25％

(续表)

教学时数	次数	百分数
25～29	88	3.16%
30～34	11	0.39%
总计	2 787	100%

观此,可知教师每周教学时数,自1小时至33小时,差数极大,中数为15.22小时,教学时间不可谓多。按部颁《中学规程》规定,初中专任教员每周教学时数为18至24小时,高中专任教员每周教学时数为16至22小时。高初中联合观之,中学专任教师每周教学时数,最少为16小时,至多为24小时。表内所列自16至24小时一段共1 404人,占全数50.38%;不足16小时者共1 284人,占全数46.12%;超过24小时者99人,占全数3.5%。教师于课前须准备,课后须指导,校内团体活动又须参与,生活至为忙碌,每周教学时间务宜减少。以吾人之理想,中学教师除兼任职务者外,每周教学时间以15至20小时为宜,部颁标准似嫌过多。但上列统计结果,并不表示目前实际情形,恰如吾人之理想。诚以此次调查表内所填教师每周教学时数颇为参差,又多数教师教学时数甚少,正足以表示目前中等学校中兼任教师之多。兹以部颁标准之最低数每周16小时计算,凡每周教学时数不足16小时者,作为兼任,则兼任教师当占全数46.12%。又查《教育杂志》二十五卷八号所载"各省市中等学校教员统计",合计各省市中校教师共36 244人,专任19 462人,占全数53.7%,兼任16 782人,占全数46.3%,其百分数竟与此次统计结果不谋而合。与部颁《中学规程》所定"中学之兼任教员人数不得超过全体教员人数四分之一"者相去甚远,实为中等教育上亟待补救之问题。

表一二　各省中学教师专任与兼任人数统计

省别	专任	兼任	合计
江苏	1 666	1 534	3 200
浙江	1 020	1 042	2 062
安徽	689	553	1 242

（续表）

省 别	专 任	兼 任	合 计
江 西	562	735	1 297
福 建	1 431	860	2 291
广 东	3 640	1 182	4 822
广 西	585	694	1 279
湖 南	1 570	1 487	3 057
湖 北	805	521	1 326
四 川	2 364	2 415	4 779
西 康	16	2	18
贵 州	272	232	504
云 南	343	470	813
河 北	1 510	604	2 114
河 南	1 024	759	1 783
山 东	825	717	1 542
山 西	581	614	1 195
陕 西	306	219	525
甘 肃	42	1 925	1 967
宁 夏	10	34	44
绥 远	52	43	95
察哈尔	101	57	158
青 海	29	70	99
新 疆	19	13	32
总 计	19 462	16 782	36 244
百分比	53.7%	46.3%	100%

此表材料取自《教育杂志》二十五卷八号。

三、中学校长之意见

前述中等学校教师调查表内，曾列意见一栏，请中学校长填注意见。只以表中地位不多，未能充分发表。乃续寄意见征询表，以期征集多数具有实际经验者对于本问题之意见。表列问题有三：

（甲）中学教师之弱点何在？

（乙）对于中学教师之希望如何？

（丙）中学师资应如何训练？

此项意见表共收到46份。各校长对于上列三问题，发表意见甚多，颇有可取。大都认为师资训练之目标，可分技能、知识与理想三项：（一）教师应有之技能，如教学方法、训导方法、教师应用工艺及偶发事项之处置方法等，均须熟练。（二）教师应有之知识，如普通常识须丰富，担任学科须专精，教育科目须能真切了解。（三）教师应有之理想，如同情、忠实、客观、节约、刻苦、勤劳、负责，以教育为终身事业。今日一般教师之弱点，即在缺乏熟练之技能、丰富之知识与正确之理想。希望今后能彻底改进，于技能、知识、理想三端，兼筹并顾。兹将各校长之意见，加以整理，列述如次：

（甲）中学教师之弱点

（A）知识方面

（1）缺乏专门学识之修养 ………… 三九

（2）缺乏教育学术之修养 ………… 三六

（3）初为教师者缺乏经验，久为教师者缺乏研究兴趣 ………… 一五

（4）所教非所学，对于所教学科之内容，未必能彻底了解，尤以职业学校教师为最 ………… 二五

（B）技能方面

（1）缺乏教学技术之训练 ………… 三七

（2）徒知传授书本知识，不谙学习指导 ………… 二八

（3）缺乏管理技能，不能维持教室秩序 ………… 二四

(4) 缺乏工艺技能,不能自制教具 …………………………… 一三

(C) 理想方面

(1) 缺乏责任心 …………………………………………… 三四

(2) 缺乏合作精神 …………………………………………… 二九

(3) 言行不一致,不能以身作则 ………………………………… 四四

(4) 只求敷衍教授为完事,不知负有训育之责任 ………………… 三五

(5) 稍有经验即趋于腐化或取巧之一途 ……………………… 一二

(6) 缺乏坚强的教育信念,无终身为教育牺牲之决心 ………… 四一

(7) 不遵守约书,往往见异思迁 …………………………………… 八

(8) 缺乏民族意识与爱国热情 ………………………………… 二三

(D) 其他方面

(1) 缺乏健全体格 …………………………………………… 四一

(2) 缺乏正当好尚 …………………………………………… 二六

(3) 兼任职务太多 …………………………………………… 二三

(4) 教师生活无保障 ………………………………………… 一九

(乙) 对于中学教师之希望

(A) 知识方面

(1) 有担任学科之专门知识,并明了学习方法 ……………… 四四

(2) 要了解教育原理与方法 ………………………………… 四二

(3) 富有普通知识 …………………………………………… 二八

(4) 有进修兴趣及机会 ……………………………………… 三五

(B) 技能方面

(1) 熟练担任学科之教学技术 ……………………………… 四三

(2) 教学技术能随时改进 …………………………………… 二一

(3) 注意管理,安定教室秩序 ………………………………… 二八

(4) 能自制简易适用之教具 ………………………………… 一五

(5) 能调查学生个性与社会环境,选择适当之教材及教法 ……… 九

(C) 理想方面

(1) 有责任心 …………………………………………………………… 三六
(2) 有合作精神 ………………………………………………………… 三一
(3) 敦品励学为学生表率 ……………………………………………… 四二
(4) 有循循善诱之热忱 ………………………………………………… 二五
(5) 应教训一致,以教育为改造及指导学生生活之唯一工具…… 四三
(6) 富有教育兴趣,认教师为终身之职业 …………………………… 四〇
(7) 有延续并创造文化之责任观念 …………………………………… 一二
(8) 有光大民族国家之最高理想 ……………………………………… 二五
(D) 其他方面
(1) 有健全体格 ………………………………………………………… 四三
(2) 不沾染任何不良嗜好 ……………………………………………… 二五
(3) 绝对专任 …………………………………………………………… 二七
(4) 能领导学校附近民众 ……………………………………………… 一八
(5) 提高待遇,并规定保障办法 ……………………………………… 二二

(丙) 中学师资之训练

此46位校长对于师资训练之意见,可归纳为二类：其一关于实施师资训练之机关,究以何者为适当;其二关于师资训练之要点,究应如何办理能收最大之效果。各校长均有独到之见解,合而观之,更觉完善。爰为合并介绍于下：

(A) 训练机关

(1) 师范大学　全国至少划分四区,每区设师范大学一所。

(2) 高等师范　恢复过去高等师范制度,以中学学科分系。

(3) 大学设师范学院　国内各大学之教育学院应改为师范学院,以训练中学师资为目标。

(4) 大学教育学院添设师资科　招收大学毕业生,予以短期之训练,以应目前之需要。

(5) 大学各学院增设教育学程　以备志愿为中学教师之学生选习。

(B) 训练要点

(1) 知识与技能并重。

(2) 注重学术修养。

(3) 教学实习宜加重加长。

(4) 注重精神修养。

(5) 注重人格训练。

(6) 注重体格训练。

四、结　　论

基于上述教师实况之调查与校长意见之征询,可以推知目前教师弱点之症结,而决定今后师资训练应行遵循之途径,不揣谫陋,略陈管见如下:

(一) 中学教师之选择,当以人才为标准,不受性别、年龄之限制。惟目前女教师仅占全数7%足征男女教育机会,犹未能平等发展。今后教育设施,务宜注意女子教育之推广。教师责重事繁,凡年龄幼稚、学养未富与老态龙钟、精神不振者,均宜淘汰。对于年幼而有志担任教师者,宜加以训练。对于年老而不堪复任教职者,宜给予养老金,以资退休。

(二) 部颁中学规程规定之教师资格,颇为宽泛。但教师系一种专业,自以受过专业训练者充任为宜。据此次调查之结果,目前中学教师之受过专业训练者,不及全数25%。以多数未受专业训练之教师,使负训练青年之重任,宜无卓著之成效可见。今后师资训练机关如师范大学、高等师范等,务宜增设,以宏造就。

(三) 十年树木,百年树人,教育成效,非能嗟咄立就。故教师应以教育为终身事业,目标既定,济之以继续不断之努力。不宜心猿意马,见异思迁。而负有教育行政责任者,任用教师,尤贵摒除私见,一秉至公,选贤任能,予以切实保障,使能安心服务。

(四) 顾目前中学教师所以不能安心服务,久于其事者,尚有主要之原因在。主要之原因,由于待遇之菲薄。据此次调查所得,教师月薪在100元以下者,竟及半数;在50元以下者,约占全数十分之一;在40元以下者,亦颇不乏人。以此微薄之待遇,仰事俯畜,唯恐不赡,安能从事学术之进修,而终身尽瘁于教育事业。今后教师待遇，务须根据其学识经验酌量提高。尤宜确定年功加俸办法，使教师各愿久于其职。对于有特殊成绩之教师，宜加以特别褒奖，以资激励。

（五）今后行政当局对于中学教师，待之固不可不厚，惟责之亦不可不严。今中学兼任教师竟占全数46%以上。此等兼任教师，大都以敷衍教课为完事，漠视指导学生生活，对于各项校务，又多躲避推诿，不负责任。其教学效率，自难增进。今后各中等学校务须厉行教师专任制，不以教学钟点计薪，使负教训青年之全责。除职业科得酌聘有实际经验之人才兼课外，各校对于兼任教师，务须增加其职务及待遇，俾能专任；或予以解聘，俾免贻误。

（六）关于中学师资之训练，拙著《中学教师之弱点及其补救》一文中，曾贡献具体之办法。此次征询各校长之意见，对此办法大致表示赞同。爰将师资训练办法，列述如下：

（1）全国师范大学及教育学院恢复过去高等师范所采取之中等学科分系制。严格考查学生程度，以成绩最优异之学科为主系，其成绩较可者为辅系，使潜心于少数学科之研究，所谓“用志不纷，乃凝于神”。其进步必速，造诣必深。并授以教育功课，导以教育实习，以养成专业之精神。

（2）各大学设师资训练班，招收大学毕业生，入学考试务须严格，选拔对于中学某种学科确有专长，确能在中学教课者，予以一年之训练。课程方面，除补充学科知识外，专授教育学程及其特长学科之教学方法等课，后一学期注重教育实习，使有实际经验。

（3）上列二种师资训练机关，其实施办法，不仅注意学识之灌输，尤宜重视教师品格之陶冶，使具有刻苦耐劳、质朴无华、和蔼可亲、专心服务、勇于进取等美德。则毕业后服务于中学，必能忠于职守，循循善诱，与学生共同生活，而得收教训合一之成效。

（七）近代学术进步，一日千里。理想的教育常处于改造历程之中。而理想的教师，其学识与思想，尤应随时代而前进。故在教师自身固宜努力于学术之进修，而教育行政当局尤应多多予以进修之便利与机会。凡教师继续任职满五年者应予以一年之休假，俾得从事学术之研究与精神之修养。

（八）教师为学生之表率，欲望中学生具有救国之宏愿，必须中学教师具有救国之宏愿而后可。惟救国之道，千端万绪，宜有具体方案为实施之准绳。今后教育行政当局，应博采专家意见，严订救国教育实施方案，责成各校教师遵照办理，并严密考核其实施成绩。凡能努力奉行，卓有成效者，予以奖励；其敷衍塞责，暮气沉沉者，予以惩戒；借收信赏必罚之效，而竞教育之功。

上述各项均属根据目前事实而拟具之补救方法，以备教育行政当局之采择，并请海内贤达有以教正！

教师组织及其活动意见调查报告

梁兆康*

本人为研究教师组织问题，曾于民国三十年[1941]八月后，分发“教师组织及其活动意见调查表”乙种，敦请全国教育同人填答指教。此项调查，早经整理就绪，重承各方填表先进叠次来示，垂询调查结果，隆情盛意，衷心感谢。故不忖疏漏，特将分析所得在《中山学报》发表，海内明达苟能进一步赐予教正，则幸甚矣。

上篇　中国教师组织停滞原因的分析

意见调查的目的与经过

过去中国的教师组织，对国家、对教师都没有多大的贡献，与欧美各国的教师组织相比，充分表现其落后性与停滞性。假使想把它成为建国的重要机构，而尽其社会机能集团的作用，非加以改造不可。改造的根据正确的理论与完善的技术固然重要，而中国教师组织停滞原因的了解，与教师对其自身组织的态度之认识，也自然成为改造的必要基础。因此，我们就应用调查问卷，进

* 梁兆康，生卒年不详，广东新会(今江门市新会区)人。国立中山大学教育系及教育研究所毕业，获硕士学位(硕士论文为《各国教师组织及其活动的研究》)。毕业后任中山大学师范学院副教授、教育研究所研究员。

本文原载于《中山学报》1944年第2卷第2期。——编校者

行教育工作者对教师组织意见的调查。该项教师组织及其活动意见调查表，系于民国三十年[1941]以前，经过详细的考虑与不断的修订，编印完竣。为求填表人方便及统计时容易起见，此表系采用选记方法，但仍留相当空白，以便特殊意见的提出。表格样式如下。

民国三十年[1941]八月至十二月间，陆续将该项调查表发出，分发范围，除小学教师只以广东为限外，其余各种教育工作者力求分布均匀。故遍及后方各地，发出数量约有 1 500 份。迄民国三十一年[1942]三月底，次第收回。经检视可以统计者，计得 442 份。本表因采用选记方法，进行统计尚属容易。惟第三项问题，即教师团体的活动方式问题，内容较为复杂。编制技术不良，致易引起纷乱，故无法统计者不少。因此，决定把此题取消。其他各项问题，填表者亦非全部解答，故统计结果，每有不足 442 人之数者。每项问题填表者所提示的答案，亦连同原有答案一并统计，惟第十二题中填表者所指示的意见，则另行叙述。原表"曾经加入的教师团体"及"希望加入的教师团体"两项，填表者各缕举团体名称，统计时系将各特殊团体分别归纳于附注所列举的五类组织的范围内。所有上述诸点，都是统计时所遇的特殊情形。上节——中国教师组织停滞原因的分析，及下节———中国教师组织改造意见的分析，均以此 442 份意见调查表的结果为中心。

教师组织及其活动意见调查表

调查者：国立中山大学研究院师范研究所

敬启者：

查教师组织之功能，足以团结精神，改良教学，发展教育，促进社会，为抗战建国之重要机构。本院师范研究所研究生梁兆康君特以此为研究专题，欲对我国教师组织及其活动，求一正常发展之途径。素仰　　先生学识渊博，经验宏丰，赞翼研究，尤具热忱。用特奉上意见调查表乙份，敬恳指教，俾作南针。至表中未备之处，尤希不吝补正。并请早日掷还广东坪石本院，以利进行，不胜感叙之至！

此致

先生

国立中山大学研究院院长崔载阳启

中华民国三十三年[1944]　　月　　日

姓名[填否听便]____________ 性别__________ 年龄________岁
服务机关______________ 所任职务____________________
学历____
经历____
曾经加入的教师团体：◎

希望加入的教师团体：◎

◎教师团体包括教育会、教职员联合会、各种全国性教育学术团体、地方性教育研究会，及学校内教师会等。

(一) 我国教师组织未能发展的主因是：【请以 V 选记】
1. 民族性散漫，缺乏组织力。……【 】
2. 少数自私自利者把持会务。……【 】
3. 教师鲜以教育为终身事业。……【 】
4. 活动未能满足教师需要。……【 】
5. 组织由上而下，由法令而行动。……【 】
6. 政府未予提倡，有时反加牵制。……【 】
7. 经费短绌。……【 】
8. 主持人身任要职，无暇兼理会务。……【 】
9.
(二) 教师团体最重要的目的是：【选记四项】
1. 改善教师待遇……【 】
2. 建立专业标准……【 】
3. 提高教师地位……【 】
4. 培养专业精神……【 】
5. 研究教育学术……【 】
6. 增进教学效能……【 】
7. 影响教育政策……【 】
8. 发展地方教育……【 】
9. 贯彻国家政治主张……【 】
10. 推广社会事业……【 】
11. 促进教师国际关系……【 】
12.

（三）教师团体最重要的活动方式是：【每个单位选记四项】

	全国教师团体	省市教师团体	县市教师团体	乡镇教师团体
1. 定期集会…………………………………	【　】	【　】	【　】	【　】
2. 教育研究…………………………………	【　】	【　】	【　】	【　】
3. 出版刊物…………………………………	【　】	【　】	【　】	【　】
4. 经济协助…………………………………	【　】	【　】	【　】	【　】
5. 书报阅览…………………………………	【　】	【　】	【　】	【　】
6. 社会服务…………………………………	【　】	【　】	【　】	【　】
7. 康乐活动…………………………………	【　】	【　】	【　】	【　】
8. 演讲活动…………………………………	【　】	【　】	【　】	【　】
9. 广播活动…………………………………	【　】	【　】	【　】	【　】
10. 政党活动 ………………………………	【　】	【　】	【　】	【　】
11.				

（四）教师团体的会员，除在职教师外，应容纳：【随意选记】

1. 教育研究人员…………………………………………………………………【　】
2. 学校职员………………………………………………………………………【　】
3. 教育行政人员…………………………………………………………………【　】
4. 师范生　………………………………………………………………………【　】
5. 退休教育工作人员……………………………………………………………【　】
6. 对教育有贡献或兴趣者………………………………………………………【　】
7.
8.

（五）教师团体筹集经费最好的办法是：【选记三项】

1. 会员会费………………………………………………………………………【　】
2. 政府补助………………………………………………………………………【　】
3. 会刊广告收益…………………………………………………………………【　】
4. 自由捐款………………………………………………………………………【　】
5. 出版物收益……………………………………………………………………【　】
6. 生产事业赢利…………………………………………………………………【　】
7. 物业租息………………………………………………………………………【　】
8.

（六）教师团体的组织范型最好是：【选记一项】

1. 统一的，只有一个统纳一切教师的团体。 ……………………………………【　】
2. 分化的，各级（大、中、小学……）各类（史、地、理、化……科）教师自行结合。……【　】
3. 从统一到分化的，统一团体内，设各级各类教师的分部。……………………【　】
4. 从分化到统一的，各级各类教师团体，组成统一团体。………………………【　】
5.

（七）教师团体的组织系统最好是：【选记一项】

1. 只有一个全国性的团体，各地方不设分会。 …………………………………【　】
2. 全国性的总会下，各地方设平行的分会。 ……………………………………【　】
3. 依行政区域，分设全国联合会，各省总会，各县分会，乡镇支会及学校支会，按次以其

下级组织为会员。……………………………………………………………………【　】
4. 依第 3 项组织系统，各上级组织得同时征收个人会员。 ………………………【　】
5.
（八）教师团体的组织性质最好是：【选记一项】
1. 学术性的文化团体……………………………………………………………【　】
2. 斗争性的劳动组合……………………………………………………………【　】
3. 专业性的职业团体……………………………………………………………【　】
4.
（九）教师团体对政党活动的态度最好是：【选记一项】
1. 接受当政政党的领导，活动一以党的意旨为依归。 …………………………【　】
2. 主动地参加党政活动。…………………………………………………………【　】
3. 保持中立，但其会员得以个人资格参加党政活动。 …………………………【　】
4. 团体及会员均不参加党政活动。………………………………………………【　】
5. 在党政当局督导下，透过自己智慧与民族利益，影响国家政策的决定。……【　】
6.
（十）教师团体与其他社会团体的关系最好是：【选记一项】
1. 教师是知识劳动者，故教师团体应加入劳工组织。 …………………………【　】
2. 教师团体和其他社团的关系是平行的。………………………………………【　】
3. 教师是智慧指导者，故教师团体应领导其他社团。 …………………………【　】
4. 教师团体应领导推动其他社团，及其组织健全后，便处于平行地位。………【　】
5.
（十一）教师团体参与教师团国际活动，应有的途径是：【选记一项】
1. 以感情学术为结合中心，不与各国政府发生关系。 …………………………【　】
2. 商讨现存政治下的教育问题，与各国政府紧密联络。 ………………………【　】
3. 统纳世界教师于特殊主张之下，共谋理想国际的实现。 ……………………【　】
4.
（十二）先生对教师组织问题，若尚有高见，务请指教！

………………………………………………………………………………………

………………………………………………………………………………………

………………………………………………………………………………………

………………………………………………………………………………………

………………………………………………………………………………………

………………………………………………………………………………………

………………………………………………………………………………………

受调查者背景的分析

442 份意见调查表中，其填表人若根据所任职务而分类，则可分成四类：

第一类为教育行政人员，包括有教育厅厅长、秘书、科长、督学及科员等。

第二类为大学教师，因发表时，以各师范学院及教育学院系教授为主要对象，故所谓大学教师，实不能代表一般教授，而只限于教育学者或教育专家的范围。

第三类为中等教师，包括中学、师范学校、职业学校各种中等学校的教员。

第四类为小学教师，包括一般小学教师及儿童教养院导师。

至于各类人员的人数分配，计教育行政人员占 25 人，大学教师占 56 人，中等教师占 149 人，小学教师占 212 人。

填表人所居地域范围的分布，除如上述，小学教师以广东为限外，其余如教育行政人员、大学教师及中等教师，则分布于广东、广西、江西、福建、湖南、湖北、贵州、云南、四川、西康、陕西、甘肃等省，及上海、香港两地。中等教师中，则以广东、广西、湖南三省所占数量为多。

中国教师组织停滞的一个证明

受调查者 442 人中，有些曾经加入过教师团体，有些却未曾加入过。他们加入各种教师团体的次数，可从第一表看出来。

从第一表可知道，各种教育工作者参加教师团体，以大学教师的平均次数为最高，教育行政人员则次之，相差不远，而最低者则为小学教师，其比例与上二者，大有难以比较之势。中等教师则较小学教师为高。若就全体以观，平均两个人始参加一个教师团体，即以最高纪录的大学教师和教育行政人员而论，也不能达到一个人参加两个团体的标准。这种统计事实，显明地表示中国教师对集团组织生活的淡泊。而表现最高纪录的教育行政人员和大学教师，亦以参加教育学术团体为最多，此不能算作是作为职业团体的纯粹的教师组织。若从各类别的教师团体的参加次数来看，以教育学术团体的次数为最多。这无疑地是受大学教师和教育行政人员所影响，因为他们合起来的次数，达到 90％以上。

第一表　受调查者参加教师团体次数分配表

教师团体类别	教育行政人员	大学教师	中等教师	小学教师	总　计
全国性教育学术团体	30	71	14	0	115
各级教育会	7	10	28	4	49
教职员联合会	3	3	8	3	17

（续表）

教师团体类别	教育行政人员	大学教师	中等教师	小学教师	总　计
地方性教育研究会	3	6	18	6	33
学校内教师会	0	4	5	3	12
其他(包括外国教师团体及国际教师组织)	0	10	0	0	10
总计	43	104	74	16	236
受调查者人数	25	56	149	212	442
每人平均参加次数	1.72	1.86	0.49	0.08	0.53

其次为各级教育会，再次为地方性教育研究会，无论哪种教育工作者，参加过教职员联合会者都不多，或因这类组织在各地尚未普遍。各国教师团体及国际教师组织只有大学教师参加过，此与其学历、经历有关，一般中小学教师当然很难望他们参加国际教师组织活动。总之，这个次数分配表表现了一个重要的事实，就是各种教育工作者参加教师团体，以教育行政人员及大学教师的次数为最高，而教师团体中又以教育学术团体为最多。一般中小学教师的团体活动，及作为职业团体的纯粹的教师组织，如教育会、教职员联合会等的活动，都很落后。一个团体的发展与停滞，大致可从其有关分子参加组织的升降情形表现出来。本世纪初年以还，欧美各国的教师组织的发展，与其会员人数的递增，相因而至，往往有只是一个的主导的教师专业组织，亦吸收其全体教师的百分之七八十以上，而一个教师，往往又参加好几个团体。若果现在我们以一般中小学教师的团体活动，和以纯粹的教师组织的活动为着眼点，则上述统计所表示的事实，正足以证明我们的教师组织的停滞性。

受调查者参加教师组织的事实既然如此，然则他们对于希望加入什么团体呢？这可从下列第二表知其大概。

第二表　受调查者希望参加的教师团体次数分配表

教师团体类别	教育行政人员	大学教师	中等教师	小学教师	统　计
全国性教育学术团体	2	7	30	2	41
各级教育会	0	1	4	1	6

（续表）

教师团体类别	教育行政人员	大学教师	中等教师	小学教师	统　计
教职员联合会	1	5	21	22	49
地方性教育研究会	2	2	11	12	27
学校内教师会	0	2	2	1	5
其　他	0	2	0	0	2
总　计	5	19	68	38	130

从曾经加入的教师团体那一方面来看，既是那样地落后，再从希望加入的教师团体这一方面来看，也同样地表现冷淡。212个小学教师，平均每13个人，才参加一个教师团体。现在希望参加者，212人中，只出现38次，平均每6个人希望参加一个。这固然较之实在情形为进步，但仍未能表示教师团体在小学教师的思想和生活中的重要性。中等教师方面亦同此情形。教育行政人员及大学教师，希望加入的团体不多，但这又不能与中小学教师相提并论，因他们以前加入的情形较中小学教师为多，达到了一定限度后，无论主观上继续递加的可能性均少。若从教师团体的类别来看，希望加入教职员联合会的最多，这个趋势受中小学教师意向的影响甚大，几乎占绝对多数。其次为教育学术团体，当中以中等教师出现的次数为最多。再次为地方性教育研究会，希望加入教育会的都很少。总之，从这些统计数字可以知道，一般教师希望加入教师团体还很冷淡，而在此相对的冷淡中，教职员联合会是一个最受注意的对象。

从前，我们比较各国教师组织的理想、活动与结构的时候，已从许多方面表现出中国教师组织的落后和停滞，现在我们再从教师参加及希望参加教师团体的统计数字中，进一步证明这种落后与停滞的确实性。假使把它作为一个病象而须加治疗时，首先要寻出病源所在。因此，我们要分析中国教师组织的停滞原因。

中国教师组织停滞原因之意见的分析

意见调查表第一个问题便是寻求中国教师组织未能发展的主因何在。对此，受调查者有一致的趋势，亦有差异的倾向，如下列第三表所示。

第三表　中国教师组织停滞原因意见统计表

原因	教育行政人员		大学教师		中等教师		小学教师		总计		
	次数	百分数	次数	百分数	次数	百分数	次数	百分数	次数	百分数	等级
民族性散漫缺乏组织力	15	19.7	28	16.1	51	12.1	119	22.5	213	18.5	2
少数自私自利者把持会务	2	26	61	9.2	30	7.1	38	7.1	86	7.4	4
教师鲜以教育为终身事业	10	13.1	27	15.6	93	21.9	100	18.9	229	19.9	1
活动未能满足教师需要	17	22.3	47	27.1	61	14.5	69	13.0	194	16.9	3
组织由上而下由法令而行动	4	5.2	9	5.2	19	4.5	25	4.7	57	4.9	7
政府未予提倡有时反加牵制	10	13.1	10	5.7	32	7.6	33	6.2	85	7.4	5
经费短绌	8	10.5	17	9.8	54	12.8	115	21.7	194	16.9	3
主持人身任要职无暇兼顾会务	8	10.5	16	9.2	29	6.9	29	5.4	82	7.1	6
任教者喜欢单独研究不欲与他人讨论	1	1.3							1	0.8	8
无利益可图	1	1.3							1	0.8	8
在中国社会内一般人不感觉其需要			1	0.5					1	0.8	8
各欲成立独立之组织以便操纵运用			1	5.0					1	0.8	8
整个社会缺乏现代化的组织			1	0.5					1	0.8	8
教师生活无确切保证					1	0.2			1	0.8	8

（续表）

原 因	教育行政人员		大学教师		中等教师		小学教师		总 计		
	次数	百分数	次数	百分数	次数	百分数	次数	百分数	次数	百分数	等级
教师系自由职业且见解信仰未能一致，故本身不觉到要组织					1	0.2			1	0.8	8
总 计	76	100.0	173	100.0	420	100.0	528	100.0	1 197	100.0	
填表者人数	25		56		149		212		442		

中国教师组织停滞的原因，在442个受调查者意见的统计中，以“教师鲜以教育为终身事业”一项的等第为最高。我们以前说明教师组织的起源时，曾说过，教学的职业演进为一种专业，才为教师组织奠下一个必要的基础，而专业的涵义中便有永业性一目。中国教师流动性大，缺乏专业精神，教师自身也这样地承认。由此而影响于教师组织的发展，诚有很大的可能性，在受调查者所提出的意见里，有两点是和此有关系的。一为“教师系自由职业，且见解信仰未能一致，故本身不觉到要组织”。从现象看来，在中国，教师确和新闻记者、医生、律师等一样，成为一种自由职业，而未能明显地达到国家公职的地步，致影响到专业的发展。一为“教师生活无切实保障”，因此，教师便难以教育为终身事业。总之，长期的共业极易产生共同意识。例如，美国的公务员组织，于南北战争后即开始萌芽，但因分赃制盛行，任期不定，轮换甚频，不易形成共同意识与利害，彼此团结颇为困难。直至一八八三年盆得尔顿吏治法颁布后，形势始稍转变。(注一)中国教师之不以教育为终身事业的现象既多，亦难怪其参加教师团体的落后，与希望参加教师团体的淡泊。换言之，中国教师组织的落后与停滞，实为此必然的结果。

“民族性散漫，缺乏组织力”被列为停滞的第二个原因，而在小学教师方面，竟把它列在首位。这是一个很普遍的见解，固不只受调查者有此表现。而受调查者另提出一点意见，“整个社会缺乏现代化的组织”亦与此关系密切。

本人在西南五省考察教师组织的时候,(注二)曾访问各教育专家对于中国教师组织的可能性问题,有些悲观论者便代表一方面意见,而其意见又以民族特性与社会背景为焦点。他们以为:第一,中国教师由于阶层和社会背景的关系,想他们交互结衲难之又难。中国教师都来自小资产阶级,而中国社会还是个小农社会,因此我们教师就专于自由的个人作风,解决问题只从个人出发,很少想到运用集体的力量去解决全体的问题。第二,中国文人正如一般民众一样,或者更加厉害,太散漫了。他们脾气大,不能够合作,积极的反抗力虽然没有,而消极的抵抗力却非常大。第三,他们又爱面子,别人在那里胡天胡地地把持会务,假公济私,自己却不好意思去攻击。总说一句,民族性散漫,组织力薄弱,缺乏了一个现代的社会组织的背景,都是中国教师组织停滞的重要因素。

但是专业基础与民族文化社会背景两个原因孰轻孰重呢?就上表统计数字来看,前者为占全体19.9%,后者占全体18.5%,两数相差很少,实难比较孰轻孰重。在教师组织起源的理论上,是以内在的专业情况为基础,以外在的社会环境为条件的。教师组织,如同一切事物一样,没有内在的基础固不能存在,但即有内在的基础,而无适宜的环境,亦不能发生。故此,这两个原因是首要的,而且是同样的重要。受调查者这些意见,确能洞悉教师组织的停滞之征绪所在。

再其次,主要的停滞原因为"活动未能满足教师需要"及"经费短绌",都被排在第三位。这两个是技术上的问题,但在技术问题中,却是最重要的。一个组织的生命在活动,无活动无组织。而教育行政人员和大学教师,还把"活动未能满足教师需要"这个原因,列在第一等第。若果就教师组织而看教师组织,而不顾及其整个关系及发展历史时,这种意见也非常恰当。但如就整个时空来看,这个原因终须从属于专业基础与社会背景之后的。和过于重视活动的原因相反的,有些人却以为活动只是一个组织或结构发展的结果,组织或结构发展时,活动也自然地跟着充实而活跃。故此,活动只是结果,不是原因。实际说来,活动固然是结果,但亦是原因。假如我们能够应用以前所提出的支配教师组织的发展的法则,即活动结构交互推进的法则来解释,就可以知道"活动未能满足教师需要"之原因的重要性。而现行教育会的奄奄不振,确

受其活动方向的影响甚大。下列的一段记载大致可算是一般县教育会的活动的例证：(注三)

> 据我所知，××县的教师团体只有县教育会一间，从前的事情，我不知道。单就我到××后观察所得，这个机会简直是一个例有机关，工作毫无表现。不说促进教育发展，保障教师利益，提高教学效率，促进社会福利没有做得到。就是最低限度，最易做的教师节纪念会，照理这个会的召集人，教育会是责无旁贷的，而此间却一点声息都没有便过去了。我看它最重要的工作，便是派遣代表出席当地的民众大会。听说会内平时没有人办事的，它的组织采用常务委员制，委员五人，都是当地的中学校长，或地方耆绅。经费不多，仰给于政府特准的税捐或生产收益，不消说是被二三委员所把持，它实在是一个被人忘怀它的存在的机关，这恐怕不但××如此，即就其他各县亦复如此。

一般教育会由其活动所反映出来的空虚停滞，本人经过西南五省几千里的踏察以后，知道确是“不但××如此，即其他各县亦复如此”。在中国，可以作为职业团体的教师组织，除各级教育会外，还有教职员联合会一类。教职员联合会的活动，是以教师的意向为出发点，在某种程度上是能满足教师的需要。而何以教职员联合会还是一样地没有发展？这是因为“活动未能满足教师的需要”，只是教师组织上技术问题中较为重要的一个，而尚有其他者在。

“经费短绌”的原因，在全体442人的意见中，是排在第三。与“活动未能满足教师的需要”的原因同列，而在小学教师方面还把它提到第二位。经费与活动相连，一个组织是靠经费来维持的，一般教育会每因经费问题而致活动不展的很多。例如云南省教育会，在民国二十五年[1936]至二十七年[1938]第三届执监事会任内，每月经常费有新滇币1 225元，当时会务颇有发展。迄民国二十九年[1940]间，每月支销只达到新滇币1 977元之数(每新滇币2元折合国币1元)，而当时昆明生活程度，因受抗战，人口集中内地的影响，已比四五年前超出若干倍。经费不能随同物价标准而上升，故会务受了相当的牵制，以前经常举行的教育演讲及科学演讲亦因此故停止。不过，经费短绌的原因固然重要，而经费问题是多方面的。第一，经费何以短绌，这有时与组织的健全与否有关，组织不健全，筹集经费不得法，就产生支绌的情形。第二，经费虽充裕，但为主持人把持，而呈短绌现象。因此，我们还要分析以下的停滞原因。

教师组织未能发展的第四个原因是“少数自私自利者把持会务”。这与受调查者所提出的“各欲成立独立之组织，以便操纵运用”的意见有相通之处。此外，还有几点意见都可以为这个原因的说明：

“教师团体的会员，须对教育有坚定的信仰、研究的兴趣和专业的志向。在请求加入团体时，应先慎密审查其资历，窃以在教界至少服务三年以上之教师，方得具有会员的资格，以免在政治舞台之失意者或落伍者混入，借团体为政争的工具，使一般人予教育及教师以轻视。”

“过去教师组织之大病，在于在职人不负责，少数人乘机把持，致未能正常发展，今后应力矫此弊。”

“教师组织，须以纯洁的宗旨，在本位事业上建树，以互助的精神，予会员本身以鼓励，始可永存与发展。若以此为钻营利器，求荣阶梯，则创立时或可发展，但终成泡影也。”

“过去和现有之教师组织，不是为挂空名，就是为出风头、抢地位，会员只有纳资义务，而无享受权利。我有几位朋友当我谈到这个问题的时候，有二位立刻离座借故他往，剩了一位则大发牢骚和谩骂。这一个事实，最低限度可以表示几位大学教师对于教育会的态度。”

“少数自私自利者把持会务”的事实，虽然现在没有材料证明，但从这些议论中，可以推想到，在阻碍教师组织的发展上，决不是一个无足轻重的力量。我们决不能忽视金钱在一个组织上的作用，但人的因素有时会比金钱的作用还大。刚才所说，有时经费虽充裕，但为主持人把持，而呈现短绌现象，就是这个缘故。

被列在较后的停滞原因为：“政府未予提倡，有时反加牵制”“主持人身任要职，无暇兼理会务”和“组织由上而下，由法令而行动”等。主持人的重要，上面已说过，一方恐怕他包揽把持，但一方面又会因身兼要职而放弃职责，一般教育会的执行委员，差不多由教育界或政治界的显者兼理的，自难望他们以全部精神发展会务。但如机构健全，这种现象也无大碍。美国的教师协会，自执行干事制度推行以后，会长的地位已有转变，而倾向于高度德性的要求，而非干事的才能。中国的教育会也有设置专任的执行职员的,如此自然可替主持人执行会务。故此,受调查者把“主持人身任要职,无暇兼理会务”这个原因放在差不多最后,确是很有见地。

说到“政府未予提倡,有时反加牵制”这个原因,也不是很普遍的事实。但也不能说没有这种事实存在。而被受调查者排在一个较低的位置,未始不可以推想到它在教师组织的停滞原因中并不算是一个有力的因素。若就各级教育会而言,它根本由政府法令所规定的,不过缺点就在规定以后,许多年来都未曾加以积极地提倡。而我国革命军北伐期间,因政局关系,各省教育会多停止活动,主持人竟有身陷囹圄者。(注四)这可说是教师组织因政治原因而致停顿不前的。迩年以来,政府对于民众团体的态度已渐加重视,尤其是推行新县制以后更加积极。蒋总裁①的《确立县以下地方组织问题》说过:“民众团体,则注重指导与监督”,“过去各级民众团体,往往仅在县城空悬招牌,很少发生作用者,其原因固多,而指导人员未能深入下层工作,积极扶助发展,实为主要原因。故今后各级民众团体,不但不能因其为地方补助组织而忽略,而必须努力,使之健全充实,灵活运用。”不过,这仍是一种愿望,如想政府对于教师组织,如同对一切民众团体一样,予以提倡、辅导,不加牵制,令其顺利发展,还于加以相当地努力。换言之,“政府未予提倡,有时反加牵制”这个原因,对过去教师组织的发展确是相当影响的。这在各级教育会方面还不很显著,而在教职员联合会方面则颇属显明。政府牵制教职联合会的发展,其实责任也不能由政府完全负起的。曾经一再勃起的各地教职联合会,最初是以一种斗争的姿态出现,当时罢课、索薪等运动,不特引起政府不安,且为社会人士所不满。固然教职员联合会一类的组合,不徒以消极的行为为已足,而且有积极的建树。但从其消极的方面来说,便与政府意旨相违背。若站在政府方面,“政府未予提倡,有时反加牵制”是一种必然的措施。姑勿论这种措施是否尽善尽美,而措施的结果,自然引起教师发展组织上的若干障碍。

“组织由上而下,由法令而行动”的停滞原因,被放在最后。这与我的意见有多少相左,中国的教育会纯粹是法令的结果,而非教师本身自发自动的组

---

① 指蒋介石。——编校者

织。从上列第二表看起来，受调查者对教育会的希望非常淡泊，可知由上而下的组织不能引起教师的兴趣。朱启贤氏曾谓："过去，从表面上看，教育者虽也有过普遍的教育会的组织，而这教育会实际上只是一个空架子，做得不好，形同虚设。为什么这样！那便是因为此项教育会的组织，纯粹由上而下的，分子之参加，纯粹是被动的，单纯由法令来规定的。甚至参加人自己对其组织却茫无所知。"(注五)由是，"组织由上而下，由法令而行动"这个原因，被排在最后，觉得未免把它估价太低。它的地位，最少也应该和"活动未能满足教师需要"的原因并列。组织与活动，都是技术问题中的最重要者。

以上所说，便是对于442个受调查者对教师组织停滞原因的意见之分析与补充。大致说来，他们的意见，除组织原因须加斟酌，予以提高地位以外，都是非常正确的。

综述

我们追求了解教师组织停滞的原因与教师对其自身组织所持的态度，以为改造中国教师组织的根据，因此进行了一个意见调查。调查的结果，在教师参加过的教师团体，和希望参加的教师团体两种统计所表现出来的事实，愈足以证明中国教师组织的落后性与停滞性。因为他们，尤其是中小学教师，在参加过的固然寥寥无几，非常落后，而希望参加的也非常淡泊。中国教师组织为什么这样地停滞呢？其主因何在？受调查者所表示的意见，很可以接受，教师组织在中国停滞的原因，最首要的是"教师鲜以教育为终身事业"，其次为"民族性散漫，缺乏组织力"。这两个原因孰重孰轻，事实上很难分判，因为教师组织发展的大障碍，前者表示缺乏专业基础，后者表示缺乏社会环境。而专业基础与社会环境均为教师组织起源与发展的必要依据。除了以上两个根本原因以外，教师组织的停滞原因，被排在第三位的有"活动未能满足教师需要"和"经费短绌"两者，也排列得很恰当。惟与活动原因并列者，本人以为尚应有"组织由上而下，由法令而行动"一项，而受调查者即将此项放在最后一个位置，未免把它估价过低。教育会之停滞不前，由于它的产生乃成于法令而非教师的自发组织之原因甚大。追随活动与经费原因而出现者为"少数自私自利者把持会务"的因素，这个因素也不能太予轻视。最后便是"政府未予提倡，有时反加牵制"和"主持人身任要职,无暇兼理会务",这两种并非普遍现象,后者假使存在,亦不致过分影响教师组织的发展,把它们排在最后的位置,也是最合理的。重复说一句,受调查者的意见,除组织的原因须加斟酌,予以提高外,都是非常正确的。以后,我们就可以依其缓急轻重以为改造的根据。

下篇　中国教师组织改造意见的分析

我们不只要了解教师组织停滞原因,且还要认识教师对其自身组织改造的意见,分析受调查者各方面的意见的时候,只是力求把他们之间的同异关系表现出来,还没有提出我们的改造主张。

对组织性质的意见

先述422个受调查者对于教师组织之性质的意见。根据下列第四表的统计,他们彼此之间对组织性质的意见颇不一致,而归纳几个要点如下:就全体来说,教师组织的性质,学术性的文化团体排第一,专业性的职业团体排第二,斗争性的劳动组合排第三。他们大致上是重视学术性而轻视斗争。四类人员中,除大学教师以专业性为首要外,其余都列学术性于第一,而且百分数都在六十以上,这是第一点。第二点,这种表现,同时可以表示中小学教师对教师组织的认识还未正确。除大学教师外,中学小学教师都把专业性排在第二、第三的地位,而忽略了专业性是教师组织的中心。第三,斗争性的劳动组合,在小学教师意见中占有适中的位置,代表了小学教师20.8%的意见。这个数目,在本身虽还是五分之一,但与中等教师只表现2.7%,教育行政人员和大学教师表现0%相比较,已是一个很高的数字,而为小学教师生活需求特别急迫的象征。第四,有些人提出政治性与抗建性的性质出来,这是很好的见解。第五,还有些人把学术性综合起来,他们的意见是:"本人主张教师团体先成立专业性的基本组织,如全国教师联合会、省市教师联合会、县市乡镇教师联合会等,再在此等组织中产生学术性的文化团体,如儿童教育研究会、职业教育研究会、师范教育研究会以及分科研究会等。只有学术性的文化团体殊嫌散漫,只有专业性的职业团体则又过于平凡。基层稳固团结,再讲究高深的学术研究，则庶可无偏矣。”“职业团体（如律师公会）与学术团体（如科学社），似宜并行不悖，如能将研究组织合并在职业组合之下（如教育会下设研究部），亦无不可。”“专业性的职业团体，应包括学术性在内，因为教师的专业，本身就是提倡学术。”第六，还有人主张专业性与学术性并立而各具功能的。他说：“教师组织，可分两类，学术的及专术的，前者只要全国有一个组织，后者则与民主政体有关，故须由下而上分层组织，教育会即此类也。前者纯为研究性质，可以影响全国政策，后者则为代表教师之权力机关，旨在保障教师之利益，代表教师之公意以参加政治。各地教育会亦可注意会员之康乐活动及消费合作等有关会员的福利事业。”最后，还要提出一个特殊的主张，以上所列，都不过把教师组织看成一个机能团体，但有一位中学校长以为教师组织应该是一个共同生活团体，是专业性的学术。他说：“教师组织应该进修，生活互助，社会服务合而为一，最理想的是共同生产、共同消费、共同研究、共同工作。”

第四表　中国教师组织性质意见统计表

项目	教育行政人员			大学教师			中等教师			小学教师			总计		
	次数	百分数	等第	次数	百分数	等第	次数	百分数	等第	次数	百分数	等第	次数	百分数	等第
学术性的文化团体	15	60.0	1	20	37.0	2	111	76.0	1	121	61.4	1	267	63.2	1
斗争性的劳动组合	0			0			4	2.7	3	41	20.8	2	45	10.6	3
专业性的职业团体	10	40.0	2	29	53.7	1	29	19.8	2	33	46.7	3	101	23.9	2
政治性的教育团体				1	1.8	4	0						1	0.2	6
学术性的职业团体				3	5.5	3	2	1.3	4				5	1.18	4
学术斗争性的团体				1	1.8	4							1	0.2	6

（续表）

项目	教育行政人员			大学教师			中等教师			小学教师			总计		
	次数	百分数	等第	次数	百分数	等第	次数	百分数	等第	次数	百分数	等第	次数	百分数	等第
抗建性的文化团体										2	1.01	4	2	0.47	5
总计	25	100.0		54	100.0		146	100.0		197	100.0		422	100.0	
人数	25			54			146			197			422		

对组织目的的意见

就429人对教师组织的目的的意见而看，最重要的是研究教育学术，增进教学效能。这与上述性质的意见，以学术性为首要，互相照应。其次为改善教师待遇，提高教师地位，发展地方教育，贯彻国家政治主张，培养专业精神，推广社会事业等。最后列为影响教育政策，建立专业标准及促进教师国际关系。促进教师国际关系，在各类教育者的意见中，都处于一个很低的位置，这也是很自然的事。本国教师关系还没有弄得好，国际活动是不易进行的。至于其他目的，各类教育者便难有一致的意见。排在第一的目的，教育行政人员和大学教师都是研究教育学术，中学教师则为改造教学效能，小学教师则为改善教师待遇，这由于地位与需要不同之故。但提高教师地位的要求，却有共同的趋向，都在第三、第四之间。对影响教育政策这个目的，分成两组态度。第一组是适中的，教育行政人员和大学教师都把它排在第五位。第二组是冷淡的，中小学教师把它排在九至十一之间，此恐与教育行政的认识有关。贯彻国家政治主张的目的，排在较高的是教育行政人员，因他们本身是国家的行政者，自然较为重视；其次为中小学教师；再其次为大学教师。许多人认为，大学教授都倾向于自由主义，这句话未必属实，但对政治总较为忽视。发展地方教育的目的，在小学教师意见占第二位置，或与他们在地方服务有关。大学教师把培养专业精神放在第二，恐亦与他们多数主张教师组织的性质为专业性的意见相连。除上述统计表的分析外，受调查者对于组织目的还提出了几点特殊意见，大概集中在教师人事行政和福利事业两个主题上。关于前者，他们说："教师组织最重要的目的，除第二项列举外，对内自应培养专业精神，对外亦应鼓吹并监督政府促使教育界人士纪律化。具体言之，教育界人事升进，非徒使非专业者幸进，抑且力杜借荐书或私人关系作校长之颓风。""人事行政的改善与教育事业的发展这两桩事，在我们教师组织问题中应该平行的。""照愚见研究教育学术，培养专业精神，增进教学效能，都是为着建立专业标准一个目的的，专业标准已由这种努力，如研究学术、培养精神、增进效能等建立了，教师地位自然提高。教师本人不努力而叫人家看起自己，未免要求太过，所以建立专业标准乃最重要的目的。"至于着重教师福利事业者，则谓："教师的团体应以教师的福利为中心，中心目标如能实现，所谓专业精神、教学效能，必能因教师对团体发生浓厚兴趣而收具体之效矣。"

第五表　中国教师组织目的意见统计表

目　的	教育行政人员			大学教师			中等教师			小学教师			总　计		
	次数	百分数	等第	次数	百分数	等第	次数	百分数	等第	次数	百分数	等第	次数	百分数	等第
改善教师待遇	9	9.0	5	20	9.0	6	65	11.0	3	145	17.9	1	239	13.9	3
建立专业标准	4	4.0	7	12	5.4	7	16	2.7	10	16	1.9	10	48	2.7	10
提高教师地位	11	11.0	3	27	12.2	3	63	10.7	4	131	16.2	3	232	13.5	4
培养专业精神	9	9.0	5	39	17.2	2	58	9.8	5	26	3.2	8	131	7.6	7
研究教育学术	20	20.0	1	48	21.7	1	108	18.3	2	102	12.6	4	278	17.6	1
增进教学效能	19	19.0	2	26	11.7	4	116	19.7	1	99	12.2	5	260	15.1	2

（续表）

目的	教育行政人员			大学教师			中等教师			小学教师			总计		
	次数	百分数	等第	次数	百分数	等第	次数	百分数	等第	次数	百分数	等第	次数	百分数	等第
影响教育政策	9	9.0	5	22	9.9	5	23	3.9	9	12	1.4	11	66	3.8	9
发展地方教育	5	5.0	6	7	3.1	9	36	6.1	8	144	17.8	2	192	11.1	5
贯彻国家政治主张	10	10.0	4	11	4.9	8	56	9.5	6	63	7.7	6	140	8.1	6
推广社会专业	0	0.0		1	0.4	17	7	1.2	11	23	2.8	9	31	1.8	11
促进教师国际关系	2	2.0	8	5	2.2	10	45	7.6	7	47	5.8	7	99	5.7	8
推进教师事业	1	1.0	9										1	0.05	13
辅导会员进修	1	1.0	9										1	0.05	13
保障教师利益				2	0.9	11							2	0.11	12
贯彻国家教育政策				1	0.4	12							1	0.05	13
改良中国教育				1	0.4	12							1	0.05	13
总计	100	100.0		221	100.0		588	100.0		808	100.0		1 717	100.0	
人数	25			55			147			202			429		

对组织范型的意见

受调查者 415 人对于教师组织范型的意见，如第六表所示。

教师组织的范型，大致可以分成四类，受调查者对这四类的意见，有如第六表明白表示，从分化到统一的范型，即各级各类教师团体组成统一团体的范型，是最好的；其次为从统一到分化的，即统一团体内设各级各类教师的分部；再其次为统一的，只有一个统纳一切教师的团体；最后为分化的，各级各类教师分头自行结合。他们对于从分化到统一的范型同样重视，但却同样轻视只停留于分化阶段。这是一种要求统一的趋势，而其起点又为分化的。这种意见，有三个受调查者较详细地说出来。他们说："教师组织在中国甚有必要，主要目的有三：(1) 提高教师地位，(2) 整饬教育界风气，(3) 发挥教育力度。此种组织要以教师自动发起，由少数而多数，由一地而各地，达到全国统一，系统分明，真正为教师所有、教师所治、教师所享的理想。各师范学院及师范专科学校应联合起此项组织。""现在尚非大规模发动教师组织的时候。应由确有专业精神、抱终身服务志愿者，在各地组成小单位，人数不在多，更不宜宣传或铺张，实事求是，量力而行，俟树立稳健的基础再去推广。但以外力来强迫我等组织，必须设法抵抗，宁可无组织，断不可令假借名义也。""教师团体组织，最好是从分化到统一，不但能顾及各种教师的特殊需要，而且出乎自然。"

第六表　中国教师组织范型意见统计表

范　型	教育行政人员			大学教师			中等教师			小学教师			总　数		
	次数	百分数	等第	次数	百分数	等第	次数	百分数	等第	次数	百分数	等第	次数	百分数	等第
统一的	2	8.3	3	1	1.7	4	22	14.9	3	46	24.4	2	91	21.9	3
分化的	0		4	8	14.2	3	14	9.5	4	30	15.9	4	52	12.5	4
从统一到分化的	10	41.6	2	20	35.7	2	52	35.3	2	41	21.8	3	123	24.8	2
从分化到统一的	12	50.0	1	27	48.2	1	59	40.1	1	71	37.7	1	169	40.7	1
总　计	24	100.0		56	100.0		147	100.0		188	100.0		415	100.0	
人　数	24			56			147			188			415		

对党政关系的意见

受调查者对“教师团体对党政活动的态度”的意见，就全体 394 人来说，以“接受当政政党的领导，活动一以党的意旨为依归”为最能代表最多数，占全体 40%。这个趋势，无疑地是受了中小学教师意见的影响，因为他们都把它列在第一位，前者占 41%，后者占 52%。在大学教师方面，对这种态度，只放在第三位，所代表的人数，不及 10%。这是中小学教师和大学教师的一个差异地方。教育行政人员，虽然排它在第二，但百分比也不很高。其中有一位发挥较详细的意见，他说：“谨按古今中外民族国家，无一人不受其国家政治之影响。教师团体之组织，如非政治当局直接间接提倡赞助，颇感难以健全充实发展力量。但欲得政治当局之帮助，似又必须先有以赞助政治当局。在现世政治组织活动高强于一切之下，似以全国教师特优者以有计划有步骤有办法，而又肯甘心为全国教师福利又全国教育建设而牺牲之人，紧密与政治当局接触，永恒不息。同时发扬舆论敦促，则相补政教合一，师长(官长)贯通，教师团体之组织活动可获较美好之成果。”这种意见无疑是在党政立场讲话的。在全体的次序第二为“在党政当局督导下，透过自己的智慧与民族利益，影响国家政策的决定”。这在教育行政人员中占在第一位，代表 40%人的意见。在大学教师中，也代表了 41%人的意见而居于次位。至在中小学教师方位，便没有这样高了。故此，同样可以说，这一个趋势，是受教育行政人员和大学教授的意见所影响。列在全体的第三者是：“保持中立，但其会员得以私人资格参加党政活动。”大学教授表示这一种意见的最多，占 47%以上，其他教育者的百分比都不很高。这或可表示大学教师自由主义的倾向较大。反映这种主张的，还可以看到以下两点意见：“教师组织应绝对保持其独立性，紧握民族文化之枢纽而发扬光大之。”“教师组织为社会(学术)团体，受当政当局的招集，但不受党政的管辖，教师组织内应防止党团活动。”除上述三种主张以外，教师团体对党政关系还有两项，就是“主动的参加党政活动”和“团体及会员均不参加党政活动”两项，在全体中分别排在第四和最后两位。而各类教育者的意见也相当一致：这两种态度，表示两种极端，一是过于活动，一是不与活动，都不能得到多数教育者的同意，他们都似乎采取一种调和的态度。

第七表　中国教师组织党政关系意见统计表

党政关系	教育行政人员			大学教师			中等教师			小学教师			统　计		
	次数	百分数	等第	次数	百分数	等第	次数	百分数	等第	次数	百分数	等第	次数	百分数	等第
接受当政政党的领导，活动一切以党的意旨为依归	6	24.0	2	4	7.2	3	56	41.4	1	94	52.5	1	160	40.6	1
主动地参加党政活动	4	16.0	3	2	3.6	4	14	10.3	4	28	15.6	2	48	12.1	4
保持中立，但其会员得以个人资格参加政党活动	4	16.0	3	26	47.2	1	28	20.7	2	26	14.5	3	84	4.3	3
团体及会员均不参加党政活动	1	4.0	4	0		5	10	7.4	5	6	3.3	5	17	21.5	5
在党政当局督导下，透过自己的智慧与民族利益，影响国家政策的决定	10	40.0	1	23	41.8	2	27	20.0	3	25	13.9	4	85	21.5	2
总　计	25	100.0		55	100.0		135	100.0		179	100.0		394	100.0	
人　数	25			55			135			179			394		

对社会关系的意见

教师组织不只须与党政产生关系，而且有其社会的关系。在社会关系方面，受调查者的意见怎样呢？根据第八表所示，在全体的等第，其排列次序如下：第一，"教师团体应当领导推动其他社团，及其组织健全后，便处平行地位。"第二，"教师团体和其他社团的关系是平行的。"第三，"教师是智慧指导者，故教师团体应领导其他团体。"第四，"教师是知识劳动者，故教师团体应加入劳工组织。"在这些次序中，第一和第二的百分比相差不远，而大概都是和其他社团立于平行的地位。第三等的关系是领导其他社团，第四等的关系从属劳工组织，都处于关系的两极端，不为人所重视。有一位受调查说："教师团体应保持自由独立之精神，不必加入劳工组织受他人之统制也。不必以智慧特出自居，把他人放在被领导之下，教师团体之地位，除自己势力外，应由社会共同公认。"但另有人则主张："政府应以命令使教师团体组织会各种社团活动中得以参加，并居首要地位，以提高其他地位。"以上两种意见，可以比较的眼光来考究。不过，尤其是在我们中国，教师到底有其指导的开发智慧的作用，故此平行中而有领导推动，这种意见列为首要，是合理的。若就各教育者的意见来看，小学教师的意见，以主张加入劳工组织的为最多，此固与其生活地位有关系。但在各种关系人数分布中，第一、二、三，三者的百分比都相差不远，而未能详细地表示其立场。

第八表　中国教师组织社会关系意见调查表

社会关系	教育行政人员			大学教师			中等教师			小学教师			统　计		
	次数	百分数	等第	次数	百分数	等第	次数	百分数	等第	次数	百分数	等第	次数	百分数	等第
教师是知识劳动者故教师团体应加入劳工组织	0		4	1	1.8	4	6	4.4	4	54	29.8	1	61	15.4	4

（续表）

社会关系	教育行政人员			大学教师			中等教师			小学教师			统计		
	次数	百分数	等第	次数	百分数	等第	次数	百分数	等第	次数	百分数	等第	次数	百分数	等第
教师团体和其他社团的关系是平行的	16	64.0	1	27	50.0	1	44	32.8	2	28	15.4	4	115	29.1	2
教师是智慧指导者故教师团体应领导其他社团	1	4.0	3	6	11.1	3	26	19.4	3	51	28.2	2	84	21.3	3
教师团体应领导推动其他社团及其组织健全后便处平行地位	8	32.0	2	20	37.0	2	58	43.2	1	48	26.5	3	134	34.1	1
总　计	25	100.0		54	100.0		134	100.0		181	100.0		394	100.0	
人　数	25			54			134			181			394		

对国际关系的意见

在上述调查背景分析的时候，知道他们参加国际教师组织活动的机会少之又少。若教师团体参加国际教师组织的运动，他们总会有自己的意见的。这些意见，如第九表所示。第一是“以感情学术为结合中心，不与各国政府发生关系”，第二是“商讨现存政治下的教育问题，与各国政府紧密联络”，第三是“统纳世界教师于特殊主张之下，共谋理想国际的实现”。此外，受调查者还提出了一个意见，就是“以感情学术为结合中心，与各国政府取得适当关系,并进谋世界教育的改进”。我们觉得这种意见非常之好。若以前列三种意见而言,第一、二两种的百分比很接近。而在小学教师,中等教师,甚至教育行政人员中,三种意见并无很明显的差别。惟有大学教师,“以感情学术为结合中心,不与政府产生关系”的意见占以75%以上,表现其鲜明的立场。其余的教育工作者,都以第二项意见排在第一位,而与大学教师采取不同的政治态度。还有一个受调查者,对上列第三项所谓特殊主张,提出具体的意见,他说:“特殊主张似应改为‘三民主义’,即统纳世界教师于三民主义之下,共谋三民主义国际之实现,盖三民主义固以世界大同为最后鹄的也。”

第九表　中国教师组织国际组织关系意见统计表

国际组织关系	教育行政人员			大学教师			中等教师			小学教师			统计		
	次数	百分数	等第	次数	百分数	等第	次数	百分数	等第	次数	百分数	等第	次数	百分数	等第
以感情学术为结合中心,不与各国政府发生关系	8	33.3	2	41	76.9	1	45	31.3	2	55	30.0	3	149	38.1	1
商讨现存政治下的教育问题,与各国政府紧密联络	11	45.8	1	6	11.1	2	48	36.6	1	69	37.7	1	134	34.1	2
统纳世界教师于特殊主张之下,共谋理想国际的现实	4	16.6	3	6	11.1	2	38	29.0	3	59	32.2	2	107	27.3	3

（续表）

国际组织关系	教育行政人员			大学教师			中等教师			小学教师			统计		
	次数	百分数	等第	次数	百分数	等第	次数	百分数	等第	次数	百分数	等第	次数	百分数	等第
以情感学术为结合中心，与各国政府取得适当关系，并进谋世界教育的改造	1	4.1	4	1	1.8	3							2	0.5	4
总计	24	100.0		54	100.0		131	100.0		183	100.0		392	100.0	
人数	24			54			130			183			392		

对组织系统的意见

教师组织外缘关系的意见，既经表明。现可进而考究他们对组织本身的组织系统的意见。这种意见，以主张“依行政区域，分设全国联合会、各省总会、各县分会、乡镇支会及学校支会，按次以其下级组织为会员”的主张为最多，占全体50%以上。只除了教育行政人员把它列为第二位外，其余各类人员都把它列在第一位。其次为“全国性的总会下，各地方设平行的分会”。最后的是“只有一个全国性的团体，各地方不设分会”最没有势力。依第3项，即排在第一位那项的组织系统，“各上级组织得同时征收个人会员”的主张，虽然排在第二，但教育行政人员却将它列在第一，代表了44%的主张，这种意见是值得重视的。

第十表　中国教师组织组织系统意见调查表

组织系统	教育行政人员			大学教师			中等教师			小学教师			总　计		
	次数	百分数	等第	次数	百分数	等第	次数	百分数	等第	次数	百分数	等第	次数	百分数	等第
只有一个全国性的团体，各地方不设分会	0			0			7	5.1	4	11	5.4	3	18	4.3	4
全国性的总会下，各地方设平行的分会	7	28.0	2	18	33.9	2	48	35.5	2	62	30.8	2	128	30.9	2
依行政区域，分设全国联合会，各省总会，各县分会，乡镇支会及学校支会按次以其下级组织为会员	7	28.0	2	19	35.8	1	74	54.8	1	117	58.1	1	217	52.3	1
依第3项组织系统，各上级组织得同时征收个人会员	11	44.0	1	16	30.1	3	16	11.8	3	11	5.4	3	54	13.1	3
总　计	25	100.0		53	100.0		135	100.0		201	100.0		414	100.0	
人　数	25			53			135			201			414		

对会员范围的意见

关系教师组织的会员，除在职教师外，还应容纳什么人呢？受调查者的意见在下面的第十一表表示出来。若果按全体次数的多少而排列，则结果是，教育研究人员、对教育有贡献或有兴趣者、学校职员、教育行政人员、退休教育工作人员、师范生等。另受调查者所提出的几种范围，师范生的入会在各类教育者的意见中都得不到重要的位置。其原因或许在于中国教师组织尚未发达，如欧美各国者，鼓励预备教师入会，以提高专业精神。把教育研究人员列在首位，盖亦足以表明他们倾向于学术研究性的趋势。党政军、金融、文化、艺术等人员虽然有人提出来，但同意的恐不多耳。

第十一表　中国教师组织会员范围意见统计表

会员范围	教育行政人员			大学教师			中等教师			小学教师			总　计		
	次数	百分数	等第	次数	百分数	等第	次数	百分数	等第	次数	百分数	等第	次数	百分数	等第
教育研究人员	24	24.0	1	48	23.7	1	120	25.6	1	135	25.3	2	327	25.1	1
学校职员	11	11.0	5	41	20.2	2	84	17.9	3	108	20.3	3	244	18.4	3
教育行政人员	21	21.0	2	33	16.3	3	63	13.4	4	40	7.5	5	151	12.1	4
师范生	10	10.0	6	28	13.8	5	56	11.9	5	38	7.1	6	132	10.2	6
退休教育工作人员	12	12.0	4	15	7.4	6	39	8.3	6	73	17.7	4	139	10.7	5
对教育有贡献或兴趣者	20	20.0	3	29	14.3	4	103	22.0	2	136	25.5	1	288	22.1	2
经济金融行政人员	1	10.0	7										1	0.7	8
军事教育人员	1	10.0	7										1	0.7	8

（续表）

会员范围	教育行政人员			大学教师			中等教师			小学教师			总计		
	次数	百分数	等第	次数	百分数	等第	次数	百分数	等第	次数	百分数	等第	次数	百分数	等第
文化工作者							1	0.2		1	0.1		2	0.15	7
艺术工作者							1	0.2					1	0.07	8
退休教师							1	0.2					1	0.07	8
党政军工作人员										1	0.1		1	0.07	8
总　计	100	100.0		202	100.0		468	100.0		532	100.0	0	294	100.0	
人　数	25			56			212			212			442		

经费筹集的意见

最后，我们要检视他们对教师组织筹集经费的方法的意见。照第十二表所示，他们认为最好的方法是会员费，这与欧美各国教师组织筹集经费的主要方法适相合节。其次为生产事业赢利，以下列为物业租息、会刊广告收益、自由捐款、出版物收益。最后，才是政府补助。把政府补助列在最后，这个意见非常可取。因教师组织想成为真正自身的组织，自不能过分倚赖政府的补助。至受调查者所提出的两点意见，即学校津贴与基金，基金自然成为教师组织财政上的一个关键，但学校津贴方面，恐不是经费来源的一个很好的方法耳。这就是 417 个受调查者对筹集经费方法的大致。关于生产事业方面，有一位提出较具体的意见，他说："教师组织，应产生一种生产合作事业，如教育银行、团体保险等，方能永久。"又有一位说："谋根本解决教育人员之经济保障，促进一个强有力的金融机构之建立——即教育银行。"

第十二表　中国教师组织筹集经费方法意见统计表

筹集经费方法	教育行政人员			大学教师			中等教师			小学教师			总计		
	次数	百分数	等第	次数	百分数	等第	次数	百分数	等第	次数	百分数	等第	次数	百分数	等第
会员会费	20	26.6	1	51	33.5	1	105	24.0	2	67	10.7	5	243	22.3	1
政府补助	19	25.3	2	8	5.2	6	20	4.5	5	40	6.4	7	87	8.0	7
会刊广告收益	1	1.3	7	9	5.9	5	63	14.4	4	62	9.9	6	135	12.4	4
自由捐款	9	12.0	4	7	4.6	7	8	1.8	6	78	12.5	4	102	9.3	5
出版物收益	7	6.7	5	35	23.0	2	112	25.6	1	147	23.6	1	101	9.2	5
生产事业赢利	15	20.0	3	30	19.7	3	65	14.8	3	106	17.0	3	216	19.8	2
物业租息	6	8.0	6	11	7.2	4	63	14.4	4	121	19.4	2	201	18.4	3
学校津贴				1	0.6	8							1	0.9	8
基　金							1	0.2					1	0.9	8
总　计	75	100.0		152	100.0		437	100.0					1 087	100.0	0
人　数	25			50			135						417		

其他意见

受调查者于意见调查表问题以外，尚有提出其他意见者，兹分类条述如下：

关于教师组织的可能性者，有说："我看不易组织。"有说："目前是组织教师最好的时机。"

关于教师组织的进行者，有人提出政府与教育领袖倡导的意见，如："中国教师的研究兴趣和集团精神薄弱，先由政府竭力提倡。""目前需要的是做，首先结合有志之士准备之推动之，政府先拨一笔款子责成若干领导人物推动起来。""从事高级教育行政的人员，如能以健全的学问和道德，为人表率，积极领导起来，即属轻而易举矣。""应即有全国性之教师组织——最好由教育部举办，第一步先调查全国各校现任各师略历，请其加入，第二步分成大学组、中学组、小学组，每年召集例会一次。"

关于组织体制者，不少人主张民主化。如："组织务求民主化，不应包办或包而不办。""采用民主集中制，真能使到分工合作。""在统制与集权政策之下，教师组织不易发生效力。如欲成功，非有真正的民治政体推行民治政策不可。我国抗战胜利之后，政治路线之决定，与此问题有密切关系。现国民参政会尚无大力，且有教师之代表者尤甚少，诚属缺憾。"

关于主持人物及干部者，有谓："想教师组织能发展，必须主持者得人，有充分时间，不断努力；而且学术化，对于组织中之教师，能得着其辅导。""教师团体组合中，其主持人员应以道德高尚与学问丰富者主持之。""凡一团体，因须人人用力，尤须有有力的干部，而干部中专心负责者尤关重要。此项得人，则团体贡献大，教师组织不能外此。"

关于内部结构者，则有人提出："教师组织应包括下列部门：a. 学术研究部，b. 失业救济部，c. 职业介绍部，d. 图书供应部，e. 辅导教部。"

关于海外华侨教师组织者，则有谓："海外华侨学校教师甚众，应以地方为单位，受我国领事馆之指导，组织起来，推进侨教之发展。"

关于活动者："教师如何发扬尊师重道之精神，应为教师团体活动之中心意义。""活动方式不必呆板规定。""除学术探讨外，宜特着重康乐活动，以调剂枯燥之教书生活。""活动最重要的层级在省和县。"

此外，尚有意见若干条，但与上文所述均有连带关系，不赘。

意见的价值

以上，我们曾就组织问题的各方面，把 442 个受调查者对教师组织的意见加以分析，并求其彼此关系之所在，因而发现了若干一致的趋向与殊特的立场。这些一致趋向与特殊立场，是我们将来尝试设计改造的时候，所应该尊重的。在他们的意见中，有不少能够与各国教师组织运动的潮流相适应，与教师组织的一般理论相吻合，如在本论文上篇、中篇两部分所提出者。但亦有不少意见，与此种潮流与理论相违背。假如遇到者的情形的时候，我们觉得，世界潮流与一般理论是较为重视。例如，在组织性质方面，就全体来说，“学术性的文化团体”被排在第一，“专业性的职业团体”反居第二，这明明是与我们以前从事实中所发现出来的律例是相反的。其次，在同一问题上，因为受调查者的地位与立场不同，而其所持态度亦相异。例如，在性质上，小学教师对于斗争性的劳动组合的注重，远较其他各类教育者为甚。在组织目的上，则教育行政人员及大学教师以研究教育学术为首要，中学教师以改造教学效能为第一，小学教师以提高教师待遇为前提。在党政关系上，中小学教师置“接受当政政党的领导，活动以党的意旨为依据”于第一位，而大学教师则倾向于“保持中立，但其会员得以个人资格参加党政活动”。在社会关系上，则小学教师特殊的趋重于“教师是知识劳动者，故教师团体应加入劳工组织”，至其他三类教育者，都只把它放在末位而已。在国际组织关系上，大学教师则鲜明地表明其超越政治的立场，而多数主张“以感情与学术为结合中心，不与各国政府发生关系”。当碰着歧异的意见的时候，假如我们是就全面着眼、整个来着手的话，于他们的歧异意见之间，怎样取舍从达呢？特殊的立场，我们应该尊重，但如何能够于满足特殊当中，而求整个的全面的调协进步，这是我们将来设计改造时应该最用心力的地方。分析结果的第三个注意点是，教育行政人员和大中小学各个教师的地位是多少不相向的，因为教育行政人员的较为直接地代表政府，而事实上，有许多意见是站在政府的立场来说话的。如在性质上，有60％的主张是学术性的文化团体，在目的上以“研究教育学术”为首位，贯彻国家政治主张的地位也特殊地高。在社会关系上，主张教师团体和其他社团的关系是平行的，占有64％，在国际关系上，倾向于“商讨现存政治下的教育问题，与各国政府紧密的联络等都是”。这些主张，各级教师也间有同意的，却没有教育行政者那样一贯的主张。这里，把这个特点提出来，对行政者的意见并没有褒贬的意思。而实际上，他们有若干点意见是较为有见地的，如下述：在党政关系上，他们多数主张：“在党政当局督导下，透过自己智慧与民族利益，影响国家政策的决定。”在组织系统上，他们多数主张：“依第3项系统，如上级组织得同时征收个人会员。”两点意见，都较为合理，并不能以其在全体中的位置较低而忽视。第四点，在全体分布中，有些意见相当的达到全体的一致的地步的，如在组织范型上，都主张从分化到统一；在会员范围上，教育研究人员差不多都放在首位;在会费筹集上,也差不多主张以会员自费为首要。这些意见,与世界潮流一般理论是相协调的,我们应该予以重视。总而言之,442个受调查者对于教师组织的改造,提供了不少宝贵的意见,以为我们立论的依据。但是,我们为着全面的文化改造,所以有时对于他们的意见,不能不透过世界潮流、一般理论与中国小学教师组织停滞原因的解决几个方面,以定我们的取舍从达。

附注

(注一)参考张金鉴著《人事行政学》下册第四八七页,商务印书馆出版
(注二)见梁兆康著《生活线上的教师》,载《教育新时代》第三卷第一期
(注三)同注二,第三卷第三期
(注四)梁兆康《中国教师组织运动》,《民族教师》半月刊第一卷第七期
(注五)朱启贤《建立教育界的民主统一组织》,《中国教育》第一卷第二期

学校管理法

郭秉文*

绪　　论

学校管理法，有广义，有狭义焉。以其广义言之，则学校之设置也，编制也，设备也，教授也，以及学校之经济、卫生、课程、统治等，均在此管理范围中。简言之，即管理全校也。以其狭义言之，则唯限制于学校统治之一端，专注意于管理学生，而以培养道德为要旨者也。今兹所欲言者，则此狭义之管理法，而非广义之管理法也。

夫欲培养国民之道德，为巩固民国之基础，非当今吾教育界之唯一大问题乎。共和之国民，不当以刑威，不可以法制，而宜以德导之。学生者，未来之国民也，不先有以培养之，则今日为不道德之学生，安能他日为有道德之国民乎？是故当今吾国之教育家，如不欲培养国民之道德为民国之基础也，则亦已耳，否则此唯一之大问题，不能竭尽心力以解决之，将谁负其责而谁任其咎耶？如

* 郭秉文(1879—1967)，字鸿声，江苏江浦(今南京市浦口区)人。上海清心书院毕业，留学美国伍斯特大学理学院、哥伦比亚大学师范学院，获博士学位(博士论文 *The Chinese System of Public Education* 由哥伦比亚大学出版社 1915 年出版)。曾任南京高等师范学校教务主任、校长，东南大学校长。著有《中国教育制度沿革史》《学校管理法》等。

本文为作者回国后在江苏省教育会的三天演讲内容，原载于《教育杂志》1914 年第 6 卷第 12 号、1915 年第 7 卷第 1 号和第 2 号，同名著作单行本由商务印书馆 1916 年出版。——编校者

诚欲解决之，则此管理之原理也，体制也，训练法也，激励法也，感化力也，均不可不注意者也。

一、原　　理

学校之管理法，非学校管理者所得武断而擅定者也，盖有管理之原理在焉。其所当依据之而定为标准者，则有三。其一则所谓管理者，为维持学校之治安与辅助校务之进行者也，故即以学校之治安能否维持与校务之进行能否辅助为标准。其二则管理者，所以修养儿童天赋之性质者也，故即以儿童天赋性质之能否修养为标准。其三则管理者，又以培养社会需用之人物者也，故即以社会需用之人物能否培养为标准。夫维持学校之治安与辅助校务之进行，为管理者之天职，人人知之，不待言矣。然学校之所以建设校务，之所以整理，岂第为学校校务本体之治安进行也哉，实欲运用此机关以修养儿童天赋之性质，与培养社会需用之人物耳。故管理员于此二者，尤当注意之也。不然，有但求学校之治安与校务之进行，而妨害儿童身心之发育，造就社会之游民废物者矣，可不惧哉。

（一）修养儿童天赋之性质

欲播种者，须知植物固有之天性。欲畜牧者，须知动物本然之气质。故管理学生者亦然，不知儿童天赋之性质，焉能得修养之功耶？故欲修养儿童天赋之性质者：

第一，则须知儿童之种种性质，有天然之趋向，当因势利导之也。如好奇异、好仿效、喜游戏、喜聚集等等种种性质，均有天然之趋向，既不可以反抗而驱除之，又不可以助长而增加之。故管理者当依之为根据，而因势利导之，以养成其应有之道德也。

第二，则须知儿童之种种性质，有倾向于善者，有倾向于恶者，有可引之为善、纵之为恶者，当各依其道而发达之，消灭之，指导之也。如慈爱，如谦逊，则倾向于善者也，当奖励之，使觉愉快而发达之也。如暴怒，如嫉妒，则倾向于恶者也，当禁阻之，使觉困苦而消灭之也。然儿童之性质，其可引之为善、纵之为恶者，则恒占多数。故当避其可使为恶之境遇，而以可使为善之境遇代之，此指导者之责也。儿童喜激励，喜激励之性质无有善恶也。如以其喜父母称誉之心为不善，而使之喜师友之赞扬，复以其喜师友之赞扬之心为不善，而使之喜乡党之祝颂，又以其喜乡党祝颂之心为不善，而使其之喜圣贤豪杰之赞美与天下后世之称扬。虽其范围日加扩充，要皆使之心驰于外，而有自私自利之心者也，如指导之使反躬自问，得其良心上之许可而实行之，以养成其为善之志愿，岂不善哉。儿童又喜竞争，竞争之性质亦无有善恶也。如以喜竞争衣食为恶也，即使之竞争财产，又以其喜竞争财产为恶也，而使之竞争功名，其彼善于此乎，抑为恶尤甚耶，如使指导之，使之竞争学问事业，且又不与他人竞争，而即与一己过去缺憾之成绩与未来完善之计划相比较而勉励之，以养成其为善之能力，岂不善哉。此指导之法也。

第三，则须知儿童之种种性质，其发现之时有迟早，其存在之期有久暂，当按时按期而处置之也。心理学家曾试验儿童收集玩物之性质，至十岁而最强，过此则减弱矣。戏弄图画之性质，至十三岁而极盛，过此则减衰矣。理解之力，十岁以内不甚发达，过此则渐增加。情欲之性，男子约年十三，女子约年十一，而渐萌芽，过此则渐发展矣。种种性质之消长，均有时期，此特其著者也。是故，未及时而即行修养，与已过期而尚加修养，均徒劳而无功者也。时乎时乎不再来，而亦不预来也，有管理之责者，其可忽诸。

第四，则须知儿童之种种性质，其发生也甚缓，而其消灭也亦甚渐，当随其速度而伸缩之也。管理者常以儿童性质之不善，而求其速即改良，又以儿童性质之向恶者多，而欲尽改其过也，不亦误乎。或教之忠恕爱敬，而即望其能忠恕爱敬也者，或教之勿怠惰勿奢侈，而即望其能不怠惰不奢侈也者。是无异于命树之生果，告蚕之变蛾，不待其时之成熟，而即望其生果变蛾也，可乎哉。

第五，则须知儿童之种种性质，非特有遗传之不同，抑又有长幼男女等之各异，当区别其种类，而保存损益之也。夫遗传有种色之分，有家族之异，又有父母之相殊，故儿童性质之强弱智愚等，亦各有其等级，即其本身又复有幼稚少壮等之差别，而男女之区别，则尤其显著也。男子多注意于物，女子多注意于人，男子多善作事，女子多善用情，男子多善争斗，女子多善看护，皆不能相勉强更调者也。夫万世万国终无二人有同一之性质者，奈之何用同一之方法以管理之乎。是宜保存其固有之个性，而善为损益之，则管理儿童之善法也。

（二）培养社会需用之人物

既知儿童天赋之性质矣，而欲培养之，则不可不有一定之标准。标准为何，即社会需用之人物是矣。而社会所需用之人物，则以其能独立合群者为最要是故。

第一，则宜知如何培养儿童天赋之性质，能使之独立也。夫欲使儿童之能独立，则必先使儿童有自由之思想、自治之能力与自生之技术。无自由之思想者，则惟附和他人之议论，步趋他人之举止耳，社会安得有真实之舆论与巩固之事业乎。今欲养成此自由之思想，则教授法不可不注意自动也。有自由之思想，而无自治之能力者，则非被人侵夺其自由，即侵夺他人之自由耳。盖惟有自治之能力者，最能持平其群己之利害，或自禁阻不规则之举动，或自进取有利益之行为，或自遵守固有之良俗，或自改革卑陋之弊风，均能以群己两方面计算之，故利多而害少也。今欲养成此自治之能力，则种种有规则之运动游戏，不可不提倡之也。然有自由之思想与自治之能力，而无自生之技术者，则虽欲不为蠡贼与奴隶，犹不可得也。何也？无自生之技术，而欲不为分利者得乎？不为生利，即蠡贼也。无自生之技术，而欲不凭持他人者得乎？不能自立，即奴隶也。故惟能自生者，则于社会有利而无害者也。今欲养成之，则学校当有种种组织，如银钱之储蓄机关，即学生之银钱所储蓄者也；工作之支配机关，为贫苦学生之半工半读者支配工作者也；职业之引导机关，为辅助学生之选择职业与图谋职业者也。此皆当研究而试行之也。

第二，则宜知如何培养儿童天赋之性质，能使之合群也。夫欲使儿童之能合群，则必先使儿童能舍己从人，能通力合作。能舍己从人者，则亦能通力合作；能通力合作者，固亦能舍己从人；二者实互为因果也。然欲养成此二者，则学校中须多设立种种组织，而种种组织又当使儿童和衷共济，而各分任其应尽之职务，则其效自见矣。

二、体　　制

管理学校之选择体制，犹治理国家之决定政体也，其关系甚重要，故不可不郑重出之。各国管理之体制甚多，而其大别则有三：

其一，则教师独断于上，学生服从于下。规则甚繁，命令甚多，而执行又甚严。故教师之与学生，如军官之与士兵也。其利则学生养成遵守法律、奉行命令之习惯，而其弊则学生缺乏独立之智能与合群之精神。

其二，则教师以身作则，学生以礼自守。规则命令均甚简单，如有功过，则但劝勉之而已。故教师之与学生，相敬如宾，相爱如友。其利则遵守法律、奉行命令之习惯，与独立之智能、合群之精神，均可于不知不觉中养成之，而其弊则易流于放任，既不能养成遵守法律奉行命令之习惯，又不能养成独立之智能与合群之精神。非教师与学生素有修养者，乌能去其弊而获其利哉。

其三，则教师与学生分任其应尽之职务。对于年幼如幼稚生与初等小学生等，则有组织学校如家庭者；对于年长如高等小学生与中学生等，则有组织学校如都会或国家者。组织学校如家庭者，则以全校学生分数团体而以家庭称之，每家各有家长教师为之，而其家人则不以同级者组织成之，故每家各有长者幼者，亦不以同性者组织成之，故每家又各有男子女子，如一家之有兄弟姊妹。然使各尽其长长幼幼之道，而调和男女刚柔之性也，故家人与家人之关系甚密切，而各家与各家之往来又甚亲热。其种种之施设一如世俗之习惯，惟当取其利而去其弊耳。教师之与学生，如家长之与家人也。组织学校如都会者，则全校学生得选举议员或派定长官与属员等，更设立审判、巡警、卫生、救火等部以分治之。组织学校如国家者，则亦选举议员或派定长官与属员等，而其立法、行政、司法三权，则亦有鼎足之势。然无论选择都会或家国之治，均当注意于精神，不可但效其形式，其教师之与学生也，则以市民或国民待之。此体制之利，则可以养成遵守法律奉行命令之习惯及独立之智能与合群之精神于实事之中，而其弊则模仿过度，教师失其指导之力，学生养成傲慢之风，而学校反失其本体之功用矣。此公言也，盖学校究非家庭与都会、国家也。

夫此三种体制，其利弊孰大孰小，孰多孰少，甚难言之。欲选择之，则不可不先定标准也。普通之标准有三。第一，则当计算何种体制，为最有教育之价值与完善之效果也。第二，则当考察何种体制，为最易培养道德与消灭不道德也。第三，则当研究何种体制为最合儿童身心之发育与社会种种之状况也。如由以上之标准测之，则此三种体制，第一种利少而弊多，第二种利弊参半，第三种则利多而弊少也。

三、训 练 法

道德教育之学说甚多，不能枚举，今择其要者分为五大派。

第一派以宗教为道德之根源，故欲培养道德必先信仰宗教，其说有二。有欲以宗教之功课加入学校课程者，有欲以宗教之机关实行道德教育者。然即在宗教家以欲提倡道德教育故，而思增加宗教功课于学校课程中，亦甚少数也。

第二派甚注重于修身教授者也，然其中又别为二类。有主张修身教授宜自初等小学始者，则以为修身教授如得其道，亦可以使小学生能明晓愉快而有功效，固不必如讲经说法，深奥而难觉悟，庄严而无趣味也。有主张修身教授宜自中学始者，则以为如欲使学生明晓愉快而有功效，须以平时疑难之道德问题互相理论，然此非小学生之所能也。

第三派亦注重于修身教授者也，惟不欲用教科书，亦不限于教室内而行此修身教授，随时随地以道德问题之发生而理论之，使学生实行，则彼等所注意也。

第四派以为当今学校中道德教育之设施已甚完备，惟能求其实行足矣。其所最注意者有二。一曰教师之人格，教师者，学生之模范也，学生于不知不觉中模仿之，不必劝勉也。故教师如得其人，而有亲爱、公正、忍耐、坚决、精密、刚强之性质与高尚之理想、普通之常识者，则学生亦同化之矣。二曰功课之利用，各种功课均有道德之价值者也，如能利用之，则影响于学生之道德，其力亦甚大。以功课之实际言之，如历史中圣贤豪杰之言行，与地理中各种社会之状况等，均可以养成亲爱、公正等之道德。以功课之功用言之，如国文、算学等，又可以养成专一、恒久、精密等之道德。故教师之人格与功课之利用，诚不可不讲求也。

第五派以为当今学校中道德教育之施设不甚扼要，如能组织有规则之自治团体及种种之会社，则完美矣。夫组织学生自治团体者，非特使之对于学校之立法、行政有责任心也，且能养成其对于功课事业等，均有自动与自制之能力。而种种有规则之会社，如体育、文学、音乐、科学与其他交际等集合，亦均能锻炼其道德，故亦当提倡之也。

此五派之道德教育各有利弊，颇足供我国教育家之研究。今且勿评论各种学说之优劣，更详言训练之种种方法。有注重于使儿童为善者，有注重于使儿童不为恶者，今略述之如下。

第一种用格言。格言者，高尚之理想由经验而抽象之者。如爱人者人恒爱之，敬人者人恒敬之之类。儿童如缺乏此种经验，则安能知此种抽象之真实意义而度量其价值耶？欲其能实行之，难矣。

第二种用命令。命令当对于已有习惯者而施行之。如幼孩之未能言语步趋者，而命令之使其言语步趋，有何效乎？且即对于已有习惯者而屡发命令，则非起反抗，亦勉强行之耳。

第三种用暗示。暗示得免反抗而亦乐从。如表扬甲之敏捷，而因以鼓励乙之勤勉，厌恶丁之鄙吝，而因以坚信丙之慷慨，然未明示其理由，则暗示而为善即为善，暗示而为恶亦为恶矣。

第四种用理论。理论可胜反抗力，又能使衷心悦服且使儿童知其理由。如欲将自立立人，必先敬业乐群之意深入儿童脑中，则其趋向必有永久之功效，久而化之，即变为自动矣。然如不能胜其反抗力而使之衷心悦服，则反不如用命令、暗示之易有效果。盖有喜于作事、富于感情之学生，不甚注意于理解也。

第五种用模范。模范能于不知不觉中感化之，学生日受其陶养，而亦不自知其迁善改过者。然此种教员之人格甚不易得，如能得之，则训练之方法不足言矣。

以上五种训练，则注重于使儿童为善之方法也。

第一种用禁阻。禁阻能使恶性暂停止其活动，一时或有速效。如儿童之怒骂争斗，使之直立，使之独居，自可稍敛其迹，然略不注意又造他祸矣，盖此法非根本医治。故恶性不发于此，即现于彼，或较前更甚也。

第二种用防避。防避能使恶性无发现之机会，而自行消灭。如勿使儿童接触烟酒赌博之友朋与场所，则烟酒赌博之习惯自不易传染，然安能尽防而避之乎？故恶性之生长，仍不能免也。

第三种用替代。替代者，以可使为善之事物，更易可使为恶之事物也。如儿童喜作弄禽畜而使之养护，儿童喜呼号跳跃而使之学唱歌跳舞，因其性之所趋而变其所趋之道，若行所无事，然非徒止其弊也，又能进其德焉。

以上三种训练，则欲使儿童不为恶之方法也。

虽此种种方法，亦各有其利弊，然有优劣存焉。然虽有优劣存焉，亦惟教育者能善用之耳。

四、激励法

激励之方法有二：其一则诱导儿童使之为善，其二则惩戒儿童使不为恶。而此二者之运用，有对于儿童卑下之愿望而诱导惩戒之者，有对于儿童高尚之愿望而诱导惩戒之者。根据于心理学家试验之效果而判断之，则与其用惩戒，不如用诱导。盖抑制则摧残儿童之能力，启发则扩张儿童之能力也。而诱导与惩戒儿童之愿望，则当自其卑下而渐至于高尚。盖有卑下之愿望者，成卑下之人格，有高尚之愿望者，成高尚之人格也。请再分别言之。

（一）如何惩戒儿童使不为恶

1. 申斥

如欲申斥，勿责问其既往，当警戒其将来，以示其改过之道，勿发之于公众之地，当行之于静密之室，以养其廉耻之心。此法宜酌用之。

2. 体罚

如欲体罚，非万不得已，则不宜用。盖此法甚有害于生理也。

3. 停学

停学甚妨害功课，而惩恶劝善又为学校中应有之责任，不宜放弃。且此种学生，其不良之习惯或即传染于家庭，或其家人已无从惩劝之者，故用此法无甚大效。

4. 开除

开除学生，于学校果少一不良种子，于社会则多一为祸根源。留之于学校，其为恶犹小，纵之于社会，其为害更大，故能免用此法则免用之。

（二）如何诱导儿童使之为善

1. 记分列等之评判

用此方法，其利则可记录成绩，预备稽查，报告父母使知情形，鼓励学生勉用心力；而其弊则教师与学生或误以分数等第为目的物，而反轻视功课，宜矫正之。

2. 比较胜负之奖赏

用此方法，其利则可鼓动儿童之竞争心；而其弊则能鼓动儿童之竞争者，惟前列数人耳，列于后者自知无望而不竞争矣。且此种鼓动法，易发生嫉妒心与自私自利心。补救之法，奖赏宜勿以分数断之，而以等级定之，则竞争者稍众，而嫉妒之心不易起矣。然其自私自利之心，则非重团体之竞争，尚不能消灭之也。

3. 陈列学生之成绩

此方法之利，可以发达儿童之竞争心与爱校心；其弊则但注重形式而常忽略实际，且但可以发表有形之字画等，而不能代表无形体之语言等也。

4. 利用教师之赞美

此方法之利，能适合儿童之天性；其弊则或用之过多过少，或非真心赞美者，或赞美其学业之进步，非由于勤勉从事而由于天资高明者，则赞美之功效失矣。

5. 豁免应尽之责任

如考试等事，乃学生应尽之责任也。以欲激励而豁免之，则豁免者失考试之利，而不豁免者且以考试为罚者矣。

6. 特许额外之权利

如欲激励，而命学生之善者为级长等，则甚有益。盖为善而受荣，又使之办公益而以为受赐也。惟宜常更易之，使多数人皆能练习之也。然如欲激励而命学生之善者坐前位等，则即有害。盖使耳目不灵便之学生常坐后列，则有碍卫生，使天资甚高明之学生常坐前列，则易成骄惰，皆非所宜也。

7. 发扬学校之荣光

若但使学生能爱校，而勿专务声名，自矜过度，则甚有利益者也。

8. 希望意想之实行

意想之目的，如责任，如自重，如牺牲等，均甚高尚者。如能根据此种种意想而实行之，则甚完美，惟当知学生如无经验者，则其意想亦不能真切，欲求实行，恐无大效。如学校中能使学生得经历此种种实验，则此因经验而生之种种意想，自然亦能真切，然后使之实行，必有极大之利益也。

以上种种方法，虽各有其利弊，然用之者能审慎而得其节度，则其弊自去，而其利自来矣。

五、感 化 力

用训练、用激励，则直接之管理法也。用感化，则间接之管理法也。其伟大之感化力有四。

（一）教师之人格

所谓教师之人格者，即教师之种种性行也。教师之种种性行，如和爱，如忍耐，如果敢等，能养成之，使学生钦佩，则其感化力必甚伟大。

（二）课业之趣味

种种缘由，使学生对于课业无趣味者，如校舍与校具等不合卫生也，如课本之不善、程度之不合也，如学生之生理与心理有缺憾也，如教师之言语举动无精神也，皆有极大之影响者也。如能廓除此诸弊，而使学生对于课业有种种之趣味，则课业之本体即能发生伟大之感化力。

（三）校风之陶养

视之不可见，听之不可闻，学生之精神均寄托于其中而不可须臾离者，校风也。如欲养成之，则宜注意于唱校歌、礼校旗、学级纪念、全校会集等事，如因此而养成适当之校风，则其感化力亦必伟大。

（四）社会之信仰

学校所定之方针，社会之舆论得以左右之也。故学校如能时开恳亲会、展览会等，而教师又能时访学生之家族亲友，课业则务求适合于社会之需要，而又使学校为改良社会之中心，则社会自然信仰此学校矣。如此信仰，传播于学生之家庭，则学生亦因家庭之信仰而信仰之，此尤能发生伟大之感化力者也。

学生自治问题之研究

陶行知*

近世所倡的自动主义有三部分：一智育注重自学，二体育注重自强，三德育注重自治。所以学生自治这个问题，是自动主义贯彻德育的结果，是我们数千年来保育主义、干涉主义、严格主义的反应，是现在教育界一个极重要的问题。这个问题包含甚广，我们要问学生应否有自治的机会？如果应该自治，我们又要问学生自治究竟应有几多大的范围？学生应该自治的事体，究竟有哪里几种？规定学生自治的范围，又应有何种标准？施行学生自治，又应用何种方法？这几个问题，都是我们所要研究的，总起来说，就是学生自治问题。

一、学生自治是什么？

凡是讨论一种问题，必先要明白问题的性质和它的意义，性质和意义不明了，就不免起人误会。这篇所讨论的学生自治，有三个要点：第一，学生指全校的同学，有团体的意思；第二，自治指自己管理自己，有自己立法、执法、司法

---

* 陶行知(1891—1946)，又名知行，安徽歙县人。金陵大学毕业，留学美国伊利诺伊大学主修市政，获政治硕士学位，后在哥伦比亚大学研究教育，获"都市学务总监资格文凭"。曾任南京高等师范学校、东南大学教授兼教务主任、中华教育改进社总干事等职，创办南京晓庄学校、上海山海工学团、重庆育才学校等。主要著作有《中国教育改造》《普及教育》等。

本文原载于《新教育》1919 年第 2 卷第 2 期。——编校者

的意思；第三，学生自治与别的自治稍有不同，因为学生还在求学时代，就有一种练习自治的意思。把这三点合起来，我们可以下一个定义："学生自治是学生结起团体来，大家学习自己管理自己的手续。"从学校这方面说，就是"为学生预备种种机会，使学生能够大家组织起来，养成他们自己管理自己的能力"。

依这个定义说来，学生自治，不是自由行动，乃是共同治理；不是打消规则，乃是大家立法守法；不是放任，不是和学校宣布独立，乃是练习自治的道理。

二、学生自治的需要

今日的学生，就是将来的公民；将来所需要的公民，即今日所应当养成的学生。专制国所需的公民，是要他们有被治的习惯；共和国所需的公民，是要他们有共同自治的能力。中国既号称共和国，当然要有能够共同自治的公民。想有能够共同自治的公民，必先有能够共同自治的学生。所以从我们国体上看起来，我们学校一定要养成学生共同自治的能力，否则不应算为共和国的学校。这是第一点。

当今平民主义的潮流，来势至为猛烈，受过他的影响的人，都想将一切的束缚尽行解脱。这固然有他的好处；不过也有他的危险。好处在哪里？大家从此可以充分发挥个人的精神，促进人群的进化。危险在哪里？束缚既然解脱，未必人人能够约束自己的欲望，操纵自己的举止，一旦精神能力向那坏处发泄，天下事就不可为了。一国当中，人民情愿被治，尚可以苟安；人民能够自治，就可以太平；那最危险的国家，就是人民既不愿被治，又不能自治。所以当这渴望自由的时候，最需要的是给他们种种机会得些自治的能力，使他们自由的欲望可以自己约束。所以时势所趋，非学校中提倡自治，不足以除自乱的病源。这是第二点。

我们既要能自治的公民，又要能自治的学生，就不得不问问究竟如何可以养成这般公民学生。从学习的原则看起来，事怎样做，就须怎样学。譬如游泳，要在水里游；学游泳，就须在水里学。若不下水，只管在岸上读游泳的书籍，做游泳的动作，纵然学了一世，到了下水的时候，还是要沉下去的。所以，专制国要有服从的顺民，必须做百姓的时常练习服从的道理；久而久之，习惯成自然，大家就不知不觉地只会服从了。共和国要有能自治的国民，也必须使做国民的时常练习自治的道理；久而久之，习惯成自然，他们也就能够自治了。所以，养成服从的人民，必须用专制的方法；养成共和的人民，必须用自治的方法。如果用专制的方法，可以养成自治的学生公民，那么学生自治问题，还可以缓一步说；无奈自治的学生公民，只可拿自治的方法将他们陶镕出来。所以从方法这方面着想，愈觉得学生自治的需要了。这是第三点。

三、学生自治如果办得妥当有这几种好处

第一，学生自治可为修身伦理的实验。现今学行并重，不独讲究知识，而且要求所以实验知识的方法。所以学校教课当中，物理有实验，化学有实验，博物有实验，别门功课的无实验的，或有实习，如作文、图画、体操等等，都于学识之外，加以实地练习的机会。他的目的，无非要由实验实习以求理想与实际的联络，使所做的学问，可以深造。修身伦理一类的学问，最应注意的，在乎实行；但是现今学校中所通行的修身伦理，很少实行的机会；即或有之，亦不过练习仪式而已。所以嘴里讲道德，耳朵听道德，而所行所为却不能合乎道德的标准，无形无影当中，把道德与行为分而为二。若想除去这种弊端，非给学生种种机会，练习道德的行为不可。共和国民最需要的操练，就是自治。在自治上，他们可以养成几种主要习惯：一是对于公共幸福，可以养成主动的兴味；对于公共事业，可以养成担负的能力；对于公共是非，可以养成明了的判断。简单些说：自治可以养成我们对于公共事情上的愿力、智力、才力。照这样看来，学习自治，若办得妥当，可算是实验的修身、实验的伦理，全校就是修身伦理的实验室。照这样办，才算是真正的修身伦理。

第二，学生自治能适应学生之需要。我们办学的人所定的规则、所办的事体，不免有与学生隔膜的。有的时候，我们为学生做的事体越多，越是害学生。因为为人，随便怎样精细周到，总不如人之自为。我们与学生经验不同，环境不同，所以合乎我们意的，未必合乎学生的意。勉强定下来，那适应学生需要的，或者遗漏掉；那不适应学生需要的，反而包括进去。等到颁布之后，学生不

能遵守，教职员又不得不执行，却是左右为难。甚至于学生陷于违法，规则失了效力，教职员失了信用。若是开放出去，划出一部分事体出来，让学生自己治理；大家既然都有切肤的关系，所定的办法，容或更能合乎实在情形了。这就是说，有的时候学生自己共同所立的法，比学校里所立的更加近情，更加易行，而这种法律的力量，也更加深入人心。大凡专制国家的人民，平日不晓得法律是什么，只到了犯法之后，才明白有所谓法律。那么，法律的力量大都发现于犯法之后，这是很有限的。至于自己共同所立之法就不然，从始到终，心目中都有它在；平日一举一动，都为大家自立的法律所影响。所以自己所立之法的力量，大于他人所立的法；大家共同所立之法的力量，大于一人独断的法。

第三，学生自治能辅助风纪之进步。我们的行为，究竟应该对谁负责？对于少数教职员负责呢？还是要对于全校负责呢？按着旧的方法，学生有过失，都责成少数职员监察纠正，其弊病有两种：第一种是少数职员在的时候就规规矩矩，不在的时候就肆行无忌；第二种是大家学生以为既有职员负责，我们何必多事，纵然看见同学为非，也只好严守中立。这是大多数的学生所抱持的态度。所以一人司法，大家避法。我们要想大家守法，就须使各人的行为对于大家负责。换句话说，就是要共同自治。

第四，学生自治能促进学生经验之发展。我们培植儿童的时候，若拘束太过，则儿童形容枯槁；如果让他跑，让他跳，让他玩耍，他就能长得活泼有精神。身体如此，道德上的经验又何尝不然。我们德育上的发展，全靠着遇了困难问题的时候，有自由解决的机会。所以遇了一个问题，自己能够想法解决它，就长进了一层判断的经验。问题自决得越多，则经验越丰富。若是别人代我解决问题，纵然暂时结束，经验却也被旁人拿去了。所以在保育主义之下，只能产生缺乏经验的学生；若想经验丰富，必须自负解决问题的责任。

四、学生自治如果办得不妥当就要发生这几种弊端

第一，把学生自治当作争权的器具。大凡团体都有一种特别的势力，这种势力比个人的大得多。用得正当，就能为公众尽义务；用不得当，就能驱公众争

权利[①]。学生自治是一种团体的组织，所以用得不妥当的时候，也有这种危险。

第二，把学生自治误作治人看。这个危险是随着第一个顺路下来的。有的时候，这也是个自然的趋势。因为有了团体，一不谨慎，就有驾驭别人的趋势。刘伯明[②]先生说："人当为人中人，不可仅为人上人。"这句话，是我们共和国民的指南针。

第三，学生自治与学校立在对峙地位。学生自治会与学校当有一种协助精神，不可立在对峙的地位，但是办得不妥当，这种对峙的情形也是免不掉的。不过这是一种很不幸的现象，不是师生之间所宜有的。

第四，闹意气。学生有自治的机会，就不得不多发言论，多立主张，多办交涉，一不小心，大家即刻闹出意气；再由闹意气而彼此分门别户，树立党帜，于是政客的手段，就不得不传到学校里来了。

以上所举的，不过是几种重要的弊端；至于小的弊端，一时难以尽举。总之，学生自治如果办理不善，则凡共和国所发现的危险，都能在学校中发现出来。但是我们要注意，这许多弊端都是办理得不妥当的过处，并非学生自治本体上的过处。如果厉行自治的时候，大家不愿争权，而愿服务；不愿凌人，而愿治己；不愿对抗，而愿协助；不愿负气，而愿说理；那么，自治之弊可去，自治之益可享了。这种利害关头，凡做共和国民的都要练习。我们在学校的时候，有同学的切磋，有教师的辅助，纵因一时不慎，小有失败，究竟容易改良纠正。若在学校里不注意练习，将来到了社会当中，切磋无人，辅导无人，有了错处，只管向那错路上走，小而害己，大而害国。这都是因为做学生的时候，没有练习自治所致的。所以学生自治如果举行，可以收现在之益；纵小有失败，正所以免将来更大的失败。

五、规定学生自治范围的标准

学生自治的利弊，既如上所说，现在就要问学生自治有什么范围？规定学

---

① 原文如此，疑为"力"之误。——编校者

② 刘伯明(1887—1923)，1915年获美国西北大学哲学博士学位，回国后任南京高等师范学校哲学讲座教授、文史地部主任。为国立东南大学创办人之一，学衡派代表人物之一。——编校者

生自治的范围，应有若何标准？

第一，学生自治应以学生应该负责的事体为限。学生愿意负责，又能够负责的事体，均可列入自治范围；那不应该由学生负责的事体，就不应该列入自治的范围。因自治与责任有连带关系，别人号令而要我负责，就叫作被治；别人负责而由我号令，就叫作治人，都失了自治的本意。所以学生自治，应以学生负责的事为限。

第二，事体之愈要观察周到的，愈宜学生共同负责，愈宜学生共同自治。

第三，事体参与的人愈宜普及的，愈宜学生共同负责，愈宜学生共同自治。

第四，依据上列三种标准而订学生自治的范围时，还须参考学生的年龄、程度、经验。

六、学生自治与学校的关系

学生自治会，是学校里面一种团体，自然与学校有密切的关系。这种关系，可以分为两类：一关于权限的，二关于学问的。

第一，权限上的关系。学生自治会正式成立之后，学校里面的事体，就可分为二部分：一部分仍旧是学校主持，一部分由学生主持。平常的时候，权限固可以分明；不过既在一个机关里面，总有些事体划不清楚的。既然划不清楚，就不能不有一种接洽的机关，使两方面的意思都可以互相发表沟通，而收圆满的效果。此外，还有临时发生而有关全校的事体，学校与学生都宜与闻，更不得不有一种接洽的机关。人数少的学校，可由校长直接担任；人数多的学校，可由校长指定职教员数人担任。学生自治会职员有事时，即可与他们接洽；而学校有事时，也由这几位和学生接洽。有这种接洽的组织，然后学校与学生的声气可通，就没有隔膜的弊病了。

第二，学问上的关系。天下不学而能的事情很少。共同自治是共和国立国的根本，非是刻苦研究，断断不能深造。我们举行学生自治的时候，也要把他当作一个学问研究。既要当作一个学问研究，那就有两点要注意：一、同学的切磋；二、教员的指导。有人说，现在中国的职教员对于学生自治问题素未研究，恐怕未必能指导。这句话诚然，但是还有些意思要注意：一、学校里所有的功课,都有教员指导,独于立国根本的学生自治一门却没有指导,似乎把它太看轻了。二、若校内没有相当的人,办学的就应当赶紧物色那富于共和思想自治精神的教员来担任此事。三、师生本无一定的高下,教学也无十分的界限;人只知教师教授,学生学习;不晓得有的时候,教师倒从学生那里得好多的教训。所以,万一找不到相当的人才,就请教职员和学生共同研究也好。总而言之,学生自治这个问题,不但要行,而且还要研究。研究的时候,学校不能不负指导参与的责任。

学生自治与学校既有这两种密切的关系,我们就须打破一切障碍,使师生的感情可以化为一体,使大家用的力量都有相成的效果。大家一举一动都接洽,有话好商量,有贡献彼此参考,在这共和的学校当中,无论何人都不应该取那武断的、强迫的、命令的、独行的态度。我们叫人做事的时候,不但要和他说"你做这件事,你应该这样做",并且要使得他明白"为何做这件事,为何这样做"。彼此明白事之当然和事之所以然,才能同心同德,透达那共同的目的。

七、施行学生自治应注意之要点

现在各学校对于学生自治,多愿次第举行。我悉心观察,觉得有几件最要紧的事件,必先预为注意,方能发生美满的效果。

第一,学生自治是学校中一件大事,全体学生都要以大事看待他,认真去做;学校里也须以大事看待他,认真赞助,若以为他是寻常小事,不加注意,没有不失败的。

第二,学生自治如同地方自治;地方自治之权,出于中央;学生自治之权,出自学校。所以,学生自治,虽然可以由学生发动,但是学校认可一层,似乎也是应有的手续。

第三,学生自治之有无效力,要看本校对于这个问题是否有相当了解兴味。如果大家都明白它的真意,都觉得它的需要,那么行出来必能得大家的赞助。所以,未举行学生自治之前,必须利用演讲、辩论、谈话、作文等等养成充分的舆论。

第四,法是为人立的: 含糊启争,故宜清楚;繁琐害事,故宜简单。

第五，推测一校学生自治的成败，一看他的领袖就知道。所以，要提高学生自治的价值，就须使最好的领袖不得不出来服务。如果好的领袖洁身自好，或有好的领袖而大众不愿推举，都不是自治的好现象。

第六，学校与学生始终宜抱持一种协助贡献的精神。

第七，学校与学生对于学生自治问题，须采取一种试验态度。章程不必详尽，组织不必细密。一面试行，一面改良。虽然中途难免受到挫折，但到底必有胜利。

结　　论

总之，学生自治是共和国学校里一件重要的事情。我们若想得美满的效果，须把他当件大事做，当个学问研究，当个美术去欣赏。当件大事做，方才可以成功；当个学问研究，方才可以进步。这两种还不够。因为，自治是一种人生的美术，凡美术都有使人欣赏爱慕的能力；那不能使人欣赏的、爱慕的，便不是真美术，也就不是真的学生自治。所以，学生自治，必须办到一个地位，使凡参与和旁观的人，都觉得它宝贵，都不得不欣赏它，爱慕它。办到这个地位，才算是高尚的人生美术，才算是真正的学生自治。

民国十一年度学校风潮之具体的研究

常道直*

一、弁　　言

本篇系根据本志今年各号所登载之“学校风潮表”而作，就实际的事件，寻其原因所在，并希望研究所得之结果，于消弭风起云涌之学潮上有所裨益。因为本篇材料皆采自各地实在的事件，故以“学校风潮之具体的研究”名篇。

本篇所根据之“学校风潮表”，乃本民国十一年[1922]度北京《晨报》，上海《申报》《时报》《时事新报》《民国日报》等所载之新闻，摘其要点，较其同异，汇列而成。此在本志第一号已经声明。

按新闻纸上，往往同一报章，先后所登消息互有歧异之处；而两种报纸对于同一事件之记载，每不尽相同，更属常见之事实。就中，尤以自学校当局与学生方面所传出之消息，其间差异之距离特大。前者如唐山交通大学学生为不忍坐视工人之饥寒，为之辍学募捐，其行为虽失于考虑，而其心则可原谅。乃校长竟张大其词，谓学生“勾结工人、行为过激”，致酿成绝大风潮。后者如某校学生因足球彼此冲突，校长调停不善，遂一变而攻讦校长。某报竟用二号字登载“学生

* 作者简介见本卷中《教师分等制——教育行政问题之一》一文。

本文原载于《教育杂志》1923年第15卷第4号。

因校长□□□吸烟吞公，劝导不从，反被谩骂，因激起公愤，逐□[①]罢课”（十月二十七日上海某报原电）。以吾人推测，此种消息，十九系自学生方面传出。

由以上两实例，可见凡关于学校风潮之新闻，无论自何方面传出，多难保无不实不尽之嫌。盖两方面每故张大其词，以期耸动社会视听，冀舆论之是我而非彼。以旁观者之眼光观之，彼等盖皆深得新闻政策之秘诀也。

原来报纸所载，均出于“有闻必录”之旨趣，并无所偏颇，理论上应当如此。然正因其“有闻必录”，每致与事实真相不尽符合。报章上登出一段新闻后，往往有人出而声明更正，亦为吾人常见之事实。

顾报章之记载虽未可尽信，然吾人今日欲搜求此类资料，舍此以外，实更无较良之方法。实地调查，为事实上不可能之举。此篇所依据之事实，为避去任何方面新闻政策之纲起见，皆经过一番比照核对，自信“虽不中亦不远矣”。

于汇集事实时，尚有一困难：即报纸于一事件，始末详尽者固然不少，然亦有时仅仅记其开端，或仅记其结束，甚或仅有中间之一段，令人不易得其真相。又关于风潮发生之时期及其延长之期间，尤不易计算。此盖因新闻记者之口吻多用“今日”“前日”等等以纪时，而外埠新闻有逾数日、数十日（如云贵等省之新闻）始见登载者，每令人无从测定其时日。本志第一号及以后各号所载学校风潮表，于时日多填“未详”两字者，即以此故。本篇后节估计各校罢课之日数，多半出于约计，但在若干事件中，即约计日数亦不易推算。此系事实问题，为吾人所不能胜，兹姑置之不论。以后各节将一年来学校风潮加以分析的研究，务期探得其真相。

二、本文研究之范围

去年一年中可谓学潮之全盛时期——称之为全盛时期者，意中盖望其自兹以往或日渐消沉也。返观去年报纸之记载，自苏、浙以迄四川，自绥远以迄云、贵，几于东、西、南、北，无往不届。而我国留学生之在海外者，亦自数万里外为同声之响应，——如法国里昂中法大学事。（里昂大学事因不在国内，消息愈难确切，未列入表中。）去年一年中，学校风潮之起数，究竟共有若干，吾人

① 原文如此。——编校者

现时无法获得确切的统计；所有列入表中之风潮起数，多为交通较便而为上海与北京各报访员耳目所及之区域，或为情节较为重大者。吾人不难预料全国中学校风潮之未列于此表中者，为数当甚众也。

然据表中所列（参看第一表），风潮之总数既有一百零六起之多，蔓延至十六省区（参看第五表）之广，亦可推知，凡比较重大之事件多半已收入各表中。换言之，学潮之原起与经过虽千差万别，然其"型式"（types）则大率总不外此范围，亦可推知也。

于此有一事应首先声明者，即本篇研究之区域。概括言之，所谓学潮者，在一般人之解释，常兼指教职员之索薪风潮、经费独立运动、学生之政治运动、学生之反抗教职员及其他要求等等。兹所研究之范围，只以前所列举之最后一项为限，其他皆不涉及。本篇标题为"学校风潮之研究"，盖单指学校以内之风潮。进言之，即专指学校学生在学校以内，因对人问题或对事问题所起之非常的反动。所谓对人问题，如反对校长、反对教员。所谓对事问题，如学生要求待遇改良、要求废止考试之类。依作者之私意，前者既兼括教职员与学生之校外的活动，似称之为"教育界风潮"较为明晰。

至本篇所以以学校风潮一项自限者，其故有三：第一，所谓索薪运动、教育经费独立运动，完全为目前事实所诱起，无理论研究之余地。第二，学生之政治运动，如反对议会、反对政府官吏等，完全为不良政治之产物，教育者目前既无术消除发生风潮之原因，故亦无法制止之；（但教育者宜随时指导学生，孰为盲目的尝试，孰为有效果的努力，俾不致流连忘返。）且其影响及于学校本体者系间接的，其性质与校内之风潮不同。第三，吾人既了然于所剔除以上诸项之原因，即不难窥见本篇所研究题目之含义，兹请分述之如下：

（1）学校内风潮之原因，至为复杂；惟其复杂，故饶有研究之价值。

（2）关于学校风潮之议论，至不一致；或诋学生为顽梗不驯，捣乱分子；或诋学校当局举止乖张，惹起风潮。前一派大多数属于校长及当权之教职员；后一派则多数为具有相当之新教育学识而无相当之教育经验之一般青年。吾人欲知两者究竟孰是孰非，不能专凭口头的辩论，须由具体事实寻出足以证实或驳倒他派之理由。

（3）本文之目的不在陈述理论，而在以客观的态度，表列具体的事实，复由复杂的状况中抽绎其简单的原因。作者学识有限,自揣不足以当解决此全国的问题之任,故将各事实详为列叙,以供教育界讨论,是为作者草此文之目的中之目的。

三、风潮总数及其时期上之分配

各学校风潮之各别的记载,散见于本志各期之“学校风潮表”,本篇不复重列。唯因使条理明晰起见,以下特将其总数列表如下:

第　一　表

学 校 别	校　数	风潮起数
小学校	10	11①
中学校②	66	71③
专门大学	24	24
合　计	100	106

以上所列数目,并非指全国学潮已完全概括在内(此在上节业已说明),特指出此篇所依据之资料之范围而已。

以上一百零六起之风潮,其时期上之分配若何,④亦一堪加注意之点。第二表即表明此点:

第　二　表

月　份	1	2	3	4	5	6	7	8	9	10	11	12	合计
小　学						2			2	2	2	3	11
中　学	8	3	8	3	8	7			11	6	13	1	68
专门大学	1	1		1	4	2	2			7	4	1	23
合　计	9	4	8	4	12	11	2		13	15	19	5	102⑤

① 其中有一小学发生风潮二起。

② 福州中等以上学校联合罢课,武汉各校同盟罢课,各作一单位计算。

③ 其中有中学五所各发生风潮二起。

④ 所指时期系发生时,延长时期另有表。

⑤ 第一表总数为106,此表减去四,因其中有四所学校——中学三、大学一——其风潮发生之月份不确定也。

由第三表可见二件显著的情形：第一，学校风潮之散布，成为一连续不断的形式——七、八两月之中断，乃由于此两月系在假期中。表中七月之两起，实尚在酝酿时期（参看第一号第二表）。第二，暑假以后，风潮起数有突然增长之势。推其故，大概公立学校（省立的及国立的）多以秋季为学年之始，一切较大的变动皆集中于此时期，故引起风潮之机会亦较多。

第 三 表

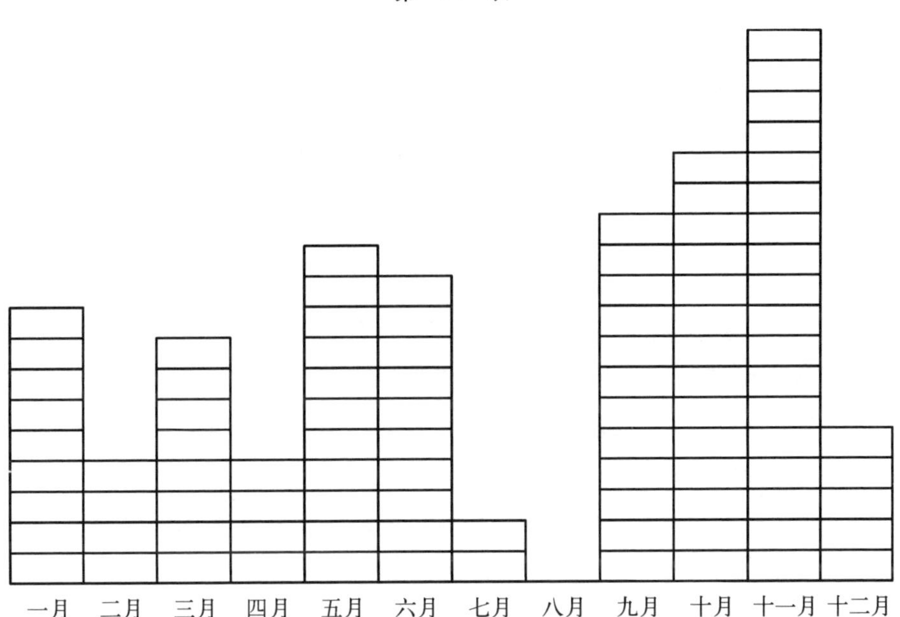

表中中等学校风潮之起数，占全风潮数之过半数，而小学校之风潮数则占十分之一左右。小学校风潮起数之少，诚如某君所云，由于小学生容易被欺诳、被压制所致。此外尚有一原因，即小学校内部之事不如中学、大学专门之易吸收一般人的注意，故不易宣之报章。中学校风潮起数之独多，说者每谓中学生方在青春期，易受暗示，专任冲动（此层不及解释）。此说固然亦有一部分理由，但若就表面上之风潮起数，大学专门仅占全数四分之一强，遂断定中学学生比较大学专门学生好闹风潮，则殊冤抑中等学校之学生。吾人试检阅全国大学专门学校校数及中等学校校数，算出各该种学校风潮数在全数中之百分数，即可了然。

四、学校性质上及地域上之分配

第一表中之一百学校，依其性质分类，有国立，有省立，有县立，有不属教育部之公立，有私立（教会办理者附入此类）。兹以表表之：

第 四 表

种类＼性质	国立	省立①	县立	不属教育部之公立	私立	未详	合计
小　学			8		2		10
中　学		51	4		8	3	66
专门大学	8	3		6	7		24
合　计	8	54	12	6	17	3	100

如上表所示，则省立学校中发生风潮之校数最多，54 校；次为私立学校，17 校；复次为县立学校，12 校；再次为属教育部之国立学校，8 校；又次为不属教育部之公立学校，6 校；其余 3 校未详。

但于此，吾人亦不可解为省立学校较之他种学校最喜闹风潮，私立学校较之国立学校更喜闹风潮。此须就其总数算出其百分之比率，始能决定。盖国立学校与各部直辖之学校占少数；而占最多数之中等学校则十九皆省立也。

以上各表将学校风潮之总数分别列出，第一表仅列出其总数，第二表与第三表则表出其时期上之分配，第四表则表出其性质上之差异，以下第五表则表出其地域上之分配：

第 五 表

	江苏	浙江	安徽	直隶	湖南	湖北	江西	绥远	福建	云南	山西	贵州	河南	四川	山东	北京	合计
小学	4	3	2	1	1												11
中学	18	16	7	1	3	8	2	2	2	1	2	1	1	4	2	1	71

① 第一表将武汉福州之同盟罢课各作一单位计算，两者均以省立学校为中枢，为便利起见，均列入省立栏。又绥远属特别区，北京一中属学务局，均准省立，以便计算。

（续表）

	江苏	浙江	安徽	直隶	湖南	湖北	江西	绥远	福建	云南	山西	贵州	河南	四川	山东	北京	合计
专门大学	6	3		1		3										11	24
合计	28	22	9	3	4	11	2	2	2	1	2	1	1	4	2	12	106
位次	一	二	五	七	六	四	八	八	八	九	八	九	九	六	八	三	

观上表，江苏、浙江两省所发生学校风潮起数最多，次为北京（特别行政区，在教育部统计表上向以与省并立）、湖北、安徽各省。然于此，吾人亦未可径据以断定江、浙两省为学校风潮之荟萃地。因本文所依据之事实，皆采自上海各报及北京《晨报》，而各报于近迩且交通利便之地，消息自较详也。或云，风潮之起数与新思想（往往为误解的、不健全的）传布之情形成正例：江浙等省（尤以各该省内之交通便利之都市）及北京，或为新理想之策源地，或为新思想容易侵入之区，风潮因之特多。此说，表面上似乎可以解释第五表之含义；但实际上，可靠之程度亦恐甚微，其理由前已述及。

然则，第五表之价值究竟何在？吾之编列此表，唯一目的即在表明学校风潮现已成为普遍的现象。关于各省之记载虽不免有畸轻畸重之失，然即此不完全的汇集，已包罗 16 省区之多。学潮之表现虽各各不同，要之其型式总不外乎此。

在一般人之推测，必以为男女赋性有刚柔之异，（一般心理学家亦多认男子争斗本能较强，女子抚育本能较强；但其差异是分量而非性质。）男生之闹风潮者必多于女生。观表面上之数字，似乎颇符合此种预测。现时我国女子高等教育未发达，专门以上之女子学校甚少，（实行男女共学之专门大学，女生所占之百分率甚少。）其风潮之罕闻，本无足异。小学风潮 11 起中，亦无女校，似足为前述之臆测张目。但中等学校之 71 起风潮中，发生于女校者有 9 起，占八分之一弱。吾人苟就全国所有女子中等学校数算出该数所占之百分数，再算出男学校中之 62 起风潮在全校数中所占之百分数，两相比较，则前者决不致远逊于后者，可推而知也。

五、风潮原因之分析观

以上各表所表明者，综言之，有如下之诸点：

（一）学校风潮蔓延所及，不限于特种等级之学校，举凡大学、专门、中学、小学，无不括入。

（二）就时期分配上观之，除七、八两月为暑假期外，其次数分配成一连续形态，而秋季开学后之次数特多。

（三）起风潮之学校，不限于属性，国立、省立、县立、各部立、教会立皆有之。

（四）就地域之分配上观之，此106起风潮散布有16省区之广，实际上自堪代表全国学校风潮之现状。

以上即将学校风潮从等级上、时期上、性质上、地域上加以分析的说明，本节当进而论其原因。如前所云，研究学潮之唯一目的，在探索其起因，而提出消弭此原因之方案；亦犹医生之治病，必先发现其病源，然后方能对症发药也。

原意本拟在此节中将各起风潮之原因列成一表；但着手之后，即觉有种种困难，不能做到。约举之，其故有二：第一，多数风潮之原因皆系复合的，非单纯的，不易指出孰为主因、孰为附因；第二，多数风潮并非一发而成，往往当发端时甚微，中间因别种元素之凑合，始逐渐扩大，不能执定何者为直接原因，何者为间接原因。前者如各校之宣言反对校长，往往列举若干条项；后者如多数风潮本可不致酿成，而因学校当局之积极的或消极的“加工”以致扩大。

列出一详确的表格既不可能，兹请就各种原因遇见次数之多少，依序排列。次数遇见最多者置于前列，次数遇见较少者置于后列。

（1）反对校长，拒绝新校长。

（2）反对教职员，拒绝新教职员。

（3）挽留旧校长。

（4）挽留旧教职员。

（5）反对考试。

（6）反对学校当局之处分。

（7）对于学制课程之要求。

(8) 对于经济公开之要求。

(9) 反对增加费用。

(10) 反抗辱没人格之待遇。

(11) 学生间自相争斗。

(12) 学生因一时激愤,破毁学校器物。

若再加以概括的分类,可以将1、2、5、6、9、10各条归纳于消极的要求项下;3、4、7、8各条可以列于积极的要求项下。至11、12两条,则恒牵涉对于学校当局处分之反抗,不足为造成风潮之独立的原因。

但以上所举的原因,独立存在者甚少,往往有二种或二种以上互相牵缠,而涉及校长之事件为独多。例如,学生要求撤换教职员于校长,校长不允,则往往并校长而攻讦之。又如,学生反对考试、反对增加费用等等,目的不能达到时,往往因不满意而攻讦校长。风潮之起源既如是错综杂合,故以上所举者,并非单纯各自存在之原因,特表明所有学校之风潮,大率不外由于上列诸因之一或数种之复合而已。换言之,上所列举之条项,亦可称为学生发起反对学校当局运动所揭示之题目或目的。

若依风潮之性质分类(除11、12两条外),亦可概分为对人的与对事的两项。1、2、3、4四条系对人问题而起。进言之,即是对于学校当局者之直接的攻击。5、6、7、8、9、10各项系由对事问题而起。进言之,即是对于学校种种状况之不满意。但事实上,此两者亦不可绝对分离。由纯粹对人问题或纯粹对事问题而起风潮,虽亦有之,但此两者混合时则较多。普通言之,由对事问题往往一变而为对人问题;而一般学生平时对于学校当局之不满意,借一事件以为号召之动机者,亦事实上所常见也。

又多数风潮,大率有近因与远因二要素。普通言之,由临时的事件而触发者——即是无远因可溯者——苟学校当局者能为相当的应付,往往易发易收;而种因于积存既久之元素则多不易收拾。关于远因一项,吾人不易由报纸之记载得之,故此处亦不多涉及。

自然,学校风潮除以上所列举之十二原因外,尚有别种原因。尝闻一种议论,以为多数学校风潮每由于学生受人煽惑,以致发为盲动。就此篇所根据之风潮106件之记载观之,其中指为受人煽惑者只有极少数,吾人虽不能确言受人煽惑而引起之风潮实际上仅有此数，但可断言苟无前文所列之第 1 到第 10 条诸因之一之存在，单纯的煽惑决不能成为风潮，故不视为一独立原因。此节待以后再加详论。

六、风潮经过情形之一斑及批评（一）

本节请略述风潮之经过情形：

质言之，各风潮发生之原因既彼此互异，则其经过情形亦当各各不同。于此欲为系统的叙述，实为不可能之举；且本篇之目的既在探索其起源，因而提议相当之救济方略，故于此亦无详述之必要。又本志所载之学校风潮表于“原因”“结果”及“附注”三栏，于各风潮经过情形亦已大略述及；欲对此加以研究者，请翻阅各表可也。

将风潮经过详情一一列举，不唯事实上不可能，且为不必要，已如上述。故以下仅以简单语句说明其普通经过情形，以表明凡一风潮之起，究竟当由何方任其咎。

现先从学生方面说：大概凡一风潮之起，多先由学生提出某种要求——积极的或消极的，进行要求时有时并发布宣言，表明其要求之正当。若要求不遂，则每出于罢课。罢课期中，每用种种宣传方法，宣布校长或其他教职员之“罪状”；或者径向行政官厅请愿——甚至有向督军、巡阅使请愿者。有时一校之学生间往往因乡谊观念、个人私谊或个人利害关系，而分成两派，互相攻讦，酿成分裂现象。至于毁坏器物，侵犯人身，于风潮经过中，亦间或见之。又通常学生于拒绝新校长或旧校长去职后，每自提出继任校长之资格，或径自行校长之“假选举”，此亦为一年来反对或拒绝校长风潮中之一常见事例。

学生对于学校当局有无发起非常反抗之权，系另一问题。现时一般学生于风潮经过中所取之手段是否正常，又为一问题。以下大略加以说明。

学生有发起非常的反动之权否？由各校风潮经过之情形观之，似乎多数学生心中皆以为，彼等当然有取此等步骤之权。现在请举一事件为例。某师范学校学生在反对校长之宣言书中有云：“现在的教育是以学生为主体的，不是以校长为主体。”又云：“推翻不好的校长及一切教育界的蟊贼，非特是应当的，也是义不容辞的。"第一句是从《中华民国约法》移用而来；第二句是美国十三州《独立宣言》中之语气。照此种见解，则学生对于学校当局不满意时（不满意于学校当局之措置时，当然也包括在内），不唯有发起非常的反动之权利，且负有一种义务。且照字义解释，一种权利尚可由当事人意思放弃之，至于义务，则在通常情形之下，非履行不可。

此种见解实已陷入错误。校长固非教育的主体，但学生亦不能认为教育之唯一主体。学校为一种以教育为目的之有机体的组织；教职员与学生皆为有机体构成之主分子。教育的程序具有两极性（bipolar），教育者（校长及教员）与被教育者各居其一端，彼此互相感应，然后陶冶品性、传授学识之巨任始克完成。若无论何方自居于权者地位，而视他方为隶属者，则两方既失其平衡，教育程序将无从进行。盖学生若蔑视教职员，或教职员奴视学生，则两者间情意交感之途必为所阻塞。如是，则所谓教育者将仅成为零碎知识之授受，而人格感化作用失矣。教育者与被教育者既共同参加一种教育程序，照理论言，两方本无发生冲突之可能；至于事实上，学生对于教职员方面发生非常的举动时，只可以认为异态的反动，更无所谓权利或义务上之根据。

由上所言，则在通常情形之下，学生之发起风潮，本不能认为正常的。至于"宣布罪状""殴人毁物"，皆学生自身不肯忍受者（例如所根据之 106 起风潮，其中即有教职员对于学生施以辱没人格之待遇而起者），今乃以之施之学校当局，其引致一般人之指摘，自无足怪。

七、风潮经过情形之一斑及批评（二）

本节再就学校当局方面，说明风潮经过之概况：

笼统言之，一切风潮之发生与延期不能解决，均可归咎于学校当局者措施之不当。现在用简单语句，说明一般学校当局者对于风潮之态度。大率凡一风潮之起，多先由学生向当局者提出某项要求——积极的或消极的。当局者中如有畏事者或无一定主见者，往往即避不到校，以为消极抵制之计，或延捱不理，以示安闲自若；其自信力较强者，则以严词厉色拒绝之。以上为第一步。

学生之要求既不得要领，每进一步而以罢课、罢考或离校为要挟之手段。此时心无主见之学校当局者，每致不知所为；而自信力坚强之教育者，则愈增其愤怒之情，愈不肯容纳或考虑学生之要求。此时风潮已经实现，前者则或出“罪己”之辞职书，而后者则每开除“为首滋事学生”以示威。有时因“校章不行”，甚至召军警以助威，投法庭以求直。如此若仍不能解决，则间或提前放假或公然解散，以示“与校偕亡”者。

本文所从取材之106起风潮，其经过情形虽不皆如上两段之所描写，然大体上凡比较重大之风潮多与此相类。召集军警与开除学生，几成为学校风潮中之共通要素。兹各列表如下：

第　六　表

校　　别	小学校	中等学校	大学专门	合　计
召军警之起数	4	11	7	22

以上共计22起，其向军政当局乞援或诉诸司法官厅者，为数较少，不另列入。

第　七　表

校　　别	小学校	中等学校	大学专门	合　计
开除学生之起数	4	31	8	43

以上共计43起，皆为见于报章者，实际上恐尚不止此数。至“记过”之起数，预料当更多，但无法统计。此外尚有某校以“降级”为惩罚之手段者，其理由更难索解。另有一特殊学校，则固持有“扑责主义”；对此，吾人可视为学校风潮中之趣闻。

由以上两表，可见一般教育当局对于风潮所采取之手段。于校内风潮中求助于军警之合理与否，《民国日报》之《觉悟》(附刊)曾有锋利的批评，此处不再多论。至于学校当局动辄以“不堪造就”开除学生之不当，北京《晨报》之副刊及《民国日报》之《觉悟》(附刊)已经有人反复论过，本志第一号也曾就学校之本务上说明开除学生之不当(见《我之学校性质观》一文，本年第一号)，此处亦不赘论。

八、风潮之结束情形及其解释

风潮发生之原因及其经过情形，以上已分别说明，本节进而叙述风潮之结束情形。报纸上对于一校风潮之记载，始末毕具者固多，而首尾不完者亦复不少。下表所列之结束情形，系其中之可考者，其余则从缺。

第 八 表

件数 结果 / 校别	调停	校长去职	开除学生	风潮未成	休业	解散	职教员去职	未详	迄十一年[1922]底未决	其他	合计
小　学	3		2					6			11
中　学	6	15	13	6	4			25	1	1	71
大学专门	4	6	1	1		4	1	6	1		24
合　计	13	21	16	7	4	4	1	37	2	1	106

以上表中所列之数目，仅可当作近似值，其中结果不详者，已有 37 起之多，几占总数三分之一。

第七表中开除学生之件数共有 43，而此表中则为 16 起。此因两表所含之意义不同，第七表所列者为学潮经过中所有起数，而此表则仅指以开除学生为风潮结束之方法者。

又表中所列之结束办法，乃其中之主要者；事实上往往一件风潮之结束，同时有换校长、去教职员、开除学生数要件，但表中仅记其最重要一项。又表中所列之“风潮未成”一项，系指风潮已在进行中而未实现或实现后随即消弭者。

以上所列之表颇欠详确，既如上述，故该表之唯一用意仅在指出通常风潮之解决，以经由何种方法为最多。照此表所列，则其次序如后：(1) 校长去职；(2) 开除学生；(3) 调停；(4) 风潮未成；(5) 解散或休业；(6) 职教员去职。

凡一风潮之起，大率须延长若干时日，兹就表中时期之可稽者，算出其损失之日数，以见风潮之时间的代价：

第 九 表

小学校		中等学校		大学专门	
日数	件数	日数	件数	日数	件数
10	1	5	4	5	1
		10	1	10	1
		15	2	15	5
		20	2	25	1
		25	3	40	1
		30	3	45	1
		35	1	50	1
		60	1	55	1
		75	1	70	1
		85	1	80	1
		110	1	130	1
日数合计(10)	1	日数合计(625)	20	日数合计(505)	15
未延长	1	未延长	7	未延长	1
未详	9	未详	44	未详	8
	11		71		24

表中之日数，自系约计之数目。除未延长之 9 起与时日未详之 61 起(未详者占全数二分之一强)外，其时期之可考者只有 16 起。就中小学只有 1 起时期可考。中学校风潮之延长时期最长为 110 日，最短为 5 日(约计)，共得 625 日。若就此 20 起风潮算出平均日数，则每次风潮平均延长 32 日强。大学、高专风潮之延长时期，最长者为 130 日，最短者为 5 日(约计)，共得 585 日。若以 15 除之，则每次风潮平均约延长 39 日。

由此简单的数字，吾人可推知小学风潮最易制止；进至中等学校，已不易对付；再进至高专、大学，愈不易解决。对此现象，吾人之假定的解释如下：

中学学生之组织力与坚持力比较小学生进步；至大学专门学生，则其组织力、坚持力与辨别力愈为进步，故彼等不发起风潮则已，一经引动，往往能坚持主张其所要求者。但此乃就通常多数事件所下之推论，中等学校与大学专门中亦有似若缺乏辨别力或组织力之风潮(此种风潮大概含有别项作用)；且有时其延长时期之久乃出于学校当局所激成者，似又当别论。

时期未详之风潮，衡以各风潮之情状，大概多系延时较短者。今假设为每次延长 5 日，则此 61 起之风潮，其延时为 305 日。又未延期之风潮 9 起，假定每次各为 1 日，共得 9 日。由此，去年学潮之时间的代价可以算出约计数如下：

第 十 表

小学延长日数	10
中学延长日数	625
大学专门延长日数	585
未详者，假定每次为 5 日	305
未延期者，假定每次为 1 日	9
合　计	1 534

以上共估计日数 1 534 日。此种估计数目虽不能与确实数目相符合，然即此已足见时间的牺牲之重大。学校通常暑假期为 2 月（七、八两月），除去此两月计算，以每年为 300 日计（寒假、春假在内），则去年 106 起风潮所牺牲之日数为 5 年 1 月余。

现时有若干学校之学生，于风潮经过中之时期，每仍照常上课，损失似较轻。不过，在风潮未结束以前，无论如何，校务方面及学生功课方面总有一部或全部的停顿。风潮发生时，实际受损失最甚者自然为学生方面。吾人仅就此项观察，已足窥见此问题之严重矣。

九、亟待解决之问题（一）

以上各节已将学校风潮之分配、原因、经过情形、结果等等大概说明，本节特将作者个人对于风潮中比较重要之问题所有微末见解，以求教于教育界之诸先进。

（一）学校当局者之责任问题

现从纯粹教育的性质上观之，学校发生风潮时，当由何方——学校当局或学生——负其责任乎？吾人于此可径应之曰：当由学校当局负责。关于此层，现时国内教育论坛从各方面观察，持论虽不一致，而归结则同。以下举出一二例：

甲、从事实上立论："现在的学校当局，实在有许多令人齿冷的地方。闹风潮的学生所宣布的几大罪状，未必全是虚构的。就使退一步讲，这些是学生诬蔑的，但是我要问你们到底在教育什么，竟令全体的学生一齐起来诬蔑你们？或者你们要说：那是少数坏学生鼓动的，其中不乏明白的人，只是被胁迫罢了。但是我又要问，你们的教育怎样会使多数好学生被少数坏学生胁迫而不敢主张正义呢？"（侯绍裘：《觉悟》，《民国日报》（十一年[1922]十二月七日））

乙、从法理上立论："即以法理而论，学生在校内既不能承认其有独立的完全的人格意思（按：此指中等以下学生，因未达成年故），则其一切言论行动，当然不能由自己负责。然则应由谁负责呢？我以为应纯由教者负责。学生而反对教员，这是教员自己教他反对的；学生而罢课，是教员教他罢的；学生甚至于打了教员，我们也只能承认是教员打了自己。"（常燕生：《学灯》，《时事新报》（十一年[1922]十二月五日））

以上两种说法殊途同归，均认教育者应负其责。初读之，似对一般学校当局责难过甚，然自教育之根本性质上观之，实不得不认为公平的主张也。

但于此，读者须毋误会，须知以风潮之责委之于学校当局者，并非同情于学生之发起风潮，乃是要唤起教育者对于自己任务之觉悟。某君谓："他们（教育家）总以为学潮汹涌半由学生盲动，半由外界煽惑，而教育家自身直可不负丝毫责任。"（力子：《觉悟》，《民国日报》（十二月四日））其实照前所言，即使学生是受外界煽惑，是盲动，教育者亦不能不负相当的责任。吾人之赞同此主张，绝非偏护学生，参看前第六节自见。

（二）训育问题

每与办学者谈论，多闻其叹息于当今学校中之无训育。实际上，所谓训育，多数是形式的、片面的。吾人仅须就以前负训育责任之"学监""舍监"一类名称顾名思义，便可想见其情状。——训育只是"监视"，"监视"之结果，学生对于认真者生怨恨心，对于疏忽者存玩忽心。此种训育方针，对于教育目的真是

"北其辕而适越"。现时此类名称已有改定者，大概内容亦已有所改进。(?)

愚尝主张一学校中全体教职员皆当负训育之责，不可委之少数人；又尝以为学校中之施行训育，当随时随地(无论上课时、下课后)注意，不可恃"操行分数"为量度学生之标尺，因此种制度适足鼓动学生"矫情作伪"，结果去训育之旨趣愈远。

训育在今日已成为一种技术(art)；凡一种技术，均须加以人工，断非不学而能。因此，吾人以为凡任教职员者，除须具备各科专门学识外，尤须研究教育学术。从前一般教员每存有教英文者只需英文擅长，教数学者只需数学精通，即已游刃有余，其实殊欠充足的理由。

为人师者当以身作则，此语无论何人皆习闻之；但因一般为人师者，未必即有为人表率之资格，于是引致学生渐对学校当局生不信任心，而人格感化之作用丧失。阅一年来学校风潮记录，凡攻讦个人之举，大半皆涉及个人私德。闻某小学校教员以学生食"不合卫生"之食物，严词禁止，学生乃反唇相讥，谓学生不许食□□糕，先生何故要吃高粱酒。(按生理学说，酒亦为不合卫生之饮料。)吾人由此一例，更可见欲正他人当先正己身之必要矣。

十、亟待解决之问题(二)

三、校长及教职员资格问题

过去一年之风潮，其中起于攻讦校长者占首位。反对教职员之风潮较少，但亦常引致严重的后果。彼等之被反对，原因甚多；但考其内容，除关于私德或措置外，多不外对于资格与学识问题。以此等根据引起之风潮，虽有与事实未必尽符者，(如某小学学生攻讦校长，指为"不懂教育"，此语出之小学学生，即似不能据为事实。)但事实上非教育专家而侧身教育界者恐亦未尝无有。此种情形，以在由"劣绅""政党""军阀"所把持时为最著。《晨报》副刊中有某君论某省之教育，云某省"当局不以教育为重，而以校长位置用作收买议员之具"云云。此说吾人虽不敢断定如何可靠，但亦不敢断定必无此种情形之存在。

实在言之，我国现时，当医生者不必有许可证，任校长教员者亦不必有何种固定资格。表面上，凡一校校长必有校长之履历书，然此种履历之可靠与否尚属问题。因此，遂不免时或有非教育界人物而思借学校为终老之计，或暂作进身官场之阶梯者。此等人皆无教育之诚心与能力，以之办学，安得不偾事？①

吾以为一般真正以从事教育为职志者，应当联络全国教育界，组成一种同业联合。凡具有专门学识、教育的训练及经验者，始许其加入。此外，凡欲借学校以为进身之阶，或别有怀抱之伪教育家（此可就其操行测之，如为校长或教职员而以金钱运动选举，以学校为私产，宅心欠光明者之类），则自始即拒绝之，或摒除于联合以外。凡不属此联合会者，不许滥竽教育界，若其借官厅绅董之力强占校长位置者，则全体均不与之合作。如是，若辈自可绝迹于教育界矣。此种办法，足以消除学生对教员校长资格学力等项之怀疑或借口。然此尚非唯一之目的，此种办法之最大效果，即在使教育趋于职业化——成为一种专门职业，如同医药或工程师之职务。

英格兰教育界人物，为防备外界不谙教育者掺入起见，在1899年规定一种“教员注册”簿（The Teacher Register）。其中依姓氏字母之先后记载各教员之姓名、学术、造诣、训练、经验等项。但因办法尚未尽妥，至1907年遂中止进行。嗣后一般教员终觉此种机关有存立之必要，于是在1909年11月召集各地各种教员协会凡37所之代表共同会议，结果决定设立一新“教员注册评议会”（Teachers' Rigistration Council）。至1912年2月，该决议遂见诸实行。以上仅举其概要，其详此节处不及叙述。

四、反对考试问题

因考试而引起之风潮不外两种：一是无条件拒绝受验；一是附条件要求改良考试方法。无条件拒绝考试，当然为一种不正当的要求。但此种情形，实际上不多。据吾人所知者，每系因教者初声言不考，继乃强学生考试，或者已过考期而强学生补考。至于要求改良考试方法，自理论上言之，不宜出自学生方面。然我国向来沿用方法之不良已经多数人鉴定，凡非因循固执者，早当酌加变动，何待学生之请求？

① 吾为此语，或以为将开罪于教育界一部分人物，吾意不然，我国教育界如其果有此类人物，彼等亦必无暇读此种杂志，故必无从开罪彼等也。

于此作者尚有一点意见：据吾人调查与体会所得，觉一般学生所以视考试为难关者有三种根本原因：

(a) 我国多数学校中向来实行一种呆板的“学年制”，凡考试时，有一门或数门学科不及格者即须再习一年。降班者一则光阴耗费，再则金钱损失，三则“颜面攸关”。于是乎未到考试前，正在考试中，及考试未揭晓前，无不存患得患失之心。至于如某某数校，以学年考试分别剔除学生为常例，更足令学生惴惴不安。

(b) 一般学校每用一种无谓的奖励方法，引起学生一种虚荣心，如给奖品、张挂榜文之类——完全旧时无谓的传统思想。因此，更足以引起学生之计较心，或且怀疑校长教员评定成绩之欠公平。

(c) 每见有一种教员喜出偏僻而无关要旨之题目，以自矜其心思之工巧，而难倒学生。因此，学生益视考试为畏途，且对教员怀一种怨愤心。

总言之，旧法考试之弊端，即舍其本身之谬点不论，已有如上所述之流弊。吾人即称之为(自学生观点言之)得失心、虚荣心与怨愤心之结晶物，亦不为过。此种考试实在系制造风潮之原子。实际上，导源于考试而另以他种名目发起之风潮，当不在少数。反之，若能力避以上诸弊，则由考试所引起之风潮虽不能绝迹，总可大为减少。

五、开除学生问题

关于此问题有两派意见：

(一) 照教育之本务上说，根本上即不应有开除学生之举。

(二) 事实上，遇不得已时，虽可开除学生，但不必用“宣布罪状”之形式。

最近，一般人讨论此问题而在报章上发表者甚多，兹不及援引。至作者个人之意见，则已在本志今年第一号《我之学校性质观》一文论之。

上海小学生退学原因之研究

沈　锐*

一

作者曾于去年二月间在《上海教育》发表过此项之研究文字，因限于篇幅，未能多说。鄙意以为这种材料实为研究和改进教育最重要之一部分，所以时时刻刻无不心想再提出来同大家讨论讨论。现在已经继续在各市校调查完毕，特地把调查之所得分别统计出来，想也为热心教育者所乐知道的。本篇材料虽仅限于上海之一部分学生的情形，但其他各处假如调查统计起来，恐怕有不少相同的地方，至少也足供我们研究和改进之参考。因敢不揣固陋，写出来请大家指教。

二

本篇几种统计材料，是由上海特别市教育局于上学期向市立 47 个学校令填报十六年度[1927]第一学期学生之退学情形得来的。退学总人数为 1 824 人，占全体学生人数（12 050 人）15.1%。现在把调查统计结果，分别叙述于下：

---

*　沈锐，生平不详。

本文原载于《教育杂志》1929 年第 21 卷第 1 号。——编校者

(一) 学生退学的原因

"学生退学原因是什么?"为我们的主要问题。现为便于研究起见,更把男生和女生作为比较,表如次。

据下表,学生退学的原因可得而知者共有 15 种,以迁居、转学及就业 3 种为最多。"家长亡故,代理家政"一项,多是因为家长亡故才辍学,不是为要代理家政才辍学的。"结婚"一项,因调查表上写的是"出嫁",所以只有女生而没有男生。把男女生退学原因比较起来,女生百分比高于男生的,多半是受社会习俗所影响,尤以"助理家务"一项更为显明。

表一　学生退学原因统计表

原因	人数			百分比		
	男	女	共	男	女	共
迁居	407	154	561	30.68%	30.98%	30.78%
转学	300	115	415	22.60%	23.14%	22.76%
就业	256	45	301	19.29%	9.06%	16.54%
智力太低	169	17	186	12.73%	3.42%	10.24%
家贫	76	48	124	5.72%	9.66%	6.64%
患病	76	32	108	5.72%	6.44%	5.92%
家长亡故,代理家政	6	22	28	0.45%	4.43%	1.52%
助理家务	0	22	22	0	4.43%	1.24%
自身亡故	14	5	19	1.05%	1.01%	1.04%
学校教育,不生兴趣	3	13	16	0.22%	2.61%	0.88%
额满	6	6	12	0.45%	1.20%	0.68%
受军事影响	5	5	10	0.38%	1.01%	0.54%
结婚	0	2	2	0	0.40%	0.11%
家读	0	2	2	0	0.40%	0.11%
恐被绑票	0	2	2	0	0.40%	0.11%
未详	9	7	16	0.68%	1.41%	0.88%
总数	1 327	497	1 824	100%	100%	100%

(二)学生退学年龄的比较

上海一般小学生的年龄,有人说比较别处的为高。我们从来没有调查统计过,不能确定其如何。但就退学学生的年龄看来,衡以学制上所规定的小学生年龄,都是超过不少。

表二　学生退学年龄比较表

年　龄	人　数			百分比		
	男	女	共	男	女	共
5	9	9	18	0.67%	1.81%	0.98%
6	63	23	86	4.69%	4.63%	4.72%
7	77	46	123	5.80%	9.26%	6.72%
8	105	55	610	7.91%	11.07%	8.75%
9	125	63	188	9.43%	12.67%	10.54%
10	120	56	176	9.04%	11.27%	9.62%
11	148	49	197	11.16%	9.86%	10.80%
12	135	65	200	10.17%	13.08%	10.94%
13	176	57	224	12.59%	11.47%	12.26%
14	165	38	203	12.43%	7.64%	11.12%
15	124	17	141	9.41%	3.42%	7.71%
16	66	10	76	5.97%	2.01%	4.15%
17	17	6	23	1.28%	1.21%	1.25%
18	5	1	6	0.37%	0.20%	0.32%
19	0	2	2	0	0.40%	0.11%
未详	1	0	1	0.08%	0	0.05%
总数	1 327	497	1 824	100%	100%	100%

就这表看来,学生退学的年龄以九岁至十四岁为最多。女生退学的年龄比男生的为早,这也莫非是受社会习俗所影响的缘故。因为(a) 社会上还忽略女子的教育;(b) 普通做家长的不愿意他们的女子年纪大了还在校念书。所以,女生比较男生退学的年龄为早了。

（三）各级学生退学的比较

学生退学的年龄既是以 9 岁至 14 岁为最多，那么用学制的系统来推算，应该是第六年级退学的为最多了。但事实上却大不为然。试看下表。

表三　各级学生退学比较表

年　级	人　数	百分比
一年级	449	24.56%
二年级	346	19.00%
三年级	378	20.73%
四年级	316	17.33%
五年级	227	12.45%
六年级	101	5.54%
补习级	5	0.28%
幼稚级	2	0.11%
总　数	1 824	100%

可知各级学生退学的百分比是以一年级至四年级为最高的。其原因一则是因为入学的儿童，年龄多超过学龄之上，所以年龄虽高而年级则低；再则是因为这四个年级的学生人数比较别级为多。补习级是某一校的商业班，继第六年级而上。

（四）各级第一学期和第二学期学生退学的比较

我们研究这个题目，并不是“镜花水月”“粘皮着骨”，要学那些“小题大做”的时髦。实则是因为它能够给我们种种证据，使我们多得一些儿资料以为研究和改进之助。看了下面一表，就可使我们明了了两桩事情。

表四　学生退学第一、二学期比较表

年　级	人　数	
	第一学期	第二学期
一年级	236	213
二年级	207	139

（续表）

年　级	人　　数	
	第一学期	第二学期
三年级	231	147
四年级	205	111
五年级	129	98
六年级	62	39
补习级	5	0
幼稚级	2	0
总　数	1 077	747
百分比	59%	41%

(a) 因为退学的以迁居和转学为多，所以没有修到学年终了而退学的就多；(b) 因为第一学期多是秋冬气候（教部定秋季始业为第一学期），学生们不继续肄业的多于此时退休。有了这两桩缘因，所以各年级退学的人数都以第一学期为多了。（或许是更因为第一学期的学生多于第二学期的学生的缘故。）

就上面这四种表看来，虽然退学者只占全体人数之 15.1%，而且每期学生人数只见其加多而不见其减少（十六年度[1927]第一学期全体学生人数为 12 050 人，第二学期则为 14 180 人），但是学生中途退学，不是学校教育本身有了缺点，就是社会有了毛病，在国家政府方面算是一种损失！

三

学生退学原因所关系的事情很多，我们要想法子来补救他，真是千头万绪，大有百端待举之概。就我国目前的社会情形而论，实在不容易解决。但我们不妨就其易者、要者，按部就班，分别探讨，逐渐推行，自然有改进解决之可能。现在仅就鄙见之所及，拉杂略述于下。

(一) 迁居和转学的百分比何以特别高?

(a) 上海是五方杂聚的地方,在上海居住的人多半不是土著而是从他处移居的。他们的住址忽此忽彼,是没有一定的,是时常迁移的。据公安局之户口调查结果,全上海户数正户者为 18 512 户,而附户则有 126 032 户。可见,迁居之多乃是当然的现象,但因此就影响及学校教育了。转学者百分比所以这样高,大部分是因为迁居太多的缘故。

(b) 转学之多,除因为迁居太多的缘故外,还有别的原因:(甲) 或者因为学校的信用未著,家长不赞成他的子女在该校肄业,所以令他们转学;(乙) 或者因为家长不注意他的子女的学业,任子女自由转入新校;(丙) 或者因为学业成绩不佳,图谋转学升级;(丁) 或者因为家庭经济关系,借转学以节省开支。这四种原因,都足以使做家长的、当学生的起了转学的念头。

这种现象,当然是不好的;但假如人家要迁居,我们有什么样办法? 不准他们迁居吗? 事实上、理论上都是不可能的。根本的办法,乃在改进学校,使学生转了学也不致受若何损失或有若何便宜可贪,和从前没有转学时的情形差不多,那就好了。(凡同属在一个机关所管理的学校,要达到这种目的,实较容易。)

(二) 学生就业有无特别情形

这是职业教育的大问题,也即是城市教育的重要问题。就一般人的意见,以为学生之所以就业,不是因为家境的关系,便是为得钱的欲望所驱使。但是事实上他们就业的理由,断不是这样简单。市教育局于十六年度[1927]第二学期曾调查各校毕业生升学及就业之情形。现在就把他们就业志趣之统计结果,列表如下:

表五　小学毕业生就业志趣比较表

就业之志趣	人数	百分比	备　　注
继承家长职志	28	19.6%	
有亲戚在职	18	12.6%	
有亲友作介绍	16	11.1%	

（续表）

就业之志趣	人数	百分比	备　注
性情相近	15	10.5%	
图谋生活	13	9.1%	多因家境困难。
前途有望	10	7.0%	
属在国家事业	8	5.6%	如丝、绸、纸等工商业。
振兴商业	5	3.5%	
家长所命	3	2.1%	
无别业可就	3	2.1%	此三人皆系女生，志在升学而不能。
振兴工业	2	1.4%	
国民生活所关	2	1.4%	如米麦行之类。
适合本处社会情形	2	1.4%	
增进学艺	2	1.4%	
考察实业	1	0.7%	
熟识各商埠情形	1	0.7%	
实习交通智识	1	0.7%	
发达医术	1	0.7%	
服务社会	1	0.7%	
今后是劳工的世界	1	0.7%	
薪水较多	1	0.7%	
容易成功	1	0.7%	
业务便当	1	0.7%	
职业翘楚	1	0.7%	
父亲年老	1	0.7%	
投军救国	1	0.7%	不赞成家长之望其就商业。
缺填	4	2.8%	
总数	143	100%	

表六　小学毕业生就业态度比较表

对家长意旨之态度	人　数	百分比
赞　　成	110	76.9%
不 赞 成	20	14.0%
自己主张	2	1.4%
环境所迫	1	0.7%
顺从亲意	1	0.7%
缺　　填	9	6.7%
总　　数	143	100%

据上二表，可知他们就业的志趣，绝不是单为“饭盆问题”，更不是单为“利欲熏心”的。他们有极纯洁的观念、极正大的眼光为国家、社会、人群谋幸福。谁说中国的小学教育没有收效呢？只是社会情形太龌龊，使人无从“纳于轨物”吧了！

这143人里面，抱着赞成态度的，有不少是以入社会做事比之在校读书为更有趣有望。那些为着“图谋生活”和“无别业可就”等等原因而委屈就业的，都抱着不赞成的态度。这是将毕业的小学生就业的情形，很可为我们借镜。

这里我们更可以感悟到现在之小学教育尚需致力革新，职业教育之宜切实施行，补习教育之宜从速兴办。同时，我们就要联念到非教育经费增加并保障其独立不可了！不过，我们不能因此就推诿，就灰心。我们要在于目前情况之下，就其可能范围内尽我们的责任，发展我们的志趣。

在学校里，我们可酌开浅显而切实的职业学程，设立就业指导员或与外界联合设立职业介绍所，都是不必全靠大宗经费而可办的。又如职工补习学校或民众学校，更可帮助那些为就业而退学的学生。按上海特别市立职工补习学校共有7所，学生共约有400名，最小者有10岁，最大者有37岁，大概都有读过书的(有不少读至小学六年级者)。民众学校共有19所，学生共800余名，平均年龄比职工补习学校为低，而从来没有入过学校的比较多。上课时间均在晚上7时至9时。其详细办法和成效怎样，我们尚没有知道。但是定可收成多少的功效。

（三）应如何补助“智力太低”及“学校教育不生兴趣”的学生？

孟洛(Munro)在其《市政原理及方法》一书第九章《教育行政》曾经说道：“有些儿童身心上不是一方面有毛病，就是两方面都有毛病。所以设法把残废、心能不健全及顽梗的儿童选出来施以特别的教育。这种方法不但合于教育原理，而且很经济。因为，低能的儿童与普通的学生合在一处，全班进步因之迟缓。”这就是说：要适应各个儿童的心能或个性以使教育效率增高，须废除现行的班级制。一般人以为班级制是为着经济的关系而成功的，殊不知其所得的结果，恰恰相反：所得不偿所失！那些对于“学校教育不生兴趣”的学生，其所以然的原因如何，我们不知道，但班级制的弊端，必为其中最重要的原因之一。现在市教育局已举行个人及团体智力测验并实行分科指导制，我们希望其将来能收成很好的效果！

我特地提出班级制来讨论，为的是以其易知易行而且是最经济的办法。因为班级制一改良之后，儿童个性各得其所，教学方法也能够因时制宜了。天下事没有在旧制度底下，可以收成革新之功而生出新的办法来的！

（四）其他

如患病、助理家务、结婚、家读、恐被绑票、受军事影响以及额满诸原因，或为地方之治安不良，或因家庭突遭变故，或则自身体育缺陷，或受社会习俗所影响，……在在都可以做我研究的新鲜资料，为促进我们改良社会或教育的良好兴奋剂。要怎样研究，要怎样改良，应当根据其来因去果，切切实实，免致落空，方可收效。这几项的百分比虽然较低，但是研究起来恐怕最复杂，改良起来恐怕最困难呢——希望大家不要淡漠置之！

四

上面所述各节，仅就其荦荦大者，深恐管见所及容有未当的地方，现在更把调查的表式附录于下，以供大家讨论。

表七　学生退学原因调查表

（十　年度第　学期）

年级	学期	姓名	性别	年龄	家长职业	家庭经济状况	退学原因	备注
各级原有人数								

说明：1. 各级各期学生应分别填列，如第一年级第一学期者填列于一处，一年级第二学期者填列于一处。余类推。

2. 家庭经济状况以富裕、中等及贫寒诸字样填写之。

3. 退学原因可参考统计表填写之。（如系转学，则将其所入学校填明备注栏。）

表八　学生退学原因统计表Ⅰ

（十　年度第　学期）

年龄	4		5		6		7		8		9		10		11		12		13		14		15		16		17		18		19						总计
原因　性别	男	女	男	女	男	女	男	女	男	女	男	女	男	女	男	女	男	女	男	女	男	女	男	女	男	女	男	女	男	女	男	女					
迁居																																					
转学																																					
就业																																					
家贫																																					
患病																																					

（续表）

原因＼年龄／性别	4		5		6		7		8		9		10		11		12		13		14		15		16		17		18		19						总计
	男	女	男	女	男	女	男	女	男	女	男	女	男	女	男	女	男	女	男	女	男	女	男	女	男	女	男	女	男	女	男	女					
智力太低																																					
对学校教育乏兴趣																																					
家长亡故																																					
自身亡故																																					
助理家务																																					
在家读书																																					
结婚																																					
其他																																					
全校原有人数																																					

表九　学生退学原因统计表Ⅱ

（十　年度第　学期）

原因＼级别／期别	一年级		二年级		三年级		四年级		五年级		六年级						计		合计
迁居																			
转学																			
就业																			
家贫																			
患病																			
智力太低																			
对学校教育乏兴趣																			

（续表）

级别 期别 原因	一年级		二年级		三年级		四年级		五年级		六年级						计		合计
家长亡故																			
自身亡故																			
助理家务																			
在家读书																			
结婚																			
其他																			
合　计																			
全校原有人数																			

这三个表是新近重行制定的，还没有印发调查。表八及表九，为便于填报之参考与统计之划一起见，所以把退学原因拟为列出。最早所用的调查表只有下列一个。

单这一表，颇有未妥之处：因为没有个人的调查而遽作团体之统计，结果每多失实而且有挂漏之弊；至其不便于统计，尤其余事。其后乃加制统计表二种（和表八、表九差不多）和表十共三种印出调查。本文所得的退学原因各统计表，就是在此时调查的，也未能详尽。

这三种重新制定的调查表，也未敢据以为尽善尽美。将来容或有发现未妥的地方也未定。深望高明的先生们多多赐教！

表十　上海特别市各级学校学生退学原因调查表

第　年级　学期　级任教员	原因／人数		迁居	就业	患病	家贫	转学	出嫁（女）	智力太低	对于学校教育乏兴趣	自己亡故	家长亡故代理家政			共计
	岁	男													
		女													
	岁	男													
		女													
	岁	男													
		女													
	岁	男													
		女													
	岁	男													
		女													
	岁	男													
		女													
	岁	男													
		女													
	岁	男													
		女													

下列各书，可供本文研究参考之用

1.《教育统计图表概览》（上海特别市教育局出版）
2.《上海教育》（上海特别市教育局出版）
a. 第二期：《上海教育统计两种》
b. 第五期：《小学毕业生状况统计以后》
c. 第六期：《改进小学教育应以养成学生的卫生习惯入手》
3. Robbins：*Socialization and Recitation*，Chap. Ⅰ（关于班级制之改良，颇有详尽之讨论）
4. 郑译：《教育之科学的研究》第七、第八第九等章。

小学训育制度的研究

徐蕴晖*

小学训育问题是很困难而不容易解决的问题，因为训育和各方面的关系太复杂，举凡家庭、社会以及日常和儿童接近的形形色色都和训育直接间接有多少的影响。倘若把小学训育的责任完全交给小学教师去负担，我想担任小学教师的人就是十二分地卖力，也绝不能得到圆满的结果。这一层，教育界的同志早已有人说过，我因为不是本题范围内应有的文字，所以不在这里详细地叙述。我要在这里讨论的是小学训育制度问题。训育制度问题是训育问题的一部分。训育问题的范围很广，概括地讲起来，至少也可以写成下列三个纲要：

(1) 什么叫作训育？

(2) 为什么要有训育？

(3) 怎样实施训育？

关于(1) 和(2) 两个问题，在各种关于训育的书报上早已有了相当的答案，用不着我们再来多方研究。简单地说：训育就是使儿童具有明了的道德的观念及道德的判断，培养儿童善善恶恶及爱真理和美的情操，并且使意志活动恒趋向于道德，克服违反道德的种种诱惑而具有决定道德行为的动机及实行的能力。训育的目的——为什么要有训育——就是要培养儿童道德的活

* 徐蕴晖，生卒年不详。曾任1931年杭州市政府教育指导员、航空子弟小学校长、杭州市教育局科长等职。发表有《教学上的病态》《复式教学与学级编制》等文章。

本文原载于《教育杂志》1928年第20卷第2号。——编校者

动，使儿童于参与活动中得到许多团体制裁的经验，明了权利义务的意义以及个人自由和团体自由的分别：一方面除去儿童个人不道德的行为，顾全团体的幸福，保持团体有秩序有规律的进步；一方面养成儿童良好的习惯和道德的能力，使他能在社会上实行他的正当的志愿和欲望。

至于第三个问题——怎样实施训育——现在却还没有得到圆满的解决。什么"严格主义"和"放任主义"呐；什么"自治主义"和"干涉主义"呐；什么"积极训育"和"消极训育"呐；什么"间接训育"和"直接训育"呐。往昔各存偏见，互相争论不休。近几年来，大家才渐渐地有了根本的了解，认为绝对采用"严格主义"或"自由主义"，和绝对地采用"放任主义"或"干涉主义"，于事实上均不可能，因此就起了一种调和的倾向，于自治之中略加辅导，或于放任之下酌取严格而产生了指导主义一类的新主张，这不能不说是训育方面的一种进步。可是理论上的主张方才解决，而事实上的制度却又起了争执。

所谓事实上的制度的争执，就是小学训育制度问题，是本文所要讨论的问题。

现在小学训育所通行的制度，不外级任制和训导制两种。兹分论于下：

一、级 任 制

这种制度，前几年在小学方面是很通行的——现在也还有许多学校采用——据民国十四年[1925]河南一师附小教师罗廷光先生的调查报告(见《中华教育界》十四卷一号)，可知当时的小学，除掉江浙两省很少数的学校采用训导制以外，大多数的学校都是采用级任制。他这种调查报告，虽然不能说是十分精确可靠——因为所调查到的学校，只有河南、浙江、江苏、安徽、江西、四川等处各省少数的学校，总共只有 15 校，不能代表全国。——可是至少总可以使得我们相信当时的小学采用级任制的要比采用训导制的多。现在的小学究竟是采用级任制的多还是采用训导制的多，虽然没有人从事于实际的调查，可是就我个人参观所及，比较的还是采用级任制的多而采用训导制的少。

究竟级任制是什么一种制度呢？照我国实际的情形来讲，所谓级任制大概可以分作下列三种：

(一) 级任完全负本级所有一切教学和训育的责任。

（二）级任完全负本级训育上的责任，并且担任本级主要的教科。

（三）级任只负本级训育上的责任，其他一切教科由各教师分科担任。

这种制度有优点也有劣点，现在把一般人所说的优点和劣点分别讨论于下：

（一）优点

A. 责任可以专一

关于一级内一切教学和训育的事情，由级任教师完全负责，当级任教师的人受了责任心的驱使，对于职务方面不得不格外努力。可是第三种办法，级任教师只负训育的责任，关于教学方面的责任只怕仍旧不能专一。第二种办法，因为主要教科由级任教师担任，也许有责任专一的可能。

B. 事务易有系统

一级里面的事务，倘若由担任教科的各教师各自为政，没有一个主持总务的人，不但事务的进行多所不便，就是教学和训育的主张也往往不能一致，因而发生不良的结果。要想一级里面的事务一致而有系统，事实上有设级任教师之必要。

C. 教材容易联络

一级里面的教科完全由级任教师担任，所谓教材容易联络当然不成问题。即使不由级任教师完全担任，只由级任教师担任主要的教科，教材方面也比较地容易联络。倘若采用第三种办法，一切教科由各教师分科担任，对于教材容易联络这一层，事实上却是一个问题。

D. 训育管理比较便利

一切训育管理的责任，由级任教师完全负责，可以不受他方面的牵制，办事较为得手。在学校全体方面，各级负责有人，分工合作，行政上亦较便利。

E. 容易明了儿童的个性

要想明了儿童的个性，非教师与儿童多多接近不可。第一种办法，一切教学训育的责任，由级任教师一人负责，教师和儿童接近的时间特别多，对于儿童的个性自易明了。第二种办法，级任教师任课较多，和儿童接近的时间亦较多，所谓容易明了儿童的个性，当亦不致有所困难。第三种办法，倘若级任教师对于本级任课不多，和儿童接近的时间势必减少，因此不但对于儿童的个性不易观察明了，对于管理上也许还要发生种种的流弊。

(二) 劣点

A. 级任教师的职务太忙

一切教学训育的责任完全由级任教师负担，职务未免太忙。职务既忙，精力不继，遂不得不有所疏懒。因此，对于教学和训育方面，当然就要发生影响。倘若采用第二种办法，级任教师只任主要的教科，减轻教学上的责任，或不致有精力不继之弊。可是，高年级的功课较紧，要想找一个对于主要教科统能擅长的级任教师，却也很不容易。

B. 儿童只服从级任教师，歧视其他各教师

级任教师因为完全负一级里面训育的责任，关于一级里面训育的事情多由他一人办理，因此，儿童心目中以为管理他们的只有级任教师一人，对于级任教师格外恭敬，其他科任教师，除课堂管理外，旁的事情往往不过问。他们就以为这些教师只是他们的教书先生，并不管理他们，因此往往加以漠视。其实级任教师虽然完全负训育的责任，科任教师并不能因此就把训育二字置诸九霄云外，不问不闻。倘若科任教师平时管理儿童也能切实负责，和级任教师通力合作，使儿童并不知道负责管理的只有级任教师这么一回事，儿童对于级任和科任之间也许不致发生歧视之见。所以儿童只服从级任教师而漠视其他各教师，大概是人的问题，并不是制度本身的缺点。

C. 各级易有界限缺少全校儿童合作的精神

本级的儿童和别级的儿童，因为接触的机会有多少，感情上就不能没有厚薄；感情既有厚薄，各级间就不免要发生界限；再加上一级设一个级任，把级的界限划得清清楚楚，更加可以使儿童发生此疆彼界的念头。倘若各级任教师的主张不同，训育的方法彼此互异，流弊益多，不但全校儿童难以合作，就是教师之间也往往易生意见。这一层事实上容或不免，可是要求精神上的合作，并不在形式上界限的有无，一定要打破形式上的界限而求合作，这怕与学校社会化的精神不甚符合。社会的组织，城市乡村之间，何尝没有疆域之分？我们从事于小学教育的人，能够用一种积极的方法使儿童于有界限的地方，养成一种打破界限的观念，以求合作的精神，这才合于教育最后的目的。至于各级任的

主张或方法，彼此互异，也的确不是好的现象，如果全校有训育会议一类的组织，讨论训育上一切的方针，使全校一致合作，亦未始不足以资补救。

D. 科任教师往往不肯负责

一级里面训育的事情既有级任教师完全负责，科任教师除上课外，对于课外管理往往以为负责有人，遂致不闻不问，并且有许多人还以为科任教师干涉训育，不免有越俎代庖的嫌疑；因此，科任教师对于课余管理遂往往不肯负责。我以为级任教师无非是一级里面一切教学训育等事务的主持者，并非是把一级的学生完全交给级任去包办，科任教师理宜协助级任教师办理一切，同是以教育为天职的同志，哪里还有什么越俎之嫌？对于课余管理不肯负责，这可说完全是科任教师的良心问题。

E. 教师间易生意见

各级儿童的成绩不齐，相形之下很容易使各级任教师互生意见；科任教师与级任教师之间，职务的繁简不同，责任的轻重互异，意见上的冲突亦在所难免。这种情形，在事实上也许难免。可是儿童成绩的好坏，不能绝对地估论教师的尽职与否，各级儿童良莠不齐，教师十二分尽职而不能得到圆满的结果，往往有之。当级任教师的，对于儿童的成绩如何，尽可泰然无所介于其中，只要自问对于职务上未尝疏忽，即已可告无愧，何必因儿童成绩的优劣致生意见？至于科任教师与级任教师之间，我上面已经说过，“级任教师不过是一级里面的主持者”，科任与级任，统是以教育为天职的同志，应该通力协作以求得教育上圆满的结果，哪里还应该有什么意见呢？所以，教师间易生意见，也不能说是级任制本身的缺点。

统观上列各项，可知一般人所谓级任制的利弊，并不是普遍的。有的是指级任制的第一种办法而言；有的是指第二种或第三种而言。其中劣点各项，又多半是因人的问题所发生的流弊，并不是级任制的不良。现在再拿训导制来研究一下，互相参照以资比较。

二、训导制

我前面已经说过，据民国十四年[1925]河南一师附小教师罗廷光先生的调查报告，当时的小学采用训导制的除江浙两省少数的学校以外，并不通行；并且就我个人参观所及，近来的小学比较的也还是采用级任制的多。可是，一般研究小学教育的同志，对于这种制度，却早已有许多人提高嗓子，在各种关于教育的书报上鼓吹介绍。训导制的风行各地，也许不久就可见诸事实。

训导制的办法，是把全校的儿童按照教师的人数分作若干团，不拘年龄和年级的限制。譬如，全校有 10 位教师，共有学生 200 人，我们就把 200 个学生按照教师的人数分作 10 团，每团 20 人——各团的人数略有出入也无关紧要——每一个教师负训导一团的责任。所分成的团叫作训导团；每一个训导团里面负训导责任的教师叫作训导教师。训导团和训导教师并非一成不变，每学期须改组一次；每改组一次，教师和学生统统都要变换一次；几次变换以后，一个教师的训导就可及于全校的学生。

分团的办法，大概有下列三种：

（一）先把训导教师的姓名宣布出来，由学生自由选择，喜欢哪一个教师训导就决定在哪一团。

（二）把全校的学生按照教师的人数平均分配，指定某某等学生在某一团，由某教师训导。

（三）校中有寄宿生的，先把寄宿生和通学生分做两组。寄宿生以每一寝室作为一团，每团训导教师与学生同住一室；通学生按照平均分配法平均分配，或采用选采法由学生自由选定。

关于训导制的办法，大概的情形已如上述，现在再拿这种制度的优点和劣点来讨论一下：

（一）优点

A. 全校教师负责可以增进效率

多数人负责比较少数人负责轻而易举，可以增进效率，在理论上固然如此，事实上因负责的人太多，结果易致无人负责，亦所难免。训导制的办法，每学期改组一次。当教师的以为我对于某一团的训导责任只有半年——一学期——短时间的训导要想得到良好的效果殊不可能。横竖训导的事务不是由我一人负责，即使儿童的成绩不好，学校当局也不能对我有所责备，不如由他马马虎虎地过去。这种情形，事实上往往有之。可是当教师的人，要向这等消极和偷懒的方面着想，也许不能归咎于制度的本身。

B. 没有年级的界限可以养团体合作的习惯

我国人民最缺乏合作的精神，团体合作的习惯正宜从小养成。这是小学训育方面应有的责任；可是我在上面曾经说过，社会的组织，形式上的界限是不能免的，我们从事于小学教育的人，最好是用一种积极的训练，使儿童于有界限的地方养成一种彼此合作的精神。这样讲来，要养成全校儿童合作的习惯是否一定要打破级的界限，却是一个问题。

C. 年龄大的学生对于年龄小的学生可以提携照应

训导制的分团，因为没有年龄的限制，年龄大的学生和年龄小的学生相处一团，可以提携照应，以减却教师许多的劳力；可是根本上对于儿童方面，倘若没有一种相当的训练，要想达到这提携照应的目的，却很为难，不但年龄大的学生对于年龄小的学生不肯提携照应以减却教师的劳力，反而时加侮辱戏弄以增加教师的烦恼，这种滋味，当过小学教师的人，大概多曾经历过。所以根本解决的办法，还是要使儿童平日养成一种亲爱和善的习惯。

D. 儿童不致有漠视教师的歧见

在级任制之下，儿童以为管理他们的只有级任教师一人，所以只服从级任教师漠视其他各教师。训导制由全体教师负责，儿童这种观念——只有级任教师是管理他们的教师——可以打破而不致发生漠视科任教师的歧见。其实级任制之下，对于训育方面，科任教师也应该负相当的责任，倘若级任和科任的界限分得很严，没有一种通力合作的精神，那么采用训导制以后，专在训育方面讲，所谓训导教师无非是级任教师的新名词，而团与团之间又仿佛是级的变相，每一个训导团只有一个训导教师负责，在儿童的小脑子里，那种只有训导教师是管理他们的先生的观念，怕仍旧要存在着呢。

E. 各教师的劳逸不致相差太远

采用级任制，当级任教师的人，一方面要负训育的责任，一方要担任重要的教科——或者是全级的教科，级任教师只负训育的责任者却是例外——级任与科任之间互相比较，不免有所偏劳。采用训导制，将教科和训导的责任平均分配，事务上既无所谓彼劳此逸，责任上亦无所谓尔重我轻。这在级任制或不可能，可是科任教师对于课余管理，倘能切实负责以助级任教师所不及，则所谓劳逸云云，亦不致相差甚远。

（二）劣点

A. 教学与训育难以联络

教学便是训育，训育便是教学，教学与训育之间，不应该有一条很明显的界限。办学校的人所以不能不把教学和训育分作两方面，不过是因为行政上和组织上的关系，实际上最好是把教学和训育打成一片。训导制分团的办法，由儿童自选训导教师，一定不能使某一训导团的儿童恰完全是受某训导教师任课的儿童。因此，教学与训育就不易联络。采用由校中支配的方法来分团，指定某某儿童由某教师训导，或者可以将某教师任课较多的儿童由某教师负责训导；可是一个教师的训导要想及于全校，而一个教师所任的教科绝不能及于全校，要想贯彻教学与训育联络的主张，未免有所为难。

B. 级务无人主持

一级内的教科，不能由一个教师完全担任，倘若由两个以上的教师担任，就不能没有一个主持总务的人。训导教师只负责主持训导的责任，其他一切事务却不能负主持之责，因为某一训导团的儿童，不一定就是某训导教师所任课的儿童——关于这一层，我上面曾经说过——并且不是单纯地是一级的儿童。一级里面的总务无人主持，事务的进行易致纷乱而无秩序；教学上的计划和主张，各教师也往往各存己见而缺少整个的合作的精神。

C. 难收以专责成之效

事有专责，每易收效；全体教师负责，往往使教师的责任心减轻，以致产生不良的结果。每一个教师的训导可以及于全校的儿童，而全校训育的责任由全校教师共同负担，这是训导制的长处。可是那种每学期将训导团改组一次的办法，很容易使教师的责任心减轻，这未免又是训导制的短处。我在上面所说的，“……横竖训育的事务不是始终由我一人负责，……不如由他马马虎虎地过去”，虽然是教师的良心问题，事实上却也难免。

D. 儿童的个性难以明确

训育如治。医生治病，必定要诊断病根所在，然后施以适当的手术和药剂方能奏效;训育也是如此,必定要明了儿童的个性,方才可以加上一种相当的训导。明了儿童个性是训导上最重要的一件事。要明了儿童的个性,必定要教师和儿童接触的机会多,相处的时间长,随时随地加以考察才有把握。训导制之下,不但减少教师和儿童接触的机会——某训导教师不一定是担任某训导团的教科,课堂内接触的时间因以减少——并且减短教师和儿童相处的时间——每学期将训导团改组一次,每团的训导教师和每团的儿童,相处的时间只有半年——因此对于儿童的个性,比较的就不易考察明确,而使训导上发生若干的困难。

看了上列各项以后,可知训导制也不能有利无弊。我们拿级任制的优劣点和训导制的优劣点互相参照,还可以看得出:大概级任制的长处,多半就是训导制的短处,而级任制的短处又多半就是训导制的长处。这正所谓优劣互见,各有短处,从事于小学教育的同志,假使绝对地采用级任制或训导制,均不免有所困难。那么小学里的训育制度究竟要怎样才行呢?现在且把我的意见写在下面,作为一点讨论的材料。

我对于小学训育制度的主张,根据我几年来的经验和研究的结果,觉得最好是保存级任制的形式而采用训导制的精神,以训导制的优点去打破级任制的劣点,而使级任制所有的优点得以完全存在。我的办法是:

(1) 级任的名义不必废除——或者改称级务主任亦无不可——责任可以减轻。关于一级里面所有一切训育教学的事务,不可责成级任完全包办,只可委托级任负责主持。

(2) 课内训练,由级任教师和科任教师共同负责;课外指导,由全体教师负责,酌取训导制的办法将全校儿童分作若干团,不加以年级和年龄的限制,组织各种会社,如自治会合作社之类,由各教师分别负责指导。

(3) 寄宿生的管理,事实上倘无困难,可将每寝室的儿童作为一团,每团由教师一人与儿童同住。

(4) 每日课余管理,由全体教职员轮流值日,以增加全体教师与全体儿童接触的机会,使每一个教师的训导和观察可以及于全体。

(5) 关于全校的训育方针和主张,可由校务会议或训育会议——为谋全校行政统一起见,不能没有这等会议的组织——议决大纲,由各级任教师会同各级科任教师，斟酌各级情形，商决实施办法，切实进行。

（6）关于各级儿童的个性和训育的实际情形，须由各级任教师或各级科任教师于校务会议或训育会议席上向全体教师报告，使全体教师统能明了全体儿童的概况，不致多所隔阂。

如此办理，全校的训育主张既可统一，各级级务亦不致无人主持；全体教师共负训育之责，儿童既不致有漠视科任教师的歧见，级任教师亦不致有偏劳之弊；各教师倘能认真负责，当可减少训育上若干困难和流弊。我的意见如此，谬误之处，切盼读者加以指正。

于浙江第十中学第一院

中等学校导师制的实施及其问题

环惜吾*

一、绪　　言

中等学校的训育是一件很重要的工作，同时也是一件很困难的工作。因为中等学校施教的对象，是正值青春时期的儿童或青年，不论在生理上或心理上，均有显著的变化。教育者如能善为诱导，纳其行为于正轨，使其人格有健全发展；则将来不论升学或就业，均能适当地运用其才智，以贡献于社会国家。惟正以其变化多端，教者不易适应与指导，所以教育者欲求措施适切，受到理想的训导效果，殊不易易。

我国中等学校的训育，因随着国家教育宗旨及时代思潮的演变，故先后会发生不少的变革；可是始终很少有相当成效表现。中等学校的毕业生，在知能方面，既不能切合实际的需要；而在行为方面，尤多悖谬可议之处。推究其故，前者是由于课程与教材未能适合社会实际情况的要求；而后者则不能不认为是中等学校训育失败的结果。但是，过去我国中等学校训育何以未能表现较

* 环惜吾(1903—1984)，号席儒，江苏如皋人。国立中央大学教育学院毕业，留学美国哥伦比亚大学师范学院，获硕士学位。历任福州师范学校、河南淮阳师范学校教师，中央大学教育学院讲师，广西大学教育系副教授，西北大学、西安师范学院及陕西师范大学教育系教授。主要著译有《教学原理及其应用》《杜威的哲学理论和教育学说》《教育社会学》等。

本文原载于《教育杂志》1938年第28卷第12号。——编校者

美满的成绩呢？如一探求其原因，当非太过简单，而最显著的至少有下述各点：(1) 政局与社会的影响——因政局之纷乱与社会之扰攘，致青年易受鼓动而妄作妄动，学校当局亦以阻力丛生，不易实施理想的训育计划。(2) 教育人员忽视训育——历来我国教育行政当局及学校教育人员，受“唯智”主义的遗毒太深，对于儿童或青年之教育，多偏重于知识传授，而忽于德育指导。(3) 教与训之分离——已往中等学校将训育任务诿于少数训育人员之手，一般教师则只管教学，学生生活是整个的，而教育者强使之划分为教与训的两方面，悖于事理，莫此为甚。(4) 训育制度的不健全——我国过去中等学校的行政组织系采取三分法(即教务、训育及事务等三方面)，因负训育责任太少，致工作不易深入，更不能将训育贯注于学生的全部生活。(5) 训育标准的不确定——中等学校的训育标准迄未由教育部颁布施行，致实施训育者缺乏准绳可资依据，而一般青年学生，亦无行为指针足供导循，训育成效之不著，此实为主因之一。(6) 训育人才的未尽适宜——或对于训育无确切认识，或缺乏训育人员之材具，或自身行为有失检点，或所用方法不尽适当，凡此均为训育人员本身的缺点，足以招致训育的失败。

最近，教部颁行《中等以上学校导师制纲要》，实不啻为中等学校训育之新纪元的开始。如能施之得法，可以矫正上述之种种缺陷，而获得最美满的效果。兹为阐明导师制之根本旨趣及探讨其实施方法起见，特草成本文，以备中等学校施教同仁之参考。教界同志如能进一步对本问题加以探讨，提供较具体的实施方案，以资借鉴，尤为深切盼望。

二、实施导师制的根本意义及其价值

(一) 实施导师制的根本意义

实施导师制之根本意义，可于部颁《中等以上学校导师制纲要》及《实施导师制应注意之各点》两法令中见之。《纲要》第一条谓：“为矫正现行教育之偏于智识传授，而忽于德育指导及免除师生关系之日见疏远，而渐趋于商业化起见，特参酌我国师儒训导旧制及英国牛津、剑桥等大学办法，规定导师制。……”此种办法之实施，一方面系恢复我国过去教育之特点；一方面系参酌西洋有名学校之规制。我国过去教育之特色，有如《实施导师制应注意之各点》中所述：“……我国过去教育本以德行为重，而以知识技能为次要，师生之关系亲如家人父子，为师者之责任非仅授业解惑而已，且以传道为先。……”但自新教育实施以来，师道凌替，古风渐泯，师生之关系仅在口耳传授之间。在讲堂为师生，出讲堂则不复有关系，师道既不讲，学校遂不免有商业化之识。为矫正时弊，复纳教育于正轨起见，诚有恢复我国昔日教育重视德育及崇尚师道之精神的必要。

另一方面，英国剑桥和牛津等著名大学所实施之导师制，为训导方法别开生面，成效卓著，为举世所称颂。导师制之实施有如下述：“……每个导师指定照顾学生几个或十几个，常常定期和学生作单独或几个聚会的谈话；……学生关于选择科目、研究教材等问题，都从这种种谈话的机会和导师接触得到种种指导。……”(韬奋：《萍踪寄语初集》二八三页）又导师日夜在校，与学生互相切磋，故对于学生行为之指导及人格之陶冶，收效极大(参看庄泽宣著：《各国教育新趋势》九二页)。这种规制，无疑地是值得我国中等以上学校所应效法的。

(二) 实施导师制的价值

实施导师制的根本意义，既如上述，现在再进而阐述实施导师制的价值。窃意中等学校实施导师制最显著的价值有下列各点：

1. 实践师生共生活

学校是师生的共同集合体，自然也是一个社会机构，必须师生能彻底实行共同生活，发生休戚相关的真诚情感，如此师生双方始能群策群力，共图学校之进步。年来，虽盛倡师生共生活，但因训育制度与组织之未能健全而不能实现。现在中等学校既正式实施导师制，洵为年来所倡师生共生活的有效实践。此后师生将消灭一切不必要的界限，进而打成一片，而从此中等学校教育必将有长足的进步了。

2. 彻底实现教训合一

要彻底实现教训合一，必须先能做到下述两点：(1) 必须全体教师参加训导工作，如此负责人较多，工作自易深入。(2) 必须使训导工作贯注到学生之全部生活，如此才能符合教训合一条件之故。现教部通令中等以上学校实施导师制，乃中等学校教训合一的彻底实现。因为，导师制系以全体教师担任导师，分别指导各组学生，每个导师所指导的人数既较少，工作易于深入，成效较易表现，且因导师尽量与学生共生活，所以能将训导贯注于学生的全部生活。

3. 增进训育效率

训育的最好方法是训育者能以身作则，使学生耳濡目染，终收潜移默化之效。否则，如教者虽教人以正，而己身未出于正，纵使法令森严，执法如山，训育效率亦未见能有充分表现。今后中等学校如能厉行导师制，各导师为指导学生生活，必将谨饬言行，示学生以楷模，而训育效率必能显著地增进起来。

4. 发挥教育真义

教育之目的不仅在传授知识、技能，兼重态度、习性之养成与理想人格之陶冶。教育者须将知能、态度、习性、理想、人格等等量齐观，以作育人才，如此才算充分发挥了教育的真义。过去教育者因受主知主义的影响太深，平日施教，仅着重知能的传授，而于行为的指导，则漫不经心，故去教育真义与日俱远。今后中等学校如能切实推行导师制，则可根除偏重智育的流弊，而将德育与智育等量齐观，使青年能发展而为最健全的人，如此教育真义可认为充分发挥了。

三、中等学校导师制的实施

在教部颁行《中等以上学校导师制纲要》之前，江苏已于二十一年[1932]秋颁行《江苏省县中等学校教训合一实施初步办法》，令全省各中等学校遵行；又颁有《江苏省县中等学校教训合一试行办法》，指定镇江师范及扬州中学先行试办。目的固在推行中等学校训教合一制度，而在办法方面，除废除原有教务主任及训育主任，设正副教导主任兼司旧日教务、训育两主任职务外，另于各级设级任导师及分组导师，负责指导各级学生学行之改进，此实为我国中等学校倡行导师制之始。施行以来，训导效率显有增进。此次部颁《中等以上学校导师制纲要》，目的在使导师制普遍施行于全国各中等以上学校，期能为学校教育开一新纪元，为社会道德立一新基础。兹当推行伊始，谨就经验及管见所及，将中等学校实施导师制所涉及的各方面，详为论列于下：

(一) 厘订训导组织

为兼顾实际需要及工作效能起见，拟定中等学校实施导师制后之训导组织系统如下：

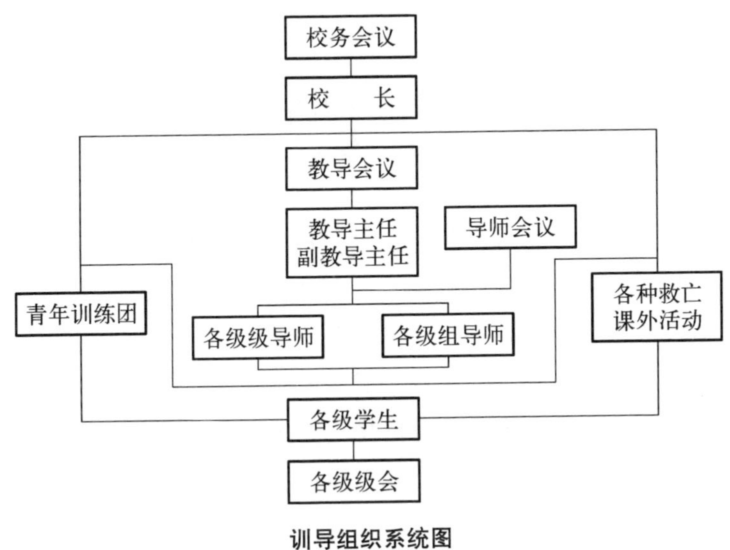

训导组织系统图

兹将上表说明如次：(1) 学校训导组织以各导师为基本干部，但为综理全校训导计，设教导主任 1 人(学校规模较大者得增设副教导主任 1 人或 2 人，襄助教导主任处理训导事宜)。(2) 训导应以学级为基本单位，设级导师 1 人，如一学级超过 30 人以上者，得分为两组，每组设导师 1 人，并指定其中之一人为组导师。(3) 为汇报各级组训导实施情形并商讨关于训导之共同问题起见，每月举行导师会议一次(与《纲要》中所规定之训导会议相当)。由校长主席，校长因故不能出席时，得由教导主任代表主席。(4) 教导会议为教导事项之立法机关，亦每日开会一次，出席人员有校长、教导主任、各导师，开会时由校长主席，校长因故不能出席时，由教导主任代表主席。(5) 青年训练团系根据部颁《特种教育纲要》组织之，以每学级为一中队，每中队再区分为数小队；以校长任团长，教导主任、军事教官或童子军教练员任副团长，各导师担任中队指导员；依法实施青年训练事宜。(6) 为使学生参加救亡活动，并增进其服务能力起见，依学生之兴味及专长分编为民训、宣传、歌咏、话剧、壁报及画报等队或组，分别从事各种救亡活动，并由各导师分任指导。(7) 各级设有学级级会，每周开会一次，进行生活检讨、学艺研究及娱乐活动，由各该级导师出席指导。

(二) 确定训导标准

训导标准为导师实施训导之准绳，学生砥砺品行的指针，应由教部妥切订定通令遵行。但在教部未制订公布前，各校应斟酌情形自行规定。在规定此项训导标准时，应赅括青年行为的各重要方面；所订细目，尤须具体切实。兹暂举敝校(河南省立信阳师范)所定训导标准如次，借供商榷：(1) 思想：信仰三民主义，具有革命人生观，了解抗战意义，能运用科学方法，能主持正义，对国内国际及战时教育问题有正确认识。(2) 态度：举止大方，对人谦恭有礼，有革命军人气概，要有积极性。(3) 言语：普通谈话清晰诚实，教室问答扼要，接洽事务要有条理，演说流利并生动有力。(4) 健康：按时运动，乐受军事训练，讲求卫生，健步挺胸。(5) 整洁：服装整洁，居食整洁，有整洁习惯。(6) 纪律：严守各种规则，按时作息，请假守时，无不正当嗜好。(7) 勤勉：听讲专一，努力救亡工作，课外勤读，有劳动习惯。(8) 刻苦：有刻苦耐劳精神，有坚持与抑制能力，用费节省，服用俭朴。(9) 服务：热心校内服务，热心社会服务，热心其他各处服务。(10) 公德：爱护公物，注重公共卫生，做事先公后私，有为公牺牲的精神。

(三) 训导工作述要

导师制实施后导师之职责加重，任务增繁，与学生接触机会较多，甚至与学生全部生活发生密切关联，因工作之深入与时间之经久，易受人格感化之效。兹将导师应负担之训导工作，分经常的、定期的及特殊的三方面述其要领如下：

(甲) 日常的

(1) 饮食、起居、劳作、游息，须尽量与学生共同生活。(2) 参加并指导学生之各种课外活动与组织。(3) 随时考查学生之性行、思想及学业等，并加以指导。(4) 随时举行个别谈话。(5) 核阅学生生活日记。(6) 监导自习。(7) 检阅学生各项作业成绩。(8) 指导学生选择读物。(9) 每日填写训导日志。(10) 计划次日训导事项。(11) 其他。

(乙) 定期的

(1) 出席定期举行之教导会议,聆取全校教导方针。(2) 出席每月举行之导师会议,报告训导状况,并商讨改进事项。(3) 每周召集该级或该组学生谈话,指示修养方面应行注意事宜。(4) 出席每周举行之级会,指导各种活动之进行。(5) 参加并指导各该级组定期的小组会之进行。(6) 整理训导周记。(7) 计划下周训导事项。(8) 详密记载学生操行成绩,每月报告学校及学生家长各一次。(9) 其他。

(丙) 特殊的

(1) 用访问法或通讯法联络学生家长。(2) 实施升学或就业指导。(3) 利用偶发事项,激励并指示学生性行之改进。(4) 调查学生个性、嗜尚、才能及其环境与历史状况等,作为谈话及实施指导之根据。(5) 与其他导师商讨训导改进事项。(6) 研究训导改进的方法。(7) 出具毕业生训导证书,备关系方面之随时调阅。(8) 其他。

(四) 训导实施原则

导师制实施后欲训导效率之有显著增进,固有赖于组织严密、标准适切、工作深入、方式妥适及考成綦严等,但此种种规训并非一成不变、固滞不进的,必须因时因地制宜,与以灵活地运用继行。惟规制虽可灵活运用,但仍须遵守几个必要的原则:(1) 注重积极指导:实施训导须从积极方面加以鼓励指导,切忌一味地从消极方面施以禁压制裁。(2) 注重间接训练:即利用教室作业、课外活动、学校中一切规定活动及师生间个人接触等机会以实施训导,因此种方式系从学生的实际活动出发,以日常生活为基础,所以较易收效。(3) 教者以身作则:导师实施训导时,须能以身作则,既足以增进学生的信仰,又可以示学生以楷模,故导师对于训导标准内所订各项应尽量实践,以受身教而从之效。(4) 多方通力合作:学校实施训导,应与学生家庭及社会通力合作,一方面与学生家长取得密切联络,使所训导的青年不独为国家的好公民,且为家庭的佳子弟;另一方面须与社会互相沟通以社会所最需用的道德为标准,指导学生，使学生一出学校即为社会上最健全的份子。(5) 建树自我纪律：最高阶段的纪律是自我纪律，亦称自动纪律，其特点在由内心深切感觉纪律的需要，而心悦诚服地遵守纪律，不带丝毫的勉强性质，学校实施训导时应尽量培养其自动纪律的精神，才能获得最大的训导效率。(6) 实施个别指导：人类身心方面有个别差异的现象，尤以青年时期是人生变化最大的时期，个别差异现象更较显著。所以，中等学校施行训导时，于团体训练外，应详密体察各个学生身心、兴趣、性行、能力及其他各方面之特点，并发现其优点与缺点，以作进一步实施个别指导的根据。

（五）训导实施方式

训导标准既经确定，则进一步须研讨如何利用一切机会与种种可能的方式，以达到各种理想标准。于此，无疑地必须采用妥适而有用的种种训导方式。兹将中等学校所可采用的各种有效的训练方式列述如次：(1) 政治教育：为确立青年革命人生观，建设其正确思想，并培养其为民族之有力的斗士起见，应实施政治教育，除利用公民、史地及其他各种社会科学以灌输政治思想与知识外，并得聘请校内外人士，作有系统的政治讲话。(2) 精神训练：为在积极方面提示青年以道德理想，在消极方面训练青年之克己制欲的功夫起见，除于日常生活中随时注意外，可利用升旗、降旗、纪念周、纪念日及其他公共集会作精神讲话。(3) 中心训练：为使学生对于某种品德或行为能深刻认识与切实实践起见，可斟酌实施中心训练，其方法可采取中心训练周办法。惟中等学校中心训练，似不必按周预为规定，得视学生某种品德或行为有缺陷及实际情况需要时举行之。(4) 小组集会：为纠正学生行为缺点及指示行为正轨起见，得举行小组会议，小组人数以十余人为最高度，会议内容着重生活检讨及自我批判；此外为商讨政治教育或精神训练之有关问题时，亦得采用小组讨论方式。(5) 个别会商：为使训导方法个别化，适应个别需要起见，须常时举行个别会商，体察其思想、行为、学业及身心各方面之状况，随各人需要而施以详密指导，尤须填记表格，以备复按，并作进一步指导之根据。(6) 劳动服务：为增进青年之劳动服务的精神与志趣起见，应切实施行校内外之劳动服务。校内服务如教室寝室之清洁、全校大扫除、厨房服务等，校外服务如筑路、排水、造林、垦荒、协助军运等,借以训练其刻苦精神,并培养其服务观念。(7) 课外活动:课外活动为实施训导最有效的方式之一,由此可以促成合作精神,发展创造能力及养成适当休闲生活;其类别有各种球队、竞技、各科研究会、演说会、辩论会、演奏会、游艺会等。所应注意者,即每种活动须有较严密之组织,尤须有导师参加活动,并随时予以指导。(8) 野外活动:为锻炼体力及陶冶心性起见,可举行各种野外活动,如爬山、涉水、远足、野餐、访古迹、探名胜等,务求能活泼而兼有纪律,重自动而兼顾团体。(9) 军训活动:为培养青年之军人气概及具备军人道德,如勇敢、决心、牺牲、服从等美德起见,除常规之军事训练外,应多多举行各种军事活动,如射击、驾驶、骑御、露营、救护、侦察、行军及野外演习等。至于初中,则可以童子军训练及活动化之。(10) 救亡工作:为使青年各尽其所能,以贡献于民族国家,并培养其建议、热诚、互助、合作、自觉觉人之精神起见,应使其各按其专长与兴趣,参加各种救亡工作,如民训、宣传、歌咏、话剧、壁画、画报等活动。此外,并可使学生轮流担任慰劳、救护、消防、防空、防毒等工作。

(六) 训导考成办法

考查训导成绩,与前述各项同为实施训导中之重要事项,其较显著的目的至少有下述各种:(1) 借以明了一般学生实际生活的状况,指示今后训导实施方针。统计各项训练的结果,探求成败原因,作为今后改进训导方法的根据。(2) 使实施者了解各别的优点缺点之所在,为施行各别指导之准则。(3) 使学生了解自己行为实况及缺点所在,以促进其反省,作今后努力自新的依据。(4) 将各生之学行成绩按期报告学生家长,使其认知子弟在校状况,以作学校与家庭协作,实施训导的张本。最妥切的考查训导成绩办法是由教部按照训导标准制订表格(采用评点方式按期记载),颁发采用。作者认为,中等学校考查训导成绩的表式最重要的有次述数种:(1) 学生操行记载表:由导师按月填记,学期终汇交教导课存查。(2) 训导月报:由导师填记并加考语后,由学校递寄学生家长,附带征求家长对于训导之希望与意见。(3) 个别谈话存查表:由导师与学生作个别谈话后记载之,以备复按,并作实施个别指导之根据。(4) 学生操行自省表:按期由学生填写,缴交导师。一方面予学生以自我检讨的机会，一方面供导师实施训导的参考。兹拟制各种表格格式于下，借供研讨。

学生操行成绩考查记载表

（第____年度　第____学期）

项目／姓名	思想	态度	言语	健康	整洁	纪律	勤勉	刻苦	服务	公德	总分	等第	备　考
													（1）根据训导标准考查，每项以十分为满分；（2）学生操行总分在 90 分以上者为超等，80 分以上者为甲等，70 分以上者为乙等，60 分以上者为丙等，不足 60 分为丁等，丁等为不及格。

导师________　　　　　____年____月____日

训 导 月 报

（____年度　第____学期）

____部____年级____组　　学生________操行等第____

项　目	评　　点	考　　语
思　想		
态　度		
言　语		

(续表)

项 目	评 点	考 语
健 康		
整 洁		
纪 律		
勤 勉		
刻 苦		
服 务		
公 德		
总 评		
备 考	(1) 根据训导标准评点,每项以十分为满分。 (2) 考语应详密扼要。	

导师________ ____年____月____日

个别谈话存查表

(____年度 第____学期)

____部____年级____组 学生________

谈话次数 / 日期 / 项目	第一次	第二次	第三次
	年 月	年 月	年 月
态 度			
体 格			
言 语			
志 愿			
学习状况			
服务情形			
私 生 活			
家庭状况			
社会环境			
其 他			

导师________

学生操行自省表

（____年度　第____学期）

第____次自省____月____日

项目　　自省	缺点检讨	原因陈述
思　想		
态　度		
言　语		
健　康		
整　洁		
纪　律		
勤　勉		
刻　苦		
服　务		
公　德		

____部____年级____组学生

四、中等学校实施导师制之问题

中等学校实施导师制所关涉之各重要方面，已于前文中作较详尽之叙述。吾人苟能缜密计划，慎重施行，似可积极推进而无障碍。但如我们能稍加研讨，当即发现几个有待解决的问题；倘能予以适切地解决，则导师制才能顺利推行，以获得理想的效果。兹依次述之：

（一）训导的“分组”问题

实施导师制系将学生分为若干组，由各导师分任指导，而在分组时显然地发生两个问题：其一为每组人数的限度问题；其次为分组的方法问题。关于每组人数，《纲要》第二条规定以 5 人至 15 人为度，又《实施导师制应注意之各点》中称:"……其在中等各学校及中等以上女校如教员及女教职员人数不多,并得将每组学生人数较规定酌量增多。"欲求训导效能的增进,每组人数不宜过多,但又以中等学校教职员人数之不足,不得已将每组人数酌量增多,人数既增,训导效能当必稍受影响。至于分组方法,采用全校混编法,抑采用学级分编法?《纲要》中未有规定,似由各校斟酌办理。然细察此二种编制法,互有得失。全校混编法之优点,在能使导师与各级学生相接触,同时导师学生均能发生多方面兴趣。然其缺点在学生知能不齐,生活上接触机会较少,训导方法难期深入与彻底适应。至于以学校为分组依据,其得失适与此相反。依作者意见,关于分组办法,可以学级为根据,每组设导师 1 人,如一学级超过 30 人以上者,得分为二组,设导师 2 人;又导师人选,以任该级功课较多者充之。如此规定,每组人数虽较多,但因系同一学级,而导师又因课务有较多接触的机会,训导效能或不致过于降低。

(二) 导师工作时间问题

《纲要》规定,导师由校长指定专任教员充任之。因专任教员依《规程》规定,每日在校时间至少 7 小时,住校时间既较多,与学生接触及参加学生生活之机会亦多,以之担任导师甚为得宜。惟导师实施训导,须有较绰裕之时间,始克奏效。但专任教员有无此裕余时间,实为问题。按照中学校、师范学校及职业学校等《规程》所订初级专任教员每周任课 18 至 24 小时,高级专任教员 16 至 22 小时,一专任教员担任课务如此繁重,益以课前之教学准备,课后之作业处理,每日几无裕余时间。又现制采取按时计薪办法,专任教员为多的报酬起见,惟求教学时间之增多,不暇计及其他。在此种情况下,欲专任教员兼充导师,实感有身心交瘁,心有余而时间与精力不许之苦。作者认为,教育当局如欲切实推行导师制,必须废除计时给薪办法,确定专任制,减少授课钟点。如此,导师始能有裕余时间实施训导,而达到推行导师制之目的。

(三) 导师"性格"与"修养"问题

导师必须具备适当的性格与修养,才能发挥最高的训导效能。据德国心理学家端林(W. O. Doring)①的研究,教师性格不同,对于儿童或青年的影响亦显有差异,故充任教师者必须具备适当性格。又除具备适当性格外,仍须具备适当的修养。所谓修养,即对教育专业科目的探讨与教学专业精神的培养。在各教育先进国家,对于中等学校教师,均施以较严格的训练,学科知识与事业训练并重。故所陶铸之人才,既擅于教学技能,又娴于训导方法。我国中等学校教师,其性格不尽适合于充任教师,而又不尽受过严格训练,欲其担任导师胜任愉快,实成问题。作者认为,补救此弊可分治本的与治标的两种办法:治本办法在确定中等学校教师合法资格,恢复过去高等师范之精神与制度,招生时应注意性格之甄别,或在入学后予以相当试验时期,再定去取。训练专业科目应列入训育论、德育原理等类学程;将届毕业时更须经过相当实习期间,训导工作与教学并重。治标方法则着重于增进现任中等学校教职员之训导知能并培养其兴趣,如由教育行政当局举办训导讲习会,颁发训导研究问题,或由学校方面成立训导研究会,督促导师阅读有关训导问题之书报等。

(四)社会与家庭的联络问题

学校实施训导工作,应尽量与社会及家庭联络,以受通力合作之效。《纲要》第七条规定:“各组导师对于学生之思想与行为应负责任,学生在校或出校后在学问或事业方面有特殊之贡献者,其荣誉应同归于原任导师;其行为不检,思想不正如系出于导师之训练无方者,原任导师亦应同负责任。”欲导师对学生思想与行为负完全责任,必须先探求社会上所需行为标准,以作实施训导之根据,因之非与社会联络不可。又《纲要》第五条规定:“导师对于学生之性行、思想、学业、身体状况各项,应依照格式详密记载,每月报告学校及学生家长一次……”《实施导师制应注意之各点》中谓:“……凡为家长者应随时将子弟之个性以及在家庭内之行为随时报告导师,使导师于训导时得所依据。……”是不啻明白规定导师之实施,有待于导师与学生家长之密切联络。惟我国社会事业各界向缺乏严密组织,学校与社会间素无联络。又中等学校学生除较大都会外,均以来自较远之地区者为多,导师与学生家长更少接

① 今译“德林”。——编校者

触。以如此隔阂情状，而欲求彼此密切合作，殊为困难。作者认为今后欲彻底实施导师制，固须学校与社会及学生家长密切联络，而欲促成彼此密切联络，尤有赖于学校之周详计划及导师之努力工作。为谋与社会密切联络，协商训导学生之方针起见，学校应与有关之社会事业界组织共同委员会，共同商讨，（所谓有关之社会事业界，因中等学校之性质而有别；在中学校则为各事业界领袖，及大学、专门学校之代表；在师范学校则为地方教育局、小学校长、教职员代表、社教机关代表等；在职业学校则为各有关职业界领袖或代表；至党政机关，则为共同有关之社会事业界。）此项共同委员会规制，以由教部规定最妥。又为谋学校与学生家长联络、交换意见起见，学校或导师应多多利用通讯方法，互通声息，学生家长之到校参观或考查其子弟者，学校应与接待，借以征询其意见。至于对通学学生家长之联络，则可举行恳亲会或由导师访问学生家长，共商有关训导之种种问题，以作实施训导或个别指导的根据。

除上述各重要问题外，仍有不少问题为吾人所不可忽略者。如实施导师制必须厉行师生共同生活，但生活习惯不同之师生，难共饮食，男女师生共同饮食起居殊多不便。此为欲彻底施行师生共同生活，所必待解决之问题。又如学校设备之不敷，足以影响于导师制之推行。盖教师除任教职外，必须兼顾家庭，学校为使其专一于职务，除其内顾之忧起见，应备教师住宅。又因师生共同生活，必须增加共同生活之设备，此乃学校设备上必须设法解决之问题。又如，欲导师对学生思想与行为负责任，非经过较长时期之砥砺与陶冶不可，故教师任期须予以切实保障，此乃教育行政应行解决之问题。诸如此类，均为实施导师制所须解决者，必须教育当局与学校人士于实施中随时注意并设法谋其解决，如此导师制乃能顺利推行，而达理想之目的。

我国中学男女同学问题之探讨

郑慧卿*

一、彷徨歧途中的中学男女同学问题

在现代民主思潮高涨和妇女解放的呼声澎湃当中，男女平等的要求早已得着普遍的承认。男女教育机会的均等已成为金科玉律。所以，男女同学的需要，可说是无待辨明的真理。但是一般社会人士，甚而至于一般教育家，对于此种制度发生怀疑或反对的也颇不少，争论很多，而其焦点乃在中学男女同学制度。所以，中学男女同学制度，显然是彷徨在歧途之中，而尚未得着真正的解决，因此中学男女同学问题便成为值得讨论的题目了。

一般讨论男女同学问题者，对于此种制度，无论其为赞成或反对，多半凭个人主观的偏见，少有顾及客观的事实，所得的结论颇难确当。本文的目的，乃在根据客观的事实，对于我国中学男女同学问题加以批判，俾使本问题得着清晰可靠的解决。研究的步骤，除参照各家讨论的意见外，有下列两个要点：第一，对于一般关于中学男女同学的理论和实施，加以仔细地检讨批评，并阐明男女同学的真义。第二，探讨中学男女同学的实际问题，并提供解决之途径。这是著者对于本问题的一点大胆的尝试，这种探求是否正确，或能否达到

* 郑慧卿，生平不详。
本文原载于《教育杂志》1937年第27卷第7号。——编校者

这种企图，有待于读者和各教育专家的指正。

二、关于一般男女同学理论的检讨

(一) 一般关于男女同学反对和赞成者的理由

关于男女同学(尤其是中学方面)的利弊如何，反对和赞成者各有相当的理由，现在且把比较重要的概括如下。

1. 从两性天职上观察

(甲) 反对者的理由

反对男女同学的人，以为男女各有不同的天职，即以“男事于外，女事于内”为男女分职的原则。其理由是：(1) 男子生来就有天赋的“事于外”之职，女子生来就有天赋的“事于内”之职。(2) 从身体方面说，男子较强于女子，男子身体壮健适于外部的操作，女子身体柔弱，适于内部的操作。(3) 男子富于奋斗(进取)性，宜于社会事业的改善或政权的参与；女子富于保姆(保守)性，宜于现存事业的守成及种族的绵延。

(乙) 赞成者的理由

(1) 男外女内是社会上偶然的事，并且这种思想乃是社会上一切阶级制度的源泉，不能当作健全的根据。(2) 体质的强弱不能当作主外主内的根据，并且体躯强弱的由来多为环境或训练的影响。(3) 男子富于奋斗(进取)性，女子富于保姆(保守)性，并非绝对真理，如在男子中也有不少富于保守性的，在女子中也有不少富于进取性的，二者互有参差，颇不一致；况且参与政权及改革社会事业的能力，全赖教育的培养。

2. 从社会职务上观察

(甲) 反对者的理由

男子的教育在于研究高深的学问，女子的教育在于贤妻(家政)良母(育儿)的培养。

(乙) 赞成者的理由

贤妻良母是否女子教育的终极目的，姑置不论；纵即如此，非使女子受过高深的学问不可。

3. 从民族生存上观察

(甲) 反对者的理由

(1) 男女性格，各有所宜，男宜雄健，女宜幽娴。男女同校，则女子不免习染男子的粗暴而失其原来幽娴的态度；男子不免蹈袭女子的优柔而减杀其雄健的风仪。(2) 男女同校，女子失去结婚的兴趣，消灭社会的荣华，生出灭种亡国的大危险。

(乙) 赞成者的理由

(1) 男子常粗暴，女子常幽娴，这是本性使然，男女同学后彼此不一定各会失去其原来的特性；即或有之，那么这种彼此熏陶的效果，正可调剂二者之所偏，而养其完满的人格。(2) 女子没有结婚的兴趣，本非单独由于男女同学的结果，而是整个社会环境所酿成的现象。

4. 从教学原则上观察

(甲) 反对者的理由

(1) 从心理上说，男女的性情和嗜好各有不同，男子富智力，女子富感情，若共同教学，则顾此失彼。(2) 在中等教育阶段，男生的生理与心理的发达不及女生的迅速，合而教之，则女生须学男生之所学，男生须习女生之所习，高下相率，各失所宜；且中等教育多在授人职业，男女异性，职业自有不同，因此教材教授的措施、学量的分配，在此期内颇属困难。(3) 中学男女学生，多为 14 岁以上，20 岁以下，在此期内，正各血气未定，性欲冲动最盛，男女同学容易引诱他们生理上的自然冲动，发生不道德的行为，因而不利于教学的进行。(4) 女子能力不及男子，男女同学必致引起男子轻视女子的心理。

(乙) 赞成者的理由

(1) 从心理上说，女子固多偏于情感，男子固多偏于理智，但所差者不过程度上的强弱而已。且据研究的结果，同性间的差异实大于异性间的差异，如谓男女心理不同，不宜合教，那岂不是同性的男子或女子也不应该同学了吗？(2) 就生理和心理方面说，女子固然比男子为早熟，但这种差别很小，对于教学方面不致有多大妨碍。况且现今中等教育范围很广，包含着健康教育(physical education)、职业教育(vocational education)、社交(文化)教育(social education)、文化教育(cultural education)各方面。在健康教育与职业教育方面,其方法标准本来有很大的差别,学生可以依照他们性之所近、体之所宜,选择学习,学校聚而教之,未始不便。至于社交教育、文化教育,则更没有性别之可言。(3) 凡人接触愈密则感情愈厚,愈相敬重,这不独同性间如此,就是异性间亦是如此。男女间不合理肉欲的行为虽然大都是由于生理的关系,但也有一部分是由于好奇心的,如两性隔离太甚,则愈足引起他们好奇的心理。一相接触则这种不合理的肉欲行为和不正当的好奇心理便不易发生。(4) 据心理学研究的结果,男女能力实没有显著的差异,至于男子轻视女子之说,与其说是男女同学所有的现象,毋宁说是几千年来社会上重男轻女的恶习所产生的结果。

以上为一般对于男女同学反对和赞成者比较重要的理由。此外,赞成男女同学者对于男女同学在教育上的价值,还有消极和积极两种理由。消极方面是:(1) 打破歧视男女不平等的习惯。(2) 合于天然的生活。(3) 节省经费。积极方面是:(1) 提高女子教育程度。(2) 养成女子独立心理。(3) 两性间精神上的感化。其他比较不十分重要的理由,此处也不再引述了。

(二) 一般关于男女同学理论的错误

由上所述,似乎赞成的方面理由比较充分,但是据著者看来,也不能当作一种健全的理论。因为二者(即对于男女同学反对者和赞成者两方面)都同犯一种共同的错误,没有把握着问题的中心。因此所得的结论,不免各走极端,远离事实,对于真正男女同学的教育,实际上很少裨益和贡献。一般关于男女同学理论所犯的共同错误,至少有下列四点。

1. 将男子教育、女子教育、男女同学混为一谈

男女两性在心理上、生理上以及对于社会的职能上,互有差异,但因二者有基本相同的目的,故在教育方面,于统一、合作的原则之下,供给他们不同的身心适应和不同的分化的需要。换句话说,即是男子有男子的根本教育,女子有女子的根本教育,而这种分化的教育,在男女分校的学校中,固然各具其不同的特性,即在男女同学之下也会各保其原来的本质。男女同学以后,并不是说,男子就失却其为男子的教育,女子就失却其为女子的教育。所以,男子教育、女子教育,与男女同学是不可混为一谈的。

2. 误解男女教育机会平等

“男女教育机会均等”这句话，凡是稍具有新思想的人，谁也不会反对的。不过，一般讨论男女同学者，大多将“均等”(equality)二字误解作“同一”(identity)的意义，以为在教育方面，凡是男子所有的，女子也应有，凡是男子所无的，女子也不应有，必如此才能说是教育机会均等。于是，反对男女同学的以为男女教育机会无一可“均等”，而赞成男女同学的则以为男女教育机会无一不可均等。这种见识的不正确，是很明显的。真正的男女教育机会均等，应是实质上的均等而非数量或形式上的均等。换句话说，男女的教育应依照他们不同的体力、能力和需要而供给以不同的实质和内容，畀以彼此求得充分的适应机会。杜若君曾说:“一般的错误观念，以为男女是平等的，所以男校所有的，女子也应有，男校所无的，女校也不应有。这是完全忽略男子的体力、个性的差异。所谓平等者绝非男女一举一动都要相同;女子有女子的特性，就如男子有男子的特性一样。”(注一)实为至理之言。

3. 歧视教育效能或社会背景

反对男女同学的人有一种错误，即把教育看作一种消极的作用，而忽略它具有积极指导的作用，有改进社会的功能。因此过于重视社会的现状，而迁就因袭的习惯和制度。他们以为青年男女对于性欲冲动最为厉害，一相接触，便要发生不道德的行为，有伤风化，于是主张男女不能同学。只是从事于一种消极的防范，而对于问题的本身仍然没有积极的根本的解决。赞成男女同学的人，则视教育为万能，为一种万灵膏，因而忽略社会的种种实际状况，漠视各种政治的、经济的、社会的背景。例如，关于男女的职业教育问题，则毫不顾及目前社会的需要及学生出路的状况，以为凡所学者，皆能通用而无阻，以致学生毕业后所学非所用，所用非所学，这种通常的现象，不但男女同学如此，即是一般的男子或女子的教育也何尝不是如此? 所以，教育的效能与社会的背景，应当同时兼顾，不该重此轻彼。

4. 忽略两性根本差异，误解男女同学的真义

普通一般讨论男女同学的人常忽略男女两性的根本差异，误解男女同学的意义。他们以为:“男女同学就是男女学生在同一时间、同一场所，由同一学科和同一方法及在同一管理之下而受相同的教育。”于是，对于男女同学就发

生了两个极端的主张：一个以为男女两性有绝对很大的差别，遂谓男女根本不能同学；另一个则根据男女两性根本没有差异的理由，主张男女有绝对同学的必要。此两种极端的主张，都是错误的。根据人类学、生物学、生理学、心理学、社会学各方面所研究的结果，男女两性有根本的差异，而这种差异，尤其在青年期更为显著。关于这点，下节还有比较详细的说明。其实男女两性虽有根本差异，但是这种差异，并不害于男女同学的要求。此所谓的男女同学，并不是上面那种极端的偏狭的意义，而是一种比较公正的广义的解释。美国某氏之说，比较令人满意，意即："男女同学，乃男女学生，不分性别，于同一处所，接受教育；校中多数课程，应为男女学生共同学习者；且男女学生之参加种种游戏，同处消遣，以及共同参加社会服务等等，皆应依据其各个人之兴趣能力，而自行选决，有自由参加之权利。"(注二)

三、关于中学男女同学问题的新认识

中学男女应否同学？欲求本问题之解答，至少须从心理、社会和教育三方面去观察。

(一) 从心理方面观察

此处所谓心理方面，实即指两性差异而言，包括生理状况。在中等教育阶段，最值得注意的是个性适应问题，因为一到青春期，两性的差异突然显著，因此即成为中学男女问题讨论的焦点，而有些学者便以此为反对中学男女同学的理由。即在男女同学最盛行的美国，著名学者如荷尔(G. Stanley Hall)①及萨克斯(Jullus Sacks)二氏亦为反对中学男女同学最激烈的代表。荷尔博士曾说："一达青春期，两性的差异突然显著。故男女各别地生活，殆为世界识者一致的意见。即他们在这个重要的时期，至少须于二三年间要有多少的隔离。在这期内，身体及精神上的发酵作用发生，且使这时期所开始的某种机能趋于成熟。这种倾向显然现于家庭生活之上，即自十二岁至十四岁之间，兄弟姊妹

① 今译"霍尔"(Granville Stanley Hall，1844—1924)，美国心理学家。——编校者

各过着比以前更独立的生活，无论是工作、是游戏、是趣味，皆有差别。这不仅是家庭生活，即在历史、人类学及社会学方面也有许多例证。这全是生物学的现象，绝不是病的现象。因之，学校及其他机关所必须做的事情，在不忽视这种男女间性质的差异，却使男子益成为男子，女子益成为女子。我们不可不尊敬男女差别之法则，又不可忘记做母和做父是大不相同的。男女当各各中止相互的模仿，而各各发挥其本性，谋调和发达，于以合奏两性的大音乐。”(注三)这是站在两性差异的观点上不赞成中学男女同学的话。究竟男女两性在这个时期中有怎样的差异呢？现在且说明如下。

1. 男女身体及生理的比较

男女在青春期内，对于身体及生理上的特征各有不同：如身长、体质、骨骼之生长、面部之增长，女子皆较男子为早熟。关于筋肉强度，在此期内男子常优于女子。至于运动能力，平均则男子优于女子，以个人而论间亦有女子较优者。关于肺量之增长，男子之肺量胜于女子，尤其在青春期或青春期以后更为显著。至于胸围与肺量之增长，女子比较男子更觉有一定的规律。关于脑重，则男子脑质较重，女子脑质较轻。关于消化系统诸器官(包括肝脏而言)，在青春期内，男女变化皆甚显著，如尿素成分变化颇大。膵脏及脾脏生长极速；脂肪腺及唾涎作用更强，泪腺似亦不成例外。即皮肤色彩亦起变化。至胸腺及盾状腺则瘦削极速，而全身之脂肪亦复消失，此等现象尤以呈现于男孩者最为彰明。关于性的机能的成熟，男子平均在 14 或 15 岁；女子平均年龄则在 13 岁半，且在此期内女子即发生月经的现象。故在此期内关于睾丸及卵巢之重量与容积均增加甚速。总之，从身体及生理方面说，女子在十七八岁即届成年。男子须迟二三年。且二者所负生殖任务的不同，故其身体构造之差异极为显著。

2. 男女心理上之比较

男女在心理方面，如智力、兴趣、品性等的差异，究竟如何，兹就科学上研究的结果，加以表明。

(1) 智力之比较——关于男女智力，一般人皆以为女子的智力逊于男子，德国哲学家叔本华(Schopenhauer)谓：“天才中无女子，女子中无天才。”(注四)可见，漠视女子智力的事实，向来中外皆是同样情形。据美国桑代克(Thorndike)

测量两性智力比较的结果，就大体上说，男女并没有很大的差异，不过在男子中天才多于女子，而男子中下愚者亦多于女子。即：

男子∶男子＞女子∶女子

男子∶男子＞男子∶女子。

但所谓天才下愚，在一种族中俱为至少之数，其大部分则为中才。故就中才而论，男女可谓完全相同。

又据厦门大学教育学院在厦大实验小学测验的结果，谓："关于记忆测验，女子优于男子。智力商数的平均，则男子优于女子。"又谓："吾人读过历史，觉得世界各国的著名人物，总男子居多。又据统计结果，下愚和犯罪的人，也是男子居多。这种现象因男子间智愚相差，比女子较大。"(注五)所得结论亦与桑氏略同。可见，男女的智力并没有绝对的差异。

(2) 兴趣之比较——关于男女兴趣之比较，诸家亦有很详细的调查。如关于两性择业的兴趣，学习各科目的兴趣，课外活动的兴趣等，男女确各有不同。照一般情形说：男子兴趣多在于事物，故数学、理科、机械的发明颇长。女子兴趣多在人事，故文学、历史、传记多所擅长。

(3) 品性之比较——关于两性品性方面的差异，据调查结果，"男子是好事的，好活动，好做领袖的，有独立创作的材能，勇猛的气力，作事主急进，主冒险。所以，利于对外，利于卫国，利于作战。女子是同情的，勤勉的，恐怖的，坚忍的，作事主保守，主稳健。所以，利于对内，利于治家"(注五)。

以上从各方面研究的结果，男女身心特质确有许多差异，但是这种差异或许只能证明青年男女应有不同的教育，而不能证明他们是否因此即有不能同学的趋势。所以，吴叔班女士说："男女同学之说，能盛行于北美，而不克行他邦者，其故不在教育之理论，而在社会之实际。"(注六)桑代克也曾说："纵使两性的智力相等，都以分教为得宜，即以男子而论，设有一个男子心理的构造相似，但一位要为化学家，一位要为心理学家，他们的教育就非分开不可。"(注七)换句话说，中学男女同学之决定，除了个人心理的条件以外，还须要顾及社会的条件；所以我们要根本解答这个问题，除了了解青年男女的本身以外，还须进一步了解社会的背景。

（二）从社会方面观察

就社会情形观察，我们可从下列数点，加以简单地剖视。

第一，现在我国为三民主义的国家，我国的社会为三民主义的社会，妇女在法律上、政治上、经济上、教育上及社会上一切地位，与男子有同等权利。[注八]所以，就教育方面说，女子与男子应享有相同的权利，是不成为问题。但我国向为重男轻女，欲谋女子与男子地位的平等，势非提高女子教育不可。提高女子教育的方法固然很多，然而在男女分校下的女子教育，往往不能达到与男子同一的水准。男女同学乃是达到男女教育机会均等的最高方式。在这种制度之下，不但女子所习的普通科目与男生在一个水平线上有同等的进展，就是在社交或各种生活方式上也与男生有共同的参加机会和训练。

第二，男女两性因为二者身心禀赋的不同及对于社会职务的差异，他们的教育应有彼此分化的必要。即是男子的教育重在社会服务，而女子的教育重在家庭事务。如民国十八年[1929]国民政府教育部颁布《教育宗旨及实施方针》中有："男女教育机会平等，女子教育并须注重陶冶健全之德性，保持母性之特质，并须建设良好之家庭生活及社会生活。"又民国二十四年[1935]五全大会对于教育的宣言中说："发展女子教育，培养仁慈博爱体力智识两俱健全之母性，以挽救种族衰亡之危机，奠国家社会坚实之基础。"可见，社会对于女子的要求，在教育方面显然为培养健全母性的美德，这种教育实为"贤妻良母"的教育。不过，说到贤妻良母的教育，一般人就有误会，以为剥夺了女子的政治上、社会上的权利，实则是不对的。我们知道：（一）女子与男子的生活，为一种共同合作的生活，为一种交互影响的生活，欲达到此种生活的圆满，实际上谁也不能离开谁。因为，二者在心身特质上，各有其优点和缺点，男子之优正可补女子之缺，女子之优正可补男子之缺。就以女子的智力而论，凡男子的职业，女子皆可胜任，所不同者，盖为身体上及生理上的限制。在这种情形之下，欲达到男女两方面生活的圆满，在教育方面自然略有不同，非如此不足以补缺救偏。（二）即以男女平等之说而论，男女固不仅在权利方面平等，而尤在于义务上平等。一般人所谓之男女平等，往往仅指权利的平等，而对于义务则忽略不提，且所谓的平等，又为漫无限制的平等，对于两性的身心条件及社会条件毫未顾及。因此，女人所取得者不但为表面上的假平等，且亦有害于其自身前途及社会事业和民族命脉。[注九]（三）关于女子的社会服务与家事问题，一般人皆以为社会服务与家事为对立的，彼此各各分离，不相联系。其错误是在未能明了家庭在社会中的地位。家庭的好坏和家庭的存废问题，现在暂置不论，不过以我国目前社会状况而论，我国的社会为家庭本位的社会，而家庭的生活多反应于社会的生活，家庭的组织不良便影响整个社会的不安。我国目前旧家庭制度实在腐败不堪，毋庸讳言，亟待改革。这种改革，固然还须赖其他政治的、社会的和经济的各种条件，不过在家庭中一般最普通的问题，如儿童教养问题、家庭卫生问题、家庭经济问题等等，负有直接改进责任的，实为家庭中的主妇。所以要得中国家庭现代化，非女子能起来担负此种责任不可，但要求女子能胜任此种责任，必非具有相当的学识技能和远大的眼光不可。因此，现代妇女的教育，乃为一种新女性的教育，不是一般所谓狭隘的"贤妻良母"的教育，将女子看作一种被动的服从和顺应，而是将妇女看作一种主动的领导，负有推动改造的责任。况家庭能够改善，直接为家庭的幸福，间接即是整个社会的幸福。对于家庭有贡献，即是对于社会事业有贡献，故服务家庭即是服务社会。这实在是一种富有深厚意义而伟大的工作，何尝轻看了女人！

第三，从目前中国社会上观察，男女的教育既然有分化的必要，但是在这种分化之中，二者是否尚具有一种统合的趋势？换句话说，男女对于社会彼此负有不同的任务以外，是否还有共同的任务？关于此点，可举国联教育考察团著《中国教育之改进》一段话来说明：

> 中等学校则为训练中间阶级之试验室，政府官吏及事业人才，大部分皆自此中间阶级而来也。中等学校之使命，即系在初等教育之上，再供给一种本身完全的教育，使受过此等教育者，即刻可以得一安身立命之所，……中等教育最重之点，即各中学不应使学生对于将来职业上需用之科目，得到一种混杂的知识；中等学校毕业生，必须已受到一种普通教育，此种教育自成一整体，虽非应有尽有，凡生活所必需者，必包括无遗焉。[注一〇]

此处所谓"训练中间阶级"者，即指养成社会中坚分子之意。换言之，凡曾受中等学校陶冶的青年，除各自取得适应本身职业之所需外，对于社会国家尚负有共同建设的使命。而此种共同的使命，不但男子应担负，即女子亦然。但是，现在我们要问一个问题，在我国目前社会状况之下，要得中学男女学生将来担负建国的使命，养成社会中坚分子，就男子的教育来说，他们除自己的根本教育以外，是否也应当有"贤父良夫"的陶养？若有，则他们又何尝不可同女生一样有共同的教育？又就女子的教育而论，在现代的社会中，女子除了家事的教育以外，对于生活各方面是否适应具有广博的知识和远大的目光，与男生享受共同的文化陶养？如民族之如何复兴，四权之如何行使，家庭生活与社会生活之如何建设等，凡此种种学识，亦为青年女子所不可少。况且男女的生活根本为合作互助的生活，而此种合作互助的训练，在此"中间阶级"之训练中，为不可少的元素。中学男女同学实为此种训练的"试验室"。在这种意义上，中学男女有同学必要。

第四，就社会经济的情况说，我国目前的教育经费非常拮据，和其他政费比较数目甚微。又我国不识字人数，据去年统计约66.7%(注一一)。就以中等教育而论，据教育部的报告，民国十九年度[1930]我国每万人中得受中等教育者仅11人。视诸其他先进国家每万人中多至500人以上者(注一二)，未免"相形见绌"了。在这种中等教育及义务教育不发达和教育经费困难之情况中，倘一个区域中对于青年的教育实施，本有一所中学就可供给需要的，反而因为男女的关系，彼此各设一所，岂非浪费？或许有人说，那也不见得，比方在男女同学之下，学校除了一般设备以外，还须为女生添设各种特殊的设备，并须聘请专门的管理员或指导员等，若这样一来也不见得很经济。但是，我们要知道，中学男女同学之后，固然要另为女生添置各种设备及聘请指导员或请管理员等，但是倘与特别为女生所开设的学校来比，究竟还是经济得多。这是浅而易见的事。总之，中学男女同学的真正作用，固不在经济的关系，而其最大的作用，实在于上面所讨论的男女交互的共同合作的生活。

所以，从社会条件各方面看来，中学男女的教育虽有分化的可能，但二者皆有共同统合的趋势，这点实为构成中学男女同学的主因。

（三）从教育方面观察

两性青年对于社会的要求，以及社会对于两性青年的要求，上文已经说了一个大概，但是这种要求如何始能平衡，使二者达到一种圆满的关系，不至于背道而驰？司这种职能的，当然是教育。盖教育有指导和改变的作用，它能指导生长、指导生活和改变行为，具有一种积极的进取的功能。

有人以为，中等教育阶段，男女不应同学，根据的理由是：（1）男女生的性情和嗜好及心身发达的迟速不同，因此教材的措施、学量的分配，在此期颇属困难。（2）男女生正当青春发动期，恐引起道德上的危险。这种见解实非尽然，他们根本未能明了教育的职能，而将教育的作用视为一种消极的或顺从的。男女生的性情和嗜好及心理和生理发达的迟速不同为铁一般的事实，但是不能据此而说中学男女不能同学的，我们应当探求的问题是：在这种两性差异的情形之下，教学及教材和学量方面，应如何设法措施和分配，使他们在不妨害其身心康健的原则之下，以适应他们的能力和需要？近代教育科学已有日趋猛进之势，对于教学上各种困难的问题，如个性差异等，经过努力的实验和研究已有相当的成效。所以，男女两性的差异在教学上未始不可如个性差异用不同的方式去处理。至谓男女生正当青春发动期，接触后恐引起性道德的危险的话，即使果然如此，我们根据教育即指导的原则，也当在训育上、设备上采取一种方法或步骤以防止或解决这种困难，对于青年的行为加以适当指导和控制，使其行为有根本的改变。而且在中学男女分校之下，两性接触的事实亦不能绝对可免。关于性的追求，不但在异性间容易发生，就是在同性间也不可免。从真正教育的意义上说，教育是不畏难，不逃避，它对于困难的问题是应加以积极地化导和处理，而不应消极地放任和避免。况且，这种问题放任之后，还是永久不会解决的呢！

此处再根据“教育即生活”“学校即社会”的原则，欲谋青年男女求得生活上的彼此合作了解，中学男女同学实为必要的。

所以，从两性差异、社会背景及教育职能各方面观察的结果，中学男女青年因基本目的之需要，其教育一方面应有分化的必要，他方面又有统合的可能。凡不能建筑在此种意义上的中学男女同学，应无存在的价值。所以，新的中学男女同学的内容是：男女两性的教育，应在统合中谋分化，分化中谋统合。——这就是中学男女同学的新认识。

四、从过去一般中学男女同学的缺点说到今后的改造

(一) 过去一般中学男女同学的缺点

中学男女同学所以受人攻击之故，虽由于社会上几千年来的礼教和保守思想，但一部分还是由于过去一般男女同学的中学教育，未能积极表现其教育功能所致。因此，人们对于它失却信仰。兹将过去一般男女同学的五大缺点，列述于下：

1. 师资人选不慎重

一般男女同学的中学的教师，往往不合良好的标准，不能明悉两性青年的心理或性教育的知识；不能谨守职分，保持公正坦白的态度，甚且对于女生另有企图，因此在举动上表现种种不正当的行为。有些中学教师对于女生在学业上或管理上特别放任松懈，结果常引起男生的不满，发生种种的纠纷。

2. 课程编制不适应

过去一般男女同学的中学课程，可说毫未顾及男女两性的个别需要，大都是同样的。而且学校方面又没有相当的补救的办法，结果不是“女生须学男生之所学”，即是“男生须习女生之所习”，以致彼此迁就，酿成不能适应的毛病，致使学生毕业后得着“所学非所用，所用非所学”的感想。

3. 训育实施不得法

过去一般男女同学的中学训育或管理人员，对于男女两性的问题，不是采取严格的禁止，即是采取放任的态度，毫未注意到一种积极的代替或升华作用，或加以直接或间接的指导和处理。因此，两性间往往发生种种不正当的行为。

4. 学校设备不完备

凡是能刺激学生身心或情意训练的环境，都有教育的作用，所以学校对于设备是异常重要的。但是过去一般中学，或是因为经费缺乏及其他关系，对于设备方面，尤其关于女生方面的设备，非常简陋，致使学生失却很多有效的教育环境，真是可惜！

5. 男女学生数目不平衡

男女学生数目不平衡的结果,从学生方面说,往往造成不能安心工作的现象,因而妨害学生的学业。从学校方面说,往往增加行政上的困难,无形中使学校酿成一种不安的局面。普通一般男女同学的中学,男女学生的数目颇多不平衡,一校中女生的数目往往过少于男生的数目。因此,女生每每酿成不安的状况,而减少其活动的能力,并且学校行政也因此增加困难了。此种男女学生数目不平衡的状况,可以童润之先生于民国二十二年[1933]调查我国初级中学概况暨课程实施情形来证明。他调查 371 校,其中男女兼收者有 139 校。而"所谓男女同校,实际上在一校内,男生多于女生若干倍。往往一校之内,男生 300 余人,女生只 20 余人。表面上系男女同校,实际上与男校无异。……中学男女兼收尚系近来之事。男女同校中,女生人数占全校人数三分之一以上者,于 139 校中只有 21 校。其余皆在三分之一以下"。(注一三)此虽专指初中而言,但高中的情形必更较此厉害。此种情形不仅限于中学阶段,即在初等和高等教育阶段亦皆如此。如据民国十九年[1930]教育部统计,在大学本科及专修科,女生占大学本科及专修科学生总数 10%强(10.18%)。十八年[1929]中等学校女生占中等学生总数 16%强(16.02%)。初等学校女生占初等学生总数 16%强(16.18%)。各级教育平均起来,在 100 学生中仅有女生 14 人。此 14 位女生和其他 80 余男生,同在一校中求学,其情状之不安,可想而知。至于男女同学的中学,女生成数所以如此之小者,除因上述学校中课程、训育、设备等不良,不能适应男女个性,以及父母忽视女子教育或不赞成男女同学制度以外,尚有两点原因:(1) 学校招生,未能顾及男女生程度,男女生在同一标准之下投考,女生或因竞争不及,因此多不能被取入学。何况在投考之时,女生参加投考的人数根本就不及男生的多呢?(2) 在同一区域中,兼收女生或专为女生开设的中学过多,因此将少数女生分散于几所学校中肄业,不能集中在一所学校中与男生成为等量的比例。这种现象,尤在较大的城市中容易见到。

以上即为过去一般男女同学的中学教育最普通的缺点,这些缺点应当如何去补救,随着在下一节就有详细的说明。

(二) 中学男女同学后的主要问题及其处理——今后的改造

中学应否男女同学的问题，在理论上既然有了肯定的解答，现在我们不得不进一步讨论其在实施上如何同学的问题。关于后者(如何同学)在意义上的重要性，却比前者(应否同学)为大。因为，中学男女同学倘实施上没有良好的结果，它在理论上的根据也必随之动摇。所以，我们可以说，关于中学男女同学问题，与其说是男女"应否"同学的问题，不如说是男女"如何"同学的问题。

关于中学男女同学后的主要问题及处理的办法，现在逐次讨论如下：

1. 教师

关于中学男女同学后第一件所感觉着的问题，就是师资问题。教师为学生的表范，他的一举一动、一言一行，在在足以影响学生的行为，其选择应严格，而男女同学的中学的教师，更须慎重。因为，男女同学的生活为两性的生活，教师当了解此两性的发展而使其生活平衡。有许多男女同学(不仅指中学)学校的教师，或女子学校的教师，或在管理及教学方面，不是对于女生采放任态度，即是对于男生加以严格约束，极属不是。当教师的人，因为男女两性和个性的差异，对于他们所采取应付的态度，自不一样。但若在富有怀疑心理的青年之中，无形中建筑一座划分男女待遇的壁垒，则易于影响及两性生活的恶化与师生间情感的隔离，那是多么危险的事呀！所以，养成这种不自然的情境的由来，不是教师缺乏对于青年两性生活的知识，就是没有道德上的涵养。

据巴哥罗(Bigelow)的意见，以为无论男女教师，不足以教授个人或团体之两性卫生学和两性伦理学者，约有五种：(1) 凡不能以和平之态度，有系统之方法，说明两性卫生学者；(2) 凡教师自身有生理或心理上之两性变态，而呈现于外观者；(3) 凡教师不用科学观察，惟醉心于讨论两性变态之书籍中，以关于不正当生活之知识，为儿童所受两性教育中之主要部分者；(4) 凡教师自身经过不快乐之生活，又有关于恶道德之智识，对于两性问题，每发生悲观者；(5) 凡不能得学生敬仰之心者。[注一四]这是从教师所担任教学的学科性质以订教师选择的标准。此外，因适应男女两性的需要，教材的性质以及训育或其他行政上管理的便利，对于教师又有性别上的选择。

总之，男女同学的中学的教师，必须慎重选择，他们除了一般应具的标准以外，在学识方面须具远大的眼光，能了解所教的教材对于人类生活的关系，并知运用谨慎小心处理的手段；在道德方面须具有同情公正、不偏不倚的态度和仪表，借能得着学生的信仰或同情。

2. 课程

编制课程的普通原则，不外乎两点：一方面是顾及个人，一方面要注意社会。在男女同学的中学，所谓顾及个人，实即适应男女的个性；所谓注意社会，即指社会对于男女的要求。因为，男女身心禀赋的不同，择业的兴趣颇不一样。女子较擅长的科目是文学的、记忆的、书写的、音乐、美术的；男子较擅长的科目是用理想的、论理的。故自然科学类的科目，以男子为合宜。女子择业是趋向慈善的，不用气力、不大冒险的，如注意养蚕、刺绣、看护、医生、学校教师等职业。男子择业的趋向是用思考的、气力的、冒险的，从事科学家、政治家、工程师、军官、航海等类的职业。且以现今社会而论，女子职业教育，仍以家事为其重要。所以，编制学校课程，男女方面的能力与需要都须顾到。在中学应有一部分专为女子需要的课程，以供其必修或选修之用。(注一五) 关于学科的分配，按照男女的能力和需要，应分作三部：(1) 男女共同学习者，(2) 专为男生学习者，(3) 专为女生学习者。现在列表以明之：

教育目标				
	健康	体育，生理学，心理学，卫生学，军事，救护，儿童保育…………	男女分	健康：男——社会健康；女——儿童养育
	生计	语文，数学，科学（物理，化学，天文学），动物学，植物学，劳作……	男女分	生计：男——社会服务；女——家事
	公民	历史学，地理学，政治学，社会学，经济学，伦理学…………………	男女同	
	休闲	音乐，美术，文学…………………	男女同	

（实线表示主要的，虚线表示次要的，且示二者关系之沟通）

以上乃根据男女的个性和社会的需要的原则，以定中学男女同学的课程。著者觉得除这两个原则之外，编制男女同学的中学课程，还须再加上一个条件，即是满足性教育的要求。关于性教育的开始，固当起始于幼稚时期。但在中学时代，尤其是在男女同学的中学，这种性教育的知识，对于青年男女尤不可少。至于此期内的两性教育，其重要之点，在使青年男女自知对于两性活动的真正关系，而造成其高尚的人品。换言之，性教育的目的，在使青年了解性之自然，两性在社会上之任务，以及男女间相互之道德，并使青年身心纯洁，获得健全的理想，不致为一般卑污的观念所习染，故在各科教材方面，关于性的知识，应酌量择要编入。

3. 学级

关于中学男女同学的学级编制，亦有两个极端的主张，一个主张是男女学生可长期固定于同一学级受课，课程之内容、授课时间及方法以及其他作业与游戏等亦皆完全相同；另一个主张是男女同校不同级，即男女学生在同一学校中仍须保持相当的隔离，分班受课。课外作业和活动亦绝无共同参加机会，此虽名为男女同学，而实非男女同学。二者皆不免矫枉过正，有失男女同学的真义。中学男女同学的学级编制，按照课程分配的原则，可分为下列三种：

(1) 因性别而分者——若男女学生过多，或因学科性质不同，则采取男女分级受课的原则，但男女学生仍有共同作业或参加活动的机会。

(2) 因学科而分者

(甲) 男女共同学习者——男女合班。

(乙) 专为男生学习者——男女分班(男)。

(丙) 专为女生学习者——男女分班(女)。

(3) 因能力而分者——男女或分或合。

4. 训育

训育问题为一般学校最难解决的问题，尤在于男女同学的中学为然。但我们不要因为困难而就存一种心灰意冷的态度。所以，训育实施的原则有下列三点：(1) 负训育的责任者，不当采取消极的方法，而应注意积极的改进。(2) 不当仅由少数职员负责，而应由全体教职员与学生自己共同负责。(3) 训育宜顾及两性差异而分别利导。如男女品性不同，男子是好事的，对于课外活动是有兴趣的，富于领袖的才能、游戏的兴趣、独立的心理，气力强壮，社会意识较为发达，训育方面应辅导他们养成独立和自治的能力；女子则较遵守校规，勤勉读书，且易受人暗示，常动感情，训育方面要注重默化潜移的工作。

关于训育方面应注意的事项，有下列各点：

(1) 注意学生健康——中学时期的学生，身心正当发育急变的时代，健康十分重要。健康乃包括身体的健康与心理的健康两方面。据近来的调查，一般学生所以精神失常或学业不长进，原因虽然很多，但主要的原因，实乃缺乏身体或心理健康的因素。在男女青年中因此不少流于疯癫、消极、自杀以及不正常的恋爱等现象。所以，注意学生健康，不但在消极方面可以避免青年男女间发生不正当的行为，而且在积极方面也可以增加学生求学的效率。

学生健康的注意，虽为学校整个行政所负的责任（其实在训育方面也是主要的任务），但在训育方面倘能注意到这点，直接间接可减轻训育上的困难。与健康有连带关系的为卫生问题，在训育方面当注意的是：

（甲）生活上的卫生

通常所谓生活上的卫生，实指衣、食、住三者而言。此三者影响于学生的健康很大，故不可不特别加以注意。（1）在衣服方面，如学生的衣服过于狭小，不但有害于呼吸，有碍身体运动，并且不利于安眠，颇足以引起发育上的障碍。又衣服当随气候的寒暑，而行适当的更换方为有益。其他如衣服的洗涤清洁等，亦当加以指导注意。（2）在饮食方面，当选择易于消化而富于滋养的食物，在质量方面皆须有适当的供给。进食时间每天宜有一定的规定。他如富有刺激性与兴奋性的食品、饮料或嗜好物，如辛辣烟酒之类，对于青年的身心发育实有莫大的妨害，以不多摄取为宜，或严厉禁止。（3）在居住方面，除校舍及器具应依据医学及学校卫生学的原理而建筑外，平日对于学生的寝室、教室、自修室等，当注意于清洁，光线充足及空气流通等。

（乙）学习上的卫生

应注意者有两点：一是为学习时间与休息时间。学生的睡眠须充足，学生平日懒惰固不可，若过分用功因而摧毁其身心的健康，亦颇不宜，故训育者当随时指导。二是为疲劳。疲劳为活动后所不可免的结果，倘学生一至过劳，则有害于身心的发育极大，教师不可不特别留意。

（2）提倡课外活动——课外活动的价值，普通说来，在积极方面：根据学生的个性、能力、创造力等，供给学生所必需学习的机会，以养成预备社会的能力，知识的应用，职业的准备，强健的体魄，领袖人才的训练，创造能力的发展，和适当休闲生活的养成等，以增进学生求学的效率；在消极方面：使学校生活富有兴趣，引起学生的爱校心理，避免学潮的发生，以及男女两性间不正当的行为。所以，课外活动实是学校中积极的训育方法，尤其在男女同学的中学，更有提倡的必要。据一般的研究，学校风潮之所以发生，其原因虽然很多，但最普通的原因是学校不能供给学生生活上的满足,致使他们有剩余的精力来从事于轨外的活动。故在学校方面不得不安排些课外活动以利用学生过剩的精力,使其得到欲望的满足而养成正常的生活。再从两性方面说,关于性欲的需要,据精神分析学家弗洛伊德(Freud)的研究,为人类天赋的本能,若是勉强加以遏制,非但不能得着圆满的效果,反而有引起精神病的危险。在此种情形之下,一方面因为人类本性具有不可遏止的性欲的冲动,他方面又因社会对于个人行为含有控制的作用,于是学校在青年学生日常生活中,应当如何采取一种有效的代替刺激,使学生追求异性的目标转移到一种最高的生活阶段,而达到所谓"升华作用"(sublimation)的理想。所以,课外活动实是达到这种训育目标的有效方法。

课外活动对于中学男女同学在训育上的重要既已说明,现在再进一步讨论其如何施行。

(甲) 指导员应具备的条件:一是在资格方面,对于所指导的活动要有丰富的学识和经验,明了课外活动的原理和价值,有临机应变的天才,并富有热心、责任心和指导的兴趣。二是要有相当的训练。三是要有和蔼可亲、诚恳公正和热心努力的态度。

(乙) 课外活动的种类及实施,应视学校的环境及学生的需要而定。对于男女生的兴趣与精力当事前顾及,并求随时增设或变换其程序。教师、学生应该共同参加,共同组织,俾学校富有师生合作、两性合作的社会生活的精神,而学校应用各种方法或供给学生读有价值的文学书籍或名人传记,引起对于文学上的兴趣,发展其幽美的感情,培养其高尚的理想。或利用适宜的组织(如演说竞赛会、辩论会、学生自治会等),使青年男女共同讨论一切人生重要问题,参加合作组织,养成两性间正当的态度。此外,如各种运动会、游艺会、展览会、童子军、学术研究会、社会服务团等等,均可随时指导,使男女交际之间,能有谦恭的礼貌、文雅的言辞、和乐的心情,以建筑男女两性真正了解和合作的关系。

(3) 注重各种运动——运动为课外活动之一种,因其重要现在另外特别提出。两性本能的冲动,每由于生理上或心理上的刺激。从心理学上证明,我们的心境乃起伏不定,遇有事故的时候,则"意识流"(the stream of consciousness),

每因外界事物的刺激，而一部则特别高起，如奇峰一般，而专反应于某种正当的工作；遇无事故的时候，心境虽保平衡，而波动仍然不已，外界如有不良的刺激，则反应也不良了。因此，我们的注意常游移不定，不注意于此，即注意于彼。所以，青年男女当两性发达最盛的时候，教师当供给各种充分的运动（如球类、国术、游泳、滑冰、爬山等类），使其心境专注意于运动，徒知运动的愉快，而不暇注意于两性不正当的刺激。此外，学校当规定运动时间，运动的性质也要适合男女生的体力、能力。对于早操尤当提倡，使学生每天清晨早起，练习深呼吸及运动，养成其良好习惯，晚间就寝前亦宜使他们有短时间的下肢运动，使其因操业过久而被压积于内脏的血液，运动下肢使其流畅，减少方离自修案脑部充血未散之弊。如此则运动的机会既多，则对于两性不正当的思想，也因此可以减少了。故运动的利益直接在增进学生身心的健康，间接在防止两性间不正当的行为，对训育上作用很大。

（4）注意娱乐生活——娱乐也是课外活动之一种，也是十分重要，故特别提出注重。我们要首先声明的，所谓娱乐生活并不是享乐生活，更不是安闲生活。我们知道，学校生活须丰满而有变化，使学生有浓郁的兴味，否则干枯沉寂，不但使学生容易发生悲观，更足以引起他们性欲上不正当的思想。欲避免这种弊病，学校方面在课外当供给各种正当的娱乐生活，如定期举行各种游艺会、音乐会、新剧会、电影会等，如此则学生性的冲动自然可得到相当的发泄和转移了。至于此种娱乐设备，待下条设备项下再为补充说明。

（5）注意学生仪表——在男女同学之下，学生的仪表，颇有特别注意的必要。一个人的仪表不整饬，不但自己显得轻佻的模样，失去自尊的尊严，而且很容易给人家看不起，使人得着不好的印象。平常最影响于个人仪表的，为服装、头发及身上的装饰物。服装、头发平时不加修整，固然足以显得其人的萎靡轻薄，有欠风雅，但若过于装饰，显出异艳的色相，亦因此使人一见生厌，或引起异性的追逐。学校对于喜欢华丽的学生，应当加以适当地劝止。否则，即不增加异性追逐的心理，也要养成学生奢浮的恶习，于青年的教育，实有莫大的危险。

学生的仪表应当如何整饬呢？

（甲）服装——服装的作用，本来是专为保护身体的寒温，最好学校应该照学生的性别和他们生理发育的状况两者，各采取一律的形式。在男生方面，应一律着一致的男子制服或男童子军服；在女子方面也应一律着一致的女子制服或女童子军服。其质料应以经济朴素为宜，最好采用国货。有人说，男女的服装应彼此采取一致的形式，这当然很好。不过，我以为，应依照他们生理发育的不同，似乎在性别上略为分别较宜。

（乙）头发——头发的作用本来在于保护脑筋，完全剃光固然不可，但若蓄留过长，不仅有碍观瞻，且亦易藏污垢，很不卫生。他若对于头发再施以司丹康、光发油一类的消耗物品或加以烫卷修饰，不但浪费时间和金钱，而且过于显得异艳，以增加异性注意或追逐的可能，故很不适宜。因此，学生的头发应以剪短为宜，如普通所谓平头或圆头的形式，至于女生的头发，当禁止卷烫，若能特别剪短更好。这样一来，既合经济卫生原则，态度也端重庄雅了。

除服装、头发以外，其他各种装饰物，须禁止滥用，对于女生更当特别注意。如烫发、画眉、染指甲、涂口红、擦脂粉以及其他各种形形色色无谓的装饰，尤当绝对禁止。这样一来，男女的衣着一样，在男女的心目中看来，彼此又没有什么特别引人注目之点，大家同聚一处，相见忘形，显出一种天真和谐的情调，而养成一种自尊自重的人品。

总之，要注意学生仪表，尤须教师能以身作则，如此上行下效，施行自然便利。若“只准州官放火，不许百姓点灯”，在上面负有指导责任的教师，仍然是西装革履，奇装异服，却叫学生整齐朴素，注意仪表，其不令人怀疑，实很难说。

5. 设备

要使学校的环境清洁，具有教育的作用，学校的生活丰富，富有生动的意味，当然有赖于学校的设备了。在男女同学的中学，学校的设备倘若充分适宜，在消极方面不但可以减少男女间不正常行为的发生，在积极方面且可以使两性本能，陶养于良好的空气之中，而成为高尚幽美、和乐心情的表现。所以，学校设备在中学男女同学的教育中，实占很重要的地位。

学校设备根据男女需要的原则，可分为三种：（1）男女共同者，（2）专为男生者，（3）专为女生者，现在且加以简略的说明。

（1）男女共同的设备

（甲）学校园——校内栽种植物、饲养动物，不但供给自然科之教材，且可使学生观察实验，陶冶性情，养成勤劳习惯。故学校园的功用，除为学生自然、农事或家事科之实地实验外，对于两性教育亦有莫大的贡献。使学生养成一种爱自然、爱艺术的意识，无形中使两性间减少了许多不正常的思想和行为。

（乙）运动场——运动在中学男女同学上具有很大作用，前面已经说过了。“工欲善其事，必先利其器”，为欲达到这种功效，学校中亦有广大适宜的运动场及各种体育上的设备，以供男女学生充分地使用。

（丙）俱乐部——学校生活须丰满而有变化，使学生有浓郁的兴味。如何能达到这种目的？无疑地校中当有各种娱乐的设备、俱乐部的组织。如学校经费不充足，可酌量筹设，但最低限度的乐器，如留声机、风琴、收音机、胡琴、箫、笛之类，当不可少。此外当注意的，即各种娱乐材料，须注意高尚庄雅，且富于爱国情绪和尚武精神。凡一切淫秽歌曲，当在禁止之列。

（丁）图书馆——图书馆在学校中可说是不可少的设备。因为，单赖课堂中教师的讲授或教科书的阅读，实在不能满足青年学生的要求。所以学校当设备图书馆，购置各种图书读物，俾学生自动选阅，以满足个别的需要。关于图书的购置，须视两性阅读的兴趣和需要而充分供给，并加以慎重地选择。至于有关两性生活上有价值的图书，如小说、杂志、报章、图书等，当尽量选置于图书室中，使学生可以随时阅览，直接引起学生文学上之欣赏，间接指导两性问题。

（戊）教室——教室的设置，自然以男女生同用为原则。教室中学生座位的安排，最好以女生一面，男生一面，或女生编在前列排，男生编在后排，总以适合教学情境或管理便利为原则。

（己）食堂——食堂亦以男女共同为宜，若勉强分开，不但增加设备费用，并且也没有什么理由的根据。为了便利之故，学生可以依照性别分桌餐食，倘若有特别情形，就男女同桌共餐也无妨。

（庚）其他——如理化实验室、生物实验室、医药卫生等设备，当然男女学生共同享用。

（2）男女分别的设备

（甲）自修室——学校规模大的，平常当另有自修室的设备。为了学校管理及学生自修便利起见，男女的自修室应以分离为原则。若学校规模较小，没有另设自修室的，可以教室替代，其座位仍依平时受课时编制的原则。

（乙）宿舍——宿舍指包括寝室、浴室、厕所等。关于这几方面的设备，男女须隔离，自不成问题。

（丙）其他——如专为女生所用的缝纫、烹饪、保姆等设备。

以上各种设备，当视学校的经费情形而增减，但在设备之先，能顾及两性需要，则对于两性教育，自然易于生效。此外，当注意之一点，即选择校舍，宜在四周围有丘陵及溪流环境的乡间，而与都市隔离（并非绝对使学生与都市隔绝），如此学生自少沾染奢靡浮俗之气，而可养成一种天真纯朴的理想和健全的身心。

6. 招生

在许多情形之下，中学男女同学后，女子求学的机会反而减少，前面已经讲过。学校招生，即应帮助打破一校中学生数目不平等的现象，而同时谋达到男女教育机会的平等。其办法有三：（1）向社会宣传，打破社会上重男轻女的习惯，使父母注意女子的教育，放弃反对男女同学的观察。（2）学校招生，须顾及男女生学业程度和投考人数情形，酌量录取。录取后倘有程度不齐的，可按照能力分组补习，但须视当地情形而定。（3）如在一区域中兼收女生或专收女生的中学过多，教育行政当局可估计需要，指定规模较大、设备较完全的中学招收女生。

关于此种招生的工作，如现在各省采行的统制招生办法，倒很便于进行。不过以上三点都是过渡中的办法，一旦男女的教育真正普及到相等的程度，那自然又当别论的了。

五、结　论

从青年心理和我国国情，以及近代教育潮流各方面观察的结果，我国中学男女同学制度实有发展的必要。不过，因为男女两性身心禀赋以及对于社会职能的不同，和二者共同基本目的之需要，男女的教育应有分化和统合的两重要求。换言之：中学男女同学的两性教育，是在统合中谋分化，在分化中谋统合。为欲达到这种理想，所以对于中学男女同学后的主要问题，应当加以积极地指导和解决，而不应消极放任或阻止。如中学男女同学后师资人选如何使之严格，课程编制如何使之适应，训育实施如何使之改善，学校设备如何使之充实，男女学生数目如何使之平衡。凡此种种皆为男女同学在教育上的实际问题，固不必断断于形式上的划一。否则，男女教育机会均等之说，徒为口头上的空谈耳。

中学男女同学的产生，在我国不过十多年的历史，而且尚未普遍发展，可说尚在萌芽时期。这颗初从外国觅来的种子，一日播种在我们这片久旱荒瘠的土地，起初不免因环境的不适合和外界强烈气候的影响，而不能顺利地润育滋长，因此发生残缺变态的现象，那是自然的结果。在这种情形之下，我们应当一方面改良这颗外来的种子，使之变为更加优越而适合我们的环境；一方面开渠灌溉我们这久旱荒瘠的土地，使之成为膏腴肥沃的田园，俾这颗优良的种子，容易发育滋长，开放美丽的鲜花，结成丰盛的果实，那时丰富美满的收获，自然会满足我们热烈的期望。

(注一)《现代女性》创刊号。

(注二) 刘清泰译：《关于男女同校理论之探讨》(二五、一、一〇，北平《世界日报》)

(注三) 李浩晋译：《青年期的心理与教育》(G. Stanley Hall, *Youth: its Education, Regimen and Hygiene*)第十一章。

(注四) 叔本华：《妇女论》。

(注五) 钟鲁斋著：《教育之科学研究法》，附录一。

(注六) 吴叔班：《男女同学与风化》(二四、九、二二，天津《大公报》)

(注七) *Thorndike Educational Psychology*, Vol Ⅳ, chap.Ⅸ.

(注八)《建国方略国民党之政纲》对内政策第十二条"在法律上、经济上、教育上、社会上，确认男女平等之原则，助进女权之发展。"

(注九) 如瑞典女教育家爱伦凯女士(Ellen Kay)曾说："女子全生活之目的，在于为人母，至现代女子职业，多有害于其生理的心理的本质，而丧失为母者之资格，此实种族国民人类至可忧之一事。"(引自欧阳祖经著：《欧美女子教育史》)

(注一〇) 国立编译馆译：《中国教育之改进》第二编第二章。

(注一一) 二十四年[1935]十一月十四日上海《晨报》"世界各国文盲统计"。

(注一二) 教育部编：《第一次中国教育年鉴》丁编一〇三页。

(注一三) 童润之著：《我国初级中学概况暨课程实施情形》。

(注一四) Bigelow: *Sex-Education*, chap Ⅳ.

(注一五) 关于女子课程的大纲，荷尔在其《青年期的心理与教育》一书中叙述甚详，颇有参考的价值。

柒

学校组织与管理

本辑提要

本辑的主题是“学校组织与管理”。陈耀的《论学校管理当注意之点》(1916)、赵冕的《中等学校行政组织系统之研究》(1925)、赵廷为的《关于中学行政组织的几个原则》(1926)、王克仁的《学校人员数目问题的研究》(1926)、杜佐周的《班级编制的补救法》(1930)和王秀南的《小学行政组织之新趋势》(1931),是有关学校组织问题的文章。

其中,《论学校管理当注意之点》一文,虽不是明确地分析学校组织问题的文章,但其所讨论的“教师面对学生要以身作则、校长要给教师必要之权力、学校要重视学生与家长的信任、学校教职员要同心协力”等问题,充分体现了学校作为组织的特点。《中等学校行政组织系统之研究》一文,讨论的是学校行政组织结构问题。民国时期有关该问题的专门研究开始于1920年代中期。最早的文章是吴俊升1924年发表的《中学校办事系统大纲》,该文在理想层面讨论了学校组织系统的“效率性、民治性与教育性”原则及其在“事务分配、职员和会议”方面的设置要求。与吴俊升有所不同,在赵冕看来,学校行政组织系统的根本追求是增进组织效率。据此,他在《中等学校行政组织系统之研究》一文中提出了中等学校行政组织的“有机体性”和“浑一性”原则。不过,选择赵文并不是认为其在学校行政组织原则方面的思考胜过吴文。相反,吴文对于中学校行政组织原则的理解更为全面。选择赵文主要是鉴于其以40所学校为样本,最早在现实层面归纳并命名了当时中等学校存在的五部制、四部制、三部制、集中制和二部制这五种不同的行政结构类型。张乾昌 1933 年发表的《中学行政组织研究》，亦是对学校行政结构的现实分析。该文以 64 所学校为样本，对中学行政结构的部别、会议类型、委员会制度与部内股数进行了详细的数据统计与归纳分析，并在此基础上讨论了当时中学行政组织的四大病症以及合理的中学行政组织的十大原则。没有选择该文，主要是因为其发表时间晚于赵文，且在研究方式与分析思路上借鉴了赵文。

与中学相比，民国时期关于小学行政组织结构方面的研究，不仅时间上晚一点，成果数量也少一些。王秀南是最具代表性的研究者，他曾发表《实小组织之鸟瞰》(1929)和《小学行政组织之新趋势》两篇专论小学行政组织结构的文章。《实小组织之鸟瞰》一文，基于 1928 年江苏省实小联合展览会上 15 所实小的材料，分"引沿习惯组织"和"蜕变组织"两类，梳理了不同的实小行政组织结构形式及其基本特征与主要问题。本文选选用《小学行政组织之新趋势》一文是鉴于前文停留于"客观事实"且"范围既限于实小，举例亦少及于乡村"，而该文是在更一般层面讨论小学行政组织的过去病症、未来趋势与合理形式，文中的观点和主张与《中学行政组织研究》有不少相似之处，恰好也可以弥补没有选入此文的遗憾。

选择《关于中学行政组织的几个原则》和《学校人员数目问题的研究》，主要因为它们分别在观点和主题上具有新颖性。前文提出的"民治、精密分工和教师兼任管理"三个学校组织的原则，以及培养教师对于学校组织的"我们感"(we-feeling)和增进团队工作精神等观点，即便是放在当下，也是很具前瞻性的认识。这也充分体现了当时学校组织问题研究的理论高度。后文讨论了学校组织成员规模问题。在现代教育管理学的视域中，规模已经成为思考教育组织的基本维度之一。然而，民国时期却极少有人专门分析学校组织规模问题，《学校人员数目问题的研究》一文是我们发现的唯一成果。该文既一般性地讨论了学校人员过少或过多的原因，也呈现了 1920 年代中期各省国民学校的校数、教职员数和学生数，还重点分析了作为学校组织核心的师生比问题及其管理意义。

《班级编制的补救法》一文讨论的是学校的教学组织形式。自我国的现代学制于晚清确立之后,对于它的反思与质疑就一直未停息过。而作为现代学制根本特征的分级制与班级组织形式,则是各种反思与质疑的焦点所在。特别是自1910年代中期始,随着美国教育思想和制度传入我国,对于分级制和班级组织形式的批判越加广泛。诸如复盦、陶履恭、余寄、程其保和芮佳瑞等对葛雷制的阐述与推崇,孙世庆、赵宗预、薛天汉、周太玄、芮佳瑞、沈百英、俞子夷等对设计教学法的介绍与探析,廖世承、舒新城、余家菊等对道尔顿制的试验与争议,以及李宏君、钟鲁斋和侯国光、龚启昌和沈冠群等对文纳特卡制的引入与讨论,很大程度上都是针对分级化的班级组织形式展开的。选择杜佐周的《班级编制的补救法》,主要是因为该文更侧重于组织层面而不是教学层面,而且与廖世承的《中等学校的学级编制》(1923)、饶上达的《学级编制法提要》(1924)、卢自然的《一个最合理的分班的方法》(1924)、朱镇泉的《小学生年龄学级之研究》(1931)等类似的研究成果相比,该文既指出了班级制的不足,也肯定了班级制的长处,既讨论了我国实施班级制的情况,也介绍了国外相关做法,具有辩证性与综合性。

邢定云的《学校考试之害及补救之法》(1914)、郑宗海的《余所抱教务行政之信条》(1921)、盛朗西的《学校卫生行政问题》(1923)、孙伯才的《学校园之设计与其批评》(1928)、李清悚的《校舍建筑问题之理论与实际》(1930)、王素意的《学校的经济和支配》(1933)和方惇颐的《学校行政的原则》(1948),是讨论学校考试、教务、卫生、设施、经济等具体事务管理的文章。

考试问题一直是民国时期教育管理研究的重要内容。按时间及研究取向的不同,这方面的研究可区分为两个阶段。

第一个阶段是1920年代在教育测验运动蓬勃发展的背景下有关测验问题的讨论。教育测验是比考试更大的一个概念,是促进教育科学化的一般性工具,它既可运用于学生分班,也可运用于学生成绩的诊断,还可运用于教学方法的改进。其中,后两种功能即与考试问题相关。譬如,杜佐周的《普通考试方法之科学化》(1927)一文便是基于教育测验思想对考试问题的思考。总体来看,教育测验运动背景下考试问题的研究偏于微观,且以正向的建构为主。

第二个阶段是1932年南京国民政府决定实施会考制度后有关会考问题的讨论。代表性的成果有陆殿扬的《从事实判估毕业会考的价值》(1933)、廖世承的《毕业会考究竟有什么价值》(1933)、余家菊的《会考问题之商榷》(1934)、蒋石洲的《中学英语毕业会考命题的研究》(1935)、赵轶尘的《怎样防止会考的流弊》(1935)、周学章的《中等学校会考方法之检讨》(1936)、孙钰的《毕业会考利弊的分析》(1936)、胡国钰的《会考对于学校日常工作之影响》(1936)、潘渊的《中学会考规程之检讨》(1936)、徐侍峰的《从中学学生毕业会考规程估定中学学生毕业会考制度的价值》(1936)、张怀的《会考是否能达到中学教育的目标》以及李建勋等人《关于会考实际经验及意见的调查报告》(1936)等。这些成果多偏重宏观分析,并以批判反思为主。

除了上述两个阶段的成果外,李华民的《改革考试制度之我见》(1928)和舒新城的《考试与文凭》(1931)等文章,也是具有一定代表性的研究成果。在众多成果中选择《学校考试之害及补救之法》一文,除该文发表时间较早和讨论集中于学校层面外,还因为其具有较强的理论性。尽管表达方式与论证形式不一样,但此文提出的核心主张基本涵盖了后来成果的相关观点。

就学校管理而言,考试问题又属于教务行政的一个内容。《余所抱教务行政之信条》所讨论的便是教务行政问题。选择该文既是因为其发表时间较早,更因为该文是较少的以"教务行政"为题,一般性地讨论教务管理问题的文章。其他如俞子夷的《儿童用书问题》(1921)、饶上达的《小学校日课表支配之商榷》(1922)、贾丰臻的《小学教科之商榷》(1922)、通谟的《如何做初级中学的教务主任》(1926)、邰爽秋的《小学教学出席簿之改良》(1930)和《教学指导之三大问题》(1930)、张振宇的《教学指导之任务及其实施的研究》(1935)、石玉昆的《乡村小学各种课程表之排列的研究》(1936)、王秀南的《怎样做中学教务主任》(1948)等文章,都是专论教务管理中的某一具体问题。

受"鼓民力""卫生救国"思想的影响,我国现代教育制度确立之后,就一直较为重视健康教育和学校卫生问题。在不同阶段的学制或师范学校课程标准中,都将"学校卫生"规定为师范学校的必修课程。1929年,教育部与卫生部还共同成立学校卫生委员会,并先后制定颁布《学校卫生实施方案》和《卫生教育实施方案》。1936年,教育部与卫生署又共同颁布《学校卫生设施标准》。相应地,民国时期尤其是民国前期的教育管理研究,也非常关注学校卫生行政问题。

在教材和著作方面,代表性的成果有俞庆恩的《学校卫生讲义》(1915)、俞凤宾的《学校卫生要旨》(1925)、李延安的《学校卫生概要》(1930)、程瀚章的《学校卫生与行政》(1930)与《学校卫生论》(1930)、上官悟尘的《学校卫生》(1930)等。在论文方面,代表性的成果有张亚安的《学校卫生之研究》(1915)、朱章赓的《学校卫生评判标准》(1934)和我们所选的盛朗西的《学校卫生行政问题》等。张文是较早讨论学校卫生问题的文章,朱文则是最早讨论学校卫生工作评估内容、标准与方法的文章。选择盛文,一是因为该文的阐述更具系统性与综合性,从学校环境(物质环境与精神环境)和学生身体两方面讨论了学校卫生行政的内容,从教职员、学生和教育行政机关三方面讨论了学校卫生行政的组织设置,从学校、儿童和校舍管理员三个方面讨论了学校卫生的自省或检查标准;二是因为该文对学校的"卫生教学"与"卫生行政"进行了明确的区分,是严格意义上的"学校卫生行政"而非"学校健康教育"的文章。

校园建设也是民国时期的教育管理较为关注的一个内容。对于学校校园的关注,最初予以突出的是其所具有的道德教育功能,后来又发展成为融德、知、美、劳于一体的教育功能。与实践层面对学校校园的重视程度不相对称,民国时期有关学校校园的研究并不是很多,我们发现的具有一定代表性的文献和成果有蒋维乔的《长沙周南女子师范学校之学级园》(1915)、吴家煦的《学校园之设施及其利用法》(1916)、绍尧的《学校园之研究》(1918)和杨贤江的《学校园》(1926)等。我们所选择的《学校园之设计与其批评》,是发表时间相对较晚的文章,也正因此,与其他文章相比,该文的理论性、研究性与综合性都要稍胜一筹。它不仅强调学校校园应成为有目的、有价值、有生命的东西,主张校园的设计应以儿童为本位,将"知的教育”与“美的教育”结合起来，突出儿童的科学或文学意味，显现“目睹的音乐要素”，而且从实际出发，通过举例的方式，系统鲜活地讨论了校园设计的程序、内容、方式等问题。

《校舍建筑问题之理论与实际》一文，是在更大层面上讨论学校设施问题的文章。清末兴学之后，因政府经济能力有限，在很长一段时间内，校舍往往因陋就简，不少地方甚至以寺庙、祠堂为校舍。所以，校舍建筑与设施一直是民国教育管理实践与研究关注的重点问题。几乎所有的教育管理学教材中，都有关于校舍建筑与设施问题的专门讨论。在众多研究者中，邰爽秋与李清悚是最具代表性的人物。邰爽秋的相关研究成果有《地方学校校舍之调查与报告》和《校舍建筑及效率测量》，这在前文中已有述及。李清悚的相关研究成果则有著作《学校之建筑与设备》(1933)和我们所选的《校舍建筑问题之理论与实际》一文。而作为邰爽秋主编的教育参考资料，《校舍建筑及效率测量》一书又是合李清悚的《校舍建筑问题之理论与实际》与邰爽秋本人的《地方学校校舍之调查与报告》而成的。可见，同样是民国校舍问题研究的标志性人物，邰爽秋与李清悚的关注点又有所差别，前者侧重于校舍调查，后者侧重于校舍建筑本身。这种关注点上的差别，一定程度上也使得《校舍建筑问题之理论与实际》一文所产生的影响更为广泛，不仅很多教材与论文间接参考或直接引用该文的观点，而且如李清悚文中所指出的，该文还成了校舍筹建实际工作的指南。

《学校的经济和支配》一文节选自王素意的《校长和小学》(1933)。该文从来源和支配两个方面，讨论了作为学校管理核心的经费问题。无论从内容的全面性还是从分析的深入性，或是从史实呈现的角度看，这篇节选的文章都算不上当时相似研究成果中最好的。譬如，杜佐周《教育与学校行政原理》一书的第九章，结合实际资料和数据，从“学校经费的重要性、各级学校学生平均费用的研究、各级学校对于经济的办法、筹划经费的方法、分配经费的标准、编制预算的原则、学校经济公开的必要和决定学校用款单位的方法”等方面对学校经济问题所做的阐述，在成果质量上明显高过《学校的经济和支配》一文。此外如周复勉的《谈谈经济的管理》(1931)、何举的《学校经济公开之必要与办法》(1931)、周厚枢的《学校经济管理和公开的问题》(1932)等论文,在相关问题分析的深度上,也要好过《学校的经济和支配》一文。在此情况下,之所以节选王文,主要是考虑到作者的身份。王素意是民国时期妇女界的精英人物,她于1924年获美国西北大学教育学博士,归国后任镇江崇实女中校长,不久又接受燕京大学邀请,任该校教育系副教授,并创办和主持燕大附属小学与中学,后又任中央大学实验学校主任等职。鉴于王素意的性别及其在教育管理领域的重要作为,我们认为,本文选中有必要以相应的方式反映这位民国时期杰出的女性教育管理学者的代表性成果。

《学校行政的原则》一文的入选,一是为了反映民国末年学校管理研究的成果,二是为了在上述具体问题讨论的基础上,呈现民国时期在一般层面对学校管理主要原则或基本要求的认识。民国时期专门讨论学校行政基本原则的文章并不多,相关主张主要体现在一些教材或著作中。譬如,朱智贤的《小学行政新论》一书中提到,小学行政应当遵循儿童的原则、社会的原则、科学的原则、公开的原则、合作的原则、经济的原则、改进的原则和设计的原则。在论文方面,除了《学校行政的原则》外,我们只搜集到陈耀的《论学校管理当注意之点》(1916)、沈百英的《小学行政的研究》(1927)、刘百川的《国民学校设施的实际检讨》(1949)等几篇文章。其中,陈文如前文所说明的,更侧重于学校组织方面;刘文的论题也相对具体,主要探讨的是国民学校的"人民性"问题;沈文的讨论更具一般性,强调小学行政要合于科学、公开、合作、经济、演进与设计等原则。结合朱智贤的教材可以发现,沈文的观点反映了民国时期教育管理学者对学校行政原则的基本认识。相比而言,所选方文的认识更进一步,该文区分了抽象的与具体的两类学校行政的原则,在强调"学校行政应当合乎经济、适用、活力、合理、民主"等抽象要求的基础上,重点讨论了学校行政的十个具体原则。

论学校管理当注意之点

陈　耀*

今日中国学风之败坏，学生进步之迟钝，已达极度。推其故，非仅教授之不善，亦管理之不得其法有以启之。故欲从而革新之，非教授、管理并行政改良不为功。今先举管理方法所当注意之事件，条述于下。任教育之责者，其不鄙夷斯言，而有所采择乎。

一曰以身作则也

孟子曰："上有好者，下必有甚焉者矣。"又曰："未有己不正，而能正人者。"旨哉斯言，诚今日施教者之对症药也。盖一校之中学生所奉以为表率者，惟教员耳。教员步亦步，教员趋亦趋。所习者善则将日趋而为善，所习者恶则将日趋而为恶。日共寝处，浸染甚易。甚哉！流风之不可不慎也。然则教员之所以诫学生者，可不躬行实践以示法乎？而今之教员独反是。聆其言论，非不中乎规矩；视其所定规则，亦非不完善而无疵。及至问其所行未必能与是相符。于是生徒跋扈，日甚一日。虽有昭昭之规则悬诸堂上，过眼浮云视若无睹。虽有谆谆之训诫宣于庭中，东风马耳听若未闻。教员因之重责学生顽劣，殊不知上行下效，咎由己出。己之所言所定者，固未能躬行实践，又乌能强学生之共

* 陈耀，生平不详。
本文原载于《中华教育界》1916 年第 5 卷第 12 期。——编校者

守乎？反躬自省，当可怃然。兹请以实事证之。余弟肄业某校。一日，余以事往访弟，弟因导我参观校舍。见其规则之一，则曰“烟酒闲食，在所厉禁”。参观既遍，但见橘皮栗壳抛置案旁，酒瓶烟筒横陈床侧。余讶而问弟曰：“此学校规则所禁者，汝曹何得违犯乎？”弟曰：“无伤也，先生自为之。彼设以此责吾辈者，吾辈将以此为抵制。”噫！吾闻是言而知己身不正，固未足以教人也。为师者，可不引孟子之言以自律哉？

一曰具有必要之权也

居人师之位，而无人师之权，则万事掣肘，断难收美满之结果。夫所谓人师之权者，有如人师之责任，居其位者即已有之，并非教育行政者所付予。故不得而制限之，或否认之也。今试披历史而观之，师道之存固先于教育行政名称之立，是此权者，乃人师所固有，为人人所当承认者，安可漫加干涉阻其进行乎？下列事件，均足侵犯此权而碍管理之进行，当谨避之。

（甲）教育行政者有定责，不得干预教员临时施行之细则，以免掣肘

聘请教员，规定教程，公布管理之规则，是为教育行政者所应尽之责，亦其权力所当及者，此无可疑议也。若夫教员临时施行之细事，苟不违背法制之大体，则不得起而干涉之。盖人之秉赋不同，性质各异，有敏有钝，有静有躁，为之师者必须因其性而施教，然后可得而有效，未可墨守成法，不达权变也。今事无巨细，利弊不辨，一律皆予以干涉，则无异桎梏教员之手足。孔子之言曰：“求也退，故进之；由也兼人，故退之。”是足征施教之道，首贵截长补短，因材施教，固未能尽趋一律也。然则居教育行政之任者，安可不务持其大体，而徒为苟细之处置，以掣教员之肘耶。

（乙）校长见教员之所行有不合处，可提出酌议，不可遽为禁止

校长为一校领袖，校事无论巨细，皆当关心。是教员所行，万不能置而不问。然若察察然从事干涉，则又不可。盖教员之所为，虽与己意不符，或彼别有用意，行之而有利，为己意想所不及者，亦未可知。设不问其是非，从而禁止，则善途为塞，又为管理之掣肘矣。不宁唯是，教员所恃以管理学生者，信用耳。而今乃若此，则教员之颜面何存？信用安在？使学生闻之，又乌能得其服从哉？是故，事有不符者，须经问询，然后再定其去舍。合则留，不合则去。事

出无形，人不易觉，庶不为管理之窒碍与。

一曰保持信用而勿失也

孔子曰："自古皆有死，民无信不立。"又曰："人而无信，不知其可也。"其言信之重要也如此。教育为神圣事业，尤当注重信用。今言教育之信用，可分二者：曰学生之信用，曰学生家庭之信用。兹先就学生之信用言之。

（甲）学生之信用

欲管理之易为力，莫若先养生徒之服从心，而服从心出于信用。为教员者，欲保信用勿失，为术厥维三端：曰饱学。生徒之心目中所望于教师者，不过以其为全知已耳。设教师学识肤浅，一问即穷，有惑莫解，则学生轻蔑之心起，而信用失矣。曰修行。教员所以教学生者，不外以进德修业等语相劝勉。倘己身不修，将致言不顾行，行不顾言，何自而得信用？曰不偏私。学生既同处一校，其分必相等。为之师者，不因私见而别爱憎，亦保全信用之道。凡此三者，苟能加诸意而慎行之，不患信用之不得矣。

（乙）学生家庭之信用

华爱德博士(Dr. White)之言曰："信用而失之于家庭，未必能久存于学校也。"(Confidence will not long exist in the school if it be wanting in the home.)至哉言乎！夫父兄所以送子弟入学校者，望之甚厚。惟其望之厚，所以仰求教员者亦綦切。一有不慎，即招家庭之议论。儿童闻之，信用之心遂因以衰灭矣。故为教员者，必须慎其所事，勿堕厥职，杜物议，亦所以全学生之信用也。

一曰全校职员须同心协力不可互存意见也

学校所以需多人者，以一人之力不足，欲期共相辅佐耳。乃以意见不合，因之尔为尔，我为我，且从而议他人之是非。一校人心如散沙、如乱丝，既无一定之规划，复无头绪之可寻，宜乎管理之不易为力也。每见一校之学生，下课而后，相聚而议教员之是非。此则曰：彼教员之所行者是，此教员之所行者非，某先生常言之。彼则曰：此教员之所行者是，彼教员之所行者非，某先生亦常言之。夫以学生而议教员之是非，其服从心不难见矣。进而求其故，未始非为职员者离心离德、互存意见有以致之。是故，为教员者万勿以微事而存意见，以细故而动大局。已有意见不妨表而出之，如惬众意，则公同议定，相期共守；如不惬众意，则必有可非者在，亦不可耿耿于心中。若是，庶收集思广益之效，而裨益于管理欤。

上所述者，不过就心理方面之推测而言之耳。而学校管理，于生理方面，亦有不可不注意者。当赓续论之。

中等学校行政组织系统之研究

赵　冕*

一

我国教育一向是少数人的专利品，入学人数不多。教育机关若私塾，学生多者数十人，少者七八人。范围既小，自无讲究组织之必要。就如书院、府学、州学、县学，规模虽然略大，但其人数生活究竟简单之至，行政组织总不成为单独的问题。直至科举废止，学校林立，顿然聚数十、数百以至数千学生于一堂。范围扩大，校事非一人所能办理得了，于是就不得不把事务分掌，也就不得不增加教职员。教职员数既多，为求办事效率的增加，就不得不有所统属，学校行政组织系统的问题于是乎起来了。

行政组织系统，既是增进学校效率的自然的要求；故学校而不讲究行政组织系统，效率即不免减损。某校因为校长与教务主任的统系不弄清楚，关于学生之进退、教员之视察等事，发生许多问题。有时大家出主张，事前未曾接洽，临时发生冲突；有时大家不管，校务废弛，只是观望。这是我所亲见的。又有

* 赵冕(1903—1965)，字步霞，浙江嘉兴人。南京高等师范学校毕业，留美入芝加哥大学、哥伦比亚大学学习教育，获博士学位。曾在开封河南省立二中、宁波浙江省立四中、南京第四中山大学、无锡江苏省立教育学院、杭州浙江省立民众教育实验学校等校任教，发起成立中国社会教育社并任常务理事，中央大学教授兼教育研究所主任。主要著作有《民众教育纲要》《社会教育行政》等。

本文原载于《新教育》1925年第10卷第2期。——编校者

一个学校，有一位学监、一位舍监和各级的级任。如此如有组织系统，各有统属，也未始不能实施训育的方针，无如他们无所关联，各自为谋，结果负管理之责的只有学监和舍监二人，积极的训育当然谈不到。有的学校，学生自治与学校行政对立，动辄干涉学校的行政，可说也是不明学生自治在行政系统上的地位的缘故。其他如学校风潮，起于行政组织的不完备的，更是不一而足。可知学校行政无组织无系统，是何等不经济的事呀！

小学校规模较小，行政组织尚不致成为重要的问题。大学校情形复杂，颇难作概括的研究。所以关于小学和大学的行政组织系统，暂且不提。我认为重要且觉可为概括的研究的，就是中等学校的行政组织系统。久想从事于此，适值今年夏天中华教育改进社与国立东南大学合办全国教育展览会于南京，全国中等学校之以各该校行政组织系统图陈列者，除一部分已归还不计外，及今整理得 40 幅。其中，江苏占 16，安徽 8，湖南 5，浙江、江西各 3 校，广东 2 校，河南、山东、四川各 1 校。此 40 校的行政系统，自然不能代表全国，但也未始不可借知一个大概。所以不揣谫陋，把它们整理一下；更参以主观的见解，以示取舍的标准。缺点自知不免，尚希读者有以教正之！

二

什么叫作学校行政？普通人必以为行政（administration）与教学（teaching）并立；凡处理公文，支配校舍，购置设备，筹划经费，待遇教师，近乎机械一点的事情，属于行政；而纯粹精神的（spiritual）事情，属于教学。这种分法，我觉得非常勉强。第一，说到机械，教学有时也可非常机械，不必比“行政”更精神的（more spiritual）。其次，如一般人所指的行政事情，实与教学息息相关，并没有什么界限。要知照新教育的真义讲来，学校物质的环境，如校舍设备等一般人归在“行政”范围内的事情，其于学生精神上的影响，不见得比“教学”差多少。所以，我们办学校，且不问哪一件事是精神的，哪一件事是物质的，哪一件是机械的，哪一件是非机械的；吾们只要认清吾们的目的是教育，要达到这目的就得做种种事情，叫作行政。教学实是行政的一部分罢了。

本文名中等学校行政组织系统，是单就系统上说明个大概。至于教学、训育、体育等各部内当有什么组织、什么系统和什么实施的办法，乃是进一步的研究，不在本文范围以内。又行政组织与学制不同，所以关于一校中的中学师范附小，或初中高中，或职业科普通科等的关系，亦置而不论。一校内自由组织的团体，如教员读书会、各科研究会等，与行政系统大体上均很少关系；学生自治是训育的一种方法；校友会是毕业生联络的机关：凡此均不在本文内讨论。

三

本文范围既明，请进而讨论行政组织的根本原则，以为取舍各种系统的标准。拙见如下：

（一）中等学校行政组织系统当有有机体性

要增加效率，非使全校成一有机体不可。如以人为例，全身各部互相帮助，成一个整个的活的东西，于是这人的生命几可维持，工作才可进行。四肢五官各有专门的职司；神经系坐镇中央，统属各部。吾谓中学校的校长，就是神经系，教职员就是四肢五官，教育的成效就是神经系和四肢五官合作所维持的生命、所做成的工作。非使行政组织成一有机体，办事的效率总是不大的。

使校长做神经系，教职员、学生做四肢五官：这样办法，或者有人嫌他类似独裁，有乖现在民治的精神。但从实际上看来，这确是过虑。原来社会国家经营教育，把最后实施之权，托付校长；校长要尽责，于是聘请教职员，帮同办理教育。校长是对教育行政机关，对社会全体负责的，对内当然有处理校务的最高权力。现在有许多学校，或许受了民治思潮的影响，以为学校犹之国家，国家行政首长既须服从国会的意旨，校长自当完全听命于教职员共同的议决。因此，往往尾不大掉，号令不行，或者琐散细故，因件件须经会议通过，旷日持久，废时不少。这是误解民治之结果！

我们讨论有机体性，以校长比之神经系，教职员比之四肢五官。四肢五官各有各的专门职司，所以教职员也当各分工办去。现在很有些学校提创教员兼职员、职员兼教员的办法。用意未尝不好，但实际上教员教授已忙，更何暇兼职，职员亦然。此其一。而学校内种种事务如校舍、设备、训育、体育等等，又处处需要受过专门训练的人才，断非一般教员所能胜任愉快的。所以，兼任制最多只可在小范围内实行，大部分的行政，仍当注重专任，如四肢五官各有专司一样，使这个有机体的学校行动更为灵活。

（二）中等学校行政组织系统当有浑一性

其实，浑一性当包含在有机体性之内。不过，因为上边所讨论的偏重分工，所以此地特地提出浑一性来，讨论互助。原来教育是整个的、浑一的，不容勉强分别。即因增进效率的关系，分成许多行政事务的单位，但同是达到教育目的的事务，当互相平等，不容勉强归类。至少智育、体育、德育（或再加群育、美育）须有密切的联锁，断不可把它们分属于各部，无贯通的机会。否则，就有下列的两种结果之一：

（甲）智德体三育（或智德体群美五育）的畸形发展。如教务部组织完善一些，主任能干一些，热心一些，则关于教务方面完备、学生智识的获得，或者便利些。可是，学生的体育、训育或者毫未受教育者的注意。

（乙）各事欠少联络。如普通以智育、体育的事属于教务部，训育属于训育部，如此智育、体育因同隶一部，该部主任还可调剂，至训育就难免与他们隔膜了。

行政组织的原则，分开来讲，有：(1) 有机体性，(2) 浑一性。合起来讲，实只有一条，就是效率(efficiency)。近来，中学范围日益扩大，要增进效率，又非效法“商店组织”(business organization)不可。我愿办学的先生们，能注意这一点！

四

现在可进而研究中等学校行政组织系统的实际了。据吾所整理的四十校行政组织系统，除少数学校组织凌乱，竟无系统之可言者外，大别为五种制度（名称是吾杜撰的）：(1) 五部制，(2) 四部制，(3) 三部制，(4) 集中制（单一制），(5) 二部制。

（一）五部制

此制可以萧县县立初中为代表，如下图（原图有学艺会；兹为讨论便利起见，暂删去）：

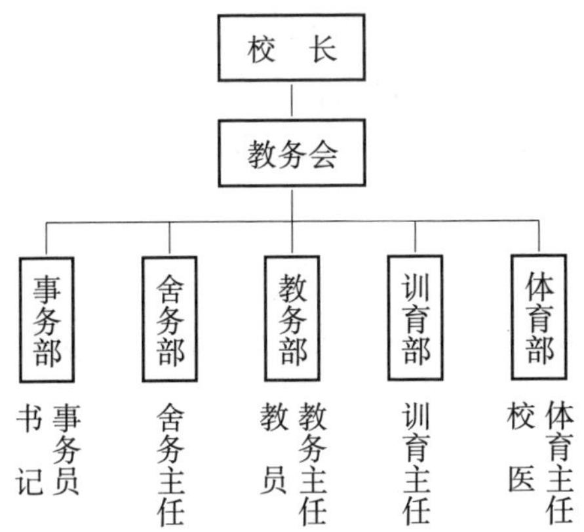

（二）四部制

此制可以安徽省立四中为代表，如下图（原图一侧有学生自治，与学校行政对立。但我以为学生自治是行政系统中训育一部的事，不当对立。故为讨论便利起见，暂把学生自治除去，以清眉目）：

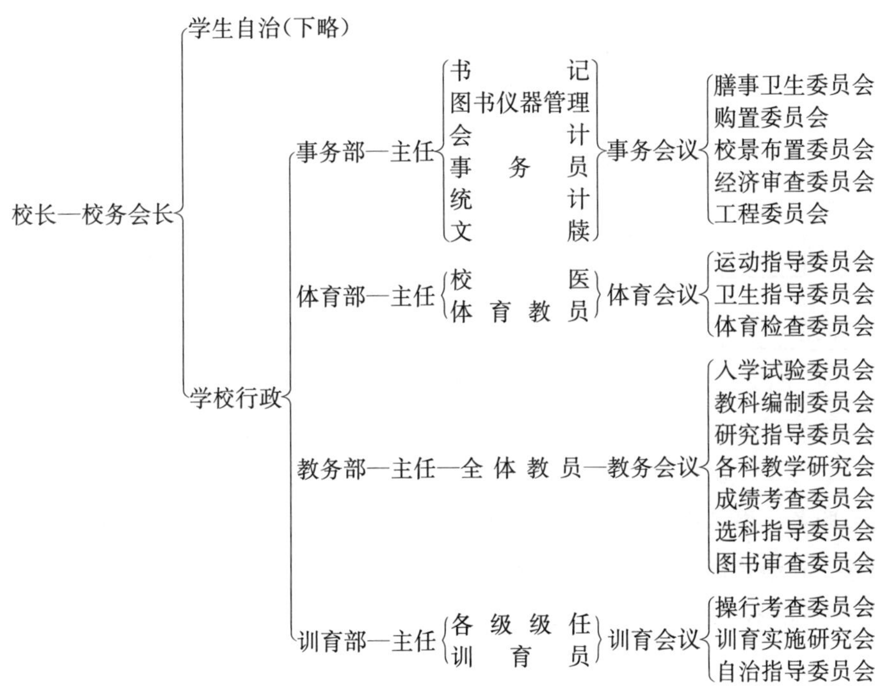

江苏第三师范称系不称部，而略别其高下：教务、训育二系设主任；体育系设理事；事务系无主任，亦无理事，惟下设事务员若干人。皖四师分教务、训育、舍务、事务四部。其他学校有称股者，有称课者，无关宏旨，不备述。

（三）三部制

此制最为通行，大概都分事务、教务、训育三部（如浙江一中，事务改称总务，惟不多见）。有部下更列举“股”或“课”者。可以湖南妙高峰学校为代表：

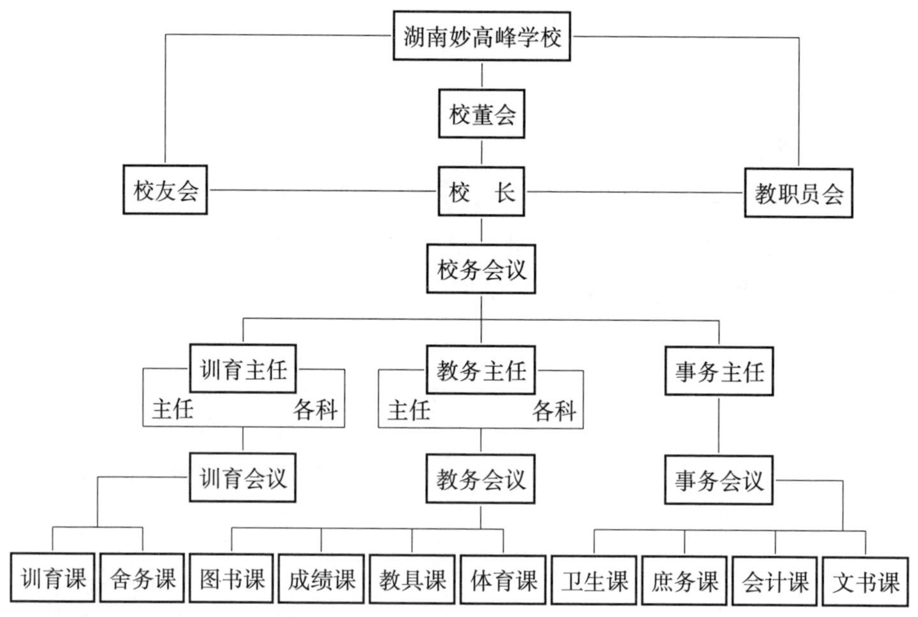

根据第三节所举的原则，我们觉得上列的三制，有如下的缺点：

(a) 因校长与教职员间多了一层阶级，使有机体之运动不能灵活。因为全校行政事务繁复，照上边所述的三种制度，顶多分成五部，则每部中的事务一定不少。试以教务言，至少要有图书、成绩、仪器、讲义、统计、教授、视察等职务。事务则有会计、庶务、膳事、卫生、工程、文书、印刷、购置、保管等职务。其他若训育、体育各部，都包含着许多职务。职务既多，一人就办不了，势不得不于部下置股或课。实际的行政职务，由各股或各课执行，而对校长直接负责的则为各部的主任。换句话讲，即校长与各课或各股办事的教职员间,加了部主任一层阶级,使校长对于学校行政之实际,多了一层隔膜,于指挥执行上自然添了不少的障碍。这样一来,不是把学校的有机体性大大地减损了吗?

(b) 把校务勉强分类,归入各部,有失学校的浑一性。如有的把教务与训育分开,有的把训育与舍务分成两部,又有把教务、体育与训育分开:似此分割都是有背教育整体浑一的意思的。

照此看来,上述三制既都未善,那么到底有没有更完善的制度?有的请看东大附中所代表的集中制。

(四) 集中制

此制与上三制不同处,即没有校长与各股间的部主任,各股职员直接与校长发生关系。此制可使学校成为浑然一物,故又名单一制,如下图:

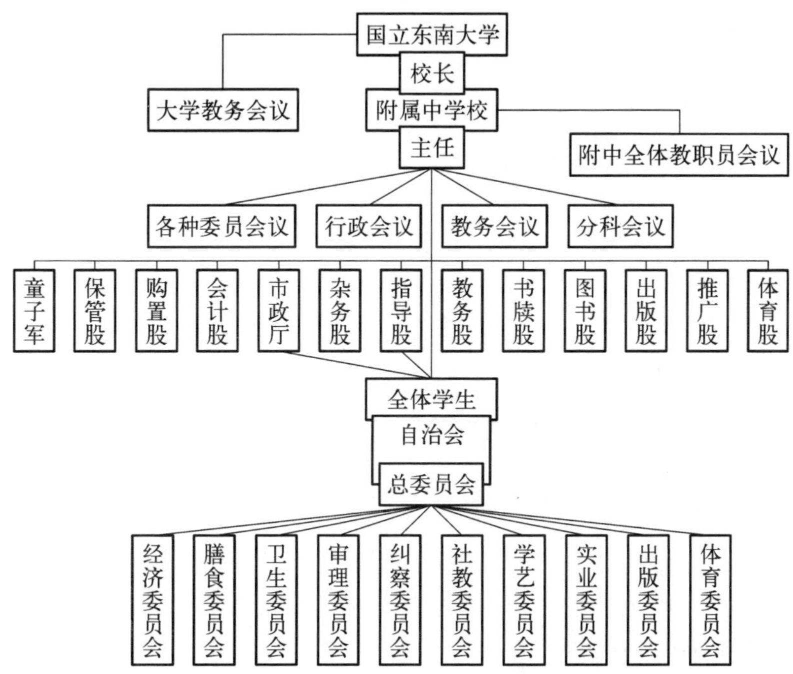

集中制的优点,也可从两方面看:

(a) 各股专任一事,而校长直接总其成。感情既易联络,黜涉又可公正。视察指使,有如身臂,极富有机体性。

(b) 各股既集中于校长,互相联络自然容易。既无勉强的分类,自然更合于混一的原则。如下图:

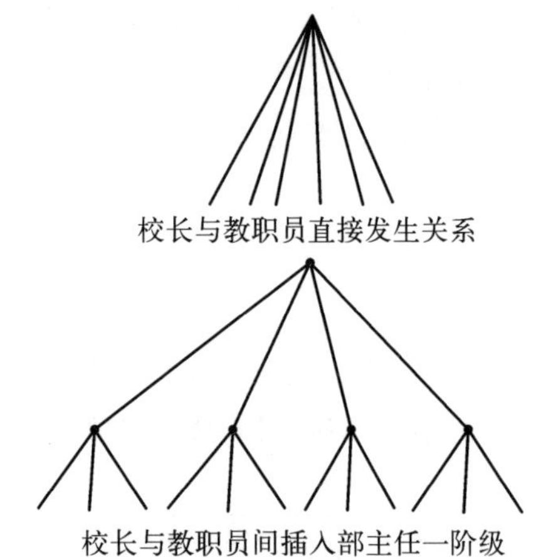

集中制确是最近乎理想的中等学校行政组织系统,但也有两种限制:

(a) 学校范围太大时,校长一人总理全校一切事务,势所不能。

(b) 现今政治与社会未上轨道,校长忙于在外奔走,无暇兼顾校内事。

要补救这两种限制,就不得不采取下列二法之一:

(a) 设副校长,代校长处理校内之事。

(b) 行二部制,如下述。

(五) 二部制

此制分事务与教育二部,以江苏七师为代表,如下图:(惟每部仍当采用集中制。不然,就比三部、四部、五部各制,更坏了!我们看下列时,要十分小心才好。)

二部制的特点如下:

(a) 校务分掌:对于事务熟一些的人,担任事务主任;对于教育多研究一点的人,担任教育主任。校长事务虽减,而仍有指使沟通之力。

江苏省立第七师范学校组织系统图

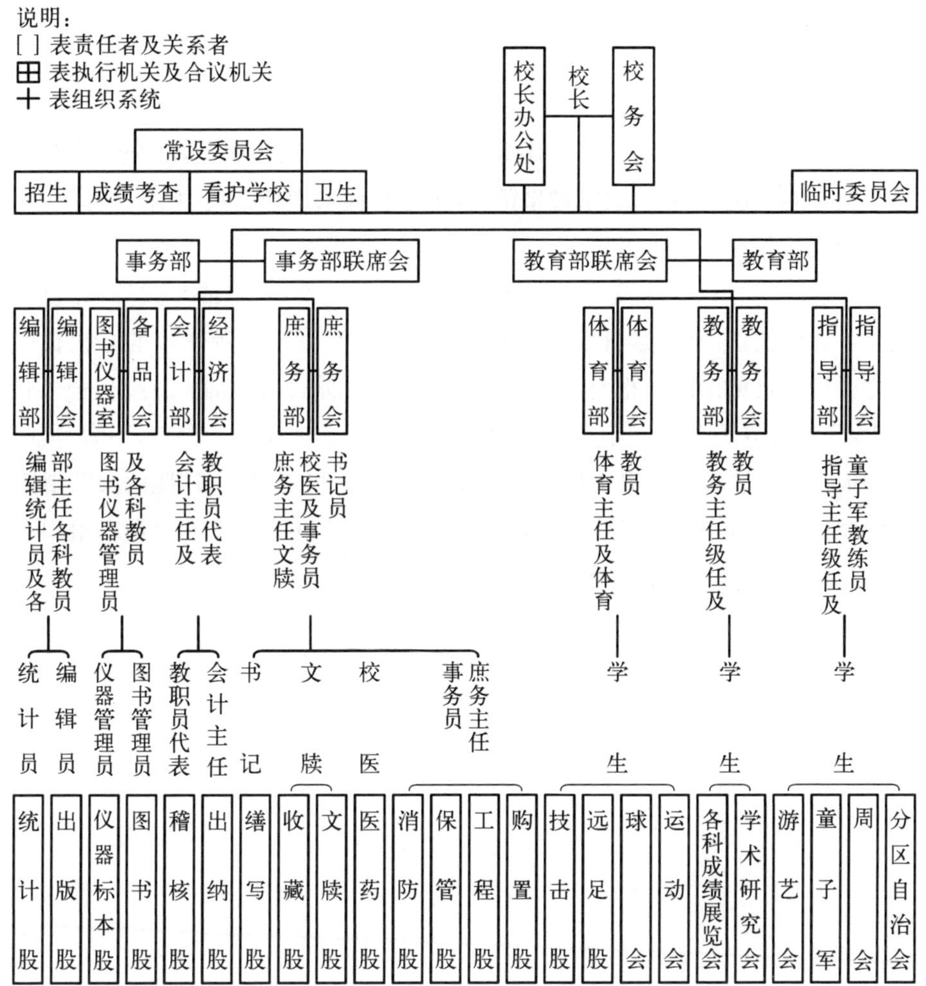

(b) 校务虽分掌，而无三部、四部、五部各制之弊。学生的智德体三育，有人整个儿地注意着。

从上边的讨论，吾们可以得到一个大概的结论：凡中等学校范围较小的，校长事务不多的(如大学校的附中主任)，那顶好采用集中制。如学校范围较大，或校长奔走太忙的学校，则或设副校长同时采取集中制，或采取二部制。我所见到的中等学校行政组织系统，比较的结果已如上述；也许还有更好的组织系统，尚希读者诸君指教！

五

本文所讨论的系统，乃是一副架子。有了好的架子，加上好的办事精神，那学校方能发达。不然，大家做事敷衍，那尽管你采用什么集中制、二部制，究竟架子还是架子，无裨于实际的。至于学校办事精神如何可好，那么第一步——顶要紧的一步，就是要有好校长。有了好校长，才去请好教员，好教员也靠了好校长，方可以尽量发挥他们的才能。唉！我国中等学校的好校长何等之少！我眼见得许多很有希望的教职员，因为所从的领袖——校长——非其人，入教育界不及一二年，对于教育已兴味毫无。要是不为糊口，不为薪金，恐怕他们老早脱离教育界了！几年的师范教育，仅仅养成一班“跑码头”“混饭吃”的“江湖”“教书匠”。这是何等伤心的事！我于讨论中等学校行政组织系统既竟，不禁起了无限的感触！

十三年[1924]十二月二十七日脱稿于嘉兴

关于中学行政组织的几个原则

赵廷为*

固然学校教育的主要问题乃是人的问题，而非组织的问题，但是要使学校的工作得以顺利地进行，而不致发生摩擦或阻碍，则一种合于教育原理的行政组织，也是不可少的条件。一个中等学校里的行政组织，正和一切教育上的方法或制度一样，贵在适应特殊的情境。同是一个中等的学校，而学生有多寡，校舍有聚散，教师的责任心有大小。所以，我们要想凭着理想去立出一种确定的行政组织的型式，以使一般的中学采用，可以说是枉费心思。然中学行政组织的方法尽管分歧无定，却是有几个关于组织的原则，我们应加以相当地注意的。现在让我将这些原则作简单的叙述。

据我看来，关于中学行政组织的最重要的原则，乃是合于民治的理想。现今我国中等学校的行政组织，多数是不合于民治的理想的。凡是一切教育的施设和处理，概由少数职员包办，而教师对于校内的行政、管理方法以至于根本理想，都可以不必与闻。在这种寡头政治的组织之下，教师简直是像机械上之一部，他的责任仅在于实行他所被吩咐做的一部分的工作，而对于所做的工

---

* 赵廷为(1900—2001)，号轶尘，浙江嘉善人。北京高等师范学校教育研究科毕业。曾任春晖中学教导主任、四川省教育学院社会教育系主任、中央大学教育系教授、国立社会教育学院教授、上海商务印书馆编审顾问兼《教育杂志》主编。主要著作有《小学教材及教学法》《教育概论》等。

本文原载于《教育杂志》1926年第18卷第3号。——编校者

作的意义，及其与他人所做的工作的关系，他都用不着加以考问的。这种工厂化的或机械化的行政组织，显然不能引起教师的事业的兴趣，而产生最高的教育的效率。至于一种合于民治的理想的行政组织则不然。教师对于各种学校规程的厘订、教育方针的决定、课程的组织、课外活动的指导等等问题，都可贡献意见或投票表决。凡是经全体教师开会通过的议案，无论何人均不得擅加变更，即校长也有尊重教师的议案的义务。这一种容许教师参与行政的组织法，实在有三种利益。第一，教师能把学校当作自己的学校，而此种"我们的感情"(we-feeling)又足以激起其最大的教育的努力。第二，多数人共同研究所得的结果，究竟比一二人的思想要精密些。第三，此种全体的讨论可以免除"各自为政"的危险，而能增进同队合作(team-work)的精神。不宁唯是，自欧战告终以来，民治的理想已布满于世界的教育空气中了。各国——即如素称专制的德国——学校的组织，莫不有此种容许全体教师参与行政的趋势。所以，一种民治的行政组织，不仅有巨大的利益，且能顺应时代的潮流。

第二个关于行政组织的重要原则，是精密的分工。凡是一种善良的组织——无论是教育的还是工业的——一方面固然要使各个人晓得全部的计划，他方面又须使各个人明了其特殊的责任。若是个人对于应做的特殊的责任缺乏明确的观念，则此组织一定要发生摩擦，而不能实行顺利的工作。试取篮球队的组织为譬，篮球队每队有中锋一人，左右守二人，左右攻二人，各队员都有特殊的任务。若是左守不知其任务为守，或右攻不知其任务为攻。组织一乱，则此篮球队结果定必归于失败。学校行政上职务的划分，其性质亦与此相似。各职员应尽行其特殊的一部分的工作，而把不在本分以内的任务让相当的同事去管理。如此，则权限的冲突不至于发生，而矛盾的办法也可以免除了。

然精密分工的原则，除此划清职务的意义之外，尚有一种意思。这就是对于学校全部的工作之普遍的注意。所谓对于学校全部的工作之普遍的注意，意思即指：凡是学校所应做的各种工作，均须有相当的人员去负责办理。数人同做一种的工作而把其他重要部分的工作完全置于不顾，乃是现今我国学校组织上所常有的现象。这可以算是一种最坏的组织，而精密分工的原则即所以防止此种现象的发生的。

第三原则的重要，实也不在上述二个原则之下，却是在我国教育界最难办到。这就是教师兼任管理的原则了。我国中学的教师，是完全不负管理的责任，而教完了功课便算了事的。其实说来，这并不是教师不负管理的责任，而是学校不要教师去管理。虽然教育言论上很有人提倡生活的教育，却是教育的实际常较教育的理论落后一个世纪。所以，现在的学校教育仍是以传授知识为唯一的重要的事业。我们单就"俸给以授课时数为标准"之一点而论，已可看出在普通教育者的眼中，教育仍不过是一种知识的买卖而已。既然学校仅要求教师教授若干时数的功课，则我们之不能希望教师除了教功课之外再兼管理，自是在情理之中的。但是教育的观念如果扩大，则管理的职务更加繁重，而非少数人员所能办理了。照普通的划分，管理的职务分事务、教务及训育三部。事务部负责于物质的便利的供应，是少数人所能办理的。教务部负责于教授上的规划及施设，也是少数人所能办理的。独有训育部则负责于全体学生的生活指导，非有全体教师共同办理不可。因为学生的生活有两方面：一是团体的生活，一是个别的生活。在团体生活的方面，教师须尽力求生活的变化与丰富，而利用机会以培养善良的公民性质的和休闲性质的习惯。在个别生活的方面，教师消极的须防止青年误入歧途，而积极的须使个人做平均的发展。此两种指导的工作，实在占据学校工作之最重要的部分，所以，要有全体教师去分负责任才行。

其他次要的原则，我现在不去列举了。至于最普通的组织的形式，克拉午(E. C. Cline)①氏曾举出四种，(注)如今让我译述如次：

(一) 全体式(the whole group type)

在此种形式之下，全体教师皆派定职务，而每人皆负责于大致相同的工作。

(二) 团体及个人式(group individual type)

此式之异于前式者在于，个人所负责的工作各不相同，而有团体将各部并合为一个整体。

(三) 团体及委员会(group-committee type)

在此种形式之下，工作并不派与个人，而派与委员会，使之实行工作并向

---

① 今译"克莱因"(E. C. Cline)。——编校者

团体报告。

（四）中央委员式(central-committee type)

这是第三形式之更精密的组织。工作既派与各委员会后，各委员会的主席又组织成中央委员会。中央委员会定期开会，报告进行情形，解决各种困难，并将各委员会的工作互相调适。

此四种普通的形式各有好处，我们应随特殊的学校情形而定选择。但是无论如何，上述的三个原则，我们是不容加以忽视的。

（注）见 *Educational Administration and Supervision*，April，1925. pp.249.

学校人员数目问题的研究

王克仁*

学校中除学生外，总有教员、职员和校工。不过，一个学校究竟要有若干教员、职员和校工，各项事务才能办理得完善，倒是个很重要的问题。照我们通常的观察，觉得现今的学校，教职和校工，不是太少了，便是太多了。太多或太少，各有很多的弊病。请先把太少的弊病说说：

第一，学校人员既然太少，有许多事情只好堆在几个人的身上，弄得这几个人心力交疲，久而久之，感觉教育有如苦工，毫无一点乐趣。第二，纵使学校所有的几个人真正热心教育，鞠躬尽瘁，死而后已。只是一个人要担任几项事情，心力不免东分西分，有时这件事还未做了，就要做别件事，结果弄得一件事都没有好好完成。第三，学校许多事业常有连带关系，要想举办某一件事，同时便须举办某几件事，勾连环结，才能生效。假若学校人员太少，不够分配事情，有人办这一件，没人办那一件，结果使得有人办的也办不出成效。第四，到了上述这样情形，学校中人人只好得过且过，教育上的计划都看成没有用处了。请问没有计划的教育，哪里能图发展，能图进步？

---

* 王克仁(1894—1981)，名天鉴，贵州兴仁人。东南大学教育科毕业，留学美国芝加哥大学教育研究院，获硕士学位。曾任集美学校、暨南大学、湖北教育学院、厦门大学等校教授，无锡中学校长，驻日留学生监督，国立贵阳师范学院首任院长。主要著作有《西洋教育史》等。

本文原载于《教育杂志》1926年第18卷第11号。——编校者

这样说来,学校人员太少,固然不好。那么,掉过头来,人员太多了,又怎么样呢?第一,学校人员太多,每每办一件事情,要经过许多周转。这一部分人以为应办急办的事,送到别一部分,别一部分人却以为不应办、不必急办,于是你的事我掣肘,我的事你掣肘,什么事都感困难。第二,办一件事情,即使没有彼此牵扯掣肘的地方,然而要经过若干人的手续,便不免要空耗许多时间和精力了。第三,学校人员既多,不免机关复杂,权责混乱。每每有一件事情要办的时候,总弄不清楚应该归到哪一部分机关去办,或是哪几个人应该特别负责去办。因之,不是这部分机关和别部分机关互争权限,便是别部分机关和这部分机关互相推诿,都成为顶不好的现象。第四,学校人员太多以后,互相接触的机会反少,不相知、不相谅的地方,就不免要发生了。因之,同在一个学校中生活,竟是各自为政,不相为谋。充其极,便到了倾轧冲突的地步。第五,学校经营,无论如何,总是有一个限度的。假使学校人员太多,支付人员的薪资必多,于是影响到学校别方面的事情,感觉经费不足,使得最有希望的学校也变成一些人的啖饭地了。

这样看来,学校人员太多,不好的程度还是和人员太少一样。所以说,学校究竟要有若干教职员和校工,才不算多,也不算少,实是谈学校组织及行政者所应该讨论的问题。我们现在无妨再把学校人员太少或太多的原因研究一下。

学校人员太少的原因:第一,真正因学校经费不足,不能多用人。第二,适合学校所需要的人才不容易有。第三,学校所在的地方,交通阻塞,语言特殊,别地人不肯来。第四,学校有党派色彩,不是本党派的人不用,而本党派中又没有可用的人。第五,主持学校的人想干饱学校经费。

学校人员太多的原因:第一,学校经费充足,以为多聘雇些人,没有什么关系。第二,学校罗致人才,别有用意。例如,有些学校,想多聘些人才,借以增高学校的声誉。又有些学校,因为人才不易得,早为罗致,以留待后来应用。第三,在学校有势力、有主权的人,把学校当成安插私人的机关。第四,学校有时为调和党派的作用,用了这一党派的人,不能不把别一党派的人勉强地也拉用几个。第五,学校原来聘雇的人不当,不能中途辞退,就只好安他一种名义作为敷衍,而实际上的事情,是要另外再聘雇相当人员来办理。第六,主持学校的人,对于用人行政，太过于没有主见，不知道学校中哪一件事情当用若干人。第七，学校设备不完全。例如，会计处没有计算机，要多用会计员；书记处没有打字机，要多用书记员；教务处没有良好的表格和器具，要多用教务员；图书馆、运动场等地方，没有适宜的设备，时时留意着儿童的行径，又要多有管理员。

总而言之，学校人员太少或太多，无论其原因是否正常，是否迫不得已，学校教育总因为人员数目不恰当的缘故，便不能得着良好的实效。我们可以举两个比方。即如人身，是一个机关，多了一手一足，或是少了一手一足，行动便要不灵敏。再如工厂中的机器，虽只一个螺钉，多了少了，工作也就不行。学校机关，不能多用人，也不能少用人，就正和这个道理一样。

讲到这里，我们自然要问问学校人员的数目，要怎样才见得不多也不少呢？或者换种说法，学校中人员应该多少，有没有什么原则可以依据呢？第一，要注意学校是一种什么性质。譬如，学校是专为试验教育上的某一种学理，或某一种制度而设立的，学校人员的数目便不能用普通学校相比。在普通学校，一个教职员或者要管理十个、二十个学生，但在这种试验的学校，或者管理十个、二十个学生，却要用到三个或五个教职员。第二，要注意学校经费应如何支配。普通办学的人，每每是经费充足，便多用些人，经费缺乏，便少用些人。诚然，这不是一点没有道理。不过，真正长于学校行政的人，无论学校经费的多少，总要注意一切经费如何使用，才得实效，才算经济。要使得学校经费虽少，而应有人员并不减于经费很多的学校。或者学校经费虽多，而比诸经费很少的学校，并无一个冗员。这才可以说是我们理想的行政。第三，要注意学校是什么样的组织。譬如，组织的范围很大，人员的数目当然不能如组织范围很小的一样。讲到学校组织范围的大小，最重要的标准可以提出几层：（一）年级的标准。现时小学，有一年一级的，亦有一年二级的。（二）编制的标准。小学的编制通常分作单式与复式。（三）课程的标准。小学校课程，也有分成必修科和选修科。（四）推广的标准。有许多小学，除了本部的事业，还有推广的事业。这几层可算决定学校组织范围大小的要素。第四，要注意在学儿童的实数。儿童实数少，教职员数自然要少；儿童实数加多，教职员数自然也要加多；这是不待多说的。第五，要注意人事时间上的效率。照近代讲人事效率专家的研究，除了最少数最特殊的人外，普通人每天做事的时间，总有一个限度。不及这一个限度，或过了这一个限度，都是不合效率的。所以，学校用人员的多少，对于这层总要特别注意。第六，要注意别的学校可不可联合。假如一个地方有几个学校，几个学校又可以联合一气，那么学校中有一些教员或职员，有时也可以联合起来共用。

注意了上述这几层事实，学校人员的数目，究竟应该有若干才对，我们可以有点把握了。兹为供给读者参考起见，请再举中华教育改进社实际的调查一言。中华教育改进社著有《中国教育统计概览》一书，现由上海商务印书馆印行。兹取其中关于国民学校的材料，特就福建一省作为例子而研究一下。

第一表　各省国民学校校数统计

省　区	校　数	等　第
山　东	22 492	1
山　西	20 429	2
直　隶	17 234	3
四　川	16 476	4
湖　南	9 039	5
浙　江	8 853	6
河　南	8 489	7
奉　天	7 292	8
广　东	7 255	9
湖　北	7 223	10
江　苏	6 715	11
陕　西	6 707	12
江　西	5 549	13
云　南	4 740	14
广　西	4 577	15
京师及京兆	2 639	16
福　建	2 297	17
甘　肃	2 192	18

（续表）

省　区	校　数	等　第
安　徽	2 156	19
贵　州	1 515	20
黑龙江	1 368	21
吉　林	1 146	22
热　河	628	23
绥　远	297	24
察哈尔	185	25
新　疆	84	26
共　计	167 076	

据第一表全国国民学校校数统计，以山东省的国民学校数最多，有 22 492 所，占第 1 位。以新疆的国民学校数最少，有 84 所，占第 26 位。若福建，有校 2 297 所，占第 17 位，总可算是校数较少的省份。换言之，有二分之一以上的省份，国民学校校数都比福建为多。若福建省的人口，不比二分之一以上的省份为少，那就是福建的国民学校算不得发达了。

福建的国民学校是不是算不得发达，我们且不必管，现在只问各省区国民学校所有的教职员数。例如，福建省国民学校的教职员数，是不是也比二分之一以上的省份为少。解决此问，可看第二表。

第二表　各省国民学校教职员数统计

省　区	教职员数	等　第
山　东	24 955	1
山　西	23 923	2
四　川	19 845	3
直　隶	18 412	4
浙　江	16 385	5

（续表）

省 区	教职员数	等 第
江 苏	14 077	6
广 东	13 684	7
湖 南	12 837	8
河 南	9 902	9
奉 天	8 615	10
湖 北	9 515	11
陕 西	8 188	12
江 西	8 132	13
广 西	6 644	14
福 建	6 637	15
云 南	5 602	16
安 徽	4 056	17
京师及京兆	3 107	18
贵 州	2 937	19
甘 肃	2 424	20
黑龙江	1 568	21
吉 林	1 509	22
热 河	686	23
绥 远	324	24
察哈尔	200	25
新 疆	155	26
共 计	223 279	

读第二表全国国民学校教职员数统计，最多的仍推山东，最少的仍是新疆。这一种情形，引起我们注意到各省校数与教职员数的相关度。欲表明这种相关的情形，请看第三表。

第三表　各省国民学校校数和教职员数比较

省　区	校数等第	教职员数等第
山　东	1	1
山　西	2	2
直　隶	3	4
四　川	4	3
湖　南	5	8
浙　江	6	5
河　南	7	9
奉　天	8	10
广　东	9	7
湖　北	10	11
江　苏	11	6
陕　西	12	12
江　西	13	13
云　南	14	16
广　西	15	14
京师与京兆	16	18
福　建	17	15
甘　肃	18	20
安　徽	19	17
贵　州	20	19
黑龙江	21	21
吉　林	22	22
热　河	23	23
绥　远	24	24
察哈尔	25	25
新　疆	26	26

第三表比较全国国民学校校数和教职员数的等第，其相关情形，更为显明。凡校数等第很高的，教职员数等第也很高。校数等第很低的，教职员数等第也很低。其间有少数省区略有变动，在全体相关的情形中并无若何阻碍。不过，各自学校的教职员数，平均究是几何，以及哪一省学校的教职员数平均比较少或比较多，我们还不能看出，是以再有第四表。

第四表　各省国民学校每校平均教职员数

省　区	每校平均教职员数	等　第
福　建	2.8	1
江　苏	2.0	2
贵　州	1.9	3
广　东	1.9	4
浙　江	1.8	5
安　徽	1.8	6
广　西	1.4	7
湖　南	1.4	8
江　西	1.4	9
新　疆	1.4	10
吉　林	1.3	11
陕　西	1.2	12
四　川	1.2	13
京师及京兆	1.2	14
云　南	1.1	15
甘　肃	1.1	16
湖　北	1.1	17
山　西	1.1	18
河　南	1.1	19
山　东	1.1	20
黑龙江	1.1	21
奉　天	1.1	22

（续表）

省　区	每校平均教职员数	等　第
直　隶	1.0	23
热　河	1.0	24
绥　远	1.0	25
察哈尔	1.0	26
总平均	1.33	

第四表，用各省国民学校校数除各省国民学校教职员数，得各省国民学校每校平均教职员数。从表中看来，很有点重要的意义。今试就福建省言之，福建省只有国民学校数 2 297 所，只有教职员 6 637 人，较诸其他各省区，等第并不算高。但就每校平均教职员数言之，福建有 2.8，即每校平均将近 3 人的光景。等第升到第 1 位。若以比诸察哈尔，几成三与一之比。即比诸江苏，亦成三与二。更比诸全国总平均数，则成二与一之比有奇。假使学校中别方面的事，福建省和各省一样，那么同是国民学校，在江苏只要用到教职员 2 人，在福建将近用到 3 人，必然要福建省国民学校的教育比江苏或其他各省都办理得好才是。否则，那多用的人，就未必见得恰当了。

不过，学校别方面的事，福建省和不和各省一样，那是应得研究的问题。否则，就这样断定福建国民学校的教职员不应该如是其多，实是靠不住的说法。我们知道和学校教职员数目的多少有关系的事，就是学校中在学学生的数目。在学学生数多，教职员数自然也要加多；学生数少，教职员数自然也应该少。所以，同为国民学校，甲校教职员数比乙校教职员数多，不能就说甲校教职员数就真算得多，还要看甲校的学生数是不是也比乙校的学生数多。一校与一校比是如此，一地与一地比也是如此。

第五表　各省国民学校每校平均学生数

省　区	学校数	学生数	每校平均学生数	等　第
察哈尔	185	10 287	55.6	1
福　建	2 297	119 048	51.8	2

（续表）

省 区	学校数	学生数	每校平均学生数	等 第
江 苏	6 715	343 143	51.1	3
吉 林	1 146	55 419	48.4	4
甘 肃	2 192	101 810	46.4	5
广 东	7 255	311 944	43.0	6
浙 江	8 853	373 926	42.2	7
奉 天	7 292	293 151	40.2	8
江 西	5 649	185 855	36.8	9
新 疆	84	3 066	36.5	10
山 西	20 426	738 194	36.1	11
贵 州	1 515	53 357	35.2	12
广 西	4 577	159 054	34.8	13
安 徽	2 156	73 447	34.1	14
黑龙江	1 308	46 190	33.8	15
云 南	4 740	155 260	32.8	16
山 东	22 492	728 047	32.4	17
四 川	16 476	524 925	31.9	18
湖 南	9 039	279 729	30.9	19
河 南	8 489	257 139	30.9	20
直 隶	17 234	519 679	30.2	21
京师及京兆	2 639	79 220	30.0	22
陕 西	6 707	188 959	28.1	23
绥 远	297	7 943	26.7	24
湖 北	7 223	190 162	26.3	25
热 河	628	15 421	24.6	26
共 计	167 076	5 814 375	34.8	

读第五表，各省国民学校每校平均生数，察哈尔占第1位，每校平均计有55.6人。福建占第6位，每校平均计有51.8人。递降而下，热河占第26位，每校平均计有24.6人。全国国民学校总平均，每校应以34.8人为标准。照这样看来，福建省的国民学校，每校平均学生数很多，那么每校平均教职员数很多，似乎也是当然的情势。不过，我们再仔细一想，一个学校不能因为多了三个或五个学生，就可以多了一个或两个教职员。反之，也不能说因为少了三个或五个学生，就应该少用一个或两个教职员。所以，学生数多，教职员数当然多；学生数少，教职员数也应少。这一句话，还该切实追问多少的数目是要到一种什么程度。换句话说，学校教职员数究竟多不多，还得求出学校每一教职员平均学生数才是。

第六表　各省国民学校每一教职员平均学生数

省　区	教职员数	学生数	每一教职员平均学生数	等　第
察哈尔	200	10 287	51.4	1
甘　肃	2 424	101 810	42.0	2
吉　林	1 509	55 419	36.7	3
奉　天	8 615	293 151	34.0	4
山　西	23 923	738 194	30.6	5
黑龙江	1 568	48 190	29.5	6
山　东	24 955	728 047	29.2	7
直　隶	18 412	519 679	28.2	8
云　南	5 602	155 200	27.7	9
新　疆	115	3 066	26.7	10
四　川	19 845	524 961	26.4	11
河　南	9 902	257 139	26.0	12
京师及京兆	3 107	79 220	25.5	13
绥　远	324	17 943	24.5	14
江　苏	14 077	343 143	24.4	15
广　西	6 644	159 054	23.9	16

（续表）

省　区	教职员数	学生数	每一教职员平均学生数	等 第
陕　西	8 188	188 959	23.1	17
浙　江	16 385	373 926	22.8	18
江　西	8 132	185 855	22.8	19
广　东	13 664	311 944	22.8	20
热　河	686	15 421	22.5	21
湖　北	8 515	190 162	22.3	22
湖　南	12 837	279 729	21.8	23
贵　州	2 937	53 357	18.2	24
安　徽	4 056	73 447	18.1	25
福　建	6 637	119 048	17.9	26
共　计	223 279	5 814 375	26.0	

既然说到了这点，读第六表便清楚了。据第六表看来，各省国民学校，每一教职员平均学生数最多的，首推察哈尔，每一教职员平均计要管教学生 51.4 人。最少的，莫如福建，每一教职员平均只需管教学生 17.9 人。两者相比，几乎成了三与一的比例。表中算出全国国民学校合计，每一教职员管教学生数的标准，只是 26 人。这样看来，在各省，一个国民学校只用一个半教职员，在福建要用到三个；是福建学校每校平均要多一倍的教职员。在各省一个教职员，要管教学生 26 人，在福建只管教 18 人，是福建学校每校平均要少半倍学生。多一倍教职员，而少半倍学生，这不是可研究的问题么？或者再换个说法，取全国国民学校总平均每校教职员数作标准，福建现有教职员数，应该可多办国民学校二千余所的。连合现在校数，应为 4 990 所。列算式成为 6 637÷1.33＝4 990。如取全国国民学校总平均，每一教职员平均学生数作标准，福建现有教职员数，应该可多教国民学校学生 35 000 余人。合现有学生数，应达 172 562 人。列算式成为 6 637×26＝172 562。福建省国民学校教职员数比起各省来，算得多，算不得多，到此可以不必烦言了。

现在还要再问一下，每一教职员平均学生数少，或平均学生数多，有没有什么特别的意义呢？试提出两点最重要的说说：

第一，每一教职员管教学生数平均既然很少，就是这种地方的教职员应该多有时间，多有心力，或去认识儿童的个性，或去研究教学的问题，或去增修自己的学问，或去办理学校其他重要的事业。总之，这个地方学校的教职员，应该要比别个地方学校的教职员格外来得有成绩才是。我们因而可以具体地问一问：福建省国民学校，每一教职员平均只管教学生 18 名；江苏省国民学校，每一教职员平均要管教学生 25 名；福建省国民学校教职员做的事，是不是比江苏省国民学校教职员做的事，还来得好？

第二，每一教职员管教学生数，平均既然很少，假如这种教职员没有显出特别的成效，那就间接见得这个地方的学校经费未必支配得当。因为学校尽可平均少用些教职员，转移经费，或去增加学校的设备，或去提高教职员的待遇。再不然，学校的教职员数不必减少，力求增多学校的学生，或推广学校的事业，也是可以。总之，无论取哪一种办法，都可以增加教育的或经济的实效。假如不取一种办法，学校的经费不是空花了，还是什么呢？

明白以上所说的，我们可以结论了。我们在上面研究各省国民学校教职员数的多少，只取了各省国民学校数和学生数的多少，作为判论的根据。但是我们须要明白，这样的研究只能认为表示一种方法的例子，假使我们还要做彻底考察学校教职员的数目，求得一种完善的标准，单用这样一二件事作为根据，实在还不行。前面已经说过，考察学校教职员的数目，除了在校儿童数目外，还有学校性质、组织的范围、经费的支配、推广的事业以及人事效率上时间的限度等等方面，都应得依据才行。不过，我们有了用儿童数目来研究的一个例子，举一反三，其他各项，我们也可照样采用科学的方法详细析较，自能得着一种学校教职员数目最完善的标准了。最终还有一点要补明的，就是所谓学校中人员，并不只是教职员和学生，校工也应该包括在内。我们常见一些学校，校工的数目用得不得当，也足以妨碍学校事务上的效率。所以，研究学校人员的数目，仍应该一齐研究才对。

班级编制的补救法

杜佐周*

教育事业,应以儿童为中心。总理[①]在党纲上说:"厉行教育普及,以全力发展儿童本位之教育……"所谓"儿童本位之教育"者就是以儿童为中心而设施的教育。换一句话说,就是处处要顾到儿童的利益,任何教育的计划与方法均当以他们的幸福为前提。学校对此,首当注意的为课程的编制;其次即为班级的分配。现在我们讨论第二个问题。

应用班级的方法教学学生,只有百余年的历史。在古时,无论在西洋或中国,为父母者,若欲教育子女,往往聘请塾师担任教学。我国在科举时代,这种制度遍行全国;即在现在,尚有许多私塾存在。追原班级教学的开始,实在十七世纪的时候,乃为法人辣索尔(La Salle)所发明。[②] 但直至十九世纪初时,始为各国所共采用。

产生班级制的原因,当然是多种的。这种原因的分析,或就可说是该种制

* 杜佐周(1895—1974),字纪堂,浙江东阳人。武昌高等师范学校毕业,入美国爱荷华州立大学研读教育学,获哲学博士学位。历任武汉大学文学院院长、厦门大学教育心理系主任、暨南大学秘书长、国立英士大学校长、国立社会教育学院教授。主要著作有《教育与学校行政原理》《小学行政》《普通教育》等。

本文原载于《教育杂志》1930年第22卷第5号。——编校者

① 指孙中山。——编校者

② 一般认为,班级授课制产生于十六世纪的欧洲,十七世纪捷克教育家夸美纽斯最早对其进行理论上的肯定与阐述。——编校者

度的利益之检举。兹约分述如下：

(1) 用班级教学，比较经济。每个教师在同一时间，可以教学许多学生。我们若要扩充教育，使教育普及于儿童，则用这种团体教学实为必要的方法。

(2) 用班级教学，可以培养互助及合作的精神。因学生彼此接触的机会甚多，其互相鼓励及互相比较的益处，亦自然容易获得。

(3) 用班级教学，可使学生知道团体生活的原则，及明了自己对于团体的义务及责任；同时，在团体中学习，学习可以更有兴趣。

(4) 现在科学的分类，日益增加；其要求于教师的专门训练，又日益逼切。应用班级的制度，各科分别教学，在学校组织及课程编制未经完全改革以前，实为一种不可避免的事实。

但任何一种方法，有其利，必有其弊。现在班级制的长处，就是从前个独教学的短处；从前个独教学的长处，就是现在班级制的短处。班级制试行至今，其弊亦日益显明，非急谋设法救济不可了。普通分编班级，每以儿童入学时间及其实在年龄为标准；对于他们的个性，如智力与兴趣等都没有顾到。因此，在教学上便发生困难；其结果，在儿童的学习方面，就难免有抑优降劣的危险。换言之，非埋没上智的儿童，即将忽视愚笨的儿童。综计其弊，约有以下五端：

(1) 不能满足儿童的需要——学生的能力、兴味志趣及需要等，各不相同。今以同样的学科、教材、分量及方法，教学许多程度参差不齐的学生，其不适宜，乃是极显明的事实。我曾在江、浙、鲁、粤、鄂诸省学校举行一次读法测验，所用测验的材料都是一样的。其结果在同一年级内，成绩优的，每一分钟可读三百六十余字；成绩低的，每一分钟只读六十余字。其能力的相差，几有六倍之多。因此，我们从事于教育的人，就可知道在同一班级内，儿童的程度实在相差很远。这是班级制不合儿童的需要而应该改良的第一个理由。

(2) 妨碍上智与下愚儿童的进步——儿童在同一班级中学习，普通几乎没有一点伸缩的余地。其中最吃亏者，莫如那些上智与下愚的儿童。上智的儿童，每不能得其所能学。欲发展其能力，每为其他儿童所限制。至于下愚的儿童，则即欲勉强以求及格，亦不容易。结果，心灰意懒，就发生种种抑郁与沉闷的心绪。故在班级制中，所能稍得利益者，不过是一部分中材的学生。这是班级制妨碍上智与下愚儿童的进步而应该改良的第二个理由。

(3) 惹起训育上的困难——儿童在校，常因教材的不适宜而减少学习的兴趣。故于空闲的时候，常干出违犯校规及其他各种不法的事情来。因此，训育方面就发生很困难的问题。我们考查这种困难的原因，一方面固然由于教材的不适宜所致；但另一方面实是呆板的班级制所造成的。这是我们应该改良班级制的第三个理由。

(4) 发生无谓的耗费——班级制的最不良现象，就是儿童因为一门科目不及格就要留级。所有其他功课，都要从新再去学习。例如，儿童因为算术不及格留了级，他不特应补习这不及格的科目，而且要补习其他已及格的科目。这是何等地不经济！再者，现在考查成绩的标准，都是以六十分为及格。这六十分距一百分，实在差得很远；而五十九分距六十分，实在差得很近。那么，我们要问六十分可及格，难道五十九分就不可以及格吗？相差不过一分，而需全年去补习么？这是很不充分的见解。这是我们应该改良班级制的第四个理由。

(5) 不能补救儿童请假或缺课的损失——班级制的另一缺点，就是儿童所习的科目，若逢有特别事故，请假不能到校，则就将发生前后不能衔接的弊病，而且儿童以后也就没有机会再学习了。这影响于他的将来学业甚大，而亦必须救济的。这是我们应该改良班级制的第五个理由。

上面举出五种急须改良班级制的理由；但究竟应用何法以改良呢？这个问题，在西洋已甚为一般教育家所注意；各地所施行改良的方法，亦已有多种了。我们从事于教学及学校行政者，可以斟酌情形，善为选用，以减少学生时间和精神的浪费。如学校规模甚小，不能采取大规模的方法以事改良者，则惟有赖诸教师自己的热忱与机敏妥为设法改良而已。不过，若果能处处替学生设想，明了班级制的缺点，愿意为之补救时，则这个问题亦是容易解决的。兹先将西洋各种改良班级制的方法约略为之介绍，以便参考。

(1) 毗勃罗制(Pueblo plan)——此制在毗勃罗地方施行。其所用的方法，以各个人的进步速率为升级的标准，所以有时称之谓个人升级制。课室中采用自习的方法，而教师仅负辅导及观察的责任。

(2) 组长制(monitorial plan)——此制系是十八世纪时一位英国的教师

兰凯斯得(Lancaster)①所发明。他把儿童依照能力分作上中下三组，每组选择一个优秀学生为组长。如低能组缺乏组长的人才时，可在高能组中选充之。教师先教学各组的组长，然后由组长分别教学各组的学生。教师不过从旁指导，随时补充其教材而已。这种方法不特甚为经济，且学生学习时，因为程度相当，可以甚有兴趣。

(3) 剑桥制(Cambridge plan)——此制亦依照学生的能力分组。其所学习的课程虽是一样，但毕业的年限则不相同。能力优者，六年即可毕业；能力低者，则需八年毕业。至于中材学生，则其毕业年限可于六年与八年间伸缩之。所学习的课程，概用分段编制。能力优的一组，共分为十八段，以便六年习完；能力低的一组，共分为二十四段，以便八年习完。对于中材的一组，则随时依其进步互相调动。

(4) 巴巴拉制(Barbara plan)——此制适与“剑桥制”相反，其毕业的年限相同，而其所学习的材料不同。优等学生习的材料较多，劣等生学习的材料较少。至于中等生所学习的材料，则介于两者的中间。不过这种方法，有点困难，就是一班内至少须有三种不同的材料。书馆编制课本时，应该注意这种区别才好。同时，优等生格外所学习的材料是否均能富有价值，劣等生所应学习的最低限度是否已可满足最低的需要，均是很难决定的。

(5) 升级以学科为单位(promotion by subjects)——此种方法，最近颇为通行。大学内采用选科制，就是应用这条原则。学生各门功课的程度，虽有彼此的相关，但究竟尚有多少的差异；且例外甚多，尤不能一概而论。长于国文者，未必长于算学；长于算学者，未必长于国文。此种情形，实甚普通。今若以各学科的程度为升级的标准，则学生倘有一门不及格时，只需补习该一门就够了。若其长于国文，则国文一门可在三四年级内学习；若其短于算学，则算学一门可在一二年级内学习。如是，严格班级制的弊病就可免除一大部分。

(6) 添设特别班——此法视儿童学习能力的高低而特设班级，分别教学，以补救在普通班级内混合教学之所不及。如是，优秀的儿童可以学习另外一

① 今译“兰卡斯特”(Joseph Lancaster，1778—1838)，英国公谊会教徒、教育家。——编校者

部分材料；愚钝的儿童可以补习其所未能及格者。不过，这种方法只在规模较大的学校可以采用之。

(7) 增聘特别教师——这种方法，亦是为救济儿童程度不齐而产生的。能力低的学生，或因事请假而须补习的学生，均可受特别教师的指导，而作课外的补习，以期能得正当的升进。但此法亦仅能应用于经济较裕的学校。

(8) 利用假日补习——若低能儿童不能在普通班级内得到正当的进步，或缺课过多的学生，必须在课外实行补习时，则应用这种方法很为适宜。如能引起儿童补习的兴趣，及使其明了补习的需要，则他们必不致以此为苦事。至于负责指导的教师，可以彼此轮流。如是，学校亦不必多费了。

(9) 道尔顿制(Dalton plan)——此制为美国巴克赫斯特(Parkhurst)①女士所发明的。在这种编制下，各级教室成为各科的研究室；一研究室有一指导的教师，指定儿童的作业及辅导其学习。儿童在这种编制下，可就其能力及程度而作相当的进步。

(10) 设计教学法(project method)——此种教学法，系以问题为中心，而儿童团结在一起工作。虽仍有年级的分别，但儿童在作业上，每依其能力及程度，分配工作。故儿童一方面可以得到学习的自由，另一方面仍有共同合作的机会。

(11) 学习辅导法(supervised study)——人类的个性，差异极大。无论智力、兴趣、志愿、性情及经验等，均无绝对相同者。班级制的最大弊病，就是因为不能满足这种个别的要求。若是这个问题得有相当的解决，则班级制的存废就不成问题了。班级制的流弊，上面已经分条说过。为顾及其特殊价值计，自亦不能遽废；但其弊病既已如此显著，故亦不能不力为之救济。上述各种方法，大都原为改良班级制产生的，我们诚可依照实际情形而斟酌应用之。不过实际从事时，仍将不免有许多困难，因其不是需要改造课程，就是需要更革学校的组织。若非教师很有经验与学识，及同事中均能互助合作，而且有实验的精神，实在不易得到良好的结果。就我个人的见解，其最可为普通小学所采用的方法，当推本节所讨论的学习辅导法。

---

① 今译“帕克赫斯特”(Helen Huss Parkhurst，1887—1973)，美国教育家。——编校者

学习辅导法，一方面既不必打破原有班级的编制，另方面又可收取个独教学的效果。同时，对于学校的行政上、经济上及课程上，都不致发生多大的困难。我们采用这种方法时，可将每一班级内的儿童依能力分为三组；担任各科的教师，应依照各组的程度，以作相当的指导。其目的务使能力优者，可以尽力发展；能力低者，不致受他人的牵制，而发生意外的损失。换言之，高能的儿童，有机会可以自动去学习；低能的儿童，亦可由教师的指导得到相当的进步。其法将每次上课时间分为三部分：(1) 讨论以前所学习的材料，或测验学生已有的学识；(2) 应用问题方法，指定应所学习的功课，且照学生能力分配之；(3) 自由学习，教师巡视教室，有困难者辅导之，或介绍各种良好的学习法。在这种教学下，学生既可作自由的探讨，又可各依其能力而进步。同时，若遇有困难，立即可以得到教师的辅导。这样获得的经验，不特更有价值；而且学习的时候可以更有兴趣。至于养成独立研究的习惯，及改进各种学习的方法，亦有很大的价值。他若团体合作与共同讨论的机会仍甚丰富，而并没有如绝对采用个独教学时的弊病。故学习辅导法实可谓救济普通班级教学的一种最良方法。

总之，上述各种救济班级教学弊病的方法，虽形式不同，难易各殊；但其所有的根本原则是一样的。就是：采用能力分组的编制。换言之，班级的编制，不应根据儿童的实年及其在学的年数，而应根据其能力及程度。故我们若要将校内分级、级内分班及班内分组时，应顾及下面两个条件：

(1) 将儿童的学业成绩相同者，合为一组教学；

(2) 将儿童的进步速率相同者，合为一组教学。

前者指儿童的程度而言，即其已有的经验；后者指儿童的智力而言，即其生有的聪慧。所谓能力分组或能力编制者，就是拼合这两方面的事实，以为分组或编制的标准。这种分组与编制的方法，实有多种长处。计其要者，约得下列数种：

(1) 若儿童的程度相等、智力相若，则其需要与兴趣必大致相类似。既有多少差异，亦不致如在普通班级内程度参差及智力悬殊的学生那样显著。如是，即在同一班级内，采取同样的教材及应用同样的方法，亦可不致发生什么很大的弊病。

(2) 若儿童的程度相等、智力相若,则其在一处学习时,必可更有兴趣。因此,教学的能率亦可愈益提高。再者,在这种情形下,儿童竞争最为热烈,最为公平,且最有意义。

(3) 若儿童的程度相等、智力相若,则各人均可尽其能力而作充分的进步。如是,优秀的儿童,不致因受他人的阻碍,而失去其所能学的机会;愚钝的儿童,亦不致因受他人的牵制,而勉强学习其所不能学习者。

(4) 若儿童的程度相等、智力相若,则选择教材时,始可实在顾及以下两种普通的原则:(a) 教材必须具有相当的难度;(b) 必须可为儿童所能了解者。至若在普通程度参差及智力悬殊的班级内,则虽欲顾及这种原则,亦很困难。因愚钝儿童以为有相当的难度者,优秀儿童或以为太易;优秀儿童以为可能了解者,愚钝儿童或以为甚难了解。故普通每以中材生的能力为标准。但在这种情形下,智者恒有自满的倾向,愚者常有悲观的心绪。今倘果以能力分组或编制,则这种危险就可免除了。

(5) 更有进者,若儿童的程度相等、智力相若,则其常识、社交及处事等能力,亦可彼此相仿佛。如是,训育方面的工作就可免除许多困难。再者,在这种班级中,欲养成团体合作的习惯,及获得友朋观摩的利益,必可较为容易。

但何以能求得各个学生的实际程度及智力呢?这不得不约略为之说明。普通应用考试方法考查学生的程度,根据平常观察评定他们的聪慧,实在太不真确。我们若要切实解决这个问题,必须在可能范围内,竭力应用科学的方法。所谓科学的方法者,就是要使其考查或评定的结果更为客观。换言之,就是要应用根据科学方法所编制的标准测验。测量学生的程度,最好应用学科测验;测量学生的智力,最好应用智力测验。然后将其成绩统计起来,作为分级、分班或分组的根据。至于教师的批评及考试的分数,则可用为参考的资料。

我国现在对于标准测验的研究,逐渐知所注意;商务印书馆已有多种测验可被采用了。不过尚属初步时期,编制未能十分周密。我们应用时,尚须抱有实验的态度,作为一种试行的材料,不宜完全盲从其结果。可是无论如何,必可有相当的价值;且亦值得我们试行的。至若论其应用的方法,虽不十分困难,但亦不十分容易。诸位若有志于这种工作,请参考我们所编译的《麦柯尔教育测量法撮要》一书(民智书局出版)的第二、第三、第四及第五章。同时,每种测验均有说明书，说明测验的用处、测验的特点、施行测验的方法、核算成绩的步骤及校对 TBCF 分数的表格和其意义等。若能细为研究，则利用之以求获得学生实际的程度和智力，作为分级、分班或分组的标准，必可不成问题。如是分级、分班或分组后，倘能再施以优良的教学方法，如学习辅导等，则普通班级教学的弊病就可救济了。

参考书
(1) 廖世承，《中学教育》第十章，商务印书馆。
(2) 程其保、沈廪渊，《小学行政概要》第四章，商务印书馆。
(3) 杜佐周，《教育与学校行政原理》第十五章，商务印书馆(在印刷中)。
(4) 杜佐周，《麦柯尔教育测量法撮要》第二至第五章，民智书局。

这一篇是在福建集美学校小学教育研究会的讲演稿，由张景崧、梁士杰二君笔录。

小学行政组织之新趋势

王秀南*

一、小　　引

曩者本志"实小教育专号"征文,余曾著有《实小组织之鸟瞰》一章。其目的在求客观之事实,以见实小组织之一斑。惟范围既限于实小,举例亦少及于乡村。至孰得孰失,固未加以充分之论断;而何为合理的组织,犹未发为整个之主张。一年来以搜集之结果,举凡城市乡村,已获足以代表之资料。爰得失所在,比较研究,以见过去之病症,而迹今后之趋势;并以合理的组织,就正于同人之前,是否有当,尚希阅者指正!

二、过去之病症

小学行政组织,几年来已暂引起教育界之注意。大规模之实小,固已刷新内容,变更组织。即小规模之乡校,向以为校务异简,认无组织之必要者,今亦

---

* 王秀南(1903—2000),号逸民,福建同安(今厦门市同安区)人。中央大学教育系毕业,教育学学士。历任河南大学、中山大学、暨南大学、厦门大学等校教育系教授,福建集美师范、龙溪中学、福建省立师范等校校长,1949年后在东南亚办学。主要著作有《实验教育》(与罗廷光合编)、《小学校行政组织问题》《教育学科教学法综论》等。

本文原载于《教育杂志》1931年第23卷第11号。——编校者

迫于行政效率之追求，遂不得不谋组织之精审。只以不察实际，妄相征逐，而组织之流弊，遂缘之以生。举其著者，应为下列四端：

（一）组织不翔实

统观各校组织，大抵遇事铺张，不求翔实。大规模之实小，固应有尽有，无美不备。即小规模之乡校，亦不自示弱，竞相模拟。彼主持行政者，徒知系统排列之美观，以博参观人一时之赞许。殊不知组织失实，反为学校行政之累。此其弊一。

（二）事权不统一

昔者党军克复江南，各校竞以改行委员制相号召。结果，事权不专一，徒见校政紊乱，争端迭起，其利未见，而弊已呈。今也校长制之规复，虽已确定，然而各种会议，直隶于各部之下，会议结果，可不经校长之审核而得自发颁行。结果，常有两种会议，其议案互相抵触，而校长不知也。此其弊二。

（三）分部欠联络

各校组织，多采四系分立：或分总务、教务、训育、事务四系；或立事务、教务、训育、研究四部。只以缺少联络，常呈冲突之象。例如，“级务”及“监护自修”，皆与教务、训育有关，究以何属为宜？又如“集会”与“交际”，亦与总务、事务两涉，应以归何为妥？结果，或两不负责，或彼此冲突，或劳逸失当……凡此种种，在在可见。此其弊三。

（四）会议太浪费

小学集会，实病繁琐：属于行政者，股有股会，部有部会，全校有校务会；属于研究者，科有科会，组有组会，全校又有研究大会。他如各种委员会之召集，儿童开会之指导，尤不在少数。以一日百数十分钟之教课，尚须膺此如许之会议，其不疲于奔命，宁有几何！昔郑晓沧先生主持中大实小，每次集会，必自四时至七时，而忘晚饭之已过。议席上虽感兴趣浓厚，实际上亦觉浪费不少。郑先生出常语人，非设法改良不可。夫中大实小，除各级指导会议外，只有教职员会、行政会及研究会三种，已较他校缩实许多。他如广分部系，会议杂陈者，更无论矣。此其弊四。

诸此四者，实小学组织之大病。几年来以盲动直撞之结果，颇有悔恨革新之倾向。兹详述之于下。

三、今后之趋势

小学行政组织上之革新，迩年来颇具蓬勃之气象。开明的小学，固已改途变计，从事试行。即保守的学校，亦正从事整理，以符实际。综其倾向，不外下列五端：

（一）训教合一

训教合一，乃迩年来之一种新运动。诚以"生活即教育"既为吾人所承认，则儿童之生活自为整个的，而非片段的。前以为教学所以灌输儿童之智识；训育即以锻炼儿童之行为。前者属于课内，后者属于课外。于是职司课内者则有教务部之设立，管理课外者则有训育部之创置。殊不知课内管理亦有行为问题之发生，而课外指导，亦不少求知之工作。诚以儿童之生活、身心之活动，乃完整的，而非破碎的，原无所谓课内与课外也。况儿童自治之训练，应以学习为出发点，使课内外冶为一炉，而求整个生活教育之实现。故开明之实小，或将训育并诸校务，以免训教之冲突（如淮中实小是）；或合设教导部，以求训教之调剂（如苏州女中实小是）；或改设指导部，以训练儿童之身心（如晓庄小学是）；或特设生活部，以求教学做之合一（如和平门小学是）。名虽不同，实无二致。故训教合一，乃小学组织上最迫切之要求。

（二）集权分治

一校之大，无分治，不足以应付校务之繁；不集权，则无以收统一之功。所谓分中有合，合中有分，分工合作，则校政之发展可期。各校当局，非不了澈及此，只以失之毫厘，谬以千里。例如，各部会议，大抵隶于各部之下：

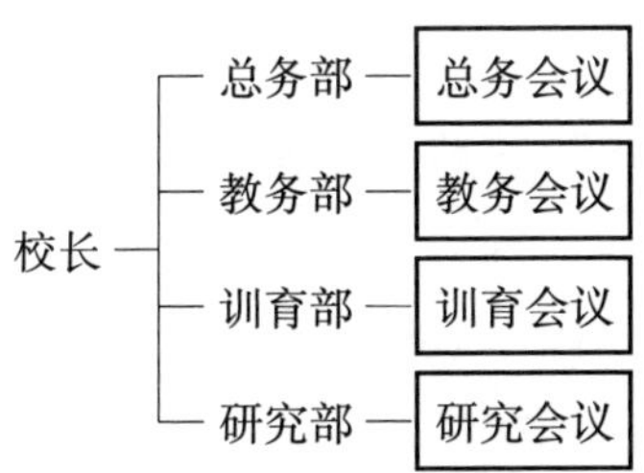

会议结果，即付实行，常有两种会议而议案发生抵触。尤可笑者，月前赴某系调查教育，凡询及训育之事，校长多茫然不知，必召询训育主任，始能解释。似此行政，只收分治之功，绝少统一之效。间能集权分治，兼筹并顾者，诚不多见。有之，惟前之东大附中，其组织系统为：

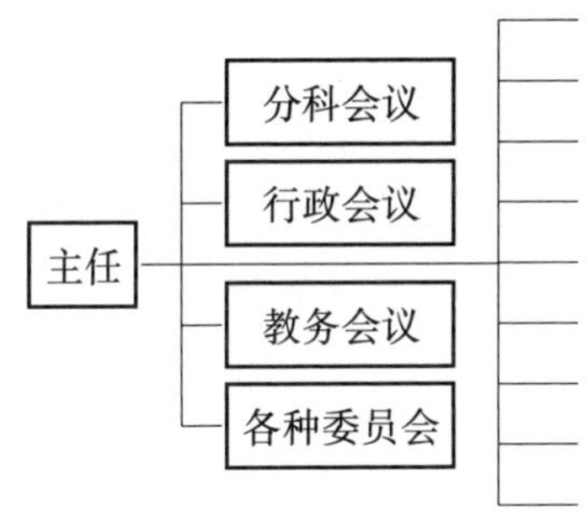

观其组织，各种会议，乃集中于主任（或校长）。其优点有二：(1) 校政可以统一；(2) 教师踊跃出席。总之，此种主张，乃今后必然之趋势。余信此后行政领袖，人才辈出，则此制之推行，可立而待矣。

（三）组织简单化

迩来各校组织，大抵部股繁立。校长之下设置四五部，每部之下各置十数股。城市实小，固分至四十余股之繁，即单级乡校，亦设立至三四部之多。蔚然杂陈，华丽壮观，今之国府组织，望之犹有愧色。坐是之由，股多人少，大而无当。其弊也，劳逸不均，运用不灵。开明之小学，忍受几年来行政上之痛苦，已觉夸大失实之无当，于是改途变计，暂有由繁而简之趋势。上海工部局东区实小，近且缩实部系，不分股别，所以杜一人兼掌数股之积弊也。

(四) 行政儿童化

组织简单化之要求，既暂普遍于全国；而行政儿童化之提倡，亦暂引起世人之注意。诚以昔日组织，大抵凭一二人之主观，广厘阔订，实际是否需要如是，未遑顾及。结果，流于形式，徒病行政。杭州天长小学，有见及此，举凡行政组织，一本儿童之组织。儿童有自治之需要，学校则有指导股之设立。不求夸大，只在切实。虽然，学校行政是否皆可儿童化，固有待于商酌，然而实事求是之态度，确非他校所能及也。

(五) 缩实教师集会

教师之厌恶集会，中外同然。依美国之调查，大多数之教师不欢迎开会，其原因有四：(1) 课务忙碌，无暇兼顾；(2) 时间多浪费，结果欠完满；(3) 布道式的会议，教师无发表机会；(4) 批评式的会议，专供校长指摘。吾国专业兴趣，远不如美国，吾知小学教师，其不赞成开会者，亦将倍蓰于彼邦。诚然，厌恶集会，乃教师惰性之表现，然而过事浪费，亦非企求教育经济者所宜然。固缩实集会种类，追求集会效率，实为目前迫切之要求。鄙意以城市学校，会议可分行政、研究两种，行政会议，时间宜短；研究会议，其有俾于专业上之探讨者，则不妨稍长。惟乡村学校，只开一校务会议足矣。

四、合理之组织

小学行政组织之新趋势，既已详之于前，兹更本此趋势，以定合理的组织如下：

(一) 行政组织之基本原则

组织之原则有八：

1. 组织要翔实

行政组织，贵在简明翔实。有若干校务，则分成若干股；有若干股，则并成若干部。行政组织乃活的，而非死的。将来校务加多，组织亦随之增繁，并非一成不变。本此原则，则不切实际、大而无当之组织，均在淘汰之列。

2. 系统要完整

一校行政，贵有完整系统，则用人处事，可专其责成；无谓干涉，可以避免；教育主张，可以自由发挥。本此原则，则董事会之干涉校政，易使系统支离破碎，均在裁撤之列。

3. 责任要专一

校长负一校之全责。所有学校行政，均应集权于校长，以收统一之效。本此原则，则各种会议应在校长指导之下。

4. 职权要分化

校政集权于校长，同时又须注意职权之分化。诚以一校之大，事无巨细，若必由校长躬自处理，既为事实所不能，抑亦一校精神所不许。故必分为若干部，由同事分配负担。

5. 单位要确定

一校之中，分为数部；每部之下，又分为若干股。惟部股之厘订，应确定其性质。俾权责划清，无互相冲突之弊；职务确定，有一击众和之妙。

6. 劳逸要均衡

各部劳逸不均，则校政发展不齐，故订部之始，尤宜注意。顾股数之多寡，尚非绝对之标准，而事务之繁简，正为劳逸之判分。今既主张训教合一，则教导应成一部；总务、事务，亦应合并为一；此外研究独立成部，事务亦繁。三者相比，劳逸尚匀。倘有轻轩，则以委员会调剂之。

7. 领袖避独裁

校长虽负一校之全责，但为校政发展计，应常借各种会议，为集中同事之意见。切忌独行独断，自陷孤立。而校政会议，尤须邀请全体教师列席，以求全校精神之团结。

8. 分部要联络

行政组织，贵在权责分清，同时又须注意各部之联络。虽然，训教合一，事务归并，已于各部冲突，免除不少；然而一事之来，常于两部之间，发生关联。各部遇此情形，则须设法联络。本此原则，则校政会议不啻各部之联席会议。

（二）城市小学之行政组织

兹本上述八大原则，以定城小之组织如次：

城市小学组织系统表

教职员方面

校长

行政会　研究会

总务部：文书股　庶务股　会计股　卫生股　图书股　统计股　出版股　毕业生股

教导部：招生股　测验股　成绩股　学籍股　指导股　监护股　舍务股

研究部：幼稚教育组　初级教育组　高级教育组　特殊教育组　扩充教育组

巡察团　救火会　娱乐会　体育会　竞进会　卫生会　医院　银行　合作社　周报社　图书馆

市执行委员会

勇区　仁区　智区　美区　善区　真区

自由市

儿童方面

说明：

上表之列，乃就各校组织，约实而成。客年暑期，余曾统计苏省十五著名实小之组织，做一综合之研究（见中大《教育季刊》第一期）。结果，依其共同点，列一组织系统表。各部之股数如下：

（一）总务系共十二股：曰文书、交际、招生、学籍、成绩、统计、图书、出版、集会、教具、校景设计及毕业生等股。

（二）事务系亦分十二股：曰庶务、会计、膳食、校具、装修、消防、卫生、医药、银行、商店、校园及校工训练等股。

今并此两系而曰总务部。仅存文书、统计、图书、出版、毕业生、庶务、会计及卫生八股。其他招生、学籍、成绩三股则移诸教导部。而以教具、校具、校景设计、膳食、装修、商店、校园及校工训练，并诸庶务股；医药、消防，并诸卫生股；银行并诸会计股。此外，如对外交际，随时可由校长核行；集会秩序，在在亦赖同事维持，实无单独设股之必要也。

（三）教务系共分八股九科。八股有：测验、幼稚教育、低级教育、中级教育、高级教育、教生指导、休闲教育及推广教育等。九科有：党义、国语、算术、社会、自然、艺术、音乐、体育及选修科等。

（四）训育系共分九股：曰训导、级务、舍务、娱乐、监护、奖惩、自治指导、顽童训练及家庭联络等。

今并此两系曰教导部。除由总务部移来：招生、学籍、成绩三股外，仅存测验、指导、监护、舍务四股。他如研究事项，则移诸研究部；训导、级务、娱乐、惩奖、自治指导及顽童训练，则并诸指导股；至家庭联络，随时由教师共同行之，亦无专行设股之必要也。

(五) 研究系——旧无研究系之设,今则独立而成一部,皆由旧教务系转移而来。前分科股,实嫌过繁,故并设为:幼稚教育、初级教育、高级教育、特殊教育及扩充教育五组。初级教育组,包括低中年级,二者教法相仿。高级教育组,则可分科研究,但不宜过细,致失完整也。

(三) 乡村小学之行政组织

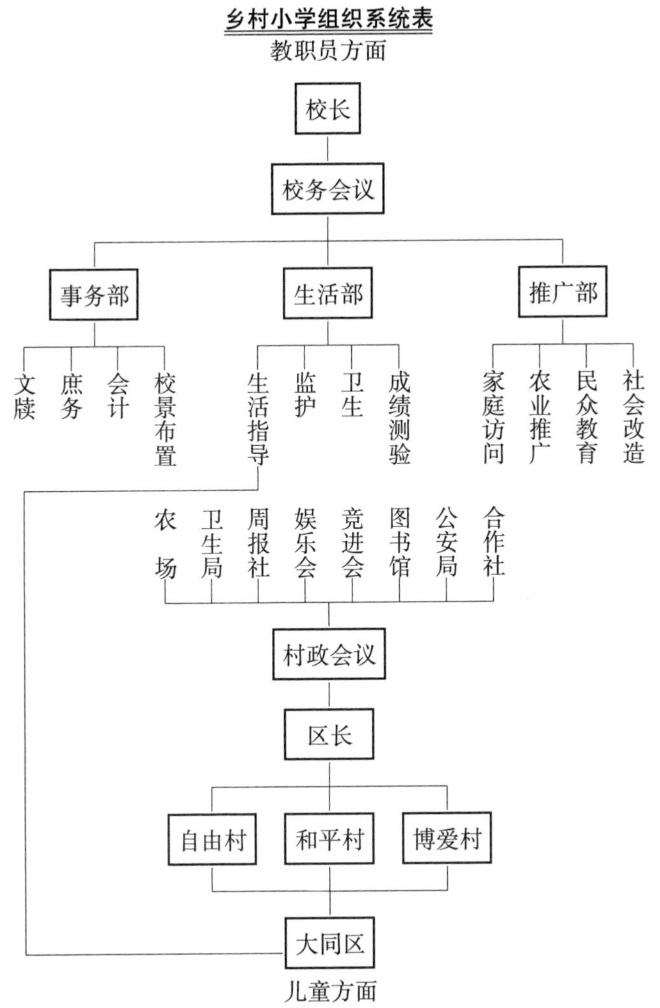

(说明)乡村学校,以人数较少,研究之事,可与行政冶为一炉,无须另立一部。至于社会改造,乃乡小精神之所托,应另设推广一部,以专其职责。

五、结　　论

上举两例，乃就各校归纳而成。所取材料，虽偏苏浙一隅，然而彼等教育之韶秀，睹此已足窥类全国。各地小学，不难依据本校实况，衡以上述原则，重行复订，吾知于学校行政，必俾补不少也。

学校考试之害及补救之法

邢定云*

今试问于一般教员，曰学校何为而有考试，则必曰将以别生徒之优劣，定其升级与留级耳；他非所知也。呜呼，可痛哉斯言，痛其身为教员，仅知有考试，不知所以有考试。故其设施多乖乎教育，强求合于一定之程式，而忘其学生为求实学之义也。可悲哉斯言，悲为学生者，受其戕贼不鲜，而贻祸无穷也。教员以此心为心，考验学生，或过于严厉，即不免操切从事，或过于宽纵，则不免敷衍塞责。学生以此心为心，其埋首书案，终日矻矻者，惟以求分数为事，以名列前茅为荣，其实事求学者，百不得一。嗟夫，此非近日一般学校之现象乎。余以为我国学校，学问无起色，学生乏生气，进步迟迟，教育实效终不可见者，未始非考试为之厉阶焉。《周书》曰："绵绵不绝，蔓蔓若何，毫毛不拔，将成斧柯。前车不鉴，后有大患，为之奈何。"今胪举考试之害，并陈补救之法焉。

一曰虚糜生徒之精力，欲求其各极天能，推陈出新，不可得也。

教员学生，每以考试为官厅规定，学校必行之手续，故郑重视之。其举行

---

* 刑定云(1897—?)，浙江嵊县(今嵊州市)人。北京高等师范学校英语科毕业，曾任黑龙江第一师范学校英语教员、奉天省立第一师范学校教育学教员、奉天女子师范学校教员、沈阳高等师范学校教授、伪满文教部编审官、营口女子师范学校校长等职。1957年被辽宁省人民委员会聘为辽宁省文史研究馆馆员。主要著作有《心理学》《论理学》《最新教学法原理》《教学法学习法原理》等。

本文原载于《教育杂志》1914年第6卷第12号。——编校者

毕业考试也，尤重形式。或请派员监考，或请绅董督视。点名对簿，若待囚虏。归本书法，若选钞胥。以为非此不足以呈报官厅而得奖谕，宣示外人以壮观瞻也者。呜呼，**学与考两事也**。**重学而轻考，则树人之道得矣**。**轻学而重考，则树人之道失矣**。或者疑吾言乎，则请以日本浮田和民博士之言为证。其言曰："今吾国多数少年人皆处可哀之境，大抵谓之学校奴隶可耳。每年三百六十五日所书夜矻矻者，以考试也。科目太繁，过其留驻力之所堪任；而心神赏会之能，则丝毫无所发展。不但无所发展也，且重困之。是以学成如木鸡然，常识且丧，而推籀之心力全无。其为学既少优游之趣，乃无自得之欣。黾勉何为，凡为考耳。"(见本年[1914]四月出版严几道先生译 Dr. Westharp 原著《中国教育议》第五页)今吾国考试之危害，何尝不日本若哉。一旦临考，见彼少年愁眉蹙额，呓唔之声达于户外。其伫苦停辛若是，无他，强记课书与讲义耳，揣摩考试之题目耳。与学无兴也，于用更无兴也。今以日本教育之成效与中国较，则日胜我远甚；而浮田博士犹或非之，一则曰心神赏会之能无所发展，再则曰学成如木鸡然，三则曰无自得之欣，而皆归咎于考试。何也？一言以蔽之，生徒困于桎梏之考试中，而不得各极天能、推陈出新故耳。日人洞鉴考试之害，倡说反对者，奚止博士一人。日本时报云，今日之教授法，虽在吾曹，殆亦不敢附和，以其所暴殄少年人之精力神思者极巨，此无他，坐有强迫之考试耳。此官报也，而其言若是。文部省大韪其议。前有废止高等女学校试验之议。本年则通令全国曰，中学生徒之试验，校长得酌量情形废止之。此事一行，生徒得以随其所思以为学，即所谓想象之学也；随其所行以为德，即所谓良心之德也。西国爱农(Anon)①之谚曰：

Do what reason says is best;
Do what conscience says is right;
Do your duty and be blest;
Do with all your mind and might.
依汝理想所至而习之便佳，

① 今译"瑞典"。——编校者

随汝良心所至而行之乃正。

尽汝之职分令其天然愉快，

凡汝心思权力所能者试之。

玩其词意，亦不过令其各极天赋之能，不使为外物所驱遣束缚耳。我国莘莘学子披沙拣金，剖璞抉玉，何金玉之少也，岂一无出类拔萃之质者哉，徒以有千里马而无伯乐。虽有良马，只辱于奴隶人之手，鞭策不得其道，才美不外见，且欲与常马等不可得，安求其能千里也。考试犹鞭策也，考试不得其道，斯乏奇才异能之士矣。

二曰学子竞争虚荣，不事实学也。

所谓各极天能，推陈出新者，必具有特异之资。此高材生也，不必多有，至于中庸之才，实用之学，则固人人所必需。而求之今日之学校中，则有大谬不然者，有毕业高小而不通双字者矣，毕业中学而不知代数形学为何物者矣，毕业师范而直不谙教育者矣。推原其故，**实由于人心不趋于真实，平日无极深研几之功。徒怀借径终南之想，所争者分数，所求者虚荣**。学子之所日夜馨香祝祷者在此，即父诏其子、兄勉其弟者亦在此。尝见为父兄者，往往以子弟获得优分名列前茅，为莫大之荣，告之戚友，扬之邻里。前清之官塘捷报、举觞开贺等陋习，尚时有所闻。而其子弟之真正学问，是否合于实用，则非所计也。或子弟稍稍具有实心求学之念，而因故未得及格，以至留级者，父兄便引为大辱。而其真正学问，是否适乎实用，亦非所计也。甚或为师长者，亦仅依考试之分数，妄评生徒之优劣，而其真正学问，则不加深察也，此于专门大学为尤甚。呜呼，上以是求，下以是应。父兄之教不先，子弟之率不谨。师长无知人核实之明，生徒中沽誉钓名之毒，宁有以实学自勉其身者乎。观夫今日青年，其听讲也，或鼾伏案上，或听而不闻，未尝以学为念也。其自习也，或谈笑自若，或一心鸿鹄，未尝以学为念也。盖其虚荣之心，早已潜滋暗长于考试之鼓励。匪伊朝夕，宜其与学相去愈离愈远矣。迨考期一至，则争先恐后，勤奋温理，时间不足，夜以继晷，仓皇之状，难以言喻。然其目的，仅在得分数而争虚荣。故其强记之功，亦惟计及于受试之一时，越期则化为泡影耳。此乃全国学生之通病，无校不如是，无人不如是者，实坐有此虚荣之考试故耳。近世教育家罗式经有言曰："文也艺也科学也，不能使人乐，乐而归于正也，皆属无用，而反生流弊焉。予有一言，不吐不快者，即近日之教授法殊不足恃，学校中常常为严重之试验，实大背原则，而少年竞争之结果，致使人皆知其所学之非，且悔其一成而不可变也。予意，地无中外，时无古今，学校而欲收良好之成绩，则此虚伪之竞争，在所必废。不必问此生徒之优秀于彼，或愚拙于彼，只问其天赋之能，是否发达至至善之境。今而后予愿自中小学校以至专门大学，皆大书特书，悬为厉禁曰，无事竞争与虚荣。"（见本杂志六卷二号）旨哉罗氏之言，诚字字针砭也。深愿我主持教育者见之，起而改革之；教员见之，鼓吹改良之；学生见之，兢兢自勉之。

三曰考试给分，恒不得其平，足使优异者向隅，而侥幸者傲物也。

考试仅恃一日之短长，焉足以评其真优劣。昔者通人硕儒，蹉跎不第，如韩愈、刘蕡辈，犹不可胜计，然而挟雕虫之技，徇拘曲之学者，固一登龙门，身价十倍也。昔黄梨洲先生论考试之弊，以探筹喻之（见《明夷待访录·取士篇》），言其不能得真才也。今日学校，不知于平居考察生徒之学问品性，徒恃考试以为标准者，视昔日之考试有何轩轾于其间哉。且教员之命题，往往流于一偏，苟能如其法、中其程式者，得分必多，不则败矣。余曾于某郡中学校见某地理教员，考试学生，专重强记，其试卷答案能与讲义一字不易者，给以百分，不符者以次递减。又于京师见某专门学校之数学教员，试题多出自书中定理，生徒答案之证明，亦以与书中相符者为佳卷。若是者其出题已违乎教育，以致生徒习于此则失于彼，习于彼则失于此，疲于奔命，莫知所从，受其戕贼，何可胜述。然生徒之狡黠遑能者，则善承教员之旨，怀侥幸之想，以遂其虚荣之望，而学识优异稍知自爱者，或宁牺牲其分数，不欲牺牲其实学，必不斤斤较量于考试也。譬如，挟千金以求力士，号于众曰：有能举千钧者致千金，则强有力之人立见矣；若曰有能胜匹雏者致百金，则所怀之金顷刻而尽。而勇士见则羞之，虽有贲育其人，未必能入我彀中。是故以米尔顿之文名盖英伦，当其在孔布利基大学也，未尝以考试冠诸生，且以状貌类女子，不称其志气，故有妇人之诨名以侮辱之（见 Pancoast 与 Shelly 两氏所著《英国文学史米尔顿传》）。今美国大总统威尔逊氏，尝负笈泼林斯顿大学，每试辄北，亦未尝以倜傥见称于当时，考试毕业名列四十二，而其所学所抱，则占鳌者固不及其万万也（事载去年[1913]三月间北京《英文日报》及上海《大陆报》）。是二人者，皆以千钧之才，而置之比赛匹雏之场，其不克展其能也宜矣，而其次者，犹力胜匹雏之取百金然，优分独得，诩诩然自鸣得意，夸矜之气露于言表，此吾所谓之优异者向隅，而侥幸者傲物也。孰谓考试给分，即能辨生徒之真优劣乎。抑余又闻怀德博士之言曰，考试之弊不一端，而给分不公为尤甚也。学校中科目既多，教师不一，彼此各有偏重，即不公在其中矣。夫知识也，学力也，练达也，皆生徒修养之要素，未可偏视者也。若三人各得其一，究以谁为优乎？即以知识论，其得之之法不同，有由记忆而得者，有由理想而得者，亦未可偏重也。记忆之知识与理想之知识，究以何者为贵乎？他若有长于数学者，有长于史地者，有长于绘画音歌者，亦未可偏重也，究以何者为胜乎？而今日学校定学生之等次优劣，则汇各科分数合一炉而陶冶之，殊不知各教员之给分，固各有其标准，则所得之总评分，欲其公允，其可得乎。（见 Dr. White 原著 *School Management* 第一百三十三页）

四曰执行考试，蔽窦百出，不减于科举时也。

中国科第之荣，风靡天下久矣。肇自有宋，历元涉明，清季末造，变科举而为学校。则有奖励之制，而此根深蒂固之劣根性，已深印于学子之脑海中，而未易去也。民国建基，奖励既废，而法政学生满坑满谷，向之热心奖励者，今转而鹜趋法政。形式虽变，心理依然。既而法官甄别知事试验举行于京，而普通文官考试行将续办。持有毕业文凭者，即具应试之资格，即有得官之希望；无此文凭，即无从应试，即不能得官。是故其视区区一纸，虽隋侯之珠、卞和之璧，不是过也；遂不惜百计营谋，驯至廉耻道丧以得之。科举时代有所谓请谒关节者，今则有学生临考，有要求范围于教员之弊矣。何谓要求范围，即如本学期已授毕词品八部，强请于教员，仅试名物区别云谓介系四部，或断章取义，择其各部之重要者而试之是也。夫校中所授之科学，要皆具有系统，毕诵其书，方可收联想贯通之效。今若缺某部分而不试，必无寓目者矣。宜其一般青年学子，俨然自谓已习某学，其于某篇某章，虽能应对，而斯学之总概念则未明了，提纲挈领之功则全无也。是故已习历史而仅知近世史者有之，已习化学非金属论而不识硅素有何用者有之，犹可笑者。余曾见某生课代数已毕一次方程，余以乘除法及分数题试之，颇能演解。继而问余以一次方程式中之 x 与 y 作何解，余愕然，急叩其故，则曰本届试验略一次方程而不试，故未尝演草温习也。呜呼，范围之害，可不痛哉，且不只此。科举时代有所谓抢替、怀挟、窥窃等弊者，今亦何尝无之。卷纸如丸，抛掷于教室中者，今日之抢替也。书籍藏身，字片飞飞者，今日之怀挟也。远眼高眺，如鸬鹚袭物者，今日之窥窃也。更奇者，学风愈趋而愈下，弊端愈出而愈新，异想天开，出人意料之事。如贿通校役、盗窃题纸以及顶冒代售之伎俩，昔者之施于科举者，今亦间有见于学校中矣。如此恶风，若不痛惩，则与道德教育之旨，不甚大相背谬乎，其影响岂仅荒废实学而已也。

上述四害，不过荦荦较著者耳，未能尽也。一言蔽之，古之学者为已，今之学者为人。君子之学也，以美其身；小人之学也，以为禽犊。荀卿之言，一若为今人而发者。是以今日青年学子，苟求可以为人禽犊，而遂其虚荣之望，则入乎耳出乎口。口耳之间，才四寸耳，虽不足美七尺之躯，而不顾也。其次焉者，暴殄精力，虚靡神思于糟粕之间，拼死一时，虽毁伤其身体发肤而不惜也。又其次者，则存侥幸之念，生苟且取巧之行，寡廉鲜耻而不知羞，甚至与教员狼狈为奸。或不遂其欲而生恶感，与同学同恶相济，或争荣而生嫉妒，于是幽莠似禾，骊牛如虎，白骨遗象，赋夫类玉，真伪既乱，若者虚声纯盗，若者蕴蓄素深，而未由辨矣。夫农夫比粟，商贾比财，士子比学，理之正也。今士子非比克念也，而比罔念，非比实学也，而比虚荣，视农夫商贾之不若矣，此余所以长太息也。

居今世而言教育，欲求与国家大势、世界潮流相应，合于社会生活之实际，使兴办一校即得一校之用，培植一人即成一人之才，则考试实为障碍物，废之宜也。虽然，处今日而倡言废考，时机未熟，曲高和寡，必有所甚难者，于是不得不降次而言补救。补救之法，约有三焉：一曰贵学，二曰修品，三曰废分。

何谓贵学？

《淮南子》曰："纯钩鱼肠之始下型，击则不能断，刺则不能入，及加之砥砺，摩其锋锷，则水断龙舟，陆刺犀甲。学亦人之砥也，惜乎青年学子，皆昧斯义，知砺其剑，而不知砺其身。尽其能，不过糟粕禽犊已耳。不然，子路卞之野人，子贡卫之贾人，颜涿聚盗也，颛师孙驵也，学于孔子，皆为显士。”甚矣，学之不可不贵也。所谓贵学者，在生徒唯知学之独可贵其身，在教员唯知学之独可以贵生徒。于是，磨砻砥砺，考试犹之鞭策，借以切实自勉，努力进取而不懈，蒸蒸日上而不息。是故寓考试于贵学之中，考试亦足为良法也。然今日之教员，视考试为例行故事，匆匆一考，随给分数，升留既定，便作毕事，其危害斯烈矣。是盖不能以学相贵，故考自考，学自学，考不足以励学，学无非为考。知贵学则不然。考为学而考，非为考而考，故其于考也，毫无荣辱侥幸之心存其间。呜呼，差以毫厘，谬以千里。能辨此征，吾以为可救无数青年矣。今以具体说明学校举行考试之所以然，愿教育界诸公以及学校教员、青年学子共鉴之。

(甲）对于生徒所以举行考试者，其故有五。一曰日知其所无，月无忘其所能。如月考、临时考是也。二曰温故知新。遇有考试，温习课书，可使往日观念重行明了，而收类化之功，即新知在其中矣。如期考、年考、毕业考是也。三曰学知不足。凡一科目，已经考验便自知不足，于是上进之心益坚，而极深研几之功可冀矣。四曰会神达意。夫学精有神，不可不会，人贵有意，不可不达。使人而不能会神达意，虽熟读五车，犹若木鸡。考试者有神可会，有意可达，即所以练习发表思想也。五曰极天赋之能，开发心得之论。苟教师督课严明，生徒专心致志，加之以月有试、岁有考，则鉴前此之失，而收后日之成。兴味既浓，技熟巧生，于错综万象之脑海中，往往豁然大悟而得有妙诀焉。

(乙）对于教员考试所以之举行者，其故有三。一曰所以视生徒之进益也。人学于我，不长其能，师之耻也。故不可不考校生徒，以觇其成绩，并验教授效果之何如，而教授之经验益丰。二曰所以察学者之四失，而改良其教法也。四失者何？《学记》曰：“或失则多，或失则寡，或失则易，或失则止。”使无考校，则莫知生徒之失；知其失，然后能救也；故考试之结果，所以使教师改良其教法，变通其课程，克尽其天职。三曰所以使知教之困，然后教学相长也。人之患在好为人师，言为人师者学有止境也。教不知困，则不知其学之不足。教何由知困，可由考试。观察生徒成绩之优、进步之速，而知来者之不足以教也。知其不足，则为师者亦尽心于学矣。故《兑命》曰：“学学半。”学者教也，学者学也，教学相长，可谓良师矣。

试问今日之学子，能知考试之所以然乎。舍虚荣之外无乾坤，舍侥幸之外无世界，恐未也。试问今日之教师，能知考试之所以然乎。本届考试已过，学生进步与我无涉，改良教法不知自省，为己求学且待来年，或亦未也。若是者，欲求考试之不贼人子弟，其可得乎。是故善为教师者，必知考试之所以然，且使生徒亦知考试之所以然。然后学竭其勤，教尽其材，以学砺其身，以考砺其学，则济济多士，唯学是务。故《尸子》曰："学不倦所以治己也，教不厌所以治人也。"斯得贵学之道矣。

何谓修品？

锻炼生徒之品性，而良其行也。其要有三。一曰不苟。《荀子》曰："名不贵苟传，唯其当之为贵。"今日一般学子，不务学也，务名也；不务名也，务苟名也。是故其临考也，几为分数之奴隶，锥刀之末、一分一厘之细，亦不肯轻易放过。名虽苟得，而实学则不可知矣。是故欲去其蔽，**非养成学生不苟之风不可**。此乃修品之要道，而教师之责也。二曰知耻。《孟子》曰："人不可以无耻，无耻之耻无耻矣。"又曰羞恶之心，义之端也。故不知耻则无所不为，而陷于非义矣。生徒每当考试，欺父母之耳，饰师长之目，自暴自弃，种种异闻发露于场中，希达其多分之目的，是不知耻也，是非义也，宜痛改之。而能养成生徒廉耻之心，则考试之弊自去矣。三曰竭诚。原夫人格教育，不外开展知识、锻炼意志二者而已。知识不诚，则指鹿为马、颠倒是非，人受其欺。意志不诚，则易为外邪所诱，芝兰玉树不难化为荆榛。海尔巴德[①]曰："意志受明智之指挥而行动，即为诚意之观念。"今夫青年学子明智未尝不明，徒以意志不固而陷于诈伪，良可悲也。劳昆学校(Grammar School of Rugby)[②]者，英伦最良之学校，教育界许为模范者也。安脑特(T. Arnold)[③]博士者，闻名一世之校长也。善哉博士之语生徒曰：

---

① 今译"赫尔巴特"(Johann F. Herbart，1776—1841)，德国哲学家、教育家。——编校者

② 今译"拉格比公学"。——编校者

③ 今译"托马斯·阿诺德"(Thomas Arnold，1795—1842)，英国近代教育家。——编校者

“If you say your work is quite enough, of course I believe your words.

汝自谓课程已修毕，余信汝言。”

是则生徒之勤惰优劣不必考验，一问便知；不解安脑特博士以何大力始克臻此。余细察之，乃知博士平居正直信实，推心置腹，遇事开诚布公，身为表率，宜乎生徒深受其感化耳（以上参观 *Journal of Education* 载《劳昆学校记》）。余深愿我最尊敬之教师以安脑特博士为法，最亲爱之学子以劳昆学校之学生为友也。质言之，不苟、知耻、竭诚三者，不可须臾离也。审是三者，虽有考试，亦不能为害于学校矣。

何谓废分？

分数实为考试之蠹。吾见夫青年之兀兀者，谓其为牺牲于考试，宁谓其为分数之奴隶也。奚以知其然。每当考试既毕，教师方在阅卷之际，生徒三五成群，啧啧私语，或潜立窗外而窥之，或面谒教员而问之。其所窥所问者，非为试卷之优劣，乃分数之多寡也。盖分数之及格与否，足为升留之准，分数之满格与否，足为荣辱之分。故生徒视分数为一种有权威之物，而恐怖溺爱之心交至矣。怀德博士之讽青年也，则曰：

“If 100% were a idol, and pupils were devout idolaters.

尊百分若天神，学子则如虔诚祝祷者然。”

盖深有察乎学生之心理而云然也（见 *White's School Management* P.154）。吾知以是言赠诸我国莘莘学子，其亦安得不云尔乎。曩者教育部虽有禁止发表各科分数之令，而总平均数则许披露。故生徒对于分数之热忱，仍未减也。为今之计，宜完全废之，即仅有试卷而绝无分数之填给。或有虑其不足定升级留级者，可用怀德博士之符号法也。怀氏之符号法，以卷之佳者，则书 G 字（代 Good 之意）于其上；其劣者，则书 P 字（代 Poor 之意）于其上。施之我国，则可书升留两字于各卷之上，汇合各卷而综核之。升过半者则令其升焉，留过半者则令其留焉。如此垂拱无为，则生徒不争。昔日之暴殄天能、斤斤较量于毫厘之间者，今必无其人矣。昔日之巧伪百出、思所以得此区区者，今亦必无其人矣。同学无荣辱之分，则不相忌矣。师弟无要挟之行，则不交恶矣。庶几士皆趋于实学之一途也。

以此三者言其轻重，则贵学、修品为要也；言其缓急，则废分为先也。何则？贵学修品施于平时，而不能收效于顷刻之间，是谓之务本；废分则瞬息可以奏功，是谓之治标。今学子受分数之束缚久矣，非废分则不足与言更始，而以实学自励己。难者或曰，子言贵学修品则然矣，废分则不敢从也。中小学生知识幼稚，无自省之力，所借以鼓舞志气而勤其学业，全在于分数高下之别，而争胜之心油然以生。是故分数犹策錣也，可以定升留、别荣辱。淮南所谓良马不待策錣而行，驽马虽两錣之，犹不能进。今废分数而仍有升留之分，是策犹存而失其錣也，其何以励愚鲁不知自爱者哉？余曰不然。所谓废分者，消极之策也。贵学修品者，积极之策也。如病者然，污痞横塞于胸腹，医者必先进泻泄之剂，以去其积块，然后以温补之剂，培养其元气。如塌室然，榱栋崩折，匠氏必先去其废材，然后易之以坚料。今欲救考试之害，而不先用消极之法，是犹病者未服稀苓而先进参茸，塌室未除朽木而架以宲桷也，岂不偾哉。至谓生徒因废分之故，而遂不专心于学业，是可无虑也。盖考试仍有关于升留，则势不得勤学矣。平居以贵学为本，好学之心日以浓，则情不能不勤学矣。况古者家有塾，党有庠，术有序，国有学，方其考校宾兴，亦未尝有分数以别其差等，而遂得谓古之人无一勤学者乎。总之，专门大学，其生徒之勤学与否，则以其自治力为准；中小学生之勤学与否，则在师长之全神督饬，管理严肃而已。若谓废分与勤学有妨，则未之敢信也。

余所抱教务行政之信条

郑宗海*

先生为本校教育学教授，今年八月起，并摄苏省第一女子师范教务主任事。编者识。

一、余信学校教育，着手是在学生，终究是为社会

学校应处处谋所以增进学生之最大幸福。凡与此无关系的事，愈减少愈好。凡与此有关系的事，应不惮其烦劳。

既曰“最大幸福”，则自当积极进行，不容存“是亦足矣”之想。

顾幸福之所在，人或不知，或且将至而固拒之。大概经验愈少，思想愈简单，则愈不易彻悟其“最大幸福”之所在。蛾之扑火，焦头烂额，至死而至。幼儿遭疾而忌医，何也？但凭冲动，缺乏知识与自制之力也。惟教师能以较远大之目光，导少年以免于歧途狭径，而进于至大至远之康衢。

准是以观，教师诚为服务于青年之公仆，特其为仆役也。譬如，从前世家中之“老家人”，负有指导青年之责，而应得其信爱者。英语 Pedagogue(译言教

---

* 郑宗海(1892—1979)，字晓沧，浙江海宁人。北京清华学校文科毕业，留美入威斯康辛大学、哥伦比亚大学攻读教育学，获博士学位。历任南京高等师范学校、东南大学、中央大学教育学教授及教育学院院长，浙江大学特约教授兼龙泉分校校长。主要著作有《教育概论》《英美教育书报指南》《初级中学之职能》等。

本文原载于东南大学教育研究会编《教育汇刊》1921 年第 1 集。——编校者

育者)一字,源于希腊,本意盖即“老仆”而已。

但学校是社会所立,教职员则受社会之托付以教训青年者。所以,学校之目的,断不是仅为受学者个人之利益。教师对于学生,固负责任,但对社会所负之责任更大。所以,学生之行为与态度,苟与社会幸福相冲突时,即宜有以纠正之。(例如,在校荒嬉逸乐,对于学业,只求敷衍,此等学生,是对不起社会的。又如,要求废止考试之心理,其结果将使学校对于社会所付托之事一大部分无所稽考。又如,吾国学校,每年春秋季之旅行(过宿的),靡费公家金钱以徒博欢娱,以言实效,式乎其微。此等事,皆余所不敢赞同者。)

余谓吾国中等学校,应将每年经费合历来一切设备费(减去暗损费)可有之利息,以学生之数分之,便可见吾国青年所享权利之丰厚。衡以今日社会经济之穷困,与能入学者之寡少,则此等青年对于社会之责任又如何?不当益自砥砺,以期无负社会栽培之一片心乎?抑余所谓社会者,非必指现实的,因如为现实社会,则社会亦常有不当之好恶,而懵然于其真幸福之所在。故教育者,当以卓远之见识,以增加社会之真幸福,而谋其直接或间接之向善的改造。是则教师者,服务于社会,而又超社会以正其祈向者也。

学校如有能力与机会,固亦应当直接推广教育于社会,有时教材或可取资于社会,且亦可参与社会事业,以为直接之公民训育,而使两端同时受益。不过,照现在吾国中等学校情形,内力未充,未遑外顾。直接专为社会谋幸福之事,果其有之,要亦为例外的。

二、余信凡做一事,必当于学生能发生心理的或生理的改变者

凡事能发生此种影响者,应尽力为之,如非己之责任内事,亦不妨贡其意思。

有许多事,初起时,似与此无关,或其结果似适将生不善的教育影响于学生者,则即应尽力利用此等时机,以发生教育的价值,使学生多一番生理的或心理的改善,不当仅视为“应付”之事。(学校内事,断不当看有“外交”的性质。)

凡事直接的或间接的不能发生影响者,是无教育价值之可言,宁可勿为,否则亦当减少此等事以至极小限度。

校内之设施,校外之交际,亦当以此为准,否则亦当有裨补于他校或他处之教育业者。

三、余信教材应与生活联络

吾国学生,即在职业学校与专门学校,其生活方面,甚多改良之余地与应注意之必要。小学固无论,即师范学校之学生,除师范的教育以外,应于普通生活特别注意,以植其基。故教材以与生活有关,为第一要义。

教材取与生活有关,则可防止迂远不切之弊。凡教材本体,仅偶然有用的(of contingent value),以及仅为流俗所要求的(of conventional value),应分别减少之,凡仅为沿袭而来(traditional),别无其他存在之理由者,应汰除之,此亦在教员对于教材有批评之态度与取舍之正当标准也。

四、余信教材不仅限于课程以内,凡课外作业以及学校环境,皆应充满以富有教育价值之境况

课内固当有以利用个人之特长,而课外尤较易发展个人之本能。例如,吾国小学之自治,以及余兴部之类,皆中学所可取法者也。(吾国中学亦有办自治者,但为日浅,其自治制中之佳点,尚未大著。)

小学之学级园,自亦中学所可取法者,借创造之冲动,用团体之游戏,以为环境之创造,可使学生得到一番极重要之教训。

练习演说及运动等等机会,宜求普遍。又校中各处地方(墙壁等等),宜利用之,俾学生渐渍于佳美环境之中,而养成其正当生活观念。

五、余信教师对于教授方面之成功,实系于以下之条件,即:(一)对于学生之同情;(二)对于学术之研究心;(三)对于教法之兴味

塔古儿在东京对师范生演说曰:"教师应自视为学生之'大哥哥',为其向导,以共进于高远光明之境域。"夫使自视为学生之长兄,宁有不为其谋福利者乎?英之阿诺尔特(Thomas Arnold①(of Rugby),1791—1842),法之贝高(Félix Pécout de Fontenay-aux-Roses,1828—1898),其教育成绩之彰著,非以其对学生抱无量之同情乎?

不自满足,斯有进步之动机。孔子原五十以学《易》,卫文虽耄耋而无倦。

① 今译"托马斯·阿诺德",英国近代教育家。——编校者

诚以学术之精深博大也无止境，人不进便退。此好学之心，求知之欲，深著于孩稚时期者，当永保而勿替。教师为文化知识之光大者，至少亦为传导者，则宜如何搜世界之精华与世界最新经验，以为启发之具乎？其于专科学术上之问题，应时用其绵密之心思，同时亦当时时阅览最近杂志与书籍，庶几其学术思想不致落世界之后尘。此对于学术之兴趣，仿佛若有光芒，可以映照于其从学者。知此，而学校图书杂志之重要可知矣。学习心理之知识与教育之眼光，亦为教师所不可少。教师不仅是专门家，并且要彻悟教育之目的与经程，设种种方法，务期得到教授之最大效率。现在关于教育一门之学术，新方法固层见而迭出，但有待于发明研究之处亦甚多。如何利用世人对于所担任科目最新之经验，亦正是教师之一重大问题，而不容易忽略者。百工居肆，必求利器，以善其事。良教法，盖教师之准绳也。裴葛莱言教师之于教授，应有一种艺术的精神(craftsmanship ideal)，而求其日臻于“神乎其技”之一境界。

六、余信吾国中等学校教授上所最应注意处，乃在学习方法之指导

吾国学生，自学能力之薄弱，不容讳言。从来教育，绝少予以自己思想之机会，以致思想本能毫不发展。譬诸货弃于地，其害莫大。因不能思想，故不能用书；不能用书，则难以得到他人之经验，而智识聪明因以日窒。学生受学之期，终属有限。教师之事，在如何得使学生日增其自学之能力，使出校以后能自得师，庶几其知识技能得继长而增高。故或谓受学之日愈久，学生所需于教师处应愈少，教师欲问自己教授之佳良与否，即可以此为准，良有以也。新大陆近十余年来，关于教学法问题之书颇多，亦因感受学生缺乏定准、权衡、组织、应用等能力之故。

年来国中因“新学”潮流，致使人厌弃记忆之事为不足道，不知吾人读书行事而善忘，最为可惜。特记忆亦自有道，是亦在教师有以启迪于后进者。

七、余信学校教职员，应浑成一气，凡教职员皆应推诚以相与

学校为社会之机关，极端言之，自校长以至校工，皆为社会服务，安容有畛域之见、阶级之心。凡教职员间，权限纵有不同，敬礼不容二致，凡教员有何意见，皆应虚心谛听，以便采纳。教职员如有美点，即当极力表扬之。

八、余信制度与规则，皆为行政所不可少，但尚须贯注以教育的精神，且不当有削足就履之现象

无规则，无制度，则将如散沙，而缺组织。规则制度，示人以途径，上人于轨道，且使人人了解而有以为共同遵守之具。不过规则制度，仅为一种间架。要能收效，必行之者，实具有教育的眼光与共和的精神。

规则等至不通时，亦自不当胶执成法，而应有变通之余地。但施行之际，不当怠忽，而失之弛懈，此为第一要义；亦不当瞻徇而失于公允，斯为第二要义。

九、余信教师之行为品性，实有大影响于学生，故教师当以身作则

人类一种本能的兴趣，就是对于他人之注意。在学校中，除同学以外，要以教师为直观教授之一种最有力的教具。青年常为英雄之崇拜，诚使教师而有刚毅坚贞之气，优美和乐之情者，则安见其崇拜者之不即在于目前？学校常悬名人图像，或昔人之嘉言懿行于壁以为法，但不有行为可以为人师表之教员，则此亦等于虚设而已。果使有之，则又何必求诸远？

人性质各有不同，非可强人一致。但果使是好，自必有其信仰者，不知不觉中，学生已受其潜移默化之功矣。非然者，诈伪相尚，则无形之中亦已导青年于不德矣。

或谓观人之术，即观其如何利用闲暇时间斯可矣。或阅览图书，或披玩图画，或徜徉山水，或访晤继谈，或摄影，或采集，是皆有益于身心者也。或博，或饮，或征逐，或冶游，则身心两蒙其害矣。君子不作无益害有益，如此者，诚有所不取也。

十、余信行政时，当有办事精神（Be business like）

近世工商实业，莫不以“增加效率”相号召，要事少而功多，至少必有组织，必循时刻。事务进行宜定程序，文件储藏应有系统。言语要有层次，接洽务期爽直。今日之事，无待明日，著著进行，毋怠毋逸。换言之，即以至诚之心行敏捷之事，按期以为事业之稽窍，至少每一来复，必期有片善之贡献。如此，方不至滞而不进，或仅知维持而无积极之进行。此虽似毗于机械方面，但非此则事不举，故亦表而出之，冀自勉焉。

学校卫生行政问题

盛朗西*

一

据美国全国卫生问题会报告，全国学龄儿童2 000万人中，身体上有缺陷者至1 500万名之多，约占全数75%。又于征兵验查结果，发现21岁至31岁之人民，有三分之一，因身体障碍不能完全服务于军队，而其障碍大半可由适当之疗治或善良之体育与卫生之习惯而避免。现彼邦人民正竭力设法补救，国会中且提出应由合众国政府，年津贴2 000万美金，协同各州为提倡学校卫生教育之用。我国可惜缺乏这些统计，无从与之比较，但是以夙号病夫之邦，估计起来，恐怕学龄儿童中身体上有缺陷者的数量，一定超过全数75%以上的。所以，照中国目下的情形看来，学校卫生教育格外有特别注重之必要。但是，如何注重学校卫生教育呢？依鄙见看来，当从二方面同时着手。就是：一方面是要注重卫生教学，一方面是要注重卫生行政。

去年[1922]七月，中华教育改进社在济南开第一次年会，曾通过学校卫生组议决之各级学校中应设卫生学程一案。而新学制课程标准起草委员

* 作者简介见本卷中《县教育局长应有之资格应操之职权与应享之待遇》一文。本文原载于《中华教育界》1923年第12卷第11、12期。——编校者

会，亦已将卫生一项特别提出，于小学课程内另立一科，而各地著名小学亦早已实行多时了。关于卫生教学方面，已能引起各方面的注意，但一考查各学校的卫生行政如何，颇令人失望。即以校舍一端而论，孟禄博士于调查全国教育回来，他觉得全国各处学校很少相当的校舍，因此主张有组织一种校舍卫生委员会的必要，并且说："我深信学校当先有好的校舍，然后讲卫生学方能有实用。"这句话很足以发人猛省啊！我想孟禄博士以调查的时间匆促，所以除校舍而外的其他学校卫生行政事项，不能十分顾到，否则一定发现破绽不少！

我们要知道，学校内徒注重卫生教学而不注重卫生行政，它的结果一定是很危险的。学校内不注重卫生行政，则学校内卫生状况必定不良。其影响所及，不特为直接的，且为间接的，不特为暂时的，且为永久的。就是不特为学生受学时期中身体发育之阻碍，或疾病之由来，且给他们一种很深切的谬误观念。他们见卫生科教材所陈的理论，与其在校时所身受之实际，是完全不同的，或许是很少相同的地方，遂以为教师与书本之所主张者，实与生活无关，充其极，将使学校教育不能影响于生徒之生活与行为，其险孰甚！讲到言语的效力，常不及直观事物之深切，这种教育学说大家已经公认了。所以，学校里不注重卫生行政方面，则所施的卫生教学，其效力很微薄的，或甚至于毫不生效力，而结果反受其害！

二

大概学校卫生行政可分作下列几项：

甲、关于学校环境方面者

（一）物质环境

1. 设备方面

2. 清洁方面

（二）精神环境

1. 课程组织方面

2. 学级编制方面

3. 授课时间方面

4. 日课表支配方面

5. 儿童用书方面

6. 假期作业方面

7. 家庭课业方面

8. 考试方面

9. 训育方面

10. 教学方面

乙、关于儿童身体方面者

（一）体格方面

（二）清洁检查

以下分别述之：

甲、关于学校环境方面者

(一) 物质环境

1. 设备方面

A. 校址

选择校址当合下列各条件：

a. 位置之健全

学校位置勿宜有酿成疾病之虞，勿可就危险之地，故须注意下列各点：

（一）不宜接近污池潴水以及地质不良等处

（二）不宜接近厩舍及水沟等处

（三）不宜接近坟墓及病院等处

（四）不宜接近工厂及轮埠等处

（五）不宜接近四周有高屋之处

（六）不宜接近河岸、海滨、铁道近旁绝壁等处

b. 通学之便利

设校莫善于通学，当择该学区之中心地点，学生离校之距离，能在 1.8 里至 2.7 里之间为最宜，最远不得过 6 里。

c. 静寂

学校设于静寂之地，方不致扰生徒求学之心，故须注意下列两点：

（一）须远工厂、铁道、停车处、剧场、茶肆、酒家等繁闹场所

（二）须离街道在百呎或八九十呎以上

d. 美景

爱美为人之天性，故花草之色、流泉之声、山川之秀丽皆天然风景，最足以淑性陶情。校地得此，则生徒德性之涵养、身体之清洁、秩序之整齐，糜不受其影响，更能益以人工之点缀则尤佳。

e. 宽畅

学校须有充分空地为运动场，每生须占三十方呎以上，再加以应有的校舍，故百人以下之学校，每生须有七十方呎之地；百人以上之学校，每人须有五十方呎之地。

B. 校舍

校舍之建造，宜图久长之计划，用朴实坚久之材料，与适当之工程，及有科学条理之建筑图，稍有疏忽，则修理频繁，而改良不易，其受害者恒与学校相终始。建筑之种类不一，以适用为归，在小学以平地建设为最宜。今分别述各种校舍于卫生上应行注意之点如下：

教室

（1）容积

① 长度

教室之长度，须合乎下列之条件：

教师声浪，能遍达全室。

学生发言，教师能听清楚。

后列学生，能见黑板文字，墙上图表。

欲合上列各条件，通常以二十八呎至三十二呎为长度标准。

② 广度

准光线为定，如教室一面取光而空气常清明者，其广度之最大限，宜等于从地板至窗顶的高度之二倍，通常以二十四呎或二十五呎为广度标准。

③ 高度

除非周围空气不佳，或光线不足时，通常以十二呎六吋至十三呎为高度标准。

如此教室以能容纳儿童三十五人至四十五人为度。每个儿童须有十五平方呎之地面积，二百立方呎之空气量。

(2) 采光

① 方向

各种方向之光各有所长，视应用之适宜与否。又光线当以采一面光并自左边入为宜，但室中左面若采光不足，则可兼采右入之副光，惟须使光线自上而下，并不敌主光为限。试举各种方向之光的正当使用如下：

东面之光

在初年级为最好，因在未开课以前，早日已暖教室，至十点钟直接光线可去。

南面之光

直接光线太多，但若图书室、生物学实验室可采用南面之光。

西面之光

在暑季为初年级计，比东面之光为佳，因西面光来时功课已毕。但为高年级计，不甚适当。

北面之光

光线较弱，但分布得宜，可用之于美术或工艺教室。

晚间灯光宜从学生左上角射入，并宜用间接光线，每一书桌平均以两支烛光为度。

② 窗户

教室以一面有窗为最宜。

全室窗之总面积以其室内地面积四分之一至六分之一为标准。

窗底与地板之距离在小学低年级应离地三呎六吋，小学高年级及中学校窗底应离地四呎。

窗顶与地板之距离宜为十二呎，窗顶宜高至天平板，最好高出天平板六吋，以利通风。

窗与窗相隔不得过一尺，以相隔愈近为宜。

窗之排列宜起于后墙之角，自后横排而前，其最前一窗须距前壁九呎以上。

窗前不宜照壁墙，窗底与前屋顶所成之角不得过三十度。

窗上不宜用帘，宜用幔，平时卷起，烈日直射时，则舒之，并须系于窗之中部及下部，使上部仍可导光。

窗之形以四方形为宜，不宜为圆形。

位置黑板之壁，不可开窗户。

如不得已后面开窗，高度须在七呎以上。

(3) 整温

学校教室内整温之要件如下：

室内温度当以华氏六十五度至六十八度之间为准。

在一定的时间内，其温度当使无变化。

使室内之空气保持同一湿度，其饱和点当在百分之六十至七十之间。

自暖炉内发生之碳酸气及其他不洁气体，宜设法去之。

设置暖炉等类，必使无危险之处。

室内宜置寒暑表一，以视温度之有无变迁。

如空气太燥时可备水盆，令蒸发水汽以调剂之。

(4) 换气

宜时开窗户。

天寒时亦当于课后开窗，流通空气。

开窗务必在风的后向。

气窗务使终年常开。

室之上下开5吋见方之换气洞各一，惟进气洞须离地5尺以上。

(5) 墙色

天花板同近天花板1呎5吋之墙壁均宜白色。

自离天花板1呎5吋处以下，宜用淡黄色或淡绿色，不宜白色。

黑板太多之室宜用与墙同色之布幔，平时蔽之，用时卷起。

(6) 黑板

① 质料

美国学校最通行者为石板，利在易去粉痕。但易染油滓，价甚昂。英国学校黑板有以玻璃制者，用平厚玻璃之毛板，一面漆黑，即以漆面靠墙，光面应用，则字画明显，漆面经久不坏，且玻璃不吸收潮湿，其质坚硬，粉笔所过，不生纹路，惟所需做价亦极昂。通常用者为木质黑板，其板之木质须致密，能经干燥而不弯曲，其厚八分至一寸，接缝宜紧密，则日久板面不致生隙，所用材料，以樟为上，桧朴次之，杉枞最下。

② 高度

各教室内黑板底部距地之高度，应以各该教室内身材最短之儿童，能自由书写其上为准。平均小学以离地二呎半，中学以离地三呎，大学以离地三呎半为宜。

③ 铅粉尘屑之处置

吸收铅粉尘末，极于卫生有害，当设法使尘末飞扬，愈少愈妙。法于黑板底部，多连一承尘之盘，阔约四吋，深二吋，用铁丝网罩之。网上可置抹具及粉笔，而粉末落于盘中，洗刷时可用潮湿之木屑卷拈粉末，而开其盘之一端，轻轻地倾移而去。至抹具可用湿布为之，或用含水之海绵为之，则洗涤之后，明洁而易于书写，粉末亦不至于飞扬。

(6) 桌椅

桌椅之要点有：

高度以儿童身材能使脚不垂空为准。桌高以儿童身长七分之三加半吋或一吋为合度，椅高以儿童身长七分之二为合度，但遇身与腿之长度之比例乖常者，须特别处理。

桌面宜向身倾斜，靠身的一边宜与地面成四十五度之角。

目与书之距离以 14 吋至 16 吋之间为最宜。

桌椅须为各个的。

桌椅有机关能上下自由，以适于儿童身材者为最佳。

椅必设椅靠。其高度较安坐椅上时之肩骨略低。

椅板宜略凹，使骨盆之两圆锥安置于其上，其阔度可以使下体安放椅边为度。

桌与椅之距离，寻常二吋。

最前列之桌须距黑板六呎以上。

b. 厕所

1. 须离校舍四十呎以外,防臭气之外溢。

2. 应分男女为二处,男生以二十五名共用一便器,女生以 15 名共用一便器为度。

3. 厕所应采用坐式。

4. 门窗要用铁纱制的,门当装以有弹力之铁纽,俾其自关以免蝇入。

5. 厕所内应置蝇拍一二个。

6. 便器宜置盖,以免蝇之繁殖。

c. 厨房及食堂

1. 厨房及食堂应装置纱质门窗。

2. 厨房墙壁及天花板应每月用石灰水刷白一次。

3. 污垢物常盛于有盖之箱或桶内,每日倾出一次,不可蓄积。

4. 四围钉以纱布或铁纱之柜储藏食物。

5. 厨役宜用白围衣,时常洗濯,不得褴褛污垢,两手指甲,均需剪去,不许蓄长。

6. 所用碗筷,每日须煮 1 次。

7. 曾食用碗箸,以每人各具一套为最上。即每人用菜一份,不相混淆,但此事若为经济所限不能办到时,则亦宜每人用筷两双,匙 2 柄,以一套取碗中菜素,其余一套用以入口,则公共菜中不致有筷匙上之口液,较为清洁。

8. 每次用餐当以十五分钟为度。

d. 寝室

1. 寝室宜设在楼上,以免湿气,若在楼下,当铺地板。

2. 室之四周,须有完善之阴沟。

3. 室之基础墙壁屋顶须坚实,不使湿气倾入。

4. 宜多开窗户,采南面光为最宜。

5. 床位不宜过多,每人须有一千立方呎之空气容积,至少亦须有八百立方呎以上。

6. 除寝具及随身衣服外,不可多置他物。

7. 被褥线毯之属用纯白色为宜。

8. 床帐须于日间揭起。

2. 清洁方面

A. 日常清洁

教室及寝室,每日宜于学生出室时将窗开放,用喷壶喷湿地板,打扫干净后,再以温布拭去校具上的尘埃,但喷湿之度以学生再入室时已十分干了为恰当。

教室及寝室宜视学生数多寡,配置纸屑笼及盛少许水的痰盂,凡纸片及其他废物,务令纳之纸屑笼中,涕吐务令弃于痰盂中,痰盂须日换 1 次。

随地涕吐,罚倒痰盂,应定为校中师生共守之条。

棉被每月令晒 1 次,被及里衣等件令勤加洗濯。

厕所内的尿沟,每日要用水洗 1 回。

便器每星期大冲洗 1 次。

厕所内地面墙壁,亦须日用消毒水冲洗一次。

便器内宜撒些粗制过锰酸钾、粗制氯化锰、青矾、泥炭末、木炭末、干燥石灰等于其中,以防臭气外溢。

食堂宜于食前用喷壶喷湿地板,食后用湿布揩拭桌面。

渣滓及杂物务必每天运出,不可堆积厨房附近。

蚊蝇当尽力消除,不使发现。

厨房用碗筷须用后即行煮洗。

污水沟宜常疏通。

墙隅蛛丝积尘,发现即随时扫除之。

于出入门口处,应置备靴拭。

垃圾不可积堆,应使迅速迁移。

庭园、运动场、檐下及其他处所,亦应常使保持清洁之度。用具亦使无纤尘染者。

公用物件如手巾、面盆、茶杯等,应废除。个人以自备为宜。

会食时宜每人用筷两双,匙二柄,以一套取碗中菜肴,余一套入口,若能分食则更佳。

饮料须经砂滤或矾打,并煮沸后可用。食物须检查过。

B. 定期清洁

通常称为大扫除。每年至少要有两次，不能在阴雨做，要地板揩拭后下一天会干，才可以做，做时可分为室内和室外两部分。室外指庭园场地而言，可后一日做，室内做时须将所有一切器具，尽行搬出于指定场所，然后大加扫除。有的拿水，有的揩地板，有的拂天顶板和墙上的灰尘，有的洗窗，有的揩门，一间教室或寝室大概半天工夫可以做完。然后将搬出的器具亦尽行揩洗，应使毫无尘垢染着。不过，器具非十分干燥不得移入室内，扫除后五日内须常开窗户，通空气及日光。如有空余时间，室外场地亦可同日扫除。师生合作，兴趣自增。兹附东南大学附属小学校所定大扫除细则于下，以见一斑：

1. 大扫除每年举行两次，由全校职员、学生、校工共同为之。

2. 大扫除应设临时事务所支配一切。

3. 大扫除应设临时职员如下：临时事务主任二人，监水员二人，垃圾管理员二人。

以上职员由职员会、公仆大会各选三人分任。

4. 各职员、学生、校工之分配，由事务会与公仆会联席议定，经职员会之认可。

5. 大扫除之日，得雇小工若干帮助，雇小工时，要先训话。

6. 大扫除应用物件略举如次：

扫帚、畚箕、抹布、揩玻璃布、嘴套、竹帚、长竹、短竹、拖粪、提桶、水担、水车、垃圾车、竹笼、竹耙、火油铲、梯等。

7. 厨房及仆舍先一日扫除。廊之屋与房屋同日扫除，廊之地与场地同日扫除。

8. 扫除时须特设取水机关，注意垃圾出路。

9. 扫除之用具，小工均由临时事务所分发，扫除完毕，仍须将各种用具及小工移交事务所。

10. 扫除应行注意之点，列举如下：

a. 梁上灰尘。

b. 附着于壁上之物，亦宜留意。

c. 窗棂、窗槛上之灰尘。

d. 桌椅肚里，如抽屉里、桌肚里。

e. 墙壁屋角。

f. 固定物品之下及背后，须移动打扫。

g. 门窗背后。

h. 壁上之气空，及花墙之瓦楞上。

i. 地板。

j. 黑暗处。

k. 人日常走不到处。

l. 电灯。

（二）精神环境

1. 课程组织方面

学校课程当适应儿童身心发育之顺序，其分量自不宜过多，又不可偏重于符号的与工具的科目方面。我国学制革新，7 年小学缩短为 6 年，支配小学课程，往往容易发生恐慌，很有许多国民必需的知识技能，不可不定在课程中，如本国史、公民科等，如不定在课程中，恐怕学生所得太少。于是将从前 7 年内所有的课程，尽纳之于 6 年之中，但这种分量太重的课程，小学生能胜此繁重与否，应该仔细考虑一下。至中学方面，既主张采用分科制与选科制，则学生所选学分，当加以限制。每有一般有志好学者，愿多选几个学分，不预计其有充分之时间与否。苟每日平均上课 5 小时，则以通常上课 1 小时与自修 1 小时合计已有 10 小时以上，再加以自己阅读及课外活动，则每日操作之时间是否过多？若减少课外事业，则学生缺少发表其自我之机会，学校精神自不免因而枯寂，学生生活亦不免流于单调。反之，若不惜牺牲自修时间，则易养成偷惰懒怠之现象，皆非精神卫生所宜有。又现在一般小学教科中注重算术、读法、缀法、书法等，中学教科中注重国文、算术、英文等，至其他怡情悦性的科目，则定为随意科，一若不关重要的，故学生每感学校生活单调的痛苦，若行道尔顿制时尤宜注意及此。Fisher H .W.称精神卫生之一种方法，在得适度而有变化之感情的经验，如文学、美术等是。故学校于文学、美术、运动游戏诸科，皆宜重视，不可以随意科目而忽视之，庶几得其真正之精神，而学生得有丰富的生活。

2. 学级编制方面

平常人以为优劣学生的能力差别，最多不过二三倍，而近来用精密的方法考察之结果，始知优等生和劣等生能力的相差，有至25倍者。我国学校组织不完备，以学力相差数倍的学生强令在同班上课，而教师教学时以其理想的中材生为标准，因之优等生对于已经明了的功课，听重复讲解时，精神上殊感不快，不得不神游室外，或有恶作剧之举动发现。而劣等生亦以跟着优等生同走，觉得困苦非常，有时几完全不能了解教师所讲的是什么，只得废书兴叹了，到学年终结，试验结果，遂至于留级。留级学生对于甲种科目，固然不及格，或对于乙种科目，非独及格，且优有余裕。惟即已留级，除甲种科目重修外，并须重习乙种科目，在公家则徒耗金钱，在个人则徒耗精神。补救之方，在小学该采用弹性制或道尔顿制，可参看《教育杂志》“学制课程研究号”《弹性编制是什么?》及十五卷三期《道尔顿制与小学教育》二篇。在中学校该采用选科制与能力分组办法或道尔顿制，可参看《教育汇刊》第四集《中等学校之升级留级问题》及《中等教育》第二卷一号《道尔顿制与中等教育》二篇。

3. 授课时间方面

学校授课时间之规定，自当依据儿童身心发育顺序，定为适当之标准。如儿童体质孱弱，脑力未充，而予以很长之授课时间，鲜有不厌倦而起疲劳者。若疲劳过度，不使休息以恢复之，则身体衰弱、精神不振，终身受其害不浅，以是而每节授课时间不可过长。然一日之间，上午则脑力充足，下午即觉昏疲，故每日各节授课之时间又宜长短有差，不可呆定。至每周授课之总时间，亦应有所规定。我国学校大多数通行之授课时间皆为等长的，每日5小时，每时50分，墨守旧章，照例敷衍。而对于休息时间，无论何节，非10分即15分，前后划一，毫无活动余地。又以社会程度幼稚，明教育者少，送子弟入学者，深望终日拘处校中，勿使早出，而对于散学校早者，颇示反对之态度，于是各学校中往往于部章规定时间之外，任意增加数节，而小学校中竟有每周中授课至36时者，此虽为迎合社会心理起见，而于儿童身心上损害实多，教育者不可不注意及之。关于每节课授课时间之多少，西洋教育家之从事研究于此者颇多，大致八岁以下之儿童以20分钟为宜，12岁以下之儿童以30分钟为宜，若12岁以上以45分钟为宜。故在小学校当平均以30分钟为一节，于上午第一时或第二时，则可于一时内分为二节，而异其科目。至中学以上，概以每节45分为宜，最多亦不得过60分钟。休息时间之规定，大抵以授课时愈在后，则疲劳程度愈增。故自前至后，当顺次为10分、15分、20分不等。每周授课时间之总数，亦当视儿童年龄为伸缩，小学以18小时至30小时为度。中学采用选科制后，亦宜规定每生选16学分为标准，以1学分合2小时计算，每周为32小时，并得酌量增减之。

4. 日课表支配方面

支配日课表亦应顾及于精神卫生方面，如困难功课须占一日中儿童精神最清爽之时间。教育家品评各学科之难易，稍有出入，然大致以多思考的符号科目如算数、国文，知识科目如历史、地理、自然研究等，儿童学习较为困难，自应列于每日之上午第一节或第二节为宜。又精神或身体应用之弛缓与紧张，须互相调剂，故性质类似之教科，不可同时连续教学，学习科目与修养科目须互相更迭，如游戏、运动、唱歌等之能使血液澄清，肺量增加，而血液循环加速者，须每次与久坐之功课相间；年纪愈低者，此原则之应用愈为重要，疲倦之作业中间以短时间之自由游戏，可以大减倦容，愉快与活泼之作业则勿停止。盖自由游戏，虽亦必耗费一部分之精力，然可刺戟细胞之消化作用，加速废物之排泄作用，是皆平时支配日课表所宜注意者。又人之精神能力因季节而有差异。例如，酷暑之际，精神紧张之度衰，日课表之支配宜临时有所变更。近日设计教学法盛行，对于日课表之支配，即不划分固定之上课时间，年级与科目亦不严格分别，寓读法、书法、算术、历史、地理等科目于实际生活之中，而日课表遂于每晨由师生共同规定，视为常例，但教师亦须顾到儿童精神卫生方面，遇必要时指点学生调换作业。

5. 儿童用书方面

从前一般人都以为儿童是成人的缩影，所以一切思想动作都拿成人视点看儿童，儿童入学就把成人以为好的东西，逼他学习，希望他脑海里快快装满了成人的理想目的、习惯、制度。因之，儿童用书的编辑概取论理的方法排列，如地理必要一流域一省一区地排列了编过去，历史必要从上古一时代一时代排列了编下来，理科必要一物类一系统排列了编过去，以呆呆板板的材料，用呆呆板板的文字记述，所记述的十分简要，不过是一个大概，从许多具体的东西里抽象出来的，这完全是学问的结果，不是学问的历程。所以儿童学习这些东西，好比规定的苦工，毫无学习的动机，不过无精打采，做了一辈子的机械罢了。改良之法，只要编辑时用心理的排列法，单元少而叙述要详，所叙述的要含有文学的趣味，那就好了。至于形式方面，要求装订轻巧，外观要美，纸张要厚，标点要明，字体要大，插画要多，图标要清晰，于儿童精神方面也不无多少影响咧。

6. 假期作业方面

放假之主要目的，即为休息身心，无论长期短期，不可不达到此项目的。据罗布善氏调查，小学儿童因病退学，与时节颇有关系。自春假后之 4 月起，退学数渐增，至 7 月则达最多数，暑假后八九月忽然减少，其后又渐加，至 12 月亦近最多数，寒假后，1 月减少，至 3 月又减增加。该氏又谓假期之长短，与退学数亦有关系，如暑假前为 3.41%，暑假后忽减至 1.55%～2.17%，其差为 1.68%～1.24%，寒假前为 3.37%，寒假后为 2.95%，其差为 0.42%，即此可知退学率，于假期后最少，而长期之暑假后，比短期之寒假后更少。故于学校生活中，一年之间宜有稍长期之休假。然如何利用假期亦一重要问题，如学校在都会中，则学生常为都会生活，假期中由亲戚朋友引至乡村或海边为最宜。至若利用假期，课以作业，则大宜考虑，过多则每日用功数时，仍与在校无异，与放假之目的不合。学生中往往有于初放假时，置假期作业于不理，一闻开学在迩，即临时抱佛脚，拼命赶做，于身心上大有妨碍，然亦有竟至开学而仍未过问者。故假期作业之分量，绝不可过多，且以有兴趣的为宜。

7. 家庭课业方面

自教育各方面研究之进步，又重以注入的不消化的教学之反动，而主张教学上自习主义之说于是乎起，不特于学校课业注重自习，且有课儿童以家庭自习课业者。惟责儿童以在家自习，是否适当，教育家议论不一。认为适当的，谓于教育上、训育上有利益；认为不适当的，谓教育上虽有利益，卫生上实多弊害。后者之说，似亦颇有见地。休密特氏谓在家庭之作业，比在学校之作业缺陷较多，一因儿童之紧张力，学校与家庭各异；二因家庭嘈杂，作业困难。故家庭自习课业之分量，绝不可过度。若课业过度，则减少儿童之游戏运动时间、睡眠时间及一家之团聚时间。且一日之间，既劳于课业，至回家后心已厌倦，又复加之以多量之家庭自习课业，势必疲劳后继续疲劳，再不十分休息，则可陷于过劳。至此，不仅妨碍儿童之精神及神经系之发达，而害及身体之健康，以起神经衰弱症、贫血症、消化不良症等者有之，故当定家庭自习课业之际，大宜顾虑当日学校课业之分量难易轻重等，以定家庭课业之性质与分量。而对于身体虚弱或智力太低，学业进步迟缓之儿童，可免其在家自习之课业。

8. 考试方面

考试制度为度量学生成绩之适宜方法，然自学潮以来，废止考试之声浪很高，降至于今，仍有余波。但平心论之，考试制度之本身，并无有何弊害，不过用之不得其法罢了。大多数的学校教师平时对于教学法不十分注意，而于学生的学业亦无所谓考查，学生对于所教者之明了与否，在考试以前从来不去过问，一到学期或学年终结，各门功课同时要举行考试。学生之不明了处，既所在皆是，且材料又多，一一令其强记，无怪学生不易及格。但有某种功课不及格时，学校里就要叫他留级，学生以有留级升级的关系，所以到考试时候，莫不夜以继日，用功强记，以求及格。结果以用功过多，减少运动之时间，呼吸因而不良。以多用脑力，即衰弱消化能力，尿中遂生异常之成分。以忧虑不安之故，减退食欲；以睡眠不足之故，不能消除疲劳。遂至营养不良，记忆力减退，意志薄弱，随而陷于异常亢进性刺激状态，脱力、沉郁等。甚焉者，以考试不及格而厌世、悲观，或精神异常，以致自杀。据伯尔氏之调查，62 人之学生自杀中，有 15 人为考试之原因。又路爱氏调查女子师范学校学生，有 47%，因考试而成神经过敏之病者，此外起知觉及血管运动神经之障害者有之。又据路易布塞氏之调查，幼年人就考试前后之体重，四周间乃至六周间，可减少至五六磅之多，男子比女子更著。由此看来，考试方法实应亟待改良，一宜重临时考试，二宜用科学考试法，三宜多参用教育测验法。总之，度量学生之成绩，不应该定夺于一日之长。

9. 训育方面

训育有积极与消极二方面，积极则为奖励，消极则为惩罚。例如，某种举动，有不愉快之结果，或有禁制抑止之功用者，为惩罚。反言之，则某种举动，有满意之结果，而有重复继续之功用者，为奖励。训育经程，乃一种径程使学者于可欲之某种动作，生愉快之结果，而于不可欲之某种动作，生不愉快之结果之谓。小学校或中等学校之学生，心身均为成熟，（多数）直接之效果，较之间接之效果为佳。从实验心理学家之研究结果，知不愉快之训育，较愉快之训育，收效尤速。然亦有当审慎者，凡一种刺激，能引起人之注意，而发生特殊效力，则此种刺激必非经验中之最数见者，彼司空见惯之事实，而能令人注意者则甚鲜。故惩罚偶尔一次，且用得其当，则可收相当之代价。若习用之，非特生效少，且易养成寡廉鲜耻之性，更或阻碍其上进之心。旧式学校之教师，对劣等生惯施夏楚，始则受者难堪，同学辈或嘲笑之，或怜悯之，继则受者习以为常，而他人亦毫不为怪，且或以惩罚为怠惰之代价，而甘心忍受，不思上进。故惩罚为消极训练之最后一步，苟不善利用，则流弊滋多。又若偷窃一事，偶尔发生，当查其动机所在，若不求其犯过原因，草率从事，甚或加以重大惩罚，则不啻于大众前，宣告罪状，其结果不仅不能改变其行为，且足使该生堕落。从前教育所以绝对的重罚者，其原因不外以儿童种种活动为罪恶的，非加以严厉之惩罚，不足以警其志而惕其心，遂使儿童视教师，犹犯人之视狱吏，一种尊严之气象，令人望而生畏。此关于师生感情者，犹属小事，而有害儿童身心发达，为害尤烈。又由学生之个性，惩罚亦有当注意，如因家庭之关系，或其习性上的状况，非稍加重罚不能奏效者。反之，有时对于普通儿童，视为相当之惩罚，而行诸某儿童，反失于过酷，因此伤害身体以致精神异状者有之，亦有因教师叱责而竟至自杀者。

10. 教学方面

吾国学校之教法，中学以上甚多演讲式，小学颇多启发式。二者虽不同，然皆足使学生缺充足之发表机会，尤以感情与意志方面为尤甚。演讲式之弊足使学生无丝毫发表之机会，启发式之弊则易使学生仅能为片段的断续的发表；且苟用之不当，一则使学生枯坐而兴趣索然，一则徒使学生感其繁琐而凌乱，皆能使精神之散佚，而起联念上之纠纷与冲突，皆学校所宜注意纠正者。又教室中师生间意思之沟通，常借问题以为媒介。教师不宜无问，而每次上课所发之问题，不可过多，多则学生不免感其琐细、急迫，而难得其要领，易发精神界之困苦与瞀乱。发问宜设法减少考问式，俾学生得夷然泰然，以发表其所知。又问题不宜过复，一时做一事务求其精美。例如，教书法时，如同时要学生注意于笔画、字形、匀润、握笔姿势等事，则所求不免过奢，而儿童精神易致疲乏。其他如教师之仪容、举止与声音，亦不能无影响于学生之精神。声音一端每为教师所忽视，而不知学生无形之中已蒙其影响。凡尖利，或粗暴，或过于沉着之声音，皆非所宜。吾国教员中对此一端未加注意者，尚屡见不鲜，亦有在小课室中对四五十学生而发巨大之声音者，不惜精神之浪费，而予学生以过分之刺激，皆非精神卫生所宜有。虽声音半出自天然，但人力亦有可得而支配者。又欲使学生心神安泰而愉乐，则教员必先从本身做起。故延聘教员时，须则精神愉快，富有同情，及有待人接物之干才者。若教师中有抱消极的人生观者，则其影响于儿童精神必不浅。

乙、关于儿童身体方面者

(一) 体格检查

检查儿童身体的情况，而谋所以补救之方，亦属学校卫生行政上之要务。检查之时，以四月及十月为宜。惟二十岁以上，为成熟时期，年可检查一次。若二十岁以内，则为发育时期，年必检查二次。至检查时可就下之各项施行之：

1. 体重

男生使脱衣测定之，女生则使衣一定之检察服，而于测得之全量中，减其检查服之重量。

2. 身长

使脱去袜靴等，密接两趾而直立，上肢垂直，并保头部于正位，然后测定之。

3. 胸围

垂上肢成垂直，而于乳头之水平线上，测得其吸气后胸围扩大时与呼气后胸围缩小时之周围数目。

4. 胸厚

同上而只测其前后间之厚度。

5. 胸宽

同上而只测其左右间之广度。

6. 脊柱

依脊柱之正直、左弯、右弯、后屈，屈弯之程度而记录。

7. 目

于左右二目各别检查之。

8. 耳

检查左右二耳障害之有无。

9. 鼻

检查鼻病之有无。

10. 喉

检查喉病之有无。

11. 牙

检查齲齿之有无。

12. 皮肤

检查皮肤病之有无。

13. 种痘

检查其种有牛痘或苗痘，如为牛痘已种过多少次。

14. 姿势

检查其姿势之正确与否，照平时比赛之结果而记入之。

15. 其他

检查时发现腺病、贫血、脚气、肺结核等病时记入之。检查后，当以所得结果记入学生体格检查表内。试举东南大学附属小学校所用学生体格检查表之格式和说明如下：

科　　年级生　　男　　女　　年岁			
体　重		喉	
身　长		牙	
胸　围		皮　肤	
胸　厚		种　痘	
胸　宽		姿　势	
脊　柱		强　弱	
右　目		其　他	

（续表）

科　　年级生　　男　　女　　年岁			
左　目		重长指数	
右　耳		胸长指数	
左　耳		胸腔指数	
鼻			

（说明）每年检查两回，由级任填姓名、年岁，填写各栏法如下：

"体重"用 kg。"身长"用 cm。"脊柱"填正或左右前后屈、稍屈、甚屈。"左右目""左右耳""牙""鼻"与"喉"填有何种病。"种痘"填年月同种类，譬如"六八人苗"，是六年八月种人浆。"皮肤"填皮肤有病否。"其他"填别种病。"强弱"填体操之好坏，分上、上中、中、中次、次五等。"姿势"照每月比赛之结果优良者填上，其他不填。"三项指数"由卫生部计算后填。皮肤、目、耳、鼻与喉、其他，归校医检查后由级务主任填。别栏由卫生部检查后填。最后级务主任转记于学籍，学期末再填入成绩报告单。卫生部检查后做统计。

于上述各项体格检查中，以姿势一项为最关紧要，儿童姿势不良，他种疾病亦因之发生，不胜枚举。今言其主要者：一是腹部迫压，则妨碍消化而减食欲。二是胸部受压，妨碍呼吸及血液之循环，酿成内脏四肢等病，其尤甚者，则头部充血而生头痛，又充血于眼窝内，则压眼球，为近视之原因。然欲养成儿童良好之姿势，非一朝一夕之功，自当注意于平日。东南大学附属小学校订有姿势比赛规程，颇有供吾人参考之价值。录如下：

姿势比赛规程

第一条　平日上课，在卫生、读书、作文、写字、笔记、算术、图画等科，或别种相当时间，常当讲明姿势的样子、不好姿势的弊害、坐立走等姿势应当怎样。并且在教室里挂各式姿势图，用来做好姿势的模范。

第二条　上课时，写字、作文、读书、笔记、算术、图画时尤要，应当常常不意间叫学生"留心姿势"。这一种算是平日的练习与矫正。

第三条　采用纽约姿势考查法，每半年考查四次，分初等、中等、高等三级。这种考查由级任教员举行，会同体育教员举行。在平常上课时举行起立，半面向左或向右转，看姿势好的站着，不好的坐下，这是初等及格。凡初等及格的用批定成绩细则附表二叫学生自己记载。初等及格的，再考中等。叫学生在行间行走，常常转换方向，使学生注意口令时，仍旧保持姿势。及格的仍旧站着，用表记入。中等及格的，再考高等。叫学生立正，两手上举由侧面回原，连续运动三分钟。叫学生用力运动时仍旧保持姿势。及格的，用表记入。末了用批定学生成绩细则附表三，由教员记载。这是个人的成绩，照细则处理。

第四条　凡各级三等及格的人数和全级人数比，初等及格百分比过五十的，得一银星，过七十五的得两银星，揭示级机关；中等及格百分比过五十的，得一金星，过七十五的，得二金星，揭示级机关；高等及格百分比过五十的得一国旗盾，过七十五的得两盾；全校顶大的，得一奖旗，揭示级机关。奖旗是轮传的，要达得四次的，才可以永久保存。银星满了四个，可以换一金星；金星满了四个可以换一个国旗的盾。

第五条　另由职员会推定暗查姿势者几人，每半年分查四次，或八次或十二次，在读书、写字、笔记、作文、算术时暗查。查出姿势不好的人数和全级人数比，百分比过五十的夺取金星一个，过七十五的，夺取银星两个。未得星或盾而暗查时好姿势过百分之五十的，补奖一银星，过七十五的，补奖二银星。

第六条　初等及格四次的奖黄铜章一个，中等及格四次的奖白铜章一个，高等及格四次的奖银章一个；不过一定要连续的。若暗查时姿势不好的，减去调查所批及格的一等；高等者降做中等，中等者降做初等，初等者降做不及格，并且要在成绩表里改正。

第七条　连续得三次银章的，得奖金章，得到金章的以后不再给银章。不过以后如果退步，不能连续得高等及格时，要退回金章，此后要重新连得三次，才可以再给金章。

除姿势检查外，更宜注意于眼、耳、鼻、喉、牙、皮肤以及其他之疾病检查等项。儿童最易就学而得病，通常谓之学校病。于体格检查时发现有某种学校病，即应探其致病之原，而设法补救之。儿童既得病后，其慢性者，校医当每月检查一次。苏州第一师范附属小学校订有“病儿检查簿”，其格式如下：

簿面

Autumn and Winter
SICK-LIST
1920

里面

人名 \ 病名 \ 月份	9	10	11	12
李宣钦	轻病眼	稍愈	愈	
范　奎	白癣	已愈		

又学生疾病处理，当订有细则，否则偶一疏忽，贻害甚大。兹又举东南大学附属小学校“学生疾病处理细则”例如下：

学生疾病处理细则

第一条　学生患病当以本细则处理之。

第二条　凡经校医检出之疾病，除牙病在各级机关处理外，均由看护排定日期医治，各级务主任负督促之责。

第三条　前项疾病须分立各单，学生依时往校医室诊治。诊治后，由看护发给治病证，学生持证交级务主任，级务主任于名单上画到。

第四条　临时发生之疾病，通学生由级务主任或训导，寄宿生由舍务主任或训导，通知校医诊治，并由级务主任、舍务主任记载于簿，每学期做统计。

第五条　看护方面遇有急救事发生，亦当记载，做统计，一如前条。

第六条　校医诊病，当详记于诊察簿。学期终与前二条之记载，核对而统计之。

第七条　学生患病，隐匿不告，或仍上课者，或应治病而不去处理者当训诫。

第八条　日常处理之病，治愈后，由看护给治愈证于学生，持交级务主任，级务主任月终报告之。

第九条　本细则第四、五条所载之疾病治愈后，即由第四、五条之记载者记其治愈情形。

第十条　学生患传染病时，寄宿生送入医院，通学生禁止到校；未得校医证明痊愈，不得入学。

第十一条　学生患传染病而送住医院时，寄宿生每日发还膳费，医药费自理。

第十二条　学生重病送入医院时，家属未到以前，由校派人服侍。

除姿势与疾病检查外，其他如体重、身长、胸围、胸厚、胸宽、脊柱等项之检查，则当于检查后，比较各个人之优点与缺点，而谋所以增益或补救之方，否则亦何必多此一举。故有人于其教育谈话中，述及近年来学校多用体格检查表，每学期终检查之，填写之，报告之，但报告之后，此事便算了结，从未闻议及某人之缺点当如何补救，某人之优点当如何增益之者，创行此表之人，恐在地下痛哭。其言颇足发人猛省。

（二）清洁检查

我国社会、家庭素不讲求清洁，沾染已深，不易骤改，学龄儿童亦成习惯，下等社会子弟挟此恶习惯以入学校，殊宜设法改除。故儿童在学校中，当首先养成清洁之习惯，使有此习惯感化于其家庭与其将来所处之大社会，这是大家所公认为重要的。但如何养成其爱好清洁之习惯呢？那么，第一步应该从清洁儿童身体始，而清洁检查遂为不可少之事。检查时宜注意下列各点：

1. 属于身体各部的

A. 头部

（1）发的清洁与否

（2）面部的清洁与否

（3）外耳的清洁与否

（4）眼污的除去与否

（5）齿牙的洗刷与否

（6）口腔的清洁与否

（7）鼻内污物的除去与否

（8）颈项的清洁与否

B. 躯干四肢

(1) 手和手指的清洁与否

(2) 足与足趾的清洁与否

(3) 躯体的清洁与否

2. 附着于身体方面的

(1) 衣服的整洁与否

(2) 帽鞋的清洁与否

(3) 手帕的清洁与否

校中应有关于清洁身体之设备如下:

一是整容镜。

在适当场所,宜悬挂大玻璃镜于墙壁,以便儿童自己检查身体及衣服等之清洁。

二是盥洗处。

在适当场所,宜设有盥洗处,置有盥洗用具,如干净手巾及肥皂、牙粉、牙刷等多件,旁置水桶,以便儿童随时盥洗之用。

三是沐浴室。

在适当场所,宜设有沐浴室,每人每星期至少沐浴一次,懒浴者由教师强迫实行,苟无特别原因,不得随意懒浴。有皮肤病者,当另行指定浴室。

四是洗衣所。

在适当场所,宜设洗衣所一处,见有学生衣服污秽者,宜令其午饭后,带一洁净之衣来校换易,即使其将污秽之衣,至洗衣所洗净,年幼而不能者,可令年长者代之,即无衣可易,亦不妨任其短褐上课,虽形式上略见减色,而实际上则颇有裨益。

苟有上述各项设备后,则儿童于每日到校出校,由各级主任或训导先生检查一次,如发现有不洁之处,可叫该生自往整容镜前,留心其不洁之所在,然后到盥洗处或沐浴室或洗衣所等处设法除去,使儿童逐渐有自治能力和爱好清洁的良好习惯。

三

学校卫生行政事业由谁去负责进行,也须讨论。为行政上便利起见,鄙意分学校教职员、学生、教育行政机关三方面，由各方面分头进行。学校教职员方面应组织卫生行政部，学生方面应设立卫生局，教育行政机关方面应设有学校卫生科，其组织与职务如下列：

甲、学校教职员方面——卫生行政部

(一) 学校医

a. 资格

由国内外医学专门学校毕业而富有经验者充之。

b. 人数

每学生五百名应有学校医一人。

c. 职务

1. 学生疾病的治疗及种痘事宜。
2. 饮料水的检验。
3. 预防传染病之蔓延。
4. 学生体格的检查。
5. 校舍之建筑及设备，负监察并指导之责。
6. 学生精神卫生方面之检查。
7. 卫生谈话与演讲。
8. 对于职教员卫生方面，负劝导之责。
9. 报告检查后结果及补救方法。

(二) 看护员

a. 资格

由看护学校毕业生充之。

b. 人数

每学生二百名应有看护员一人。

c. 职务

1. 视察学校卫生状况。
2. 检查学生卫生状况。
3. 访问学生家长，讨论关于学生健康事项。

4. 时常对学生作卫生浅近谈话。

5. 辅助学校医治疗轻微疾病。

6. 遇学生发生近似传染病时,立即报告学校医。

(三) 齿科眼科医生

a. 资格

由国内外医学专门学校毕业而擅长于牙医、眼医,并积有经验者充之。

b. 人数

齿科及眼科医生各一人。

c. 职务

专医学生牙病及眼疾。

(四) 校长、体育卫生教员、级任教员

乙、学生方面——卫生局

(一) 局长

a. 资格

选高年级同学在救急班毕业,且在本局实习而有经验者充之。

b. 人数

正副局长各一人。

c. 职务

主持本局一切事务,并随时督促各局员服务勤惰。

(二) 局员

a. 资格

须以救急班毕业者充之。

b. 人数

分清洁、救急二部,各十二人。

c. 职务

1. 检查室内清洁。

2. 检查场地清洁。

3. 襄助校医、看护员等,救急和治疗同学轻易疾病。

丙、教育行政机关方面——学校卫生科

(一) 校舍管理员

a. 资格

由国内外工业专门学校毕业并熟谙学校建筑卫生原理者充之。

b. 人数

视学校数多少而定为一人或二人。

c. 职务

1. 规定数种校舍建筑之标准。
2. 指导校舍建筑时如何合于卫生。
3. 设法改良或翻造不合于卫生之校舍。
4. 留心关于各校清洁、杀虫、防害之设备。

(二) 卫生检查员

a. 资格

由国内外医学专门学校毕业并曾研究过学校卫生者充之。

b. 人数

一人或二人。

c. 职务

1. 指导或督促各学校卫生行政之改进。
2. 视察各学校学生之身体状况。
3. 调查各校之精神卫生状况。
4. 调查各校之物质卫生状况。
5. 筹备卫生展览会事宜。

四

学校卫生行政之最宜注意者，为勤、恒两端。一曝十寒，终鲜有济。而学校卫生往往易生怠玩，不能持久。或由于主持者之不力，或由于行政之无方，积久生惰，少一篑之力，弃千仞之功，至为可惜。至如何而能使各方面注意于勤恒二者，则须有自省与测验之标准。若能按时检省，自不致厌久而废。今分述如下：

甲　学校卫生自省标准

美国贺搿氏《儿童身体状况之征象》(Ernest Bryant Hong：*The Health of Children*)一书中第四章内有一段为学校卫生自省标准，颇切实。郑晓沧教授已译成中文，今节录之如下：

Ⅰ．校舍

甲．课室等

1．扫地时先洒水否？

2．刷尘时用湿抹布否？

3．羽毛制之尘帚已废除否？

4．地上用消毒水否？

5．洗桌椅时亦用消毒水否？

6．书籍遇必要时亦设法消毒否？

7．凡足为传染病媒介之器物设法防止使用否？

8．此等器物会开单宣示否？

9．如用人工换气之设置则设置尚灵动否？

10．如用人工换气设置则鼓风机停顿时亦开若干窗户以通气否？

11．如并不用人工换气装置则窗户时常洞开否？

12．窗畔上亦用换气之设置否？

13．课间五分钟或十分钟休息时窗户常开否？

14．书桌每两年必重油一次否？

15．如用火炉亦有导行空气出入之装置否？

16．如全屋用一火炉而各室仅有热水管则气箱迳与外面空气相连否？又与此相连接触能不为污物树叶雪片等所侵入而窒塞否？

17．亦有设备以使室内空气不致过燥否？

18．空气入口是否能离去厕所或其他不洁处所否？

19．室内能时常免去不快之臭味否？

20. 所用粉笔是否取粉点少飘扬之一种?

21. 漆板是否用青色或褐色之磨光平板而不用反光甚多之黑漆板?

22. 黑板刷子每日是否取向户外洗净?

23. 地板上是否油过或用其他方法使不致易惹灰尘?

24. 室内温度是否欲保持平均使无忽寒忽燠之弊?

25. 室内温度是否常在法式六十度至七十度之间?

26. 窗户面积至少能有室内平地面积五分之一否?

27. 桌椅之排列能不正对光线之来源否?

28. 室内各部之采光平匀否?

29. 避去黑窗遮否?

30. 避去白窗遮否?

31. 用黄色或葛布古色之窗遮否?

32. 墙壁上之颜色是否淡雅?

33. 颜色取中和否?

34. 天花板上之色是否较墙上之色为浅?

35. 有美术品以资点缀否? 所用之点缀品能不过多否?

36. 所坐之椅能上下调节高低否?

37. 所用之桌亦能上下调节高低否?

38. 果已调节否?

39. 如所坐之椅不能上下调节亦用高低不同之木低几或室内用高低不同之各种桌椅以适合各人否?

40. 亦有明亮燥干通气之储衣室否?

41. 课室内学生数目不致过多否?

42. 听觉稍差之学生亦令其坐前列否?

43. 视觉稍差之学生亦令其坐前列否?

44. 凡有皮肤病之学生令暂停学否?

45. 凡有虱之学生令暂停学否?

46. 传染疾病能及早觉察否?

47. 凡学生有传染病时能绝对令其停学否?

48. 有传染病而停学之学生病去后重新入学时是否须有医生之证明书?

49. 学生是否必须种痘? 且痘疤是否必须显著方认为有效?

50. 学校是否亦注意学生有无身体上较普通的缺陷且能及早觉察?

51. 觉察之后亦通告家族否?

52. 对于智力上缺陷之学生有隔离之处置否?

53. 于癫病之儿童亦有隔离或离学之处置否?

54. 因神经之不安,筋肉不受控制,而有颤震之形,如面部筋肉抽动手震等者,亦使离学医治否?

55. 对于学生有卫生的检查否?

56. 对于校舍有卫生的检查否?

57. 门户上用纱网以避蚊蝇否?

乙. 走廊或通路

1. 走廊等清洁否?

2. 地上亦有妥当设置如油漆之地板水门汀等以避灰尘否?

3. 光线足否?

4. 采温适宜否?

5. 盥器之旁备液质肥皂否?

6. 有适宜卫生之自来饮水装置或其他不致传染之饮水器之设备否?

7. 公用之揩手布已废弃否?

8. 公用之茶杯已废弃否?

9. 通气否?

10. 出路(太平门)多否? 且无杂物障碍否?

11. 楼梯阔而直否?

12. 通路中无物件遮道否?

丙.地窖

1. 地上清洁干燥否?

2. 地上铺水门汀否?

3. 盥器及污水管等清洁否?

4. 手巾是否每人分用?

5. 有雨水浴之装置或其他浴盆之装置否？
6. 厕所清洁通气否？
7. 泄水管等照新法否？
8. 空气好否？
9. 厕所与空气进口隔开否？
10. 有自来饮水管之装置否？
11. 换气与保温之装置灵动否？
Ⅱ. 校地
1. 游戏场地广大足用否？
2. 有无泄水之装置且干燥而平匀否？
3. 有游戏之管理与指导否？
4. 游戏之设备足够否？
5. 校中亦有极通气之大房间备游戏休息餐膳或上课之用否？
6. 校地之近旁如有不相宜之邻人亦设法以事隔离否？
Ⅲ. 普通卫生
1. 教员有餐室否？
2. 学生有餐室否？
3. 餐室中置有相当桌椅否？
4. 餐食不致冷否？
5. 对于学生与教员各设有快乐之休息室否？
6. 有救急之设备否？
7. 教学生以使用此种救急设备否？
8. 卫生之教材切合生活需要否？
9. 训学生以个人清洁之重要否？
10. 对于发现普通病症之事教师曾受过训练否？
11. 曾以直观方法教授口齿卫生切实有用之知识否？
12. 对于学生个人有检查否？
13. 学生之能清洁者学校亦设法以奖励之否？
14. 对于年纪稍大的学生亦曾教以在商铺、市场、家庭、公园、乳牛房、街道等为卫生之观察与调查否？

15. 对于学生自办之膳食，学校亦曾考察否？

16. 曾奖励学生使观察自己及其环境以见应行改良之处否？

17. 膳食时是否行一种分食制度？

18. 对于庖厨及厨役之卫生亦有相当之制裁方法否？

Ⅵ. 宿舍

1. 换气好否？

2. 常为阳光所能照到否？

3. 学生行李堆积不多否？

4. 被褥整洁否？

5. 日间帐子挂起否？

6. 床位不拥挤否？

Ⅴ. 学校环境

1. 沟洫等泄水设置佳良否？地干燥否？

2. 铅罐及其他容易积水之器拾起否？

3. 其他可以滋生蚊虫之处设法防备否？

4. 各种垃圾是否有适当方法以烧除之？

5. 粪便及其他脏物一有堆积是否就运往他处？

6. 家庭之垃圾桶是否设置盖且是否常常盖好？

7. 校内诸人是否深知以上各种脏物皆为苍蝇滋生之所？

8. 学生邻近之空气是否清洁而不带尘灰烟气？

9. 饮水来源清洁否？

10. 学校负有卫生之责亦知饮水之来源常易为粪坑等所污浊而因带有危险之微生物否？

11. 苍蝇尚少否？

12. 校内及校外邻近之空地常清洁否？

乙　儿童卫生自省标准

今年美国教育家鉴于卫生教育之灌输，宜在小学时期。故曾提倡一种儿童卫生自省标准，每星期学生各得自省单一纸，中列问句，令学生按日自答而自填之。其例如下：

1. 我的衣服清洁否？
2. 我的鞋帽清洁否？
3. 我的手帕清洁否？
4. 我的头发清洁否？
5. 我的面部清洁否？
6. 我的外耳清洁否？
7. 我的眼污除去否？
8. 我的齿牙洗刷否？
9. 我的口腔清洁否？
10. 我的鼻内污物除去否？
11. 我的颈项清洁否？
12. 我的手和手指清洁否？
13. 我的足和足趾清洁否？
14. 我的躯体清洁否？
15. 我本星期内沐浴过几次？
16. 我食前运动否？
17. 我食前盥洗否？
18. 我食时细嚼否？
19. 我食时不谈话否？
20. 我食后刷齿否？
21. 我食后运动否？
22. 我住的地方常开窗户否？
23. 我蚊帐日间卷起否？
24. 我的被褥常常晒洗否？
25. 我吐痰入盂否？
26. 我笔头不入口否？

27. 我手指不入口否?

28. 我的课桌图书成绩品等皆能保持清洁否?

29. 我能不在黑暗地方看书否?

30. 我有了病就报告先生否?

31. 我有了病肯听医生指导否?

32. 我能尽力防止流行病否?

33. 我每日有大解否?

34. 我早晨习运动否?

35. 我工作时能保持正确姿势否?

36. 我食息起卧皆有定时否?

丙　校舍管理员测验校舍标准

欧美各国对于校舍卫生一端,近年来颇为注意。往往不惜以巨大金额,建一宽敞合于卫生之校舍,所在皆有。而教育行政机关方面,特设校舍管理员以专司其事。视察时有一定标准,以保各学校之设法改进。其标准随地方情形而定,故各有不同,今举例如下:

(一) 爱犹氏测验校舍标准

测验校舍之标准

(根据 Cleveland 教育调查①之结果)

Leonard P. Ayres and May Ayres

分配＼等级	最劣	劣	常	优	超
每儿童所占之地板面积(以方尺计算)	12	14	16	18	
每儿童所得之空气数量(以立方尺计算)	170	190	210	230	

① 即克里夫兰市学校调查,美国历史上著名的教育调查之一,1916 年由艾尔斯(Ayres)等主持。——编校者

(续表)

等级 分配	最劣	劣	常	优	超
窗之面积与地板面积之百分比	10	35	20	25	
每儿童所占运动场之面积(以方尺计算)	20	25	50	65	
每大便座之男生数目	50	40	30	20	
每便座之女生数目	30	24	18	12	

(二) 施菊野[①]测验校舍标准表

施菊野(Strayer)的测验校舍标准表

学校名________________

校　址________________

调查者________________

调查日期______________

Ⅰ. 地址……………………………………………………（　　）

A. 坐落……………………………………………………（　　）

1. 交通(　　)　　2. 环境(　　)

B. 地势……………………………………………………（　　）

1. 高度(　　)　　2. 地土(　　)

C. 大小和形状………………………………………………（　　）

Ⅱ. 校舍……………………………………………………（　　）

A. 校址……………………………………………………（　　）

1. 采光(　　)　　2. 方向(　　)

① 今译“斯特拉耶”(George D. Strayer, 1876—1962)，美国20世纪早期教育管理学研究的领袖人物之一。——编校者

B. 外部的构造 …………………………………………………………（　　）

1. 形式（　　）　　2. 材料（　　）　　3. 高度（　　）

4. 屋顶（　　）　　5. 进路（　　）　　6. 美观（　　）

7. 坚固（　　）

C. 内部的构造 …………………………………………………………（　　）

1. 楼梯（　　）　　2. 走廊（　　）　　3. 地下层（　　）

4. 屋顶小室（　　）

Ⅲ. 卫生设备 …………………………………………………………（　　）

A. 取暖和换气 …………………………………………………………（　　）

1. 种类（　　）　　2. 装置（　　）　　3. 通气（　　）

4. 分配（　　）

B. 防火法 …………………………………………………………（　　）

1. 器具（　　）　　2. 避火（　　）　　3. 电线（　　）

4. 逃路（　　）　　5. 逃火门（　　）

C. 去污法 …………………………………………………………（　　）

D. 灯光 …………………………………………………………（　　）

E. 电 …………………………………………………………（　　）

1. 钟（　　）　　2. 铃（　　）　　3. 电话（　　）

F. 水 …………………………………………………………（　　）

G. 厕所 …………………………………………………………（　　）

1. 分配（　　）　　2. 设备器具（　　）　　3. 便当（　　）

4. 地方（　　）　　5. 卫生（　　）

H.机械的设备 …………………………………………………………（　　）

1. 升降梯（　　）　　2. 运书机（　　）　　3. 运垃圾机（　　）

Ⅳ. 教室 …………………………………………………………（　　）

A. 住置和附属品 …………………………………………………………（　　）

B. 构造和粉饰 …………………………………………………………（　　）

1. 火小（　　）　　2. 形式（　　）　　3. 地板（　　）

4. 墙壁（　　）　　5. 门（　　）　　6. 藏物处（　　）

7. 黑板(　　)　　　8. 颜色(　　)

C. 光线 ……………………………………………………………… (　　)

1. 玻光面积(　　)　2. 窗(　　)　　　3. 窗帘(　　)

D. 衣房 ……………………………………………………………… (　　)

E. 设备 ……………………………………………………………… (　　)

1. 椅桌(　　)　　　2. 讲席(　　)　　　3. 通告板(　　)

Ⅴ. 特殊室 …………………………………………………………… (　　)

A. 普通用的大房间 ………………………………………………… (　　)

1. 游戏室(　　)　　2. 会堂(　　)

3. 自修室(　　)　　4. 图书室(　　)

5. 操室(　　)　　　6. 食堂(　　)

B. 办公室 …………………………………………………………… (　　)

1. 办公室(　　)　　2. 教师预备室(　　)

3. 看护室(　　)　　4. 校役室(　　)

C. 其他 ……………………………………………………………… (　　)

1. 实验室(　　)　　2. 演讲室(　　)

3. 藏物室(　　)　　4. 艺术室(　　)

校舍与设备

Ⅰ 校舍

1. 校址在何处

2. 附近状况　a. 物质上：道路花园，树木等有否。

b. 社会上：居民稠密否；居民的性质：商民或住家。

c. 保护上：嚣哗灰尘，危险有否？

3. 建造抑改造

a. 建筑或改造费若干

b. 建筑材料

c. 建造或改造日期

d. 如系改造，本来作何用处？

4. 能容学生若干人

5. 现有学生若干人

6. 礼堂长________宽________高________容量________

7. 教室几处

8. 特别教室几处

9. 校址共几亩

Ⅱ 学校园有几处

1. 总面积若干　　2. 怎样点缀

Ⅲ 运动场有几处

1. 总面积若干　　2. 雨中操室面积

3. 运动器具

Ⅳ 寝室

1. 几人一间　　2. 床的质料

3. 光线

Ⅴ 食堂

1. 个人抑公共食法　　2. 几人一桌

Ⅵ 阅览室

1. 大小　　2. 光线

3. 椅桌合度否　　4. 椅桌多少

5. 中文书籍若干　　6. 外国文书籍若干

7. 杂志几种　　8. 报纸几种

Ⅶ 博物室

1. 学生采的抑系购来的?　　2. 博物材料

3. 学生随意观览否　　4. 教师怎样利用博物材料

Ⅷ 便所

1. 男生小便池几处　　2. 每处长若干

3. 男生大便器几座　　4. 女生几座

5. 便所左近有洗手所否

Ⅸ 盥洗所有几处

1. 面盆的材料——木或磁　　2. 手巾个人的或公共的

教　室

调查事项 ＼ 教室										
学级										
长若干										
宽若干										
高若干										
光线	1 光从几旁入(注明前后左右)									
	2 玻璃窗有几									
	3 纸窗有几									
	4 窗之面积等于地板面积若干									
	5 窗前有照壁否									
	6 照壁高若干									
	7 照壁离窗若干尺									
	8 窗与窗相隔多少									
空气每生得占多少										
座位	1 坐位若干									
	2 椅桌分高低否									
	3 椅桌能高低移否									
	4 椅桌几人一列									
黑板面积										
黑板方向										
黑板高低										
寒暑表几度										
铺地用何材料										
地板油过否										
地上湿否										
何法洒扫										
痰盂有几具										

（续表）

调查事项　　　　教室									
图书有否									
成绩有否									
图书和成绩放置适宜否									
级训									
其他									

五

在美国学校，卫生著于法令。自 1919 年起，各省先后通过关于学校卫生之法律者，共有 35 省，惟各省所定之范围、责任以及主管机关，则不一致，然可见其重视学校卫生行政之一般：

（一）加利福尼亚省教育局雇用卫生检察员，包含医生、保姆及牙科、眼科专医。

（二）北加洛林纳省年拨省款五千元为疗治儿童牙病，并检查身体之费。

（三）阜茫省[①]公众卫生法令，每乡区须有专任之卫生检查员。其责务包含检查校舍，并监导公私立及教会所立各校儿童之卫生。

（四）爱渥华省[②]法令，凡人口在一千以上地方教育局，须设立一牙医处，讲演口的卫生，并疗治儿童牙疾。

（五）麻塞邱塞省[③]法令，除各地方卫生局已雇用医生实行检查学校卫生，如卫生法律所规定者外，每市每镇教育局至少须雇用校医一人，检导本市本镇

① 即佛蒙特州。——编校者
② 即爱荷华州。——编校者
③ 即马萨诸塞州。——编校者

之公立学校卫生。

(六) 爱渥华、威士康新[①]、明尼苏达[②]三省卫生公众法令，卫生局须雇用保姆，其职务包含视察学校卫生。

回顾我国，尚未有法令之规定。而中央教育部无学校卫生之专司，省县教育行政机关亦不另设学校卫生之科，以视察学校卫生之职务，尽委之于省视学、县视学身上，视省县视学为万能，而成绩乃一无足观。至于各学校方面，亦视学校卫生行政为无足重轻。黄炎培氏于其序《学校卫生讲义》一书文中有：

> ……余往者周历江苏各县，与今岁——民国三年[1914]——考察各省教育，所见小学儿童年龄至不齐，而用同高之桌椅，致足不着地而病肢，距离太远或太近而病目与背者，多至弗可数焉。教室过长，后列儿童与黑板之距离，逾于其限。教师板书长文字，但计板之面积，而于字形大小，儿童目力能及与否弗计也。其在户口较繁、学校创设较早之地，来学者多，但求教室能容一席之地，而不暇计每人应占空间至少容积之限度，虽教坛左右，亦设儿童席，参观人一入室，气室浊至不可近，而教师不问也。……余尝言不卫生宁无学校，语虽激，意实痛已。……顾亦尝闻人言，余非不欲为合法之建筑，与一切设备，如财力何？则请答之曰：苟于财力制限以外，一事一物，不谬于卫生者，则斯言为可谅已。夫诚无一事一物或谬于卫生，仅仅留微憾于有需财力之部分，吾意固已甚慰，况财非自能生力者，只视人心力如何。……

这很足表示当时一般学校卫生行政的情况，但是到现在有多少改进呢？所谓教育是兼教与育二者而言，倘徒教之，而任其死于传染病，任其酿成废疾，是教而未育！愿一般主持学校卫生行政之责者勉之！

一九二二[1933]，五，二十，于东大。

① 即威斯康辛州。——编校者
② 即明尼苏达州。——编校者

主要参考书

一、《美国教育彻览》
二、《新教育》五卷三期“第一次年会报告号”学校卫生组议案
三、《学务调查讲义》
四、《助教》第四期
五、《新教育》四卷五期《吾国学校精神卫生之几个问题》
六、《学校卫生讲义》
七、《体育季刊》一卷一期《学校卫生状况的自省》
八、申报馆《最近之五十年》《五十年来中国之卫生》

学校园之设计与其批评

孙伯才*

劈头第一句，我就要说：

学校园是教育上有生命的创造物，是要陶冶儿童的情意而设立的，是要培养儿童的理智而设立的，是要发展儿童的本能而设立的，是有目的、有价值、有生命的东西。

学校园既是有目的、有价值、有生命的东西，那么，办一个学校园起来，当然不要使它的目的、价值、生命失掉。但是这却为难了，绝不是随随便便划出一方地来，筑一条干路，种几株草棉大豆，就可使它的目的、价值、生命不失掉的。有目的、有价值、有生命的建设物一定要有有目的、有价值、有生命的设计，而后施之于实际，才能显出它的价值来。否则，顾及了“美”的风趣，便失却了“知”的建设；而顾及了“知”的建设，却又失掉了“美”的风趣。试看现在一般的学校园，不是有很显著的这个现象么？这种畸形的现象很不利于儿童，因为它本身的目的、价值、生命是早已隐藏起来而变成一种无生命的建筑物了。它只是白白地占据了一个空间。

现在一般的学校园不外下面的三种“型”。

A. 鉴赏园型

凡是经济稍微宽裕而地积上又有敷设之可能的许多学校，大概多这一个

---

* 孙伯才（1901—1947），字未艾，上海青浦人。江苏省立第二农校毕业。曾任上海商务印书馆附设尚公小学校长，宝山、昆山等师范学校教师，重庆巴蜀学校教导主任。

本文原载于《教育杂志》1928 年第 20 卷第 10 号。——编校者

"型"的学校园。在特定的一方或各方的地积上,加以不少的观赏用的材料,栽以整百的菊花或盆梅等观赏植物,成一个私人小游园样的建筑物,而使儿童去欣赏或工作。

这一种鉴赏园型的学校园,它的本身是否成立为鉴赏园,还是个待研究的问题,它的材料用法,是风景的用法,还是雕刻的用法;它的结构,是理想化,还是平俗化。现在,我们且不必用庭园眼光去苛责,就假定它确是鉴赏园,它的确能充分地表现材料美,充分地表现艺术美,而能有"时间性的音乐风趣"和"空间性的连续图画意味",使欣赏者鉴赏者可以得到美感,我们却也不能说这便是学校园的使命。学校园的使命决不会单调到如是得到了美感,便算完全了事。何况鉴赏园型之成立还是假定的呢!

B. **蔬菜园型**

这一种学校园大概是这样设施的:在一方地上,中间筑起一条干路,从干路上再任意分出几条支路,而划分该地积为几区,在每一区中,更依儿童数之多少,划分数小块,而使儿童栽以菜蔬,依时轮栽。

这一种"型"的学校园,对于园艺科上的活动,虽然可以收一些成效;可是除此之外,既没有点景材料,又没有界线材料,谈不到加工的艺术之美。宽泛地说,多少总可以享受些自然的风趣。但是严格批评,却简直没有美的成分。这样的呆滞,这样的规律,对于美的要素"色、线、香"是完全没有顾到的。那绝不能有情意陶冶上的功能。

退一步说,这一型的学校园可以有"知育"的价值,可以供"有延长性的"实验观察。不过那范围总未免太小,只限于几样蔬菜、几样普通作物。

C. **标本园型**

这一种"型"的学校园,大概是注意在直观材料上面。它是没有区分的,也没有地段,也没有点缀,也没有韵律,只是择定了任何场所,随随便便地种下各种的种苗,使它任意去生长,便算了事。

这一种"型"的学校园,以数量讲,本不能算多;而以种别计,却是不少了。用为直观教材,确是很好;但是太紊乱了,太没有整理的工夫了,一望而知为未经详细考虑的成绩。说得严厉些,这本不能成为园。在这不能成为园的园中,除了摘一些植物,用以使儿童直观外,简直没有其他的价值。说什么本能之扩张,更说什么情意之陶冶，那只是露天的陈列室罢了。并且这样无系统之设置，不完全的敷设，非但没有美的功能激起儿童的兴奋，抑且足以使儿童嫌恶。实在，这是设置者的观点错误，他以为学校园的使命只限于供给教材，所以这样了便算已尽其能事。不晓得如其学校园的使命确是只限于供给教材，那么用了腊叶标本也够了，又何必要有校园呢？设计学校园实非容易的一件事。设无园艺学之素养，设无儿童心理之研究，往往要弄到病的状态。兹列不可不知的几条设计原则于下：

A. 以儿童为本位的

日本高桥氏说，学校园是儿童的娱乐之友、健康之母、教化之师，所以一切材料的采置和排列以及全体的布局，应完全以合于儿童生活做中心。例如，假山是成人的欣赏材料，儿童是不欢迎的。儿童非但不欢迎，而且有危险的，我们应当去掉，而把儿童所欢迎的砂场、秋千等去代替。更如点景材料的泉水等，也不是学习里的必需品，可代之以涉水场。飞石道虽然在鉴赏庭园中是很好的东西，但是在学校园中却绝对不相宜，可代之以沙路。这都是以儿童心理、儿童生活为本位的设置。这里是在谈原则，恕不多举实例，以后谈到方法时，当再从事实上着墨。

B. 混合而美化的

学校园的设计上，最易犯的弊病是涣散。有标本区，有动物饲养所，有欣赏区。差不多各种的建设都独立而没有连贯的精神。这样，至少要失去多少学习园的价值，而把它的生命斫伤。并且对于“地积经济”上讲，更是不利的。最好——实在应当说不得不这样——使各种的材料配置，混合而美化。

什么叫作混合呢？是把关于“知的教育”上的材料、“知的教育”上的设置和“美的教育”上的材料、“美的教育”上的设置混合起来，而不是单独地各个表现。惟须注意的是实质上还是不可变更或损伤。

什么叫作美化呢？是把混合的材料用美的方式去表现，换言之，就是用“艺术的手段和方法去发挥形式上的材料美”。因为，混合而不用美的方式，简直变成一个植物园，只有“知的教育”上的价值，没有美的教育功能。

这实在是很容易明白的，学校园里的材料，就教育者的眼光，尽可内定它作什么用，而各个材料本身的材料美，却不必为了有内定的什么用而不使它发挥。发挥了它各个材料的本身的材料美，还是不失教育者内定的教育上的用的，我们又何乐而不为？材料须混合而又须美化，根据了这个道理而肯定的。

C. 有儿童的科学或文学意味的

这一项原则，我可以说一句，任何学校里的学校园，都没有注意到这一层。它们有的只有造成了一个花园；假定它是美化的。绝没有想象到旧观念的表现和科学与文学的设置。实则，这是很有功效，很简便，而又很美观的。在实质上讲，在使儿童有深刻的印象；在形体上讲，是一种美丽的点景材料；在材料本身上讲，可使儿童生幽默的美感。学校园里，当然要有游戏的设备的；既是要有游戏的设备的，那么，何不为文学的科学的游戏布置，做一种点景材料。这一种点景材料，它的功能不止是有美的发挥，并且有文学上和科学上的效力。例如，龟兔竞争一项故事，那是文学材料，尽可融合地布置在中间，使儿童活动兴奋，得到许多修养上、知识上的各种帮助。

D. 有目睹的音乐要素的

欣赏庭园上必需的感觉是视觉。欣赏学校园当然也是如此。惟是，只用视觉去欣赏，尚不能算为完全；还要用触觉及运动感觉去欣赏才好。视觉的欣赏是平面的欣赏；视觉的欣赏之外，兼有了触觉及运动感觉去欣赏，那便成为立体的欣赏。须知道学校园和单纯艺术的图画不同，不得在一望之间就可得到全体的印象，它是复杂艺术的连续画图，须移步其间，缓缓地用眼力及其他的感觉去欣赏时间的变化。在单纯艺术的图画中，欣赏不出“时间变化”的意味；而在复杂艺术的连续图画中，则有时间变化的意味了。例如，感觉到绿廊、并木等的细韵律，更感觉到草地、草亭、花坛等的大模样的韵律和旋律便是。这样，感受时间之变化，不像音乐那样的“得之于耳”，是“得之于目”的，所以叫它“目睹的音乐”。学校园之设计上，不注意到目睹的音乐，那便无活泼的生气了。目睹的音乐，它的韵律不如音乐那样的和我人呼吸相关联的，因为它是大而缓。

注意到了这四项设计原则，那学校园才能显出它的功能来。我现在要谈到学校园的设计顺序了。

A. 现状调查

设计上，第一步的手续便是调查现状。调查时，更须注意二点，分述如下：

1. 周围的状况

有否河川、山林、池沼、小丘等天然的背景，须一一载明在底册草图上，以便设计时借用，不必另行建设。有否烟煤及其他的不快的气体发生的工场。设有，更须注意日射、风向与本土地的关系如何。四周的建筑物如何，亦须调查清楚。

2. 园地的状况

地域的面积如何，地积的形状怎样，土地的匀配、倾斜度和方位如何，土质、土地的干湿、地温的度数，也须一一载明在图面。地表的情况，例如有没有古木以及现成的建筑物等，也须记明它的实在情形。

B. 配置建筑

在上面调查所得的图面上，配置以校舍、亭、绿廊、草地等的建筑物和敷设物。在配置的时候，先要定一个“归着点”的位置。这“归着点”的位置是什么呢？那不消说得，当然是“校舍”。把校舍的位置定着了后，乃得配列以其他的“素材”。一般的人们，他对于学校园的观感以为是校舍外的一种建筑物，附属在校舍之外的，所以多勉强凑合的。说得肯定一些，就是在校舍建筑后随意敷设的。实在不该，在未建筑校舍之前，胸中的题材就应当以学校园为一个大结合，而以校舍为有条理的中心归宿，那才不致有不健全的弊病。

假定，校舍早已成立了而要建设学校园的时候，那事实上绝不能把早已成立了的校舍毁坏了后再去求个中心归宿。在这种情况之下，我们应当把已成立的校舍的方式和地位，也详细地载在调查图上，作为已肯定的中心归宿点而设置其他的素材。绝不要放弃了这已成的校舍，使它成一独立的建筑物而另寻中心归宿，割裂校景，这是应当十分注意的。

中心归宿点定着了后，乃依了光线的关系，画一些分配植物的地积状况。例如，在校舍的北面，终日没有射日的，假使栽以花草，铺以草地，那决计不利于生育，这可用为植入耐阴性植物的地方。或竟筑为阴森的山谷状，造一山岭森林的雏形。在日射很好的地方，可以栽入花卉，以及其他十分喜阳的植物。至日射的程度介于最好与不良之间的，则可用为栽半阴性的果树的地方。

大概是这样分配妥善了后，再须定一个通景线。这通景线可说是全园的灵魂，通景线变更了，一切的设施都要跟着它变更的。有了通景线，乃再筹算学校园内应有的材料，植物的类别、动物的类别以及其他的建筑物而行美化的混合配置。在配置的时候，更要十分注意的是“轮廓之调和”。

说到了配置，那可是难事了。上面所说的应当注意在轮廓之调和，不过是择其最重要者而言，其他还有许多哩。随便举一个例罢，譬如在很大的地积中央，设一个蔬菜园而使园景判断，是很不相宜的。

为便于配置起见，请读者注意下文的“意匠”。关于意匠方面的种种，假使能十分明白了，那才可运用裕如。分述于下：

A. 材料之分类

意匠上的材料，以色彩、性质等分类，有自然材料和加工材料二种；依材料的形体上分，有立体材料和平面材料二种。从这自然材料和加工材料中再分析起来，有点景材料、填充材料、界线材料三种。在这里须注意：学校园的材料虽然有用作标本的性质，但是在学校园设计须混合美化的原则之下，仅它有标本用之价值，而在形式上不得不用美的分析。所以，没有什么叫作标本材料的名字。自然材料中的果树动物之类是属于点景材料，蔬菜草地之类是属于填充材料，生篱并木之类是属于界线材料，加工材料中的园亭椅子之类是属于点景材料，涉水场、砂箱之类是属于填充材料，道路沟渠之类是属于界线材料。点景材料是以美观为中心的材料；填充材料是覆于地面而是图案的形式的；界线材料是用以明了地割的轮廓的。大概点景材料多立体的，填充材料多平面的，而界线材料则立体和平面都有，试列一表于下：

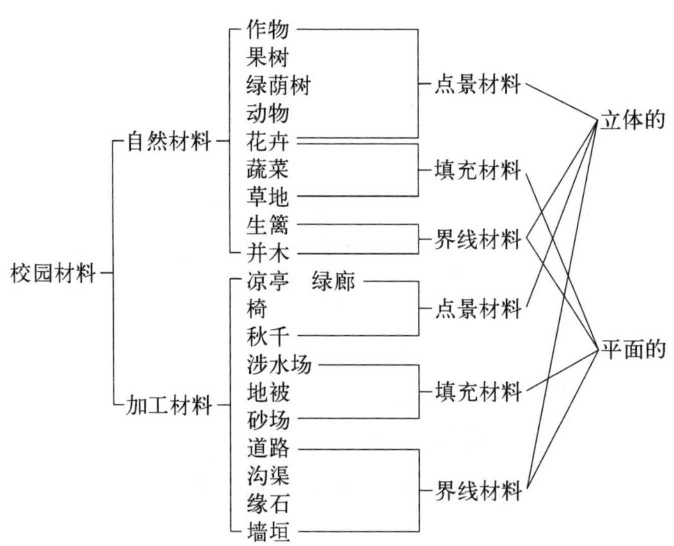

B. **意匠的根本**

依据了上面所述的种种材料，把它的局组合起来，充分地表现它的“色、线、形、面”，以及性质的变化，使它们种种材料的全体缠绵地成功一个有机的统一体。实质上不失为教育的，而形式的表现都是“美的型”。如何组合的方法，就是所谓意匠的根本，现在举几个实例来说明：

实例一的说明：

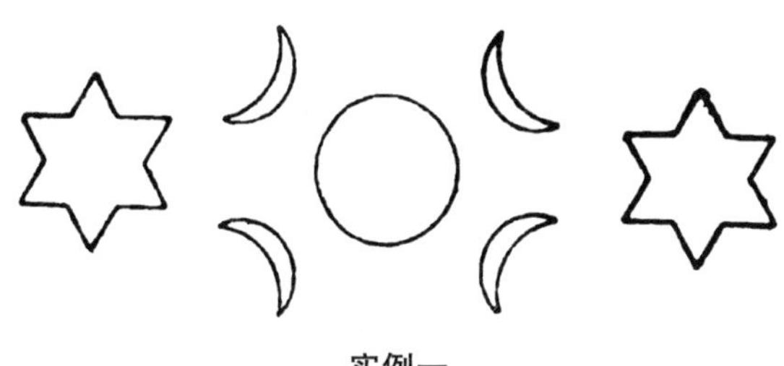

实例一

这一个图案是很不合的，很丑恶的，因为它各单位间有个别的形状，而且是各个独立，不相统属的，虽然从它整个的个案看来，似乎是很富变化，不感呆滞和单调，但是它全体的组合与各个的单位，既没有共通的性质，又没有统一关系的形式，而且它的轮廓又是不很明了的。它对于我们，只是给了个杂碎的印象。

实例二之说明：

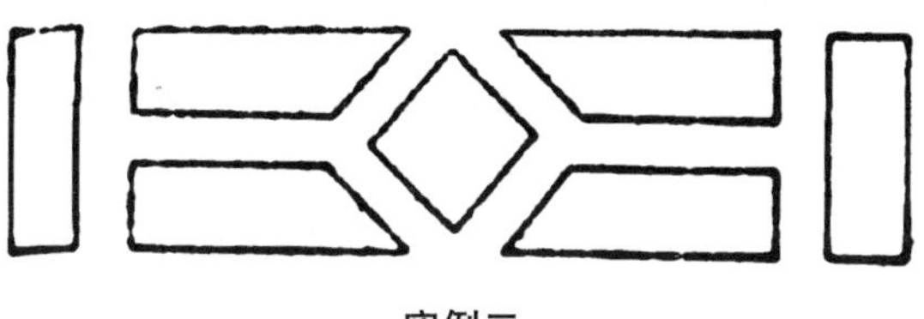

实例二

这一个图案是很合法的，是很美观的，合于“美化”的原则的。它所表现的是直线的美。它差不多有七个单位，而那七个单位间却都有共同的性质，表示它的全体，有统一关系的形式。在单纯的直线图案中，最易犯的弊病是呆滞，少变化，而这个图案却是寓变化于统一之中的。

实例三之说明：

实例三

这一个图案，各个的单位间可一望而知有统一连续性的，缺了任何一个单位，可以破坏它整个的统属性，而使人对它生不快之感的。它在无形之间，已把各个的单位融合掉了，而显示的方法则用曲线来表示。我们可以从这曲线表现的图案上得到“自然调和”的观感。把实例二、实例三所说的话归纳起来，可知“变化”“统一”自然地调和是美的原质。

实例四之说明：

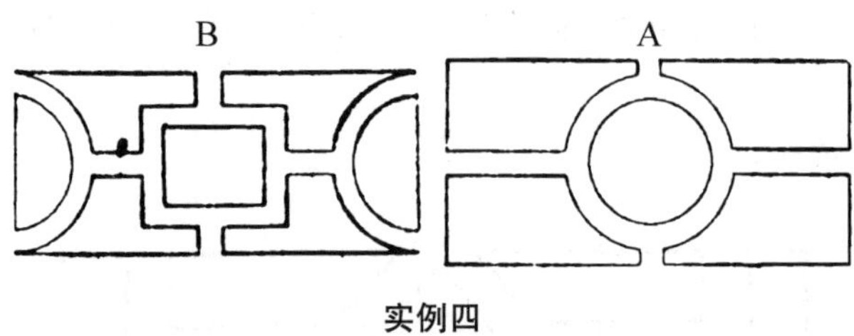

实例四

实例四中，有A、B二个图案。这二个图案是曲线与直线合用的，也能够表现统一的关系形式。既有变化，又能统一，更能把变化与统一自然地调和，所以也是美的形式。

从局部而推到全体，我们可以这样地决定，“设计的意匠上，统一是必要的条件”。

关于材料之配置、意匠的根本都已经决定了后，我们要讲到栽植的方式了，也就是所谓意匠的法则。

C. 意匠的法则

1. 反复

最足以惹起注意,引起趣味的,是反复。反复,有统一之感,同形式的果树、蔬菜或别种作物距离相等,依次植入;道旁的草地,等距离地配置花草;同种的并木继续并立;形式上,都足以有显著之统一现象,引人入胜。并且,利用了这配置的反复,在实施时还可匀配儿童的工作哩!

2. 交代反复

上面所说的反复,是单纯性的,就是"纯单位的"。假使单位稍复杂,以甲乙二种材料配合为一组而将各组反复栽入,那便是交代反复。交代反复除了有统一感外,还得有韵律之变化,下面的图就是"交代反复"。

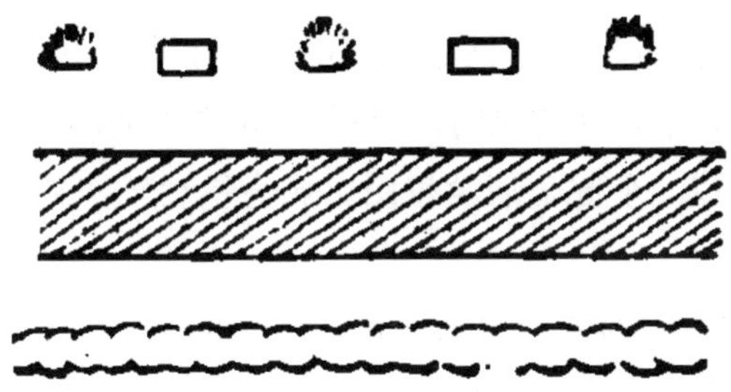

3. 均齐

以轴作中心,而右左反复前进的是均齐。均齐,有不偏、不党、平等之观感。在中心道之左右配以蔬菜园或花坛等,反复配置,可有均齐的形式。下面的图,就是"均齐"。

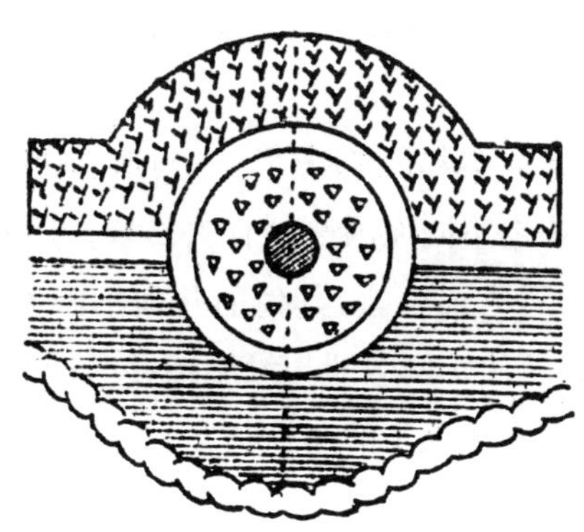

4. 钧合

什么叫作钧合？钧合是比均齐的形式复杂而变化较胜的统一法。

5. 韵律

色线形三项屡次反复，而又等距离的中断时，差不多可以有一种好像音乐那样的节奏。这种音乐那样的节奏就是有韵律之感。以下的二图就有韵律之感。

甲

乙

以上所述的，把意匠上的诸法则差不多已经说得不少了，运用者尽可在已调查的图面上，依据了设计的原则，参照了意匠之法则，纵横自在地布置，或因地制宜去配列，使成一个健全的学校园。兹为便利于实施起见，更说一些“素材之使用法”。

素材之使用法本不能执一不变，下文所述的只不过大概情形罢了。至各种素材全体的配列，则因地况不同、周围情形不同，未可一概论之，所以从略。好在读者明白了以上种种，再加一些自己的思考，也已够规划全局了。素材之种类甚多，顺次叙述于下：

A. 绿廊

高约七尺五寸，辐约七尺，两旁立支柱，盖顶，用竹材或其他材料组成格子，旁栽蔓性植物，如紫藤、木香、蔷薇之类，使它蔓绕上去。床面可用乱石铺道。

B. 绿亭

高约九尺，经约十尺，形状不拘，方形、三角形、六角形、圆形都可以，甚至半亭也可以，这全在地位之不同而因地制宜去设置。用木材组成自然形格子，绿亭用的格子以自然形者为最合宜，其他的几何形的不甚适用。凭栏可以看到前后二面的设施的为尤佳。两旁能与绿廊衔接为最好。设不能与绿廊衔接而定须独立的，则似宜设一些人工的建筑物在它的旁边，显出它的自然美。因为绿亭的上面有蔓性的植物蔓延着的。

C. **涉水池**

涉水池宜浅，水的深度只能及到孩童小腿之一半为度。底上尤须光而平，可养一些鸭鹅或其他的水禽以及玩赏用水族动物在里。中间呢，又可放几盆荷花、睡莲等水生的观赏用植物或其他的实用植物。

D. **凉亭**

它的地位可以设置在涉水池的旁边，亭中设座椅，便于憩息。倘因地位高低的关系可用阶级通下。

E. **作物园**

这一区内可以栽“普通作物”，稻麦之类；“特用作物”，油菜之类；“染料植物”“嗜好植物”“药用植物”“织维料植物”以及其他的一切植物。在纵的方面，可以供观察，做直观材料；在横的方面，却是填充材料。

F. **果树园**

枇杷、桃、李、梨、杏、无花果、树莓之类，用盂形、自然形、球形、蜡烛形各种整枝技法去整枝。这种种的整枝法，一方面是因各果树本身的性质不同有特定的整枝方式，一方面则视所栽的地位不同而方式有异例。如在四周都是加工材料的地方，鹤立鸡群样的加几株自然形整枝的果树在里面，是很不相称的。但是，有的时候也会生一种自然地调和之感的。更如在四周都是自然材料的时候，突然有一二样几何形整枝的果树，参杂在中间，也是不很相宜的。但是，有的时候却也有需要这种“变化”的。更如以果树代通路旁的绿篱，则势非用扁平的几何形整枝不可。这儿，只不过说些素材使用法之大概，这种整枝法等详细的艺术，恕我未能多谈。

G. **草地**

学校园是儿童的庭园，全园中几须完全为草地所支配。换句话来说，就是“草地须做基础的敷设物。”

H. **动物园**

就动物的性质行适宜的设备，如前所述的水族动物，可酌量在涉水场中划出区域来从事养殖。如山野生的动物，可在设置防风林的地方，造成土丘样的自然形状，作它栖身之处。外罩以铁丝网，以防逃逸。至如鸽子之类，则须建鸽亭。

I. 砂池

砂池之长度，须视地积之大小、儿童之多少而定。以最普通者言之，辐约九尺，长约十四尺。它的周围须筑以辐约二尺之混凝土缘，以便儿童使用。

J. 运动场

运动场上均铺以草地，设以草经践踏，不易生长，则可酌置二方，轮流使用，或将一块草地划分数方，在某一方的草地发育不良或须整理时，可制止在该场上活动。场之四周边缘都可栽入观赏用植物，或设为森林带及栽植其他之乔木亦可。场中安置木马、浪船、秋千等儿童游戏用具。网球场、篮球场等亦可支配在内。

K. 常绿树篱

选常绿的乔木栽在全园的外缘，惟有一项须注意者，此常绿树篱勿栽在向阳的地方，栽在向阳的地方，自它的本身讲是无害的，遮蔽阳光，害得邻近的植物不能得到充分的阳光而尽量发育，是一个大弊病。这一带常绿树篱，以教育的眼光看，可作为森……①

L. 花坛

花坛的式样，在上文意匠之根本中，我曾说过几句，虽然式样很多，而原则则总逃不出以上所说的，读者能依了原则去设施，必可得很好的成绩。花坛内的花草配置须十分留意，花期之长短、花卉之色彩、开花之时期等，均须调查清楚，以备配到栽入之顺序及色彩之调和。否则花期中断，色彩庞杂，很不相宜的。

M. 砂路

宽度须自八尺至十尺。路旁下置通渠。路面略呈凸形。路的周缘可栽以龙须草或三色堇之类以资点缀。

N. 绿篱

材料用冬青或映山红之类，栽植在路之两侧。该路的两旁，设非草地，始得栽此绿篱。例如，一面是动物园，或其他的通道而须有这界线材料者，设此绿篱是很相宜的。须常加修剪，尤以勿使下部空虚为要。因地位的关系，不用

① 此处原文中疑少了一行字。——编校者

冬青小矾之绿篱而代之以蔷薇篱或茑萝篱等亦无不可。

O. 荫树

材料用银杏、梧桐、榛、樫等树，利用它的粗干，可以在它的周围做成许多椅子，成一半圆形。在它的树枝间连结起来，缚以线毯，可做吊床之用。鸟的饲养笼亦得悬在这荫树上，以符合自然的状态。

P. 观赏花树

沿房屋的四周可在草地上掘去一小方草皮，使露出泥土来，反复地或交代反复地种入许多花树。在花树的面前，可酌量设置花坛。

Q. 蔬菜园

轮栽四时之蔬菜。不论叶菜类、花菜类、茎菜类、果菜类、香辛类等蔬菜，均须栽入。育苗床、冷床、温床等亦须酌置在阳光通透的地方。

关于学校园设计上所应该知道的，大概尽于此矣，其他如栽植之方式、管理之方法、学校园所需植物动物名称、学校园年中行事历等，不在设计范围之内，均从略，以后另行为文详述。

于尚公

校舍建筑问题之理论与实际

李清悚*

去年四五月间，中央政治会议曾通过中委戴季陶等建议由中央筹拨一百万元建筑首都市立各学校一案。当此岁荒时乱，中央有此伟举，不能不谓为教育上之曙光。斯议既颁，首都各校乃大计画其理想校舍。此篇之作，即所以供教育界同志之参考。

讵料中央巨款未至，而作者主办之学校——首都市立中区实验学校——先以倾坍拆让闻。于是由市府拨五千元，由校贷三万数千元，合约四万元，先行筹建。筹建之始，亦多参考本篇。

此篇本作者在中央大学《小学组织及行政》课上之讲稿，兹特整理发表，以应前者之需要，尚愿读者指正为幸！

一、校舍建筑概论

学校校舍乃教育之物质环境。物质环境之良否，每足以影响个人之心理。学校系儿童生活之场所，一切习惯之陶冶、生活观念之铸成，靡不有关。是故

---

* 李清悚(1903—1990)，号晴翁，江苏南京人。东南大学教育科毕业。历任江苏省第八师范学校教务主任、南京一中校长、中央大学教授、教育电影制片厂厂长(退休前为上海师范大学教授)。民国时期先后两次为教育部起草小学行政课程标准。主要著作有《小学行政》《学校之建筑与设备》等 20 余种。

本文原载于《教育杂志》1930 年第 22 卷第 3 号。——编校者

校舍之适当与否，实学校行政上之一首要问题。近代欧洲诸国，若瑞士、荷兰，对于学校建筑皆极注意，而美国尤有精深之研究与专著。

西洋希腊时代，每以公共体育馆为施教之所，其间设备亦极不适宜。斯巴达人则集儿童于营帐之中。罗马富家子弟恒学习于私家花园，贫寒子弟则支小篷于陋巷以教授之。中世纪以降，乃渐假教堂为教授之所，而后渐有固定之校舍。其在美国，旧有学校亦多由教堂房屋蜕化而来。三面高窗，一台远拱，俨然牧师讲道之所。环墙设狭小之长凳，支板为靠，以坐儿童。至保温之不合法，通气采光之不良，更无论矣。后乃有议而改之者，以为现有之校舍。

我国自清季末造，废科举，兴学校，政府无充分之经济，对于校舍更多因陋就简。内地学校，多改寺庙为校舍，不适于教育环境之设施，仅足语避风雨耳。

欧美现代之校舍，完全为一教育概念之产物，其厘订标准至为严密。纽约市曾有五年以内以美金四千万为建筑校舍之举。我国公家富力虽不逮美邦，但为求得教育上之满意效果，对于建筑事项，亦未容忽视也。

（一）学校地点之分配

学校建筑设计，分配地点为一先决问题。小学校为切近市民之一种社会机关，所在地点必须分配适宜。各国都市有以社会功用不同之机关，谋所以集中之，而分全市为若干专门性质之区城者，如所谓商业区、工业区、住宅区等。独小学校不得专有一区，必散布全市，所以便儿童入学及接近家属。学校最理想之分配当如下图：

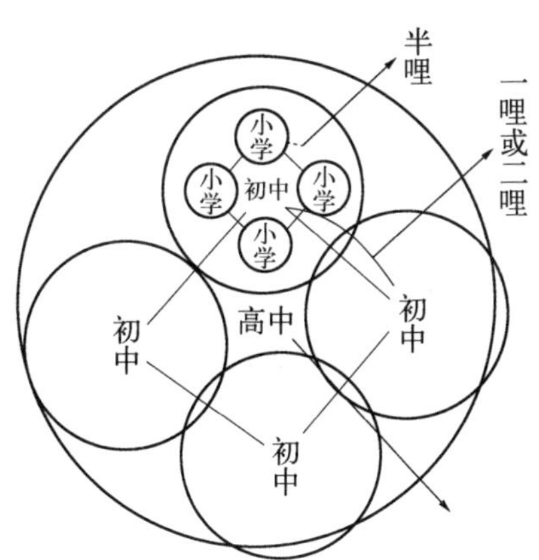

上图为美国加利福尼亚省规划之理想学校分配图。即每四小学间必设一初中,每四初中必设一高中。两小学相距为半英哩,两初中相距不得过一哩或二哩。

(二) 校舍建筑之普通原则

校舍建筑之良否,影响于学习效率、教育效能者甚大,前既言之。普通建筑之原则有五:

1. 安全

安全之消极意义有二:(1) 防坍倒;(2) 防火患。我国学校以厄于经济,建筑工程每多因陋就简,不五年、十年即虞倾坍。以常聚数百儿童于一堂之房屋,一旦倾坍,其结果何堪设想。最近,中央大学实验学校维城院之倾坍,即其一例。其次防火。我国百业未振,市政不修,都市尚无人口密集之象,故都市之中,地面较宽裕,学校建筑率多平屋,关于火患一层,尚无多觏。其在欧美各国都市之中,校舍建筑恒楼高四五层,一旦不戒于火,危险殊甚,故建筑之始必注意如何防火之道。

2. 适用

所谓适用者,即便于教授与管理也。校舍建筑,必求屋尽其用,使无废屋,大抵学校组织不同,范围大小有异,校舍之建筑亦随用而殊。无论其数目如何,分配如何,建造如何,要在适用而已。

3. 卫生

校舍为儿童生活之场所,朝于斯,夕于斯,光线不良,则损其视觉,空气窒塞,则戕其健康,直接影响儿童身体,间接有害于教育,故校舍建造除适用之外,必求卫生。

4. 经济

经济之意义二:一为工程之经济,二为效用之经济。前者意谓校舍建筑,固不必雕梁画栋,必求其坚固。坚固之工程,自表面视之所费者大,通盘筹之,仍为经济。泥土为墙,五年即坍,青石砌之,可至数十载。后者与前者相较,所费或为十与二三之比。而所历年限至少二十倍,故仍属经济也。效用之经济,在求屋得其用。同有儿童二百人,普通学校需五教室,葛蕾市学校仅二三室足以容之,则后者一室之效用甚大,足称经济。

5. 美观

学校非徒为儿童弦诵之所，亦宜布置高尚优美之环境，以陶冶其情性，故校舍建筑又必留意及此。所谓美者，非必金碧其瓦，朱髹其柱，但得美而不华，颜色调和，布置均齐，常具变化，合于美的条件，虽一花一石，足使趣味盎然者，斯为上乘。

二、校舍地点之选择

都市学校地点之分配，已详前论。乡村学校尤必注意住民与学校之距离。关于地址之选择，在欧美法律上，学校有优先购买之权。我国倘仿行之，则选择较为自由。选择时应注意之事项如下：

（一）顾及未来需要

校址面积之大小，视学校规模而定。通常完全小学，以六级论，应占有一英亩半，约合中国亩三亩；以教室论，每教室应占四分之一亩。若以人数为标准，则每人应占二十七方呎。但校址初择，非有特殊困难，必顾及学校将来之发展，不能视目前状态即为固定，故应购余地以应将来之需要。

（二）接近通衢

校址必近通衢，所以求交通之便利，但不必过于接近。罗马时代，于街头巷尾，立教授场所。爱耳斯(W. Ayres)①谓百年前，美国立校舍于十字途中为常见之事。我国社会，往往以街面为游戏场，此殊不适宜，最好择地于距大道不数武之地。倘事实所不许时，亦宜课室之窗背大道而开。所以避免街道之中尘嚣，予教授学习上以便利也。

（三）避免种种市里尘嚣及其他纷扰

无论在都市与乡村之学校，地址选择首宜注意避免尘嚣之纷扰。许多

① 今译“艾尔斯”(W. Ayres)，美国教育管理学者，1916 年主持著名的克里夫兰市学校调查。——编校者

国家法律上，有规定在学校附近有几种活动机关如工厂等，禁止设立。譬如美国伊瓦①(Iowa)在学校附近四百呎以内不许设立烟厂。其他许多省份亦有明文，禁止在学校附近设立于卫生道德有碍之机关。譬如，狄那威省②卫生部(Delaware State Boards of Health)规定在学校二百尺或距游戏场一百尺以内，不许设立马厩、猪棚及其他有防害之建筑。印第安纳省(Indiana)规定在学校附近五百呎以内，不许设立电车轨道、马厩以及牛棚、猪棚、工厂等。在学校行政当局者，选择地址时即应充分注意以下数事：(a) 地址要幽静；(b) 避声器；(c) 避尘灰；(d) 避不洁之空气；(e) 避不道德之影响——如酒馆、茶肆；(f) 避危险铁道等。

(四) 面积与光线

校址面积必求其宽裕，以为将来之发展，已详前论，并兼顾及教育设施之利便。古者教育重书本教授，学生入校，兀坐听讲，所需之活动场所甚少，面积稍狭无碍也。新时代之学校，教育观念不同，儿童所要活动范围较大；室外教育，其重要不亚于室内，故校址面积非广大不可。美国各省对于学校面积有法定之数。柯克(P. Cook William)关于此项问题，首有研究记录，谓："学校面积以普通学校级数论，在狄那威(Delaware)一英亩半。康塔凯③(Kentucky)及新汉布歇④(New Hampshire)有一英亩。康梭斯⑤(Kansas)有一英亩半。麻省⑥(Massachusetts)及南德柯塔⑦(South Dakota)有二英亩。漫音⑧(Maine)有三亩。梅兰及北德柯塔⑨(North Dakota)有五亩。"大抵乡村学校以三亩为准，城市学校以三亩至十亩为准。但因学生多寡，需要之面积亦不同。普通以二百方呎一人计算，则一英亩占二百十八人。如有一千儿童，则需地四亩半。

① 即衣阿华州。——编校者
② 即特拉华州。——编校者
③ 即肯塔基州。——编校者
④ 即新罕布什尔州。——编校者
⑤ 即堪萨斯州。——编校者
⑥ 即马萨诸塞州。——编校者
⑦ 即南达科他州。——编校者
⑧ 即缅因州。——编校者
⑨ 即北达科他州。——编校者

校舍与游戏场之面积，亦应有相当之比例。以十间房屋之小学校舍，可容学生五百人，应有游戏场200×225呎大小，每生占六十方呎。

至于光线，固与面积之大小有关，但与地势之选择亦颇有密切之关系。最佳之地势，必能终年承受日光。有位于山间之城邑，学校建筑于山谷或山侧，一日之内有大部分时间不能得日光；或建筑学校于森林附近；或城市内高大建筑物之侧，缺乏良好光线者，皆不相宜。关于确定校舍地点，而适合采光条件，需注意以下几种原则：(a) 任何儿童坐于教室座上皆能望见天空。(b) 勿使校舍窗前有高于其自身二倍之树木或建筑物。

(五) 地势及地质

校址应择在高爽之地，所以避湿气，防霉毒。但不可过高，或在山巅。乡村学校如在山巅，非徒交通之不便，游戏场之缺乏，土质之不良已也，且不易抗风暴，至不适宜。我国内地颇有建学校于山巅者，若安徽之第四中学、长沙之某学校，皆非适宜之校址。尤以小学为最不宜。

土质之选择，亦学校中之一重要问题。低洼之地，地中含有腐败之有机物，各种不洁之气，经日光蒸发，在上之动物每易致不良之症候。沙土之地不肥，在都市学校或无大问题，而乡村学校则殆矣。土质之选择，在乡村学校尤当视为首要。

三、校舍设计

校舍建筑显然为近代教育上之问题。古代希腊之体育馆、斯巴达之帐篷、我国之厅堂设塾，不足语校舍。在纪元前五百年之希腊曾为学校而设之校舍一所，突遭倾坍，在一百二十学生中，压毙一百十九人。近代欧美之校舍大概滥觞于中世纪。爰欧美之学校多以教堂为校舍，浸假而建立专有之校舍焉。

(一) 校舍演变举例

校舍演变，在我国无例可举。今所举者，仍为美国情形。美国旧式校舍，在乡村者为单式的。(教室，数面有窗。两窗之间距离甚大。光线非特不均，而且时有光影交错之病。如下图1。)

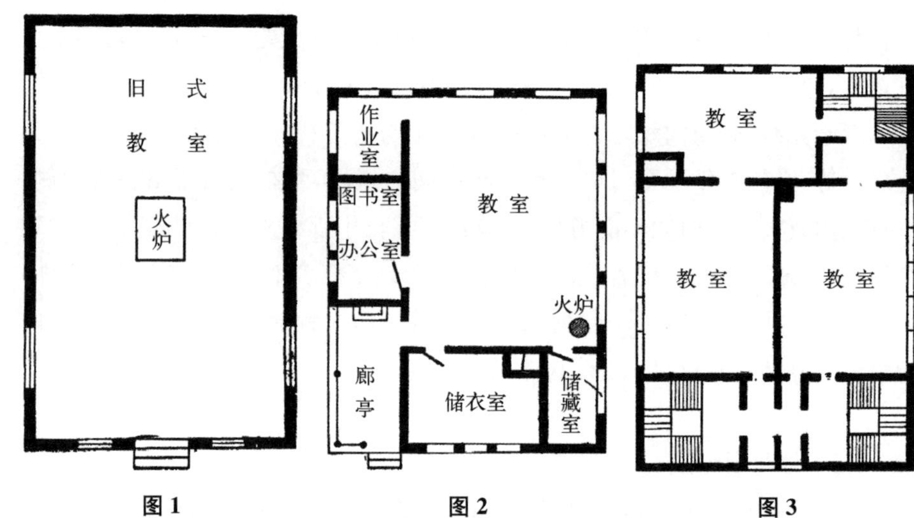

图 1　图 2　图 3

新式乡村校舍如下图 2(最经济之单式教室)

都市校舍在 1850 年至 1860 年间之校舍,可以阿拉白马①学校代表之。下图 3 为阿拉白马学校底层之平面图。

新式学校校舍,可以恩派埃学校代表之。此校舍之材料均为不易着火者。窗平列为五,采一面光,无复射之弊。会堂无柱之障碍,室隅皆取圆形。其通气方法甚良。

(二) 校舍设计

校舍设计有二:一为关于教育上之设计;一为关于工程上之设计。

Ⅰ. 关于教育上之设计

校舍建筑,外观必求美化,内容则求适用。所谓适用者,合于教授卫生管理者也。欲求教学上效率之增加,关于校舍分配问题,甚为重要。兹举分配二例如下:

一为美国宾锡尔法尼亚省②之学校校舍建筑部所拟之表。表中系以一教室为一测度单位。

① 即美国阿拉巴马州。——编校者

② 即宾夕法尼亚州。——编校者

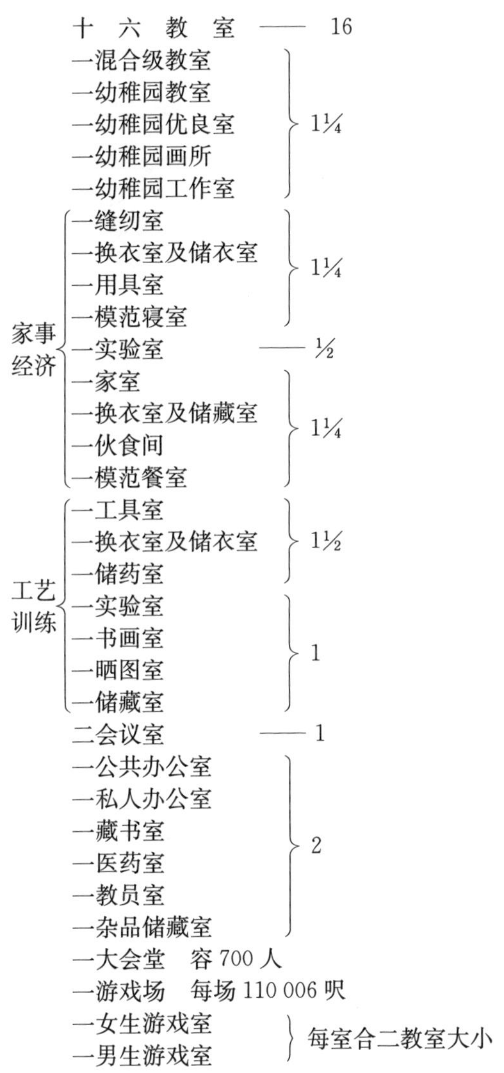

其次为美国教育会一九一六年所订之校舍分配标准如下：

一教室	占学校面积	50%
二办公室等		12%
三交通(楼梯等)		20%
四墙壁		10%

五其他　　8%

游戏或运动场之支配标准如下：

(一) 对于每生所需要之面积，各异其说，罗列之如下

(1) 推孟(Terman)	每生 100 呎
(2) 施菊野(Strayer)①	同上
(3) 包必特(Bobitt)	同上
(4) 夏古耳(Ayres)	每生 65 呎
(5) 波斯顿城规定	每生 36 呎

(二) 各种球场之尺寸

(1) 足球	160×130 呎
(2) 对球	40×70 呎
(3) 篮球	25×50 呎
(4) 棒球	250×250 呎
(5) 游戏场	35×40 呎

小学校之校舍，苟求其完全，而不虞经济之匮乏，则种类甚多，但首要者当为教室。教室而外，余为大会堂、办公室、工场等均在必须建筑之列。兹择其重要者，申述其建筑上之要旨如下：

(甲) 教室

按学校惯例，一教室容学生四十八人者居多分列六行，每行八人，次第坐列听讲。现今教育观念改变，演讲式教学渐不适用，学校自动工作者多，则此项排列已不适用。教室中心具有不同之课桌以适应各种需要，不必为机械式之排列。此等教室之建筑标准自当别论，惟普通教室之建筑则有一定之标准。就尺寸方面说，普通每生在教室应占十八方呎至二十方呎之地面，二百五十立

① 今译“斯特拉耶”(George D. Strayer，1876—1962)，美国 20 世纪早期教育管理学研究的领袖人物之一。——编校者

方呎之空间。设有学生四十八人，则一教室之面积当为八百方呎。普通教室之长，通常距离二十九呎外立一半寸高阔之字母可以见之，三十呎外发声可以听之。今以二十九呎为标准，于后行留三呎之走道，则教室之长为三十二呎。

教室之阔度，当视光线充足与否为准。教室过阔，则距离窗户较远之座位必黑暗。在英格兰、坎拿大、斯康狄邦威安、荷兰、德国北部、中国北部，冬令日光，早晚之光线暗淡，教室过阔则不适用。在此等情形下，教室之阔宜一倍半于其高。

窗口之大小宜等于地面四分之一。在美国各邦，大抵二倍于其高，即可得同等之效果。

教室之高度与地势有关，在普通地面教室之高度，自地板至天花板不宜过于十二呎半。德国学校教室大半为十三呎，甚有过之者。大半因地势偏北，光线暗淡之故。在美国教室多为三十二呎长，二十四呎宽，十二呎半高，窗洞五个，每高八呎，宽三呎半。窗头内部距天花板仅六吋。兹举教室例如下：

(1) 施菊野所拟之标准教室。

下图1成长方形，一面光线从右入，屋高不过十二呎。

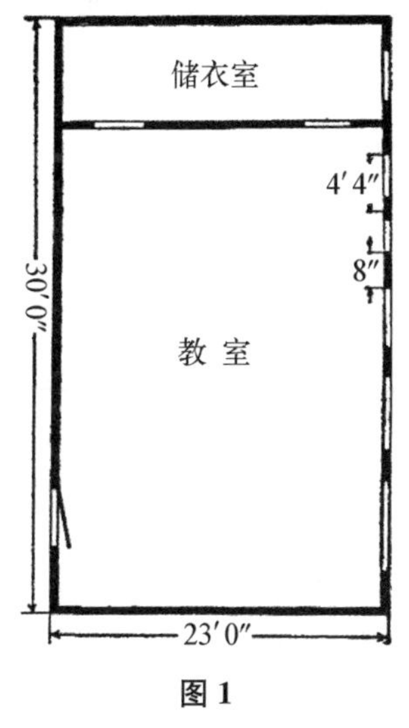

图1

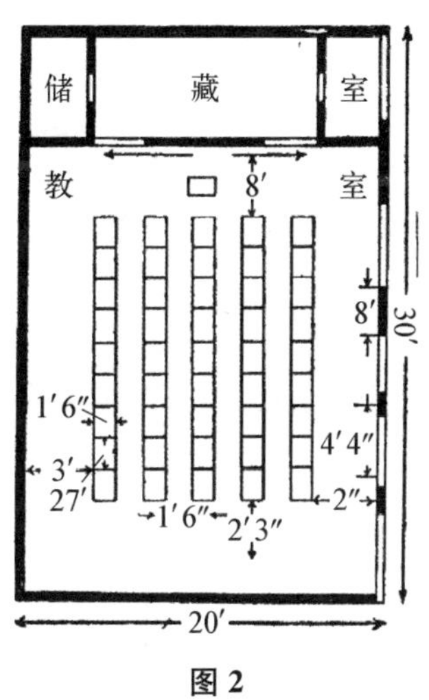

图2

(2) 又一式。

上图2教室长三十呎，宽二十呎，高十二呎，容四十人。每人平均占地十五方呎，占空间二百至三百呎间。窗下框距地板三呎，上框距天花一呎。设一门向外开。

（3）教室内各种标准距离图。

项目＼学级	低年级	中年级	高年级
A	8′6″	8′11″	7′5″
B	15′8″	18′8″	21′4″
C	5′4″	4′11″	3′9″
D	4′	3′2″	3′2″
E	15′11″	16′9″	16′8″
F	4′11″	4′11″	4′2″
G	2′	2′	1′8″
H	1′7″	1′9″	2′
I	1′4″	1′3″	1′4″
J	1′2″	1′1″	1′4″

（乙）换衣室或储藏室

美国通常附于教室之后。我国教室素无此构造，但其需要实大。新式建筑亦有作壁橱者，则面积较省，而用途亦相同。

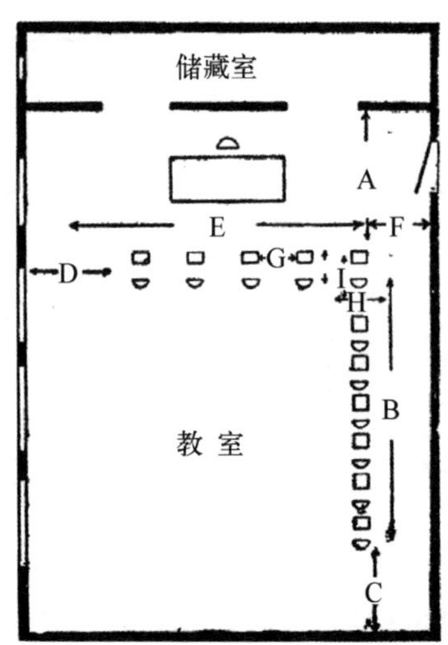

（丙）特殊教室

特殊教室有二种：一为特殊班级之教室，一为普通班级之专科课程所用之教室。前者如低能班、天才班教室。后者如理化室、手工室、美术室、裁缝室、烹饪室、音乐室、体育馆、游泳室、家事室等。各种特殊教室设备各殊，各因工作之便。关于工艺家事室之设备，兹举美国宾锡尔法尼亚省之毕斯堡[①](Pittsburgh)地方小学设备为例，如下二图：

第一图　工艺室平视图

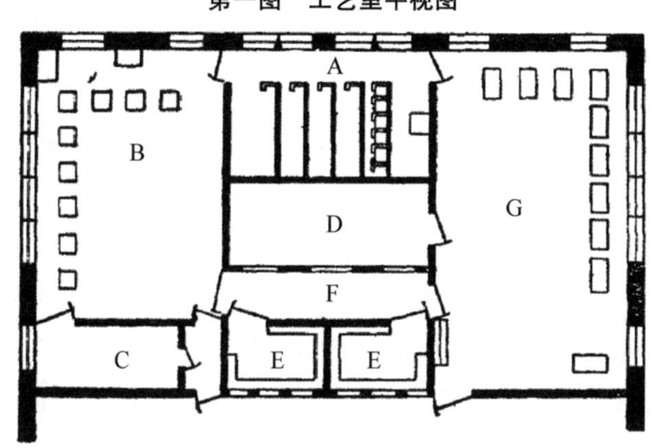

A 实验及讲授室　B 工艺画图室　C 青色印刷室　D 工具及储存室
E 储柜室　F 走道　G 长台工作室

第二图　家事实习室

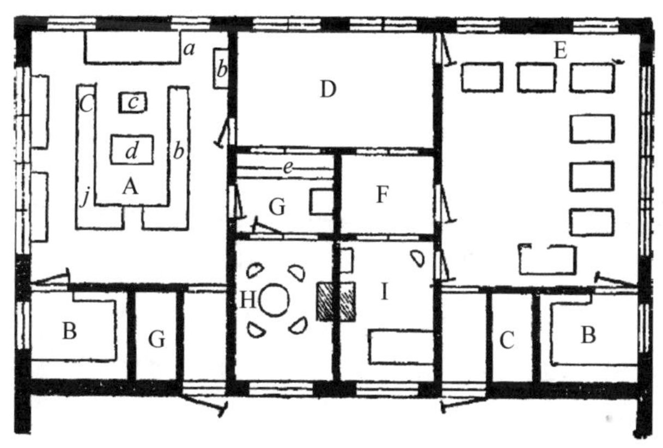

A 烹饪室　a 灶　b 小槽　c 桌　d 物品案几　e 杯碟橱
B 储衣室　C 通道　D 实验及教授室　E 裁缝室
F 工具室　G 伙食间　H 餐室　I 卧室

① 即匹兹堡。——编校者

（丁）图书馆

小学校关于图书之收藏与阅览有二法：一分散于各教室中，每二星期更换一次；一则集中于一图书馆内。图书馆之位置，在大建筑之校舍中，恒位置于第一层或二楼，务使交通便利，避外来纷扰，有另成一屋者。一图书馆之容量，通常至少能同时容全数学生总数之半。

（戊）医药室

小学校必设一医药室，内储各项药品，以备儿童不时之需。

（己）办公室

校长办公室应在全校适中地点，以便各处校务之接洽。又必在交通最便处，使拜访者之易见。在大建筑之校舍，最佳地点在第一楼入口之左右手室内。如在第二楼，当在楼梯入口之处。教师办公室有二种支配方法：一则分设办公室于各教室中，一则集中于办公处。前者长处在与儿童接近。后者长处在接洽便利。大抵小学低年级，教师与儿童不可一时或离，宜采取前法。

（庚）大会堂

小学校必有一大会堂，以为全校聚集之所。通常大会堂，以在楼下为宜。其容量必过于全校之人数。会堂首宜注意光线。在美国，学校会堂之光线，有取上面射下者；如在密歇根省地方，即有此种会堂。但光线自上射入，非最适宜之光线。

（辛）体育馆

体育馆在楼下者多，亦有建于屋顶者。体育馆之建筑，最要者为通气与采光。体育馆之地面大多用水泥筑成。但坚硬且冷，不甚适宜。最佳之地面，莫过于楔木橡皮，但其值甚巨。普通小学校不易办到，求其经济而适用，惟有选集枫板筑地。体育馆之房，应有许多小房间，以备涤衣、洗浴、医药之用。

（壬）幼稚园

幼稚园房屋如与其他房屋相通达者，应在第一楼，使幼儿出入方便。幼稚园教室除一大室外，应有若干小室，以为储藏、清洁之用。幼稚园房屋以受直接日光为宜，所以便于幼儿活动也。下图为南京鼓楼幼稚园校舍平视图。

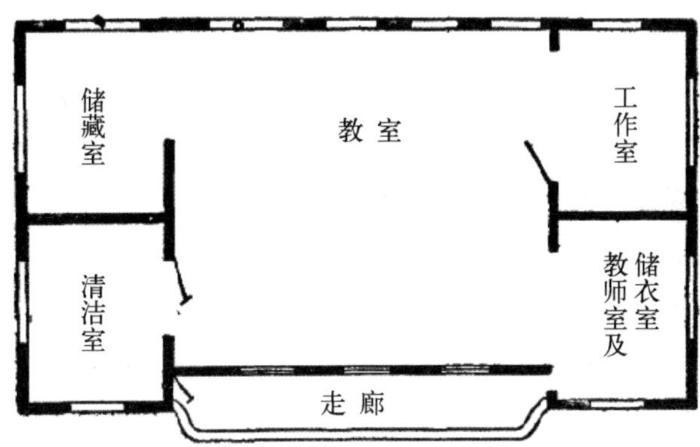

Ⅱ. 关于工程上之设计

校舍建筑欲求其合于安全经济诸原则，考究工程实属首要。最近政府在蚌埠以五十九万之巨款，建营舍二千余间，大半告成。二日风雨，即坍塌四百余间。其咎当在工程之不良。我国往昔学校建筑，经济既竭蹶，经手者复中饱之，安得不简陋。工程考究非必华美，应求其坚固与耐用。

1. 建筑材料

我国现有建筑材料有四类：

a. 钢骨水门汀建筑

此种建筑所费贵而耐用，且不易着火。

b. 木骨砖瓦石灰建筑

此种建筑所费较廉，但坚固防火不及前者。

c. 多用木材石灰铁皮，少用砖瓦建筑

此种建筑费尤省，但更不经用，且易着火。

d. 木材山茅竹灰建筑

费极廉，难耐久，尤易着火。

2. 工程设计

校舍建筑之始，应先设计，详订施工细则，普通所谓打样。打样之手续如下：

a. 打样手续

(一) 定地址

注意地址高燥开间尺寸等问题。

（二）择方向

注意方向以何者为宜。光线从何方射入最佳等问题。

（三）测高低

注意屋之高低与空气容量之关系。

（四）辨形式

我国建筑喜采口字形、工字形。西洋建筑喜采 H 形、U 形。各有所长，宜注意辨取。

（五）画门窗

注意门窗与采光通气之关系。

（六）通沟渠

屋之出水，以何法为善，应注意沟渠通达。

b. 校舍各部工程之研究

（一）形式

房屋形式极多，有一字形、二字形、口字形、凸字形、凹字形、三字形、田字形、丁字形、H 字形、U 字形，要以衔接得宜，不妨保安而利交通，且可以伸缩，具有弹性，以便将来之发展为上。

（二）高度

理想之校舍，其高度不得过于两层楼。在大都会中，往往以地价过高、人烟稠密、地皮难得，而不得不建高楼以屋顶为游戏场者，实属憾事。上海虹口之飞虹小学即其一例。校舍不应求高，所以防火与求儿童行动之便利也。

（三）方向

方向问题，各家议论不同。通常以为南向为最良，东南次之。东向或西向日光直射，北向苦寒，为不宜。爱古耳之说则异是，彼以为东向或西向为最佳，北向不能受直接阳光，南向终日受直接之光，令居其中者不舒适。据卫生家言，教室每日必能受直接日光，但不可过度。东向教室上午受日光一次，西向教室下午受日光一次，故为最适。两者之中，尤以东方为最佳云云。

（四）屋基

屋基建筑应从卫生工程两方面计划。大抵屋基清除非法，则土中含有恶气上升，而易发生疾病。工程不良，则易致倾坍。普通墙基或地龙墙深浅厚薄视上层墙为比例。墙高而广者，则墙脚宜深厚。普通为二与三之比。墙厚十吋，则基厚十五吋。墙基深浅之标准约下掘地层三呎许，发现生泥中无杂物，而地层已坚固无伸松者为定。墙基建筑，以三合土打脚为最坚。材料为水门汀石片黄沙，其次则用黄石灰泥打脚。

（五）地室（basements）

在都市学校中，有相当校舍建筑时，应建一地室。地室之用途甚大，地室易于通气与保温。地室中为一良好之设置游戏室、浴室、工艺室场所。地室最少高十呎，露于地面者七呎。倘室内仰板过下，可以设置空气导管。普通建筑地室之通病，即窗户太少，致光线不良。应设法一面加多，一面室中粉以鲜明之色。

（六）屋顶

屋顶建筑有二式：一为倾斜面，一为平面。以工程论，前者或较后者为经济。以用途论，则后者为大。学校占地较小时，屋顶可为游戏场。新式学校应建筑平面之屋顶。

（七）地面

地面建筑应顾及三原则：1. 防火；2. 避声；3. 排水。木质地面以双层为佳，下层敷设粗木，上层放无声之材料。粗木之设，以狭窄紧就为宜，盖非徒避声，而且防湿。松脂薄板，可以防湿，但难戒于火。阿斯柏脱（asbestos）（耐火木）可以防火，亦为避声之佳品。水门泥可以防火，亦能避声息，均为制地面之佳品。

关于木制地板上，装避声息之材料，其最佳者为橡皮，枫板次之，松板又次之，较松最不可用。其质太松，易于着火。藏灰尘，且不耐用。地板表面板，勿过于二吋半阔，选直纹无节孔伤纹者为佳。装时宜推槽合缝。制成后，刨光表面，用油腻其孔隙，而后漆之，可以经久耐用。用时再覆以毛毯之类尤佳。

（八）墙

墙之建筑通常用水泥或砖或水泥砌，最坚用砖石砌。因砌法不同，坚度亦异。砖砌墙壁以清水实砌为最坚，乱砖溷水实砌次之，鸽巢式砌又次之。壁之表面以坚固能常洗者为佳。

水泥砌表面最坚，可洗。灰泥砌刷白加油次之，亦可洗涤。普通灰泥砌，不能洗。墙面做色宜淡如奶油、蛋白、淡青数色。墙宜坚厚,因取其安全,亦免声浪之冲突也。

(九)门

学校门宜外开,所以防火。门上装摇头窗,可以通气。门之装法,以实拼镶边为最坚固,木框玻璃次之。窗有数式,上下开合者为最佳,上下抽拔者次之,内外开合者又次之。窗面宜大,所以受光。通常一窗面积与地板之比为六分之一或五分之一。窗与地板距离至多三呎。窗距天花板以六吋为最佳,其次一呎,至多不得逾一呎二吋。两窗之间,至多不得逾一呎。窗之制法以镶边钻玻璃为最坚固,蛎壳格子次之,普通格子又次之。

3. 工程与物料

建筑良否固在工程,选材不精,虽有良好工程,亦不能得坚固之建筑。兹据普通所用者罗列于下,以品质良否为先后。

(一)砖石　2×5×10　吋砖　料三分一九(或二八)砖　足六一九(或全清)砖

(二)灰泥　水泥　石灰　黄泥

(三)木料　橡木(西木)　栎木(赣产)　洋松(杭产)　杉木(皖产)

(四)铅皮　花旗(人头牌,号数愈少,斤两愈重、质地愈厚)

(五)漆料　双度广漆　色料光油

(附)首都市立中区实验学校营造说明书

首都市立中区实验学校建筑教室两所,坐落城内江宁府西街。基地以后临时指定之。所有内外高深丈尺及一切装修构造,除照图样外,分别说明如下。

(甲)和平院

(1)全屋连庙墙计宽六十尺另二寸,长计一百尺另二寸。内计教室十间,事务室一间,应接室一间,校长室一间,教导室一间。(见平面图)

(2)教室　各教室均净三十二尺,宽二十四尺。

(3)事务室　进深净二十四尺,宽15′7″。

(4)应接室　进深净二十四尺,宽10′2″。

(5) 校长室　进深净二十四尺,宽10′2″。

(6) 教导室　长24′,宽15′7″。

(7) 入口走道净宽10′,内走道净宽8′。

高度　登台净高三尺,由地板至楼板净高十二尺,由楼板至天花板净高十二尺。

(一) 开掘墙脚须照图,石灰线平正方直。开下遇有土松等项,用木板撑托。遇雨后沟底有水时,须设法除去。全部墙脚掘完之后,当请工程师及监工员察视无错之后,再进行第二步工作。

(二) 全部墙基均用石灰三和土。须先上脚手,其做法:一份石灰,二份黄沙,四份碎砖,不得混合碎砖泥土。其大小不得过二英寸。先将碎砖倒在拌板,然后将灰浆浇之,碎砖倒下,四周铺至九英寸即行停止。用大木桩排实,至六英寸为度,然后照前法,逐次倒下。其四周大墙下深三尺,阔四尺。中间隔墙下深二尺半,阔三尺六寸。地弄墙下二尺,二尺半。前后看柱下为三尺六尺。其余未详者当依照图案进行。

(三) 四周大墙下层厚十五寸,砖墙下墙脚照放五寸为二十寸。其大放脚做四十寸、三十寸,二皮收净。内隔墙厚十寸,墙下照放五寸为十五寸。大放脚做三十五寸、二十五寸,二皮收净。十寸地脊墙下大放脚照放,看柱下墙脚照放五十寸。方地弄墙每距离五尺做一道。

(四) 上层四周砖墙厚十寸,内隔墙十寸。装置水泥大料处,另砌墩子墙,厚二十寸,中砌水泥黄沙为合格。

(五) 牌楼　大门口圆看柱四根,及踏步尺寸,看图上。做小屋顶由大屋挑出。

(六) 砖墙之制法,均须实砌。满刀灰,并须刮斗,大放脚。面上铺二号牛毛毡,用柏油胶以防潮气上升。所有内外一切砖墙,均须照图案上尺寸做之。须砌平直,不得有凹凸偏侧等情。否则发生危险等事,承包人应负完全责任。砖用本京头号二、五、十,大号青砖,用时先将清水浸透,再行砌上。一切里外墙,均用灰沙实砌。(灰沙之和法:一份石灰,二份黑沙,墙身每逢上面有水泥大料者,其下面均须用一比二水泥黄沙砌成。)

(七) 本工程所有一切钢骨水泥,其大小尺寸另有详细图样。钢骨务要洁净无锈者方为合格。水泥用中国水泥厂之国货。黄沙须用洁净，不得混合泥土。石子须用坚硬青石子。水泥之合法：一份水泥，二份黄沙，四份石子。先将水泥黄沙拌和后，再加石子。拌和后，用清水拌和三次。水份不得过多过少。此种工程需要熟悉工人者为合格。再行倒下。后用铁铲捣实，以返浆为度。每放接头处，更宜特别注意。不得中途停工等情，并须听从工程师及监工员之指定。如遇有工程师认为不满意之处，当即依命拆除，不得借端推诿。

（八）一切壳子板须用坚固之洋松板木料为相当之规定，单面须刨光，不得弯曲。每逢接处当用纸巾涂嵌，不致漏水为度。自壳子做成之后，应先将配成之钢骨以次按图排竖。并请工程师或监工员临时指挥。其水泥捣成之后，须于四星期后方可将壳子拆除。

（九）墙上黑板　教室内在墙上做黑板，须黑色透光，板面宽四尺，距地板面三尺。

（十）地板做水泥，地面下将泥土排实后铺碎砖四寸。上做一、二、四水泥石子三寸，上粉半寸。

（十一）楼板用钢骨水泥，厚四寸，另详细图。

（十二）屋顶　中国式上盖中国瓦片，下钉屋面板。檐口挑出墙外，另有看椽，其看椽木料视图。

（十三）排庙大料用美松木厚六寸阔十二寸，长余与进深等相呼，其接口处须用铁板及螺丝等，均用熟铁做成。

（十四）各处门框高六尺五寸，宽三尺。走道入口双扇大门高十尺，宽四尺。各门上装摇头，门框用六寸三寸花旗松木。门式视图，入口大门双扇左右，开关，门式视图。

（十五）窗框用三寸六寸美松，框均在内面。各窗高八呎，长十一呎。每框窗四面，用上下翻仰式。窗离平顶一尺，窗台距地板三尺。窗盘过梁均用水泥做成。大小格式视图。内走道两旁隔间墙上，每教室须各做移窗一堂。

（十六）玻璃均用洁白净片无泡纹，嵌桐油油灰。

（十七）一切门窗均配上等门锁一把，插销配全，铰链式样临时指定。

（十八）所有屋内墙面，先粉柴泥，后粉纸巾石灰，待干后刷老粉胶，白水二道，后做奶油色一道。自地板面刷起至高十一尺止，终止处须预嵌一寸宽木条一根。

（十九）扶梯做钢骨水泥，另详细图。

（二十）外面四周上下一切墙身，均嵌水泥灰缝。其檐口下花纹窗下一周及大门口，花帽头看柱子，均做洗石子。

油漆及着色

（二十一）地板及踢脚均油紫红色，先油生油一道，后加熟油一道。门窗内外面窗均漆紫红色，先油生油一道，后加熟油一道。

（二十二）屋之四面一律做明沟一道，用水泥捣成。阔约八寸，并做阴井阴沟，地位临时定之。

（乙）博爱院

长六十七尺四寸，宽五十九尺四寸，内设教室上下八间，教员室一间，构造法与和平院同。

附　　件

图中所订木料尺寸，均照做净计算。

凡铁器等一切零件，本细则未经载明者，一应在内。

本细则所定各项，倘临时稍有变动，得由本校及监工委员临时指示，承包人不得推诿。所做工程不良之处，一经指出，应即拆去重做，不得另行加价。

承包后办齐物料，须先将石灰纸巾化齐，木料吹干，然后动工。承包人于一切应用器具，须自备齐全，不得缺少，并不得挪用校中物品。

自开工之日起，三月内一律完工，逾限一日，罚工价百分之一。付款分四期，第一期地盘做好，砖瓦木料运齐，付标价全数十分之二。第二期屋面盖齐，地板及间隔做好，付全数十分之三。第三期油漆完成，玻璃及一切零件配好，付全数十分之三。第四期完工后一月付全数十分之三，未到期不得预支。

保固以三十年为限，期内有塌陷裂坏等事，由承包人赔修，不得另外加价。

四、采　　光

学校建筑对于采光问题极为重要，故另节述之。普通采光可分自然采光及人工采光。

(一) 自然采光

1. 光线射入向

光线射入以左手为宜。前面足以刺激学生之眼，后面刺激教师之眼，右手则学生写作时有阴影，均非所宜。最好一面射入，两面射入则光线复杂，足以损目，且扰注意。

2. 和风窗(breeze window)

教室为天气炎热时流通空气，故往往建一侧窄之和风窗于正窗之对面，近天花处。此窗平时宜蔽以黑布之属，以防斜光之射入。

3. 屋向与光线

教室向东面者，东面教室宜设高年级，以十时以后即无日光。低年级仍宜西面教室，以三时以后，日光入时，已无作业矣。

4. 窗之面积

北方诸国，窗之面积不得少于地面四分之一。湿带诸国，不得少于五分之一。若四分之一，尚属可取。普通以五分之一为最当。倘光线不足之处，窗面尤宜开大。

5. 窗之位置

窗宜设于左墙，以能近后墙者为佳。窗近前墙，则斜光射黑板上，有反光射出，极不相宜。如能自第一排学生起，则此弊可以免除矣。

6. 窗与天花板、地板之间的距离

窗与仰板距离愈近愈佳，以六吋左右为最善。窗之上头宜方。旧式人字式或弧形者，均非所宜。窗与地板之距离，不得少于三呎，多于四呎。普通以三呎半为最当。过少则光线供给逾量，刺激视网膜太烈，亦非所宜。过多则供给又不足矣。

7. 窗之宽度

窗之宽度以每宽三呎半为最普通，两窗间之直棂不得过一呎。普通为承重，故有用钢铁质者。

8. 三棱窗

为增加光线起见，有用三棱窗者，普通教室不宜用之。如地室中之厕所等可用之。

9. 顶端射入光

美国学校建筑有采自顶端射入光者。此所谓“锯齿光”(saw-toothed lighting)。普通于屋顶上划许多三角方块，嵌以玻璃，如锯齿然。此种光线，工厂用之最多。以全屋经此光之射入，各处皆均平周密，无荫蔽之影，而便于工作也。普通学校中用之，有四不宜：(1) 四周围墙不能见外景。(2) 直接日光难射入。(3) 屋面日光太强。(4) 受雨雪风尘易障蔽其光，不如窗之易于清洁也。

10. 屋内颜色

屋内墙壁之色与光线极有关系，大抵教室内颜色以白色、淡黄、苹果绿或淡青色为宜，最忌用红、橙、赤、棕之色。

(二) 人工采光

近代都市人口集中，政府为节省经济及应社会需要，有利用学校夜间之空间，而设一特殊班级者，则采光必有赖于人工。人工之光普通为灯光。采取灯光有数事应注意者如下：

1. 直接及间接之闪光宜避

教室之中悬灯于讲者之前，听者注视数分钟必倦，足以减少学习效率。此等直接之闪光宜避。室内悬灯宜在吾人视觉平线以上者，有利用有光之黑板、光滑之图表、鲜明之屋壁，灯悬虽高，而间接之闪光仍继续闪于吾人眼帘者，亦非所宜。欲免斯弊，则一切光滑面之教具最宜避去，而代以退光之教具。

2. 摇动之光宜避

吾人置身于火车之中，夜间灯炬既明，捧书而读，不数分钟即感眼球胀痛。或秉烛吟哦，一卷在手，火焰上下，未几，而颓然欲眠者，皆摇动之光不宜于学习也。教室宜选择良好之灯，能免除跳动之弊者为最宜。

3. 光度

教室之光不宜弱，亦不宜太强。宜注意其光度之调和，庶使学者安处其中，而身心舒泰也。普通用电灯而上下罩以毛玻璃之罩即调和光线之一法也。

4. 避对较之光

以白纸一方置黑色背盖上，愈觉其白纸方之四围并射出强度之光，此光之对较也。对较光刺激眼睛，亦有妨害。教室之中，布置参差光度不调和之物，亦设法另行布置之为愈。

五、保温与通气

空气之洁污与供给之足否，温度之高低与调节之宜否，在在影响心理，而足增加与减少学习之效率。校舍建筑必研究及此。譬云，通常温度在华氏六十五度至七十二度为最宜于学习。每生在教室内，每分钟需三十三立方呎新鲜空气。则吾人建筑校舍时，必用种种方法以求达此目的。关于保温与通气之方法甚多，曾经许多专家之研究，以为应合于以下五项原则：

（一）保温与通气之原则

1. 空气求温，不求热

关于空气温度，曾经希尔（Leonard Hill）及密勒（Alexander Miller）二氏研究结果，教室空气标准之温度，以六十五至七十度间为最宜。过热则有伤风致咳之危险。

2. 空气宜净，灰尘宜清除

空气不净，呼吸之际，足以窒塞鼻腔，或戕贼肺部，宜有滤清之法。

3. 空气宜润泽，不宜旱燥

空气过湿，实足以使人闷郁；而旱燥过甚，亦足以引皮肤之紧张与呼吸之不良。最佳者当为润泽之空气。

4. 空气宜常保持流动，勿使静止

流水不腐，以其动也，空气亦然。静止则污浊未除，不洁之空气既多，最易致病。

5. 温度宜保持平衡状态

热带之民多惰，寒带之民多瑟缩。温度不平，变易人之性质也。教室之中以温度保持平衡状态为最宜。

（二）保温通气之方法

保温通气之方法有五：（1）热炉平衡法，（2）直接之自然法，（3）直接重心法，（4）直接机械法，（5）间接机械法。分述之如下：

1. 热炉平衡法

此法应用之设备有二：一为通气温暖器，一为地室内之热气炉或生热室。此两种用具之功用，皆在使屋外空气入于屋内，及不借机器之力，使其热度增加。先于屋内装置大小适常之导热管，外来空气充满室内之后，室内热度亦渐增至于所需之热度标准止。此外又设一相配的重心通气器具，以吸收室内污浊之空气，而输之于室外。输出之时倘用热度加速法，可增加其效率，不用此法亦可。

2. 直接之自然法

此法在窗下置一直接生热之器具，使室内生热。又装置一通气器具为通气之用，能使外界空气自然入于室内。又于室内设一放气器具，使室内不洁空气得尽量排泄，利用此法时宜注意下列之事项：

（甲）此种设备不宜于大会堂用。

（乙）此种设备须具有一相配之蒸气的生热器具，于生热器具之上，设各种自能记度之支配活塞。

（丙）各窗皆须设有生热器具，又各窗皆须有使空气入内之功用。生热器具应含有足以维持室内所需温度之生热面积二倍以上。

（丁）窗前之偏斜通气器具，应有十二吋以上之高度，且应置在窗槛上。又各窗皆须有此种器具，须构造精固，可保其必能使空气之斜流及散布有效，且无不良之通气。

（戊）每室应有一个以上之壁孔，使不洁之气可以流出。此种壁孔应近地板，且应设在通气器具之对墙上。若室内有放热管，无加热管器具，则一室至少须有二壁孔，在室之中部。每孔之距为八呎，每管中有一独立放热管，上通于屋顶。热管面积之和，在一室内每五人得一方呎。每一热管，皆须设一可开闭之门。

3."直接重心"设备法

此种设备要点如下:

(甲)室内装置直接生热器具为生热之用。

(乙)室之地面备置间接生热器具,为流通空气之用。此器具又须能藏在适宜之箱内,外面空气于间接生热器上尽量输入室内。其热度亦能近于室内所需之标准,不必借机器之力。室中须备大小适当之导热管,为流通空气之用。遇必要时,可另备机器作为辅助。此外又须装置一相配的重心通气设备,使吸收室内不洁空气,而输之室外。此通气设备之装置,可用热度加速法助之,但不用亦可。

4. 直接机械设备法

此法有二,略述如下:

(甲)分部设备

置一直接生热器具于室中为生热之用。另备一压气器具为流通空气之用。压气器具之中,有一机械的自助风扇,可使外面空气入内,并迫之使经过加热器具。空气经加热器具,即与室内热度相近,然后再经过特别支配之导热管入于室中。

(乙)统一设备

每一室中设一通气联合器具,置于窗下。器中有多叶电扇,使室外空气直接引入室内,此器中有大面积的蒸气生热器具,使室内空气达到所需之热度。

以上二种设备,皆须有一种相配的机器,或重心通气设备相合用。此通气器具即能直接吸引不洁空气输之室外。输出时若用热度加速法,可使其更有效力,但不用亦可。

5. 间接机械设备法

此种设备,无直接生热器具于室内,惟用一压力器具,使室内空气之热度及流通皆能达到所需之标准。又设一电扇,使外面空气进入,并压之使经过封闭之蒸气的间接生热器具,或使经过热空气之火炉。空气既经充分加热后,经过所分配之导热管,进于室内。此外又须有一相配的机器,或重心放气设备合用,然后可使空气流通。此放气器具能吸引室内不洁空气,并输之于户外。输出时若用热度加速,可使其更有效力,但不用亦可。又此种间接机械设备,又须有一直接生热器具,使室内热度充足。

(三) 保温通气之设备

关于保温通气之重要设备,列举如下:

1. 热气炉

按普通样式构造。火坑及热管均用金属材料构成之。

此种气炉大小形式之算法应根据以下诸条。

(a) 足以使全部房屋生热而能达到一定标准。

(b) 燃料之生热。

(c) 燃烧之速率。

(d) 火炉面须能达到规定发热量。

2. 蒸汽锅及热水锅

其造法须依英国工程会所规定者,其装置处须宽大,使生火、去污及修理均无障碍。

此锅之大小形式之算法,应根据以下诸条。

(a) 全部生热面积,如直接与间接散热绕管、大管、高升管各部,须与直接散热面积相同。

(b) 火炉之火坑,须有容燃料之能量。置煤处之容量,若与四千方尺之直接蒸发面积,或六千方尺热水面积相连,须不另加煤,亦足支持火炉八小时。若所连带之担负较大,亦须不另加煤足以支持六小时。

3. 直接热气管

热气管以铸铁为之。倘有平滑之曲管,须用炼铁。管塞须用铸铁。位置须在窗下,高度不可超过窗口之下端,黑板之下不宜置此。

设于梯处者,其位置须距第一级之地板及踏步六尺余。如用蒸气重心循环法,其位置在汽锅之水面上,不可在二尺以下。

如无间接暖气之设备,则其大小在必需热度之下,当包含其由玻璃墙壁、地板诸物所发散之热度而并计于内为根据。如与间接热气供给设备同用,则其大小之根据相同,惟对于发散之热度宜计及之。

如用统一设备，除非其单位面积甚大，而排列能使屋内直接发热不须用扇时，则其直接发热之量在通气单位之外，应使屋内热度亦如上述所需要之量。

如置于匣中，则其形式应较上述者增大。在30%以上，其顶际之记热处为六方吋，在低者为四方英寸。

热气管上之格栅，超出热气管顶之高，等于该管之深。匣上须涂以白铝之铁板，及覆以石绒片。

4. 间接热管

此管以铸铁制之最佳，以炼铁或钢为之，配以铸铁盖，亦可。以此种热气管须套于金属物中，而使空气流动时密接各部，其大小当根据于：

(a) 必需之气量。

(b) 必需温度升高。

(c) 空气流动之空间或热气管之效率。

(d) 空气速度。

5. 加速发热机

蒸气放热机应放置于分立之出气管上。但其高度不得逾管之最高口十二英寸以外。或置于防火的套匣中，在屋顶之数出气管之连接处。其大小应以每分钟能出一百立方空气为标准，不得少于二平方。

6. 管道

管之容量宜大，宜有适宜之分配。汽锅旁宜置总活塞。每个放热气器亦宜置分活塞以为局部之用。大规模之热气法，无论直接与间接之放热器管道，宜分立设置，并宜有局部之活塞管道装置在地板之下或地中。宜敷漆物并闭藏在瓦制或石制之管中，以防侵蚀。管置在炭灰或水泥之地上时，宜用钢制之托托之。管之周围宜有空隙以为涨缩之用。

7. 管与汽锅之包盖物

用传热之材料制之，为部分之包盖。用于输送蒸气于热水之管，大管或分枝之隐藏者，或易受冰冻者，皆宜用之。

8. 沟管

一切输气沟管，无论为热度与通气之用，皆宜装置，并全用防火材料，内面光滑，不致泄漏。

9. 热空气高升管

每室宜设备一管，计算面积有二：如有重心设备时，其最大空气速度，在第一层楼每分钟二百五十呎，第二层每分钟三百呎。用器械设备时，每分钟四百呎。

10. 泄空气高升管

每室宜各置一个。每个之泄气关节，宜用可靠之自来关节。面积计算，用重心设备，其最大空气泄量如下：

管十五呎至二十五呎上下，每分钟二百呎。

管二十五呎至三十呎高，每分钟二百五十呎。

管三十呎高，每分钟三百呎。

管四十呎至五十呎高，每分钟三百五十呎。

用机械设备时，每分钟四百呎。

无论何种泄管，必须高出屋顶三呎。泄气管之顶须有一帽，以蔽风雨。帽下有相对之两口，口之面积不宜小于管之横断面。

11. 横气筒

空气最大速率，重心制每分钟四百呎，机械制每分钟八百呎。

12. 烟囱

火炉与汽锅应有分离之烟囱，用耐火之原料建筑之，内面须光滑。用砖建筑者，至少需十二吋厚。如用石嵌入，则厚八吋可矣。砖造烟囱之内，可装钢管。烟囱最高之点不得超逾屋顶二呎。

如系烧大块白煤或瓦斯之烟囱，其形式无论为方为圆，其最小面积，以平方呎计算，应等于以烟囱全长之平方呎数根，除气炉或火炉的面积之平方呎数。如用小块之白煤，则面积应增加百分之二十五。长方形之烟囱，其两边之比例为一与二之比。

13. 空气出入计数器及方眼格

此器应以生铁或热铁编成之钢制者，应有空气自由流通之孔，面积大小不得少于炉门百分之七十。进气之口，应制此器。出气之口，可以不装，而用一适当之调节气闸，置于联合之烟囱内。与直的烟囱相连的计数器及方眼格，其高等于烟囱之深，或大百分之五十则更佳。

计数器无方眼格计其净面积，进气之计数器，以每分钟三百呎为最大值速率，装于地板十五呎之处。

14. 调节气闸

调节气闸，应装置妥当。应具有关闭之最佳方法，目的在使新鲜空气易入室内，混浊空气易于出室。

管式调节气闸，应使入室之气于空中平均分配。

混合调节气闸，如非自由动作者，应装置适当之链滑车或重物等易于运用。

15. 折风器与分散器

进风之室，内部应置此器，使空气进入时不致过猛，又能使空气分散。此种折风扇与分散器之制造应坚固适用，可以置于计数器与方眼格之后。

（四）空气之供给与温度之支配研究

空气之供给

（1）通气设备，须容量宽大。每室中应设备之。外界清洁温和之空气，常充满于其间，最低限度应如下：

普通教室或特别教室之中，每秒钟须有三十立方呎之空气。每室中之人数在教室内，每人座位之容量应占地板面积十五方呎，会堂则占地板面积七方呎。

（2）若室中人数不能按上列之规定，则应照下列规则：普通教室及自修室每小时之空气变换应有八次。至于每秒钟三十立方呎之教室、实验室及其他特别教室，每小时空气须变换六次。会堂地板每方呎之面积，每秒钟须有二又二分之一立方呎之空气。全室中每小时至少流通空气四次。

（3）每室中流通空气之设备，须有输入与排泄两种。所排泄之容量相等。家事科、实习室、实验室、化装室排泄之空气较输入之空气为多，则室内空气无压力矣。

（4）倘教室附属有置衣室，则置衣室中宜装置排泄通气器具。教室中之空气多半由置衣室排泄而出。倘全部空气由置衣室排泄，则置衣室中可另加他种热度。若一部分空气由置衣室内排泄，则室中须另加热度及装置排泄通气器械。其量与每小时变换六次之空气相等。

学校的经济和支配

王素意*

我们在社会上无论做什么事,都要打算收到十分的成效,用最少的金钱获到最高的结果。第一要注意的,就是要有清楚的财政。一个家庭要有安乐的生活,必先有好的财政。所谓好的财政,不特是“量入为出”,并且还要按着轻重的程序分配。有时因为支出的重要,还要“量出为入”。一个公司要有发达的事业,也必须有清楚的财政。公司的财政同家庭的财政一样,不特要“量入为出”,注意那支出能否获得大量的生产或巨款的利益,并且也要“量出为入”。实在说起来,无论做什么事,财政的原理都是一样的。不过财政繁简的不同罢了。近几年来一般办教育的人,都以为我国小学教育的不振兴,因为没有充分的经费,其实不然。小学教育的不发达,有两方面:一方面是经费不充足,一方面就是这般办教育的人,对于小学的经费没有适当的支配,量入为出,还办不到,量出为入,更不必讲。因此影响到小学校的行政和组织而小学教育也不能有充分的发展了。我以为现在要使小学教育发展,必须先整理小学的财政。因为一个小学校的财政,实在与它的行政和组织有莫大的关系。若是财政清楚,支配得法,对于一切事业就不致感觉经费的困难了。

---

* 王素意,女,生卒年不详。留学美国哥伦比亚大学,主修教育行政,获博士学位。回国后任燕京大学教育系教授,同时创办燕京大学附小和附中。主要著作有《校长和小学》等。

本文节选自王素意著《校长和小学》第五章“经济和支配”,上海:商务印书馆,1933年,第42—57页。——编校者要研究小学经济的问题，首先要研究小学经济收入的来源，然后再研究支配的方法。我国小学教育的经济，数千年来多半由于私人的负担。因为旧日我国偏重人才教育，对于一般平民基础教育，国家从来就不过问。革命以来，受外人影响，大有觉悟，才知道小学教育是国家基本教育，一国的强弱，全靠该国国民的强弱，国民的强弱，全靠该国国民受教育的有多少，于是才有公立小学校的建设。其时又有慈善大家，慷慨解囊，出资捐助，办理小学。还有各国教会来我国传教，也愿出资设立小学校。因此我国各省小学林立，渐渐发达起来，所以现在我国所有的小学校大概可以分为三种，其经费的来源也各不相同。

(1) 公立小学校，教育经费由各地方供给，并由政府辅助。

(2) 私立小学校，教育经费由各慈善家私人供给。

(3) 教会小学校，教育经费由各教会供给。

从以上三种学校经济来源看起来，私立小学校和教会小学校的经费有人负担，没有什么困难，也没有什么问题。不过小学教育既是国家基本教育，应当归公家办理，叫小孩们都有受同等教育的机会，因此国家应当多立公立小学。欧洲各国十八世纪以后，国家主义扩张，于是小学教育便成为国家的事务，所需经费多半由中央政府负担。最近各国的趋势，多半由于地方筹划，再加以国库和省库的补助。现在欧美各国对于小学经费的负担，大概可以分为两类：

(1) 由于国家担任教员薪俸，其他各种用费由地方担任的，例如：法、比、丹麦的乡村小学，荷兰、意大利、西班牙的公立小学和德旧制小学。

(2) 由于中央或省县地方各行政机关按比例分派担任，但是各国行政的阶级和国家情形不一致，比例数也就各有不同。现在列一简表于下：

国　名	中央	省	县	地方
英　国	1/2	—	—	1/2
瑞　典	9/10	—	—	1/10
瑞　士	1/10	3/10	—	6/10
丹麦都市	1/4	—	—	3/4

（续表）

国名		中央	省	县	地方
美国	Ⅰ	—	4/10	5/10	1/10
	Ⅱ	—	1/3	1/3	1/3
	Ⅲ	—	1/10	—	9/10
	Ⅳ	—	1/4	—	3/4
	Ⅴ	—	2/3	1/3	—

注一：Ⅰ加利福尼亚省，Ⅱ斐吉尼亚省，Ⅲ马萨诸塞省，Ⅳ田纳西省，Ⅴ马里兰省。
注二：瑞士比例为约数。

以上所讲的，不过欧美各国对于小学校教育经济的情形。我国近十余年，教育部曾规定城镇乡应当负责设办小学教育，小学教育经费当由地方担任。各地方生活程度不同，若归地方担负，照现在中国情形看来，是做得到的。因为各地方对于本地情形切实了解，对于本地的教育经费，必定有一种相当的计划。但各地方既有贫富不同，富的地方经费充足，对于教育上进行发达迅速，贫的地方经费缺乏，对于一切进行发达迟缓，因此不能有同等发展的机会促教育的进步。所以中国小学教育经费，一方面可由各地方负担，一方面仍须由中央给以补助。

各国现行通例分为四类：

（1）乡市自治区所应负担的各费，如开办费、建筑费、设备费。

（2）县库负担小学教师的薪俸，但薪俸的标准须由教育局规定。

（3）省款应补助的费，如小学教员优待费、奖励金、年功加俸、退隐金和抚恤金等等。

（4）国库所应补助的费，小学教育协济款。

以上都是关于小学经费来源最大的一部分，除此以外，还有一种小来源就是学费。

学费是儿童受业的代价，也是家长应尽的义务。小学经费得此，不无小补。但为教育普及计，公立初级小学校，儿童有贫富的不同，应当免收学费。不过就事实而论，应当按照地方情形，规定初级小学校所收学费的数目，若按我国情形，每学期所收的数目当在二元以下。高级小学校学费不得过四元。

学费每学期交一次，在上课以前收清；至于赤贫无力缴纳学费的学生，应酌量减轻或全数免除。此外，应当规定免费学额若干名，容纳天资优异、家境贫苦的学生。因为各国初级小学的学生大半是不收学费的。

除以上学费以外，小学校经费应有一种基金。因为小学校的经费，其唯一的来源，靠地方的担负和中央政府的补助；而地方担负完全靠地方税的收入，如遇天灾人祸，地方经济既受影响，小学教育的经费也未免随以动摇。所以必须先备基金以固其基，才不致受外部的影响。至于预备基金的方法，约有以下几种：

(1) 小学基金补助税：如教育税、所得税都是文明国厉行的良好税则，我国亦可推行。

(2) 小学基金特别捐：如城镇的营业捐、房屋捐，乡村的亩捐、园林捐、牲畜捐等。

(3) 小学基金的储蓄：如余款储蓄、教育公积金、自由认捐储蓄。

(4) 学校森林：用公有土地兴殖森林，以为小学基金。

(5) 游艺大会：募款，作为学校基金。

总之，小学经费的来源，大部分都是由地方和中央的担负，学费不过一点小小补助，而基金不过是预防不测的。

其次，我们应知若是一个学校虽有充分的经济，而其支配不得法，也是不能得圆满的效果的。所以不但要量入为出，也要量出为入。小学教育的发达，固然在乎经费充足与否，然而既有充分的经费，若是支配不得其宜，也不能得到良好的成绩。所以，经费支配问题，实在是办小学教育的人所不可不注意研究的。现在将小学校应当支出的款子分为二种：

(1) 开办费：我国对于小学教育开办费不大注意，多从苟简。但是这种事情是很重要的，若不多费工夫筹划，将来很难补足。开办费的支配，可分为两种：

(A) 建筑费：欧美小学，不论哪国，对于建筑费都是不惜重资，预备作为永久的计划，其经济筹措的方法多由地方担任；如尚不足，则多筹地方公债，分年偿还；或者地方富力不足，则由国家借拨，也定有分年偿还的方法。我国小学，多半是借用公家房屋、庙宇，或租赁民房，只需小小修补，所以用不了多少开办费和建筑费，这也是因为经济困难的缘故。

(B) 设备费：建筑以外的设备，如教具、校具和其他各种设备费用，在开办时也应当有充分的筹划，然后不至于陆续添补。

开　办　费

<table>
<tr><td rowspan="3">项别 日别 月别 年别</td><td colspan="3">建筑费</td><td colspan="8">设　备　费</td></tr>
<tr><td rowspan="2">工资费</td><td rowspan="2">材料费</td><td rowspan="2">杂项</td><td colspan="4">教　具</td><td colspan="4">校　具</td></tr>
<tr><td>桌</td><td>椅</td><td>黑板</td><td>电灯</td><td>电话</td><td>课铃</td><td>风琴</td><td>杂项</td></tr>
<tr><td></td><td></td><td></td><td></td><td></td><td></td><td></td><td></td><td></td><td></td><td></td><td></td></tr>
<tr><td>总支出</td><td></td><td></td><td></td><td></td><td></td><td></td><td></td><td></td><td></td><td></td><td></td></tr>
</table>

(2) 经常费：就是小学校每年应有的常年经费，它的数目应视学校的级数多寡和教师薪俸来断定。

(甲) 薪俸占经常费最大一部分。

(A) 校长和教职员薪俸是一个最重要的问题。若要造就优良学生，必须先聘请良好的校长和教职员。若要聘请优良校长和教职员，必须有充分的薪俸。因为校长和教职员的薪俸的多少，与他们的资格有密切的关系。少数教育家，自信教育乃一种神圣的事业、受托的使命，自不应以金钱为念。然而金钱的多少，很可表示社会对于教育工作的态度。所谓神圣使命，并不含有枵腹从公的意思。现在教员生活程度日高，他们的薪俸的标准，倘若仍如前十年一样，并且常常欠薪，这些知识高、经验富的教员早已改换职业了；即或不改换职业，为要维持生活，必然兼任别校的功课。但人的精神有限，一个人若兼几个学校的事，其作业必不能专心，自然没有好的结果。所以，教职员薪俸是一个最重要的问题。不过，教员薪俸太大则学校不能供给，太少又不能聘得良好教员。最好学校对于教职员的薪俸，应当详细考查，适合教员社会生活的需要。

教师的薪俸的标准是一个重要的问题。我国各地方都是随意地规定，没有一定的科学的标准。若是要有适宜的标准，必须详细调查各地方生活程度。

教员的薪俸最好等于他个人生活所必需的伙食费三倍或四倍，那才可以使他们满意，尽力做事。

(B) 校役工资：校役的工资也是一个很重要的问题，因为一个学校里的整齐清洁全靠校役的勤勉。因此，校役的工资也不得不讲求。若是太多，学校不能供给；若是太少，他们不能生活。他们要是不能维持生活，就不忠心于学校，而发生轨外的行动，或则且有怠工的表示。做校长的，必须多费几番心血。最好的办法，就是校役的工资在合乎他个人生活伙食以外，还须稍有余资，供给他的家庭。

(乙) 办公费：就是小学校平日办公时一切费用，如文具、交际等。

(丙) 杂费：就是平日一切杂费，如修理费和各种杂支费。

经 常 费

项别 / 日别 / 年别 / 月别	薪俸			办公费				杂费			
	教职员		校役	文具		交际		修理		杂项	
	教员	职员		纸笔	印刷	邮电	电话	工资	杂项	茶水	杂费
总支出											

薪 俸 表

职务	
姓名	
到校年月	
本月任事久暂	
月计定额	
实支数	
收据号数	
备考	

校 役 工 资

职业	
姓名	
到校年月	
本月任事久暂	
月计定额	
实支数	
收据号数	
备考	

工　账　表

姓名	
劳动日数	
使用事项	
工价数日	
支付日期	
备考	

消耗品购置册

品名	
分量	
件数	
共价	
购置月日	
备考	

历年经费收入支出总表

类别 / 年别 月别 日别	收　入			支　出		
	常年经费	学费	基金利息	薪俸	办公费	杂费

历年经费比较表

类别 / 年别 期别	班数	学生数	收入总数	支出总数	每生平均决算数	备考

小学校经费支配固然要紧，但是这种支配应当有一定预算的标准，然后不致发生经费缺乏的困难。不过这种预算的标准，当按各地方的情形及能收入经费的多寡，然后支配，现在拟一个大概支配的经费标准于下：

	费	百　分	合　计
开办费	建筑费	70	100
	设备费	30	
经常费	薪　俸	70	100
	办公费	20	
	杂　费	10	

编造预算的方法，每学校应当按照前三年平均额确定概数，再就各项斟酌支配，以免滥支。

总之，若是依照小学经费的来源和支配的办法去办理，办教育的人就没有什么困难，小学教育的发展也必能日益进步。不然，虽有充分的金钱，若没有良好的支配，不独不能进步，而且日渐退步，教育就永无希望了。

除以上小学教育经费的收入和支出以外，还有一个问题，这个问题就是校长在学校里的账目务必弄清。

我国小学教育陈腐已极，一则因国库空虚，地方上无人负责；二则因教育当局每每中饱，有的校长甚至于将学校的钱和自己的钱一概不分。裁缝费、伙食费、私自应酬费，概从学校会计付出，做了几年的校长，从来未有过清账。噫！高尚的教育家竟失了服务社会的精神而反成了贪赃牟利的官僚派！所以若想振兴小学教育，非先培植教育当局之责任心不可。盼望将来有志教育者，务在经济上将手续弄清，分文不苟。每年七月学校办理结束时，把一年学校出入的款项一一开清，宣布出来。再请专门经济家查看学校账目。切不可顾一己之私利，而妨碍社会群众呵！

参考书

饶上达 《小学组织及行政》 二〇一三四页
芮佳瑞 《小学行政及组织》 一三一一五页
袁希涛 《义务教育之商榷》 四三—四八页
范寿康 《现代师范教科书学校管理法》 一三一一五页
俞子夷 《怎样定小学教员俸额的标准》 《初等教育》第一卷第三期

学校行政的原则

方惇颐 *

学校行政问题是学校组织扩大了，教育内容复杂了才发生的。在从前的私塾里，学生多者二三十，少者几个人，范围既小，事务简单。而且那时教育的内容，也不过是知识的传授，文字以外无教育；学校行政不成一个单独的问题。自科举制废，学校代兴，一校里往往有许多学级，有许多教师，教育内容也较前丰富，校事日繁，于是不得不讲究行政效率，学校行政问题遂由是而起。所谓学校行政，就是根据国家法令、实际情形与教育学理，以维持学校秩序，改进学校工作，发展学校事业，增进学校成绩的一切设施，在教育行政机关督导之下，推行国家教育政策。学校行政和教育行政虽然范围有广狭之别，但是同样具有计划、组织、执行、督察、指导等作用，所以仅仅做到消极的管理当然是不够的，还须积极地策进辅导，学校才有生气，事业才能开展。

行政是教育的动力，办学校行政的人要领导学校设施走上正确的路向，自然应当根据国家教育宗旨与本级教育目标，切合受教育者身心发展的需要，参照社会实际环境与顺应世界教育潮流。不过学校公务经纬百端，欲其措置得宜，达成任务，必须把握住几个原则，才有实效。抽象地说来，学校行政应当合

---

* 方惇颐(1911—1976)，广东人。国立中山大学教育系毕业，继续入研究院深造，获硕士学位。曾任中山大学、贵阳师范学院、国立社会教育学院教授，1950 年代后任华南师范学院教授。主要著作有《师范教育》等。

本文原载于《中华教育界》1948 年复刊第 2 卷第 3 期。——编校者

乎经济、适用、活力、合理、民主等要求。具体地说来，则有十个原则可作准绳，兹析论之如次：

第一，行政是帮助教学和训导的，一切设施应以增进教导效能为准则。

教育事业分析到最后，无非师生间经验交感的过程。不论传道也好，授业也好，解惑也好，行政显然是教学和训导的助手。许多人以为行政为主，教学为辅，未免本末倒置了。贝纳脱氏(H. E. Bennett)①说得好："学校管理的过程，在本质上，应具有最高的教育作用。"黎突氏(W. G. Reeder)②更明白地指出："学校行政自身不能存在，它不过是一种手段，并非目的。学校的存在，是因为设施教育。……所以学校行政是为学生而存在，它的效率应从'教'和'学'的贡献上测验，是教与学的仆人，它最大的贡献就是供给良好的教员、工具和环境，使学生可以好好地工作。"我们认识了这点，学校行政才不致流于衙署化、官僚化。

第二，人力、物力要充分利用，务使"人尽其才""物尽其用"。

就人力讲，各人能力、兴趣、环境各有不同，校务的分掌当适合各人能力、兴趣和服务便利。一方面应"为事求人"，在可能范围内，选择最适合者来担任，以求"事得其人"；另一方面应"知人善任"，就现有人员所长，举办适当事业，以求"人得其用"。这样"人事相洽"才算做到"人尽其才"的地步。就物力讲，"工欲善其事，必先利其器。"无论教学或行政，都非有相当设备不行。我国经济困难，一般学校设备大多简陋，影响教育效率甚大。今后当设法改进，一面对于已有的设备应作合理地使用，不但要"物尽其用"，而且要"废物利用"；一面对于必需的设备，应宽筹经费，逐渐添置，或采购成品，或自行仿制，以求渐渐充实，而利教学的进行。

---

① 今译"班尼特"(H. E. Bennett)，美国20世纪初教育管理学者，所著《学校效率》一书影响甚大。——编校者

② 今译"里德"(W. G. Reeder)，美国教育管理学者，所著《学校行政的原理与实际》有民国译本。——编校者

第三，组织中每单位的职能要明确规定。

一校之中如果各人的职责没有规定，就容易忽视责任或只觉察到一部分责任。人人有责任，人人可不负责（What is everybody's business is nobody's business）。个人职责规定了而不明确，也有流弊，即遇到不易办或做坏了的事互相推诿，遇到好办或有利的事则互相争夺。我们要预防这种弊端，那么每一单位的权限和关系必须划分明白，无重复冲突。在纵的方面，分层负责，各有权限，上层领导得以发挥，下层创动亦得以表现。在横的方面，分部负责，各有专属，使责专而保有统合关系，权集而不失合作精神。

第四，分派职责应授予执行时必要的权力，既授予应有之权，当督促其尽应尽之责。

一校的行政虽说校长总其成，但他决不能包办一切。常见许多校长对人缺乏信心，不肯授权予人，或者所用非人，不能有所付托，于是事无巨细，皆必亲为，弄得焦头烂额，顾此失彼，工作不能展开。又有许多校长，不明自己的职分，或是大权旁落，无法控制，于是不闻不问，得过且过，校务当无成绩可言。实则校长的成功不在事必躬亲，而在领导得法，知人善任。付托之前应当审慎，既托之后应当信任，不可横加干涉。不过，信任不是放任，校长仍须时加监督，相机辅导。关系全校的事仍应由校长决定后举办，这样才是分工合作的要义。

第五，校务应力求公开，但须不妨行政效率与行政统一。

校务公开可分三方面来说：（一）用人公开。所谓用人公开，不是说校长用人须一一诉诸会议，只是说校长要“为事求才”，不可“因人设事”。纵然用了私人，若果确是人才，听人考证，又有何妨？（二）经济公开。学校一切纠纷大都由于学校当局经济不公开而起。经济公开了，校长责任可减轻，误会可减少。纵使经费支绌，只要涓滴归公，甘苦共尝，自然得人体谅。办学应当有事业心，若果存心发财，不如另图别业。（三）事业公开。一校事业能否推进，要看全体人员是否负责为转移。欲人人负责必须把事业公开，尤其是学校政策和计划，要得大家了解和拥护，必须通过会议，让大家有参加意见的机会。会内有辩论，会外无物议。各人自觉校事即己事，必能努力奉公了。

第六，处理校务，守法与从权都属必要。

就守法来说，对于政府法令绝对要遵守，学校规程章则经过合法手续确定及公布，也不能随意更动，校务会议通过的决议案更非执行不可。否则你讲人情，我讲面子，一个破例，别人效尤，行政上的纠纷必将纷至沓来。不过，正如林砺儒氏所说："守法并非盲从，尤其是政府法令，多半是一般的、概括的，拘束力不很大，须理解其用意，有疑问则须请示，这样才能够运用不误，对于学校自订的规程也应勿忘其用意。"再就从权来说，法律不碍人情，如有原有法规应付不了的当前事实，便应参照原有法规的原则精神，权宜从事，补其不足，但不是随意推翻成法，这又是我们应当注意的。

第七，案牍表册应求简化与实用。

现在学校案牍实在太多了，校外行文固不用说，即在校内，学生对学校要写报告，职员对校长要用签呈，校长答复则用批示或通告，俨然官场作风，机关学校化固未尝见，而学校机关化确已做到十足。至于表册更多架床叠屋，徒重形式，缺乏涵广性与连续性。甚至大家整天在书面上做功夫，一点不能马虎，而实际上事务废弛却无人过问。推、拖、宕、敷衍、蒙蔽等等积弊，即由此而起。其实，案牍表册的功用，一为一目了然，便于检查；一为提起注意，促进工作。它们本是一种工具，可是往往有人误此为目的，以为整饰好了表册，就算有了成绩。仿佛贴了标语，就算打倒了帝国主义，宁非笑话！今后对于案牍应当力求简化，必有存查之价值者方可用书面记录；对于表册也应化零为整，避免重复与浪费。

第八，校务处理应注意比较价值，以大多数的利益为先。

校务设施，常因各人立场不同而有不同的见解。校长不可固执成见，应听取多方面的意见，搜集多方面的事实，最后以大多数的利益为取决标准。事情宜分别轻重缓急，最重要而迫切的应先办，不可轻重倒置。如果校长只注意公文庶务的处理，而不向大政方针上用心思，或要教员兼任小职员的经常工作，都是不明白相对价值的原则，减损了学校行政的效率。

第九，学校应顾念教师的福利，学校固应为学生谋幸福，也应为教师谋福利。

因为教师也是活的人，不是死的机器。只有教师在生活安定的情形之下，才能为学生作最高效率的服务。学校当局对于教师薪俸待遇应求合理，职务支配应求公平，物质生活应求安定，精神慰藉体贴入微，使教师安于其位，忠于职守，有依恋之心，无离异之念。对于教师进修，尤应多方奖助，教师能与时进步，学校自然也能得益。

第十，学校应与社会联系沟通。

学校为社会而存在，社会当因教育而进步。关门办学的时代应该过去了。学校社会化成为今日普通的要求。所谓学校社会化，不仅指学校要成社会生活的缩影，与学校要适应社会实际的需要，而且应有更深一层的意义，就是撤除学校与社会的藩篱，使学校成为社会教化的中心。我们一方面应以教育者的地位，在可能范围内，领导社会，改进地方。另一方面，学校的设施和困难亦应向社会宣达，使大众了解学校，关怀学校，协助学校。学校与社会能够联系沟通，那么，社会文化固得因学校而提高与进步，学校亦可借社会助力而尽其应尽的功能。

最后，笔者愿意指出：要实现上述种种原则，革新学校行政，必须健全师资与稳定人事双管齐下，才有成功的希望。在教师由校长聘任的现制之下，校长专业化尤为起码的条件，敬望行政当局注意及之！

捌

教育管理学科与研究

本辑提要

本辑的主题是“教育管理学科与研究”。收录的文章包括李建勋和韩遂愚的《师范学校教育行政一科之沿革》(1946)与《教育行政教科书之批评》(1946)、罗廷光的《教育行政研究的进步》(1942)、王欲为的《美国教育行政研究及其进展》(1948)、王宝祥的《我国教育政策研究引端——我怎样研究“三民主义教育政策”》(1948)和王秀南的《怎样研究教育行政》(1949)。

《师范学校教育行政一科之沿革》和《教育行政教科书之批评》,都节选自李建勋和韩遂愚合著的《师范学校教育行政教材教法研究》(1946)一书。该书对教育行政学的历史沿革、教育行政的意义和范围、教育行政的原则和趋势、教育行政学的教学目标、教育行政学的教材建设、教育行政学的教学方法、教育行政学的教学设备和教育行政学的课程建设等问题进行了全面的分析,不仅是民国时期教育管理学科研究方面质量最高的成果,也是了解近代教育管理学科发展过程及其基本面貌的最为重要的文献。节选《师范学校教育行政一科之沿革》一文,一方面是希望借该文呈现近代教育管理学科产生与发展的历史过程,另一方面则是考虑到,当代很多教材讨论我国教育管理学学科历史问题时,引用的都是该文的材料,但人们未必知道这些材料最早的出处。选择《教育行政教科书之批评》一文,一是因为通过该文可以了解当时具有一定代表性的教育管理学教材的相关情况;二是因为该文研究教材的态度以及就教材建设所提出的相关主张,可以为当下的教材编制提供借鉴。

《教育行政研究的进步》节选自罗廷光的《教育行政》(1946)一书。该文与王欲为的《美国教育行政研究及其进展》具有较大的相似性，它们都是对教育行政研究内容的梳理，所梳理的都是美国教育行政研究的内容，且核心意旨都是强调教育行政研究要破除传统，走向科学。这两篇文章也充分说明了两个问题：其一，在直接意义上，可以发现美国教育管理研究对民国时期教育管理研究的巨大影响；其二，在间接意义上，结合民国时期我国教育管理研究的进展及主题，能够发现，当时国内的教育管理研究一直紧随美国教育管理研究潮流的最前沿，其问题意识、研究视野以及成果质量，某种程度上是与世界水平同步的。因此，它们虽然讨论的是美国的情况，却也说明了国内教育管理研究的背景；它们既表达了向美国学习的倾向，也折射出研究上的自觉意识。

《我国教育政策研究引端——我怎样研究"三民主义教育政策"》和《怎样研究教育行政》两篇文章同样有一定的相似性，都是讨论教育管理研究的"过程及方法"问题。只不过，前者是以个案形式展开阐述，是一种研究之后的追溯性分析；后者则是一般性的讨论。值得注意的是，尽管这两篇文章以讨论研究的基本过程和具体方法为主，但也涉及研究方法论与研究方式等深层次的问题。其中，《我国教育政策研究引端——我怎样研究"三民主义教育政策"》一文中提到，教育政策研究可分事实研究、诠释研究和应用研究，分别对应记叙科学（descriptive science）、说明科学（explicative science）和应用科学（applied science），而且强调要从内涵价值、工具价值两方面对教育政策事实进行价值上的批判。《怎样研究教育行政》一文则指出，教育行政研究可采用比较研究、调查研究和科学研究三种方法。

总体上看，民国时期有关教育管理学科与研究问题的成果具有两个相互关联的特点。一是成果数量不多，尤其是在论文方面，我们只搜集到三篇文章，除了选入的两篇外，还有一篇是陈友松的《研究教育财政学的方法》(1936)。所以，在编选这一主题文章的过程中，困扰我们的不是如何选择，而是能否找到的问题。二是成果出版或发表时间普遍较晚，都集中于民国末年。当然，成果的"少"与"晚"也是正常的，这正体现了一门学科从产生到自觉所需的过程，民国教育管理研究是在极其困难的社会政治环境下生长发展的。

师范学校教育行政一科之沿革

李建勋　韩遂愚*

教育行政一科史的说明，可帮助吾人了解该学科之内容及趋向，其沿革约可分为五期：

第一期为自清末光绪二十三年[1879]师范学校之创立，至宣统三年[1911]。

第二期为自民元鼎新师范学校制度改革至民十[1921]。

第三期为自民十一新学制改革至民十八[1929]。

第四期为自民十九《高中师范科暂行课程标准》之公布至民二十九[1940]。

第五期为自民三十年[1941]七月《修订师范学校教育科目课程标准》之公布以后至现在。

---

* 李建勋(1884—1976)，字湘宸，河南清丰人。清朝秀才，天津北洋大学毕业，先后留学日本广岛高等师范学校、美国哥伦比亚大学师范学院，获哲学博士学位(博士论文为《美国民治下的省教育行政》)。历任直隶省视学，北京高等师范学校教授、教育研究科主任、校长，东南大学、清华大学、北京大学等校教授，北京师范大学教育系主任、教育学院院长。我国教育行政研究的开拓者。著有《关于教育行政上之五大问题》《中华民国宪法内之教育专章》等论文及《直隶省教育行政组织之改革案》《小学教育行政概要》等著作，均收入《李建勋教育论著选》。

韩遂愚(1904—?)，又名温冬，河北行唐人。保定第二师范学校、北京师范大学教育系毕业。历任河北蠡县教育局督学、《教育短波》社编辑、西北师范学院研究所研究员、保定师范专科学校副教授、河北省立女子师范学院系主任和教务长等职。主要著作有《师范学校教育行政教材教法研究》(与李建勋合著)、《师范学校教育行政课本》(与李建勋、常道直合著)等。

本文节选自李建勋、韩遂愚著《师范学校教育行政教材教法研究》第一章第一部分“师范学校教育行政一科之沿革”，国立西北师范学院教育研究所1946年版，第3—8页。——编校者兹将各期教育行政学科名称及内容之沿革略述如下：

一、名称之沿革

第一期

我国之师范教育制度，萌芽于清末光绪二十三年[1897]，盛宣怀创设之南洋公学师范院。师范教育制度正式成立于光绪二十九年[1903]张百熙之《奏定学堂章程》。章程中之师范学堂分初优两级。其初级师范学堂，相当于现今之师范学校，为培植初等教育之师资机关。初级师范学堂课程中之教育科目，有教育史、教育原理、教授法、教育法令、学校管理、实事授业等科。教育法令及学校管理两科，即本学科之前身。

第二期

民国成立，初级师范学堂改为师范学校。民二[1913]教育部公布之师范学校科目中，关于教育者有：普通心理学、教育理论、论理学、哲学发凡、教授法、保育法、教育史、教育制度、学校管理、学校卫生、教授实习等科。教育制度、学校管理、学校卫生三科，为本科之前身。

第三期

民十一[1922]学制改革，师范教育制度及课程有甚大之变更。按民十四[1925]全国教联会拟定之师范课程纲要中，分师范课程为：高级中等师范科课程、单设后三年师范学校课程、六年师范学校课程、相当年期之师范学校课程、师范专修科课程等五种。兹举六年师范学校课程为例，课程内之教育科目有：心理学入门、教学法、小学校行政、教育测验与统计、小学各科教材研究、职业教育概论、教育原理、教育实习等科。将过去之教育制度、学校管理、学校卫生等合并为“小学校行政”。

但此项课程纲要为草案性质，未经政府明令公布，故实际上各师范学校对科目之设置及名称，多有出入，有称“小学校行政者”，有称“学校行政及组织者”，仍有沿用“学校管理”之名称者。

第四期

国民政府成立后于民十九年[1930]颁布《高中师范科课程暂行标准》，关于教育科目有：论理学、教育概论、教育心理、教育测验与统计、小学教材研究、小学教学法、小学行政、健康教育等科。将“小学校行政”改为“小学行政”。

第五期

民三十年[1941]七月教育部公布《修正师范学校教育科目课程标准》中其教育科目为：教育通论、教育心理、教育行政、测验及统计、教材及教法、实习等科。改“小学行政”为“教育行政”，此即现在师范学校“教育行政”一科名称之由来也。

二、内容之演变

教育行政内容之演变，可根据课程标准及教科书两方面考查。

甲　课程标准中本科内容之演变

第一、二、三各期之师范学校教育课程，仅有科目名称或科目表之公布，而无具体之课程标准或教材要项之规定，至第四期始有正式之课程标准。兹将民二十三年[1934]部颁师范学校课程标准中关于小学行政一科之教材要项举示如下：

一、总论，二、小学校长，三、小学教师，四、建筑设备，五、行政组织，六、教导实施，七、学校卫生，八、事务管理，九、研究工作，十、推广事业，十一、学校与教育行政，十二、公文与表册。

此项课程之内容，系以小学校内之行政工作为中心，兼及校外之推广事业及学校与行政机关之联系。

第五期改小学行政为教育行政后，依三十年[1941]七月部颁教育行政课程标准中之教材大纲为：

一、总论，二、我国教育宗旨及政策，三、教育制度，四、各级教育行政机构，五、地方教育事业及其设施，六、国民教育之推行，七、地方教育经费，

八、地方教育视察与辅导，九、地方教育行政人员，十、中心及国民学校校长教员，十一、学校建筑及设备，十二、学校行政组织，十三、教导实施，十四、学校事务管理，十五、研究及推广，十六、法令表册。

由上列之教材大纲观之，可知此科之范围较过去扩大，于小学行政外，增加地方教育行政部分。

乙　教科书内容之变革

清末及民元[1912]时代之教育制度、学校管理等教科书，目前无从搜集，因姑从略。至民十一[1922]新学制改革后之小学校行政教科书之内容，可举芮佳瑞著《(现代师范教科书)小学行政及组织》(民十三年[1924]商务出版)及程其保、沈廪渊合著《小学行政概要》(民十四年[1925]商务版)二书为例。

(子) 内容

表一　芮著《小学行政及组织》内容统计表

教材要项	页　数	占全书之百分比
第一编　概论	14.5	10.21
一、小学行政的意义	1.5	1.06
二、小学组织的原则	2.0	1.41
三、小学校的范围	0.5	0.35
四、小学校的主旨	1.0	0.70
五、小学校的种类	3.5	2.46
六、小学校的学生	3.0	2.11
七、小学校的年限	1.0	0.70
八、小学校的经费	2.0	1.40
第二编　普通组织法	72.0	50.70
一、小学校的编制	3.0	2.11
二、课程	7.0	4.93
三、时间制	8.0	5.98
四、休学日	2.0	1.40

（续表）

教 材 要 项	页 数	占全书之百分比
五、校长	3.5	2.46
六、教员	7.0	4.93
七、校务分配	7.0	4.93
八、图书	2.0	1.40
九、成绩考查	1.0	0.70
十、成绩计算	4.5	3.17
十一、训育	4.5	3.17
十二、交际	2.0	1.40
十三、建筑	6.0	4.23
十四、校具	10.5	7.39
十五、卫生	3.5	2.46
第三编　新法组织法	41.5	29.22
一、小学道尔顿制的组织	12.5	8.45
二、小学设计法的组织	11.5	8.10
三、小学葛雷式的组织	17.5	11.97
第四编　表格	14.0	9.86

表二　程著《小学行政概要》内容统计表

教 材 要 项	页 数	百分比
一、教育统计法	32	11.03
二、学校视察	23	7.93
三、学童调查	16	5.51
四、学级编制	26	8.96
五、小学课程	33	11.37
六、智力与学力测验	43	14.83
七、小学教师问题	38	13.10

(续表)

教材要项	页数	百分比
八、记分制与成绩考查	16	5.51
九、学校簿记及预算	17	5.86
十、学校卫生问题	25	8.62
十一、学校建筑与设备	21	7.24
合计	200	100.00

(丑)评述

芮著《小学行政及组织》,将道尔顿、设计、葛雷等教学方式,认作学校组织之一种方法,其分量约占全书三分之一(29.22%),此盖受当时重视教学方法研究之影响。程著《小学行政概要》之第一、六、八各章,均为教育统计及测验之材料,约占全书三分之一(31.38%),盖受当时教育测验运动之影响。可证明当时因缺乏具体之课程标准为依据,对小学行政之意义及范围认识欠清,致有系统紊乱、任意取舍之现象。参加不必要之材料,而忽略教育行政之主要内容如学校行政组织系统之说明、学校与教育行政机关之联系、教师之研究及进修、推广事业等之讨论。

民十九年[1930]暂行课程标准颁布后,小学行政教科书出版甚多。内容均为依照课程标准之规定,故大体相差无多。师范大学教育系,曾将十本流行最广之小学行政教科书作量的分析,制成“师范学校小学行政量的分析表”一种(见附表三师范学校小学行政教科书量的分析表)。根据分析结果,吾人可知各书之细目虽稍有出入,但大体对小学行政之主要部分及实际问题均能论及。对各项问题之探讨亦较过去详细具体,并较过去增加学校行政组织系统、学校与行政机关之联系、研究工作、教师进修及社会事业等部分。各书之编辑,虽系以课标中之教材大纲为依据,但就各书之内容与课程标准比较,不无标准中所无而为各著中论及之问题,此可觇小学行政内容之趋势及重点。兹略述之:

(一)由教育宗旨与小学教育目的之讨论说明其与行政之关系(杜著)

(二)说明小学校长及教师地位之重要性(杜、吴、沈、徐、蒋、饶、李等著)

（三）讨论小学校长之资格任用及待遇（蒋、杜、饶、沈、李、邹等著）

（四）从行政方面研究教师问题（俞著）

（五）对训导问题之重视（各著均同）

（六）对卫生工作管理之说明（杜、沈、李、邹等著）

（七）讨论小学与教育行政机关之关系（蒋、饶等著）

（八）详论经费之来源、支配及管理等（各著均同）

民三十年[1941]教育行政课程标准公布后中小学教科书改为国定制，国定教育行政课本尚未出版。坊间出版而未经教部审定之课本，至今仅有章柳泉、刘百川等合著之《教育行政》一种，此项教科书之内容，待本书第七章教科书批评时再详为说明。

三、学科历史发展之综述

由以上学科历史发展之分析，吾人可悉本学科之动向有下列各点：

甲、学科之名称，由“学校管理”而“小学校行政”，由“小学校行政”而“小学行政”，由“小学行政”而“教育行政”。顾名思义，本科之范围逐渐扩大，由校内局部事业之管理，进而兼顾校外行政工作之执行，由小学行政扩及地方教育行政。

乙、新学制时代之教科书内容，仅限于学校内部行政工作之讨论，未及校外之推广事业，并学校内部之行政问题亦多讨论未周。民二十三年[1934]课程标准颁布后之教科书内容，则除学校内部行政工作之讨论外，并顾及家庭之联络及社会之辅导。由学校之闭关自守，进而与社会沟通，以学校为领导，谋社会事业之推行。

丙、民二十三年[1934]颁布之课程标准中，缺少教育宗旨及政策之讨论，忽略教育行政与国家教育目的之联系性。此期出版之教科书中，除杜佐周氏之教本外，亦均未论及。民三十年[1941]之课程标准则增加教育宗旨及政策之讨论，由行政工作之盲目孤立，进而求与教育目标及政策之密切联系，以达成教育为实现建国理想之主要功能。

丁、民二十三年[1934]颁布之课程标准中之教材大纲，系以小学行政为中心。民三十年[1941]之课程标准之教材大纲，则由小学行政中心，进而为地方教育行政中心。由师范生将来从事之一部教育行政工作之讨论，进而为全部教育行政工作之讨论。以适应师范生从事中心及国民学校之行政工作者或从事地方教育行政工作者之双重需要。

戊、民十一[1922]时代之教科书，缺少教师进修及研究工作之讨论，民二十三年[1934]后之课程标准及教科书中则均加入进修辅导及研究工作。由单纯行政事务之管理，进而讲求事业之研究计划及改进。谋行政工作之学术化、科学化，而增进教育行政之效率。

己、民十一[1922]时代之教科书内容，缺乏课程标准为依据，因之各自为政，任意取舍，致系统紊乱，掺入不必要之教材，忽视应有之主要问题。民十九年[1930]后之教科书内容则均以课程标准为依据，内容充实，范围一致，由紊乱而趋于统整，由各自为政而趋于标准化。

庚、民二十三年[1934]之课程标准，各教育科目之内容，不必要之重复叠出。章颐年氏曾分析孟宪承、陈礼江、赵廷为、朱君毅、杜佐周等五位教育专家所著之教育课本，其重复部分竟有达二分之一者(见《教育杂志》25 卷 7 期章氏著《师范教育之矛盾形态》)，可知其范围之分割未清。民三十年[1941]之课程标准，对各科之范围及内容虽未彻底分划，而仍有不必要之重复部分，但已大加调整。由各科之孤立教学，进而谋彼此之相互联络，以求时间精力之经济，而谋教学效率之增进。

教育行政教科书之批评

李建勋　韩遂愚*

吾国中小学校各科之教学，多使用教科书。教科书之编辑，虽均为依据课程标准，然课标中教材之规定，只为大纲及要点之指示，其具体内容仍因编著者主观之见解不同，而有甚大之差异。故教学时无论选用为教本或作为参考，均须教师对各书之优劣有深切之认识。本章之目的即在对本科之教本做普遍之批评，以供教学时之参考。

一、教科书批评标准

教科书之编辑固难，而批评更非易事。欲对各书作公正之评断，除对本科之理论及实际有深切之研究外，尚须有客观之标准，为立论之依据。惟此项客观标准之拟定甚不易完全客观，难免夹有主观成分，兹暂拟一批评标准，以做教科书批评之依据。

师范学校教育行政教科书批评标准：

---

*　作者简介见本卷中《师范学校教育行政一科之沿革》一文。

本文节选自李建勋、韩遂愚著《师范学校教育行政教材教法研究》第七章“教科书批评”，国立西北师范学院教育研究所1946年版，第140—152页。——编校者

一、教学目标

甲：有无明确之教学目标？

乙：若有，与部定目标比较，孰为切当？

二、教材选择

甲、配合　所选教材是否与教学目标配合？

乙、完善　所选教材与课程标准中教材大纲指示之要项比较是否完善？

丙、精要　所选教材与课程标准中教材大纲指示之要项比较是否精要？

丁、适应　有无适应地方或学校特殊需要教材之补充或指示？

三、教材内容

甲、正确　内容有无错误？

乙、切实　是否合乎本国国情及实际需要？

丙、客观　是否注重科学研究结果或事实而非主观之意见？

四、教材分量

甲、全部　全部教材之分量是否合宜？（与教学时数比较）

乙、分部　各项教材之分量是否合宜？

五、教材组织

甲、统整　全书各项教材之编组排列是否合适？

乙、调和　理论与实际是否调和？

丙、匀称　各章节或单元所占分量是否均匀？

六、教学辅助

甲、指导　有无对用书及教学方法之指示或说明？

乙、联络　是否顾及与有关各科之衔接及联络？

丙、作业　有无适当之作业指定？如研究问题、实习或练习材料？

丁、参考　有无必要之参考资料？

七、编著

甲、文字　文字是否通达？

乙、文意　文意是否明了？

丙、标题　标题是否适当？

丁、条理　条理是否清晰？

戊、举例　举例是否切当？

己、图表　图表是否完善？

庚、注解　注解是否翔实？

辛、索引　索引是否确实？

壬、目录　目录是否完备？

八、形式

甲、字体　大小是否适当？

乙、纸质　是否耐用而合乎眼睛之卫生？

丙、印刷　是否清晰？

丁、校对　是否准确？

戊、装订　是否坚实美观？

九、其他

甲、著者　著者是否有实际经验及专门训练？

乙、出版时间　有否及时修订？是否已失时效？

丙、定价　书价是否经济？

二、旧有小学行政教科书批评

自三十年[1941]七月教育行政课程标准颁布后，新教科书出版者仅见沈慰霞、章柳泉、刘百川等合著之《教育行政》一种（成都建国书局三十一年[1942]八月出版），际此青黄不接之时，旧有小学行政教科书虽失时效，而目前各校对本科之教学，仍以此为主要之参考用书，故旧有小学行政教科书之批评仍有必要。惟小学行政，仅为教育行政之一部分。前述批评标准中之教学目标、所占分量及组织等批评自无必要，文学与形式亦属次要，故吾人所拟批评者仅为教材内容一项。

教材内容批评之标准，吾人所定者为正确、切实、客观三项。所谓“正确”者，系指教材有无错误（errors），而不涉及其是否有缺陷（shortcomings）。故此项标准之评断可完全客观，是是非非，不含主观成分在内。所谓“切实”者，系指教材是否合乎本国国情或实际之需要。此项标准之评断，虽不易完全客观，但吾人可尽量凭借事实避免主观之论断。所谓“客观”者，系指教材是否依据科学研究之结果或事实而非著者主观之意见，此项标准之评断亦甚明了，以事实为根据，避免主观之论断。

今以此三项标准为纬，以小学行政教科书教材大纲为经，对十本小学行政教科书，逐项评述之。

（一）绪论

小学行政绪论部分，按旧标准中之教材要项为：小学行政之意义、小学行政之范围、小学行政之精神、小学行政的基本原则、小学行政的现状及趋势、研究小学行政的方法等项。兹将各书中各项教材内容之缺点说明如下：

A. 不正确处

1. 将小学行政课程或学科之意义，视作小学行政之意义。如李、杜、饶等著。

2. 认小学行政之对象限于小学内部及儿童，而忽视学校外部及民众。如吴、徐等著。

3. 将学校行政与教育行政截然划分为两段。如邹、沈等著。

B. 不切实处

说明我国小学行政的现状，多为摘述小学法规中之规定，而非现况之说明。如杜、吴、沈、邹、徐等著。

C. 不客观处

说明我国小学行政的现状，仅以一校为例或代表。如李著。

（二）内部行政及组织

内部行政及组织部分之教材要项为：组织原则、组织系统、校务分掌、各项会议、规程表册及报告等。

A. 不切实

1. 所举学校组织系统多失于繁复，不切一般学校之实际应用。如杜、李、朱、吴、沈、邹、饶等著。

2. 认校务、教导等会议之会期，应每周或两周一次，实际难行。（按普通至多每月一次。）如李、吴等著。

3. 所举表册式样多失于繁复，不切实用。且对表册要点及用法未加说明。如沈、李、邹、杜等著。

（三）小学校长

小学校长部分之教材要项为：小学校长地位的重要、校长的责任与义务、小学校长工作时间之分配、小学校长的进修、校长的资格任用及待遇、小学校长行政成绩之评定等项。

A. 不正确

认校长"无异一教师，重在教学，而以校长的职务为兼职"，对校长之任务误解。如沈著。

B. 不切实

论小学校长工作时间之支配多引录美国麦克乐（McClure）之研究结果，列教学指导为第一，占全部时间百分之四十，不切我国实情。如杜、吴、李、朱、蒋、沈等著。

（四）小学教师

小学教师部分之教材要项为：小学教师之地位、职责、服务精神及进修、资格任用及待遇、康乐生活、评定教师工作效率之方法等项。

A. 不正确

1. 将麦柯尔（McCall）教师教学效率公式：

$$\text{某教师的教学效率}=\frac{(\text{XA. Q 差})+(\text{YA. G 差})+(\text{ZA. Q 差})+\cdots\cdots}{\text{N}}$$

误为：

$$\text{某教师的教学效率}=\frac{(\text{XA. Q 差})(\text{YA. G 差}+\text{ZA. Q 差})+\cdots\cdots}{\text{N}}$$

如沈著。

2. 分析小学教师之职务，视个人道德为教师教学“技术”之一种，意义难通。如蒋著。

3. 认儿童经验为教学工具之一种。如蒋著。

（五）教务

教务部分之教材要项为：小学的招生及开学、学级编制、学籍编造、课程、测验与试验、统计与报告、课表排列等项。

A. 不正确

1. 将常态分配图绘为三角形或长弓形。如朱、邹著。

2. 误认新法考试即标准测验。如沈著。

3. 将新式考试计分方法误解，谓：“如一问题含四项答案时，则每错四问扣一分。”（应为每错三问扣一分。）如饶、朱著。

4. 说明中数之算法有误，谓：“中数其法将量数的数目分为两半，左右相等，居中的一个数量即为中数。”（疏忽必须将数量依大小顺序排列。）如沈著。

B. 不切实

介绍各种班级教学补救办法，多不切吾国一般小学之实际应用。如杜、邹、吴、饶、沈、李、朱等著。

（六）训育

训育部分之教材要项为：训育目标、原则、组织及方法等项。

A. 不正确

1. 将训育之意义认为狭义之道德训练。如朱著。

2. 认儿童生活指导与训育为二事。如朱著。

3. 认具体训育标准为训育实施之材料。（如此则训导与教学相同，将各种具体标准，视如各种知能教材之学习，而非实际行为之指导。）如蒋著。

4. 认具体之目标为信条。（具体训导目标为行为指导或实践之标准，不应视为道德信条。）如俞著。

B. 不切实

介绍儿童自治组织多失之繁复，或采用共和国、自治市政府等方式，不切儿童自治训导之实际。如吴、饶、沈、邹、李等著。

C. 不客观

谓儿童性情的构成，由于遗传与环境两方面。遗传方面分为多血质、黏液质、胆汁质、神经质四类。（此种主张早经近代心理学研究结果所否定。）如邹著。

（七）事务管理

事务管理部分之教材要项为：图书、文件、校具、校舍、校工、杂务等管理。

B. 不切实

1. 图书分类，介绍王云五氏之中外图书统一分类法，不切一般小学图书馆之实用。（因王氏分类法，不若杜定友图书分类简便，且小学图书馆无外文书籍。）如沈著。

2. 论校具分类为饮食起居类、行政类、教育类、卫生类、科学类、工艺类……等项，不切实际。（此项分类之界限不清。）如沈著。

（八）校舍和设备

校舍和设备之教材要项为：学校环境、校舍的建筑和支配、各项设备问题、布置与装饰、评判校舍和设备的标准等项。

A. 不正确

误译 Committee on School house Standards 为美国教育会。（按：校舍标准委员会为全美教联会 National Education Association 之一部分。）如沈著。

B. 不切实

1. 校舍支配标准引用美国研究，不合吾国一般小学之实用。如杜、李、朱、蒋等著。

2. 所介绍之校舍建筑标准，多引用美国材料不合国情。如杜、邹、沈、饶、李、蒋、徐、朱等著。

3. 说明场地、教室、黑板、楼梯等之面积或尺寸多有错误。如吴著（谓黑板距地 4 公尺，楼梯至少宽 2.4 尺，踏面约 2.7 公尺）。

4. 说明各项设备，所定标准过高，不切一般小学之实际。如李著。

(九) 学校卫生

学校卫生部分之教材要项为：学校卫生之意义及范围、卫生工作的管理、健康训练及活动、疾病的治疗及预防、健康检查、清洁检查等项。

B. 不切实

儿童用书卫生。关于字体及行间距离，引录美国 Shaw 及 Lucy 所定标准，不合汉字书籍之应用。如饶著。

C. 不客观

谓考试与会考有害于学生健康，应行废除。如沈著。

(十) 学校与教育行政机关

学校与教育行政机关部分之教材要项为：教育行政机关、学校系统、督学制度、小学行政的重要法令、教育机关之公文与表册等项。

A. 不正确

各种统计图之标题，多置于图之上方，与统计制图通例不合。如李、沈、杜等著。

(十一) 经费

经费部分之教材要项为：经费之来源、支领、用途、管理及公开办法等项。

B. 不切实

学校经费之分配列为行政费、教学费、建设费、预备费等项，与一般学校之会计科目不符。(按普通之经费分配科目为俸给、办公、购置等项。)如蒋、杜著。

(十二) 研究与推广

研究与推广部分之教材要项为：研究之组织方法、工作程序、资料搜集、结果整理等。推广事业之家庭联络、社会辅导、学校间之联络、集会出版等项。

A. 不正确

1. 将推广事业中之集会误为普通学校中之集会。如李著。

2. 将研究工作认作一般之进修方法。如邹、吴著。

B. 不切实

所提研究组织系统太繁杂，不切实用。如沈著。

各书中之缺点已如上述，为醒目起见，吾人可将其表列如下(见表一)：

由表一之统计，可显示各书中何项教材发生之错误或缺点较多，但不能据此以判定各书之优劣。因此项批评仅为教科书批评标准中之一小部分，故不能据以衡论全书之价值。

三、现有教育行政教科书之批评

依三十年[1941]部颁教育行政课程标准编著之教育行政课本，目前出版者仅有沈慰霞、章柳泉、刘百川等合编之《教育行政》一本，书中内容形式各方面之优劣，无从做分析比较之评判，兹暂依前述书评标准，分项评述如下：

(一) 教学目标

著者在编辑大意及结论中，对教学目标有明确之说明。所述目标，与课程标准中所定者无大出入。稍有补充者为："……务期学者修习本学程时，能构成完美而有意义之想象，借以培养专业之精神与兴趣。"此项补充甚为切当。培养教育工作人员之专业道德、研究及改进兴趣、终身服务教育或专业精神等，亦为本科之主要目标之一，而为课程标准所忽略。该书能提示补充，自属切当。

(二) 教材选择

甲、配合教材内容与教学目标，大体而论，尚称配合。惟地方教育行政部分之主要目标，在使学生获得县教育局科之统合、设计、执行、督导、协议等实际工作知能，教材之重点应与此项目标之要求相配合，课程标准中教材大纲之规定对此项配合稍有遗忽，吾人前已论及。该书教材内容，均以课程标准之教材大纲为依据，故亦不免有此缺点。

乙、完善

该书所选教材，与课程标准中教材大纲指示之范围比较，大致均能应有尽有，尤以地方教育行政人员、中心及国民学校校长教师、地方教育视察与辅导等章为充实。惟各项教材亦有欠完善者如：

表一　十本小学行政教科书缺点统计表

教材大纲	所犯缺点 / 教材细目	书名 《小学行政》			《小学行政》			《小学行政新论》			《小学行政》			《小学行政与组织》			《新小学行政》			《小学行政》			《小学行政》			《小学行政大纲》			《小学行政》			总计	不正确	不切实	不客观
	著者	蒋息岑			杜佐周			朱智贤			俞子夷			饶上达			吴研因 吴增芥			沈子善			李清悚			邹　湘			徐佩素 江业双						
	出版处	开明			商务			儿童书局			中华			中华			儿童书局			正中			中华			商务			正中						
	出版年月	20年［1931］9月			20年［1931］9月			21年［1932］1月			20年［1931］7月			14年［1925］5月			23年［1934］8月			24年［1935］7月			24年［1935］9月			24年［1935］10月			24年［1935］9月						
	批评标准	不正确	不切实	不客观	不正确	不切实	不客观	不正确	不切实	不客观	不正确	不切实	不客观	不正确	不切实	不客观	不正确	不切实	不客观	不正确	不切实	不客观	不正确	不切实	不客观	不正确	不切实	不客观	不正确	不切实	不客观				
绪论	小学行政的意义													×						×			×			×						5	5	0	0
	小学行政的范围																×												×			2	2	0	0
	小学行政的精神																																		
	教育宗旨与小学教育目标																																		
	小学行政的基本原则																																		
	我国小学行政的现状及趋势					×												×			×				×		×			×		6	0	5	1
	研究小学行政的方法																																		
内部组织及行政	组织原则																																		
	组织系统					×			×						×			×			×			×			×					7	0	7	0
	校务分掌																																		
	各项会议																	×						×								2	0	2	0
	规程表册与报告					×															×			×			×					4	0	4	0

（续表）

教材大纲	书名 / 著者 / 出版处 / 出版年月 / 批评标准 / 所犯缺点 / 教材细目	《小学行政》			《小学行政》			《小学行政新论》			《小学行政》			《小学行政与组织》			《新小学行政》			《小学行政》			《小学行政》			《小学行政大纲》			《小学行政》			总计	不正确	不切实	不客观
	著者	蒋息岑			杜佐周			朱智贤			俞子夷			饶上达			吴研因 吴增芥			沈子善			李清悚			邹湘			徐佩素 江业双						
	出版处	开明			商务			儿童书局			中华			中华			儿童书局			正中			中华			商务			正中						
	出版年月	20年[1931]9月			20年[1931]9月			21年[1932]1月			20年[1931]7月			14年[1925]5月			23年[1934]8月			24年[1935]7月			24年[1935]9月			24年[1935]10月			24年[1935]9月						
	批评标准	不正确	不切实	不客观	不正确	不切实	不客观	不正确	不切实	不客观	不正确	不切实	不客观	不正确	不切实	不客观	不正确	不切实	不客观	不正确	不切实	不客观	不正确	不切实	不客观	不正确	不切实	不客观	不正确	不切实	不客观				
小学校长	小学校长地位的重要																																		
	小学校长的责任与职务																																		
	小学校长工作时间之支配		×			×			×									×			×			×								6	0	6	0
	小学校长的进修																																		
	校长的资格待遇及任用																																		
	小学校行政成绩之评定																																		
小学教师	小学教师的地位																																		
	小学教师的职责	×																														1	1	0	0
	小学教师服务精神及进修	×																														1	1	0	0

（续表）

教材大纲	书名 / 著者 / 出版处 / 出版年月 / 所犯缺点 批评标准 / 教材细目	《小学行政》			《小学行政》			《小学行政新论》			《小学行政》			《小学行政与组织》			《新小学行政》			《小学行政》			《小学行政》			《小学行政大纲》			《小学行政》			总计			
	著者	蒋息岑			杜佐周			朱智贤			俞子夷			饶上达			吴研因 吴增芥			沈子善			李清悚			邹　湘			徐佩素 江业双						
	出版处	开明			商务			儿童书局			中华			中华			儿童书局			正中			中华			商务			正中						
	出版年月	20年[1931]9月			20年[1931]9月			21年[1932]1月			20年[1931]7月			14年[1925]5月			23年[1934]8月			24年[1935]7月			24年[1935]9月			24年[1935]10月			24年[1935]9月						
	批评标准	不正确	不切实	不客观	不正确	不切实	不客观	不正确	不切实	不客观	不正确	不切实	不客观	不正确	不切实	不客观	不正确	不切实	不客观	不正确	不切实	不客观	不正确	不切实	不客观	不正确	不切实	不客观	不正确	不切实	不客观	总计	不正确	不切实	不客观
小学教师	小学教师资格任用及待遇																																		
	小学教师之康乐生活																																		
	评定小学教师工作效率方法																			×												1	1	0	0
教务	小学的招生及开学																																		
	学级编制					×			×						×			×			×			×			×					7	0	7	0
	学籍编造																																		
	课程问题																																		
	成绩考察							×						×																		2	2	0	0
	测验与试验																			×												1	1	0	0
	统计与报告							×												×						×						3	3	0	0
	学历的制定																																		
	时间表的排列																																		

（续表）

书名		《小学行政》			《小学行政》			《小学行政新论》			《小学行政》			《小学行政与组织》			《新小学行政》			《小学行政》			《小学行政》			《小学行政大纲》			《小学行政》			总计	不正确	不切实	不客观
著者		蒋息岑			杜佐周			朱智贤			俞子夷			饶上达			吴研因 吴增芥			沈子善			李清悚			邹湘			徐佩素 江业双						
出版处		开明			商务			儿童书局			中华			中华			儿童书局			正中			中华			商务			正中						
出版年月		20年［1931］9月			20年［1931］9月			21年［1932］1月			20年［1931］7月			14年［1925］5月			23年［1934］8月			24年［1935］7月			24年［1935］9月			24年［1935］10月			24年［1935］9月						
教材大纲	教材细目（所犯缺点／批评标准）	不正确	不切实	不客观	不正确	不切实	不客观	不正确	不切实	不客观	不正确	不切实	不客观	不正确	不切实	不客观	不正确	不切实	不客观	不正确	不切实	不客观	不正确	不切实	不客观	不正确	不切实	不客观	不正确	不切实	不客观				
训育	训育目标	×						× ×			×																					4	4	0	0
	训导原则																																		
	训导组织														×			×			×			×			×					5	0	5	0
	训导方法																	×			×							×				3		2	1
事务	图书管理																																		
	文件管理																																		
	校舍管理																																		
	校具管理																				×											1	0	1	0
	校工管理																																		
	杂务管理																																		
校舍与设备	学校环境																																		
	校舍的建筑和支配		×			×			× ×						×									×								8	0	8	0
	各项设备问题																							×								1	0	1	0

（续表）

所犯缺点 书名		《小学行政》			《小学行政》			《小学行政新论》			《小学行政》			《小学行政与组织》			《新小学行政》			《小学行政》			《小学行政》			《小学行政大纲》			《小学行政》			总计	不正确	不切实	不客观
著者		蒋息岑			杜佐周			朱智贤			俞子夷			饶上达			吴研因 吴增芥			沈子善			李清悚			邹　湘			徐佩素 江业双						
出版处		开明			商务			儿童书局			中华			中华			儿童书局			正中			中华			商务			正中						
出版年月		20年［1931］9月			20年［1931］9月			21年［1932］1月			20年［1931］7月			14年［1925］5月			23年［1934］8月			24年［1935］7月			24年［1935］9月			24年［1935］10月			24年［1935］9月						
教材大纲	教材细目（批评标准）	不正确	不切实	不客观	不正确	不切实	不客观	不正确	不切实	不客观	不正确	不切实	不客观	不正确	不切实	不客观	不正确	不切实	不客观	不正确	不切实	不客观	不正确	不切实	不客观	不正确	不切实	不客观	不正确	不切实	不客观				
校舍与设备	布置与装饰																																		
	评判校舍和设备的标准																																		
学校卫生	学校卫生的意义及范围																																		
	卫生工作的管理																																		
	健康训练与活动																					×										1	0	0	1
	疾病的预防与治疗														×																	1	0	1	0
	健康检查																																		
	清洁检查																																		
行政与学校机关教育	教育行政机构																																		
	学校系统																																		
	督学制度																																		
	小学行政的重要法令																																		
	教育机关的公文与表册				×															×			×									3	3	0	0

（续表）

书名			《小学行政》			《小学行政》			《小学行政新论》			《小学行政》			《小学行政与组织》			《新小学行政》			《小学行政》			《小学行政》			《小学行政大纲》			《小学行政》			总计	不正确	不切实	不客观
著者			蒋息岑			杜佐周			朱智贤			俞子夷			饶上达			吴研因 吴增芥			沈子善			李清悚			邹湘			徐佩素 江业双						
出版处			开明			商务			儿童书局			中华			中华			儿童书局			正中			中华			商务			正中						
出版年月			20年[1931]9月			20年[1931]9月			21年[1932]1月			20年[1931]7月			14年[1925]5月			23年[1934]8月			24年[1935]7月			24年[1935]9月			24年[1935]10月			24年[1935]9月						
所犯缺点 / 批评标准 / 教材大纲		教材细目	不正确	不切实	不客观	不正确	不切实	不客观	不正确	不切实	不客观	不正确	不切实	不客观	不正确	不切实	不客观	不正确	不切实	不客观	不正确	不切实	不客观	不正确	不切实	不客观	不正确	不切实	不客观	不正确	不切实	不客观				
经费		经费来源																																		
经费		经费支领																																		
经费		经费用途		×			×																										2			
经费		管理及公开办法																																		
研究与推广	研究	组织方法																				×											1			
研究与推广	研究	工作程序															×										×						2	0	2	0
研究与推广	研究	搜集资料																																		
研究与推广	研究	结果的整理和应用																																		
研究与推广	推广	家庭的联络与辅导																																		
研究与推广	推广	社会的辅导与协作																																		

（续表）

书名	《小学行政》			《小学行政》			《小学行政新论》			《小学行政》			《小学行政与组织》			《新小学行政》			《小学行政》			《小学行政》			《小学行政大纲》			《小学行政》			总计	不正确	不切实	不客观
著者	蒋息岑			杜佐周			朱智贤			俞子夷			饶上达			吴研因 吴增芥			沈子善			李清悚			邹　湘			徐佩素 江业双						
出版处	开明			商务			儿童书局			中华			中华			儿童书局			正中			中华			商务			正中						
出版年月	20年［1931］9月			20年［1931］9月			21年［1932］1月			20年［1931］7月			14年［1925］5月			23年［1934］8月			24年［1935］7月			24年［1935］9月			24年［1935］10月			24年［1935］9月						
批评标准 / 所犯缺点 / 教材大纲 / 教材细目	不正确	不切实	不客观	不正确	不切实	不客观	不正确	不切实	不客观	不正确	不切实	不客观	不正确	不切实	不客观	不正确	不切实	不客观	不正确	不切实	不客观	不正确	不切实	不客观	不正确	不切实	不客观	不正确	不切实	不客观				
研究与推广 推广 学校间的联络和辅导																																		
研究与推广 推广 集会																						×									1	1	0	0
研究与推广 推广 出版																																		
合计	3	3	0	2	7	0	4	5	0	1	0	0	2	5	0	2	7	0	5	9	1	3	8	1	3	5	1	1	1	0				

（子）第十三章第二节论学籍编造，仅说明为学龄儿童之永久学籍片，而忽视校内记录学生状况及进步等之学籍簿之编造。

（丑）第十四章第三节论经费管理，未及学校会计方法。

（寅）第十五章第一节论研究方法，未及专题研究或狭义研究方法之说明。

丙、精要

该书各项教材较为精要者为教育制度、地方教育视察与辅导、地方教育行政人员、中心及国民学校校长教师、学校建筑及设备等章。较欠精要之教材为：

（子）第二章论我国教育宗旨及政策，仅引述法令规定之条文，未能加入诠释，并说明其对教育行政及设施之要求与关系。

（丑）第四章论中央及省教育行政机构，引录教育部组织法及四川省教育厅组织规定之全文，借作说明，实嫌浪费篇幅。

（寅）第六章论国民教育推行计划，仅说明拟定计划时之根据、内容、格式等即可，该书引录四川教育厅三十一年度[1942]国民教育实施计划原文，占十三页之多，似浪费篇幅，若作示例，备作附录为宜。

（卯）第十三章讨论学级编制之标准，对各种标准之运用未加说明。因各种标准均有优点缺点，如何用长去短，为学级编制之重要问题，似不易忽略。

（辰）同章第四节说明教育标准，仅引录小学训育标准中之目标原词及守则等原文，对整个标准之运用未加说明。

（巳）同章第五节讨论体育卫生工作，对健康检查之手续及记录方法等均抄录法规之原文，似不必要。

丁、适应

该书各项教材之举例说明，均以四川为根据，如省教厅之组织、国民教育推行计划、地方教育经费之来源及分配、教育视察及辅导组织等。故川省各校应用较便，其他省区采用则需要补充。该书对此项补充教材未有指示，故就适用言似嫌偏狭。

（三）教材内容

甲、正确

该书教材内容有欠正确之点为：

(子) 第二章将训政时期约法五五宪草中之教育专章，均列为教育政策，未能将约法及宪草中之教育宗旨与所规定之政策划分，似欠确当。

(丑) 第三章所绘学制系统图(原文称“表”似欠妥)，未能将国民教育制度、四年五年或六年之专科学校、六年一贯制中学、师范学院之初级部及二部等示出。且所列之“特别师范科”为高中以上修业四年，与规程(高中卒业后修业一年)不符，实系错误。

(寅) 第六章第二节谓六至十二足岁之学龄儿童数可按全人口 12.5%估计。此项根据似欠正确。依许仕廉氏“欧洲十一国各年龄人口百分比”，六至十二岁之儿童占全人口 15.89%(见许仕廉著《人口论纲要》第三一〇～三一一页，中华书局出版)。

(卯) 第十一章学校建筑与设备，谓校舍建筑之方向“除万不得已外，应一律采用正南或东南向，教室则无论如何应向正南或东南”。按施菊野(Strayer)①之研究，教室之方向其优劣之次第为东南向、东向、西南向、西向、南向，北向最不宜。盖教室以每日能得直射日光，而无碍于上课为宜。东向直射之光于早晨入屋，不碍上课，西向光于下午入屋，若低年级放学较早，则亦无碍。南向教室若依陕南习惯于十二时前后上课(因一般民众之习惯为午前九时早饭，下午三时午饭)，则甚为妨碍。专用之图画教室，为取其光线不变，则以北向为宜。故方向之优劣并无绝对之标准，要视其使用而定。该书肯定南向及东南向，似嫌武断。

(辰) 第七章地方教育经费第三节教育经费之分配与管理，谓“教育经费的处理不外筹划与支配两道”，实欠正确。盖以教育经费除筹划、支配外，尚有管理及稽核也。

(巳) 第十四章第二节文书处理，说明文件之分类，以文件之形式(如法令，表册，函件等)为标准，调阅归档均不便利，似欠妥当。

乙、切实

该书各项教材，大体均能切合实际。惟有数点尚需斟酌者如：

① 今译“斯特拉耶”(George D. Strayer，1876—1962)，美国 20 世纪早期教育管理研究的领袖人物之一。——编校者

（子）第七章第四节国民教育经费之筹措，谓“县立中等学校改归省办后，所节余的经费应全部充作国民教育之用”。中等学校应否完全改归省办，尚成问题。即川省如此计划，其他省份未必如是。故此项增筹经费办法，似不切合实际。

（丑）第十一章第一节校址校舍及场地，该书拟定校地面积标准，中心学校为四十市亩，国民学校为十七亩半。我国虽缺少校地面积之调查统计，但能达此种标准者恐百不得一，与部定标准相差甚远，似太理想。

丙、客观

该书各项教材多能注意事实及科学之根据，如各种法规之依据及实况之参考，无不尽量引证。惟有两点稍失于主观者，即：

（子）第七章第三节教育经费之分配与管理，关于省县教育经费支配之标准，虽无法令明文之规定，但并不乏实际统计材料可资参考（可参考教育部编《全国教育统计简编》），故应提示各省教育经费支配之实况加以说明，而作者则仅依主观之意见提示一省县教育经费之分配标准，似欠慎重。

（丑）第十三章第六节教学成绩考查（此名词欠妥，应为学业成绩考查），谓：“记分的方法。最普通最简便的便是用常态分配法。”实际各校使用之记分方法多为百分记分法，故谓之最普通简便不免主观，常态分配法固为应用统计原理，但普通小学尤以单级小学每年级之人数过少，则按常态比例评分，实不正确。故作者仅介绍此一种方法，似欠客观。

（四）教材分量

甲、全部教材分量是否合宜。可以教学总时数衡量。依三十一年[1942]三月部颁各级学校学年、学期、假期之规定，中等学校全年上课日数约为四十二周。教育行政为每周二小时，共为八十四小时。依普通每小时教学四页计，约为三百三十六页。该书共三三〇页，故以此项标准衡量可谓合宜。

乙、分部各项教材分配分量，因课程标准中之教材大纲未定有各项教材之分量标准，故无客观之衡量根据。兹就该书各项教材所占页数为准，评论其是否合宜。

（子）地方教育行政部分与中心及国民学校行政部分之比较：该书二至九章为地方教育行政，共占一七八页。十至十六章为中心及国民学校行政，共占一三七页。地方教育行政部分，较中心及国民学校行政部分所占之分量为多。按师范生将来从事之教育行政工作，大多数为中心及国民学校之校长或教导主任，且学校行政人员可无地方教育行政知能，而地方教育行政人员必须有学校行政之知能。学校行政部分之教材，对师范生之需要而言，远较地方教育行政部分为重要，故该书之此项分量分配，似轻重倒置。

（五）各项教材之比较：该书共十七章，各项分量之分配如下：

章次	项目	页数	占总页数百分比
一	总论	7	2.12
二	我国教育宗旨及实施方针	9	2.73
三	教育制度	13	3.94
四	各级教育行政机构	26	7.88
五	地方教育事业及其设施	10	3.03
六	国民教育之推行	20	6.06
七	地方教育经费	18	5.54
八	地方教育视察与辅导	51	16.36
九	地方教育行政人员	28	8.48
十	中心及国民学校校长教师	23	6.97
十一	学校建筑及设备	24	7.27
十二	学校行政组织	13	3.94
十三	教导实施	25	7.58
十四	学校事务管理	22	6.67
十五	研究及推广	17	5.15
十六	表册及法令	13	3.94
十七	结论	8	2.24
合计		330	100

观上列各项教材之分量，以“地方教育视察与辅导”所占分量最多，超过“教导实施”一章之分量在一倍之上。按师范生将来工作之需要，教导工作知

能，远较视察辅导为重要，且依课程标准之规定，如有需要教育辅导可另设选科。教导之实施，在过去各小学行政教科书中所占之分量，多在30%以上，可见其教材之拥挤及重要。故就此两项教材之分量言，其分配似欠公允。

（五）教材组织

甲、统整

该书各项教材之编组，完全依照课程标准之原来次序。此种组织及排列之缺点及修正意见，吾人将于第八章课程标准研究（第三节）中详加说明，兹不赘述。

乙、调和

该书各项教材，均能注意理论与实际配合，理想之提示与实践之途径并重。

丙、匀称

该书之编组以章为单元。各章之分量已见前表，除第八章分量过多外，余尚大致均匀。

（六）教学辅导

甲、指导

著者对使用本书及教学方法未有指示或说明。（结论章中虽有“运用本书的方法”一项，但内容仅为对学生学习而言，未对教师教学作指示。）

乙、联络

教育行政教材，与有关科目之联系及重复教材之如何衔接、如何分配，已见第四章第二项。依吾人此种意见，该书中对有关各科之重复部分，未能顾及调整之处为：

（子）该书中于第十三章第五节体育卫生项下，对精神卫生加以讨论（教育行政课程标准中无此项），此与教育心理中之第七项“心理卫生”一项重复。该书似有画蛇添足之嫌。

（丑）该书于第十三章第六节成绩考查项下，介绍新式考试之出题方式，此与教材教法科中之“分科成绩考查”及测验及统计科中之“各科测验”重复，实无再述之必要。

（寅）该书第十六第二节说明表列方法，此与测验及统计科中之“表列法”亦有重复之处。

丙、作业

该书每章后列有课外工作数项。惟对各单元应研究讨论之问题均未提示，故不便于使用“问题教学”及学生之课外研讨。

丁、参考

该书仅于书末列一参考书目，各章所参考之法令规程、书籍杂志等，未加指示。教师参考与学生预习均感不便。

（七）编著

该书文字文意均甚通达明了，各章节之标题亦大致适当。惟第十三章第三、四两节，将教务及训导工作名之为“教学行政”及“训育行政”，似觉生疏。该书引用之各项材料，均未注明出处，查考不便。其他各项，则无可指责之处。

（八）形式

该书所用纸张为本贡纸，抗战期间，自无可厚非。惟印刷稍嫌模糊，校对尤欠准确。

（九）其他

甲、著者

沈、章、刘诸氏均从事师范教育有年，学验俱富。

乙、出版时间

该书虽系于三十一年[1942]八月订正出版。但以目前之情形衡之，已有失去时效之处。如该书引用之小学各科教学科目表(第二五三页)，应按三十一年[1942]部颁小学新课程标准修订。最近颁布之小学卫生训练标准，亦须补充。

丙、定价

该书之定价为二十元。

四、教科书之选择与使用

教学时如使用教科书，则课本之选择时须特别慎审，以免为不善之教本所误。教师须于决定教本之前，对本科所有教科书广为搜罗，详细评阅。评阅时，可根据吾人前述之标准，以客观之态度，逐项加以比较，判明各书之优劣所在，而决定取舍。除前述之标准外，吾人曾征询十八位师校教育教员对其所采用之小学行政教科书，列举其认为优劣之意见。此类课本今日虽失时效，但所举优劣点之意见可供选择教科书之参考。兹将此项结果引录如下：（见附表二、三）

表二　各校采用小学行政教科书之弱点统计表

书名 / 著作者 / 次数 / 弱点	《新中华小学行政》	《新师范小学组织及行政》	《小学行政》	《小学行政》	《乡村小学行政》	《新小学行政》	总数	百分比(%)
	俞子夷	饶上达	杜佐周	蒋息岑	郭人全	吴增芥 吴研因		
缺少实例	2	1	1				4	22.22
内容浅薄	2	2			1		5	27.78
材料片断	1	1					2	11.11
偏重外国材料		1	1				2	11.11
解释有错误		2					2	11.11
纲目不清	1						1	5.56
参考书太少				1			1	5.56
材料欠新				1			1	5.56
偏重理论			2				2	11.11
偏重城市学校			2				2	11.11
不合课程标准		1					1	5.56

（续表）

书名/著作者/次数/弱点	《新中华小学行政》	《新师范小学组织及行政》	《小学行政》	《小学行政》	《乡村小学行政》	《新小学行政》	总数	百分比（%）
	俞子夷	饶上达	杜佐周	蒋息岑	郭人全	吴增芥 吴研因		
所附问题稍深			1				1	5.56
印刷欠精		1			1		2	11.11
文字欠明			1				1	5.56
举例烦琐						1	1	5.56
内容与他科有重复		1	1				2	11.11
弱点总数	4	8	7	2	2	1		
弱点成数	25	50	45	12.5	12.5	625		

注：弱点共计十六项

表三　各校采用小学行政教科书之优点统计表

书名/著作者/次数/优点	《新中华小学行政》	《新师范小学组织及行政》	《小学行政》	《小学行政》	《乡村小学行政》	《新小学行政》	总数	百分比
	俞子夷	饶上达	杜佐周	蒋息岑	郭人全	吴增芥 吴研因		
材料丰富	1	2	4		1		8	44.44
叙述简要		1	1	1			3	16.67
理论充足			1				1	5.56
分量适宜			1				1	5.56
文字畅达		1	1	1			3	16.67

（续表）

书名 / 著作者 / 次数 / 优点	《新中华小学行政》	《新师范小学组织及行政》	《小学行政》	《小学行政》	《乡村小学行政》	《新小学行政》	总数	百分比
	俞子夷	饶上达	杜佐周	蒋息岑	郭人全	吴增芥 吴研因		
理论与实际并重	4	1	2				7	38.89
附有问题		2	1		1	1	5	27.78
附有参考书		2	1				3	16.67
每段上方有提示语		1					1	5.57
纲目清晰		3	3	1		1	8	44.44
依照部颁课程标准编辑			1				1	5.56
印刷及装订均宜		1					1	5.56
编著归纳法						1	1	5.56
教材较新			1				1	5.56
能指示研究门径	1						1	5.56
优点总数	3	9	11	3	2	3		
优点成数	20	60	73.3	20	13.3	20		

注：优点十五项

教科书之编辑，多因编著者主观之见解，致取材及编制，不能尽合实际教学之历程及各地实际之需要。故教师切不可奉教科书为金科玉律，而为其所束缚。须取长补短，随时变通。如错误之纠正，教材之增删，顺序之调换，应视实际教学之需要，而作适当之措置。须知教科书仅为教材之参考，而非唯一之教材。教学为实现教学目标，而非为适应教科书。故最合宜之方法为，学校于教科书之外应多备参考书籍及补充读物，以便教师与学生旁考博征。

本章参考资料

法规
《师范学校教育行政课程标准》 30年[1941]7月 教育部公布
《师范学校小学行政课程标准》 23年[1934]9月 教育部公布
论著
李建勋 《小学行政教材教法(讲义)》 国立北平师范大学 25年[1936]
蒋息岑 《小学行政》 开明书局 20年[1931]9日
杜佐周 《小学行政》 商务印书馆 20年[1931]9月
朱智贤 《小学行政新论》 儿童书局 21年[1932]1月
俞子夷 《小学行政》 中华书局 20年[1931]9月
饶上达 《小学组织及行政》 中华书局 14年[1925]5月
吴研因、吴增芥 《新小学行政》 儿童书局 23年[1934]8月
沈子善 《小学行政》 正中书局 24年[1935]7月
李清悚 《小学行政》 中华书局 24年[1935]9月
邹 湘 《小学行政大纲》 商务印书馆 24年[1935]10年
徐佩业、江景双 《小学行政》 正中书局 24年[1935]9年
章柳泉等 《教育行政》 建国书局 31年[1942]8月
吴研因等 《小学教科书评论》 正中书局 24年[1935]

C. R. Maxwell. *The Use of Score Card In Evaluating Textbooks*, chap. Ⅲ. *In The Textbook In American Education 30th Year Book of The National Society For The Study of Education Part Ⅱ*. Bloomington, All Public School Publishing Co. 1931.

L. Thomas Hopkins: *Curriculum Principles And Practices*. pp.464 - 471, B. H. Sanborn And Co, Chicago, 1934.

教育行政研究的进步

罗廷光*

教育之科学的研究，乃最近三四十年来的事。一九〇〇以前，欧美任何流行刊物，都未见有教育科学研究的论文发表。《蒲尔期刊论文索引》(*Pool's Index to Periodical Literature*)截至一九〇五年，其中所载只以“自然科学研究”“农学研究”及“医学研究”三者为限。“教育科学研究”(Educational Research)这名词，即在一九一七年前的《期刊指南》(*Reader's Guide to Periodical Literature*)中亦没见到。自本世纪初，教育测量运动及稍后之学务调查运动、课程研究运动发生以后，教育科学研究各方面乃有长足的进步(详见拙著《教育科学研究大纲》，中华书局，第一篇)。

教育科学研究的发展，系随着生物学、生理学及心理学的研究进步而来的。高尔登(Galton)①的《遗传的天才》(*Hereditary Genius*)刊行于一八六九年；(注一)本书不独为心理特质之遗传的研究开了个先导，且首倡一种“意象的

---

* 罗廷光(1896—1993)，号炳之，江西吉安人。东南大学教育科毕业，留学美国斯坦福大学、哥伦比亚大学，主攻教育，获硕士学位。历任小学、中学、师范学校教员，国立中央大学教授、教育社会学系主任兼附属实验学校校长，湖北教育学院院长，河南大学教务长兼教育系主任，中正大学教务长，中央大学师范学院院长。主要著译有《教育科学研究大纲》《教育行政》《比较教育》等。

本文节选自罗廷光著《教育行政》上卷第一篇第一章第四节“教育行政研究的进步”，重庆：商务印书馆，1942年初版。——编校者

① 今译“高尔顿”(F. Galton，1822—1911)，英国科学家，优生学的开创者。——编校者

量表”(Imaginary Scale)可用以测量一般的能力，影响后人之研究心理测量者甚巨。冯德(Wundt)①在一八七九年创设了世界第一个心理实验室，科学的心理学于是得了飞跃的进步。因了高冯二氏的影响，克特尔(Cattell)②在一八九〇年《心理》(*Mind*)杂志上发表了他的名著《心理的测验和测量》(*Mental tests and Measurements*)拟定了“心理测量”的计划，启发人无限的法门。(注二)皮奈③(Binet)一八九五年也拟制了同类的测验。(注三)赖斯博士(Dr. Rice)首制标准的“拼字测验”(Spelling scale)，开了教育测量的先河，时在一八九四年。而桑代克(Thorndike)的《心理及社会测量引论》(*An Introduction to the Theory of Mental and Social Measurernent*, Teachers College, Columbia University)，斯皮曼(Spearman)的《普通智慧之客观的测验》(*General Intelligence Objectively Determined and Measured*, *The American Journal of Psychology*, Vol.15.)，皆于一九〇四年问世，其影响后继人更大。明年，皮奈、西门④初次刊行世界闻名的智力测验(名 Binet-Simon General Intelligence Tests)，一九〇八年再加以订正。传到美国，甚表欢迎，除经葛大德(Goddard)⑤、柯尔曼(Kuhlmann)及推孟(Terman)等人订正以外，并产生了阿第士(Otis)的团体智力测验，(注四)算是美国有团体智力测验的第一次。在这测量运动当中，尚有史统(Stone)、柯第氏(Courtis)对于算术测量，桑代克和爱尔斯(Ayres)对于书法测量，歇勒格(Hillegas)对于缀法测量，柏金翰(Buckingham)对于拼音法则测量，各有极重要的贡献。

美国学务调查运动，发源于一九一〇年前后，不久即风靡全国，到了一九一六年的克里夫兰(Cleveland)的调查，几已登峰造极。调查之应用标准测验者，以一九一一至一九一二年的纽约市的调查为始。一九一六年以后，几于无岁无调查，无地无调查。一九三三年举行的中学教育及师范教育调查，其规模之大，经费之足，为前此所未有。单只中学教育一部分，报告已达二

---

① 今译“冯特”(Wilhelm M. Wundt, 1832—1920)，德国心理学家，被誉为“实验心理学之父”。——编校者

② 今译“卡特尔”(James M. Cattell, 1860—1944)，美国心理学家。——编校者

③ 今译“比纳”(Alfred Binet, 1857—1911)，法国心理学家。——编校者

④ 今译“西蒙”(Théodore Simon, 1873—1961)，法国心理学家。——编校者

⑤ 今译“戈达德”(H. H. Goddard, 1866—1957)，美国临床心理学家。——编校者

十八册。截至一九三五年，仅由美国纽约哥伦比亚大学师范学院主持之地方教育调查，已有四十七种，其中以一九三三年芝加哥市教育调查最为驰名。该调查共耗美金十万，时间数年，报告计六巨册。一九三七，该院又刊行哈第福(Hartford)市①教育调查一册，主持者施菊野(Strayer)②氏自诩为调查技术最精新的作品。(注五)至一九三八年印第安纳州立大学史密斯(H. L. Smith)教授主编之全美教育调查及参考资料索引，(注六)更惠益本门学者不浅。

课程研究在美国始于一九一〇年以后，其发动以一"新委员会"(A new Committee—The National Education Association's Committee on Economy of Time in Curriculum—ranking)为起点，随后分科专门的研究，因而奠定近代科学的学校课程的基础。爱尔斯(对于字汇研究)、卡脱氏(Charters)③与密勒(E. Miller)(对于文法语言研究)，威尔逊(G. M. Wilson)(对于数学)，柏格莱(Bagley)④与拉格(Rugg)(对于社会科学)，贺恩(E. Horn)(对于历史)，波卑脱(Bobbitt)(对于科学的编造手续)等人，皆为重要的贡献者；而卡脱氏的课程编造(Curriculum Construction)和波卑特⑤的《课程编造法》(*How to Make A Curriculum*)更被推为本门的名著。本运动中所表现的显著特征便是课程研究之充分科学化。(注七)

在教育行政本身方面，自教育科学研究发达以后，各国学者遂努力应用科学方法，深究教育行政上各项重要问题，精益求精，成绩斐然。尤以美国方面进步最速。该国近年来一方因学龄儿童的增加，教育经费的扩张，教育人员的补充，课程的丰富，校舍设备的改善，……致使教育行政问题日见其重要；他方则教育行政学者班班辈出，除元老孟禄(P. Monroe)、桑代克、伊利阿⑥(Elliot)、施菊野及寇伯来(Cubberley)⑦等人外，新进专家亦复不少。从一九

---

① 今译"哈特福德市"。

② 今译"斯特拉耶"(George D. Strayer，1876—1962)，美国20世纪早期教育管理研究的领袖人物之一。——编校者

③ 今译"查特斯"(W. W. Charters，1875—1952)，美国课程编制专家。——编校者

④ 今译"巴格莱"(William C. Bagley，1874—1946)，美国教育家。

⑤ 今译"博比特"(John Frankin Bobbitt，1876—1956)，美国课程论专家。——编校者

⑥ 今译"埃利奥特"(E. C. Elliot)，美国教育管理学者。——编校者

⑦ 今译"克伯莱"(Ellwood Patterson Cubberley，1868—1941)，美国教育史学家。——编校者

二六年施菊野的论文报告(注八)中，已知当时该国教育行政研究所造诣的程度，迄今有加无已。姑举数种较重要的科学研究，借明近代教育行政学者努力情况的一斑：(注九)

一、普通行政与组织的研究

美国近来无论在州或市行政方面，皆有集权的趋势；固然一方由于环境的需要，同时也是一辈行政学者努力奋斗的结果。(注一〇)在教育行政方面，从一八九七年韦伯司脱(Webster)的研究，已曾指出狭小的学区制日渐衰落，州政府所施关于课程、教科书、师资检定及义务教育的管理权日益扩张。(注一一)迄今此种集权趋势益发明显，施菊野的研究，(注一二)可给人们一个综合的观念。

关于教育法令，研究最早的要算伊利阿(E. C. Elliott)。他在一九〇六至一九〇九年间，曾汇集美国六州政府所颁公共教育法令和法庭判决案，不独本人得到极有价值的结果，且影响后人之从事同类研究者极巨。穆利孙(Morrison)就法令方面研究当时(一九二二年)市教育行政之各项问题，如行政权的集中、小规模教育局的组织及各项选举法之比较价值等，颇多独到之处。麦克金尼(McGinnis)研究二十二万户城市的学校行政组织，对小城市的学校行政和组织，曾有极详细的讨论。在这里他举了很多影响学校组织的重要因素，并引进了若干具体的实例，大可供改良地方教育行政制度的参考。此外，屈禄斯勒(Trusler)①、威第真(Weltzin)②及爱德华氏(Edwards)对于学校之行政和组织，皆有极可注目的研究。(注一三)

二、科学的教育视导

史蒂芬(Stevens)曾在一九一二年研究教学效率测量问题，把教师上课复习时的问答，当作教学效率测量的根据，得到了很好的成绩。贺恩(E. Horn)③注

① 今译“特拉斯勒”，美国教育学家。——编校者
② 今译“韦尔兹”，美国教育学家。——编校者
③ 今译“霍恩”，美国心理学家。——编校者

意学生教室中参加复习的机会，借以定夺教育效率的高低（时一九一四年）；也是初期客观地研究教学技术的一种。自此以后，很多同类的测验量表随着而生。阿第氏在一九一九年，毕德门（Pittman）①在一九二一年对于用客观方法研究教学视导的效率，皆有很重要的贡献。(注一四)伯吞（Burton）②一九二二年初次使用具体的考核表，以鉴别教学成绩的良否。(注一五)巴尔（Barr）于一九二〇年、一九二四年先后发表文字，主张主观的情感的视察，必须代以客观的具体的考核，以教师和学生的特殊活动为根据，这话大为本门学者所赞许。不久，卜禄克纳（Brueckner）③（一九二五、一九二六年）及巴尔（一九二六年）均实行用时间和次数来分析教学的情境。(注一六)穆利孙创造注意的量表（Attention Charts）测量学生班中注意力的久暂，用以估量教学的价值如何。(注一七)至美国第屈洛市（Detroit）④一九一八年左右举行之地理视导价值和书法视导价值的实验，更是人人所称道的。(注一八)

团体方面，则如全美视导会议一九二九年刊行的《科学的视导法》（*Scientific Method in Supervision*）洵为本门空前的杰作。(注一九)本书为一委员会所编，卜禄克纳实主其事。作者诸君多能用科学方法估计教学和管理的效能，同时更引进许多专门技术，以处理各项有关视导的重要问题。依会员贺恩君说，本书不但可帮助一般视导员解决所遇各视察指导的问题，且可导引人们为更深切更精到的研究，至少：（1）由此改订学科，（2）想出经济的教学方法，（3）帮助解决行政上的困难，惟一切基础须建筑在科学上面，否则不免徒劳而无功。

总之，教育视导，在近人看来，不仅是“术”，而且是“学”，不仅要提高教师教学的效能，而且要对于本门学术有切实重要的贡献。其所用方法则为科学的方法，像吉德（Judd）早年说的：“我国（美国）教育视导的重要任务，在使其科学化，不只教学而已。”(注二〇)

---

① 今译“皮特曼”，美国教育专家。——编校者
② 今译“波顿”，美国教育学家。——编校者
③ 今译“布鲁克纳”，美国教育学家。——编校者
④ 今译“底特律市”。——编校者

三、教育经费的研究

此中内容包含甚广，凡政府每年的收入和支出，地方各项经费的支配，人民负担赋税的能力，乃至教育税的征收等，概在研究之列。以地域分，史维夫特(F. H. Swift)①和卢素(W. F. Russell)②对于哥罗勒多(Colorado)③和爱阿瓦(Iawa)④两处的学校财政有很重要的报告。李德塞(E. E. Lindsay)和贺兰(T. C. Holy)关于爱阿瓦州的学校财政研究，可于该处之学务调查中见之。又学务调查之特重教育财政的研究者，如寇伯来之于加利福尼(California)⑤、施菊野之于纽约州、穆利孙之于伊利诺意皆是。就中以史维夫特和施菊野等人的成绩最佳，影响最巨。

讲到团体研究，在美国以"The Educational Finance Inquiry"(教育财政研究会)最负盛名。本会成立于一九二一年，会员概由美国参事会(American Council)聘任。施菊野(主任委员)、赫格(R. M. Haig)、亚历山大(C. Alexander)、伯吉(H. G. Burdge)等皆为会中要角。从一九二四到一九二九年，所刊研究报告，大小已有30册之多，成绩之著可以想见。一九三一年，美国曾举行全国教育财政调查一次，由专家莫德(Mort)主持其事。该调查团依所得结果刊行了两种名著：一是《教育财政研究问题》(*Research Problems in School Finance*，按：此书已由陈友松译出，商务印书馆印行)，另一是《各州公立学校经费的分析》(*The State Support for Public School*)，对于教育财政皆有重要的贡献。该团又编有一九二三至一九三一年教育财政参考资料索引(Bibliography on School Finance)一份，内容分66类，计6 800篇，学者于此可获绝大的助益。此外，史维夫特于一九三五年开始研究欧洲各国的教育财政，本年即出有书若干部；联邦教育局亚伯尔(Abel)曾著书论一九二九年后世界经济恐慌所予教

① 今译"斯威夫特"。——编校者
② 今译"罗素"。——编校者
③ 今译"科罗拉多州"。——编校者
④ 今译"艾奥瓦州"。——编校者
⑤ 今译"加利福尼亚州"。——编校者

育的影响；诺登（Norton）最近著有《财富、儿童与教育》（*Wealth, Children and Education*）一书，标举许多极有价值的事实，为前人所未道者；而一九三四年林恩（H. H. Linn）所刊之《实用学校经济学》（*Practical School Economics*）于教育经费的节省，更已发前人所未发也。

四、学生留级和休学的研究

自一九〇四年马克思威（Maxwell）发表《纽约全市小学儿童之年级地位的研究报告》以后，人们对于学生留级、休学问题的兴趣突然浓厚。桑代克、爱尔斯（Ayres）和施菊野都曾有过极好的成绩。桑氏一九〇七年应美国教育行政当局之请，从事学生留级、休学问题的研究，尽量使用统计方法分析政府负责材料，而得《学生休学的研究》（*The Elimination of Pupils From School*）的报告，刊载《美教育公报》上，大为一般人所注目。越二年，爱尔斯研究同类的问题以纽约市立学校学生为对象，因本市教育局长的帮助，终于获得极好的成果。他的报告《学校中的落伍者》（*Laggards in Our Schools*）久受行政人员和学者所重视。施菊野的《各级学校年龄和级别的调查》（*Age and Grade Census of Schools and Colleges*）乃一九一一年问世，几乎把全学制系统中各级学生升级、留级及休学的图景都摄在里面。根据着这个，我们可直接找出现行制度的症结所在，以为将来改革的张本。桑、爱、施三氏以后，继起研究者，仍大有人在；每年的单行刊物、每届的学务调查、每期的行政报告，对于学生留级、休学的问题，莫不倍加注意。近更利用"年龄学级量表"（Age-grade-table）和"学级进步量表"（Grade-progress table）显出各级学生年龄的分配及其进步情形；工具益发完备，研究益发精到了。

五、学校建筑和设备的研究

施菊野和恩格哈特（Engelhardt）于一九一六年创制客观的"校舍计分表"（The Score Card for School Building），开了科学的校舍测量的先河。当初只限于小学校舍，后来他们继续努力，先后制成"中学校舍标准""教育行政机关建筑标准”及“乡村学校校舍计分表”,(注二一)都是很客观具体且有数量可核算的。其应用广及于全国,决非无故而然。除此以外,安夺生(Anderson)①对于学校设备的研究已有很好成绩,其结果可直接应用之处不少。阿尔马克(Almack)和史梯芬孙(Stevenson)②关于班级大小问题颇多发明,依其结论:“在一个约一一二〇学生的学校里,采用双级并行制,以四十人一级为最佳。”

六、学校注册和出席的研究

例如,研究强迫教育法令与儿童作工的,有安赛(Ensign)③研究各州强迫出席法令的实际效果的,有庞芮(Bonner)④就现有高等学生的籍贯、住址而定初级大学(Junior College)的校址的,有顾司(Koos)⑤由四城学生家长的职业而找出其与学生之升级、选课及将来出路的关系的,有康兹(Counts)⑥这些研究,都凭有可靠的事实,与向壁捏造者,大相悬殊。

瑞斐士(W. C. Reavis)⑦近在美国教育学社第三十七次年鉴上发表《教育研究对于教育行政之贡献》一文,(注二二)可视为教育行政之科学研究的总检讨。

由上可知,近代教育行政的研究大有突飞猛进之象,前途发展正未有艾也。

附录

行政学的定义,依张金鉴氏所举:“行政学者,乃研究行政权力者在合法之组织、职权与关系下,为完成国家目的及推行政府职务时应采用若何之最经济最有效之方法、步骤及实施,以期获得最圆满之解决与成功耳。”(见所著《行政学之理论与实际》,商务,第六至七页。)

---

① 今译“安德森”。——编校者
② 今译“史蒂文森”。——编校者
③ 今译“恩赛因”。——编校者
④ 今译“邦纳”。——编校者
⑤ 今译“酷斯”。——编校者
⑥ 今译“康茨”。——编校者
⑦ 今译“李维斯”,时为斯坦福大学教育管理学教授。——编校者

(注一) Galton, F.: *Hereditary Genius: An Inquiry Into Its Laws and Consequences*, Richard Clay and Sons, London, 1869.

(注二) Cattell, J. M.:"*Mental Tests and Measurements*", *Mind* Vol.15, pp.378 - 380, 1890.

(注三) Binet, A. and Henri, V.:"*La Psychologie Individuollo*", *Anne Psychologie*, Vol. 2, pp.411 - 465, 1895.

(注四) Otis, A. S.:"*An Absolute Point Scale for the Group Measurement of Intelligence*", *Journal of Educational Psychology*, Vol.11, May-June, 1918.

(注五) 关于学务调查运动的经过及各种重要调查介绍,详罗延光:《教育科学研究大纲》,中华,第四章及第十三章。

(注六) *Bibliograpby of School Surveys and references on School Surveys*, by H. L. Smith and E. A. O'dell, Indiana University, Indiana, 1938.

(注七) 同注五第五章。

(注八) Strayer, G. D.:"*The Scientific Approach to Problems of Educational Administration*", *School and Society*, Vod. XXIV, No.623, Dec., 1926.

(注九) 同注五。

(注一〇) 此等方面重要研究,如:(1) H. M. Rowman: *The Administration of Ohio-A Study in Centralization*, 1903;(2) J. A Fairlie: *The Centralization of Administration in New York State*, 1897 - 1898;(3) F. J. Goodnow:"*The Growth of Executive Discretion*", *Proceedings of American Political Science Association*, 2: 1905;(4) S. P. Orth: *The Centralizing of Administration in Ohio*, 1902 - 1903;(5) F. Rollins: *School Administration in Municipal Government*, 1902.

(注一一) Webster, W. C.: *Recent Centralizing Tendencies in State Educational Administration*, Columbia University Studies in History, *Economics and Public Law*, Vol.8, No.2, 1896.

(注一二) Strayer, G. D.: *Centralizing Tendencies in Administration of Public Education*, Teachers College, Columbia University, N. Y. 1934.

(注一三) 详 Trusler, H. R.: *Essentials of School Law*, 1927; Weltzin, F.: *The Legal Authority of the American Public School*, 1932; Edwards, N.: *The Courts and the Public Schools*, 1933.

(注一四) 详 Courtis, S. A.:"*Measuring Effects of Supervision*", *School and Society*, Vol.10, July, 1919. 及 Pittman, M. S.: *The Value of School Supervision Demonstrated by the Zone Plan in Rural Schools*, Warwick and York, 1921.

(注一五) Burton, W. H.: *Supervision and the Improvement of Teaching*, D. Appleton and Co., N. Y., 1922.

(注一六) Brueckner, L. J.:"*The Value of A Time Analysis of Classroom Activity as a Supervisory Technique*", *Elementary School Journal*, Vol.25, April 1925.

(注一七) Morrison, H. C.: *The Teaching Technique of the Secondary Schools*, Part Ⅱ, Ann Arhor, Michigan, 1924.

(注一八) Barr and Burton: *The Supervision of Instruction*, Chap. XV.

(注一九) *Scientific Method in Supervision*, *The Second Yearbook of the National Conference of Supervisors and Directors of Instruction*, Bureau of Publications, Teachers College, Columbia University, 1920.

(注二〇) Judd, C. H.:"*Scientific Organization of Supervision*", *American Educational Digest*, Vol.45, Dec., 1925.

(注二一) Strayer, G. D. and Engelhardt, N. L.: *Standards for High School Buildings*, Teachers College, Columbia University, N.Y., 1924.

Strayer, G. D., Engelhardt, N. L. ang Elsbree, W. S.: *Standards for the Administration Building of A School System*, Bureau of Publications, Teachers College, Columbia University, N.Y., 1927.

Strayer, G. D. and Engelhardt, N. L.: *Score Card for Village and Rural School Buildings of Four Teachers or Less*, Teachers College Bulletin, Seventh Series No.9, 1929.

（注二二）Reavis, W. C.: *Contributions of Research to Educatinal Administration*（附详细书目）, *National Society for the Study of Education 37th Yearbook*.

美国教育行政研究及其进展

王欲为*

今日教育问题,多企图用科学研究以求解决。往昔人类行动,为迷信与权威所左右,今已成过去。人类生活各方面,无论物质力量之控制或人类关系之适应,莫不借科学研究,以寻求指导原则。教育科学在上世纪已渐演成,并非偶然。一八三一年德国海尔巴特(Herbart)①首先倡导教育的科学研究;一八七八年冯德(Wundt)②创设心理实验室;在十九世纪,世界各国对于教育研究之精深与中小学师资训练之注意,殆无有驾德意志而上者。因此之故,无论关于教育上的理论及其实施,在德国学术上均有相当地位。英国在一八七三年师范学院首先讲授教育之理论与实际,并设教育学科专门学程。一八七六年爱丁堡大学与圣安屠鲁士(St. Andrews)大学③继起设有教育学程,其他较进步的大学,亦先后仿设。其提倡最力者推勒克(C. H. LaKe)、裴恩(Joseph Payne)、奎克(R. H. Quick)及费西(J. Fitch)诸人。美国在一八八四年有霍尔

---

* 王欲为,生卒年不详。曾留学美国,任国立浙江大学师范学院、四川省立教育学院、国立社会教育学院教授。有译著《乡村小学建筑与设备》《乡村教育实施之通则》《乡村小学活动课实施法》(与王传君合译)等。

本文原载于《中华教育界》1948年复刊第2卷第8期。——编校者

① 今译"赫尔巴特"(Johann F. Herbart,1776—1841),德国哲学家、教育家。——编校者

② 今译"冯特"(Wilhelm Wundt,1832—1920),德国心理学家,实验心理学创始人。——编校者

③ 今译"圣安德鲁斯大学"。——编校者

(Staney Hall)在贺浦金大学①(John Hopkin's University)成立应用心理学中心,后又在克莱克大学(Clark University)首创儿童研究。一八九六年杜威在芝加哥大学成立一实验学校,哈培尔(W. R. Harper)②在芝加哥大学之革新,派克尔(F. W. Parker)③及海里斯(W. T. Harris)④从事于小学新教学方法及行政组织之研究,美国的教育学术最初受欧洲的影响,青出于蓝而胜于蓝,现又渐由美传播各国。

教育行政为教育学科之一部门,近三十余年来,用科学方法研究,已有长足之进步。教育行政研究兴起之原因:(一)由于教育范围的扩大,教育事业日益复杂,如学龄儿童的增加、教育经费的扩充、教育人员的补充、校舍设备的充实,故教育行政问题,有研究之需要。(二)由于教育学与心理学两方面进步,如教育概念的扩大、心理测量的应用是。(三)由教育行政专家之努力与领导,有易力奥(Elliot)、孟禄(P. Monroe)、寇伯莱(P.E. Cubberley)、施菊野(G.D. Strayer)等权威学者倡导于前,又有后进学者诺登(J.K. Norton)、莫德(P. Mort)、西尔士(J.S. Sears)及阿马克(J.C. Almack)等继起于后。对于教育行政每一个领域,均悉心研究,精益求精。教育行政研究的性质,亚历山大氏(C. Alexander)(注一)曾确定如下:"教育行政研究,为根据公认的教育目的,发现组织、辅导、财政最有效的程序及教育设施的评价,研究之结果为陈述发展一种有效的学校行政所必需的原则或程序。""此方面研究工作人员应用与所有科学研究共同的方法,用反省思考以解决其问题。在运用思考步骤中,需助以较复杂的技术,在其他方面纯靠日常经验所用的方法,但在任何情形中,对于所提用方法,不纯靠传统或通行的实施即加接受,尚须研究其准确性如何,将所得结果加以试验,判定是否与正在研究中的行政程序或原则上所有事实相符合,注重客观的测量,而不满足于无适当的证据。"由上亚氏之言,已可确定教育行政研究之性质。现进而检讨美国教育行政研究之进展。

① 今译"约翰斯·霍普金斯大学"。——编校者
② 今译"哈珀"(William Rainey Harper,1856—1906),美国教育家。——编校者
③ 今译"帕克"(Francis Wayland Parker,1837—1902),美国教育家。——编校者
④ 今译"哈里斯"(William Torrey Harris,1835—1909),美国教育哲学家。——编校者

教育行政研究，在美国仅有四十多年的历史，为时虽短，然进展颇为迅速。在本世纪前三十年的时期，美国一般教育研究与教育行政注重两方面：第一方面在寻求如何改进现有与将来教育工作，其最大问题为如何使传统式的学校更为有效；第二方面研究注重易测量的教育工作，而此项工作对于个人与群体福利甚少意义，在一九三〇年间教育研究重心已有确定的转变，于是教育研究者开始追问教育应有何种新的功能，何者为最重要的教育事业。因此，教育研究自一九三〇年以来，所讨论问题较为重大，所得结果亦较为重要(注二)。兹为便利研究起见，将美国教育行政研究分为发轫时期及发展时期，前者为自一九〇〇年至一九一〇年，后者为自一九一一年至一九四八年。内又分为一九一一年至一九二〇年、一九二一年至一九三〇年、一九三一年至一九四〇年、一九四一年至一九四五年及一九四六年至一九四八年各期。

(一) 发轫时期

美国在一九〇〇年前，教育行政研究尚无足述者。至一九〇〇年以后，始渐有教育行政研究。一九〇七年桑戴克首为教育局分析学生留级问题，一九〇八年亚里士(L. P. Aryes)研究纽约市学生留级问题。此期有教育行政教本七种，博士论文关于教育行政方面者仅两篇。(注三)

(二) 发展时期

1. 一九一一～一九二〇年

教育行政研究，有教育调查、课程编制及测量等。一九一二年有波第莫市(Baltimore)创立教育研究所，市教育研究所职能为学业测验、学校财政、课程改编、课程与教学问题的实验研究、教育指导、心理诊断、特殊班的指导、教师训练、特殊调查、学生分级、表格制定，与教育行政问题有关的特殊问题之实验研究。内政部之中央教育署成立于一八六七年，初仅限于搜集资料工作，迄至一九一九年，研究工作始达于重要地位。该署职能为研究、顾问、咨询及改进。嘉德(C. H. Judd)(注四)认美国教育统计局较世界各国为完备，大部均为有用，并谓该署对美国学校及社会人士已贡献大量的最有价值的研究资料。美国教育参事会(The American Council on Education)成立于一九一八年。该会主持全国合作研究工作及分配研究经费，为一极活动的组织。其中重要职能之一，为总观全国教育情况，发现研究的问题与方法。其次为参议、制定教育政策，参加全国性组织及集会以及出版刊物。哥伦比亚师范学院，自一九〇〇年以来，继续研究教育行政各方面。一九一七年嘉德刊行《教育科学的研究导言》(*Introduction to the Scientific Study of Education*)(该书已由郑晓沧先生译成中文，商务出版)，代表教育研究的新精神。一九二〇年有《教育研究杂志》(*The Journal of Educational Research*)刊行。

2. 一九二一～一九三〇年

有全国性调查多种，教育财政研究此时已有重大成就。一九二一年哥大师范学院设立教育研究所，内有两组属于教育行政。教育财政研究会(The Educational Finance Inquiry)成立于一九二一年，孟禄(W. S. Monroe)认该会研究工作最为深湛。有四个基金会曾捐助该会二十万金元，作为研究之用。全国教育学会(National Education Association)成立于一八五七年，至一九二二年该会成立研究部，其职能为研究、报告、咨询及行政。所出版重要刊物为研究报告(Research Bulletin)，每年出五期。始于一九二三年，该部关于教育行政研究方面，继续迄今，未曾中断。市教育研究所数量，在此期激增。施菊野(G. D. Strayer)[注五]在一九二六年检讨教育行政研究近况及其进步，有下列各方面之发展：为调查、财政、儿童出席、个别差异、课程编制、人事行政、学校社会合作、学校建筑事务管理及学校报告。一九三〇年施氏[注六]认地方教育行政各主要部门均为科学研究之课题，过去反对科学方法解决教育行政问题之情形已完全扫除，并指出十二方面之进步及七方面需加研究。州教育厅研究所有不少研究，而以纽约州教育厅研究部较为著称。此期最后数年，教育行政研究有新的发展，即全国性及合作的研究，极为盛行。中央教育署举行五种全国性的调查，直接有关行政方面，始于一九二六年，以后一九二七年、一九二九年、一九三〇年及一九三一年继续进行。其经费为 2 675 000 美元。

3. 一九三一年～一九四〇年

在此期开始时，美国经济发生不景气，然教育行政研究及其他教育方面活动，不仅未受影响，且反已臻发达高峰。教育研究数量激增，多注重大规模的工作，与过去一九〇〇年间偏于个人及小团体工作不同，同时研究注重广泛的与行政有关的问题，而不仅限于行政技术方面。此期各种市与州教育调查大量增加。新兴教育社所发动研讨中等学校与专门学校的关系，有“八年研究”(Eight Year Study)，始于一九三三年，在一九四一年最后报告始告完成。其他团体的活动多注重教育方针的研究。教育参事会在一九三九至一九四〇年主要设计与活动为：美国青年委员会、财政顾问工作、教育电影委员会、教师教育委员会、中等学校标准的合作研究、学生人事工作委员会、普通教育合作研究委员会、现代语言委员会、教育财政委员会、校舍研究委员会等。全国教育学会的教育政策委员会(一九三五年聘定)关于美国生活与公共教育的关系之基本解释，有下列三种报告：一为《美国民主的教育功能》(*The Unique Function of Education in American Democracy*)，二为《美国民主的教育宗旨》(*Purposes of Education in American Democracy*)，三为《美国民主的教育机构与行政》(*The Structure and Administration of Education in American Democracy*)。一九三六年设立的“总统教育顾问委员会”(President's Advisory Committee on Education)研究学校的组织，中央教育署研究地方学校单位设计。教育财政继续研究州与联邦负担学校经费。此时教育报告有新的方式，对于研究极关重要。《教育论文索引》(*The Educational Index*)于一九二九年创刊，《教育研究摄要》(*Review of Educational Research*)始于一九三一年，迄至一九四五年已刊行六十册，内有十七册属于行政方面。(除课程、测验等期末计算在内。)自一九三八年起谷德(C. U. Good)为教育参事曾在《学校与社会》(*School & Society*)报告每年教育的进步与其问题。

4. 一九四一年～一九四五年

此期由于二次世界大战的来临，故一切努力集中于战争。初期有孟禄(W. S. Monroe)主编之《教育研究辞典》(*Encyclopedia of Educational Research*)、谷德费六年编成之《教育字典》在一九四三年出版。一九四四至一九四五年大学博士论文关于教育行政辅导者有106篇[注七]。斯克士(D. E. Scates)于一九四二年在泛美儿童会议(The Pan-American Child Congress)将以前教育研究加以研讨，指出教育努力方向的实际化与学校内部方法效率的增进，并应注重下列三方面：(1) 学校与社会需要的关系，(2) 学校与学生需要的关系，(3) 学校效率的增进[注八]。教育政策委员会亦曾有国防教育之研究。

5. 一九四六年～一九四八年

为战后时期，依诺登教授(注九)在其《教育行政问题研究的趋势》一文中，指陈今后教育行政需研究的问题：(1) 为舆论研究的价值，须解答的问题有下列各点：使社会参与发展教育工作，以用何种方法为最有效？应由中央行政人员集中负责执行，或由地方各级学校教师与参加各种会社的公民实行？应否根据公民的社会经济地位、家庭情况与宗教等而有不同的方法，以使社会参与教育工作？对于经济地位较低的公民，应用何方法使有机会发表对于教育上的期望与热心？(2) 为教育行政民主化，需研究之问题为：教师对学校政策决定与行政方法，应如何广泛地参与方配称民主化？教师与校董会应有何种组织以求沟通彼此意见，始更为有效？是否可由学校正式机构以达到此目的，或纯由教师参与的组织以求实现？(3) 为教育改变所含的因素，其问题有何种条件最有助于革新与适应，美国新教育事业的普及何以如此迟缓？健全的教育改革其价值经过表证后，有何种因素以阻碍或加速其发展？(4) 为行政组织的机构，其问题有大都市的学校制度，能否采取分权制以达到教育素质上更高的标准？何种职权应采分权制，何者应保留于集中机关？(5) 为学校财政需研究者：教育需要计算方法，更注意人口稀疏、各区域消费物价及生活程度的差异、校舍需要等因素；现行各种测量赋税能量的方法，其正确性如何？经费供给等级与教育设备质素的关系，须继续加以估量。(6) 学校建筑有下列基本问题，现代教育不仅注意一切儿童，并注意整个社会，其对于学校建筑应有何种重要意义？学校建筑应如何生热？放射热是否较优并较实用？应如何通气，如何节制湿度与保持温度？应如何采光？新发明的塑质及其他新的材料对于建筑的构造有何关系？关于小学行政与组织问题，据欧土教授(H. J. Otto)(注一〇)指出，有衔接问题、学校大小问题、全年制问题、教学组织问题、家中作业问题、班级大小问题、教室座位问题、学校组织形式与教学实施的关系问题、特殊儿童教育问题、辅导的组织问题、图书馆工作问题、健康工作问题、特殊校舍设备问题、教学费用问题及小学校长问题等。关于中等学校行政与组织需研究的问题，依槐德(R. White)(注一一)的意见，有六——四——四制问题，所有青年受教机会的扩大问题，及行政的民主化问题。由此可见，美国战后教育行政问题需研究者亦复不少。唯在目前世界局面分成两个集团，相互猜忌，恐怕第三次大战的爆发，惶惶不可终日。对于教育研究经费向国会请求，不易通过，故教育研究经费亦感困难。教育行政研究所应用的科学方法，依李威士（W. C. Reavis）[注一二]认历史研究法，在一九一〇年前关于学校行政问题多采用之。统计法自一九〇七年首由桑戴克、亚里士两氏采用，以后州与市教育行政机关多用此法，搜集各种事实，以为决定政策之助，尤以对于教育财政有更大的贡献。客观测验法自一九一四年以后应用于分级，学业进步考查、学生学习困难的诊断、学生升级及比较各种教法的效果，对于教育行政的贡献有迅速的增加。自一九一〇年以来，教育行政需要教育调查日益增加，同时教育调查技术亦有进步，其对于学校进步有甚大的贡献，学校行政实际的改进直接或间接由于调查建议的结果。实验法自一九一〇年至一九二〇年间应用于诊断及儿童个别差异的研究，首先影响教育行政，一九二〇年以后中小学各科实验研究文献直接影响教育行政与组织，一九三七年以来关于课程改编方面之实验研究，尤有助于教育行政人员。他如对于学校处理学生学习问题极有帮助，教育行政人员已运用实验研究的贡献，树立人事的管理，此点在本世纪初期尚未为一般学校所梦见。问卷法，在教育行政方面常用以搜集事实，美国全国性研究有中等教育、教师训练及学校财政等，均系采用此法，其研究的结果已影响政策的改变，故问卷法对于教育行政有其贡献。

罗素（John D. Russell）与嘉德两氏[注一三]将教育行政研究分为下列五类：（1）现状研究；（2）动向研究；（3）评价研究；（4）教育调查；（5）研究方法与技术的检讨。前三类研究，以评价研究最有价值，足为改进教育行政上最合科学的指导。兹更将教育行政各重要部分，如教育调查、教育财政、人事行政、课程编制、事务管理及校舍建筑等分别陈述其进展于下：

（1）教育调查

教育调查运动之起因：一由于学校学生人数激增，教育年限的延长，教育经费的增多，学校当局与纳费人民均需发现任何可能较经济的方法，有多数之发动，即在寻求减少学校费用；二由于希望对社会现象有科学的了解。教育调查之举行，不仅有助于科学技术的发展，并足贡献新的技术实验的机会，如测验技术，校舍记分表即由于应调查需要而编造。因此，教育调查得力于利用科学方法以研究教育问题，而教育科学运动又得力于教育调查，以促其发展与改造。

美国自一九一〇年举行波易士(Boise，Idaho)调查，为现代调查之最早者，自此以后逐年增加，发展极速。据一九三八年调查目录报告，美国已有3 022种调查，其实并不止此数，因有不少调查报告未曾发表，复刊印不多，故不易获得，然由此已可概见调查运动在美国教育上之重要性，各级学校及公私立学校，莫不受其影响。调查范围有广泛之不同。完全的调查包括学校或教育机关各方面，为最普通之调查，亦常有调查学校的特殊方面，如行政与辅导、建筑与设备、经费与事务管理、课程教学、学生成绩等；或特殊教育设施，如健康、职业教育、图书馆事业、体育或指导。有时仅限于特种教育，如乡村教育或师范学校。依史密士(H. L. Smith)与奥德尔(E. A. O'Dell)(注一四)两氏报告，42%属都市学务调查，县学务调查计六四一种，占20%，州学务调查计六五五种，平均每州占十三至十四种。全国性调查计225种，有州学务调查仅限于高等教育机关，或限于学校的某一部门，多数全国性学务调查，亦仅限于学校的某一方面，而非教育的全部，有属于教育或师范教育。又据史密士与奥德尔(注一五)报告自一九一〇年至一九三五年每年发表之调查总数为2 913种，如以每十年计算，则自一九一〇年至一九二〇年，有642种，一九二一年至一九三〇年，有1 676种，自一九三一至一九三五年有695种。一九三八年罗斯福总统教育顾问委员会刊行全国教育调查报告，并附有十九种补充研究，为美国全部教育状况调查报告最完备者。中央教育署曾领导举行全国各州及各地方调查，各基金会亦曾举行调查。有少数大学为举行调查，设有专所，如哥大师范学院之调查所，截至一九三五年由该院所主持之地方教育调查已有四十七种。最近，该院教授施菊野主持华盛顿州公共教育调查，报告于一九四六年出版，为包括全州中小学及成人教育的调查，颇为完全。皮堡第师范学院及肯特克州立大学均设有调查所，尚有多数调查为未正式成立调查所之专门及大学教授所主持。由此可知，教育调查在美国有迅速的发展，其最初阶段乃由于受英国沙德拉爵士(Sir M. Sadller)工作之激发，因此以后有迅速的发展，为世界各国所不及。调查的普遍应用，实为美国教育上之一重要特征。

(2) 教育财政

教育财政包括甚广，凡政府收入与支出、地方各项经费的支配、人民负担赋税的能力及教育税的征收等概在研究之列。一九二一年成立之教育财政研究会,有施菊野、赫格(R.M. Haig)、亚历山大等为其会员。自一九二四年至一九二九年所刊研究报告,大小已有三十册。一九二三年曾举行全国教育财政调查一次,对于教育财政学有重大的贡献。自此以后十年内,有莫德哈利(Harry)、柏恩思(Burns)、约翰士(Johns)与格拉士尼哥(Crossnickle)的研究,教育需要之测量的理论与技术得以发展。关于如何实施州教育经费制度的各问题曾有以下诸人的探讨:莫礼逊(Morrison)、辛格勒登(Singleton)、孙普生(Simpson)等人。关于教育财政研究会所献议的均等原则与相反的以成绩为津贴标准的老计划,曾有额普特格拉夫(Updegraff)、纽伦(Neulen)、莱曼(Lehman)、奈第斯登(Wrightstone)与温特士(Winters)的研究[注一六]。据诺登教授[注一七]谓:"近十年来学校财政的研究,已有显著的进步,测量方法与最低限度或基本经费供给、教育需要、赋税能量、供给教育的能力与努力等概念的界说,均为其主要的成就。由于此种概念及测量工具的运用,学校财政已有长足的进步。由如教育需要及赋税能量的新测量方法,业已证明美国如欲完成全国最低限度的教育经费,必须联邦的经费津助。"教育财政研究会编有一九二二年至一九三一年教育财政参考资料索引,内分六大类,计 6 800 篇。《教育研究撮要》曾出《教育财政》专册六期,计一九三二年一期,有研究论文目录 449 篇,一九三五年一期,有 315 篇,一九三八年一期有 480 篇,一九四一年一期,有 643 篇,一九四七年一期,有 263 篇。

(3) 人事行政

今日人事行政研究结果,已有丰富的正确知识与科学技术。在一九〇〇年前,关于教师训练、检定、任用、辅导及退休等程序过于粗糙,在近三十年来关于此方面研究颇为进步。寇伯克之教师检定研究,可称为前驱工作,以后研究增多,足供立法及行政管理上的事实与原则以可靠的根据。教师选择方面有波隆(Ballon)最早研究,今日关于学校教师选择及任用之原则与程序,业已建立。关于决定应受训练的教师数量之原则与技术,初无科学的研究,迄至一九二〇年以后,始有卜金怀(Buckingham)首先研究此问题,以后有不少精密的研究继之而起。在职教师训练及辅导,已有不少客观的研究,辅导之范围及职能已加广,辅导与行政之关系已加研究。《全国教育学会辅导员与指导员组之年鉴》(*Year-book of the Department of Directors and Supervisors of instruction of the N. E. A.*)有不少研究,为专家所领导,如考第士(Courtis)、布洛克纳(Brueckner)、墨比(Melby)、亚悦尔(Ayer)、贝尔(Barr)、贝登(Burton)及凯得(Kyte),此等研究系根据集体的意见、实际的观察及实验的方法,为教育行政人员组织及指导其辅导计划所不可缺乏者。过去关于教师报酬行政上的政策,毫无有事实、原则或科学技术,以为之指导,所凭借者为个人的意见。最早有伊文登(Evendon)的研究及全国教育学会研究组之薪给表,因此教师报酬行政上政策及设施得以发展。教师任期问题在本世纪初期,原无确定,贺蒙士得(Hlmstedt)的研究系以事实及原则代替意见,以为解决此问题之基础。关于健全教师退休制度的研究,有全国教育学会及教师组织、卡尼基金会及教师退休制全国参事会,已有相当的贡献。《教育研究摄要》已刊有《人事行政》专刊六期,计一九三一年一期,有论文目录450篇,一九三四年一期,有650篇,一九三七年一期,有767篇。

(4) 课程编制

课程编制已公认为教育行政之重要部分。巴士威尔(Buswell)报告,算术的客观研究,有719种,其中仅有30种系在一九〇〇年发表者,而有478种在一九二〇年以后发表者。关于阅读亦有同样惊人的发展。葛莱(Cray)举出阅读客观研究有1 153种,其中920种在一九二〇年以后发表者。其他关于语言、文法、拼法、书法、科学及社会研究等课的研究,亦有与此相同之趋势。哥大师范学院设有课程研究所,一九二四年开始搜集全国课程纲要分向全国七千处征集,在一九四一年已审查85 000种。课程纲要,自一九二四年至一九二七年数量逐年增加,至一九三〇年逐渐减少,迄一九三一年后又复年有增加,今日所编订之课程纲要,较一九三〇年以前为优良。同时课程编制研究亦为之增加。《教育研究撮要》有《课程》专刊,计一九三一年一期,有研究目录303篇。一九三四年一期,有701篇,一九三七年一期,有863篇。

(5) 事务行政

在本世纪初期,关于事务管理纯凭经验,无有原则、标准及资料以资参考,而在今日已不然。恩格哈次(Engelhardts)及其学生首作客观的研究教育与事务管理的关系,适当的预算手续的观念,均为之增进,事务行政的原则与实施已有相当之进步。《教育研究撮要》有《财政与事务行政》合刊,计一九三二年、一九三五年、一九三八年、一九四二年、一九四五年、一九四七年六期。

(6) 校舍建筑

学校建筑的实际,已受客观研究之影响,施菊野与恩格高两氏校舍建筑量表与标准,纽约州学校通气委员会之研究,柏恩(Byrne)学校建筑计划书对照表,及沙尔士脱伦(Sahlstrom)之管理学校建筑法规等,已为学校建筑及设备树立坚固的基础。《教育研究撮要》有《学校建筑》专刊六期,计一九三二年一期研究论文目录 467 篇,一九三五年一期 715 篇,一九三八年一期 634 篇。

以上已将教育行政研究之发展,加以概述,据诺登[注一八]意见,认教育行政研究之贡献:为确立行政组织与程序的原则,发展科学的技术,及增加实际的知识;为教育行政人员应用有效的知识与技术以解决行政问题;为教育行政人员须有专业的准备。兹分别说明之:自一九〇〇年以来,教育行政研究结果,业已发展一套行政原则,科学技术及实际知识,直接应用于教育行政方面。今日美国在民治的地方政府下,组成适当的学校区,由代表人民之教育董事会制定政策,由受有训练的专业的行政首长执行,为地方政府最有效的单位。同时数百市政府的教育局,亦应用此原则与实际。关于课程编制、教育财政、人事行政、事务行政及校舍建筑各方面,均以研究结果而获得一套原则与技术,已如上述。在一世纪前,教育行政人员纯靠个人经验,对于科学研究,不但不予信赖,反抱疑难与反对之态度,今则完全改变,不仅乐意接受科学研究,以改变其实施与程序,且愿开放学校以供研究者搜集有关于实际行政问题之资料。此种新的态度,可由行政实施的改变,常随各方面行政研究为转移概见之。课程编制已公认为行政人员应有之职能。行政人员对于课程编制已能利用科学研究。如课程纲要即系应用研究与实验的结果之明证。又如学校财政方面亦然,依据研究的结果,发现地方学校单位负担学校经费的能力不足,而须由州负担,于是州负担学校经费之百分比有逐渐增加的趋势,与过去逐渐减少的趋势适相反。纽约州计划供给每一儿童最低限度的教育经费,于是筹有一亿金元,作为均等经费之用,此项经费系由岁入项下拨给,而非出自财产税,此原则为教育财政研究会所提出,而已应用于实际。其他各州如马里兰、密苏里等,亦已应用此原则。教育行政应用人事行政研究结果亦极显明,如教师检定由州集中执行,自寇伯克研究以来,已著成效。教师薪给制与退休制均已见诸实施。

以上所举各例已充分证明教育行政人员破除传统的方法，愿意接受科学技术以解决实际行政问题，此种态度之改变，对于教育极关重要。然此并非偶然，如教育研究的结果不足重视，则人性习于故常，决不轻于接受，而改变其态度。过去行政人员由纯凭个见、经验、传统及偏私以为解决问题的准则，今则一变而为集合多数人意见、经验，虚心将事，实为研究最大的成就。又在过去教育行政研究未发达以前，教育行政人员仅具有经验或由做中见习，即可胜任，在今日已不复存在，而需要特殊专业训练，由各方面证明此种趋势为之加强。如加利福尼亚州、纽约州及其他进步之州，均规定教育行政人员须有特殊专业的准备，市教育局长已有百分之六十获有教育硕士或博士学位，与过去二十年前仅有百分之三十五者相比，已显有进步。

注释

（注一）Alexander C.：*Educational Research* p.2，N.Y.Bureau of Publication T. C. Columbia Univ. 1927.

（注二）Norton. J. K.：*Frontiers in Educational Research in Gerneral Administration* Jorunal of Educational Research Vol Ⅺ Jan. 1947.（见王欲为译：《教育行政问题研究的趋势》，载《教育通讯》复刊第四卷第六期）

（注三）Newlon，J. L，：*Educational Administration as a Social Policy Appendix* A&B. 1934.

（注四）Judd，C. H.：*Research in United States office of Educational Advisory Committee on Education*，Staff Study No.19. Washington D. C. Government Printing Office，1939. P.133.

（注五）Strayer，G. D："*The Scientific Approach to the Problem of Educational Administration*"，School & Society ⅩⅩⅣ Dec.4. 1926.

（注六）Strayer，G. D："*Progress in City School Administration During past 25 Years*"，School & Society ⅩⅩⅫ Sept.20. 1930. 375－78

（注七）Good，C. D："*Doctor's Dissertations under Way in Education，1944—1945*"，Journal of Educational Research Jan. 1945.

（注八）Scates，D. E："*Research & Progress in Educational Administration* "，Journal of Educational Research Jan. 1945.

（注九）同注二

（注一〇）Otto，H. J：*Frontiers in Educational Research in Elementary School Administration and Organization*，Journal of Educational Research. Vol. Ⅺ. Jan. 1947.（见王欲为译：《现代美国基本教育问题的面面观》，载《教育杂志》第三十二卷第三号）

（注一一）White，R："*Frontiers in Educational Research in Secondary School Administration and Organization*" Journal of Educational Research Jan. 1947.

（注一二）Reavis，W. C："*Contributions of Research to Educational Administration*" *Scientific Movement in Education National Society for the Study of Education 37th yearbook* 1938.

（注一三）Russell，J. D. & D. H. Judd：*The American Educational System*. Chap. ⅩⅪ P.487－

491. 1941.

（注一四）Smith，H. L. & E. A. O'Dell：*Bibliography of School Survey & of References on School Surveys*. *Bulletin of the School of Education*，Indiana University，Vol. Ⅷ，No.1&2. 1931 & Vol. Ⅷ，No.3. 1938.

（注一五）同注一四。

（注一六）*The National Survey of School Finance*：*Research Problems in School Finance*（见陈友松译《教育财政学原论》131 页）

（注一七）同注二。

（注一八）Norton.J.K："*Twentieth-Century Developments in Research in Education Administration*". *School Administration in the Twentieth Century*（J. B. Sears）Stanford Pamphlets No. 4. Stanford Univ. 1934.

我国教育政策研究引端

——我怎样研究“三民主义教育政策”

王宝祥*

一、本研究的涵义

要研究三民主义的教育政策，先应把三民主义教育政策的涵义做一度轮廓的叙述。

三民主义系国父①积数十年的经验，观察古今中外人类生存的需要，资据社会进化的规律，采撷各门科学的精髓，适应中国环境而创立的救民救国和救世界的主义。因之，三民主义的教育，当然是在实现三民主义的教育，实现以三民主义为目的的教育，而各级教育行政机关的设施和各种教育机关的设备，与乎各项教学内容的编排，咸以三民主义为最高的准绳[注一]。换言之，三民主义的教育，一在发扬中华民族的固有精神，实现民族主义，延续民族的生命；二在提高国民的政治思想，实现民权主义，扶植社会的生存；三在培养人民生产的能力，实现民生主义，发展国民的生计。这些生命、生存、生计，在在都是为着民生。其思想的出发点，无疑地是遵照“国父所启示的民生为历史的中心……”[注二]，

* 王宝祥(1911—1982)，福建福州人。1943 年毕业于中山大学研究院，后任教于中山大学师范学院。

本文原载于《教育研究》1948 年第 110 期。——编校者

① 即孙中山。——编校者

暨总裁①所提倡的"民生哲学"(注三)，去实现三民主义，创立三民主义的新中国，而促进世界大同之境界。

总裁曾经昭示过："三民主义为中国的国魂。"(注四)那么，我们也可以仿效地说，三民主义为我们教育的灵魂(注五)。三民主义既为我们教育的灵魂，因此我们的教育政策，务必是三民主义的教育政策，而且唯有三民主义的教育政策才能配合中国革命的需要。

我们知道，主义和政策不同，主义是一种思想、一种信仰和一种力量。凡人感于所遇，观察其理，乃生思想；思想贯通之后，乃立信仰；坚持信仰，乃树力量。经过这三个阶段，始育成主义，所以主义是行动的原理；(注六)政策是实行主义的方略和纲领，是施政的手段和方策。主义的实现，不是一蹴而成，因此在实行主义的时候，必须要因时制宜、因地制宜、因人制宜和因事制宜，而采取适当的手段和方策，求能以最经济最敏捷最稳定的方法去实现主义。(注七)依同理，我们因为要实现三民主义，所以有种种政策的订定。国父说："本党政纲是实现三民主义的节目，政策是在节目之下，对某问题所采用之方法。"三民主义教育政策，是中国国民党建国政策中的一种，它的制定是资据主义、依照国家现况和适应人民要求而来的。

教育政策是教育事业的准绳，在实施教育事业之先，必须建立教育政策以为达到教育目标的方策。不过，一国有一国的教育政策，一时有一时的教育政策，决不可彼此抄袭，一味模仿，因为教育政策是以其国情为基础的，好像法西斯主义的国家有法西斯主义国家的教育政策，共产主义的国家有共产主义国家的教育政策，民主主义的国家有民主主义国家的教育政策，各有为其政治而设、为其需要而施的教育策略，所以各国当应奉守其政策，当为必然道理。我国现行的教育政策，是以实现三民主义为唯一的目标，缘由我国是以三民主义建国，以三民主义施教。诚然，我国的教育政策就是三民主义的教育政策。基上所述，如无错误，那么本研究的涵义有如下的假定：

"三民主义教育政策，系实现三民主义教育理想的教育行政方策，凡与此有关者，均在本研究之列。"

---

① 指蒋介石。——编校者

二、本研究的鹄的

过去我国教育未能得到相当的成功，其原因诚如陈立夫先生在其大著《战时教育方针》中所说："由于平时教育实施之偏重知识灌输，而忽视德育，误解体育，更加上宋以后的文武分途，重文轻武，所以不能够增强武力；由于过去教育之不能重视生产教育，所造就之人才，不能供应国家之需要，所以不能够发展经济；由于过去之不能实行现代生活，所以不能够使学校与环境打成一片；由于过去之教育主张不定，所以有人失去自信，而盲目地信仰不适国情的制度；由于过去教育理论之近于空洞，所以不能集中力量于明显的目标，而普遍地实现已定之计划，所以到战时，缺点全部暴露，而有待于急速之补救与改进。"(注八)

过去我们的教育为什么会有这么大的弊窦丛生呢？我们认为，它泰半由于一切教育政策未能与国家政策、民族文化、社会经济和国防需要诸端相配合所致，因此，现在我们要企图改进我们的教育，必须从建设我们的教育政策——三民主义的教育政策——着手，使我们的教育政策和国家的政治政策、文化政策、经济政策及军事政策取得密切的联系，以建设三民主义的新国家，进而实现世界大同的终极目标。因为，政治、文化、经济、军事是一元的，它们的扩展都是为着"民生"。文化、军事支撑民族的命运，政治指引民权的运用，经济建立民生的基础。显然，民族、民权、民生，也是连环一贯的。它们的鹄的亦是为了"民生"。试看民族的要求为自由，民权的理想为平等，民生的目标为博爱。自由、平等、博爱，亦是依存统一，一齐进步的。为要实现自由、平等、博爱的三民主义新中国，那么就要建设三民主义国度里边的各种政策。三民主义教育政策，是整个国家建设政策的一环，它和各种政策协作能够表现国家的生命力，分工则能表现其特殊的功能。

不过，三民主义教育政策的建设，不是凭空玄想可以得来的，而是根据三民主义的理论与实践，检讨我国以往教育政策的措施，进而诠释三民主义教育政策的内在关联；然后再准乎事实，凭依三民主义的理论，献议建设的方策，借供教育行政当局的参考。具体地说，本研究的鹄的可归纳为三要点：

第一，明了三民主义教育政策的一般措施。

第二，探究三民主义教育政策的内在关联。

第三，提供三民主义教育政策的建设方策。

三、本研究的方法

本研究的鹄的既已说明，进而报导所研究的方法，我们觉得一个专题的研究应该从事实、诠释、应用三部分来进行。而诠释部分又应包括社会功能、历史阶段、因果法则及价值批判四个单位。(注九)这种研究法的作用在构成一个事实和理论、理论与实践的科学与哲学的综合的研究方法。所以，"三民主义教育政策研究"就从事实的分析、理论的诠释及结果的应用三方面着手，兹将此三者分述于次：

第一，事实的研究。当我们抉择到一个研究的课题之后，接着就要广博地征集资料，以为他日立论的张本。(注一〇)因为材料乃是借以思考的东西，没有它，思考便无由进行，而问题亦无法解决。换一句话说，材料的征集要对准着本问题而收集的。缘由材料收集丰富，则事实的研究更容易进行，凡是收集的事实愈多，认识事实愈透彻，那么所研究的结果愈正确。这种事实的收集，自然要靠广博的材料，取精用宏，而后方可善其事的，以前孔子因《鲁史》及百二十国史书而作《春秋》；司马迁因《世本》《国语》《国策》《楚汉春秋》而成《史记》。这固然是单就"史料"来说，但收集材料以佐证事实何尝不是如斯。所以本研究的开端工作，便是收集事实。通常事实收集的方法綦多，本研究用文献分析法、访问法及观察法等，广罗事实，博征意见。但是排在我们面前的各种事实，是从种种关系复合而成，这些散乱无章的事象不过是关于事象整体的一个混沌的概念。(注一一)因此，我们便应把这种混沌的事实，分门别类，细加整理，使它成为一个明确的概念。

所谓材料的整理，内中包含着两个步骤：一是类别，二是总合；明白地说，就是材料的类别和材料的总合。材料的类别是将所收集得来的正副材料，鉴别真伪，决定取舍，汇合一处，依照研究大纲，分门别类，理成系统；材料的综合是将纷乱无章的材料,经过分门别类整理一番,再总合起来,这样才能六辔在手,操纵自如了。本研究基此论据,依此进行。

第二,诠释的研究。事实的研究只能表明一般的现象,如果我们要探究其内在的关联,那么我们尚应进一步作诠释的研究。

我们晓得教育的本身是含有社会的意义,所谓"教育即生活""学校即社会"和学校是简单化的社会、平衡化的社会、生长化的社会和价值化的社会的说素,在在是阐明教育和社会的交辅作用的关系了,如果教育离开社会的关系,不但无从设教,而且不成为教育。教育和社会的关联既然如此之密切,那么用以实现教育理想的教育政策,当然亦不能超出社会的范畴而自订立。依同理,要想促进社会进步,也不能不靠教育,尤其不能不赖适当的教育政策。因之,我们在研究三民主义教育政策的措施之后,首先应该推究三民主义教育政策的社会功能。所谓三民主义教育政策之社会功能的研究,系探究此种教育政策在三民主义社会中所发生的作用是什么?它和社会的组织、政治、文化、经济和军事的关系和影响是怎样?反过来说,政治、文化、经济和军事和它的影响又是怎样?借此以究明彼此间依存的关系及相互的影响。

功能的研究,使我们探得三民主义教育政策和社会各部门的交辅作用,这是从横的方面去寻索本问题的内在关联。继此,我们还要从纵的方面去考察已逝的史迹,求得教育政策的来源、演变的迹象与推测将来发展的途径。因之,第二步我们从历史的研究,以显示此种教育政策的发展过程。

不过,我们对于历史发展的看法,并不像创化派所主张自然发生的,也不像神化派所迷信上帝创造的,而是认为在历史发展的过程中,存在着一种客观的规律性。一定的现象,在一定的条件之下会产生某种现象,俨然彼此之间存在着一种必然因果的关系,不过一种现象的发生,未必只限于一因,常有综合种种原因、种种现象或种种境遇以成结果。所以,我们必须从复什的、孳生的因素中,探究其根本的动因,以论定其因果的关系。加之一切的现象,在不断的演变中,也有不变的地方。因之,我们观察一种现象,要综合它的动静状态,才会正确地了解我们的对象,把握着它的真实的法则。所以,我们要在严格规定的具体条件下寻求它的静态的法则;同时还要在变动之中把握着它的动态的法则。这样动态和静态法则的综合,或许更能表现它的法则性。

问题经过上述三方面的研究之后，我们尚应作一番价值批判的功夫。一种事象的价值可从二方面来权衡：一是内涵的价值；一是工具的价值。不过，价值批判必有标准，因此我们认为凡越能发展国家生命力的教育政策其价值越大，所以国家生命力就是标准。国家生命力的发展为“协进”，故协进为一普遍的总标准。

那么，三民主义教育政策，就从社会功能、历史阶段、因果法则及价值批判的诠释研究中，使我们寻求得它的内在的整全的关联了。

我们从事实的研究中发现许多问题，又由诠释的研究中产生种种理论，在此应将这种种的理论系统地组织起来，构成为我们的基本理论；然后再将这种基本理论应用到实际问题上面，以为解决实际问题的资据。总而言之，在应用的研究中，我们希望能试拟本研究的理论体系，提供建设的方策。最后则推测三民主义教育政策的将来。

国父说：“方法有两种：一种是……科学；一种……是哲学(注一二)。”总裁也说：“所谓综合者，就是要明了整个事物的全体关系，明了他的全体关系之后，才能够讲求如何互相适应，互相联系，以促进整个事实的发展，达到全完满的成功”。(注一三)因此，本研究即依照这种的指示，根据我们的研究法，分为事实的研究、诠释的研究及应用的研究三大部分进行。同时也是顺应着记叙科学(descriptive science)、说明科学(explicative science)及应用科学(applied science)的三大类而作综合的研究。但是，事实的研究，以收集为始基，以归类为终成，它不能不将杂乱无章的事实，加以分析、鉴别、组织、综合；而且它不能不探讨，不能不诠释事实中的内在根源，阐明其社会的作用、历史的发展、因果的法则和价值的高低。所以，科学的研究必须兼顾哲学的理念，庶问题的研究才不致流于肤浅；同理，哲学的研究必须参以科学的方法，则问题的研究才不致流于空虚。(注一四)至于应用的研究，当然亦应根据事实，参考理论，庶所提出的方策才不致流于玄想。所以，一个问题的研究，唯有综合事实、诠释及应用的研究，才能窥见问题的真实性、完美性及妥善性；也唯有综合科学研究与哲学研究，才能究明问题的正确性、适应性、进展性、连贯性及共同性。换一句话说，事实的研究在认识问题，诠释的研究在解释问题，应用的研究在解决问题。显然，认识问题、诠释问题及解决问题是本研究的鹄的，是本研究的内容，同时也是本研究的方法。

四、本研究的过程

本研究的过程大抵可分为三个时期：第一为预备时期，第二为征集时期及第三为整理时期。兹再分陈如次：

第一，预备时期：作者过去对于教育行政方面问题颇感兴趣，其间曾二度讲述教育行政学程，并于民国二十八年[1939]，得有机缘主持一所省立师范学校教务行政，同时并在该校担任教育行政及公民二学程。后来因感三民主义教育政策研究之重要，遂于二十九年[1940]冬在国立中山大学研究院开始研究此专题，惟当时以学校播迁甫定，而研究工作之进行亦受如许的限制。但困难应想办法克服，旋即本过去研究的兴趣及参与学校教育行政的经验，与对三民主义的认识，开始参阅有关书文，确定本研究的性质与内容，修正研究计划，编制论文索引，制作卡片，着手收集材料，而对于前人研究的结果，尤深注意。

近年来，由于中央之积极倡导和鼓励，关于阐扬三民主义理论的著述，坊间虽渐多流布，而阐发三民主义教育政策的论著除零篇断简外，有关于本问题研讨之专书方面真如凤毛麟角，而杂志方面亦不多覩。至于三民主义教育政策的专书，更感难于搜集，因此关于这方面有待研究的地方尚多，现在全国各项建设咸以三民主义为最高的准绳，教育政策是百年树人的大计，所以实施的过程中不鲜事实和问题发生，足资研究，所以研究之始特别着重于原料的搜集，搜集原料的方法很多，本研究应用最广的为文献的分析，而一切研究工作的进行均本既定的计划，按部就班求其实现。

第二，征集时期：征集材料分为原料的征集与副料的征集两方面。

（一）原料的征集

研究三民主义教育政策的资料很多，但主要的材料还是应以国父的遗教为重要的原料。国父为中华民国的创造者，三民主义是他所创立，自然三民主义的教育政策是遵照他的遗教而制定的，所以国父遗教是原始的文献，有经典的作用。其次，为总裁的言论，总裁是国父的继承者，亦即是三民主义的继承人，他不但是中国固有文化的继承者，而且也是中国国民革命的唯一继承领导者，他现在是中国国民党的总裁，同时又是中华民国的元首，所以他的一言一行都是我们抗战建国的南针。他不仅是当代伟大的军事家、政治家，而且是伟大的教育家，所以他对于教育的主张于三民主义教育的影响綦大。因此，我们研究本问题时亦应以总裁言论为教育政策的宝笈。复次，中国国民党历次全国代表大会及历届中央全体会议的宣言及决议案，亦为本研究所搜集之原料的一种，本党为国父所创立，暨总裁所领导，而且数十年来在不同的名称之下一贯地为三民主义而奋斗。它的宣言和决议都是应用三民主义以解决实际问题所得的结论与指示。教育政策为实际问题的一部分，它当然也是本研究的重要参考文献。再其次，则应提及中央教育行政机关历年来对于全国教育政策措施所订定的法令和所编写的报告。教育法令是国家所采取的教育理想之结晶，是国家施行教育政策的具体表现，是当前教育政策推行所应守的规范。最后，说到教育报告，它是教育政策实施的成果，我们估价教育政策的良窳，也应以各种教育报告的记载为一种衡量的张本。

总而言之，国父遗教、总裁言论、本党宣言与决议、中央教育法令及实施报告，是我们研究三民主义教育政策的原料，同时也是本研究应用最广的材料。

（二）副料的征集

本研究参考书文的范围牵涉颇广，本校图书分散各学院，参阅不易，作者除曾先后分赴校内有关学院之图书分馆参阅有关本研究之书文外，并到广东省立文理学院及勷勤商学院图书馆借阅与本研究有关之书文多种，惟因战时交通等关系，许多满拟搜集的资料，都未能如愿获得。

第三，整理时期：在此时间的研究工作有两方面可以追述的：一是材料的分析，二是报告的编写。材料经过初步的类别之后，即加以分析。此工作开始于三十年[1941]十二月初，至三十一年[1942]二月暂告结束。其间的主要工作为分析及综合。在分析方面，是将已征集到的材料，究明其中的各种因素，种种关系一一剖析清楚。此外并乘暇再参阅一部分书文。至材料的综合工作，则是将分析过的材料，依照论文大纲，再加以类别与组织，一一依次排列。此外即是编写报告，材料经过分析及综合之后，便组织一种新的关系，建立一个新的系统，所以在同年三月至六月初旬，全在伏案编写研究报告中。全文分为三大篇，共十二章，依次缮写。兹将本研究之大纲（节目从略）举要于次，借供参考。

上篇　三民主义教育政策的分析研究
第一章　引论
第二章　民族主义教育政策
第三章　民权主义教育政策
第四章　民生主义教育政策
中篇　三民主义教育政策的诠释研究
第五章　三民主义教育政策的社会功能
第六章　三民主义教育政策的历史阶段
第七章　三民主义教育政策的因果法则
第八章　三民主义教育政策的价值批判
下篇　三民主义教育政策的应用研究
第九章　三民主义教育政策的建设理论
第十章　三民主义教育政策的建设方案
第十一章　三民主义教育政策的实施程序
第十二章　三民主义教育政策的未来展望

附注

（注一）见民国十七年[1928]五月十五日《第一次全国教育会议录》。
（注二）见国父：《民生主义第一讲》。
（注三）注见总裁：《三民主义之体系及其实行程序》。
（注四）谨录总裁语。
（注五）见王宝祥：《三民主义社会教育政策》，《大同》（创刊号）。
（注六）见张继：《中国国民党政纲政策研究大纲》（《三民主义》半月刊）。
（注七）见张厉生：《中国国民党政纲政策及决议》（中央训练团印）。
（注八）见陈立夫：《战时教育方针》。
（注九）本研究应用崔载阳先生的研究方法之梗概，进行研究。
（注一〇）见王宝祥：《教育之历史研究法》，《教育研究》第五期。
（注一一）见艾思奇等译：《新哲学大纲》第三一六页。
（注一二）见国父：《民权主义第一讲》。

（注一三）见邱椿：《罗廷光著教育行政序文》（商务）。
（注一四）见邱椿：《罗廷光著教育行政序文》（商务）。

本文系作者就数年前所写成之《三民主义教育政策研究》论文第一章笔削缮写而成。论文全部曾在本校师范学院，于一学期内对教育学系及公民训育系同学讲述过。又此稿于六年前已送《中山学报》发表，后因坪石告警，作者特向该报取阅，堆藏行箧，于今重睹残稿，不胜感慨系之！

立人附志　三十七年[1948]五月十日

怎样研究教育行政

王秀南[*]

一、什么是教育行政？

（一）教育行政的意义

研究“教育行政”，就得了解“教育行政”是什么？教育行政，英文是 educational administration，美语常是 public school administration。若单就名词上诠释，“教育行政，就是国家对于教育的行政。”所谓“政”，就是众人的事；简单说来，就是“公务”；“行”是“执行”。国家执行教育公务，便是教育行政。若改从意义上推敲，又有几种的说素：（1）李建勋氏谓：“教育行政系指研究、讨论、计划、指导及处理关于教育一切活动而言也。”（2）杜佐周氏说：“教育行政乃是包括教育的学理、教育的经验及教育的艺术三者而言；不过借形式与方法而现诸实际，以求达到教育的理想目的而已。”（3）庄泽宣氏说：“国家对于教育政务，于中央及地方设立主管机关，主持计划、组织、监督、指导，改进一切教育事业，以最经济手腕，实现国家教育目的而增进立国要素，是为教育行政。”（4）常道直、李建勋、韩遂愚三氏，在最近合著的《教育行政》，也说：“教育行政者，即教育行政机关或当局，凭依其据有之地位与法令上所赋予之权力，对于所属范围

---

* 作者简介见本卷中《小学行政组织之新趋势》一文。

本文原载于《中华教育界》1949 年复刊第 3 卷第 1 期。——编校者

内之一切教育活动，研究、计划、执行、督导、考核，期以经济有效之方法达到教育目的，实现建国理想之谓也。”

（二）教育行政的范围

以上诸说，立论虽各小异，命义毕竟大同。我们既明了教育行政是什么？那么，教育行政又是些什么呢？从范围上说，一般的规定应是下表所示的一个轮廓：

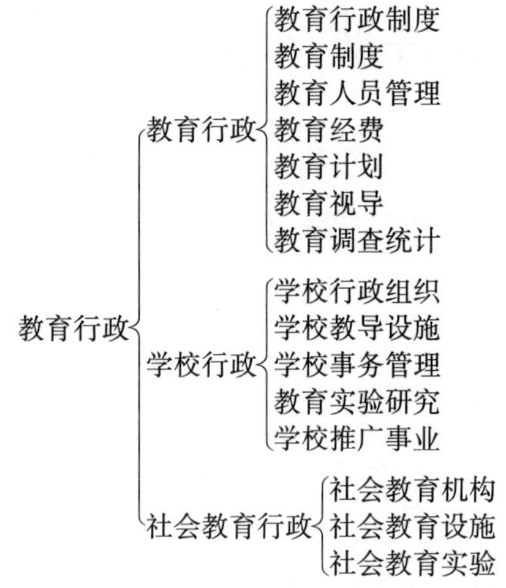

但是，根据《师范课程标准》“教育行政”的教材大纲，其范围只是：（1）我国教育宗旨及政策；（2）教育制度；（3）各级教育行政机构；（4）地方教育事业及其设施；（5）国民教育之推行；（6）地方教育经费；（7）地方教育视察与辅导；（8）地方教育行政人员；（9）中心及国民学校校长及教员；（10）学校筹办与接办；（11）学校建筑及设备；（12）学校行政计划与组织；（13）教导设施；（14）学校事务及管理；（15）研究及推广；（16）法令及表册。在这里，我们可以看出学校行政与教育行政的并重；但是社会教育行政却被轻易地摒弃了！这与教育部的三令五申要每一学校统统兼办社会教育，恰恰是一种背道而驰的设施。

二、为什么研究教育行政？

首先得须提出的，是已经做或准备做教师的，应该研究“教育行政”：（一）从教师与学校行政的关系看，学校行政可以协助教师的教学。例如，教室的建筑、教学的设备、环境的布置、课程的编配，乃至卫生的设施等，几无一不影响到教学的效果，所以教师非研究学校行政不可。同时，教师必须分掌校务；因此，他们必须了解学校行政，那是理所当然、势所必至的。（二）从教师与教育行政的关系看，教育行政既在规划、指导和考核教育的设施，教师是教育的执行者，自然要懂得教育行政，才能接受其规划、指导和考核。同时，教师的实验、研究和意见，也往往是教育行政上最珍贵的参考，处处可以左右教育行政上的规章；更当了解教育行政，才能配合其改进。

其次，是已经做或准备做校长的，更当研究“教育行政”：（一）从校长与学校行政的关系看，校长的所有事，根本就是学校行政。何况校长是学校行政的领袖，他需要充实自己，领导同事，联络社会，假如不懂得学校行政，其惨痛的后果是可想而知的。（二）从校长与教育行政的关系看，校长既是学校行政的领袖，自然也是教育行政的一员。因为教导的设施，是根据行政的计划；行政的计划，是根据教育的政策；而教育的政策，则导源于教育的宗旨。这些教育行政上的知能，必须是校长了解的。何况校长的实地经验，往往可以变更教育行政上计划；校长必须懂得教育行政，才能共求教育事业上的协进。

又次，是已经办或准备办教育行政的，当然是更非研究“教育行政”不可的：（一）从主管教育行政的当局言，因为他是教育行政的领袖，他必须懂得教育行政，才能规划教育的设施，才能指导干部的服务，也才能考核实施的得失。（二）从服务教育行政的干部言，也应当研究教育行政，才能了解本身的职掌，才能接受长官的指导，也才能推动所属教育机构的活动。

最后，各级政府官吏和学生家长，也是需要了解“教育行政”的：（一）就各级官吏言，担任政府首脑的，固须了解教育行政，以强化管、教、养、卫的领导。即各级政府同僚，也该了解教育行政，以强化管、教、养、卫的合作。（二）就学生家长言，也须略具教育行政的常识，才能明了其本身在教育行政上的地位和责任。

总之，我们研究“教育行政”，其目的在：（一）明了教育行政的意义和范围；（二）明了教育行政，尤其是地方教育行政、学校行政、社会教育行政各种事项的性质和方法；（三）具备科学方法和创造精神，以处理教育行政，尤其是地方教育行政、学校行政、社会教育行政等的技能；(四) 明了地方教育行政、学校行政、社会教育行政等与地方建设的关系，并具有利用教育力量以促进地方自治的能力。

三、怎样去研究教育行政？

(一) 初步的阅读

开始研究“教育行政”的，其入门办法自然是阅读。因为阅读可以吸引他人的心得，也可以激发自己的学习：

1. 先看几本有趣的书

(1) 陶行知：《古庙敲钟录》(儿童)；

(2) 俞子夷：《一个乡村小学教员的日记》(商务)；

(3) 徐阶平：《乡村教育辅导记》(黎明)。

2. 再看几本入门的书

(4) 常道直、李建勋、韩遂愚：《教育行政》(正中)；

(5) 夏承枫：《地方教育行政》(正中)；

(6) 洪石鲸：《国民教育视导》(商务)。

头一本是故事化的体裁，用以描述乡村教育的经营，最能提起初学的兴趣。第二、第三两本，以记事的体裁，叙述办学和辅导的经验，也是富于兴会的好书。最后三本，完全是平铺直叙，介绍教育行政、地方教育行政、教育视导等的知识。由谐而庄、由易而难，是初步阅读必经的道路。

(二) 更进的研究

经过初步的阅读，对“教育行政”已有着笼统的观念；于是分门别类为更进的研究。下列各书，是需要分别选读的：

1. 关于教育行政的

(1) 刘真：《教育行政》(中华)；

(2) 罗廷光：《教育行政》(商务)；

(3) 甘豫源：《县教育行政》(正中)；

(4) 陈友松:《教育财政学》(商务);
(5) 孙邦正:《教育视导大纲》(商务);
(6) 邰爽秋:《教育调查》(教育编译馆);
(7) 邰爽秋:《教育行政公文书牍大全》(同上)。
2. 关于国民教育的
(1) 王秀南:《战后中国的国民教育》(商务);
(2) 郭有守、刘百川:《国民教育》(商务);
(3) 王承绪译:《基本教育》(商务);
(4) 李清悚:《小学行政》(中华);
(5) 郭人全:《乡村小学行政》(黎明);
(6) 陆仁寿:《总务行政管理》(中华);
(7) 李清悚:《学校之建筑与设备》(商务);
(8) 陆静山:《新小学布置法》(儿童);
(9) 李伯棠:《学级编制概要》(正中);
(10) 黄阅:《儿童自治组织》(正中);
(11) 邱冶新:《民众学校训育实施法》(生活);
(12) 朱智贤:《小学研究工作实施法》(商务);
(13) 罗廷光、王秀南:《实验教育》(钟山);
(14) 袁昂:《中心国民学校的辅导》(商务);
(15) 李晓农、李伯棠:《乡村教育视导》(黎明)。
3. 关于幼稚教育的
(1) 张宗麟:《幼稚教育》(中华);
(2) 孙铭勋:《乡村幼稚教育经验谈》(儿童);
(3) 钟昭华:《怎样办幼稚园》(华华);
(4) 张雪门:《幼稚园组织法》(儿童);
(5) 苏颀夫:《幼稚园的设备》(商务);
(6) 周文山:《幼稚园春夏秋冬中心活动》(儿童);
(7) 沈毓芬:《保育法》(黎明);
(8) 唐现之译:《幼稚园小学低年级沟通教学法》(大东)。

4. 关于社会教育的

(1) 孟宪承:《民众教育》(世界);

(2) 甘豫源:《乡村民众教育》(商务);

(3) 钟林秀:《社会教育行政》(正中);

(4) 马宗荣:《识字运动民众学校经营之理论与实际》(商务);

(5) 马宗荣:《现代图书馆经营论》(商务);

(6) 林宗礼:《民众教育馆实施法》(商务);

(7) 曾昭燏:《博物馆》(正中);

(8) 吴邦伟:《体育场》(正中);

(9) 金溟若译:《学校播音的理论与实际》(商务);

(10) 关瑞梧:《儿童教养机关之管理》(正中);

(11) 章元善等:《乡村建设实验第三集》(中华);

(12) 许公鉴:《民众教育视察》(商务)。

(三) 基础的确立

经过初步的阅读,又跨入更进一步的研究,那么,对于“教育行政”的学识,应该有过起码的基础了! 然而,教育行政的真正基础,还是建筑于哲学、行政学、科学、艺术学的基础之上的:

1. 哲学

尤其是教育哲学。它协助教育行政,以厘订教育宗旨,确定教育政策,创立教育制度……。

2. 行政学

所谓机关管理,尤其是人事管理,在教育行政上是占着最主要的地位的。

3. 科学

如建筑、设备,乃至测验、统计等,不论其为物质科学或精神科学,都是教育行政上所必需的。

4. 艺术

如教育场所的设计布置,乃至教育文物的装饰点缀等,都非借重于艺术不可的。

所以，我们对于这些基础的学问，还得努力去探求。

(四) 技术的锻炼

关于“教育行政”的研究，阅读固然重要，但决不是唯一的方法；因为在参观、讨论、设计、实习各种的方法中，却已包含着无数的技术，等待着我们去锻炼呢！

1. 参观

参观是实地研究的初阶。我们可借由教育行政之现实的观察、调查或访问，而找出研究的问题来！在这里，就得采取客观的态度，加以分析；然后引据教育学理，予以印证，使学习的材料一切变成具体化。

2. 讨论

问题以愈谈而愈明，真理以愈辩而愈胜。所以采用座谈、演讲或辩论，而把教育行政上的问题，提出切磋琢磨，自然可以集思广益。所要注意的，便是避免主观的偏见，而着重于事实的研讨。

3. 设计

设计是从心智上的规划，而得到实际上的训练。许多教育行政上的问题，如校舍的建筑、环境的布置，乃至行政上的计划、日课表的编配等等，都需要根据学理，练习设计，以求技能的纯熟。

4. 实习

从实地的练习，以锻炼教育行政上的技巧，这是再切实不过的事。先由民校的实习，进到小学的实习；更由小学的实习，进到地方教育行政的实习，乃至地方自治的实习。不过，实习之后，要经过检讨，经过检讨的经验才是真正的经验。

(五) 问题的研讨

我们既具备着研究“教育行政”的常识和常能，那么，每一问题之来，便当依照问题的性质，而研究所采用的方法。通常解决教育行政上的研究问题，要不外下列的三个途径：

1. 比较的研究

所谓比较的研究，本质上是属于哲学的。教育行政上的比较研究：一方面要作纵的检讨，以史述本国的情形；另一方面又要作横的比较，以分析各国的异同。换言之，则以本国教育行政的现实为经，以各国教育行政的现实为纬，分析比较，综合批判。举凡教育行政上的要项，例如教育的背景、教育行政制度、教育制度、教育人员管理、教育经费、教育计划、教育视导，乃至教育调查统计等，都要从比较研究中求得其结论。国人常道直氏的研究“教育行政”，往往采取比较法，以成其经纬。观其所著《教育行政大纲》（中华）一书，便是比较研究的示例。

2. 调查的研究

所谓调查的研究，本质上是属于社会学的。教育行政上的调查研究，始于美国之所谓“教育调查运动”（一九一〇年，顷德尔（Kendell）的波伊斯教育调查开其端），期由教育调查的结果以发现所当研究的问题：一是关于教育行政方面，所当调查的是：现行教育行政制度及组织系统、现行教育政策、学校行政系统、全体校舍及建筑计划、教育视导。二是关于学校行政方面，所当调查的是：学生、课程、日课表、升留级办法、成绩考查记分法、升学与就业指导、设备及其他。三是关于教育效能方面，所当调查的是：教育测量、教学指导、卫生指导、成绩研究等。国人邰爽秋氏的研究“教育行政”，即往往从实地调查入手。观其所著《教育行政》讲义（河南大学）和《教育调查》（教育编译馆）二书，便是调查研究的善例。

3. 科学的研究

所谓教育行政上的科学研究，即就每一教育行政问题采用科学方法，而一一予以解决。美国的教育研究，自从权威专断时期，而自由讨论时期，而今之科学研究时期；教育行政上的问题，也多采用科学研究，以求其解决。最显著的，如学校行政组织的研究、建筑设备的研究、课程编制的研究、儿童注册出席的研究、儿童留级休学的研究、教学方法的实验、教育财政的研究、教育视导的研究等（详见罗廷光：《教育科学研究大纲》，中华）。中国的研究教育行政问题，根据科学研究而试验推行的，过去嘉定的“中心小学制度”和江浙的“地方教育辅导制度”，都是最好的例子。国人罗廷光氏的研究“教育行政”，往往喜用科学研究的成果为有力的提供。

总之，教育行政的范围至广，问题也至杂；学习的人必须手脑并用，多方发挥，然后日积月累，才能期其必成。

编后记

在我们看来,《民国教育管理学文选》(以下称《文选》)是"中国近代教育管理研究"丛书中公共性最强的作品。一来它的受众范围更广,影响面更大。教育管理及相关专业的学生可以将它作为学习用书,教育管理领域的研究者可以将它作为备查资料,各个层面的教育管理实践者可以将它作为思考与行动的参考资源。比较而言,相关专著往往只会受到研究领域相近研究同仁的关注。二来它不能用来直接表达个人的研究发现与见解,而是尽可能客观、充分、准确地描绘民国时期教育管理研究的图景。如果说专著是越个人化越好,越特殊越好,《文选》则是越综合越好,越普遍越好。

因此,在选编《文选》的过程中,我们总是有一种"受大家的委托做这件事"的感觉,并以此作为工作要求与积极投入的动力。专著没做好或有什么缺欠,很大程度上是个人"私事",且文责自负;《文选》做砸了却会有"公害",至少会误导教育管理领域的学习者、研究者和实践者对民国教育管理实践与研究状况的认识。没有深入接触过民国教育管理学文献的人,很可能会认为摆在面前的这部《文选》反映了民国教育管理领域的基本情况。这是一份期待,也是一份信任。如何把大家"委托"的事情做好,如何不愧于每一个潜在读者的期待与信任,是我们所思最多的。退一步说,《文选》的选编更像是一种体力活,看不出多少技术性,关键在于花时间搜集资料,花精力阅读文献,花心思整理内容。如若没做好,主要问题便在努力不够,让他人再重新来做,"劳作"一番,则更显不经济。

为把"公事"做好,不负期待与信任,我们利用中美百万册数字图书馆(China Academic Digital Associative Library,简称 CADAL)、晚清和民国全文期刊数据库、大成老旧刊全文数据库和国家图书馆、南京师范大学图书馆民国特藏馆、南京图书馆等线上和线下资源，尽最大可能收集相关期刊与著作文献，以夯实选编工作的基石，确保资料搜集不落空、不跑偏。为避免遗漏有价值的文献，我们全面浏览每一份刊物、每一期文章与每一部著作。初步浏览文献后，选出近600篇相关度高的文章，并在此过程中明确了“五主要”的选篇原则，即主要问题、主要人物、主要观点、主要线索与主要特征。然后，结合这些原则对文献进行精读与再选，排除了主题不贴近、观点有重复、写作不规范、篇幅不适宜以及简单翻译国外成果等类的文章，选出240多篇文章。

初选、二选之后，我们碰到两个问题：

其一，如果要进一步筛选文献，五个原则之间会相互冲突。比如，要呈现“主要人物”，就未必能很好地反映“主要问题”；要显示“主要线索”，就未必能很好地揭示“主要特征”。这需要在五个主要原则中确定一个主线，在此基础上有所取舍，力求平衡。

其二，我们最初设想选出40篇左右形成单卷本，但从240多篇文章中精选40篇是一件极其困难的事情，无论选出哪40篇，都难以全面地反映民国时期教育管理研究的概况。为此我们决定，一方面在进一步遴选文献之前，先确定《文选》的主线，搭建《文选》的基本框架；另一方面，适当增加《文选》的篇幅。

在《文选》基本框架的安排上，可以选择的方式有几种。最简单的方式是按时间的先后顺序排列，也可以依照不同的理念追求或研究特征来组织文章，抑或以作者的年代或类型作为基本的框架。我们最终选择以研究涉及的相关主题作为《文选》的基本框架。首先，以研究主题为基本框架，能够最好地实现与其他选文原则的平衡，对“主要人物、主要观点、主要线索及主要特征”的呈现形成的妨碍比较小。其次，这一选择也是受了邰爽秋等人合选的《教育行政之理论与实际》的影响。该文选分上下两编，上编“原理之部”分教育宪法、教育宗旨、行政组织、学制系统、教育经费、教育人员六个主题；下编“地方之部”分地方教育通论、教育人员、行政组织、校舍设备、教育经费、课程教材、教育视导、普教问题八个主题。从大的方面看，其采用的是“原理与实践”的二维结构，但其实质性的框架则是以研究主题为依据。就此而言，以主题为框架组织《文选》，更加贴近民国时期学者的认知习惯与学科思维，能更真实地反映民国时期的研究成果。

结合二选后的 240 多篇文章，经过多次修改，《文选》确定了“教育管理的涵义、理念与背景”“教育政策法规与学校制度”“教育行政体制与组织机构”“教育经费、教育视导与教育调查”“教育局长、教育行政人员与校长”“教师与学生管理”“学校组织与管理”和“教育管理学科与研究”八个主题，围绕各主题对相关文献再进行精选。在各主题之下，我们先进行亚主题的归并，然后以时间为主要顺序编排文章，呈现不同时间段关注的问题与代表性观点，并努力反映主要研究人物的成果。同时，在精读文献的过程中，通过文献追踪，我们又发现了一些原先没有关注到的有价值的文章，最终选出目前的 100 篇。

从 2009 年初开始搜集整理文献、规划主题，到 2012 年 7 月完成文字录入，《文选》的选编工作历时三年多。后因丛书出版整体规划的调整等诸多原因，得于如今印行。十年来，基础教育领域每年都有新现象出现、新主张提出、新政策出台与新改革探索。当我们基于《文选》回到民国时期的实践和研究情境中时，总是能发现现实问题的“过去存在”，总是能从中汲取当下变革可资借鉴的经验与智慧。再过 70 年，这种情形可能也是一样，乃至当前的实践和研究又会成为将来现实的某种源头，会为未来提供一些积极的启示。罗廷光指出，过去史实“匪惟有助于解决当前问题而已，还可预测将来”。我们想进一步补充说，过去的研究不仅有助于了解教育管理史实，还有助于当前教育管理研究的反思与改进。希望《文选》能够起到“观远及近”“阅而得省”的作用。

感谢南京师范大学张新平教授所给予的巨大无私的支持与帮助。感谢他的信任，让我们来承担这项在我们自己看来意义重大的工作，也感谢他对选编工作持续的关心、督促与指导！

感谢南京师范大学 2009 级小学教育专业的李梦媛、吴振兰、杨张红、吴丹、张施燕、汪靖云、汤晓丹、沈易敏和朱瑾同学，她们承担了“教育政策法规与学校制度”和“教育行政体制与组织机构”两个专题文章最初的文字录入工作。感谢南通大学2010级小学教育专业(语文方向)全体同学,他们承担了“教育局长、教育行政人员与校长”“教师与学生管理”“学校组织与管理”“教育管理学科与研究”几个专题的文字录入工作。感谢南京师范大学教育领导与管理和教育经济与管理专业毕业的黄梦娇和聂立肖同学,以及胡蝶和吕林同学在文献校阅过程中所给予的帮助。

感谢南京师范大学随园西山图书馆傅苏老师、南京师范大学教育科学学院图书资料室王一心老师在我们收集资料过程中所给予的方便。

感谢我们的爱人对于我们各自工作的支持,他们不仅为我们分担了很多家庭责任,而且在《文选》的校阅和文字录入方面,做了很多辅助工作。

感谢上海教育出版社的袁彬副总编和董洪老师,他们的信任总是一种温暖而有力的激励,他们细致严谨的工作使《文选》增色颇多,他们的平和谦虚与极高的专业水平最让人印象深刻。

最后要说的是,尽管我们全心投入、加倍努力,但在文章的选择、框架的安排甚至是文字的校阅等方面,一定存在遗漏、不当与错误之处,敬请各位读者和同仁不吝指正!

陈学军　王　珏

2019年7月16日